ISBN 978-1-5284-2904-7
PIBN 10947826

English
Français
Deutsche
Italiano
Español
Português

www.forgottenbooks.com

Mythology Photography **Fiction**
Fishing Christianity **Art** Cooking
Essays Buddhism Freemasonry
Medicine **Biology** Music **Ancient
Egypt** Evolution Carpentry Physics
Dance Geology **Mathematics** Fitness
Shakespeare **Folklore** Yoga Marketing
Confidence Immortality Biographies
Poetry **Psychology** Witchcraft
Electronics Chemistry History **Law**
Accounting **Philosophy** Anthropology
Alchemy Drama Quantum Mechanics
Atheism Sexual Health **Ancient History**
Entrepreneurship Languages Sport
Paleontology Needlework Islam
Metaphysics Investment Archaeology
Parenting Statistics Criminology
Motivational

OEUVRES

DE

VICTOR COUSIN.

—

TOME TROISIÈME.

———

DE L'INSTRUCTION PUBLIQUE EN ALLEMAGNE,

EN PRUSSE ET EN HOLLANDE.

—

NOUVELLES CONSIDÉRATIONS SUR LES RAPPORTS DU PHYSIQUE

ET DU MORAL DE L'HOMME.

Bruxelles.

SOCIÉTÉ BELGE DE LIBRAIRIE.

HAUMAN ET Cᵉ.

—

1841

Phil 2496.5

TABLE SOMMAIRE

DES

MATIÈRES CONTENUES DANS LE TROISIÈME VOLUME.

DE L'INSTRUCTION PUBLIQUE EN HOLLANDE.

NOUVELLES CONSIDÉRATIONS SUR LES RAPPORTS DU PHYSIQUE ET DU MORAL DE L'HOMME.

RAPPORT

sur

L'ÉTAT DE L'INSTRUCTION PUBLIQUE

dans

QUELQUES PAYS DE L'ALLEMAGNE,

ET PARTICULIÈREMENT EN PRUSSE

COUSIN. — TOME III.

L'ÉTAT DE L'INSTRUCTION PUBLIQUE

DANS QUELQUES PAYS DE L'ALLEMAGNE.

———————

LETTRES

A M. LE COMTE DE MONTALIVET, PAIR DE FRANCE, MINISTRE DE L'INSTRUCTION PUBLIQUE ET DES CULTES, SUR L'ÉTAT DE L'INSTRUCTION PUBLIQUE A FRANCFORT-SUR-LE-MEIN, DANS LE GRAND-DUCHÉ DE WEIMAR ET LE ROYAUME DE SAXE.

———————

PREMIÈRE LETTRE.

Un jour à Francfort-sur-le-Mein. — Établissements scientifiques et littéraires. — Instruction populaire. — École moyenne. — École modèle. — Gymnase. Sa constitution intérieure. Plan des études. Tableau de la répartition des leçons. — Conclusions pratiques.

Francfort-sur-le-Mein, 28 mai 1831,
10 heures du soir.

MONSIEUR LE MINISTRE,

Parti de Paris le mardi 24 mai, à six heures du soir, arrivé à Metz dans la nuit du 25 au 26, j'en suis reparti immédiatement pour Francfort-sur-le-Mein, où je suis arrivé le 27 au soir. J'y ai passé toute la journée du 28 à visiter les divers établissements d'instruction publique. J'emploie cette nuit à vous écrire, et demain je prendrai la route de Berlin par Weimar et par Leipzig.

De Metz à Francfort, j'ai traversé en quelques heures bien des États ; j'ai trouvé la Prusse à Saarbruck, la Bavière à Hombourg, Hesse-Darmstadt à Alzey, Nassau une lieue au delà de Mayence, enfin la ville libre, la république de Francfort-sur-le-Mein. Voyageant jour et nuit, sans avoir le temps de visiter aucune école, j'ai pu cependant reconnaître, à des signes non équivoques, à quel point l'instruction populaire est florissante dans tous ces pays. Partout, dans les moindres villages, j'ai rencontré des bandes d'enfants de l'âge le plus tendre, la plupart appartenant aux dernières classes du peuple, sans bas et sans souliers, avec la blouse bleue et le ceinturon de cuir, et sous le bras une ardoise et un livre de lecture, *Lesebuch*. Plus d'une fois je suis descendu de voiture, et j'ai examiné, entre les mains de ces enfants, ce livre de lecture, qui m'a paru fort bien arrangé. Il renferme un alphabet, puis des monosyllabes, puis des phrases monosyllabiques, puis des phrases où il entre déjà des mots de deux syllabes, puis de trois, puis de quatre ; enfin des phrases de toute espèce, mais fort simples et qui présentent des faits intéressants ou des pensées honnêtes. On y trouve aussi un choix de passages en prose et en vers, appropriés à l'intelligence et aux besoins de cet âge. Au lieu de ce *Lesebuch*, les enfants un peu plus âgés ont pour livres de lecture et d'étude la Bible, traduction de Luther, le catéchisme et l'histoire biblique. La Bible n'est pas entière, comme vous le supposez bien, excepté le Nouveau Testament. Ces trois livres composent ici le fond de l'instruction populaire ; et tout homme sage s'en réjouira, car il n'y a de morale pour les trois quarts des hommes que dans la religion. Les grands monuments religieux des peuples sont leurs vrais livres de lecture ; et j'ai toujours regardé comme une calamité pour la France, qu'au xvi⁰ siècle, ou au commencement du xvii⁰, quand la langue française était encore naïve, flexible et populaire, quelque grand écrivain, Amiot, par exemple, n'ait pas traduit les saintes Écritures. Ce serait un excellent livre à mettre entre les mains de la jeunesse, tandis que la traduction de Sacy, d'ailleurs pleine de mérite, est diffuse et sans couleur. Celle de Luther, mâle et vive, répandue d'un bout à l'autre de l'Allemagne, y a beaucoup fait pour le développement de l'esprit moral et religieux et l'éducation du peuple. Les saintes Écritures, avec l'histoire biblique qui les explique, et le catéchisme qui les résume, doivent faire la bibliothèque de l'enfance et des écoles primaires Mais je me hâte d'arriver à Francfort et aux renseignements et documents positifs que j'y ai recueillis sur l'état de l'instruction populaire et de l'instruction secondaire.

En effet, la ville de Francfort n'a point d'enseignement supérieur, d'université ; l'instruction s'y arrête à notre second degré, celui des colléges, qu'en Allemagne on appelle des gymnases. On y compte, il est vrai, un certain nombre d'établissements scientifiques et littéraires, mais du genre de ceux qui en France ne font pas partie, je ne sais pourquoi, du ministère de l'instruction publique ; et comme d'ailleurs ces établissements n'ont rien de fort important, je me contenterai de vous les signaler brièvement ; ce sont :

La Société d'histoire naturelle (*Naturforschende Gesellschaft*), fondée le 22 novembre 1817, avec un muséum d'histoire naturelle ;

L'Institut d'histoire naturelle et de médecine (*Medicinisch-naturwissenschaftliches Institut*), qui se rattache en partie à la société d'histoire naturelle ;

L'Institut de dessin (*Zeichnungs-Institut*), fondé en 1799 et organisé par un décret du sénat du 10 février 1829 ;

L'Institut d'arts (*Kunst-Institut*), fondé par un legs de J.-F. Stædel, le 13 mars 1815 ;

La Société de physique (*Physikalischer Verein*), fondée pour l'étude de la physique et de la chimie, le 24 octobre 1824, avec un cabinet de physique et des cours sur les découvertes les plus récentes ;

Enfin, la Société pour la propagation des arts utiles et des sciences qui s'y rapportent (*Gesellschaft zur Beförderung nützlicher Künste und deren Hilfswissenschaften*), fondée en 1816, et dirigée par un président et huit assistants. Cette société a institué, 1° une école des dimanches, pour les ouvriers (*Sonntagsschule für Handwerker*), établie, depuis le 9 novembre 1818, dans le local de la société, et dont l'enseignement est gratuit ; 2° une école de métiers (*Gewerbsschule*), qui date seulement de 1828 et où le soir se donnent des leçons sur le dessin linéaire, l'écriture, le calcul, la géométrie, avec des exercices de style.

Les écoles populaires (*Volksschulen*) ont cela de particulier à Francfort, que chacune d'elles ne renferme que des enfants de telle ou telle religion, tandis que le gymnase reçoit des élèves sans aucune distinction de culte. Ainsi, il y a une école israélite. (*Schulanstalt der israelitischen Gemeinde*), fondée et dirigée par des israélites ; quelques écoles catholiques, sous

la direction d'une commission pour les écoles et les églises catholiques : par exemple, une école de garçons auprès de l'église Notre-Dame, une autre auprès de la cathédrale, et deux écoles de filles, dont l'une est particulièrement destinée aux demoiselles anglaises ; enfin, trois écoles protestantes, pour chacune desquelles la ville dépense par an 1500 florins. Ces trois écoles renferment à peu près sept cents enfants des deux sexes. Chaque enfant paye 10 florins, et les fondations de bienfaisance viennent au secours des enfants pauvres qui n'ont pas les moyens de payer eux-mêmes, de sorte que presque tous les enfants de la ville reçoivent quelque instruction. D'ailleurs il n'y a pas à Francfort, comme dans la plus grande partie de l'Allemagne, de loi formelle qui oblige les parents, sous des peines sévères, à envoyer les enfants à l'école.

Entre ces écoles populaires et le gymnase est une école appelée *École moyenne* (*Mittelschule*), pour les garçons et pour les filles, où l'instruction est un peu plus élevée que dans les écoles populaires, sans l'être beaucoup. C'est une grande école primaire, comme il en faut dans les villes pour les enfants qui ne doivent pas suivre une profession libérale, et qui pourtant ont besoin d'une culture plus étendue que celle des enfants de paysans ou des enfants pauvres. J'ai visité cette école, dirigée par un homme habile, M. Fresenius. Chaque garçon paye 20 florins par an, et 25 avec les leçons de français ; les filles payent 5 florins en sus, pour les petits travaux de leur sexe. Cet établissement a le plus grand succès. Il est sous la surveillance d'un inspecteur spécial, qui rend compte à une commission, composée de deux membres du consistoire. Il y a de plus une *commission économique*, nommée par la ville et chargée du recouvrement de la rétribution des élèves et de tout ce qui se rapporte à la partie économique de l'établissement. Il gagne au delà de ses frais, et l'excédant est employé par la ville à défrayer les autres écoles. Dans le cas de déficit, la ville vient à son secours. La *Mittelschule* renferme deux cent cinquante garçons et deux cent cinquante filles, et elle est divisée en quatre classes pour chaque sexe.

Chaque classe ne peut recevoir qu'un certain nombre d'enfants ; ce qui est très-sage et très-favorable à la bonne discipline de l'école et à l'instruction de chaque enfant en particulier.

La quatrième classe, la classe inférieure, peut en avoir 90, la troisième 80, la seconde 70, la première 60.

On entre dans les différentes classes selon sa capacité et selon son âge.

La quatrième a des enfants de 6 à 8 ans ; la troisième, de 8 à 10 ; la seconde, de 10 à 12 ; la première, de 12 à 14.

Le but de cette école est de donner aux enfants qui

la fréquentent toute la culture qui leur est nécessaire, sans les faire entrer dans le domaine des études classiques. On leur donne une culture morale par l'enseignement de la religion; une culture intellectuelle par la lecture, l'écriture, l'histoire naturelle, la géographie, l'histoire, le calcul et la géométrie; enfin une culture esthétique, comme on dit en Allemagne, par le chant et par le dessin. On enseigne aussi la langue française; mais ce cours, quoique généralement suivi, n'est pas obligé.

Voici la répartition de ces divers enseignements, dans chaque semaine, selon les diverses classes : chaque leçon est d'une heure, tant pour les garçons que pour les filles.

Quatrième classe : lecture, dix leçons; écriture, cinq; calcul, quatre; religion, deux; exercices de langue, trois; dessin, deux.

Troisième classe : lecture, six leçons; écriture, quatre; calcul, quatre; langue allemande, quatre; histoire biblique, deux; exercices d'esprit (*Verstandes-Uebungen*), deux; chant, deux; dessin, deux. De plus, les garçons ont deux leçons sur la géométrie élémentaire.

Seconde classe : lecture, quatre leçons; écriture, quatre; calcul, quatre; langue allemande, quatre; religion, deux; chant, deux; histoire naturelle, deux; géographie, deux; dessin, deux. De plus, pour les garçons, suite du cours de géométrie élémentaire, deux leçons.

Première classe : écriture, quatre leçons; calcul, quatre; langue allemande, quatre; religion, deux; chant, trois; histoire naturelle, deux; physique, une; géographie, deux; histoire, deux; dessin, deux. De plus, pour les garçons, deux leçons de géométrie.

Le livre dont on se sert habituellement pour la religion est l'histoire biblique d'Hébel pour les classes inférieures (*Hebel's biblisches Geschichtsbuch*). Dans le calcul, on suit la méthode de Pestalozzi; on exerce les enfants à calculer de tête. Pour l'histoire naturelle, on a le Manuel d'histoire naturelle de Schubert (*Lehrbuch der Naturgeschichte*).

Sous le directeur Fresenius sont plusieurs maîtres, dont il a la surveillance. Ces maîtres se rassemblent une fois par mois, sous la présidence du directeur, pour se concerter ensemble, se rendre compte réciproquement de ce qu'ils ont fait, et soumettre à un contrôle amical leurs vues et leur méthode. Vous trouverez, M. le ministre, beaucoup d'autres détails de ce genre dans trois brochures que je vous envoie sur cette école, et qui développent le plan général de l'enseignement, l'ordre et la distribution des leçons (*Lehrplan, Schulordnung, Lehrstunden*). Je joins aussi sept petits écrits du directeur Fresenius, à l'occasion des exercices publics de cette école; car il n'y a pas d'école un peu importante en Allemagne sans exercices publics, ni d'exercices publics sans que le directeur y produise

quelque preuve de sa capacité et de son zèle. Parmi ces écrits se trouvent une histoire de la *Mittelschule*, bien que cette école n'ait pas plus de sept ans d'existence (*Beiträge zur Geschichte der Mittelschule*), une introduction à la connaissance de la Bible (*Leitfaden zur Bibelkenntniss*), et plusieurs petites dissertations de pédagogie et d'histoire.

Au-dessus de la *Mittelschule* est une école dite modèle (*Musterschule*), placée comme l'autre sous la surveillance d'une commission de la ville, et où l'enseignement est déjà plus élevé; chaque garçon paye 40 florins, chaque fille 50. Voici un petit écrit du directeur, M. Bagge, à l'occasion des examens publics de cette année; cet écrit est intitulé : *Un mot à nos enfants* (*ein Wort an unsere Kinder*). A la fin est un compte rendu des résultats de tout genre de cette école, qui contient à peu près cinq cents enfants. Elle a six classes pour les filles et sept pour les garçons, c'est-à-dire, deux ou trois de plus que la *Mittelschule*. Je donne ici le tableau de la répartition des leçons de la semaine, telle qu'elle a été arrêtée pour l'année 1831; en y jetant les yeux, on reconnaît aisément les petites différences qui la distinguent de la *Mittelschule* et l'élèvent au-dessus d'elle.

CLASSES.	ÉCOLE DES GARÇONS.							ÉCOLE DES FILLES.					
	7e	6e	5e	4e	3e	2e	1re	6e	5e	4e	3e	2e	1re
Religion.	2	2	2	2	2	2	2	2	2	2	2	2	2
Exercices d'esprit.	2	2	»	»	»	»	4	4	»	»	»	»	»
Langue allemande .	10	6	4	4	4	4	6	10	6	6	4	4	4
— française (obligatoire)	»	»	6	6	6	6	»	»	4	4	3	5	6
Géographie. . . .	»	»	»	4	4	4	»	»	2	2	2	2	»
Histoire naturelle.	»	»	»	4	4	»	»	»	»	»	2	2	»
Physique.	»	»	»	»	2	2	»	»	»	»	»	»	2
Histoire.	»	»	»	»	2	4	»	»	»	»	2	4	
Technologie. . . .	»	»	»	»	»	2	»	»	»	»	»	»	»
Calcul.	6	6	6	6	4	4	6	4	4	4	4	2	
Algèbre.	»	»	»	»	2	2	»	»	»	»	»	»	»
Géométrie. . . .	»	2	2	2	2	4	»	»	»	»	»	»	»
Écriture.	4	6	4	4	4	2	4	4	4	4	2	2	
Dessin	2	2	2	2	2	2	2	2	2	2	2	2	
Chant.	»	2	2	2	2	»	»	»	2	2	2	2	2
TOTAL. . .	26	26	26	32	34	34	26	26	26	27	27	28	

TRAVAUX DE FEMMES.

Dix-huit leçons ou heures par semaine pour les filles qui suivent ces leçons.

Ces établissements publics n'empêchent pas qu'il n'y ait à Francfort un grand nombre d'institutions privées (*Privat-Lehranstalten*), à peu près semblables aux nôtres, et à peu près soumises aux mêmes conditions, excepté ce que nous appelons la *rétribution universitaire*. Mais il me reste à vous entretenir du gymnase de Francfort, qui est l'établissement d'instruction publique le plus élevé et le plus remarquable de la ville.

Le gymnase de Francfort est un de nos colléges de grande ville : ce qui l'en distingue, c'est qu'il n'a point de pensionnat ; il ne contient que des externes. Ce sont des enfants de la ville qui demeurent chez leurs parents et suivent les cours publics, ou qui sont en pension dans les institutions privées qui les conduisent aussi au gymnase. Il en est ainsi dans presque toute l'Allemagne.

Ce gymnase, n'ayant que des externes, n'est point un bâtiment immense d'un achat ou d'un loyer et d'un entretien trop coûteux ; c'est une assez grande maison, fort simple, où il y a autant de salles que de classes, avec un logement pour le proviseur. Ce proviseur est ici appelé recteur, *Rector* : c'est un simple préfet des études. Ses fonctions n'exigent point de talent administratif proprement dit, et il suffit qu'il unisse à une instruction solide du zèle et une certaine activité. Il est professeur, et véritablement *primus inter pares* ; seulement son traitement est un peu plus élevé que celui de ses collègues. En effet, il m'est impossible de comprendre cette sinécure qu'on appelle en France un provisorat d'un collége d'externes ; il m'est également impossible de comprendre cette autre sinécure qu'on appelle le censorat, dans un semblable établissement. Ici le recteur professe : cependant, comme il pourrait tomber malade et avoir besoin d'être suppléé dans certains cas, il y a aussi un censeur dans le gymnase de Francfort ; on l'appelle correcteur, *corrector* : il y a même un suppléant du correcteur, qu'on appelle pro-recteur, *prorector* ; mais l'un et l'autre sont, comme le recteur lui-même, des professeurs. Ils sont toujours pris parmi les professeurs qui se distinguent le plus, et qui montrent quelque goût et quelque aptitude pour ces sortes de fonctions. C'est une distinction et en même temps un avantage pécuniaire. Dans le gymnase de Francfort, il n'y a pas, comme chez nous, deux ordres de fonctionnaires, les uns qui administrent sans participer à l'enseignement, les autres qui enseignent sans participer à l'administration ; tous enseignent, tous sont collègues, et il y a entre eux unité de vie et d'esprit.

La ville paye les professeurs du gymnase, lesquels n'ont qu'un seul traitement, et non pas deux, l'un fixe, l'autre éventuel, comme en France et dans le reste de l'Allemagne. Les élèves, pour être admis au gymnase, payent à la ville une certaine rétribution entre les mains d'un commissaire nommé par elle, et qui est à peu près notre économe. Tant mieux pour la ville si cette rétribution lui suffit pour payer les professeurs ; mais quand elle est insuffisante, et elle l'est toujours, la ville complète le traitement des professeurs, qui n'ont rien à démêler, sous le rapport de l'argent, avec les élèves. Ainsi, les traitements des professeurs font une somme de 26,000 florins, c'est-à-dire, plus de 56,000 francs ; et cependant les élèves ne rapportent à la ville que 8 à 9,000 florins, environ 18,000 francs. Les élèves des classes inférieures payent 34 florins par an, ceux des classes supérieures 44. Notre rétribution universitaire est inconnue. Dans l'organisation primitive, et selon la loi stricte, les traitements de tous les professeurs devaient être égaux, excepté ceux du recteur, du correcteur et du prorecteur : mais le temps et des circonstances particulières ont amené quelques différences, qui pourtant sont assez légères. Le traitement de chaque professeur est d'environ 2,000 florins. Les rangs n'y sont pas fixés selon les diverses classes, mais selon l'ancienneté. On pense que chaque professeur est égal dans son genre à son collègue ; que les mérites peuvent être divers, sans cesser d'être égaux ; et après les trois professeurs qui sont à la tête du gymnase, le premier parmi tous les autres est le plus ancien dans l'établissement.

Les classes du collége se divisent en une classe préparatoire, qui est notre septième ; puis trois classes inférieures, sixième, cinquième et quatrième ; enfin trois classes supérieures, troisième, seconde et première. Les classes inférieures, septième, sixième, cinquième et quatrième, forment la première division du gymnase. Très-souvent les enfants des familles peu aisées ne dépassent pas cette division ; c'est pourquoi on y a judicieusement rassemblé tous les genres d'études qui conviennent et à l'âge moins avancé des élèves et à la destination de beaucoup d'entre eux. Ainsi il y a moins d'études classiques que d'études de calligraphie, de géographie et d'histoire, d'histoire naturelle, de mathématiques, et surtout de langue allemande, en entendant par là des exercices de style très-développés. Cette première division du gymnase de Francfort ressemble beaucoup à ces établissements intermédiaires entre les gymnases et les écoles primaires, qu'on appelle écoles bourgeoises (*Bürgerschulen*), ou progymnases (*Progymnasien*), établissements que représentent ici la *Mittelschule* et la *Musterschule* de Francfort. La seconde division est plus particulièrement consacrée aux études classiques. La première classe, où l'on reste quelquefois deux années, et qui forme le passage du gymnase aux universités, présente un enseignement déjà très-élevé. Cette classe a trente leçons par semaine, chacune d'une heure seulement, ce qui permet de les multiplier sans trop fatiguer les élèves. Sur ces trente leçons, il y en a deux consacrées à l'enseignement religieux, soit catholique, soit protestant. Cet enseignement est regardé comme si important, que, dans toutes les classes, on lui consacre toujours deux heures par semaine; d'où il suit que l'élève de première, avant d'arriver à cette classe, a déjà reçu cinq enseignements religieux différents et gradués, dont le dernier, celui de la première classe, est une préparation solide aux facultés de théologie. C'est, à Francfort, le recteur Voemel, laïque, qui se charge lui-même de cet enseignement pour la première classe. Les exercices de style allemand ont deux leçons : et il faut remarquer qu'ils en ont aussi deux en seconde, deux en troisième, deux en quatrième, quatre en cinquième et huit en sixième. La langue latine a huit leçons en première, tandis qu'elle en a douze en seconde, en troisième et en quatrième, et dix seulement en cinquième et en sixième. La langue grecque a dix leçons en première; mais elle n'en a que six en seconde, en troisième et en quatrième, et pas du tout dans les cinquième et sixième classes, dont les élèves ne sont pas encore supposés avoir une destination savante. Les mathématiques n'ont que deux leçons en première, tandis qu'elles en ont quatre dans toutes les autres classes. La physique a deux leçons en première. L'histoire naturelle et la géographie ne sont enseignées que dans la première division. Au contraire, l'histoire, en entendant par là spécialement l'histoire ancienne, est surtout enseignée dans la seconde division ; elle a quatre leçons dans la première classe ; et, pour le dire en passant, je trouve cet arrangement des études historiques fort raisonnable. En effet, c'est dans les classes supérieures, au milieu des études classiques, qu'il faut placer l'enseignement de l'histoire ancienne, hérissée de tant de difficultés ; tandis que l'histoire moderne, et surtout l'histoire nationale, convient aux classes inférieures, par la raison qu'elles sont à la fois plus faciles et plus nécessaires. Chez nous l'inverse a lieu ; nous voulons imiter la marche même du genre humain. Mais comme beaucoup d'enfants ne vont pas au delà de la quatrième, il arrive qu'ils sortent du collège sachant fort mal l'histoire ancienne, dont ils n'ont que faire, et pas du tout l'histoire nationale, qui leur est indispensable et qu'ils pouvaient apprendre parfaitement.

Voilà pour les études fondamentales ; mais il y a aussi des études additionnelles qui ont leurs heures à part. Ainsi, dans la première classe, il y a deux leçons d'hébreu, quatre de français, deux d'anglais, deux de dessin et deux de chant. Ces études additionnelles, quoiqu'elles ne soient pas payées à part, ne sont pas obligatoires et dépendent de la volonté des familles ; mais il faut dire, à l'honneur des familles et des habitudes allemandes, que ces études non obligées

sont presque aussi suivies que les autres. Je résume ici tout ce qui vient d'être dit, dans les deux tableaux suivants :

RÉPARTITION NORMALE *des leçons du gymnase de Francfort pendant le cours d'une semaine.*

	1re CLASSE.	2e CLASSE.	3e CLASSE.	4e CLASSE.	5e CLASSE.	6e CLASSE.
Religion	2 leç.	2 leç.	2 leç.	2 leç.	2 leç.	2 leç.
Langue allemande et exercices de style. .	2	2	2	2	4	8
Latin.	8	12	12	12	10	10
Grec.	10	6	6	6	»	»
Mathématiques. . .	2	4	4	4	4	4
Physique.	2	»	»	»	»	»
Histoire naturelle . .	»	»	»	»	»	2
Géographie.	»	»	»	2	4	2
Histoire.	4	4	4	2	»	»
Écriture.	»	»	»	»	3	3
TOTAL par classe.	30	30	30	30	27	31

ÉTUDES ADDITIONNELLES.

Langue hébraïque.	2 leç.	2 leç.	»	»	»	»
Langue française. .	4	4	3 leç.	3 leç.	»	»
Langue anglaise. .	2	3	»	»	»	»
Dessin.	2	2	2	2	»	»
Chant.	2	2	2	»	»	»
TOTAL par classe.	12	13	8	6	»	»

Telle est la répartition générale des leçons ; voici de plus leur distribution dans la journée.

D'abord il faut remarquer qu'il n'y a de vacances complètes que le dimanche ; seulement le mercredi et le samedi il y a quelques leçons de moins. Les classes du gymnase s'ouvrent à huit heures et sont fermées à cinq, à peu près comme chez nous. Les classes se divisent en classes du matin et classes du soir.

Il y a souvent trois leçons de suite, le soir et le matin, ce qui pourrait fatiguer l'esprit des élèves ; mais il y a, pour le passage d'une classe à l'autre, cinq minutes de récréation : ensuite les trois leçons portent presque toujours sur des sujets différents, et cette variété délasse l'esprit ; enfin il faut penser à la tranquillité et au flegme des jeunes Allemands.

Dans l'intervalle des classes du matin aux classes du soir, et le mercredi et le samedi soir, se placent des leçons additionnelles non obligées, à peu près comme chez nous. Chaque semestre on imprime un tableau de la distribution des leçons pour chaque classe, selon les heures de la journée.

Je donne ici le tableau du semestre d'hiver de 1831, en supprimant ce qui regarde les études additionnelles :

LUNDI ET JEUDI.

SIXIÈME CLASSE.

De 8 à 9 heures. Religion.
De 9 à 10 heures. Grammaire latine.
De 10 à 11 heures. Calcul (Manuel de Flügel).
De 2 à 3 heures. Écriture.
De 3 à 4 heures. Orthographe allemande.
De 4 à 5 heures. Langue allemande.

CINQUIÈME CLASSE.

De 8 à 9 heures. Calcul.
De 9 à 10 heures. Latin.
De 10 à 11 heures. Latin.
De 2 à 3 heures. Géographie.
De 3 à 4 heures. Allemand.

QUATRIÈME CLASSE.

De 8 à 9 heures. Latin.
De 9 à 10 heures. Latin.
De 10 à 11 heures. Prose grecque.
De 2 à 3 heures. Mathématiques.
De 3 à 4 heures. Poëtes latins (Phèdre, édition de Scheller).
De 4 à 5 heures. Histoire.

TROISIÈME CLASSE.

De 8 à 9 heures. Religion.
De 9 à 10 heures. Latin (Tite-Live).
De 10 à 11 heures. Exercices grecs.
De 2 à 3 heures. Allemand.
De 3 à 4 heures. Mathématiques (Manuel de Thilo).
De 4 à 5 heures. Histoire.

DEUXIÈME CLASSE.

De 8 à 9 heures. Religion.
De 9 à 10 heures. Cicéron (*Brutus*).
De 10 à 11 heures. Xénophon (*Hellenica*).
De 2 à 3 heures. Mathématiques (Manuel de Thilo).
De 3 à 4 heures. Histoire.
De 4 à 5 heures. Exercices latins.

PREMIÈRE CLASSE.

De 8 à 9 heures. Religion.
De 9 à 10 heures. Tite-Live.
De 10 à 11 heures. Iliade.
De 2 à 3 heures. Histoire.
De 3 à 4 heures. Démosthènes. Exercices grecs.
De 4 à 5 heures. Mathématiques (Manuel de Thilo).

MARDI ET VENDREDI.

SIXIÈME CLASSE.

De 8 à 9 heures. Histoire naturelle.
De 9 à 10 heures. Latin.

De 10 à 11 heures. Calcul (Manuel de Flügel).
De 2 à 3 heures. Géographie de Gaspari.
De 3 à 4 heures. Grammaire allemande.
De 4 à 5 heures. Langue allemande.

CINQUIÈME CLASSE.

De 8 à 9 heures. Calcul (Manuel de Flügel).
De 9 à 10 heures. Géographie de Gaspari.
De 2 à 3 heures. Écriture.
De 3 à 4 heures. Grammaire allemande.

QUATRIÈME CLASSE.

De 8 à 9 heures. Religion.
De 9 à 10 heures. Cornelius Nepos.
De 10 à 11 heures. Exercices grecs.
De 2 à 3 heures. Mathématiques.
De 3 à 4 heures. Latin.
De 4 à 5 heures. Géographie de Gaspari.

TROISIÈME CLASSE.

De 8 à 9 heures. Ovide (*Métamorphoses*).
De 9 à 10 heures. Latin (*Tite-Live*).
De 10 à 11 heures. Grammaire grecque (exercices).
De 2 à 3 heures. Mathématiques (Manuel de Thilo).
De 3 à 4 heures. Latin.
De 4 à 5 heures. Histoire.

DEUXIÈME CLASSE.

De 8 à 9 heures. Composition allemande.
De 9 à 10 heures. *Odyssée* d'Homère.
De 10 à 11 heures. Horace (*Odes*).
De 2 à 3 heures. César.
De 3 à 4 heures. Histoire.
De 4 à 5 heures. Latin (exercices).

PREMIÈRE CLASSE.

De 7 à 8 heures. Langue hébraïque.
De 8 à 9 heures. Démosthènes.
De 9 à 10 heures. Cicéron (*Verrines*).
De 10 à 11 heures. Platon (*Gorgias*).
De 2 à 3 heures. Histoire.
De 3 à 4 heures. Mathématiques appliquées.
De 4 à 5 heures. Composition allemande.

MERCREDI ET SAMEDI.

SIXIÈME CLASSE.

De 8 à 9 heures. Latin (exercices).
De 9 à 10 heures. Latin (exercices).
De 10 à 11 heures. Grammaire latine.

CINQUIÈME CLASSE.

De 8 à 9 heures. Religion.
De 9 à 10 heures. Latin.
De 10 à 11 heures. Latin (exercices).

QUATRIÈME CLASSE.

De 8 à 9 heures. Composition allemande.
De 9 à 10 heures. Latin.
De 10 à 11 heures. Grammaire grecque.

TROISIÈME CLASSE.

De 8 à 9 heures. Latin (exercices).
De 9 à 10 heures. Latin (exercices).
De 10 à 11 heures. Grec.

DEUXIÈME CLASSE.

De 8 à 9 heures. Cicéron (*pro Archia*).
De 9 à 10 heures. Xénophon (*Hellenica*).
De 10 à 11 heures. Mathématiques (Manuel de Thilo).

PREMIÈRE CLASSE.

De 8 à 9 heures. Latin (exercices).
De 9 à 10 heures. Horace (*Epistolæ*).
De 10 à 11 heures. Sophocle.

Le recteur du gymnase de Francfort est M. Voemel, le conrecteur M. Scheffer, le prorecteur M. Schwenk. Le premier, le recteur Voemel, que je connais, et de qui je tiens tous mes renseignements, est un des bons élèves du séminaire philologique de Heidelberg : c'est un homme de mérite comme philologue. Parmi les autres professeurs, les plus connus sont M. Thilo, qui vient de mourir, et l'un des deux professeurs d'histoire, M. Steingass. Et ici je dois noter qu'il y a deux professeurs d'histoire, parce que les élèves du gymnase étant ou catholiques ou protestants, la susceptibilité religieuse a exigé deux professeurs d'histoire, l'un pour les protestants, l'autre pour les catholiques, comme il y a deux maîtres pour la religion. M. Steingass, gendre du célèbre Görres, est le professeur d'histoire catholique. Les études latines et grecques doivent être fortes dans ce gymnase, puisqu'on y explique jusqu'au *Gorgias* de Platon : mais il est à remarquer qu'il n'y a point d'enseignement spécial de philosophie, ce qui ôte toute préparation aux cours de philosophie si élevés et difficiles des universités allemandes. Il y a peu de physique et point de chimie, et j'ai quelque raison de penser que l'enseignement mathématique y est assez faible.

M. Voemel a eu la bonté de me communiquer les règlements manuscrits du gymnase, qui sont fort anciens; nous les avons parcourus ensemble. Ils exigeaient une révision et une simplification : l'autorité a demandé à cet égard à M. Voemel un projet qu'il a fait, et qui sera très-probablement adopté. J'ai lu ce nouveau règlement, dont j'extrais de suite deux dispositions excellentes qui sont communes à tous les gymnases de l'Allemagne, savoir : 1° que tout nouveau professeur, en prenant possession de son emploi, fait, ordinairement en latin, une dissertation sur quelque point de littérature ; cette dissertation est imprimée et sert comme de justification publique de la nomination du professeur ; 2° que, chaque année, le professeur recteur lit aussi aux examens publics du gymnase une dissertation latine de sa façon. Cette dernière disposition a pour but de tenir constamment en haleine M. le recteur, et de le forcer à soutenir et à étendre toujours sa réputation au profit du gymnase ; en effet, c'est le recteur qui est l'âme du gymnase, et s'il n'est pas lui-même un homme distingué, s'il ne donne pas l'exemple à ses collègues, son titre de recteur semble une injustice. De là une foule de dissertations précieuses. Je joins ici deux dissertations de ce genre, de la main de M. Voemel. L'une est une dissertation sur un point de philologie, l'autre un examen d'un discours attribué à Démosthènes, περὶ Ἁλοννήσου, et que M. Voemel propose d'attribuer à Hégésippe.

Je viens de vous parler des examens publics du gymnase ; mais il faut que je vous fasse bien connaître à quoi servent ces examens et ce qui s'y passe. Les élèves restent ordinairement sept ans au gymnase pour les sept classes dont il se compose ; mais on peut rester plusieurs années dans une seule classe, ou en faire deux dans une seule année ; car, pour passer d'une classe dans une autre, il suffit de subir un examen, ce qui est aussi dans nos statuts, mais ne s'exécute point chez nous. M. Voemel m'assure que ces examens sont ici très-sévères. Leur résultat, savoir, le passage d'une classe dans une autre, s'appelle *Progression*, et la petite solennité qui suit ces examens s'appelle *Progressionsfeierlichkeit*. C'est à l'ouverture de cette solennité que le recteur du gymnase prend la parole, et lit, comme je l'ai dit, un morceau de sa façon ; mais ce n'est pas, comme chez nous, une pièce de rhétorique, c'est toujours une dissertation, soit en latin, soit en allemand, sur quelque point de littérature ou de pédagogie. Après cette lecture vient ce qu'on appelle *Schulnachricht*, c'est-à-dire la chronique, l'histoire du gymnase depuis la dernière solennité. Le recteur rend compte brièvement et simplement des petits événements qui se sont passés pendant le semestre. Tantôt c'est la biographie d'un professeur que le gymnase a perdu, tantôt l'entrée d'un professeur nouveau que l'on fait connaître, ou bien encore des perfectionnements dont on rend compte, des encouragements que l'on donne à telle ou telle classe, à tel ou tel élève, enfin les dons faits par des particuliers pour la caisse des veuves et des orphelins, qui sont enregistrés, avec l'éloge des bienfaiteurs, ou des secours, *stipendia*, qui sont accordés à certains élèves sur quelque dotation. Tout cela compose une petite histoire de quelques pages, qui est imprimée à la suite de la dissertation ; et ces chroniques, ajoutées les unes aux autres, forment l'histoire entière du gymnase.

Cette histoire, connue de tous les professeurs et de toute la ville, intéresse les citoyens et les maîtres à l'établissement. Dans cette solennité sont aussi décernés des prix aux élèves. Il y a ordinairement deux prix et un accessit par classe : ces prix ne sont pas donnés, comme trop souvent chez nous, sur une seule composition, sur une épreuve de quelques heures, où le hasard peut faire échouer le meilleur élève et réussir le plus médiocre; ils résultent de la combinaison des notes de toute l'année, et surtout des examens semestriels. Et il n'y a pas autant de prix que de matières diverses d'enseignement dans chaque classe; il y a seulement deux prix et un accessit pour les trois meilleurs élèves de chaque classe, sans distinction de genre et d'après l'ensemble des études : ce qui a l'avantage de faire cultiver aux élèves les divers genres d'études à la fois, et prévient l'inconvénient grave de la plupart de nos colléges de Paris, où le professeur dresse exclusivement tel élève à tel genre, pour le faire paraître avec plus d'avantage au concours général des colléges. Enfin, quelques jours après, les élèves les plus distingués du gymnase lisent publiquement des compositions de leur façon, soit en latin, soit en allemand.

Par cet aperçu rapide, il est évident que toutes les institutions du gymnase de Francfort sont calculées pour la plus grande solidité des études du plus grand nombre d'élèves, et c'est le but que tout collége doit se proposer.

Je termine ce compte rendu de la constitution du gymnase de Francfort, en vous parlant de l'état des professeurs et de leur mode de nomination. Quand un professeur vient à manquer par une cause ou par une autre, le recteur a, comme chez nous, le droit et le devoir de lui donner un suppléant temporaire; mais quand il s'agit de nommer définitivement un professeur, le recteur n'a plus que le droit de faire un rapport à l'autorité sur les demandes des candidats. Il n'y a aucune condition légale pour être admis candidat. Ceux qui sont connus se présentent avec leur réputation; ceux qui ont écrit, avec leurs livres; les autres se font examiner par le recteur, qui souvent se fait assister, dans cet examen, par le conrecteur et le prorecteur. Souvent le recteur fait son rapport, non-seulement en son nom, mais au nom de tous ses collègues, qu'il a consultés dans une conférence ad hoc. L'autorité à laquelle ce rapport est adressé, est une commission appelée consistoire, *Consistorium*, composée en grande partie d'ecclésiastiques, et aussi de savants et notables de la ville. Ce consistoire choisit trois candidats parmi tous les autres, et les présente à une autorité supérieure, le sénat, lequel en choisit un à la pluralité des suffrages, non pas au scrutin secret, mais à haute voix. Le professeur ainsi nommé

est inamovible et ne peut être suspendu ou révoqué que par un jugement de la justice ordinaire, ce qui est à peu près sans exemple. Dans les cas de négligence dans son enseignement ou d'irrégularité dans sa conduite, on se tire d'affaire comme on peut avec des avis du recteur, quelquefois à l'aide de réprimandes du consistoire; mais ces cas mêmes sont si rares, que les règlements ne les prévoient pas.

A Francfort l'État ne fait point de pension aux veuves et aux orphelins des professeurs; mais il y a depuis plus d'un siècle une caisse des veuves et des orphelins (*Wittwen-und Waisenkasse*), dont les premiers fonds ont été faits, en 1723, par quelques personnes charitables, et qui depuis s'est successivement accrue d'une foule de dons et de legs plus ou moins considérables. Ordinairement ce sont les jeunes gens élevés au gymnase de Francfort qui plus tard envoient leur offrande à cette caisse. Elle est administrée par le recteur et les professeurs, qui rendent leurs comptes publiquement. On m'assure qu'il y a une semblable caisse pour tous les gymnases en Allemagne. Il y en a aussi une autre à Francfort pour l'école moyenne et une autre encore pour l'école modèle. Il serait bon de favoriser chez nous de pareilles associations pour les établissements d'instruction publique de tous les degrés.

Je souhaite, M. le ministre, que vous ayez une idée exacte et complète du gymnase de Francfort, et de ses ressemblances, ainsi que de ses différences, avec nos colléges royaux et communaux. Voici maintenant quelques-unes des conclusions pratiques que je tire de cette visite à l'un des bons gymnases de l'Allemagne et que je prends la liberté de vous soumettre.

1° Tenir la main très-sévèrement à l'exécution du règlement qui ne permet à aucun élève de passer dans une classe supérieure sans un examen qui constate sa capacité; donner à cet examen toute l'importance nécessaire : il devrait avoir lieu chaque semestre, pour faciliter aux élèves intelligents et laborieux le moyen d'achever plus vite leurs études.

2° Veiller à ce que les prix de la fin de l'année soient donnés, dans chaque collége, sur toutes les compositions de l'année et d'après les résultats des examens semestriels ci-dessus indiqués.

3° Abolir le discours de fade rhétorique qui se prononce à la distribution des prix de nos colléges, et le remplacer par un compte rendu des études et de l'histoire du collége pendant l'année, que ferait le proviseur, et par des compositions de différents genres, que liraient les meilleurs élèves qui, cette année, quitteraient le collége. Je n'ose, de peur de choquer les habitudes d'apparat et de futilité de nos distributions de prix, demander qu'un des professeurs y lise chaque année, à tour de rôle, un morceau de sa façon sur quelque point sérieux ; mais je voudrais au moins qu'un travail de ce genre fût toujours imprimé à la tête du programme de la distribution des prix ; un tel programme, qui contiendrait une dissertation savante, l'histoire du collége et quelques compositions des meilleurs élèves sortants, avec la distribution des prix, formerait un écrit intéressant pour les professeurs, pour les élèves et pour le public.

4° J'appelle votre attention sur le double emploi d'un censeur et d'un proviseur dans nos colléges d'externes, et même dans nos colléges à pensionnaires dont le pensionnat n'est pas très-considérable, par exemple, tous les colléges royaux de troisième classe, établissements où il y a déjà un économe qui suffit à la direction matérielle, comme le proviseur à la direction scientifique. Vous pourriez arriver ainsi à d'assez importantes économies, qui plairaient fort au pays, et que vous pourriez employer à d'utiles fondations.

5° Si j'osais même, je demanderais que tout proviseur, dans les colléges d'externes et dans les colléges royaux de troisième classe, fût en même temps chargé de quelque enseignement, et n'eût, comme proviseur, qu'un simple préciput ; car il faut à tout prix, M. le ministre, détruire la barrière qui sépare, chez nous, l'administration et l'enseignement. Dans nos colléges communaux, le principal est chargé de l'enseignement le plus important. Les doyens des facultés sont professeurs ; les membres du conseil royal sont aussi la plupart des professeurs, qui font leur cours ou qui se font remplacer momentanément à leurs frais. Je ne vois pas pourquoi les proviseurs des colléges royaux ne feraient pas de même. M. Voemel, le recteur-professeur du gymnase de Francfort, fait à la fois un enseignement très-solide, dirige à merveille son gymnase, écrit deux dissertations dans l'année pour les solennités dont je vous ai parlé, et en outre il poursuit ses travaux philologiques. J'ai pour ma part insisté fortement, quand nous avons réorganisé l'école Normale, établissement à pensionnaires, pour que le directeur de cette école y fût aussi chargé d'un enseignement important ; et c'est même à ce titre qu'il est directeur.

J'ai profité de l'extrême obligeance de notre ministre à Francfort, M. le baron Alleye, et de celle du secrétaire de légation, M. le baron Charles de Reinhardt, pour adresser les quatre demandes suivantes à nos ministres des pays d'Allemagne que je ne pourrai visiter dans cette course rapide : 1° tous les règlements imprimés, relatifs à l'instruction publique, pour les universités, pour les gymnases, pour les écoles populaires ; 2° le budget de toutes les dépenses relatives à l'instruction publique ; 3° le programme des leçons des universités depuis 1820 ; cette collection devrait être complète, pour mesurer la force moyenne des

cours ; 4° un certain nombre de thèses soutenues depuis 1820 dans les diverses facultés. Ces documents, avec mes souvenirs et mes notes d'autrefois, suffiront pour vous faire apprécier l'état de l'instruction publique dans le reste de l'Allemagne, et je me charge de reconnaître moi-même, dans les moindres détails et à tous ses degrés, l'organisation de l'instruction publique dans le royaume de Prusse, ce pays classique des casernes et des écoles, des écoles qui civilisent les peuples et des casernes qui les défendent. Le temps qui m'est accordé est bien court ; mais je le multiplierai par l'activité. J'observerai le jour ; les nuits seront employées à voyager ou à écrire ; celle-ci est à peu près écoulée. Je vais me reposer quelques heures, et partir ensuite pour Weimar.

Agréez, monsieur le ministre, etc.

DEUXIÈME LETTRE.

Grand-duché de Saxe-Weimar. — Organisation générale de l'instruction publique. — Instruction populaire. Écoles de village. École bourgeoise de Weimar. École normale primaire.

Weimar, 31 mai.

MONSIEUR LE MINISTRE,

Je suis allé, sans m'arrêter, de Francfort à Weimar, où je suis arrivé dans la nuit du 30 au 31 mai. Sur ma route se trouvaient, il est vrai, deux villes de quelque importance, Gotha et Erfurt ; mais Erfurt, avec son gymnase d'externes, appartient au système prussien, que je pourrai étudier plus à l'aise à Berlin ; et à Gotha, le seul homme sur lequel je pusse compter pour me faire voir avec fruit le gymnase de cette ville, l'excellent et savant M. Jacobs, est devenu tout à fait sourd. Je ne me suis donc arrêté que dans le grand-duché de Saxe-Weimar. Là s'est offert à moi de nouveau tout ce que j'avais déjà vu à Francfort, avec des établissements d'un ordre supérieur. L'instruction populaire est très-florissante dans le grand-duché de Saxe-Weimar. Il y a deux gymnases distingués, l'un à Eisenach, l'autre à Weimar ; et l'université d'Iéna jouit encore, malgré les pertes qu'elle a faites, d'une réputation méritée. Aussi je crois bien faire de mettre deux jours à étudier à Weimar le premier système un peu étendu d'instruction publique qui se présente à moi ; et grâce à l'obligeance infinie que m'ont témoignée tous les membres supérieurs de l'administration, j'espère, M. le ministre, pouvoir vous rendre un compte exact de tous les établissements importants d'instruction publique que possède le duché de Saxe-Weimar.

Ces établissements, étant fort nombreux, supposent nécessairement une administration générale qu'il importe de vous faire connaître. Je commencerai par vous parler de cette administration ; je passerai à l'instruction primaire, puis au gymnase, puis à l'université ; je terminerai par le budget des dépenses que coûte à ce petit État l'instruction publique dans ses détails et dans sa totalité.

ADMINISTRATION GÉNÉRALE DE L'INSTRUCTION PUBLIQUE.

Dans le grand-duché de Saxe-Weimar, l'instruction publique fait partie du ministère de l'intérieur. Elle est confiée, comme à Francfort, à une commission dite *Consistoire*. Ce nom trahit assez l'origine et le caractère de cette commission. En général, toute l'administration de l'instruction publique en Saxe-Weimar est ecclésiastique. Quand le protestantisme détruisit le catholicisme, il le remplaça dans tous ses priviléges et dans toute sa puissance. Il est inutile de remarquer qu'une semblable organisation ne convient nullement à la France ; mais on est forcé de reconnaître qu'elle a produit en Saxe d'excellents fruits. Le clergé s'est constamment montré zélé, passionné même pour l'instruction publique. En revanche, les laïques ont une déférence naturelle pour l'autorité ecclésiastique. Une mutuelle confiance, enracinée dans les mœurs, met à la fois la religion sous la protection des lumières, et les lumières sous celle de la religion. Le consistoire était d'abord tout ecclésiastique : depuis, aux quatre membres ecclésiastiques on a ajouté un membre laïque, qui à lui seul compte autant que tous les ecclésiastiques, ceux-ci n'ayant à eux tous qu'une seule voix comme lui. Il y a donc, à proprement parler, un banc ecclésiastique et un banc laïque dans le consistoire. En fait, il y a toujours accord entre eux ; s'il y avait division, le président du consistoire ferait son rapport au ministre, qui déciderait. Ce président se trouve précisément le conseiller laïque du consistoire, M. Peucer, littérateur estimé qui s'est dévoué à l'administration de l'instruction publique, et qui la conduit avec un zèle, une intelligence et une activité très-remarquables. Il vit en très-bon accord avec ses quatre collègues ecclésiastiques, qui lui laissent faire à peu près toute la besogne. Ce consistoire ainsi constitué a la haute main sur toute l'instruction publique, l'université d'Iéna exceptée, laquelle a son administration séparée. Les professeurs de l'université ont un rang trop élevé dans l'instruction publique et même dans l'État, pour relever d'aucune autre autorité que de celle du ministre ; et le caractère des universités allemandes est trop scientifique et trop séculier pour qu'on puisse les soumettre au pou-

voir ecclésiastique. L'université est gouvernée immédiatement par l'assemblée de tous les professeurs titulaires (*Senatus academicus*), présidée par le *recteur*, qui lui-même est nommé annuellement par les professeurs. Ce recteur correspond avec un *curateur* de l'université, nommé par le ministre ; et ce curateur correspond avec une commission spéciale de trois membres, dont le président a un rang semi-ministériel et traite directement avec le ministre lui-même, sans avoir affaire au consistoire. Mais l'autorité du consistoire est absolue pour les gymnases et l'instruction primaire. C'est lui qui nomme les maîtres des écoles et des gymnases, ou du moins qui les propose à la nomination du ministre ; c'est lui qui les surveille ; c'est lui qui au besoin les écarte, les déplace ou les destitue. C'est surtout sur l'instruction primaire que se fait sentir son influence, qui en théorie pourrait être funeste, et qui en fait est toujours éclairée et bienfaisante.

INSTRUCTION POPULAIRE.

Dans le duché de Saxe-Weimar, une loi de l'État ordonne à tous les pères de famille d'envoyer leurs enfants à l'école, ou de prouver qu'ils leur font donner chez eux une instruction suffisante. Des peines sévères sont attachées à l'infraction de cette loi, qui remonte à l'origine même du protestantisme. C'était alors pour le protestantisme une mesure de conservation ; et de nos jours même cette loi pourrait fort bien se défendre. La mission de l'État est aussi de répandre la morale et les lumières ; de plus, il a le droit et le devoir de protéger l'ordre social au dedans comme au dehors ; et l'on ne peut nier que de tous les moyens d'ordre intérieur, le plus puissant ne soit l'instruction générale. C'est une sorte de conscription intellectuelle et morale. Au reste ceci, M. le ministre, n'est pas une affaire du conseil de l'instruction publique ; c'est une affaire d'État.

La conséquence immédiate de la loi que je viens de signaler, est qu'il y ait dans tout village un maître d'école ; et par ce mot de village (*Dorf*) on entend ici la plus petite réunion de familles. Une douzaine de maisons cachées dans le coin d'une vallée ont leur maître d'école ; de sorte que nul ne peut alléguer qu'il n'a pas obéi à la loi par impossibilité physique.

Depuis l'âge de six ans, les enfants sont tenus d'aller à l'école, sauf la preuve à faire par les parents qu'ils reçoivent l'instruction suffisante à la maison paternelle. Chaque commissaire de district fait un rapport à la municipalité sur les enfants de son district qui arrivent à l'âge d'aller à l'école.

Chaque enfant paye au maître d'école 12 *gros* par an (environ 36 sous) dans les moindres villages. Cette somme est très-petite, mais elle constitue une imposition véritable que chaque père de famille est tenu d'acquitter. Si pourtant la famille est trop pauvre, la commune est tenue de venir à son secours. Chaque trimestre, le maître d'école fait la liste des enfants qui n'ont pas payé, et la transmet à la commune, qui paye immédiatement pour eux.

Le minimum du traitement d'un maître d'école de village est de 100 thalers, environ 375 francs, non compris le logement et le chauffage de l'école; le minimum du traitement d'un maître d'école de ville est de 125 thalers à 150, selon la grandeur des villes. Quand ce minimum est dépassé, l'école alors est gratuite, et la commune ne paye plus pour les enfants pauvres. Ce minimum se compose : 1° de la rétribution des enfants (Schulgeld); 2° du supplément que donne la commune sur les biens qu'elle possède. Il y a pourtant des communes qui sont elles-mêmes trop pauvres pour suppléer à la pauvreté des familles : dans ce cas, on a recours à l'église du lieu, qui, ayant hérité des anciennes dotations catholiques, possède presque toujours quelque chose, et cette église, quand elle le peut, est tenue de venir au secours de la commune en ce qui regarde l'instruction populaire. Enfin, si l'église est trop pauvre elle-même, il y a un fonds pour les écoles de campagne (Landschulfond), qui concourt avec l'église, la commune et les familles, pour compléter le minimum du traitement du maître d'école. Ce fonds s'alimente de dons volontaires, de legs, et surtout du produit de certains droits que l'État lui abandonne, tels que ceux sur les dispenses pour divorce, ou pour mariage entre proches, etc. Les subventions accordées sur ce fonds sont les seules dépenses centrales que coûte l'instruction populaire. Le dessein de la loi est de rendre cette instruction essentiellement communale, et, pour ma part, j'approuve entièrement ce dessein. Je pense que, si l'instruction populaire est une dette de l'État, c'est la commune qui doit représenter l'État sur ce point; et chez nous, à défaut de commune, le département. L'État ne doit venir qu'au défaut de l'un ou de l'autre, pour ajouter à leurs efforts, et non pour se mettre en leur lieu et place. C'est ce principe qui fait qu'en Saxe-Weimar, où il y a autant d'écoles que de villages, et où chaque maître d'école est à son aise, l'instruction primaire ne figure au budget de l'État que pour une somme assez peu considérable.

Il faut aussi que je vous signale le mode de perception du Schulgeld. Chez nous, trop souvent, c'est le maître d'école qui perçoit lui-même la rétribution des écoliers, ce qui affaiblit sa considération, le met dans la dépendance des familles, s'il se contente de solliciter ce qui lui est dû, ou le brouille avec elles, si, pour se faire payer, il s'adresse à la justice. Ici c'est un délégué de la commune qui se charge de percevoir

cette rétribution, comme une imposition ordinaire, sur la liste que lui remet le maître d'école. Ce percepteur est souvent un simple paysan, qui pour sa peine prélève tant pour cent de la recette. Cette pratique a pour effet d'assimiler entièrement le Schulgeld à une dette civique, et de faire du maître d'école un fonctionnaire de l'État; ce qu'il est en effet, au lieu que chez nous il y a des gens qui veulent en faire un industriel.

Les maîtres d'école n'ont pas seulement un traitement suffisant et honorable, comme nous venons de le voir; sur la fin de leur vie, ils reçoivent comme pension de retraite la moitié au moins de ce traitement. Le temps de service qui donne droit à cette pension n'est pas déterminé, mais il est apprécié équitablement par le consistoire. Comme le traitement, la pension se fait sur les fonds de la commune, ou sur ceux de l'église, ou sur celui des écoles de campagne.

Il y a aussi une caisse pour venir au secours des veuves et des enfants des maîtres d'école. Il y avait toujours eu des établissements particuliers de ce genre dans diverses parties du grand-duché; mais en 1825 tout ces établissements locaux ont été réunis dans une seule caisse générale (allgemeiner Schullehrerwittwenfiscus), laquelle a reçu sa dernière organisation par un statut du 21 décembre 1827, que je vous envoie. Tous les maîtres d'école contribuent à cette caisse; c'est la loi même qui les y oblige, aussitôt qu'ils sont en possession effective de leur emploi. Celui qui quitte le pays perd ses droits au bénéfice de l'établissement, et ne peut pas même réclamer ce qu'il a déjà fourni; il en est de même du maître d'école qui est privé de son emploi après une condamnation. Chaque sociétaire, à son entrée dans la société, c'est-à-dire, chaque maître d'école lorsqu'il entre en fonctions, commence par payer 10 thalers, ou, à défaut d'argent comptant, il donne un billet portant intérêt de 12 gros par an. Il peut acquitter successivement son billet dans le courant de sa vie; s'il ne l'a pas pu, à sa mort, la société le remet à sa veuve pour les frais de sépulture. La contribution régulière et habituelle est de 18 gros par semestre. Quand un maître d'école n'acquitte point cette somme, on la retient sur son traitement.

Pour favoriser cette excellente institution, le gouvernement lui donne par an 300 thalers sur le fonds général pour les églises et les écoles, fonds qui est voté par les états, et de plus 50 thalers sur le fonds spécial dont nous avons déjà parlé pour les écoles de campagne. Le consistoire supérieur lui abandonne aussi certains droits, ainsi qu'une part dans les recettes que font les églises, soit par quête, soit par donation.

Aussitôt après le décès d'un maître d'école, sa veuve reçoit 10 thalers pour frais d'enterrement. A défaut de la veuve, ce sont les enfants, et, à défaut d'enfants, les parents en ligne ascendante, père et grand-père, ou, à leur défaut, les collatéraux jusqu'aux nièces et neveux. Quand il n'y a aucun parent, cette somme revient à la caisse générale, à moins que l'héritage ne suffise pas pour subvenir aux frais de l'enterrement. Annuellement la veuve reçoit une pension de 12 thalers, qui lui est payée par semestre. Cette pension est bien modique ; mais il ne faut pas oublier que cette institution est très-récente ; et dès 1827, la société espérait et promettait même l'augmentation prochaine de cette pension.

A défaut de veuve, ou lorsque la veuve vient à mourir, les enfants, un ou plusieurs, ont droit à toute la pension de la mère jusqu'à l'âge de dix-huit ans.

La veuve perd ses droits à la pension, quand elle se remarie, quand elle devient enceinte hors des liens du mariage, ou quand elle encourt des peines infamantes ; mais, dans aucun de ces cas, les enfants ne perdent leurs droits.

L'établissement, comme fondation pieuse (*milde Stiftung, pia causa*), jouit de tous les avantages accordés aux fondations de ce genre, savoir :

Ses créances sont privilégiées ;

Il est exempt de frais de justice, de frais de timbre et de ports de lettres ;

On ne peut mettre aucune espèce d'opposition sur les pensions et sur les fonds destinés aux frais d'enterrement.

Le consistoire supérieur a la direction et la surveillance de cette utile institution, qui lui doit beaucoup ; il est à la tête de toute l'instruction populaire. S'il protège les maîtres d'école et pendant leur vie et après leur mort, en revanche c'est lui aussi qui les surveille dans l'exercice de leurs fonctions, et qui représente à leur égard le gouvernement. Premièrement, il est reconnu en principe que la surveillance de toute école de village appartient au pasteur ; et ici je puis vous assurer qu'il n'y a pas un maître d'école qui se plaigne de ce droit, par la raison qu'il n'y a pas un pasteur qui en abuse. Secondement, les pasteurs de paroisses circonvoisines se réunissent de temps en temps pour se communiquer leurs observations. Celui d'entre eux qui se distingue le plus par son zèle et par ses lumières, est chargé de correspondre, à cet égard, avec le surintendant du diocèse. Ce pasteur est appelé *adjunctus :* ce titre, qui lui est conféré par le grand-duc, le relève et l'encourage. Sur les rapports des divers *adjuncti*, le surintendant du diocèse correspond avec le consistoire. C'est exactement comme si chez nous les écoles primaires étaient sous l'inspection des curés, que l'un de ces curés fût chargé, pour un certain nombre d'écoles et de paroisses, d'en référer à l'évêque, qui lui-même correspondrait avec l'autorité ecclésiastique supérieure, de telle sorte que le clergé fût à tous les degrés l'inspecteur et le directeur de l'instruction populaire. Ici les choses vont très-bien de cette manière et à la satisfaction de tout le monde.

Non-seulement le consistoire surveille les maîtres, mais c'est lui, en grande partie, qui a le droit de les révoquer. Sans doute les délits des maîtres d'école qui tombent sous la loi civile sont soumis aux tribunaux ordinaires, et toute condamnation des tribunaux entraîne la destitution. Avant le jugement et aussitôt qu'il y a prévention, le maître d'école est suspendu. Mais ces cas sont extrêmement rares ; les plus fréquents sont ceux de négligence ou de dérèglement. Alors intervient le consistoire : il fait d'abord des réprimandes ; les réprimandes épuisées, il fait un rapport au ministre pour proposer la révocation du maître d'école. Le maître d'école révoqué peut en appeler aux états du pays, qui se font présenter les pièces. Dans le diplôme ou brevet que reçoit à sa nomination le maître d'école, ces cas possibles de révocation sont exprimés, et ce sont des conditions de sa nomination auxquelles il doit se soumettre.

Pour se faire une idée de l'influence du consistoire sur l'instruction primaire et du caractère qu'il lui imprime, il faut lire une instruction générale que le consistoire a adressée, en 1822, à tous les maîtres d'école. C'est une pièce si curieuse sous plusieurs rapports, que j'en donne ici une traduction, ou du moins un extrait.

INSTRUCTION GÉNÉRALE POUR LES MAITRES D'ÉCOLE DE CAMPAGNE.

(*Allgemeine Dienstinstruction für die Landschullehrer.*)

PRÉAMBULE.

« Les fonctions du maître d'école doivent être rangées parmi les plus importantes de l'État, car elles ont pour but l'éducation morale et religieuse du peuple, à laquelle se rattache étroitement son éducation politique.

« Celui qui se charge de pareilles fonctions doit se vouer entièrement au service de Dieu, de la patrie et de l'humanité. On doit supposer qu'il est lui-même un homme religieux et moral, et qu'il a la ferme volonté de travailler toute sa vie à son perfectionnement.

« Soyez les modèles du troupeau qui vous est confié, dit l'Écriture sainte aux docteurs chrétiens. Aussi doivent-ils s'appliquer, pendant tout le cours de leur vie, à régler leur conduite publique et privée de manière à édifier tous ceux qui les voient ou les entendent, et à leur offrir un modèle de piété, de probité et de dignité morale.

« Le maître d'école ne doit pas se contenter de remplir fidèlement ses devoirs ; il doit encore chercher à obtenir partout l'estime et la confiance par une tenue convenable, s'abstenir de toute légèreté, même apparente, ne prendre part ni aux danses publiques ni aux jeux de cartes, éviter en général de fréquenter les cabarets (*Schenken*), les auberges et autres lieux de distractions bruyantes; ne point se mêler aux musiciens ni les accompagner dans les bals publics; régler enfin sa mise suivant son état, et s'appliquer à ce que le peuple ne sépare jamais en lui l'homme d'avec les fonctions qu'il remplit. Le maître d'école doit mener en tout une vie exemplaire; et il n'ignore pas d'ailleurs que des infractions à ces premiers devoirs de sa charge l'exposeraient à des admonitions sévères, puis à des peines disciplinaires, enfin à la suspension ou même à la privation de ses fonctions.

« Le pasteur et le maître d'école n'ont qu'un seul et même but dans la commune qui leur est confiée; seulement chacun d'eux remplit ce but à sa manière. Le maître d'école est sous la surveillance du pasteur : il faut qu'il le regarde comme un supérieur auquel il doit montrer un juste respect; il faut qu'il prenne ses conseils, qu'il recherche ses avertissements. Bien loin de s'égaler au pasteur de son endroit, et de se dérober à sa légitime influence, il doit au contraire reconnaître sa supériorité, penser modestement de lui-même, et laisser voir cette persuasion dans l'exercice de ses fonctions et dans toute sa conduite. »

DISPOSITIONS PARTICULIÈRES.

« 1° Le minimum des leçons de toute école populaire est de cinq leçons d'une heure chaque jour, les lundi, mardi, jeudi et vendredi; et de trois le mercredi et le samedi. Le maximum est de six leçons. Dans les leçons de l'après-dînée, une demi-heure doit toujours être consacrée à l'enseignement et à la pratique du chant.

« 2° Les fêtes légales exceptées, le nombre fixé des leçons doit être scrupuleusement observé.

« 3° Le maître d'école doit enseigner d'après un plan de leçons agréé par le pasteur, à s'entendre à cet égard avec lui chaque année après l'examen de la moisson (*Erndte-Examen*).

« 4° Le maître d'école doit avoir un registre des enfants qui commencent à venir à son école, ou qui la quittent, et tenir ce registre dans un ordre convenable.

« 5° Il doit tenir également un tableau de toutes les absences des élèves, et se conformer en tout à l'ordonnance du 15 mai dernier, pour tout ce qui regarde les absences punissables.

« 6° Avant l'examen annuel, il fera un tableau des notes de chacun des enfants, et le remettra à temps au pasteur.

« 7° Il dressera de l'école, comme établissement d'instruction, un inventaire qu'il mettra chaque année, à l'époque de l'examen, sous les yeux du pasteur.

« 8° Dans les cas qui intéressent le plus la police de l'école, il devra avertir le pasteur avant d'infliger la punition.

« 9° Il ne peut prendre un congé ou fermer l'école sans en avoir demandé lui-même, d'une manière convenable, la permission au pasteur, et l'avoir obtenue. Ainsi le maître d'école ne devra pas simplement annoncer par écrit au pasteur qu'il a l'intention, par exemple, de faire un petit voyage ou de ne point ouvrir l'école tel jour par tel motif; il faudra qu'il soit allé lui-même auparavant en demander la permission au pasteur, si celui-ci demeure au village. Le maître d'école d'une succursale (*Filialort*) pourra seul se contenter d'en écrire au pasteur, mais toujours pour en demander la permission, et non pour annoncer une résolution prise. Les cas de maladie font exception; mais le pasteur doit être aussitôt averti.

« 10° Pendant le temps des leçons, le maître d'école ne pourra s'occuper d'aucune autre affaire; il doit se livrer tout entier aux soins que réclament les enfants, et il ne peut pas non plus, pendant les heures du travail, employer les élèves à nulle autre affaire étrangère à l'école, et qui pourrait concerner son ménage.

« 11° Pendant la classe, il devra être mis convenablement et éviter avec soin tout ce qui pourrait porter atteinte à la dignité de ses fonctions.

« 12° Avant le service divin, le maître d'école ira revêtir son costume (en noir), il prendra les instructions du pasteur concernant le service, et il ne paraîtra à l'église qu'en noir.

« 13° Le maître d'école est chargé de composer lui-même les tableaux qui annoncent dans l'église les numéros des chœurs qui seront chantés.

« 14° Il conduit le chant d'église et touche l'orgue partout où il n'y a pas d'organiste spécial attaché à l'église. Son jeu devra toujours être grave et sévère, pour édifier la commune.

« 15° A défaut d'un organiste, il dirige également l'orchestre et le chœur qui y est attaché.

« 16° Pendant le service divin, il exerce une surveillance sévère et paternelle sur les enfants de l'école.

« 17° Il remplira avec dignité et exactitude toutes les autres fonctions qui peuvent être à sa charge, suivant les localités, aux jours de fête et dans les solennités.

« 18° Il devra toujours paraître en costume à la cérémonie de la communion.

« 19° Il a la surveillance des vases sacrés, du mobilier et des bâtiments de l'église, à moins que ce soin ne soit confié spécialement à des tiers; dans tous les cas, il veille à la propreté et à l'entretien de l'église.

« 20° Le maître d'école a soin de l'orgue et l'accorde lui-même, à moins qu'il n'y ait un organiste spécial.

« 21° Partout où il est chargé de régler et de monter l'horloge, il s'acquittera scrupuleusement de ce devoir, sans en confier le soin à des tiers ignorants.

« 22° Il est également chargé de faire sonner les cloches, jusqu'à ce qu'une loi générale et des arrangements particuliers aient modifié cet usage.

« 23° Il devra tenir scrupuleusement les écritures, les comptes et les registres de l'église.

« 24° Il tiendra, avec la même exactitude, toutes les écritures qui concernent la commune.

« 25° Cependant son école ne devra point souffrir de ces travaux, qui se feront hors des heures de leçons. Il renverra à ce temps toutes les personnes qui viendraient lui parler d'affaires concernant la commune, et il ne pourra manquer une classe pour cet objet sans le consentement du pasteur.

« 26° Tous les trois mois, il devra envoyer aux directeurs de l'institut des Orphelins des certificats détaillés sur la conduite, l'exactitude et l'application des pupilles que cet institut aura pu lui confier, et il devra surveiller particulièrement ces enfants.

« 27° Le maître d'école reçoit les contributions qui se prélèvent sur les baptêmes ou les mariages, pour le fonds de secours aux maîtres d'école. Il en tient compte et les remet tous les six mois au pasteur.

« 28° En général, le maître d'école doit remplir avec conscience, et sans qu'il puisse s'y refuser, tous les devoirs qui, suivant les localités et les besoins de la paroisse, peuvent lui être attribués.

« Au nom du consistoire supérieur grand-ducal de Saxe-Weimar.

« Weimar, le 20 mars 1822. »

Cette instruction, dont le caractère ecclésiastique est si frappant, présuppose en beaucoup de points l'ordonnance du 15 mai 1821, qu'elle rappelle. Cette ordonnance entre dans une foule de détails qui témoignent de la haute sollicitude et de la paternelle sévérité du gouvernement grand-ducal relativement à l'instruction populaire. Je ne veux pas séparer l'ordonnance de l'instruction qui s'y rattache, et je la mets sous vos yeux, M. le ministre, dans toute son étendue, persuadé que rien de ce qui se rapporte à un objet aussi important que l'instruction du peuple ne peut vous être indifférent.

« Nous, CHARLES-AUGUSTE, par la grâce de Dieu, GRAND-DUC DE SAXE-WEIMAR, etc., etc.;

« Voulant donner plus d'unité aux règlements existants pour ce qui concerne la tenue des écoles de campagne, et mettre les parents à même de connaître toutes leurs obligations et celles de leurs enfants;

« Considérant combien il est important que les enfants, dès leur plus tendre jeunesse, prennent l'habitude de la persévérance et de l'ordre;

« Considérant que le moins d'interruption possible dans l'enseignement contribue puissamment aux progrès des enfants dans l'instruction religieuse et dans l'étude de toutes les connaissances utiles;

« Considérant aussi qu'il est juste d'accorder aux maîtres les vacances nécessaires pour se reposer de leurs pénibles fonctions; que cependant il convient de ne pas laisser trop de latitude à cet égard, et de prévenir par des mesures rigoureuses la négligence des parents ou la paresse des écoliers;

« Après avoir entendu l'avis de notre consistoire supérieur, ORDONNONS ce qui suit :

« 1° Les vacances de la moisson durent six semaines dans les villages. Pendant ce temps, l'enseignement des écoles est entièrement suspendu durant quatre semaines, à cause de l'urgence des travaux de la campagne.

« 2° Pendant les deux autres semaines, l'école sera ouverte durant la moitié de la journée, c'est-à-dire, trois heures le matin, de six à neuf heures, ou plus tôt, afin que les enfants puissent assister leurs parents dans les travaux de la moisson. On s'arrangera, dans les écoles qui réunissent tous les enfants dans une seule classe, pour que les plus âgés passent les premiers et puissent être renvoyés après la seconde leçon, la troisième devant être alors consacrée aux plus jeunes.

« On exigera sévèrement que tous les enfants assistent régulièrement à ces demi-journées d'école (Halbschulen) pendant les vacances de la moisson.

« 3° Les vacances commencent avec les premiers jours de la moisson, qui peuvent varier suivant les pays. Le pasteur annonce en chaire l'entrée en vacances et la reprise des études. Il est défendu d'anticiper sur le temps fixé en chaire par le pasteur, comme de prolonger les vacances au delà de six semaines.

« 4° Le diocésain décidera s'il est convenable, suivant les localités, de diviser les six semaines de vacances accordées par la loi, et d'en rejeter, par exemple, une partie à l'époque de la récolte des pommes de terre, ou s'il convient, dans des temps d'urgence, de prolonger pendant huit jours, ou au plus pendant quinze, les demi-journées d'école. Il est seul chargé d'autoriser ces exceptions, dont il est responsable devant l'autorité supérieure ecclésiastique. De semblables mesures prises par le maître d'école, ou même par le pasteur ou par l'autorité du lieu, les exposeraient à des punitions.

« 5° Dans les localités qui ne font pas de l'agriculture leur principale industrie, les vacances de la moisson ne durent que quatre semaines.

« 6° Partout les communes pourront, d'accord avec les maîtres d'école, abréger le temps des vacances de la moisson, ou même continuer pendant toute leur durée les demi-journées d'école ; et dans leurs rapports annuels au consistoire supérieur, les diocésains feront une mention honorable de ces communes et de ces maîtres.

« 7° Les vacances pendant les trois grandes fêtes sont réglées comme il suit :

« A Pâques, huit jours ;

« A la Pentecôte, cinq jours ;

« A Noël, les vacances commencent la veille, et les travaux reprennent le 2 janvier partout où les tournées des choristes dans le pays ne sont pas en usage au nouvel an ; dans les pays où cette coutume existe encore, les classes rouvriront au plus tard le 4 janvier. Plus tard, des mesures particulières seront arrêtées relativement à ces tournées de chant (*Neujahrsingen*).

« 8° La plus longue durée des vacances pour l'anniversaire de la consécration de l'église est de trois jours.

« 9° Les vacances à l'époque de la foire devront être abrégées partout le plus possible par les diocésains ; il ne sera pas permis d'en accorder pour les jours de la foire des pays environnants.

« 10° Le mardi gras est un jour de congé. Le 18 octobre et le jour de la Saint-Martin sont des demi-congés.

« 11° Les jours de grandes noces dans les campagnes, si le maître d'école y doit être occupé la plus grande partie du jour, on pourra accorder un jour entier de congé, et un demi-jour pour les petites noces.

« 12° Les jours de congé à la Saint-Grégoire sont supprimés ; seulement dans les pays où les enfants de l'école font une tournée musicale ce jour-là, on pourra accorder un jour de congé.

« 13° Toute fermeture de l'école ou toute absence en dehors de ces jours de congé est regardée comme une contravention à la règle.

« 14° Cette contravention pourra être permise dans les cas de nécessité urgente, tels que maladie, payement à faire au dehors, voyage pour affaires pressantes de famille. Dans ce cas, le maître d'école devra avertir à temps le pasteur et faire reconnaître par lui la nécessité de manquer une classe. Si l'école doit être fermée deux jours, le pasteur en donne avis à l'autorité ; si l'interruption doit durer plus de huit jours, celle-ci devra pourvoir d'une manière ou d'une autre au défaut d'instruction pour les enfants ; et dans le cas d'une interruption encore plus longue, elle devra en référer au consistoire.

« 15° Toute autre absence du maître d'école, que ce soit dans l'intérêt de ses récoltes ou pour autres affaires, est rigoureusement défendue. Il devra consacrer à ces occupations les vacances qui lui sont accordées et les heures qui restent libres.

« 16° Tous les enfants en l'âge d'aller à l'école, sans exception des enfants pauvres ni des fils de pâtres et de bergers, sont tenus d'aller régulièrement à l'école.

« 17° L'absence est permise, avec une autorisation préalable du maître d'école, ou moyennant la production d'excuses valables par les parents. Dans ce dernier cas, les parents ou tuteurs sont responsables et peuvent être pris à partie.

« 18° Le maître d'école, d'accord avec le pasteur, appréciera les cas d'absence pour une leçon ou pour un jour pendant les jours les plus rigoureux de l'hiver.

« 19° La commune a le devoir de surveiller rigoureusement l'exactitude des enfants à se rendre à l'école. Comme elle est subsidiairement responsable, d'après la loi, de la rétribution des écoliers, elle a droit d'exiger que l'instruction soit régulièrement donnée et reçue. On accordera des mentions honorables et des prix, s'il est possible, aux enfants qui auront, pendant le cours de l'année, assisté le plus exactement aux leçons.

« 20° Pour donner plus d'activité à l'intervention de la commune dans la surveillance des enfants, chaque école aura un comité spécial dans la commune. Ce comité d'école (*Schulvorstand*) est composé du pasteur, du maître d'école, du maire (*Schultheiss*) et d'un des principaux notables de l'endroit, qui est élu à la pluralité des voix, sous la présidence du pasteur, par tous les *voisins*, c'est-à-dire, par tous les habitants de l'endroit qui jouissent du droit de voisinage (*Nachbarrecht*) ; et ce membre du comité peut s'appeler alors particulièrement le *tuteur* de l'école (*Schulpfleger*). On pourra former dans les villes de semblables comités d'écoles.

« 21° Tous les trois mois, le maître d'école présente au comité assemblé la note des absences. Les parents négligents sont appelés, avertis, menacés, et il leur est enjoint d'envoyer régulièrement leurs enfants à l'école. Si ces mesures sont insuffisantes, un rapport signé par le comité est envoyé au diocésain, qui assigne les parents à comparaître à la surintendance ; et si tous ces moyens restent sans effet, on a recours à l'autorité civile, qui instruit judiciairement.

« 22° On devra surtout s'attacher à faire cesser, dès les commencements, les absences de l'école, et un avertissement bienveillant ou des paroles sérieuses, adressés à temps aux parents et renouvelés par le maître d'école ou par le pasteur, pourront couper le mal à sa racine. De son côté, le maître d'école devra s'attacher à rendre son école agréable aux enfants et à faire qu'ils s'y trouvent bien.

« 23° Les mêmes mesures sont applicables aux pupilles de l'institut des Orphelins ; il est donné avis des absences de l'école à la direction ; celle-ci retient ou diminue aux tuteurs de l'enfant la gratification accordée pour son éducation.

« 24° L'autorité civile veille sévèrement à ce que les absences de l'école ne proviennent pas de ce que les enfants seront allés mendier ou demander du pain dans les maisons, sur l'ordre de leurs parents. Elle devra dans ce cas informer correctionnellement.

« 25° Toutes les dispositions antérieures, contraires aux présentes, sont et demeurent annulées.

« 26° Cette loi recevra son exécution à partir de la Saint-Michel de cette année. D'ici là, les comités d'école établis par l'article 20 devront être organisés.

« Fait et arrêté à Weimar, le 15 mai 1821. »

Le consistoire ne se borne pas à donner à l'instruction primaire des règlements disciplinaires ; il pénètre dans chaque école de village pour y régler l'enseignement, le mesurer aux différents âges, le répartir et le distribuer de la manière la plus convenable, et déterminer jusqu'aux livres dont le maître devra faire usage. Il y a un plan normal de leçons (*Lectionsplan*) pour toutes les écoles primaires, que chaque maître doit suivre et que le consistoire seul peut modifier. La seule différence qui existe entre les diverses écoles populaires du grand-duché, est que les unes occupent les enfants six heures dans la journée, et les autres cinq heures seulement, ce qui suffit presque partout ; qu'en certaines écoles, les diverses classes reçoivent quelquefois l'enseignement distinct qui leur convient à des heures différentes, ce qui réduit le nombre des leçons de chacune d'elles, attendu que le maître ne dépasse jamais le nombre total des leçons fixées pour l'école, tandis que souvent on réunit les différentes classes en une seule, et l'on s'arrange pour faire la leçon à chacune d'elles dans la même heure, en répartissant cette heure convenablement entre elles. Il y a toujours trois classes : les *commençants*, la *classe supérieure* et la *classe moyenne*. Voici le plan normal d'une école du peuple où les trois classes sont réunies en une seule, et n'ont que cinq leçons par jour, d'une heure chacune, trois le matin, deux l'après midi, excepté le mercredi et le samedi, où il y a congé l'après midi.

LUNDI.

1re *Leçon du matin*. Prière et chant. Classe supérieure et classe moyenne réunies : enseignement religieux. La classe des commençants écoute. De temps en temps le maître lui adresse des questions simples, claires et faciles. On cherche à exercer son jugement moral, à lui expliquer l'instruction religieuse qu'elle a déjà acquise.

2° *Leçon*. Classe supérieure : calcul par écrit (travail muet). Classe moyenne : écriture. Commençants : une demi-heure épeler et syllaber ; une demi-heure lire au tableau des lettres imprimées sur de petits morceaux de bois que le maître présente successivement aux enfants, ou dans l'A b c.

3° *Leçon*. Une demi-heure, classes supérieure et moyenne : lecture dans *l'Ami des enfants*, pour les connaissances utiles. Les commençants écoutent. L'autre demi-heure, les classes supérieure et moyenne récitent ce qu'elles ont appris par cœur. Les commençants copient sur l'ardoise ce qui leur a été préparé sur le tableau noir.

1re *Leçon de l'après midi*. Classe supérieure : écriture (travail muet). Classe moyenne : calcul par écrit. Le maître donne des explications où il est nécessaire. Commençants : enseignement élémentaire partagé en deux demi-heures.

2° *Leçon*. Une demi-heure, classe supérieure : dictée. Classe moyenne, instruction grammaticale sur ce qui est dicté à la classe supérieure. Les commençants écoutent et prennent part à la leçon. L'autre demi-heure, classes supérieure et moyenne : leçon de chant. Les commençants sont partis.

MARDI.

1re *Leçon du matin*. Comme lundi.

2° *Leçon*. Comme lundi.

3° *Leçon*. Une demi-heure, lecture de la Bible et explications ; l'autre demi-heure, calcul de tête pour les classes supérieure et moyenne. Les commençants copient sur l'ardoise.

1re *Leçon de l'après midi*. Comme lundi.

2° *Leçon*. Comme lundi.

MERCREDI.

1re *Leçon du matin*. Prière et chant. Classes supérieure et moyenne : histoire de la Bible, et, plus tard, de la réformation. Les commençants écoutent et prennent part à la leçon. C'est dans cette leçon surtout que le maître d'école doit exciter les enfants à raconter à leur manière ce qu'il leur a appris.

2° *Leçon*. La classe supérieure écrit l'histoire de la Bible qu'on vient d'expliquer (travail muet). Classe moyenne : calcul par écrit (travail muet dont le maître ne s'occupe point). Les commençants, comme lundi à pareille heure.

3° *Leçon*. Une demi-heure, classes supérieure et moyenne : *l'Ami des enfants*, comme lundi. Les commençants écoutent. L'autre demi-heure, classes supérieure et moyenne : réciter les leçons apprises. Les commençants copient sur l'ardoise.

Après midi. Congé.

JEUDI.

1re *Leçon du matin.* Comme lundi.

2e *Leçon.* La classe supérieure fait un devoir, *Aufsatz* (travail muet). La classe moyenne écrit de tête ce qu'elle a appris par cœur (travail muet). Les commençants épellent et lisent. Une demi-heure pour revoir le travail fait par la classe supérieure. Les deux autres classes y prennent part.

3e *Leçon.* Une demi-heure, classes supérieure et moyenne : lecture de la Bible. Une demi-heure, calcul de tête. Les commençants copient sur l'ardoise.

1re *Leçon de l'après midi.* Classe supérieure : calcul par écrit, avec explication du maître. Classe moyenne : écriture (travail muet). Les commençants, comme lundi et mardi.

2e *Leçon.* Une demi-heure, classes supérieure et moyenne : lecture et exercice grammatical. Les commençants copient sur l'ardoise. Une demi-heure, classes supérieure et moyenne : exercices de chant. Les commençants sont partis.

VENDREDI.

1re *Leçon du matin.* Comme lundi.

2e *Leçon.* Une demi-heure, la classe supérieure fait un petit devoir, ou copie au net celui de la veille (travail muet). La classe moyenne écrit ce qu'elle a appris par cœur. Les commençants épellent et lisent. Une demi-heure pour corriger ce que la classe moyenne a écrit.

3e *Leçon.* Une demi-heure, classes supérieure et moyenne : lecture de la Bible. Le maître traitera, autant que possible, du texte qui doit faire le sujet du sermon du dimanche suivant. (Ce texte est fixé à l'avance pour les dimanches de toute l'année par le consistoire.) Une demi-heure, les classes supérieure et moyenne récitent ce qu'elles ont appris. Les commençants copient sur l'ardoise.

1re *Leçon de l'après midi.* Comme jeudi.

2e *Leçon.* Comme jeudi.

SAMEDI.

1re *Leçon du matin.* Comme mercredi.

2e *Leçon.* Comme mercredi.

3e *Leçon.* Une demi-heure, classes supérieure et moyenne : l'*Ami des enfants*, comme lundi et mercredi. Les commençants écoutent. Une demi-heure, classes supérieure et moyenne : calcul de tête. Les commençants copient sur l'ardoise.

Après midi. Congé.

Remarques. **1°** L'enseignement élémentaire de l'après-midi pour les commençants a huit demi-heures

par semaine. (*Voyez*, lundi et jours suivants, 1re *leçon de l'après midi.*) Deux sont consacrées à des exercices de langue ou à des exercices intellectuels ; deux à réciter des versets et des sentences appris par cœur, deux à lire et deux aux éléments du calcul.

2° On communique aux enfants, comme exemples calligraphiques, des modèles de quittances, de certificats, d'annonces officielles, de liquidations, de reconnaissances, de contrats, etc., etc. En outre, le maître leur donne des instructions sur la manière de confectionner ces sortes d'écrits, et les exerce en leur en donnant à composer eux-mêmes sans modèles. Telle est la nature des devoirs qu'on leur donne à faire. (*Voyez*, jeudi et vendredi, la 2e *leçon du matin*, et lundi et mardi, 2e *leçon*.)

3° L'*Ami des enfants* de Wilmsen, ou le *Livre de lecture et d'enseignement* de Schwabe, peuvent être pris comme manuels pour les connaissances utiles. Il ne faudra pas tronquer les chapitres sur l'homme, la physique, la géographie, l'histoire naturelle ; mais il faudra au contraire les repasser l'un après l'autre en entier, de sorte qu'on ait parcouru le tout environ dans l'espace d'un an et demi.

4° A la fin de chaque mois, un jour entier sera consacré à une répétition générale.

5° Le maître choisira, parmi les cantiques, un certain nombre de chants qu'il donnera à apprendre par cœur aux élèves de la classe supérieure et de la classe moyenne, pendant qu'ils sont en classe. Il donnera rarement un chant entier, seulement quelques versets ; mais ils devront être sus parfaitement. Il insistera pour qu'ils soient récités clairement et de manière à prouver qu'ils sont compris. Il sera de la plus haute importance de les faire répéter de nouveau de loin en loin, et l'enseignement religieux en fournira aisément l'occasion.

6° Si le temps fixé dans le plan des leçons ne suffit pas pour repasser le catéchisme, les chants d'église, les sentences et les évangiles choisis, on pourra encore gagner du temps les lundi et mardi, à la seconde leçon, avant midi, en ayant recours à l'enseignement mutuel ; c'est-à-dire que, pendant que le maître s'occupera d'une classe, un des élèves les plus capables de la classe supérieure ou moyenne fera épeler ou lire les commençants.

7° Les travaux de chaque journée seront terminés par une courte prière, avec une sentence de la Bible ou un verset qui devra être chanté en chœur.

Tel est le plan des leçons pour une école dont les classes sont réunies. Dans l'école où elles sont séparées, les trois leçons du matin sont uniquement consacrées aux enfants des deux classes supérieure et moyenne. Les enfants de la classe supérieure, déjà plus âgés, sont libres ensuite d'aller aider leurs parents dans les travaux de la campagne. Les commençants ne viennent que pendant les deux heures de l'après-midi qui leur sont consacrées, et ceux de la classe moyenne assistent encore à la première leçon de l'après midi, et partagent les travaux des commençants. Le mercredi et le samedi, comme il y a congé l'après midi, il faut bien que les trois classes soient réunies le matin.

Je ne veux pas oublier, M. le ministre, de vous signaler un des plus grands bienfaits de ce plan uniforme de leçons pour toutes les écoles du peuple, savoir, l'égalité de l'instruction dans les classes inférieures, l'identité des habitudes intellectuelles et morales, l'unité et la nationalité. Dans le haut, et à un âge plus avancé, il faut laisser l'individualité se développer ; car l'individualité, c'est la liberté et quelquefois le génie : mais en bas, et dans l'enfance, l'uniformité est sans inconvénient, et elle est politiquement du plus haut prix. A l'égalité de notre code civil, à l'égalité de notre conscription militaire, joignons, s'il se peut, celle de l'instruction populaire.

Voici encore quelques usages qu'il serait possible de transporter en France, et qui donnent ici les plus heureux résultats.

Deux fois par an, au printemps et en automne, les instituteurs primaires de villages circonvoisins se rassemblent et forment des conférences, où ils se rendent compte amicalement des méthodes qu'ils emploient et des résultats qu'ils obtiennent. Ces conférences contribuent au perfectionnement des méthodes et à la propagation de celles qui, dans ces conférences, sont reconnues les meilleures.

On a fondé un cercle de lecture qui envoie à tous les maîtres d'école les meilleurs journaux et les meilleurs livres qui paraissent sur l'instruction primaire ; ces journaux et ces livres passent de main en main à tous les maîtres. Les fonds de cet abonnement sont faits par des cotisations des instituteurs eux-mêmes, et, au besoin, on vient à leur secours sur les fonds de la commune, de l'église ou de la caisse générale des écoles. Il y a un semblable cercle de lecture pour les pasteurs. C'est ainsi qu'il n'est pas rare de rencontrer, dans des villages d'Allemagne, des pasteurs et des maîtres d'école qui ont des connaissances à la fois solides et étendues. Leur instruction relève leur position et en fait des hommes considérables dans leurs localités.

Les maîtres d'école qui ont plus de zèle que de lumières, obtiennent la permission d'aller visiter les meilleures écoles voisines. Quelquefois même on les autorise, on les invite à venir passer quelque temps auprès de la grande école primaire de Weimar, qui est la meilleure de toutes les écoles de ce genre, et qu'on appelle *Bürgerschule, école bourgeoise :* en même temps ils profitent des leçons de l'école normale primaire, qui se trouve aussi à Weimar et qu'on appelle ici *séminaire pour les maîtres d'école, Seminarium für Schullehrer ;* deux institutions que j'ai examinées avec un soin particulier et dont je dois vous rendre compte.

La *Bürgerschule,* ou, comme nous dirions, l'école primaire du premier degré de Weimar, est ouverte à tous les enfants de la ville, filles et garçons. Elle est située dans un très-beau bâtiment, et les familles les plus aisées de la bourgeoisie y envoient leurs enfants, qui s'y trouvent avec ceux des classes les plus pauvres. L'instruction y est à peu près la même que dans toutes les écoles primaires ; mais elle y est plus soignée ; aussi le prix que payent les enfants est-il plus élevé. L'école est divisée en quatre classes, au lieu de trois ; et chacune de ces classes peut avoir plusieurs divisions. La quatrième classe a pour *Schulgeld* 1 rixth. 8 gros par an ; la troisième, 2 rixth. ; la deuxième, 2 rixth. et 16 gros ; la première, 4 rixth. Ces quatre classes bien graduées conduisent les enfants jusqu'à l'instruction des gymnases. Je vous envoie le tableau de la répartition des leçons de la *Bürgerschule* de Weimar, selon les diverses classes, et leur distribution dans les différentes heures de la journée.

ÉCOLE BOURGEOISE DE WEIMAR.

QUATRIÈME CLASSE DE GARÇONS.

LUNDI.

8 heures du matin. Explication de quelques sentences que l'on donne à apprendre par cœur pendant la semaine : M. Peter,

9 heures. Lecture : M. Peter.

1 heure après midi. Écriture : M. Aschmann.

2 heures. Lecture : M. Peter.

MARDI.

8 heures. Entretiens sur les objets qui sont le plus à la portée de l'enfant : M. Peter.

9 heures. Comme lundi.

1 heure. Comme lundi.

2 heures. Comme lundi.

MERCREDI.

8 heures. Comme mardi.

9 heures. Comme mardi.

Congé.

JEUDI.

8 heures. Comme mardi.

9 heures. Comme mardi.

1 heure. Comme mardi.

2 heures. Comme mardi.

VENDREDI.

8 heures. Entretiens sur des sujets faciles de morale : M. Peter.

9 heures. Comme jeudi.

1 heure. Comme jeudi.

2 heures. Comme jeudi.

SAMEDI.

8 heures. On récite les leçons données le lundi : M. Peter.

9 heures. Lecture : M. Peter.

Congé.

TROISIÈME CLASSE.

LUNDI.

8 heures du matin. Explication de quelques versets faciles de cantiques que l'on doit apprendre pendant la semaine : M. Schlick.

9 heures. Connaissances utiles : M. Schlick.

10 heures. Leçon de langue et orthographe : M. Peter.

1 heure. Calcul : M. Schlick.

2 heures. Lecture : M. Aschmann.

MARDI.

8 heures. Religion : M. Schlick.

9 heures. Comme lundi.

10 heures. Comme lundi.

1 heure. Comme lundi.

2 heures. Comme lundi.

MERCREDI.

8 heures. Connaissances utiles: M. Schlick.

9 heures. Lecture et exercices d'esprit : M. Aschmann.

Congé.

JEUDI.

8 heures. Religion : M. Schlick.

9 heures. Écriture : M. Aschmann.

10 heures. Orthographe : M. Peter.

1 heure. Calcul : M. Schlick.

2 heures. Lecture : M. Aschmann.

VENDREDI.

8 heures. Comme jeudi.

9 heures. Comme jeudi.

10 heures. Comme jeudi.

1 heure. Comme jeudi.

2 heures. Comme jeudi.

SAMEDI.

8 heures. On récite les leçons données le lundi : M. Aschmann.

9 heures. Écriture : M. Aschmann.

10 heures. Histoire de la Bible : M. Peter.

Congé.

SECONDE CLASSE.

LUNDI.

8 heures du matin. Explication des versets et des sentences que l'on doit apprendre par cœur pendant la semaine : M. Kæhler.

9 heures. Préparation à l'histoire générale : M. Kæhler.

10 heures. Lecture : M. Kæhler.

1 heure après midi. Lecture : M. Kæhler.

2 heures. Leçon de langue et orthographe : M. Kæhler.

MARDI.

8 heures. Religion : M. Kæhler.

9 heures. Exercices de style : M. Kæhler.

10 heures. Calcul : M. Schlick.

1 heure. Lecture : M. Kæhler.

2 heures. Connaissances utiles : M. Kæhler.

3 heures. Mathématiques : M. le docteur Schmidt.

MERCREDI.

8 heures. Bible et histoire de la Bible : M. Kæhler.

9 heures. Connaissances utiles : M. Kæhler.

10 heures. Lecture : M. Kæhler.

Après midi , congé.

JEUDI.

8 heures. Religion : M. Kæhler.

9 heures. Connaissances utiles : M. Kæhler.

10 heures. Calcul : M. Schlick.

1 heure. Géographie : M. Kæhler.

2 heures. Leçon de langue et orthographe : M. Kæhler.

VENDREDI.

8 heures. Comme jeudi.

9 heures. Exercices de style : M. Kæhler.

10 heures. Comme jeudi.

1 heure. Comme jeudi.

2 heures. Écriture : M. Kæhler.

3 heures. Mathématiques : M. le docteur Schmidt.

SAMEDI.

8 heures. Bible et histoire de la Bible : M. Kæhler.

9 heures. On récite les leçons données le lundi : M. Kæhler.

10 heures. Écriture : M. Kæhler.

Après midi, congé.

PREMIÈRE CLASSE.

LUNDI.

8 heures du matin. Explication du cantique et des sentences que l'on doit apprendre par cœur pendant la semaine : M. le docteur Schmidt.

9 heures. Histoire : M. le docteur Schmidt.

10 heures. Lecture de la Bible : M. Schweitzer.
1 heure après midi. Calcul : M. Hergt.
2 heures. Histoire naturelle : M. le docteur Schmidt.

MARDI.

8 heures. Religion : M. le docteur Schmidt.
9 heures. Comme jeudi.
10 heures. Comme jeudi.
1 heure. Comme jeudi.
2 heures. Dictée ou travail écrit (*Aufsatz*) : M. le docteur Schmidt.

MERCREDI.

7 heures du matin. Mathématiques : M. le docteur Schmidt.
8 heures. Géographie : M. le docteur Schmidt.
9 heures. Lecture : M. le docteur Schmidt.
10 heures : Écriture : M. Jacobi.
Après midi, congé.

JEUDI.

8 heures. Religion : M. le docteur Schmidt.
9 heures. Leçon de langue et orthographe : M. le docteur Schmidt.
10 heures. Histoire de la religion : M. Schweitzer.
1 heure. Calcul : M. Hergt.
2 heures. Physique : M. Schmidt.

VENDREDI.

8 heures. Comme jeudi.
9 heures. Comme jeudi.
10 heures. Lecture de la Bible : M. Schweitzer.
1 heure. Comme jeudi.
2 heures. Dictée ou travail écrit : M. le docteur Schmidt.

SAMEDI.

7 heures. Mathématiques : M. le docteur Schmidt.
8 heures. Géographie : M. le docteur Schmidt.
9 heures. On récite les leçons données le lundi : M. le docteur Schmidt.
10 heures. Écriture : M. Jacobi.
Après midi, congé.

REMARQUES. On commence toujours et l'on termine la journée par une courte prière, ou un verset chanté en chœur.

Les deux premières classes réunies ont par semaine deux leçons de chant.

Les livres employés pour les différentes classes sont : pour la première, le *Livre de lecture et d'enseignement*, de Schwabe ; pour la seconde, *l'Ami des enfants*, de Wilmsen ; pour la troisième, *l'Ami des écoles*, de Schweitzer ; pour la quatrième, le *Manuel de lecture*, de Gerbing.

Il est inutile que je vous donne le tableau des leçons pour les quatre classes correspondantes de filles. Ce sont à peu près les mêmes pratiques et les mêmes leçons, distribuées un peu différemment pour les heures, afin qu'on puisse employer les mêmes maîtres. Mais remarquez, je vous prie, l'excellente gradation de l'enseignement de la quatrième classe jusqu'à la première, ainsi que celle du nombre des leçons. Remarquez encore que, pour une école si considérable, qui contient de huit cents à mille enfants, qui a quatre classes de garçons et quatre de filles, dont chacune a trois divisions de soixante enfants chacune, il n'y a en tout que huit maîtres, y compris le directeur, M. Schweitzer, homme de mérite, qui, précisément en sa qualité de directeur, se charge des cours les plus importants dans la première classe. J'ai visité en détail ce bel établissement. Toutes les salles sont grandes, bien aérées, et d'une propreté parfaite. Chaque division ne peut avoir plus de soixante élèves, ce qui est déjà beaucoup. Les enfants sont assis sur des bancs et appuyés sur des tables-pupitres qui leur tiennent la figure élevée vers le maître. Sur chacune de ces tables sont de distance en distance des encriers pratiqués dans le bois même, et au-dessous, à la distance de quelques pouces, est une seconde tablette qui sert à mettre les ardoises, les crayons et les livres des enfants. Je n'ai pu entrer dans le détail des méthodes, qui aurait exigé un temps infini ; mais j'ai assisté à des leçons des diverses classes. J'ai été particulièrement frappé d'une leçon que donnait M. Schweitzer à des jeunes filles. C'était une instruction de morale et de piété. L'habile maître dirigeait les questions de manière que l'enfant n'eût jamais à répondre seulement par un oui ou par un non, mais fût forcé à émettre un avis et à former une phrase courte, mais complète. Quand un enfant hésitait ou se trompait, M. Schweitzer s'adressait à un autre, et il a parcouru ainsi une matière assez étendue et un nombre considérable d'enfants, tenant en haleine l'esprit de chacun d'eux et leur inculquant profondément chaque point. Son maintien était grave et sa parole douce. Je ne suis pas surpris que tous ces enfants l'aiment et le révèrent ; il m'a moi-même véritablement touché. M. Schweitzer est un ecclésiastique qui se consacre à l'instruction de l'enfance.

Il est en même temps inspecteur du séminaire pour les maîtres d'école. Ce séminaire, et remarquez en passant cette dénomination ecclésiastique, est annexé à la *Bürgerschule*, ce qui est une économie de bâtiment, de directeur et même de plusieurs maîtres, comme nous le verrons tout à l'heure, et ce qui d'ailleurs est fort bien entendu, toute école normale ayant besoin d'une grande école primaire pour l'apprentissage des jeunes maîtres. On ne peut être admis dans cette école qu'après avoir subi des examens dont le consistoire se charge lui-même, marquant par là son haut intérêt pour l'instruction populaire. C'est de là que sortent tous les maîtres d'école de village. On ne peut être employé comme instituteur qu'à la condition d'y être resté plus ou moins longtemps; et comme on n'y entre qu'après un examen, de même on n'en sort, pour devenir maître d'école, qu'après avoir subi un autre examen plus sévère encore. On n'est pas reçu à cette école normale primaire avant seize ans. Chaque élève y paye aussi une somme très-petite, mais paye toujours quelque chose, ce qui est excellent; et comme il n'y a pas de pensionnat, cette école ne cause que très-peu de frais. Les élèves se logent dans la ville, sous la seule condition d'indiquer leur logement à l'inspecteur de l'école, qui a les yeux sur leur conduite. Un jeune homme qui entre dans cette école normale, tire à la conscription; mais il est exempté provisoirement du service jusqu'à l'examen final. Si cet examen est satisfaisant, et si le jeune homme est nommé maître d'école, il est exempté; sinon, il part. Le nombre des élèves de cette école n'est pas très-considérable. Elle a une petite bibliothèque composée d'une quarantaine de volumes, où sont les meilleurs ouvrages d'éducation. Voici le tableau de la répartition des leçons :

Il n'y a que deux classes, l'inférieure et la supérieure.

CLASSE INFÉRIEURE.

LUNDI.

7 heures du matin. Exercices de style et d'esprit (*Denk- und Styl-Uebungen*) : M. Hergt.

8 heures. Explication de l'évangile du dimanche : M. le docteur Bœhme.

9 heures. Géographie : M. le docteur Bœhme.

1 heure après midi. Catéchisation : M. le docteur Horn.

2 heures. Calcul : M. Hergt.

MARDI.

7 heures. Langue et orthographe : M. Hergt.

8 heures. Lecture de la Bible, avec l'histoire biblique et la géographie de la Palestine : M. le docteur Bœhme.

9 heures. Géographie : M. le docteur Bœhme.

10 heures. Théorie musicale : M. Tœpfer.

MERCREDI.

7 heures. Calcul : M. Hergt.

8 heures. Comme le mardi, à pareille heure.

9 heures. Latin : M. le docteur Bœhme.

11 heures. Chant : M. Schlick.

1 heure après midi. Calligraphie : M. Schnittel.

2 heures. Musique instrumentale : M. Agthe.

5 heures. Devoirs (*Aufsätze*) : M. Hergt.

JEUDI.

7 heures. Exercice de style et d'esprit : M. Hergt.

8 heures. Histoire : M. le docteur Bœhme.

9 heures. Devoirs : M. Hergt.

11 heures. Catéchisation : M. Horn.

1 heure après midi. Connaissances d'utilité générale : M. le docteur Bœhme.

2 heures. Religion : M. Schweitzer.

VENDREDI.

7 heures. Langue et orthographe : M. Hergt.

8 heures. Latin : M. le docteur Bœhme.

9 heures. Théorie musicale : M. Tœpfer.

10 heures. Religion : M. Schweitzer.

11 heures. Catéchisation : M. Horn.

SAMEDI.

7 heures. Calcul : M. Hergt.

8 heures. Revue des travaux de la semaine et exercice de lecture : M. le docteur Bœhme.

9 heures. Devoirs : M. Bœhme.

11 heures. Chant : M. Schlick.

1 heure après midi. Calligraphie : M. Schnittel.

2 heures. Musique instrumentale : M. Agthe.

CLASSE SUPÉRIEURE.

LUNDI.

7 heures. Anthropologie : M. le docteur Bœhme.

8 heures. Religion : M. Schweitzer.

1 heure après midi. Catéchisation : M. le docteur Horn.

MARDI.

7 heures. Anthropologie : M. le docteur Bœhme.

8 heures. Religion : M. Schweitzer.

9 heures. Théorie musicale : M. Tœpfer.

11 heures. Chant : M. Hæser.

1 heure après midi. Devoirs : M. le docteur Bœhme.

MERCREDI.

7 heures du matin. Histoire : M. le docteur Bœhme.

8 heures. Calcul : M. Hergt.

1 heure après midi. Méthodique, ou art d'enseigner : M. Schweitzer.

2 heures. Musique instrumentale : M. Agthe.

JEUDI.

7 heures. Histoire : M. le docteur Bœhme.

8 heures. Religion : M. Schweitzer.

9 heures. Géographie : M. le docteur Bœhme.

11 heures. Catéchisation : M. le docteur Horn.

VENDREDI.

7 heures. Physique : M. le docteur Bœhme.
8 heures. Histoire de la religion : M. Schweitzer.
9 heures. Géographie : M. le docteur Bœhme.
11 heures. Catéchisation : M. le docteur Horn.
1 heure après midi. Devoirs : M. Hæser.

SAMEDI.

7 heures du matin. Histoire naturelle : M. le docteur Bœhme.
8 heures. Calcul : M. Hergt.
9 heures. Latin : M. le docteur Bœhme.
11 heures. Répétition de la musique d'église du dimanche : M. Hæser.
1 heure après midi. Méthodique : M. Schweitzer.
2 heures. Musique instrumentale : M. Agthe.

Vous voyez par ce tableau quel est le fardeau de M. Schweitzer. Il dirige l'école primaire et l'école normale primaire de Weimar, et il fait dans l'une et dans l'autre les leçons les plus importantes. Il se donne beaucoup de peine; et il en doit être ainsi, puisqu'il sert de modèle à la classe laborieuse des maîtres d'école. L'enseignement de l'école normale est profondément moral et religieux. Il est curieux d'y voir un cours d'anthropologie à côté d'un cours de religion. La géographie, l'histoire, la physique, et ce qu'on appelle en Allemagne *les connaissances d'une utilité générale* (*gemeinnützige Kenntnisse*), sont cultivées avec soin. J'approuve aussi le cours de latin, qui mettrait nos maîtres d'école à même de comprendre le service divin et d'assister au besoin le curé du village. Mais il faut remarquer surtout l'enseignement musical. C'est là que se révèle le génie musical et religieux de l'Allemagne. La musique qu'on enseigne dans l'école normale primaire de Weimar, avec des méthodes qui passent pour excellentes, est la musique religieuse. On enseigne aussi à toucher de l'orgue : j'ai entendu plusieurs de ces jeunes gens toucher de l'orgue avec un vrai talent, et j'ai assisté à des chœurs parfaitement exécutés. Les maîtres d'école ainsi formés deviennent les organistes de l'église du village, ce qui les lie plus étroitement avec le pasteur, et ajoute un peu à leur revenu; ils sont aussi en état d'introduire dans leur enseignement, outre le chant d'église, qui est obligé, quelque peu de musique vocale et instrumentale, élément de culture populaire qui n'est pas à mépriser.

En recueillant mes souvenirs et mes notes de la journée, je n'y trouve plus rien, M. le ministre, qui mérite de vous être communiqué, relativement à l'état de l'instruction populaire dans le duché de Saxe-Weimar. Je me suis un peu étendu sur ce point, d'abord parce qu'il touche aux plus chers intérêts de l'humanité, ensuite parce qu'il me semble qu'à la session prochaine, c'est surtout l'instruction primaire qui devra occuper le gouvernement et les chambres. La matière est assez importante et assez vaste pour faire le sujet d'une loi distincte, et j'espère qu'il n'y aura pas un article de cette loi sur lequel ma mission ne vous fournisse quelque lumière. Voulez-vous bien me permettre de vous indiquer ici et de résumer rapidement les vues générales que me suggère ce que je viens de voir et de vous raconter dans le grand-duché de Saxe-Weimar ?

1° Il me semble que l'instruction primaire doit être communale le plus possible, et que par conséquent la loi sur l'instruction primaire présuppose celle sur les attributions des conseils de municipalité et de département. En général, loin de craindre de donner de trop larges attributions aux pouvoirs provinciaux, je voudrais, sur tout ce qui n'est pas politique, leur abandonner mille choses que l'on fait mal au centre, parce qu'elles ne tiennent point à la vraie centralisation, qui doit être essentiellement politique; et puis les hommes ne s'intéressent qu'aux choses où ils ont de l'influence, et l'on ne prend de la peine qu'à la condition d'avoir en retour quelque autorité. Enfin, je considère les conseils provinciaux avec de fortes attributions, comme d'utiles pépinières de députés, comme des fabriques d'hommes d'État, et les hommes politiques ne se forment que dans le maniement d'affaires un peu importantes. Selon moi, l'instruction primaire doit être en grande partie confiée à ces conseils. Comment d'ailleurs l'instruction populaire ne serait-elle pas dans les attributions du pouvoir le plus populaire de l'État, nommé presque directement par le peuple et en communication perpétuelle avec lui? J'approuve l'institution de nos comités cantonaux pour l'instruction primaire : mais je trouve à leur organisation actuelle trois vices essentiels : 1° ils sont cantonaux au lieu d'être communaux, ce qui serait bien préférable pour la facilité et la permanence de la surveillance; 2° ils sont nommés par en haut et non par en bas, à l'encontre de ce qui devrait être, ce qui énerve leur autorité; 3° leurs attributions sont trop mesquines, et j'ai plusieurs de mes amis, passionnés d'ailleurs pour l'instruction primaire, qui se sont peu à peu dégoûtés et retirés de leurs comités cantonaux, parce qu'ils avaient trop peu de chose à y faire. Je n'hésiterais pas à faire tirer chaque comité communal d'instruction primaire du sein du conseil municipal par ce conseil municipal lui-même, qui choisirait, pour faire partie de ce comité, ceux de ses membres qui auraient le plus de goût et d'aptitude pour ces fonctions, le plus de loisir et de fortune; ce serait à peu près le *Schulvorstand* de chaque école communale de Saxe-Weimar. Un comité ainsi composé aurait de l'autorité dans la commune. Il devrait être à peu près permanent, et je mettrais du prix à lui laisser, sur certains points, une décision souveraine; pour certains autres, il relèverait du conseil de département, c'est-à-dire d'un comité émané de ce conseil, ce qui lierait utilement ces deux pouvoirs, et je réserverais un très-petit nombre de points où l'intervention du recteur, c'est-à-dire du ministre, serait nécessaire. J'incline à penser, M. le ministre, qu'il faut aller jusqu'à faire dire par la loi que tous les parents sont obligés d'envoyer leurs enfants à l'école, ou du moins que toute commune doit faire la dépense d'une maison et d'un traitement pour le maître d'école, comme cela est dans Saxe-Weimar et dans toute l'Allemagne; mais si j'impose cette charge à la localité, c'est, par un juste retour, aux pouvoirs locaux que je veux livrer en très-grande partie la gestion d'une dépense si pénible.

2° Il ne s'agit point de transporter dans la France du xixᵉ siècle l'influence que les protestants eux-mêmes accordent au clergé dans l'instruction primaire; mais bannir complétement le clergé de l'instruction primaire est aussi à mes yeux une mauvaise entreprise. Grâce à Dieu, le fanatisme de l'abstraction et de la désorganisation ne va point encore jusqu'à vouloir bannir toute instruction morale et religieuse des écoles du peuple. Or il est absurde de faire donner, dans ces écoles, une instruction morale et religieuse, et de vouloir que le curé soit entièrement étranger à cette instruction; il est absurde aussi, dans un pays où les croyances chrétiennes vivent encore dans tant de familles, de décrier auprès de ces familles l'instruction populaire, en lui ôtant toute garantie religieuse. En principe, je regarde le maire et le curé comme les inspecteurs naturels, chacun dans leur sphère, de l'école de leur village, et comme les correspondants et les agents nécessaires du comité communal.

3° Il faut que les enfants payent une contribution, si petite fût-elle, à moins que les parents ne fassent preuve d'absolue indigence; car on profite bien mieux de ce qui coûte quelque chose, et souvent on néglige ou même on repousse les purs bienfaits comme une inutilité ou comme une tyrannie.

4° Imiter de Saxe-Weimar le noble usage de faire percevoir la rétribution des enfants, non par le maître, qui aurait l'air de tendre la main, mais par le percepteur même de l'endroit, comme une contribution ordinaire.

5° Comme toute commune doit avoir son école primaire, de même tout département doit avoir son école normale primaire; et cette école normale doit être en grande partie dans les attributions du conseil de département, c'est-à-dire d'un comité qui en émane, comme les écoles primaires sont en grande partie dans les attributions du comité de la commune. Il faut ordinairement établir une pareille école dans une école pri-

maire déjà existante et florissante, comme une récompense capable d'exciter le zèle et l'émulation de toutes les écoles du département, et encore pour ces deux motifs directs : 1° que les élèves maîtres ont ainsi sous la main des moyens d'instruction pratique, et se forment perpétuellement à leurs fonctions futures; 2° qu'il y a à cela une grande économie, le maître de l'école primaire préexistante pouvant être chargé de la direction de l'école normale annexée à cette école, avec un léger préciput, et les élèves pouvant très-bien servir, à tour de rôle, de sous-maîtres dans l'école primaire. Il ne faut accorder que très-rarement des bourses entières à chacun de ces jeunes gens, et ne leur donner que des moitiés ou des trois quarts de bourse, dans leur propre intérêt, pour les attacher à leur profession, d'autant plus qu'il n'y a presque personne qui, pour s'assurer un bon état, ne puisse et ne veuille donner cent ou deux cents francs par an, ce qui ne représente pas même la dépense alimentaire qu'on aurait été d'ailleurs obligé de faire.

6° Quant à la nomination des instituteurs primaires, j'adopterais volontiers le principe suivi en Saxe-Weimar. Nul ne pourrait être instituteur communal, qui ne sortirait d'une école normale primaire après les examens nécessaires : c'est alors seulement qu'il obtiendrait son brevet, lequel serait signé par le ministre lui-même, et ne pourrait jamais être révoqué définitivement que par le ministre, comme en Saxe-Weimar, et de la manière suivante. Dans tous les cas qui ne tombent pas sous les tribunaux ordinaires, le comité communal aurait le droit de réprimande et de suspension momentanée; en cas de délit grave, il aurait le droit de faire un procès particulier, *sui generis*, une sorte de procès d'école par-devant le comité de département, plus impartial et plus éclairé. Celui-ci pourrait prononcer toutes les peines, excepté la perte du brevet, qui doit appartenir aux tribunaux seuls. Il faut même que le maître d'école condamné par le comité départemental puisse s'adresser en dernier recours au ministre lui-même, assisté du conseil royal. Ainsi l'instruction primaire est toujours, comme elle doit l'être, sous la main du ministre de l'instruction publique, et en même temps elle vit, elle marche par les pouvoirs provinciaux. L'art de fonder une institution, c'est de la rattacher à quelque institution existante, entourée du respect public. En Saxe-Weimar cette institution est le clergé protestant, libérateur et bienfaiteur du pays. En France, à défaut du clergé, qui n'a pas voulu de ce noble rôle, vous n'avez d'autre pouvoir respecté et populaire que le pouvoir électif des municipalités et des conseils de département. C'est sur ce pouvoir qu'il faut édifier; c'est par ce pouvoir qu'il faut agir, car étant respecté et puissant, il communiquera à l'instruction primaire la puissance et le respect qu'il possède lui-même. On est trop heureux, M. le ministre, d'avoir un pareil instrument, le négliger me paraîtrait une faute irréparable; car, à la place de celui-là, il n'y en a pas, il ne peut y en avoir d'autre. Vouloir y substituer la machine universitaire, si vivement attaquée, et qui peut avoir ailleurs un emploi nécessaire et incontesté, c'est, dans mon humble opinion, une illusion déplorable: c'est méconnaître l'esprit du temps, c'est ne pas savoir ce qui se peut et ne se peut pas; c'est demander la vie à qui n'en a pas; c'est s'appuyer sur un roseau, quand on a un chêne sous sa main.

7° Mais quoi, M. le ministre, je ne vous ai pas parlé de la liberté de l'enseignement dans son application à l'instruction primaire! Je ne vous en ai pas parlé, parce que je ne l'ai pas encore rencontrée. En principe, ce n'est pas moi assurément qui consentirai jamais à regarder l'instruction primaire comme une industrie; mais dans la pratique, il faut songer que cette industrie, ne rapportant pas grand'chose, tentera bien peu de personnes, et que, parmi ces personnes, il pourra y avoir d'excellents maîtres, trop âgés pour retourner dans nos écoles normales, et dont il serait injuste et fâcheux de priver l'instruction primaire. Imposez-leur ou ne leur imposez pas un brevet de moralité, je n'y attache aucune importance; je serais même d'avis de négliger cette condition illusoire, dont les partis religieux ou politiques de toutes les couleurs peuvent tant abuser; et je m'en tiendrais au brevet de capacité qui, dans l'instruction primaire, n'est pas plus contraire à la liberté de l'industrie que le diplôme de licencié ou de docteur dans la médecine et au barreau. Le plus important est le droit spécial de surveillance, sans lequel le plus mauvais maître d'école peut échapper longtemps à la police ordinaire la plus vigilante. Or, ce droit, qui pourra le refuser aux chefs de famille les plus respectés d'une commune, à une autorité élective et populaire, qui ne peut avoir aucun intérêt à nuire à une industrie utile, mais qui a aussi tout intérêt, tout droit et tout pouvoir d'empêcher tout ce qui pourrait nuire aux bonnes mœurs, à la paix, aux vraies lumières et à la civilisation de leur pays?

Je ne vous donne ici, M. le ministre, que les bases les plus générales d'une organisation de l'instruction primaire, que j'emprunte en grande partie à ce que je viens de voir en Saxe-Weimar. Je désire vivement que l'expérience que je viens de faire, les faits que j'ai recueillis et les réflexions qu'ils me suggèrent, puissent ne pas vous être tout à fait inutiles pour l'élaboration du projet de loi que la France attend impatiemment de vos lumières et de votre patriotisme.

J'ai consacré toute cette journée du 31 mai à l'instruction primaire; demain, je m'occuperai et je vous entretiendrai de l'instruction secondaire et de l'instruc-

tion supérieure ou universitaire dans le grand-duché de Saxe-Weimar.

Agréez, M. le ministre, etc.

TROISIÈME LETTRE.

Retour sur l'instruction primaire. — Instruction secondaire. Le gymnase de Weimar. — Le séminaire philologique. — Université d'Iéna. — Budget. — Conclusions.

Weimar, 1er juin.

MONSIEUR LE MINISTRE,

Malgré tous les détails que contient ma lettre d'hier sur l'état de l'instruction primaire dans le grand-duché de Saxe-Weimar, je crois devoir vous signaler encore un certain nombre d'établissements qui chez nous ne relèvent point du ministère de l'instruction publique, mais qui pourtant se rapportent à l'éducation du peuple.

1° Tous les États de l'Allemagne ont des maisons d'orphelins (*Waisenhäuser*). Le duché de Saxe-Weimar avait depuis longtemps un établissement de ce genre, qui coûtait plus qu'il n'était utile. La direction de l'établissement s'est avisée d'un moyen qui lui a parfaitement réussi : au lieu d'instruire les orphelins dans une seule et grande maison, elle les donne à élever à des tuteurs particuliers (*Privatpflege*), c'est-à-dire qu'elle les met en pension dans des familles qui, ayant un plus petit nombre de pupilles, les surveillent mieux et les nourrissent à meilleur marché. C'est une manière de secourir beaucoup de familles honnêtes dont ces petites pensions améliorent le ménage, et de procurer aux orphelins l'éducation modeste qui convient à leur avenir. Dans ce moment il y a à peu près quatre cent quatre-vingt-quinze orphelins ainsi élevés. La surveillance de leur éducation est extrêmement sévère.

2° Depuis quelques années il y a un institut de sourds et muets, et d'aveugles, sur le modèle de celui de Berlin; c'est un essai qui se perfectionne peu à peu.

3° Il y a aussi un institut gratuit de dessin (*freie Zeichnen-Institut*), dont les inspecteurs sont le célèbre Gœthe, Kraus et Mayer. A propos de Gœthe, j'avais oublié de vous dire que l'école normale primaire de Weimar, créée en 1784, doit son organisation à Herder, alors super-intendant général et président du consistoire.

4° On vient de fonder, dans le local de l'institut de

dessin, une école qui en est le développement et le couronnement, une école gratuite pour les ouvriers (*freie Gewerbschule*), dont je vous envoie les règlements. Le but de cette école est le perfectionnement de la technologie (*Technik*). On y enseigne le dessin linéaire appliqué à la perspective, au dessin des machines, etc., l'art de prendre des esquisses, d'ombrer, de colorer, de modeler; les mathématiques, savoir, arithmétique, géométrie, statique et mécanique, et les éléments d'architecture. Les leçons se donnent les dimanches et les jours de fête. On n'est admis à cette école qu'après un examen; c'est à la fois un honneur et un avantage.

5° Madame la grande-duchesse vient d'établir à Weimar une école spéciale pour les filles pauvres, où on leur apprend à devenir de bonnes ménagères. Cette école est une pépinière d'excellents sujets, que l'on suit jusque dans les familles où ils sont placés, pour leur donner de sages avis et de modestes récompenses.

6° Non-seulement tous les enfants vont à l'école depuis l'âge de sept ans, mais on a formé dans chaque village une école particulière pour les petits enfants qui n'ont pas encore atteint l'âge d'aller à l'école, et qui restent comme abandonnés pendant que leurs parents sont occupés dans les champs ou à leur ouvrage. Ces pauvres enfants, ainsi livrés à eux-mêmes, contractent de bonne heure des habitudes de paresse et de vagabondage, qu'il est très-difficile de déraciner plus tard. On leur a donc ouvert un *asile*, où les parents les envoient le matin et les vont chercher le soir. Là ils sont nourris et soignés. On leur apprend à lire et à prier Dieu. Il n'y a pas aujourd'hui un seul village du grand-duché qui n'ait son *école d'asile*. Cette institution commence à se répandre en Allemagne, et l'on pourrait aisément la transporter en France.

Je me reprocherais aussi, M. le ministre, de ne pas appeler quelques instants votre attention sur les livres qui sont employés dans les écoles populaires de diverse importance en Saxe-Weimar. Rien n'est plus difficile à bien faire que de pareils livres, et le défaut d'ouvrages convenables en ce genre est une des grandes plaies de l'instruction populaire en France. En voici quatre que le consistoire a adoptés, que j'ai déjà cités dans les programmes des leçons de la grande école primaire de Weimar, et sur lesquels je vous demande la permission d'ajouter quelques mots.

Je vous parlerai d'abord de celui de ces écrits qui est destiné aux enfants les plus jeunes. Il est intitulé : *der erste Leseunterricht in einer naturgemæssigen Stufenfolge, Premières leçons de lecture dans une gradation naturelle*. L'auteur est M. Gerbing, l'un des maîtres de l'école bourgeoise de Weimar. Il contient sept parties distinctes : 1° l'alphabet ; 2° la composition des syllabes ; 3° les points d'interpunction ; 4° la distinc-

tion des syllabes en radicales, additionnelles, etc.; 5° des historiettes ; 6° des sentences ou proverbes, d'abord d'un seul vers, puis de deux, puis de plusieurs strophes ; 7° diverses pièces. L'art de ce petit livre, comme son titre l'indique, est de conduire l'esprit de l'enfant, par un ordre naturel et facile, des plus faibles éléments à toutes les notions morales nécessaires. La partie des sentences m'a surtout frappé. Sous les formes les plus agréables et qui s'impriment facilement dans la mémoire, ces sentences renferment les meilleures choses que l'auteur, dans une table bien conçue, classe lui-même sous des titres systématiques, tels que devoirs envers nous-mêmes, devoirs envers les autres hommes ; Dieu, ses attributs et nos devoirs envers lui. C'est au maître à développer chaque sentence dans cet esprit.

Le second ouvrage est *der Schulfreund, l'Ami des écoles*, livre de lecture à l'usage des enfants de huit à dix ans, par M. Schweitzer, directeur de l'école bourgeoise et inspecteur de l'école normale primaire de Weimar. Ce livre suppose que les enfants ont déjà été deux ans à l'école dans la classe inférieure. Ce ne sont plus seulement des historiettes amusantes ; l'auteur s'attache aux connaissances d'une utilité générale. Il part de cette idée que la connaissance des facultés de l'âme doit précéder tout enseignement un peu approfondi de la religion, et il s'applique à composer une psychologie à la portée des enfants. L'ouvrage est divisé en trois parties, sous la forme d'entretiens entre un père et ses enfants : il traite, dans la première partie, de l'homme et de ses qualités physiques ; la seconde partie est consacrée à la connaissance de l'âme et de ses facultés, avec quelques notions sur la perfectibilité et l'immortalité ; la troisième contient les premiers et les plus simples éléments d'histoire naturelle, de botanique, de minéralogie, de cosmologie et de physique. Enfin l'auteur termine son livre par une suite de petites histoires, et par un certain nombre de chants propres à être appris par cœur par les enfants, et composés sur des airs et sous la forme de chants d'église.

Le troisième livre, *Lese- und Lehrbuch, Livre de lecture et d'enseignement*, à l'usage des écoles populaires, par M. le docteur J.-F.-A. Schwabe, membre du consistoire et prédicateur à Weimar, est un manuel complet et une espèce d'encyclopédie de tout ce qu'il peut être nécessaire au peuple de savoir, à l'exception de l'enseignement religieux et de l'arithmétique. Une introduction, en forme de dialogues ou de récits entremêlés de vers qui résument en sentences le sujet de chaque chapitre, démontre l'avantage de l'étude et de l'éducation. La première partie, divisée en deux chapitres, a pour but de résoudre ces questions : Qui suis-je ? Que puis-je ? Que dois-je ? C'est une psychologie facile, une logique, et même une critique de la raison, appro- priée aux écoles populaires. Le chapitre premier traite de la connaissance de l'homme sensible et des idées qui se rattachent aux divers sens de l'homme ; de l'âme animale, ou de l'instinct dans les animaux comme dans l'homme ; de l'esprit ou de l'âme raisonnable dans l'homme. L'auteur suit, dans le développement des facultés humaines, l'idée de la Bible, qui distingue dans l'homme le corps, l'âme et l'esprit, et il cherche à rendre intelligibles aux enfants, par des images claires et simples, les idées abstraites les plus néces- saires à connaître. Le second chapitre renferme des morceaux choisis pour exercer les facultés de l'esprit, tels que des chants à apprendre par cœur, des énigmes, des fables, des proverbes et sentences. La seconde partie, également divisée en deux chapitres, est des- tinée aux connaissances d'utilité générale. Le premier chapitre contient, avec les éléments d'histoire natu- relle dans toutes les subdivisions, des notions de géo- graphie ; de droit naturel, de droit civil, enfin quel- ques leçons d'histoire générale, ancienne et moderne. Le second traite des moyens de communiquer à d'au- tres les diverses connaissances : ce sont des leçons de grammaire, d'orthographe et de style. Cet ouvrage, qui a 216 pages, coûte 4 gros (12 sous). On y joint un appendice très-bien fait, qui contient la géographie et l'histoire spéciale de Saxe-Weimar.

Le quatrième ouvrage, qui s'adresse, comme celui de Schwabe, aux écoliers les plus avancés, est *der deutsche Kinderfreund*, *l'Ami des enfants pour l'Al- lemagne*, par M. Wilmsen, prédicateur à Berlin. C'est encore une véritable encyclopédie des connaissances que tout le monde doit avoir. Comme son titre l'in- dique, il n'est pas fait seulement pour le duché de Saxe-Weimar, mais pour l'Allemagne tout entière ; aussi y est-il très-répandu. L'exemplaire que j'ai sous les yeux est de 1830, et porte l'indication de la cent septième édition ; en outre, il a été stéréotypé en plu- sieurs endroits. Il contient 234 pages et ne coûte que quatre gros et demi (13 sous). Il ressemble au Manuel de Schwabe ; mais il est un peu plus étendu sur plu- sieurs points. Par exemple, il y a une hygiène popu- laire qui manque au Manuel de Schwabe, et que l'auteur a judicieusement empruntée au *Catéchisme d'hygiène* de Faust. Je remarque aussi le chapitre qui traite *des droits et des devoirs des sujets dans les États bien gouvernés*, d'après l'écrit estimé de Tittmann, in- titulé *allgemeiner Unterricht über die Rechte und Ver- bindlichkeiten der Unterthanen*; Leipzig, 1800. Tout ce que M. Wilmsen emprunte, il l'approprie à son but par d'heureuses simplifications. Un excellent morceau qui lui appartient en propre, est l'introduction, des- tinée à éveiller l'attention et la réflexion par l'utilité et la variété des objets qu'elle renferme.

Le caractère commun de ces quatre ouvrages est, à des degrés différents, la solidité que le talent con- sciencieux des Allemands porte partout, avec une cer- taine gravité intérieure qui accompagne toujours le sincère amour de la chose sur laquelle on écrit. Il faut sans doute éviter la pédanterie, et je ne voudrais pas affirmer que le Manuel de Schwabe fût tout à fait irré- prochable à cet égard ; mais ce qu'il faut éviter bien plus encore, c'est la prétention de rendre tout si facile, que, pour cela, souvent on fausse tout et qu'on n'ap- prend rien aux enfants qu'ils ne doivent plus tard dés- apprendre. S'il est nécessaire de ne demander à cet âge que l'attention dont il est capable, il ne l'est pas moins d'en exiger toute celle dont il est capable. Il faut bien se garder de lui faire croire qu'il sait ce qu'il ne sait pas, ni qu'on peut vraiment rien apprendre sans se donner quelque peine : c'est le plus mauvais service qu'on puisse rendre aux enfants. Voilà pour le côté scientifique ; quant à la partie morale, le grand défaut de ces sortes de livres, défaut qui tient beaucoup à celui que je viens de signaler, c'est cette fade sentimentalité qui pense faire merveille de s'adresser beaucoup plus à ce qu'on appelle le cœur et à l'imagination qu'à la raison et à l'esprit. Cette molle instruction n'inculque point de principes véritables, sans lesquels il n'y a point de moralité. Loin de là, je pense, avec Kant, que les enfants sont plus susceptibles qu'on ne le croit de comprendre les principes de la morale dans toute leur vérité, c'est-à-dire, dans toute leur gravité, quand on sait les leur bien exposer. Il y a même là une gran- deur très-capable de frapper leur âme, en l'élevant. Ce sont déjà des êtres moraux auxquels il faut parler un langage moral. Je ne voudrais pas être trop sévère, M. le ministre ; mais je crains bien que la plupart des livres qu'on met chez nous entre les mains de l'en- fance, à force d'être superficiels et fades, soient plus dangereux qu'utiles. Berquin ne s'adresse qu'aux enfants bien nés et à la bonne compagnie ; il est ingé- nieux, mais maniéré, et sa morale est d'une élégance que la vraie morale ne comporte point. Comme si l'austérité n'était pas précisément ce qui caractérise la morale ! comme si, l'austérité et l'obligation inflexible écartées, il restait quelque chose qui fût de la vraie vertu ! Effort et sacrifice, voilà les conditions pour savoir quelque chose et pour être honnête : déguiser à l'enfance ces conditions, c'est la tromper sur la vie humaine. Je préfère donc à la légèreté et à la senti- mentalité de nos livres populaires, la solidité et la gra- vité de ceux de l'Allemagne. Du moins ils sont instruc- tifs ; ils parlent avec autorité ; ils contiennent une foule de choses utiles ; et le peuple, au sortir des écoles, peut les lire et les relire sans cesse avec profit. Je vous rappelle que MM. Schweitzer, Schwabe et Wilmsen sont des ecclésiastiques ; M. Schwabe est même un membre du consistoire de Saxe-Weimar. On est digne d'être à la tête de l'instruction populaire, quand on travaille ainsi pour elle.

Les quatre ouvrages sur lesquels je viens d'arrêter un instant votre attention, sont officiellement employés dans toutes les écoles populaires du grand-duché; et l'emploi uniforme de ces manuels concourt, avec le plan uniforme des leçons, à répandre partout dans le peuple cette égalité de connaissances, cette unité morale à laquelle j'attache un si haut prix. Le consistoire recherche tellement cette uniformité, qu'il l'a portée jusque dans la construction des maisons d'écoles: il a fait faire deux plans de construction, l'un pour les communes les plus petites, l'autre pour les communes plus considérables. Je vous envoie ces deux plans lithographiés; chacun des deux représente : 1° la maison d'école vue de face; 2° le plan des fondations; 3° le plan du rez-de-chaussée; 4° le plan du premier, qui est en mansardes; 5° la coupe de toute la maison.

Le bâtiment de la plus petite école est de trente-cinq pieds de large sur trente-sept pieds de profondeur. Le rez-de-chaussée, élevé de trois marches au-dessus du sol, est composé d'un vestibule ou couloir de cinq pieds de large, qui conduit à la pièce où se fait la classe. Cette pièce, éclairée par quatre fenêtres, a quinze pieds de large sur vingt pieds de long; elle a une estrade pour le maître, un certain nombre de bancs pour quarante à quarante-cinq écoliers, avec des tables-pupitres, et un poêle que l'on chauffe en dehors, selon l'usage allemand. Outre cette pièce, il y a une espèce de salon (*Wohnstube*) pour le maître, de seize pieds de long sur douze pieds de large, et vis-à-vis une chambre à coucher de douze pieds sur dix; enfin, un cabinet, une cuisine, et l'escalier. Toutes les pièces sont planchéiées en sapin; les lieux d'aisance sont placés sous un hangar de dix-huit pieds de long sur cinq de large, attenant à la maison, autant que possible du côté du nord, et entretenus avec une propreté remarquable. La cave est au-dessous de la classe.

Le plan de la maison pour les communes plus considérables, est le même sur des proportions un peu plus grandes. La pièce destinée à la classe est faite pour cinquante à cinquante-six enfants; elle est éclairée par cinq fenêtres; elle a vingt-deux pieds sur dix-sept, et peut, au besoin, être encore allongée de sept pieds par la suppression d'un cabinet.

Les seuls reproches qu'on puisse faire à cette construction me paraissent le trop peu d'élévation du rez-de-chaussée, qui n'a que dix pieds à l'intérieur, et surtout la petitesse des fenêtres, qui ont cinq pieds de haut sur trois de large, et s'ouvrent en quatre parties, de sorte que l'air ne circule point assez dans la classe.

L'avantage de ces plans uniformes est de ne rien laisser à l'arbitraire de la commune, qui, par une économie mal entendue ou le peu d'habileté de son architecte, pourrait compromettre la santé des élèves et les justes convenances du maître.

INSTRUCTION SECONDAIRE.

Après ce retour nécessaire sur l'instruction primaire en Saxe-Weimar, je me hâte de passer à celle du second degré. D'abord je crois devoir vous dire un mot de ces établissements particuliers qu'on appelle chez nous pensions ou institutions, et pour lesquels il s'agit de savoir si on laissera subsister la nécessité du brevet, l'inspection et la rétribution universitaire. Toute rétribution semblable à celle que nous appelons universitaire, tout droit de patente, sont ignorés en Saxe; mais nulle pension ne peut être établie sans une autorisation, et cette autorisation ne peut être obtenue que sur un examen dont les matières correspondent à peu près à celles de notre baccalauréat ès lettres. L'examen même ne suffit pas ; il faut donner le plan de la pension qu'on veut établir, produire les règlements de tout genre, les conditions, etc. Enfin, le droit d'inspection est en vigueur, et l'on en use même avec beaucoup de sévérité. Vous voyez qu'excepté la rétribution universitaire, c'est à peu près le même régime qu'en France, parce que ce régime est fondé sur la nature même des choses.

Il y a deux gymnases dans le grand-duché de Saxe-Weimar, celui d'Eisenach et celui de Weimar. Ils ont les mêmes règlements, et ils ne diffèrent l'un de l'autre que par le nombre des élèves et la force de l'enseignement. Le gymnase de Weimar est très-supérieur à celui d'Eisenach ; je l'ai visité en détail, et je vais essayer de vous le faire connaître comme celui de Francfort.

D'abord ce gymnase n'a point de pensionnaires ; comme celui de Francfort, il est composé d'externes qui viennent de chez leurs parents ou des pensions de la ville.

Le recteur, qui s'appelle ici directeur, *director*, est professeur, et il est toujours, comme à Francfort, chargé de la classe la plus élevée.

Il n'y a ni *conrector*, ni *prorector*, c'est-à-dire, rien qui ressemble à notre censeur.

Le rang des professeurs est fondé sur l'ancienneté, comme à Francfort; mais leur traitement est divers, selon les classes, comme en France. Il n'y a que quatre classes, au lieu des six du gymnase de Francfort; chacune a plusieurs divisions, ordinairement trois.

Le traitement du professeur directeur, chargé de la première classe, est de 1,600 thalers (6,000 francs environ). Les professeurs ont, selon l'ordre des classes , 900, 700, 600, 500 thalers ; les maîtres *auxi-liaires* , qui sont les maîtres de dessin , de langues vivantes , de musique, etc., ont 200 thalers. Ce traitement est unique et fixe, sans aucune éventualité. Autrefois il y avait deux traitements , comme chez nous , l'un fixe et l'autre éventuel et divers, qui provenait des élèves, des examens, des certificats, etc. Il n'y a plus qu'un seul traitement. C'est donc la même chose qu'à Francfort , avec cette seule différence qu'à Francfort les traitements de tous les professeurs sont à peu près de la même force , d'après le principe de l'égalité relative de tous les professeurs.

Les professeurs tiennent leurs traitements de l'État. La rétribution des élèves (*Schulgeld*) est perçue par un administrateur semblable à notre économe.

Le *Schulgeld* se paye par trimestre ; il est par an de 6 thalers pour la 4ᵉ classe , de 8 pour la 3ᵉ, de 12 pour la 2ᵉ, et de 16 pour la 1ʳᵉ. Et je trouve cette augmentation progressive dans la rétribution des élèves fort raisonnable , puisqu'elle est aussi dans les traitements des professeurs.

Il y a deux cent cinquante élèves dans tout le gymnase.

Les trois divisions dont se compose chaque classe sont graduées entre elles, et il n'est permis de passer de l'une à l'autre qu'après un examen, comme on ne passe d'une classe inférieure à une classe supérieure qu'après un examen. Ces examens sont fort sévères ; ils ont lieu tous les six mois.

Chaque élève parcourt plus ou moins vite les trois divisions de chaque classe et les quatre classes du gymnase, selon ses progrès et sa capacité. En général, chaque classe , avec ses trois divisions , dure dix-huit mois ou deux ans , ce qui fait à peu près huit ans pour le gymnase entier.

On peut quitter le gymnase avant de l'avoir entièrement achevé ; mais alors cette circonstance est marquée dans le certificat.

Pour passer du gymnase à l'université , il faut subir un examen général de tous les professeurs du gymnase, de vive voix et par écrit (*Abiturienten-Prüfungen*, examens de départ); c'est à peu près notre baccalauréat ès lettres, qui résume l'enseignement du collège, et qui est nécessaire pour prendre des inscriptions dans les facultés.

L'enseignement est simultané , comme à Francfort et dans toute l'Allemagne ; on mène toutes les connaissances de front, à l'opposé de l'ancienne pratique des lycées de l'empire, de commencer par les lettres et de finir par les sciences. L'ordre de progression ou de simultanéité des études dans les colléges est une question plus difficile qu'elle ne le semble au premier coup d'œil. En France , depuis 1815 , l'enseignement est simultané. L'inconvénient est qu'on possède

moins bien chacune des matières d'enseignement ; l'avantage , qu'on en parcourt un plus grand nombre : l'instruction est plus superficielle , mais plus étendue , et telle doit être l'instruction secondaire. Pour la culture spéciale de chaque branche, on a plus tard l'université avec ses diverses facultés.

L'attestation qu'on a suivi tous les cours du gymnase est très-importante ; car, sans elle , on ne peut obtenir aucun emploi civil. Les pages du grand-duc sont seuls dispensés de suivre certains cours, étrangers à leur carrière.

Je ne crois pas devoir, M. le ministre, vous donner ici le tableau des leçons du gymnase de Weimar, comme je l'ai fait pour celui de Francfort ; il y a trop peu de différence. Je me contenterai de vous dire qu'il y a un très-grand nombre de cours, et très-peu de professeurs. Chacun d'eux donne des leçons dans plusieurs classes, ce qui ne permettrait pas de les distinguer par le rang des classes dont ils sont chargés, puisque tous, à peu près, professent dans toutes les classes ; de là vient que leur rang est emprunté à leur ancienneté.

Chaque professeur est beaucoup plus occupé que nos professeurs de colléges. Le directeur est tenu de faire deux fois par an deux dissertations latines, les examens du gymnase ayant lieu deux fois par an. Chaque professeur, en entrant en fonctions , est tenu d'écrire un *programma*. C'est la même coutume qu'à Francfort, et elle me paraît excellente.

Le gymnase de Weimar, qui se perfectionne sans cesse , a eu tour à tour pour directeurs Heinze , Bœttinger et Lenz , le prédécesseur du directeur actuel. Musœus, Schwabe, Kœstner, Passow, Voss, Schulze, Riemer, etc., y ont été professeurs. Aujourd'hui les professeurs les plus connus, au moins dans les lettres, sont , avec le directeur M. Gernhardt , MM. Vent, Weber et Schneider. Je vous envoie un certain nombre de dissertations que ces messieurs ont faites dans les diverses solennités du gymnase. Voici , de M. Vent , une dissertation latine *de Hestiis humanis antiquo maximè tempore immolatis*, 1826 ; de M. Weber, *de Poetarum romanorum Recitationibus*, 1828 ; de M. Gottl. Carl. Will. Schneider, *de Epiphthegmaticis versibus Æschyli*, 1829. M. Gernhardt a plus fait que tous les autres , en sa qualité de directeur ; voici de lui deux dissertations : l'une, *Ad recognoscenda ea quæ Cicero in libro* de Amicitià *disputavit*, 1825 ; l'autre , où *Philologia et Philosophiæ studium ad religionis christianæ doctrinam accuratè cognoscendam necessarium commendatur*, 1830. Voici de plus une collection de douze dissertations de M. Gernhardt sur les points les plus importants et les plus controversés de la grammaire latine, dissertations qui ont mérité à leur auteur la réputation d'un philologue distingué.

J'ai fait une visite au gymnase, et j'ai assisté à une leçon entière de la première classe, que faisait le directeur M. Gernhardt. Il y avait à peu près soixante élèves, et il ne peut pas y en avoir davantage dans chaque division, règle qui me paraît essentielle. J'ai entendu deux explications, l'une de latin, sur un morceau de Tite-Live, l'autre de grec, sur un passage de *la République* de Platon. Les élèves désignés pour expliquer traduisent le latin en allemand, le grec en latin ; dans l'explication du latin on ne parle qu'allemand ; dans l'explication du grec, on ne parle que latin, élèves et professeurs. Toutes ces explications ont été faites, de la part du professeur, avec netteté et solidité : il n'affectait pas de montrer une érudition archéologique ou philologique au-dessus d'un gymnase ; il se contentait de faire bien saisir le sens et l'esprit de chaque phrase et sa liaison avec les précédentes et les suivantes, et il ne quittait un passage qu'après l'avoir bien éclairci, et s'être assuré que les élèves l'entendaient parfaitement. Pour cela, il leur faisait développer la pensée de l'auteur. Les élèves parlaient latin sans beaucoup d'élégance, mais avec clarté et facilité, et le professeur avec justesse et avec force. Excellent enseignement de collége, sans faux éclat et sans déclamation ; nulle trace de ce qu'on appelle chez nous la rhétorique. On s'attache à l'exactitude, à la clarté et à la pureté du langage, sans demander rien de plus : ce de reste ne peut pas être enseigné et ne doit être ni demandé ni recherché ; il est donné par surcroît à certaines natures.

Mais si tout ce qui regarde la littérature est très-convenablement enseigné dans le gymnase de Weimar, il n'en est peut-être pas ainsi des autres branches. Il n'y a qu'un seul professeur de mathématiques : il est chargé de l'enseignement de cette science dans toutes les classes, et suit les élèves de degré en degré, ce que je ne blâme pas ; mais il ne les mène pas assez loin : il est en même temps chargé de l'enseignement de la physique, qui se réduit à très-peu de chose. Comme à Francfort, il n'y a pas de cours spécial de philosophie ; seulement on dit que le professeur de littérature grecque traite occasionnellement de la philosophie ancienne. En général, même résultat qu'à Francfort. Les études classiques et littéraires y étouffent un peu trop les autres études. C'est précisément le contraire de ce que certaines personnes voudraient faire chez nous. Je ne puis approuver ni l'une ni l'autre de ces deux tendances extrêmes. Sans doute, et M. Villemain et moi l'avons souvent rappelé au conseil, les études classiques, les humanités, *studia humaniora*, doivent faire le fond de l'enseignement des colléges ; mais il y aurait aussi de l'injustice à leur sacrifier entièrement les sciences qui ont pour objet la connaissance de la nature ; les mathématiques, qui exercent si puissam-

ment l'esprit, et la philosophie, qui doit couronner toutes les études.

Il faut maintenant, M. le ministre, vous faire connaître le mode de nomination des professeurs, et les garanties dont ils jouissent.

C'est le consistoire qui propose au ministre la nomination des professeurs ; ses propositions sont de véritables nominations ; il se décide d'après les renseignements de toute espèce qu'il a soin de recueillir. Tout candidat est soumis à l'épreuve d'une leçon qu'il fait par-devant le consistoire : cette épreuve est de rigueur, aucune réputation n'en peut dispenser. Les étrangers sont admis aussi bien que les nationaux : l'unité de l'Allemagne est vraiment réalisée dans l'instruction publique.

Comme le consistoire propose, de même il surveille les professeurs. C'est un membre du consistoire qui est spécialement chargé de l'inspection du gymnase à Weimar.

Les professeurs une fois nommés sont inamovibles, et ne peuvent être révoqués que par une sentence du tribunal civil.

Les professeurs ont droit à une pension dont les conditions ne sont pas déterminées d'une manière fixe. Il n'y a pas de retenues sur les traitements des professeurs pour les pensions.

Si les dépenses pour l'instruction primaire sont essentiellement communales dans le duché de Saxe-Weimar, celles des gymnases sont considérées comme des dépenses d'État ; c'est l'État qui paye le traitement des professeurs et leurs pensions, et leurs veuves participent au bienfait de la loi générale, par laquelle les veuves de tous les fonctionnaires publics ont le cinquième de leur traitement, ainsi que leurs enfants orphelins jusqu'à l'âge de dix-huit ans.

Comme il y a en Saxe-Weimar une école normale primaire pour former des maîtres d'école, il y a aussi une école normale pour former des professeurs de gymnase ; on l'appelle *Seminarium philologicum*. Ce titre indique assez la nature des matières qu'on y enseigne, et il est tout simple que le séminaire pour les gymnases reproduise en grand les défauts que je vous ai signalés dans les gymnases : ceux-ci sont trop philologiques, parce que celui-là l'est exclusivement. Il ne forme ni professeurs de mathématiques, ni professeurs de physique et d'histoire naturelle, ni professeurs de philosophie. On est donc obligé, pour ces enseignements, de prendre des candidats qui n'ont passé par aucune école normale, et qui souvent ne donnent pas les garanties nécessaires ; de sorte que ces places, ou sont assez médiocrement remplies, ou ne le sont pas du tout. Si l'on veut relever l'instruction mathématique et philosophique des gymnases, il faut établir des séminaires pour la philosophie et pour les mathématiques, à l'instar du séminaire philologique, ou plutôt il faut les fondre tous ensemble dans un séminaire complet, destiné à former des professeurs pour toutes les parties de l'enseignement des gymnases, c'est-à-dire, créer une école normale semblable à la nôtre (1). Du moins, si le séminaire pour les professeurs de gymnase est, en Saxe-Weimar, exclusivement consacré aux études philologiques, on peut dire que, dans ces limites, il a rendu les plus grands services et qu'il a formé un grand nombre de philologues distingués. Le séminaire est, à Iéna, auprès de l'université. Son organisation est extrêmement simple. Il n'y a pas de pensionnat; les élèves reçoivent de l'État une petite somme qui, ajoutée à leurs ressources propres, suffit à leur très-modeste existence; ils suivent les cours de l'université, et leurs conférences se tiennent, à certains jours, dans un des auditoires ordinaires, de sorte que cette excellente institution coûte très-peu de chose.

Je ne suis point allé cette fois à Iéna pour examiner moi-même le séminaire philologique, un établissement semblable et plus célèbre encore se trouvant sur ma route à Leipzig; je me contente de vous envoyer un extrait de ses règlements imprimés, que je trouve dans les *Annales academiæ Ienensis*, de M. Eichstædt, vol. 1er, p. 179, sous ce titre : *Plan pour le séminaire philologique d'Iéna, Plan zum philologischen Seminarium bei der Universität Iena.*

Le séminaire philologique est un développement de la célèbre société latine d'Iéna, fondée en 1734, réorganisée en 1800, et dont les mémoires anciens et nouveaux (*Acta societatis latinæ Ienensis*) sont connus dans toute l'Europe. C'est assez récemment, dans l'année 1818, que le séminaire a été institué. Il se compose de huit jeunes gens qui doivent avoir déjà passé une année entière à l'université et témoigné de leurs progrès en philologie dans une dissertation écrite (*Probeschrift*), et qui, dès qu'ils sont reçus, ont droit à une indemnité, pendant les deux autres années qu'ils passent à l'université et au séminaire philologique, exclusivement occupés de l'étude des lettres anciennes, et avec l'espérance d'obtenir plus tard un emploi dans l'instruction publique. Outre ces huit membres ordinaires, il y en a huit autres qu'on appelle extraordinaires, destinés à remplacer successivement les premiers, mais qui ne reçoivent rien : ce sont des surnuméraires en philologie. Enfin, on admet aux exercices du séminaire ceux des étudiants qui donnent des espérances. Il y a deux sortes d'exercices, les uns où l'on instruit à écrire en latin, les autres dont la matière est l'interprétation des auteurs anciens; et il y a deux directeurs pour ces deux genres de travaux.

Le séminaire philologique coûte en tout 300 tha-

(1) Voyez dans le *Moniteur*, octobre 1830, les nouveaux règlements de cette école.

lers par an, sur lesquels 280 forment le *stipendium* ou l'*honorarium* des membres ordinaires; les 20 restants sont consacrés aux autres frais de l'établissement. L'ancien règlement voulait que les deux plus anciens séminaristes touchassent chacun 50 thalers par an, et chacun des six plus jeunes, 30; mais le règlement de 1821 a substitué aux deux plus âgés les deux plus capables, au choix du directeur. Ces honoraires sont payés par semestre. Chaque membre ordinaire paye une fois pour toutes 1 thaler 8 gros pour droit d'entrée; chaque membre extraordinaire, 16 gros.

Les obligations d'un séminariste sont un zèle constant, l'exactitude à assister aux leçons, et une moralité exemplaire. Le moindre dérangement est un motif d'exclusion.

Il y a trois conférences par semaine, deux pour l'interprétation et la critique des auteurs anciens, grecs et latins, et la troisième pour la composition. Toutes ces conférences se font en latin, la seule langue permise dans le séminaire.

Un des directeurs préside à l'interprétation des auteurs, l'autre à la correction des dissertations; ils changent de rôle de semestre en semestre. Les conférences d'interprétation ont toujours pour sujet deux auteurs, l'un grec, l'autre latin. Chaque membre fait tour à tour les frais d'une conférence entière. Celui qui est chargé de la conférence explique; les autres émettent leurs doutes ou leur opinion, et le directeur décide. Voici les règles de la conférence pour la correction des compositions : 1° Les membres ordinaires seuls prennent part aux compositions. Le choix du sujet est libre, sauf la permission du directeur. 2° La composition est apportée trois semaines avant la conférence de correction. Chaque membre a deux jours pour en prendre connaissance; après quoi, elle est remise au directeur. 3° Il y a deux opposants (*opponentes*) qui peuvent garder la composition pendant quatre jours, et qui sont tenus d'en faire la critique. Les autres membres sont libres de faire ou de ne pas faire leurs réflexions. 4° A chaque conférence, l'objet de la suivante est indiqué, afin que les membres extraordinaires puissent se préparer. 5° Quand, pour des motifs graves, il n'y a pas eu de composition dans une semaine, la leçon est consacrée à des questions sur les difficultés que chaque membre a pu rencontrer dans ses études. 6° Chaque membre donne une des dissertations qu'il a composées et qui a été soumise à la critique de la conférence et du directeur, pour les actes de l'établissement, *acta seminarii*. Ces actes sont les procès-verbaux de chaque conférence du séminaire, que rédige le premier des membres ordinaires.

Les travaux les plus distingués que font les candidats pour prouver leur capacité et être admis dans le séminaire (*Probeschriften*), sont imprimés, et l'établissement concourt aux frais de l'impression, sur les vingt thalers restants.

Les directeurs admettent ou rejettent les candidats pour être membres extraordinaires et ensuite membres ordinaires du séminaire. Ils rendent compte, chaque semestre, à l'autorité supérieure, des travaux du séminaire, de la réception et du départ des différents membres, de leur zèle et de leur conduite. Ces directeurs sont toujours des professeurs célèbres de l'université, qui ont un simple préciput, comme directeurs, et qui, en cette qualité, sont tenus de diriger et de coordonner leurs leçons publiques et privées par rapport au séminaire, et de manière que chacun de ses membres ait parcouru, dans un espace de deux ou trois ans, le cercle entier des leçons philologiques qui est nécessaire à sa carrière.

On dit que le séminaire philologique d'Iéna se ressent de son origine; il est plus célèbre pour le latin que pour le grec. Je ne sais s'il publie ses actes; le règlement que j'ai sous les yeux n'en dit rien, et les autres séminaires philologiques de l'Allemagne ne publient pas de mémoires. Il n'y a que celui de Bavière, à l'université de Munich, dont le directeur est M. Thiersch, qui publie *Acta philologorum Monacensium*. L'école polytechnique avait autrefois, et elle a, je crois, encore son journal. Il y a longtemps que j'ai l'idée d'une pareille publication pour les travaux des élèves et des maîtres de notre école normale de Paris; à mon retour, je vous soumettrai mes vues à cet égard.

Les directeurs du séminaire philologique d'Iéna ont toujours été des philologues distingués; par exemple, Schütz, l'éditeur d'*Eschyle*, et maintenant le célèbre latiniste Eichstædt, auquel est adjoint M. Hand, éditeur de *Stace*.

DE L'UNIVERSITÉ D'IÉNA.

Le séjour que j'ai fait en 1817 à l'université d'Iéna, et les statuts imprimés de cette université que je me suis procurés à Weimar, m'ont dispensé de me détourner de ma route pour la visiter de nouveau. Vous trouverez, M. le ministre, dans ces statuts imprimés, les détails les plus étendus et les plus précis sur cette université célèbre, sur son administration intérieure, sur les diverses facultés dont elle se compose, le traitement des professeurs, la rétribution des étudiants, etc. Elle ressemble d'ailleurs à toutes les universités allemandes. Au lieu donc de vous écrire un volume de remarques, je me contente de vous envoyer quatre choses qui vous donneront une idée exacte et complète de cette université : 1° ses statuts imprimés avec les changements les plus récents (1829); 2° les lois pour les

étudiants de 1831 ; 3° la collection des programmes de toutes les leçons pendant les dix dernières années; 4° un certain nombre de thèses soutenues dans les diverses facultés. Ces documents, j'espère, ne vous laisseront rien à désirer. Il ne me reste qu'à y joindre quelques explications.

L'université d'Iéna date du milieu du seizième siècle; elle a été fondée, à l'imitation des universités de Leipzig et de Wittenberg, par ces princes de Saxe qui ont tant fait en Allemagne pour les lettres et pour la cause de l'esprit humain. Inaugurée avec tous les priviléges d'une université, le 2 février 1558, elle n'a cessé de réunir dans son sein un grand nombre de professeurs estimables, dont plusieurs même ont laissé une réputation durable. En 1772, M. K. Schmidt recueillit les divers statuts qui composent sa constitution (*Zuverlassiger Unterricht von der Verfassung der Herzoglich Sachsischen Gesammt-Academie zu Jena, aus Acten und andern Urkunden gezogen, Jena,* 1772). En 1816, le professeur Güldenapfel lui consacra le premier volume du Muséum littéraire du grand-duché de Saxe (*Literarisches Museum für die Grossherzoglich Sachsischen Lande, in-12, Jena,* 1816). Depuis, l'université voulut avoir un recueil régulier de ses actes, et elle se donna un historiographe, M. Eichstædt, qui, en 1823, publia les *Annales Academiæ Ienensis, volumen primum, continens historiam instaurationis Academiæ, vitas doctorum, actaque et scripta, anno 1821.* Le second volume n'a pas encore paru.

La constitution de l'université d'Iéna a subi bien des modifications depuis 1558. Pour ne parler que des dernières, il y eut en 1817 une révision sévère de tous les statuts antérieurs; il y en eut une autre en 1824; et tout récemment, en 1829 et en 1831, les lois de l'université et celles des étudiants ont éprouvé de nouveaux changements. De toute part en Allemagne, en rendant justice à ces grands établissements scientifiques, presque tous conçus et fondés au moyen âge, on essaye de les mettre en harmonie avec l'esprit du temps, le droit commun et les nouveaux besoins des gouvernements. Voici une esquisse de la constitution de l'université d'Iéna.

Cette université, comme toutes celles de l'Allemagne, est la réunion des diverses facultés, qui chez nous sont isolées, dans un corps unique, se gouvernant lui-même d'après les lois qui lui sont propres. Ces diverses facultés sont : 1° la faculté de théologie ; 2° la faculté de droit ; 3° la faculté de médecine ; 4° une faculté qui, sous le nom de faculté de philosophie, embrasse une foule d'objets qui, chez nous, ont été sagement distribués dans deux facultés, celle des sciences et celle des lettres. En effet, dans l'état actuel des connaissances humaines, les sciences et les lettres ont pris des développements distincts trop considérables pour ne pas exiger deux facultés différentes ; et s'il est digne des efforts du philosophe d'embrasser les unes et les autres dans ses études, c'est une prétention qu'il ne faut pas consacrer officiellement, en donnant le nom de philosophie à la réunion de deux ordres de connaissances qui ont entre elles bien plus de différences que de ressemblances.

Chaque faculté nomme son doyen pour un semestre à tour de rôle. Il y a un recteur perpétuel et purement honorifique, qui est un prince ou un grand personnage dont le nom paraît à peine dans les actes. Le vrai recteur est le prorecteur (*prorector*), qui n'est nullement subordonné au recteur, mais qui seul est chargé de toute l'administration universitaire. Il y a de plus un ex-prorecteur, c'est-à-dire, un professeur qui supplée le prorecteur en cas de besoin.

Le prorecteur de l'université, comme les doyens de chaque faculté, sont des professeurs qui font toujours leurs cours, et qui touchent de plus un préciput, comme indemnité du temps qu'ils consacrent à leur emploi. Cet emploi, se renouvelant deux fois par année, comme le décanat, n'est pas un fardeau trop lourd et est un avantage pécuniaire. Le prorecteur est élu, dans chaque faculté, à tour de rôle. Il forme avec les doyens le petit conseil de l'université, qui suffit au courant des affaires. L'assemblée des professeurs forme le grand conseil, le sénat, *senatus academicus*, devant lequel sont portées les affaires de quelque importance.

Il y a trois classes de professeurs : 1° les professeurs ordinaires (*ordentliche*), qui sont nos professeurs titulaires ; 2° les professeurs extraordinaires (*ausserordentliche*), qui sont nos professeurs adjoints ; 3° des *doctores legentes* où *Privat-Docenten*, qui ressemblent fort à nos agrégés de médecine. Ces *doctores legentes* sont la pépinière, la force et la vie de l'université. Ce sont des docteurs qui, pourvus de ce grade, se présentent auprès d'une faculté pour en obtenir la permission de faire un cours sur tel ou tel des objets qu'elle embrasse ; pour obtenir cette permission, il y a deux conditions : la première, que le candidat écrive une dissertation latine, comme *specimen sui*, sur un sujet à son gré, qui se rapporte à l'enseignement qu'il veut faire, *pro venia legendi* ou *docendi :* la seconde, qu'il fasse une leçon publique devant le sénat. La permission d'enseigner donne le droit de faire des cours dans les salles de la faculté. Le *Privat-Docent* n'a d'autre salaire que celui qu'il reçoit des étudiants ; mais comme ces cours comptent aux étudiants, aussi bien que ceux des autres professeurs, pour être admis à prendre des grades, il n'y a pas de raison pour que le *Privat-Docent* n'ait autant d'élèves qu'un professeur même ordinaire et ne se crée une posi-

tion supportable. Le titre de *doctor legens* se perd, si, après l'avoir obtenu, on ne s'en montre pas digne. Quatre semestres passés sans faire de leçons, le détruisent. Le *doctor legens* est aussi obligé, pour la forme, de soumettre ses cahiers au doyen de la faculté, qui autorise le cours en mettant au bas de l'annonce : *Vidi.*

Quand un docteur a enseigné de cette manière pendant quelques années, et quand il s'est distingué ou par ses leçons ou par ses écrits, il obtient le titre de professeur extraordinaire, c'est-à-dire qu'outre le droit de faire des leçons, il a un certain traitement fixe, qui améliore sa position.

Les professeurs ordinaires sont seuls membres d'une faculté ; et comme tels, ils participent seuls à tous les actes de cette faculté et composent le sénat. Leur traitement est beaucoup plus considérable que celui des professeurs extraordinaires. C'est le gouvernement qui les nomme ; mais le sénat a le droit de présenter plusieurs candidats : cette présentation s'appelle *Dénomination*. Les candidats naturels sont les professeurs extraordinaires ; mais ils ne sont pas candidats exclusifs, et le sénat peut présenter, s'il lui plaît, tel homme célèbre, étranger à la faculté et même au pays. Le nombre des professeurs ordinaires, dans chaque faculté, est très-restreint ; celui des professeurs extraordinaires est plus étendu ; celui des *doctores legentes* plus considérable encore. Tous ces divers professeurs se soutiennent, s'animent les uns les autres. Le professeur titulaire ne veut pas avoir moins d'auditeurs que le professeur extraordinaire, qui ne veut pas en avoir moins que le *doctor legens*, lequel fait effort pour s'élever jusqu'à eux et même pour les surpasser dans l'opinion des étudiants. Voilà comment, sans concours et sans intrigue, se recrutent les professeurs dans une université d'Allemagne. La facilité d'arriver à être *doctor legens* représente à peu près la liberté de l'enseignement. Cette facilité n'est pas excessive, et il ne faut pas qu'elle le soit ; partager l'auditoire d'une faculté, faire des leçons qui comptent pour les grades, est un honneur et un avantage qu'il ne faut pas prodiguer.

Le nombre des professeurs ordinaires, à Iéna, est fixe. Nul ne peut occuper deux chaires à la fois. Le nombre des professeurs extraordinaires est indéterminé, ainsi que celui des *Privat-Docenten*. Je ne parle pas ici de ce qu'on appelle les lecteurs, *lectores*, savoir, les maîtres de langues vivantes, de musique, d'armes, d'équitation, etc.

Voici la liste des professeurs ordinaires de l'université d'Iéna, dans l'ordre de leur ancienneté, pour le dernier semestre de 1831 :

Théologie. MM. Schott, Danz, Otto, Baumgarten-Crusius, Hoffmann, Schwartz.

Droit. MM. Schmid, Konopak, Walch, Schrœtter, Francke, Heimbach. Il est aussi accordé aux membres de la cour d'appel d'Iéna de faire des leçons de droit à l'université, comme professeurs honoraires. MM. Martin, Eichman, Ortloff, professent à ce titre.

Médecine. MM. Stark, Succow, Kieser, Voigt, Huschke.

Philosophie. MM. Eichstædt, Luden, Lenz, Bachmann, Fries, Hand, Dobereiner, Ern. Reinhold, Schulze, Gœttling.

La théologie a trois professeurs extraordinaires, et pas de Privat-Docent; le droit, un professeur extraordinaire, et pas de Privat-Docent; la médecine, six professeurs extraordinaires et un seul Privat-Docent; la philosophie, sept professeurs extraordinaires et cinq Privat-Docenten.

Chaque professeur ordinaire ou extraordinaire, ou Privat-Docent, fait, sur la matière qu'il a choisie, un cours qui ne doit presque jamais durer plus d'un semestre. Donner un cours s'appelle lire un collége (lesen ein Collegium). Ce collége a au moins trois leçons par semaine et presque toujours davantage; et encore chaque professeur lit plus d'un collége, toujours deux et quelquefois trois; de sorte qu'il n'y a pas de professeur qui n'ait à faire par semaine dix ou douze leçons. Les professeurs sont donc, comme on voit, très-occupés; mais aussi ils gagnent beaucoup d'argent; car les étudiants payent pour chaque collége séparément. Le droit de fréquenter un collége est presque partout d'un louis par semestre. Un professeur distingué peut avoir au moins une centaine d'auditeurs par collége, ce qui lui fait, pour trois colléges, trois cents louis par semestre et six cents par an, outre son traitement fixe. Il faut ajouter qu'à Iéna, par suite de priviléges antiques, les professeurs sont exempts d'une foule de droits et de contributions qu'il est inutile d'énumérer, et qu'ils ont certains avantages, souvent assez considérables, que l'université leur fait sur ses propres biens.

Telle est à peu près la constitution de l'université d'Iéna, sauf les détails, qui sont infinis. Je vais maintenant, M. le ministre, vous entretenir des étudiants, et des règlements qui les concernent.

Pour faire partie de l'université, y obtenir le droit de bourgeoisie et jouir des avantages attachés à ce droit, tout étudiant doit être immatriculé.

L'immatriculation est l'inscription d'un étudiant, avec ses noms, prénoms et lieu de naissance, dans l'album de l'université. L'étudiant s'engage, entre les mains du prorecteur, à obéir aux lois de l'université, et il reçoit un acte d'immatriculation.

La demande d'immatriculation doit avoir lieu dans les trois premiers jours de l'arrivée d'un étudiant à Iéna. Il doit présenter en même temps les certificats né-

cessaires, sous peine de perdre le droit d'immatriculation pendant le semestre courant, et d'être obligé de quitter immédiatement la ville, à moins qu'il n'y soit né.

Les certificats à produire sont un certificat de bonne conduite (testimonium morum), et, si l'étudiant arrive d'une autre université, l'acte d'immatriculation à cette université. Les enfants du pays devront, en outre, produire les certificats d'examen délivrés en sortant du gymnase (Dimissions-scheine).

Les frais d'immatriculation sont payés en même temps qu'on se présente. En sont dispensés ceux qui ont reçu antérieurement cette immatriculation honoris causa.

Ces frais sont, pour un novice, de six thalers; pour un vétéran, de quatre thalers.

Le droit de bourgeoisie universitaire se compose :

Du droit de se mettre sous la protection de l'université dans la ville d'Iéna;

Du droit de profiter d'une juridiction privilégiée;

Du droit d'assister aux leçons, de se servir de la bibliothèque et des autres collections ou musées de l'université, de prendre des grades, de jouir, enfin, de tous les avantages accordés aux étudiants.

Pour tous les cas qui ne sont pas expressément réservés, l'étudiant est justiciable des lois du grand-duché.

La juridiction universitaire a plusieurs degrés : 1° le prorecteur; 2° le petit conseil, ou l'assemblée des doyens; 3° le sénat ou l'assemblée des professeurs ordinaires.

Il y a un bailliage universitaire (Universitæts-Amt). C'est le bailli qui instruit et juge en première instance les affaires purement civiles. En appel, c'est le conseil qui décide. Les affaires de police ou de discipline sont instruites par le bailli et jugées par le conseil ou par le sénat; les affaires criminelles sont, après la première instruction du bailli, renvoyées par le sénat au tribunal criminel du pays.

Outre la juridiction privilégiée de l'université, l'étudiant peut avoir recours à la juridiction ordinaire de la ville ou du pays environnant, dans un rayon de deux milles autour d'Iéna.

Chaque étudiant doit avoir un domicile fixe dans la ville. Pour habiter dans un faubourg, il faut une permission particulière du bailli, et indiquer la maison qu'on veut habiter, à moins que l'étudiant n'y demeure chez ses parents.

Les leçons commencent chaque semestre au jour indiqué au tableau. On paye l'honoraire annoncé par le professeur, avant l'ouverture du cours, entre les mains du questeur académique, qui fait inscrire l'étudiant et lui délivre une carte d'admission. On ne peut, sous aucun prétexte, réclamer l'honoraire une fois payé. L'usage établi jusqu'ici d'assister, à titre d'hospitalité, aux premières leçons (*das Hospitiren*), est aboli, et aucun étudiant n'est admis dans un cours sans une carte d'admission.

Ne peuvent être exemptés, en totalité ou en partie, du payement des honoraires du cours (*Collegienhonorar*), que les étudiants du pays qui obtiennent un certificat de pauvreté.

Pour obtenir un certificat de pauvreté, l'étudiant présente lui-même au prorecteur un certificat d'une autorité supérieure de sa ville natale, et donne en même temps la liste des cours qu'il veut suivre. Tous les six mois, le certificat de pauvreté doit être renouvelé et sollicité de nouveau auprès du prorecteur; le renouvellement peut être refusé pour cause de négligence à suivre les cours, pour une conduite irrégulière, ou pour avoir encouru une peine disciplinaire.

L'étudiant présente au professeur son certificat de pauvreté, avec la prière de l'exempter des honoraires à payer; car il ne peut être exempté que sur un permis du professeur. Il remet ce permis au questeur, qui lui délivre alors une carte d'admission, moyennant six gros, si l'exemption est entière, et trois gros, si elle n'est que de la moitié des honoraires.

Pour les leçons que le professeur fait à la demande d'un certain nombre d'étudiants, on n'a point égard aux certificats de pauvreté.

Les punitions universitaires sont la réprimande, l'amende, la prison (*Carcerarrest*), l'inscription sur le livre des punitions, le renvoi de l'université, soit par le *consilium abeundi*, prière de s'en aller, ou par la *relégation*; enfin, dans les cas extraordinaires, l'envoi dans une forteresse.

C'est ordinairement le prorecteur qui adresse les réprimandes; elles sont considérées comme plus sévères venant du conseil ou du sénat.

Toutes les amendes prononcées contre les étudiants sont versées dans la caisse de la bibliothèque de l'université, et doivent être payées au plus tard un mois après le jugement, sous peine d'exécution forcée ou de mesures plus rigoureuses.

La prison peut être simple ou rigoureuse : dans le premier cas, le *maximum* est d'un mois; dans le second, de trois semaines. Après trois fois vingt-quatre heures d'arrêts simples, on peut autoriser l'étudiant à assister aux cours qu'il suit ordinairement, à condition qu'il rentre en prison immédiatement après. Les arrêts rigoureux se distinguent par le local de la prison ou par le refus de l'autorisation ci-dessus mentionnée. Le refus de subir la prison expose au renvoi de l'université.

Le bailli de l'université a la surveillance de la prison, sous la direction du prorecteur.

Nul ne peut sortir de la prison sans payer les frais, qui sont de six gros pour chacun des trois premiers jours, et d'un gros par jour pour le reste du temps.

L'inscription sur le livre des punitions (*Strafbuch*) entraîne, pour tous les délits à venir, la punition la plus sévère. C'est une sorte de liste de suspects. Cette inscription peut être prononcée en outre de toutes les peines déjà indiquées.

Tous les relégués ou simplement renvoyés des autres universités sont nécessairement inscrits au livre des punitions, quand on leur permet d'entrer à l'université d'Iéna.

Le *consilium abeundi* est le renvoi de l'université le moins dur. Il prive temporairement du droit de bourgeoisie universitaire. On en donne ordinairement avis à toutes les universités amies. La durée du *consilium abeundi* ne peut être moindre de six mois, ni outrepasser deux ans. Il faut alors se faire immatriculer de nouveau, et l'autorité universitaire décide s'il y a lieu de permettre l'immatriculation. Le *consilium abeundi* est plus rigoureux quand on en donne avis aux parents ou tuteurs de l'étudiant ou aux autorités de son pays.

La relégation est la manière la plus sévère de renvoyer de l'université et de retirer le droit de bourgeoisie : elle est toujours rendue publique par une affiche insérée au tableau à Iéna, et par l'avis qui en est donné aux universités amies. La relégation est prononcée pour deux ans, ou pour quatre ans, ou pour toujours; elle peut être rendue plus dure par l'avis donné aux autorités du pays du condamné, ou plus encore par la publication dans les journaux, avec ou sans l'énonciation du délit.

Les étudiants renvoyés ou relégués perdent l'appui et la protection de l'université. Ils doivent aussitôt, et avant le coucher du soleil, quitter la ville, dont ils ne peuvent s'approcher à une distance de plus de deux milles, tant que dure leur condamnation.

Dans les cas extraordinaires, l'envoi dans une forteresse est prononcé, sur l'avis du sénat, par le gouvernement.

Les arrêts dans la maison ou dans la ville ne sont pas considérés comme punition, mais comme mesure de précaution. La violation de ces arrêts entraîne le renvoi de l'université.

Le mépris des ordonnances de l'autorité, la lacération des affiches publiques, les propos inconvenants contre des membres de l'université, la fréquentation des cafés, auberges et billards pendant l'heure du service divin, les dimanches et fêtes, le port d'armes cachées, les dégâts commis dans les propriétés particulières ou publiques, les assemblées secrètes et non autorisées, qu'elles soient connues sous le nom d'ordres, d'assemblées provinciales ou autres, sont punis des peines de la réprimande, du *consilium abeundi*, ou même de la relégation, suivant la gravité des faits.

Un étudiant qui veut imprimer, faire graver ou lithographier quelque chose, ou tenir un discours public, doit en prévenir le prorecteur et obtenir préalablement la permission. Le seul soupçon, d'après une dénonciation spécieuse, d'avoir participé à des associations défendues, peut avoir pour suite l'éloignement de l'université. En tout cas, ce soupçon entraîne la perte des certificats de pauvreté et autres avantages.

Toutes particularités dans le costume qui se rencontreraient à la fois dans plusieurs étudiants, seraient regardées comme signes de ralliement et de participation à des associations défendues.

Tous les jeux de hasard sont défendus, et la banque serait confisquée au profit de la bibliothèque.

Les excès de boisson sont punis de la prison, et, la troisième fois, du *consilium abeundi*.

La haute police de Weimar peut seule accorder la permission de faire des cortéges au flambeau.

Casser les vitres peut entraîner la relégation.

Les duels sont sévèrement interdits et punis. Le règlement entre, à cet égard, dans des distinctions et des égards qui attestent assez les habitudes des étudiants de l'Allemagne.

Il est inutile de vous citer ici, M. le ministre, les mille détails des règlements pour les étudiants, d'autant plus que bien des rigueurs que ces règlements contiennent y ont été introduites depuis l'époque fameuse de ces menées démagogiques qui malheureusement étaient réelles en certains endroits et surtout à Iéna, où Sand et autres avaient étudié. Il y avait eu à Iéna des extravagances qui ont amené une réaction et des précautions excessives; de sorte qu'il reste aujourd'hui bien peu de traces de l'ancienne liberté universitaire que j'ai vue encore à Iéna en 1817 : elle a péri dans ses propres fautes.

Tout cela a un peu nui à l'université d'Iéna. Cependant elle n'a pas cessé d'avoir un assez grand nombre d'élèves dans les diverses facultés. Pendant le premier semestre de cette année 1831, elle comptait cinq cent quatre-vingt-quatre étudiants immatriculés, sur lesquels deux cent cinquante-six théologiens, cent quatre-vingt-douze juristes, soixante-neuf médecins, soixante-sept philosophes ; la moitié au moins est composée d'étrangers. La supériorité du nombre des étudiants en théologie atteste la prédominance des études théologiques à cette université. Il est impossible, en effet, de trouver réunis plus de secours pour ce genre d'études. Il y a un séminaire théologique, sous la direction de M. Baumgarten-Crusius ; un séminaire

particulier pour l'homilétique, l'art de la prédication, que dirige M. Schott ; un autre pour l'art de catéchiser et d'enseigner la religion, sous M. Danz; enfin, une société exégétique que préside M. Hoffmann. Cependant, malgré ces savants hommes, la perte de Gabler sera longtemps ressentie à Iéna. Vous verrez, par les thèses de théologie que je vous envoie, à quel point les études sont fortes en cette faculté. Les autres branches des connaissances humaines sont aussi cultivées avec soin. Et même, de peur que les étudiants ne bornent à suivre le cours de la faculté spéciale à laquelle ils sont attachés, ce qui rendrait leur instruction exclusive et incomplète, une ordonnance du grand-duc, en date du 8 avril dernier, a décidé qu'à l'avenir tout étudiant qui se présentera, après avoir fait son temps d'université, aux examens de candidature (*Candidaten-Examen*), pour obtenir quelque emploi, comme théologien, comme juriste ou comme médecin, devra, pour être admis à ces examens, présenter des certificats constatant qu'outre les cours de la faculté à laquelle il appartient, il a, pendant chaque semestre de ses trois années d'université, suivi exactement un cours de philosophie ou d'histoire ou de mathématiques ou de philologie. La logique et la métaphysique, la psychologie, l'histoire de la philosophie, et pour les juristes une encyclopédie des sciences politiques et administratives (*Staats- und Kameralwissenschaften*), sont des cours indispensables. Trois années d'études à l'université seront désormais légalement suffisantes pour que l'on puisse se présenter aux examens de la candidature. Mais en raison des connaissances étendues que l'état actuel de la civilisation exige, on engage les étudiants à prolonger leurs études une quatrième année, ou du moins, si des obstacles les en empêchent, il leur est expressément recommandé de suppléer au temps qui leur manquerait, par des efforts redoublés et par une distribution bien entendue de leurs travaux.

L'université d'Iéna a plusieurs musées, des jardins botaniques, un observatoire, une école vétérinaire, une école d'économie rurale, une riche bibliothèque, que l'on prend soin d'augmenter depuis un siècle par des mesures dont quelques-unes sont un peu singulières. Une partie du droit d'immatriculation de tout étudiant est affectée à la bibliothèque ; et tout professeur ordinaire, en prenant possession de sa chaire, est tenu de donner à la bibliothèque un ouvrage qui lui manque, de la valeur de quatre thalers.

Une des meilleures pratiques de l'université d'Iéna, qui d'ailleurs est commune à toutes les universités allemandes, c'est l'institution d'un prix annuel, dans chaque faculté, pour la meilleure dissertation sur une question donnée par cette faculté. Il est sorti de là des dissertations très-remarquables qui ont déterminé plus d'une vocation ; je crois que le beau travail de M. Ottfried Müller, sur les *Doriens*, était d'abord une dissertation couronnée à l'université de Berlin. Le concours a lieu seulement entre les étudiants de l'université. Voici deux dissertations de ce genre couronnées à Iéna en 1826 et en 1827 : l'une sur le *Maire du palais chez les Francs*, *de Francorum majore domûs*, par un membre du séminaire philologique ; l'autre sur la *Doctrine dogmatique et morale d'Abélard*, *Commentatio theologico-critica de Petri Abelardi doctrinâ dogmaticâ et morali*. Il est assez curieux que des étudiants d'Iéna gagnent des prix sur les points les plus intéressants de notre propre histoire politique et philosophique. Ce sont ordinairement ces lauréats qui deviennent *Privat-Docenten*, en faisant une leçon publique devant le sénat et une dissertation *pro venià docendi*, comme celle-ci que vient de donner, il y a quelques mois, un jeune docteur de la faculté de philosophie : *Sur le caractère et l'origine de la partie religieuse des Niebelungen. De Niebelungorum fabulâ ex antiquâ religionis decretis illustrandâ, dissertatio quam... consensu et auctoritate ordinis philosophorum amplissimi in Acad. Jenensi,* PRO VENIA DOCENDI, *ritè adipiscendâ* 19 *Martii* 1831, *publicè defendet auctor Ludovicus Ettmüllerus.* Tout professeur extraordinaire et même ordinaire est tenu, en prenant possession de sa chaire, de lire aussi une dissertation latine sur un point à son choix, dissertation qu'il doit ensuite faire imprimer. Le prorecteur lui-même est obligé, aux diverses solennités, à Pâques et à la Pentecôte, de faire et de publier des discours académiques, qui sont toujours des dissertations sérieuses. Enfin, l'université rédige un journal critique très-célèbre : *Jenaische Litteratur-Zeitung.*

Je termine, M. le ministre, en vous adressant le budget de l'instruction publique en Saxe-Weimar, que je dois à l'obligeance du ministre des finances, M. le baron de Gersdorf.

TABLEAU GÉNÉRAL.

ARTICLE PREMIER.

UNIVERSITÉ D'IÉNA.

Fonds versés par le trésor public du duché de Weimar.	22371 th. ` g.	
Revenus particuliers des dotations de l'université.	8700 `	44461 th. 20 g.
Fonds versés par les duchés d'Altenbourg, Cobourg, Meiningen. .	6390 20	
Bourses	7000 `	
Bibliothèques, écoles de dessin, de peinture, etc.	6184 14	

ARTICLE II.

GYMNASES ET ÉCOLES.

Fonds versés par le trésor public du duché de Weimar.	11574 th. ` g.	
Fonds versés par la caisse particulière du grand-duc.	2401 `	17625 `
Fonds versés par ladite pour portions de bourse (*stipendia*) . .	530 `	
Fonds particuliers pour les maîtres d'école	3100	

SOMME TOTALE (thal. de Saxe) . . . 68271 th. 10 g.

C'est-à-dire, environ 260,000 francs sur une population de 250 mille habitants.

Voici maintenant le détail de chaque article.

ARTICLE PREMIER DU TABLEAU GÉNÉRAL.

UNIVERSITÉ D'IÉNA.

RECETTES.

Les revenus des dotations de l'université d'Iéna se composent annuellement, suivant les états qui en sont dressés, de

8700 th. ` g.	revenus nets de la terre de Remda et de la ville d'Apolda, qui appartiennent à la dotation de l'université, ainsi que des brasseries et des droits d'enseigne ou de cabaret de l'université.
	Et en outre de	
16768 `	fonds versés par le trésor du duché de Weimar,
5603 `	*dito*, pour les frais des musées grand-ducaux de Weimar à Iéna.
	Ensemble 22,371 thal. provenant du duché de Weimar.
6390 20	Fonds versés par les ducs d'Altenbourg, de Cobourg et Meiningen, qui sont, avec le duc de Weimar, les protecteurs de l'université (*durchlauchten Nutritoren der Academie*).

37461 th. 20 g. en tout, pour les recettes de l'université.

DÉPENSES.

Les traitements des professeurs sont divers :
De 500 à 1100 thal. pour les professeurs ordinaires ;
De 200 à 600 pour les professeurs extraordinaires.

L'état général des traitements, y compris ceux des officiers et bedeaux de l'université, l'entretien des séminaires, la bibliothèque, l'école vétérinaire et autres établissements, les prix annuels, etc., se monte, suivant le tableau dressé, à

26698 th.	8 g.	` d.	auxquels il faut ajouter :
2064	4	5	pour traitements extraordinaires, et en outre les
5603	`	`	ci-dessus mentionnés, pour les frais des musées.
2985	`	`	pour l'établissement appelé *academische Speiseanstalt*, et les portions de bourse (*stipendia*) etc.
			On aura en dépenses :

37350 th. 12 g. 5 d. somme à peu près égale aux recettes.

Outre les fonds mentionnés ci-dessus au budget, il existe une caisse des veuves de professeurs de l'université, qui possède un capital de 31,000 thal., et qui donne à chaque veuve d'un professeur ordinaire une pension annuelle de 200 thal.

Chaque jour l'*academische Speiseanstalt* pourvoit, dans différentes maisons de restauration, à la nourriture de cent trente-deux étudiants pauvres. Cet établissement fait, chaque année, par les dotations qu'il possède et les fonds versés par les ducs protecteurs (*durchlauchten Nutritoren*), une recette de 7,000 thal.

ARTICLE SECOND DU TABLEAU GÉNÉRAL.

GYMNASES ET ÉCOLES.

11374 thal. sont versés chaque année par le trésor public grand-ducal de Weimar pour les gymnases et les écoles,

savoir :
- 6400 thal. votés anciennement par les états du pays, et
- 5174 votés nouvellement par les états depuis 1822.

2401 versés annuellement par la caisse particulière (la cassette du grand-duc) pour les gymnases et les écoles.

550 versés annuellement par la caisse particulière pour des portions de bourse (*stipendia*).

14325 thal. versés chaque année par le trésor public et par la caisse particulière pour les gymnases, les écoles et les élèves.

Outre les fonds mentionnés ci-dessus au budget, les caisses municipales de Weimar et d'Eisenach fournissent des allocations considérables aux écoles bourgeoises (*Bürgerschulen*) de ces villes.

Enfin la caisse particulière du grand-duc donne encore chaque année une somme de 3,365 thal. pour secours, soit aux églises, soit à l'instruction publique; mais on ne peut les porter en compte, parce qu'ils se distribuent entre les hôpitaux, les églises, les écoles, etc.

Le temps, qui me manque, me permet à peine, M. le ministre, de résumer ici en peu de mots les réflexions qui sortent des diverses parties de cette lettre.

1° Pour l'instruction primaire, faire faire des ouvrages qui répondent aux divers degrés de l'instruction primaire, et qui, sans être imposés à tous les départements de France, leur soient envoyés et recommandés. Assurément, chaque département devrait ajouter à ces manuels des suppléments qui renfermeraient bien des choses spéciales, la géographie du département, son histoire, etc.; mais rien n'empêche qu'à côté et au-dessus de ces productions locales, l'État, que vous représentez, M. le ministre, ne propose ce qu'il croit convenir à tous les Français; car la France est une, si les départements sont différents, et il y a là deux sortes d'intérêts qu'il faut respecter et concilier. Mais pour obtenir ces manuels, qui seraient communs à toute la France, je me garderais bien de m'adresser à une commission, ce qui me mène à rien, comme l'expérience l'a c nt fois prouvé; je m'adresserais à des instituteurs distingués dans les divers degrés d'instruction primaire, et je demanderais à chacun d'eux un travail spécial, que le conseil royal reviserait lui-même.

2° Pour l'instruction secondaire, je maintiens tout ce que j'ai dit dans ma première lettre de Francfort. Cette seconde expérience me paraît concluante: supprimer les censeurs dans les collèges d'externes, et y faire du provisorat un appendice du professorat.

3° Pour notre école normale, substituer aux bourses entières des demi-bourses et des trois quarts de bourse; ou, si l'on veut maintenir quelques bourses entières, les réserver pour les deux ou trois premiers dans la liste de mérite qui résulte des examens de chaque année. Songer à une publication des travaux de l'école, sous la surveillance du directeur.

4° Quant à l'instruction supérieure, substituer à nos facultés isolées, perdues çà et là dans les déserts des provinces, de véritables universités en très-petit nombre, mais fortes et pleines de vie, qui seraient toujours en rapport avec vous, comme nos facultés et tous les établissements d'instruction publique, mais qui éliraient chaque année leurs autorités immédiates, leurs doyens et leurs recteurs; substituer aux concours, qui ne donneront jamais que des hommes médiocres, un mode de nomination plus rationnel; généraliser et appliquer à toutes les facultés l'excellente institution des agrégés auprès de la faculté de médecine de Paris; établir ainsi une riche pépinière de jeunes savants dans chaque université; faire payer les cours, dans l'intérêt de l'enseignement, des étudiants et des professeurs; donner des prix annuels dans chaque faculté, et attacher à la proclamation de ces prix beaucoup plus d'importance qu'à celle des prix de collèges. Ce sont là les bases de toutes les universités de l'Europe: il faut les transporter parmi nous; il faut par là vivifier les provinces et ajouter au mouvement que nos institutions communales et départementales répandront, j'espère, en créant de grands centres d'activité intellectuelle et morale, des foyers de lumière semblables à ceux qui éclairent toutes les parties de l'Allemagne. Je ne développe ici aucune de ces idées, sur lesquelles j'aurai souvent occasion de revenir et d'insister.

Je crois, M. le ministre, avoir à peu près épuisé toutes les recherches que m'imposait ma mission dans le grand-duché de Saxe-Weimar. En le quittant, j'ai besoin de renouveler auprès de vous l'expression de ma vive reconnaissance pour toutes les bontés dont j'y ai été comblé et les facilités qui m'ont été données. M. Peucer, le directeur du consistoire, a bien voulu me consacrer chaque jour trois ou quatre heures d'entretien, et le reste de la journée m'introduire lui-même, avec M. le théologien Roehr, membre du consistoire, dans les établissements que je désirais visiter. M. le ministre de Gersdorff et M. le chancelier de Müller m'ont prodigué mille attentions; ils ont mis entre mes mains les secrets de la bienfaisance de son altesse la grande-duchesse de Saxe-Weimar, et de sa vive et ingénieuse sollicitude pour tout ce qui concerne l'instruction du peuple, son éducation morale et le soulagement de ses misères. L'éducation publique semble l'objet principal de ce gouvernement vraiment paternel; et je n'oublierai jamais les deux jours que j'ai passés à Weimar dans le spectacle de la puissance uniquement occupée à rendre les hommes meilleurs et plus heureux.

Demain, 2 juin, c'est-à-dire dans quelques heures, je me rendrai à Leipzig.

Agréez, M. le ministre, etc.

QUATRIÈME LETTRE.

Leipzig, 2 juin 1831.

Un collège à pensionnat.

MONSIEUR LE MINISTRE,

Je vous ai fait connaître les deux gymnases d'externes de Francfort et de Weimar; je viens aujourd'hui vous rendre compte de ma visite à Schulpforta, l'école de Pforta, gymnase à pensionnat. J'étais impatient de voir un établissement de ce genre en Allemagne; j'en ai trouvé l'occasion ce matin à Pforta, près de Naumburg, sur la route de Weimar à Leipzig. Je m'y suis arrêté quelques heures, que j'ai mises à profit pour l'importante question des collèges à pensionnat.

Quand l'électeur Maurice embrassa le protestantisme et sécularisa les biens de l'Église, il convertit en écoles un certain nombre de grands couvents de la Saxe, et il laissa à ces écoles les dotations des couvents, sous la condition qu'elles entretiendraient un certain nombre d'élèves que leur enverraient les différentes villes de la Saxe : de là, entre autres écoles, les trois écoles princières, *die Fürstenschulen*, de la Saxe, savoir, celle de Meissen, celle de Merseburg (1), et celle de Pforta, qui est la plus célèbre des trois. Quand la partie de la Saxe où se trouvait Pforta passa à la Prusse, celle-ci se garda bien de changer la destination des revenus de Schulpforta; c'eût été une iniquité et une faute, que de priver un pays nouvellement acquis d'un établissement qui l'honorait et l'enrichissait. Or, si l'on voulait conserver un gymnase de boursiers à Schulpforta, il fallait bien que ce gymnase fût un pensionnat; car Pforta n'est pas une ville, c'est à peine un village; il faut absolument loger les élèves et les héberger, ou n'en pas avoir : de là le pensionnat de Schulpforta. Vous voyez donc, M. le ministre, que le gymnase à pensionnat de Pforta n'est point une institution rationnelle, si je puis m'exprimer ainsi, imaginée et adoptée parce qu'on préférait des pensionnaires à des externes pour ce gymnase; c'est l'œuvre de la nécessité. La Prusse n'a fait que maintenir l'ancien emploi des dotations existantes; elle n'a pas fondé des dotations pour l'avantage d'avoir des pensionnaires. Ici ce sont les dotations préexistantes qui ont amené le pensionnat; chez nous, très-souvent, c'est le besoin du pensionnat qui a amené ou soutenu les bourses. De plus, en France, les collèges à pensionnat, outre les boursiers, ont beaucoup de pensionnaires libres; ils en ont le plus qu'ils peuvent; c'est tout le contraire à Schulpforta, où il y a à peine une vingtaine de pensionnaires libres sur deux cents élèves. Tout y dépend des anciennes dotations. Encore une fois, c'est parce que ces dotations existent et ne peuvent être enlevées à Schulpforta, qu'il y a des boursiers, et ces boursiers ont attiré peu à peu quelques pensionnaires libres. Les dotations de Schulpforta donnent plus de 40,000 thalers de revenu (environ 160,000 francs), avec des bâtiments très-considérables, dans une situation magnifique; de là cent cinquante bourses ou demi-bourses, que le gouvernement prussien abandonne en grande partie aux villes de la Saxe qu'il a acquises. Ces cent cinquante boursiers, choisis naturellement parmi les sujets les plus distingués de la Saxe, puisent à Schulpforta l'esprit du gouvernement prussien et le réfléchissent dans cette province. Outre ces cent cinquante bourses, le roi, dit-on, vient de créer encore, par des raisons politiques, vingt autres bourses, dont il a remis la nomination au consistoire de Magdebourg, qui en dispose pour la province de ce nom. Il y a quelques élèves envoyés par leurs familles, et qui payent une petite pension; mais il y en a à peine une vingtaine; et ils doivent être des enfants du pays. Il y a aussi quelques autres élèves qui, par

---

(1) L'école princière de Merseburg a été depuis transportée à Grimma.

un arrangement particulier, demeurent chez les professeurs, sont nourris par eux, leur payent pension et n'appartiennent à l'établissement que par leur participation aux leçons communes. Le nombre total des boursiers et des pensionnaires ne peut dépasser deux cents.

Le pensionnat de Schulpforta ainsi constitué, il s'agit de savoir comment il est administré. Rien de plus simple : il y a un administrateur pour le matériel, qui est notre économe, et un *recteur* pour les études et la discipline. Mais là même, dans ce gymnase à pensionnat, il n'y a pas de censeur : ensuite le recteur, chargé des études et de la discipline, est lui-même un professeur, qui fait des classes comme ses collègues ; seulement il en fait un peu moins ; mais c'est toujours un des leurs, et d'ordinaire le plus habile. Il n'y a ni *prorecteur* ni *conrecteur*, comme à Francfort ; le recteur gouverne seul le gymnase, comme à Weimar, où il n'y a que des externes. Tous les samedis, il y a une conférence de tous les professeurs, présidée par le recteur, où l'on traite des affaires de la maison, et la chose va parfaitement ainsi. Ayez donc la bonté, M. le ministre, de tenir compte de ceci, que, dans un collège de deux cents pensionnaires, le luxe d'un censeur est inconnu; que le proviseur, qui est tout aussi occupé que les proviseurs de nos collèges, n'a qu'un préciput, comme proviseur, et qu'il est professeur. Et encore est-il astreint, comme les autres recteurs de gymnases d'externes, à faire des dissertations latines pour les solennités de la maison ; seulement, à Schulpforta, les professeurs font tour à tour la dissertation de rigueur dans les exercices ; et peut-être cela vaut-il mieux, car tous les professeurs paraissent ainsi successivement devant le public.

Je me suis procuré une histoire de ce bel établissement, par les professeurs Schmidt et Krafft (*die Landesschule Pforta*, 1814.) Ses règlements remontent jusqu'à l'électeur Maurice. Ils ont éprouvé beaucoup de modifications, et le gouvernement prussien vient d'y apporter des améliorations considérables. Le nouveau règlement n'est pas encore imprimé ; mais on me l'a communiqué en manuscrit ; en voici un extrait, ainsi que du prospectus qui fut publié en 1825.

L'école de Pforta est destinée à un certain nombre d'enfants exclusivement de la confession évangélique, qui veulent entrer plus tard à l'université, et se destinent aux études et aux professions libérales.

Nul n'est admis au-dessous de douze ans. Pour y entrer, il faut justifier de toutes les connaissances préliminaires qui, chez nous, répondent au moins à la première année de grammaire ; à savoir, les éléments de l'histoire et de la géographie, de l'arithmétique et de la géométrie, un peu de latin et de grec.

Il y a douze professeurs, y compris le recteur et l'inspecteur ecclésiastique : ils forment ensemble le collège des maîtres. Il y a en outre des maîtres de musique, de dessin, de danse et d'écriture.

Parmi les douze maîtres, les huit premiers sont titulaires ; quatre, plus jeunes, portent le titre d'adjoints ; ils sont ordinairement appelés ailleurs, après un séjour de cinq à six ans à Pforta, pour remplir dans d'autres écoles les fonctions de directeurs ou de professeurs titulaires. Ainsi le double principe de la fixité et du mouvement se trouve représenté à Pforta : les titulaires conservent les bonnes traditions de l'école, tandis que les innovations peuvent s'y introduire successivement par les jeunes recrues qui souvent y viennent enseigner, à peine au sortir de l'université.

Il y a trois classes : la première, la seconde et la troisième ; mais ces deux dernières ont chacune deux divisions. On reste un an dans chaque division de troisième et de seconde, et deux ans dans la première classe. Celui qui n'a pas achevé son *sexennium* ne peut passer l'examen du départ (*Abiturienten-Examen*), et obtenir le certificat auquel il donne droit. Il y a des examens pour passer d'une classe à l'autre, et même d'une division à une division supérieure. Dès la classe inférieure, les dispositions des élèves se développent, et ceux qui ne montrent aucune aptitude pour les études sont rendus à leurs parents. L'enseignement est simultané, comme partout en Allemagne. Dans les classes inférieures, les élèves doivent s'appliquer également à toutes les parties de l'instruction ; mais dans les classes supérieures, où déjà les diverses capacités ont pu se dévoiler, on a plus d'égards pour les élèves qui, distingués dans une partie, restent un peu en arrière dans une autre.

Les objets de l'enseignement sont : la religion, le latin, le grec, l'allemand, les mathématiques, la physique, l'histoire et la géographie. Tous les élèves des classes supérieures reçoivent des leçons de français ; et ceux qui se destinent à la théologie et à la philologie, suivent en outre un cours d'hébreu. La musique est enseignée dans toutes les classes ; le dessin, aux élèves de la seconde et de la troisième classe, qui prennent en outre des leçons de danse et d'écriture.

La première classe à 28 leçons d'une heure par semaine, pour chacune des deux divisions ; 9 de latin, 6 de grec, 4 de mathématiques, 2 de religion, 2 d'allemand, 2 de français, 2 d'histoire, 1 de physique, et pour quelques élèves 2 leçons d'hébreu.

La seconde classe, première division, 29 leçons ; 11 de latin, 6 de grec, 4 de mathématiques, 2 de religion, 2 d'allemand, 2 d'histoire, 2 de français, et pour quelques élèves 2 leçons d'hébreu.

La seconde, deuxième division, 30 leçons ; 12 de latin, 5 de grec, 4 de mathématiques, 2 de religion, 2 d'allemand, 3 d'histoire et de géographie, 2 de français, et 2 leçons d'hébreu.

La troisième, pour les deux divisions, 30 leçons ; 14 de latin, 5 de grec, 4 de mathématiques, 3 de géographie et d'histoire, 2 de religion, 2 d'allemand.

En outre, les deux divisions de la troisième classe reçoivent par semaine, des élèves de la première classe, 4 leçons de latin et 2 de grec, et, comme nous le verrons, chaque élève de première a toujours un ou deux élèves de troisième qui demeurent avec lui dans la même chambre et sont placés sous sa surveillance directe.

Les divers auteurs latins qu'on explique successivement, sont :

Troisième classe, deuxième division : Jules-César (Guerre des Gaules), Justin, Cornélius Népos, les Élégies d'Ovide, les Fables de Phèdre.

Troisième, première division : les Lettres de Cicéron, Caton l'ancien et Lælius, les Métamorphoses d'Ovide.

Seconde : les Discours de Cicéron, Tite-Live, Tacite (de la Germanie), l'Énéide.

Première : Cicéron (de l'Orateur, le Brutus, les Tusculanes, les livres sur la Nature des dieux), Horace, Tacite (Annales et Histoires).

La grammaire latine dont on se sert est celle de Zumpt. Pour les exercices de prosodie, on se sert du *Gradus ad Parnassum*, de Lindemann, du dictionnaire de Scheller et Lindemann, et du dictionnaire latin-allemand de Kraft.

En grec, on emploie les ouvrages suivants :

Troisième classe, deuxième division : livre de lecture grecque de Jacobs.

Troisième classe, première division : l'Attique de Jacobs et les morceaux choisis.

Seconde, deuxième division : la Retraite des Dix mille, l'Odyssée.

Seconde, première division : Hérodote, l'Archidamus d'Isocrate, l'Iliade, Vies de Plutarque.

Première : Thucydide, quelques dialogues faciles de Platon, Sophocle.

Les grammaires employées sont : celle de Buttman, dans les classes inférieures ; la grammaire moyenne du même, dans les autres classes ; le dictionnaire de Passow, et celui de Rost, grec-allemand.

Il y a des exercices latins et grecs dans toutes les classes. On ne fait pas seulement des thèmes grecs, mais des vers grecs.

L'allemand est enseigné, dans les différentes classes, par des traductions du latin, des compositions, des exercices en prose et en vers.

En première, on étudie la grammaire générale, la partie technique de la logique et les éléments de la psychologie empirique.

Pour la langue française, les élèves sont amenés au point de traduire immédiatement et assez correctement en français une dictée allemande.

L'histoire, la géographie, les mathématiques, sont parcourues dans tous leurs degrés, suivant les différentes classes.

Hors des classes et pendant les heures de travail particulier, les élèves se préparent sur les auteurs qu'ils ont à expliquer. Les élèves des classes supérieures ont à rendre compte par écrit des lectures qu'ils font, et ils soumettent de temps à autre aux professeurs de petites productions de leur façon, en prose ou en vers, sur des sujets qu'ils ont choisis eux-mêmes.

De temps en temps le recteur ordonne des revues des différentes classes, auxquelles il assiste avec tous les autres professeurs. A la fin de chaque semestre, a lieu un grand examen général. Pendant les neuf derniers jours qui précèdent, toutes les leçons sont suspendues, et les élèves composent par écrit des travaux dans toutes les langues qu'ils étudient, ainsi qu'en mathématiques ; ces différents travaux sont corrigés en séance générale. C'est alors qu'ils reçoivent leurs certificats de conduite, et qu'ils passent d'une classe ou d'une division dans une autre.

Les élèves qui doivent aller à l'université sont soumis à un examen particulier, l'*Abiturienten-Examen*. Une instruction générale pour tous les gymnases des États prussiens indique toutes les conditions à remplir pour ces examens de départ. Ce n'est pas le moment de la faire connaître.

Les élèves ont accès, à certaines heures, dans la grande bibliothèque de l'école, et peuvent se servir de tous les livres qu'elle renferme.

L'établissement possède un cabinet d'arts (*Kunstkabinet*), où se trouvent les plâtres des antiques les plus célèbres, des pâtes, des médailles et des gravures. Il y a dans l'école un appareil de physique, un herbier, une collection de cartes géographiques et de globes terrestres, des pianos à queue pour le chant, des modèles de tout genre pour le dessin. Ces collections et la bibliothèque ne viennent pas seulement des riches revenus de l'établissement ; elles sont entretenues et augmentées par les contributions obligées des élèves, qui, en entrant, payent un certain droit pour la bibliothèque et le cabinet de physique, comme à l'université d'Iéna.

La discipline n'est pas moins soignée à Schulpforta que les études. Tous les élèves, à l'exception de ceux qui demeurent chez les professeurs titulaires, car les professeurs titulaires ont seuls le droit d'avoir chez eux quelques élèves, sont partagés en douze chambres. Dans chaque chambre, il y a plusieurs tables, à chacune desquelles travaillent ordinairement trois ou quatre élèves. La première place est occupée par un élève de la première classe ou de la première division de la seconde, et cet élève s'appelle *Obergeselle*, c'est-à-dire à peu près maître compagnon ; la seconde place est occupée par un élève de la seconde classe, que l'on appelle *Mittelgeselle*, le compagnon du milieu ; la troisième et la quatrième, par des élèves de troisième qui sont les compagnons inférieurs, *Untergeselle*. Le maître compagnon, notre sergent, a toute autorité sur les autres, et leur donne tous les jours une leçon de latin ou de grec, ce qui a pour effet de ne laisser aucun élève sans secours dans ses travaux particuliers, et de fortifier les plus capables par les leçons mêmes qu'ils donnent aux plus faibles. Comme chaque table a son directeur, de même chaque chambre a le sien dans un élève qu'on appelle inspecteur, et qui a la surveillance sur tous les élèves de sa chambre. Il est le maître de quartier, et c'est lui qui est responsable de tout ce qui se passe dans cette partie de l'établissement. Les douze inspecteurs sont choisis tous les six mois, après le grand examen, par tous les professeurs, en présence des élèves ; et après qu'on leur a fait connaître les devoirs qu'ils auront à remplir, ils prennent, entre les mains du recteur, l'engagement d'y être fidèles. Dès lors ils ont sur les autres élèves une autorité qui ne peut être méconnue. Ils rappellent à l'ordre ceux qui s'en écartent, et peuvent même, au besoin, imposer quelques pensums ou défendre de descendre au jardin pendant les récréations. Ils font leur rapport au recteur ou au professeur qui est de semaine, personnage dont il sera question tout à l'heure, sur toutes les fautes graves et qui entraîneraient de plus fortes punitions. C'est l'inspecteur qui sert à table pendant le dîner.

Chaque semaine, deux des inspecteurs sont chargés de la surveillance générale sur toute l'école. Ils maintiennent l'ordre à la sortie des classes, dans le corridor sur lequel donnent toutes les chambres, dans le jardin, pendant le repas, à l'église et pendant les prières du matin et du soir.

Tous les samedis, après midi, les maîtres se réunissent en conférence, à laquelle peuvent être admis les inspecteurs, pour faire les rapports, entendre les plaintes ou les éloges du professeur de semaine sur la conduite des élèves, ou recevoir les ordres et les instructions du recteur.

Chaque élève, en entrant à l'école, est particulièrement recommandé à l'un des douze professeurs, au choix des parents. Ce professeur est dès lors regardé comme son tuteur, et se charge de surveiller toutes ses petites affaires privées. Il répond de sa conduite à l'établissement et même aux parents, avec lesquels il correspond.

Chaque professeur, à l'exception du recteur et de l'inspecteur ecclésiastique, est à son tour, pendant une semaine, chargé de la surveillance générale de l'école ; on l'appelle pour cela *hebdomadarius*. Il habite, pendant cette semaine, dans une chambre voisine des salles d'étude, et n'en sort que pour aller où ses fonctions l'appellent. Il fait la prière du matin et du soir ; il visite les dortoirs aussitôt que les élèves sont levés, et les classes pendant les répétitions ; il assiste aux leçons que donnent les élèves inspecteurs à ceux des classes inférieures ; il est présent au repas; il conduit les élèves à l'église, exerce enfin une surveillance continuelle sur le bon ordre, la propreté et la bonne conduite de tous les élèves et de tous les agents de l'établissement. L'*hebdomadarius* et les inspecteurs remplacent ainsi, sans frais, notre censeur et nos maîtres de quartier.

Chaque professeur peut imposer des punitions aux élèves ; mais dans les cas graves, il en réfère à la conférence des professeurs, qui s'appelle *synode*. Celui-ci instruit l'affaire et fixe les punitions. La moindre consiste en une admonition du recteur dans la chambre de l'élève ou en présence du synode : pour les élèves de première, la prison simple ou la prison au pain et à l'eau. Enfin, si toutes ces punitions sont insuffisantes, l'élève est renvoyé de l'école.

Nul élève ne peut avoir plus de sept gros par semaine à dépenser à sa volonté. Pour augmenter cette somme, les parents doivent avoir l'assentiment de l'autorité.

Dans le grand jardin de l'établissement, les élèves jouissent de promenades agréables ; on y a formé cinq grands jeux de quilles pour les cinq classes, et des dispositions ont été prises pour établir des exercices gymnastiques. Souvent on conduit les élèves dans les environs de Pforta. Quelquefois les tuteurs emmènent avec eux, dans leurs promenades, les jeunes gens qui leur ont été recommandés.

Deux fois par an, au commencement de mai et à la fin d'août, toute l'école, avec de la musique, se rend sur la montagne voisine, et s'y livre à des jeux ou à des danses, sous des tentes dressées exprès. Tous les professeurs, avec leurs familles, assistent à cette fête, ainsi qu'un certain nombre d'habitants de Naumburg, ville la plus rapprochée de Pforta. L'hiver, on donne souvent des concerts ou de petits bals.

L'été, le médecin ou le chirurgien de l'école conduit les élèves au bain, à la rivière voisine, la Saale, qui coule sous les murs de l'école, et on leur apprend à nager.

Avec un pareil système d'études et une telle discipline, pour obtenir les plus heureux résultats, il ne faut que de bons maîtres, et certes ils ne manquent pas à Schulpforta. Les professeurs titulaires sont MM. Lange, Schmieder, Wolf, Jacobi, Neue, Koberstein, Nalop, Steinhart ; les adjoints, MM. Jacobi, Buttman, Lorentz et Büchner. M. Lange est recteur. Son prédécesseur était M. Ilgen, bien connu comme littérateur et philologue par les *Carmina Græcorum convivalia*, et ses belles traductions en vers latins de plusieurs morceaux de Schiller et de Gœthe, entre autres de *la Cloche*. M. Lange est lui-même un bon latiniste et un connaisseur de l'antiquité, comme il l'a bien prouvé par la dissertation qu'il fit en 1821, *de Severitate disciplinæ portensis*, et par celle qu'il vient de publier sur un vase étrusque du cabinet du prince de Canino, que M. Th. Panofka a fait connaître dans les *Monumenti inediti pubblicati dall'Instituto di corrispondenza archeologica*; Rome, 1829. Il se charge de toutes les leçons les plus importantes de latin dans les classes supérieures. M. Schmieder est l'inspecteur ecclésiastique. C'est notre aumônier. Il est professeur, et il n'y a pas une seule division où il ne fasse un enseignement religieux, qui dans la première classe est assez élevé. MM. Neue, Wolf et Nalop se partagent les différentes classes pour le grec, le latin et l'histoire. Je connais de M. Neue une dissertation intitulée *Saphonis Mytilenea fragmenta, specimen operæ in omnibus artis Græcorum lyricæ reliquiis, excepto Pindaro, collocanda*; Berlin, 1827. M. Koberstein a l'enseignement de la langue française et celui de la littérature allemande. Il a donné en 1828 une dissertation sur la langue d'un vieux poëte autrichien nommé Peter Suchenwirt, et il est l'auteur d'un excellent manuel de littérature allemande, *Grundriss sur Geschichte der deutschen National-Litteratur*, qui en est à sa seconde édition. M. Steinhart, tout jeune encore, est déjà une des espérances de l'histoire de la philosophie ancienne. Tous ceux qui s'intéressent à cette partie si belle et si obscure de l'antiquité, ont distingué en 1829 un petit et savant essai intitulé : *Quæstionum de dialecticâ Plotini ratione fasciculus primus, specimen historiæ philosophiæ Alexandrinæ à se conscribendæ*, in-4°. J'ai appris ici que c'était une dissertation faite pour Schulpforta; et j'ai été charmé de rencontrer dans ce gymnase un compagnon de mes propres études. M. Jacobi (ce n'est pas celui de Kœnigsberg) est chargé des mathématiques et de la physique. D'après le programme des matières, cet enseignement serait un peu plus élevé qu'à Weimar et à Francfort, sans l'être autant que dans nos collèges. M. Buttman, le professeur adjoint, est le fils du grand philologue. Au reste, je vous envoie, M. le ministre, le programme imprimé des leçons de 1829 à 1830, et le programme manuscrit du premier semestre de 1831. Vous y reconnaîtrez ce qui déjà peut se conclure des données précédentes, que la philologie est la partie forte des études, avec l'enseignement religieux et le chant. C'est un progrès d'avoir attaché à l'enseignement de la langue allemande quelques leçons de grammaire générale, de logique et de psychologie; mais ce ne peut être là une préparation suffisante aux cours de philosophie de l'université. Passe encore pour le philosophie, qu'il est difficile et très-délicat, j'en conviens, d'enseigner dans un gymnase, et qui, appuyée

sur la philologie et la religion, est trop bien établie et trop nationale en Allemagne pour avoir rien à craindre; mais il n'en est pas ainsi des sciences physiques et mathématiques. Un trop faible enseignement dans les gymnases abaisse d'autant en ce genre celui de l'université, qui, pour être à la portée des élèves, cesse alors de se maintenir à la hauteur de la science, d'en suivre les progrès et d'y concourir.

En somme, le gymnase de Schulpforta est le plus complet que j'aie encore vu en Allemagne. Je l'ai visité en détail. Grâce à l'obligeance de M. le recteur Lange, rien ne m'a été caché. Je rends hommage à ce bel établissement; mais loin d'ébranler, il n'a fait qu'affermir davantage l'opinion que j'ai si souvent émise au conseil royal sur les collèges à pensionnat. Permettez-moi, M. le ministre, de m'expliquer à cet égard avec une entière franchise.

1° Schulpforta n'est point une institution moderne, une libre invention de l'esprit; c'est un héritage du passé, que, par des raisons d'équité et de politique, il était absolument impossible de répudier. Il n'a donc en cela aucun rapport avec nos collèges à pensionnat.

2° Schulpforta est un pensionnat de boursiers, où il y a à peine une vingtaine de pensionnaires libres; tandis que chez nous plus d'une fois l'inverse a lieu.

3° Les gymnases à pensionnat, comme celui de Schulpforta, sont très-rares en Allemagne, presque uniquement consacrés à des boursiers et fondés sur des circonstances exceptionnelles, des droits acquis, des dotations préexistantes et des considérations d'État.

4° Ces établissements en Allemagne, surtout en Saxe, ont retenu quelque chose d'ecclésiastique et une espèce de caractère monastique, qui est très-favorable à la discipline.

5° Le gouvernement de ces établissements en général, et surtout quand l'esprit ecclésiastique n'y est plus, est d'une extrême difficulté; il exige un talent d'administration qui se rencontre peu avec le goût de la science et qu'il est bien rare de trouver dans des professeurs. Il est donc téméraire, par cela seul, de multiplier ces établissements au delà de la nécessité.

6° Multiplier les collèges à pensionnat, c'est enlever beaucoup de gens de mérite à l'enseignement et le dépouiller au profit de l'administration. En fait, depuis vingt-deux ans que je suis dans l'instruction publique, je n'y connais pas un proviseur qui ait fait un livre un peu remarquable et servi les sciences ou la littérature : ces fonctions, telles que nous les avons faites, étoufferaient les plus grands esprits sous une multitude de soins minutieux, incompatibles avec l'étude.

7° Les collèges à pensionnat créent deux ordres de fonctionnaires, les uns qui enseignent, les autres qui administrent; ce qui est une grande source de mécontentement et de discorde, un motif de découragement pour les professeurs distingués, qui, ne voulant pas administrer, restent ainsi dans les degrés inférieurs de la hiérarchie et dans une situation de fortune très-modeste, et un motif de misérable ambition pour toutes les médiocrités qui se jettent dans l'administration et arrivent à des emplois lucratifs.

8° Songez encore à toutes les difficultés religieuses sans cesse renaissantes que le pensionnat provoque.

9° Et tout cela, pourquoi? pour avoir souvent un résultat inférieur à celui que donnent les colléges d'externes. En effet, dans le concours des colléges de Paris, voit-on le collége d'externes de Charlemagne le céder à ces grands colléges à pensionnat où l'administration est si dispendieuse et la discipline si incertaine? Ici, comme en beaucoup d'autres points, on se donne beaucoup de peine pour très-peu faire ou pour faire mal. C'est par les résultats qu'il faut juger toutes choses. Que l'on prouve d'une manière solide et incontestable que les colléges à pensionnat produisent des élèves supérieurs à ceux des autres colléges d'externes; sinon, il faut avouer que les colléges d'externes sont préférables. Mais l'éducation, dira-t-on, c'est là le vrai résultat des colléges à pensionnaires. Je réponds que, si cette éducation est si bonne, on devrait en voir les fruits; qu'il est impossible que des jeunes gens mieux élevés, c'est-à-dire apparemment moins dissipés, plus sages et plus laborieux, ne l'emportent pas dans leurs études sur leurs camarades qui n'ont pas la même éducation. Encore une fois, les études, le succès dans les études, c'est à quoi il faut toujours en revenir. Or ici le résultat définitif est presque toujours contre les colléges à pensionnat.

C'est par ces diverses raisons, M. le ministre, que j'ai souvent proposé de substituer successivement et avec prudence des colléges d'externes à nos pensionnats. Alors vous n'avez plus besoin de grands administrateurs; vous ne craignez plus les insurrections; d'immenses bâtiments ne vous sont plus nécessaires; vous n'avez pas deux ordres de fonctionnaires différents ou plutôt opposés; et votre ministère, M. le ministre, devient ce qu'il doit être, le ministère de l'instruction publique, un ministère de littérature et de science.

Je vous ai indiqué les raisons morales du système de l'externat; pour l'économie qui résulte de ce système, elle est si évidente que je n'y insiste pas. Indépendamment de mille autres suppressions de détail, vous supprimez tout d'abord, dans chaque collége, les censeurs, ce qui, à 3,000 francs par censeur, terme moyen et y compris des dépenses que je ne veux pas relever ici, vous donne pour trente-six colléges royaux une économie de 108,000 francs. Au lieu de 5,000 francs de traitement fixe et 2,000 francs de traitement supplémentaire, toujours terme moyen et y compris toute espèce de dépenses, vous donnez à vos

proviseurs, avec leur logement, un préciput de 1,000 ou 1,200 francs, selon les localités, ce qui vous produit une économie d'au moins 180,000 francs. Vous supprimez encore deux ou trois maîtres de quartier et maîtres d'étude par collége, ce qui vous donne encore une économie, à 1,000 francs par maître d'étude, de 108,000 francs, indépendamment du gain moral de la suppression de cet ordre de fonctionnaires inférieurs, les véritables ilotes de l'instruction publique.

Je ne vous signalerai plus qu'un dernier avantage du système des colléges d'externes. Comme les fonctions de proviseur n'exigent pas, dans ce système, de grands talents administratifs, tout professeur y est plus ou moins propre, et vous n'aurez guère à vous plaindre de ceux que vous appellerez à ces fonctions: si pourtant, après quelque temps d'exercice, le proviseur que vous avez nommé trompait vos espérances, vous en prenez un autre dans les rangs des professeurs, et vous rendez le premier tout entier à son enseignement, sans faire aucun tort ni à lui ni à la caisse de l'instruction publique; tandis que, dans le système des colléges à pensionnat, si vous vous êtes une fois trompé dans le choix d'un proviseur ou d'un censeur, vous vous trouvez singulièrement embarrassé. D'abord, on prétend que vous ne pouvez destituer un censeur ou un proviseur sans jugement, ce qui, légal ou non, est absurde, l'administration proprement dite devant être dans votre main, si vous en êtes responsable. Ensuite, le changer ne mène à rien; si c'est un mauvais proviseur dans un collége, il ne sera pas meilleur dans un autre: cependant vous ne pouvez le faire redescendre parmi les professeurs, car ce n'est plus un professeur; il a perdu ou le goût ou le talent de l'enseignement; et d'ailleurs, dans la hiérarchie, il est au-dessus de l'enseignement; l'y faire rentrer, est le mettre en disgrâce. Que faire donc en pareil cas, M. le ministre? Voici ce qu'on a fait jusqu'ici. Pour se débarrasser de cet administrateur incapable, sans le destituer, on lui donnait de l'avancement, on le faisait inspecteur d'académie; ou quand on voulait le frapper, on lui donnait sa pension de retraite. Dans le dernier cas, on grevait la caisse de l'instruction publique; dans le premier, on récompensait à contresens, et encore pour se trouver bientôt dans le même embarras, car d'un mauvais proviseur on faisait un mauvais inspecteur, auquel on était obligé, quelque temps après, de donner sa retraite. Dans le système que je défends, tous ces inconvénients sont inconnus. Vous nommez pour proviseur, pendant un certain nombre d'années, un professeur de collége, qui reste en même temps professeur: c'est là, en quelque sorte, comme nous dirions, nous autres métaphysiciens, la substance de sa position; le provisorat n'en est que l'accident, accident qui dure ou qui cesse, sans inconvénients ni pour le service ni pour les personnes. Un collège est un : à peine y aperçoit-on ce matériel qu'on appelle l'administration ; tout y est intellectuel, on n'y songe qu'à la littérature et à la science. Le moins d'administration possible et le plus de science et de moralité possible, je ne cesserai de le répéter, M. le ministre, voilà le but auquel il faut tendre, voilà le principe avec lequel il faut renouveler l'instruction publique. Napoléon avait eu cette pensée, lorsqu'il voulut que nos recteurs fussent des professeurs, momentanément remplacés par des suppléants ; et je n'hésiterais pas à appliquer le même principe à l'inspection et au conseil lui-même : mais c'est aux collèges qu'il faut l'appliquer d'abord, pour leur rendre la vie dont ils ont besoin.

Je suis d'avis de n'avoir des collèges à pensionnat que pour les boursiers ; et dans ces établissements, je propose de supprimer entièrement le censeur, tout comme dans les collèges d'externes ; car un censeur n'est qu'une doublure du proviseur, tout à fait inutile quand le proviseur est bon. Pour le proviseur, je ne voudrais pas l'assujettir, comme en Allemagne, à un enseignement ; mais je voudrais que ce fût toujours un professeur titulaire, lequel, pendant la durée de ses fonctions de proviseur, serait remplacé par un agrégé, de manière à pouvoir le rendre aisément à l'enseignement, si l'on n'était pas content de lui comme proviseur. Je crois aussi qu'on peut transporter en France l'heureuse institution des élèves inspecteurs pour remplacer le censeur, et, s'il est possible, les maîtres d'étude. J'appelle toute votre attention sur les détails que je vous ai donnés à cet égard.

J'approuve d'ailleurs entièrement le plan d'études de Schulpforta. C'est précisément celui du règlement impérial. Il y a cinq classes à Pforta ; or, chez nous aussi il ne doit y avoir que deux classes de grammaire, précédées tout au plus d'une classe dite préparatoire, deux d'humanités, une de rhétorique, avec des cours de langues modernes, d'histoire et de géographie, d'histoire naturelle, de chimie, de physique, de mathématiques et de philosophie ajoutés dans un nombre convenable à chacune de ces classes. Nul élève ne pouvait, sous l'empire, entrer au collège que par la première classe de grammaire ou la classe préparatoire, c'est-à-dire, après avoir justifié de toutes les connaissances élémentaires, ce qui est très-raisonnable, les collèges étant destinés à l'instruction secondaire ; tandis qu'à présent, dans je ne sais quel intérêt industriel, il y a trois ou quatre classes avant celles de grammaire. Un vrai collège doit commencer où finit l'instruction primaire du plus haut degré ; il doit même supposer un commencement d'études latines : et il doit finir où commence l'université, c'est-à-

dire, au baccalauréat ès lettres, examen qui couronne et résume toutes les études du collège, comme il faudrait, pour entrer au collège, un examen qui résumât et attestât toutes les connaissances préliminaires. Le collège représente l'éducation générale qu'il faut avoir reçue pour faire partie de la bonne société, comme l'université représente l'instruction scientifique nécessaire pour entrer dans les professions libérales. Toute inscription ou immatriculation dans l'université ne doit être permise que sur la présentation du diplôme de bachelier ès lettres ; et l'on ne doit pouvoir entrer au collège qu'après un examen spécial. C'est la règle, M. le ministre, mais elle n'est point observée ; comme c'est aussi la règle, également inobservée, d'examiner les élèves d'une classe avant de les laisser passer dans une classe supérieure ; règle nécessaire, sans laquelle il ne peut y avoir nul progrès régulier, nulle gradation réelle dans les études.

Une dernière remarque. Dans chacun de nos collèges à pensionnat il y a un aumônier pour les élèves catholiques, et un pasteur pour les élèves protestants. Je me plains que nos aumôniers, pour ne parler que de ce qui regarde les catholiques, se bornent aux offices, à la confession et à ce qu'il y a de plus indispensable dans leurs fonctions : c'est trop peu pour le rang et le traitement qu'ils ont, celui de professeur de première classe ; c'est trop peu surtout pour les besoins religieux des élèves. Il faut comprendre ces besoins et y satisfaire. Moins d'offices, M. le ministre, et beaucoup plus d'enseignement ; car les offices sans enseignement servent assez peu, et l'enseignement serait très-utile encore sans les offices. Voyez avec quelle assiduité la religion est enseignée dans toutes les classes de Schulpforta ! Je voudrais que chez nous tout aumônier fît au moins deux conférences par semaine sur la religion chrétienne, et non pas aux commençants ; pour ceux-là, le catéchisme et l'histoire biblique suffisent ; c'est aux élèves des humanités et de rhétorique, et des classes d'histoire, de sciences et de philosophie correspondantes aux humanités et à la rhétorique, qu'un digne et savant ecclésiastique devrait s'adresser. Des jeunes gens de cet âge trouveraient une instruction solide et utile à tous égards dans l'explication des monuments du christianisme, qui se lieraient à toutes leurs études historiques et philologiques. Quand, pendant quelques années, ils auraient ainsi vécu dans un commerce intime avec les saintes Écritures, il ne serait pas plus facile de tourner en ridicule auprès d'eux le christianisme, sa forte morale, sa sublime philosophie, sa glorieuse histoire, qu'il ne l'est aujourd'hui de leur faire trouver Homère et Virgile de minces génies, et Rome et la Grèce sans grandeur et sans intérêt. Mais pour de pareils enseignements, il faut un aumônier instruit, et nul ne devrait être aumônier sans avoir obtenu le grade de bachelier, ou même celui de licencié en théologie. Je sollicite instamment et depuis longtemps cette mesure. On se plaint, M. le ministre, des progrès de l'impiété et de la superstition ; mais, il faut le dire loyalement, nous contribuons beaucoup à propager l'une et l'autre, en laissant dépérir l'enseignement religieux dans nos colléges et même dans nos facultés de théologie. J'insiste sur ceci avec force, parce que vous êtes à la fois ministre des cultes et ministre de l'instruction publique.

J'étais ce matin en Prusse, à Pforta ; me voici ce soir à Leipzig. J'y resterai deux jours pour y étudier l'organisation et les diverses parties de l'instruction publique dans le royaume de Saxe.

Agréez, M. le ministre, etc.

CINQUIÈME LETTRE.

Royaume de Saxe. Organisation générale de l'instruction publique. — Instruction primaire. — Gymnases. École de Saint-Thomas. — Séminaire philologique. — Université de Leipzig.

Leipzig, 4 juin 1831.

MONSIEUR LE MINISTRE,

A mesure que j'avance en Allemagne, l'instruction publique se présente à moi sur une plus grande échelle, mais sur le même plan. Le fond est à peu près le même, parce qu'après tout l'Allemagne est une ; les différences réfléchissent celles des divers États de l'Allemagne ; et plus ceux que je rencontre se rapprochent de la France par leur grandeur et leur étendue, plus ils me fournissent d'intéressants sujets d'étude. Malheureusement, n'ayant pas cette fois passé par Dresde, où est le siége du gouvernement, je n'ai pu reconnaître par moi-même les ressorts et le mouvement de l'administration générale, ni me procurer le budget des dépenses du royaume pour l'instruction publique à ses divers degrés. Mais voici les résultats de mes observations à Leipzig, pendant les deux jours que j'y ai passés.

ORGANISATION ET ADMINISTRATION GÉNÉRALE.

Le rôle de l'administration dans l'instruction publique est en raison de la grandeur de l'État. A Francfort, cette administration n'a qu'un consistoire. Dans le grand-duché de Saxe-Weimar elle a, outre le consistoire et son président, un semi-ministre honorifique dans la personne du président de la commission chargée de la surveillance de l'université d'Iéna. Dans le royaume de Saxe, l'instruction publique a un ministère.

Il y a en Saxe deux sortes de ministres : les uns, qu'on appelle ministres de cabinet, et qui sont des ministres politiques ; les autres, qui sont, à proprement parler, des chefs d'administration ; on les nomme ministres de conférences. L'instruction publique n'a point en Saxe un ministre de cabinet ; elle est confiée à un directoire suprême, composé en très-grande partie d'ecclésiastiques, comme en Saxe-Weimar, et présidé, comme en Saxe-Weimar encore, par un laïque : mais ce laïque est ici un personnage important ; il est ministre, mais seulement ministre de conférences. C'est M. de Nostitz. Il y a là quelque chose qui ressemble assez à l'organisation de l'instruction publique sous l'empire, où le grand maître était aussi une sorte de ministre avec un conseil, au-dessous du ministre de l'intérieur.

Je n'ai pu savoir dans quel rapport précis étaient l'autorité du ministre et celle du consistoire ; je sais seulement que la part du consistoire est très-grande. Voilà donc ici un conseil auprès d'un ministre. J'ai déjà trouvé cette forme de gouvernement de l'instruction publique à Francfort et à Weimar, dans un consistoire présidé par un directeur. Je la trouve ici plus développée ; et je puis vous dire d'avance qu'en Prusse l'instruction publique n'a pas seulement un ministre, président d'un consistoire, mais un ministre assisté d'un conseil laïque et plus nombreux que le nôtre. On ne connaît point en Allemagne une autre forme d'administration pour l'instruction publique. Un ministre tout seul, sans aucun contre-poids, pourrait tout bouleverser en un jour, faire et défaire des règlements à tort et à travers, et distribuer les places contre les règles de l'avancement et selon le bon plaisir. Les lumières d'un seul individu, si grandes qu'on les suppose, ne peuvent s'étendre à toutes les branches d'étude. Les considérations politiques prévaudront toujours auprès d'un ministre que sa position préoccupe et qui doit chercher à se faire des partisans. C'est de cette manière que les plus grands maux ont été faits chez nous de 1822 à 1828. Un ministre sans conseil est plus ou moins livré à des influences extérieures, étrangères aux études ; c'est pourquoi cette forme ultra-monarchique en administration sera toujours réclamée par la médiocrité intrigante et remuante. L'expérience générale démontre qu'un conseil composé d'hommes connus par leurs travaux dans les diverses branches de connaissances qu'embrasse l'instruction publique, est un appui nécessaire au meilleur ministre. C'est ce qu'avait compris Napoléon ; et il n'y a pas deux avis à cet égard en Allemagne.

Le consistoire suprême et le ministre résident à

Dresde. Il n'y a pas d'inspecteurs généraux; la correspondance suffit. En Prusse, cette institution est également inconnue, et les membres du conseil sont eux-mêmes chargés des inspections, naturellement rares, que réclame en certains cas le besoin du service.

Le ministre et le consistoire suprême gouvernent ici toute l'instruction publique; mais la ville de Leipzig a retenu quelque chose d'une ville libre, et le gouvernement, qui la ménage, lui laisse une grande indépendance, particulièrement pour tout ce qui regarde l'instruction publique. Ainsi l'université de Leipzig n'a point, comme celle d'Iéna, un curateur nommé par le ministère, curateur soumis lui-même à une commission ministérielle. Ici, c'est le recteur de l'université, nommé par l'assemblée des professeurs, qui correspond avec le consistoire suprême. Cependant c'est toujours le consistoire qui propose au roi la nomination des professeurs de l'université; et ces professeurs, outre les honoraires qu'ils tirent des élèves, ont un traitement de l'État. Mais pour les gymnases, une indépendance absolue est laissée à la ville de Leipzig. Ce sont les magistrats de la ville qui payent, et par conséquent qui nomment les professeurs des gymnases, sauf la confirmation du consistoire spécial de Leipzig, qui est tout ecclésiastique. Ce même consistoire surveille les gymnases, quant au spirituel; les magistrats de la ville en ont l'administration matérielle. Le gouvernement de l'instruction publique à Leipzig est donc moitié municipal et moitié ecclésiastique. C'est le caractère général de l'autorité en Saxe. L'influence ecclésiastique est encore plus forte dans la Saxe royale que dans la Saxe grand-ducale, et cette influence y est également bienfaisante et éclairée.

INSTRUCTION PRIMAIRE.

Tous les principes qui dirigent l'instruction populaire en Saxe Weimar sont communs à la Saxe royale; car ces principes tiennent à l'esprit même du protestantisme; et d'ailleurs ces deux pays n'en font guère qu'un seul. Je me contenterai donc, pour ne pas me répéter, de signaler ici quelques pratiques particulières à la Saxe royale, ou que j'aurai négligé de vous faire connaître en vous entretenant du grand-duché.

Une loi d'État oblige les parents d'envoyer leurs enfants à l'école sous peine de prison; mais cette obligation commence ici dès cinq ans, tandis qu'en Saxe-Weimar elle ne commence qu'à sept. Dans l'un et l'autre pays, elle va jusqu'à quatorze ans, âge de la communion. Tous les trois mois, le pasteur de chaque village, qui a l'inspection de l'école et de tout ce qui s'y rapporte, compte les enfants qui ont manqué à l'école ou qui même ont montré peu d'exactitude à s'y rendre : si ces absences ne sont pas légitimes, il adresse aux parents des réprimandes; et si ceux-ci n'en tiennent compte, l'autorité municipale les met en prison.

De cinq à neuf ans, les enfants payent un demi-gros (un sou et demi) par semaine; cette coutume de payer par semaine est fort commode aux pauvres gens, qui n'ont jamais à payer que de très-petites sommes : de neuf à douze ans, trois quarts de gros, et de douze à quatorze ans, un gros (environ trois sous).

Toute famille qui peut payer est tenue de le faire. Pour en être dispensé, il faut être inscrit sur la liste des pauvres : c'est alors la commune qui paye à leur place, soit sur ses biens, quand elle en a, soit sur une caisse spéciale appelée caisse des pauvres, laquelle se forme de la manière suivante. A chaque mariage ou à chaque baptême, pendant le repas, partout où il y a un rôti, ce qui est un signe d'aisance, le maître d'école fait circuler une assiette, ordinairement remplie de sel, dans laquelle chacun met, en la cachant, sa petite contribution pour la caisse des pauvres : cette caisse reçoit aussi le produit des amendes encourues pour la non-observation du repos du dimanche. L'intérêt de l'argent qui forme le capital de cette caisse sert à payer le prix de la pension pour les enfants pauvres de la commune. Chaque village est donc intéressé à ne pas laisser s'accroître le nombre de ses pauvres : aussi, quand une femme étrangère au village devient enceinte, elle est citée devant l'autorité et obligée de déclarer le père de l'enfant. D'abord elle paye une amende, ainsi que le père de l'enfant, pour le scandale qu'elle a causé; ensuite, à l'époque de ses couches, on la renvoie dans son pays natal, de peur que l'enfant, venant au monde dans le village, n'ait un jour à réclamer l'assistance de la commune.

Ici, comme en Saxe-Weimar, ce n'est pas le maître d'école, c'est un receveur particulier, ordinairement le caissier de la caisse des pauvres, qui est chargé de percevoir le *Schulgeld*, et qui en tient compte au maître d'école, moyennant une commission de deux gros par thaler.

Pour devenir maître d'école, il faut le concours du consistoire et de la commune. Si c'est le consistoire qui propose à la commune des maîtres d'école dont il répond, il faut que ces candidats fassent leurs preuves dans le village, en présence des autorités de la commune. D'autre part, quand la commune ou le seigneur du village fait choix d'un maître d'école, il faut qu'il soit confirmé par le consistoire, qui lui fait subir un examen, et c'est le pasteur qui l'installe.

L'inspection des écoles appartient à l'autorité ecclésiastique. Un maître se conduit-il mal, le pasteur, inspecteur-né de l'école, lui adresse d'abord des réprimandes. En cas de récidive, il est cité devant le surintendant, enfin devant le consistoire. S'il est renvoyé, on lui conserve, dans les cas ordinaires, une partie de son traitement.

Dans sa vieillesse, un maître d'école reçoit la moitié de son traitement, et on lui adjoint un substitut qui reçoit l'autre moitié. Quelquefois, après de longs services, on conserve au maître d'école la totalité de son revenu jusqu'à la fin de ses jours.

Dans de petits villages qui ne peuvent entretenir un maître d'école, on emploie de pauvres jeunes gens qui dépendent uniquement de la commune et n'ont pas besoin d'être confirmés par le consistoire. Ils n'ont pas le titre de maîtres d'école (*Schullehrer*), mais le titre plus modeste encore de maîtres d'enfants (*Kinderlehrer*). On les appelle aussi sonneurs (*Glöckner*), parce qu'ils sonnent les cloches, et plus habituellement *catéchètes*, parce qu'ils enseignent le catéchisme. Comme ils ont très-peu d'écoliers, et que leurs revenus ne suffisent pas à leurs plus stricts besoins, les catéchètes mangent successivement chez les habitants : ils sont même logés tour à tour par eux, quand la commune n'a pas de maison d'école; et l'école se tient alors dans la maison où ils demeurent. Ce sont ordinairement des jeunes gens qui se préparent ainsi à devenir des maîtres d'école, et qui ne sont pas encore mariés. On s'occupe à supprimer cet état de choses et à établir partout des écoles spéciales. Vous voyez, M. le ministre, que, pour l'instruction primaire, le duché de Saxe-Weimar est plus avancé que la Saxe royale; car en Saxe-Weimar, du moins à ce que m'ont affirmé MM. Peucer et de Gersdorff, il n'y a pas si petit hameau qui n'ait une école régulière.

Il est presque inutile de dire que les maîtres d'école, une fois nommés, sont exempts de la conscription.

L'enseignement des écoles populaires comprend ici, comme partout, la lecture, l'écriture, le calcul, les connaissances généralement utiles, *gemeinnützige Kenntnisse ;* par exemple, un peu d'histoire naturelle avec des gravures, un peu de physique pour tout ce qui regarde les phénomènes les plus communs de la nature, un peu de géographie du pays, un peu d'histoire nationale, etc. Dans toutes les classes, la religion est enseignée dans la Bible et le catéchisme. On exerce les enfants au chant d'église; les plus avancés forment le chœur. Le maître d'école prépare les enfants à la communion, et c'est seulement deux mois avant Pâques que le pasteur lui-même intervient dans l'enseignement religieux et dans les préparations à la communion. C'est après cette solennité que l'enfant quitte l'école. Le pasteur n'admettrait pas à l'instruction religieuse et à la communion un enfant qui n'aurait pas son certificat d'école ; de sorte que, pour savoir si un enfant sait lire, il suffit, dans les villages, de demander à un enfant s'il a fait sa commu-

nion. Cette indication ne m'a presque jamais trompé en Saxe, dans la campagne.

Dans toute école complète de village, il y a deux classes : la première, pour les plus grands, qui viennent le matin de sept à dix heures ; après quoi ils peuvent encore aller travailler à la terre et aider leurs parents; la seconde, pour les petits, l'après midi, d'une heure à trois; enfin il y a une classe intermédiaire.

J'ai puisé à des sources certaines ces documents sur les écoles populaires du royaume de Saxe ; voici maintenant ce que j'ai vu moi-même à Leipzig.

Leipzig possède deux grands établissements d'instruction primaire, la *Freischule*, ou école gratuite pour les enfants des pauvres; et la *Bürgerschule*, école destinée, comme celle de Weimar, aux enfants de la bourgeoisie.

La *Freischule* de Leipzig contient mille enfants, qui reçoivent l'instruction gratuitement. Le directeur est le vieux Plato, homme respectable qui a consacré sa longue vie à l'éducation de l'enfance.

La *Bürgerschule* de Leipzig est dans un bâtiment encore plus beau et plus grand que celui de Weimar. Pendant les derniers événements politiques, les députés de Leipzig s'y sont rassemblés, et ils ont tenu leurs séances dans la grande salle. J'en ai visité en détail toutes les classes. C'est à peu près la même discipline et les mêmes arrangements qu'à Weimar. Il y a un directeur, M. Gedike, trois maîtres ordinaires, treize maîtres auxiliaires (*Hülfslehrer*); environ sept ou huit cents élèves, garçons et filles.

Chaque enfant paye 10 thalers par an pour les classes inférieures, environ 39 fr.; 12 pour les classes moyennes, 16 pour les classes supérieures, et 20 pour la première classe.

Nulle classe ne peut avoir plus de soixante élèves. La religion, le chant, et surtout le chant sacré, y sont enseignés avec le plus grand soin. Une école chrétienne populaire est l'idéal que s'est proposé le directeur. Pour ne pas répéter la plupart des détails que je vous ai donnés sur la *Bürgerschule* de Weimar, avec de très-légères différences, je vous envoie un excellent discours du directeur, à l'occasion des examens de cette école dans l'année 1820, discours où vous trouverez les moindres renseignements sur son organisation, sa discipline, les objets de l'enseignement, et la manière dont ils sont distribués selon l'âge des enfants, depuis six ans jusqu'à quatorze.

On dit qu'il y a aussi à Dresde quelques beaux établissements d'instruction primaire.

Tant d'établissements florissants d'instruction primaire supposent de bonnes écoles normales primaires : en effet, il y en a deux très-célèbres dans le royaume de Saxe, l'une à Freyberg, l'autre à Dresde.

INSTRUCTION SECONDAIRE.

Il y a en Saxe plusieurs gymnases renommés. A Leipzig, il y en a deux, la *Nicolaischule* et la *Thomasschule*. Je me suis contenté d'en voir un, mais je l'ai vu dans tous ses détails : j'ai choisi le plus célèbre, la Thomasschule.

La Thomasschule est un pensionnat qui se compose exclusivement de boursiers nommés par la ville et entretenus par elle ou sur d'anciennes dotations ; mais le plus grand nombre des élèves sont des externes qui viennent de chez leurs parents ou des instituts particuliers de la ville. Il n'y a que soixante boursiers, qui s'appellent *alumni* : les externes s'appellent *extranei* ou *hospites*. Les externes payent une rétribution diverse, selon les classes, de 10 thalers au moins, de 18 au plus par année. Les *alumni* sont un peu dirigés vers l'état ecclésiastique.

Ici, comme à Weimar, comme dans toute la Saxe, ce qui domine dans le plan des études, c'est la religion et la philologie. Il y a quatre classes et une classe préparatoire (*Vorschule*). Voici la distribution des leçons de toute espèce dans les diverses classes pour 1831.

Classe préparatoire. Par semaine : six leçons de religion, dogme, morale et lecture biblique (*Bibellesen*); dix de latin, grammaire et correction ; quatre de grec, grammaire ; deux d'histoire ; deux de géographie ; huit d'allemand ; deux d'arithmétique ; deux d'histoire naturelle ; deux de calligraphie.

Quatrième. Quatre leçons de religion, dogme et morale ; deux de géographie et antiquités bibliques ; huit de latin : quatre d'explication d'auteurs : quatre de grammaire et de correction ; huit de grec : quatre d'explication d'auteurs ; quatre de grammaire et de correction ; deux d'allemand ; deux d'arithmétique ; deux d'histoire ; deux de géographie ; deux de calligraphie.

Troisième. Quatre de religion, dogme et morale ; deux de géographie et antiquités bibliques ; dix de latin : six d'explication d'auteurs, quatre de grammaire et de correction ; six de grec : quatre d'explication d'auteurs, deux de grammaire et de correction ; deux d'histoire ; deux de mathématiques ; deux d'allemand ; deux de français ; une d'hébreu.

Seconde. Quatre de religion, dogme et morale, deux d'exégèse biblique ; dix de latin : huit d'explication d'auteurs, deux d'exercices de style ; huit de grec : six d'explication d'auteurs, deux de correction ; deux d'histoire ; deux de mathématiques ; deux d'allemand et de rhétorique ; trois de français ; deux d'italien ; deux d'hébreu.

Première. Quatre de religion, dogme et morale, deux d'exégèse biblique ; huit de latin : six d'explica-

tion d'auteurs, deux d'exercices ; huit de grec : six d'explication d'auteurs, deux d'exercices ; deux d'histoire ; trois de mathématiques ; deux d'allemand, exercices de rhétorique et de logique ; trois de français ; deux d'italien ; trois d'hébreu.

De plus, il y a pour toutes les classes des leçons de chant pour les *alumni*. Ces leçons vont très-loin, et la Thomasschule est une école de chant célèbre dans toute l'Allemagne.

Dans la première classe, on explique en grec quelques dialogues de Platon, Euripide et Pindare ; en seconde, l'Iliade ; en troisième, Xénophon, la *Retraite* et l'*Histoire grecque*; et dans les classes inférieures, on se sert du *Manuel* de Jacobs.

On voit, par ces détails, qu'avec le chant, c'est la religion et les études classiques qui sont particulièrement cultivées dans le gymnase de Saint-Thomas. Toujours la même étendue et la même solidité dans l'enseignement littéraire, la même infériorité de l'enseignement mathématique, et la nullité presque absolue de l'enseignement philosophique.

Parmi les professeurs se trouvent des hommes très-distingués ; par exemple, pour parler de ceux qui me sont plus particulièrement connus par la ressemblance de nos études, M. Stallbaum, qui a donné une édition complète de Platon, pour les classes, et des éditions fort estimées de plusieurs dialogues, le *Philèbe* et la *République;* M. Heinrich Richter, professeur extraordinaire de philosophie à l'université de Leipzig, et qui a publié une excellente dissertation sur les *Idées de Platon, de Ideis Platonis,* 1827. Ces deux jeunes et habiles philologues m'ont rappelé M. Steinhart, que j'avais vu la veille à Schulpforta.

J'ai assisté à une leçon de la seconde classe, dont M. Stallbaum est professeur. J'avais entendu à Weimar une explication d'auteurs de M. Gernhardt ; j'ai vu cette fois ce que c'est qu'une correction de devoirs en Allemagne. Le professeur avait apporté les devoirs que lui avaient remis les élèves à la dernière leçon ; ces devoirs étaient des thèmes latins : il les avait lui-même corrigés de sa main. Il commença par expliquer successivement aux divers élèves leurs principales fautes sans omettre un seul élève, et ils étaient trente-deux ; ensuite il leur dicta un passage allemand, que les élèves traduisirent immédiatement en latin. Le professeur dicte en allemand ; les élèves écrivent en latin. Ces exercices s'appellent *extemporalia*, improvisations. Le professeur fit lire à un certain nombre d'élèves ce qu'ils avaient écrit, et leur signala leurs fautes. M. Stallbaum s'attache avant tout à l'exactitude. Dans les élèves, presque pas de fautes contre la grammaire. Ces thèmes improvisés ne valent pas mieux que ceux de nos classes de seconde ; mais nos élèves ne les font pas avec la même facilité.

J'ai aussi visité l'intérieur des salles d'étude destinées aux boursiers. C'est à peu près comme à Schulpforta. La porte de chaque salle a trois carreaux de verre par lesquels il est aisé de surveiller tout ce qui se passe dans la salle. Chaque salle ne contient que douze élèves. Ces douze élèves sont divisés par quatre, à trois table. Chaque table a son surveillant et son répétiteur, qui est le meilleur des quatre élèves, et chaque salle de douze élèves a son préfet, qui est le meilleur élève de la salle. C'est l'institution des moniteurs de l'enseignement mutuel, développée et transportée dans un collège.

Quant à l'administration du gymnase, elle se divise, comme partout, en deux parties : l'une matérielle, à laquelle préside un administrateur nommé par la ville; l'autre littéraire et disciplinaire entre les mains d'un recteur, sans conrecteur ni prorecteur. Là aussi, pas l'ombre d'un censeur, et le recteur est professeur et chargé de la première classe. Les professeurs n'ont qu'un seul traitement, comme à Francfort, une somme ronde que leur fait la ville; mais leur traitement est divers selon les classes, et même leur rang est fondé, non sur l'ancienneté, mais sur celui des classes comme chez nous.

Comme je l'ai déjà dit, les professeurs sont nommés par la ville et confirmés par le consistoire de Leipzig, qui est aussi chargé de la surveillance du gymnase quant au spirituel. L'autorité immédiate et souveraine sur le gymnase appartient à la ville, qui fait les frais et qui nomme les professeurs, et le contrôle moral appartient au consistoire. Comme c'est la ville qui nomme les professeurs, c'est également la ville et l'autorité municipale qui connaissent de leurs délits, et qui au besoin les révoquent.

Il en est du gymnase de Saint-Nicolas comme de celui de Saint Thomas; et en général tous les gymnases de la Saxe royale, ainsi que les écoles princières de Meissen et de Grimma, ont à peu près les mêmes règlements et suivent les mêmes pratiques. A Dresde, l'école de Sainte-Croix se distingue très-peu des deux célèbres écoles de Leipzig. Elle a aussi des *alumni* et des *extranei*; mais les professeurs n'ont pas de traitement fixe et unique que leur assure ou la ville ou l'État; ils ont deux traitements, l'un qui leur vient de certaines redevances de l'église à laquelle leur école est attachée, l'autre de l'éventuel produit par la rétribution des externes. De cette manière, l'État ne dépense pas plus pour l'instruction secondaire que pour l'instruction primaire; mais le sort des professeurs du gymnase est mal assuré. Cependant les bons professeurs ne manquent point au gymnase de Sainte-Croix. Le recteur est M. Grobel. Il y a un conrecteur, comme à Francfort, M. Baumgarten-Crusius. Le savant auteur du *Catalogus artificum græcorum et romanorum*, 1827,

M. Sellig y est professeur des classes supérieures. M. Liebel fait aux plus exercés, une fois par semaine, un cours de l'histoire de la philosophie, qui leur tient lieu d'enseignement philosophique.

Une remarque générale que j'ai déjà faite, et sur laquelle je dois revenir avant de quitter les gymnases de la Saxe, c'est que les professeurs, quoique attachés spécialement à certaines classes, font des leçons dans toutes ou presque toutes. On trouve à cela trois avantages : le premier, de ne pas exiger autant de professeurs; le second, d'intéresser chaque professeur à l'ensemble des études et des élèves de l'établissement, et de rendre plus facile l'examen du départ; le troisième, de ne pas lasser l'esprit du professeur, en le retenant perpétuellement dans le cercle des mêmes fonctions et des mêmes objets.

S'il n'y a point d'instruction primaire assurée sans école normale primaire, de même l'instruction du second degré manquerait de fondement sans une école spéciale pour former des professeurs de gymnase. Il y a donc, dans le royaume de Saxe, un séminaire à cet effet, comme dans le duché de Saxe-Weimar; mais ce n'est encore qu'un *Seminarium philologicum* : il ne peut fournir que des professeurs de littérature ancienne; et ici, comme en Saxe-Weimar, j'attribue la faiblesse des études mathématiques à l'absence de toutes branches mathématiques dans le séminaire destiné à recruter les professeurs de gymnase. Le *Seminarium philologicum* de Leipzig est le modèle de la plupart des autres établissements semblables de l'Allemagne, et surtout de celui d'Iéna, qui en a adopté à peu près les règlements et les usages. Le célèbre philologue Christ. Dan. Beck est le fondateur de cette institution. Dans son zèle pour la philologie, il imagina, en 1784, de créer une petite société pour les études de ce genre parmi les étudiants de Leipzig; et cette société réussit tellement, que de toute part on s'adressait à Beck pour avoir quelques-uns de ses élèves et en faire des professeurs de gymnase. Plus tard, le gouvernement saxon érigea cette société en institution publique. Elle dépend de l'université : aussi c'est l'État qui paye les *stipendia* ou secours aux jeunes gens qui en font partie, et une indemnité extrêmement médique au directeur. Ces jeunes gens sont des étudiants de l'université de Leipzig, qui logent en ville et ne coûtent au gouvernement que très-peu de chose. Ils sont au nombre de douze, et se rassemblent à certains jours dans l'auditoire de leur directeur, pour se livrer aux exercices qui constituent le séminaire philologique. J'ai voulu assister à un de ces exercices. Une douzaine de jeunes gens sont autour d'une table, sous la présidence du vieux Daniel Beck : quelques étudiants de Leipzig assistent, avec la permission du professeur, à cette réunion. J'ai entendu un des jeunes séminaristes lire une dissertation latine purement philologique sur les cent premiers vers des *Sept devant Thèbes* : cette dissertation était assez forte. Toutes les leçons des éditions sur les endroits douteux sont comparées, les opinions des différents auteurs controversées ; et plus d'une fois le jeune philologue s'écarte des interprétations reçues et en propose une autre. A ce sujet s'engage une discussion approfondie. Un autre séminariste prend la parole et combat l'opinion du premier. Il parle en latin, la seule langue permise dans un séminaire philologique ; l'autre se défend avec les mêmes armes. De loin en loin, le vieux directeur laisse tomber quelques paroles décisives. Une heure entière s'est ainsi écoulée dans une discussion forte et mesurée. Le rôle de Beck est celui d'un président éclairé. Ce sont les jeunes séminaristes qui paraissent, et non pas leur maître, qui s'efface le plus qu'il peut. J'ai trouvé instruction et plaisir dans cette visite ; elle m'a rappelé l'ancienne école normale, avec ses conférences et ses libres discussions. A la fin des exercices, le vénérable directeur m'a donné, dans la langue du lieu, tous les renseignements que je lui ai demandés, et l'histoire de cette petite société. Lui-même a écrit en latin une dissertation sur le séminaire philologique, où se trouvent les règlements de cette institution. Vous les connaissez par ceux du séminaire philologique d'Iéna, qui a été formé d'après celui de Leipzig.

UNIVERSITÉ DE LEIPZIG.

Qui connaît une université allemande, connaît à peu près toutes les autres. Celle de Leipzig ressemble beaucoup à celle d'Iéna ; elle lui a servi de modèle, et n'en diffère que de la différence même du royaume de Saxe au grand-duché de Saxe-Weimar, c'est-à-dire par le plus grand nombre d'étudiants, qui naturellement rend nécessaire un plus grand nombre de professeurs. Le règlement pour les étudiants de l'université de Leipzig, que j'ai sous les yeux et que je vous transmets, est le même, quelques détails de peu d'importance exceptés, que celui dont je vous ai rendu compte en vous parlant de l'université d'Iéna. Il est tout aussi sévère, et porte le même caractère de réaction contre les excès de la liberté universitaire. Quant aux lois intérieures de l'université, et en général pour tout ce qui regarde l'enseignement, Leipzig n'est qu'Iéna agrandi. La plus grande différence qui s'y trouve, est qu'ici il n'y a point de recteur honorifique, remplacé dans la réalité par un proviseur élu par les professeurs. L'administrateur que l'université de Leipzig se donne à elle-même, s'appelle recteur, et, comme je l'ai déjà dit, correspond directement, sans l'intermédiaire d'un curateur, avec le consistoire suprême et le ministre de Dresde. Ce recteur est d'ailleurs,

comme à Iéna, un professeur élu dans l'une des quatre facultés. De même il n'y a ici que quatre facultés, au lieu des cinq que nous avons et qui me paraissent nécessaires. Chacune de ces facultés élit son doyen comme les quatre facultés élisent le recteur. Il y a dans chaque faculté trois sortes de professeurs, les professeurs ordinaires, les professeurs extraordinaires et les *doctores docentes*, tous avec les mêmes droits et les mêmes avantages respectifs qu'à Iéna. Voici la liste des professeurs ordinaires actuellement en exercice, dans l'ordre d'ancienneté :

THÉOLOGIE : MM. Tittmann, Winzer, Illgen, Grossmann, Hahn, Goldhorn.

DROIT : MM. Schilling, Günther, Weisse, Klien, Müller, Otto.

MÉDECINE : MM. Haase, G. Kuehn, Weber, Kuhl, Eschenbach, Clarus, Joerg, Heinroth, Wendler, Schwægrichen, Bern. Kuehn.

PHILOSOPHIE : MM. Drobisch, Beck, Hermann, Krug, Clodius, Rosenmüller, Pœlitz, Brandes, Wachsmuth, Haas, Pohl, Erdmann.

La théologie a deux professeurs extraordinaires et quatre *Privat-Docenten*.

Le droit a deux professeurs extraordinaires et trente *Privat-Docenten*.

La médecine a sept professeurs extraordinaires et quinze *Privat-Docenten*.

La philosophie a dix professeurs extraordinaires et dix *Privat-Docenten*, sans compter les maîtres de langue.

La théologie compte aussi plusieurs séminaires et sociétés homilétiques, exégétiques et historico-théologiques. M. Illgen va publier, avec les meilleurs théologiens de l'Allemagne, un journal de théologie historique (*Zeitschrift für die historische Theologie*). C'est à Leipzig qu'était le grand juriste Haubold. Hermann est toujours ici à la tête de la philologie et de la société grecque, qui rivalise avec le séminaire philologique de Daniel Beck. M. Pœlitz a fondé une école de politique, qui a déjà porté d'heureux fruits. L'historien Wachsmuth, le philosophe Krug, l'orientaliste Rosenmüller et beaucoup d'autres sont des hommes connus dans toute l'Allemagne.

Je joins ici le catalogue des leçons faites à cette université pendant les dix dernières années, sous une double forme : 1° en latin, selon l'usage, faculté par faculté, et sans autre ordre dans chaque faculté que le rang des professeurs, déterminé par l'ancienneté ; 2° en allemand, et dans un ordre méthodique qui montre la vaste encyclopédie scientifique qu'offrent aux jeunes gens les cours de l'université de Leipzig. Ces catalogues sont publiés chaque semestre. Je vous signale particulièrement ceux de l'année 1830, qui tous deux sont terminés par une énumération exacte et complète des noms des étudiants, avec leur âge, le lieu de leur naissance, la faculté dans laquelle ils étudient et leur adresse. Ce tableau, qui sert à la police de l'université, contient pour nous d'utiles renseignements. On y voit, par exemple, que, pendant le premier semestre de 1830, le nombre des étudiants immatriculés était de douze cents soixante-deux, sur lesquels cinq cent vingt-neuf pour la théologie, quatre cent quatre-vingt-cinq pour le droit, dix pour ce qu'on appelle en Allemagne les sciences administratives (*Kameralwissenschaften*), cent vingt-cinq pour la médecine, trente et un pour la chirurgie, cinq pour la pharmacie, treize pour la philosophie proprement dite, cinquante et un pour la philologie, sept pour les mathématiques, etc. Dans le second semestre de 1830, il y avait treize cent soixante étudiants : six cent trente théologiens, quatre cent cinquante-sept juristes, douze caméralistes, cent vingt-quatre médecins, vingt-six chirurgiens, cinq pharmaciens, treize philosophes, soixante et quatorze philologues, quatorze mathématiciens. Ces nombres ne désignent que la destination spéciale de chaque étudiant, et non pas les leçons qu'ils fréquentent; car, par exemple, il n'y a ici que treize philosophes, tandis que les cours de philosophie de M. Krug sont très-fréquentés par les juristes et les théologiens, aussi bien que par les philosophes proprement dits.

Les programmes sont imprimés, tels que je vous les envoie, dans le courant de chaque semestre, officiellement et au nom de l'autorité universitaire; mais avant l'ouverture de chaque semestre chaque professeur écrit de sa main une annonce particulière de ses leçons; et toutes ces annonces manuscrites sont mises dans un grand cadre noir, placé à la porte de l'université. Ces annonces sont plus étendues que les annonces officielles, et marquent mieux les rapports des professeurs et des étudiants dans les universités allemandes, où une partie du traitement des professeurs dépend du nombre des élèves. Je vous envoie quelques-unes de ces annonces, que j'ai copiées moi-même dans la cour de l'université.

Voici celle de Daniel Beck :

Humanissimis commilitonibus.

S. D.

D. Christianus Daniel Beck, P. P. O. et ord. philosoph. decanus,
Lectiones æstivas, commendavi vestris studiis has :

Publice : DD. lun. et jov. hor. iii, Luciani libellum de Historia conscribenda.
DD. mart. et ven. hor. iii, Horatii aliquot epistolas interpretabor.
DD. merc. et sat. hor. iii, seminarii regii philologici exercitationes criticas et philologicas moderabor; quibus quidem interpretandi veteres autores disputandique exercitationibus licebit aliis etiam auditoribus, si qui voluerint, interesse.
Privatim : Senis diebus hor. ix, Pauli Epp. ad Romanos et ad Galatas explicabo: hor. x totidem diebus historiam universam populorum antiquorum, inde a rerum initio usque ad imperiiromani finem, pragmatice enarrabo.
Privatarum lectionum initium constitutum est die ix maii.
Publicarum fiet die xxx maii.
Vos eodem quo per quinquaginta duo annos gavisus sum audientium docentem favore, adesse mihi pergite.

Voici celle du célèbre Hermann :

Commilitonibus humanissimis.

S. D.

Godofredus Hermannus :
Hoc semestri publice iv dieb. hor. xi, Sophoclis OEdipum tyrannum interpretabor.
Privatim iv DD. hor. xi, de syntaxi linguæ latinæ disseram; tum diebus horisque consuetis studia moderabor societatis græcæ.
Initium harum lectionum faciam, ubi ex thermis Carolinis (1) rediero, quas me tuendæ valetudinis causa petere necesse est.

Voici la fin de l'annonce de M. Wachsmuth, professeur ordinaire d'histoire :

Scholarum de historia universa exordium faciam die mart. x, eodemque scholarum publicarum; scholas de historia recentiore posteaquam justus auditorum numerus convenerit aperiam, atque ut qui iis interesse velint nomina apud me edant rogo.

M. Krug montre encore plus de déférence pour les élèves :

Quibus lectionibus ut frequentes interesse velitis humanissime rogo.

M. Pœlitz :

Privatissime hora auditoribus commoda jus gentium Europæarum practicum et diplomaticum docebo.

Les professeurs extraordinaires donnent de pareilles annonces, ainsi que les *doctores legentes*; mais ceux-ci doivent soumettre les leurs au visa du doyen : *Vidit Beck... Commendavit Beck...* etc.

(1) Les bains de Carlsbad.

Il faut vous expliquer, M. le ministre, ce que signifient ces mots *publice*, *privatim*, appliqués aux leçons des professeurs ordinaires. Tout professeur ordinaire, recevant de l'État un traitement fixe, est tenu de faire, pour ce traitement, quelques leçons gratuites sur le sujet le plus inhérent au titre de sa chaire : voilà ce que veut dire *legere publice*. Mais outre ces leçons, il a le droit d'en donner autant qu'il lui plaît sur des sujets qu'il croit convenir davantage aux goûts et aux besoins des étudiants, ou aux intérêts de sa propre réputation, pourvu que ces sujets se rattachent plus ou moins à la chaire dont il est titulaire, et ne sortent point du cercle de la faculté à laquelle il appartient : cela s'appelle *legere privatim*. Ces leçons se font dans l'auditoire de l'université, ou quelquefois dans la maison même du professeur; elles sont payées, et le professeur fait très-peu d'exceptions à cet usage. N'en fait-il pas du tout, cela s'appelle *legere privatissime*. Le prix des leçons est réglé d'avance par les lois de l'université. Telle est la distinction de *publice* et de *privatim legere ;* mais cette distinction existe plutôt en droit qu'en fait en Allemagne, et elle s'efface de jour en jour davantage, surtout en Prusse, où les professeurs font très-peu de leçons gratuites. A Berlin, la plupart des professeurs ne lisent que *privatim*, et ceux qui, par devoir ou pour la forme, lisent aussi *publice*, ne mettent pas grand soin à cet enseignement gratuit, et ne font qu'une leçon de ce genre par semaine ; tandis que les *privata collegia*, les cours payés, se composent toujours par semaine de quatre ou cinq leçons.

L'objection que l'on fait en France aux leçons payées, est qu'elles mettent le professeur à la merci des élèves, et lui font oublier les intérêts de la science pour ceux de sa fortune. Cette objection serait fondée, si, en Allemagne, outre la rétribution des étudiants, le professeur n'avait pas un traitement fixe de l'État, traitement qui n'est pas le même pour tous, et qui est d'autant plus considérable que le professeur, à mérite égal, a, par la nature seule de son enseignement, moins de chances d'attirer beaucoup d'auditeurs. Le premier devoir du professeur est envers la science, non envers les étudiants ; c'est là la maxime de tout vrai professeur d'université, maxime qui sépare essentiellement l'université du collège. L'État doit donc assurer aux professeurs de l'université un traitement convenable, indépendant du nombre des élèves ; car souvent un cours n'a que sept ou huit élèves, la haute analyse, par exemple, ou la haute philologie, peut être d'une utilité infinie pour la science. Il ne faut pas qu'un grand géomètre, pour avoir de l'argent, perde son temps à enseigner les basses parties des mathématiques. D'un autre côté, l'État n'a pas le devoir de donner pour rien la science à tout le monde, et il est juste que, passé l'enseignement élémentaire, quiconque

veut aborder plus ou moins la science, lui apporte son tribut. Cela est incontestable pour les collèges ; cela l'est également, et à plus forte raison, pour les universités : sans quoi il faudrait faire à tous les professeurs d'université indistinctement un traitement trop élevé qui ruinerait l'État, et qu'il serait souverainement injuste de tirer de la poche de tous les citoyens au profit d'un très-petit nombre. Un traitement fixe, convenable, qui assure à un professeur le nécessaire, et des cours payés qui améliorent sa fortune en proportion de ses succès, tel est le juste milieu en cette matière. Par là le professeur n'est jamais condamné à oublier les intérêts supérieurs de la science, et jamais non plus il ne peut, sous le beau semblant d'être un génie inaccessible, se passer de quelque succès et d'un certain nombre d'élèves. A cet avantage, ajoutez celui-ci, qui me paraît décisif ; c'est que les étudiants suivent avec bien plus de zèle et d'assiduité les cours qu'ils payent. Chez nous, dans nos facultés des sciences et des lettres, les portes sont ouvertes à tout le monde, et entre qui veut sans rien payer : cela paraît admirable au premier coup d'œil, et digne d'une grande nation ; mais savez-vous ce qui en résulte ? D'abord, un pareil auditoire n'est guère qu'un parterre de théâtre ; on entre et l'on sort au milieu d'une leçon ; on vient une fois pour ne plus revenir, si le professeur ne nous charme l'oreille ; on l'écoute avec distraction, et en général il y a des amateurs plutôt que de véritables étudiants. Et puis le professeur, qui ne perd pas une obole à mal faire, se néglige et met à ses leçons assez peu d'importance. Ou bien, aime-t-il la gloire, a-t-il une grande réputation à soigner, il est bien à craindre alors que, désespérant d'avoir un auditoire sérieux, il ne veuille au moins en avoir un nombreux. Dans ce cas, c'en est fait de la science ; car on a beau faire, on se proportionne à son auditoire. Il y a, dans les grandes foules, je ne sais quel ascendant presque magnétique qui subjugue les âmes les plus fermes ; et tel qui eût été un professeur sérieux et instructif pour une centaine d'étudiants attentifs, devient léger et superficiel avec un auditoire superficiel et léger. Enfin, que reste-t-il à toute cette foule, de l'enseignement qu'elle a suivi gratuitement ? Une impression confuse qui peut avoir son utilité, comme l'impression plus ou moins vive que laisse au théâtre un drame honnête et intéressant. Mais qu'est-ce que tout cela, comparé à l'assiduité laborieuse de cinquante ou cent auditeurs qui, ayant payé d'avance les leçons d'un professeur, les suivent opiniâtrément, les recueillent, les discutent, et cherchent à s'en rendre compte, parce que sans cela ils auraient perdu leur temps et leur argent ? Il faut que les étudiants payent quelque chose, et il faut aussi que l'État assure à des savants aussi distingués que doivent l'être des professeurs d'université, un traitement fixe convenable. C'est là la combinaison à laquelle toutes les universités de l'Europe se sont arrêtées depuis des siècles, et qui, en Allemagne, donne les plus heureux résultats. Il me paraît urgent d'adopter chez nous cette combinaison ; il ne s'agit même que de la transporter de nos colléges, où elle règne, à l'enseignement supérieur.

Le ressort le plus essentiel du mécanisme d'une université allemande, après la rétribution des élèves, est la distinction de trois ordres de professeurs : les professeurs ordinaires, les professeurs extraordinaires, et les *Privat-Docenten* ou *doctores legentes*. Voyez comme ces trois degrés du professorat se divisent à la fois et se lient heureusement! Le fond, la racine du professorat, la pépinière sans cesse renouvelée des professeurs d'une université allemande, est l'institution des jeunes docteurs qui, sous certaines conditions et avec l'agrément des facultés, sont admis à donner des leçons publiques. Tout homme un peu capable arrive ainsi à l'enseignement supérieur ; mais nul n'y arrive sans donner au moins des espérances. On l'essaye donc, mais sans prendre aucun engagement envers lui, sans lui rien promettre et sans lui rien donner. S'il ne réalise pas les espérances qu'il avait fait concevoir par des succès réels, en attirant des élèves et en honorant la faculté qui l'a reçu, on reconnaît qu'on s'était trompé, et on ne le fait jamais professeur extraordinaire ; lui-même au bout de quelques années d'essais infructueux, n'attirant pas beaucoup d'élèves, et par conséquent ne se faisant pas un traitement éventuel un peu considérable, se retire et tente une autre carrière. Si, au contraire, il réalise les espérances qu'il a données, s'il attire beaucoup d'élèves, s'il fait des livres qui excitent l'attention, on le fait professeur extraordinaire ; et ce titre, qui est indestructible, avec le petit traitement fixe qui y est attaché et qu'il ajoute au traitement éventuel qu'il tire de son auditoire, l'encourage et le retient dans l'enseignement. Ses succès continuent-ils et devient-il un homme important, l'État, qui a intérêt à le garder, augmente successivement son traitement fixe, et enfin le nomme professeur ordinaire. Ce titre éminent n'est jamais donné à des espérances que l'expérience peut démentir, mais à des succès prolongés, aux talents reconnus, aux réputations faites. Il est très-rare de l'obtenir avant un certain âge, et il n'y a pas en Allemagne un seul professeur ordinaire qui ne soit un homme d'une célébrité plus ou moins étendue ; car son titre est précisément le prix de cette célébrité. Les grands succès publics, soit par les cours, soit par les ouvrages, voilà ce qui nomme les professeurs ordinaires en Allemagne. Une immense concurrence est ouverte dans la multitude des jeunes docteurs. C'est au talent à gagner le prix, à l'aide du temps et de la persévérance. Tel est le vrai concours. Quelle nou-

velle épreuve de quelques jours ou de quelques semaines peut être nécessaire après dix ou douze ans de succès publics, à la face de toute l'Allemagne et quelquefois de l'Europe entière? Cependant l'âge et le temps usent l'ardeur et le talent ; et le professeur ordinaire, devenu vieux, se néglige ou ne suit plus les progrès que fait tous les jours la science. Après avoir été novateur dans sa jeunesse, il finit quelquefois par devenir routinier. Qu'arrive-t-il alors? Ses auditeurs, qu'anime toujours l'esprit de leur temps, désertent les leçons du professeur ordinaire pour les leçons du professeur extraordinaire, ou même pour celles du *Privat-Docent*, jeune zélé, novateur, souvent jusqu'à l'excès ; et l'université ne souffre point du déclin de ceux qui jadis l'ont bien servie. Cet heureux mécanisme repose sur la distinction des trois ordres de professeurs, ordinaires, extraordinaires et *Privat-Docenten*, c'est-à-dire, titulaires, adjoints, agrégés, ainsi que sur la distinction du traitement fixe et du traitement éventuel. Au contraire, voulez-vous avoir l'idéal d'une organisation absurde de l'enseignement supérieur ? Imaginez la nomination de professeurs titulaires faite par voie de concours, en quelques semaines, entre des jeunes gens qui souvent n'ont pas écrit deux lignes ni professé une année, et qui, au bout de quelques épreuves, reçoivent quelquefois à vingt-cinq ans un titre inaliénable, qu'ils peuvent garder jusqu'à soixante et dix ans sans rien faire ; recevant, dès le premier jour de leur nomination jusqu'à la fin de leur vie, le même traitement, qu'ils aient beaucoup d'élèves ou qu'ils en aient peu, qu'ils se distinguent ou ne se distinguent point, qu'ils languissent ignorés ou qu'ils deviennent des hommes célèbres. C'est pourtant dans un pays civilisé, tout près de l'Allemagne, que se trouve une semblable organisation ; et, chose admirable, elle s'y trouve bien moins soutenue par l'autorité que par une fausse opinion publique ; à tel point qu'il y a sept à huit mois, MM. Broussais et Magendie, en possession d'une gloire européenne, après vingt ans de leçons publiques et de grands succès dans l'enseignement, allaient être forcés de se mettre au concours, pour avoir le titre de professeurs, avec des enfants qui peut-être n'avaient pas achevé de lire les ouvrages que ces deux hommes célèbres ont écrits.

Mais le plus inouï est de voir, dans ce même pays, les diverses facultés dont se compose une université allemande séparées les unes des autres, disséminées et comme perdues dans l'isolement : ici des facultés des sciences où se font des cours de physique, de chimie, d'histoire naturelle, sans qu'il y ait à côté une faculté de médecine qui en profite ; là des facultés de droit et des facultés de théologie sans faculté des lettres, c'est-à-dire, sans histoire, sans littérature, sans philosophie. En vérité, si l'on se proposait de donner à l'esprit une culture exclusive et fausse, si l'on voulait faire des lettrés frivoles, des beaux-esprits étrangers au mouvement et au développement des sciences, ou des savants sans lumières générales, des procureurs et des avocats au lieu de jurisconsultes, des séminaristes et des abbés au lieu de théologiens, je ne pourrais indiquer un plus sûr moyen, pour arriver à ce beau résultat, que la dissémination et l'isolement des facultés. Hélas ! nous avons une vingtaine de misérables facultés éparpillées sur la surface de la France, sans aucun vrai foyer de lumières, comme nous avons un grand nombre de cours royales sans magistrature. Une vingtaine de villes peut-être ont l'avantage d'avoir leur petite faculté avec leur petite cour royale. Mais que sort-il de tout cela pour la science et pour la patrie ? Hâtons-nous, M. le ministre, de substituer à ces pauvres facultés de provinces, partout languissantes et mourantes, de grands centres scientifiques, rares mais bien placés, où renvoient au loin une forte lumière, quelques universités complètes, comme en Allemagne, c'est-à-dire, nos cinq facultés réunies, se prêtant l'une à l'autre un mutuel appui, de mutuelles lumières, un mutuel mouvement.

Mais il est temps de finir ; dans quelques heures je quitterai Leipzig et prendrai la route de Berlin. J'y arriverai demain soir. Là, M. le ministre, je trouverai, au lieu de petits États comme Francfort et le duché de Saxe-Weimar ou même le royaume de Saxe, un empire de treize millions d'habitants, qui touche à la fois à la France et à la Russie, et qui, créé et constitué il y a un siècle par un grand homme, a devant lui autant d'avenir que les vieux empires du Midi ont de passé derrière eux. Il ne s'agira plus de gouvernements paternels et presque ecclésiastiques, mais d'un gouvernement essentiellement laïque et d'une monarchie presque militaire. Je regarde la France et la Prusse comme les deux pays les plus éclairés de l'Europe, les plus avancés dans les lettres et dans les sciences, les plus vraiment civilisés, sans excepter l'Angleterre, toute hérissée de préjugés, d'institutions gothiques, de coutumes à demi barbares, sur lesquels est mal étendu le manteau d'une civilisation toute matérielle. Il ne manque à la Prusse qu'une constitution politique, que sa situation géographique lui fait un devoir d'attendre encore, au sein de libertés municipales et de petites constitutions de détail dans toutes les parties du service public et de l'administration. Les analogies frappantes qui existent entre la Prusse et la France, rendent d'autant plus intéressantes et curieuses les ressemblances comme les différences des deux pays dans l'instruction publique. Mais ce n'est pas en quelques jours que des observations exactes peuvent se faire sur une aussi grande échelle. Je resterai donc un mois à Berlin ; et c'est encore bien peu pour prendre connaissance de l'organisation générale de l'instruction publique, étudier toutes les branches de cet important service, et examiner par moi-même l'instruction populaire, les gymnases et les universités. Le gouvernement prussien me donnera, j'espère, toutes les facilités que je puis désirer, et vous pouvez compter sur mon activité. Rien ne me coûtera pour répondre de mon mieux à la confiance du gouvernement du roi.

Agréez, M. le ministre, etc.

RAPPORT

A M. LE COMTE DE MONTALIVET,

PAIR DE FRANCE, MINISTRE DE L'INSTRUCTION PUBLIQUE ET DES CULTES,

SUR L'ÉTAT

DE L'INSTRUCTION PUBLIQUE EN PRUSSE.

Berlin, 28 juin 1831.

MONSIEUR LE MINISTRE,

Arrivé ici le 5 juin , et devant être de retour à Paris du 15 au 20 juillet au plus tard, je dois songer à quitter Berlin dans les premiers jours du mois prochain, et à vous rendre compte de l'étude que j'ai pu faire de l'état de l'instruction publique dans le royaume de Prusse, pendant le trop petit nombre de jours que mes instructions m'ont permis de passer dans cette capitale.

Je m'empresse de vous dire, M. le ministre, que j'ai reçu du public et du gouvernement un accueil qui a effacé en moi jusqu'à la dernière trace de mes souvenirs de 1825. Partout, depuis les ministres jusqu'au dernier des fonctionnaires, j'ai senti le désir sincère de réparer à toutes les manières, une déplorable méprise. J'ai remis au ministre de l'instruction publique et des cultes, M. le baron d'Altenstein, la lettre que vous m'aviez donnée pour lui, et je vous transmets sa réponse. Je connaissais déjà M. d'Altenstein ; mais, cette fois, j'ai pu mieux juger de la profondeur de son esprit et de l'étendue de ses connaissances. Il m'a fait l'honneur d'avoir avec moi deux ou trois conversations longues et approfondies sur les parties les plus élevées et les plus délicates de son ministère ; et pour le détail, il a bien voulu charger un de ses conseillers intimes de me communiquer, non-seulement tous les éclaircissements, mais tous les documents et toutes les pièces imprimées et manuscrites que je pourrais désirer. Chaque jour, M. le conseiller Schulze et moi nous avons eu une conférence de plusieurs heures. Rien ne m'a été caché de ce que j'ai voulu savoir. J'ai pu connaître l'intérieur du ministère et le jeu le plus secret de l'administration. Les documents officiels m'ont été prodigués. Le matin M. Schulze me faisait connaître les lois, les statuts, les règlements des différents établissements d'instruction publique ; le reste de la journée, il avait la bonté de m'introduire dans ces mêmes établissements ; et comme Berlin renferme à la fois une université, de nombreux gymnases et tous les degrés d'instruction primaire, il en résulte qu'il n'y a pas une seule partie de l'instruction publique sur laquelle je n'aie pu vérifier par moi-même la vérité des assertions ministérielles. J'ai même été à Potsdam avec M. Schulze, pour y examiner en détail la grande école normale primaire qui y est établie. M. Schulze a bien voulu consacrer une journée entière à ce voyage et à cette inspection. Je ne puis trop me louer de l'obligeance de ce zélé et estimable fonctionnaire , qui connaît à fond toutes les parties du service , et c'est entre M. le ministre et lui que je me plais à partager ma reconnaissance.

J'ai partout suivi ces deux procédés :

1° Me procurer les règlements et m'en pénétrer ;

2° Les vérifier par une inspection détaillée.

J'ai ainsi amassé , sur toutes les parties de l'instruction publique, plus de cent pièces officielles , avec mes propres observations. C'est avec les unes et les autres que je viens vous faire le rapport que je vous dois. Je diviserai ce rapport en quatre sections ; savoir :

1° Organisation générale de l'instruction publique ;

2° Instruction primaire ;

3° Instruction du second degré ou gymnase ;

4° Instruction supérieure, ou universités.

C'est la division que j'ai suivie jusqu'ici ; elle s'applique à la Prusse aussi bien qu'au royaume de Saxe, au duché de Weimar et à Francfort. Dans chacune de ces sections, je joindrai à une description fidèle une discussion franche et des conclusions pratiques, ainsi que je l'ai fait jusqu'ici ; car si c'est la Prusse que j'étudie, c'est toujours à la France que je pense.

PREMIÈRE SECTION.

ORGANISATION GÉNÉRALE DE L'INSTRUCTION PUBLIQUE.

A mesure que l'État s'agrandit, les ressorts de l'instruction publique se compliquent, et l'administration centrale devient plus importante. Je vous ai déjà signalé l'accroissement de cette administration depuis la république de Francfort jusqu'au royaume de Saxe, où, au-dessus des différents consistoires particuliers, est un consistoire central que préside un haut fonctionnaire qui a déjà le titre de ministre, mais seulement celui de ministre de conférences. En Prusse, l'instruction publique a un ministre qui a le même rang et la même autorité que tous les autres ministres ; il a aussi, comme chez nous, les cultes dans son département ; et comme les écoles secondaires de médecine, et tous les établissements relatifs à la santé publique, appartiennent à ce ministère, il a la dénomination officielle de *ministère d'instruction publique, des cultes et des affaires médicales* (*Ministerium des offentlichen Unterrichts, der geistlichen und Medicinal-Angelegenheiten*).

En Prusse aussi, l'instruction publique fit longtemps partie du ministère de l'intérieur. C'est en 1819 seulement qu'elle obtint un ministère spécial, sous M. le baron d'Altenstein, et je regarde ce changement comme une amélioration de la plus haute importance. D'abord le service se fait beaucoup mieux, le centre auquel tout aboutit étant plus un ; l'autorité, plus puissante, est mieux obéie. Ensuite le haut rang du chef de l'instruction publique montre l'estime que l'on fait de tout ce qui se rapporte à l'instruction, et par là la science prend dans l'État la place qui lui appartient.

La civilisation, la partie intellectuelle et morale de la société, a aussi son ministère.

Ce ministère embrasse tout ce qui se rapporte à la science, par conséquent les académies, les bibliothèques, et toutes les institutions analogues, comme les jardins botaniques, les musées, les cabinets, les écoles inférieures de chirurgie et de médecine, les instituts de musique, etc. Il est, en effet, bien naturel que le ministre auquel appartiennent les facultés de médecine, dirige également toutes les écoles et institutions inférieures relatives à la médecine ; que le ministre qui a dans sa main les facultés des lettres et des sciences, y ait aussi les académies scientifiques et littéraires ; qu'enfin le ministre qui préside à l'enseignement ait dans ses attributions les grandes collections et les bibliothèques, sans lesquelles il n'y a pas d'enseignement possible. Sans doute, il y a toujours quelque chose d'arbitraire dans toute espèce de classification : il y a donc des établissements à Berlin dans les provinces que le ministère de l'intérieur et celui de l'instruction publique se disputent : mais en général la ligne de démarcation qui sépare leurs attributions est nettement tracée. Le ministère de l'intérieur comprend en principe les institutions qui se rapportent aux applications, à l'industrie, au commerce, aux travaux publics, lors même qu'il y a quelque enseignement dans ces institutions. Le ministère de l'instruction publique comprend tout ce qui a un caractère intellectuel et moral. Tous les établissements de ce genre, depuis le plus élevé jusqu'au plus humble, lors même qu'ils touchent par plusieurs points au ministère de l'intérieur, appartiennent à celui de l'instruction publique, et relèvent directement ou indirectement de ce ministère. Je sais, M. le ministre, qu'il n'en est point ainsi chez nous. La plus grande partie des établissements d'arts, de sciences et de littérature, ne sont pas dans vos attributions ; et je le regrette vivement, non dans l'intérêt de l'accroissement de votre pouvoir, mais dans l'intérêt évident des arts, des lettres et des sciences, comme dans celui de l'instruction publique, qui se trouve ainsi presque sans base, et privée des instruments dont elle a besoin. Mon opinion sur ce point vous est bien connue ; elle est fondée sur des raisons que je vous ai souvent développées. Je les supprime ici ; mais je devais vous faire connaître toutes les attributions légales du ministère de l'instruction publique en Prusse.

Là, comme chez nous, les cultes sont réunis à l'instruction publique. Cette réunion est fondée sur la nature même des choses, et sur les rapports des deux services, qui se touchent par tous les points, et souvent se confondent dans les mêmes personnes, beaucoup de savants ecclésiastiques étant d'utiles professeurs, et les facultés de théologie, qui font partie intégrante de l'instruction publique, relevant en même temps de l'autorité religieuse. Grâce à Dieu, les cultes ne sont plus en France relégués, comme les arts, entre les fabriques et les haras; ils ont trouvé leur véritable place avec les sciences et avec les lettres. Le ministère de M. d'Altenstein en Prusse est exactement, à cet égard, votre ministère de l'instruction publique et des cultes.

Mais il manque à M. d'Altenstein un titre qui vous reste encore, et que je vous verrais perdre sans beaucoup de regret, je l'avoue, celui de grand maître de l'université. D'abord, qu'est-ce que l'université de France, en général? Je conçois, je connais des universités particulières, c'est-à-dire, des réunions des facultés de théologie, de droit, de médecine, de lettres et de sciences. Il n'y a pas de pays en Europe qui n'ait ainsi ses universités. En Allemagne, il y en a une quinzaine. En Prusse, il y en a six ou sept, qui toutes dépendent du ministère de l'instruction publique. Dans la vieille France, il y en avait plusieurs; au moyen âge, celle de Paris était la première et la plus célèbre de toutes les universités de l'Europe. Donner le nom d'université de France à tous les établissements d'instruction publique des degrés les plus divers, c'est imposer une signification nouvelle et bizarre à un mot dont le sens était parfaitement déterminé et tout différent; c'est changer et corrompre à plaisir l'usage et les habitudes de la langue. Mais ce n'est point ici une dispute de mots; et quand il s'agira de l'organisation de l'enseignement supérieur, vous verrez quelles funestes conséquences ce mot d'*université*, appliqué à l'ensemble de l'instruction publique, a eu chez nous sur la constitution des facultés, qui ont été séparées les unes des autres, et dispersées comme des écoles spéciales, sans lien, sans esprit commun et sans vie. Je vous demande aussi ce que c'est de nos jours qu'un grand maître, et ce que signifie cette expression empruntée à des ordres militaires du moyen âge, quand on la transporte à ce qu'il y a de moins militaire au monde, à ce qu'il y a de plus moderne et de plus libéral, savoir, l'instruction publique? Napoléon, qui s'était fait empereur et non pas roi, qui aimait les dénominations militaires et tout ce qui rappelait l'empire de Charlemagne, fut séduit par ce titre de grand maître. C'est ce titre, à la fois féodal, militaire et monacal de grand maître de l'université, qui a retenu vos attributions dans leurs anciennes et trop étroites limites; c'est lui qui fait que, bien que ministre, vous êtes à la tête d'un corps, non d'un ministère, et d'un corps enseignant plutôt que savant. Le titre de ministre de l'instruction publique et des cultes est à la fois plus vrai, plus étendu et plus élevé: M. d'Altenstein n'en a pas d'autre.

Reste à savoir comment le ministère de l'instruction publique et des cultes est organisé en Prusse dans son centre d'action à Berlin.

Cette organisation est celle que j'ai trouvée partout depuis mon entrée en Allemagne. Partout, sous un président, un directeur ou un ministre, selon la grandeur du pays, j'ai trouvé un conseil plus ou moins nombreux. En effet, comme je l'ai dit ailleurs (1), cette institution dérive de la nature même des choses et des besoins du service. Dans les ministères où l'administration est plus matérielle en quelque sorte, on conçoit que le ministre puisse se passer d'un conseil: mais quand il s'agit d'un ministère essentiellement moral, comme celui de l'instruction publique, qui n'exige pas seulement le respect des lois et des règlements, mais une foule de connaissances rares, diverses, profondes, où les affaires se résolvent presque toujours en questions scientifiques, il faut évidemment, auprès du ministre, des conseillers, pour maintenir les traditions et l'esprit du ministère, qu'un maître unique et changeant pourrait bouleverser sans cesse; pour faire des règlements nouveaux ou pour modifier les anciens; pour éclairer la religion du ministre sur tel établissement à fonder ou à supprimer, surtout pour le guider dans l'appréciation et le choix des hommes, et lui servir de rempart contre les sollicitations de l'intrigue et de la faveur. Supposons le ministre le mieux intentionné: qu'il s'agisse de donner des règlements à une faculté de théologie, de droit, de médecine, de lettres ou de sciences, ou de faire choix d'un professeur pour quelqu'une de ces facultés; supposons qu'il s'agisse de décider en ce genre quelque question de choses ou de personnes, à qui voulez-vous que le ministre s'adresse? A la faculté elle-même? Mais c'est éteindre tout progrès; c'est constituer des corporations immobiles, parce qu'elles sont juges dans leur propre cause; c'est nourrir l'esprit de corps, si funeste à la science; c'est abdiquer le gouvernement et le droit de juger par soi-même. S'adressera-t-il à quelque individu célèbre? Mais ce personnage, dépouillé de responsabilité, pourra bien obéir à ses vues particulières, aux préjugés de son propre système ou de son propre talent. On peut affirmer qu'au bout du compte, c'est la sollicitation, l'importunité, l'insistance qui l'emportera. On fera agir mille ressorts secrets auprès du ministre: tantôt des recommandations d'en haut, tantôt des intrigues d'en bas, toujours des influences irresponsables et étrangères l'entoureront et l'entraîneront. Ainsi, en France, je l'ai déjà dit et je le répète avec une pleine conviction, il n'y a que la médiocrité intrigante qui, désespérant de tromper un conseil composé d'hommes versés dans toutes les parties du service, réclame l'arbitraire ministériel. Sans doute il importe de donner à ce conseil une organisation qui réponde à son but; et cette organisation est très-simple; elle consiste à

(1) Lettre V, page 47.

mettre, au conseil, à la tête de chaque branche importante du service, c'est-à-dire des sciences qui sont enseignées à tous les degrés de l'instruction publique, un homme connu par ses travaux, un long et célèbre enseignement. Ce conseiller, qui devrait, selon moi, rester en même temps professeur et n'avoir comme conseiller qu'un préciput plus ou moins considérable, serait chargé de faire le rapport de toutes les affaires réelles et personnelles relatives à son département. Il fait ce rapport devant tous les autres conseillers ; l'affaire est discutée ; les lumières de tous les membres du conseil éclairent et modifient les conclusions du rapporteur, que des préjugés systématiques et une tendance exclusive pourraient égarer. La discussion épuisée, le conseil donne un avis ; et le ministre, qui a entendu le rapport et la discussion, décide comme il lui plaît, puisqu'il est responsable : mais il a été averti. Cette organisation du conseil se trouve dans un rapport que j'ai eu l'honneur d'adresser à M. le duc de Broglie, dans les premiers jours de son court et honorable ministère, et qui est aujourd'hui plus ou moins pratiquée. En Prusse, la force des choses a produit à peu près la même institution ; il y a autour du ministre un conseil nombreux, trop nombreux peut-être, divisé en trois sections, qui répondent aux trois objets du ministère ; savoir : une section des cultes, composée d'un certain nombre de conseillers, la plupart ecclésiastiques et quelques-uns laïques, sous la présidence d'un directeur ; une section d'instruction publique, également composée d'un certain nombre de conseillers, presque tous laïques, avec un directeur ; enfin une section de médecine, qui a aussi ses conseillers et son directeur.

Le nombre des membres de chacune de ces sections est indéterminé. On peut appartenir à deux sections, mais on n'a jamais qu'un traitement. Aujourd'hui la section de l'instruction publique a douze conseillers diversement rétribués. L'un, le directeur, a cinq mille thalers (19,000 francs) ; quatre ont trois mille thalers (11,500) ; sept, de deux mille à deux mille six cents. La section ecclésiastique a treize conseillers, parmi lesquels il y a un membre catholique : neuf de ces conseillers sont déjà dans la section de l'instruction publique ; les trois autres ont chacun trois mille thalers. La section de médecine a huit conseillers, dont quelques-uns appartiennent aux deux premières sections ; les autres ont ensemble environ dix mille thalers.

La section d'instruction publique, qui m'est plus particulièrement connue, se réunit, comme notre conseil, deux fois par semaine, et chaque conseiller rapporte différentes affaires devant toute la section, réunie sous la présidence du directeur, qui est notre vice-président. Dans certains cas, le ministre se fait faire à lui-même des rapports particuliers par quelqu'un des conseillers.

A chacune de ces sections est attaché un bureau correspondant ; il y a de plus une chancellerie et le secrétariat particulier du ministre. Toute cette administration centrale coûte en tout quatre-vingt mille six cent dix thalers (302,300 francs), y compris les traitements des conseillers et celui du ministre.

L'institution des inspecteurs généraux, inconnue dans toute l'Allemagne, n'existe pas non plus en Prusse, où l'instruction publique est sur une si grande échelle. Mais, sans aucune place fixe et permanente d'inspecteurs généraux, qui inspectent assez rarement, il y a des inspections spéciales qui ne coûtent que des frais de tournée, et qui produisent des résultats positifs, parce qu'elles sont imprévues, toujours déterminées par un besoin réel, et confiées à des hommes spéciaux. Le ministre est-il averti par la correspondance que les choses ne vont pas bien dans quelque établissement, il envoie l'inspecteur qui convient le mieux dans le cas particulier. S'agit-il d'une faculté de droit, il prend un jurisconsulte ; d'une faculté de sciences, il prend un savant, et de même pour toutes les autres facultés. S'agit-il d'un gymnase, il prend un professeur de gymnase. Ordinairement il choisit un des membres de l'une des trois sections du conseil : ce conseiller, choisi pour la circonstance particulière, se porte rapidement sur les lieux où sa présence est réclamée, fait une inspection d'autant plus approfondie qu'elle est plus spéciale, revient à Berlin, fait immédiatement son rapport, et une décision prompte et efficace s'ensuit. Ceci n'a lieu que dans les grandes occasions, extrêmement rares. Pour les circonstances ordinaires et le courant des affaires, la correspondance et l'intervention des autorités provinciales qui relèvent du ministère de l'instruction publique, suffisent.

Je dois maintenant vous faire connaître comment le ministre, avec son conseil, gouverne toutes les parties de l'instruction publique dans toute l'étendue de la monarchie. Pour cela, il faut bien comprendre la division du royaume et la hiérarchie administrative.

La Prusse est divisée en dix provinces, savoir : Prusse orientale, Prusse occidentale, Posen, Poméranie, Brandebourg, Silésie, Saxe, Westphalie, Clèves, Bas-Rhin.

Chacune de ces provinces est subdivisée en départements, appelés *Regierungsbezirke*, qui comprennent un cercle territorial plus ou moins étendu.

Chacun de ces départements est lui-même subdivisé en différents cercles, plus petits que nos arrondissements et plus grands que nos cantons, appelés *Kreis*; et chacun de ces cercles est divisé en communes, *Gemeinde*.

Chaque département a une espèce de conseil de préfecture appelé régence, *Regierung*, qui a son président, lequel est à peu près notre préfet, avec cette différence que le président d'une régence prussienne peut beaucoup moins sur son conseil que notre préfet sur le sien ; car, en Prusse, toutes les affaires aboutissent à la régence, et la majorité des voix y enchaîne le président. Comme chaque département a son président, de même chaque province a le sien, qui s'appelle *Oberpräsident*, président suprême de la province.

Tous les degrés de l'instruction publique sont adaptés aux divers degrés de cette hiérarchie administrative. Chaque province a presque son université. La Prusse orientale, occidentale, et le duché de Posen, qui se touchent, ont l'université de Kœnigsberg ; la Poméranie a l'université de Greifswalde ; la Silésie, celle de Breslau ; la Saxe, celle de Halle ; le Brandebourg, celle de Berlin ; la Westphalie, l'imparfaite université qu'on appelle académie de Munster ; les provinces du Rhin, celle de Bonn. Chacune de ces universités a ses autorités qu'elle nomme elle-même, sous la surveillance d'un commissaire royal nommé par le ministre de l'instruction publique, et qui correspond directement avec lui ; c'est le *curateur* des vieilles universités allemandes. Cette fonction est toujours confiée à un personnage important dans la province, en grande partie *ad honores ;* mais on y attache toujours aussi un certain traitement ; et en général, c'est l'esprit du gouvernement prussien qu'il y ait dans la monarchie très-peu d'emplois non rétribués. Il est dans la nature des gouvernements aristocratiques d'avoir beaucoup de fonctions gratuites, comme on le voit en Angleterre ; mais les gouvernements à la fois populaires et monarchiques, comme la Prusse et la France, ne comportent pas un pareil système ; et si on le poussait trop loin dans l'un ou l'autre pays, on n'irait à moins qu'à changer peu à peu la forme du gouvernement. En effet, on essayerait en vain de confier des fonctions gratuites à tous les citoyens qui en seraient capables par leur mérite ; les petites fortunes s'en lasseraient bientôt, et il faudrait finir par les remettre dans les mains de la grande propriété, qui peu à peu gouvernerait seule. En Prusse, tous les fonctionnaires sont salariés ; et comme ils n'arrivent à aucune fonction qu'après des examens sévères, tous sont éclairés ; et comme de plus ils sont pris dans toutes les classes, ils portent dans l'exercice de leurs emplois l'esprit général du pays, en même temps qu'ils y contractent l'habitude du gouvernement. C'était aussi là le système du gouvernement impérial parmi nous ; c'est celui de toute monarchie populaire. Un commissaire royal a des devoirs qu'il est obligé de remplir : quelque important qu'il soit d'ailleurs, c'est un officier ministériel qui est tenu de rendre compte au ministre. Les commissaires royaux sont les seuls intermédiaires des universités et du ministère. Les universités relèvent donc presque immédiatement du ministère. Nulle au-

torité provinciale, civile ou ecclésiastique, n'a le droit de se mêler de leurs affaires ; elles n'appartiennent qu'à l'État : c'est là leur privilège et leur garantie. Je vous parlerai ailleurs en détail de leur organisation intérieure ; il me suffit de vous marquer ici leur rapport avec l'administration centrale dans l'économie générale.

Si les universités n'appartiennent qu'à l'État, il n'en est pas ainsi de l'instruction secondaire. En Prusse elle est considérée en grande partie comme provinciale. Dans toute province de la monarchie, sous la présidence du président suprême de la province, est une institution qui relève du ministère de l'instruction publique et des cultes, et qui en est l'image, en quelque sorte, par son organisation intérieure ; cette institution est ce qu'on appelle les consistoires provinciaux (*Provincialconsistorien*). Comme le ministère se divise en trois sections, de même le consistoire provincial a trois sections : la première, pour les affaires ecclésiastiques, ou *consistoire* proprement dit (*Consistorium*) : la seconde, pour l'instruction publique ; on l'appelle *collége pour les écoles* (*Schulcollegium*) : la troisième, pour les affaires relatives à la salubrité publique ; on l'appelle *collége médicinal* (*Medicinalcollegium*). Ce consistoire provincial est salarié : tous ses membres sont nommés directement par le ministre de l'instruction publique et des cultes, mais il est présidé, dans son ensemble et dans chacune de ses sections, par le président suprême de la province, lequel est seul chargé de la correspondance, et correspond avec le ministre de l'instruction publique et des cultes, qui pourtant n'est pas son ministre naturel ; mais en sa qualité de président suprême de la province, il correspond avec plusieurs ministres sur toutes les affaires relatives à sa province, quoique lui-même ne relève directement que du ministre de l'intérieur. Cette correspondance officielle du président avec le ministre de l'instruction publique, n'est là que pour la forme et dans l'intérêt de la concentration de l'administration provinciale ; au fond, toute l'autorité est entre les mains du consistoire, dont chaque section délibère séparément, et décide, à la majorité des voix, sur toutes les affaires. Je ne m'occuperai ici que de la section du consistoire provincial qui regarde l'instruction publique, savoir, le *Schulcollegium*.

D'abord, M. le ministre, remarquez une différence essentielle entre le caractère de l'instruction publique en Prusse et celui qu'elle a dans les autres États de l'Allemagne que je viens de parcourir. Partout ailleurs, au centre, sous un directeur ou sous un ministre, est un consistoire en grande partie ecclésiastique ; ici, auprès du ministre, au lieu d'un consistoire, est un conseil divisé en trois parties, dont une seule est ecclésiastique, tandis que les deux autres sont laïques et

scientifiques. Ce conseil n'a donc plus aucun caractère ecclésiastique : l'esprit de sacerdoce y est remplacé par l'esprit de gouvernement ; c'est l'idée de
l'État qui domine ici toutes les autres. De même,
dans chaque province, si l'expression de consistoire provincial est encore trop ecclésiastique, la
division de ce consistoire en trois sections, à l'instar
du ministère central de Berlin, ne laisse à cette institution d'ecclésiastique que le nom. Sans doute, les
intimes rapports du *Schulcollegium* avec le *Consistorium*, et ses devoirs propres, le rendent profondément religieux ; mais il est en grande partie laïque et
tout à fait libre dans son action.

Son domaine est particulièrement l'instruction secondaire, les gymnases, et ces établissements intermédiaires entre l'instruction primaire et l'instruction
secondaire qu'on appelle *progymnases et hautes écoles
bourgeoises* (*Progymnasien, höhere Bürgerschulen*).
Il importe de remarquer que les séminaires pour former les maîtres d'école primaire (*Seminarien für
Schullehrer*), nos écoles normales primaires, sont
aussi de son ressort, et qu'il intervient dans toutes les
questions élevées de l'instruction primaire.

Auprès du *Schulcollegium* est une commission d'examen (*wissenschaftliche Prüfungscommission*), composée ordinairement de professeurs de l'université de
la province. Cette commission a deux objets : 1° examiner les élèves de gymnase qui veulent passer à l'université, ou reviser l'examen *ad hoc* que ces jeunes
gens subissent quelquefois au gymnase même (*Abiturienten-Examen*), en revenant sur les procès-verbaux
et les pièces justificatives de cet examen ; c'est notre
examen du baccalauréat ès lettres, sans lequel on ne
peut prendre aucune inscription dans les facultés ;
2° examiner ceux qui se présentent pour enseigner
dans les gymnases ; et il y a divers examens pour les
divers degrés de l'enseignement, un pour les maîtres
des classes inférieures (*Lehrer*), un autre pour les
maîtres des classes supérieures (*Oberlehrer*), un autre,
enfin, pour les recteurs, c'est-à-dire nos proviseurs,
qui sont toujours chargés de l'enseignement le plus
important. Le premier examen pour les simples maîtres
(*Lehrer*) est l'examen fondamental. La *wissenschaftliche
Prüfungscommission* est le lien qui rattache l'instruction secondaire à l'instruction supérieure, comme
le *Schulcollegium* rattache l'instruction publique,
dans les provinces, au ministère central de Berlin.

Voici maintenant, en quelques mots, le mécanisme
de l'administration de l'instruction populaire.

Si les universités appartiennent à l'État seul et l'instruction secondaire aux provinces, l'instruction primaire appartient en très-grande partie au département
et à la commune.

Toute commune doit avoir, par la loi même de

l'État, une école, et le pasteur ou curé du lieu est
l'inspecteur né de cette école, avec un comité communal d'administration et de surveillance, composé
de quelques notables et appelé *Schulvorstand*.

Dans les communes urbaines où il y a plusieurs
écoles et des établissements d'instruction primaire plus
élevés que les écoles de campagne, les magistrats forment, au-dessus des comités particuliers de chaque
école, un comité supérieur, qui surveille toutes ces
écoles et en compose un système harmonique. Ce
comité est nommé *Schuldeputation* ou *Schulcommission*.

Il y a, de plus, au chef-lieu du canton ou de l'arrondissement (*Kreis*), un autre inspecteur, dont l'inspection comprend toutes les écoles de ce cercle, et
qui correspond avec les inspecteurs et les comités
locaux. Ce nouvel inspecteur, dont la juridiction est
plus étendue, est presque toujours aussi un ecclésiastique. Chez les catholiques, c'est le doyen. Il a le titre
d'inspecteur d'arrondissement pour les écoles (*Kreisschulinspector*).

Ainsi les deux premiers degrés d'autorité dans l'instruction primaire sont ecclésiastiques, en Prusse
comme dans toute l'Allemagne ; mais, au-dessus de
ces deux degrés inférieurs, l'influence ecclésiastique
finit entièrement, et commence l'intervention administrative. Le *Schulinspector* de chaque *Kreis* correspond
avec la régence de chaque département, par l'intermédiaire du président de cette régence, notre préfet.
Or, cette régence, notre conseil de préfecture, a
dans son sein divers conseillers, *Regierungsräthe*,
chargés de divers objets, et entre autres un conseiller
spécial pour les écoles primaires, appelé *Schulrath*,
fonctionnaire salarié comme tous ses collègues, qui
fait le lien de l'instruction publique et de l'administration départementale ordinaire, en ce que, d'une
part, il est nommé sur la présentation du ministre de
l'instruction publique, et que, de l'autre, aussitôt
qu'il est nommé, il fait partie, en sa qualité de
Schulrath, du conseil de régence, et entre par là en
relation avec le ministre de l'intérieur. Le *Schulrath*
fait des rapports au conseil, qui décide à la majorité.
Il inspecte aussi les écoles, anime et entretient le zèle
des *Schulinspectoren*, des *Schulvorstände*, et des maîtres
d'école ; toute la correspondance des inspecteurs communaux et des inspecteurs supérieurs aboutit à lui ;
et c'est lui qui fait la correspondance relative aux
écoles, au nom de la régence et par l'intermédiaire
du président, avec les consistoires provinciaux et le
Schulcollegium, ainsi qu'avec le ministère de l'instruction publique : en un mot, le *Schulrath* est le vrai
directeur de l'instruction primaire dans chaque régence.

Je n'entre ici dans aucun détail ; je n'ai voulu,

M. le ministre, que vous faire saisir le mécanisme total de l'instruction publique en Prusse. En résumé, l'instruction primaire est communale et départementale, et en même temps elle relève du ministre de l'instruction publique : double caractère qui dérive ici, selon moi, de la nature même des choses, laquelle réclame également l'intervention des pouvoirs locaux et celle d'une main supérieure qui vivifie et anime tout. Ce double caractère est représenté par le *Schulrath*, qui fait partie du conseil de département, et appartient à la fois au ministre de l'intérieur et à celui de l'instruction publique. D'un autre côté, toute l'instruction secondaire se rapporte au *Schulcollegium*, qui fait partie du consistoire de la province, et qui est nommé par le ministre de l'instruction publique. Toute l'instruction supérieure, celle des universités, aboutit au commissaire royal, qui agit sous l'autorité immédiate du ministre. Rien donc n'échappe à l'action ministérielle ; et en même temps, chacune des sphères de l'instruction publique a en elle-même une liberté suffisante. Les universités élisent leurs autorités. Le *Schulcollegium* propose et surveille les professeurs des gymnases, et connaît de tous les points élevés de l'instruction primaire. Le *Schulrath*, avec le conseil de régence, ou plutôt le conseil de régence, sur le rapport du *Schulrath* et d'après la correspondance des inspecteurs et des comités, décide la plus grande partie des affaires de l'instruction inférieure. Le ministre, sans s'immiscer dans les détails infinis de l'instruction populaire, s'enquiert des résultats, et dirige tout par des instructions émanées du centre, qui tendent à répandre partout l'unité nationale. Il ne se mêle pas sans cesse des choses de l'instruction secondaire ; mais rien ne se fait sans sa confirmation, et il s'appuie toujours sur des rapports exacts et complets. Il en est de même des universités ; elles se gouvernent elles-mêmes, mais d'après les lois qui leur sont données. Les professeurs élisent leurs doyens et leurs recteurs ; mais eux-mêmes ils sont nommés par le ministre. En dernière analyse, le but de l'organisation entière de l'instruction publique en Prusse est de laisser les détails aux localités, et de réserver au ministre et à son conseil la direction de l'ensemble et l'impulsion générale.

Maintenant il s'agit, M. le ministre, de vous faire connaître, dans le plus grand détail, chacune des parties de l'instruction publique dont j'ai essayé de vous montrer les relations et les ressorts.

Je commencerai par l'instruction primaire.

DEUXIÈME SECTION.

INSTRUCTION PRIMAIRE.

MONSIEUR LE MINISTRE,

Les sources auxquelles j'ai puisé les renseignements sur l'instruction primaire en Prusse renfermées dans ce rapport, sont :

1° *Allgemeines Landrecht für die Preussischen Staaten*, vom 5 Februar 1794, Code général prussien ;

2° *Sammlung der auf den öffentlichen Unterricht in den Königlich Preussischen Staaten sich beziehenden Gesetze und Verordnungen*; Recueil des lois et ordonnances relatives à l'instruction publique en Prusse, par le docteur Neigebauer, 1826 ;

3° *Entwurf eines allgemeinen Gesetzes über die Verfassung des Schulwesens im Preussischen Staate*; Projet d'une loi générale sur l'organisation de l'instruction publique en Prusse ; Berlin, 1819. Ce projet contient les bases de toute l'organisation actuelle ;

4° *Handbuch des Preussischen Volksschulwesens*; Journal spécial pour l'instruction primaire, publié par M. Beckedorff, conseiller du ministère de l'instruction publique et des cultes, section de l'instruction publique, de 1825 à 1828 ;

5° Une foule d'instructions et de circulaires qui m'ont été communiquées par le ministère, ainsi que des documents et tableaux de statistique qui me viennent de la même source.

Je citerai ces diverses autorités à mesure que je les emploierai.

Je vous ferai connaître successivement la règle et les faits, c'est-à-dire :

1° L'organisation de l'instruction primaire, les lois et règlements qui la régissent ;

2° Ce qu'ont produit ces lois et règlements, ou l'état réel de l'instruction primaire en Prusse.

ORGANISATION DE L'INSTRUCTION PRIMAIRE.

Je me propose, M. le ministre, de rechercher ici et de bien mettre en lumière les six points suivants :

1° Devoir des parents d'envoyer leurs enfants aux écoles primaires ;

2° Devoir des communes d'entretenir à leurs frais une école primaire ;

3° Objets généraux et divers degrés de l'enseignement primaire ;

4° Comment on forme les instituteurs primaires, comment on les place et on les avance, et comment on les punit ;

5° Gouvernement de l'instruction primaire, ou des diverses autorités employées à la surveillance des écoles ;

6° Enfin, les écoles privées.

Ces six points épuisent à peu près la question générale de l'organisation de l'instruction primaire. Je vais les parcourir successivement.

TITRE I.

DEVOIR DES PARENTS D'ENVOYER LEURS ENFANTS AUX ÉCOLES PRIMAIRES.

Ce devoir est tellement national et enraciné dans toutes les habitudes légales et morales du pays, qu'il est consacré dans un seul mot, *Schulpflichtigkeit* (devoir d'école); il répond, dans l'ordre intellectuel, au service militaire, *Dienstflichtigkeit*. Ces deux mots sont la Prusse tout entière : ils contiennent le secret de son originalité comme nation, de sa puissance comme État, et le germe de son avenir ; ils expriment, à mon gré, les deux bases de la vraie civilisation, qui se compose à la fois de lumières et de force. La conscription militaire, au lieu des enrôlements volontaires, a trouvé d'abord bien des adversaires parmi nous : elle est aujourd'hui considérée comme une condition et un moyen de civilisation et d'ordre public. Je suis convaincu qu'un temps viendra où l'instruction populaire sera également reconnue comme un devoir social imposé à tous, dans l'intérêt général. En Prusse, il y a déjà longtemps que l'État a imposé à tous les parents le devoir strict d'envoyer tous leurs enfants à l'école, sauf à faire la preuve qu'ils leur donnent à la maison une instruction suffisante. Ce devoir a été successivement déterminé et réglé avec précision pour les différentes saisons de l'année (voyez dans le Recueil de Neigebauer, pages 186 et 187, la circulaire de Frédéric le Grand, du 1er janvier 1769); il a été soumis à une surveillance sévère; enfin, dans la codification qui eut lieu en 1794, il prit place de nouveau dans la loi fondamentale de l'État. Voici les deux articles du Code général qui se rapportent à ce devoir : *Allgemeins Landrecht*, II° partie, titre XII :

« Art. 43. Tout habitant qui ne peut pas ou qui « ne veut pas faire donner à la maison à ses enfants « l'instruction nécessaire, est obligé de les envoyer à « l'école dès l'âge de cinq ans révolus.

« Art. 44. A partir de cet âge, nul enfant ne peut « manquer à l'école ou s'en absenter pendant quelque « temps, sinon pour des circonstances particulières « et avec le consentement de l'autorité civile et ecclé- « siastique. »

Enfin, le projet de loi de 1819, qui a force de loi et qui forme partout l'état présent des choses, consacre un titre entier (le titre IV) à cette obligation, qu'il poursuit dans ses moindres applications. Je ne puis mieux faire, M. le ministre, que de citer ici textuellement le titre de la loi de 1819, avec tout le cortège des dispositions à la fois sévères et prudentes qu'il renferme. Vous connaîtrez par là et la lettre et l'esprit de la loi prussienne sur ce point important.

« Les parents ou tuteurs des enfants sont tenus d'envoyer leurs enfants ou pupilles à l'école publique, ou de pourvoir d'une autre manière à ce qu'ils reçoivent une éducation suffisante.

« Les parents, ou ceux de qui dépendent les enfants (et il faut comprendre sous ce titre les fabricants ou les maîtres qui prennent en apprentissage ou à leur service des enfants en âge d'aller à l'école), seront obligés de leur faire donner une instruction convenable, depuis leur septième année (1) jusqu'à l'âge de quatorze ans accomplis. Le maître d'école jugera si un enfant est en état par sa précocité d'entrer à l'école avant cet âge, et le comité de surveillance de l'école, *Schulvorstand* (2), en accordera l'autorisation. Un enfant qui, avant l'âge de quatorze ans, aurait parcouru le cercle de l'instruction élémentaire, ne pourra être retiré de l'école par ses parents qu'avec la permission du comité, et après que le membre du comité chargé de l'inspection de l'école (3) aura procédé à un examen favorable à l'élève, lequel ne devra rien laisser à désirer sous le rapport de la moralité et de la santé. Il serait fort utile qu'après avoir quitté l'école, les enfants déjà confirmés et admis à la communion assistassent encore au moins pendant un an au catéchisme du dimanche à l'église. Cet usage, autrefois général, devra être rétabli partout où il aura cessé.

« Les parents ou maîtres qui n'enverront pas à une école publique leurs propres enfants ou ceux qui leur sont confiés, doivent, toutes les fois qu'ils en sont requis, indiquer aux autorités municipales ou aux comités de surveillance par quels moyens ils pourvoient à leur éducation.

(1) Remarquez que la loi fondamentale dit la *cinquième* année; mais c'est en effet à la septième que commence l'exécution stricte de la loi.

(2) Voyez *Organisation générale de l'instruction publi-* que, page 62, et plus loin, le titre V, *Gouvernement de l'instruction primaire*.

(3) Voyez plus loin, titre V, *Gouvernement de l'instruction primaire*.

« Les comités et les autorités municipales feront, tous les ans après Pâques ou après la Saint-Michel, une enquête sur toutes les familles de leur circonscription qui, de notoriété publique, n'auraient pas pourvu à l'éducation particulière qu'ils doivent à leurs enfants à défaut de l'éducation publique. Ils feront, à cet effet, un recensement de tous les enfants qui sont en âge d'aller à l'école. Les registres baptistères et ceux de l'état civil leur sont ouverts au commencement de chaque année, et la police devra les seconder, à cet égard, de tous ses moyens.

« Il est reconnu en principe que, dans les campagnes, tout enfant doit être envoyé à l'école de la paroisse, du village ou de la société d'école, Schulverein (1), à laquelle ses parents appartiennent. Si les parents veulent envoyer leurs enfants à une autre école ou leur faire donner une éducation particulière, ils devront le déclarer au comité de l'école; et l'autorisation ne pourra leur en être refusée, à la condition qu'ils satisferont néanmoins aux charges qui leur sont imposées envers l'école à laquelle l'enfant devait naturellement appartenir.

« Les parents et les maîtres des enfants sont également obligés de veiller à ce qu'ils suivent régulièrement les cours de l'école pendant le temps voulu par la loi. Les maîtres d'école tiendront de leur côté, sous une forme qui leur sera prescrite, des listes de présence, qui devront être soumises tous les quinze jours à l'inspection des comités de surveillance.

« Pour rendre plus facile aux parents l'exécution de cette règle, et ne pas les priver entièrement des secours que leurs enfants peuvent leur prêter dans leurs travaux, les heures de leçons dans les écoles élémentaires seront combinées de manière à laisser aux enfants, chaque jour, plusieurs heures pour les travaux domestiques.

« Il est défendu, sous des peines très-sévères, aux maîtres d'école d'employer les écoliers aux travaux de leur ménage.

« Partout les écoles seront fermées le dimanche. Les après midi, après le service divin et le catéchisme, pourront être consacrés aux exercices gymnastiques.

« On s'appliquera partout à faciliter aux parents les plus nécessiteux les moyens d'envoyer leurs enfants aux écoles, en leur fournissant les objets nécessaires à leur instruction ou les vêtements dont ils pourraient avoir besoin.

« Il faut espérer que ces facilités et ces secours, l'influence morale et religieuse des ecclésiastiques, les sages avis des membres des comités chargés de surveiller les écoles et des autorités municipales, feront peu à peu apprécier au peuple le bienfait d'une bonne édu-

cation élémentaire, et répandront dans la jeunesse le besoin de s'éclairer, qui la portera d'elle-même à en rechercher les moyens.

« Si cependant des parents ou des maîtres négligeaient d'envoyer exactement leurs enfants à l'école, les ecclésiastiques devront d'abord leur faire connaître la responsabilité grave qui pèse sur eux; ensuite le comité de surveillance les fera comparaître, et leur adressera des remontrances sévères. On ne reconnaîtra pour excuses valables, indépendamment de la preuve qu'on a pourvu autrement à l'éducation de ses enfants, que des certificats de maladie délivrés par le médecin ou le pasteur, l'absence des parents ou des maîtres qui aurait occasionné en même temps celle des enfants, ou, enfin, la privation des vêtements nécessaires qui n'auraient pu être fournis aux plus indigents.

« Si les remontrances n'étaient pas suffisantes, on emploierait des mesures de rigueur contre les parents, tuteurs ou maîtres. Les enfants pourront être conduits à l'école par un agent de police ou les parents condamnés à des peines proportionnées ou à des amendes; et dans le cas où ils seraient hors d'état de les payer, à la prison ou à des travaux au profit de la commune. Ces peines peuvent être successivement augmentées, sans dépasser cependant le maximum des peines de police correctionnelle.

« Les amendes seront prononcées par le comité de surveillance, prélevées au besoin avec l'aide de la police, et versées dans les caisses du comité. La police sera chargée de l'exécution des autres peines.

« Toutes les fois qu'on prononcera la peine de la prison ou de travaux pour la commune, on pourvoira à ce que les enfants des condamnés ne restent pas abandonnés pendant que leurs parents subiront la peine qui leur aura été infligée.

« Les parents qui auront encouru ces condamnations pourront, à la demande des comités de surveillance et comme surcroît de punition, être privés de la participation aux secours publics.

« Cependant les secours publics qui ont rapport à l'éducation des enfants ne leur seront point retirés, mais cesseront de passer par leurs mains.

« Ils ne pourront avoir part à aucun autre secours public, tant qu'ils ne rempliront pas envers leurs enfants, relativement à l'éducation, les devoirs de pères de famille chrétiens et consciencieux.

« Ils seront également incapables de prendre part à l'administration de la commune ou de remplir aucune fonction d'église ou d'école.

« Si toutes les punitions sont insuffisantes, on donnera aux enfants un tuteur particulier pour veiller à leur éducation, ou un cotuteur aux pupilles.

« Les parents israélites qui s'obstineraient à ne point obéir aux injonctions des autorités compétentes, pour-

(1) Voyez plus bas, page 67.

ront être privés des droits civils dans les provinces où l'édit du 11 mai 1812 est en vigueur.

« Les cas de négligence marquée, de la part de communes entières ou de quelques familles, pourront être signalés dans les rapports qui seront publiés, sans toutefois nommer les personnes.

« Les pasteurs protestants ou catholiques jugeront eux-mêmes jusqu'à quel point ils peuvent user de leur influence, selon les circonstances ; mais ils s'appliqueront, surtout dans leurs sermons pour l'ouverture des écoles, à engager les parents à s'occuper de l'éducation de leurs enfants et à les envoyer régulièrement à l'école ; ils pourront même faire allusion aux exemples les plus frappants de l'oubli de ces devoirs. Enfin, ils n'admettront aucun enfant aux conférences pour la confirmation et la communion, s'ils ne présentent des certificats qui attestent qu'ils ont achevé leur temps à l'école, ou qu'ils la fréquentent encore exactement, ou qu'ils ont reçu ou reçoivent une éducation particulière. » (*Entwurf*, tit. IV, art. 33 à 43, pag. 32 à 37.)

Je joins ici deux tableaux extraits d'un arrêté rendu et publié par le consistoire provincial de Magdebourg, le 5 avril 1817 (1), c'est-à-dire antérieurement à la loi citée ci-dessus, lequel arrêté enjoint au pasteur de chaque commune de relever sur les registres baptistères la liste des enfants en âge d'aller à l'école, et de tenir à l'avenir cette liste au complet, conformément au premier tableau. C'est sur ces premières listes que le maître d'école doit à son tour établir une liste de présence pour son écolé, confor mément au second tableau.

(1) Voyez Neigebauer, pages 187, 188 et 189.

PREMIER TABLEAU.

Liste des enfants en âge d'aller à l'école, commune de ***.

Numéros d'ordre.	NOMS de FAMILLE.	Profession.	NOMS des ENFANTS.	NÉS LE		SONT EN AGE d'aller à l'école à dater de		Doivent aller à l'école d'après leur âge, jusqu'à l'année *** époque de l'année.	ONT ÉTÉ RETIRÉS DE L'ÉCOLE.		
				Jour.	Mois et an.	Année.	Époque de l'année.		Année	Jour.	Motifs.

SECOND TABLEAU.

*Liste de présence de l'école de *** pendant le mois de janvier 1817.*

Numéros d'ordre.	NOMS des ENFANTS.	Le signe I annonce l'absence du matin ; et — l'absence d'un après midi.																															TOTAL DES JOURS d'absence.	MOTIFS de l'absence.
		JOURS DU MOIS.																																
		1r	2	3	4	5	6	7	8	9	10	11	12	13	14	15	16	17	18	19	20	21	22	23	24	25	26	27	28	29	30	31		

C'est sur le relevé de ces listes que les pasteurs, les comités de surveillance et les inspecteurs d'arrondissement (1) ont à prendre les mesures indiquées par la loi. Ces listes, ainsi que les notes qui ont été prises sur chaque enfant aux examens et à la sortie de l'école, sont conservées avec soin; et l'on m'assure que souvent les tribunaux se font donner communication de ces notes sur la vie des accusés dans les affaires criminelles importantes.

Depuis l'exemple donné par le consistoire provincial de Magdebourg, tous les autres consistoires ont, d'ailleurs conformément à la loi de 1819, adopté la même mesure, et imposé aux pasteurs et aux maîtres d'école les mêmes tableaux ou listes, *Schullisten* (2).

TITRE II.

DEVOIR DES COMMUNES D'ENTRETENIR A LEURS FRAIS UNE ÉCOLE PRIMAIRE.

Il serait absurde d'exiger des parents qu'ils envoient leurs enfants à l'école, s'il y avait trop peu d'écoles pour que ce devoir pût être rempli. Or les écoles privées n'offrent que des ressources incertaines; c'est donc à l'État de procurer l'accomplissement de la loi qu'il a faite; de là les dispositions suivantes, déjà passées en usage et presque partout pratiquées, mais formellement consacrées par les titres III et V de la loi de 1819, dont je vous ai parlé et que je vais continuer à extraire et souvent à traduire.

« Toute commune, si petite fût-elle, est obligée d'avoir une *école élémentaire*, complète ou incomplète, c'est-à-dire remplissant tout le programme de l'enseignement prescrit par la loi, ou du moins les parties les plus indispensables de ce programme (3).

« Toute ville est tenue d'avoir au moins une *école bourgeoise* ou plusieurs, selon sa population.

« Les petites villes de moins de quinze cents habitants, qui ne pourraient suffire à la dépense d'une école bourgeoise, sont tenues d'avoir au moins des écoles élémentaires complètes. Avant tout, elles doivent avoir des écoles élémentaires du degré inférieur, suivant le nombre des enfants des deux sexes en âge d'aller à l'école.

« Dans le cas où une ville ne pourrait entretenir séparément et dans des bâtiments distincts une école élémentaire et une école bourgeoise, il lui sera permis de se servir des classes inférieures de l'école bourgeoise comme d'école élémentaire; de même, en cas de

nécessité bien constatée, on pourra employer à l'usage de l'école bourgeoise les classes inférieures du gymnase.

« Dans toute ville où il y aura plusieurs écoles élémentaires, elles seront réparties dans les divers quartiers de la ville; cependant les habitants ne seront pas pour cela obligés, par la situation de leur domicile, d'envoyer leurs enfants à une école plutôt qu'à l'autre.

« Dans les villes qui ont plusieurs écoles de divers degrés, l'autorité s'occupera de les organiser toutes conformément aux instructions ci-dessus, de telle sorte qu'elles se lient entre elles et forment un tout.

« Dans les villes, les Israélites pourront établir des écoles à leurs frais, sous la condition qu'elles seront organisées, surveillées et administrées par eux conformément à la présente loi. Ils pourront envoyer également leurs enfants dans les autres écoles, mais sans participer à l'administration de ces écoles.

« Le premier soin doit être de fournir aux campagnes les écoles élémentaires nécessaires. Partout où il existe des écoles incomplètes, il faut les améliorer, et les changer le plus tôt possible en écoles élémentaires complètes, ce qui doit toujours avoir lieu lorsqu'une école a ou est en état d'avoir deux maîtres. Pour que toutes les campagnes aient à leur portée des écoles élémentaires suffisantes, les habitants de toute commune rurale formeront, sous la direction de l'autorité publique, une *société pour les écoles de campagne* (4) (*Landschulverein*). Cette société se compose d'abord de tous les propriétaires fonciers, sans distinction, qu'ils aient ou non des enfants; ensuite de tous les pères de famille domiciliés dans la circonscription de la commune, quand même ils ne seraient point propriétaires.

« Tout village, en y comprenant les fermes qui l'avoisinent, peut à lui seul former une société de ce genre. Il en est de même pour une réunion de plusieurs métairies isolées.

« Chaque village doit avoir son école; mais dans certains cas et par exception seulement, plusieurs villages pourront se réunir en une seule société d'école, sous les conditions suivantes :

« 1° L'impossibilité absolue pour une commune de pourvoir par elle-même aux frais d'une école élémentaire de village.

« 2° Les villages qui s'associeront devront être tellement rapprochés que les enfants puissent se rendre exactement à la même école commune. La distance tolérée n'excédera pas un demi-mille (une lieue) pour les pays plats, et un quart de mille (demi-lieue) pour les pays de montagne.

(1) Voyez *Organisation générale*, page 63.
(2) Voyez Neigebaur, pages 192 et suivantes.
(3) Voyez plus bas, page 75, l'exposition des divers objets qu'embrassent les deux degrés de l'instruction primaire, les écoles élémentaires et les écoles bourgeoises.

(4) Je ne sais comment traduire autrement *Landschulverein*; mais il faut bien comprendre qu'il ne s'agit pas ici d'une société libre, mais d'une organisation légale et forcée de la commune relativement à l'instruction primaire.

« 3° La réunion ne pourra se former entre villages séparés par des marécages ou des rivières qui rendraient la fréquentation de l'école difficile, ou même entièrement impossible, à certaines époques de l'année.

« 4° Le nombre des enfants réunis ne devra pas être trop considérable, et ne peut, pour un seul maître, aller au delà de cent. On pourrait en admettre davantage, si l'on avait les moyens d'entretenir deux maîtres et si le local était suffisamment grand ; mais alors les villages seraient bien près d'être en état d'avoir chacun leur école, ce qui serait toujours préférable.

« On n'accordera que temporairement l'autorisation de s'associer entre eux, aux villages qui seraient dans le cas de pouvoir entretenir plus tard une école particulière, et les établissements de ce genre déjà autorisés seront peu à peu réformés.

« Si un village, par sa grande étendue et sa population, ou à cause des cultes différents qui s'y trouvent, avait déjà deux écoles, et pouvait suffire à leur entretien, il ne faudrait pas réunir ces deux écoles, surtout si elles étaient de deux confessions différentes. On encouragera au contraire les écoles séparées , partout où les circonstances permettront d'en former.

« Au reste, la différence de religion seule ne doit pas être un obstacle à la création d'une société pour une école de campagne ; mais en formant une société de ce genre entre catholiques et protestants , on aura égard à la proportion numérique des habitants de chaque confession. Autant que possible alors on aura , conjointement avec le maître principal professant le culte de la majorité, un second maître de l'autre confession.

« Les juifs isolés dans les campagnes pourront profiter des avantages des sociétés d'école, mais sans entrer dans leur administration. Ils auront à pourvoir eux-mêmes à l'instruction religieuse de leurs enfants.

« Si, dans quelques endroits, la réunion de deux écoles de confession différente était jugée convenable, elle devra avoir lieu d'un commun accord entre les deux parties. En outre, pour une réunion de ce genre ou pour l'établissement d'*écoles communes à plusieurs cultes* (*Simultan-Schulen*), on pourvoira à ce que chacun de ces cultes ait à sa portée tout ce qui peut être nécessaire à l'éducation religieuse des écoliers qui lui appartiennent. Et afin que chaque confession n'ait rien à craindre, et que tout ce qu'elle apporte à la communauté lui soit assuré et garanti, il sera dressé chaque fois un acte authentique pour constater les droits de chacune et les conditions particulières de la société.

« Si une réunion ne pouvait s'opérer, ou si l'on ne pouvait réussir à former une école commune aux deux cultes , l'autorité interviendrait , et prendrait les mesures les plus convenables aux besoins du pays et aux circonstances. »

Voilà donc partout des écoles primaires en Prusse, M. le ministre : mais il ne suffit pas de les décréter, il faut pourvoir à leur entretien ; c'est ce que fait le titre V de la loi de 1819. Je le donne ici , en me contentant de l'abréger quelquefois.

La loi commence par déterminer en quoi consiste l'entretien complet d'une école pour qu'elle réponde à son but :

« 1° Un revenu convenable pour les maîtres et les maîtresses d'école , et une existence assurée pour eux lorsqu'ils ne sont plus en état de servir ;

« 2° Un bâtiment pour les exercices et l'enseignement, distribué, entretenu, chauffé convenablement;

« 3° Les meubles , livres , tableaux , instruments , et tous les objets nécessaires aux études et aux exercices ;

« 4° Secours à accorder aux écoliers nécessiteux. »

Le premier point est le point essentiel. Pour avoir de bons maîtres, il faut avant tout assurer leur existence. La loi prussienne s'explique à cet égard de la manière la plus formelle et même la plus solennelle.

« C'est notre ferme volonté, dit le roi au nom duquel elle parle, que ce soit là, dans l'entretien d'une école, l'objet le plus important et qui passe avant tous les autres.

« Il n'est ni possible ni nécessaire de fixer une règle générale et uniforme à cet égard pour toute la monarchie. L'état des diverses localités et les circonstances particulières peuvent seuls déterminer le traitement attaché à chaque place de maître d'école. Les sociétés d'école et les comités doivent veiller à ce que ce traitement soit le plus élevé possible. Mais il y aura un minimum fixe pour les places de maître d'école dans les villes et dans les villages, proportionné à l'état de prospérité de chaque province , et qui sera déterminé par les consistoires provinciaux (1). Il faudra élever jusqu'à ce minimum , le plus promptement possible, les traitements qui seraient encore au-dessous. Enfin, pour que ce traitement soit toujours en rapport avec la valeur réelle de l'école et le prix des subsistances, il sera revisé de loin en loin.

« En principe , toute école doit avoir sa maison spéciale ; toutes les fois qu'on sera obligé de louer un local , on tâchera qu'il soit isolé et qu'il n'ait aucun contact avec des bâtiments étrangers.

« Les conditions essentielles et qui seront rigoureusement exigées pour toute maison d'école, sont une situation salubre, des salles suffisamment grandes, bien planchéiées, bien aérées et tenues avec la plus grande propreté , et , autant que possible , un bon logement pour le maître. Quant aux écoles qui ont plu-

(1) Voyez *Organisation générale*, page 61.

sieurs maîtres, on tâchera qu'au moins l'un d'eux ait son logement dans la maison d'école. Les consistoires provinciaux feront faire des plans-modèles de maisons d'école de différentes grandeurs pour les villages et les petites villes, avec le devis approximatif des frais de construction et du mobilier nécessaire, afin qu'on ait à s'y conformer pour toutes les constructions nouvelles et les réparations majeures.

« Toute école de village ou de petite ville aura un jardin, cultivé, selon les pays, soit en potager, soit en verger, soit en pépinière, ou disposé pour élever des abeilles, et l'on fera servir la culture de ce jardin à l'instruction des élèves.

« Partout où les localités le permettront, il y aura, devant chaque école, un préau sablé et une place pour les exercices des enfants.

« Le mobilier nécessaire à l'enseignement consiste surtout en une collection suffisante de livres à l'usage du maître, et autant que possible aussi à l'usage des élèves.

« Il y aura, selon le degré de chaque école, une collection de cartes et instruments géographiques, de modèles pour le dessin et l'écriture, de musique, etc., les instruments et les collections nécessaires à l'histoire naturelle et aux mathématiques ; enfin, selon l'étendue de l'enseignement, le matériel qu'exigent les exercices gymnastiques, les outils et les machines qui conviennent à l'enseignement industriel dans les écoles où l'on introduirait cette branche de connaissances. Les consistoires provinciaux fixeront le minimum du mobilier exigé pour les écoles inférieures.

« Quant aux écoliers nécessiteux, là où il n'existe pas d'école gratuite appelée *école de pauvres* (*Armenschule*), toute école publique est tenue, quels que soient d'ailleurs ses règlements relativement à la rétribution d'école, *Schulgeld*, de leur donner l'instruction gratuitement ou au moins en partie. Les parents qui envoient plusieurs enfants aux écoles jouiront des facilités nécessaires pour le payement de la rétribution, sans toutefois que les émoluments assurés au maître en souffrent. De plus, chaque école est tenue de fournir gratuitement aux écoliers pauvres les livres et autres objets nécessaires, dont une partie leur sera donnée en toute propriété, et l'autre restera à l'école comme objet d'inventaire. »

Mais pour faire face à l'entretien d'une école établie sur ces quatre bases et avec un pareil développement, il faut des fonds considérables ; et pour avoir ces fonds, il faut employer toute la variété des moyens qu'offrent les localités et les circonstances. Voici les règles les plus générales arrêtées à cet égard par la loi :

« Les écoles et les maisons d'éducation qui possèdent, pour leur entretien, des fonds particuliers provenant de fondations, quelles qu'elles soient, seront entretenues et au besoin améliorées avec ces fonds. En cas d'insuffisance, elles auront droit à des subventions empruntées à d'autres sources.

« En principe, comme l'entretien principal des gymnases et autres établissements d'instruction publique du même degré est à la charge des fonds généraux de l'État ou de la province, ainsi l'entretien principal des écoles inférieures des villes et des campagnes est à la charge des villes et des sociétés pour les écoles de campagne.

« D'un autre côté, si une ville ne peut soutenir par ses propres ressources l'enseignement inférieur dont elle a besoin, tout département aura des fonds pour les écoles, sur lesquels il viendra au secours de la commune nécessiteuse, mais par des subventions temporaires qui pourront être restreintes ou retirées à mesure que la localité sera plus en état de fournir à l'entretien de son école.

« Si un village, par sa position, ne pouvait pas entrer en société d'école avec d'autres villages, ni entretenir seul une école faute des moyens nécessaires, le département viendra également à son secours.

« Dans les villes, l'enseignement et l'entretien de l'enseignement ne doivent être mis en arrière d'aucun des autres besoins communaux, et doivent être comptés parmi les objets auxquels il est nécessaire de pourvoir en première ligne.

« Lorsqu'il s'agira d'organiser des écoles dans une ville, on déterminera d'abord exactement quelles sont les dépenses les plus urgentes à faire ; ensuite on examinera si les fonds déjà disponibles et destinés aux frais de l'enseignement sont suffisants ou peuvent le devenir par une meilleure administration ; mais en prenant garde cependant que le revenu des fonds qui appartiennent à des établissements particuliers ne doit profiter qu'à eux seuls, et non pas à toutes les écoles de l'endroit. On tiendra compte de tout ce qu'on peut tirer du fonds des donations pieuses et des autres ressources locales et communales, de l'augmentation relative de la rétribution des enfants, et des subventions que le département peut fournir. Si tous ces moyens sont insuffisants, alors les fonds rigoureusement nécessaires seront mis à la charge des pères de famille.

« La répartition sera faite par les autorités communales, avec la participation du comité de l'école.

« Nul ne pourra se refuser à la contribution qui lui sera imposée, sous prétexte que les écoles de sa paroisse ou de sa confession sont en bon état, parce qu'il s'agit de pourvoir à l'enseignement général de la commune, et que toutes les écoles sont ouvertes à tous et peuvent également profiter à chacun.

« Par cette expression, *pères de famille* (*Hausväter*), on entend tous les habitants d'une commune qui ont leur propre ménage. Seront mis sur le même rang, dans la participation aux contributions pour les écoles, tous ceux qui contribuent aux autres besoins communaux.

« Sont dispensés de participer à ces contributions :

« Les individus à gages ou vivant du pain d'autrui, en exceptant toutefois ceux qui, ayant leur propre ménage, doivent être considérés comme pères de famille ;

« Les militaires de tout rang de l'armée active, à moins cependant qu'ils n'exercent une profession civile ou qu'ils ne possèdent des biens-fonds.

« Comme les ecclésiastiques et les maîtres d'école rendent, soit gratuitement, soit pour une faible rétribution, des services essentiels à l'instruction publique, ils seront aussi exemptés de satisfaire à la contribution pour les écoles ; mais ils seront tenus de payer la rétribution d'école, à moins que l'usage ou des conventions particulières ne les aient déliés de cette obligation.

« Si une réparation à faire à une école devenait impossible, à cause de la pauvreté des habitants du lieu ou des charges déjà trop élevées qu'ils auraient à supporter, ou si le produit des contributions imposées ne pouvait couvrir la dépense nécessaire, une demande de secours sera faite sur les fonds départementaux.

« Les écoles supérieures de filles n'auront aucun droit à être secourues sur ces fonds, et seront entretenues par les associations fondatrices de ces écoles. Lorsqu'une ville aura suffisamment pourvu à ses écoles élémentaires de garçons et de filles, elle pourra s'occuper alors de la fondation d'écoles supérieures de filles.

« L'entretien des écoles particulières des communautés israélites sera entièrement à leur charge, sans que pour cela leurs membres soient exemptés de la contribution qui leur serait imposée pour les besoins de l'instruction générale de la ville.

« L'entretien des écoles de village repose sur les sociétés pour les écoles de campagne. Ainsi tous les propriétaires de biens-fonds, les tenanciers, et les pères de famille sans distinction, y contribuent en proportion du revenu de leurs propriétés situées dans la circonscription de la société, ou du produit de leur industrie, et s'acquittent de cette redevance, soit en argent, soit en nature, soit, s'ils ne le peuvent autrement, en fourniture de matériaux de construction et même en façon.

« Les instructions données plus haut pour les contributions à payer (Beitragspflichtigkeit) sont applicables aux campagnes comme aux villes. Chaque fois, la question de savoir s'il y a nécessité d'imposer une contribution sera examinée et résolue par l'autorité départementale chargée des écoles ; et la répartition des contributions sera dressée par les autorités commu-

nales, conjointement avec les comités des sociétés pour les écoles.

« La part de la contribution affectée à un bien-fonds devra peser sur celui-ci comme une charge réelle ; de sorte que, si la propriété venait à être démembrée, chaque partie se trouve grevée de sa part de contribution pour les écoles, sans qu'il soit nécessaire de la lui transférer.

« Lorsque les écoles de village possèdent quelques revenus par suite de legs, de fondations, de subventions des caisses de l'église ou de la rétribution des élèves, alors la contribution des membres de la société à laquelle ces écoles appartiennent, ne sera réclamée qu'autant qu'elle serait nécessaire pour les améliorer, ou pour ajouter aux revenus, s'ils étaient insuffisants. Mais tout legs ou donation nouvelle en faveur des écoles sera consacré à améliorer l'école ou les revenus du maître, et non à diminuer les contributions, à moins que le donataire ou le testateur ne l'ait expressément voulu.

« S'il se trouve deux ou plusieurs écoles de la même confession dans un village, tout le village est alors considéré comme formant une seule société d'école, et chaque école est dotée et entretenue sur le produit des contributions générales.

« Si ces écoles sont de confessions différentes, les pères de famille de chaque confession forment une société pour leur école, et ne payent leur contribution qu'à celle-ci.

« Mais lorsqu'une société d'école comprendra des membres de plusieurs confessions, on n'aura point égard aux différentes confessions dans le règlement des contributions pour la dotation et l'entretien de l'école.

« Si les membres de petites sectes chrétiennes veulent se séparer de la société à laquelle elles appartiennent naturellement et établir des écoles particulières, on le leur permettra, sous la condition de prouver qu'ils ont les moyens suffisants pour entretenir ces écoles, et qu'ils satisfont complétement aux obligations de la société de laquelle ils relèvent.

« Les obligations particulières attachées à des fondations ecclésiastiques pour l'entretien de certaines écoles, lors même que ces fondations sont passées à l'État, continueront d'être remplies scrupuleusement. Il en sera de même relativement aux hautes écoles de villes et aux gymnases.

« Parmi les moyens particuliers de pourvoir à l'entretien des écoles, il pourra se faire que les maîtres d'école, à la campagne et dans les petites villes, reçoivent autant que possible en nature une partie de la rétribution fixée par les consistoires provinciaux ; mais un engagement de ce genre ne pourra être pris sans le consentement du maître d'école.

« Si le jardin qui doit être attaché à chaque école de campagne ne peut être acquis sur les fonds de l'école, les membres de la société seront obligés d'en procurer ou d'en acheter un. »

Bien plus, un ordre du cabinet, daté de Berlin le 28 septembre 1810, l'édit pour l'avancement de la civilisation du pays, en date du 14 septembre 1811, un ordre du cabinet, du 5 novembre 1811, décident « qu'à l'occasion des partages ou transactions que pourront faire les communes, il sera assigné au maître d'école de campagne un terrain nécessaire pour cultiver sa provision de légumes et pour la nourriture d'une vache, environ deux arpents de bonne terre, ou même plus si le sol est mauvais. »

« Dans les lieux où subsiste encore le pâturage communal, à la campagne et dans les petites villes, l'instituteur aura la faculté d'y envoyer un nombre déterminé de bestiaux, et il participera également aux autres avantages de la commune.

« Partout où les maîtres d'école perçoivent des revenus fixes sur les quêtes à l'occasion des baptêmes, des mariages et des inhumations, cet usage pourra être maintenu. Mais ces revenus devront être comptés et évalués suivant un terme moyen parmi les recettes générales du maître d'école, et l'on veillera à ce que les obligations imposées par là au maître d'école, telles que l'accompagnement du corps au cimetière, etc., ne le détournent pas des devoirs de sa charge.

« Dans les endroits où les revenus de ce genre n'existent pas ou auraient été abolis, ils ne pourront être introduits ni rétablis.

« On ne pourra compter au maître d'école, comme un revenu, son couvert mis successivement chez toutes les familles de la commune (usage consacré sous le nom de *Wandeltisch*). S'il peut ainsi avoir la table gratuitement, ce ne pourra être qu'un accessoire à ses autres revenus, qui lui sera interdit du moment que la dignité et les devoirs de sa charge pourraient en souffrir.

« Il ne sera plus permis à aucun maître d'école de percevoir certains revenus, soit en argent, soit en nature, au moyen de quêtes dans les maisons, faites par lui-même ou par l'intermédiaire de ses écoliers.

« Cependant les revenus perçus par les instituteurs, et les secours que les élèves de gymnases reçoivent en chantant des chœurs à certaines époques solennelles, ne seront pas supprimés; mais on évitera dans ces quêtes tout ce qui pourrait porter atteinte à la dignité des maîtres ou des élèves.

« La même observation s'applique aux écoliers qui vont chanter en chœur, de porte en porte, pour demander des secours (écoliers ambulants, *Kurrenden*),

dans les endroits où cet usage subsiste encore. Dans les lieux où il est aboli et remplacé par des chœurs d'écoliers dans les églises, le produit des collectes qu'ils faisaient eux-mêmes jusque-là sera compensé par des quêtes à domicile ou dans les églises, ou même par la commune, comme faisant partie de l'entretien des écoles.

« Les contributions générales fournies par les pères de famille pour l'entretien des écoles, n'ayant pour but que de faciliter leur établissement ou leur organisation dans l'intérêt de tous, il est juste que ceux qui profitent réellement de ces établissements, les soutiennent au moyen d'une rétribution spéciale, (*Schulgeld*), qui peut servir aussi à encourager les maîtres. Cette rétribution pourra être prélevée dans les écoles de tous les degrés de la manière suivante :

« Les comités d'école, dans les villes, fixeront, avec l'approbation des autorités départementales, le montant de la rétribution pour les écoles inférieures; mais les villes pourront supprimer entièrement la rétribution spéciale pour certaines écoles, en remplaçant ce revenu par une augmentation des contributions générales d'école ou de toute autre manière.

« Il est réservé, pour les cas particuliers, aux consistoires provinciaux, de décider si la rétribution pour les écoles de campagne sera maintenue dans les endroits où elle existe déjà, ou si, d'après le vœu des sociétés pour les écoles de campagne, elle y sera établie, et de quelle manière.

« Aucun maître ne sera chargé de prélever lui-même la rétribution d'école; ce soin sera confié au comité de l'école.

« Dans quelques écoles particulières, une partie déterminée de la rétribution pourra être employée à l'entretien même de l'école; mais une partie plus ou moins forte de cette rétribution devra être partagée exclusivement entre les maîtres, à titre d'encouragement; et partout où il n'y aura point de rétribution, on portera d'une manière ou d'autre au budget de l'école un fonds extraordinaire pour de semblables gratifications aux maîtres.

« Dans les endroits où l'entretien de l'école est réglé, toutes les rétributions des enfants pour objets qui doivent être compris dans cet entretien, tels que bois, lumière, mobilier et autres, sont abolies.

« Il sera permis aux écoliers de former, par des dons volontaires, une caisse de secours pour leurs camarades nécessiteux; ils prendront part à son administration, sous la direction du maître d'école.

« Il ne sera permis à aucun maître d'école, fût-il réduit au minimum de son revenu, de l'augmenter par des fonctions accessoires qui pourraient compromettre sa dignité ou sa moralité, ou le distraire de ses fonctions et l'exposer à être puni pour cette raison.

En général , aucun maître d'école ne pourra se charger d'un emploi accessoire sans la permission du comité de l'école ou de l'autorité départementale ; et cette permission ne sera délivrée qu'à la condition que le maître d'école renoncera à cet emploi , aussitôt que l'autorité départementale aura reconnu et déclaré qu'il est incompatible avec les fonctions d'instituteur.

« Si un instituteur remplit en même temps des fonctions d'église, telles que celles de chantre , d'organiste ou autres , on devra prendre des mesures pour éviter que le service de l'école n'en soit troublé.

« Le revenu que le maître d'école retire de ses fonctions d'église n'entrera pas en compte avec ses revenus d'école.

« De même, aucun instituteur ou institutrice ne pourra, sans la permission des autorités susmentionnées , chercher à augmenter ses moyens d'existence par l'exercice d'un métier ; et cette permission sera refusée pour toute occupation malpropre et qui ne pourrait s'accorder avec l'observation ponctuelle des devoirs de maître ou maîtresse d'école, sans excepter même l'agriculture.

« L'exemption des charges communales et autres, attachée aux places d'instituteurs, ne leur sera pas retirée sans être compensée par des indemnités équivalentes.

« Les secours aux maîtres infirmes seront supportés, comme il a été dit, par les fonds pour l'entretien des écoles auxquelles ils auront appartenu. Les pensions des maîtres dans les écoles dont l'entretien dépend des fonds communaux des villes ou des villages, seront, si l'on ne peut les acquitter autrement, ajoutées aux contributions générales des pères de famille. Dans le cas où des communes urbaines ou des sociétés pour les écoles de campagne seraient réduites à un état de grande misère, le roi se réserve de venir à leur aide par des subventions extraordinaires.

« Il sera prochainement déterminé, par un règlement général sur les pensions des fonctionnaires , comment et dans quelle mesure les maîtres d'école pourront avoir droit à une pension.

« Relativement aux mois et aux trimestres de gratification accordés à la veuve et aux enfants d'un instituteur décédé, on suivra ce qui est établi par les règlements et les usages particuliers. Les places de maîtres d'école qu'il est important de remplir de suite, ne doivent pas rester vacantes jusqu'à ce que ces trimestres de faveur soient écoulés; et l'on prendra, s'il le faut, ces gratifications sur d'autres ressources.

« Les orphelins laissés par les maîtres d'école auront un droit spécial à profiter des bénéfices attachés aux établissements d'éducation , en supposant toutefois qu'ils remplissent les conditions nécessaires pour les obtenir.

« Comme, du reste, la fondation de caisses provinciales de pensions pour les maîtres infirmes , les veuves et les orphelins de maîtres d'école, pourvoit de la manière la plus convenable à cette sorte de besoins, les consistoires provinciaux prendront les mesures nécessaires pour établir partout de pareilles caisses.

« La perception et l'administration des revenus des écoles doit avoir une forme qui les rende faciles au comité de chaque ville ou village , sous la direction suprême des autorités publiques , et qui assure aux écoles toute la part qui leur revient, et n'altère en rien la dignité de l'instituteur.

« Pour la perception et l'administration des revenus généraux des écoles, comme pour ceux de chaque école particulière dans la même commune , les autorités locales, sous la surveillance de consistoires provinciaux, prendront des mesures en harmonie avec ce principe.

« Les comités sont cautions , envers les écoles et les instituteurs , du payement ponctuel et intégral de leurs revenus ; ils en sont responsables.

« Les caisses pour les écoles, et chaque département doit en avoir une, seront composées des revenus qui leur appartiennent déjà en propre , ou qui leur viendront plus tard du fonds créé depuis longtemps en faveur des écoles par les rois de Prusse ; des sommes qui, lors de la sécularisation des biens ecclésiastiques, sont ou seront affectées aux écoles, et quelquefois aussi des secours extraordinaires accordés sur les caisses royales , jusqu'à ce qu'il puisse être déterminé comment chaque département devra entretenir les écoles qui ne sont pas à la charge des communes, ou venir au secours des écoles communales.

« Dans les provinces où se trouvent des fonds généraux destinés spécialement aux écoles évangéliques ou catholiques, ces fonds ne seront pas versés et confondus dans les caisses départementales pour les écoles. De même, les fonds provenant de fondations et destinés à des établissements particuliers ou à plusieurs réunis, devront être administrés à part des fonds départementaux pour les écoles, quoique sous la surveillance des autorités départementales. Les fondations et legs en faveur d'écoliers pauvres , de maîtres d'école, de veuves et d'orphelins d'instituteurs, ou de tout autre objet semblable , seront administrés partout rigoureusement, suivant l'intention des donataires, et ne pourront être confondus avec les autres revenus des écoles.

« Les contributions (Beiträge) en argent et en nature, réparties sur les pères de famille pour l'entretien des écoles, ainsi que la rétribution payée par les enfants (Schulgeld), sont obligatoires au même titre et avec les mêmes priviléges que les impositions générales de l'État.

« Les bâtiments d'école jouiront partout des mêmes avantages que les églises.

« Mais dans le cas de donation par testament ou d'autre manière, les écoles ne seront pas soumises à la rétribution envers les églises. »

TITRE III.

OBJETS GÉNÉRAUX ET DIVERS DEGRÉS DE L'ENSEIGNEMENT PRIMAIRE.

Je continue à analyser et à citer la loi de 1819. Le point auquel j'en suis arrivé est contenu dans les titres I et II de cette loi.

Elle distingue deux degrés dans l'instruction primaire, savoir, les écoles élémentaires et les écoles bourgeoises.

« Les écoles élémentaires (*Elementarschulen*) ont pour but le développement régulier des facultés de l'homme par l'enseignement plus ou moins étendu des connaissances usuelles indispensables aux classes inférieures dans les villes et dans les campagnes.

« Les écoles bourgeoises (*Bürgerschulen, Stadtschulen*) conduisent l'enfant jusqu'au point où peuvent se manifester en lui des dispositions particulières pour les études classiques proprement dites, ou pour telle ou telle profession.

« Les gymnases continuent cette éducation jusqu'au degré où la jeunesse, après avoir reçu une culture classique et libérale, commence ou des études pratiques dans la vie commune, ou des études scientifiques supérieures et spéciales dans les universités. »

Ces divers degrés concourent à former pour ainsi dire un seul grand établissement d'éducation nationale dont le système est un, et dont les diverses parties, tout en poursuivant leur but particulier, doivent s'enchaîner étroitement les unes aux autres.

L'instruction primaire dont il s'agit ici est la base du système entier : quoique divisée en deux degrés, elle a son unité, ses règles générales ; et les différences même que les localités, ou les circonstances, ou l'esprit des fondateurs, introduisirent dans les écoles d'un même degré, ne peuvent porter ni sur leur constitution fondamentale, ni sur les conditions de l'admission des élèves.

Cependant le sexe, la langue, la religion, la destination future des élèves, exigent des ménagements. Voici les règles particulières que la loi détermine à cet égard :

« 1° Pour les filles, il faut, autant que possible, former des établissements à part qui répondent par l'enseignement aux écoles élémentaires ou aux écoles bourgeoises. Les principes généraux de l'instruction et de la discipline établie pour les écoles de garçons, sont les mêmes pour les filles, avec des formes et des leçons appropriées à leur sexe.

« 2° La constitution générale des écoles est la même pour tous les peuples d'origine diverse dont se compose la monarchie prussienne. Si quelques écoles s'écartent de cette règle, dit la loi de 1819, elles doivent y être peu à peu ramenées. Dans toutes celles sans exception où l'on parle une langue étrangère, les élèves recevront, suivant le degré de l'école, outre les leçons de l'idiome du pays, un enseignement complet sur la langue allemande, et maîtres et élèves pourront également se servir de cette langue dans la conversation ordinaire (1).

« 3° La différence de religion dans les écoles chrétiennes produit nécessairement des différences dans l'enseignement religieux. Cet enseignement sera toujours approprié à l'esprit et aux dogmes du culte auquel l'école appartient. Mais comme, dans toute école d'un État chrétien, l'esprit dominant et commun à toutes les confessions doit être la piété et un respect profond pour la Divinité, toute école pourra recevoir des enfants d'un autre culte chrétien. Les maîtres et les surveillants devront éviter, avec le plus grand soin, toute espèce de contrainte ou de désagrément pour les enfants au sujet de leur culte particulier. Aucune école ne doit servir abusivement à des vues de prosélytisme; et les enfants d'un culte étranger à l'école ne seront point tenus, contre la volonté de leurs parents ou contre la leur propre, d'y suivre l'enseignement et les exercices religieux. Des maîtres particuliers du même culte seront chargés de leur éducation religieuse ; et partout où il serait impossible d'avoir autant de maîtres qu'il y a de cultes, les parents devront veiller avec d'autant plus de soin à remplir eux-mêmes ces devoirs, s'ils ne veulent pas que leurs enfants suivent à cet égard les leçons de l'école.

« 5° Les écoles chrétiennes pourront admettre les enfants du culte israélite, en leur accordant d'ailleurs toutes les libertés laissées aux enfants des autres confessions; mais les écoles israélites ne pourront recevoir aucun enfant chrétien. »

Du reste, nulle institution établie par des classes particulières de la société ne peut s'écarter essentiellement des principes qui règlent l'esprit général des écoles : bien entendu qu'il n'est pas ici question des écoles créées pour une éducation spéciale, telles que celles du soldat, du fermier, du mineur, du fabricant, du marchand, du marin, de l'artiste, lesquelles regardent le ministère de l'intérieur et non celui de l'instruction publique, et par conséquent ne sont pas comprises dans la loi que nous faisons connaître.

(1) Ceci regarde les provinces polonaises de la monarchie prussienne.

Le caractère fondamental de cette loi est l'esprit moral et religieux, qui domine toutes ses dispositions.

« La principale mission de toute école, dit la loi de 1819, est d'élever la jeunesse de manière à faire naître en elle, avec la connaissance des rapports de l'homme avec Dieu, la force et le désir de régler sa vie selon l'esprit et les principes du christianisme. De bonne heure l'école formera les enfants à la piété, et pour cela elle cherchera à seconder et à compléter les premières instructions de la famille. Ainsi partout les travaux de la journée commenceront et finiront par une courte prière et de pieuses réflexions, que le maître saura ménager de telle sorte que cet exercice moral ne dégénère jamais en une affaire d'habitude. Les maîtres veilleront en outre à ce que les enfants assistent exactement au service de l'église les dimanches et fêtes. On mêlera à toutes les solennités des écoles, des chants d'un caractère religieux. Enfin, l'époque de la communion devra être, pour les élèves comme pour les maîtres, une occasion de resserrer les liens qui doivent les unir et d'ouvrir leur âme aux sentiments les plus généreux et les plus élevés de la religion.

« On s'appliquera aussi à inculquer aux jeunes gens l'obéissance aux lois, la fidélité et l'attachement au prince et à l'État, afin que ces vertus réunies fassent germer de bonne heure en eux l'amour sacré de la patrie.

« Si, pour les établissements qui n'ont pas de pensionnaires, l'autorité des maîtres s'arrête à l'enceinte même des écoles, ils ne resteront pas indifférents pour cela à la conduite des élèves au dehors des classes. Quant aux écoles à pensionnat, elles ont toute l'autorité des parents sur les élèves qui leur sont confiés.

« L'attachement paternel des maîtres, leur affectueuse bienveillance pour chaque élève, sont les plus puissants moyens de garantir des influences immorales et de les guider vers le bien.

« Jamais on n'infligera de punition qui puisse par sa nature affaiblir le sentiment de l'honneur, et les peines corporelles, dans les cas où elles seraient nécessaires, devront être exemptes de toute barbarie et ne jamais blesser la pudeur ou nuire à la santé.

« Les écoliers incorrigibles ou qui pourraient nuire à leurs camarades par leur exemple ou leur influence, seront éloignés, après qu'on aura épuisé toutes les ressources de l'autorité paternelle jointe à celle des maîtres, et d'après l'avis des comités de surveillance.

« En faisant participer les élèves eux-mêmes, à mesure qu'ils avancent en âge, au maintien de l'ordre dans l'école, on les habituera bientôt à se regarder comme des membres utiles et actifs de la société.

« L'enseignement primaire aura pour but de développer les facultés de l'âme, la raison, les sens et les forces du corps. Il embrassera à la fois la religion et la morale, la connaissance de la grandeur et des nombres, de la nature et de l'homme, les exercices du corps, le chant, enfin l'imitation par le dessin et par l'écriture.

« Dans toutes les écoles de filles, sans exception, il y aura des exercices pour les travaux particuliers de leur sexe.

« La gymnastique sera considérée comme une partie nécessaire d'un système complet d'éducation ; et elle sera enseignée d'après des règles simples et favorables au développement de la santé et des forces corporelles des enfants.

« Toute école élémentaire complète embrasse nécessairement tous les objets suivants :

« 1° L'instruction religieuse, pour former le moral des enfants suivant les vérités positives du christianisme ;

« 2° La langue allemande, et, dans les pays de langue étrangère, la langue du pays en même temps que la langue allemande ;

« 3° Les éléments de la géométrie, et en même temps les principes généraux du dessin ;

« 4° Le calcul et l'arithmétique pratique ;

« 5° Les éléments de la physique, de la géographie, de l'histoire générale, et particulièrement de l'histoire de la Prusse. On s'arrangera, pour reproduire fréquemment ces connaissances, à l'occasion des leçons d'écriture et de lecture, indépendamment du cours particulier qui sera fait partout sur ces matières, autant que possible ;

« 6° Le chant, pour développer la voix des enfants, élever leur âme, perfectionner et ennoblir les chants populaires et les chants d'église ;

« 7° L'écriture et les exercices gymnastiques qui fortifient tous nos sens et surtout celui de la vue ;

« 8° Les travaux manuels les plus simples, et quelques instructions sur les travaux de la campagne, suivant l'industrie de chaque pays.

« L'enseignement de la religion, de la lecture, de l'écriture, du calcul et du chant, sont partout de rigueur. Ne sont considérées comme écoles élémentaires complètes, que celles qui rempliront le programme entier qui vient d'être déterminé.

« Toute école bourgeoise enseignera les objets suivants :

« 1° La religion et la morale ;

« 2° La langue allemande, et en même temps la langue du pays dans les pays non allemands, la lecture, la composition, des exercices de style, des exercices d'esprit, et l'étude des classiques nationaux. En pays allemand, les langues modernes étrangères sont un objet d'enseignement accessoire :

« 3° Le latin est enseigné à tous les enfants, dans

certaines limites, pour exercer leur esprit et leur jugement, soit qu'ils doivent ou ne doivent pas entrer dans les écoles supérieures ;

« 4° Les éléments des mathématiques , et particulièrement une étude approfondie de l'arithmétique-pratique ;

« 5° La physique, pour se rendre compte des phénomènes les plus importants de la nature ;

« 6° La géographie et l'histoire réunies, pour donner aux jeunes gens la connaissance de la terre , de l'histoire générale du monde, des peuples qui l'habitent et des empires qui le partagent. La Prusse, son histoire, ses lois, sa constitution, seront l'objet d'une étude spéciale ;

« 7° Les principes du dessin seront enseignés à tous, à l'occasion des travaux de physique , d'histoire naturelle et de géométrie ;

« 8° L'écriture devra être surveillée , et la main exercée à écrire avec goût et avec netteté ;

« 9° Les exercices de chant seront suivis par tous les élèves, tant pour les former à la connaissance de cet art que pour les mettre en état de célébrer convenablement les solennités de l'Église , en chantant les chœurs avec intelligence ;

« 10° Exercices gymnastiques appropriés à l'âge et aux forces des élèves. »

Cet enseignement est nécessaire pour constituer une école bourgeoise. Si les moyens de l'école lui permettent de s'élever au-dessus de cet enseignement, de manière à préparer les jeunes gens aux professions savantes et à les mettre en état d'entrer immédiatement dans les gymnases, alors cette école prend le titre d'école supérieure de ville ou progymnase (*höhere Stadtschule, Progymnasium*).

Voici encore quelques dispositions importantes qui se rapportent à l'objet général de ce chapitre.

« Les maîtres doivent s'attacher à connaître particulièrement chacun de leurs élèves, et donner le plus grand soin aux examens périodiques.

« Tout élève sortant de l'école doit recevoir de ses maîtres et des membres du comité de surveillance , si l'école est élémentaire, un certificat constatant sa capacité et ses dispositions morales et religieuses. Ces certificats seront toujours présentés aux ecclésiastiques pour la communion, aux chefs d'atelier pour entrer en apprentissage, ou aux maîtres pour entrer en service.

« Les certificats ne seront donnés aux élèves qu'au moment de leur départ : et dans les écoles bourgeoises comme dans les gymnases, ce sera toujours l'occasion d'une grande solennité.

« Une instruction particulière fixera le nombre des leçons qui devront être données par semaine et par jour dans chaque partie et pour chaque degré.

« Les grandes divisions des cours seront de Pâques à Pâques, ou, suivant les localités, de la Saint-Michel à la Saint-Michel.

« A chaque semestre, chaque école pourra admettre des élèves, faire changer de classes ou terminer les études.

« Les dimanches et jours de grande fête, les écoles sont fermées, à l'exception des écoles de dimanche pour les adultes qui auraient été négligés dans leur jeunesse, ou pour les enfants qui , sans cela , seraient privés de toute instruction pendant l'été, dans les pays où des obstacles insurmontables s'opposent à la tenue des écoles pendant cette saison.

« Afin de ne point entraver le mouvement continuel de perfectionnement, on ne désignera point de livres spéciaux pour les différentes branches de l'enseignement des écoles primaires, elles seront libres d'adopter les meilleurs ouvrages à mesure qu'ils paraîtront.

« Pour l'instruction religieuse, qui, dans les écoles protestantes, se fonde principalement sur l'Écriture sainte, on se servira de la Bible et des catéchismes généralement adoptés. Les enfants qui savent déjà lire, auront entre les mains les évangiles et le Nouveau Testament ; ceux qui approchent du temps de la communion, auront la Bible en entier, l'Ancien et le Nouveau Testament , d'après la traduction de Luther; et ce livre servira également pour l'instruction religieuse dans toutes les classes des gymnases , en y ajoutant le Nouveau Testament en grec.

« Les livres d'étude seront choisis avec soin par les comités, avec le concours des autorités supérieures , sans l'approbation desquelles l'usage d'aucun livre ne doit être permis. Les autorités ecclésiastiques devront être également consultées sur l'emploi des livres de religion.

« Les évêques , de concert avec les consistoires provinciaux , choisiront les livres de religion à l'usage des écoles catholiques. Dans le cas où ces deux autorités ne tomberaient pas d'accord sur le choix à faire , on aura recours au ministre de l'instruction publique et des cultes, qui prononcera.

« Si les livres élémentaires manquaient pour quelque branche de l'enseignement, le ministère veillera à ce qu'il en soit composé de convenables.

« Les maîtres des écoles publiques doivent choisir les méthodes les plus favorables au développement naturel de l'esprit humain , des méthodes qui étendent sans cesse l'intelligence des enfants et ne se bornent pas à leur inculquer un savoir mécanique.

« Les comités des écoles auront à surveiller les méthodes des maîtres et à les aider de leurs conseils ; ils ne devront jamais tolérer une méthode vicieuse ; et ils en référeront à l'autorité supérieure, si leurs avis ne sont pas écoutés.

« Les parents ou tuteurs des enfants sont en droit de s'enquérir du système d'éducation suivi dans l'école et des progrès de leurs enfants. Pour éviter des demandes continuelles à cet égard, on prendra des mesures pour qu'il soit rendu, de temps à autre, un compte public de la situation de l'école.

« Les parents pourront adresser leurs plaintes aux autorités supérieures chargées de la surveillance des écoles, et ces plaintes devront être examinées avec le plus grand soin.

« D'un autre côté, quiconque confie ses enfants à une école publique, est tenu de ne mettre aucun obstacle à ce qu'ils se conforment exactement à la règle établie dans cette école, et de seconder au contraire les vues des maîtres, en s'acquittant envers eux de tout ce qui leur est dû et en fournissant aux enfants tout ce qui est nécessaire à leurs études.

« Il convient pour l'ordre que, dans toute école publique, chaque élève soit obligé d'apprendre tout ce qui tient à l'enseignement fondamental du degré auquel appartient cette école, et il ne sera pas permis aux parents de soustraire arbitrairement un élève à aucune branche d'instruction. Les dispenses devront être demandées aux autorités supérieures, qui en apprécieront les motifs.

« Toute école publique, en tant qu'établissement national, doit offrir la plus grande publicité possible. En conséquence, il y aura chaque année, dans toute école de garçons, indépendamment des examens particuliers pour le passage d'une classe à l'autre, des examens publics dans lesquels l'esprit et la force des études pourront se manifester. En outre, le directeur ou l'un des maîtres rendra compte, en cette occasion, dans un écrit de circonstance, de la situation et des progrès de l'école. Enfin, de temps à autre, il sera publié un rapport général sur l'état de l'instruction dans chaque province.

« Chaque établissement sera libre de choisir les solennités qui doivent faire connaître l'école par des discours publics ou par d'autres exercices. Cependant on choisira à cet effet, de préférence, les anniversaires des jours les plus remarquables dans l'histoire nationale.

« Pour les jeunes filles qui sont destinées par la nature à une vie paisible et retirée, les exercices ne seront jamais publics dans leurs écoles, et les examens auront lieu seulement en présence des maîtres et des parents sans aucune invitation générale.

« Mais si l'école publique doit s'efforcer d'accomplir les devoirs que l'État lui impose pour former les citoyens, de son côté elle a droit de prétendre que chacun lui témoigne par son respect la reconnaissance qui lui est due, comme travaillant à l'œuvre sainte de l'éducation. Les maîtres et les maîtresses doivent donc être environnés de l'estime que méritent leurs pénibles et honorables fonctions. L'école a droit de réclamer partout, et même de ceux qui ne lui confient pas leurs enfants, aide et appui. Toutes les autorités publiques sont requises de protéger, chacune dans la sphère de leur action, les écoles publiques, et de prêter secours aux maîtres dans l'exercice de leurs fonctions, comme à tous les autres fonctionnaires de l'État.

« Dans toutes les communes du royaume, sans exception, les ecclésiastiques de toutes les confessions chrétiennes, soit à l'église, soit pendant leurs visites aux écoles, ou dans leurs sermons pour l'ouverture des classes, saisiront toutes les occasions de rappeler aux écoles leur haute mission, et au peuple ses devoirs envers l'école. Les autorités, les ecclésiastiques et les maîtres s'accorderont partout pour resserrer les liens de respect et d'attachement entre le peuple et l'école, de telle sorte que le peuple s'habitue de plus en plus à la considérer comme l'une des conditions essentielles de la vie publique, et qu'il s'intéresse chaque jour davantage à ses progrès. »

TITRE IV.

COMMENT ON FORME LES INSTITUTEURS PRIMAIRES, COMMENT ON LES PLACE ET ON LES AVANCE, ET COMMENT ON LES PUNIT.

Les meilleurs plans d'enseignement ne peuvent s'exécuter que par de bons instituteurs; et l'État n'a rien fait pour l'instruction populaire, s'il ne veille à ce que les individus qui se destinent à l'enseignement soient bien préparés, puis placés convenablement, soutenus et dirigés dans le devoir de se perfectionner sans cesse, enfin avancés et récompensés suivant leurs progrès, ou punis selon leurs fautes. Tel est l'objet du titre VI de la loi de 1819. Nous traduisons ce titre comme nous avons fait les précédents.

« Pour bien remplir sa destination, un maître d'école doit être pieux et sage, et pénétré du sentiment de sa haute et sainte vocation. Il doit bien connaître les devoirs de cette vocation, suivant le degré de l'instruction primaire dont il veut s'occuper : il doit posséder l'art d'enseigner et celui de conduire la jeunesse; être inébranlable dans sa fidélité envers l'État, consciencieux dans les devoirs de son emploi, amical et sensé dans ses rapports avec les parents de ses élèves ou avec ses concitoyens en général, enfin il doit s'efforcer de leur inspirer un vif intérêt pour l'école et de les rendre favorables à ses besoins.

De la formation des maîtres d'école.

« Afin de pourvoir peu à peu les écoles de pareils maîtres, il ne faut pas abandonner au hasard le soin de les former; il faut continuer de fonder, en nombre suffisant, des écoles normales primaires (*Schullehrer-Seminarien*). Les frais de ces établissements seront supportés en partie par les fonds généraux de l'État, en partie par les caisses départementales pour les écoles.

« Chaque département devra avoir, autant que possible, pour réparer les pertes des maltres d'école qu'elle fait chaque année, un nombre correspondant de jeunes gens bien préparés et reconnus aptes à ces fonctions (*Candidaten*); c'est-à-dire qu'il faut une école normale primaire dans chaque département. Les dispositions suivantes doivent servir de bases à ces établissements.

1. « Aucune école normale primaire ne pourra admettre plus de soixante à soixante et dix élèves (*Präparanden.*)

2. « Dans chaque département peuplé de protestants et de catholiques en nombre à peu près égal, il sera établi, autant que le permettront les ressources et les circonstances, une école normale primaire pour chaque confession. Mais là où il y aura inégalité très-marquée de population entre les deux confessions, les écoles de la confession la moins nombreuse seront pourvues de maltres par l'école normale primaire de la même confession d'un département voisin, ou par de petits établissements annexés à une simple école primaire. Des écoles normales, communes aux protestants et aux catholiques, seront permises, lorsque les élèves pourront avoir à leur portée une instruction religieuse convenable, chacun dans sa confession.

3. « Les écoles normales primaires ne seront établies, autant qu'il sera possible, que dans les villes moyennes, afin de préserver les élèves, sans les soumettre à une clôture sévère, des dissipations, des séductions et des habitudes d'un genre de vie qui ne convient pas à leur état futur; mais il ne faut pas non plus que cette ville soit trop petite, afin qu'ils puissent profiter, pour leur instruction, du voisinage de quelques écoles de différents degrés. Il faudra aussi avoir égard au caractère, à la manière de vivre et aux mœurs des habitants de la ville.

4. « Afin que les écoles normales primaires soient en état de se recruter en élevant elles-mêmes les jeunes garçons les plus propres à l'enseignement, elles se rapprocheront, autant que possible, des maisons d'éducation des orphelins et des pauvres, mais elles ne choisiront dans ces écoles que les jeunes gens qui annoncent du talent et une aptitude naturelle pour l'enseignement, sans jamais en détourner aucun de la vocation qu'il aurait préférée. Les maisons d'éducation pour les orphelines peuvent servir de même à former des maîtresses d'école.

5. « Il n'est pas nécessaire d'avoir deux sortes d'écoles normales primaires, les unes pour former des maltres d'écoles élémentaires, les autres pour former des maltres d'écoles bourgeoises, parce que d'abord ces dernières sont basées sur les premières, et qu'ensuite les sujets qui se destinent à être instituteurs dans les écoles de ville, peuvent d'autant mieux se préparer à ce but dans un même établissement, qu'ils ont à leur portée des écoles bourgeoises, où ils peuvent se livrer aux exercices pratiques qui leur conviennent.

6. « Cependant les études des écoles normales primaires ne sont nullement celles des écoles primaires elles-mêmes. Aussi doivent-elles trouver déjà, dans les élèves qu'elles reçoivent, l'instruction complète des écoles primaires, et considérer comme leur but spécial d'ajouter à ces connaissances acquises, des notions justes et étendues sur l'art d'enseigner et sur l'éducation des enfants dans son ensemble et dans chacune de ses branches diverses. Mais comme, faute de sujets suffisamment préparés, elles peuvent rarement passer de suite à ce qui constitue leur objet spécial, il leur sera permis de recevoir aussi des élèves qui auraient besoin de revenir sur les différentes parties de l'enseignement primaire, et elles pourront commencer par là leurs travaux.

« Cependant nul ne pourra être reçu dans une école normale primaire, qui ne posséderait pas les parties de l'enseignement primaire du degré inférieur, non plus que l'individu sur la moralité duquel il y aurait le moindre soupçon.

« L'âge d'admission sera de seize à dix-huit ans.

7. « Le but principal des écoles normales primaires doit être de former des hommes sains de corps et d'esprit, et d'inculquer à leurs élèves le sentiment religieux et l'esprit pédagogique qui s'y rattache étroitement.

« L'enseignement et les exercices s'étendront à tous les objets qui, suivant la présente loi, doivent être enseignés dans les écoles primaires.

« Dans les provinces où l'on ne parle pas la langue allemande, les écoles normales primaires devront s'appliquer particulièrement à l'enseigner à leurs élèves, et à les y rendre habiles, sans toutefois négliger la langue du pays.

« Dans toutes les écoles normales, les exercices du chant et de l'orgue seront suivis avec le plus grand soin et la plus sérieuse application.

« Les exercices gymnastiques de l'usage le plus général feront aussi partie de l'enseignement.

« Sous le rapport des méthodes, on ne cherchera pas tant à donner aux élèves des théories, qu'à les conduire, par une observation éclairée et par leur propre expérience, à des principes simples et lucides; et dans ce but, on joindra à toutes les écoles normales des écoles où les élèves seront exercés à la pratique.

« A la fin de leurs cours, les élèves des écoles normales devront être instruits de tous les devoirs d'un maître d'école envers ses supérieurs ecclésiastiques et temporels, envers l'Église, la commune et les parents de ses écoliers.

8. « Dans chaque école normale primaire, le cours doit être de trois années, dont la première est consacrée à un supplément d'instruction primaire, la seconde à un enseignement spécial plus élevé, et la troisième à la pratique et à des essais individuels dans l'école primaire annexée et dans les écoles de l'endroit. Pour ceux qui n'ont pas besoin d'un supplément d'instruction, le cours peut se réduire à deux années.

9. « Comme la préparation à une fonction aussi importante que celle d'instituteur public ne souffre pas d'interruption, pendant ce cours de trois ou de deux années, aucun élève, lors même qu'il aurait atteint l'âge du service militaire, ne pourra être appelé au service dans l'armée active ; mais les élèves âgés de plus de vingt ans devront être classés dans le premier ban de la landwehr, et ceux qui seront âgés de 17 à 20 ans, pourront prendre part aux exercices de la landwehr du second ban.

10. « Dans toute école normale primaire, des secours particuliers (*Stipendia*) seront distribués à un certain nombre d'élèves pauvres qui annoncent de bonnes dispositions, mais de manière cependant à ne pas les habituer à trop de bien-être, et à ne pas les rendre impropres aux places d'instituteurs les moins rétribuées.

11. « Tout élève d'école normale qui reçoit de l'établissement une pareille gratification, est obligé, à la fin du cours, d'accepter la place d'instituteur à laquelle les consistoires provinciaux l'appellent, en lui ménageant toutefois une perspective d'avancement dans le cas d'une bonne conduite soutenue.

12. « Les règlements de toute école normale primaire doivent être ratifiés par le ministre de l'instruction publique et des cultes, qui, à raison de la grande importance de ces établissements pour la civilisation du peuple, devra se tenir constamment au courant de tout ce qui les concerne. La surveillance immédiate sera exercée par les consistoires provinciaux, et en particulier par les autorités ecclésiastiques, pour tout ce qui concerne l'instruction religieuse de chaque confession.

« Mais la préparation à l'enseignement ne doit pas être bornée aux écoles normales primaires. Les grandes écoles primaires offrent aussi les moyens de former des jeunes gens à l'art du maître d'école.

« En outre, des ecclésiastiques ou des maîtres d'école habiles pourront former des jeunes gens aux fonctions d'instituteur de village et de ville ; seulement ils devront en obtenir la permission du consistoire provincial, qui, lorsque le but ne lui semblera pas atteint, pourra retirer son autorisation, ou bien, si ce genre de préparation, quoique bon en lui-même, paraissait incomplet, envoyer les élèves dans une école normale primaire pour y achever leur instruction.

« La surveillance de ces petits établissements préparatoires peut être confiée aux inspecteurs d'arrondissement.

« Quand ces petits établissements se joindront à une école de filles, ils pourront former des maîtresses d'école.

Du placement des maîtres d'école.

« En général, tout homme d'un âge mûr, d'un caractère moral irréprochable, et pénétré de sentiments religieux, qui comprend les devoirs de la fonction qu'il veut remplir et qui en donne des preuves suffisantes, est apte à être placé comme instituteur public. Les étrangers même qui satisfont à toutes ces conditions, sont admis dans l'instruction publique en Prusse.

« Mais les places d'instituteurs appartiennent de préférence aux élèves des écoles normales primaires qui auront fait un cours de deux ou de trois années dans ces établissements, et qui, dans les examens semestriels ou annuels de théorie et de pratique sur toutes les branches d'enseignement en usage dans les écoles de village et de ville, auront été trouvés capables et seront munis d'un certificat de capacité.

« Pour procéder à ces examens, on nommera des commissions d'hommes compétents, composées de deux membres ecclésiastiques et de deux membres laïques. Les membres ecclésiastiques pour les examens des instituteurs protestants seront nommés par les autorités ecclésiastiques de la province ; ceux pour les instituteurs catholiques, par l'évêque du diocèse. Les membres laïques seront nommés par le consistoire provincial.

« Les membres de ces commissions ne sont pas nommés pour toujours; ils peuvent être renouvelés de trois en trois ans.

« L'examen des instituteurs catholiques sur la religion et tout ce qui s'y rapporte a lieu séparément, sous la présidence d'un ecclésiastique d'un rang supérieur, délégué par l'évêque; l'examen sur l'instruction a lieu sous la présidence d'un conseiller du consistoire provincial.

« Pour les instituteurs protestants, les deux parties de l'examen sont également séparées; le premier examen a lieu sous la présidence d'un ecclésiastique, et le second sous la présidence d'un conseiller temporel du consistoire provincial.

« Mais les deux parties de l'examen, quoique distinctes, sont considérées comme formant un seul tout ; tous les membres de la commission d'examen y assistent , et le résultat est énoncé dans un seul et même certificat.

« Devront se soumettre également à ces examens, ceux qui auront été préparés en dehors des écoles normales ; c'est pourquoi les époques des examens devront toujours être annoncées de bonne heure par les consistoires provinciaux, dans les feuilles officielles de la province.

« Tout sujet reconnu capable recevra un certificat délivré et signé par la commission entière qui l'a examiné, par son président , et aussi par le directeur de l'école normale primaire ou de l'établissement où il aura été formé pour devenir instituteur. Outre sa conduite morale , on y mentionnera son degré d'aptitude pour l'enseignement. Sous ce dernier rapport, les certificats de capacité porteront la dénomination de *très-capable* (*vorzüglich*) , *suffisamment capable* (*hinlänglich* , *tout juste capable* (*nothdürftig*) ; ils doivent aussi distinguer et exprimer positivement l'aptitude à être placé ou dans les hautes écoles primaires ou dans les écoles élémentaires. Les individus incapables sont, par décision formelle, entièrement exclus, ou renvoyés à de nouvelles études.

« Les individus qui, sans avoir été préparés dans les écoles normales primaires ou dans tout autre établissement, veulent obtenir des places d'instituteurs, devront se présenter, pour être examinés, à l'autorité compétente , et seront ordinairement renvoyés aux grands et solennels examens des écoles normales. Mais si des motifs pressants rendent un examen extraordinaire nécessaire, on pourra nommer à cet effet deux examinateurs, l'un ecclésiastique et l'autre laïque, qui feront en commun un examen sur toutes les parties de l'instruction primaire.

« Pour les sujets destinés aux écoles particulières de petites sectes chrétiennes ou de communautés israélites, l'examen de leurs connaissances en matière de religion est laissé aux administrateurs de ces écoles.

« Tous les instituteurs qui auront été trouvés aptes à être placés en vertu d'examens, sont portés , avec l'indication du degré de leur certificat, sur la liste des candidats de chaque département, et ont droit à être placés. Afin qu'ils y parviennent le plus tôt possible, les noms des candidats qui méritent d'être choisis sont publiés tous les six mois dans les feuilles officielles des départements , et l'on observera dans l'ordre de leur classement celui de leurs certificats.

« Les institutrices pour les écoles publiques doivent également justifier de leur aptitude à l'enseignement, dans des examens déterminés par les consistoires provinciaux.

« Pour les écoles qui ne sont pas allemandes, on ne nommera plus , au bout de trois ans à compter de la promulgation de cette loi , des instituteurs qui ne sauront pas l'allemand et ne seront pas en état de l'enseigner.

Mode de placement; à qui appartient le choix et le placement des maîtres d'école.

« Quant aux sociétés pour les écoles de campagne organisées conformément à la présente loi , l'élection et la nomination des maîtres d'école appartiennent aux comités de ces sociétés ; les inspecteurs ecclésiastiques de l'école devront, comme membres de ces comités, présenter les sujets propres à être choisis.

« Quant aux écoles de ville déjà fondées et dotées, qui n'ont pas besoin pour leur entretien de contributions imposées aux pères de famille du lieu , le droit d'élection et de nomination est exercé par les fondateurs, avec la coopération des fondés de pouvoir de l'État.

« Quant aux écoles à l'entretien desquelles les contributions susnommées sont nécessaires en entier ou en partie, la municipalité de la commune concourt à l'élection et à la nomination des maîtres, et exerce ce droit par des députés qu'elle nomme à cet effet.

« Pour tous les établissements d'école ou d'éducation fondés par le roi dans les villes, les élections et les nominations aux places d'instituteurs se font par les consistoires provinciaux, excepté lorsqu'il se trouve des autorités particulières à qui ce droit appartient.

« Mais si les fonds des villes ou les contributions des pères de famille concourent à l'entretien de ces écoles, alors les autorités municipales de la ville ont droit de participer à l'élection.

« Pour les écoles particulières des petites sectes chrétiennes et des communautés israélites, ce même droit est laissé aux administrateurs de ces communautés.

« Quand les écoles ont besoin, pour peu de temps seulement , de maîtres à titre d'aides (*Hülfslehrer*) , ceux-ci sont alors désignés immédiatement par les consistoires provinciaux, avec l'approbation des évêques pour les écoles catholiques.

« Il sera délivré à tout instituteur ordinaire pour les écoles inférieures ou supérieures, par les autorités qui l'ont nommé, un brevet (*Anstellungsurkunde*). Les instituteurs extraordinaires et auxiliaires ne reçoivent qu'une simple nomination de la part des autorités qui les appellent.

« Il ne pourra être délivré de brevet de maître d'école, si avant l'élection on n'a pas été inscrit sur la liste des candidats , ou bien si après l'élection on n'a pas subi l'examen exigé.

« Dans tout brevet, les obligations de l'individu nommé devront être énumérées aussi exactement que possible. On aura égard, en général, pour les maîtres des écoles inférieures, aux instructions plus précises qui devront être données par les consistoires provinciaux relativement aux obligations des maîtres. Il faut aussi que, dans ce brevet, tous les revenus de l'emploi se trouvent exactement énoncés et garantis au maître d'école.

« Il ne sera pas fait de contrat avec les maîtres d'école pour un temps déterminé, excepté pour les places d'instituteurs extraordinaires et auxiliaires des écoles supérieures et inférieures.

« Les brevets de maître d'école ne seront valides et n'auront de force légale qu'après avoir obtenu la ratification souveraine (*Landesherrliche Bestätigung*).

« La ratification des nominations aux places de maîtres d'école sera, en général, réclamée par ceux qui délivrent le brevet de nomination auprès des consistoires provinciaux, lesquels, selon la mesure des pouvoirs qui leur auront été confiés, accorderont cette ratification ou l'obtiendront de l'autorité ministérielle.

« Pour les places d'instituteurs auxquelles les consistoires provinciaux nomment immédiatement, la ratification des brevets de nomination ne sera nécessaire que dans les cas où elle doit être donnée par l'autorité ministérielle ; dans tous les autres cas, les brevets donnés par les consistoires sont suffisants.

« Pour les maîtres d'écoles catholiques, les brevets seront remis aux évêques. Ceux-ci déclareront que, de leur part, il n'y a pas d'opposition à l'élection, et enverront cette déclaration avec le brevet aux consistoires provinciaux, qui donnent la ratification et l'envoient à l'élu.

« S'il s'élève quelque différence d'opinions entre les consistoires provinciaux et les évêques, et s'ils ne parviennent pas à s'entendre, c'est l'autorité ministérielle qui prononce.

« Les brevets à délivrer aux maîtres d'écoles publiques des petites sectes chrétiennes ou des communautés israélites, devront de même, pour avoir force légale, être présentés à la ratification des consistoires provinciaux.

« Les brevets à ratifier doivent toujours être accompagnés du certificat d'examen des candidats, et de celui de leurs supérieurs sur la moralité de leur caractère et de leur conduite.

« Les autorités chargées de nommer et de ratifier devront examiner surtout si les candidats sont aptes à être placés suivant les conditions énoncées ci-dessus, si l'emploi est régulièrement doté, si ses revenus sont convenablement assurés, si le brevet est dans une forme légale.

« Si, sous l'un de ces rapports, il y a matière à doute, ou si l'occasion de régler d'autres affaires relatives à l'école semble favorable, la ratification du brevet de nomination ne devra être donnée qu'après que toutes ces affaires seront en ordre. Les autorités susmentionnées sont responsables des négligences qu'elles commettront sous ce rapport.

« Il est entendu qu'elles ont le droit de refuser la ratification pour les candidats incapables, et de faire procéder à une nouvelle élection.

« Elles sont libres aussi, lorsqu'elles trouvent que, par le revenu des places vacantes, elles peuvent récompenser et encourager des hommes plus recommandables, d'appeler sur eux l'attention des électeurs ; mais si ceux-ci s'en tiennent au choix qu'ils ont fait, la ratification, en supposant qu'on ne peut rien alléguer contre la capacité de l'élu, doit être accordée.

« Les brevets des nouveaux maîtres pour les écoles primaires, inférieures ou supérieures, devront être envoyés à la ratification au plus tard dans l'espace de deux mois après la vacance de l'emploi.

« Si, par des obstacles particuliers, ce délai devient insuffisant, on peut en réclamer la prolongation, en énonçant les motifs ; sinon les autorités chargées de la ratification nomment elles-mêmes pour cette fois à l'emploi vacant, par droit de dévolution. Quant aux places de maîtres d'écoles catholiques, la nomination se fait, en pareil cas, par l'évêque, et la ratification en la manière ordinaire par les consistoires provinciaux.

« Ce n'est qu'après la ratification des brevets de nomination par l'autorité souveraine, et après que ces brevets auront été remis au maître d'école élu, que celui-ci pourra être installé dans son emploi et que les revenus lui en seront assignés.

« La manière de procéder à cette installation (*Einsetzung*) convenablement et avec solennité, est laissée à la disposition de l'autorité la plus immédiate de chaque école ; cependant voici quelques règles à observer.

« 1° On fera prêter serment à tous ceux qui occupent pour la première fois une place de maître d'école ordinaire, et promettre à ceux qui sont transférés d'une école à une autre, de remplir fidèlement tous les devoirs de cet emploi, qu'on leur fera connaître à l'avance, et d'être soumis à tous leurs supérieurs spirituels et temporels.

« 2° Lors de l'installation, le maître ne sera pas seulement présenté aux écoliers, mais à la commune, dans l'église. Ces présentations seront toujours faites par les membres ecclésiastiques du comité de surveillance et accompagnées d'exhortations convenables.

« Dans les écoles d'un degré plus élevé, les instituteurs nouvellement nommés pourront, suivant le rang de leur emploi, être présentés à un public plus considérable, soit dans des solennités particulières, soit à l'occasion des actes ordinaires de l'école.

« 3° A toute installation d'un instituteur, il sera dressé un procès-verbal, signé par les personnes chargées de procéder à cette cérémonie et par l'instituteur lui-même, pour être conservé en original dans les actes de l'école, et dont copie authentique sera envoyée aux consistoires provinciaux pour les écoles.

« 4° Les instituteurs entrent, du mois de leur installation, en possession des revenus qui leur sont assurés dans le brevet de leur nomination. Toute déviation à cette règle a besoin de l'approbation particulière des autorités chargées de la ratification.

« 5° Les maîtres d'école de campagne ou de ville, élus et confirmés, pourront exiger que les sociétés d'écoles de campagne ou de ville viennent les chercher, eux, leur famille et leurs effets, gratuitement, à la distance de six milles, ou prétendre à des indemnités de déplacement : mais si un maître, dans l'espace de dix années, à compter du moment où sa nomination a été ratifiée, accepte une autre destination, on pourra, afin de ne pas imposer de trop fortes charges aux sociétés d'écoles de ville et de campagne, ou aux fonds spéciaux des écoles, lui demander une indemnité, proportionnée au temps de son service, pour les frais occasionnés par son installation.

« Afin que les instituteurs publics se consacrent entièrement aux devoirs de leurs fonctions et à leur perfectionnement continuel, et afin d'écarter tout ce qui pourrait les en distraire, les obligations des maîtres d'école relativement au service militaire, en temps de paix, sont ainsi réduites. Tout maître légalement élu, nommé, confirmé et installé, en âge de servir, ne sera pas tenu de servir d'abord dans l'armée active, et sera inscrit de suite dans la landwehr du premier ban. Les maîtres âgés de moins de vingt-cinq ans qui pourront être remplacés par leurs collègues ou par des maîtres auxiliaires extraordinaires, devront prendre part aux exercices annuels de la landwehr du premier ban ; mais tous ceux pour qui un tel remplacement, suivant le certificat de l'inspecteur de l'école, ne pourra avoir lieu, seront inscrits pour les exercices du second ban, dont aucun maître en âge de servir dans la landwehr ne peut être exempté. En temps de guerre, toutes ces modifications cesseront, et tous les maîtres seront soumis aux résolutions invariables de la loi du 3 septembre 1814 sur l'obligation du service.

« C'est le devoir des hommes éclairés à qui la surveillance des écoles est confiée, de veiller aux progrès des maîtres dans leur instruction.

« Les directeurs et les recteurs des gymnases et des écoles de ville doivent en particulier s'occuper attentivement des plus jeunes maîtres, leur donner des conseils, les redresser et les exciter à se perfectionner en suivant les leçons des maîtres plus exercés, en fréquentant leur société, en formant des conférences

d'école ou d'autres réunions d'instituteurs, en lisant de bons ouvrages de pédagogie.

« Tout ecclésiastique, tout inspecteur d'arrondissement, doit montrer la même sollicitude pour le développement ultérieur des maîtres d'écoles élémentaires dont il a la surveillance.

« En outre, les consistoires provinciaux devront choisir des ecclésiastiques et des inspecteurs habiles et zélés pour l'instruction populaire, et les engager à former et à diriger de grandes associations entre les maîtres d'école de campagne et de ville, dans le but d'entretenir en eux de sentiment de leur vocation, de continuer leur instruction par des réunions régulières, par des consultations, des conversations, des essais pratiques, des thèses écrites, l'étude de branches particulières d'enseignement, la lecture en commun d'écrits convenablement choisis, et les entretiens qui en résultent.

« Les directeurs de pareilles associations, qui sauront les diriger avec une application et un succès particuliers, devront être encouragés et soutenus, et ils auront droit à une récompense proportionnée à la peine qu'ils se donnent.

« Il faut arriver peu à peu, par le choix éclairé de l'inspecteur des écoles d'arrondissement, à ce que chaque arrondissement ait une société d'instituteurs.

« De plus, les instituteurs capables, mais encore peu avancés, des écoles inférieures, principalement ceux qui se trouvent maintenant dans ce cas, seront renvoyés par les consistoires provinciaux, pendant un certain temps, dans une école normale primaire, pour recevoir l'instruction qui leur manque, et leurs écoles seront pendant cet intervalle pourvues de maîtres suppléants. Les consistoires provinciaux pourront même appeler de temps en temps un certain nombre de maîtres, d'ailleurs habiles, dans une école normale primaire, ou dans un autre établissement d'école ou d'éducation renommé, afin qu'ils y fassent un cours plus complet d'enseignement théorique et pratique, surtout pour qu'ils se mettent par eux-mêmes au courant des progrès de l'art d'enseigner, et aussi pour établir entre eux une union plus étroite et un échange utile de connaissances, d'expérience et de vues. L'un des objets principaux de ces cours et des sociétés d'instituteurs doit être, pour les pays qui ne sont pas allemands, de donner un supplément d'instruction dans la langue allemande aux instituteurs déjà placés.

« L'autorisation de former de semblables sociétés et de fréquenter de nouveau des écoles normales primaires, entraînant des dépenses imputables sur les fonds publics, doit être sollicitée chaque fois auprès de l'autorité ministérielle, à laquelle il sera rendu compte de la marche de ces conférences et de leurs résultats.

« Les maîtres les plus distingués, et qui sont destinés à la direction des écoles normales primaires, devront aussi, avec l'approbation ou même sur la proposition ministérielle, être mis en état, moyennant des secours publics, de se procurer, par des voyages dans l'intérieur du pays et à l'étranger, des connaissances exactes et étendues sur l'organisation des écoles primaires et sur leurs besoins intérieurs et extérieurs.

« Les maîtres d'école habiles, fidèles à leur vocation et appliqués à se perfectionner sans cesse, devront être encouragés par des promotions à des fonctions d'un ordre plus relevé, et même aussi, dans des cas particuliers, par des récompenses extraordinaires. Afin de maintenir le plus de régularité possible pour l'avancement de la classe nombreuse des maîtres d'école, et faire en sorte que l'instituteur habile ne reste pas en arrière de celui qui l'est moins, les consistoires provinciaux dresseront des tableaux des places d'instituteurs pour les écoles de ville et de campagne, classées suivant leur revenu, et ils veilleront à ce que les avancements se fassent en général d'après ces tableaux.

« Les années de service d'un instituteur ne seront pas seules un titre suffisant et n'établiront pas un droit absolu à l'avancement ; mais on devra procéder à un nouvel examen, quand un instituteur sollicitera une place d'un degré supérieur à celui pour lequel il a reçu un premier certificat, que ce soit dans le même établissement ou dans un autre.

« Cet examen d'avancement est confié aux mêmes autorités chargées des examens du premier degré. Il est toujours proportionné à la place supérieure qu'il s'agit de remplir. Pour les maîtres proposés comme directeurs, on fera principalement attention à leurs connaissances pédagogiques en général, et aussi à celles qui conviennent à l'organisation et à la bonne administration d'une école, selon le degré supérieur ou inférieur de cette école.

« Dans le cas où l'aptitude du sujet proposé est tellement incontestable qu'il n'est pas nécessaire de lui faire subir une nouvelle épreuve, l'autorité de laquelle dépend la ratification pour la place à remplir peut exempter de cet examen.

« Pour tout examen, soit pour la candidature, soit pour le placement, soit pour l'avancement, il ne sera payé que les frais de timbre du certificat. De même, tous les droits sur les brevets de nomination et de ratification de maîtres d'école nouvellement placés ou avancés sont supprimés, avec réserve du droit de timbre et d'expédition.

« L'autorité départementale devra remettre, à la fin de chaque année, à l'autorité ministérielle, une liste de tous les maîtres d'école nouvellement placés ou avancés du département, avec l'énonciation du revenu des emplois ; et cette autorité n'est jamais excusable de laisser le mérite personnel sans emploi et sans récompense, ni le moindre service inaperçu.

« Au contraire, les maîtres d'école incapables n'ont à espérer aucun encouragement ou avancement, et ils doivent s'attendre à des mesures sévères.

« Et d'abord quand des maîtres d'école, remplissant bien d'ailleurs leur emploi, manifestent un esprit de résistance envers leurs supérieurs ou vivent en mésintelligence avec leurs aides ou leur comité d'école fine ; après avoir épuisé les reproches, les exhortations, et même quelques mesures disciplinaires, on fera cesser le mal en les transférant dans un autre endroit, et ils devront, suivant la mesure de leur culpabilité, ne point trouver mauvais s'ils arrivent de la sorte à des places moins rétribuées : mais ces changements, employés comme châtiment, ne devront jamais être effectués sans le consentement de l'autorité supérieure ministérielle.

« Si, après leur changement, les maîtres d'école montrent encore un caractère turbulent ou du penchant à résister à l'ordre établi, ils pourront alors être privés de leur emploi.

« Le maître d'école qui, par paresse, étourderie ou mauvaise volonté, néglige son emploi, instruit mal la jeunesse ou exerce la discipline sans discernement, sera averti d'abord par l'inspecteur de l'école et ensuite par celui de l'arrondissement. S'il ne s'amende pas, on en instruira l'autorité provinciale : celle-ci, après une instruction convenable, pourra imposer, entre autres peines disciplinaires et selon le revenu du coupable, des amendes pécuniaires progressives, qui seront versées dans la caisse de l'école. Si les réprimandes, les menaces, les punitions n'aboutissent à rien, l'emploi devra être retiré.

« Mais si son inhabileté pédagogique d'un maître provient d'une incapacité que l'on aurait pu connaître ou qui aurait été connue avant la ratification de son brevet, il sera nommé à une autre fonction à laquelle il pourra mieux convenir, et la responsabilité pèse alors sur l'autorité qui l'aura proposé avec précipitation ou confirmé légèrement.

« Les maîtres d'école qui causeraient un grand scandale à la jeunesse et aux communes près desquelles ils sont placés, par leurs doctrines ou leur conduite dans l'exercice et en dehors de leurs fonctions, sous le rapport moral, religieux ou politique, devront être renvoyés de leur emploi comme indignes.

« Les fautes grossières contre la pudeur, la tempérance, la modération, ainsi que tout abus patent, dans son intérieur, de l'autorité de père, de mari et de chef de famille, seront punies dans un maître d'école par la perte de son emploi.

« Le jugement des fautes envers la religion dépend de la communion et de la constitution de l'église à laquelle appartiennent l'école, la commune, le maître.

« Le corps enseignant devant rester pur et irréprochable, les autorités compétentes doivent, aussitôt que des cas pareils leur sont dénoncés, procéder à l'examen de l'affaire, et, lorsqu'il y a lieu à la perte de l'emploi, faire à l'instant les démarches nécessaires.

« Les membres des comités de surveillance et les inspecteurs qui, dans tous ces cas, apporteraient de la négligence, pourront être attaqués comme responsables, et, selon les circonstances, punis par des amendes pécuniaires ou la privation de leurs fonctions.

« Si un maître d'école s'est rendu coupable d'un délit qui entraîne des poursuites criminelles, ses supérieurs devront au préalable le suspendre de ses fonctions, et renvoyer l'affaire à l'autorité ordinaire, afin qu'elle agisse ultérieurement.

« Si le maître d'école cité devant le tribunal criminel est condamné, il devra aussitôt perdre son emploi. Le tribunal, en prononçant la culpabilité, doit aussi prononcer la perte de l'emploi.

« Mais si l'autorité s'est emparée du criminel pour lui faire son procès, sans que la dénonciation préliminaire ait eu lieu, elle doit en prévenir aussitôt l'autorité spéciale de laquelle dépend l'emploi, et celle-ci fera ensuite ce qui est nécessaire relativement à cet emploi.

« Si des maîtres d'école, du reste d'une bonne conduite, se font condamner, pour des fautes légères de police correctionnelle, à quelques jours de prison, et si les consistoires provinciaux pensent qu'ils ne peuvent, sans nuire à la dignité des fonctions d'instituteur, les laisser dans le poste qu'ils occupent, on les transférera le plus tôt possible dans un autre endroit.

« Dans tous les cas, la privation de l'emploi ne sera prononcée que par un jugement, après une instruction préalable des consistoires provinciaux.

« Ainsi :

« 1° Il est expressément recommandé aux consistoires provinciaux de procéder avec la plus rigoureuse circonspection. Ils devront chaque fois réclamer l'assistance d'un homme de loi et d'un inspecteur, chargés de recevoir toutes les pièces qui se rapportent à l'affaire ; et dans le cas de scandale religieux, ils demanderont l'avis de l'autorité provinciale ecclésiastique, et, pour les maîtres d'écoles catholiques, celui de l'évêque. L'enquête terminée, ils pourront alors prendre une mesure disciplinaire ou requérir l'action de la justice.

« 2° Si cette dernière est jugée nécessaire, on doit, en envoyant tous les protocoles et les actes relatifs à l'enquête et à l'instruction préliminaire, requérir auprès du tribunal compétent l'arrêt de destitution, et le consistoire provincial prononce au préalable la suspension du coupable.

« Les fonctions d'un maître d'école suspendu de cette manière ou autrement, seront alors remplies de la façon qui semblera la plus convenable, selon les circonstances, et la moitié du traitement pourra servir à payer un remplaçant. Si elle ne suffit pas, on y suppléera sur les fonds de la caisse de l'école ou sur les fonds communaux, ou aussi par des contributions, ou bien, si ces moyens sont insuffisants, on aura recours aux fonds provinciaux pour les écoles.

« Quand un instituteur aura été suspendu, il sera tenu de quitter entièrement ou en partie la maison d'école, si ses relations ainsi prolongées avec l'école peuvent être dangereuses, ou si l'on a besoin du logement pour son remplaçant. S'il est nécessaire qu'il quitte entièrement la maison d'école, on pourvoira aux besoins de l'instituteur suspendu, jusqu'à la fin de l'enquête judiciaire.

« 3° Dans les provinces rhénanes, le tribunal correctionnel du domicile du prévenu est déclaré compétent pour ces sortes d'affaires.

« 4° La marche à suivre par les tribunaux dans ce genre de procès est la marche ordinaire, excepté que, pour les provinces, les consistoires provinciaux ont le droit de nommer un député, qui sera entendu sur l'affaire et assistera aux débats lors du jugement ; et dans les provinces rhénanes, le procureur d'État aura le droit de demander des explications et des renseignements aux consistoires provinciaux, toutes les fois qu'il le jugera à propos. Du reste, pour ces dernières provinces, les déviations nécessaires au cours ordinaire des causes correctionnelles seront laissées à la décision des consistoires provinciaux de cette partie du royaume.

« 5° Les accusés, comme l'autorité, conservent le droit de recourir en appel et en cassation, dans les délais et dans la forme prescrits par l'instruction judiciaire et en vigueur.

« 6° Ce sera à l'autorité supérieure ministérielle à décider, suivant les motifs de la destitution d'un maître d'école et selon sa conduite ultérieure, s'il doit être exclu pour toujours de toute fonction d'école, ou si par la suite il pourra être réintégré.

« 7° Du reste, dans toutes les enquêtes contre les maîtres d'école, les tribunaux devront porter, sans délai, à la connaissance des consistoires provinciaux ou des autres autorités préposées aux écoles, la sentence qui aura été prononcée, afin que celles-ci s'occupent de suite des mesures exigées par les circonstances. »

TITRE V.

DU GOUVERNEMENT DE L'INSTRUCTION PRIMAIRE, OU DES AUTO-
RITÉS PRÉPOSÉES A LA SURVEILLANCE DES ÉCOLES.

Telle est l'organisation générale de l'instruction primaire. Mais ce serait trop compter sur elle et sur la nature humaine que de supposer que cette organisation ira d'elle-même; il lui faut aussi un gouvernement dont l'œil et la main surveille et anime tout. Voici comment le gouvernement de l'instruction primaire est établi en Prusse. Il en a été question nécessairement dans les précédents chapitres; mais c'est ici le lieu d'en traiter spécialement.

Le principe fondamental de ce gouvernement est que l'antique et bienfaisante réunion de l'instruction populaire avec le christianisme et l'Église doit être maintenue dans une proportion convenable, toujours sous la suprême direction de l'État et du ministère de l'instruction publique et des cultes.

Je laisserai encore parler la loi de 1819 (titre VII). Commençons par les communes.

Autorités communales.

« Règle générale : comme toute commune, urbaine ou rurale, a son école ou ses écoles primaires, de même toute école primaire de ville ou de campagne doit avoir son administration particulière, son comité spécial de surveillance, Schulvorstand.

Écoles primaires de campagne.

1. « En principe, le comité de toute école élémentaire de campagne se composera, dans les endroits où l'église contribue à l'entretien de l'école, du patron de l'église, de l'ecclésiastique de la paroisse à laquelle l'école appartient, des magistrats de la commune que forment les villages associés, et d'un ou deux pères de famille membres de la société d'école. Dans toute société pareille de plusieurs confessions, on aura soin que chaque confession qui en fait partie ait aussi, suivant le nombre de ses pères de famille, des représentants dans le comité administratif de l'école.

2. « Les patrons ou fondateurs, s'il y en a, l'ecclésiastique et les magistrats de la commune, forment le comité administratif de l'école. Les autres membres sont élus par la société d'école de la commune; mais ils seront proposés à la confirmation du consistoire provincial par l'autorité scolastique intermédiaire, savoir, celle de l'arrondissement, Kreisschulbehorden, c'est-à-dire Kreisschulinspectoren.

« Les membres élus seront toujours confirmés pour quatre ans, avec faculté d'être réélus.

« Nul ne pourra se refuser à faire partie du comité administratif de l'école; la seule excuse légitime est l'acceptation d'autres fonctions communales.

3. « Pour les écoles entièrement dotées par l'église, le comité administratif de l'école pourra être remplacé par les ecclésiastiques; mais ils seront tenus d'observer toutes les obligations et tous les devoirs imposés aux comités administratifs ordinaires.

4. « Les comités administratifs connaissent de toutes les affaires des écoles; ils sont chargés de la surveillance qu'elles réclament à l'intérieur et au dehors. Tout ce qui appartient à l'ordre intérieur des écoles comme à la surveillance des maîtres et à leur direction, doit être l'occupation particulière des membres ecclésiastiques du comité administratif : aussi le pasteur ou curé de village, qui fait partie de ce comité, est-il l'inspecteur naturel de l'école de ce village; il doit visiter fréquemment l'école et s'occuper des instituteurs. Il prend part, il est vrai, à l'administration et à la surveillance extérieure : mais on ne pourra exiger de lui qu'il se mêle des recouvrements ou des rentrées, ni d'aucun des objets qui s'y rapportent, ni de l'administration spéciale de la caisse de l'école.

« Les comités sont les premières autorités qui reçoivent toutes les plaintes des sociétés d'école ou de leurs membres isolés, sur les écoles et les instituteurs, comme aussi celles des instituteurs et des écoliers; ils sont aussi les autorités intermédiaires qui transmettent à l'autorité supérieure les réclamations qui la concernent.

« Leurs efforts doivent avoir particulièrement pour but d'organiser et d'entretenir les écoles conformément aux lois et aux instructions, de manière qu'elles remplissent leur destination; ils doivent à cette fin conseiller, diriger, soutenir les instituteurs, faire aimer les écoles aux habitants de la commune, exciter leur intérêt et leur zèle, enfin travailler à effacer la grossièreté et l'ignorance de la jeunesse des campagnes.

5. « Chaque comité administratif doit se réunir tous les trois mois, à jour fixe, et en outre aussi souvent qu'il en sera besoin, pour délibérer sur les objets de son ressort.

« On peut aussi, sur l'avis du membre ecclésiastique chargé de la surveillance de l'école, appeler à cette assemblée l'instituteur, pour avoir son opinion sur les affaires de son école.

6. « Tous les membres des comités administratifs remplissent ces fonctions gratuitement; mais les ecclésiastiques chargés de la surveillance des écoles doivent être conduits et ramenés en voiture aux frais de la société de l'école, lorsqu'ils n'ont pas de chevaux et que l'école à visiter est hors du lieu de leur domicile.

7. « Des indications plus précises sur les attribu-

tions des comités administratifs seront publiées par les consistoires provinciaux, en conséquence des dispositions générales de la présente loi, et eu égard aux circonstances particulières des diverses provinces.

8. « Dans les villages où se trouvent deux écoles, une administration commune sera créée pour toutes deux, composée du patron de l'église s'il contribue en cette qualité à l'entretien desdites écoles ou de l'une d'elles, de l'ecclésiastique ou des ecclésiastiques de l'endroit, des administrateurs municipaux et d'un père de famille chrétien pour chaque école.

9. « Il sera permis à de petites sectes chrétiennes d'organiser elles-mêmes, suivant leur constitution particulière, l'administration de leurs écoles dans tout le pays ; seulement elles devront toujours faire connaître leur organisation et les personnes qu'elles chargent de l'administration aux inspecteurs d'arrondissement, dont il sera parlé tout à l'heure. Elles sont obligées, le cas échéant, de donner tous les renseignements nécessaires ; et elles ne pourront, si les consistoires provinciaux jugent à propos d'ordonner des révisions de leurs écoles, s'y refuser en aucune manière. La même chose sera accordée, aux mêmes conditions, aux Israélites qui ne prennent point de part à la société d'école de la commune qu'ils habitent, et qui ont leurs écoles particulières ; mais ils seront tenus de donner tous les renseignements nécessaires pour établir le contrôle de la fréquentation des écoles par les enfants de l'endroit en âge d'y aller.

Écoles primaires de ville.

1. « Dans les petites villes où il n'y a qu'une école, les comités administratifs se composent entièrement de la même manière et ils ont les mêmes attributions qu'à la campagne ; seulement là où se trouvent deux ou plusieurs écoles ecclésiastiques, c'est le premier qui, dans la règle, s'adjoint au comité ; ainsi qu'un membre de la municipalité (*Mitglied des Magistrats*), et un des représentants de la bourgeoisie.

2. « Dans les villes moyennes ou petites qui ont plusieurs écoles primaires, il sera formé une administration commune pour les écoles de la ville (*Ortsschulbehörde*), de la même manière ; seulement dans ce conseil unique entreront de droit un père de famille chrétien de chaque école et un ecclésiastique de chaque confession, si les écoles sont de confessions différentes. On jugera s'il est nécessaire d'y introduire aussi un homme spécialement versé dans les matières d'école (*Schulmann*).

« Si dans ces villes des écoles particulières ont déjà leurs administrations spéciales, elles ne seront pas dissoutes par l'établissement des autorités supérieures d'école susmentionnées.

3. « Les grandes villes seront divisées en arrondissements d'écoles, ayant chacun son comité d'école.

« Mais il y aura un point central de surveillance pour toutes les écoles de chaque grande ville, les gymnases exceptés ; ce point central est la commission d'écoles (*Schulcommission*). Les commissions pour les écoles se composent, dans la règle, du surintendant, de l'archiprêtre ou doyen du lieu, et, suivant l'étendue de la ville et le nombre de ses écoles, d'un ou de deux membres de la municipalité, qui les choisit dans son sein, d'un nombre égal de représentants de la bourgeoisie, et d'un ou de deux hommes versés dans les matières d'éducation. On y joint de plus un membre de chaque comité administratif, s'il ne s'en trouve pas déjà un dans la commission pour d'autres motifs. Des circonstances particulières peuvent faire dévier de cette règle.

4. « Toutes les administrations et les commissions d'écoles de ville seront confirmées par les consistoires provinciaux. Ceux-ci sont obligés de veiller à ce qu'on n'y admette que des hommes probes, sensés, zélés pour la bonne cause de l'éducation et estimés par leurs concitoyens.

« Ils ont le droit de refuser la ratification de la nomination d'individus incapables, de demander de nouvelles propositions, et, si une seconde proposition pour la même place ne peut être acceptée, d'y nommer immédiatement eux-mêmes.

5. « Les membres reçus par voie d'élection sont confirmés pour six ans et peuvent être réélus. D'un autre côté, nul membre élu n'est obligé de faire partie de ces commissions que pendant trois ans.

« On ne pourra s'excuser de faire partie de ces commissions que par les mêmes motifs qui seuls délient de l'obligation de faire partie des comités administratifs d'écoles de village, savoir, des fonctions municipales.

6. « Les attributions des commissions pour les écoles embrassent toutes les écoles de chaque ville, qu'elles doivent maintenir en harmonie les unes avec les autres.

« Elles doivent, dans toute l'étendue de leur ressort :

« 1° Veiller à ce que la ville soit pourvue des écoles nécessaires de divers degrés et liées entre elles convenablement ;

« 2° Rechercher les besoins des écoles et les moyens d'y pourvoir, et prendre part à la répartition et aux recouvrements des contributions et prestations des pères de famille ;

« 3° Se tenir au courant de tous les fonds et revenus d'école, tant généraux que particuliers ;

« 4° Administrer la caisse générale des écoles de la ville ;

« 5° Faire exécuter tout ce qui est ordonné par la loi, le ministre ou les consistoires provinciaux, pour assurer une instruction convenable à tous les enfants en âge d'aller à l'école, et empêcher les enfants les plus pauvres de grandir, négligés et sans instruction, dans la mendicité et les vices que nourrit l'oisiveté;

« 6° S'attacher particulièrement au perfectionnement des écoles, animer le zèle de leurs concitoyens, faire elles-mêmes des propositions sur cet objet aux magistrats et aux autorités des villes; les mettre en état, par des relations exactes sur tout ce qui se rapporte aux écoles du lieu, de juger sainement de leurs besoins et des moyens utiles d'y subvenir, soutenir le zèle des instituteurs, leur donner des conseils et les diriger.

7. « Leur action immédiate porte sur toutes les écoles primaires de la ville et sur les établissements d'éducation du même degré, sur les maisons d'orphelins, les écoles de pauvres, et sur celles qui dépendent de fondations pieuses dans les villes et leurs faubourgs.

« Elles réunissent la surveillance et la direction des affaires intérieures ainsi que des affaires extérieures de ces établissements, et elles représentent en ceci toute l'autorité de la ville, en exceptant l'élection de l'instituteur, réservée à qui de droit, l'administration de la fortune et la conduite des affaires judiciaires des écoles.

« Les comités des divers arrondissements des grandes villes ont chacun la surveillance de leurs écoles; mais ils sont subordonnés à la commission d'écoles de ces mêmes villes.

8. « Leur surveillance ne s'étend sur les écoles primaires et les maisons d'éducation de même degré qui appartiennent à l'église ou à des corporations, qu'autant qu'il est nécessaire pour maintenir ces écoles dans les limites de la loi, leur administration étant laissée à ceux que cela concerne. La commission n'entre en relation avec ces écoles que par les rapports des administrations spéciales, dont elle reçoit tous les renseignements nécessaires sur l'état intérieur et extérieur de ces écoles; elle peut aussi s'en instruire plus exactement en les faisant visiter par ceux de ses membres qui sont au fait de ces matières.

9. « La commission d'écoles n'a d'autre relation avec les gymnases de la ville que pour en recevoir les renseignements nécessaires pour le contrôle de la fréquentation des écoles par les enfants du lieu en âge d'y aller.

10. « Les écoles particulières des petites sectes chrétiennes dans les villes sont, avec la commission et les comités des écoles de ville, dans les mêmes rapports où doivent se trouver ces mêmes écoles à la campagne avec les inspecteurs d'arrondissement.

11. « Chaque école israélite dans une ville doit avoir, il est vrai, son administration formée par la communauté israélite; mais elle est soumise aussi à la surveillance des comités d'école, de telle sorte que ceux-ci peuvent non seulement réclamer auprès de l'administration les informations dont ils ont besoin, mais se tenir eux-mêmes au courant de l'état réel des choses par de fréquentes visites dans ces écoles.

12. « Tous les établissements d'enseignement et d'éducation privés sont, dans les grandes villes, sous la surveillance de la commission des écoles, par l'intermédiaire des comités d'école; et dans les petites villes, sous la surveillance de ces comités, comme nous verrons un peu plus tard.

13. « Les travaux des comités et de la commission devront être répartis entre leurs membres, de manière que les affaires extérieures de l'école se trouvent spécialement à la charge des membres laïques, et les affaires intérieures confiées à des ecclésiastiques et à des membres versés dans cette partie.

14. « La commission des écoles et les comités d'arrondissement se réuniront une fois par mois, et extraordinairement toutes les fois qu'il en sera besoin. Les présidents de ces assemblées sont toujours élus pour trois ans par leurs membres et confirmés par les consistoires provinciaux.

« Les décisions sont prises à la pluralité des voix, excepté pour les affaires intérieures des écoles, qui se décident selon l'opinion des ecclésiastiques et des hommes au fait de la matière; mais personne n'a deux voix dans une commission d'école, lors même qu'il en serait membre à plus d'un titre.

15. « Les comités sont libres de convoquer, pour assister à des délibérations générales extraordinaires, les ecclésiastiques et les instituteurs de l'arrondissement, ou bien une partie d'entre eux.

16. « Les subordonnés et les employés des autorités de la ville devront aussi travailler pour les comités et la commission des écoles, quand la caisse des écoles du lieu ne peut pas payer des employés particuliers.

17. « Les membres des comités et des commissions d'école remplissent leurs fonctions gratuitement. Les caissiers (Rendanten) ont seuls droit à des indemnités proportionnées à leurs services.

18. « Les commissions d'école devront, à la fin de chaque année, adresser des rapports circonstanciés sur la situation des écoles de leur ressort aux consistoires provinciaux; dans les petites villes et les campagnes, ce rapport est fait par l'intermédiaire des inspecteurs d'arrondissement, nouvelle autorité d'école qu'il est temps de faire connaître.

Autorités d'arrondissement.

1. « Il y a une surveillance générale sur les écoles inférieures de campagne et des petites villes d'un arrondissement, comme aussi sur tous les comités administratifs de ces écoles, et cette surveillance est exercée par l'inspecteur d'arrondissement (*Kreisschulaufseher* ou *Kreisschulinspector*).

« Les arrondissements d'écoles seront les mêmes que les arrondissements de surintendance ecclésiastique pour les protestants, et les divisions correspondantes pour les catholiques.

« Les arrondissements ecclésiastiques qui seraient trop étendus pour une inspection d'école, seront divisés en deux ou trois arrondissements d'inspection d'école.

2. « Les surintendants sont, en général, les inspecteurs d'arrondissement pour les écoles évangéliques ; c'est pourquoi, lors de la nomination des surintendants, on doit veiller soigneusement à n'élever jamais à ces fonctions que des ecclésiastiques qui possèdent, outre les qualités nécessaires à leur état, des connaissances convenables sur les écoles, qui s'en occupent volontiers et qui soient propres à leur surveillance. Les ecclésiastiques qui ne sont pas surintendants pourront aussi être nommés inspecteurs d'arrondissement pour les écoles, particulièrement quand un arrondissement ecclésiastique se divise en plusieurs arrondissements d'inspection d'écoles, et ensuite lorsque le surintendant, pour cause de vieillesse, d'infirmités ou d'occupations multipliées, en manifeste le désir, ou bien lorsque le consistoire provincial le jugera convenable par d'autres motifs importants. Dans les deux premiers cas, l'assentiment du surintendant sur le choix de l'inspecteur d'arrondissement est nécessaire ; dans le dernier cas, on prendra l'avis du ministre de l'instruction publique et des cultes.

« Des laïques peuvent aussi, quand les circonstances l'exigent, être nommés inspecteurs d'arrondissement, avec l'approbation préalable du ministre de l'instruction publique et des cultes ; mais alors on aura soin de ne choisir que des hommes remarquables par leur bon esprit et leur activité pédagogique, et généralement estimés par la dignité de leur caractère et de leur conduite.

3. « Les inspecteurs d'arrondissement pour les écoles catholiques sont communément les doyens. La nomination d'autres ecclésiastiques ou de laïques comme inspecteurs d'écoles d'arrondissement, est autorisée pour les mêmes cas et sous les mêmes conditions que pour les écoles évangéliques.

4. « Les inspecteurs d'arrondissement pour les écoles évangéliques sont nommés par les consistoires provinciaux, et confirmés par le ministre de l'instruction publique.

« Les inspecteurs d'arrondissement pour les écoles catholiques sont proposés par les évêques, et présentés, avec un avis motivé, par les consistoires provinciaux, au ministre de l'instruction publique pour être confirmés. Celui-ci a le droit de refuser la confirmation, quand des objections fondées peuvent être faites contre l'élu, et de sommer l'évêque de faire une nouvelle proposition.

« Sans la confirmation préalable du ministre de l'instruction publique, nul inspecteur d'arrondissement, évangélique ou catholique, ne peut être installé ni entrer en fonctions.

5. « Les inspecteurs d'arrondissement sont chargés de surveiller l'intérieur des écoles, la conduite des comités et des maîtres de ces écoles. Tout le système d'enseignement et d'éducation des écoles est soumis à leur révision et à leur direction supérieure.

« Ils doivent s'efforcer de mettre chaque école en harmonie avec la présente loi, avec le règlement particulier des consistoires provinciaux pour chaque province et les instructions qui en dépendent.

« Ils doivent animer et diriger les maîtres d'école et les membres ecclésiastiques des comités, encourager ceux qui font bien, avertir à temps ceux qui font mal, et, si ces avertissements ne suffisent pas, prévenir l'autorité supérieure. La même obligation leur est imposée à l'égard de la conduite morale des maîtres d'école. Une partie essentielle de leur tâche est de veiller au perfectionnement continuel de l'instruction des instituteurs et de leurs aides.

6. « Les inspecteurs d'arrondissement se tiendront constamment au courant des écoles de leur arrondissement, par les rapports que les comités communaux sont obligés de leur envoyer, tous les six mois, sur les changements et les événements de quelque importance survenus dans les écoles, en assistant aux examens, en faisant eux-mêmes le plus de visites possible sans être attendus, et par les révisions solennelles que chaque inspecteur d'arrondissement doit faire, une fois tous les ans, dans toutes les écoles de son ressort. Dans ces révisions, ils examinent les enfants en assemblée générale ; ils s'occupent aussi de tout ce qui concerne l'école ; ils se font rendre compte de l'administration intérieure et extérieure par le comité administratif, reçoivent les plaintes et les vœux des membres de la société, et prennent des mesures pour remédier à ce qui va mal. Ils transmettent un rapport complet sur la révision aux consistoires provinciaux. Ceux-ci nommeront de temps à autre des conseillers, pris dans leur sein, pour assister à ces révisions ou faire faire des révisions extraordinaires.

7. « Pour les affaires extérieures des écoles de

campagne, les inspecteurs d'arrondissement agissent de concert avec les conseillers de l'arrondissement que chaque inspection embrasse. Ces conseillers (*Land-rälhe*, nos sous-préfets) doivent s'occuper activement de tous les objets qui concernent la tenue des écoles, que leur coopération ait été réclamée par les inspecteurs d'arrondissement ou par les consistoires provinciaux.

8. « L'installation des comités administratifs d'école se fait par les inspecteurs d'arrondissement; mais ils devront, dans tous les cas, l'annoncer au conseiller de l'arrondissement, afin qu'il puisse assister à cet acte.

9. « Tous les ordres, toutes les enquêtes des consistoires provinciaux, relativement aux affaires intérieures des écoles, sont adressés aux inspecteurs d'arrondissement, comme d'un autre côté les besoins intérieurs des écoles et de leurs maîtres sont portés par ces derniers à la connaissance des consistoires provinciaux.

« Les inspecteurs d'écoles catholiques sont obligés de donner à l'évêque de leur diocèse tous les renseignements qui leur sont demandés sur toute la partie religieuse de la constitution des écoles et leur conduite spirituelle; ils doivent prendre, à cet égard, les instructions des évêques; mais leur premier devoir est de faire connaître aux consistoires provinciaux l'état général des écoles. D'un autre côté, ils doivent aussi communiquer aux évêques le rapport de révision annuel adressé aux consistoires.

10. « Les inspecteurs évangéliques sont, en cette qualité et par les places qu'ils occupent déjà comme ecclésiastiques, en rapport avec les synodes; mais ils doivent, ainsi que les membres ecclésiastiques des comités administratifs, instruire les synodes de la situation des écoles et de leurs besoins, échanger entre eux, dans les assemblées synodales, les fruits de leur expérience et leurs vues sur l'enseignement inférieur; des propositions sur cet objet peuvent être insérées dans les rapports des synodes. Les inspecteurs laïques donneront aux synodes par écrit sur la situation des écoles qui leur sont subordonnées.

11. « La surveillance des écoles des églises particulières, comme des membres épars des petites sectes chrétiennes à la campagne, est confiée aux inspecteurs d'arrondissement.

12. « Les établissements d'éducation privée, à la campagne, sont aussi commis à la surveillance des inspecteurs d'arrondissement.

« Mais, sous le rapport de la police générale, ils sont, comme les établissements ci-dessus mentionnés, dans la dépendance des autorités ordinaires de police de campagne.

« 13. Chaque inspecteur d'école reçoit en cette

qualité, eu égard aux voyages de révisions et de visites auxquels il est obligé, une indemnité annuelle. Les consistoires provinciaux en détermineront la quotité, ainsi que les fonds sur lesquels elle sera prise.

« Lors de la révision annuelle des écoles, les sociétés d'école enverront chercher à leurs frais et feront reconduire chez eux les inspecteurs d'arrondissement, mais pour les visites extraordinaires hors de leur résidence, ils pourront, suivant l'ordonnance du 28 février 1816, relative aux indemnités de table et de voyage, prendre la poste avec trois chevaux ou des voitures de louage, et ils en présenteront le compte pour le payement aux autorités départementales.

14. « Les consistoires provinciaux publieront des instructions plus précises, et basées sur cette loi, relativement aux attributions des inspecteurs d'arrondissement pour les écoles des deux confessions.

« Mais en confirmant et déterminant ici de nouveau, dit l'édit royal de 1819, la part du clergé à la surveillance des écoles, nous ordonnons en même temps, pour qu'il exerce cette surveillance avec plus de lumières et pour qu'il soit en état de maintenir ainsi sa dignité auprès des maîtres d'école, que chaque ecclésiastique des confessions évangélique et catholique s'instruise de la théorie et de la pratique de l'instruction populaire, qu'il mette à profit à cet effet ses études à l'université ou dans les facultés catholiques de théologie, ou même dans les écoles normales primaires, et que, s'il n'enseigne pas lui-même dans les écoles publiques pendant qu'il est candidat de théologie, il fasse au moins connaissance avec leur organisation et tous les objets qui y sont traités.

« Lors des examens pour obtenir une cure ou la charge de prédicateur, il sera fait particulièrement attention aux connaissances que le candidat possède sur l'éducation et l'enseignement; et à l'avenir, nul ne sera admis dans l'état ecclésiastique, si, dans ces examens, il n'a fait preuve des connaissances nécessaires à la bonne administration et à la surveillance des écoles. Dans les provinces qui possèdent des établissements où les candidats ecclésiastiques peuvent acquérir ces connaissances, cette disposition sera en vigueur un an après la promulgation de la présente loi, et au bout de deux ans pour les provinces qui ne se trouvent pas dans ce cas.

« Nous avons aussi cette juste confiance dans les sentiments religieux et les lumières de tous les ecclésiastiques, que la part de surveillance salutaire sur les écoles inférieures dont ils sont chargés pour conserver le lien entre l'église et l'école, sera remplie par eux avec dignité, mais aussi avec douceur et amour; qu'ils honoreront le respectable état d'instituteur dans tous ses membres; qu'ils s'appliqueront à maintenir dans les communes la considération qui lui est due, et prendront toujours son parti avec force et constance. »

La loi de 1819 s'arrête à l'inspecteur d'arrondissement. Mais je dois rappeler qu'au-dessus de l'inspecteur d'arrondissement, le conseiller du département auquel cet inspecteur s'adresse, et qui représente dans l'instruction primaire les autorités départementales dont il est ici si souvent question, est le conseiller pour les écoles (*Schulrath*), personnage qui appartient au conseil de préfecture du département, et qui pourtant est nommé par le ministre de l'instruction publique et des cultes. Il ne faut pas confondre le conseil de préfecture du département, la régence (*Regierung*), représentée par le *Schulrath*, avec les consistoires provinciaux, dont fait partie le collège d'école (*Schulcollegium*). Cette haute autorité scolastique, provinciale et non départementale, n'intervient dans l'instruction primaire que pour les points les plus importants, et, par exemple, pour tout ce qui regarde les écoles normales primaires, lesquelles sont en dehors de l'action des régences particulières, de celle du *Schulrath* et de l'inspecteur d'arrondissement. (Voy. l'*Organisation générale de l'instruction publique*, p. 64)

TITRE VI.

DES ÉCOLES PRIVÉES.

Les établissements publics sont la base de l'instruction populaire en Prusse : on se garde bien d'y livrer au hasard et à l'industrie particulière la noble tâche de former la jeunesse, et l'instruction primaire ne repose point sur les écoles privées ; mais on ne proscrit pas non plus ces sortes d'établissements ; et la coutume, ainsi que la loi de 1819 (§§ 91-113), les autorise, sous les conditions qui sont déterminées ci-après.

« On comprend sous la dénomination d'établissements privés d'enseignement et d'éducation, les institutions pédagogiques fondées par des personnes de l'un et de l'autre sexe, à leur propre compte et sans qu'elles reçoivent pour cela aucun salaire de l'État ou de la commune, mais avec l'autorisation de l'État, qui, sans les diriger, en conserve la surveillance. Ces dispositions sur les écoles privées ne sont pas applicables aux individus choisis par quelques familles pour faire l'éducation de leurs enfants.

« Ceux qui voudront établir des écoles ou des maisons d'éducation privées, devront l'annoncer, dans les villes, à la commission pour les écoles, et, à la campagne, à l'inspecteur de l'arrondissement dans lequel ils pensent former leur établissement, en présentant un certificat en règle sur la conduite et la profession qu'ils ont eues jusque-là. Les commissions et les inspecteurs, quand, sous le rapport de la mora-

lité, il n'y a rien à dire contre les individus, envoient la demande au consistoire provincial, qui, suivant les circonstances, fait examiner le candidat, ordinairement par les inspecteurs d'arrondissement quand il s'agit d'écoles de campagne, et, dans les villes, par ceux des membres des commissions qui sont au fait de ces matières. Ces examinateurs doivent, après l'examen, remettre les certificats et les protocoles, avec leur avis, au consistoire provincial.

« L'examen doit toujours être fait suivant le degré de l'école que le demandeur veut établir ; c'est pourquoi il devra toujours spécifier dans sa demande s'il veut établir une école élémentaire ou une école plus élevée.

« Les demandes de personnes mariées des deux sexes sont, en général, admissibles, quand il n'y a rien à dire contre les personnes elle-mêmes ; mais les hommes non mariés n'auront pas la permission d'établir des écoles moyennes ou supérieures de filles. Au contraire, on ne peut refuser cette permission aux veuves et aux femmes non mariées d'un certain âge, quand, du reste, il n'y a pas de circonstances défavorables.

« Si le consistoire provincial ne trouve pas d'inconvénients à accorder la demande, il envoie à l'administration générale des villes pour les écoles, ou à l'inspecteur d'arrondissement, son autorisation, mentionnant les circonstances qui se trouvent dans les certificats, et particulièrement en indiquant le genre d'école que le demandeur pourra établir.

« C'est seulement quand l'autorisation a été ainsi accordée, qu'il est permis aux personnes qu'elle concerne d'ouvrir leur maison d'éducation et de l'annoncer dans les feuilles publiques.

« Celui qui possède un certificat donné par la commission scientifique près d'un consistoire provincial (1), et qui veut établir une école privée, doit présenter ce certificat au consistoire provincial, et celui-ci envoie l'autorisation nécessaire aux autorités de ville ou d'arrondissement pour les écoles. Il n'y a pas de raison de refuser la permission d'établir une école privée, quand le demandeur produit, avec une attestation de moralité et de bonne conduite, un certificat de capacité, lors même qu'il aurait obtenu originairement ce certificat sans songer à s'en servir pour établir une école privée.

« Les prédicateurs et les instituteurs publics ne sont pas autorisés par leur titre seul à établir des écoles privées ; ils doivent présenter leur demande à ce sujet aux autorités locales pour les écoles, lesquelles la font passer aux autorités provinciales en donnant leur avis. Ces dernières décident, et donnent l'autorisation comme à l'ordinaire.

(1) *Organisation générale*, page 62

« Aussitôt que l'autorisation d'établir une école ou une maison d'éducation particulière a été donnée, le comité de surveillance ou la commission d'école sont obligés de soumettre cet établissement à la surveillance spéciale d'un de leurs membres, et d'instruire la police de son ouverture. Quand il s'agit d'une école de campagne, c'est aux inspecteurs d'arrondissement à avertir la police.

« La surveillance des établissements privés tombe sur la discipline et la marche de l'enseignement en général. Le plan spécial de l'enseignement, le choix des livres, de la méthode, et les règlements d'école, sont laissés aux instituteurs et aux institutrices; mais, en cela même, une surveillance éclairée peut être utile par des conseils officieux. Mais découvre-t-elle des choses propres à égarer la jeunesse, ou dangereuses pour sa moralité et sa piété; trouve-t-elle que l'on emploie de mauvais livres ou de mauvais maîtres, les inspecteurs font des remontrances ; et si les remontrances n'apportent pas remède au mal, c'est leur devoir de réclamer une enquête près des consistoires provinciaux, et ceux-ci ont le droit, quand il résulte de cette enquête des motifs suffisants, de retirer l'autorisation et de faire fermer l'école.

« L'établissement d'une école d'un autre degré que celui qui est spécifié dans l'autorisation, est sévèrement défendu; ceux qui ont obtenu l'autorisation d'établir certaines écoles, lorsqu'ils veulent en établir d'autres, doivent s'adresser, à cause de l'examen nouveau qu'il leur faut subir, aux consistoires provinciaux.

« Les directeurs et les directrices des établissements particuliers d'instruction, dans les grandes villes, pourront recevoir autant d'écoliers ou d'écolières qu'il leur en viendra, quand ce sera sans désavantage pour le but de l'école, et résider avec leur école dans telle partie de la ville qui leur convient; mais ils préviendront d'eux-mêmes par écrit la commission d'école de leurs changements de domicile.

« Si les écoles publiques craignent de perdre par le voisinage des établissements-privés, elles n'ont qu'à chercher à éviter cet inconvénient en redoublant d'efforts pour se perfectionner.

« De même, relativement à la rétribution d'école, les maîtres et maîtresses d'écoles privées seront entièrement libres de la fixer, de la changer, d'en exempter à moitié ou entièrement; seulement elles sont obligées de donner chaque fois, à la demande des autorités pour les écoles, les renseignements les plus exacts à cet égard.

« Le choix des maîtres ou des maîtresses auxiliaires est également l'affaire des directeurs et des directrices qui ont obtenu une autorisation; cependant ils devront s'assurer exactement de la moralité de leurs aides. Ils ne peuvent faire donner aucune leçon de religion sans la permission des autorités ecclésiastiques ; et toutes les fois qu'ils renvoient des maîtres ou des maîtresses, ou qu'ils en prennent de nouveaux, ils doivent l'annoncer à celui qui est chargé de les surveiller. Ils sont responsables de tous leurs coopérateurs, et s'exposent à perdre leur autorisation, quand ils n'agissent pas, en les recevant et en les surveillant, avec la conscience la plus rigoureuse.

« Il faut aussi que, lors des examens solennels dans les écoles et les maisons d'éducation privées, les inspecteurs spéciaux de ces établissements soient invités à y assister. Les examens publics, les déclamations et autres représentations, sont interdits aux filles dans les écoles privées comme dans les écoles publiques.

« L'autorisation donnée au fondateur ou à la fondatrice d'une école privée n'est valable que pour la personne dont elle porte le nom.

« Cette autorisation n'a de durée que celle de la vie de son possesseur, et tant qu'il est en état de remplir les obligations qu'elle impose.

« Les directeurs et les directrices qui veulent dissoudre leur établissement, doivent l'annoncer par écrit, en renvoyant leur autorisation. Si une école privée est suspendue pendant six mois, à moins que ce ne soit par force majeure, pour cause de maladie par exemple, il faudra, pour la rouvrir, non pas, il est vrai, un nouvel examen, mais une nouvelle permission de la commission ou de l'inspecteur d'arrondissement.

« Les personnes qui auraient déjà ouvert des écoles privées, sans en avoir obtenu l'autorisation suivant le mode prescrit dans la présente loi, devront se soumettre à une enquête scrupuleuse de la part des autorités pour les écoles, et, selon les résultats de cette enquête et l'examen qu'elles subiront, on jugera si l'autorisation de conserver leur maison d'éducation peut leur être accordée ou non.

« Ces personnes devront, à cette fin, se présenter, au plus tard dans l'espace de trois mois après la promulgation de la présente loi, aux autorités compétentes ; sinon, ce délai expiré, leurs écoles seront fermées, sans autre formalité, par la police du lieu.

« Les autorités locales pour les écoles devront, dans le même espace de temps, envoyer aux consistoires provinciaux la liste des maisons d'éducation non encore autorisées, dont les maîtres peuvent être appelés à subir l'examen, ainsi que la liste des maisons qui, d'après la direction qu'elles ont suivie jusqu'alors, peuvent être dispensées de cette mesure.

« Quiconque, après la promulgation de la présente loi, établira illicitement de nouvelles écoles privées, ne devra pas seulement s'attendre à la dissolution de son école clandestine, mais pendant trois années, lors même qu'il donnerait des espérances satisfaisantes sous tous les rapports, il ne pourra ouvrir une école privée.

Des pensionnats.

« Les personnes qui prennent des jeunes gens en pension doivent aussi en solliciter la permission, lors même qu'elles veulent les faire inscrire par les maîtres particuliers ou dans d'autres écoles : l'autorité locale pour les écoles examine la capacité morale des personnes, si leur habitation convient à leur entreprise; et si, sous tous les rapports, il n'y a point d'observations à faire, elle accorde l'autorisation demandée, qui n'a pas besoin d'être confirmée par le consistoire provincial.

« Si des établissements privés, déjà autorisés, voulaient s'adjoindre des pensionnats, les directeurs et les directrices devront se soumettre de même à l'examen du local, et il faut ensuite que, dans leur autorisation, il soit fait mention expresse de la permission nouvelle qui leur est accordée de prendre des pensionnaires.

« Les pensionnats sont sous la surveillance immédiate des commissions de ville, qui leur donneront des surveillants spéciaux, lesquels les examineront de temps à autre, et porteront en général leur attention sur le traitement physique comme sur l'éducation morale des pensionnaires.

Des écoles où l'on apprend à coudre, à tricoter et à broder.

« Les écoles où l'on apprend seulement à coudre, à tricoter et à broder, ne font point partie des écoles privées dont il est ici question; mais comme, depuis longtemps, elles se permettent de donner l'instruction des écoles ordinaires, il est arrêté ici que non-seulement la permission pour des écoles de ce genre doit être demandée aux autorités d'école ainsi qu'aux autorités de police, puisqu'il s'agit de l'exercice d'une industrie, mais que ceux ou celles qui tiennent de pareilles écoles n'ayant pas le droit de s'occuper de l'instruction des enfants, n'en doivent pas admettre qui n'aient déjà reçu l'instruction ordinaire, ou du moins qui ne la reçoivent encore en même temps qu'ils prennent des leçons de travail. A compter de ce jour, nul enfant ne devra être reçu dans les écoles à coudre, à tricoter, etc., s'il n'en a reçu la permission du comité de surveillance par un certificat qui sera conservé, en cas de besoin, par les personnes placées à la tête de ces établissements, pour leur justification, et qui atteste que l'enfant a déjà joui ou continue de jouir de l'instruction primaire.

Des maîtres qui donnent des leçons à l'heure.

« Ceux qui font leur profession de donner des leçons particulières dans les maisons, doivent se présenter aux inspecteurs d'arrondissement ou aux commissions pour les écoles, afin de justifier de leur capacité et d'une conduite irréprochable, et pour se faire donner un certificat qui leur sert d'autorisation et qu'on peut leur retirer s'ils se conduisent avec immoralité et contre les règlements de police.

« Les personnes qui enseignent des heures particulières, et seulement quelques branches spéciales, n'ont pas besoin pour cela d'autorisation; seulement, lorsqu'elles veulent donner des leçons de religion, elles doivent se présenter aux autorités provinciales ecclésiastiques, ou à l'évêque du diocèse si elles sont catholiques, et ces autorités les font examiner et les autorisent.

Écoles d'asile.

« Il sera permis à des femmes, et en particulier aux veuves des maîtres d'école, de prendre sous leur surveillance, pendant le jour, les petits enfants qui n'ont pas encore atteint l'âge d'aller à l'école. Relativement à ces personnes, les autorités de ville et de campagne pour les écoles sont seulement obligées de faire attention à ce qu'elles soient de mœurs irréprochables et propres à la première éducation des enfants, à ce que leur demeure soit saine et suffisamment spacieuse, à ce qu'elles ne gardent les enfants que jusqu'à l'âge où ils peuvent aller à l'école, et que du reste elles aient assez de capacité pour influer utilement sur leurs mœurs et leur raison. Pour établir de ces écoles d'asile, qui seront soumises également à la surveillance d'un inspecteur spécial, il ne faudra que le consentement des commissions de ville pour les écoles et des inspecteurs d'arrondissement. »

Les six points que je viens successivement de parcourir, M. le ministre, embrassent toute l'organisation de l'instruction primaire en Prusse. Il n'y a pas un seul article qui ne soit textuellement emprunté à la loi de 1819. Cette loi, sans entrer dans aucun détail relativement à quelque province particulière, n'oublie aucun objet intéressant, et c'est la loi la plus étendue et la plus complète que je connaisse sur l'instruction primaire.

On ne peut se refuser à y reconnaître une haute sagesse. Point de principes généraux inapplicables; point d'esprit de système; nulle vue particulière et exclusive n'y gouverne le législateur : il prend tous les moyens qui peuvent le conduire à son but, lors même que ces moyens sont très-différents les uns des autres. C'est un roi, et un roi absolu, qui a donné cette loi;

c'est un ministre sans responsabilité qui l'a conseillée ou rédigée : et pourtant nul esprit mal entendu de centralisation ou de bureaucratie ministérielle ne s'y fait sentir ; presque tout est livré aux autorités communales, départementales et provinciales ; il ne reste au ministre que l'impulsion et la surveillance générale. Le clergé a une grande part dans le gouvernement de l'instruction populaire, et les pères de famille sont aussi consultés dans les villes et dans les villages. En un mot, tous les intérêts qui interviennent naturellement dans la matière, trouvent leur place dans cette organisation, et concourent, chacun à leur manière, à la fin commune, qui est la civilisation du peuple.

La loi prussienne de 1819 me paraît donc excellente ; mais il ne faut pas croire que cette loi soit le fruit de la sagesse d'un seul homme. M. d'Altenstein l'a rédigée plutôt qu'il ne l'a faite, et l'on peut dire qu'elle existait déjà, et dans une foule d'ordonnances partielles, et dans les usages et les mœurs du pays. Il n'y a peut-être pas un seul article de cette longue loi qui n'ait de nombreux antécédents ; et dans une notice sur l'histoire de l'instruction primaire en Prusse, insérée dans le premier cahier du second volume du Journal de l'instruction primaire, par le conseiller de Beckedorff, je trouve des règlements de 1728 et de 1736 qui comprennent une foule de dispositions de la loi de 1819. L'obligation pour les parents d'envoyer leurs enfants à l'école est vieille en Prusse. La haute intervention de l'Église dans l'instruction du peuple .remonte à l'origine du protestantisme, auquel elle est inhérente : il est évident qu'une révolution faite au nom de la liberté de l'esprit, devait, pour se défendre et s'implanter dans le peuple, travailler à l'émancipation de l'esprit du peuple et à la propagation de l'instruction. Sans doute, la loi de 1819 élève assez haut l'enseignement dans les écoles élémentaires et les écoles bourgeoises ; mais si cet enseignement semble bien fort pour certaines localités, il faut dire qu'il était déjà pratiqué et même dépassé dans beaucoup d'autres. Ce qu'il y a de plus hardi est l'établissement d'une grande école normale primaire par département ; mais il y avait déjà de semblables établissements dans la plupart des anciennes provinces de la monarchie. Enfin, cette loi ne fait guère que régulariser ce qui était déjà, non-seulement en Prusse, mais dans toute l'Allemagne (1). Ce n'est donc point une utopie métaphysique, arbitraire et artificielle, comme la plupart de nos lois sur l'instruction primaire ; celle-là est fondée sur la réalité et l'expérience. Voilà pourquoi elle a été exécutée et a porté rapidement les fruits les plus heureux. Après s'être assuré qu'elle était partout praticable, le minis-

tère prussien en a exigé partout l'exécution, abandonnant les détails aux autorités que cela regardait, et ne se réservant que l'impulsion et la vérification générale. Cette impulsion a été si ferme, cette vérification si sévère, et les autorités communales, départementales et provinciales, savoir, le Schulcollegium dans les consistoires provinciaux, le Schulrath dans chaque conseil de département, les inspecteurs d'arrondissement dans chaque arrondissement, les commissions dans les villes, et les comités dans chaque commune urbaine ou rurale, toutes les autorités préposées aux écoles, ont déployé un zèle à la fois si soutenu et si bien dirigé, qu'aujourd'hui presque partout la loi est au-dessous de la réalité, et que l'on fait plus qu'elle ne commande, j'entends dans tous les points où le zèle suffit. Ainsi la loi établissait une grande école normale primaire par département ; aujourd'hui il y en a une en effet dans tout département, et souvent même avec plusieurs petites écoles normales succursales : résultat qui répond en quelque sorte de tous les autres ; car des écoles normales primaires ne peuvent fleurir qu'autant que les maîtres qu'elles forment trouvent à se bien placer, et le bon placement, l'existence convenable des maîtres dit tout en fait d'instruction primaire. Les maîtres d'école ont été considérés comme fonctionnaires de l'État, et comme tels ils ont droit maintenant à une pension de retraite dans leurs vieux jours ; et dans tout département s'est formée la société de secours pour les veuves et les orphelins des maîtres d'école, que la loi avait recommandée plutôt qu'imposée. J'ai sous les yeux et je vous transmets, M. le ministre, les règlements d'un grand nombre de ces sociétés. Partout les résultats sont les mêmes, mais les procédés varient plus ou moins. Si ce rapport n'était pas déjà très-long, j'aurais traduit ici un de ces règlements (2), comme une sorte de modèle pour des associations du même genre que je voudrais voir établies dans chacun de nos départements. La loi promettait des plans modèles pour la construction des maisons d'école de différente grandeur, et l'on ne devait plus bâtir ou réparer des écoles que sur ces plans. Le ministère y a mis une louable insistance, et j'ai encore sous les yeux une instruction générale adressée à toutes les régences, où est exposée en détail la manière à la fois la plus convenable et la plus économique de construire ces maisons d'école. Je vous transmets, avec cette instruction, six plans modèles pour la construction de plusieurs maisons d'écoles primaires de différente grandeur. Je vous supplie de faire examiner ces plans, et, si vous les approuvez, d'en envoyer de semblables dans tous nos départements ; car il ne faut point abandonner à

(1) Voyez, dans la première partie du rapport, tout ce qui regarde l'instruction primaire à Francfort, à Weimar et à Leipzig.

(2) Voyez, plus loin, une traduction d'un de ces règlements.

l'inexpérience ou à une économie mal entendue la construction d'écoles qui doivent servir à la fois aux garçons et aux filles. Le plus difficile était d'obtenir des nouvelles provinces, et particulièrement de celles du Rhin si récemment annexées à la monarchie, l'exécution de l'article de la loi qui impose aux parents, sous des peines rigoureuses, l'obligation d'envoyer leurs enfants à l'école. Le ministre eut la sagesse de suspendre pour ces provinces cette partie de la loi, et il s'efforça d'arriver à peu près au même résultat par la persuasion et à force de zèle ; puis, quand il eut répandu le goût de l'instruction dans ces provinces et qu'il les jugea suffisamment préparées, il rendit la loi obligatoire en 1825, et dès lors tint la main à sa stricte exécution. Voici une instruction de 1827, de la régence de Cologne, qui applique à ce département l'ordre du cabinet du 14 mai 1825 sur l'obligation de fréquenter les écoles. J'ai une semblable instruction de la régence d'Aix-la-Chapelle, du 7 mars 1826, et une autre de la régence de Dusseldorff, du 20 juillet de la même année. Partout la loi a été appliquée, mais avec un mélange habile de douceur et de sévérité : ainsi en 1826, où l'année fut mauvaise, le ministère crut devoir lui-même modérer le zèle des administrations locales, et leur enjoindre de ne pas contraindre les communes à supporter les frais de réparation et d'amélioration pour les écoles, et d'épuiser auparavant tous les moyens de persuasion. Cette circulaire est du 12 mai 1826. Il m'a paru utile d'étudier la manière dont le gouvernement a appliqué la loi générale de 1819 au grand-duché de Posen, bien autrement arriéré que les provinces du Rhin ; et j'ai sous les yeux une foule de pièces qui prouvent la sagesse de l'action ministérielle, et les progrès que l'instruction primaire et la civilisation qu'elle représente ont faits dans toute la partie polonaise de la monarchie. Il serait aussi à désirer que l'on publiât en français toutes les instructions ministérielles et celles des différentes provinces pour appliquer aux juifs la loi de 1819, et répandre le goût des lumières et de l'instruction dans cette partie de la population prussienne, nombreuse et riche, mais peu éclairée, et qui redoute pour la foi de ses enfants la fréquentation des écoles publiques.

Assurément, en France, dans l'état présent des choses, M. le ministre, une loi sur l'instruction primaire est indispensable ; mais comment en faire une bonne là où manquent les précédents et toute expérience en cette grave matière ? L'instruction populaire a été jusqu'ici si délaissée ; il y a eu si peu d'essais ou les essais ont si peu réussi, qu'il nous manque en ce genre ces idées communes, ces préjugés à la fois établis dans les habitudes et dans les esprits, qui sont les conditions et les bases d'une véritable législation. Je désire donc une loi, et en même temps je la redoute ;

car je tremble que nous recommencions à nous jeter dans les utopies sans faire attention à ce qui est. Dieu veuille que nous comprenions qu'aujourd'hui une loi sur l'instruction primaire ne peut être qu'une loi provisoire et non pas une loi définitive ; que nécessairement il faudra la refaire dans une dizaine d'années, et qu'il s'agit seulement de suffire aux besoins les plus pressants et de donner une sanction législative à quelques points incontestables. Quels sont ces points ? Je vais essayer de vous les signaler, M. le ministre, en suivant l'indication des faits existants.

L'idée d'obliger tous les parents d'envoyer leurs enfants à l'école n'est peut-être pas assez généralement répandue pour qu'on puisse déjà la faire passer dans la loi ; mais tout le monde s'accorde à regarder comme nécessaire l'établissement d'une école dans toute commune ; et l'on reconnaît volontiers que l'entretien de cette école doit être une charge communale, sauf à la commune, si elle est trop pauvre, à recourir au département et le département à l'État. C'est là un point à peu près accordé et qui doit être écrit dans la loi. Déjà même la pratique a devancé la loi ; et depuis une année, partout les conseils municipaux votent le plus de fonds qu'ils peuvent pour l'instruction populaire dans leur commune. Il ne s'agit donc que de convertir ce fait à peu près général en obligation légale.

Vous savez encore, M. le ministre, que beaucoup de conseils de département ont senti le besoin d'assurer le recrutement des maîtres d'école et leur meilleure instruction, en établissant dans leur département une école normale primaire, et l'on peut dire qu'en ce genre il y a eu souvent plus de luxe que de parcimonie. Ceci est encore une indication précieuse, et la loi ne ferait que confirmer et généraliser ce qui se passe aujourd'hui presque partout, en décrétant une école normale primaire pour chaque département, ainsi qu'une école primaire par commune : bien entendu que cette école normale primaire serait plus ou moins considérable, selon les ressources de chaque département.

Voilà déjà deux points très-importants sur lesquels on s'accorde. N'avez-vous pas aussi été très-frappé des demandes d'une foule de villes, grandes et petites, pour obtenir des écoles plus élevées que les écoles primaires ordinaires, et où l'enseignement, en restant inférieur pour les études classiques et scientifiques à celui de nos colléges royaux et communaux, porterait plus particulièrement sur des connaissances d'une utilité générale, indispensable à cette classe nombreuse de la population qui, sans entrer dans les professions savantes, a pourtant besoin d'une culture plus étendue et plus variée que la classe inférieure proprement dite, les paysans et les ouvriers ? Partout les villes demandent de pareils établissements ; plusieurs conseils municipaux ont voté des fonds considérables à cet effet et se sont adressés à nous pour obtenir l'autorisation nécessaire, des secours et des conseils. On ne peut se refuser à voir là le symptôme d'un besoin véritable, l'indication d'une lacune grave dans notre système d'instruction publique. Vous savez, M. le ministre, si je suis un zélé défenseur des études classiques et scientifiques : non-seulement je pense qu'il faut soutenir le plan des études de nos colléges, et particulièrement la partie philologique de ce plan; mais je crois qu'il faudrait la fortifier et l'étendre, et par là, en maintenant notre supériorité incontestable dans les sciences physiques et mathématiques, nous efforcer de lutter avec l'Allemagne pour la solidité des études classiques. En effet, les études classiques sont, sans comparaison, les plus essentielles de toutes; car elles tendent et elles aboutissent à la connaissance de l'humanité, qu'elles considèrent sous tous ses grands aspects : ici, dans les langues et la littérature des peuples qui ont laissé une trace mémorable de leur passage sur la terre; là, dans les vicissitudes fécondes de l'histoire, qui renouvellent et perfectionnent sans cesse les sociétés; enfin dans la philosophie, qui nous révèle les éléments les plus simples et l'organisation uniforme de cet être merveilleux que l'histoire, la littérature et les langues revêtent successivement des formes les plus diverses, et néanmoins toujours relatives à quelque partie plus ou moins importante de sa constitution intérieure. Les études classiques maintiennent la tradition sacrée de la vie intellectuelle et morale de l'humanité. Les affaiblir serait à mes yeux une barbarie, un attentat contre la vraie civilisation, et, en quelque sorte, un crime de lèse-humanité. Que nos colléges royaux, et même une grande partie de nos colléges communaux, continuent donc d'introduire dans ce sanctuaire l'élite de la jeunesse française; ils mériteront bien de la patrie. Mais toute la population peut-elle, doit-elle entrer dans nos colléges ? Or, en France l'instruction primaire est bien peu de chose : de plus, entre cette instruction et celle de nos colléges, il n'y a rien; d'où il suit que tout père de famille, même dans la partie inférieure de la bourgeoisie, qui a l'honorable désir de donner à ses enfants une éducation convenable, ne peut le faire qu'en les envoyant au collége. Il en résulte deux graves inconvénients. En général, ces jeunes gens, qui ne se sentent point destinés à une carrière élevée, font assez négligemment leurs études; et quand, après des succès médiocres, ils rentrent vers dix-huit ans dans la profession et les habitudes de leur famille, comme rien dans leur vie ordinaire ne leur rappelle et n'entretient leurs études de

collége, quelques années ont bientôt effacé le peu de savoir classique qu'ils avaient acquis. Souvent aussi, ces jeunes gens contractent au collége des relations et des goûts qui leur rendent difficile ou presque impossible de rentrer dans l'humble carrière de leurs pères : de là une race d'hommes inquiets, mécontents de leur position, des autres et d'eux-mêmes, ennemis d'un ordre social où ils ne se sentent point à leur place, et prêts à se jeter, avec quelques connaissances, un talent plus ou moins réel et une ambition effrénée, dans toutes les voies ou de la servilité ou de la révolte. Il s'agit de savoir, M. le ministre, si nous voulons prendre sur nous la responsabilité envers l'État et la société, d'élever nous-mêmes une pareille race de mécontents. Sans doute, comme je le dirai ailleurs, un certain nombre de bourses doivent être données à des jeunes gens pauvres, qui font preuve de dispositions heureuses; c'est un devoir sacré envers le talent, et il faut le remplir, même au risque de se tromper quelquefois. Ces jeunes gens, choisis sur les espérances qu'ils donnent, font d'excellentes études, et, retrouvant au sortir du collége la même bienveillance qui les y a fait entrer, développent plus tard leurs talents dans les carrières savantes qui leur sont ouvertes, au profit de l'État qui les a formés; mais comme il est impossible à l'État de placer tout le monde, il ne doit pas fournir trop de facilités à tout le monde pour sortir de la carrière de ses pères. Assurément nos colléges doivent rester ouverts à quiconque peut en acquitter les charges; mais il ne faut pas y appeler indiscrètement les classes inférieures; et c'est le faire, M. le ministre, que de ne point élever des établissements intermédiaires entre les écoles primaires et nos colléges. L'Allemagne, et la Prusse en particulier, sont riches en établissements de ce genre. Je vous en ai signalé et décrit plusieurs en détail à Francfort (1), à Weimar (2), à Leipzig (3); et la loi prussienne de 1819 (4) leur consacre. Vous voyez que je veux parler des écoles dites bourgeoises, *Bürgerschulen*, nom qu'il est peut-être impossible de transporter en France, mais qui est en lui-même exact et vrai par opposition aux écoles savantes, *Gelerhteschulen*, appelées en Allemagne gymnases, et parmi nous colléges; nom d'ailleurs honorable et à la classe bourgeoise, qui ne descend pas en fréquentant ces écoles, et à la classe populaire, qui s'élève jusqu'à la bourgeoisie en les fréquentant. Les écoles bourgeoises forment le degré supérieur de l'instruction primaire, dont les écoles élémentaires sont le degré inférieur. Il n'y a ainsi que deux degrés : 1° l'*école élémentaire*, qui est la base commune de toute l'instruction populaire dans les campagnes et dans les villes; 2° l'*école bour-*

---

(1) *Première partie du rapport.*
(2) *Idem.*

(3) *Première partie du rapport.*
(4) *Seconde partie du rapport.*

geoise, qui, dans les villes un peu importantes et où il y a déjà une classe moyenne, fournit à tous ceux qui ne se destinent point à des professions savantes une éducation suffisamment étendue et libérale. La loi prussienne, qui fixe un minimum pour l'enseignement de l'école élémentaire, fixe également un minimum pour celui de l'école bourgeoise; et il y a deux sortes d'examens bien distincts pour obtenir le brevet d'instituteur primaire à ces deux degrés. L'école élémentaire doit être une; car elle représente et elle est destinée à nourrir et à fortifier l'unité nationale, et, en général, il n'est pas bon que la limite fixée par la loi pour l'enseignement de l'école élémentaire soit dépassée : mais il n'en est point ainsi pour une école bourgeoise; car celle-ci est destinée à une classe essentiellement diverse, la classe moyenne; il est donc naturel qu'elle puisse s'élever en proportion de l'importance des villes pour lesquelles elle est faite. Aussi l'école bourgeoise a-t-elle en Prusse des degrés bien différents, depuis le minimum fixé par la loi, minimum que je vous ai fait connaître (1), jusqu'à ce degré supérieur où elle se lie au gymnase proprement dit. A ce degré, l'école bourgeoise s'appelle quelquefois *Progymnasium*. J'ai sous les yeux, M. le ministre, et je vous transmets une instruction sur les différents progymnases que renferme le département de Munster; vous y verrez que ces établissements sont, comme leur titre l'indique, des gymnases préparatoires, où l'instruction classique et scientifique s'arrête dans certaines limites, mais où la classe bourgeoise peut puiser une instruction vraiment libérale. En général, les écoles bourgeoises allemandes, un peu inférieures à nos colléges communaux pour les études classiques et scientifiques, leur sont incomparablement supérieures pour l'enseignement de la religion, de la géographie, de l'histoire, des langues modernes, de la musique, du dessin et de la littérature nationale. Selon moi, il est de la plus haute importance de créer en France, sous un nom ou sous un autre, des écoles bourgeoises dont le développement soit très-varié, et de réformer dans ce sens un certain nombre de nos colléges communaux. Je regarde ceci, M. le ministre, comme une affaire d'État. Ne vous laissez pas dire que nous avons aussi plusieurs degrés dans l'instruction primaire en France, et qu'il a été pourvu à ce que je demande. Il n'en est rien; nous avons trois degrés, il est vrai, mais mal définis, ce qui réduit leur distinction à rien. Ensuite trois degrés sont une classification arbitraire dont la raison m'échappe à moi-même, tandis que les deux degrés déterminés par la loi prussienne sont évidemment fondés sur la nature des choses. Enfin, tout en renfermant les deux degrés dans le cercle de l'instruction primaire,

il n'est pas sans importance de les distinguer et de les caractériser par des noms différents : ces noms d'écoles de troisième, de second et de premier degré, ne marquent, pour ainsi dire, que des différences abstraites; ils ne disent rien à l'imagination et ne s'impriment point dans l'esprit. En Prusse, les noms d'école élémentaire et d'école bourgeoise, comme représentant le plus faible et le plus haut degré de l'instruction primaire, sont populaires; celui d'école moyenne, *Mittelschule*, au lieu de *Bürgerschule*, est aussi employé dans quelques parties de l'Allemagne (2). Voyez, M. le ministre, si ce nom ne pourrait pas être adopté parmi nous; il comprendrait, avec celui d'école élémentaire, les deux degrés essentiels de l'instruction primaire, et nos écoles normales primaires fourniraient également des maîtres pour ces deux degrés, pour lesquels il y aurait toutefois deux sortes d'examens et deux sortes de brevets. Il ne vous resterait qu'à fixer un minimum pour l'école moyenne, comme vous en fixerez un sans doute pour l'école élémentaire, en ayant soin de laisser chaque établissement dépasser peu à peu ce minimum, selon ses ressources et surtout selon ses succès.

Voilà, M. le ministre, ce qui me semble renfermé au fond de toutes les demandes que les villes vous adressent, soit pour changer le programme de nos colléges communaux, soit pour placer dans nos colléges royaux, à côté de l'enseignement classique et scientifique, un autre enseignement d'une utilité plus générale, soit enfin pour avoir des écoles qu'elles ne savent pas trop comment appeler, et que plus d'une fois on a appelées écoles industrielles, en opposition à nos colléges. Il faut bien vous garder d'affaiblir le programme classique de nos colléges; au contraire, je le répète, il faudrait le fortifier. Il ne faut pas introduire dans nos colléges deux sortes d'élèves, ce qui serait contraire à toute bonne discipline, et ne manquerait pas d'énerver les études difficiles au profit des plus faciles. Il ne faut pas non plus appeler écoles industrielles des écoles où les élèves ne sont pas encore supposés avoir aucune vocation spéciale. Les populations ne sentent que leurs besoins, mais c'est à vous, M. le ministre, qu'il appartient de choisir les vrais moyens de satisfaire ces besoins. Un cri s'élève d'un bout de la France à l'autre, et réclame pour les trois quarts de la population française des établissements intermédiaires entre les simples écoles élémentaires et nos colléges. Les vœux sont pressants; ils sont presque unanimes. Voilà donc encore un point de la plus haute importance sur lequel il serait aisé de s'entendre. Le vœu général, de nombreux essais plus ou moins heureux, appellent ici la loi et la rendent à la fois et nécessaire et facile.

Le point le plus délicat d'une loi sur l'instruction

---

(1) *Seconde partie du rapport.*

(2) *Première partie du rapport.*

primaire est la détermination des autorités qu'il y faut employer. Ici encore consultons les faits. Depuis que vous êtes chargé de l'instruction publique, M. le ministre, où avez-vous trouvé un appui efficace dans votre sollicitude pour l'instruction du peuple ? qui vous a prêté secours ? qui a mis ses sacrifices en commun avec ceux de l'État ? qui a fait bâtir quelques écoles, payé des maîtres, commencé des écoles normales ? Partout ce sont les conseils municipaux et les conseils de département, excités et représentés par les maires et par les préfets. Partout où les conseils municipaux et départementaux ont voulu, ils ont pu ; et ils ont voulu toutes les fois que les maires et les préfets ont voulu eux-mêmes, et ces derniers ont toujours suivi l'impulsion de l'autorité supérieure qui les nomme et de qui ils relèvent. Il faut donc suivre cette indication, et chercher un appui là où vous l'avez toujours trouvé ; j'ajoute, là où seulement en France il y a de la force et de la vie. L'administration française est la gloire et le chef-d'œuvre de l'empire. L'organisation de la France en mairies et en préfectures, avec des conseils municipaux et départementaux, est la base du gouvernement et de l'ordre général. Cette base est restée debout au milieu de tant de ruines : s'y appuyer me paraît prudent et politique. De plus cette organisation vient d'être rajeunie et vivifiée par l'établissement de conseils municipaux et départementaux électifs et populaires. Ainsi, activité et popularité, l'administration française réunit tout. C'est donc l'administration qu'il faut appeler à votre aide. Songez encore que ce sont les conseils municipaux et départementaux qui payent, et que vous ne pouvez équitablement en attendre quelque chose qu'autant qu'ils auront une grande part à la gestion des dépenses qu'ils auront votées. Ces conseils viennent du peuple et ils y retournent ; ils sont sans cesse en contact avec lui ; ils sont le peuple lui-même légalement représenté, comme les maires et les préfets sont ses conseils personnifiés et centralisés pour l'action. Je regarde donc encore comme un point incontestable, l'intervention nécessaire des conseils municipaux et des conseils de département dans la surveillance de l'instruction populaire. Comme il doit y avoir une école par commune, de même il doit y avoir pour toute école communale un comité spécial de surveillance, lequel doit être pris dans le conseil municipal et présidé par le maire. Qu'on n'aille pas me dire que ceux qui sont bons pour gérer les intérêts de la commune, ne sont pas bons pour surveiller l'école communale ; car, pour cette surveillance, il ne faut que du zèle, et les pères de famille les plus notables d'un lieu ne peuvent manquer de zèle pour leur plus cher intérêt. En Prusse, on ne voit à cela aucune difficulté, et toute école communale a son *Schulvorstand*, électif en très-

grande partie. Au-dessus de ces comités locaux doit être un comité central au chef-lieu du département, pris dans le conseil de département et présidé par le préfet. Le comité local de chaque commune correspondrait avec le comité départemental, c'est-à-dire, bien entendu, le maire avec le préfet. Cette correspondance exciterait le zèle de l'un et de l'autre comité. Par elle, le comité départemental saurait quel est chaque année le recrutement des maîtres d'école qu'exige tout le département, et, par conséquent, le nombre de maîtres que l'école normale départementale doit fournir et celui des élèves qu'elle doit admettre. Il aurait sans cesse à exciter le zèle des comités locaux pour établir des écoles et les améliorer, afin de pourvoir le mieux possible au sort des élèves de son école normale. Rien n'est plus simple que cette organisation ; c'est, en matière d'instruction primaire, ce qui se passe dans l'administration ordinaire ; je veux dire, l'action combinée des conseils municipaux et des conseils départementaux, des maires et des préfets.

Mais, dans la chaîne de l'administration ordinaire, il y a un anneau entre les maires et le préfet, savoir, le sous-préfet, et cet anneau est bien nécessaire. Il serait naturellement représenté dans l'instruction primaire par nos comités de canton. Mais ces comités sont si nuls, au moins dans l'état actuel, qu'il est peu sage d'y compter : ils n'ont rien produit ; souvent ils ne se sont pas même assemblés ; et cela est tout simple, parce que leurs attributions sont trop faibles, et que ce sont les attributions fortes et étendues qui seules animent et soutiennent le zèle : de plus, leur existence est fort équivoque, et eux-mêmes ne savent à qui ils appartiennent, ou au recteur, ou au préfet ; c'est l'un qui les nomme, et ils ne connaissent que l'autre. Je vous ai proposé ailleurs (1), M. le ministre, de réorganiser ces comités sur un autre plan : mais de quelque manière qu'on les arrange, je doute encore qu'ils puissent être fort utiles, et j'aimerais mieux, au lieu de ces comités, un seul individu ; car c'est surtout dans les points intermédiaires qu'il faut une grande activité, et il ne faut demander de l'activité qu'aux individus. Je substituerais donc à nos comités cantonaux actuels l'intermédiaire naturel des sous-préfets, qui correspondraient, ainsi qu'ils le font déjà, avec les préfets et les maires, sur l'instruction primaire comme sur tout le reste.

Après l'administration, c'est le clergé qui devrait jouer le plus grand rôle dans l'instruction populaire. Comment a-t-il pu négliger et même répudier une pareille mission ? Mais c'est un fait déplorable qu'il faut reconnaître : le clergé est généralement en France indifférent ou hostile à l'instruction du peuple. Qu'il s'en prenne à lui-même, si la loi ne lui donne point

(1) *Première partie du rapport.*

une grande influence dans l'instruction primaire ; car c'était à lui à devancer la loi et à s'y faire d'avance une place nécessaire. La loi, fille des faits, s'appuiera donc peu sur le clergé ; mais si elle l'écartait entièrement, elle ferait une faute énorme ; car elle mettrait décidément le clergé contre l'instruction primaire, et elle engagerait une lutte déclarée, scandaleuse et périlleuse. Le terme moyen naturel est de mettre le curé ou le pasteur, et, quand il y a lieu, l'un et l'autre à la fois, dans tout comité communal, et l'ecclésiastique le plus élevé du département dans le comité départemental. Donner à des ecclésiastiques la présidence de ces comités, comme l'avait fait la restauration pour ses comités cantonaux, ce serait vouloir ce qu'elle voulait, que ces comités ne s'assemblent jamais ou s'assemblent en vain ; d'autre part, exclure les ecclésiastiques de nos comités, comme le voudraient certaines gens qui se croient de grands philosophes, serait une réaction très-mauvaise sous tous les rapports. Il ne faut ni livrer aux ecclésiastiques nos comités ni les en exclure ; mais il faut les y admettre, parce qu'ils ont droit d'y être et d'y représenter la religion. Les gens honnêtes, raisonnables et considérables qui doivent composer ces comités, entraîneront peu à peu leurs collègues ecclésiastiques, en leur témoignant les égards qui leur sont dus. D'ailleurs, M. le ministre, aujourd'hui le clergé est vaincu ; le temps de le ménager en le contenant est arrivé. Napoléon n'était pas timide, et pourtant il a traité avec le clergé comme avec la noblesse, comme avec la révolution, comme avec tout ce qui était une puissance réelle, et il faudrait un aveuglement volontaire pour nier que le clergé soit une puissance réelle en France. Il faut donc avoir le clergé ; il faut ne rien négliger pour le ramener dans les voies où tout l'engage, et son intérêt manifeste, et sa sainte mission, et les anciens services qu'il a rendus à la civilisation de l'Europe. Mais si nous voulons avoir le clergé pour nous dans l'instruction populaire, il ne faut pas que cette instruction soit sans morale et sans religion ; car alors, en effet, le devoir du clergé serait de la combattre, et il aurait pour lui dans ce combat la sympathie de tous les gens de bien, de tous les bons pères de famille et du peuple lui-même. Grâce à Dieu, vous êtes trop éclairé, trop homme d'État, M. le ministre, pour penser qu'il puisse y avoir de vraie instruction populaire sans morale, de morale populaire sans religion et de religion sans un culte. Le christianisme doit être la base de l'instruction du peuple : il ne faut pas craindre de professer hautement cette maxime ; elle est aussi politique qu'elle est honnête. Nous baptisons d'abord nos enfants et nous les élevons dans la religion chrétienne et dans le sein de l'Église : plus tard, l'âge, la réflexion, le vent des opinions humaines, modifient leur pensée

première ; mais il est bon que cette pensée ait été d'abord empreinte de christianisme. De même, l'instruction populaire doit être religieuse, c'est-à-dire chrétienne ; car, encore une fois, il n'y a pas de religion en général ; et en Europe aujourd'hui, qui dit religion, dit christianisme. Que nos écoles populaires soient donc chrétiennes ; qu'elles le soient entièrement et sérieusement. Peu à peu le clergé ouvrira les yeux et nous prêtera son concours efficace. En vérité, il me semble impossible que de pauvres prêtres isolés dans les campagnes, dépendant de la population qui les nourrit et avec laquelle ils vivent, échappent longtemps à l'action éclairée d'un pouvoir national, fort et bienveillant. Le haut clergé lui-même vous appartient par la nomination et par le temporel. Peu à peu il doit vous revenir. En attendant, surveillons-le, mais ménageons-le. Ouvrons-lui nos écoles ; car nous n'avons rien à cacher ; appelons-le à l'œuvre sainte que nous entreprenons. Après tout, s'il s'y refuse, nous aurons absous notre prudence et fait notre devoir. Le reste est dans la main de la Providence et dans ses desseins impénétrables sur l'avenir de la société européenne.

Mais, M. le ministre, vous avez pu remarquer que je ne vous ai point encore parlé de la part de l'université dans l'instruction primaire. D'abord je professe ne pas savoir ce que c'est aujourd'hui que l'université : je ne connais d'université que l'université impériale ; et celle-là après avoir rendu d'éminents services, est morte en 1815. Elle a fait place d'abord à la commission royale de l'instruction publique, ensuite au ministère de l'instruction publique et des cultes : c'est là le régime légal sous lequel nous sommes. Or, personne ne conteste que l'action des comités communaux et départementaux, des maires, des sous-préfets et des préfets, doit relever, comme toutes les autres parties de l'administration publique, d'un centre commun, duquel émane une impulsion forte et une haute surveillance, et sur lequel tombe toute la responsabilité constitutionnelle devant les chambres. Ce centre est, ici comme en Prusse, le ministère de l'instruction publique et des cultes avec son conseil. Cela est ainsi établi, et cela est naturel et raisonnable en soi. Il est logique de laisser l'instruction primaire au ministère qui a dans ses attributions toute l'instruction publique, ainsi que les cultes, c'est-à-dire, les deux choses auxquelles l'instruction du peuple est intimement liée. Que pourrait-on gagner à reléguer l'instruction primaire dans les bureaux du ministère de l'intérieur ? Si l'on y a rejeté les arts, c'est un tort grave qu'il ne faut pas renouveler. S'est-on trouvé mal de cet ordre de choses ? Loin de là, on s'accorde à reconnaître que le ministère de l'instruction publique et son conseil ont, depuis la révolution de juillet, beaucoup fait pour l'instruction primaire. Comme vous n'eussiez rien pu sans les conseils municipaux et départementaux, sans les maires et sans les préfets, de même ces autorités reconnaissent qu'elles n'auraient rien pu, ou bien peu de chose, sans votre coopération et votre initiative. C'est vous qui avez excité leur zèle, qui l'avez soutenu et encouragé ; c'est vous qui, dispensateur éclairé des fonds remis par les chambres entre vos mains, avez partout vivifié l'instruction du peuple, en ajoutant aux faibles efforts des localités nécessiteuses des subventions plus ou moins considérables. Vous rendrez compte aux chambres, et je ne pense pas que sur vos actes elles veuillent bouleverser les attributions actuelles des ministres, et resserrer les vôtres, qu'elles devraient étendre. Les gens raisonnables ne veulent pas vous dépouiller de l'instruction primaire ; ils savent que sa vraie place est dans votre ministère. Jusque-là pas de difficultés ; mais les difficultés arriveront aussitôt que vous voudrez gouverner l'instruction primaire par vos agents ordinaires, les recteurs, et surtout les inspecteurs d'académie. Ici presque tout le monde résiste. Il faut se rendre compte de cette résistance. En général, on ne comprend pas que l'instruction primaire soit relative à la circonscription de la France par académies universitaires ; on pense que cette instruction étant essentiellement communale et départementale, les autorités naturelles appelées à la surveiller sont celles de la commune et du département. On pense aussi que l'instruction primaire veut une surveillance constante et par conséquent locale, et l'on croit peu capables d'une pareille surveillance le recteur et les inspecteurs d'une académie qui souvent embrasse trois, quatre ou cinq départements, comme la Bretagne, tandis qu'il y a en Allemagne un inspecteur spécial, non pas seulement par département, mais par arrondissement. Et puis, entre nous, à quelques exceptions près, vos inspecteurs d'académie n'inspectent guère plus que vos inspecteurs généraux. Enfin, je le répéterai sans cesse, il n'y a de bonnes inspections que les inspections spéciales. Un même homme ne peut à la fois inspecter utilement des facultés, des colléges royaux et communaux, une foule innombrable d'institutions et de pensions, et des établissements très-divers d'instruction primaire. Ces degrés différents d'instruction veulent des inspections différentes. J'approuverais donc la création d'un inspecteur spécial pour l'instruction primaire dans chaque département. Nos inspecteurs d'académie doivent être réservés pour l'inspection des écoles du second degré, pour les colléges royaux et communaux, pour les pensions et les institutions, qui suffiront, et de reste, à leurs forces et à leurs efforts. Vos agents, vos correspondants naturels dans l'instruction primaire, sont les préfets, qui présideraient les comités de département, et auxquels aboutirait la correspondance des maires et des comités commu-

naux par les sous-préfets, ainsi que le rapport de l'inspecteur départemental. Les préfets correspondraient officiellement avec vous, comme ils l'ont fait officieusement jusqu'ici ; et il y aurait dans le conseil central de l'instruction publique, comme il y a en effet aujourd'hui, un conseiller spécialement chargé des rapports à faire sur cette partie. Ce mécanisme est très-simple et donnerait de prompts résultats ; la machine, moins compliquée, aurait plus de jeu. La seule chose à laquelle j'emploierais des agents pris dans le corps enseignant, serait la commission d'examen, chargée de donner des brevets de maître d'école. Nul ne conteste que des professeurs n'aient en ce genre une capacité spéciale et toute l'impartialité nécessaire. Je voudrais donc que la commission d'examen fût nommée par vous et composée de professeurs ou régents du collége royal ou communal du département, en y adjoignant, pour la partie religieuse, un ecclésiastique que désignerait l'évêque. Cette même commission serait aussi employée par le comité départemental et par le préfet, à faire, chaque année, les examens de l'école normale primaire du département.

Quant aux instituteurs privés et à ce qu'on est convenu d'appeler la liberté de l'enseignement primaire, je ne puis que répéter ici ce que j'en ai dit ailleurs (1) : il faut à la fois ne s'y opposer et n'y pas compter. Quel homme de sens aujourd'hui consentirait à se fier à l'enrôlement volontaire pour le recrutement de l'armée ? De même, pour le recrutement des maîtres d'école, peut-on proposer de se fier à l'industrie privée ? Il y a une école polytechnique, une école des mines, une école des ponts et chaussées, et beaucoup d'autres écoles spéciales, toutes fondées sur ce principe qu'il est des branches de services publics qui doivent être assurées. Parmi tous ces services, l'instruction primaire est au premier rang. C'est le devoir le plus étroit du gouvernement de l'assurer d'une manière certaine, et de la garantir des caprices de l'opinion et de la mobilité des calculs de l'industrie. De là nos écoles normales primaires de département, chargées de fournir chaque année le nombre moyen de maîtres d'école dont les communes du département peuvent avoir besoin. Il ne faut compter que sur ces écoles normales pour le recrutement régulier des instituteurs communaux. Mais si, en face de nos écoles primaires normales, il se présente des personnes qui, sans avoir passé par nos écoles normales, veulent à leurs risques et périls établir aussi des écoles privées, il est évident que non-seulement il faut tolérer, mais qu'il faut encourager tous ces établissements particuliers, comme nous nous réjouissons qu'il s'élève des pensions et institutions à côté de nos colléges

_____
(1) *Première partie du rapport.*

royaux et communaux. Cette concurrence ne peut qu'être utile sous tous les rapports. Tant mieux si les écoles privées se soutiennent et prospèrent : loisible à elles de tenter toutes sortes de méthodes nouvelles et de faire en ce genre des essais qui ne peuvent être fort périlleux. Dans tous les cas, nos écoles normales sont là. Ainsi tous les intérêts sont conciliés, les devoirs de l'État et les droits des familles, la régularité du service et les libres chances de l'industrie, les droits de l'expérience et ceux de l'innovation. Il ne faut imposer à quiconque veut élever une école primaire privée que deux conditions, dont nulle école publique ou privée ne peut être affranchie, le brevet de capacité donné par une commission d'examen, et la surveillance du comité cantonal et de l'inspecteur du département. Je supprimerais volontiers le certificat de moralité, comme illusoire et implicitement renfermé dans celui de capacité, surtout s'il y a, comme il le faut, un ecclésiastique dans la commission d'examen.

Ici, bien plus encore qu'en Prusse, la privation du brevet de maître d'école ne peut être prononcée qu'après un jugement et par un tribunal ordinaire ; seulement il faut que l'on puisse faire devant ce tribunal un procès spécial sur des délits spéciaux autres que les délits ordinaires. Tout le monde en effet comprend qu'on peut être un très-mauvais maître d'école, sans avoir commis les délits correctionnels et criminels prévus par la loi civile.

Toutes ces mesures, sur lesquelles je ne veux pas m'appesantir, M. le ministre, sont plus ou moins fondées sur les faits existants ; elles ont pour elles la sanction de l'expérience : il n'y aurait donc que de l'avantage à leur ajouter celle de la loi. On ferait des essais sur tous les autres points dont la loi ne parlerait pas. Parmi ces essais, il y en aurait probablement d'heureux ; quand une assez longue pratique les aurait confirmés, on pourrait un jour les insérer dans une loi nouvelle, ou des ordonnances et des instructions mûrement délibérées par le conseil royal les convertiraient en mesures générales et officielles. Il ne faut songer à mettre dans la loi que ce qui a déjà la garantie du succès. Les lois ne sont pas des essais périlleux sur la société ; elles ne doivent faire autre chose que résumer et généraliser les leçons de l'expérience.

II

STATISTIQUE DE L'INSTRUCTION PRIMAIRE.

MONSIEUR LE MINISTRE,

Vous connaissez l'organisation de l'instruction primaire dans le royaume de Prusse. Vous savez quels sont les devoirs légaux des parents et ceux des communes ; les objets généraux de l'enseignement aux deux degrés différents dans lesquels se divise l'instruction primaire ; le mode de recrutement, de placement et de préparation des maîtres, celui de la surveillance, et les diverses autorités auxquelles elle est confiée ; en un mot, vous connaissez la loi : il faut maintenant aborder les faits ; vous avez une idée à peu près complète du mécanisme extérieur de l'instruction populaire ; il vous reste à savoir ce qu'a produit ce mécanisme, c'est-à-dire,

1° Combien il y a en Prusse d'écoles primaires, élémentaires et bourgeoises ; combien d'enfants les fréquentent, combien de maîtres y sont employés, et quel est leur traitement ;

2° Combien il y a d'écoles normales primaires, ainsi que ce qu'elles coûtent.

J'essayerai d'établir cette statistique de l'instruction primaire en Prusse, à l'aide de documents officiels.

On conçoit que dans un pays où l'instruction populaire est essentiellement communale et départementale, ce n'est pas en un jour que le gouvernement le plus ferme et le mieux obéi peut, à force de soins, arriver à des renseignements complets sur toutes les écoles de toutes les villes et de tous les villages d'une grande monarchie. Au mois d'avril 1819, le ministre de l'instruction publique, en même temps qu'il coordonnait et systématisait tous les règlements antérieurs sur l'instruction primaire, voulut constater le point dont il partait, et demanda à chacune des régences des tableaux légalisés de toutes les écoles existantes dans les villes et dans les campagnes de leur ressort. Ces tableaux ne furent achevés qu'au mois de février 1821 ; et le gouvernement les publia quelque temps après dans le Journal de Beckedorf. Ils ne représentent que l'état de ces écoles en 1821, et peut-être même en 1819, époque à laquelle ils furent commandés et commencés. Or il résulte de ces tableaux que déjà à cette époque on comptait pour toute la monarchie 2462 écoles de ville, avec 3745 maîtres, et 17,623 écoles de village, avec 18,140 maîtres. Je donne ici ces tableaux, qui contiennent pour les villes et les villages le nombre d'écoles que possède chaque département de la Prusse, avec la distinction des écoles protestantes et des écoles catholiques, et l'indication de la moyenne du traitement des maîtres d'écoles protestantes ou catholiques pour les écoles de chacun de ces départements.

ÉCOLES DE VILLE,
AVEC LA MOYENNE DU TRAITEMENT DES MAITRES D'ÉCOLE.

NUMÉROS.	RÉGENCES ou DÉPARTEMENTS.	ÉCOLES protestantes.	ÉCOLES catholiques.	TOTAL des écoles.	MOYENNE DU TRAITEMENT des maitres d'école.		
						Rixd. gr. fen.	
1	Kœnigsberg . .	97	16	113	Protest.	186	18
					Cathol.	119	»
2	Gumbinnen . .	52	1	53		270	12
3	Dantzig. . . .	49	8	57		273	14
4	Marienwerder .	57	24	81		201	2
5	Posen. . . .	80	71	151		132	15
6	Bromberg . .	26	*36	63		148	18
7	Berlin. . . .	101	1	102		639	6
8	Potsdam. . .	131	1	132		236	19
9	Francfort - sur - l'Oder. . .	155	2	157	Protest.	223	15
					Cathol.	102	»
10	Stettin. . . .	75	»	75		191	12
11	Cœslin. . . .	35	»	35		442	»
12	Stralsund. . .	34	1	35		200	4
13	Breslau . . .	58	45	103	Protest.	228	»
					Cathol.	146	»
14	Oppeln. . . .	16	42	58		170	21	8
15	Reichenbach . .	33	33	66		180	19
16	Liegnitz. . . .	83	25	108	Protest.	179	6
					Cathol.	145	2
17	Magdebourg. .	142	7	149		284	»
18	Mersebourg. .	158	1	159		183	4
19	Erfurt. . . .	67	16	83	Protest.	134	»
					Cathol.	104	13
20	Münster. . .	10	92	102		138	18	6
21	Minden . . .	21	13	34		139	10
22	Arnsberg. . .	89	61	150		154	»
23	Cologne. . .	5	62	67		149	»
24	Düsseldorf. .	36	35	71		297	17
25	Clèves. . . .	37	32	69		164	11
26	Coblentz. . .	29	43	72		149	14
27	Trèves . . .	10	20	30	Protest.	218	5
					Cathol.	190	11
28	Aix-la-Chapelle .	10	78	88		177	3
	TOTAL. .	1696	766	2462			

* Parmi ces 36 écoles, il y a 13 écoles appelées *Simultan-Schulen*, c'est-à-dire, qui ont des maitres et des élèves des deux communions, protestante et catholique.

ÉCOLES DE VILLE,
AVEC LA MOYENNE DU TRAITEMENT DES MAITRES D'ÉCOLE.

NUMÉROS.	RÉGENCES ou DÉPARTEMENTS.	ÉCOLES protestantes.	ÉCOLES catholiques.	TOTAL des écoles.	MOYENNE DU TRAITEMENT des maitres d'école.		
						Rixd. gr. fen.	
1	Kœnigsberg . .	1026	95	1121		63	7	1
2	Gumbinnen. .	921	»	921		109	4	4
3	Dantzig. . .	227	190	417		98	4	8
4	Marienwerder .	461	239	700		80	8	9
5	Posen. . . .	250	196	446		80	2	8
6	Bromberg . .	205	*113	318		44	11	7
7	Berlin (la ville seule). . .	»	»	»				
8	Potsdam. . .	1329	»	1329		96	7	1
9	Francfort - sur - l'Oder. . .	1188	11	1199		80	11	4
10	Stettin. . . .	917	»	917		71	5
11	Cœslin. . . .	847	»	847		80	18	3
12	Stralsund. . .	257	»	257		53	2
13	Breslau. . .	661	191	852	Protest.	90	3
					Cathol.	107	10
14	Oppeln . . .	67	568	615		66	6
15	Reichenbach . .	340	266	606		45	1
16	Liegnitz. . . .	603	106	709	Protest.	144	1
					Cathol.	15	»
17	Magdebourg. .	87	9	880		1	3	20	3
18	Mersebourg. .	1008	»	1008		117	»
19	Erfurt. . . .	291	115	406		95	4	6
20	Münster . . .	39	292	331		49	»
21	Minden . . .	225	241	466		119	19
22	Arnsberg. . .	358	268	626		91	12
23	Düsseldorf. .	194	157	351		152	16
24	Clèves. . . .	81	102	183		80	»
25	Cologne. . .	64	311	375		73	12
26	Coblentz. . .	307	479	786		77	16
27	Trèves . . .	57	509	566	Protest.	106	2
					Cathol.	65	11
28	Aix-la-Chapelle .	15	354	369		61	16
	TOTAL. .	12809	4814	17623			

* Parmi ces 113 écoles, il y a 37 écoles communes aux protestants et aux catholiques.

Voici maintenant deux résumés comparatifs du traitement des maitres d'école, d'après les deux tableaux ci-dessus.

POUR LES VILLES.

NUMÉROS.	TRAITEMENT DES MAITRES D'ÉCOLE.	PROTESTANTS.	CATHOLIQUES.	TOTAL du nombre des maitres.
1	Au-dessous de 50 rixdales. . .	68	54	122
2	Entre 50 et 100. . .	298	195	493
3	100 et 150. . .	447	295	742
4	150 et 200. . .	506	188	694
5	200 et 250. . .	443	113	556
6	250 et 300. . .	344	48	392
7	300 et 350. . .	237	24	261
8	350 et 400. . .	139	19	158
9	400 et 450. . .	108	6	114
10	450 et 500. . .	50	9	59
11	500 et 550. . .	55	2	57
12	550 et 600. . .	102	2	104
13	600 et 650. . .	7	»	7
14	650 et 700. . .	5	»	5
15	700 et 1200. . .	5	»	5
	Total des places de maitres d'école.	2790	955	3743

Les frais d'entretien de toutes ces écoles de ville montent annuellement à 796,523 rixd. 11 gr. (environ 3 millions de francs), auxquels l'État contribue pour 69,329 rixd. 19 gr. (environ 263,000 fr.), tant en argent qu'en bois et autres objets en nature.

La moyenne du traitement d'un maitre est annuellement de 212 rixd., 2 gr. 9 fenins (environ 795 fr.).

POUR LES VILLAGES.

NUMÉROS.	TRAITEMENT DES MAITRES D'ÉCOLE.	PROTESTANTS.	CATHOLIQUES.	TOTAL du nombre des maitres.
1	Au-dessous de 10 rixdales. . .	265	60	325
2	Entre 10 et 20. . .	641	216	857
3	20 et 40. . .	1652	635	2287
4	40 et 60. . .	2002	824	2826
5	60 et 80. . .	2116	841	2957
6	80 et 100. . .	1807	1026	2833
7	100 et 130. . .	1652	766	2418
8	130 et 150. . .	869	283	1152
9	150 et 180. . .	794	292	1086
10	180 et 200. . .	353	81	434
11	200 et 220. . .	209	47	256
12	220 et 250. . .	222	31	253
13	250 et 300. . .	221	23	244
14	300 et 350. . .	124	8	132
15	350 et 400. . .	82	2	84
16	400 et 450. . .	12	»	12
17	450 et 500. . .	6	»	6
	Total des places de maitres d'école.	13005	5135	18150

Les frais d'entretien de toutes ces écoles de village montent annuellement à 1,556,229 rixd. (environ 5,840,000 francs), auxquels l'État contribue pour

78,048 rixd. (environ 295,000 fr.), tant en argent qu'en bois et autres objets en nature.

La moyenne du traitement d'un maître est annuellement de 85 rixd. 16 gros (environ 322 francs).

Les tableaux précédents abondent en résultats intéressants de toute espèce; je n'en signalerai qu'un seul. Un royaume qui n'a pas treize millions d'habitants consacre annuellement à l'instruction primaire, sans y comprendre les écoles normales primaires, qui ne sont point ici marquées, à peu près neuf millions de francs, somme considérable, sur laquelle l'État ne contribue que pour la somme assez modique de cinq cent cinquante-six mille francs. Ce beau résultat vient de la stricte observation de ces deux points, sans lesquels il ne peut y avoir, selon moi, d'instruction populaire : 1° obligation pour tous les parents de payer quelque chose pour l'instruction de leurs enfants, sauf par eux à faire la preuve d'indigence; 2° obligation pour toute commune d'entretenir le maître d'école avec ses propres ressources et la rétribution des enfants non indigents, sauf par ces communes à faire la preuve d'incapacité réelle à cet égard.

A la fin de l'année 1825, le ministre de l'instruction publique fit faire, comme en 1819, un nouveau recensement du nombre des écoles primaires et de celui des maîtres qui y sont employés. Ce nouveau travail comprend un élément fondamental omis dans le premier, le nombre des enfants qui fréquentent les écoles; il distingue les écoles élémentaires et les écoles bourgeoises; mais il omet un élément important que donnait celui de 1821, le traitement des maîtres. Les résultats de cette nouvelle statistique ont été publiés dans la Gazette d'État de Berlin, *Staats-Zeitung*, n° 79, 29 mars 1828. Voici un extrait de cet article :

« D'après le recensement fait à la fin de 1825, on comptait alors dans toute la monarchie prussienne 12,256,725 habitants, parmi lesquels 4,487,461 enfants au-dessous de quatorze ans, ce qui donne 366 enfants par 1000 habitants, ou environ les onze trentièmes de la nation.

« En admettant que l'éducation dans les écoles publiques commence à l'âge de sept ans accomplis, on peut calculer que les trois septièmes de la population entière des enfants sont en état d'aller aux écoles, et on aura, pour toute la monarchie prussienne, un nombre de 1,923,200 enfants en âge de profiter des bienfaits de l'instruction. Or, à la fin de 1825, il y avait dans le royaume :

Écoles élémentaires de ville et de campagne, le plus souvent pour les deux sexes réunis. 20,887

Écoles bourgeoises ou moyennes. { pour les garç. 458 } { pour les filles. 278 } 736

En tout. . . . 21,623 écoles,

dans lesquelles étaient employés. . 22,261 maîtres et. . . . . 704 maîtresses.

Ensemble. . . . 22,965 maîtres,

auxquels il faut ajouter encore environ 2,024 sous-maîtres ou sous-maîtresses.

Ces écoles répandaient l'instruction entre :

Garçons. { Écoles élément^res. 822,077 } { Écoles bourgeoises 49,169 } 871,246

Filles. { Écoles élément^res. 755,922 } { Écoles bourgeoises 37,050 } 792,972

Ensemble. . . . 1,664,218 enfants.

« Or, nous avons évalué plus haut la population totale des enfants de sept à quatorze ans dans toute la monarchie, à 1,923,200. Il résulterait donc des calculs précédents que sur quinze enfants, treize suivent réellement les écoles publiques; et comme on doit encore tenir compte de ceux qui vont à des écoles privées, ou qui reçoivent l'instruction chez leurs parents, ou qui sont même déjà passés dans les classes inférieures des gymnases, l'état général des choses paraît assez satisfaisant.

« Mais, il faut l'avouer, il n'y a aucune proportion entre les diverses provinces de la monarchie, sous le rapport de l'instruction populaire. Dans quelques provinces, où l'éducation est très-répandue, le nombre des enfants, qui vont aux écoles dès l'âge de six ans et même avant, dépasse de beaucoup les trois septièmes de la population totale des enfants, tandis que plusieurs autres provinces arriérées envoient aux écoles un nombre d'élèves beaucoup moindre, et qui ne dépasse guère quelquefois le septième de la population totale des enfants.

« Sur 1000 enfants au-dessous de quatorze ans, on compte que ceux de sept ans à quatorze forment les trois septièmes, ce qui donne sur 1000 enfants environ 429 enfants en état d'aller à l'école. Voici maintenant les résultats comparatifs, fournis par tous les départements du royaume à la fin de 1825, sur le nombre des enfants qui fréquentent les écoles publiques, élémentaires ou bourgeoises :

Magdebourg : sur 1000 enfants,	524
Mersebourg.	495
Erfurt.	467
Liegnitz	459
Arnsberg.	443
Breslau.	438
Münster.	432
Francfort.	425
Coblentz.	425
Potsdam.	416
Stettin.	413
Minden.	412
Trèves.	410
Oppeln	380
Cœslin.	370
Gumbinnen.	385

Départements.

DÉPARTEMENTS.
- Kœnigsberg. 345
- Cologne 311
- Dantzig 295
- Düsseldorf 295
- Aix-la-Chapelle. 272
- Marienwerder. 242
- Stralsund. 202
- Posen. . . . , ... 182
- Bromberg. 148

« D'après ce relevé, le terme moyen pour tout le royaume était de 371 enfants sur 1000, au lieu de 429 qui forment les trois septièmes de 1000. On remarquera que si, d'un côté, sept départements dépassent cette dernière proportion, de l'autre cinq départe-

(1) Je puis du moins attester qu'ayant visité les provinces prussiennes du Rhin en 1818, et les ayant de nouveau visitées en 1831, j'ai trouvé que l'instruction publique y avait fait d'immenses progrès. Par exemple, voici ceux du département de Düsseldorf, de 1816 à 1825, même avant l'application de la loi sur l'obligation d'aller à l'école, et avant l'établissement ou du moins la mise en activité des écoles normales primaires.

Maisons d'écoles bâties. { catholiques. . . 101 / protestantes . . 68

Maisons d'écoles réparées { catholiques. . . 200 / protestantes . . 175

État des sommes dépensées pour ces nouveaux bâtiments, l'amélioration des anciens, le mobilier et les livres, cartes et instruments nécessaires aux écoles, en tout 588,827 rixdales (environ 2,208,000 francs, ou, par an, 220,800 francs pour construction et matériel des écoles, sans compter le traitement des maîtres, etc.).

Même département, année 1830.

Maisons d'école. . . { nouvellement bâties. 58 / réparées. 292

Sommes employées à cette dépense. . . 68,644 thal.
Traitements des maîtres d'école. . . . 60,352
Pour le mobilier, livres, cartes, etc. . . 10,822

EN TOUT. . . . 139,818 thal.

Sur quoi les communes ont donné. . . 131,207
Présents et legs des particuliers 44,953

Dans l'année 1829, les présents et les legs n'avaient donné que 23,084 thal.

Je prends encore la province la plus arriérée de la Prusse, celle de Posen, composée des deux départements de Posen et de Bromberg. Le journal de Beckedorf (1er, IVe et VIe volumes) donne les renseignements suivants sur les progrès de l'instruction primaire dans ces deux départements, pendant les années 1824, 1825 et 1826.

ANNÉE 1824.

Département de Posen.

Une école bourgeoise améliorée ; une autre projetée antérieurement réalisée. Soixante-quatre maîtres d'école ont fréquenté des conférences. Vingt nouvelles écoles ont été fondées, dont cinq de ville, une catholique, une protestante, et trois juives ; quinze de campagne, dont treize catholiques, deux protestantes. Soixante et douze écoles ont

ments n'atteignent pas même aux deux septièmes du nombre total des enfants, c'est-à-dire, 286 sur 1000. Mais il faut songer que dans ces derniers départements, l'éducation publique a été très-négligée par les gouvernements qui ont précédé l'administration prussienne, et qu'il y a un grand nombre d'écoles privées qui n'ont pas été comprises dans le recensement général, et qui peut-être changeraient la proportion ci-dessus établie avec les autres départements du centre, où il y a très-peu d'écoles primaires particulières. »

Les progrès de l'instruction populaire en Prusse, de 1819 à 1825 (1), peuvent nous donner une idée été améliorées ; onze nouvelles maisons d'écoles bâties ; vingt-quatre améliorées et agrandies.

Département de Bromberg.

Vingt-deux nouvelles écoles fondées, dont cinq de ville, trois catholiques, une juive, une de pauvres ; et dix-sept de campagne, sur lesquelles six protestantes et onze catholiques. Cent vingt-quatre écoles améliorées ; seize nouvelles maisons d'écoles bâties, vingt-six réparées, trente et un nouveaux maîtres placés. Une petite école normale primaire établie pour former des maîtres d'école de campagne protestants. Elle a admis dix élèves.

ANNÉE 1825.

Département de Posen.

La grande école normale de Posen améliorée ; elle contient soixante-quatre élèves ; soixante et onze maîtres déjà placés sont venus s'y perfectionner ; elle a pour école d'exercice, une école élémentaire de trois cents enfants (trente-cinq de plus que l'année précédente). Deux écoles bourgeoises ont été fondées à Posen, la haute école de ville (höhere Stadtschule), améliorée. Une école de ville, trente-six de campagne, cinquante et une de campagne ; cinquante-six ont été réorganisées ; vingt-quatre nouvelles maisons d'écoles bâties, dix-sept réparées et agrandies.

Département de Bromberg.

Dix écoles de ville, dont cinq catholiques et cinq juives, et treize de campagne, ont été fondées, dont six protestantes et sept catholiques, sans compter six écoles juives privées autorisées. Soixante-cinq écoles privées améliorées, dix-huit maisons d'école bâties, seize réparées, vingt-deux nouveaux maîtres protestants placés, dix-sept catholiques, six juifs. Une petite école normale catholique fondée à Lobsens ; un grand nombre de conférences musicales et autres établies entre les maîtres. Deux écoles moyennes de villes établies, ainsi qu'une grande maison d'éducation pour les villes. La grande école normale protestante de Bromberg améliorée, ce qui donne pour toute la province deux grandes écoles normales primaires, l'une protestante à Bromberg, l'autre catholique à Posen, avec deux petites écoles normales primaires. La grande école normale de Bromberg compte quarante-quatre élèves, et elle a pour ses exercices une école de pauvres de cinquante enfants.

ANNÉE 1826.

Département de Posen.

Soixante nouvelles écoles fondées, trente-neuf réorga-

de ceux qu'a dû faire cette même instruction de 1825 à 1831, époque pendant laquelle les écoles normales ont été en pleine activité et ont donné un grand élan à toute l'instruction primaire. Un nouveau recensement, qui constaterait l'état présent des choses, serait infiniment précieux ; mais il faudra au gouvernement plus d'une année pour recueillir les éléments d'une statistique semblable à celles de 1821 et de 1825. A défaut de cette statistique, le gouvernement m'a fourni un document qui peut en tenir lieu jusqu'à un certain point, je veux dire le compte de ses propres dépenses en ce genre. Voici le relevé des subventions accordées par l'État à l'instruction populaire pour l'année 1831.

État des sommes payées annuellement par les caisses de l'État pour les écoles élémentaires et les écoles bourgeoises de la monarchie.

Numéros.	PROVINCES.	SOMMES pour 1831.		
		Rixdal.	gros d'arg.	fen.
1	Prusse orientale et occidentale.	52,012	6	7
2	Brandebourg.	71,739	17	11
3	Poméranie.	8,957	19	1
4	Silésie.	17,796	23	»
5	Posen.	9,186	6	1
6	Saxe.	24,689	26	6
7	Westphalie.	19,889	17	1
8	Clève-Berg	11,098	26	11
9	Bas-Rhin.	5,557	2	10
10	Pour l'enseignement populaire en général.	9,590	»	
		230.517 22 » (Envir. 865,700 fr.)		

Ainsi près d'un million de francs est consacré par l'État sur le budget général à l'instruction primaire pour l'année 1831, tandis qu'en 1821 la subvention analogue ne montait qu'à cinq cent cinquante - six mille francs sur une dépense totale de neuf millions ; d'où on pourrait induire que, si les communes ont augmenté leurs dépenses particulières dans la même proportion, la somme totale des dépenses de l'État et des communes pour l'instruction primaire, doit s'élever pour 1831 à environ quatorze millions. Et cette hypothèse semblera encore au-dessous de la réalité, si on se rappelle le principe fondamental de l'instruction primaire en Prusse, savoir qu'elle est une dépense communale dans laquelle l'État n'intervient que le moins qu'il peut. Le principe contraire est celui qui règne parmi nous. Eh bien, sous l'empire de ce prin-

cipe, l'État ne consacrait en France, à l'instruction primaire, jusqu'en 1828, sur le budget général, que la somme misérable de soixante mille francs. La chambre de 1828 éleva cette subvention à 300,000 fr. Le gouvernement de juillet l'a portée à 700,000 fr., puis à un million, c'est-à-dire, à peine au delà des dépenses de l'État en Prusse, sous l'empire du principe communal, pour douze millions seulement d'habitants, et sans compter la dépense des écoles normales primaires. J'arrive à ces derniers établissements.

En Prusse, si la loi oblige les communes à fonder et à entretenir des écoles où toute la population est forcée de se rendre, le gouvernement encourage et soutient ce grand mouvement en se chargeant lui-même de préparer et de fournir aux communes des maîtres d'école honnêtes et habiles. Ce sont les communes qui entretiennent les écoles primaires ; l'État ne leur accorde que de faibles subventions : mais l'inverse a lieu pour les écoles normales primaires ; c'est l'État qui les institue et se charge en partie de leurs dépenses ; les localités n'interviennent que pour de simples subventions.

On jugera par le résultat suivant si le gouvernement prussien a bien rempli la tâche qu'il s'est réservée. Aujourd'hui, il n'y a pas dans la monarchie prussienne une province où chaque département (*Regierungsbezirk*) n'ait son école normale primaire, et j'entends une grande école normale (*Haupt-Seminaar*), riche en maîtres et en élèves, quelquefois même avec une ou plusieurs écoles normales succursales (*Hülfs-Seminarien*), c'est-à-dire de petites écoles normales (*kleine Seminarien*), où le nombre des élèves, celui des maîtres, l'enseignement et la dépense sont renfermés dans d'étroites limites. Ces petites écoles normales sont très-nombreuses. Elles rendent obscurément les plus grands services. M. Beckedorf, dans son journal, tome VI, premier cahier de 1827, donne la note suivante sur celles de ces petites écoles normales primaires qui étaient venues à sa connaissance.

PRUSSE ORIENTALE ET OCCIDENTALE.

Département de Kœnigsberg.

Une à Mulhausen, fondée en 1811 ; revenu fixe : sept cents rixdales accordés par l'État, pour l'entretien complet de six élèves. Il y en a un plus grand nombre qui y sont à leurs frais. Cette petite école donne les meilleurs résultats.

nisées, huit nouvelles maisons d'école bâties, six réparées, trente-trois maîtres établis.

Département de Bromberg.

Onze nouvelles écoles fondées ; quatre écoles privées juives autorisées, trente-huit écoles améliorées, douze

maisons d'école bâties, treize réparées, soixante-huit nouveaux maîtres placés ; une foule d'associations de maîtres d'école nouvellement établies ; la petite école normale protestante de Fordon, augmentée ; la maison d'éducation pour les filles, fondée l'année précédente, agrandie ; une nouvelle, fondée.

Département de Gumbinnen.

Une à Zabienen, fondée en 1821 ; elle était ambulante et destinée à aller successivement former les maîtres d'école polonais de toute la province. Cet établissement singulier a cessé en 1825, mais après avoir été fort utile à toute la province.

Il s'est formé à Angerburg, sur la limite des deux départements, une petite école normale qui a vingt-quatre élèves, et qui reçoit de l'État un revenu fixe de douze cents rixdales.

BRANDEBOURG.

Département de Francfort-sur-l'Oder.

A Alt-Dœbern, il y avait une petite école normale primaire qui a été absorbée dans la grande école de Neuzelle.

Département de Potsdam.

La petite école normale de Gross-Bœhnitz, fondée en 1811, et qui en 1825 comptait vingt-six élèves, a été absorbée dans la grande école de Potsdam ; mais il s'est reformé à Jüterbock une petite école qui prépare à la grande école de Potsdam.

POMÉRANIE.

Département de Stettin.

Il y a eu de 1820 à 1823, à Fritzow, une petite école qui a été fort utile.

A Stettin même, il s'est formé une école pareille dans le faubourg appelé Lastadie. Cette école ne forme des maîtres que pour de petites places de maîtres d'école mal rétribuées.

A Pyritz, même établissement.

Département de Kœslin.

A Bartzwitz, même établissement encore, mais dans de plus grandes proportions. Il ne comptait que dix élèves en 1818, et au commencement de 1827 il en avait cinquante, dont trente-deux étaient des maîtres déjà placés qui venaient s'y perfectionner. L'État lui accorde une subvention.

SILÉSIE.

Il n'y a dans toute cette province qu'une petite école normale à Schlegel, comté de Glatz, mais elle est très-ancienne et suffit aux besoins du comté. Elle a dix à douze élèves et une subvention de l'État.

POSEN.

Département de Posen.

Une petite école normale protestante à Fraustadt ; une seconde petite école normale catholique est projetée.

Département de Bromberg.

Une protestante à Fordon, une catholique à Lobsens. Plusieurs autres établissements de ce genre sont encore projetés pour le grand-duché de Posen.

SAXE.

Département de Magdebourg.

Une à Gardenleben qui est très-florissante, et qui en 1825 comptait soixante-quatre élèves. Il y a plusieurs autres établissements de ce genre dans le même département.

Département de Mersebourg.

Voici quel était en 1821 le nombre des petites écoles de ce département. Une petite école normale de musique à Zeitz, annexée au gymnase ; une autre à Eisleben, dans le gymnase de cette ville ; il était question de placer les élèves dans la maison de Luther, qui sert aussi à une école gratuite ; une autre à Sangerhausen, dans l'école de la ville ; une à Queerfurth, dirigée par deux maîtres de l'école de la ville ; une à Herzberg, dirigée par deux maîtres de l'école de la ville et comptant plus de vingt élèves ; une à Jessen ; une à Liebenwerda, qui existe depuis 1801 ; une à Seyda ; une à Halle, destinée à perfectionner des maîtres d'école ; une à Bitterfeld ; une à Eilenburg avec trois maîtres ; une à Rochwitz ; une à Muckenberg ; une à Stolzenhain ; une à Saathain ; une à Corbetha, qui avait en 1825 onze élèves ; une autre à Tauchern ; une autre à Wittenberg.

Département d'Erfurt.

Une école normale catholique à Heiligenstadt. M. Beckedorf déclare que ce département doit avoir encore plusieurs établissements de ce genre qu'il ne connaît pas.

WESTPHALIE.

Département de Minden.

Une excellente école normale primaire à Petershagen, qui en 1825 avait vingt-cinq élèves, et en 1827 trente-deux ; une autre à Münster, autrefois très-florissante, aujourd'hui affaiblie par le voisinage de la grande école normale de Büren.

RHIN.

Plusieurs établissements du même genre.

Ces renseignements, tout incomplets qu'ils sont, peuvent donner une idée du nombre et du développement de ces petites écoles normales primaires. L'État n'intervient que gracieusement dans leurs dépenses. Presque toujours il contribue pour quelque chose au traitement du directeur. En général, il encourage partout ces petites écoles normales, mais il ne compte que sur les grandes. Celles-là, il les fonde lui-même ; il les défraye en grande partie ; il les fait surveiller avec une sollicitude infatigable ; il exige des consistoires provinciaux des rapports fréquents et détaillés ; il oblige les directeurs à rendre compte publiquement, à certaines époques, des établissements qui leur sont confiés. Déjà en 1826 il y avait vingt-huit grandes écoles normales en plein exercice, c'est-à-dire une par département. Voici un tableau fait à cette époque de tous ces beaux établissements, province par province, avec l'indication des villes où ils sont placés, l'année de leur fondation, le chiffre total de leur dépense, la part de l'État dans cette dépense, le nombre des maîtres, celui des élèves appelés *Séminaristes,* la durée de leur séjour à l'école normale, le nombre des bourses entières ou demi-bourses ou simples subsides (*Stipendia*), et quelques remarques sommaires sur le directeur ; car c'est un principe reconnu en Prusse, qu'autant vaut le directeur, autant vaut l'école.

TABLEAU

DE TOUTES LES GRANDES ÉCOLES NORMALES PRIMAIRES DE LA PRUSSE.

NUMÉROS.	LIEUX.	ANNÉES de la FONDATION.	REVENUS.	NOMBRE des MAITRES et de leurs adjoints.	NOMBRE DES ÉLÈVES.	DURÉE du SÉJOUR.	NOMBRE des PLACES GRATUITES et des subsides.	REMARQUES.
						I. PRUSSE ORIENTALE.		
1	Koenigsberg. Protestante.	1701. Réorganisée en 1809.	6,497 rixdales 17 gros 7 fen (3,166 rixd. des caisses royales.)	4	30	Indéterminée.	30 places gratuites.	Un directeur manque.
2	Karalene. Protestante.	1811.	6,644 rixdales 8 gros 10 fen. 5,98½ rixd.8 gros 10 fen. des caisses royales.)	6	33	2 et 3 ans.	25 places gratuites.	M. Patzig est directeur. L'institut étant à la campagne, a ses bâtiments à lui, et une école de village comme école d'exercice.
3	Klaendlern. Protestante.	1772.	2,828 rixdal es 23 gros 6 fen. (2,250 rixd. d caisses de l'État.)	3	44	2 ans.	32 places gratuites.	M. le pasteur Riedel est directeur. Sur deux ans de séjour, dix-huit mois sont principalement consacrés à la théorie, et le reste à la pratique. L'institut a ses propres bâtiments à la campagne, et pour l'exercice l'école du village.
4	Braunsberg. Catholique.	1810.	4,100 rixd. des caisses de l'État.	3	22	Indéterminée. La sortie a lieu dès que le séminariste paraît suffisamment préparé et trouve une place.	20 places gratuites.	M. Burgund, ancien ecclésiastique, d'un ordre catholique, est directeur. L'institut n'a point d'école d'exercice qui lui appartienne. Il y a hors de la maison quelques élèves externes.
						II. PRUSSE OCCIDENTALE.		
5	Jenkau. École simultanée, c'est-à-dire où les deux communions sont admises.	1798. Fondée par le chambellan de Conradi.	5,158 rixd.	7	38	Indéterminée.	Tout est gratuit.	M. Kaweran est directeur. L'institut est à la campagne, et forme une petite colonie isolée. On reçoit par préférence des séminaristes catholiques, quoique les maîtres soient protestants. L'école d'exercice est fréquentée par les enfants du village qui est tout proche. Des maîtres d'école déjà placés y reçoivent aussi une instruction supplémentaire. Il y en a ordinairement six.

NUMÉROS.	LIEUX.	ANNÉES de la FONDATION.	REVENUS.	NOMBRE des MAÎTRES et de leurs adjoints.	NOMBRE des élèves.	DURÉE du séjour.	NOMBRE des PLACES GRATUITES et des subsides.	REMARQUES.
6	Marienbourg. Simultanée.	1798	3,033 rizdales 10 n.g. des caisses royales.	6	56	3 ans.	1,256 rizdal. sont distribuées à 46 élèves, selon 5 degrés.	M. Hubler, prédicateur et inspecteur d'école, est le directeur et l'auteur de l'établissement. Il a sous lui 5 maîtres, qui n'appartiennent pas à l'école normale, mais aux écoles de la ville. Parmi les 65 élèves de l'année passée, il y avait 12 catholiques, qui recevaient l'instruction religieuse du curé catholique de l'endroit. La classe inférieure sert d'école d'exercice aux classes supérieures.
7	Graudenz. Simultanée.	1817.	2,000 rizdales 16 gros 8 fen. des caisses de l'État.	4	60 et pl.	3 ans.	On répartit sur 40 séminaristes une somme de 1,160 rizdales par an.	M. Dietrich, catholique, est directeur. L'institut possède un vaste édifice, l'ancien collège des jésuites, et il est en relation avec une école de ville. Le directeur et 40 élèves demeurent dans la maison. Le séjour, qui doit durer trois ans, est souvent abrégé pour satisfaire aux besoins de la province.

III. BRANDEBOURG.

NUMÉROS.	LIEUX.	ANNÉES de la FONDATION.	REVENUS.	NOMBRE des MAÎTRES et de leurs adjoints.	NOMBRE des élèves.	DURÉE du séjour.	NOMBRE des PLACES GRATUITES et des subsides.	REMARQUES.
8	Neuzelle. Protestante.	1817. À cette époque, les séminaires de Lukkau et Zullichau furent réunis et transférés à Neuzelle.	8,856 rizd. 2 gros 6 fen. (5,500 rizd. 2 gros 6 fen. des caisses de l'État.)	7	90	3 ans.	24 places entièrement gratuites, et 22 à moitié gratuites.	M. Krüger, prédicateur, est directeur. L'institut est dans les vastes édifices d'un couvent sécularisé, où demeurent tous les maîtres et les élèves. L'école d'exercice est la maison d'orphelins de 30 enfants, annexée à l'école normale.
9	Potsdam. Protestante.	1817.	5,438 rizd. 25 gros.	6	63	3 ans.	10 places entièrement gratuites, même nombre de places à moitié gratuites. Outre cela, on répartit une certaine somme entre les autres élèves pour des subsides extraordinaires.	Cette école normale était au commencement un établissement privé du conseiller de consistoire, M. Hecker. Elle fut créée à Berlin en 1748, constitua établissement public en 1753, et transférée à Potsdam en 1817, avec augmentation de fonds. Monsieur Striutz, pasteur, y est directeur. Une école gratuite est jointe à l'école normale. L'institut a ses propres édifices, où les séminaristes demeurent et sont nourris.

IV. POMÉRANIE.

NUMÉROS.	LIEUX.	ANNÉES de la FONDATION.	REVENUS.	NOMBRE des MAÎTRES et de leurs adjoints.	NOMBRE des élèves.	DURÉE du séjour.	NOMBRE des PLACES GRATUITES et des subsides.	REMARQUES.
10	Alt-Stettin. Protestante.	1735.	2,909 rizd.	5	32	2 ans.	Pour soutenir les séminaristes, figurent au budget de l'État 600 rizdales par an	M. Grassmann, assesseur au consistoire, est directeur. L'institut est dans un local qu'il loue, et où quelques séminaristes sont logés gratis; mais dans peu de temps il aura son propre local.
11	Cosslin. Protestante.	1816.	2,516 rizdales (2,436 rizd. des caisses de l'État.)	4	34	2 ans.	L'État donne par an, comme subsides, 36 rizd. pour 3 séminaristes, 24 rizd. pour 17 autres, et pour 17 autres encore 12 r.	M. Runge est directeur. L'institut a son propre édifice, que l'on sera obligé de renouveler à fond. Les séminaristes demeurent dans la maison; mais ils se nourrissent dans la ville. L'école élémentaire de la ville sert d'école d'exercice.
12	Greifswalde. Protestante.	1791.	266 rizd. 19 gros 4 fen.	2	5	Indéterminée.	Pour soutenir les séminaristes, l'État donne 128 rizdales 9 gros 1 fen.	Cette école normale sera réorganisée entièrement, et l'établissement d'une nouvelle école normale pour la Poméranie, à Cammin, n'est différé que parce que la liquidation des biens du chapitre de Cammin, destinés à cet effet, n'est pas encore achevée.

V. SILÉSIE.

NUMÉROS.	LIEUX.	ANNÉES de la FONDATION.	REVENUS.	NOMBRE des MAÎTRES et de leurs adjoints.	NOMBRE des élèves.	DURÉE du séjour.	NOMBRE des PLACES GRATUITES et des subsides.	REMARQUES.
13	Breslau. Protestante.	1768.	5,038 rizdales (3,400 rizd. des caisses de l'État.)	6	60	2 ans.	À 44 places gratuites sont affectées 829 rizd. 21 gr. 5 fen. par an. Selon les besoins on accorde des places entièrement ou à moitié gratuites. Outre cela figurent au budget de l'État 26 rizd. 8 gros 7 fen. pour subsides extraordinaires.	M. Bien'sch est directeur provisoire. L'édifice de l'institut sera élargi par l'achat de la maison voisine. L'école normale a son école d'exercice et une classe préparatoire particulière. Deux maîtres et tous les élèves demeurent déjà dans la maison; ces derniers y sont nourris.

NUMÉRO.	LIEUX.	ANNÉES de la FONDATION.	REVENUS.	NOMBRE des MAITRES et de leurs adjoints.	NOMBRE des élèves.	DURÉE du séjour.	NOMBRE des PLACES GRATUITES et des subsides.	REMARQUES.
14	Breslau. Catholique.	1765.	3,137 rizdales (766 rizd des caisses de l'Etat.)	6	75	2 ans.	L'Etat accorde par dîner, pour 31 séminaristes, 587 rizd. 17 gros 2 fen., et pour subsides extraordinaires, 65 rizdales 12 gros 10 fen.	M. Wurst, ecclésiastique, est directeur. Celui-ci, un des premiers maîtres et tous les élèves qui sont nourris, habitent l'école normale, dans laquelle se trouve l'école d'exercice.
15	Bunzlau. Protestante.	1816.	3,700 rizd.	15. Ils servent aussi pour la maison des orphelins, à laquelle l'école normale est annexée.	63	2 ans	Un secours de 36 rizdales par an est fixé pour 19 séminaristes, et pour 22 autres un autre secours de 18 rizdales ; 12 Lusaciens reçoivent 36 rizdales par an. Ce secours leur est donné en comestibles par la maison des orphelins.	M. Hoffmann, pasteur, est directeur de ces établissements réunis. L'institut a de vastes édifices, et possède quelques pièces de terre. Une école gratuite de ville sert d'école d'exercice. L'institut était primitivement une fondation privée de Zahn, maître maçon, à Bunzlau, et fut d'abord une école de pauv. en 1744. En 1753, il fut érigé en maison d'orphel.; en 1805, il obtint un augment. de fonds et en 1816, on y établit une école normale prim.
16	Ober-Glogau. Catholique.	1801.	2,625 rizd. 1 gros 5 fen. (325 rizd. de la caisse départementale d'Oppeln . et 2,300 rizdal. du fonds de Neusalle.)	4	67	2 ans	Pour soutenir 36 séminaristes, figurent aussi au budget de 1 Etat 1,080 rizd. On a en sus, dans les derniers temps, donné à dîner à 52 séminaristes.	M. Müller, ecclésiastique, est directeur. L'institut a son propre édifice, et une école de ville sert d'école d'exercice.

VI. POSEN.

NUMÉRO.	LIEUX.	ANNÉES de la FONDATION.	REVENUS.	NOMBRE des MAITRES et de leurs adjoints.	NOMBRE des élèves.	DURÉE du séjour.	NOMBRE des PLACES GRATUITES et des subsides.	REMARQUES.
17	Bromberg. Jusqu'à présent simultanée, désormais protestante.	1819.	2,633 rizd. 10 gros.	4	51	2 ans.	Pour soutenir les séminaristes, sont alloués par l'État 518 rizd. 10 gros par an.	M. Grützmacher, prédicateur, est directeur. On prendra soin de procurer à l'institut un édifice qui lui appartienne, parce que jusqu'à présent il se trouve dans un local usé. Il manque un directeur catholique.
18	Posen. Jusqu'à présent simultanée, désormais catholique.	1804.	4,205 rizd. de la caisse provinciale de Posen.	5	40	3 ans.	18 places gratuites.	Le directeur provisoire, M. Gruszczynski, est protestant. L'école normale a son propre édifice, des jardins, une école d'exercice à trois classes avec 266 écoliers.

VII. SAXE.

NUMÉRO.	LIEUX.	ANNÉES de la FONDATION.	REVENUS.	NOMBRE des MAITRES et de leurs adjoints.	NOMBRE des élèves.	DURÉE du séjour.	NOMBRE des PLACES GRATUITES et des subsides.	REMARQUES.
19	Magdebourg. Protestante.	1790. Réorganisée en 1824.	3,607 rizd. 2 gros 6 fen.	12	70	2 ans.	24 séminaristes y ont le dîner gratuit.	M. Zerrenner, conseiller de consistoire et d'école, est directeur. Avec lui, il n'y a que deux maîtres exclusivement attachés au séminaire. Les autres sont des adjoints , et principalement des maîtres des écoles de la ville, qui se trouvent convenir à l'institut. L'école normale a son propre édifice, où les séminaristes demeurent et où ils sont nourris, ainsi que son école d'exercice.
20	Halberstadt. Protestante.	1778. Réorganisée en 1822.	2,145 rizd. 6 fen. (1,100 rizd. 2 gros 6 fen. de la fondation du couvent Berg. 717 rizd. 3 gr. 7 fen. des caisses de l'Etat.)	4	43	2 ans.	Pour soutenir 12 séminaristes, il y a une somme de 360 rizdales.	M. Brederlow, prédicateur, est directeur. La place de premier maître n'est remplie que provisoirement. L'institut a son propre édifice dans une ancienne maison de chanoines, où demeurent le directeur, deux maîtres et les élèves. Il est en rapport avec deux écoles.
21	Weissenfels. Protestante.	1794. Réorganisée en 1821.	3,207 rizd. 18 gros 5 fen. (1,200 rizd., des caisses de l'État et 1,266 rizdales 7 gros 6 fen. de la caisse royale de Saxe, pour les séminaristes.)	6	61	2 ans.	8 bourses de ville, chacune de 30 rizd., 4 anciennes bourses royales à 30 rizd. Ces 12 boursiers reçoivent outre cela 20 rizd. en papier-monnaie. Il y a 11 nouvelles bourses royales chacune à 24 rizd. , et une bourse de chevalerie, de 24 rizd.	M. le docteur Harnisch est directeur. L'institut a ses propres édifices et de grands jardins, mais il sera probablement transféré d'un faubourg dans le bâtiment du couvent de Sainte-Claire. Les séminaristes demeurent dans l'institut et y sont nourris. Une école nombreuse du faubourg se trouvant dans le même local, sert d'école d'exercice.

NUMÉROS.	LIEUX.	ANNÉES de la FONDATION.	REVENUS.	NOMBRE des MAÎTRES et de leurs adjoints.	NOMBRE des ÉLÈVES.	DURÉE du SÉJOUR.	NOMBRE des PLACES GRATUITES et des subsides.	REMARQUES.
22	Erfurt. Simultanée.	1820. Provisoirement.	"	13	113 en 1824. Le nombre normal doit être 80	3 ans.	"	L'institut est dirigé provisoirement par M. Hahn, conseiller de régence et d'école, qui a contribué avec le plus grand succès à sa fondation et à sa conservation. Jusqu'à présent l'établissement n'a pas de revenus fixes; un seul maître est inspecteur est exclusivement employé à l'école normale; les autres suivent en même temps d'autres carrières; les uns enseignent gratuitement, les autres pour des honoraires très-minces. Le local de l'institut est encore l'ancien couvent des Augustins. Plusieurs autres instituts se trouvent en rapport avec l'école normale; une école modèle, une école d'artisans, une école supérieure de filles; un institut de sourds et muets. Lorsqu'elle sera transférée dans son propre édifice, elle sera organisée et simplifiée sous tous les rapports.

VIII. WESTPHALIE.

23	Soest. Protestante.	Cette école norm. était autrefois à Wesel; elle fut, après l'occupation de cette ville par les Français, transférée à Soest.	3,070 rizdales (2,506 rizd. des caisses de l'État.)	5	57	2 ans.	1,000 rixd. sont répartis en 36 bourses; 16 boursiers reçoivent 25 rixd.; 10 autres 30 rixd., et 10 autres encore, 40 rixd. par an.	M. Ehrlich est directeur. La plus grande partie d'un couvent sécularisé a été cédée à l'institut en 1818. L'école du quartier de la ville où l'édifice de l'école normale est situé, sert depuis 1819 d'école d'exercice; 44 séminaristes, le directeur et le maître de musique habitent l'institut; mais ils se nourrissent ailleurs.
24	Buren. Catholique.	1825.	4,000 rixd. à peu près.	3	50	2 ans.	"	M. Klocke, curé, est directeur. On a assigné à l'institut une partie de l'ancien séminaire des jésuites. On y établira aussi une école d'exercice avec deux classes. L'ouverture de cette école normale est prochaine.

IX et X. PROVINCES DU RHIN.

25	Neuwied. Protestante.	1818. Organisée définitivem. en 1823.	2,999 rixd. 17 gros 6 fen. des caisses de l'État.	4	38	2 ans.	1,130 rixd. sont fixées pour des séminaristes, de manière que 3 séminaristes en reçoivent 80 par an; 4, 50; 5, 40; 8, 30; et 10,25.	M. Braun est directeur. L'institut a son propre édifice, habité par le directeur, le premier maître et les séminaristes. Parmi eux, ceux qui reçoivent une bourse de 80 rixdales, sont obligés de donner des leçons aux séminaristes plus jeunes.
26	Mœurs. Protestante.	1820. Organisée définitivem. en 1823.	3,000 rixd. 12 gros 6 fen. des caisses de l'État.	3	30	2 ans.	Comme Neuwied.	M. Diesterweg est directeur. L'institut a son propre édifice et sa propre école d'exercice. Les directeurs, les maîtres et les séminaristes demeurent dans la maison, et ces derniers y sont nourris. Ceux qui reçoivent une bourse de 80 rixdales, ont la même obligation que les séminaristes de Neuwied.
27	Brühl. Catholique.	1823.	6,661 rixd. 10 gros (6,599 rixd. 10 gros des caisses de l'État.)	5	100	2 ans.	3,150 rixd. sont destinés à 87 bourses. On en répartit entre 6 séminaristes 80 par an; entre 12 autres, 50; entre 15,40; entre 24, 30; enfin 25 entre 30.	M. Schweizer, ecclésiastique, est directeur. L'édifice, habité par tous les maîtres et les élèves, était autrefois un couvent de cordeliers. Ceux qui reçoivent une bourse de 80 rixdales ont aussi l'obligation d'enseigner les plus jeunes. Jusqu'ici il n'y a que 4 maîtres.
28	St.-Mathieu, à Trèves. Catholique.	1810. Elle fut dissoute pendant le temps de la guerre en 1813, et rétablie en 1816.	735 rixd. des caisses de l'État.	2	45	1 et 2 ans.	Il n'y a rien de fixé pour soutenir les séminaristes.	M. Schuelgen, curé, est directeur depuis la retraite du chanoine M. Dewora. Les séminaristes logent chez les bourgeois de Trèves ou dans des maisons attenantes au faubourg de St.-Mathieu. Les leçons se donnent dans une salle de la cure.

Le tableau ci-dessus donne les résultats suivants : De ces vingt-huit établissements il n'en existait que quatorze avant l'année 1806; et encore parmi ceux-ci il y en avait qui alors n'étaient pas encore définitivement constitués en écoles normales, savoir, ceux de Kœnigsberg, de Jenkau et de Bunzlau. Tous les autres ont été nouvellement fondés depuis la guerre et même pendant la guerre, mais la plupart depuis la paix de 1815. Il suit qu'on a établi depuis 1808 dix-sept nouvelles écoles normales primaires, parmi lesquelles douze datent de 1816.

Les frais d'entretien de ces établissements, sans compter celui d'Erfurt qui n'a pas encore un revenu fixe, montent à 99,815 rixd. 7 gr. 11 fen. par an.

On y instruit quinze cents élèves, dont par conséquent chacun coûte par an 66 rixdales.

Huit cent quatre-vingt-dix-sept élèves restent deux ans, et quatre cent quatre-vingt-trois, trois ans à l'école normale ; mais pour cent vingt, le temps de séjour n'est pas fixé. Il en sort par an cent soixante et un parmi ceux qui restent trois ans, et en tout six cent neuf par an, que l'on appelle *candidats*. Il faut en compter encore à peu près vingt et un qui sortent des écoles normales, où la durée du séjour n'est pas fixée, ce qui porte le nombre des candidats bien préparés à six cent trente ; et si on veut porter à peu près à cent vingt ceux qui sortent, avec une instruction convenable, des petites écoles normales, on trouvera que les écoles normales primaires de la Prusse fournissent en tout par an sept cent cinquante candidats.

Or, d'après le recensement achevé en 1821, on a vu qu'il y avait en tout vingt et un mille huit cent quatre-vingt-cinq places de maîtres d'école dans toute la monarchie. Voilà donc à peu près vingt et un mille places pour les candidats qui sortent des écoles normales. Si l'on déduit encore de ces sept cent cinquante candidats annuels un quinzième qui changent de carrière, qui quittent l'état de maître d'école ou qui cherchent à se placer comme précepteurs dans quelque famille, il reste pour les vingt et un mille places de maître d'école sept cents nouveaux aspirants chaque année, c'est-à-dire, pour cent places, trois candidats. D'après les expériences faites jusqu'à présent, on ne demande par an que trois ou quatre nouveaux maîtres sur cent. En supposant donc que sur cent places de maître d'école, il en faut compter quatre à donner par an, on aurait besoin de huit cent quarante candidats par an pour tout le royaume, de sorte que pour compléter ce nombre on a besoin de cent quarante candidats non sortis des écoles normales, et qui n'offrent pas toujours toutes les garanties convenables. Ce nombre diminuera peu à peu, quand on aura réussi à faire donner partout une préférence prononcée aux candidats qui sortent des écoles normales. Cette préférence a été déjà recommandée à toutes les autorités communales par une ordonnance ministérielle, et elle est d'autant plus équitable, que chaque élève d'école normale est obligé d'accepter,

pendant trois ans consécutifs après sa sortie, toute place qui lui est offerte par le gouvernement.

Il faut encore considérer que si, par la suite, les places de maître d'école ne sont occupées que par des élèves des écoles normales, c'est-à-dire, terme moyen, par des gens de vingt-quatre ans, on peut compter qu'en général chacun d'eux, l'un dans l'autre, restera trente-trois ans et quatre mois en fonction, et que désormais on n'aura que trois places vacantes par an sur cent places. Sept cents élèves d'écoles normales par an suffiront donc pour vingt et un mille places de maître d'école, et ainsi les écoles normales existantes suffiront pour procurer à tout le royaume le nombre nécessaire de maîtres d'école, de sorte que la moindre place d'école de village pourra être occupée par un sujet bien préparé, et capable de remplir dignement sa mission.

Tel est le résultat que, dès 1826, se proposait le gouvernement prussien. Il y a marché régulièrement par le perfectionnement non interrompu des écoles normales. Depuis 1826, plusieurs petites écoles normales, par exemple, Mühlhausen, Angerbourg, Bartswitz, Gardeleben, Dusseldorf, Petershagen, sont à peu près devenues de grandes écoles normales, avec une augmentation de dépenses et d'élèves. J'ai demandé et j'ai obtenu du gouvernement prussien le budget des dépenses des grandes écoles normales primaires pour l'année actuelle de 1831 : or la somme de ce budget est de 110,555 rixdales, tandis qu'en 1826, d'après le tableau ci-dessus, elle était seulement de 99,000 rixdales. La différence de 11,000 rixdales sur un pareil budget, représente un progrès assez considérable. En effet, en 1826 il n'y avait que vingt-huit écoles normales ; il y en a trente-trois sur ce tableau ; encore est-il à remarquer qu'on n'y trouve pas mentionnée l'école normale de Kœnigsberg, omission qui est pour moi inexplicable. Voici donc l'état des dépenses des grandes écoles normales primaires de la monarchie prussienne pendant l'année 1831, province par province, avec l'indication de la somme totale de la dépense et celle de la part de l'État sur cette somme totale.

NUMÉRO.	PROVINCES.	SOMME TOTALE des dépenses.	SUBVENTIONS de l'État.
	PRUSSE ORIENTALE ET OCCIDENTALE.	Rixd. gr. fen.	Rixd. gr. fen.
1	École normale de Braunsberg. .	4440 11 9	4140 10 9
2	— de Dexen. . .	2846 25 6	2250 "
3	— de Mühlhausen.	700 "	700 "
4	— d'Angerbourg .	1590 "	1300 "
5	— de Karalène. .	6656 "	5980 "
6	— de Marienbourg.	2147 10	2147 10
7	— de Graudenz. .	2050 16 5	2050 16 5
8	— de Jenkau . .	5311 18 1	"

NUMÉRO	PROVINCES.	SOMME TOTALE des dépenses.	SUBVENTIONS de l'État.	NUMÉRO	PROVINCES.	SUBVENTIONS de l'État.	SOMME TOTALE des dépenses.
	BRANDEBOURG.	Risd. gr. fen.	Risd. gr. fen.	23	École norm. de Gardeleben.	Risd. gr. fen. 685 »	Risd. gr. fen. 685 »
9	École norm. de Berlin.	2000 »	2000 »	24	— de Weissenfels. .	5419 10 10	2401 7 2
10	— de Potsdam. . .	5450 »	5450 »	25	— d'Erfurt. . . .	5706 »	5255 »
11	— de Neuzelle. . .	11554 2 6	6945 2 6				
	POMÉRANIE.				**WESTPHALIE.**		
12	— de Stettin. . . .	5410 »	5069 »	26	— de Bueren . . .	4494 2	4127 2
13	— de Cœslin. . . .	2608 »	2556 »	27	— de Sœst	5270 »	5120 »
14	— de Bartewitz. . .	250 »	250 »	28	— de Petershagen. .	522 15	500 »
	SILÉSIE.				**CLÈVES-BERG.**		
15	— de Breslau { Prot.	4543 6	5909 6	29	— de Meurs. . . .	5000 12 6	5000 12 6
16	{ Cath.	5287 »	5287 »	30	— de Dusseldorf . .	787 23 9	100 20 10
17	— de Bunzlau. . .	5800 »	400 »	31	— de Bruehl. . . .	6809 5	6599 10
18	— d'Ober-Glogau. .	2700 »	2700 »				
	POSEN.				**BAS-RHIN.**		
19	— de Posen. . . .	4675 »	4675 »	32	— de Neuwied. . .	2999 17 6	2999 17 6
20	— de Bromberg. . .	2655 10	2655 10	33	— de Saint-Mathieu , village près de Trèves. .	2155 »	500 »
	SAXE.				Somme. . . .	110555 5 8	85525 5 10
21	— de Halberstadt. .	2750 »	2150 »		En francs, environ	414750⁰ »	551500⁰ »
22	— de Magdebourg. .	4782 »	2650 »				

Quand la France, M. le ministre, sera-t-elle arrivée à ce haut degré de prospérité en matière d'instruction populaire? La loi dont vous vous occupez imposera une école à toute commune; puisse-t-elle également imposer à tout département une école normale primaire, grande ou petite, relative à l'étendue, à la population, à la richesse du département et au nombre de maîtres dont il a besoin chaque année! C'est là particulièrement que l'initiative et la surveillance vous appartiennent, et il ne peut y avoir un meilleur emploi des fonds généraux qui vous sont confiés par les chambres pour venir au secours de l'instruction du peuple.

Pénétré de la haute importance des écoles normales en général, et de l'excellence de celles de la Prusse, j'ai fait une étude approfondie de ces établissements, et je vous demande la permission, M. le ministre, de leur consacrer, dans ce rapport, un article particulier.

TABLEAU

DE L'INSTRUCTION PRIMAIRE

DANS LE ROYAUME DE PRUSSE,

A LA FIN DE L'ANNÉE 1831.

———————

L'instruction primaire est trop avancée en Prusse pour qu'il soit nécessaire d'en faire des relevés très-fréquents. Les deux derniers que le gouvernement ait publiés sont séparés par six ans d'intervalle. Le premier est de 1819, le second de 1825. J'ai fait connaître ailleurs les résultats de ces deux importants travaux. On vient de faire tout récemment à Berlin un travail semblable qui donne l'état de l'instruction primaire en Prusse à la fin de l'année 1831, le nombre des écoles, celui des enfants qui les fréquentent, et des maîtres qui y sont employés. Ce document n'a pas encore été rendu public; je le dois à la bienveillance de M. le baron d'Altenstein, ministre de l'instruction publique et des cultes.

Les chiffres ne sont que des faits généralisés. Il faut donc commencer, avant de les employer, par se rendre un compte scrupuleux des faits que les chiffres représentent, et rechercher si ces faits sont certains. Or, ici toutes garanties d'exactitude surabondent.

Comme la loi prussienne fait un devoir légal aux parents d'envoyer leurs enfants aux écoles à moins qu'ils ne prouvent qu'ils leur font donner à la maison une instruction suffisante, dans toute commune le comité préposé à l'exécution de la loi en matière d'instruction primaire (*Schulvorstand*), dresse chaque année sur les registres de l'état civil la liste des enfants qui ont l'âge et par conséquent l'obligation d'aller à l'école. Le maître constate leur présence ou leur absence, dresse à son tour une liste de présence qui doit être conforme à la liste légale, fournie par le comité. Il est tenu de représenter deux fois par moi cette liste de présence au comité, lequel prend toutes les mesures nécessaires pour procurer l'exécution de la loi, et est lui-même obligé de représenter cette liste, certifiée exacte, à l'inspecteur d'arrondissement pour l'instruction primaire (*Kreis-Schul-Inspector*). Celui-ci, après une vérification sérieuse, pour justifier que la loi est exécutée dans son cercle d'inspection, représente cette liste visée par lui au conseiller de département chargé dans l'administration départementale de tout ce qui regarde l'instruction publique (*Schulrath*). L'administration départementale est également obligée de faire les justifications nécessaires devant la partie de l'autorité provinciale chargée de la haute surveillance des écoles dans toute l'étendue de la province (*Schul-Collegium*). Enfin l'autorité provinciale doit compte de tout cela à l'autorité centrale ministérielle. Au sein du ministère est un bureau spécial de statistique, chargé uniquement de la vérification générale et de la généralisation de tous les documents fournis par les autorités publiques à tous les degrés de la hiérarchie. La direction de ce bureau est confiée à un membre distingué de l'académie des sciences de Berlin, M. Hoffmann. C'est de ce bureau que sort le dernier travail pour être présenté avec toutes les pièces justificatives au ministre qui le rend public. On peut donc avoir toute confiance en des chiffres obtenus de cette manière et qui reposent en dernière analyse sur les listes légales des enfants en âge d'aller à l'école, et sur les listes de présence effective, contrôlées par des autorités diverses. J'ai donné, n°⁵ 1 et 2, un modèle de ces deux espèces de listes qui sont les mêmes pour toutes les écoles de la monarchie. Remarquez que les listes de présence, étant vérifiées deux fois par mois, ne justifient pas seulement de la présence des enfants au commencement de l'année, mais de leur assiduité pendant l'année entière. Ainsi il n'y a point là de faux-semblants, de listes fictives. On sait avec certitude le nombre de jours où un enfant dans toute l'année a manqué à l'école. Le chiffre total des enfants d'une école que le maître adresse au comité communal de cette école est soumis dans la localité même au contrôle immédiat et constant de ce comité et au fréquent contrôle de l'inspecteur primaire de l'arrondissement. La vérité de toute la série des chiffres subséquents repose sur la vérité de ce total primitif, et celle-ci encore une fois a pour garantie le contrôle réciproque d'autorités diverses, qui toutes agissent sur les lieux. Nous pouvons donc marcher maintenant avec sécurité et tirer des chiffres toutes les conséquences qu'ils renferment, parce que ces chiffres sont des faits dont la certitude est incontestable.

Voici d'abord le résultat le plus général que donnent les tableaux de statistique qui sont sous mes yeux. Le recensement le plus récent de la population en Prusse la porte à 12,726,823 habitants. Sur cette population on comptait, en 1831, 4,767,072 enfants de un jour à quatorze ans accompli.

Ce chiffre total repose sur les chiffres partiels que donnent à cet égard chaque province et chaque département de la Prusse dans le tableau n° 1 ci-annexé.

Par scrupule d'exactitude, observons que, dans ce nombre, ne sont pas compris les enfants des garnisons que la Prusse entretient à Mayence et dans le Luxembourg, parce que les écoles que ces enfants fréquentent ne font pas partie des écoles de la Prusse. Ces enfants sont au nombre de 660, sur lesquels 327 garçons et 333 filles.

En Prusse, l'âge d'école fixé par la loi est de sept à quatorze ans accompli, et il faut remarquer en passant combien il est utile qu'il y ait un âge légal pour fréquenter l'école, chacun s'accoutumant ainsi à donner à l'instruction une place fixe dans la vie. En France il y a un âge pour entrer au collège et pour en sortir. Il est fort à désirer qu'il s'établisse de même un âge convenu pour aller à l'école primaire et pour la quitter. On voit de suite que l'âge de sortie ne peut excéder quatorze ans, car de plus longs sacrifices pèseraient à des familles pauvres, et ces enfants doivent entrer déjà dans la carrière spéciale à laquelle ils se destinent. Si on sort à quatorze ans de l'école, il est naturel qu'on y entre à sept ans, car de sept à quatorze on a le temps nécessaire pour acquérir solidement le petit nombre de

connaissances dont se compose l'instruction primaire, et on n'a pas non plus trop de temps pour cela, avec les distractions forcées des travaux de la campagne à certaines époques de l'année. La loi civile générale fixe à cinq ans, en Prusse, l'âge d'aller à l'école. La loi spéciale sur l'instruction publique le met à sept ans, et c'est alors seulement que commence la contrainte légale.

C'est une règle de statistique que, vu la proportion de la mortalité dans les divers âges, sur 100 enfants de un jour à quatorze ans, ceux de sept à quatorze forment les trois septièmes, ce qui donne sur 100 enfants environ 43 en état d'aller à l'école, ou, pour indiquer jusqu'aux moindres fractions, 42,857 sur 100,000, et par conséquent, en Prusse, 2,043,030 enfants sur les 4,767,072 qui composent la population totale des enfants de un jour à quatorze ans accomplis. Il suit de là que, si nous trouvons qu'il y a en effet 2,043,030 enfants dans les écoles de la Prusse, nous pourrons assurer qu'il n'y a pas dans ce royaume une seule créature humaine qui ne reçoive une éducation suffisante. Ce serait là un résultat admirable et qui élèverait bien haut le système d'instruction primaire qui l'aurait produit. Or, ce beau résultat est un fait incontestable. J'ai sous les yeux, et le tableau n° 1 déjà cité, présente, département par département et province par province, le nombre effectif des enfants qui, d'après le relevé fidèle des listes de présence, fréquentaient, dans l'année 1831, les écoles primaires publiques, et ce nombre est de 2,021,421 enfants.

La différence est donc seulement de 21,609 entre le nombre réel et le nombre normal.

Cette différence est bien légère, et encore elle disparaît entièrement si l'on tient compte des considérations suivantes :

1° Il ne s'agit ici que des écoles primaires publiques, et non des écoles privées qui sans être très-nombreuses ne laissent pas que de renfermer un bon nombre d'enfants, surtout dans les grandes villes et dans quelques provinces arriérées où l'on ne sent pas encore toute la dignité de l'école publique.

2° On n'a pas non plus compris ici les enfants qui sont élevés chez leurs parents, ce qui comprendrait la plupart des enfants des classes supérieures.

3° On n'a pas non plus compté les élèves des classes inférieures des gymnases, presque tous âgés de moins de quatorze ans, et dont le nombre, dans les cent dix gymnases de la monarchie, s'élevait dans le courant de l'été 1832, à 17,935 élèves, tandis que les deux classes supérieures en comptaient seulement 5,848.

En tenant compte de ces trois nouveaux éléments, on reconnaît que non-seulement le nombre des enfants au-dessous de quatorze ans qui reçoivent d'une manière ou d'une autre le bienfait de l'éducation, est égal au nombre normal des trois septièmes de la population, mais qu'il doit même le dépasser, ce qui ne peut s'expliquer que par une supposition qui, nous le verrons tout à l'heure, est un fait certain, savoir que dans les provinces les plus avancées de la Prusse, par exemple, dans celles de Saxe et de Brandebourg, le goût de l'instruction est tellement répandu que les parents n'attendent pas l'âge de sept ans pour envoyer leurs enfants à l'école.

Voilà, je le répète, un résultat admirable, et avec les garanties que j'ai indiquées, un résultat au-dessus de toute incertitude. Il faut l'envisager sous ses faces les plus importantes.

La première chose à considérer est la part relative de chaque province et de chaque département dans ce chiffre total de 2,021,421 enfants allant aux écoles primaires publiques. La connaissance de cette proportion est en effet du plus grand prix pour l'appréciation de la civilisation relative des différentes parties de la Prusse. Mais elle ne nous intéresse pas directement, et sur ce point je me contente de renvoyer au tableau n° 1. On y verra que sur les huit provinces dont se compose maintenant le royaume, quatre dépassent de beaucoup le nombre normal des trois septièmes; que l'une d'elles, la province de Saxe comprenant les départements de Magdebourg, Mersebourg et Erfurt, présente la proportion de 54,515 enfants allant aux écoles publiques sur 100,000 enfants d'un jour à quatorze ans, et que même le seul département de Magdebourg présente celle de 55,733 sur 100,000. Comme on peut bien s'y attendre, la province de Posen est la moins avancée. Berlin subit le sort de toutes les grandes villes où un contrôle parfaitement exact est plus difficile et où la loi ne peut s'exécuter aussi rigoureusement. Il y a aussi à Berlin, comme dans toute grande ville, beaucoup d'écoles privées. D'ailleurs l'organisation de l'instruction primaire publique y est assez récente. En revanche, Berlin a six gymnases qui dans l'été de 1832 avaient 2,061 élèves sur lesquels 396 dans les classes supérieures et 1,665 dans les dernières classes qui comprennent un très-grand nombre d'enfants au-dessous de quatorze ans.

Un point de vue plus important pour nous est la part de l'un et de l'autre sexe dans la somme totale des enfants qui reçoivent l'instruction primaire. Cette proportion est dans tout pays la mesure de la vraie force de l'instruction; car l'instruction n'a point de racines solides et d'avenir assuré, quand un des deux sexes, qui de toutes manières influe si puissamment sur l'autre, en est lui-même dépourvu.

Grâce à Dieu, toute créature humaine en Prusse tombe sous la protection bienfaisante de la loi; l'obligation légale d'aller aux écoles est commune à l'un et à l'autre sexe. Aussi la différence de la part des filles et de celle des garçons dans la somme totale est-elle peu considérable. Sur 2,021,421 enfants qui vont aux écoles, on comptait, en 1831 : 1,044,364 garçons; c'est-à-dire 43,694 sur 100,000, c'est-à-dire encore plus des trois septièmes de la population totale des enfants au-dessous de quatorze ans; et 977,057 filles; c'est-à-dire 41,106 sur 100,000 enfants, en partageant également la population entre les deux sexes.

La différence en plus pour les garçons s'explique par la fréquentation de l'école avant l'âge de sept ans; la différence en moins pour les filles s'explique aisément si l'on songe que l'éducation des filles étant de sa nature plus domestique, le nombre des enfants du sexe féminin qui sont élevés dans la maison maternelle, surtout parmi les classes aisées, est nécessairement plus considérable que celui des garçons.

Je dois faire connaître maintenant la nature des écoles publiques auxquelles vont les 2,021,421 enfants, garçons et filles. En Prusse, comme désormais en France, si le projet de loi présenté sur l'instruction primaire est adopté par les chambres, l'instruction primaire se divise en deux degrés : l'un qui représente les connaissances élémentaires dont nulle créature humaine ne peut être privée sans un vrai danger pour elle-même et pour la société; l'autre, plus élevé sans l'être beaucoup, destiné à cette portion du peuple qui sans être riche n'est pas non plus opprimée par l'indigence, et qui a besoin d'une culture un peu plus étendue et plus libérale. Le premier degré, l'instruction primaire inférieure, comprend les écoles dites *élémentaires* par la nature même de leurs objets; le second degré, l'instruction primaire supérieure, comprend les écoles qu'on nomme *bourgeoises* parce qu'elles sont faites pour cette partie de la population qu'en Allemagne encore on appelle la bourgeoisie. Ces écoles sont aussi nommées *écoles moyennes*, parce qu'elles sont intermédiaires entre les écoles élémentaires et les écoles savantes ou *gymnases*. Ce dernier nom d'école moyenne, tiré de la nature même de la chose, est parfaitement convenable, et déjà le besoin et l'instinct public commencent à le naturaliser en France. J'ai donné ailleurs l'enseignement normal d'une école *élémentaire* et d'une école *moyenne*. Ici je n'ai qu'à donner le chiffre total des unes et des autres en Prusse à la fin de 1831.

Dans le tableau ci-annexé, n° 2, on verra qu'il y a 22,612 écoles primaires publiques pour les 2,021,421 enfants qui les fréquentent.

Sur ces 22,612 écoles, il y a 21,789 écoles élémentaires, et 823 écoles moyennes dont 481 pour garçons et 342 pour filles. Or, on compte en Prusse 1,021 villes dont 26 seulement ont plus de 10,000 âmes. Ainsi, non-seulement toutes les villes de

10,000 âmes, mais les trois quarts de toutes les villes, ont, outre les écoles élémentaires indispensables à la dernière classe des citoyens, des écoles moyennes pour la bourgeoisie de ces villes.

Sur le nombre des enfants qui vont aux écoles, les écoles élémentaires sont fréquentées par 987,475 garçons et par 930,459 filles, et les écoles moyennes par 56,889 garçons et par 46,598 filles, ce qui donne la somme totale déjà citée de 1,044,364 garçons et 977,057 filles allant aux écoles. Il faut remarquer qu'en général les écoles élémentaires, surtout dans les campagnes, sont communes aux deux sexes, qui ne sont divisés le plus souvent, au moins dans les classes inférieures, que par une place distincte dans la même salle, tandis que dans les écoles moyennes, toutes les classes de filles et de garçons sont séparées et se font dans des salles différentes, sans aucune communication entre elles.

On compte, terme moyen :

88 enfants pour une école élémentaire, garçons et filles;
118 enfants pour une école moyenne de garçons ;
136 enfants pour une école moyenne de filles.

Aussi faut-il observer que dans les écoles élémentaires il n'y a ordinairement qu'un seul maître, tandis que dans les écoles moyennes on compte deux, trois et souvent un plus grand nombre de maîtres et maîtresses. Ceci nous conduit à une dernière considération, celle du nombre des maîtres et maîtresses employés dans les diverses écoles primaires.

Le tableau n° 2 montre que pour les 22,612 écoles publiques, élémentaires et moyennes, de la monarchie, il y a en tout 27,749 maîtres et maîtresses, lesquels sont répartis ainsi qu'il suit :

21,789 écoles élémentaires.	22,211 maîtres en titre.
	694 maîtresses en titre.
	2,014 sous-maîtres et sous-maîtresses.
481 écoles moyennes de garçons.	1,172 maîtres en titre.
	360 sous-maîtres.
342 écoles moyennes de filles.	538 maîtres en titre.
	289 maîtresses en titre.
	471 sous-maîtres et sous-maîtresses.

Ces nombres divers donnent un résultat important, savoir, le petit nombre de maîtresses comparé à celui des maîtres. Pour les écoles élémentaires, le nombre de 694 maîtresses, comparé à celui de 22,211 maîtres pour 21,789 écoles, fait voir qu'il n'y a pas une seule école qui n'ait un maître en titre, et je puis assurer que je n'ai pas trouvé en Prusse une école publique qui soit dirigée par une femme. On pense qu'en général le gouvernement de l'école exige une main virile, sauf au directeur, quand il y a lieu, à s'adjoindre une

femme, mais en conservant toujours la direction suprême. Dans les villages, cette femme est ordinairement ou la femme ou la fille du maître d'école. Jamais elle n'est chargée que des leçons accessoires, celles qui se rapportent aux travaux de son sexe, et dans les villes, des leçons de chant. Quand l'école est riche et développée, cette femme a le rang de maîtresse en titre, et il n'y en a que 694 pour les 21,789 écoles élémentaires : ordinairement, elle n'est qu'une sous-maîtresse, un simple aide pour le directeur. C'est un préjugé, et un préjugé funeste, de croire que, dans des écoles d'externes telles que les écoles publiques, une femme seule soit capable de diriger l'éducation des filles ; car alors cette éducation est impossible sur une grande échelle : il serait impossible, en effet, de se procurer autant de maîtresses capables qu'il en faudrait pour toutes les classes de filles dans les 21,789 écoles de la monarchie. Il faudrait alors créer des écoles normales pour former des maîtresses d'école, en aussi grand nombre que les écoles normales ordinaires, c'est-à-dire s'imposer des difficultés énormes, et pour un résultat fâcheux ; car l'éducation serait loin d'y gagner en gravité, et dans une école de filles, c'est déjà un mauvais enseignement que le spectacle sur une femme qui dirige et d'un homme qui lui sert d'aide. Dans l'école comme dans la famille, le gouvernement appartient à l'homme, et c'est à la femme d'assister. Il est tout simple que dans les écoles moyennes, qui sont beaucoup plus développées, la part de la femme soit un peu plus grande ; aussi voyons-nous ici, pour 342 écoles moyennes de filles, 289 maîtresses. Mais à côté de ces 289 maîtresses sont 538 maîtres. C'est donc toujours un homme qui est à la tête de l'école entière, et c'est toujours lui qui est chargé des leçons les plus importantes. Je regarde cette pratique comme le seul moyen d'avoir des écoles de filles. Mais je me hâte d'ajouter qu'en Prusse comme en Allemagne, la plupart des maîtres d'école sont eux-mêmes pères de famille, et qu'ils se marient de bonne heure.

Il ne reste plus qu'à faire connaître les établissements destinés à préparer des maîtres capables pour les écoles élémentaires et les écoles moyennes ; je veux parler des écoles normales primaires, appelées en Prusse séminaires pour les maîtres d'école (*Schullehrer-Seminarien*).

Il y a deux sortes d'établissements de ce genre : les petites écoles normales, qui sont en grand nombre, et fort utiles, et qui sont à peu près ce que sont ou devraient être nos écoles-modèles ; 2° les grandes écoles normales primaires, où le cours d'étude est de deux ou trois ans, et qui comptent chacune de 40 à 100 élèves. Je ne m'occupe ici que de ces dernières. Il y en avait, en 1831, 33 en pleine activité, c'est-à-dire, plus qu'il n'y a de départements en Prusse, et un département prussien est moins étendu que le nôtre. On verra par le tableau n° 5, ci-annexé, la somme de dépenses de chacun de ces grands établissements, avec la part des départements et celle de l'État. Cette dernière, à elle seule, est d'environ 351,500 francs, circonstance que j'indique afin de donner une idée de l'importance de ces établissements. Ils fournissent aujourd'hui à peu près tous les maîtres des écoles publiques élémentaires et moyennes de la monarchie. J'ajoute que la part de l'État dans les dépenses des écoles élémentaires et des écoles moyennes est, d'après un autre tableau annexé au précédent, n° 4, d'environ 863,700 francs, ce qui donne en tout 1,194,200 francs, somme considérable pour un pays qui n'a pas 13 millions d'habitants, et dans un système d'instruction primaire où les communes, les départements et les provinces sont chargés par la loi de toutes les dépenses relatives à l'instruction primaire, dans lesquelles l'État n'intervient que gracieusement. Remarquez encore qu'on n'a pas ici d'établissements à fonder, mais seulement des établissements formés et constitués à soutenir et améliorer.

Enfin, si on veut comparer les principaux résultats de cette statistique avec ceux des deux statistiques de 1819 et de 1825, on trouvera que :

1° En 1819, le nombre des écoles
  était en tout de. 20,085
  En 1825, de. 21,623
  Et en 1831, de. 22,612
2° En 1819, le nombre des maîtres
  et maîtresses était de. . . . 21,895
  En 1825, de. 22,965
  En 1831, de. 27,749

En 1825 le nombre des enfants au-
  dessous de quatorze ans était de. 4,487,461
Celui des enfants de sept à quatorze ans était de. 1,923,200
Celui des enfants allant aux écoles
  était de. 1,864,218
En 1831, la population d'enfants au-
  dessous de quatorze ans était
  de. 4,767,072
Sur lesquels la population de sept
  à quatorze ans était de. . . . 2,043,030
Sur lesquels le nombre des enfants
  allant aux écoles était de. . . 2,021,421

Cette statistique comparée prouve abondamment que l'instruction primaire est en Prusse dans un état très-satisfaisant. On peut voir ailleurs l'organisation à laquelle est dû un pareil succès. Je me contenterai de rappeler et de signaler les points suivants :

1° Une loi qui oblige les parents, les tuteurs, les maîtres d'ateliers ou de fabriques, à justifier, sous des peines correctionnelles plus ou moins fortes, que les enfants confiés à leurs soins reçoivent le bienfait de l'instruction publique ou privée, sur ce principe que la portion d'instruction nécessaire à la connaissance et à la pratique de nos devoirs, est elle-même le premier de tous les devoirs, et constitue une obligation sociale tout aussi étroite que celle du service militaire; selon moi, une pareille loi, légitime en elle-même, est absolument indispensable, et je ne connais pas un seul pays où cette loi manque et où l'instruction du peuple soit florissante. En attendant que le progrès des mœurs publiques, le sincère amour du peuple et l'intelligence de la vraie liberté inspirent à nos chambres une pareille loi, qui, j'en conviens, serait aujourd'hui prématurée et contre nos préjugés de tout genre, le gouvernement ne doit négliger aucun des moyens d'excitation et d'encouragement dont il dispose, directs ou indirects, pour arriver administrativement à un résultat à peu près semblable. Parmi les pratiques les plus sûres, je mets : 1° la fixation d'un âge déterminé pour entrer à l'école et pour en sortir; 2° l'institution de listes de présence sérieusement contrôlées par les autorités compétentes.

2° L'obligation imposée au clergé de n'admettre à la communion que les enfants qui justifient d'avoir fait ou de faire leur temps d'école, obligation à la fois civile et ecclésiastique, qui intéresse l'église à l'école et rattache à l'école l'église par des liens intimes que tout homme d'État et tout vrai philosophe doit s'efforcer de resserrer. De là l'instruction considérée par les parents et par les enfants eux-mêmes comme le fondement de la vraie piété, et l'autorité religieuse mise au service des lumières.

3° L'institution d'écoles publiques pour l'accomplissement d'un devoir public. Aussitôt que l'État fait un devoir légal de la présence des enfants à l'école, et que l'Église en fait un devoir religieux, l'État serait en contradiction avec lui-même s'il ne procurait l'exécution de la loi qu'il a lui-même portée, en exigeant l'établissement d'une école publique dans toute commune. Il n'y a de stabilité et d'avenir pour l'instruction primaire que dans les écoles publiques. L'industrie privée, qui ne doit jamais être contrariée, ne doit aussi jamais être considérée que comme un accident et par conséquent comme un luxe : l'État ne doit pas plus se reposer sur les particuliers de l'accomplissement de ses propres devoirs en matière d'instruction, que dans toute autre matière d'intérêt public et général.

4° La répartition des dépenses qu'exigent les écoles entre les parents eux-mêmes, qui, s'ils le peuvent, sont obligés de payer quelque chose; la commune, qui est tenue de s'imposer elle-même une contribution d'école; le département et la province, qui ont des fonds pourvenir au secours des localités nécessiteuses ; enfin l'État, qui intervient à son tour: de manière que la dépense, ainsi divisée, atteigne tout le monde et n'accable personne.

5° La participation proportionnelle des pères de famille et de la commune, du département et de la province, de l'Église et de l'État, à la surveillance et à l'administration des écoles, participation qui intéresse à l'instruction populaire tout ce qui a quelque pouvoir dans la société.

Telles sont les causes les plus générales de la prospérité de l'instruction primaire en Prusse, prospérité qu'établissent incontestablement les documents officiels que je viens de faire connaître.

Puissent ces causes si simples et si fécondes, se naturalisant dans notre chère patrie, y porter bientôt les mêmes fruits !

Ce 25 avril 1833.

PREMIER TABLEAU.

Recensement général des enfants qui fréquentaient les écoles primaires publiques, à la fin de l'année 1831.

NOMS DES DÉPARTEMENTS de LA PRUSSE.	NOMBRE des enfants de 1 jour à 14 ans accomplis.		NOMBRE des enfants qui fréquentent les écoles publiques élémentaires ou moyennes.		Sur chaque 100,000 enfants il entre dans les écoles publiques:
	Nomb. par départ.	Total par province.	Nomb. par départ.	Total par province.	
PROVINCE DE SAXE.					
Dép. de Magdebourg.	193,071		107,605		55,733
— Mersebourg..	213,677		116,801		54,662
— Erfurt....	90,385		51,514		51,883
		505,133		275,920	54,515
PROV. DE WESTPHALIE.					
Dép. de Münster...	125,360		60,179		48,005
— Arnsberg...	166,085		79,896		47,985
— Minden...	152,135		70,318		46,221
		443,580		210,193	47,386
PROV. DE BRANDEBOURG.					
Dép. de Potsdam (sans Berlin)....	246,833		122,019		49,434
— Francf.-sur-Oder..	246,170		114,527		46,524
— Berlin (la ville de)....	67,709		20,341		30,042
		560,712		256,887	45,814
PROV. DE SILÉSIE.					
Dép. de Liegnitz...	259,597		129,301		49,809
— Breslau..	335,726		155,165		46,219
— Oppeln....	293,939		116,077		39,490
		889,262		400,543	45,042
PROVINCE DU RHIN.					
Dép. de Coblentz...	153,975		75,425		48,985
— Trèves....	138,724		62,761		45,242
Dép. de Cologne....	137,210		53,844		39,242
— Aix-la-Chap..	120,590		44,993		27,311
— Dusseldorf.	248,495		90,584		36,453
		789,994		327,607	41,062
PROV. DE POMÉRANIE.					
Dép. de Stettin...	160,204		73,603		45,943
— Cœslin....	129,896		50,535		38,904
— Stralsund...	52,320		15,482		29,591
		342,420		139,620	40,775
PROV. DE PRUSSE.					
Dép. de Kœnigsberg.	275,717		115,561		41,912
— Dantzig...	174,859		51,315		41,046
— Gumbinnen.	207,595		82,849		39,909
— Marienwer-der......	133,333		64,114		34,972
		791,504		313,839	39,651
PROV. DE POSEN.					
Dép. de Bromberg...	142,555		32,714		22,948
— Posen....	291,912		64,098		21,958
		434,467		96,812	22,283
Total général pour toute la Prusse..	4,767,072		2,021,421		42,404,000

NOTA. On évalue généralement aux 3/7 de la population totale des enfants de 1 à 4 ans le nombre de ceux qui sont en âge d'aller à l'école (c'est-à-dire de 7 à 14 ans).

Cette évaluation devrait donner, pour chaque 100,000 enfants, un nombre de 42,857.

DEUXIÈME TABLEAU.

Recensement des écoles primaires publiques, élémentaires et moyennes, de garçons et de filles, ainsi que des maîtres qui y sont employés.

ÉCOLES ÉLÉMENTAIRES.   ÉCOLES MOYENNES.

N° D'ORDRE	NOMS des DÉPARTEMENTS.	ÉCOLES.	MAÎTRES EN TITRE.	MAÎTRESSES EN TITRE.	SOUS-MAÎTRES ET SOUS-MAÎTRESSES.	GARÇONS.	FILLES.	GARÇONS ÉCOLES.	MAÎTRES EN TITRE.	SOUS-MAÎTRES.	ÉLÈVES.	FILLES ÉCOLES.	MAÎTRES EN TITRE.	MAÎTRESSES EN TITRE.	SOUS-MAÎTRES ET SOUS-MAÎTRESSES.	ÉLÈVES.
1	Kœnigsberg...	1,427	1,466	24	125	57,755	53,214	35	86	23	2,980	11	15	12	13	1,652
2	Gumbinnen...	1,010	1,049	8	72	41,462	39,000	18	40	4	1,384	15	13	2	»	1,003
3	Dantzig...	583	607	27	22	26,219	22,996	15	55	6	1,425	3	6	2	8	675
4	Marienwerder.	942	960	23	41	33,587	28,627	13	36	8	1,333	3	11	5	5	547
5	Posen...	775	768	10	20	32,185	28,703	13	51	6	2,133	7	5	4	11	1,077
6	Bromberg...	509	535	2	13	17,802	14,602	1	5	»	130	»	»	»	»	»
7	Berlin (la ville de)	117	120	45	253	7,490	5,641	26	44	161	3,077	54	40	48	315	4,133
8	Potsdam...	1,475	1,619	67	19	50,501	54,713	49	118	5	6,256	35	51	22	15	4,569
9	Francfort (Oder).	1,305	1,396	19	21	54,553	52,620	52	82	6	4,029	25	38	18	11	3,525
10	Stettin...	1,065	1,120	11	23	54,079	52,811	31	65	10	3,139	23	31	16	6	2,674
11	Cœslin...	957	956	5	12	22,862	21,001	19	80	11	3,592	18	85	6	»	3,080
12	Stralsund...	388	345	53	9	7,472	6,014	21	36	»	1,252	16	5	21	1	704
13	Breslau...	1,399	1,367	23	213	73,829	71,363	36	95	27	5,835	12	16	15	8	5,138
14	Oppeln...	830	911	4	183	59,082	56,486	3	6	7	319	3	»	7	4	190
15	Liegnitz...	1,311	1,317	7	192	62,202	62,727	23	63	6	2,475	19	44	12	1	1,837
16	Magdebourg...	1,097	1,281	59	67	50,348	49,071	22	74	16	4,244	19	58	44	9	4,042
17	Mersebourg...	1,129	1,215	4	75	50,712	51,049	40	93	19	7,036	55	62	9	9	7,406
18	Erfurt...	484	517	7	40	25,865	22,796	11	36	6	2,309	11	32	7	9	2,344
19	Münster...	476	578	98	63	30,177	29,585	8	9	»	397	1	1	3	2	20
20	Minden...	538	525	54	50	35,217	34,201	5	10	5	434	5	7	5	»	476
21	Arnsberg...	792	804	57	52	40,756	38,339	18	52	6	550	2	4	»	»	51
22	Cologne...	468	426	46	118	28,241	23,381	4	13	6	209	1	2	»	»	13
23	Dusseldorff...	710	715	10	165	47,199	41,677	15	50	9	774	10	7	13	36	954
24	Coblentz...	891	887	29	57	38,515	36,570	13	27	8	511	1	3	4	3	29
25	Trèves...	688	656	48	92	31,709	30,596	8	15	8	285	3	»	4	1	171
26	Aix-la-Chapelle.	445	455	14	57	23,926	20,586	4	11	1	213	4	2	10	6	268
	TOTAL EN 1831.	21,789	22,211	694	2,014	987,475	930,450	481	1,172	360	56,889	342	538	289	471	46,598

TROISIÈME TABLEAU.

Recensement des grandes écoles normales primaires en Prusse pendant l'année 1831, avec l'état de leurs dépenses.

N°	PROVINCES.	SOMME totale des dépenses. Rixd.		fr.	SUBVENTIONS de L'ÉTAT. Rixd.		fr.	N°	PROVINCES.	SOMME totale des dépenses. Rixd.		fr.	SUBVENTIONS de L'ÉTAT. Rixd.		fr.
	PRUSSE ORIENT. ET OCCID.							19	**POSEN.** École norm. de Posen...	4,875	»	»	4,875	»	»
1	École norm. de Braunsberg..	4,440	11	9	4,149	10	9	20	— Bromberg...	2,683	10	»	2,683	10	»
2	— Dexen...	2,846	23	6	2,250	»	»		**SAXE.**						
3	— Mühausen...	700	»	»	700	»	»	21	— Halberstadt...	2,750	»	»	2,150	»	»
4	— Angerbourg...	1,590	»	»	1,300	»	»	22	— Magdebourg...	4,782	»	»	2,650	»	»
5	— Karalène...	6,636	»	»	3,980	»	»	23	— Gardenleben...	685	»	»	685	»	»
6	— Marienbourg...	2,147	10	»	2,147	10	»	24	— Weissenfels...	3,419	10	10	2,404	7	2
7	— Graudenz...	2,050	16	3	2,050	16	3	25	— Erfurt...	3,706	»	»	3,255	»	»
8	— Jenkau...	5,311	18	1	»	»	»		**WESTPHALIE.**						
	BRANDEBOURG.							26	— Bueren...	4,494	2	»	4,127	2	»
9	— Berlin...	2,000	»	»	2,000	»	»	27	— Soel...	3,270	»	»	3,120	»	»
10	— Potsdam...	8,430	»	»	8,430	»	»	28	— Petershagen...	522	15	»	300	»	»
11	— Neuzelle...	11,554	2	6	6,945	2	6		**RHIN.**						
	POMÉRANIE.							29	— Meurs...	3,000	12	6	3,000	12	0
12	— Stettin...	8,410	»	»	3,069	»	»	30	— Dusseldorff...	787	23	9	100	20	10
13	— Cœslin...	2,608	»	»	2,536	»	»	31	— Bruehl...	6,809	5	»	6,599	10	»
14	— Bartswitz...	250	»	»	250	»	»	32	— Neuwied...	2,999	17	6	2,999	17	6
	SILÉSIE.							33	— Saint-Mathieu, village près de Trèves.	2,135	»	»	500	»	»
15	— Breslau (prot.)	4,543	6	»	3,909	6	»								
	— Breslau (cath.)	3,287	»	»	3,287	»	»		**SOMME.**	110,553	3	5	88,323	5	6
16	— Bunzlau...	3,800	»	»	400	»	»		En francs environ	414,750			331,500		
17	— Ober-Glogau...	2,700	»	»	2,700	»	»								

QUATRIÈME TABLEAU.

État des sommes payées annuellement par les caisses de l'État pour les écoles élémentaires et les écoles moyennes en Prusse (année 1831).

NUMÉROS.	PROVINCES.	SOMMES POUR L'ANNÉE 1831.		
		Rixdales.	gros.	fen.
1	Prusse orientale et occidentale.	52,012	6	7
2	Brandebourg.	71,739	17	11
3	Poméranie.	8,957	18	1
4	Silésie	17,796	23	»
5	Posen.	9,186	6	1
6	Saxe.	24,689	26	0
7	Westphalie.	19,889	17	1
8	Rhin.	16,055	29	9
9	DÉPENSES GÉNÉRALES.	9,500	»	»
	SOMME. . . .	230,517	22	»
	En francs environ. . . .	865,700		

III

DES ÉCOLES NORMALES PRIMAIRES.

MONSIEUR LE MINISTRE,

Vous connaissez le titre de la loi de 1819, qui institue les écoles normales primaires et pose les principes de leur organisation. Vous connaissez aussi quel était le nombre de ces écoles en 1826 et en 1831, celui des élèves et celui des maîtres, et ce que coûte chacune d'elles aux provinces et à l'État. Maintenant il faut pénétrer dans l'intérieur de ces établissements, reconnaître leur discipline, leur plan d'étude et leur régime intellectuel et moral. J'entrerai à cet égard dans une foule de détails que l'importance de leurs résultats justifiera, j'espère, à vos yeux. Je ne craindrai pas de multiplier les renseignements et les documents officiels. J'en ai recueilli un grand nombre, la plupart manuscrits. Je les donnerai, souvent même en totalité, pour que les choses paraissent elles-mêmes et produisent leur effet propre. A la fin seulement, je vous soumettrai les réflexions que m'ont suggérées l'examen attentif de ces documents et la vérification que j'en ai faite par moi-même en visitant les plus célèbres écoles normales primaires de la Prusse.

Je commence par les petites écoles normales. Mais comme elles sont presque toutes des établissements particuliers, l'État, tout en les surveillant, ne les soumet point à la même publicité qu'il impose à ses grandes écoles. Ces petites écoles se cachent plutôt qu'elles ne se montrent. C'est là leur honneur et leur

mérite. Mais cela même les rend assez difficiles à bien connaître. Cependant je me suis procuré les règlements de quelques-unes d'entre elles. En général les petites écoles normales diffèrent des grandes non-seulement parce qu'elles ont un bien moins grand nombre d'élèves, mais surtout parce qu'elles sont destinées la plupart à former exclusivement des maîtres d'école de village, pour les communes les plus pauvres. C'est là leur but propre ; c'est en cela qu'elles sont originales et profondément utiles. Les grandes écoles fournissent, il est vrai, des maîtres pour les campagnes comme pour les villes, et leurs élèves, du moins ceux qui reçoivent des *stipendia*, sont pendant plusieurs années à la disposition du gouvernement qui les envoie où bon lui semble ; et l'on peut se fier à la sévérité connue du gouvernement pour se servir de son droit dans l'intérêt général. Mais il y a toujours des communes si pauvres qu'on hésite à y envoyer un maître d'école un peu distingué, et ce sont précisément ces malheureuses communes qui auraient le plus besoin de lumières pour améliorer leur situation. Les petites écoles normales sont destinées à suppléer à l'insuffisance des grandes. Elles travaillent pour les campagnes pauvres et arriérées. De là découlent toute leur organisation, leurs études, leur discipline. Sans doute les grandes écoles normales de la Prusse méritent la plus haute estime ; mais il n'y aura jamais assez de respect pour ces petites écoles normales qui se cachent, comme je l'ai déjà dit, au lieu de se montrer, qui veulent être pauvres comme les autres veulent être riches, parce qu'elles travaillent pour les pauvres, et qui s'imposent des restrictions de tout genre comme les autres s'excitent à des développements souvent excessifs. Elles ne coûtent presque rien et elles font beaucoup de bien. Rien n'est plus aisé à établir, mais à une condition, qu'on aura des directeurs et des élèves dévoués et obscurément dévoués. Or ce genre de dévouement, la religion peut seule l'inspirer et l'entretenir. Quand on consent à servir les hommes sans en être ni connu ni apprécié, il faut avoir l'œil élevé vers la divine providence ; ce témoin-là est nécessaire à défaut de tous les autres. Aussi les auteurs et les directeurs de ces petites écoles sont-ils presque toujours des ecclésiastiques inspirés par la charité chrétienne ou quelques hommes vertueux passionnés pour l'instruction populaire. Dans ces modestes institutions, tout respire le christianisme, l'amour du peuple et de la pauvreté. Permettez-moi de vous en faire connaître deux, l'une cachée dans un faubourg de Stettin, l'autre dans le village de Pyritz en Poméranie.

Stettin a une grande école normale particulièrement destinée à former des maîtres pour les écoles bourgeoises. Un homme excellent, conseiller d'école (*Schulrath*) dans le conseil de ce département,

M. Bernhardt, sentit d'autant plus la nécessité de pourvoir aux besoins des écoles de campagne. Il fonda donc une petite école normale dans ce but unique ; il la plaça non dans la ville mais dans un faubourg appelé Lastadie, et il fit pour elle le règlement suivant, que je joins ici presque entièrement.

Petite école normale primaire de Lastidie, à Stettin.

1. Cette école est spécialement destinée aux jeunes gens pauvres qui se destinent à devenir maîtres d'école de campagne, et peuvent au besoin gagner une partie de leur entretien par le travail de leurs mains.

2. On n'y enseigne que les choses nécessaires aux petites communes pauvres de campagne qui cherchent pour leurs enfants des maîtres d'école chrétiens et utiles, et ne peuvent leur offrir qu'un chétif revenu.

3. Cette école veut être une *école chrétienne* fondée sur l'Évangile. Elle désire ressembler à un ménage de campagne fort simple, et en même temps ne faire, autant que possible, de tous ses habitants qu'une seule famille. Dans ce but, tous les élèves habitent avec les maîtres la même maison et mangent avec eux à la même table.

4. Les jeunes gens que l'on reçoit de préférence, sont ceux qui sont nés et qui ont été élevés à la campagne, qui savent par principes ce qu'on enseigne dans un bonne école de campagne, qui ont un esprit droit et une humeur gaie. Si, avec cela, ils savent un métier ou le jardinage, ils trouveront dans les heures perdues l'occasion de s'exercer et de s'instruire encore.

5. L'école de Lastadie ne peut ni ne veut se comparer aux grandes écoles normales complétement organisées ; au contraire, elle cherchera à se maintenir toujours dans les limites étroites qui lui sont assignées.

6. La plus grande simplicité doit régner dans toutes ses habitudes, et il faudra, autant que possible, joindre à l'étude, qui est l'objet principal et doit prendre la plus grande partie du temps, un travail manuel.

7. L'instruction a pour but d'apprendre aux jeunes gens à réfléchir, et, en les exerçant à la lecture, à l'écriture, au calcul et au chant, de les mettre en état de s'instruire eux-mêmes et de se former davantage. Car le paysan aussi doit apprendre à penser ; mais l'éclairer ne veut pas dire le rendre savant. « Dieu veut que tous les hommes soient éclairés, et qu'ils parviennent à la connaissance de la vérité. »

8. L'enseignement doit avoir un rapport immédiat avec la vocation des jeunes élèves, et embrasser seulement dans ce qu'elles ont d'essentiel les connaissances que l'on enseigne dans les grandes écoles normales.

9. Les objets de l'enseignement sont : la religion, la langue allemande, la lecture, l'écriture, le calcul et le chant. On joint à cela les premiers éléments de la géométrie, des leçons faciles d'histoire naturelle, des récits tirés de d'histoire nationale, particulièrement de celle de Poméranie, ainsi que des descriptions géographiques. L'objet principal et le fond de toute instruction est la religion, d'après l'histoire et la Bible. Les livres principaux sont la Bible, le psautier, le catéchisme. L'école de Lastadie s'applique aussi à inculquer aux élèves l'amour de la nature, et, dans ce but, elle leur inspire le goût du jardinage et de la culture des arbres.

10. En traitant tous ces objets, il faut s'exercer à parler avec pureté et justesse ; car, après la connaissance de la nature, il n'est rien dont les enfants des paysans aient plus besoin que d'apprendre à exprimer avec simplicité et vérité ce qu'ils savent.

11. Les élèves en savent assez quand ils parlent, lisent et écrivent bien, quand ils font une bonne composition allemande, quand ils calculent avec réflexion et avec facilité, et quand ils chantent bien ; ils en savent assez, quand ils connaissent bien la Bible, quand ils possèdent les notions les plus essentielles du système de l'univers qu'ils ont sans cesse sous les yeux, de la nature dans laquelle ils vivent continuellement ; ils sont beaucoup, quand ils sont des hommes chrétiens, raisonnables et bons.

12. La durée de l'enseignement est fixée à deux années. La première année les élèves apprennent comme écoliers ce qu'ils doivent ensuite enseigner aux autres ; seulement ils assistent aux leçons que les maîtres donnent aux enfants de l'école annexée à cette petite école normale. Dans la seconde année le futur instituteur se met davantage en avant, et dès ce moment tout se rapporte de plus en plus à la pratique. Ils continuent ainsi toute l'année à s'exercer dans l'enseignement, et à la fin ils reçoivent une instruction courte et facile à comprendre sur la manière de conduire une école de pauvres à la campagne.

13. A l'école de Lastadie est jointe une école de pauvres, où les jeunes gens trouvent l'occasion de revenir, en enseignant, sur ce qu'ils ont appris, et de s'exercer dans l'enseignement d'après un plan fixe. Cette école consiste en une seule classe, afin que les élèves voient comment doit être composée et conduite une bonne école de pauvres, et comment tous les enfants peuvent être occupés à la fois.

14. Le nombre des élèves est fixé à douze. Les subventions qu'ils recevront dépendront des circonstances. L'enseignement est gratuit. Les élèves habitent six seulement dans chaque chambre. Le professeur habite aussi le même étage. Ils prennent en commun des repas aussi simples que possible, mais sains. Les domestiques sont inutiles, les élèves étant chargés de nettoyer les chambres et de faire les lits. La portière chauffe les poêles.

15. Les leçons commencent et finissent tous les jours par la prière et le chant des psaumes. Le maître est libre de fixer les heures des méditations (particulièrement fondées sur la Bible et les psaumes), ainsi que leur nombre. Tant que le véritable esprit du christianisme, la foi animée par la charité, régnera dans l'établissement et remplira le cœur des maîtres et des élèves, l'école sera chrétienne et formera des instituteurs chrétiens ; et ces sentiments de foi et de charité tourneront au profit des pauvres et du peuple.

16. Il ne sera donc pas nécessaire de prescrire une règle minutieuse; mais on cherchera à réunir, autant que possible, l'éducation à l'instruction. La lettre tue et l'esprit vivifie. Mais que ne faudrait-t-il pas pour faire pénétrer le véritable esprit du christianisme dans l'établissement, pour que maîtres et élèves, par amour pour le Seigneur, consacrent leurs soins à la jeunesse pauvre !

17. Quiconque voudra être admis dans l'établissement doit, outre ces conditions générales, avoir dix-huit ans accomplis, et n'avoir pas passé sa vingtième année. Il doit apporter des certificats de son pasteur, des autorités de sa commune et du médecin du cercle, sur sa conduite antérieure et l'état de sa santé ; il doit posséder de plus, dans l'histoire biblique, la lecture, l'écriture, le calcul et le chant, les connaissances préliminaires qu'on peut acquérir dans une école de campagne bien organisée. Celui qui joindra à ces connaissances les principes du clavecin ou du violon sera préféré. On s'annonce chez le directeur, et l'examen d'admission est fait par les membres des autorités départementales qui s'occupent des écoles populaires.

18. Il n'y a point d'examen public. L'examen de départ se fait de même par les conseillers d'école du département, et les certificats de capacité sont fondés sur cet examen, d'après la gradation 1, 2, 3, et délivrés par les autorités départementales.

19. Quant au placement des élèves, il sera bon que, pendant quelques années, ils travaillent comme maîtres d'école auxiliaires, afin d'acquérir peu à peu l'expérience et l'assurance nécessaires, en contractant des relations avec la jeunesse et les communes. Dans cette supposition, l'âge de l'admission pourrait sans inconvénient être fixé à seize ans, et cette institution deviendrait un soulagement pour les maîtres d'école âgés, à charge à eux-mêmes et à leurs communes.

20. L'école donne une attention toute particulière au chant et à la culture des arbres fruitiers, afin d'ennoblir et d'égayer le culte divin et toute la vie de campagne, et de préparer aux élèves un délassement des travaux de l'esprit et une industrie utile, et de combattre par tout cela la grossièreté et l'obstination auxquelles les cultivateurs sont enclins.

21. Le dimanche tous les élèves assistent au service divin dans l'église de Lastadie.

22. Les vacances ne peuvent, dans toute l'année, durer plus de quatre semaines ; elles ont lieu à Pâques, en automne et à Noël.

23. L'établissement n'a d'autres revenus que ceux qu'il doit à la bienveillance du ministre de l'instruction publique et des cultes. Ces secours sont employés :

1° A soutenir les élèves les plus pauvres ;

2° A indemniser les maîtres auxiliaires de chant et de jardinage ;

3° A payer l'enseignement de l'école;

4° Au loyer des chambres des élèves;

5° A éclairer et chauffer la salle des leçons et les deux chambres d'habitation ;

6° Aux dépenses extraordinaires.

Les frais de repas de midi et du soir pris en commun sont aussi prélevés sur les secours ; toutefois les élèves y contribuent un peu de leur bourse.

L'école de Lastadie paye le maître principal de son propre revenu.

Puisse, dit en terminant M. Bernhardt, cet établissement, créé dans des vues si charitables, ne pas être privé de la bénédiction dont il a besoin !

Certes, il n'y a pas un cœur honnête qui ne joigne ses vœux à ceux du digne et respectable conseiller.

La seconde petite école normale de ce genre a été fondée en 1824, en l'honneur d'Otto, évêque de Bamberg, qui introduisit le christianisme en Poméranie, en baptisant, près de la fontaine de Pyritz, quatre mille Poméraniens en 1124. Le ministre de l'instruction publique, en autorisant cette fondation, a demandé que les élèves reçussent des leçons d'agriculture, non pas seulement sous forme de récréation, mais comme partie essentielle de leur destination ; qu'ils fussent tenus d'étudier le jardinage, la culture des arbres fruitiers et les vers à soie. La surveillance spéciale de cette maison est confiée au pasteur du lieu. En voici le règlement, qui, sous quelques rapports, ressemble beaucoup à celui de la petite école de Lastadie, mais qui entre dans de plus grands détails, et est peut-être plus austère encore pour ce qui regarde la discipline.

RÈGLEMENT DE LA PETITE ÉCOLE NORMALE DE PYRITZ EN POMÉRANIE.

1. Le but de la fondation d'Otto est de donner à chaque élève l'éducation et l'instruction qui conviennent à un bon et utile instituteur de campagne : or cela ne se peut que par la réunion d'une piété chrétienne avec la connaissance fondamentale de sa voca-

tion, et les bonnes mœurs dans la maison et dans l'école.

2. La piété se reconnaît :

A la pureté des mœurs ;

A la sincérité dans les paroles et les œuvres ;

A l'amour de Dieu et de sa parole ;

A l'amour de son prochain ;

A l'obéissance volontaire envers les supérieurs et les maîtres ;

A la concorde fraternelle entre les élèves ;

A la coopération active aux exercices pieux de la maison et du culte public ;

Au respect pour le roi, notre souverain ; à la fidélité inébranlable envers la patrie ; à la pureté de l'esprit et de la conduite.

3. On acquiert la connaissance fondamentale de la vocation d'instituteur :

En s'arrêtant longtemps sur les principes et les éléments ;

En apprenant ce qui est nécessaire et véritablement utile à cette vocation ;

En s'habituant à réfléchir et à travailler de soi-même;

En s'appliquant constamment aux leçons ;

En les répétant et s'exerçant sans cesse;

En ayant une application soutenue et une activité bien ordonnée, suivant cette parole : « Priez et travaillez. »

4. Les bonnes mœurs dans la maison et dans l'école exigent :

La bonne division et le bon emploi du temps ;

Un ordre extérieur stable, même dans ce qui paraît petit et mesquin ;

Silence dans les heures de leçon et de travail, tranquillité dans la démarche ;

Soin et ponctualité dans la façon et la livraison des ouvrages commandés ;

Des manières décentes envers chacun et dans tous les lieux, comme aussi aux repas ;

Respect pour la propriété de l'école et pour toute propriété étrangère ;

La plus grande prudence à l'égard du feu et de la lumière ;

Propreté du corps et des vêtements ;

Simplicité dans le costume et dans la manière de vivre, suivant la règle d'or : « Tout en son temps et en sa place. Laissez aux choses leur cours. Appliquez-vous à l'honnêteté envers tout le monde. » (Rom., 12, 16, 17.)

II

1. Tous les élèves habitent la même maison et la même chambre ; car ils doivent être unis et former une famille de frères qui se chérissent.

2. Tout l'ordre de la maison repose sur le maître de l'école ; il habite au milieu des élèves ; il a la sur-

veillance immédiate sur eux, sur leur conduite, sur leurs travaux : il doit être pour ses subordonnés ce qu'un bon père de famille chrétien est dans sa maison.

Il est chargé de la comptabilité de l'établissement, des registres, du grand-livre, de la censure trimestrielle et de la formation des listes nécessaires. Il a la surveillance spéciale des aliments, des chambres d'habitation et d'enseignement, de la bibliothèque, du mobilier ; et il est responsable du bon ordre, sous tous les rapports, envers l'administration.

3. L'élève le plus âgé et le plus habile assiste le maître. On le nomme l'aide du maître. Il doit veiller :

A ce que dans la chambre qui lui est confiée chacun se lève et se couche au moment indiqué ;

A ce que personne, sans la permission du maître, ne sorte de la maison, ne fume du tabac, ou n'emporte de la lumière dans le vestibule ou dans le grenier ;

A ce que personne n'endommage volontairement les fenêtres, les murs, le mobilier, ne verse ou ne jette rien par la fenêtre;

A ce que la plus grande propreté règne dans la chambre, le vestibule, le dortoir ;

A ce que les habits, le linge, les livres, etc., se trouvent à leur place ;

A ce qu'en montant ou en descendant, comme en se rendant à l'école des enfants, il ne soit pas fait de bruit.

Il est spécialement chargé d'aider ses compagnons de chambre dans la préparation des leçons, de faire avec eux les répétitions, de préparer le travail pour le maître, et de l'assister, suivant ses forces, dans ses affaires particulières. Il doit être envers ses condisciples ce qu'est, dans une bonne famille, le frère aîné pour ses frères et sœurs cadets.

Il est choisi, sur la proposition du maître, par l'administration.

4. Les petits travaux de la maison, tels qu'arranger et nettoyer les chambres, le vestibule et le grenier, ôter la poussière des tables, des bancs, des armoires, porter de l'eau, fendre le bois, etc., sont à la charge des élèves qui font le service chacun pendant une semaine. D'après un ordre du maître, le temps de ce service est prolongé pour l'élève négligent.

5. L'ordre de la journée est comme il suit :

En hiver à cinq heures, en été à quatre heures et demie, tous les élèves, sur un signal convenu, sont obligés de se lever, de faire aussitôt leurs lits et de s'habiller.

Une demi-heure après le lever, c'est-à-dire à cinq heures et demie en hiver, à cinq heures en été, tous les élèves doivent être réunis dans la salle. L'aide prononce d'abord la bénédiction du matin, et chacun ensuite s'occupe tranquillement jusqu'à six heures. S'il reste encore des répétitions à faire du jour précédent, on s'en occupe. Ensuite on déjeune.

En hiver et en été les leçons commencent à six heures, et durent jusqu'à sept heures trois quarts. Alors les élèves se rendent avec leur maître dans l'école des enfants, annexée à l'école normale, où ils restent jusqu'à dix heures, soit pour écouter, soit pour aider à enseigner dans quelques petites divisions, ou bien ils s'occupent pour leur compte dans la maison.

A ces occupations succèdent une heure de récréation, puis une heure de leçon dans l'établissement.

A midi les élèves se rendent dans la chambre du maître, où ils trouvent en légumes, viandes, poissons, une nourriture saine, moyennant deux thalers par mois.

Le temps qui reste jusqu'à une heure peut être employé à des exercices de musique, au jardinage ou à la promenade.

L'après-midi, d'une heure à trois, tandis que le maître enseigne dans l'école de la ville, les élèves l'accompagnent, et agissent comme le matin. De trois heures à cinq se donnent encore des leçons.

Les heures qui suivent, de cinq à sept, sont, suivant les saisons, employées en exercices corporels, ou dans la salle à des travaux tranquilles. A sept heures chacun fait un souper simple et froid.

De sept à huit heures ont lieu les exercices de chant et de violon ; puis on fait les répétitions ou des ouvrages silencieux jusqu'à dix heures, moment où tous doivent se coucher.

Deux après-midi de chaque semaine sont libres et destinées à de plus longues promenades. Les heures de quatre à six, ou de cinq à sept, sont destinées à des exercices de musique.

Les dimanches ou les fêtes tous les élèves doivent assister, le matin, au service divin dans l'église de la ville, et aider les chantres. Le reste de ce saint jour, le matin ou le soir, chacun peut l'employer à sa guise; cependant il faut que, pendant cette même matinée, les élèves écrivent les principaux points du sermon (le texte, le sujet principal, la division), et qu'ils indiquent le soir comment ils ont passé la journée.

Tous les soirs, ainsi que le matin des dimanches et fêtes, une méditation est faite en commun.

Quelques dimanches après le commencement de l'hiver et après la Saint-Jean, les élèves s'approchent avec leurs maîtres de la sainte table.

Chacun, dès son admission, doit s'engager, en serrant la main du maître et en signant son nom, à suivre cette règle de maison, que l'on peut résumer dans ces trois maximes principales :

1° Ordre dans la conduite et le travail, et la plus grande simplicité en tout, afin que les élèves, appartenant à la classe pauvre, et destinés à devenir instituteurs des pauvres, restent volontiers dans cet état, et n'apprennent pas à connaître des besoins qu'ils ne pourront ni ne devront satisfaire. C'est pourquoi ils doivent se servir eux-mêmes.

2° Quant à l'enseignement dans l'école, il faut toujours en faire faire la répétition par les élèves plus avancés ; il faut, autant que possible, que les élèves s'enseignent les uns aux autres ce qu'ils ont appris de leur maître, afin qu'ils se perfectionnent en enseignant.

3° Que l'âme de leur communauté soit la piété et la crainte de Dieu ; mais une véritable piété chrétienne, une crainte de Dieu qui repose sur une connaissance éclairée, afin que les élèves rendent en tout honneur à Dieu, et mènent une vie simple et calme, résignée et contente dans la peine et le travail, suivant l'exhortation de l'Apôtre :

« Rendez ma joie parfaite, vous tenant tous unis ensemble, n'ayant tous qu'un même amour, les mêmes sentiments, afin que vous ne fassiez rien par esprit de contention ou de vaine gloire; mais que chacun, par humilité, croie les autres au-dessus de soi. » (Philipp. II, 3.)

« Je souhaite la paix et la miséricorde à tous ceux qui se conduiront selon cette règle. » (Gal. VI, 16.)

Je m'abstiens de toute remarque sur ces deux règlements qui semblent échappés à saint Vincent de Paule. La plupart des petites écoles normales de la Prusse sont fondées et conduites dans cet esprit. Toutes reposent sur la base sacrée du christianisme. Mais, dans leur humilité même, on y distingue un goût pour l'instruction, un sentiment de la nature et de la musique, qui ôtent toute grossièreté à ces modestes institutions, et leur donnent un caractère presque libéral. Tout cela sans doute découle du fond des mœurs nationales et du génie allemand; mais la charité chrétienne pourrait en transporter une bonne partie dans notre France, et je serais heureux que les règlements de la petite école de Lastadie et de Pyritz tombassent entre les mains de quelque digne ecclésiastique, de quelque bon curé ou pasteur de village ou de petite ville, qui entreprît un pareil apostolat.

Les grandes écoles normales présentent un caractère un peu différent. Elles forment des maîtres pour les deux degrés de l'instruction primaire, savoir : les écoles élémentaires et les écoles bourgeoises. La loi de 1819, qui les institue, remettait leur organisation à des ordonnances ultérieures, et on ne peut trop louer le zèle et la constance que le ministère de l'instruction publique et des cultes a mis à perfectionner ces beaux établissements.

D'abord ils lui appartiennent. C'est la commune qui paye et entretient l'école communale ; ce sont les provinces et l'État qui concourent à l'entretien des écoles normales. L'État organise, nomme les maîtres et le directeur; et l'autorité provinciale pour les écoles, savoir, le *Schul-Collegium*, est chargée de la surveillance. Ainsi, chaque école normale est départementale par sa destination, qui est de fournir des maîtres au département où elle est placée; mais elle ne relève que de la province et de l'État; et on peut dire que c'est l'État, le ministère de l'instruction publique et des cultes qui a eu la principale part dans les progrès que ces institutions ont faits en très-peu de temps, de 1825 à 1831.

La première chose à faire était d'assurer les études des écoles normales en soustrayant les élèves au service militaire. Déjà la loi du 27 mai 1819 dispensait les maîtres d'école en fonction du service dans l'armée active et même du premier ban de la landwehr, et les plaçait dans le second ban; bien entendu que toutes ces dispenses ne pouvaient avoir lieu qu'en temps de paix. Une nouvelle décision, du 26 juin 1822, en rappelant aux autorités militaires la loi de 1819, fixait toutes les conditions auxquelles le maître d'école était placé au second ban de la landwehr. Une circulaire, que j'ai sous les yeux et que je vous transmets, du 4 septembre 1826, confirme toutes les décisions antérieures, et invite de nouveau tous les commandants à dispenser des exercices du premier ban tous les maîtres d'école.

Mais il ne suffisait pas de traiter ainsi les maîtres d'école en fonction, il fallait appliquer ces mêmes mesures aux élèves des écoles normales. C'est ce que fit l'ordre de cabinet du 29 novembre 1827, confirmé et développé par une circulaire du 5 janvier 1829 dont je vais donner les principales dispositions.

1° Tant que les élèves sont à l'école normale primaire, ils ne peuvent être appelés ni dans l'armée active ni dans la landwehr, et il est en cela dérogé à l'instruction du 30 juin 1817, sur le recrutement, laquelle exige un service non interrompu jusqu'à vingt-deux ans accomplis dans l'armée active.

2° Les élèves des écoles normales tireront au sort comme les autres jeunes gens de vingt ans dans la classe appelée. Ils seront dispensés de tout service jusqu'à l'achèvement de leur temps à l'école normale. Alors, que le sort les ait désignés pour la ligne ou pour la réserve, ils ont tenus à un service de six semaines pour se former aux exercices militaires.

3° Afin que les candidats pour les fonctions de maître d'école puissent, conformément à l'ordre du 29 novembre 1827, lorsqu'ils seront désignés pour la ligne ou pour la réserve, faire leurs six semaines d'exercice, les consistoires provinciaux s'arrangeront pour faire coïncider autant que possible la fin des cours des écoles normales avec l'époque à laquelle commencent les exercices militaires, c'est-à-dire, vers le 1er avril.

4° Les candidats ne pourront être placés comme maîtres d'école qu'après avoir satisfait à ces conditions de la loi sur le service militaire.

5° Les candidats pour l'enseignement supérieur jouiront des mêmes avantages que ceux des écoles normales primaires, lorsqu'ils sortiront des écoles normales destinées aux carrières savantes. (*Seminaria theologica, philologica*, etc.)

On a même été plus loin; et un ordre de cabinet du 24 décembre 1829, une circulaire du ministre de la guerre du 4 février 1830, un nouvel ordre du cabinet du 20 février de la même année, suivi d'une circulaire ministérielle du 27, réduisent tous les exercices militaires, imposés antérieurement aux maîtres d'école et aux candidats sortis des écoles normales, à un mois de service dans l'armée active, à l'époque qu'ils choisissent eux-mêmes. Tel est l'état présent des choses; il est aussi doux qu'il peut l'être dans une monarchie militaire comme la Prusse.

Les mesures précédentes protégeaient les écoles normales primaires contre les distractions fâcheuses du service militaire. En voici une autre qui assure aux candidats qui sortent des écoles normales un placement presque privilégié. Elle est du 1er juin 1826, c'est-à-dire, de l'époque où les écoles normales primaires étaient partout établies, complètement organisées et en pleine activité; et elle ne pouvait être antérieure à cette époque, car c'eût été demander pour les écoles normales des priviléges avant qu'on fût certain qu'elles les méritaient.

Circulaire du 1er juin 1826.

1. Dans toutes les nominations de maîtres d'école dépendantes du gouvernement royal, on aura particulièrement égard aux élèves sortis de l'école normale supérieure de la province et porteurs de certificats de capacité, et tant qu'il s'en trouvera, on ne prendra pas de sujets formés d'une autre manière aux fonctions d'instituteur.

2. Les communes qui ont droit d'élection ou de présentation aux places de maîtres d'école seront soumises à la même obligation.

3. Il sera aussi recommandé aux fondateurs particuliers de choisir principalement des élèves de l'école normale; mais, dans tous les cas, ils ne pourront choisir que des sujets pourvus d'un certificat d'examen constatant leur capacité.

4. Le certificat d'examen constatant la capacité nécessaire pour être placé à la tête d'une école, doit chaque fois avoir été délivré par le directeur et les maîtres d'une école normale supérieure, et visé par le conseiller d'école du département.

5. Les examens sur lesquels doivent se fonder les certificats de capacité délivrés aux candidats qui n'ont pas été formés dans l'école normale supérieure, auront lieu à certaines époques annoncées dans les

feuilles du bailliage où se trouve l'école normale, ainsi que cela a été arrêté dans l'article 10 de la circulaire adressée aujourd'hui avec la présente aux colléges d'école des consistoires provinciaux.

6. Les individus qui, sans avoir été préparés dans une école normale supérieure, désireront se faire examiner comme instituteurs, s'adresseront à cet effet à l'autorité, et lui remettront :

A. Un certificat du médecin ;

B. Un narré de leur vie composé par eux-mêmes ;

C. Les preuves et certificats nécessaires constatant qu'ils ont reçu de l'éducation et de l'instruction en général, et qu'ils se sont particulièrement préparés aux fonctions d'instituteur ;

D. Un certificat des autorités du lieu et du pasteur constatant que jusque-là ils ont eu une conduite irréprochable, et qu'ils ont la capacité morale et religieuse propre à l'enseignement.

7. L'administration royale est chargée d'examiner soigneusement ces certificats, de faire des recherches scrupuleuses, et de n'ordonner à l'école normale supérieure d'examiner l'aspirant qu'après avoir acquis la conviction parfaite qu'il n'y a rien à reprendre en lui tant au physique qu'au moral.

8. Les élèves ainsi examinés, et jugés capables, doivent cependant, sans exception, être maîtres d'école provisoires pendant un, deux ou trois ans ; mais ce délai pourra être abrégé pour les élèves les plus distingués. A l'expiration de ce temps, ils ne pourront être placés définitivement qu'après avoir de nouveau prouvé leur capacité. Dans tous les cas, il appartiendra à l'administration royale de décider si un nouvel examen est nécessaire.

9. Tout candidat examiné et déclaré capable, qui ne serait pas placé de suite, doit prévenir l'administration royale du lieu où il compte résider, et celle-ci doit le soumettre à la surveillance spéciale du surintendant ou de l'inspecteur d'école, afin que celui-ci fasse des rapports réguliers sur ses études et sur sa conduite.

10. L'élève renvoyé de l'école, ou qui l'aura quittée volontairement et sans certificat de départ, ne devra en aucun cas être admis à l'examen et encore moins à aucune place de maître d'école.

Le privilége de recruter, non pas exclusivement, mais de préférence, l'instruction primaire, assura l'avenir des écoles normales, et y amena constamment un grand nombre d'élèves ; c'est alors qu'étant bien sûr de ne pas manquer d'élèves, le ministère put soumettre ces établissements à de fortes mesures intérieures, qui les élevèrent peu à peu et les rendirent de plus en plus dignes de leur haute mission, des bienfaits du gouvernement et de la confiance publique.

La première mesure à prendre était une organisation sévère des examens de sortie qui confèrent la qualité de candidats à des places de maîtres d'école, le soin de n'accorder d'abord qu'une nomination provisoire, de renouveler l'examen avant la nomination définitive, et de rappeler de temps en temps à l'école normale les candidats déjà placés, pour perfectionner leur instruction. La circulaire suivante est digne à cet égard de la plus grande attention. Sa date est celle de la circulaire précédente. Il était juste, le jour même où on réclamait un privilége, de faire en sorte qu'il fût mérité et ne dégénérât pas en un stérile monopole.

Seconde circulaire du 1er juin 1826.

1. A l'avenir, comme cela s'est pratiqué jusqu'ici la plupart du temps, toutes les grandes écoles normales primaires de la monarchie feront subir aux élèves sortants des examens rigoureux aux époques indiquées pour les départs.

2. Ces examens seront faits par les maîtres de l'école, sur toutes les connaissances enseignées dans l'établissement, en présence et sous la direction d'un ou de plusieurs commissaires envoyés par le collége pour les écoles. Il sera permis au surintendant, au premier pasteur, et en général à tous les ecclésiastiques, d'assister à ces examens, qui du reste ne seront pas publics.

3. Ces examens comprendront aussi une leçon d'épreuve pour juger la capacité des élèves sortants pour l'enseignement.

4. D'après le résultat de ces examens, et spécialement après avoir pris l'avis précis et consciencieux que le directeur et les maîtres de l'école doivent émettre sur les élèves examinés, chacun des élèves sortants recevra un certificat de départ (*Abiturienten-Schein*), donné par le directeur et les maîtres, et visé par les commissaires.

5. Ce certificat ne doit pas seulement faire mention des connaissances acquises dans toutes les branches de l'enseignement de l'école, mais en outre de l'habileté dans l'enseignement, de la capacité morale pour remplir les fonctions d'instituteur, de la conduite et du caractère ; et il doit indiquer ce qu'on a lieu d'espérer à l'avenir de l'élève examiné ; le tout exprimé consciencieusement, et résumé ensuite par ces mots : *très-bien, bien, satisfaisant*, et par ces nombres, 1, 2, 3.

6. Ce certificat ne donne à l'élève que la faculté d'être placé pendant trois ans, après lesquels il est obligé de se présenter à un nouvel examen dans l'école normale. Cependant celui qui a reçu en sortant le titre de *très-bien* et le n° 1, et qui est placé après sa sortie immédiatement comme instituteur dans une école publique, n'a pas besoin d'un nouvel examen ;

tous les autres, au contraire, ne peuvent être installés que provisoirement.

7. Ce nouvel examen ne doit pas avoir lieu en même temps que les examens de départ, mais en présence, sous la direction et avec la participation des conseillers pour les écoles, à une époque fixe pour chaque école normale primaire.

8. Si le but spécial des examens de départ est de s'assurer si les élèves ont saisi complétement l'instruction reçue dans l'école, s'ils la possèdent, s'ils l'ont bien comprise, et s'ils ont appris à la communiquer, les examens nouveaux ne doivent plus avoir un rapport immédiat à l'enseignement reçu dans l'école, mais en général à la solidité des connaissances, à la direction et à l'indépendance des vues, et particulièrement à l'habileté et à la capacité pratique.

9. Un certificat sera aussi délivré sur l'issue de cet examen, et joint au certificat de départ; on y dira en quoi les espérances qu'on avait conçues ont été justifiées, surpassées ou déçues, et cela d'une manière précise, et on indiquera quelle partie de l'enseignement peut être confiée au candidat.

10. En même temps auront lieu, suivant les mêmes principes, les examens des candidats à l'enseignement qui n'ont pas été formés dans les écoles normales supérieures, et que l'administration royale adressera à cet effet à une école normale. A la suite de l'examen, ces candidats devront être pourvus, comme les autres, d'un certificat qui constate en particulier, et aussi exactement que possible, le degré de leurs connaissances, de leur habileté, et spécialement de leur capacité pratique.

11. Mais, afin que l'influence bienfaisante de l'école normale s'étende aux maîtres d'école déjà placés, qui ont besoin d'aide, et dont la capacité et l'instruction ne font pas de progrès ou même diminuent, ces maîtres seront, pour plus ou moins de temps, suivant qu'ils en auront besoin, rappelés dans l'école normale, soit pour faire un cours entier de méthodologie, soit pour s'exercer dans quelque partie spéciale, ou pour être soumis à la discipline morale de l'école, tandis qu'ils s'occuperont dans l'école d'exercice de l'établissement. Quant à la manière d'exécuter cette mesure, le ministère attend les propositions du collége des écoles, après que celui-ci se sera entendu avec les autorités de la province.

12. Soit dans le but ci-dessus énoncé, soit en général pour connaître exactement la nature et les besoins des écoles de leur département, les directeurs des écoles normales primaires devront tous les ans, pendant les vacances, visiter une partie du département ou de la province, pour lesquels des maîtres sont formés dans leur établissement; ils examineront, à titre de commissaires, les écoles de campagne ; ils rendront compte de leurs observations à l'autorité ministérielle, et une copie de leur rapport devra aussi être envoyée au collége des écoles, afin de prendre les mesures jugées nécessaires, et particulièrement celle d'appeler dans les écoles normales les maîtres d'école qui se trouveraient dans le cas de l'article 11. Les frais de ces voyages seront pris de préférence sur les fonds provinciaux destinés à l'amélioration de l'enseignement primaire. Ces mêmes fonds serviront aussi à défrayer les déplacements qu'exigerait le cours méthodologique pour les maîtres déjà placés.

13. Il est à propos que les vacances des écoles normales primaires soient réglées de manière que les maîtres puissent visiter d'autres établissements du même genre, et les voir dans toute leur activité. Mais il faut laisser aux colléges provinciaux pour les écoles à faire les communications nécessaires à ce sujet.

Le ministère compte recevoir en son temps le rapport circonstancié de ce qui aura été fait et décidé, conformément aux dispositions de cette circulaire, par le collége des écoles, de concert avec les autorités royales de la province.

Nous avons déjà dit que les élèves des écoles normales primaires, qui reçoivent des bourses de l'État ou des provinces, sont tenus, après avoir subi l'examen de départ et été reçus candidats, de rester pendant trois ans à la disposition de l'État et d'accepter toutes les places qui leur sont offertes. Cette obligation, juste rançon de tant de soins et de dépenses, est renfermée dans le rescrit ministériel suivant du 28 février 1825 :

Les rapports des autorités du département annoncent que souvent des candidats sortis des écoles normales refusent les places de maîtres d'école qui leur sont offertes, sous le prétexte qu'elles ne sont pas assez lucratives, et cherchent à gagner leur vie en donnant des leçons particulières, ou comme gouverneurs d'enfants. Cette circonstance est tout à fait nuisible aux intérêts des écoles et des jeunes gens eux-mêmes, qui s'accoutument ainsi à des besoins que ne peut satisfaire plus tard la position de maître d'école de village, à laquelle ils sont bientôt réduits de recourir pour la plupart. Et comme d'ailleurs les frais considérables de l'État pour l'entretien des écoles normales n'ont pas pour but de former des précepteurs particuliers pour les familles, il est ordonné ce qui suit :

1° Tout élève d'une école normale primaire, après sa sortie, sera pendant trois ans à la disposition de la régence dans la circonscription de laquelle se trouve l'école normale où il a été élevé, et sera tenu d'accepter la place de maître d'école qui lui sera assignée. Les engagements contraires qu'il aurait pris d'ailleurs ne pourront lui servir d'excuse.

2° Celui qui refusera de satisfaire à cette obligation, aussitôt qu'il en sera requis, sera tenu de rembourser à l'école normale le prix de sa pension, savoir, 10 rixdales pour chaque semestre de son séjour à l'école, plus les frais de nourriture et d'entretien.

Tous les élèves qui se trouvent aujourd'hui dans une école normale primaire devront déclarer, avec le consentement de leurs parents, qu'ils s'engagent à remplir les conditions du présent arrêté ou quitter immédiatement l'école.

J'ai sous les yeux un grand nombre de mesures générales prises par le ministère de l'instruction publique et des cultes, pour l'amélioration progressive des écoles normales, tantôt sous le rapport de la moralité, tantôt sous celui de l'enseignement. Je signale ici quelques-unes de ces mesures, pour faire connaître l'esprit qui préside à la surveillance et à la direction de ces importants établissements.

La discipline qui y règne est en général fort sévère. Ainsi la musique, si naturelle et si chère à l'Allemagne, est sans doute très-cultivée dans les écoles normales ; mais le gouvernement ne souffre pas que cette instruction devienne pour les élèves un divertissement profane, et qu'ils se servent du talent musical acquis dans l'école pour prendre part au dehors à des concerts publics honnêtes mais frivoles. Il ne leur permet que la participation à la musique d'église. Je trouve cette défense dans une circulaire ministérielle du 8 juin 1814.

Je trouve encore citée dans un compte rendu de l'école normale de Soest une mesure du ministre de l'instruction publique et des cultes, qui déclare que tout élève externe de toute école normale, qui serait vu dans un cabaret, serait immédiatement renvoyé de l'école. En effet, on conçoit que la conduite des élèves externes des écoles normales doit être soumise à une police particulière, et c'est ce qui a lieu partout.

Une des choses les plus utiles dans les écoles primaires et particulièrement dans les écoles primaires des villes, c'est la gymnastique. Il faut donc l'enseigner dans les écoles normales. Mais les souvenirs encore attachés aux exercices gymnastiques du célèbre Jahn n'étaient pas propres à encourager le gouvernement prussien. Il eut pourtant le bon sens, en 1827, de surmonter ses répugnances, et d'instituer, par la circulaire ci-jointe, des exercices gymnastiques réguliers dans toutes les écoles normales primaires de la monarchie.

Circulaire du ministère royal de l'instruction publique et des affaires ecclésiastiques et médicales, à tous les collèges d'école, concernant les exercices gymnastiques dans les écoles normales primaires.

Du 26 février 1827.

Ce n'a pu être l'intention du ministère d'introduire dans les écoles normales primaires, nommément dans celles où il n'y a point d'écoles annexes, des exercices gymnastiques réguliers qui soient classés parmi les autres objets d'instruction, enseignés méthodiquement à l'aide d'appareils spéciaux dans des salles ou des places particulières, et même avec un costume particulier, et qui pourrait donner lieu de croire au rétablissement des anciens exercices gymnastiques proprement dits. Cela serait tout à fait contraire à l'intention du ministère, au but des écoles normales primaires, à la destination de leurs élèves, à la position et au caractère de leurs directeurs et maîtres, et à l'organisation de ces établissements, tant par rapport à l'enseignement qu'aux habitudes de vie des élèves.

Néanmoins il est convenable de prendre en considération et de soigner le développement physique des élèves.

1° *D'abord pour la santé.* L'expérience prouve que le changement dans leur manière de vivre, auquel les élèves en entrant à l'école doivent s'habituer, ne laisse pas d'être nuisible à leur santé. La plupart, venant de la campagne, sont accoutumés à vivre en plein air, et n'ont pas été exercés à travailler assidûment de tête. Dans l'âge où la croissance n'est point achevée, ils doivent s'accommoder d'une vie sédentaire, d'études longues et suivies, changer de nourriture, renoncer aux commodités de la maison paternelle. Ils se trouvent en outre exposés à des influences vraiment fâcheuses. Il faut qu'ils prennent sur leur sommeil, travaillent dix heures et plus par jour dans des classes et des salles pleines de monde, qu'ils dorment l'été dans des pièces extrêmement chaudes et l'hiver dans des chambres tout à fait froides ; qu'ils se remettent après les repas à l'ouvrage, et emploient même les heures de récréation à des occupations où l'esprit est encore tendu. Une telle vie doit être contraire à la santé, et déjà par cette raison il est nécessaire de songer à des exercices de corps qui empêchent l'épuisement, secondent le libre cours des humeurs, et conservent l'élasticité, la gaieté et la fraîcheur de l'esprit. Rien d'ailleurs ne serait plus mauvais pour un maître d'école de campagne que de s'habituer à une vie trop sédentaire. D'abord le penchant pour ce genre de vie porterait un grand préjudice à l'école, où l'exemple d'une activité mâle et soutenue est de rigueur ; ensuite il favoriserait un air de grandeur incompatible avec la position de maître d'école, ordinairement forcé, pour soutenir sa maison, de se livrer à des travaux de corps pénibles.

2° *Pour le maintien et la bonne tenue du corps.* Des manières embarrassées et gauches font naître avec raison des préventions défavorables, parce qu'elles indiquent d'ordinaire un homme grossier et ignorant, ou du moins incertain sur l'emploi de ses facultés et de ses forces. Et de même que la présence d'esprit, le courage et la fermeté se manifestent par l'adresse et l'habileté physique, les bonnes mœurs par la décence, un caractère aimable et gracieux par la politesse et de bonnes manières ; de même la bonne tenue du corps réagit sur le moral et affermit les bonnes qualités de l'âme. De plus, l'adresse physique donne à tout homme de précieux avantages dans les circonstances inévitables de la vie, pour sa propre défense ou l'assistance des autres en cas de danger. Mais il est surtout urgent que le maître ait un extérieur décent et aimable, uni à la force physique, pour pouvoir gagner l'estime et la confiance des parents et l'amitié des enfants.

3° *Aussi à cause de son état.* Le maître futur doit être familiarisé avec tout ce qui fait partie du développement physique et des exercices du corps. Comme instituteur, il est aussi chargé de veiller à l'adresse physique et à la santé de ses élèves : il doit donc savoir au moins quels sont les moyens propres à conserver leur santé, et comment les exercices du corps doivent être combinés avec les jeux et les occupations des enfants. On ne peut donc pas négliger les exercices du corps dans l'enseignement de la pédagogie.

Mais comment, d'après les trois points de vue indiqués, ces exercices doivent-ils être organisés pour remplir leur but ? voilà ce qui ne saurait être fixé d'une manière positive et générale. Il faudra s'en rapporter, à cet égard, soit au jugement du directeur et des maîtres, soit aux dispositions locales de chaque école en particulier.

Des établissements comme Bunzlau, Jenkau, Neuzelle, auxquels sont annexées de petites institutions gratuites pour les enfants, se trouvent dans une position bien plus avantageuse. Là on peut former plus particulièrement et plus sévèrement les enfants aux exercices du corps, et habituer les élèves de l'école normale à surveiller ces exercices et à y prendre eux-mêmes une part active. On peut même faire des exercices sur un pied militaire.

Mais dans les écoles normales primaires auxquelles ne sont pas jointes de pareilles institutions, on devra combiner davantage les exercices du corps avec les occupations ordinaires des élèves, avec leurs travaux dans le jardin et avec leurs excursions. Le soir, en revenant de se baigner et de nager, ils s'exerceront naturellement à courir et à sauter. En allant botaniser,

ainsi que dans toutes les occupations dont ils seront chargés à la maison, ils trouveront l'occasion d'augmenter l'adresse, la souplesse et la force de leur corps.

Mais tout dépendra de la manière dont les maîtres s'y prendront. S'ils savent faire en sorte que ces exercices, établis réellement pour l'utilité des élèves, leur paraissent en même temps un amusement favorable à leur santé ; s'ils évitent en outre une formalité pédantesque aussi bien qu'une indifférence dédaigneuse ; s'ils ont le talent d'inspirer du goût pour ces exercices, tout en les subordonnant au but principal, l'éducation morale et intellectuelle ; enfin s'ils savent garder en cela une juste mesure, non-seulement il n'y a à craindre aucun danger, mais on en peut espérer plus d'un avantage, entre autres ce résultat, que les élèves, maintenus dans une certaine vigueur et agilité, soient préservés d'une gravité pesante et d'une mélancolie intempestive, dont il faut surtout garantir les hommes destinés à passer leur vie avec les enfants.

De cette manière on devra prendre partout dans les écoles normales primaires des dispositions qui tendent à favoriser le développement physique. Il n'est pas à supposer qu'on puisse manquer de temps pour ces exercices, et si on en manquait réellement, d'après la distribution des études, il y aurait une raison suffisante de s'arranger pour s'en procurer.

D'après ces indications, le ministère laisse au collége des écoles le soin d'adresser aux directeurs des écoles normales primaires la résolution contenue dans cette circulaire, soit en la leur communiquant en entier ou par extrait, soit par le moyen de circulaires spéciales fondées sur la position particulière de chaque établissement, et de charger en même temps les directeurs de mentionner dorénavant dans les rapports annuels la manière dont se font chez eux les exercices du corps.

Une des pièces les plus intéressantes qui soient sous mes yeux, est la circulaire du 24 mars 1827, qui organise les cours que devront suivre les maîtres d'école appelés momentanément aux écoles normales primaires pour s'y perfectionner. La voici en abrégé :

La circulaire du 1er juin 1826 arrête que les maîtres d'école déjà en fonctions pourront être appelés à l'école normale pour s'y perfectionner lorsqu'il sera jugé nécessaire, et qu'ils y seront occupés à suivre un cours méthodologique (*methodologischer Lehrcursus*), ou à s'exercer sur des points particuliers de l'enseignement, ou enfin à se former à l'art de bien tenir une classe dans l'école pratique attachée à l'école normale.

D'après les observations que l'expérience a fournies et les propositions diverses qui ont été faites à ce sujet par les autorités compétentes, le ministre de l'instruction publique fait connaître que ces mesures ne doivent pas être appliquées dans toutes les écoles normales qui n'ont pas encore des cours complets et méthodiques sur toutes les branches principales de l'enseignement primaire. On ne peut en effet exiger des professeurs des écoles normales qu'ils répètent, pour les maîtres appelés à se perfectionner, les cours qu'ils font annuellement ; et il ne serait pas d'une grande utilité de soumettre les maîtres d'école à la nécessité de suivre les cours ordinaires de l'école normale pendant le peu de temps qu'ils auraient à y passer. En conséquence il sera plus convenable de former de petites réunions de maîtres d'école pendant trois ou quatre semaines, pour qu'ils puissent repasser ensemble méthodiquement une partie spéciale de l'enseignement, telle que le calcul, le chant, la religion ou la langue allemande.

On aura l'avantage de réunir toujours des hommes d'égale force sur une seule matière, qui serait ainsi étudiée plus à fond, et de ne distraire pour présider à ce cours que celui des maîtres de l'école normale qui le fait habituellement, et qui pourra facilement se prêter à ce faible surcroît d'occupation pendant peu de semaines.

Après avoir ainsi repassé en quelques années toutes les parties de l'enseignement avec les mêmes individus qui auront été appelés à plusieurs reprises, on pourra organiser un cours général et plus étendu, qui aura sa place naturelle pendant les quatre semaines avant la clôture des travaux annuels des élèves de la classe supérieure, lorsque ceux-ci font la répétition générale des cours de didactique, de méthode et de pédagogie (1). Les maîtres d'école appelés du dehors pourront assister à ces répétitions, et leur présence même profitera aux élèves des écoles normales.

Au besoin on pourra, tous les trois ou quatre ans, consacrer à ce travail le temps des vacances.

Des indemnités pourront être accordées en pareil cas aux maîtres les plus zélés des écoles normales, comme aussi aux plus nécessiteux des maîtres d'école qui seront appelés à ces exercices. Les surintendants et les inspecteurs veilleront de leur côté à pourvoir au remplacement provisoire des maîtres d'école, et une école dût-elle même être fermée pendant un mois, ce qu'on évitera autant que possible, il en résulterait encore un avantage pour les enfants, par l'augmentation de connaissances et d'habileté que le maître acquerrait pendant son absence.

Le principal but de ces mesures est d'entretenir le zèle et l'émulation des maîtres d'école, de les maintenir tous en état de répandre uniformément l'instruc-

tion et de participer aux progrès que le temps amène, enfin de faire de l'école normale le centre de tout l'enseignement primaire. Cette excellente mesure m'en rappelle une autre du même genre qui, sans avoir lieu dans l'intérieur des écoles normales, a aussi pour objet le perfectionnement des maîtres déjà placés, je veux parler de ces conférences de maîtres d'école d'un même canton, dans lesquelles chacun d'eux communique à ses confrères ses méthodes et ses pratiques, et où tous s'éclairent par un échange réciproque de vues et d'idées. Ces conférences sont libres, il est vrai, mais le gouvernement les encourage, les conseille, et souvent les organise lui-même par l'intermédiaire des inspecteurs d'école. On pourra juger de l'importance de ces réunions périodiques des maîtres d'école d'un même canton par le règlement de l'une de ces conférences, que je vais traduire ici :

1° Depuis le 1er mai jusqu'à la fin d'août, on s'assemble tous les huit jours, le mercredi après midi, de deux à six heures (2) ; du 1er septembre à la fin d'octobre, tous les quinze jours, de deux à cinq heures ; du 1er novembre à la fin de février, tous les mois, de deux à cinq heures, après le premier quartier de la lune ; enfin du 1er mars à la fin d'avril, tous les quinze jours (3).

On s'occupe spécialement dans ces réunions de la méthode. La meilleure est, il est vrai, tout entière dans la justesse d'esprit, le zèle et l'activité du maître, qui seuls peuvent donner de l'intérêt et de la vie à son école. Néanmoins il serait utile que la même méthode fût, autant que possible, suivie dans tout un canton ; l'ordre et la régularité dans l'enseignement ne pourraient qu'y gagner. On examinera donc quelle est la meilleure méthode connue pour la lecture, le calcul et le chant ; quels sont les meilleurs livres élémentaires. On passera en revue tous les ouvrages nouveaux qui ont paru sur chacune des branches d'instruction, la méthode de lecture du docteur Harnisch, celle de Pestalozzi pour les éléments du calcul, ou celles de Kawerau, de Mucke, de Schellenberg, de Fischer, de Renschmidt et autres, ou l'excellente arithmétique de Scholz. La méthode de Rothweil et celle de Natorp pour le chant sont-elles suffisantes ? Laquelle est préférable pour le chant, de la musique en chiffres ou de la musique notée ? Quels sont les meilleurs morceaux à choisir ?

Quel est le meilleur livre de lecture pour la seconde classe des écoles de campagne ? et entre autres bons ouvrages faut-il préférer l'*Ami des enfants* de Wilmsen au *Second Livre de lecture* de Harnisch ?

---

(1) Didactik, Methodik, Pædagogik.
(2) Le mercredi après midi est un jour de congé comme chez nous le jeudi.

(3) D'autres conférences ne s'assemblent jamais qu'une fois par mois.

L'enseignement de la religion, comme le fondement de l'instruction populaire, fera l'objet principal des délibérations de la conférence. La méthode catéchétique doit-elle être négligée comme elle l'a été dans les derniers temps? Quels sont les ouvrages nécessaires au maître, outre la Bible et le catéchisme de Luther? et trouve-t-il des instructions suffisantes dans Hoffman, Geisser, Handel, Haenel et Kohlrausch? D'après l'extension qui a été donnée de nos jours à l'enseignement dans les écoles de village, on discutera jusqu'à quel point on peut s'occuper des éléments de la géométrie et du dessin; dans quelles limites on restreindra l'enseignement de la géographie, de l'histoire et des sciences naturelles, et si ces additions peuvent être véritablement utiles ou n'être qu'un vain travail de mémoire.

La discipline est une des premières conditions du succès dans une école, et ici se présente la question de l'emploi des récompenses et des punitions. L'expérience a prouvé que cette partie de l'éducation est la plus difficile à traiter. On s'en occupera spécialement, et les difficultés s'aplaniront aisément pour ceux qui, pénétrés de l'esprit de l'Évangile, croiront devoir à leurs élèves tout ce que commande un amour religieux et un dévouement sans bornes aux saintes fonctions qu'ils remplissent.

Le but de la conférence est également de fournir aux maîtres une occasion de s'éclairer eux-mêmes, et d'étendre leurs propres connaissances. Seront donc constamment à l'ordre du jour les questions de grammaire et de langue allemande, de calcul, etc.; la lecture d'écrits pédagogiques et d'autres livres qui peuvent donner d'utiles connaissances aux maîtres d'école; les exercices de chant, les communications réciproques des expériences de chacun des maîtres.

Parmi les ouvrages pédagogiques recommandés particulièrement, on aura les journaux sur l'instruction primaire qui se publient en Prusse et en Allemagne.

Les pasteurs chargés de l'inspection des conférences pourront proposer des questions qui seront traitées par écrit et discutées ensuite dans la conférence.

Il sera tenu un procès-verbal détaillé de toutes les séances.

(*Extrait du rapport de M. le surintendant Falk de Landeshuth, sur les conférences de maîtres d'école dans la circonscription de son inspection d'école; Journal de Beckedorf, 2e cahier, 2e volume.*)

Mais vainement toutes ces mesures, que j'aurais pu multiplier, auraient été prises par le ministère de l'instruction publique, s'il ne se faisait rendre chaque année un compte exact de l'état des écoles normales primaires. Aussi, dès 1823, une ordonnance du 4 avril imposa aux colléges d'école des consistoires provinciaux, l'obligation d'envoyer au ministère un rapport annuel sur les différentes écoles normales de la province, rapport détaillé et complet qui embrassât tous les objets suivants:

1° Matériel: entretien des bâtiments, réparation, augmentation ou diminution du mobilier, bibliothèque, collections, instruments, etc.;

2° Nombre des élèves;

3° État sanitaire des élèves;

4° Ordre, discipline, état moral;

5° Méthode d'enseignement et état de l'école d'application annexée à l'école normale;

6° Maîtres, changement du personnel, distribution des objets d'enseignement;

7° Résultats des examens de sortie;

8° Placement des élèves sortis;

9° Notices sur les élèves nouvellement admis;

10° Répartition des secours aux élèves (*Stipendia*);

11° Notice historique de l'année; inspections, visites reçues, fêtes, etc.;

12° Besoins de l'école, demandes et propositions.

Le collége des écoles exige ce rapport du directeur de l'école normale, et il l'envoie au ministère, en y ajoutant son jugement et ses remarques.

Le ministère, d'année en année, réforme les abus, soit dans les hommes, soit dans les choses, et perfectionne l'établissement. Souvent, selon l'esprit de la loi de 1819, ce rapport du directeur est publié, et les différents rapports sur l'état des diverses écoles normales du royaume les éclairent toutes, et entretiennent entre elles une heureuse émulation et un utile échange de procédés pédagogiques.

Cette publicité est non-seulement utile, mais nécessaire aux communes de chaque département, qui mettent d'autant plus de zèle à demander des maîtres à l'école normale qu'ils la connaissent mieux et chaque année en observent les progrès. Ces rapports sont d'une exactitude scrupuleuse, la surveillance du collége des écoles étant effective et le gouvernement ponctuellement obéi.

J'ai sous les yeux, M. le ministre, un bon nombre de ces rapports annuels depuis 1825, ainsi que les règlements de la plupart des écoles normales. Il serait infiniment utile de traduire tous ces comptes rendus et tous ces règlements. Les répétitions et les choses semblables montreraient l'identité du plan suivi par le ministère, et les différences de tout genre feraient voir celles des provinces de la Prusse entre elles. Ces différences auraient aussi l'avantage d'offrir un plus grand nombre d'objets à une sage imitation de la part de nos écoles normales. Dans cette grande variété de dispositions, appropriées à des localités diverses, il n'y a pas une de nos écoles normales qui ne trouvât quelque chose à son usage. Il y a en Prusse des écoles normales catholiques, des écoles normales protestantes, ainsi que des écoles normales où l'on reçoit des élèves des deux confessions. En général, les écoles normales catholiques, sans être relâchées, ont une discipline moins austère que les protestantes. Ces dernières ont presque outré la sévérité de la discipline, si dans un pensionnat nombreux de jeunes gens de seize à vingt-deux ans, la discipline pouvait jamais être trop sévère. L'expérience a appris que des jeunes gens, sortis des derniers rangs du peuple et qui n'ont pas encore perdu une certaine grossièreté, ne peuvent être impunément renfermés pendant deux ou trois années, si un esprit religieux, même assez fort, n'est parmi eux, et si une discipline vigoureuse ne les tient constamment appliqués à leurs devoirs. La règle de semblables établissements est condamnée à être un peu monastique et militaire, et c'est là jusqu'à un certain point le caractère de la discipline des écoles normales protestantes de la Prusse. Les règlements d'étude diffèrent moins dans les écoles normales des deux confessions : cependant ils sont aussi plus sévèrement conçus dans les écoles normales protestantes, et on peut dire qu'en général celles-ci sont supérieures aux écoles normales catholiques. La raison en est surtout qu'elles sont plus anciennes, et qu'ici comme en toute autre chose le temps et l'expérience ont d'immenses avantages. Il est naturel aussi que les écoles normales de provinces arriérées, par exemple, les provinces polonaises, westphaliennes et rhénanes, se ressentent un peu de l'état des pays qui les recrutent, tandis que les écoles normales des provinces centrales de la monarchie doivent à la civilisation supérieure de ces provinces une prospérité qui chaque année s'accroît par ses effets mêmes. Quand on entre dans une de ces grandes écoles normales de la Saxe ou du Brandebourg, on ne peut s'empêcher d'être frappé de l'ordre admirable et de l'austère discipline qui y règnent comme dans une caserne prussienne ; et en même temps tout y est libéral et respire le goût des études. Ne pouvant ici, M. le ministre, m'arrêter en détail sur chacune des vingt-huit grandes écoles normales de la Prusse, j'aime mieux en choisir quelques-unes que je puisse vous faire connaître à fond plutôt que de les effleurer toutes. Je prendrai les deux écoles normales les plus dissemblables et par leur confession religieuse et par l'état des provinces où elles sont situées. Je choisirai pour modèle d'une école normale catholique et appartenant à des provinces récemment annexées à la monarchie, l'école normale catholique de Brühl, sur les bords du Rhin. Ce pays n'appartient à la Prusse que depuis 1815. L'école elle-même est de 1823. C'est donc une création toute récente semblable à celles que nous tentons aujourd'hui en France. Le directeur est un prêtre catholique, M. le curé Schweitzer ; et le compte rendu est de 1825, c'est-à-dire deux ans après la première fondation. L'autre école normale que je veux vous faire connaître comme type d'une école normale protestante et appartenant à la vieille Prusse, est celle de Potsdam. Son organisation est de 1817, et elle est fondée sur une petite école normale antérieure. Elle est dirigée par un prêtre protestant, M. Strietz ; le compte rendu de cette école est de 1826. J'ajoute que ces deux grandes écoles normales ne possèdent qu'un revenu suffisant et convenable, mais inférieur à celui de quelques autres écoles, surtout de la grande école normale de Neuzelle, de sorte qu'on ne verra rien ici qui ne doive exciter l'émulation de nos écoles normales et rien non plus qui les puisse décourager. Je vais traduire ici, en les abrégeant un peu, ces deux comptes rendus, dont le ton et les formes diffèrent autant que les deux établissements. Je laisse parler d'abord M. le curé Schweitzer.

Rapport annuel sur l'école normale primaire catholique de Brühl, de 1824 - 1825, par le directeur de l'établissement, M. le curé Schweitzer.

Il ne sera pas déplacé, je suppose, de commencer ce rapport par quelques détails sur la petite ville de Brühl, où se trouve l'établissement en question.

La ville de Brühl est située dans une fort jolie plaine, sur la rive gauche du Rhin, à deux lieues de Cologne, à trois de Bonn et à une petite lieue du Rhin. Des champs fertiles, des villages pittoresques l'environnent. Devant la ville s'élève majestueusement l'antique Colonia, avec ses nombreux clochers et son dôme colossal ; elle borne la vue de ce côté. A droite, le *Siebengebirge* (1) dessine ses formes gigantesques sur le lointain bleuâtre, et présente à l'œil, de ce côté, un point de repos plein de grandeur. De quelques hauteurs voisines, l'ami de la belle nature contemple avec admiration les plaines qui se déploient devant lui et l'éclat argenté du Rhin majestueux qui, dans de longs circuits, roule ses ondes aussi paisiblement que s'il trouvait plaisir à s'arrêter dans ces riantes campagnes, tandis que deux longues chaînes de montagnes semblent tenir cette magnifique plaine embrassée. L'une de ces chaînes s'étend sur la rive gauche du Rhin jusqu'aux monts Eiffel, et se nomme pour cette raison le *Vorgebirge* (2) ; Brühl est au pied de cette montagne. La cime en est couverte au loin par la forêt de Vill, et sa pente ondulée est parsemée de châteaux, de jolis villages, dont les maisons se cachent sous les arbres fruitiers. A l'époque de la floraison, ces groupes

(1) Sept montagnes voisines les unes des autres, et qui paraissent n'en former qu'une seule.

(2) Introduction aux montagnes.

de villages offrent l'aspect le plus agréable, et forment avec le reste un tableau d'une variété charmante.

C'est donc avec raison que Brühl a été le séjour favori des électeurs et des archevêques de Cologne ; et autrefois cette petite ville était tout autrement importante qu'elle ne l'est actuellement. Brühl ne se compose plus aujourd'hui que de deux cent soixante et dix-huit maisons, parmi lesquelles il y a beaucoup de pauvres chaumières de bauge, et elle ne compte que quatorze à quinze cents habitants. Depuis qu'elle a cessé d'être la résidence des électeurs, ses habitants vivent presque tous d'agriculture et de petit commerce. Elle n'offre que deux édifices remarquables, le château, qui est abandonné, et le monastère. Ce dernier bâtiment est occupé par l'établissement dont la direction m'est confiée.

Ce monastère était autrefois la pépinière de l'ordre des franciscains pour toute la province de Cologne. Après la suppression de l'ordre sur la rive gauche du Rhin en 1807, Napoléon donna, le 4 septembre 1807, le monastère et ses dépendances à la ville de Brühl, qui les céda en 1812 à MM. Schug et Schumacher, pour y fonder une école secondaire, et un établissement d'éducation commerciale, dont l'existence finit en 1822. La ville céda ensuite ces bâtiments à l'administration royale du pays, vers la fin de l'année 1822, pour établir l'école normale primaire qui s'y trouve maintenant.

LOCAL.

La maison est bâtie dans le grand style, à trois étages ; elle est de forme quadrangulaire. L'entrée est au nord, et conduit par une petite avant-cour, d'un côté dans le couvent, de l'autre dans l'église, qui est belle, claire, élevée ; son maître autel de marbre artificiel et son orgue sont admirés comme deux objets fort beaux. Du côté du midi s'avancent deux ailes qui donnent au bâtiment l'apparence gracieuse d'un château. Dès l'entrée, des cloîtres larges, à voûtes élevées, plaisent par leur clarté. Ils font le tour du bâtiment, ainsi que les corridors du second et du troisième étage. Au rez-de-chaussée, nous avons quatre salles d'étude, et une grande salle à manger très-claire, qui sert en même temps de salle de réunion, d'étude et de prière. A côté sont deux chambres d'école, et deux autres pour l'économe, avec cuisine, office et pièce pour les domestiques, au-dessous du rez-de-chaussée ; le portier y a aussi sa cuisine et deux chambres. L'établissement a, près de la cuisine, un puits très-bon et très-abondant, dont l'eau est tirée par une pompe ; une petite rivière qui passe sous les deux ailes est d'un grand prix pour la propreté.

Le directeur occupe, au second étage, le côté oriental du bâtiment ; l'inspecteur, l'aile gauche et une partie du côté du sud ; l'économe a le reste du côté du sud ; l'aile droite et le côté de l'ouest sont habités par un ancien père et un frère de l'ordre des franciscains, regardés comme les derniers rejetons d'une souche autrefois florissante, maintenant éteinte, et par le maître de l'école d'exercice (*Uebungs-Schule*). Il n'y a pas de chambres au nord, mais seulement des corridors qui aboutissent à l'église.

Les maîtres auxiliaires habitent l'étage supérieur, où se trouvent en outre cinq chambres d'infirmerie au sud, et deux grands dortoirs pour les élèves, à l'est et à l'ouest du bâtiment principal. Un grenier bien entretenu couvre toute la maison, et offre à l'économe, ainsi qu'aux maîtres, des places commodes pour leur provision de céréales.

Quant au local pour l'enseignement et l'habitation, les maîtres et les élèves ont tout sujet d'être satisfaits. Les appartements des maîtres ne sont pas beaux, il est vrai ; d'autres écoles en possèdent de meilleurs ; mais avec quelques embellissements, ils pourront devenir très-décents. Les dortoirs des élèves sont gais et mieux ornés que je ne les ai vus dans aucune école normale. L'aspect en est très-propre et très-agréable, lorsque les lits sont pourvus de draps blancs et tous couverts de même, ce qui ne peut se faire que dans les établissements qui fournissent les lits. Cette maison n'a qu'un inconvénient, les courants d'air violents, auxquels je crois pourtant que l'on pourrait remédier.

Les alentours du bâtiment sont aussi agréables que l'intérieur en est convenable.

La maison est située du plus beau côté de la ville, et n'a de communication qu'avec le château, par une construction intermédiaire et par les bâtiments de l'ancienne orangerie. Elle a une vue riante sur des campagnes magnifiques ; un grand potager, une cour commode et deux petits terrains pour parterre en dépendent.

Le bâtiment est en pierre, par conséquent très-solide ; il est bien un peu gris maintenant, mais un crépi neuf lui donnerait bientôt un aspect plus riant. La toiture est bien entretenue, et si une fois on entreprenait une réparation un peu étendue du bâtiment principal, il ne faudrait par la suite qu'une dépense très-faible pour l'entretien du tout.

Pendant l'année qui s'est écoulée, il n'a pas été fait de grandes réparations. Dans l'appartement du directeur, trois nouvelles portes battantes ont été faites, ainsi qu'une clôture à l'entrée de l'appartement, pour empêcher les courants d'air. Dans le grenier on a fait deux cloisons en lattes, pour séparer les parties appartenant au directeur et à l'inspecteur, ainsi que quatre nouvelles lucarnes. Dans la cuisine de l'économe une nouvelle porte a été placée dans un endroit qui en manquait , pour obvier de ce côté au courant d'air. On a fait à l'entrée de la grande cave une double porte en chêne, et des coffres dans les chambres d'infirmerie et de clavecin.

(Ci-joint l'inventaire dans la forme prescrite, etc.)

L'école normale s'est donné cette année pour la bibliothèque :

L'école populaire chrétienne, de M. Krummacher ; *Ce qu'il faut savoir de la physique*, de Herr ;

Un *Herbarium vivum*, se composant de trois cent soixante-neuf numéros.

NOMBRE DES ÉLÈVES.

Le nombre des élèves est fixé à cent; dans ce moment il y en a quatre-vingt-douze. L'établissement a pour but de former des maîtres d'école pour les communes catholiques des quatre départements de Coblentz , Cologne , Aix-la-Chapelle et Dusseldorf. En principe, sa position à l'égard du gouvernement est de recevoir les élèves de ses mains, et de les lui rendre perfectionnés. Dans les autres écoles normales il est de règle que les aspirants soient examinés par les maîtres d'école , et déclarés par ceux-ci capables ou incapables d'être admis, proposés, ou reçus immédiatement ; mais ici il est d'usage que les aspirants soient examinés dans leur département, sans aucune intervention de l'école, et ensuite , sur la lettre de nomination du gouvernement , admis par le directeur. En revanche, l'école est chargée, avec la condition d'un commissaire particulier, de l'examen de sortie. L'élève, déclaré propre à être choisi et nommé, n'a plus besoin d'être examiné par le gouvernement. De même, en vertu du règlement , l'école est non-seulement autorisée, mais obligée, à la fin de la première année, de renvoyer les élèves qu'elle prévoit ne devoir pas atteindre le degré de capacité indispensable. L'école a été obligée, lors de l'examen de sortie de l'année précédente , d'appliquer cette mesure à huit élèves, ce qui a réduit cette année leur nombre à quatre-vingt-douze.

ÉTAT SANITAIRE DES ÉLÈVES.

La santé des élèves en 1824 n'a pas été , en général, aussi bonne que l'année précédente ; en comparant les comptes des médecins pour ces deux années, il en résulte un désavantage marqué pour la dernière.

Ces comptes portent, pour 1823, 66 rixd., et 177 pour 1824. Mais il ne faut pas oublier que le nombre des élèves en 1824, comparé à celui de 1823 , était comme de trois à deux. Il n'y a pas eu , il est vrai, de maladies contagieuses , et il s'en est peu montré qui eussent un caractère sérieux; mais il y a eu de fré-

quentes fièvres inflammatoires et catarrhales, quelques fièvres intermittentes et une fièvre nerveuse. Les ophthalmies inflammatoires , les maux de poitrine et les palpitations de cœur n'ont pas été rares. Le médecin n'a pas laissé les élèves manquer de soins ; je pourrais même dire que ces soins ont été trop grands, et je suis convenu avec le médecin qu'il n'ordonnerait plus de médicaments que dans le cas où la diète, le repos, la transpiration et les remèdes domestiques ne suffiraient pas. Afin d'empêcher les jeunes gens d'abuser de la facilité de recourir au médecin , j'ai arrêté que dorénavant personne ne pourrait s'adresser à ce dernier sans ma permission. On évite les maladies de peau nuisibles, en faisant visiter les élèves par le médecin dès leur entrée, et pour plus de sécurité , la visite est renouvelée au bout de huit jours. Si des soupçons fondés se présentent , la séparation de précaution a lieu ; si la visite donne la certitude d'une maladie d'espèce contagieuse, l'élève est renvoyé jusqu'à parfaite guérison. Depuis la fondation de l'établissement , deux élèves ont été attaqués de phthisie et sont morts dans leur famille : l'un , Jean Henri Schmitz, du département de Cologne, le 23 mai de l'année dernière ; l'autre , Joseph Waldnehl , du département de Dusseldorf, le 21 janvier. M. le docteur Scholl a fait , sur les maladies qui se sont présentées et leurs causes , un rapport succinct que je joins ici (suit le rapport, etc.).

ORDRE , DISCIPLINE, MORALITÉ.

Sans ordre , le moindre succès est impossible ; le plus petit ménage ne peut s'en passer ; mais dans une maison grande et nombreuse , l'ordre est tellement nécessaire , que sans ordre tout tomberait dans la confusion. Dans un établissement composé d'éléments divers, comme cette école normale, où des jeunes gens qui diffèrent de langage, de mœurs et d'éducation , se trouvent réunis et vivent ensemble, il doit régner une règle sévère. Cette règle, dans la vie de famille , c'est le chef lui-même ; et il est certain que dans un grand établissement , les administrateurs ont l'obligation étroite d'être l'exemple de tous. Ils sont ce ressort de la grande horloge, qui ne peut perdre son mouvement sans que tout ne s'arrête. Mais il n'en faut pas moins qu'un grand établissement ait ses règles précises , ses lois écrites. L'administration remplit, il est vrai , le vide de la loi et se met à sa place , lorsque celle-ci garde le silence ; mais tous , sans distinction , doivent savoir avec précision ce qu'ils doivent et ce qu'ils peuvent faire. C'est pourquoi le soussigné ne peut partager l'opinion de quelques instituteurs fort estimables, qui trouvent qu'il n'est ni nécessaire ni utile qu'il y ait des lois écrites pour un établissement comme l'école normale primaire, et même que les lois écrites peuvent être dangereuses, en ce qu'elles excitent à les enfreindre. Cette manière de voir et ces inquiétudes ne pourraient avoir de fondement, selon moi, qu'autant que les lois auraient été faites arbitrairement. Mais les lois sortent comme d'elles-mêmes de la nature des choses. Qu'on réunisse une société de jeunes gens sans leur prescrire aucun règlement; eux-mêmes, s'ils sont doués d'une raison saine, sentiront bientôt la nécessité de faire des lois sur leurs rapports entre eux, et de désigner l'un d'eux pour gardien ou protecteur. Il est donc fort naturel, utile et convenable, que les administrateurs et les maîtres fassent eux-mêmes des lois pour l'école qui leur est confiée. Mais accordons que les lois portent en elles l'attrait de les enfreindre, qu'en resulte-t-il? Qu'elles sont inutiles. Alors, par la même raison, toutes les lois devraient aussi être supprimées, parce que notre nature dégénérée nous porte à les enfreindre. Il faut, je crois, imiter le père et le grand instituteur de tous les hommes, qui ne s'est pas contenté d'écrire des lois dans le cœur de ses enfants, mais qui leur en a donné de positives dans le Nouveau comme dans l'Ancien Testament. Des lois fixes donnent à une institution une marche ferme, protègent contre l'arbitraire, préviennent les erreurs, les précipitations, et, ce qui est important pour l'avenir, elles représentent clairement et d'une manière frappante la nécessité des lois de l'État, et préparent à une obéissance volontaire envers celles-ci. L'opinion que j'explique ici dérive en moi de la conviction de l'utilité des lois écrites et positives en général, et l'expérience m'y a de plus en plus affermi. Car, dans les infractions à l'ordre et à la discipline survenues de temps à autre, je me suis borné à punir cette faute, en lisant avec un calme sévère, soit en particulier, soit en assemblée, la loi enfreinte, et cette punition n'a jamais manqué son effet.

Après cette digression (1), qui m'a semblé à sa place, je reviens à l'ordre de la maison. Il est de notre devoir de profiter aussi longtemps que possible de la clarté du jour, afin d'avoir moins besoin de la lumière de la lampe, parce que celle du jour est plus saine, plus gaie, plus parfaite et ne coûte rien. Il serait donc impardonnable à nous de faire du jour la nuit et de la nuit le jour. Mais nous sommes encore pour un autre motif d'accord avec le sage qui dit : Se coucher de bonne heure, se lever matin, rend sage, donne la santé, remplit la maison. Je tiens beaucoup à ce que les jeunes gens s'habituent à quitter leur lit de bonne heure, et à ce que le soir ils mettent de côté toute inquiétude et tout travail, pour jouir d'un sommeil qui les rafraîchisse. C'est pourquoi nous nous levons

(1) Elle est ici fort abrégée.

en été à quatre heures, et même un peu plus tôt dans les jours les plus longs, en hiver à six heures, au printemps et en automne à cinq heures du matin. En revanche, je me couche, ainsi que les élèves, en été à neuf heures ou neuf heures et demie; en hiver, au printemps, en automne à dix heures du soir. Les élèves sonnent alternativement le réveil; un quart d'heure après le coup de cloche, sur un second avertissement, on se réunit dans la salle à manger, où la prière du matin se fait en commun ; ensuite tout le monde me suit à l'église, où je dis la sainte messe. L'un des élèves la sert, tous les autres y répondent en chœur; cet acte religieux, pour lequel on se sert du livre de prières et du livre de cantiques de Mgr. l'évêque de Hommer, est quelquefois mêlé de chant, mais rarement, parce que chanter de très-matin est, dit-on, nuisible à la poitrine et à la voix. Tout est terminé dans une heure, et les élèves, après avoir consacré à Dieu le moment de l'aurore, font d'abord leurs lits, vont ensuite déjeuner, et se préparent aux leçons qui commencent à huit heures, ou, suivant la saison, à sept heures du matin. En établissant cette règle, j'eus la crainte, dans les commencements, que se lever matin et se rendre de suite, en hiver, dans une église froide, ne fût nuisible à la santé; mais je précède moi-même les élèves et n'ai reçu, de leur part, aucune plainte à ce sujet. On pourrait bien m'objecter que je suis plus chaudement vêtu que ces jeunes gens : mais ils sont plus jeunes, ils ont un sang, un estomac plus chauds que le mien, et cela rétablit l'équilibre. De plus, ils ne peuvent que gagner à s'endurcir, et se nuire beaucoup au contraire par trop de délicatesse et de mollesse. Les dimanches et jours de fête consacrés, je dis l'office aux élèves à huit heures et demie du matin ; on chante une messe allemande à quatre voix, ou du plain-chant et des hymnes, et aux grandes solennités une messe en latin. Dans le courant de l'année, les élèves de la première classe ont plusieurs fois très-bien exécuté quelques messes en musique, très-faciles ; mais en général je ne suis pas encore entièrement satisfait de notre musique d'église ; non pas que les maîtres et les élèves ne fassent de leur mieux, mais parce que nous manquons de morceaux de musique religieuse convenables. Le chant, dans les églises catholiques, est soumis à une condition particulière : il faut qu'il se lie aux actes, aux moments de la messe; qu'il forme un tout séparé et cependant en harmonie avec la messe; en outre, il faut qu'il exprime chacune des époques de l'année ecclésiastique. Or nous avons très-peu de musique religieuse faite pour le peuple ; ce qui peut en exister est entre les mains de quelques particuliers, qui ne sont pas disposés à s'en dessaisir. Il peut y avoir beaucoup de morceaux dans tous les genres de style religieux, mais seulement dans la musique plus relevée ; et à quoi bon pousser aussi loin les études des élèves, si cela ne leur est pas utile dans le cercle de leur activité? La musique de haut style ne peut et ne doit jamais devenir la propriété du peuple. La musique ne doit pas rester un simple objet de fantaisie, mais servir à ennoblir le cœur, à le cultiver, à le former moralement. Il importe peu de quelle manière on chante, mais bien ce qu'on chante. Dans les écoles normales primaires, la musique, non plus que la lecture, ne doit pas être à elle-même son but principal, mais il faudrait la considérer et la traiter comme un moyen pour atteindre un but élevé, qui est ici l'éducation et la culture morale. C'est donc avec raison que l'on demande aux écoles normales primaires de propager un chant religieux populaire plus noble et plus digne ; ce doit être là, en fait de musique, leur but principal. Un bon compositeur pourrait acquérir, en ce genre, une gloire immortelle. Il serait à désirer que les autorités supérieures, surtout les autorités ecclésiastiques, s'appliquassent à encourager les compositeurs, qui auraient du génie pour la musique religieuse populaire, à remplir ce vide. Je n'ai en vue, il est vrai, que l'Église catholique et ses offices ; il en est tout autrement de l'Église évangélique. Elle possède un grand approvisionnement de psaumes ; il n'est besoin que d'en choisir d'analogues au sermon, et un tout se trouve ainsi formé. C'est pourquoi les écoles normales primaires protestantes ont, sous ce rapport, une tâche beaucoup plus facile. Dans le culte catholique, au contraire, le sermon n'est qu'une partie d'un tout plus élevé, avec lequel les chants doivent s'accorder en se conformant aux divers moments importants, et c'est pour cela qu'il y a si peu de plain-chant dont on puisse se servir. Pour atteindre le but proposé, nous aurions besoin non-seulement d'un bon organiste, mais aussi d'un habile compositeur, qu'il est peu facile de trouver. Je reviens à l'ordre de la journée.

Le jour commence par la prière et finit de même. Un quart d'heure ou une demi-heure avant de se mettre au lit, tous les élèves se réunissent au coup de la cloche pour la prière du soir. On fait une lecture rapide dans l'Écriture sainte ; et après m'être étendu plus ou moins sur le texte et l'avoir recommandé à l'imitation, je termine par une prière. Pendant l'année qui s'est écoulée, je faisais le dimanche un discours d'homilétique sur le texte du jour avant la messe ; mais comme il me devient difficile de parler à jeun, j'ai remis ce discours au soir. Il a été aussi décidé que, pour entretenir le sentiment religieux et moral, les élèves se confesseraient et communieraient une fois le mois, quand des raisons particulières ne feraient pas remettre cet acte à six semaines ou au plus tard à deux mois. Du reste, la journée est employée suivant l'indication des leçons et dans l'ordre arrêté par le ministre. Les élèves n'ont la liberté de sortir que l'après-midi de congé qui se trouve dans la semaine ; et cela suffit à leur santé, parce que dans toutes les heures de récréation ils peuvent prendre de l'exercice dans le grand jardin de deux acres, dépendant de l'établissement. Cependant quand les journées sont belles, je leur accorde des sorties extraordinaires dans les champs, lorsque je crois cet exercice favorable à leur santé; et dans cette vue je mets la condition expresse que l'on n'emportera pas de pipe, étant persuadé que fumer est plus ou moins nuisible aux jeunes gens.

Il est beau de corriger les défauts, plus beau encore de les prévenir. On n'a pas manqué de raisons pour ériger en principe, qu'il faut absolument laisser faire aux enfants leur volonté, afin que leur volonté devienne forte, et ne chercher qu'au moment du développement de la raison et par celle-ci à lui donner une direction élevée. Mais cela s'appelle commencer par laisser prendre à la mauvaise herbe le dessus sur le bon grain, et vouloir l'arracher quand elle est devenue forte : l'expérience prouve que la bonne semence lève mieux, croît et se fortifie, quand le sol a été purgé des mauvaises herbes. La discipline chez les écoliers, comme la pudeur chez les enfants, devra donc à la fois précéder l'instruction et l'accompagner. Sans doute, la crainte et la retenue extérieure ne sont que le commencement de la sagesse : il faut amener l'homme à penser de lui-même et sans impulsion extérieure aux devoirs qui lui sont imposés, de manière qu'il soit disposé à accomplir tout ce qu'il aura reconnu être un devoir, à n'interroger que sa conscience et à se mettre au-dessus des louanges et du blâme des hommes. Cela est vrai et incontesté ; cependant la chair reste toujours faible, lors même que l'esprit est prompt ; et il est peu de ces élus pour qui l'approbation ou le blâme, les remontrances ou les encouragements, l'espérance et la crainte, ne sont pas des ressorts nécessaires ; c'est pourquoi ces moyens subsistent en grand comme en petit, dans les maisons particulières comme dans les écoles, dans l'Église comme dans l'État; et ils ne cesseront jamais, s'ils sont convenablement employés, d'avoir un effet salutaire. Une contrainte et une discipline dure est aussi éloignée de mes goûts que de mes principes ; mais l'expérience réclame une sévère discipline dans de grandes écoles, surtout à leur début. Une fois qu'un ordre a été établi, que la volonté de chacun s'est pliée à l'unité de l'ensemble, alors la première sévérité peut s'adoucir ou même se changer en une douceur bienveillante. D'aussi loin que je puisse m'en souvenir, l'éducation des enfants m'a semblé meilleure dans les maisons où ce principe est suivi raisonnablement : laisser les enfants se pervertir et se corrompre dans leurs premières années par une douceur faible et une tendresse molle , puis les reprendre , les corriger, les punir avec rigueur, est un faux système.

Par ces motifs, on commence toujours ici par la lecture du règlement de la maison et des lois disciplinaires, afin que les élèves sachent bien ce qu'ils ont à faire, et l'on veille sévèrement à l'exécution stricte de toutes les dispositions du règlement. Les maîtres , de leur côté, mettent le plus grand soin à se montrer exacts dans toutes leurs obligations. On fait ensuite , suivant le besoin, des répétitions partielles de cette lecture ; ainsi la discipline s'affermit et devient de plus en plus facile. La principale punition est le renvoi, et l'école s'est vue forcée, pendant l'année précédente , d'en faire usage une couple de fois ; du reste , on cherche à proportionner le châtiment à la faute, parce qu'il a pour but l'amélioration du coupable et le bien de tous. Par exemple, si un des élèves reste au lit par mollesse , on lui retranche à dîner la portion de viande, et pendant quatre, huit ou quinze jours de suite, il est obligé de déclarer sa présence dans la réunion du matin. Ne pas sortir les jours de congé, sonner la cloche, porter de l'eau, sont les seules punitions corporelles pour les fautes de mollesse et les infractions à l'ordre. Les autres fautes d'impatience ou d'étourderie , de patélinage ou de dureté , de grossièreté ou toute autre malhonnêteté , les fautes contre la décence ou les bonnes mœurs , sont punies par des notes au livre de l'inspection que les coupables signent , et par l'espèce de publicité qui est ainsi donnée à des sentiments et à des désirs qu'ils auraient voulu dérober à tout le monde. Quant à la conduite des élèves hors de la maison, les administrateurs et les bourgeois rendent unanimement témoignage qu'on ne s'aperçoit nullement de la présence de ces jeunes gens. Il n'est pas difficile de parler à leur cœur, et, par des représentations à leur portée, de les toucher jusqu'aux larmes.

Je pourrais en indiquer plusieurs exemples sans la crainte de trop allonger ce rapport. Cependant j'en rapporterai un : L'année précédente les élèves de la classe supérieure furent mécontents de l'économe, et ils présentèrent une pétition signée d'un grand nombre, dans laquelle ils énuméraient leurs griefs, et demandaient un autre économe. Je remis la pétition à ce dernier pour qu'il pût y répondre, et après qu'il se fut défendu , je laissai parler les accusateurs et l'accusé pendant une leçon de religion. Celui-ci n'était pas irréprochable, et sa faute même était évidente : la plainte, de son côté, était exagérée et odieuse, inexacte et inconsidérée; car plusieurs avaient signé sans lire ; d'autres avaient apposé leur signature parce que tel ou tel point leur semblait juste; d'autres enfin s'étaient montrés très-actifs à recueillir des signatures, et avaient fait des reproches à ceux qui avaient refusé de mettre leur nom. L'affaire étant une

fois clairement exposée , l'économe eut sa part de réprimande et fondit en pleurs ; les autres étaient émus jusqu'aux larmes , et les coupables, quand on leur eut développé ce que leur conduite avait d'inconvenant, d'inconsidéré et même de criminel, reconnurent leur injustice et promirent de ne plus rien entreprendre de pareil.

L'ordre et la discipline, l'instruction et la prière sont donc regardés et employés comme autant de moyens généraux et particuliers pour cultiver la moralité des élèves , et le soussigné, pendant ce court espace de temps, a eu plus d'une fois la satisfaction de voir plusieurs élèves, qui arrivaient à l'école avec de fâcheuses habitudes, en sortir métamorphosés et renouvelés. La modestie remplaça l'étourderie , l'esprit de tempérance le besoin des jouissances sensuelles, et ceux qui n'étaient venus chercher qu'un pain commun y prirent le goût d'un pain plus relevé. Il n'est guère possible parmi un grand nombre d'élèves qu'il ne se glisse pas quelque sujet vicieux, et l'année dernière, parmi les nouveaux arrivés , se trouva un voleur habile et rusé, dont les vols remplirent l'établissement de mécontentement et d'effroi. Il était difficile de le découvrir; mais le mensonge et la perversité ne peuvent être de longue durée. De grands soupçons s'accumulèrent dans le cours de l'année sur le coupable , et quoiqu'il n'y eût pas de preuves évidentes , le méchant ne put se dérober tellement aux regards de la vigilance, que la certitude morale ne fût acquise contre lui. On le renvoya à l'occasion de l'examen de l'année précédente. Cependant , aucune preuve formelle ne pouvant être alléguée contre lui , son nom ne fut pas stigmatisé par la publicité , et l'autorité supérieure me dispensera volontiers de le signaler , satisfaite de l'assurance que, depuis lors , aucun malheur de ce genre ne s'est présenté.

ENSEIGNEMENT.

L'école normale primaire doit former de futurs maîtres d'école. Elle doit donc pourvoir les élèves de la somme de connaissances que l'État a reconnue nécessaire aux besoins intellectuels de la classe populaire, dont ils doivent être les instituteurs , et ensuite les rendre propres à remplir leur importante vocation avec zèle et avec une volonté sainte.

Ainsi qu'on ne peut recueillir des raisins sur des ronces, ni des figues sur des chardons , de même on ne peut rien attendre de bon de maîtres d'école négligents pour la morale et la religion. C'est pourquoi l'enseignement religieux se place en tête de toutes les parties de l'instruction , et il a pour but de fonder dans les écoles normales une vie morale et religieuse telle qu'elle doit se trouver dans les écoles populaires. La marche de l'enseignement religieux , telle que je l'ai indiquée dans le rapport de l'année précédente, n'a subi , à l'ouverture des cours de cette année, aucun changement, sinon que pour la partie biblique les diverses classes ont été réunies. Pendant cette année on se propose de traiter la concordance des évangiles, l'histoire des apôtres et quelques épîtres. La marche adoptée est celle-ci : La suite de la concordance est établie et dictée par le maître ; les passages et les discours sont expliqués , et, suivant qu'on le juge à propos , appris par cœur par les élèves. Pour la catéchisation , ou l'enseignement religieux et moral proprement dit, les classes sont séparées. Le grand catéchisme d'Overberg est pris pour base ; et l'on traite d'abord la foi, puis la morale, de manière que la seconde se lie étroitement à la première, ou pour mieux dire que la morale découle de la foi comme de son principe. Le soussigné regarde la religion comme une disposition de l'âme, qui unit l'homme dans ses actions avec son Dieu, et celui-là seul est véritablement religieux qui possède cette disposition et met ses soins à l'entretenir. A ce degré toute morale devient religieuse, parce qu'elle élève l'homme à Dieu et lui apprend à vivre en Dieu. Je dois avouer que dans l'enseignement de la religion je ne m'astreins pas à une méthode particulière, mais que je m'efforce continuellement de méditer moi-même la chose clairement, et de la présenter ensuite d'une manière sensible dans un langage convenable, avec gravité et calme, avec onction et chaleur, parce que je suis convaincu qu'une exposition claire oblige les élèves à méditer, et fait naître l'intérêt et la vie.

Pour l'histoire, j'ai fait choix d'une courte exposition de l'histoire de l'Église chrétienne , avec une introduction sur la constitution de l'Église juive. Je pense qu'il n'est guère possible d'apprendre l'histoire universelle en moins de cent leçons, si elle doit être instructive et utile pour les élèves de l'école. Il importe peu que le maître d'école connaisse l'Inde, la Chine et les Grecs ; mais il doit être précieux pour lui de savoir quelque chose de l'histoire de l'Église ; car cette connaissance est en maintes parties liée étroitement à celle de la religion. J'avoue encore que dans la mesure du temps qui est indiquée je ne saurais rendre très-fertile pour les élèves l'histoire universelle, tandis qu'il en est autrement de l'histoire ecclésiastique.

J'introduis à la théorie de l'éducation et de l'enseignement par une psychologie expérimentale. Cette étude est infiniment utile à l'enseignement de la pédagogie et de la didactique, comme aussi à l'enseignement de la morale et de la religion ; mais je regarde l'école d'exercice, et la méthode qui y est suivie, comme le meilleur cours de pédagogie. En général, j'ai acquis la conviction qu'il faut indiquer aux élèves de l'école normale et aux jeunes maîtres une marche ferme et

décidée, sauf à la modifier plus tard. Il en est de ceci comme d'un voyageur qui se rend vers un lieu où il n'a pas encore été ; il demande son chemin direct, afin de ne pas s'égarer, et ce n'est qu'après avoir fait une fois cette route qu'il est en état d'essayer des chemins de traverse pour arriver au même but. Les maîtres de l'école partagent avec moi cette manière de voir , et s'efforcent de la réaliser. Voici, d'après leur propre indication, les différents genres d'enseignement qu'ils professent.

M. WAGNER, INSPECTEUR ET PREMIER MAITRE.

LANGUE.

Première classe ou classe de la première année. Dans le premier semestre de l'année on commence par les éléments les plus simples, et peu à peu on embrasse toutes les parties du discours , toutefois sans leurs subdivisions. Dans le second semestre on poursuit de la même manière le développement des subdivisions des parties du discours, de manière qu'avec la première année on parvienne à une connaissance assurée des éléments simples et composés , ainsi que de toutes les divisions et subdivisions du discours. La marche de l'enseignement est partie synthétique, partie analytique, c'est-à-dire que ce qui a été reconnu de la première manière reçoit la plus grande clarté de la seconde par l'analyse d'un passage de lecture.

Seconde classe ou classe de seconde année. Celle-ci, en procédant de la même manière , parcourt les périodes les plus composées. Le second semestre familiarise les élèves avec les notions les plus importantes de la logique, et embrasse l'étymologie sous le rapport de la langue.

CALCUL.

Seconde classe (1). Dans le premier semestre la règle de trois simple et composée , le calcul des rentes, rabais et escomptes , ont été étudiés. Dans le second semestre la règle de compagnie et l'extraction des racines carrées et cubiques jusqu'aux équations de premier et deuxième degré, seront terminées. Le résultat de cet enseignement doit être une habileté assurée dans toutes les branches du calcul journalier. Ces deux parties d'enseignement sur la langue et le calcul sont professées d'après les vues de l'inspecteur.

GÉOMÉTRIE.

Seconde classe. Dans le premier semestre on a terminé ce qui concerne les figures rectilignes et le cercle ;

(1) Un autre maître est chargé du calcul pour la première classe ou première année.

dans le second on y joindra la théorie de la transmutation des figures , et il sera terminé par les principes les plus importants de la géométrie et de la stéréométrie. Les livres d'enseignement sont ceux de F. Schmid et de Türk.

DESSIN.

Première classe. Dans le premier semestre on a poussé le dessin jusqu'à la connaissance des lois les plus importantes de la perspective , de manière à pouvoir relever les objets qui ne sont pas trop compliqués d'après les règles de la perspective. Dans le second semestre on s'occupera des ombres et de la lumière.

Seconde classe. Pendant le premier semestre on s'occupera de relever et d'ombrer les monuments d'arts , tels que maisons , églises , vases , etc. Dans le second semestre , des morceaux bien dessinés , tels que paysages , fleurs , seront copiés , afin de se familiariser avec la manière des meilleurs maîtres. La méthode suivie est celle de F. Schmid.

LECTURE.

Première classe. Elle a commencé par l'énonciation de quelques propositions simples , qui ont été décomposées en mots ; de ces mots on a fait des syllabes, et celles-ci ont été réduites à leur son simple. On a procédé avec les élèves ainsi qu'ils doivent le faire eux-mêmes avec les enfants, afin qu'ils puissent se rendre compte par eux-mêmes de cette méthode. Elle est professée suivant les vues de l'inspecteur.

Seconde classe. Dans la première classe on s'occupe particulièrement de la lecture courante; ici de la lecture expressive.

Beaucoup de lectures faites par les maîtres sont l'enseignement principal , parce qu'on croit que cette manière est plus sûre et plus aisée que toutes les règles. Comme, malgré toute l'application apportée des deux côtés , cet art est toujours fort difficile à acquérir , cette branche d'enseignement embrasse une année entière.

CHANT.

Première classe Pendant le premier semestre on a commencé par des exercices rhythmiques et mélodiques faciles ; puis on a passé aux morceaux aisés à quatre voix. Dans le second semestre on s'est occupé d'exercices rhythmiques et mélodiques plus difficiles ; de sorte que les élèves , à la fin de l'année, avaient acquis une habileté passable pour attaquer la note. La méthode suivie est celle de Nægeli et Schneider.

PHYSIQUE.

Seconde classe. Pendant le premier semestre on s'est occupé des qualités générales et particulières des corps ; de celles des éléments ; de l'eau, de l'air, du feu; puis de la théorie du son , des vents , des anémomètres , de l'équilibre des fluides , des météores aqueux Dans le second semestre vient la théorie de la lumière , de l'électricité , du levier, du plan oblique , des météores lumineux, les lois de l'optique , etc. Le but principal est de rendre les élèves attentifs aux plus imposants phénomènes ; de les porter à y réfléchir, et de les faire pénétrer par la méditation dans les secrets et les lois de la nature. La méthode suivie pour cette partie de l'enseignement est celle de l'inspecteur.

M. RICHTER , MAITRE AUXILIAIRE.

Pendant la moitié de l'année précédente mon enseignement a traité les points suivants :

CALCUL DE TÊTE.

1° La connaissance des nombres sous le rapport de leur valeur et de leur figure ; 2° l'addition ; 3° la soustraction ; 4° réunion de la soustraction et de l'addition ; 5° la multiplication ; 6° réunion de cette règle avec la précédente; 7° la division ou recherche du contenu et des parties ; 8° combinaisons variées des quatre règles fondamentales.

Chaque exercice était suivi de l'application et d'exemples pris dans la vie commune. Mon but principal était d'exercer les élèves à la pratique. J'ai cherché aussi à attirer leur attention sur la partie méthodique , et particulièrement sur la manière d'employer diverses règles à la fois; par ce motif, j'ai toujours alterné les exercices verbaux et écrits.

CALCUL SUR L'ARDOISE.

Le calcul sur l'ardoise se fonde sur le calcul de tête, de sorte que ce dernier peut être considéré comme une préparation à l'autre. Lorsque les quatre premiers exercices du calcul de tête ont été terminés , on a commencé le calcul sur l'ardoise. Non-seulement j'ai songé ici à l'habileté pratique, mais encore à la solidité , et j'ai essayé surtout de l'obtenir en faisant chercher des manières diverses d'opérer.

ÉLÉMENTS DE GÉOMÉTRIE.

J'ai suivi l'ouvrage de Harnisch , et sa théorie de l'espace tirée de la théorie des cristaux , et employée par lui comme base des mathématiques.

HISTOIRE NATURELLE.

BOTANIQUE.

Les parties principales d'une plante ont été d'abord indiquées et nommées, puis chacune de ces parties a été observée séparément, 1° la racine, sa forme, sa direction; 2° la tige, sa disposition intérieure, sa figure, son revêtement; 3° les nœuds, leur place sur la tige; 4° les feuilles, leur espèce suivant leur situation, leur mode d'insertion, leur figure, leur place; 5° les supports; 6° les fleurs, d'après leurs espèces, la manière dont elles sont fixées, leur composition, le calice, la corolle, les étamines, le pistil, le fruit, le réceptacle, le sexe des plantes.

Tout ceci a été montré aux élèves, soit sur les plantes, soit sur des dessins que je traçais sur l'ardoise. J'ai interrompu ici la botanique pour la reprendre après Pâques, et j'ai commencé la

MINÉRALOGIE.

J'ai suivi ici la même marche. Les élèves ont été d'abord familiarisés avec les propriétés qui distinguent les minéraux entre eux, comme les couleurs, la composition des parties, la forme extérieure, la régulière et l'irrégulière ou forme cristalline, le poli, le tissu, la transparence, la veine, la dureté, l'altération de la couleur, l'effervescence dans les acides : toutes ces qualités ont été reconnues par les élèves aux minéraux qui composent notre collection. A ceci a succédé le classement des minéraux, ce qui a appris aux élèves à connaître les noms et l'utilité des principaux d'entre eux.

CHANT.

M'étant occupé l'année dernière, avec les élèves auxquels j'enseigne encore maintenant le chant, de la rhythmique, de la mélodie, et de l'acoustique, j'ai songé, dans les six mois qui viennent de s'écouler, à lier entre elles ces diverses parties de l'enseignement du chant que j'avais traitées séparément. C'est ce qui a eu lieu dans plusieurs morceaux de chant, dont la plupart étaient religieux et quelques autres profanes, tels que le psaume de Schnabel, un chœur du Messie de Hændel, une messe latine de Hasslinger et une autre de Schiedermeyer, un chœur de la Création de Haydn, deux chansons de M. de Weber, etc.

M. RUDISCH, MAITRE AUXILIAIRE.

BASSE FONDAMENTALE.

Dans cette branche de l'enseignement j'ai donné des leçons d'après l'introduction pratique de Hering

ou d'après mes propres idées. La marche suivante a été adoptée : 1° la théorie des intervalles; 2° la théorie des tierces harmoniques; a, si elles comprennent une échelle; b, si elles appartiennent à tout le système; 3° la théorie de l'accord de septième; a, s'il appartient à une échelle; b, s'il appartient à tout le système des accords; 4° les transitions; a, en style libre; b, en style libre, avec intention particulière relativement à l'orgue; 5° exercices écrits en morceaux à quatre voix.

GÉOGRAPHIE.

On a terminé l'Allemagne et commencé l'Europe : voici la marche qui a été suivie. D'abord nous avons fait connaître, sous tous les rapports, aussi exactement que possible, les provinces du Rhin qui sont notre patrie, puis la Prusse, ensuite le reste de l'Allemagne.

Cela s'est fait de cette manière : 1° les frontières; 2° les montagnes; 3° les fleuves; 4° les divisions naturelles d'après les rivières; 5° les villes. Ensuite nous avons considéré l'Allemagne dans ses divisions politiques, en ayant égard aux positions et aux limites naturelles des pays. Tous les exercices de cet enseignement se font avec des cartes sans noms. Si le temps le permet, quoique cet enseignement n'ait qu'une année et deux leçons par semaine, l'Europe sera suivie d'une revue générale de la terre.

ÉCRITURE.

Pour l'écriture, j'ai suivi exactement le système de Hennig, 1° en donnant les lettres les plus faciles et les plus simples de l'alphabet courant à copier, et chaque lettre séparément, jusqu'à ce que l'élève y fût habile; 2° des mots ont été composés avec les lettres sur lesquelles on s'était exercé; 3° à l'ouverture du cours, après Pâques, viendront les lettres majuscules, d'après la même méthode; 4° l'écriture anglaise. Dans l'exercice des lettres isolées, j'ai surtout fait remarquer l'origine de l'une par l'autre, et la lettre sur laquelle on s'exerçait comme faisant partie de la suivante. Plus tard on donne aux élèves des modèles écrits et non gravés, parce que ces derniers, suivant de bons calligraphes, découragent les élèves.

ORTHOGRAPHE.

Pour l'orthographe on a suivi la grammaire de Heyse. 1° Destination et utilité de l'orthographe; 2° règles générales de l'orthographe allemande; 3° de l'emploi des lettres majuscules; 4° de l'usage régulier des lettres isolées; 5° de la division, de la composition et de l'abréviation des mots.

Ces règles ont été alternativement mises en pratique dans les dictées.

Tous les trois mois des examens sont faits par le

directeur, avec le concours des maîtres , dans toutes les parties.

La musique instrumentale sur le violon, le clavecin et l'orgue, est enseignée par MM. Richter et Rudisch, avec le secours de deux élèves.

ÉCOLE D'EXERCICE.

Il est difficile, sur une description écrite, de se faire une idée juste d'une école ou d'un grand établissement d'instruction ; cependant j'essayerai de faire connaître en peu de mots cette institution et la manière dont les élèves y sont occupés. Le règlement indique une heure à trois de l'après-midi pour les leçons d'exercice des élèves. Tous les enfants de l'école d'exercice se divisent en huit subdivisions, et trois élèves de l'école normale président à chacune de ces huit subdivisions, en alternant de manière que vingt-quatre d'entre eux soient occupés d'une heure à deux , et vingt-quatre de deux heures à trois ; car tandis que les vingt-quatre premiers enseignent , les autres écoutent, afin d'être prêts à chaque instant à reprendre et à continuer. Ceci n'est possible qu'en prescrivant un mode d'enseignement fixe et complet.

Les parties d'enseignement professées par les élèves sont la grammaire, la lecture, la composition, l'écriture, le dessin, le calcul, les exercices d'esprit, le chant , la religion. La langue est enseignée en partie d'après Krause , en partie d'après les cahiers de l'inspecteur Wagner. L'enseignement de la lecture est étroitement lié à celui de l'écriture, selon la méthode de l'inspecteur. On donne aux élèves des classes supérieures des sujets de compositions libres ; en même temps on tient beaucoup à ce qu'ils apprennent par cœur de petites lettres, de petites narrations et descriptions, parce qu'on regarde cela comme le moyen le plus propre à familiariser les enfants avec la langue, et à leur donner de la facilité à s'exprimer par écrit. Quand ils ont appris un morceau par cœur, ils essayent de l'écrire sans faute, avec la ponctuation convenable; la comparaison avec l'original et la correction leur sont abandonnées, afin qu'ils s'impriment la chose plus profondément. Le calcul est enseigné d'après Schumacher et Jos. Schmid. Dans les classes inférieures on veille surtout à ce que les nombres soient toujours concrets, afin d'éviter le vide du calcul de tête trop artificiel de Pestalozzi, comme aussi pour faire du calcul lui-même un exercice de langue. Le chant est enseigné par les deux élèves les plus avancés de l'école, qui donnent deux leçons le matin, et le dessin par les deux plus habiles dessinateurs. Pour les exercices de langue et d'esprit on se sert parfois des *Exercices d'esprit* par Krause et du *Livre des mères* de Pestalozzi. Les élèves ne donnent des leçons de religion qu'une fois par semaine, sous la direction particulière

du directeur. La surveillance spéciale de cette école est confiée à l'inspecteur Wagner, qui , outre la visite journalière pendant les leçons , fait aussi subir à chaque classe un petit examen toutes les semaines , pour maintenir les jeunes maîtres et les enfants dans une persévérante activité , et connaître exactement les progrès qui ont été faits. La satisfaction des parents sur la manière d'opérer des élèves dans l'école normale se montre dans la fréquentation régulière de l'école. Je suis très-satisfait de l'habileté pratique montrée jusqu'ici par les élèves.

MAÎTRES DE L'ÉTABLISSEMENT.

L'année précédente, deux maîtres étaient attachés avec. moi à l'établissement , l'inspecteur Wagner et M. Richter. A l'ouverture de cette année, le maître auxiliaire Rudisch nous a été adjoint. Ces maîtres se consacrent entièrement et sans partage à l'école ; cependant ils ne suffisent pas encore à ce grand établissement ; deux élèves et l'organiste de la ville ont été pris comme aides pour la musique instrumentale.

Les parties suivantes de l'enseignement sont dévolues au directeur : religion , histoire , pédagogie , théorie de la composition , douze leçons par semaine ; en y ajoutant les heures de dévotion , le nombre de ses leçons se monte à dix-neuf.

L'inspecteur Wagner est chargé de la langue, du calcul , du chant , de la physique , de la théorie de la composition , de la lecture ; vingt-trois leçons par semaine.

M. Richter est chargé du calcul , de la géométrie, de la lecture , de l'orthographe , de la théorie de la composition , du chant , de l'histoire naturelle , de l'enseignement du violon ; vingt et une leçons par semaine.

Le maître auxiliaire Rudisch enseigne l'orthographe, la géographie, l'écriture , le clavecin et la basse fondamentale ; il donne de plus des leçons dans l'école d'exercice ; en tout , ses leçons montent à vingt.

L'organiste Simon donne chaque jour deux leçons de clavecin et d'orgue , et les élèves Mohr et Schwippert donnent tous les jours une leçon de violon.

Il résulte clairement de ceci que le personnel des maîtres de l'école n'est pas complet, et qu'outre les maîtres qui s'y trouvent attachés , il faudrait surtout un bon organiste, celui de la ville ne pouvant être employé qu'à défaut d'un meilleur.

Quoique la surveillance générale reste au directeur, cependant , pour le soulager , jusqu'ici l'inspection spéciale a été exercée à tour de rôle chaque semaine par l'un des maîtres ; mais je vois toujours plus clairement que le directeur doit se charger seul de toute l'inspection, parce que dans une maison bien ordonnée il ne doit y avoir qu'un maître. Les autres maîtres reconnaissent aussi ce principe, et par la suite le directeur aura seul la surveillance, et la transmettra, en cas de besoin, à l'inspecteur. Mais, comme le directeur et l'inspecteur ne peuvent pas être toujours au milieu des élèves, et qu'il faut pourtant pouvoir s'adresser à un homme sûr dans les désordres ou les plaintes qui peuvent survenir, on conservera l'ordre établi jusqu'ici d'indiquer pour surveillant de ses compagnons d'étude l'élève jugé le plus capable. Cette mesure peut en outre être employée comme un très-bon moyen d'éducation pour l'élève surveillant et pour les autres.

RÉSULTATS DE L'EXAMEN DE SORTIE.

Le premier examen de sortie a eu lieu depuis le 15 jusqu'au 19 septembre, sous la présidence du conseiller de consistoire, M. Poll, de Cologne, et on laissa sortir :

6 élèves avec le certificat . . . n° I.
11 . . . . : . n° II, près du n° I.
8 . . . . n° II.
13 . . . . n° III, près du n° II.
6 . . . . n° III.

En tout quarante-quatre. On avait, il est vrai, reçu lors de l'ouverture de l'école, cinquante élèves ; mais à la fin de la première année trois élèves, par autorisation supérieure, ont été admis à la recommencer ; un autre, par décision du président suprême de la province, en date du 24 novembre 1823, a été renvoyé ; le cinquième, Henri-Jos. Schmitz, est mort de la poitrine, le 3 mai de l'année précédente, et le sixième, Joseph Waldnehl, renvoyé à ses parents pour cause de maladie avant l'examen, est mort, ainsi qu'on l'a déjà remarqué plus haut, le 21 janvier courant, des suites de la consomption. J'indique ici par leurs noms les élèves qui se sont le plus distingués (ici suivent ces noms, que nous omettons).

ESPÉRANCE POUR LES ÉLÈVES SORTIS D'ÊTRE PLACÉS.

L'école n'étant pas en correspondance directe avec le gouvernement royal, et les gazettes du bailliage n'en faisant pas mention, je ne sais pas exactement si tous les élèves sortis ont été placés. Par une communication particulière de M Husgen, conseiller de consistoire à Aix-la-Chapelle, j'ai appris que les élèves sortis pour ce département ont tous été placés, et que les communes où ils se trouvent en sont fort contentes. J'ai appris aussi par M. Schmitz, assesseur consistorial à Cologne, que la plupart des élèves pour ce département, et peut-être même tous maintenant, sont placés ; et dernièrement le journal de Cologne exprimait la satisfaction des communes relativement aux élèves de l'école normale primaire de Brühl. J'ignore quel est l'auteur de cette annonce. Ces nouvelles sont sans doute très-agréables pour l'école et encourageantes pour les élèves ; mais elles ne nous enorgueillissent pas, la satisfaction de nous-mêmes devant reposer sur une autre base.

ÉLÈVES NOUVELLEMENT ADMIS.

Le règlement de l'école dit, § 44, que tout élève qui, dès la première année, n'aura pas fait assez de progrès pour faire attendre de lui, à la fin des cours de l'école, une capacité au moins suffisante, doit être renvoyé. Cette décision fixe donc une année comme temps d'épreuve ; suivant moi elle est fort sage. L'expérience nous a démontré que plusieurs élèves qui arrivaient très-faibles devenaient très-forts, tandis que d'autres, qui d'abord semblaient forts, restaient bien en arrière. Il ne s'agit pas tant dans les nouveaux venus de quelques connaissances plus ou moins étendues que des dispositions naturelles et de l'esprit de travail. Je n'ai encore passé que trois mois avec les élèves nouvellement arrivés ; je ne puis donc en porter un jugement certain ; cependant les maîtres s'accordent à dire que, si aucun d'eux ne se distingue encore spécialement, on y rencontre des têtes bien organisées et quelques-unes seulement qui paraissent faibles. Du reste, je suis bien aise de pouvoir dire qu'un esprit pacifique et joyeux habite au milieu d'eux.

PARTAGE DES SECOURS.

Les secours sont fixés par le président suprême de la province lors de la réception des élèves, sur les propositions de chaque département. Toute la somme des secours accordés jusqu'ici pour les deux années (1) monte à 2,645 rixd. Celle de l'année précédente se montait à 2,978 rixd. ; par conséquent elle était plus forte de 333 rixd. Quoique cette diminution me soit douloureuse, j'aime à croire qu'elle a été forcée par des circonstances majeures. Voici la part des départements à la somme indiquée :

1. Coblentz,	pour 23 élèves	637 rixd.	11 gros.
2. Dusseldorf,	20	547	1
3. Cologne,	24	651	16
4. Aix-la-Chapelle,	27	809	2
	94	2,645	0

Deux élèves ont quitté cette année l'école, n'ayant pas de vocation pour l'enseignement ; par cette retraite un *stipendium* de 45 rixd. 15 gr. est devenu vacant.

(1) L'école de Brühl est de deux années seulement.

NOTICE HISTORIQUE DE L'ANNÉE.

(Ici se trouve d'abord l'énumération de quelques visites)

Le jour de naissance de Sa Majesté a été célébré par une solennité religieuse et un joyeux repas. A l'occasion de mon rapport du 6 août, le président supérieur voulut bien, sous la date du 9 du même mois, me témoigner sa haute satisfaction sur la manière dont cette fête avait été célébrée par l'école. Je n'ai pas pu interdire aux élèves de célébrer la fête des maîtres, parce que de semblables fêtes ont coutume d'être fêtées dans les familles bien réglées. Les élèves apportèrent une guirlande de lierre, ornèrent la porte et la chaire de cette même verdure, chantèrent des couplets, et présentèrent leurs félicitations dans un écrit.

SOUHAITS ET PROPOSITIONS.

(Ne peuvent être communiqués au public.)

J'ai presque besoin de vous demander grâce, M. le ministre, pour l'étendue de ce rapport, que j'ai pourtant souvent abrégé. Mais il y règne tant de loyauté, de candeur et de bonhomie judicieuse ; il fait si bien connaître l'esprit dans lequel est dirigé ce grand établissement, que j'ai cru devoir laisser parler le digne curé lui-même, en demandant quelque indulgence pour ses longueurs. Voici maintenant un rapport sur un autre établissement du même genre qui, en gardant l'identité des principes fondamentaux, présente un autre caractère, celui du protestantisme, et l'esprit de sévérité méthodique qui est particulier à l'Allemagne du Nord. Mais avant de donner ici le rapport entier de M. le directeur de l'école normale protestante de Potsdam, je crois bon de transcrire le règlement primitif de cette école, ou plutôt l'instruction ministérielle que la haute confiance du gouvernement dans le directeur a permis de laisser très-générale. C'est l'usage constant du ministère en Prusse de mettre le scrupule le plus sévère dans le choix du directeur, et de lui laisser ensuite, pour les commencements, une grande latitude, sauf au ministre à juger tout par les résultats, et à intervenir plus tard en connaissance de cause.

Extrait de l'instruction de service (Dienst-Instruction) pour le directeur de l'école normale primaire de Potsdam.

Cette instruction, qui marque les devoirs du directeur, indique cependant plutôt le point de vue sous lequel il doit envisager sa position, qu'elle ne fixe avec précision ses fonctions et ses occupations ; car celles-ci peuvent subir diverses modifications par des circon-

stances imprévues, et le directeur d'un établissement ne doit pas s'attacher au sens littéral d'un règlement officiel, mais se laisser guider par des idées plus élevées, et suppléer par son intelligence au silence de la loi.

Tout ce que le père de famille raisonnable et pieux est pour sa famille et sa maison, le directeur doit l'être pour l'établissement et pour tous ses membres ; l'ami et le collègue bienveillant des élèves et des maîtres qui seront animés du sentiment de leurs devoirs, au contraire le chef sévère de ceux qui n'écouteront pas la voix de la raison et de la piété.

Il doit porter son attention aussi bien sur les choses les plus petites que sur les plus grandes, pour que rien ne trouble l'harmonie de toute la machine confiée à ses soins.

Il est chargé spécialement :

1° De gérer les affaires pécuniaires de l'établissement, à moins qu'elles ne se trouvent placées dans les attributions d'une autre autorité ;

2° De surveiller l'économie domestique et l'économe, d'avoir l'œil à la bibliothèque et aux objets nécessaires à l'enseignement ;

3° De conserver et d'augmenter ces objets, et de rendre compte des fonds affectés à la bibliothèque ;

4° D'entretenir la correspondance, de faire des rapports au collège royal des écoles sur l'école normale et l'école annexe, de présenter la liste des aspirants, de garder les archives, etc.;

5° D'appeler, d'examiner et de choisir les aspirants en consultant les maîtres, et de répartir les bourses d'après les principes établis ;

6° De rédiger et de présenter les plans d'étude après en avoir référé à la conférence des maîtres, et de distribuer les objets d'enseignement d'après le plan approuvé par les autorités compétentes ;

7° De surveiller et de diriger les maîtres par rapport à leur moralité et à leurs fonctions ;

8° D'organiser et de diriger les conférences des maîtres, et d'en rédiger les protocoles ;

9° D'établir et de diriger les examens publics de l'école normale et de l'école annexe ;

10° De maintenir la haute discipline de l'école normale et de l'école annexe par tous les moyens possibles, même jusqu'au renvoi d'un élève, d'après l'arrêté de la conférence des maîtres, sous l'obligation cependant d'en faire un rapport immédiat et détaillé aux autorités compétentes.

Il est impossible de mieux répondre à la confiance du ministère que ne l'a fait M. Striez. D'année en année, l'école normale confiée à ses soins a fait des progrès remarquables, et en 1826 il en a rendu un compte public qui a excité un vif intérêt. Je mets sous vos yeux ce compte rendu, qui vous donnera une idée exacte et complète de l'état matériel et moral, et de toute la vie intérieure d'une des meilleures écoles normales primaires de la Prusse.

Rapport sur l'école normale primaire de Potsdam, par F.-L.-.G. Striez, directeur de cette école et ministre du saint Évangile.

DONNÉES HISTORIQUES.

Jusqu'au milieu du siècle dernier il n'y avait point dans le Brandebourg d'écoles normales primaires. Les maîtres d'école étaient admis par les communes, soit avec l'approbation des autorités, soit à leur insu, et sortaient tous des écoles primaires alors établies. Tout ce qu'on exigeait de ces maîtres, qui étaient la plupart des artisans, c'était de savoir lire, réciter le catéchisme, chanter passablement quelques airs d'église bien connus, et en outre tant soit peu écrire et calculer. Combien de pasteurs, chargés l'été de la garde des troupeaux, s'arrogeaient l'hiver le droit d'instruire la jeunesse ! Les nobles conféraient d'ordinaire les places de maîtres d'école, dont ils pouvaient disposer, à leurs domestiques ou chasseurs pour les récompenser de leurs services. Les écoles primaires des villes offraient quelquefois des maîtres un peu plus instruits, mais qui n'apportaient dans l'enseignement ni goût ni méthode.

Jean-Jules Hecker, conseiller supérieur du consistoire à Berlin et ministre à l'église de la Trinité, fut le premier qui entreprit de préparer des jeunes gens d'une manière spéciale à la pédagogie. A cet effet, il fonda une école destinée à fournir des maîtres d'école pour son diocèse.

Cet établissement, fondé en 1748, resta quelque temps un établissement privé ; il fut élevé au rang d'école normale primaire royale pour les maîtres d'école et marguilliers, l'an 1753. Il fut enjoint aux autorités de la province, par l'ordre du cabinet publié le 1er octobre 1753, de prendre, autant qu'il se pourrait, des sujets dans cet établissement pour les places royales de marguilliers et de maîtres d'école.

Il s'en fallait cependant de beaucoup que cette école normale primaire répondît aux besoins toujours croissants de la province, et méritât le nom d'école royale. Les élèves, disséminés sur tous les points de la capitale, n'étaient pas suffisamment surveillés et dirigés dans leurs études. Tous artisans, ils travaillaient plutôt à leurs états qu'à leurs leçons, et restaient en outre exposés à l'influence de l'esprit de corporation et aux réductions d'une grande ville. Enfin, le temps qu'ils consacraient à leurs études à l'école normale était en

général trop court pour qu'on pût espérer d'atteindre le but qu'on s'était proposé.

L'an 1771, le roi Frédéric le Grand affecta 4,000 écus de rente, au capital de 100,000 écus, à l'amélioration des écoles de campagne dans la Marche électorale ; il se servit à cette occasion des expressions suivantes : « L'éducation primaire, surtout dans les campagnes, a été très-négligée jusqu'ici : il devient urgent de renvoyer les mauvais maîtres et de les remplacer par des hommes capables. » S'étant assuré que les écoles étaient mieux organisées dans la Saxe, il ordonna d'en faire venir des maîtres, pour les mettre à la place de ceux qu'il serait bon de renvoyer, quand même ils relèveraient de la couronne ou des nobles. Une augmentation de traitement devait être allouée aux nouveaux maîtres sur le fonds spécial qu'il venait de créer, et les sujets les plus distingués parmi eux devaient être offerts à l'école normale primaire *comme modèles de maîtres à former*.

Mais l'intention bienfaisante du roi ne put se réaliser entièrement, soit que les personnes chargées de l'exécution y missent de la négligence, soit qu'on eût de la peine à tirer des maîtres habiles de la Saxe. Afin d'obvier à cet inconvénient, on se décida à placer dans les écoles susceptibles de réforme des candidats en théologie, pour y remplir les fonctions de maîtres. Tout cela n'aboutit guère qu'à attacher un meilleur traitement à un certain nombre de places de maîtres d'école, et à ôter aux habitants des communes du Brandebourg l'obligation de payer pour l'éducation de leurs enfants, les maîtres mieux salariés s'étant engagés à donner leurs leçons gratuitement. Telle est l'origine des écoles dites de charité.

Quelques petites écoles normales s'élevèrent à la vérité insensiblement à Berlin ; mais ou elles n'eurent point de durée, ou elles demeurèrent peu importantes, ou bien elles n'eurent d'autre but que de former des maîtres pour la ville de Berlin et les villes voisines d'un ordre inférieur.

Tel était l'état des choses lorsqu'en 1809 la régence de Potsdam, l'autorité ecclésiastique et la députation des écoles commencèrent à donner une autre direction au système suivi jusqu'alors pour l'instruction primaire.

Rien n'était plus sensible que le manque de bons maîtres. On s'empressa de s'instruire exactement de l'état de l'école normale primaire de Berlin, et on arrêta en 1810 des réformes importantes pour cet établissement. Leur succès devait décider en partie si cette école serait conservée et resterait à Berlin, ou bien si elle serait transférée en un autre endroit. Or, à l'œuvre, les mesures arrêtées ne parurent point applicables à l'établissement de Berlin ; on forma donc sérieusement le projet d'en fonder un autre. Le local du chapitre de Havelberg, qu'on avait en vue, n'étant pas encore disponible à cette époque, on résolut en 1815 d'établir provisoirement la nouvelle école normale à Potsdam. L'autorisation en fut accordée en 1816, et le projet reçut son exécution en 1817.

L'école normale primaire de Berlin ayant été remplacée par celle de Potsdam, les meilleurs élèves de l'ancien établissement formèrent le noyau du nouveau.

Le local, dont le gouvernement royal avait fait l'acquisition en 1817, fut donné à titre de propriété à l'école normale, vers la fin de l'année 1819.

Déjà, dès le commencement de cette année, M. le professeur Schärtlich était entré en fonctions à l'école normale. Vint ensuite M. le candidat Runge, qui, sous la direction de M. de Türck, conseiller de l'instruction primaire (*Schulrath*), travailla à la première organisation de l'établissement. La même année M. Löffler et M. Klöden y furent attachés, l'un comme maître en second, l'autre comme maître en premier. Une ménagère fut chargée de l'économie domestique. Bientôt M. Klöden fut nommé directeur, et MM. Zeisiger et Lichtwert désignés pour enseigner l'écriture et le dessin.

Les élèves devaient, d'après le règlement, être logés et nourris dans l'établissement même; mais la pension élevée et le petit nombre de bourses (huit bourses entières et huit demi-bourses) furent cause qu'on dispensa peu à peu quelques élèves de se conformer à ces dispositions.

Le cours normal était fixé à trois ans; mais comme les moyens d'instruction ne suffisaient pas pour former trois classes, il fallut se borner à deux classes, et adopter pour la durée de chacune un an et demi d'études.

Une école pratique pour les élèves avait été fondée par le gouvernement royal comme annexe de l'école normale; mais son éloignement de l'école normale entrava trop la marche des études pour qu'elle pût remplir de longtemps le but de son institution.

Pour instruire les élèves dans le jardinage, on loua en 1821 un ancien cimetière, situé devant la porte de Nauen.

L'école de natation établie par M. de Türck d'après les principes du général Pfuhl, devant la porte de Berlin, offrit bientôt la meilleure occasion d'apprendre à nager.

Le nombre des élèves monta jusqu'à la Saint-Michel de l'année 1824 au delà de soixante, et en y comprenant les jeunes gens sortis à cette époque de l'établissement, il avait déjà fourni plus de cent maîtres à la province.

En 1824, à Pâques, M. Runge, appelé à la direction de l'école normale primaire de Cöslin, fut remplacé par M. le candidat Sellin. Au mois de juillet de la même année, M. Klöden ayant été mis à la tête de la nouvelle école des arts et métiers de Berlin, l'auteur de ce rapport lui succéda dans les fonctions de directeur. M. Löffler, appelé à un autre emploi, fut remplacé par M. Schön. Enfin M. Heinrich fut appelé comme maître d'écriture et de dessin, et comme maître auxiliaire pour différentes branches d'instruction.

A ces changements dans le personnel se joignirent aussi beaucoup de réformes dans l'administration intérieure et extérieure de l'établissement. Le nombre des classes fut porté à trois, et au lieu de dix-huit mois les élèves ne passèrent qu'un an dans chacune. La petite école normale de Grossbaenitz ayant été fermée, le nombre des élèves de celle de Potsdam s'accrut considérablement. On fit une grande diminution dans le prix de la pension, et on changea le système économique de la maison. Les bénéfices furent augmentés, et les élèves tenus tous sans exception de demeurer dans l'établissement, d'y prendre leur nourriture et d'y rester trois ans. Les nouvelles constructions permirent de loger tous les maîtres dans l'école normale; enfin on y fonda une école spéciale divisée en quatre classes, pour servir d'école d'exercice aux jeunes maîtres.

II

ORGANISATION ACTUELLE DE L'ÉCOLE NORMALE.

DIRECTION ET INSPECTION.

L'école normale et son école annexe sont placées sous un directeur, subordonné au collége royal des écoles de la province de Brandebourg à Berlin, et au ministère de l'instruction publique, des affaires ecclésiastiques et médicales.

Cette dernière autorité établit les principes à suivre dans cette école, comme dans toutes les écoles publiques; se fait rendre compte de toutes les affaires importantes, telles que les nominations des maîtres et tout changement au plan d'études fondamental, et elle reçoit tous les ans, par l'entremise du collége royal des écoles, un rapport détaillé, rédigé par le directeur de l'école.

Le collége des écoles est chargé de l'inspection spéciale de l'école normale : il en observe la marche et envoie de temps en temps des commissaires sur les lieux. C'est lui qui examine et approuve les plans d'études présentés tous les semestres, et qui prononce dans toutes les questions soumises au consistoire.

Le directeur doit veiller sur tout l'établissement, observer et diriger les maîtres et employés, faire des rapports aux autorités supérieures et entretenir la correspondance, etc.

LOCAL.

L'école normale, située près du canal et de la porte de Berlin, se compose d'un grand édifice, ayant 127 pieds de front et deux étages, avec des arrière-corps considérables qui, joints au principal corps de logis, présentent un carré dans lequel se trouve une cour assez spacieuse. Le tout renferme :

A. Une habitation de famille pour le directeur et une autre pour un maître ;

B. Trois appartements pour trois maîtres non mariés ;

C. Un appartement pour l'économe et ses gens, avec un emplacement suffisant pour la gestion économique ;

D. Une salle à manger pour les élèves, qui sert en même temps de classes de dessin et d'écriture ;

E. Un cabinet d'orgues, où se donnent les leçons de musique, et se font les examens, ainsi que les prières du matin et du soir ;

F. Deux classes pour l'instruction scientifique des élèves ;

G. Quatre classes pour l'école annexe ;

H. Cinq chambres de diverses grandeurs et deux dortoirs pour les élèves ;

I. Deux infirmeries ;

K. Une buanderie ;

L. Deux cabinets d'histoire naturelle ;

M. Des greniers, des caves, des bûchers, etc.

REVENUS.

L'école normale reçoit par an 5,400 écus des différentes caisses de l'État. Il faut ajouter à cette somme à peu près 2,750 écus, qui proviennent des pensions payées par les élèves, et 250 écus que rapporte l'école primaire annexe ; de sorte que les revenus annuels de tout l'établissement montent à 8,400 écus.

Cette somme sert à payer :

A. Les traitements des maîtres ;

B. L'allocation pour l'économe ;

C. Les objets d'enseignement pour l'école normale et l'école annexe ;

D. La location du jardin ;

E. Le chauffage et l'éclairage ;

F. Les frais de réparations du bâtiment, des meubles et des ustensiles, les assurances pour l'incendie, les impôts et les charges de la maison, etc. ;

G. L'entretien des élèves, les dix bourses et demi-bourses et les choses extraordinaires ;

H. Les frais de médecin et de chirurgien.

INVENTAIRE.

L'établissement possède les objets suivants :

A. Les ustensiles nécessaires à l'économie, les objets de cuisine, les tables, les bancs, etc. ;

B. Un mobilier convenable et suffisant, composé d'armoires, de tables, de bancs, de chaises et de coffres, pour les classes de l'école normale et de l'école pratique, et pour les chambres des élèves-maîtres, etc. Il s'y trouve aussi un certain nombre de bois de lit, avec les garnitures des lits, pour les élèves peu fortunés ;

C. Une bibliothèque assez considérable pour les maîtres et les élèves, ainsi qu'une bonne collection de cartes et de sphères pour l'enseignement de la géographie ;

D. Un appareil assez complet d'instruments de physique ;

E. Une collection de minéraux, donnée à l'établissement par M. le conseiller de Türck ;

F. Une collection d'oiseaux empaillés et autres objets d'histoire naturelle ;

G. Les objets les plus nécessaires à l'enseignement des mathématiques ;

H. Tout ce qu'il faut pour apprendre à dessiner ;

I. Un recueil très-considérable de morceaux de musique ;

K. Un très-bon orgue, un forte-piano, sept clavecins, et plusieurs instruments à vent et à cordes.

Tous ces objets sont augmentés tous les ans, sur le fonds spécial affecté à cette branche, et par les soins des autorités supérieures.

Tout l'inventaire de l'établissement est assuré pour 7,500 écus à la compagnie d'assurances d'Aix-la-Chapelle, ce qui ne cause qu'une dépense annuelle d'environ 14 écus.

ÉCONOMIE ET ENTRETIEN DES ÉLÈVES.

Pour nourrir environ quatre-vingts élèves, et pour entretenir la propreté dans la maison, on a donné à l'établissement un économe dont les obligations sont fixées par un contrat renouvelé tous les ans.

La nourriture des élèves est bonne et saine, ce qui est constaté par l'état de leur santé. Il y a des parents qui croient devoir en outre envoyer à leurs enfants des comestibles ou de l'argent pour en acheter. Ils se trompent, car les jeunes gens n'en ont nullement besoin ; au contraire, loin de leur être avantageux, ces envois ne servent qu'à leur ôter l'appétit aux repas, et à les rendre difficiles et gourmands. Les élèves orphelins, ou ceux dont les parents sont trop pauvres pour leur donner quelque chose, sont justement ceux qui sont les plus forts et se portent le mieux.

Le directeur assiste presque toujours aux repas pour s'assurer de la bonté des mets et pour prévenir toute irrégularité dans le service.

Les élèves malades vont à l'infirmerie, et sont traités par le médecin ou chirurgien de l'établissement.

MAITRES.

1° M. *Schärtlich*, de Saxe, élève de l'école normale primaire de Dresde, est chargé de l'enseignement théorique et pratique du chant et de la musique.

2° M. *Sellin*, de Poméranie, élève de l'école normale primaire de Stettin, et qui a fait ses études en théologie à Berlin, donne des leçons de religion et d'histoire, de langue allemande et de calcul, etc.

3° M. *Striez*, de la Moyenne-Marche, d'abord maître à la maison des Orphelins de Potsdam, puis directeur de l'école normale primaire et de la maison des Orphelins à Neu-Zelle et ministre du saint Évangile, est actuellement directeur de l'école normale de Potsdam. Il donne des leçons de religion, de pédagogie, de didactique et de méthodique.

4° M. *Schön*, de Silésie, élève de l'école normale de Bunzlau, après avoir étudié à Berlin les mathématiques, la physique, la géographie et l'histoire naturelle, enseigne principalement ces sciences.

5° M. *Heinrich*, de la Nouvelle-Marche, élève de l'école normale primaire de Neu-Zelle et de l'école de dessin de M. Schmid à Berlin, donne des leçons d'écriture, de dessin, de calcul, etc.

Tous ces maîtres appartiennent exclusivement à l'établissement, où ils sont logés. Chacun d'eux, à l'exception du directeur, qui ne donne que douze à seize leçons par semaine, en donne vingt-quatre à vingt-sept, et MM. Sellin et Schön sont chargés alternativement de la surveillance spéciale des élèves.

Vu le grand nombre des leçons à donner, un des meilleurs élèves formés dans la maison est employé comme maître auxiliaire, de sorte que le nombre des maîtres s'élève à six.

NOMBRE DES ÉLÈVES.

Le nombre des élèves est fixé par le règlement de soixante et quinze à quatre-vingts, et porte aussi actuellement le chiffre de soixante et dix-huit, dont soixante et douze habitent l'établissement même ; les six autres ont obtenu l'autorisation de demeurer chez leurs parents pour diminuer ainsi les frais de leur entretien.

Ce nombre est déterminé non-seulement par le local de l'école normale, mais aussi par les besoins de la province. Le Brandebourg contient environ quinze cents places de maîtres d'écoles primaires, soit dans les villes, soit dans les campagnes. En supposant que de cent places, deux viennent à être vacantes par an, il se trouve au moins trente maîtres à fournir dans cet espace ; mais ces places sont la plupart si peu payées qu'on est souvent obligé de se contenter de sujets passables, qui n'ont pas toujours été élevés à l'école normale, et qui quelquefois exercent un métier. Si

l'école normale comprend soixante et dix-huit élèves qui forment trois classes, dont une sort annuellement, elle est en état de fournir chaque année vingt-six candidats, ce qui répond à peu près aux besoins du pays.

CE QUE L'ON EXIGE DES ASPIRANTS.

Une fois par an, à la Saint-Michel, on reçoit d'ordinaire 26 élèves. On exige des aspirants :

A. Une bonne santé et absence de toute infirmité. Un obstacle à l'admission serait une taille par trop petite, la vue basse et une poitrine délicate ;

B. L'âge de 17 ans accompli ;

C. La religion évangélique ;

D. Un esprit moral et religieux et une conduite jusqu'alors sans tache ;

E. De bonnes dispositions et des talents parmi lesquels on compte une bonne voix et l'oreille musicale ;

F. Être bien préparé aux études de l'école normale par le développement du cœur et de l'esprit ; avoir reçu une bonne instruction religieuse (dans laquelle entre la connaissance de la Bible et de l'histoire biblique) ; savoir lire ; connaître les principes de la langue allemande et de l'art de la composition, du calcul, du chant, du piano et du violon.

Pour être admis, il faut s'adresser par écrit au directeur, au plus tard au mois de juin, et faire suivre la demande :

A. D'un extrait de naissance et de baptême ;

B. D'un certificat d'école et de bonnes mœurs ;

C. D'un certificat de police, constatant l'état de fortune du jeune homme ou de son père, ou bien d'une déclaration écrite du père ou du tuteur, déterminant le temps pendant lequel il pourra et voudra payer la pension annuelle, fixée légalement à 48 écus.

Le directeur inscrit les aspirants sur une liste, et les invite au mois de juin ou de juillet, par lettres, à se présenter à l'examen qui a lieu au mois de juillet ou d'août.

L'examen se fait en partie par écrit, en partie de vive voix.

Pour s'assurer des connaissances des aspirants, et pour juger de leur mémoire, de leur style et de leur caractère moral, on leur raconte une histoire ou une parabole d'une manière claire et détaillée, en résumant et en répétant les points principaux, et ils la reproduisent par écrit avec une dissertation raisonnée.

L'examen oral ne roule d'ordinaire que sur la religion, la lecture, la grammaire, des exercices logiques, l'arithmétique.

On les examine aussi pour le chant, le piano et le violon.

Après l'examen on pèse et on compare consciencieusement, dans une conférence des maîtres, les talents et le mérite respectif des aspirants. Le choix une fois arrêté, on le soumet à la sanction du collége royal des écoles, en y joignant un rapport détaillé sur le résultat de l'examen.

Au bout de quelques semaines, tous les aspirants sont informés de la décision prise à leur égard ; on leur annonce leur admission, ou on leur indique les raisons qui s'y opposent, avec le conseil de renoncer entièrement à leur projet, ou des avis relatifs à leur préparation ultérieure.

L'aspirant reçu est tenu d'apporter, outre ses habits et ses livres, parmi lesquels la Bible et le livre de prières adopté pour l'établissement ne doivent pas manquer, une demi-douzaine de chemises, six paires de bas, un couteau et une fourchette, et d'ordinaire un bois de lit avec tout ce qu'il faut pour le garnir.

Il est en outre tenu, à son entrée, de signer au directeur l'engagement qui suit, avec l'assentiment de son père ou de son tuteur.

Modèle d'engagement à signer au directeur par l'élève entrant.

Je soussigné, N.... de N... m'engage par la présente, conformément à l'arrêté du ministère royal de l'instruction publique, des affaires ecclésiastiques et médicales, du 28 février 1825, avec l'assentiment de mon père (ou tuteur), qui a signé avec moi cette pièce,... de me mettre pendant trois ans, après ma sortie de l'école normale, à la disposition du gouvernement royal ; et par conséquent de ne souscrire à aucunes conditions contraires à cet engagement, à moins de rembourser à l'école normale, en cas de refus, les dépenses faites par l'État pour mon instruction, savoir :

A. Dix écus pour chaque semestre passé dans l'école normale, et pour l'instruction reçue dans cet intervalle ;

B. Le total des secours et *stipendia* accordés.

Potsdam , le   etc.

L'aspirant refusé, à qui on ne conseille pas de choisir un autre état, est de nouveau appelé à l'examen l'année suivante.

Le nombre des aspirants étant très-grand depuis quelque temps, l'auteur de cette notice croit devoir avertir les parents, et surtout les maîtres d'école, dont les enfants n'annoncent pas de talent et qui n'auraient pas un goût prononcé pour l'enseignement, de ne pas leur faire perdre un temps précieux qu'ils pourraient employer avec plus de succès à embrasser une autre carrière.

Ceci regarde principalement les jeunes gens peu fortunés, qui ne peuvent prétendre à des *stipendia* qu'autant qu'ils présentent une haute capacité dont l'État et la société pourront tirer un avantage réel.

L'école normale n'est nullement faite pour les sujets qui, n'étant propres à aucun état, croient, pourvu qu'ils sachent lire et écrire, être capables de devenir maîtres d'école. Ce préjugé est tellement enraciné que vous entendez des pères dire avec la meilleure foi du monde : « Mon fils est trop faible pour apprendre un état », ou bien : « Je ne sais que faire de mon garçon, « mais je pense à le faire entrer à l'école normale. » Nous leur répondrons que les élèves de l'école normale doivent être, au contraire, sains de corps et d'esprit, et capables de braver les peines et les fatigues d'une carrière aussi honorable que pénible.

Il est une chose qu'on néglige malheureusement encore trop souvent, et qui est cependant de la plus haute importance, c'est de préparer les jeunes aspirants avec méthode à l'état qu'on veut leur faire embrasser.

On donne souvent une fausse direction aux études préliminaires de la plupart des aspirants. On croit un jeune homme bien préparé pour l'école normale, s'il a passé les limites de l'instruction élémentaire, et s'il a acquis une plus grande masse de connaissances que d'autres élèves. Cependant il arrive souvent que des aspirants fortement recommandés pour leurs études, passent médiocrement l'examen, ou sont même refusés.

Le but le plus immédiat et le plus important de toute instruction est d'élever l'homme, c'est-à-dire d'ennoblir son cœur, son caractère ; d'éveiller en lui les forces de son âme, et de le rendre ainsi non-seulement disposé à remplir ses devoirs, mais capable de les remplir en effet. A cette condition seule, les connaissances et les talents acquis peuvent profiter à l'homme ; autrement l'instruction, comme œuvre stérile de la mémoire, et les talents purement mécaniques, ne sauraient être d'une grande utilité. Pour que le pédagogue, et surtout le maître d'école primaire puisse faire de ses élèves des hommes vertueux et instruits, il faut qu'il le soit lui-même. Ainsi, pour que l'éducation de l'école normale, essentiellement pratique, réussisse complétement, il faut que le jeune aspirant ait déjà acquis au plus haut degré possible un caractère noble et pur, le sentiment du vrai et du beau, un esprit actif et pénétrant, la plus grande précision et clarté dans la narration et le style.

Voilà ce que nous demandons avant tout aux jeunes gens. S'ils sont arrivés à cette instruction morale et intellectuelle par l'étude de l'histoire, de la géographie, des mathématiques, etc., et s'ils ont en outre acquis des connaissances dans ces branches diverses, nous ne pourrions qu'applaudir à ce résultat : mais nous le répétons avec franchise, nous dispensons les aspirants de toutes ces connaissances, pourvu qu'ils possèdent l'*instruction formelle* dont nous venons de parler, puisqu'il leur est facile ensuite d'acquérir à l'école normale l'*instruction matérielle* qui leur manquerait.

Cependant ils doivent avoir quelques notions préliminaires, vu que les cours de l'école normale sont souvent la continuation des études antérieures, et que certaines branches ne pourraient y être traitées dans toute leur étendue, si elles étaient tout à fait inconnues aux élèves à leur entrée. Nous avons indiqué plus haut les branches dans lesquelles ils doivent être préparés plus particulièrement, mais cet objet étant du plus grand intérêt, nous terminerons ce chapitre par quelques avis sur la méthode à suivre.

I. *Religion.* Éveillez et développez l'esprit religieux et le sentiment moral. À cet effet, les histoires et paraboles de la Bible sont d'une grande utilité. La lecture fréquente et l'explication raisonnée de la Bible sont très-nécessaires. Il faut savoir traiter des articles de foi et des devoirs les plus importants en se référant au catéchisme. Beaucoup de sentences, des chapitres entiers et des paraboles de l'Écriture sainte, des cantiques et des versets doivent être sus par cœur. On doit pouvoir répondre sur les choses les plus intéressantes de l'histoire ecclésiastique et de la réforme.

Secours :

A. Hübner, *Histoires bibliques*, publiées par Rauschenbusch, et son *Manuel pour le maître d'école*, 3 vol., Schwelm, 1824 ;

B. La Manifestation de Dieu dans les histoires de l'Ancien Testament, avec la Vie de Jésus-Christ d'après les quatre évangélistes, et l'Histoire des apôtres d'après Saint Luc, 8 vol., Halle, 1820 ;

C. Krummacher, *Catéchisme biblique ;*

D. Huber, *Introduction à tous les livres de l'Écriture sainte*, Bâle, 1812 ;

E. Hornung, *Manuel pour l'explication de l'histoire et de la géographie bibliques*, 1825 ;

F. Catéchisme de la doctrine chrétienne pour les enfants, Hirschberg, 1809 ;

G. Hornung, *Cours résumé de la foi chrétienne*, Berlin, 1823 ;

H. Schmid, *Aperçu de l'histoire de la religion et de l'Église chrétienne*, Berlin, 1823.

II. Quant à l'*histoire*, elle n'a pas besoin d'être parfaitement sue ; mais les jeunes gens auront à rapporter exactement des traits historiques qui seront mis à profit pour former le cœur, pour exercer et rectifier le jugement, pour inspirer le goût de tout ce qui est grand et noble, vrai et beau.

Secours :

A. Ewald, *Exemples de vertu*, Recueil d'actions nobles et traits caractéristiques de l'histoire universelle, etc., 3 vol., Stuttgard, 1818 ;

B. École de sagesse et de vertu, Stuttgard , 1813.

C. Wagnitz, *Exemples de vertu*, 2 vol. ;

D. Fischer, *Biographies des réformateurs célèbres ;*

E. Pflaum, *Biographies d'hommes célèbres*, à l'usage de la jeunesse ;

F. Kraft, *le Plutarque moderne ;*

G. Niemeyer, *le Plutarque allemand.*

III. *Géométrie* (*étude des formes*) réunie au *dessin élémentaire*, l'une comme base de l'enseignement de l'écriture et du dessin, et comme préparation aux mathématiques ; l'autre pour exercer la main, la vue et le goût.

Secours :

A. J. Schmidt, *Éléments de la forme et de la grandeur*, Berne, 1809 ;

B. De Türck, *Doctrine de la forme et de la grandeur ;*

C. Hoffmann, *Doctrine géométrique des formes*, Mayence, 1818 ;

D. Stein, *Doctrine des formes dans son rapport avec le dessin élémentaire*, Zullichau, 1821 ;

E. J. Schmidt, *Éléments du dessin*, Berlin, 1809 ;

F. Sickel, *Doctrine pratique des formes*, Leipzig , 1824.

IV. *Écriture.* Qu'on ne se serve que des modèles de Heinrig et de Henning qui , après un long exercice , donnent et conservent aux jeunes gens une belle main, même en écrivant vite et beaucoup.

V. *Exercices logiques.* Ils doivent tendre à donner aux jeunes gens de la netteté et de la clarté dans les idées , de la justesse dans le jugement , et par conséquent de la précision et de la facilité dans les explications orales et écrites.

Secours :

A. Niemeyer, *Principes de l'éducation et de l'instruction*, IIe vol., 3e partie, 2e section, 1er chapitre ;

B. Grassmann, *Manuel pour exercer à penser et à parler ;*

C. Krause, *Essai d'exercices pour apprendre à penser d'une manière méthodique et naturelle ;*

D. Schaller, *Magasin d'exercices logiques*, Ier volume.

VI. *Lecture.* Quand une fois l'élève sait lire couramment, il faut lui apprendre à donner de l'accent à sa lecture et à sentir ce qu'il lit. On l'habituera à réciter et même à analyser graduellement les phrases et les périodes qu'il vient de lire, à en intervertir l'ordre et à en exprimer le sens par d'autres mots, à mettre, par exemple, des passages poétiques en prose, etc. Ainsi les exercices servent en même temps à faire penser et à faire parler. Nous conseillons aussi de faire déclamer des morceaux appris par cœur.

Livres de lecture :

A. Wilmsen, *l'Ami des enfants*, 2° et 3° parties.
B. *Livre de lecture* publié par les professeurs du gymnase de Helmstädt ;
C. Seidenstücker, *Eutonia ;*.
D. Les meilleurs livres de cantiques.

VII. *Langue allemande et composition.* La langue doit être regardée et traitée d'une part comme moyen *d'instruction formelle*, comme logique pratique, et d'autre part comme objet indispensable *d'instruction matérielle.*
Voyez sous le premier rapport :
Tillich, *Enseignement des langues, comme moyen puissant d'éducation*, Leipzig, 1805, et son livre de lecture, 1re et 2e parties ;
Sous l'autre rapport :
Krause, *Cours de langue allemande*, et son *Manuel méthodique de la langue allemande.*
Voyez en outre les grammaires de Heyse, de Hahn, de Rothe et de Bernhardt.
Il faudra obliger les jeunes gens à faire beaucoup de compositions et d'exercices épistolaires.

Secours :

A. Falkmann, *Méthode pour les exercices de style allemand ;*
B. Son *Livre élémentaire sur le style ;*
C. Son *Manuel pour les exercices de style allemand ;*
D. Baumgarten, *Plans et matériaux pour des compositions ;*
E. *Petit Épistolaire* de Baumgarten, Schlez et Dolz, etc.

VIII. *Arithmétique.* Il ne s'agit ici ni de méthodes de calcul élevé, ni de calcul pratique. On ne demande à l'élève que de se servir sans difficulté des chiffres, et de calculer de tête.

Secours :

A. Pestalozzi, *Tableaux d'unités et de fractions ;*

B. Son *Explication des rapports des nombres ;*
C. J. Schmidt, *Éléments des nombres*, et les *Éléments d'algèbre ;*
D. Kawerau, *Livre de calcul.*

IX. *Chant, piano et violon.* Formation de l'oreille et de la voix. Dextérité et fermeté à produire les sons. Exercices de chant élémentaire. Chant d'église ou plain-chant.
Pour le piano et le violon le plus possible de dextérité, et un bon doigté pour le premier instrument.
Si ces avis servaient à engager un maître consciencieux à bien préparer quelques jeunes aspirants, leur but se trouverait atteint. En indiquant un très-grand nombre de secours, on en facilite au moins le choix.

POSITION EXTÉRIEURE DES ÉLÈVES, ET LEUR RAPPORT AVEC L'ÉCOLE NORMALE.

Si les jeunes gens n'ont pas de parents à Potsdam qui nous répondent des bonnes mœurs et du travail de leurs enfants, ils sont tous sans exception tenus de demeurer dans l'école normale, et d'y prendre leur nourriture en payant d'avance au directeur une pension de 12 écus par trimestre.
Chaque élève, coûtant par an 100 écus à l'établissement, ne paye que la moitié des frais, même en payant la pension légale de 48 écus. Une bourse entière donne droit au logement, au chauffage, à la pension, à l'éclairage et à l'enseignement. Avec une demi-bourse on ne paye que 24 écus de pension par an. Il ne reste à l'élève qu'à acheter ses habits, à payer son blanchissage, ses livres, son papier, ses plumes, son encre, et ce qu'il lui faut pour le dessin et la musique.
Les élèves ont encore à payer les médicaments ; cependant l'établissement leur prête volontiers son assistance, si cela coûte trop cher à la suite d'une maladie grave.
Quant aux habits, qui pourtant doivent être propres et pas déchirés, ainsi qu'aux livres, personne n'est obligé de faire de plus grandes dépenses que ses moyens ne le lui permettent.
Pendant leur séjour à l'école normale, les jeunes gens ne peuvent rien gagner, puisqu'il ne leur reste pas de temps pour donner des leçons particulières, ce qui entraînerait d'ailleurs de grands inconvénients.
Pour le logement, ils se trouvent répartis dans les cinq grandes pièces à feu destinées aux élèves, et ils demeurent et travaillent au nombre de huit, douze et seize dans une de ces chambres, laquelle est garnie de tables, de chaises, d'armoires, de bibliothèques, de commodes et de clavecins. Leurs lits et leurs coffres se trouvent dans deux dortoirs. Chaque chambre,

chaque dortoir a son inspecteur pris parmi les élèves, qui est responsable de l'ordre. Tous les jours un des élèves de la chambre est chargé de ranger et d'épousseter les meubles, etc. Celui qui se montre négligent à remplir cette fonction, en reste chargé plus longtemps (1).

Tant que les élèves restent à l'école normale et qu'ils se conduisent bien, ils sont exemptés tous les ans du service militaire.

Tous les élèves sont tenus de suivre les cours de l'école normale pendant trois ans ; leurs connaissances et leur instruction resteraient incomplètes s'ils ne se conformaient à cette disposition.

ÉDUCATION DES ÉLÈVES A L'AIDE DE LA DISCIPLINE ET DE L'ENSEIGNEMENT.

Cet écrit prendrait une trop grande étendue, si l'on voulait épuiser ici une matière aussi importante. Nous nous réservons d'en parler dans d'autres occasions, et de montrer comment toutes les branches d'instruction sont traitées à l'école normale. Cette fois-ci nous nous contenterons d'indiquer les principes qui président à l'enseignement et à la discipline en général.

Dans l'éducation des maîtres d'écoles primaires il faut consulter les besoins du peuple.

Tout nous démontre que le bien-être temporel d'un individu comme d'un peuple n'est nullement assuré par un grand développement intellectuel et une civilisation raffinée. Le vrai bonheur d'un individu comme d'un peuple repose sur une moralité sévère, sur l'empire sur soi-même, sur l'humilité et la modération, sur l'accomplissement volontaire de tous les devoirs envers Dieu, ses supérieurs et son prochain.

L'éducation religieuse et morale est par conséquent le premier besoin du peuple. Lorsqu'elle manque, toute autre éducation est non-seulement sans utilité réelle, mais sous certains rapports même dangereuse. Si au contraire l'éducation religieuse a jeté de bonnes racines, l'éducation intellectuelle réussira complétement et doit être alors d'autant moins refusée au peuple que Dieu lui a donné des dispositions réelles pour l'acquérir, et que le développement de toutes les facultés de l'homme lui assure les moyens d'arriver à la perfection, et par là à la félicité suprême.

L'instruction religieuse et morale, loin de conduire à la présomption et à l'esprit raisonneur, inspirera à l'homme, au contraire, la conscience de sa faiblesse, et par conséquent l'humilité. Il faudra ensuite songer à donner au peuple des connaissances solides et pratiques, conformes à ses besoins, ce qui polira naturellement ses mœurs et ses manières.

Si telle est l'instruction que le peuple doit recevoir, celle des maîtres d'écoles primaires se trouve déter-

(1) Voyez *Première partie du Rapport*, Schulpforte.

minée, et les principes à suivre pour l'instruction de nos élèves sont également tracés.

L'instruction morale et religieuse reçoit une direction plus spéciale par la croyance au Verbe révélé de Dieu dans l'Écriture sainte. Mais cette croyance ne doit pas être purement historique comme chez les érudits, ni se complaire dans des idées obscures et mystiques, ni s'exprimer avec affectation dans les paroles, les gestes et les actions. Elle doit au contraire tellement pénétrer le cœur de l'homme, qu'il travaille sans relâche à mettre ses pensées, ses sentiments et ses actions dans l'harmonie la plus intime avec la volonté de Dieu. C'est donc sur la conviction vivante des vérités et des doctrines du christianisme que nous fondons le caractère religieux et moral de nos élèves. Ennemis de tout système de contrainte, nous accordons aux jeunes gens toute la liberté compatible avec notre responsabilité, avec notre obligation de les garantir de toutes les séductions, et avec l'ordre intérieur de l'établissement. Nous sommes indulgents pour les fautes qui ne tiennent pas à la mauvaise volonté, mais nous punissons la méchanceté et l'impolitesse jusquà dans le regard et le geste. Un mauvais moyen de se recommander auprès de nous, c'est de se montrer rampant et hypocrite ; mais nous encourageons de tout notre pouvoir la piété réelle qui ne s'affiche point, la docilité, le zèle et l'amour du travail.

Pour entretenir et affirmer l'esprit religieux et moral de nos élèves, nous usons de plusieurs moyens. Nous tenons singulièrement à ce que les jeunes gens aillent tous les dimanches à l'église ; ils ne sont pas forcés d'aller exclusivement à l'église du Saint-Esprit qui est la paroisse de l'école normale, et pour laquelle elle fournit aussi un chœur de chantres ; mais le lundi ils sont tenus de rendre compte de l'église où ils ont été et du discours qu'ils ont entendu. Tous les dimanches à six heures du matin, alternativement un des plus anciens élèves lit un sermon en présence de tous les élèves et d'un maître. On chante au commencement et à la fin un verset accompagné de l'orgue. On fait tous les matins et tous les soirs une prière qui dure environ dix à quinze minutes. Elle est récitée par un des maîtres. On commence par chanter un ou deux versets ; vient ensuite une allocution religieuse ou la lecture d'un chapitre de la Bible, et on termine par un verset.

Pour influer sur le moral des élèves, nous considérons leur position individuelle, leurs besoins et leur conduite. D'un grand secours sont à cet égard les conférences hebdomadaires des maîtres, et surtout la *censure* trimestrielle des élèves ou le jugement porté sur l'application, les progrès et la conduite de chacun d'eux. Ces notes, inscrites dans un livre particulier appelé *livre de censure*, forment la base des certificats délivrés aux élèves à leur sortie de l'établissement, et les avis particuliers à leur donner.

Les moyens de correction employés sont des avertissements, des exhortations, des réprimandes, d'abord en particulier, ensuite dans la conférence des maîtres, enfin devant tous les élèves. Si ces moyens ne suffisent pas, on a recours aux arrêts, on retire les *stipendia* accordés, et en dernier lieu on renvoie de l'établissement. Mais nous cherchons, autant qu'il est en nous, à prévenir ces punitions, en entretenant des rapports bienveillants avec les jeunes gens, en distinguant ceux qui le méritent, en nous efforçant d'exciter une noble émulation, et de provoquer dans leur âme le désir de gagner l'estime et de s'honorer par une conduite sans reproche.

C'est de l'impulsion donnée aux leçons que dépend surtout l'application à l'étude en dehors des classes. Certaines heures du jour sont consacrées au travail particulier des élèves, et chaque maître à son tour est chargé de veiller à ce que la tranquillité ne soit pas troublée dans les salles d'études, et que tout le monde soit convenablement occupé.

A la fin de chaque mois, la dernière leçon, dans quelque branche d'instruction que ce soit, est une récapitulation en forme d'examen des objets traités dans le courant du mois.

Quant aux objets de l'enseignement et à la marche suivie dans les études, voici le plan fondamental.

La première année, c'est l'*instruction formelle* des jeunes gens qui prédomine; la seconde année, l'*instruction matérielle*, et la troisième, l'*instruction pratique*. Les élèves ayant alors environ dix leçons à donner par semaine dans l'école annexe, leçons pour lesquelles ils doivent être bien préparés, suivent moins de cours à l'école.

Notre but principal dans chaque genre d'instruction est de pousser les jeunes gens à penser et à juger par eux-mêmes. Nous sommes contraires à toute étude purement mécanique et servile d'après des cahiers. Les maîtres de nos écoles primaires doivent avoir de l'intelligence, pour pouvoir l'éveiller chez leurs élèves; autrement l'État préférerait sans doute les écoles moins coûteuses de Bell et de Lancastre.

Nous partons toujours des éléments, parce que nous sommes obligés de recevoir, au moins jusqu'à présent, des élèves dont les études ont été négligées, et parce que nous voulons organiser l'enseignement de toutes les branches de manière qu'il puisse servir aux élèves de modèle et de règle dans les leçons qu'ils auront un jour à donner eux-mêmes.

Relativement à l'éducation matérielle, nous nous attachons bien plus à la solidité qu'à l'étendue des connaissances. Cela n'est pas seulement d'accord avec nos instructions, mais la raison dit elle-même que la soli-

dité des connaissances rend seule le maître capable d'enseigner avec fruit, et de continuer ses propres études avec succès. Ainsi des sujets faibles sont quelquefois dispensés de certaines branches d'études, comme les mathématiques la basse fondamentale et la physique.

Le jardinage est enseigné dans un emplacement situé devant la porte de Nauen, et l'on montre à nager dans l'école de natation établie devant la porte de Berlin, dans les saisons propres à ces études, de sept à neuf heures du soir.

L'instruction pratique des élèves est considérée par nous comme de la dernière importance.

Toutes les études et tout le savoir de nos élèves resteraient infructueux, et l'école normale ne remplirait pas le but de son institution, si en quittant l'établissement les jeunes maîtres n'avaient pas déjà appliqué méthodiquement ce qu'ils ont appris, et s'ils ne savaient par expérience ce qu'ils ont à faire et comment ils doivent s'y prendre.

Pour obtenir ce résultat, il ne suffit pas que les jeunes gens voient faire des cours devant des maîtres habiles, ou qu'ils se chargent quelquefois eux-mêmes de quelques leçons à leurs camarades; il faut qu'ils aient enseigné longtemps à des enfants dans l'école annexe, sous la direction des maîtres de l'école normale. Ce n'est qu'en se familiarisant avec le plan d'enseignement pour chaque branche en particulier, en enseignant eux-mêmes pendant un certain temps chaque objet, qu'ils peuvent prendre l'habitude de le traiter avec méthode.

ÉCOLE ANNEXE.

L'école annexe a été fondée en 1825, et reçoit gratuitement cent soixante à cent soixante et dix garçons. L'autorité supérieure, en accordant des fonds considérables pour fonder cette école, a été spécialement guidée par l'intention bienfaisante d'assurer à la grande masse d'enfants pauvres de cette ville les moyens de s'instruire, et de faciliter à la ville le soin de leur éducation.

Les autorités de la ville s'engagèrent de leur côté à payer pour chaque enfant, à l'établissement, un écu et quinze gros d'argent par an. A cette condition nous fournissons gratuitement aux enfants les livres, ardoises, etc., dont ils ont besoin.

L'école annexe est une école primaire qui compte quatre classes, mais seulement trois degrés; deuxième et troisième classes ne sont séparées l'une l'autre que pour le bien des élèves et pour augmenter les exercices pratiques des jeunes maîtres.

La première classe, avec les deux classes qui suivent, forme une bonne école élémentaire complète; la classe supérieure présente une classe d'école bourgeoise où les élèves les plus avancés de l'école normale qui probablement seront un jour employés dans

TROISIÈME ANNÉE.

OBJETS D'ENSEIGNEM.	CINQUIÈME SEMESTRE.		SIXIÈME SEMESTRE.
	INSTRUCTION PRATIQUE.		
Religion.			
	Exercices dans toutes espèces d'écritures.	1.	
8	Continuation de ces exercices. — Têtes et paysages.	2.	2.
	Concert de voix et méthode pour conduire le chant. — Plain-chant.	3.	
9. Basse fondamentale. — Orgue.	Continuation. — Exercices de composition.	5.	3.
10. Musique instrumentale. — Violon.		5.	3.
11. Art didactique et pédagogie.	... saillant de la psychologie pédagogie. — Exercices ca... ...ues par écrit et de vive voix.	3.	Art didactique. — Méthode. 3.
12. Géographie.			
13. Histoire naturelle.	Zoologie.	2.	Botanique et minéralogie. 2.
	...ation à l'histoire. — Aperçu ...gique de l'histoire. — His... ...ienne.	2.	Histoire du moyen âge et histoire moderne, surtout celle de l'Allemagne et de la Prusse, particulièrement pour le Brandebourg. 3.
15. Physique.	des corps et de leurs qua...	2.	Étude des phénomènes de la nature.
	. . . .	27.	. . . .

écoles de ville, donnent l'instruction aux élèves les plus distingués de toute l'école annexe.

Voici le tableau des objets enseignés dans l'école :

OBJETS ENSEIGNÉS.	CLASSE INFÉRIEURE.	LES DEUX CLASSES moyennes.	CLASSE SUPÉRIEURE.
1. Religion.	4 leçons.	4 leçons.	3 leçons.
2. Lecture.	6.	6.	2.
3. Langue allemande. . .	6.	4.	4.
4. Arithmétique.	3.	4.	4.
5. Géométrie et dessin. .	2.	2.	2.
6. Écriture.	3.	3.	4.
7. Chant.	2.	3.	3.
8. Mathématiques. . . .	. . . .	. . . .	2.
9. Géographie.	. . . .	. . . .	2.
10. Histoire naturelle. . .	. . . .	. . . .	2.
11. Histoire.	. . . .	. . . .	2.
Total des leçons par semaine.	26.	26.	30.

Nous ferons quelques observations sur ce plan :

1. Avec la lecture dans les classes moyennes, on enseigne, d'après *Hempel* (*l'Ami des écoles primaires*), les connaissances les plus usuelles.

2. Les leçons de langue consistent, dans la classe inférieure, en exercices logiques et narrations, et dans les classes moyennes, en exercices de langue et de grammaire (d'après *Krause*).

3. L'écriture proprement dite n'est enseignée, dans la classe inférieure, qu'aux élèves les plus exercés ; à tous les autres on enseigne le dessin linéaire et la géométrie.

La classe la plus avancée des élèves de l'école normale à employer dans l'école pratique, est divisée en cinq *cœtus* ou *divisions*, dont chacune se compose de cinq ou six élèves. Chaque division enseigne seulement deux objets, pendant deux mois et demi, et passe ensuite à deux autres objets, de sorte que chacun s'exerce d'une manière pratique successivement dans tous les objets d'enseignement.

On traite, autant qu'il est possible, dans toutes les classes de l'école pratique, le même objet à la même heure. Le maître de l'école normale, qui a préparé d'avance les jeunes maîtres, est présent pendant la leçon ; il les écoute et les observe, les guide pendant la classe, et leur communique ensuite ses observations et son jugement sur la manière dont ils ont donné la leçon. Sur chaque branche d'instruction il existe un journal pour chaque classe, où l'on inscrit après la leçon ce qui a été enseigné. Enfin, autant qu'il est possible, le jeune maître, chargé de la leçon suivante, assiste à celle de son prédécesseur. Par ces moyens, et surtout par la direction spéciale de toute l'instruction pratique confiée à un maître de l'école normale, la con-

nexion et la gradation des études se trouvent parfaitement assurées.

Il est nécessaire que chaque élève de l'école normale enseigne successivement toutes les branches dans la classe inférieure ; car le maître d'école primaire, quelque instruit qu'il soit, ignore la partie la plus indispensable de son état, s'il ne sait pas enseigner les éléments.

SORTIE DE L'ÉCOLE NORMALE, EXAMENS, CERTIFICAT ET PLACEMENT.

Les élèves quittent l'école normale, après avoir suivi les cours pendant trois ans, car la prolongation de leur séjour serait un obstacle à la réception de nouveaux élèves.

Mais auparavant ils subissent un examen par écrit et de vive voix, comme il est déterminé par l'ordonnance du ministre de l'instruction publique, des affaires ecclésiastiques et médicales, que nous donnons ici en abrégé.

« 1. Tous les élèves des écoles normales primaires du royaume subiront un examen à leur sortie.

« 2. Les examens se feront par tous les maîtres de l'école normale, et sur tous les objets enseignés dans la maison, en présence et sous la direction d'un ou de plusieurs commissaires délégués du collège des écoles de la province.

« 3. Une leçon d'épreuves, donnée par chaque élève sortant, constatera jusqu'à quel point il possède déjà l'art d'enseigner.

« 4. Après l'examen et les renseignements exacts donnés sur les élèves sortants par le directeur et tous les maîtres, il est délivré à chacun d'eux un certificat signé par le directeur, les maîtres et les commissaires.

« 5. Ce certificat spécifiera les connaissances et les talents de l'élève sortant ; il marquera s'il possède l'art d'enseigner, et si son caractère moral le rend propre à l'état de maître d'école primaire ; il renfermera en outre un jugement général sur toutes ses qualités et son savoir, exprimé par un des termes : *parfait, bien, satisfaisant*, et répondant aux numéros 1, 2, 3.

« 6. Un tel certificat n'accorde à l'élève que la faculté provisoire d'entrer en place pour trois ans. Au bout de ce temps il a à se présenter de nouveau à l'examen de l'école normale. Mais celui qui, en partant de l'établissement, a obtenu le numéro 1, et a été attaché dans le cours des trois premières années à une école publique, ne sera plus d'ordinaire soumis à un second examen. Tous les autres ne pourront entrer en fonction que provisoirement.

« 7. Ces nouveaux examens ne se feront pas en même temps que ceux des élèves sortants ; mais toujours comme les premiers, en présence et sous la direction de commissaires du collège des écoles.

« 8. Dans les premiers examens on doit principalement s'assurer si les élèves ont bien saisi les leçons de l'école normale et appris à les appliquer ; les derniers doivent constater seulement l'habileté pratique du candidat.

« 9. Le résultat de ce nouvel examen sera également exprimé par un autre certificat joint au premier, et on aura soin d'y spécifier les dispositions du candidat pour la profession de maître d'école. »

C'est pourquoi on donne aux élèves sortants un certificat qui sur la première page décrit leurs talents, leur caractère, leur moralité, et dont les deux pages suivantes contiennent le protocole exact du résultat de l'examen sur tous les objets enseignés.

Ceux qui dans l'intervalle des deux examens n'ont pas été placés, devront présenter ce certificat aux surintendants et aux inspecteurs d'école des lieux qu'ils iraient habiter, et, à leur départ, demander un certificat de conduite qu'ils puissent produire lors du second examen. Ceux qui auront été placés dans les trois premières années, seront tenus de produire les certificats de leurs supérieurs immédiats.

Tous les élèves ne sauraient être placés immédiatement à leur sortie de l'établissement ; mais un grand nombre d'entre eux sont proposés par le directeur aux places vacantes, et demandés par le gouvernement royal et par les surintendants, les magistrats, etc. ; de sorte qu'au bout d'un an, on peut admettre qu'ils se trouvent tous établis.

Je puis répondre, M. le ministre, de la parfaite fidélité de cette description de l'école normale de Potsdam ; et dans la visite longue et détaillée que j'ai faite moi-même de ce grand établissement, j'ai pu juger que le tableau que je viens de mettre sous vos yeux et qui a été fait en 1826, était en 1831 au-dessous de la réalité.

L'école normale primaire de Potsdam possède aujourd'hui quatre-vingts élèves : tous sont pensionnaires. La pension est de 48 thalers par an. La moitié des élèves paye cette pension ; les autres ont des bourses et des demi-bourses. Le directeur et les maîtres, au nombre de cinq, sont tous logés dans la maison. Le directeur a 1,060 thalers de traitement, les cinq maîtres ont 550, 480, 400, 220, 200 thalers, non compris les indemnités pour le bois, 180 thalers sont employés par an à l'entretien d'un jardin et d'un jardinier, qui donne des leçons de jardinage. Cent vingt thalers sont consacrés chaque année à la bibliothèque, qui a déjà plus de mille volumes. Il y a un petit cabinet de minéralogie et d'histoire naturelle, une collection de semences, un *tellurium* pour l'histoire du monde terrestre et céleste ; il y a aussi un bel orgue, car chacun des élèves doit pouvoir être organiste. Chaque salle d'études a son clavecin, chaque élève un violon

et une petite bibliothèque particulière. J'ai dit qu'il y avait quatre-vingts élèves : il se présente tous les ans une centaine d'aspirants, sur lesquels on choisit vingt-six ou vingt-sept élèves, à peu près autant qu'il en sort chaque année. On n'y entre point avant dix-sept ou dix-huit ans, mais on y peut entrer plus tard, et j'y ai vu des élèves qui ont jusqu'à vingt-quatre ans. On subit, pour être admis, un examen qui est un vrai concours par l'identité des matières sur lesquelles il porte et la multitude des aspirants. Pendant les trois années de séjour, le service militaire est suspendu. A la fin des trois années, il y a un examen de sortie : si on le subit convenablement, on est reçu *candidat* à une place de maître d'école élémentaire ou bourgeoise.

Pour les fautes commises, il y a d'abord admonition du directeur en particulier, puis à la conférence des maîtres, qui a lieu tous les huit jours ; et si la mauvaise conduite continue, on fait une enquête et l'élève est renvoyé.

L'enseignement est très-solide et en même temps très-étendu, comme on a pu le voir par le plan fondamental qui se trouve dans la notice précédente, et par le tableau ci-joint, qui contient le programme des leçons de l'école pour le semestre d'été de 1831.

J'ai vu ce programme en action. L'esprit qui a présidé à l'organisation et à la distribution de l'enseignement est excellent, et il gouverne tous les détails. Le cours normal, qui est de trois années, se compose, pour la première année, d'études destinées à ouvrir l'esprit en quelque sorte, et à inculquer aux élèves de bonnes méthodes en tous genres et le sentiment de la vocation d'instituteur primaire. C'est là ce qu'on appelle instruction *formelle*, en opposition à l'instruction *matérielle* ; c'est-à-dire plus positive de la seconde année, où les élèves font des études spéciales très-solides et assez élevées, et apprennent beaucoup plus qu'en général ils ne seront forcés d'enseigner. La troisième année est toute pratique et consacrée à l'enseignement de l'art d'enseigner. C'est précisément le plan que je m'honore d'avoir suivi dans l'organisation des études de la grande école normale centrale de Paris, pour le recrutement des professeurs des collèges royaux et communaux. A Potsdam aussi, la troisième année résume les deux autres, et les élèves y sont considérés comme des maîtres. Il y a pour cela, annexée à l'école normale, une école primaire, dans laquelle les élèves de la troisième année donnent des leçons sous la surveillance des maîtres de l'école normale. Les enfants qui fréquentent cette école primaire payent par an seulement, ou plutôt la ville paye pour eux, 4 thalers : il y en a cent soixante et dix, qui sont partagés en quatre classes, selon leurs connaissances, entre les vingt ou vingt-cinq élèves de la troisième année, lesquels font sur eux leur apprentissage avec l'ardeur

HEURES.		ENDREDI.	SAMEDI.
De 5 1/2 à 6 1/2.	École normale.	ale . . . . . . *Haberkern.*	III. Piano . . . . *Koch.*
De 7 à 8.	École normale.	. . . . *Schon.* . . . . *Striets.* e. . . . . . . *Haberkern.*	I. Méthode. . . . . *Striets.* II. Basse fondamentale . . *Scharllich.* III. Religion. . . . . *Uhde.*
	École d'exercice.	. . . . *Wapler.*	I. Histoire naturelle. . . . *Schon.* II.b. Religion. . . . . *Wapler.*
De 8 à 9.	École normale.	. . . . *Koch.* llemande . . . *Uhde.* . . . . *Haberkern.*	I. Leçon d'orgue . . . . . *Scharllich.* II. Arithmétique. . . . . . *Koch.* III. Arithmétique. . . . . . *Wapler.*
	École d'exercice.	e. . . . . . . *Schon.* . . . . *Striets.*	I. II a. II b. } Langue allemande . . . *Uhde.* III.
De 9 à 10.	École normale.	rgue. . . . . . *Scharllich.* llemande . . . *Wapler.*	II. Géométrie. . . . . *Schon.* III. Langue allemande . . . *Uhde.*
	École d'exercice.	que . . . . . . *Schon.*	I. II a. II b. } Chant. . . . . *Scharllich.* III.
De 10 à 11.	École normale.	que . . . . . . *Koch.* ique . . . . . *Wapler.*	II. Chant. . . . . *Scharllich.* III. Violon . . . . *Koch.*
	École d'exercice.	. . . . *Scharllich.* . . . . *Uhde.*	I. Histoire. . . . . *Uhde.* II a. II b. } Lecture. . . . . *Uhde.* III.
De 11 à 12.	École normale.	aturelle. . . . *Schon.* rgue . . . . . *Scharllich.* . . . . *Koch.*	I. Histoire. . . . . *Koch.* II. Géographie . . . . *Schon.* III. Basse fondamentale. . . *Koch.*
De 2 à 3.	École normale.	. . . . *Koch.* . . . . *Wapler.*	
	École d'exercice.	géométrie. . . *Haberkern.*	
De 3 à 4.	École normale.	. . . . *Striets.* rgue . . . . . *Scharllich.* . . . . *Koch.*	
	École d'exercice.	. . . . *Haberkern.* logiques . . . *Uhde.*	
De 4 à 5.	École normale.	entale . . . . *Scharllich.* nt . . . . . . *Koch.*	

de la jeunesse et de maîtres nouveaux. J'ai assisté à plusieurs de ces leçons, qui étaient très-bien faites. Un maître de l'école normale assiste fréquemment à l'une de ces classes, et la leçon finie, avertit les jeunes maîtres et leur donne des leçons pratiques, dont ceux-ci peuvent profiter immédiatement.

Comme on le voit par le programme, l'enseignement de la musique est poussé très-loin. Il y a très-peu d'élèves qui n'aient leur violon, et il sort de là des pianistes et des organistes fort capables. Le chant est particulièrement cultivé. L'enseignement embrasse non-seulement un peu de botanique, de minéralogie, de physique, d'histoire naturelle et de zoologie, mais des exercices de psychologie et de logique, qui donnent en quelque sorte aux jeunes gens la philosophie de l'enseignement primaire dont ils sont chargés. J'ai assisté à plusieurs leçons, entre autres à une leçon d'histoire et de chronologie, où, par courtoisie, on a interrogé devant moi les élèves sur l'histoire de France, sur l'époque de Charles IX, de Henri III et de Henri IV, époque dans laquelle le protestantisme joue un rôle important, et ces jeunes gens ont très-bien répondu ; ils étaient fort au courant des dates et des grands faits. Je ne parle point ici des exercices gymnastiques, la Prusse étant le pays classique de ces exercices.

Ce qui m'a le plus frappé, ce sont les cours que l'on appelle en Allemagne cours de méthodique et de didactique (*Methodik und Didactik*), ainsi que ceux qu'on désigne par le nom de pédagogie (*Pædagogik*) ; les premiers, destinés à l'enseignement de l'art d'enseigner, les seconds à celui de l'art plus difficile de l'éducation morale. Ces cours sont particulièrement destinés aux maîtres qui viennent se perfectionner à l'école normale ; voilà pourquoi ils ne sont pas marqués dans le programme ci-dessus, qui donne seulement l'enseignement ordinaire de l'école. C'est presque toujours le directeur qui est chargé de ces cours ; il est également chargé, en grande partie, de l'enseignement de la religion, qui est ici à sa place, c'est-à-dire, à la première. Il ne manque pas d'ailleurs d'exemples en Allemagne de laïques qui enseignent la religion. Comme tous les maîtres d'école, qui nécessairement sont presque tous laïques, sont chargés dans leur école de l'instruction morale et religieuse, il est tout simple que dans l'école normale primaire on puisse enseigner l'art de donner cette instruction sans être ecclésiastique. Cependant personne ne peut mieux qu'un ecclésiastique donner des leçons de cet art avec l'autorité convenable ; aussi la plupart des directeurs d'école normale sont-ils ou des curés catholiques ou des pasteurs protestants, ou des personnes qui, après avoir étudié en théologie, se consacrent à l'instruction publique. M. Striez est un ministre du saint Évangile, prédicateur, homme grave et éclairé, qui m'a rap-

pelé M. Schweitzer de l'école normale primaire de Weimar (1). Je dois dire encore que tous les élèves de cette école avaient l'air contents, et que leurs manières étaient très-convenables : s'ils avaient apporté quelque rusticité à l'école, ils l'avaient entièrement perdue. Je suis sorti de cet établissement très-satisfait des élèves, plein d'estime pour leur directeur, et de respect pour le pays où l'instruction populaire est arrivée à ce haut point de prospérité.

J'espère, M. le ministre, que cette masse de documents sur les écoles normales primaires de la Prusse ne vous sera point inutile pour la meilleure organisation des nôtres. J'ai accumulé à dessein les pièces officielles, dans la persuasion qu'on ne peut rassembler trop de lumières sur un point duquel dépend l'instruction primaire tout entière. En effet, aussitôt que la loi aura imposé à toute commune une école primaire, en supposant cette loi exécutée, il ne restera plus qu'à fournir aux communes de bons maîtres. Or les écoles normales de Prusse prouvent qu'il est possible, en très-peu d'années, de porter ces établissements à un degré de perfection remarquable ; la plupart sont postérieures à la loi de 1819, quelques-unes sont de 1825, et trois ou quatre années ont suffi pour les asseoir sur des bases solides et les mettre en état de rendre les plus grands services. Pour cela, il ne faut guère, de la part du ministre, qu'une main ferme et la volonté d'être obéi : le succès dépend d'un très-petit nombre de règles, dans lesquelles il faut persister inébranlablement.

Je l'ai déjà dit, M. le ministre, comme toute commune doit avoir son école primaire, ainsi tout département doit avoir son école normale primaire. Si la loi qui imposera la première charge aux communes, imposait la seconde aux départements, tout serait bien avancé ; si la loi ne va pas jusque-là, il faut à tout prix obtenir le même résultat par voie administrative, en demandant à chaque conseil général de département, par l'intermédiaire des préfets, de voter des fonds pour l'établissement d'une école normale primaire, sous la condition d'entrer vous-même dans la dépense totale pour une somme plus ou moins considérable, et de vous charger, 1° du traitement annuel du directeur, que vous nommeriez ; 2° des livres, cartes et instruments nécessaires aux études. La dépense à laquelle vous vous engageriez par là est digne à tous égards du ministre de l'instruction publique : elle vous assure la direction morale et littéraire de l'école. Quant aux dépenses pour le matériel que vous laissez à la charge du département, si elles sont faites avec intelligence, elles ne seront pas d'abord très-considérables. En principe, il faut que chaque départe-

(1) *Première partie du Rapport.*

ment ait son école normale primaire ; mais cette école doit être proportionnée à l'étendue et à la richesse du département, et elle peut être, avec une égale convenance, petite dans tel département, grande dans tel autre. J'ai déjà exposé (1) et je prends la liberté de développer ici de nouveau la manière très-simple et très-économique d'organiser d'abord une école normale primaire.

Choisissez dans tout le département l'école primaire qui va le mieux, celle dont le maître est le plus habile et inspire le plus de confiance. Annexez à cette école une classe dite normale, où ce même maître enseignera l'art qu'il possède à un certain nombre de jeunes gens du département qui voudront venir s'y former au métier de maître d'école. Le nombre d'élèves à recevoir pour cette classe normale est très-aisé à déterminer; il dépend du nombre de maîtres nouveaux dont le département a besoin année moyenne. Ce principe est fondamental. Il est absurde d'entasser au hasard dans une école normale une foule d'élèves auxquels on ne peut pas d'avance assurer leur placement, ce qui, en bonne justice, ôterait le droit de leur imposer l'engagement de se consacrer un certain nombre d'années à l'instruction primaire. Il faut donc commencer par bien asseoir au commencement de chaque année le nombre de maîtres dont on suppose que le département aura besoin, et fixer sur cette base le nombre d'élèves que l'on peut admettre à l'école normale. On ne doit y être admis qu'après un examen fait par une commission nommée par vous.

C'est à cette commission à vous envoyer les résultats de son travail, et il serait bon que la nomination des élèves à l'école normale primaire fût signée par vous, comme cela se pratique pour la nomination des élèves à la grande école normale pour l'instruction du second degré.

Cette petite école normale ne doit jamais être placée dans une très-grande ville, afin qu'on puisse inoculer plus aisément aux élèves l'esprit de pauvreté, d'humilité et de paix qui leur est si nécessaire. Il n'y a pas d'inconvénient à ce que les élèves admis soient externes, pourvu qu'on les soumette d'ailleurs à un règlement spécial de police extérieure. Il n'est pas non plus nécessaire qu'on leur donne à tous des bourses, encore moins des bourses entières. En tout cas, dans une petite ville, il y a des pensions qui ne coûtent guère plus de trois cents francs, de sorte que pour une somme de trois mille francs, sagement répartie en bourses, demi-bourses et quarts de bourse, on défrayerait aisément une quinzaine d'élèves. Donnez au maître le titre de directeur d'école normale, titre

(1) *Première partie du Rapport.*

qui, en augmentant sa considération, sera déjà pour lui un gain véritable ; et pour ce surcroît de peine que vous lui imposez, donnez-lui un préciput de sept ou huit cents francs. Ajoutez, par année, quatre ou cinq cents francs pour un fonds de livres, de cartes et autres objets d'enseignement, et voilà, pour cinq mille francs au plus, une petite école normale qui sera bien utile au département. Il devra être permis aux élèves de n'y rester, s'ils le veulent, qu'une année, pourvu qu'ils soient en état de subir convenablement les examens de sortie à la suite desquels se donne le brevet d'instituteur primaire. Oui, M. le ministre, il dépend de vous, avec une circulaire écrite dans ce sens à tous les préfets du royaume, d'avoir, d'ici à quelques mois, quatre-vingt-quatre petites écoles normales primaires en France. Ces quatre-vingt-quatre petites écoles coûteraient toutes, à cinq mille francs chacune, un peu plus de quatre cent mille francs, dont vous pourriez fournir une partie sur les fonds qui vous sont confiés par la chambre pour la propagation de l'instruction primaire. En s'y prenant ainsi, je le répète, vous pouvez avoir dans chaque département, avant six mois, une excellente petite école normale, que d'année en année vous perfectionnerez, étendrez, agrandirez. Mais vouloir commencer par la fin, fonder d'abord des écoles normales qui coûtent cinquante à soixante mille francs chacune, avec autant de maîtres qu'il en faudrait pour soixante élèves, lorsqu'on ignore les besoins annuels du département, et pousser dans ces voies de luxe des conseils de départements pleins de dévouement, mais sans expérience, c'est s'exposer, M. le ministre, à de graves désappointements, c'est écraser le présent au profit d'un avenir très-douteux. Le plan que je vous propose ne compromet pas l'avenir, et couvre d'abord la France d'écoles normales qui suffiront partout aux premiers besoins. C'est au temps, au zèle, aux lumières, à la persévérance à faire le reste. Il y aura toujours nécessairement une très-grande différence entre les différentes écoles normales de nos quatre-vingt-quatre départements ; mais le mieux est de ne perfectionner que successivement et à mesure que l'expérience vous éclairera. Cette sage lenteur demande à peine trois ou quatre années pour que toutes ces petites écoles normales soient améliorées, et qu'un grand nombre deviennent de grandes écoles normales véritables. Qu'est-ce maintenant qu'une grande école normale ?

La différence d'une grande et d'une petite école normale consiste en ceci : qu'une petite école normale n'est qu'une annexe d'une école primaire, tandis qu'une grande école normale est un établissement subsistant par lui-même, auquel une école primaire et, s'il est possible, une école élémentaire à la fois et une école moyenne sont annexées. Cette différence est la mesure sensible de toutes les autres. Dans la petite école normale il n'y a que des externes ou à peine quelques pensionnaires. Dans la grande, il peut y avoir un bon nombre de pensionnaires. Dans l'une, le cours normal peut n'être que d'une seule année; dans l'autre, le cours normal pourrait être de deux années, comme à Brühl, et même avec le temps, selon les ressources des départements et le développement de l'instruction populaire, il pourrait embrasser trois années, comme dans les plus grandes écoles normales de la Prusse, et par exemple, dans celle de Potsdam. C'est aux départements à consulter à la fois leurs ressources et leurs besoins. Un département qui a besoin par année de vingt maîtres d'école, et qui, outre plusieurs écoles élémentaires, possède un certain nombre d'écoles moyennes, peut très-bien recevoir vingt élèves par année, ce qui, en supposant le cours normal de deux ou trois ans, fait quarante ou soixante élèves dans cette école. Alors il faut un pensionnat, un bâtiment considérable, un plus grand nombre de maîtres, plus de bourses, plus de dépenses. Avec les fonds dont vous disposez, M. le ministre, vous entrerez vous-même dans une partie des dépenses que ces nouveaux développements réclameront; mais auparavant, vous jugerez de l'utilité de ces développements, et vous coordonnerez le perfectionnement scientifique et moral des écoles normales avec leur agrandissement extérieur; car ce dernier n'est bon que pour servir le premier. Mais, je ne puis trop le répéter, les perfectionnements, pour être vrais, doivent se fonder sur l'expérience. Il faut tendre sans cesse à de grands résultats, mais il faut bien savoir qu'on ne les obtient effectivement qu'à force de persévérance, et que rien de vraiment grand ne vient en serre chaude.

Aussitôt que nous aurons de grandes écoles normales primaires, et nous en avons déjà quelques-unes, j'appelle votre attention sur les maximes suivantes, qui résultent de l'expérience générale et de tous les documents que j'ai ici accumulés.

I. Dans le commencement, donner plutôt des instructions que des règlements; dans ces instructions n'établir qu'un certain nombre de points essentiels et abandonner le reste au comité départemental; discuter et délibérer en conseil royal ce petit nombre de points; ne pas les multiplier, mais en exiger inflexiblement l'exécution. Moins ces points seront nombreux, plus ils seront d'une exécution facile, et ils s'appliqueront d'autant mieux à toutes les écoles normales de France; de sorte qu'il y aurait dans toutes un fond commun, une unité qui, passant des écoles normales dans toute l'instruction populaire, fortifierait utilement l'unité nationale. En même temps, cette unité ne nuirait point aux diversités locales; car le comité départemental serait chargé d'appliquer, selon les mœurs et les usages particuliers du département, votre instruction générale, et c'est de la combinaison de cette instruction, partout la même, avec les arrangements partout divers que la prudence et les lumières du comité et l'expérience de chaque année auraient conseillés, que peu à peu sortirait pour chaque école normale de département un règlement plus ou moins définitif, et qui alors pourrait être rendu public. Le plan d'études de la grande école normale de Paris pour le recrutement des collèges royaux et communaux est le fruit de plus de quinze ans d'expérience. Fondée en 1810, cette école n'a eu de règlement écrit qu'en 1815. Nous avons gravement modifié ce règlement en 1830, à la révolution de juillet; et c'est alors seulement que nous avons cru devoir l'imprimer, comme un résumé à peu près définitif ou du moins assez longtemps durable de toutes les pratiques successivement tentées. Imitons ici cette circonspection, et commençons par une simple instruction ministérielle. Le règlement pour les études et pour la discipline se formera peu à peu. Chaque année le modifiera. L'important est d'exiger un compte rendu de l'année et de ses résultats, fait par le directeur, et transmis, avec toutes les pièces justificatives nécessaires, par le comité départemental et le préfet, qui donneront leur avis. Alors, mais seulement alors, vous interviendrez, M. le ministre, avec le conseil royal qui, chaque année aux vacances, revisera ce compte rendu, et prononcera sur les perfectionnements à introduire.

II. S'attacher avant tout au choix du directeur. C'est un principe général, en Prusse, qu'autant vaut le directeur d'une école normale, autant vaut l'école normale elle-même, comme une simple école primaire est tout entière dans le maire. Ce qui fait une école normale, ce n'est point la beauté des bâtiments; il n'est pas mal au contraire qu'on ne soit pas trop bien; ce n'est pas même la bonté du règlement, qui, sans une exécution fidèle et intelligente, n'est qu'un morceau de papier inutile; une école normale, c'est son directeur. Il en est l'âme et la vie; s'il est habile, il tirera parti des moins bons éléments; s'il ne vaut rien, les meilleurs éléments resteront stériles. Gardons-nous, M. le ministre, de faire ici des proviseurs au petit pied. Un directeur doit être chargé de l'enseignement le plus important, et donner l'exemple aux autres maîtres. Il faut qu'il ait été longtemps maître, d'abord de différentes classes dans le cours normal, pour qu'il ait une connaissance générale de l'ensemble; ensuite dans diverses écoles normales, pour qu'il ait l'expérience de difficultés de plus d'un genre; enfin, il ne faudrait l'appeler à la direction d'une grande école normale qu'après l'avoir fait passer par la direction d'écoles normales inférieures, afin de graduer l'avancement sur le mérite, et d'entretenir une honorable émulation. C'est un principe que j'ai cent fois exposé au conseil, de vous charger vous-même du traitement du directeur, ainsi que du mobilier littéraire de l'école, afin de gouverner par là plus sûrement l'école et de tenir dans vos mains les rênes de l'instruction populaire.

III. Une excellente pratique de l'Allemagne est, à la sortie de l'école normale, de placer d'abord les candidats comme adjoints d'un maître d'école, dans une école qui peut avoir deux maîtres. Les jeunes candidats font ainsi au moins une année d'apprentissage, un noviciat utile ; ils prennent de l'âge et de l'expérience, et leur placement ultérieur dépend de la manière dont ils se sont conduits comme adjoints. En Hollande, c'est par ces adjonctions des meilleurs élèves aux maîtres et sans écoles normales, que se forment presque exclusivement les maîtres d'école. Je suis loin de regarder ce mode de recrutement comme suffisant et comme assurant assez régulièrement un aussi important service ; mais je regarde toute gradation comme utile sous tous les rapports, et je pense qu'on pourrait heureusement introduire une petite hiérarchie dans l'instruction primaire. 1° Élève de l'école normale à la suite d'un concours, pouvant avoir des rangs plus ou moins élevés sur les listes d'examen de chaque fin d'année, et sortant de l'école avec tel ou tel numéro ; 2° l'adjonction ; 3° maître d'école successivement dans diverses écoles plus importantes et mieux rétribuées les unes que les autres ; 4° après des services distingués, maître dans une école normale primaire ; 5° enfin directeur d'une pareille école avec la perspective d'arriver peu à peu à la direction d'une école normale nombreuse et riche, qui donnerait une assez belle existence, égale à celle de professeur d'un collège royal. L'âme humaine vit d'avenir ; elle est ambitieuse, parce qu'elle est infinie. Ouvrons-lui donc, M. le ministre, une carrière progressive, même dans les plus modestes emplois.

IV. On ne saurait trop se pénétrer de cette vérité que l'instruction payée est mieux suivie que l'instruction gratuite. Il faudrait que la pension entière d'une école normale fût très-modérée pour que les jeunes gens les plus pauvres pussent la payer. Il ne faut donner que des demi-bourse et même des quarts de bourses, et, sur les quinze élèves admis chaque année au concours, je ne voudrais donner que deux ou trois bourses entières pour les deux ou trois premiers de la liste d'admission, et encore cette bourse entière ne leur serait maintenue la seconde année qu'autant qu'ils se maintiendraient eux-mêmes dans une conduite irré-

prochable et n'auraient point démérité. Ainsi l'école normale coûterait moins et on y travaillerait davantage. Il serait peut-être bien que vous vous chargeassiez toujours de la bourse du premier admis, comme vous vous chargez du mobilier littéraire et du traitement du directeur.

De même l'école élémentaire annexée à l'école normale ne doit pas être entièrement gratuite, et elle ne doit pas avoir d'autres maîtres que les élèves de l'école normale les plus avancés, sous la direction de leurs propres maîtres. Les bénéfices que donnerait l'école élémentaire d'exercice diminueraient d'autant la dépense totale de l'école normale. Pour l'école moyenne d'exercice, il serait contre le principe même de toute école moyenne qu'elle fût gratuite. Voilà donc une nouvelle source de profits qui, bien ménagée et exploitée, devrait indemniser le département d'une partie de ses dépenses.

V. Diviser les études de toutes les écoles normales en deux parties : la première, où l'on considère les élèves comme de purs élèves dont on veut affermir, étendre et régulariser les connaissances ; la seconde, où on les considère comme des maîtres auxquels on enseigne théoriquement et pratiquement l'art d'enseigner. Si le cours normal est d'une année, cette dernière partie devra au moins occuper six mois; si le cours normal est de deux ans, elle devra occuper un an; si de trois ans, elle n'occuperait encore qu'une année. Les élèves de cette dernière année donneraient des leçons dans l'école élémentaire et dans l'école moyenne annexées à l'école normale.

VI. Il faut être plus sévère sur l'examen de sortie que sur celui d'entrée. L'important est d'avoir des jeunes gens qui aient de l'intelligence, alors même qu'ils sauraient d'abord peu de chose ; car ils apprendront vite, tandis que des jeunes gens qui, dès l'entrée, ne manqueraient pas d'un certain acquis, mais seraient d'un esprit lourd ou même faux, ne feront jamais avec le temps que des maîtres très-médiocres. Il ne faut laisser aucune latitude à la commission d'examen pour la sortie ; ici l'intelligence doit se prouver par des connaissances positives, car elle a eu le temps de les acquérir; la négligence seule s'y serait opposée, et cette négligence serait le plus grand de tous les défauts : l'examen de sortie doit porter sur la capacité acquise, non sur les dispositions. Mais dans l'examen d'entrée, je voudrais que la commission jugeât surtout les dispositions et l'aptitude, et particulièrement le caractère et la moralité. Un peu d'arbitraire devrait lui être laissé. Ceci s'applique surtout aux écoles normales dont le cours est de deux ou trois ans. Trois ans d'études ne donneront pas d'intelligence, mais ils donneront abondamment toutes les connaissances nécessaires.

VII. Je désire vivement, M. le ministre, qu'il se forme entre les maîtres d'école de chaque canton des conférences comme celles dont je vous ai donné le règlement ; je le désire, mais je l'espère peu, au moins dans le commencement. De pareilles conférences supposent à la fois un trop grand amour de sa profession et une trop grande intelligence de l'esprit d'association. Ce qui est beaucoup plus aisé à obtenir, c'est que, pendant les vacances des écoles primaires, un certain nombre de maîtres viennent se perfectionner à l'école normale du département, dans telle ou telle branche particulière, et y reçoivent des leçons appropriées à leurs besoins, comme cela se fait en Prusse. Ce serait un temps très-utilement et même très-agréablement employé; car les jeunes maîtres retrouveraient là leurs anciens maîtres et d'anciens liens qu'il devrait leur être doux de resserrer. Ce serait chaque année, pour eux, une perspective intéressante. Il ne faudrait pas hésiter à leur accorder pour cet objet quelques frais de route et de séjour. A cet effet, je voudrais que les vacances des écoles primaires, qui doivent être coordonnées avec l'époque de certains travaux de la campagne, fussent toujours antérieures à celles des écoles normales primaires, afin que les maîtres des premières pussent venir profiter des leçons de celles-ci, et assister aux examens de sortie des élèves de la troisième année, ce qui serait déjà pour les assistants un excellent exercice, comme il n'y a rien de plus utile pour les régents de nos colléges communaux que de venir assister à Paris aux épreuves du concours de l'agrégation.

Je crois toujours à l'utilité d'avoir un inspecteur d'écoles primaires pour chaque département, lequel passerait la plus grande partie de l'année à parcourir les écoles, à exciter le zèle des maîtres, à diriger celui des comités communaux, et à entretenir partout une utile harmonie entre les maires et les curés au profit de l'instruction populaire. Je n'ai pas besoin de dire que cet inspecteur devrait toujours être quelque ancien maître d'école normale d'un talent et surtout d'un caractère éprouvés. Mais si cette institution, qui existe partout en Allemagne, n'était pas goûtée chez nous, on pourrait arriver à peu près au même résultat, en autorisant le directeur, ou, à son défaut, quelques maîtres de l'école normale, pendant les vacances de cette école, à parcourir chaque année une partie des écoles du département, et à faire partout ce que ferait l'inspecteur dont j'ai parlé. Ils y trouveraient de grandes facilités, puisque la plupart des maîtres qu'ils visiteraient leur seraient déjà connus et qu'ils pourraient exercer sur eux une autorité paternelle. D'un autre côté, ils gagneraient eux-mêmes à ces visites et y acquerraient une expérience toujours croissante qui tournerait à l'avantage de l'école normale En Prusse, vous avez vu qu'outre les visites de l'inspecteur de cercle, les directeurs des écoles normales font aussi de pareilles tournées plus ou moins étendues, pour lesquelles ils ont de modiques indemnités ; car ce sont de petits voyages où l'agrément est aussi pour eux à côté de l'utilité publique.

VIII. Dans l'enseignement, s'attacher plutôt à la solidité qu'à l'étendue. Il faut que les jeunes maîtres sachent à fond certaines choses plutôt que beaucoup de choses superficiellement. Une instruction vague et superficielle est un mal qu'il faut empêcher à tout prix. Le travail sérieux qu'il faut faire pour bien savoir quoi que ce soit, forme admirablement l'esprit ; et puis, rien n'est fécond comme ce que l'on sait bien : c'est un point de départ excellent pour mille autres choses. Aux examens de sortie, il faut insister sur les éléments, aller au fond, viser au solide.

IX. Éviter les méthodes ambitieuses, systématiques, exclusives ; s'occuper surtout des résultats, c'est-à-dire des connaissances solides, et pour y arriver, consulter l'expérience. Des explications claires sur chaque point, de la liaison et de la suite dans les leçons, avec le goût de la chose, valent mieux que toutes les méthodes générales.

X. Un enseignement commun à toutes les écoles doit être l'enseignement de la langue française, la prononciation juste des mots, et la pureté du langage sous tous les rapports. C'est un moyen de substituer partout peu à peu à des patois informes, la langue nationale. Dans les écoles normales des départements où la langue allemande serait encore celle du peuple, il faudrait à la fois enseigner et la langue allemande et la langue française, pour ne pas froisser les mœurs locales et en même temps pour y implanter l'esprit de nationalité.

XI. Tout en faisant aux connaissances scientifiques et industrielles, comme la géométrie, la physique, l'histoire naturelle, une part convenable, il faut s'attacher surtout aux connaissances morales qui importent davantage, puisque c'est surtout l'âme et l'esprit des enfants qu'un véritable maître doit former. Ce sont les bases de la vie morale qu'il faut asseoir dans l'âme de nos jeunes maîtres, et pour cela, il faut mettre au premier rang dans l'enseignement des écoles normales l'instruction religieuse, c'est-à-dire, pour parler nettement, l'instruction chrétienne. En laissant au curé ou au pasteur du lieu le soin d'insister sur les particu-

larités de chaque confession, il faut faire de l'enseignement de la religion un enseignement spécial qui ait sa
place dans chacune des années du cours normal, de
sorte qu'à la fin du cours entier les jeunes maîtres,
sans être le moins du monde des théologiens, aient
une connaissance claire et précise du christianisme, de
son histoire, de ses dogmes et surtout de sa morale.
Sans cela les élèves, devenus maîtres d'école, ne pourraient donner aucune autre instruction religieuse que
la récitation matérielle du catéchisme, ce qui serait
tout à fait insuffisant. J'insiste sur ce point, M. le ministre, qui est le plus important et le plus délicat de
tous. Pour savoir ce que doit être une vraie école normale primaire, il faut savoir ce que doit être une
simple école élémentaire, celle d'un pauvre village.
Les écoles populaires d'une nation doivent être péné-
trées de l'esprit religieux de cette nation. Maintenant
le christianisme, sans distinguer ses différentes confessions, est-il ou n'est-il pas la religion du peuple en
France ? Il faut bien l'accorder. Or je demande si on
veut respecter la religion du peuple ou la détruire. Si
on entreprend de détruire le christianisme, alors, j'en
conviens, il faut se garder de le faire enseigner dans
les écoles du peuple. Mais si on se propose un tout
autre but, il faut bien enseigner aux enfants la religion
qui a civilisé leurs pères, et dont l'esprit libéral a préparé et peut seul soutenir toutes nos grandes institutions modernes ; il faut bien aussi permettre au clergé
de remplir son premier devoir, celui de surveiller l'enseignement de la religion. Mais pour subir honorablement l'épreuve de cette surveillance, le maître d'école
doit être en état de donner l'instruction religieuse convenable ; autrement les pères de famille, pour être sûrs
que leurs enfants reçoivent une bonne éducation religieuse, nous demanderont des ecclésiastiques pour maîtres d'école, ce qui certes vaudrait bien mieux que des
maîtres d'école impies, mais aurait aussi des inconvénients graves de plus d'un genre. Moins donc nos écoles
doivent être ecclésiastiques, M. le ministre, plus elles
doivent être chrétiennes. Dans ce cas il faut bien qu'il
y ait dans nos écoles normales un enseignement religieux spécial. La religion est, à mes yeux, la base
la meilleure, et peut-être même la base unique de
l'instruction populaire. Je connais un peu l'Europe, et
nulle part je n'ai vu de bonnes écoles de peuple où
manquait la charité chrétienne. L'instruction primaire
fleurit dans trois pays, la Hollande, l'Écosse et l'Allemagne : or, là elle est profondément religieuse. On dit
qu'il en est de même en Amérique. Le peu que j'ai
rencontré d'instruction en Italie s'y donne par la main
des prêtres. En France, à quelques exceptions près,
nos meilleures écoles pour les pauvres sont celles des
frères de la doctrine chrétienne. Voilà ce qu'il faut
répéter sans cesse à quelques personnes. Qu'elles

entrent dans des écoles de pauvres, et qu'elles apprennent ce qu'il faut de patience et de résignation
pour persister dans ce rude métier. A-t-on pu trouver
de meilleures infirmières que ces bonnes religieuses qui
chérissent la pauvreté comme nous aimons la richesse ?
Il est des choses dans les sociétés humaines, M. le
ministre, pour lesquelles il faut de la vertu, c'est-à-
dire, quand il s'agit du grand nombre, de la religion.
Les écoles moyennes pourront être un objet d'industrie ; mais les écoles de campagne, les misérables
petites écoles du Midi, de l'Ouest, de la Bretagne, des
montagnes d'Auvergne, et, sans aller si loin, les basses
écoles de nos grandes villes, de Paris, par exemple,
n'offriront jamais à l'industrie qu'un bien faible aliment. Il y aura sans doute quelques philanthropes,
quelques saint Vincent de Paule philosophes, qui, sans
esprit religieux, se dévoueront à ces austères fonctions ;
mais il ne s'agit pas ici d'avoir quelques maîtres ; nous
avons à desservir plus de quarante mille écoles, et
pour cela il est sage d'appeler la religion au secours
de l'insuffisance de nos moyens, ne fût-ce que pour le
soulagement du budget. Ou prodiguez les trésors de
l'État et les revenus des communes pour faire des traitements considérables et même des pensions à ce nouveau genre d'industriels appelés maîtres d'école, ou ne
croyez pas pouvoir vous passer de la charité chrétienne,
et de l'esprit de pauvreté, d'humilité, de résignation
courageuse et de dignité modeste que le christianisme
bien entendu et bien enseigné peut seul donner à des
instituteurs du peuple. Plus je pense à tout cela,
M. le ministre, plus je regarde ici les écoles, plus je
cause avec les directeurs d'école normale et les conseillers du ministère, plus je me persuade qu'il faut à
tout prix nous entendre avec le clergé pour l'instruction du peuple, et faire de l'enseignement religieux une
branche spéciale et très-soignée d'instruction dans nos
écoles normales primaires.

Je n'ignore pas, M. le ministre, que ces conseils
sonneront mal aux oreilles de plus d'une personne, et
qu'à Paris on me trouvera bien dévot. C'est pourtant
de Berlin, ce n'est pas de Rome que je vous écris.
Celui qui vous parle ainsi est un philosophe, autrefois
mal vu et même persécuté par le sacerdoce ; mais ce
philosophe a le cœur au-dessus de ses propres insultes,
et il connaît trop l'humanité et l'histoire pour ne pas
regarder la religion comme une puissance indestructible, le christianisme bien enseigné comme un moyen
de civilisation pour le peuple, et un soutien nécessaire
pour les individus auxquels la société impose de pénibles et humbles fonctions sans aucun avenir de fortune, sans aucune consolation d'amour-propre.

Je termine ici ce long rapport, M. le ministre.
Puisse-t-il vous servir dans le travail important qui
vous occupe ! Déjà mon illustre collègue, M. Cuvier,

a fait connaître à la France l'organisation de l'instruction primaire en Hollande. L'expérience de l'Allemagne, et particulièrement de la Prusse, ne doit pas être perdue pour nous. Les rivalités et les susceptibilités nationales seraient ici très-déplacées. La vraie grandeur d'un peuple ne consiste pas à ne rien imiter dans les autres, mais à emprunter partout ce qui est bien et à le perfectionner en se l'appropriant. Je repousse autant que personne les imitations artificielles; mais il y aurait aussi trop de pusillanimité à rejeter une chose uniquement parce qu'elle a été trouvée bonne par d'autres. Avec la promptitude et la justesse de l'intelligence française, et l'indestructible unité de notre caractère national, nous pouvons nous assimiler ce qu'il y a de bon chez les autres peuples, sans craindre de cesser jamais d'être nous-mêmes. Placée au centre de l'Europe, ayant tous les climats, touchant à tous les peuples civilisés et en commerce perpétuel avec eux, la France est essentiellement cosmopolite, et c'est de là même que part sa haute influence. D'ailleurs l'Europe civilisée ne forme aujourd'hui qu'une même famille. Nous imitons beaucoup l'Angleterre dans tout ce qui tient à la vie extérieure, aux arts industriels et mécaniques; pourquoi donc rougirions-nous d'emprunter quelque chose à la bonne, à l'honnête, à la pieuse, à la savante Allemagne pour ce qui regarde la vie intérieure et la culture de l'âme?

Pour moi, M. le ministre, je ne me défends point d'une haute estime et d'une affection particulière pour la nation allemande; et je suis heureux que ma mission lui ait appris que la révolution de juillet, cette révolution aussi nécessaire et aussi juste dans son principe que le droit de légitime défense, cette révolution née de la résistance unanime d'un grand peuple à une agression capricieuse, à la violation ouverte, non pas de droits hypothétiques, mais de libertés légales, de lois écrites et jurées, n'est pas, comme le disent ses ennemis, un retour à l'impiété, à la licence et à la corruption d'une époque fatale, mais le signal au contraire d'un perfectionnement général dans l'opinion et dans les mœurs, puisqu'un des premiers actes de cette révolution a été la sainte entreprise de l'amélioration de l'instruction publique, dont l'instruction populaire est le fondement.

J'aurai l'honneur de vous adresser plus tard deux autres rapports spéciaux et également étendus sur l'état de l'instruction secondaire et de l'instruction supérieure en Prusse. Ils compléteront le rapport général que je vous dois.

Agréez, M. le ministre, etc.

V. COUSIN.

RÈGLEMENT

DES SOCIÉTÉS D'ASSURANCE ET DE PRÉVOYANCE, POUR LES VEUVES ET ORPHELINS DES INSTITUTEURS PRIMAIRES DU DÉPARTEMENT DE FRANCFORT-SUR-L'ODER, APPROUVÉ ET AUTORISÉ PAR LE MINISTRE DES CULTES ET DE L'INSTRUCTION PUBLIQUE.

Août 1826.

J'ai déjà fait connaître le règlement d'une pareille société générale qui existe dans le duché de Saxe-Weimar, et qui depuis 1825 a succédé aux diverses sociétés particulières du même genre, répandues depuis longtemps dans tout le duché. Ce règlement est de 1827; on en trouvera les principales dispositions pages 29 et 30. Mais je vais donner ici en totalité le règlement des sociétés semblables du département de Francfort-sur-l'Oder, tel qu'il a été approuvé par le ministre en 1826.

Il existe dans chaque canton du département de Francfort-sur-l'Oder une société spéciale pour les veuves et orphelins des maîtres d'écoles primaires en rapport avec les sociétés fondées pour subvenir aux frais d'enterrement. Le présent règlement est destiné à remplacer celui du 12 janvier 1817, et les différentes instructions qui ont été données depuis.

TITRE Iᵉʳ.

MEMBRES DE LA SOCIÉTÉ.

ARTICLE PREMIER.

Tous les instituteurs primaires des communes rurales du département de Francfort, placés et confirmés dans leur emploi depuis l'année 1818;

Ceux des communes urbaines qui ne feraient pas déjà partie de l'association générale (1) pour les veuves, sont membres de la société de leur canton.

Qu'ils soient mariés ou non, et quand bien même l'obligation n'en serait pas positivement exprimée dans leur engagement, ils doivent entrer dans la société, et la contribution annuelle sera toujours prélevée sur les revenus de la place, lors même qu'elle ne serait occupée que par *intérim*.

ART. 2.

Les maîtres d'école qui étaient en fonctions avant l'année 1818, et qui ne font pas déjà partie de la société, devront, s'ils désirent y entrer, n'avoir pas encore atteint l'âge de soixante ans ou n'être pas affligés de maladies chroniques. Ils seront tenus en outre de

(1) Il y a une société générale de ce genre pour toute la Prusse. C'est une société qui pèche par sa trop grande étendue et qui ne paraît pas avoir rendu de grands services.

verser à la caisse le montant de la contribution annuelle, à partir de 1818, en un seul payement ou par portions, ainsi qu'il sera arrêté par la société.

Art. 3.

Les chantres, organistes, musiciens de ville et sacristains, ayant un traitement pour le service de l'église, mais sans emploi qui les attache à l'école, n'ont pas le droit de faire partie de la société. Cependant la société pourra les admettre avec l'assentiment de l'autorité départementale, et dans ce cas elle traitera à l'amiable avec eux de la première mise qu'ils auront à faire dans une proportion fondée sur leurs années de service ou sur leur âge.

Art. 4.

Quoique la contribution annuelle soit prélevée en tout temps sur les revenus de l'école, le simple suppléant provisoire n'est admis à jouir des avantages de la société que du moment où il est confirmé dans sa place, et alors il doit encore préalablement payer le droit d'inscription.

Art. 5.

Les maîtres suppléants reconnus et attachés à une école ne sont pas obligés d'entrer dans la société tant que celui qu'ils suppléent en fait partie. Cependant ils en auront la faculté, en déclarant leurs intentions à cet égard lors de leur entrée en fonction, et en s'obligeant aux mêmes conditions que le maître d'école émérite.

Art. 6.

Aucun membre de la société ne pourra s'en séparer parce qu'il aurait perdu sa femme, ou divorcé, ou parce qu'il serait résolu à ne se point remarier.

Art. 7.

Quiconque est destitué ou renonce volontairement à la place qui l'a fait admettre dans la société, sans en prendre une autre qui soit du ressort de l'association, cesse de faire partie de la société.

Les maîtres d'école émérites restent seuls membres de la société, en continuant toutefois de remplir toujours les mêmes obligations envers elle. Ils pourront cependant se retirer, lorsqu'ils auront un suppléant reconnu, qui alors est tenu de prendre leur place.

Art. 8.

Lorsqu'un maître d'école est transféré d'un canton du département dans un autre, il cesse d'être membre de la société pour ce canton; mais il le devient aussitôt pour celui dans lequel il entre, sans avoir pour cela besoin de payer un nouveau droit d'inscription.

Celui qui est transféré dans un autre département, cesse entièrement d'être membre de la société.

Art. 9.

Quiconque sort de la société, perd non-seulement toute espèce de droit aux avantages qu'elle promet aux veuves et orphelins; mais il ne lui est dû aucune indemnité pour toutes les contributions qu'il a fournies antérieurement.

Art. 10.

MM. les surintendants ou inspecteurs cantonaux sont tenus chaque fois qu'une place de maître d'école est nouvellement remplie, d'en donner avis à la société pour les veuves du canton; ils devront également lui faire savoir toutes les fois qu'un maître d'école recevra une augmentation de traitement, et lui indiquer quel est le revenu total de chaque place.

TITRE II.

REVENUS DE LA SOCIÉTÉ.

Art. 11.

Les revenus de la société se composent :

1° Des intérêts du capital primitif de 900 thalers, assigné en 1817 par le ministre de l'intérieur aux dix-huit sociétés cantonales du département. Il faut joindre à cette somme un don de 180 thalers fait par M. le conseiller de département de Türck, de sorte que chaque société cantonale possède un fonds primitif de 60 thalers, dont les intérêts doivent être cumulés depuis l'origine de l'établissement jusqu'à la fin de 1836 pour accroître le capital.

Art. 12.

2° Il sera fait tous les ans à l'église, avec l'assentiment de l'autorité supérieure, une quête annoncée huit jours à l'avance et recommandée par le pasteur à la bienfaisance de la commune, et le produit en sera versé à la caisse de la société. Cette quête aura lieu au jour des morts ou à tout autre dimanche entre la Saint-Michel et la fête de Noël.

Art. 13.

3° Jusqu'à la fin de 1836 le fonds de la société s'accroîtra encore :

a. De subventions consenties par les communes ou par les églises patronales sur leurs caisses particulières qui présentent annuellement un excédant;

b. De subventions prélevées sur les caisses des églises de la Lusace, soumises au patronat royal;

c. D'une subvention dont le montant sera fixé à la fin de l'année 1836 et prélevé sur le fonds des revenus des églises de la Nouvelle-Marche, et sur le fonds d'écoles de Neuzelle, si toutefois l'état de cette caisse le permet à cette époque.

Art. 14.

4° Tout membre payera immédiatement en entrant dans la société, ou dans le premier mois de son instal. lation, un droit d'inscription de 2 thalers, et en outre, à partir du premier trimestre, une contribution an. nuelle que chaque société fixera comme elle l'entendra, soit à une somme égale pour toutes les places, en prenant pour base la moyenne des revenus des écoles dans chaque canton, soit en établissant trois classes de places, bonnes, assez bonnes, mal rétribuées, et en imposant la contribution de 2 thalers pour la première classe, 1 $1/3$ de thaler pour la seconde, et $2/3$ de thaler pour la troisième; soit enfin en adoptant tout autre mode de cotisation qui paraîtra convenir le mieux. Chaque société décidera également si les contributions seront payées par trimestre ou en une seule fois pour toute l'année, d'avance ou après le terme écoulé.

Art. 15.

5° Les membres qui obtiennent un supplément de traitement payeront à la caisse comme s'ils étaient appelés à une meilleure place, sur le surplus de leur revenu, une contribution mensuelle, ou bien une fois pour toutes le douzième.

Art. 16.

Les administrateurs de la caisse sont tenus de veiller par tous les moyens légaux à l'accroissement du fonds de la société. Aussitôt qu'ils auront réuni un capital disponible de 50 thalers, ils devront en faire un placement sûr, afin d'en retirer aussitôt l'intérêt.

Art. 17.

Il sera tenu un compte particulier de la caisse des frais d'enterrement, qui se trouve unie à la société. Chaque membre, en entrant dans la société, paye à cette caisse $1/3$ de thaler et également $1/3$ de thaler à la mort de chacun de ses membres. On ne peut prendre part à la caisse des frais d'enterrement sans être membre de la société; et de même en se retirant de cette dernière on cesse de faire partie de l'association pour les frais d'enterrement.

Art. 18.

Un membre qui ne payera pas immédiatement le droit d'inscription et qui laissera passer six mois sans l'acquitter, devra payer le double. Celui qui restera en retard d'un terme de la contribution annuelle devra payer au terme suivant la moitié en sus de ce terme, et s'il en laisse écouler deux sans payer, il sera passible du double de sa dette. Pour éviter toute espèce de retard, les droits d'inscription, les contributions et au besoin les amendes mentionnées ci-dessus seront recouvrés sans aucune formalité, en saisissant les revenus du membre retardataire, ou au besoin par voie de police. Dans ce cas l'autorité administrative du département agira à la réquisition du surintendant ou de l'inspecteur des écoles qui préside à la société.

Les membres qui se font inscrire volontairement (art. 3) et ceux qui continuent volontairement à rester membres de la société, ou qui ont promis d'en supporter les charges pour profiter un jour des avantages qui y sont attachés (art 22), perdront tous leurs droits et seront exclus lorsqu'après avoir été avertis plusieurs fois, ils seront restés en retard de la contribution pendant deux ans. Ils seront pareillement exclus de l'association pour les frais d'enterrement, lorsqu'après avoir été avertis inutilement, ils seront restés en arrière de la contribution pour deux cas de mort.

TITRE III.

DÉPENSES DE LA SOCIÉTÉ.

Art. 19.

A la fin des termes qui auront été déterminés par la société, soit annuellement, soit par semestre ou par trimestre, les pensions seront délivrées aux veuves ou aux orphelins de la société contre une quittance contenant le certificat de vie des ayants droit, et constatant que les veuves ne sont pas remariées et tiennent une conduite honorable. Ces certificats seront délivrés par les magistrats ou par l'autorité des villages. Les orphelins n'auront de droits acquis qu'autant qu'ils seront enfants légitimes et directs du défunt. Le nombre des enfants orphelins n'établit aucune différence en faveur de la veuve; mais lorsqu'un membre laisse après lui des orphelins et point de veuve, ces orphelins recevront une portion entière de veuve jusqu'à ce que le plus jeune ait atteint l'âge de 15 ans. Si un membre de la société laisse, outre sa veuve, des enfants d'un premier lit au-dessous de 15 ans, la pension sera partagée entre eux et la veuve. Une femme divorcée n'a point droit à la pension; mais elle sera accordée aux enfants mineurs qui seront issus des deux époux pendant le mariage, mais qui partageront toujours également avec les enfants au-dessous de 15 ans qui pourraient rester d'un premier lit. Si une veuve vient à mourir ou à se remarier, les enfants du membre défunt qui n'auraient pas encore atteint leur 15° année prennent sa place. Enfin, les enfants qui peuvent suffire eux-mêmes à leurs besoins, doivent abandonner leur part à leurs frères plus jeunes. La pension est toujours payée aux tuteurs.

Art. 20.

Jusqu'à la fin de l'année 1836 les contributions annuelles des membres seront seules partagées aux ayants droit ; les autres revenus de la société seront employés à accroître le fonds primitif. A partir de 1837 toutes les recettes seront partagées entre les veuves et les orphelins suivant le mode déterminé. Cependant le partage aura lieu dès à présent et toujours de telle sorte qu'il reste à la caisse une portion de veuve. Ainsi, par exemple, si la société compte six veuves, la somme à distribuer sera partagée en sept et la septième partie sera consacrée à couvrir les frais d'administration et, s'il y a lieu, employée à des gratifications extraordinaires pour des veuves ou des orphelins. Mais comme, si le cas advenait qu'il n'y eût qu'une seule veuve, la totalité des revenus de la société devrait être partagée avec elle ; pour remédier à la disproportion qui pourrait s'établir dans les pensions, il est expressément convenu que, dans aucun cas, la pension d'une veuve ou la portion d'orphelins ne dépassera la somme de 25 thalers.

Art. 21.

Les sociétés qui auront adopté une classification de trois degrés pour les contributions à payer par les écoles (art. 14), sont également tenues, dans le partage des pensions, de réserver pour la caisse une portion de veuve qui sera toujours estimée de la 1re classe. Du reste, la proportion sera facile à régler entre les différentes classes dont les dividendes se partagent par tiers. Ainsi la veuve dont le mari payait annuellement 2 thalers, recevra $3/5$ de pension ; celle pour laquelle ou aura payé 1 $1/5$ de thaler aura $2/5$ de pension ; et enfin, la veuve dont le mari ne contribuait que pour $2/5$ de thaler, ne pourra prétendre qu'à $1/5$ dans la somme à partager. Si, par exemple, on a 72 thalers à partager entre six ayants droit, y compris la portion qui revient à la caisse, et qu'il se trouve pour la 1re classe, 2 ayants droit chacun à $3/5$, ci $6/5$,

2° — 2 — $2/5$, ci $4/5$,
3° — 2 — $1/5$, ci $2/5$,

on aurait à ce compte $12/5$ à donner. Il suffirait donc de diviser en 12 parties égales la somme à partager, ce qui ferait 6 thalers par chaque $1/5$ et donnerait :

A la 1re classe, 2 ayants droit chacun à $3/5$, c'est-à-dire 18 thalers, ensemble. . . . 36 thalers.
A la 2° classe, 2 ayants droit chacun à $2/5$, c'est-à-dire 12 thalers, ensemble. 24
A la 3° classe, 2 ayants droit chacun à $1/5$, c'est-à-dire 6 thalers, ensemble. 12

SOMME ÉGALE. . . 72 thalers.

Art. 22.

Bien que les membres de la société qui seraient destitués ou qui auraient abandonné leur poste, n'aient pas plus que les héritiers d'un membre qui aurait lui-même attenté à sa vie, le droit de prétendre à une pension ou à la restitution des contributions payées jusqu'alors ; cependant les sociétés pourront, dans leur sagesse, apprécier les circonstances et permettre à la femme d'un maître d'école destitué ou qui aurait pris la fuite de continuer le payement de la contribution, afin de pouvoir prétendre à une portion de veuve à la mort de son mari. De même la société décidera dans une assemblée générale et à la majorité des voix si elle veut permettre à la veuve reconnue honnête et aux enfants d'un membre qui se serait détruit, de jouir du bénéfice de la pension. Dans les deux cas, l'autorité départementale devra donner son approbation.

Art. 23.

Les fonds provenant des droits d'inscription dans l'association pour les frais d'enterrement, doivent suffire pour fournir immédiatement les fonds nécessaires à un enterrement ; les souscripteurs enverront sans retard le montant de la contribution fixée art. 17, pour qu'il puisse servir encore, s'il y a lieu, aux frais d'inhumation.

Si plusieurs morts survenaient à la fois, la caisse des veuves pourrait faire les avances nécessaires jusqu'à ce qu'on ait fait rentrer toutes les cotisations. Les fonds destinés à l'enterrement ne sont pas compris dans l'avoir du défunt et ne peuvent, par conséquent, être détournés pour un autre usage. Les créanciers n'ont aucun droit d'y prétendre, et ces fonds sont exclusivement réservés à payer les frais de la dernière maladie et de l'inhumation du défunt, et s'il reste quelque chose, on l'emploiera en légers secours à ses plus proches parents.

TITRE IV.

DIRECTION ET ADMINISTRATION DE LA CAISSE.

Art. 24.

Le surintendant cantonal, s'il est en même temps inspecteur des écoles, est directeur de la société, sinon l'inspecteur en remplira les fonctions ; s'il y a plusieurs surintendants ou inspecteurs des écoles dans le canton, l'autorité départementale désignera celui qui aura la direction de la société. Trois administrateurs seront chargés de la gestion immédiate de toutes les affaires. Ils seront élus parmi les membres de la société et à la majorité absolue. Ces choix seront confirmés par le directeur, et pour faciliter l'expédition des affaires, on aura soin, autant que possible, de choisir parmi les membres dont la demeure est la plus rapprochée du directeur.

Art. 25.

Des trois administrateurs, l'un est rapporteur et gérant, le second est trésorier, le troisième a le contrôle. L'avis de la mort d'un membre est adressé au premier des administrateurs, qui tous s'empressent de faire rentrer les contributions. A cet effet, le canton sera divisé en plusieurs petits districts, dans lesquels un membre choisi par les inspecteurs d'école sera chargé de recueillir les contributions et les enverra à l'administration. L'emploi de l'argent sera toujours voté par les membres assemblés; et le caissier, comme le contrôleur, seront tenus de tenir un registre des recettes et des dépenses.

Art. 26.

Les fonctions d'administrateur sont gratuites. Nul ne peut être obligé de les remplir plus de trois années de suite; mais un membre élu à cet effet ne peut se refuser pendant le temps fixé.

Art. 27.

Tous les ans, au mois de février, une assemblée générale, convoquée et présidée par le directeur, entendra le rapport sur l'état de la caisse présenté par le trésorier et vérifié par les autres administrateurs. Les membres seront invités de ne point manquer à cette réunion, et pourront, en cas d'absence, donner à un autre leur procuration pour voter pour eux. Toute l'assemblée discute toutes les affaires douteuses et les résout à la majorité des voix. Elle examine les comptes et les approuve; entend les propositions, élit les administrateurs et arrête toutes les délibérations qui ressortent des statuts de la société.

Art. 28.

Le surintendant ou l'inspecteur des écoles qui a la présidence de la société, est chargé de garder les titres ou l'argent comptant en caisse qui ne pourrait être immédiatement employé ou placé, en prenant les précautions légales qui peuvent le dispenser d'être responsable en cas de force majeure. Pour en faciliter le moyen, l'administration départementale permet que les titres au moins de chacune de ces sociétés soient reçus en dépôt contre un récépissé dans la caisse des établissements et des communes. En tout cas, il sera dressé un état des titres et fonds en caisse, conformément au compte rendu annuellement, pour être remis au président et conservé par lui.

Art. 29.

Les administrateurs seront tenus, aussitôt après l'assemblée générale, de présenter au président un extrait du compte rendu, dans lequel les recettes et les dépenses seront sommairement indiquées, suivant les différents titres de la comptabilité; et cet extrait, certifié conforme au compte lui-même par le président, sera envoyé au plus tard dans le mois de mai de chaque année à l'administration de la régence.

Art. 30.

Comme les capitaux ne peuvent jamais être placés sans l'approbation de la régence, ni autrement que sous les garanties légales réservées aux mineurs, l'autorité provinciale devra être instruite de tous les changements qui pourraient survenir sous ce rapport.

Fait à Francfort, le 28 août 1826.

Régence royale, division de l'administration des églises et des écoles,

Signé, MUZEL.

Le présent règlement pour l'administration de la caisse des veuves et orphelins des maîtres d'école du département de Francfort-sur-l'Oder, est approuvé dans tout son contenu, en conséquence d'un ordre du cabinet, en date du 12 de ce mois, et en même temps sont conférés à cette société tous les droits d'une personne morale.

Berlin, 20 octobre 1826.

Ministère des cultes, de l'instruction publique et des affaires médicales.

Signé, D'ALTENSTEIN.

APPENDICE.

—————

Malgré l'étendue de ce rapport, il a été impossible d'y faire entrer bien des pièces intéressantes pour l'instruction primaire. Je ne puis cependant me décider à ne pas donner les deux pièces suivantes, parce qu'elles roulent sur l'un des points les plus importants et les plus difficiles, je veux dire l'organisation de l'instruction du peuple dans les très-grandes villes. Il faudrait ne laisser aucun enfant pauvre sans quelque instruction, ce qui exige un grand nombre d'écoles gratuites, et donner à ces écoles le caractère qui leur convient. C'est un problème que toute grande ville doit se proposer de résoudre le mieux possible, et qui me paraît résolu d'une manière très-satisfaisante à Berlin depuis 1827, grâce au projet alors présenté par le respectable M. Reichhelm, et mis par lui à exécution, à la satisfaction du gouvernement et des habitants. Voici ce projet.

Plan d'organisation des écoles communales de pauvres de la ville de Berlin, proposé par M. Reichhelm, membre du conseil de régence spécialement chargé des écoles, adopté par l'autorité supérieure, en janvier 1827.

La ville de Berlin compte deux cent mille habitants. Les enfants en âge d'aller à l'école sont au nombre de trente mille, dont six mille pauvres, parmi lesquels quinze cents enfants sont à la charge des communautés religieuses juives, de la colonie française, des sociétés diverses, etc. Reste à la charge de la ville environ quatre mille cinq cents enfants, sur lesquels trois mille cinq cents reçoivent en effet l'instruction gratuite. Mais il y a environ mille enfants qui ne vont point à l'école, malgré la loi, dont l'exécution se rencontre de difficultés que dans les grandes villes, où il est aisé d'échapper à la surveillance la plus active.

Ces trois mille cinq cents enfants, qui reçoivent l'instruction gratuite, sont répartis 1° dans sept écoles de pauvres (*Armen-Schulen*), qui contiennent neuf cent quatre-vingt-dix enfants ; 2° dans trente-sept écoles privées, qui reçoivent gratuitement deux mille cinq cents enfants, pour chacun desquels la ville paye environ huit gros par mois (20 à 24 sous), sans compter une indemnité de bois, papier, etc.

Les fonds consacrés aux écoles de pauvres en 1826 se montaient en recettes à 17,049 thal. (environ 64,000 fr.). Si l'on déduit tous les autres frais accessoires et inévitables, il reste une dépense réelle de 13,725 rixd. pour trois mille cinq cents enfants, ou 4 thalers et demi par chaque enfant (environ 17 fr. par an).

Pour arriver à des résultats complets, il faudrait :

1° Reconstituer les écoles de pauvres de la manière la plus convenable à la classe des indigents ;

2° Pourvoir aux besoins de la population pauvre par l'établissement d'un nombre d'écoles proportionné à cette population.

Occupons-nous d'abord du premier point.

Avec les sommes données aux écoles particulières pour recevoir les enfants pauvres, on aurait pour le même nombre d'enfants des écoles spéciales où l'éducation aurait un caractère plus approprié à la classe indigente.

Si, pour la classe moyenne, on compte avec raison sur la coopération des parents et sur l'influence des familles, c'est le contraire pour les enfants pauvres, qu'il faut soustraire le plus possible à la fâcheuse influence des mauvais exemples de leurs parents. Ici l'école doit seule tout faire.

Dans la nouvelle organisation, les sexes devront être séparés, ce qui n'augmentera pas les frais, si on n'établit les écoles que dans une proportion telle qu'il y ait toujours de quoi former une école complète de deux divisions, l'une pour les garçons et l'autre pour les filles, à deux classes de soixante et quinze enfants chacune, et que ces deux divisions ne forment qu'une seule école communale de pauvres pour trois cents enfants dans un même bâtiment.

ENSEIGNEMENT.

Le caractère spécial de l'enseignement du pauvre est tracé dans ces deux mots : la *prière* et le *travail*.

Les objets de l'enseignement doivent être pour la première classe :

1° Pour la religion : la Bible, le catéchisme, les vérités positives du christianisme ;

2° Pour la langue allemande : la langue considérée comme l'expression de la pensée, les règles les plus générales de la grammaire, la prononciation claire et intelligible, la lecture et l'orthographe;

3° L'écriture;

4° Le calcul jusques et compris les fractions et la règle de trois;

5° Le chant, et spécialement des exercices en plusieurs parties sur les chœurs d'église.

Pour la seconde classe de garçons, on ajoutera les éléments les plus généraux des sciences naturelles, de la géographie et de l'histoire nationale, ainsi que les principes de la géométrie et du dessin linéaire.

Pour la seconde classe de filles on ajoutera l'enseignement des ouvrages les plus ordinaires de leur sexe.

DIVISION DU TRAVAIL.

Pour les garçons de six à dix ans : 1re classe, vingt-six leçons d'une heure par semaine, de huit à onze heures et de deux à quatre heures, tous les jours, savoir :

3 heures de religion (principalement des récits tirés de la Bible);

12 heures de langue allemande, prononciation, lecture, orthographe, etc.;

5 heures de calcul, 3 heures au tableau jusqu'à la division et 2 heures de calcul de tête;

4 heures d'écriture;

2 heures de chant (sans compter les versets chantés au commencement et à la fin de chaque journée).

26 heures.

La seconde classe de garçons, de dix à quatorze ans, aura trente-deux heures de leçons par semaine, de huit heures à midi et de deux heures à quatre heures chaque jour, dont :

6 heures de religion, enseignement de la Bible et du catéchisme;

10 heures de langue allemande, lecture, grammaire, exercices intellectuels;

5 heures de calcul, au tableau et de tête;

4 heures d'écriture;

2 heures de géométrie et de dessin linéaire;

3 heures de physique, géographie, histoire, etc.;

2 heures de chant (non compris les versets chantés matin et soir).

32 heures.

École des filles, première classe, de six à dix ans, vingt-six heures de leçons par semaine, dont :

3 heures de religion (récits tirés de la Bible);

7 heures de langue allemande;

3 heures de calcul, au tableau et de tête;

3 heures d'écriture;

2 heures de chant;

8 heures pour les ouvrages ordinaires de leur sexe.

26 heures de huit heures à onze heures, et de deux heures à quatre heures.

La seconde classe des filles de dix à quatorze ans, trente-deux heures de leçons, savoir :

6 heures de religion;

8 heures de langue allemande;

4 heures de calcul;

3 heures d'écriture;

3 heures de chant;

8 heures pour les travaux de leur sexe (les après-midi).

32 heures de huit heures à midi et de deux à quatre heures.

Un enfant sera en état de passer d'une classe à l'autre du moment qu'il saura très-bien lire.

On s'étonnera peut-être que, dans ce plan d'études, les heures consacrées aux exercices de mémoire et d'esprit aient été supprimées. Mais le comité a pensé que ces exercices se trouvaient suffisamment répartis sur tout le cours d'étude où la mémoire et l'esprit sont constamment en jeu. Les leçons de langue allemande fourniront toujours matière à des exercices de ce genre; et dans les écoles de pauvres, plus que partout ailleurs, il ne faut rien de superflu.

DISCIPLINE.

Cette question est une des plus difficiles à résoudre. Les enfants des écoles de pauvres sont ordinairement mal disposés par les exemples de leurs parents. Il faut donc établir la discipline la plus sévère. L'ordre, la propreté, l'activité, une prompte obéissance ne sont pas les moindres enseignements à donner aux enfants. L'instruction elle-même, la gravité du maître, son exemple, son dévouement pour ses élèves sont déjà une base solide pour la discipline. Mais la rigueur est quelquefois nécessaire, et dans une école de pauvres moins qu'ailleurs la discipline ne doit jamais fléchir pour tout ce qui tient au désordre et à la paresse. Mais que les maîtres n'oublient jamais que dans les mesures de discipline les plus sévères doit percer un sentiment d'affection et d'amour qui punit pour améliorer.

Il s'agit maintenant de déterminer le nombre d'écoles à fonder pour suffire entièrement aux besoins des pauvres.

Chaque école ayant deux divisons, l'une pour les garçons, l'autre pour les filles, à deux classes chacune et soixante et quinze enfants par classe, ensemble trois cents enfants, on pourrait établir avec la somme consacrée actuellement à l'instruction des pauvres, onze écoles pour trois mille trois cents enfants.

Il resterait à pourvoir aux frais d'établissement de nouvelles écoles pour les douze cents enfants qui complètent le nombre de quatre mille cinq cents, évaluation approximative de la population pauvre de la ville.

Le comité a pensé que trois nouvelles écoles pour neuf cents enfants suffiraient à tous les besoins, et qu'ainsi le nombre total des écoles de pauvres de la ville devrait être porté à quatorze écoles complètes pour les deux sexes, capables de contenir quatre mille deux cents enfants.

Les trois cents enfants restant peuvent se trouver dans le cas de ne pouvoir être envoyés aux écoles de pauvres. Dans ce nombre il faut comprendre les enfants appartenant à des parents de la classe élevée qui auraient été ruinés par des malheurs, et qu'il serait très-dur d'envoyer à l'école communale de pauvres, parce qu'ils sont hors d'état de payer la rétribution d'école. Le conseil municipal ne refusera pas de fournir à ces enfants les moyens de reprendre un jour le rang dans lequel ils étaient nés. On pourra les placer dans les principales écoles paroissiales ou privées, et il sera facile de faire marché avec ces écoles à raison de douze gros par mois (36 sous). La ville a en outre la ressource d'envoyer gratuitement dans les écoles supérieures qui se trouvent sous son patronage (1). Mais afin d'éviter tout abus, on devra scrupuleusement rechercher quel est l'état de fortune des parents qui réclameront de pareilles faveurs, et fixer même annuellement

(1) Ce sont nos bourses communales.

pour cet objet une somme qu'on ne pourra dépasser.

Il existe sept écoles du soir à Berlin. Il suffira de créer encore trois écoles du soir à cinquante élèves par école, dont deux de garçons et une de filles. Les trois maîtres d'écoles communales les plus zélés et les plus capables seront chargés, moyennant une subvention de 100 thalers, de donner huit à douze heures de leçon par semaine le soir. On y fera des répétitions de lecture et d'écriture, et deux heures par semaine seront consacrées à l'instruction religieuse.

Plus tard on ouvrira un plus grand nombre d'écoles du soir, si le besoin s'en fait sentir.

Avant d'entrer dans le détail des dépenses que la ville devra s'imposer pour l'entretien de quatorze écoles communales de pauvres, nous mentionnerons les faibles revenus que ces écoles peuvent tirer d'ailleurs.

1° Un arrêté du ministère en date du 30 janvier 1827, ordonne que dans toute école communale de pauvres, chaque élève devra payer la rétribution d'un gros d'argent (2 sous et demi), afin de ne pas déroger au principe que tout père de famille est tenu de contribuer pour l'école, même lorsqu'il réclame pour ses enfants le bienfait de l'éducation gratuite; car pour exiger une si faible rétribution, l'enseignement n'en est pas moins gratuit, et cet impôt imperceptible produit encore, sur une école de trois cents enfants, la somme de 120 thalers (450 fr.).

2° Parmi les pauvres, un grand nombre qui seraient hors d'état de fournir la rétribution dans les écoles privées, peuvent néanmoins payer très-bien, outre le gros par mois fixé par l'arrêté du ministre de l'instruction publique, une autre rétribution, qu'on évaluerait depuis cinq gros au moins jusqu'à dix gros au plus. Sur trois cents enfants, le cinquième au moins se trouve dans ce cas, et en prenant le minimum de cinq gros pour soixante enfants, on aurait un revenu de 120 thalers ou 1,680 pour les quatorze écoles (6,300 fr.). Ce *fonds extraordinaire* (*Aushülfe-Fond*) pourra être consacré à l'entretien des écoles du soir, à l'instruction des enfants de la classe élevée devenue pauvre, et enfin à des gratifications ou pensions aux maîtres d'école dans leur vieillesse, ou à des cours méthodologiques pour leur perfectionnement, de sorte que la ville n'aurait plus à faire les frais que des quatorze écoles communales de pauvres.

3° Enfin les dons que la générosité des citoyens pourra faire aux écoles, mais qu'on ne saurait évaluer ici, offriront encore une ressource pour l'amélioration de l'instruction dans la classe indigente du peuple.

Nous allons maintenant examiner ce que coûtera l'établissement et l'entretien des quatorze écoles de pauvres, composées chacune de quatre classes et de deux divisions (garçons et filles).

ÉCOLES DE GARÇONS.

Traitement fixe du principal maître.	300 th.	(1,200f)

Émoluments :

1° Logement gratuit;
2° Deux cinquièmes du produit de la rétribution de 1 gros par mois.
3° Chauffage des deux classes de garçons. 50 (200f)
4° Nettoyage de la maison et surtout des classes. 50 (200f)

Traitement fixe du maître adjoint de l'école de garçons, révocable à volonté. 120 (480f)

Émoluments :
Un cinquième du produit de la rétribution de 1 gros par mois.

ÉCOLE DE FILLES.

Traitement fixe du principal maître.	300 th.	(1,200f)

Le logement gratuit.
Les deux derniers cinquièmes de la rétribution de 1 gros par mois.
Chauffage. 50 (200f)
Pour les leçons de travaux d'aiguille données ordinairement par la femme du principal maître, qui surveillera la classe conjointement avec elle. 50 (200f)
Traitement du maître adjoint de l'école des filles, également révocable à volonté, et qui ne donne que dix-huit leçons par semaine (3 heures chaque matin). 100 (400f)

Traitement, chauffage et nettoyage (non compris les émoluments). . 1,020 th. (4,080f)

On exigera autant que possible que les enfants se fournissent eux-mêmes de livres, papier et plumes nécessaires. Cependant, comme l'école sera obligée de les donner à la plupart d'entre eux, on allouera pour chaque école. ... 100 th. (400f)

Le local peut être estimé pour le loyer, ou pour les intérêts du capital si l'on construit l'école, à. 500 (2,000f)

L'entretien et autres frais extraordinaires. 80 (320f)

En tout pour chaque école communale, non compris les revenus éventuels de l'école. .... 1,700 th. (6,800f), c'est-à-dire environ 21 francs 50 centimes par tête sur trois cents enfants.

Tant que la ville n'aura pas amorti la dette par l'acquisition des maisons d'école, on aura, pour les quatorze écoles, une dépense de. .... 23,800 thalers (environ 90,000 fr.) par an, sur lesquels on compte 7,000 th. (environ 26,300 fr.) uniquement pour la location.

Nous avons vu plus haut que dans l'état actuel (en 1827), la ville dépensait . 15,723

C'est donc une différence d'environ . 8,100 thalers, pour arriver à une organisation complète et spéciale des écoles de pauvres, et procurer les bienfaits de l'éducation première à mille enfants de plus.

Nous avons vu plus haut que la dépense des écoles du soir (300 thalers) et celle de la rétribution que payerait la ville à des écoles privées pour les enfants de la classe élevée devenus pauvres (environ 700 thalers), pourraient être couvertes par le fonds extraordinaire (*Aushülfe-Fond*).

CHOIX DES MAÎTRES D'ÉCOLES DE PAUVRES.

Toute la bonté d'une école réside dans le maître : le choix du maître est donc de la première importance. Dans une école de pauvres surtout, où tout est à faire, où le maître a constamment à lutter contre l'influence pernicieuse de la famille et du dehors, on voudrait rencontrer en lui le dévouement et la patience, l'instruction, l'aptitude et le goût pour l'enseignement, et avec toutes ces qualités un désintéressement bien rare pour persévérer dans une carrière humble et sans avenir, et conserver cette sérénité d'âme, ce zèle pieux qui seuls peuvent faire prospérer son école.

Jusqu'à ce qu'on ait établi à Berlin même une école normale pour les maîtres d'école de la ville, on trouverait aisément à choisir soit parmi les maîtres d'écoles particulières, soit parmi les maîtres en sous-ordre placés dans les autres écoles, soit enfin parmi les élèves des écoles normales primaires de la province à Potsdam et à Neuzelle.

Si par la nouvelle organisation on retire aux maîtres d'écoles particulières les subventions payées par la ville pour recevoir les enfants pauvres, plusieurs d'entre eux n'auront plus assez d'élèves pour subsister, et l'administration des pauvres reconnaîtra qu'il est juste de choisir parmi eux les maîtres des nouvelles écoles à fonder, s'ils présentent d'ailleurs toutes les garanties nécessaires; car de céder en pareil cas à la faveur ou à la pitié, ce serait un crime envers les enfants de nos pauvres.

Les maîtres éprouvés et reconnus capables seront choisis pour la vie; cependant, en cas de négligence ou d'inconduite, ils pourront être congédiés sans recours par une décision des autorités de la ville et avec l'approbation du collège des écoles.

Autant que possible on tâchera que les femmes des maîtres d'écoles se chargent elles-mêmes de l'enseignement des travaux d'aiguille aux jeunes filles.

La surveillance immédiate de chaque école de pauvres sera confiée spécialement à un comité composé de l'un des ecclésiastiques de la paroisse désigné par le comité des écoles de la ville, et d'un membre de l'administration des pauvres, chargé particulièrement de l'inspection du matériel.

La surveillance suprême appartient à l'administration des pauvres et au comité des écoles de la ville, dont le *Stadt-Schulrath*, ou conseiller des écoles de la ville, fait toujours partie.

Les sous-maîtres sont subordonnés aux maîtres d'école. Ils pourront être congédiés à volonté pour cause d'incapacité ou d'inconduite.

L'acquisition et l'entretien des locaux pour les écoles des divers quartiers, le choix des maîtres et leur surveillance, l'administration du budget des écoles, appartiennent à l'administration des pauvres.

Les bureaux de bienfaisance de chaque quartier, l'ecclésiastique et l'administrateur chargé de la surveillance spéciale, s'occupent:

1° De l'admission des élèves;
2° Du contrôle pour la fréquentation des écoles;
3° De la sortie des élèves;
4° Des rapports annuels.

1° Comme on doit établir quatorze écoles communales de pauvres, la ville sera divisée en quatorze quartiers d'école, ayant chacun une école complète (garçons et filles). Tous les parents, demeurant dans chaque quartier, devront s'adresser au bureau de bienfaisance, et particulièrement à l'administrateur spécial, pour obtenir l'admission de leurs enfants à l'école. Cette admission aura lieu ordinairement deux fois par an, à Pâques et à la Saint-Michel, au commencement des cours.

L'administrateur décidera si l'enfant doit être admis gratuitement (toujours en payant un gros par mois), ou s'il doit être taxé à la rétribution de cinq à dix gros d'argent qui doit former le fonds extraordinaire.

Cette rétribution sera payée d'avance et de mois en mois à un administrateur du bureau de bienfaisance, choisi à cet effet, et elle sera versée tous les mois à la caisse du fonds extraordinaire.

Lorsque le nombre d'élèves fixe pour chaque classe de garçons ou de filles (soixante et quinze enfants) sera rempli, on n'en admettra pas davantage, et on adressera les élèves qui se présenteront aux écoles voisines.

2° La fréquentation régulière de l'école sera l'objet d'un contrôle spécial et de la surveillance la plus active: car c'est la condition première de tous les avantages que l'école doit produire. On serait trop heureux si tous les parents et les enfants étaient portés d'eux-mêmes à favoriser les mesures prises pour que les écoles soient régulièrement fréquentées. Malheureusement il n'en est pas ainsi, et surtout dans les grandes villes. Quoique la contrainte soit une mesure déplorable, il faut presque partout commencer par là; et encore l'exécution n'est-elle pas sans difficulté dans une ville aussi peuplée que Berlin.

Pour obtenir des résultats favorables et amener dans les écoles tous les enfants pauvres en âge de les fréquenter, les maîtres d'école tiendront un registre de présence et enverront à la fin de chaque mois l'extrait de ce registre constatant les absences les plus marquées.

La commission des pauvres ou l'un de ses membres fera venir les parents, et si les excuses ne sont pas suffisantes, ils seront d'abord avertis et menacés. Tous les trois mois on dressera la liste des parents qui n'auront eu aucun égard aux remontrances réitérées de la commission, et l'administration des pauvres pourra alors recourir aux voies de contrainte, conformément au § 48 du titre XII, seconde partie du code général, qui prononce des peines correctionnelles contre ce délit. Pour servir d'exemple aux autres, il ne serait pas mal de publier de temps en temps le nombre des parents qui auront été condamnés pour n'avoir pas envoyé leurs enfants régulièrement à l'école.

Mais ce n'est pas assez d'assurer, autant que possible, cette régularité pour les enfants qui vont à l'école; il faut encore d'autres mesures pour qu'aucun enfant pauvre ne reste entièrement privé de l'instruction élémentaire. Il y a toujours dans les grandes villes un nombre considérable de malheureux qui n'ont jamais de domicile fixe, et qui changent de quartier tous les trois mois, tous les mois, et souvent tous les jours. Nous ne voyons qu'un seul moyen de les atteindre, et le voici: ce serait de s'entendre avec tous les établissements particuliers d'instruction élémentaire qui ne sont pas sous la direction de la ville, et de convenir, qu'à une époque déterminée, tous les maîtres d'écoles primaires de la ville, sans exception, délivreront à leurs élèves un certificat de présence dont le modèle sera imprimé et distribué à toutes les écoles. Les parents seront tenus de montrer ce certificat. À la même époque la police municipale ou des commissions choisies parmi les citoyens, pourront, à l'aide des tableaux de recensement, faire dans toute la ville une inspection générale et simultanée. On dressera dans chaque quartier la liste des parents qui n'auraient point représenté les certificats de présence à l'école, ils seront appelés en police correctionnelle et condamnés suivant la loi, ou obligés de faire inscrire leurs enfants dans les écoles (1).

_____

(1) En France, et à Paris surtout, l'institution de la garde natio-

L'exécution d'une pareille mesure dépendra sans doute beaucoup du zèle des autorités qui en seront chargées ; mais il ne faut pas que les difficultés effrayent quand il s'agit de remplir un devoir sacré en remédiant à un mal si déplorable.

3° La loi veut que l'instruction de l'école se prolonge jusqu'à ce que l'ecclésiastique chargé d'examiner les enfants, les juge suffisamment éclairés sur les connaissances qui conviennent à tout homme raisonnable de leur classe. On ne fixera donc point un âge déterminé pour la sortie de l'école. Elle sera autorisée par une décision du maître de l'école et de l'ecclésiastique chargé de l'inspection spéciale ; et comme dans toute école communale de pauvres on n'enseignera aux enfants rien de superflu , cette décision sera motivée sur ce que l'enfant aura parcouru avec fruit le cercle de l'enseignement de l'école, et acquis les qualités morales que son influence a dû produire.

Il faut , en général, compter au moins six années pour que le but de l'éducation intellectuelle et morale puisse être convenablement rempli. Ainsi , la plupart des enfants qui entreront à l'école dans l'âge de six à sept ans, pourront en sortir suffisamment instruits à treize ans.

La sortie des écoles ne pourra avoir lieu qu'à deux époques de l'année, à Pâques et à la Saint-Michel , après un examen public. C'est à la suite de cet examen que l'inspecteur ecclésiastique et le maître d'école arrêteront la liste des élèves qui pourront quitter l'école ; il sera délivré à chacun d'eux un certificat de sortie dont le modèle sera imprimé , et on distribuera à ceux qui se seront le mieux distingués, à titre d'encouragement, des livres à leur portée (et de préférence la Bible ou un livre de cantiques). Les frais en seront prélevés sur les fonds extraordinaires.

Il serait encore fort utile que les citoyens fussent tenus, sous une peine correctionnelle, de ne prendre à leur service ou en apprentissage aucun enfant qui ne serait point porteur d'un certificat de sortie ou de fréquentation de l'école.

4° Les rapports annuels de l'inspecteur ecclésiastique et de l'administrateur du bureau de bienfaisance serviront à mesurer les progrès des écoles. Ils traiteront de la tenue intérieure de l'école , de l'enseignement et de la discipline, comme aussi des affaires matérielles de l'école, et signaleront les imperfections auxquelles l'administration des pauvres et le comité des écoles s'efforceront de remédier.

Ce plan général pour l'établissement des écoles des pauvres de la ville, ne pourra évidemment s'exécuter que peu à peu, à mesure que les difficultés qui se présentent dans les diverses localités pourront être surmontées ; mais on espère que, de son côté, le conseil municipal ne balancera pas à accorder les fonds nécessaires pour effectuer , le plus promptement possible , une organisation complète de l'instruction publique élémentaire.

Nous avons vu que les quatorze écoles communales de pauvres coûteraient annuellement. . . 24,800 thalers
dont il faut déduire 1,000
fournis par les fonds extraordinaires.

RESTE . . . 23,800

Aujourd'hui l'éducation des pauvres coûte 15,725

c'est donc une augmentation de . . . 8,100

Sur cette somme 7000 thalers seront destinés à payer les loyers ou les intérêts des capitaux employés à la construction de nouvelles écoles, et les 1,100 thalers restants auront pourvu à l'éducation de 1000 enfants de plus.

La plus grande difficulté sera de trouver des locaux convenables aux écoles communales, pour deux classes de garçons et deux classes de filles à soixante et quinze enfants par classe. Il faut à chaque école, en comptant cinq pieds carrés par enfant , quatre salles d'environ dix-neuf pieds de large sur vingt pieds de long, et en outre le logement des deux maîtres principaux.

Le projet alloue 500 thalers (environ 2,000 francs) pour le loyer de chaque école. Mais il est des quartiers où il sera presque impossible de trouver réunies, à ce prix, un nombre suffisant de grandes pièces pour les classes. On sera obligé d'en louer séparément pour les filles et pour les garçons, ce qui présente de graves inconvénients ; de plus, une école établie dans une maison particulière prise en location , n'a aucune garantie de durée. Il est donc beaucoup plus convenable que la ville construise elle-même des maisons d'école , ou achète des constructions pour les approprier à cet usage.

Les 7000 thalers destinés au loyer des quatorze écoles, ou au payement des intérêts des frais de construction, représentent un capital de 140,000 thalers ; mais comme la ville ne pourrait supporter en une fois toute cette dépense , on propose de créer des actions de 100 thalers portant intérêt à cinq pour cent, pour construire, avec le capital, les établissements nécessaires. La ville garantirait le payement des intérêts, et, moyennant un fond d'amortissement , acquerrait peu à peu la propriété de ces quatorze maisons d'écoles pour les pauvres.

MAISON DE CORRECTION DES JEUNES DÉTENUS.

« Berlin , le 11 juin 1831.

« MONSIEUR LE MINISTRE,

« Outre la multitude d'écoles correspondantes à nos trois degrés d'instruction, Berlin possède une grande quantité d'établissements de bienfaisance qui ne se rattachent pas assez directement au but de ma mission pour que je vous en entretienne. Mais parmi ces établissements il en est un qu'on peut considérer comme un établissement d'instruction publique, puisqu'il renferme une école, et que c'est sur cette école que reposent en grande partie les espérances des fondateurs. Cet établissement est d'ailleurs si original, et en même temps si simple, que je ne puis résister au désir de vous le faire connaître ; et peutêtre, si vous en parlez à des personnes qui consacrent une partie de leur vie et de leur fortune à de bonnes œuvres, ce peu de lignes pourra leur suggérer l'idée d'imiter en France un des établissements qui honorent le plus la piété et la charité éclairée des habitants de Berlin. Je veux parler de la société pour l'éducation des enfants qui sont privés de toute surveillance morale. (*Verein sur Ersiehung sittlich verwahroseter Kinder.*)

« Vous n'ignorez pas, M. le ministre, qu'il y a dans toutes les grandes villes une foule de petits enfants que la négligence ou même les mauvais exemples de leurs parents, la misère et l'occasion conduisent à une dépra-

male pourrait être d'un grand secours pour arriver à de prompts résultats, si l'on partageait le travail de recensement des enfants entre

les mêmes citoyens qui s'occupent volontairement du recensement pour le service de la garde nationale.

vation anticipée, ou du moins à des délits qui leur attirent des condamnations plus ou moins sévères de la part des tribunaux. Condamnés, ils sont ordinairement placés dans des maisons de correction pour y subir leur peine, et les maisons de correction les mieux tenues ne les améliorent pas toujours, et quelquefois les corrompent davantage par leur commerce avec des condamnés plus avancés en âge et en vices. Aussi, quand ils sortent de ces maisons de correction après avoir fait leur temps, ne tardent-ils pas à recommencer leur mauvaise vie; et il n'est pas rare de les voir reparaître cinq ou six fois devant le magistrat avant l'âge où des condamnations plus sévères peuvent en délivrer la société. De là tant d'essais de la part des personnes charitables pour améliorer les maisons de correction. Jusqu'ici ces efforts n'ont pas produit de grands résultats, et quelques personnes ont eu à Berlin l'idée beaucoup plus simple de fonder une maison séparée qui se chargerait de l'éducation des enfants repris de justice, et dont la détention pénale serait commuée en un séjour plus ou moins long dans cette maison. On les y garde jusqu'à ce que leur amélioration morale soit bien constatée, et on ne les rend à la société qu'avec les plus grandes précautions.

« La première condition pour entrer dans cet établissement est d'avoir été repris de justice, la seconde est de n'avoir que de dix à seize ans. La société obtient d'abord du gouvernement de succéder à ses droits sur ces enfants pendant le temps de détention auquel ils ont été condamnés; ensuite elle traite avec les parents de ces petits malheureux pour être mise en leur lieu et place.

« Le but de l'établissement est de réformer les mœurs de ces enfants, et on y parvient par deux moyens, l'enseignement et le travail. Il y a vingt-quatre heures dans la semaine consacrées à l'enseignement : quatre heures pour la religion, deux pour la langue, quatre pour le calcul, quatre pour l'écriture, quatre pour la lecture, une pour le chant, et cinq pour les connaissances relatives à divers métiers. Le travail consiste à faire le service de la maison, à entretenir le jardin, et fabriquer soi-même ses vêtements. Il y a en outre des ateliers où on prépare à différents métiers. Une discipline à la fois forte et paternelle accoutume au respect de l'ordre. Quand on se croit à peu près sûr de l'amélioration des enfants, on les place, selon leur goût et leur capacité, en apprentissage chez des maîtres avec lesquels la société fait un contrat et entretient une correspondance. On leur donne, en quittant la maison, un habillement complet, une *Bible*, un livre de chant et le catéchisme de Luther. Chaque année, la société, par l'organe de son comité, rend compte de l'état de la maison, des progrès des élèves pendant leur séjour dans l'établissement, et après leur sortie, lorsqu'ils sont placés en apprentissage. A cet effet, on dresse des tableaux biographiques où chaque enfant est désigné, non pas sous son nom propre, mais par un numéro, avec l'indication de ce qu'il avait fait avant d'entrer à l'école, et des observations sur son caractère et sur sa conduite depuis sa rentrée dans la société. Cette institution, fondée le 1ᵉʳ mai 1825, a déjà donné les meilleurs résultats. Le roi a joint sa souscription à celles des personnes charitables qui peu à peu se sont accrues, et ont suffi à entretenir dans cette maison soixante enfants par année. Bientôt on a formé un pareil établissement pour les petites filles qui se trouvaient dans la même situation, et, le succès encourageant la bienfaisance, il y a maintenant plusieurs maisons du même genre en Prusse, à Kœnigsberg, à Dantzig, etc. J'ai visité celle de Berlin, qui a servi de modèle à toutes les autres, et qui est consacrée aux garçons. Elle est placée dans un endroit isolé, près de la porte de Halle. Le lieu est très-sain, et l'arrangement de la maison convient parfaitement à son but. Là j'ai vu une cinquantaine d'enfants qui tous avaient été condamnés à des peines assez sévères, se formant très peu à peu à l'ordre et à de meilleures habitudes. Le directeur de la maison, M. Kopf, est un homme de bien qui s'est donné à cette œuvre de charité, et remplit ses devoirs avec un zèle et un amour au-dessus de tout éloge. Il m'a montré le dortoir, le réfectoire. J'ai suivi quelque temps ces enfants dans la récréation, et j'ai assisté à une de leurs leçons d'arithmétique, où ils ont répondu avec facilité et sûreté, comme des élèves d'un bon gymnase. J'ai de plus assisté à une prière en musique fort bien exécutée. Plusieurs ont des figures assez peu rassurantes; plusieurs aussi semblent revenus pour toujours à des sentiments honnêtes. Il leur est défendu de se communiquer les uns aux autres ce qu'ils ont fait avant d'entrer dans la maison. On s'efforce de leur faire oublier le passé, et de leur éviter l'humiliation et le danger de pareilles confidences. On veut aussi éloigner de leur pensée l'idée qu'ils sont dans une maison de détention. Je me suis procuré et je vous transmets tous les comptes rendus annuels de cet établissement depuis sa fondation. Vous y verrez les divers perfectionnements qu'on lui a donnés et le dernier état auquel il est parvenu. Déjà il a rendu à la société cent vingt enfants, dont plusieurs ont embrassé les professions les plus honorables. L'un d'eux est un des bons élèves de la grande école normale primaire de Potsdam.

« J'ai l'honneur d'être, M. le ministre, avec le plus profond respect, etc. »

FIN DE L'APPENDICE.

L'INSTRUCTION SECONDAIRE

DANS LE ROYAUME DE PRUSSE.

DE

L'INSTRUCTION SECONDAIRE

DANS LE ROYAUME DE PRUSSE.

———◆———

Ce Mémoire sera divisé comme le précédent. Nous commencerons par faire connaître l'organisation de l'instruction secondaire en Prusse; nous exposerons ensuite ce qu'elle a produit : nous donnerons une statistique des établissements d'instruction secondaire que la Prusse possède; enfin nous essayerons de tirer de ces documents quelques conclusions pratiques au profit de l'instruction secondaire en France.

PREMIÈRE PARTIE.

ORGANISATION DE L'INSTRUCTION SECONDAIRE. — LOI ET RÈGLEMENTS.

Les principales questions que comprend l'instruction secondaire, nous paraissent les questions suivantes :

1° Des conditions de l'instruction secondaire privée;

2° De l'instruction secondaire publique; de la manière dont elle est entretenue, et des autorités qui y sont préposées;

3° Des matières que comprend l'instruction secondaire; de la répartition de ces matières dans les différentes classes, et de la constitution intérieure des gymnases;

4° De la formation des maîtres, et des conditions exigées pour arriver à l'enseignement public;

5° De l'examen final qui termine l'instruction secondaire, et qui constate la capacité requise pour passer de l'instruction secondaire publique et privée à l'instruction supérieure, du gymnase à l'université.

Tel est le cadre dans lequel nous allons présenter les documents authentiques que nous avons recueillis.

TITRE Ier.

DE L'INSTRUCTION SECONDAIRE PRIVÉE.

L'instruction secondaire est celle qui, partant de l'instruction primaire, prépare et aboutit à l'instruction supérieure, confiée en Prusse, comme dans toute l'Allemagne, à un certain nombre de grands centres scientifiques, appelés *Universités*.

L'instruction secondaire est ou privée ou publique.

Il est loisible à tout père de famille de faire donner à ses enfants, dans sa maison, tel degré d'instruction qu'il lui plaît; et tout jeune homme peut passer de là à l'université sous la seule condition d'un examen analogue à notre examen de bachelier ès lettres. Ainsi sont assurés et les droits des familles et la solidité des études universitaires.

De plus, quiconque produit une attestation de moralité et de bonne conduite, et un certificat de capacité obtenu après un examen spécial, peut obtenir du consistoire provincial l'autorisation d'ouvrir un établissement d'instruction secondaire.

Si un pensionnat est joint à l'établissement, une autorisation nouvelle et spéciale est nécessaire.

Il est bien entendu que le consistoire provincial conserve toujours le droit de surveillance.

Si la surveillance révèle des abus plus ou moins graves, les inspecteurs ont le droit de remontrance, et au besoin, d'après enquête, le consistoire provincial a le droit de retirer l'autorisation.

Ces divers points sont trop importants pour ne pas citer textuellement les passages de la loi qui s'y rapportent.

Loi de 1819, art. 94 — 113. « On comprend sous la dénomination d'établissements privés d'enseignement et d'éducation, les institutions fondées par des personnes de l'un et de l'autre sexe à leur propre compte et sans qu'elles reçoivent pour cela aucun salaire de l'État ou de la commune, mais avec l'autorisation de l'État (*Erlaubniss*), qui, sans les diriger, en conserve la surveillance.

« Ceux qui veulent établir de pareilles institutions s'adressent d'abord aux autorités inférieures d'écoles, lesquelles, après s'être assurées de la moralité du candidat, envoient la demande au consistoire provincial qui fait examiner le candidat sous le rapport de la capacité des examinateurs spéciaux. Ceux-ci doivent, après l'examen, remettre les certificats et les protocoles avec leur avis au consistoire provincial.

« L'examen doit toujours être fait suivant le degré de l'école que le demandeur veut établir.

« Si le consistoire provincial ne trouve pas d'inconvénient à accorder la demande, il envoie aux autorités inférieures son autorisation, avec la mention des circonstances qui se trouvent dans les certificats et l'indication du genre d'école que le demandeur peut établir. C'est seulement quand l'autorisation a été ainsi accordée qu'il est permis d'ouvrir une maison d'éducation et de l'annoncer dans les feuilles publiques.

« Aussitôt que l'autorisation d'établir une école ou une maison particulière d'éducation a été donnée, les autorités inférieures pour les écoles sont tenues de soumettre cet établissement à la surveillance spéciale d'un de leurs membres, et d'instruire la police de son ouverture.

« La surveillance des établissements privés tombe sur la discipline et la marche de l'enseignement en général. Quant au plan spécial de l'enseignement, au choix des livres, de la méthode et au règlement d'école, tout cela est laissé aux instituteurs et aux institutrices; mais en cela même, une surveillance éclairée peut être utile par des conseils officieux. Mais découvre-t-elle des choses propres à égarer la jeunesse et dangereuses pour la moralité ou la piété; trouve-t-elle que l'on emploie de mauvais livres ou de mauvais maîtres; les inspecteurs font des remontrances, et si les remontrances n'apportent pas remède au mal, c'est leur devoir de réclamer une enquête près des consistoires provinciaux, et ceux-ci ont le droit, quand il résulte de cette enquête des motifs suffisants, de retirer l'autorisation et de faire fermer l'école.

« L'établissement d'une école d'un autre degré que celui qui est spécifié dans l'autorisation, est sévèrement défendu. Ceux qui ont obtenu l'autorisation d'établir certaines écoles, lorsqu'ils veulent en établir d'autres, doivent s'adresser, à cause de l'examen nouveau qu'il leur faut subir, aux consistoires provinciaux.

« Les directeurs et les directrices des établissements particuliers d'instruction dans les grandes villes, pourront recevoir autant d'écoliers ou d'écolières qu'il leur en viendra, quand ce sera sans désavantage pour le but de l'école, et résider dans telle partie de la ville qui leur convient; mais ils préviendront d'eux-mêmes par écrit la commission d'école de leur changement de domicile.

« Si les écoles publiques craignent de perdre par le voisinage des établissements privés, elles n'ont qu'à chercher à éviter cet inconvénient, en redoublant d'efforts pour se perfectionner.

« De même, relativement à la rétribution d'école, les maîtres et les maîtresses d'écoles privées seront entièrement libres de la fixer, de la changer, d'en exempter à moitié ou entièrement; seulement elles sont obligées de donner chaque fois, à la demande des autorités d'écoles, les renseignements les plus exacts à cet égard.

« Le choix des maîtres ou des maîtresses auxiliaires est également l'affaire des directeurs et des directrices qui ont obtenu une autorisation; cependant ils devront s'assurer exactement de la moralité de leurs aides. Ils ne peuvent faire donner aucune leçon de religion sans la permission des autorités ecclésiastiques; et toutes les fois qu'ils renvoient des maîtres ou des maîtresses ou qu'ils en prennent de nouveaux, ils doivent l'annoncer à celui qui est chargé de les surveiller. Ils sont responsables de tous leurs coopérateurs, et s'exposent à perdre leur autorisation, quand ils n'agissent pas, en les admettant et en les surveillant, avec la conscience la plus rigoureuse.

« Il faut aussi que, lors des examens solennels dans les écoles et les maisons d'éducation privées, les inspecteurs spéciaux de ces établissements soient invités à y assister.

« Quiconque, après la promulgation de la présente loi, établira illicitement de nouvelles écoles privées, ne devra pas seulement s'attendre à la dissolution de son école clandestine, mais pendant trois années, lors même qu'il donnerait des espérances satisfaisantes sous tous les rapports, il ne pourra ouvrir une école privée.

« Si des établissements privés déjà autorisés, voulaient s'adjoindre des pensionnats, les directeurs et les directrices devront se soumettre de même à l'examen du local; et il faut ensuite que dans leur autorisation, il soit fait mention expresse de la permission nouvelle qui leur est accordée de prendre des pensionnaires.

« Les pensionnats sont sous la surveillance immédiate des commissions des villes qui leur donneront des surveillants spéciaux, lesquels les examineront de temps à autre, et porteront en général leur attention sur le traitement physique, comme sur l'éducation morale des pensionnaires. »

Telle est la loi : elle admet, comme chez nous jusqu'ici, le concours de l'instruction privée, à certaines conditions, à savoir l'autorisation préalable, la surveillance, le retrait de l'autorisation. Mais cette loi n'est point appliquée ; car en fait, nul établissement particulier n'a pu soutenir la concurrence avec les établissements publics. Un seul, l'institut de M. Cauer, à Charlottenbourg près de Berlin, avait attiré d'abord un certain nombre d'élèves qu'il préparait à l'université; mais cet établissement n'a pu subsister longtemps ; et en 1831, dans toute la monarchie, la force toujours croissante des établissements publics et l'esprit général du pays n'avaient laissé debout aucune institution privée d'instruction secondaire.

TITRE II.

DE L'INSTRUCTION SECONDAIRE PUBLIQUE ; DE LA MANIÈRE DONT ELLE EST ENTRETENUE, ET DES AUTORITÉS QUI Y SONT PRÉPOSÉES.

L'instruction secondaire publique est confiée à de hautes écoles semblables à nos colléges, et qui dans toute l'Allemagne s'appellent *gymnases*.

Les gymnases sont entretenus en totalité ou en partie par des donations anciennes ou récentes, par les villes qui sont intéressées à posséder de pareils établissements, par les provinces et par l'État. Il n'y a pas un gymnase qui ne reçoive de l'État quelque secours plus ou moins considérable, ce qui fonde et autorise la suprême juridiction de l'État. On verra, dans la deuxième partie de ce mémoire, que la part totale de l'État, dans les dépenses de l'instruction secondaire, est très-forte. Les allocations des villes et des provinces sont faites pour trois ans, le budget en Prusse étant triennal. Chez nous l'État ne subventionne que les colléges royaux, c'est-à-dire trente-neuf colléges ; mais pour ceux-là il se charge de toutes leurs dépenses ; quant aux autres, au nombre de plus de trois cents, il ne leur donne pas une obole, et les allocations de ces colléges sont purement communales ; elles sont renouvelées et souvent elles varient chaque année.

Le système d'autorités préposées aux gymnases n'est pas très-différent du nôtre. Les gymnases prussiens ne sont pas dépendants, comme le sont malheureusement encore nos colléges communaux, d'aucune autorité locale, d'aucune commission de ville, d'aucun bureau d'administration : ils ne relèvent que du consistoire provincial, comme nos colléges royaux ne relèvent que du conseil académique. C'est le consistoire provincial qui revoit les comptes des gymnases, les inspecte par un de ses membres ou par un délégué de son choix, et assiste toujours, par un commissaire, à leurs exercices publics. Mais en Prusse, ainsi qu'en France, il n'appartient qu'à l'autorité centrale, composée du ministre et du conseil, de faire les règlements de discipline et d'études, et de nommer les professeurs. Le consistoire a l'exécution et la proposition.

TITRE III.

DES MATIÈRES QUE COMPREND L'INSTRUCTION SECONDAIRE ; DE LA RÉPARTITION DE CES MATIÈRES DANS LES DIFFÉRENTES CLASSES, ET DE LA CONSTITUTION INTÉRIEURE DU GYMNASE.

L'enseignement du gymnase n'est abandonné ni au libre arbitre du directeur, ni au jugement du consistoire provincial, ni même à l'autorité centrale. En effet, la détermination des objets de l'instruction secondaire n'est pas moins qu'une question sociale tout entière ; car il est évident qu'en élevant outre mesure, ou en resserrant dans des bornes trop étroites l'instruction secondaire, en lui imposant tels et tels objets, en lui imprimant tel ou tel caractère, on influe si puissamment sur la destinée des générations qui la reçoivent, qu'il appartient à la loi d'intervenir. Aussi cette même loi de 1819, qui a fixé le programme de l'instruction primaire à ses deux degrés, détermine également les objets de l'instruction secondaire. Voici la traduction de l'article 13 de la loi en question :

« Les objets de l'enseignement dans les gymnases doivent être :

« 1° *L'enseignement de la religion.* — Cet enseignement devra donner aux élèves une connaissance approfondie (*wissenschaftliche Kenntniss*) de la religion chrétienne, de ses dogmes et de sa morale, de l'histoire sainte, avec une vue générale de l'histoire de l'Église.

« 2° *L'enseignement de la langue allemande, et de plus, dans les écoles de pays non allemands, celui de l'idiome de ces pays.* — L'enseignement de la langue allemande a pour objet de faire bien connaître le génie et les lois de cette langue, les monuments classiques de la littérature nationale, et les maîtres de l'art d'écrire, dans leur suite historique, de développer les règles de la prose et de la poésie dans leurs genres principaux, et d'exercer à s'exprimer convenablement de vive voix et par écrit.

« 3° *La langue latine.* — Cette langue doit être enseignée à fond. On exercera à l'écrire et à la parler ; on expliquera avec le plus grand soin les écrivains classiques de Rome.

« 4° *La langue grecque* sera aussi étudiée d'une manière approfondie, non-seulement comme une langue indispensable à tout savant, mais comme un des moyens nécessaires d'une culture générale et élevée.

« L'explication des classiques grecs et latins servira de fondement à des exercices de logique, de grammaire générale, de philosophie et d'esthétique.

« 5° *Les mathématiques.* — Cet enseignement comprendra les mathématiques pures, et, s'il est possible, les mathématiques appliquées. On ne considérera pas seulement cet enseignement dans son but logique et général, et comme un exercice utile au développement de l'intelligence, mais il aura pour objet de former le talent mathématique proprement dit.

« 6° *Sciences naturelles.* — Cet enseignement fera connaître l'ensemble des lois et des forces générales de la nature par la théorie et par l'expérience.

« 7° *La géographie* et *l'histoire* formeront un seul et même enseignement, qui commencera par la connaissance mathématique et physique de la terre et conduira à la connaissance complète et approfondie des peuples qui l'habitent, de leur histoire et de leur constitution politique.

« 8° Il y aura des *exercices de chant,* qui comprendront une connaissance scientifique des principes de la musique et une culture pratique du talent musical, qui puisse servir de fondement à des études ultérieures.

« On enseignera la musique en général ; mais on aura surtout pour objet la musique chorale, qui aura des exercices spéciaux. On s'attachera à écarter tous les abus qu'entraînent quelquefois ces exercices.

« Les chants en chœur n'auront lieu qu'aux heures où l'école vaque, et le dimanche à celles qui ne sont pas consacrées au service divin.

« 9° *Les éléments de la langue hébraïque* pour ceux qui déclareront se destiner à la théologie.

« 10° *Langue française.* — Cet enseignement doit être libre et n'avoir lieu qu'à des heures extraordinaires. A cette condition, d'autres langues étrangères pourront être également enseignées.

« 11° Il y aura des *exercices de dessin.*

« 12° Il y aura aussi des *exercices gymnastiques,* et dans le cas où les gymnases n'auraient point la place nécessaire à ces exercices, ils pourront profiter des ressources publiques que les villes offrent pour cet objet. »

Évidemment tous les objets que ce programme embrasse ne sont pas de la même importance. Aussi le dessin, le français, l'histoire naturelle sont-ils déclarés, par un autre paragraphe du même article 13 de la loi de 1819, études accessoires et subordonnées aux ressources diverses des gymnases ; mais tout le reste est absolument obligatoire. La loi est formelle à cet égard : elle dit expressément que la religion, les langues anciennes et la langue nationale, la géographie et l'histoire, les mathématiques pures et appliquées, la musique et la gymnastique, dans les limites que prescriront les règlements ultérieurs, constituent le gymnase proprement dit. Quand ces conditions ne sont pas fidèlement remplies, nul établissement d'instruction publique ne peut porter le nom de *gymnase.*

Les règlements et arrêtés ministériels ont successivement fortifié et développé la loi de 1819.

Celle-ci, trop voisine des grandes guerres de l'Allemagne et de la France, par un patriotisme mal entendu, avait rendu l'étude de la langue française purement facultative, comme celle de l'anglais et de l'italien. Depuis, le français est devenu obligatoire, et il fait partie de l'examen général qui résume et constate les études du gymnase.

La loi avait fait à peine une petite place à la philosophie dans l'explication des auteurs grecs et latins. Une circulaire du 27 juillet 1827 a prescrit un enseignement élémentaire de philosophie. La circulaire du 12 février 1828 incorpore et distribue cet enseignement dans les deux classes supérieures. Enfin un rescrit du 6 mai de la même année le règle définitivement.

Nous extrayons de la circulaire du 4 août 1826, concernant l'instruction religieuse, le passage suivant :

« Les leçons de religion se donnent, autant que possible, le matin avant toutes les autres.

« On doit dans les classes inférieures s'occuper spécialement de l'histoire sainte ; donner dans les classes moyennes un abrégé de toutes les vérités du christianisme, en prenant pour guide le catéchisme de Luther ; et dans les classes supérieures faire un cours détaillé de ces mêmes vérités avec une introduction à la Bible, ou avec l'histoire de l'Église.

« Les maîtres chargés de cette instruction ne doivent point oublier combien il importe à l'État que les jeunes gens élevés dans les écoles publiques ayent une foi éclairée et soient animés de sentiments religieux.

« Les livres qui servent à l'instruction religieuse doivent être choisis de manière à atteindre parfaitement ce but, et on ne doit pas en introduire de nouveaux sans l'autorisation préalable des autorités supérieures.

« On doit consacrer à cette instruction deux leçons par semaine, et non pas combiner ensemble pour cet objet des classes trop nombreuses. (Une circulaire du 16 juin 1826 défend la combinaison de deux classes pour l'instruction religieuse, dès que le nombre des élèves dépasse celui de quarante.)

« Toutes les mesures que les directeurs des gymnases prendront pour assurer les bons effets de cette instruction, doivent témoigner de la haute importance qu'ils y attachent. »

Nous voudrions pouvoir citer dans toute leur teneur le rescrit ministériel du 11 décembre 1818, qui règle la portée et les limites de l'enseignement du grec dans les classes supérieures du gymnase, et prescrit de ne pas commencer cet enseignement avant la quatrième; ainsi que la circulaire du 20 décembre 1830, qui communique et recommande à tous les gymnases l'instruction que le consistoire provincial de Munster a donnée aux gymnases de son ressort sur la méthode et l'ordre à suivre dans l'enseignement de l'histoire et de la géographie.

L'enseignement des mathématiques ne commence, comme celui du grec, qu'en quatrième. Dans les classes inférieures, on se borne à l'arithmétique, mais on s'y applique à bien apprendre aux jeunes gens à chiffrer avec la facilité si nécessaire dans la vie commune.

On n'a pas non plus négligé l'enseignement du dessin. Une circulaire du 9 février 1828 demande aux directeurs de gymnases un rapport détaillé sur les leçons de dessin, et sur la méthode suivie dans cette branche d'enseignement.

Enfin on suppose bien que le plus grand soin a été apporté à bien régler l'enseignement musical. Une circulaire du 2 mars 1826 charge les directeurs de gymnases de faire aux consistoires provinciaux un rapport détaillé sur les leçons de chant, et de proposer les mesures qui pourraient perfectionner cette branche d'instruction. Un rescrit ministériel du 3 décembre 1827 enjoint à M. le conseiller Kœrner de faire l'inspection de l'enseignement du chant dans les collèges de Berlin, et d'en faire un rapport détaillé. Une circulaire du 20 août 1828 transmet et recommande à tous les gymnases un écrit du directeur de l'école normale primaire de Neuwied, M. Braun, lequel contient une courte instruction sur la meilleure manière d'enseigner le chant dans les écoles.

Un plan à peu près uniforme répartit ces divers objets d'enseignement en six classes : la 6e, 5e, 4e, 3e, 2e, 1re. Souvent une classe préparatoire est, comme chez nous, placée avant la 6e.

Il ne peut y avoir dans chaque classe plus de trente-deux leçons d'une heure chacune par semaine, outre celle de chant et de dessin. (Circulaire du 21 août 1829.)

On ne peut entrer au gymnase si ce n'est à la suite d'un examen constatant qu'on est en état d'en suivre au moins la dernière classe.

Quelquefois chacune des six classes se subdivise en deux classes dont l'enseignement est gradué. Il faut un examen pour passer d'une de ces divisions dans l'autre, et en général pour passer d'une classe dans la classe supérieure.

Dans chaque classe, le nombre des élèves ne doit jamais dépasser cinquante : c'est au moins ce que veut le rescrit ministériel du 25 octobre 1830.

Tous les élèves étudient les mêmes objets, et l'enseignement de toutes les parties du programme est commun à tous ; mais, comme chez nous, c'est toujours l'enseignement classique qui domine.

Ce qui fait l'excellence du gymnase prussien, c'est l'habile répartition de tous les objets du programme dans les six ou sept classes qui composent le cours entier des études, et la division du gymnase en classes inférieures et en classes supérieures. Les classes inférieures sont la 7e, la 6e et la 5e; les classes supérieures, la 2e et la 1re. La 4e et la 3e forment la transition sous le nom de classes intermédiaires. Dans les classes inférieures, l'enseignement est calculé de manière à préparer aux classes qui suivent, et à former en même temps un ensemble à part et indépendant jusqu'à un certain point. On y a mis tout ce que les élèves ne seront jamais forcés de désapprendre, alors même qu'ils n'iraient pas plus loin : au premier rang, la religion, qui est nécessaire à tout le monde, puis l'arithmétique, avec un peu de géométrie, l'histoire naturelle, la langue allemande, le français, le chant, l'histoire et la géographie générale et nationale, avec de bonnes études de latinité. En France, au contraire, l'enseignement est organisé de telle sorte qu'on enseigne dans les classes inférieures, en 7e, 6e, 5e, bien des choses qui sont à peu près inutiles à l'élève qui ne doit pas pousser plus loin ses études, et qui même ne peuvent être bien comprises qu'en seconde et en rhétorique. Ainsi, dans nos classes inférieures, l'enseignement de l'histoire roule sur l'histoire grecque et romaine, d'où il résulte que si un élève se retire avant la seconde et la rhétorique, il n'a aucune idée ni de l'histoire générale de l'humanité, ni même de l'histoire nationale. En revanche, il sait mal l'histoire grecque et romaine, dont la connaissance approfondie ne lui est pas nécessaire, connaissance qu'il ne pourrait d'ailleurs acquérir que par la lecture des auteurs grecs et latins, Hérodote et Thucydide, Tite-Live et Tacite, qu'il lira seulement dans les premières classes. Les classes inférieures des gymnases de Prusse préparent aux classes supérieures ; mais elles forment par elles-mêmes un tout assez complet dans son genre pour suffire et être encore très-utile aux jeunes gens qui, ayant essayé l'instruction secondaire, ne peuvent la poursuivre jusqu'au bout, soit faute de moyens pécuniaires, soit faute de moyens intellectuels; car, pour passer des classes inférieures dans les classes supérieures, il y a un examen sévère, une espèce d'enquête, à la suite de laquelle le passage dans les hautes classes est accordé ou refusé. Le refus, pour lequel on exige l'unanimité de la commission d'examen (1), est aussi utile à l'État qu'aux familles. Il

(1) Circulaire du 16 septembre 1827, fondée sur deux résolutions du 10 mai et du 30 août de la même année.

prévient l'inconvénient grave de jeter dans les professions libérales de la société, des hommes qui n'y sont pas propres, et qui ne feraient que des demi-lettrés turbulents et ambitieux ; il épargne aux parents des sacrifices inutiles et des mécomptes pénibles, et il sert les jeunes gens eux-mêmes, en les renvoyant aux professions auxquelles ils conviennent, et où ils pourront trouver de l'aisance et du contentement. Il faut avoir montré dans les classes inférieures, c'est-à-dire au moins pendant trois années, de l'application et quelque talent, pour passer dans les classes supérieures. C'est alors, mais seulement alors, qu'on se livre aux études classiques et scientifiques proprement dites, avec étendue et profondeur, et comme il convient à qui se destine à l'université. On s'y prépare pendant la seconde et la première classe, lesquelles occupent presque toujours trois années. Les jeunes gens arrivent ainsi à l'université en état de profiter de ses leçons, et là ils s'instruisent à recruter un jour les professions libérales et à relever successivement les postes avancés de la société.

TITRE IV.

DE LA FORMATION DES MAITRES ET DES CONDITIONS EXIGÉES POUR ARRIVER A L'ENSEIGNEMENT PUBLIC.

Voilà le mécanisme extérieur du gymnase ; mais le ressort de ce mécanisme et de toute l'organisation de l'instruction secondaire, ce sont des maîtres capables d'imprimer à cette organisation le mouvement et la vie ; car autant vaut le maître, autant vaut l'école, est le principe fondamental de l'instruction secondaire aussi bien que de l'instruction primaire. Un gymnase est tout entier dans les maîtres qui le composent. Aussi le gouvernement prussien s'est-il depuis longtemps occupé de préparer des maîtres pour les écoles publiques secondaires, comme il l'a fait avec tant de succès dans l'instruction du peuple.

D'abord il y a dans chacune des sept universités du royaume un séminaire philologique, qui est toujours sous la direction du meilleur humaniste de l'université ; et de ces séminaires il sort un certain nombre de jeunes gens qui pour la plupart entrent dans la carrière de l'enseignement.

Nous joignons ici le règlement du séminaire philologique de Berlin pour donner une idée de ces sortes de séminaires en Prusse (1).

(1) Nous avons fait connaître, dans le premier rapport, deux institutions du même genre, le séminaire philologique d'Iéna et celui de Leipzig.

RÈGLEMENT

DU SÉMINAIRE PHILOLOGIQUE ATTACHÉ A L'UNIVERSITÉ DE BERLIN.

§ 1.

Le séminaire philologique est un établissement public attaché à l'université, lequel a pour but de former des hommes capables d'enrichir et de propager la science de l'antiquité, après s'y être eux-mêmes complétement initiés par de fortes études préparatoires.

§ 2.

Ne seront admis dans l'établissement que ceux qui se destinent uniquement aux études philologiques.

§ 3.

Ne seront admis à se présenter que ceux qui auront été au moins pendant un semestre élèves inscrits auprès d'une université.

§ 4.

La réception a lieu après un examen sévère où l'aspirant est tenu de présenter un spécimen de composition (*Probe-arbeit*). Le directeur de l'établissement jugera de l'aptitude de l'élève.

§ 5.

Les étrangers, lors même qu'ils devraient retourner dans leur patrie, pourront, dans le cas où ils se distingueraient d'une manière particulière par leur talent et leur zèle, être admis comme les indigènes.

§ 6.

Le nombre des membres ordinaires du séminaire, sera pour à présent fixé à *huit*. Par la suite, ce nombre pourra, suivant les circonstances, être augmenté.

§ 7.

Le directeur aura la faculté de permettre aux étudiants intelligents et zélés de l'université d'assister, en qualité de membres extraordinaires, aux exercices des séminaristes.

§ 8.

Les candidats au professorat ou les professeurs déjà nommés, mais qui auront été autorisés à aller perfectionner leurs connaissances dans quelque université, pourront être admis aux cours et aux exercices du séminaire.

§ 9.

Toute conduite immorale, grossière et contraire à l'esprit d'une bonne éducation, a pour suite l'exclusion immédiate. Le directeur a le pouvoir d'éloigner de son établissement tout individu incapable, indolent ou sans moralité.

§ 10.

La direction du séminaire est confiée à un professeur titulaire de la faculté philosophique de Berlin. Il lui sera en cette qualité affecté un traitement annuel de 100 thalers, pris sur les fonds de l'université.

§ 11.

Les exercices, tous en langue latine, sont :

1. Interprétation exacte des auteurs grecs et latins, en ayant constamment égard à la critique du texte : deux heures par semaine.

2. Compositions écrites et conférences, en partie sur quelques passages des classiques anciens, en partie sur quelques points d'archéologie. Tous les quinze jours il y aura une assemblée du soir, où seront récitées les compositions écrites. Il y aura aussi des discussions en langue latine (*disputationes*), où chaque membre, après avoir pris connaissance des travaux d'un ou de plusieurs de ses collègues, doit à son tour exposer son opinion et prononcer son jugement. Pour faire une composition ; chaque séminariste aura huit semaines ; au bout de ce terme, le travail doit être prêt. Celui qui a été inexact avec récidive et sans excuse valable, pourra être exclu du séminaire.

Même lorsqu'il n'y a pas de composition à lire, les séminaristes devront s'assembler le soir, une fois tous les quinze jours, afin de discuter ce qui dans leurs études leur a paru obscur ou intelligible. Chaque membre a le droit de poser des questions ; mais à chaque séance il y aura toujours alternativement quatre membres qui seront obligés de poser chacun une question. L'ordre dans lequel ces exercices auront lieu, sera fixé par le directeur.

Le directeur gardera les compositions écrites, pour servir en quelque sorte de pièces justificatives dans les jugements qu'il pourrait porter sur quelques séminaristes.

§ 12.

Les séminaristes qui se recommandent par leurs progrès, auront part aux *stipendia* académiques, ils pourront aussi, s'ils sont désignés d'une manière spéciale au ministère, recevoir des prix sur les fonds universitaires. Les séminaristes seront dirigés de manière que chacun puisse choisir un sujet spécial de philologie, et se faire connaître plus tard par la publication

(1) M. Boeckh, membre étranger de l'Institut de France, Académie des inscriptions, secrétaire perpétuel de la classe de philologie et d'histoire de l'Académie de Berlin, auteur

de ses travaux : ceux qui se distingueront particulièrement auront, en quittant l'établissement, l'impression gratuite de leurs ouvrages. A cet effet, ainsi que pour les prix et l'honoraire du directeur, il y aura un fonds de 500 thalers sur la caisse universitaire.

§ 13.

A la fin du trimestre d'été, le directeur fera au ministère un rapport détaillé sur les exercices et les conférences, rapport dans lequel seront désignés nominativement ceux qui se seront fait connaître par leur savoir et par leur zèle, et qui seraient ainsi capables d'occuper des places dans l'enseignement.

Le premier rapport est attendu pour le mois d'avril ou de septembre de l'année 1813.

Berlin, 28 mai 1812.

Le département de l'instruction publique et des cultes au ministère de l'intérieur,

De Schuckmann.

Mais c'était là un recrutement insuffisant et trop incertain des professeurs de gymnase. Le gouvernement prussien, dans sa sollicitude pour cet objet essentiel, a fondé pour toute la monarchie quatre écoles normales secondaires appelées *Séminaires pour les écoles savantes, Seminarien für gelehrte Schulen*, dans le même genre que les écoles normales primaires, les *Séminaires pour former des maîtres d'école, Seminarien für Schullehrer*. Le caractère le plus frappant de ces écoles normales secondaires est d'être de simples externats, tandis que les écoles normales primaires sont presque toutes des pensionnats. Leur vice est le trop petit nombre d'élèves, qui laisse trop peu de place à l'émulation. Chacune de ces écoles normales n'a pas plus de huit élèves. Il en faudrait une quarantaine pour se soutenir, s'éclairer, s'exciter les uns les autres ; et pour cela il faudrait réunir ces petites écoles normales en une seule, qui, placée à Berlin auprès d'une grande université, en relation avec d'excellents gymnases, sous les yeux du conseil et du ministre, entre les mains de l'homme supérieur (1) qui dirige aujourd'hui à la fois le séminaire philologique de Berlin et son séminaire pour les écoles savantes, serait d'une immense utilité à l'instruction publique. Si de nombreuses écoles normales primaires sont nécessaires pour former partout des maîtres d'école, il n'est pas besoin de plusieurs écoles normales secondaires pour le petit nombre de places qui vaquent chaque année dans les gymnases. Il n'y a qu'une

d'un grand nombre d'ouvrages célèbres sur toutes les parties de l'antiquité.

seule école normale secondaire en France, pour un pays bien plus étendu que la Prusse, et cette école normale unique a toujours suffi. Je soumets cette pensée au ministre éclairé qui dirige l'instruction publique en Prusse, et aux hommes expérimentés qui composent son conseil. Il s'agirait seulement d'agrandir le *Seminarium für gelehrte Schulen* de Berlin, et, sans même en faire d'abord un pensionnat, de l'enrichir des élèves et des ressources des trois autres séminaires supprimés. Il n'y aurait pas besoin de toucher à son organisation, qui est excellente, surtout par la forte et étroite relation établie entre le séminaire et les gymnases de Berlin, où les jeunes maîtres vont se former, par une pratique assidue et variée, à toutes les parties du service de l'instruction secondaire. Voici le règlement de ce séminaire, qu'il serait intéressant de comparer avec le règlement de notre grande école normale de Paris (1).

RÈGLEMENT

DU SÉMINAIRE ROYAL POUR LES ÉCOLES SAVANTES A BERLIN.

§ 1.

But général de l'établissement.

Ce séminaire a pour but de former des professeurs pour l'enseignement secondaire. Ceux qui désirent y entrer, doivent déjà posséder des connaissances préliminaires, philologiques et scientifiques, qu'ils n'auront plus qu'à étendre et à perfectionner. Pendant leur séjour au séminaire, ils devront surtout s'exercer théoriquement et pratiquement dans la pédagogie, afin de devenir capables d'enseigner avec succès.

§ 2.

Corollaires qui dérivent de ce but.

1. Tout séminariste devra se mettre en état de remplir convenablement une chaire dans les classes supérieures.

2. Il devra soigneusement étudier la pédagogie, tant historiquement que philosophiquement : ce dont on exigera des preuves.

3. Il devra se mettre en état d'enseigner les diverses connaissances qu'il aura acquises dans les différents degrés de l'enseignement; de saisir et d'embrasser avec facilité tous les objets qu'il aura à développer aux élèves; de faire marcher de front et sur la même ligne l'enseignement et la discipline.

(1) V. le *Rapport sur l'instruction publique en Allemagne*, t. II, pag. 118.
(2) Quartier de Berlin.

§ 3.

Direction du séminaire.

Le séminaire est dirigé par un homme entièrement indépendant des directeurs des gymnases de Berlin, et qui est immédiatement subordonné au ministère. Il aura non-seulement la direction générale du séminaire, mais encore la direction particulière des séminaristes.

§ 4.

Nombre des séminaristes.

Le nombre des séminaristes sera de huit. Les maîtres surveillants du gymnase royal du Joachimsthal (2), ainsi que les professeurs dont les connaissances présenteraient des lacunes, pourront prendre part aux exercices de l'établissement.

§ 5.

Position du séminaire vis-à-vis des gymnases.

Le séminaire ne dépend nullement des gymnases, et ses membres sont, d'après la décision du directeur, distribués dans les quatre gymnases allemands (3). Ils y seront employés alternativement chaque année, afin de s'initier profondément à la marche disciplinaire et pédagogique de chacun de ces établissements.

§ 6.

Choix des séminaristes.

Le choix des séminaristes dépend du directeur, qui agira d'après les principes suivants :

Conditions d'admission.

1. Tout aspirant doit être muni d'un certificat académique constatant que le porteur possède les connaissances requises pour la carrière de l'instruction publique, et d'un *testimonium morum*.

2. Quant à l'âge, il faut qu'il ne soit ni au-dessous de vingt ans, ni au delà de trente.

3. Il faut que l'aspirant déclare s'attacher à la carrière de l'enseignement et ne vouloir plus la quitter, et qu'il s'engage à se vouer au moins pendant trois ans à l'instruction publique, ou à rembourser le *stipendium* dont il a joui. Cette mesure sera mise à exécution, lors même que le séminariste sortira de l'établissement pour aller dans un pays étranger.

4. Les étrangers ne seront admis que sur leur engagement de rester fonctionnaires dans les États de

(3) Le cinquième gymnase de Berlin est le gymnase français, pour les jeunes gens de la colonie française que la révocation de l'édit de Nantes a donnée à la Prusse.

Prusse. S'ils ne remplissent pas cette dernière condition, ils seront tenus de rembourser tout le *stipendium* dont ils ont joui sur la caisse du séminaire.

5. Le paragraphe précédent sera porté à la connaissance de tous ceux qui se présenteront pour être admis dans ledit établissement.

Examens.

1. A son entrée au séminaire, le candidat devra subir un examen en tout semblable à l'examen *pro facultate docendi* (1).

2. L'examen portera sur la langue et la littérature allemande. Celui qui n'est pas en état d'enseigner cette partie avec succès, même dans les classes supérieures, ne pourra être reçu.

3. L'examen portera aussi sur les langues anciennes, l'histoire, les mathématiques et les sciences naturelles. Chaque aspirant devra connaître au moins une de ces parties, de manière à pouvoir convenablement enseigner dans les classes supérieures. Celui qui serait assez fort dans une de ces parties, mais dans les autres si faible qu'il ne pourrait les enseigner que dans les classes inférieures, pourra être reçu, mais à condition qu'il aura comblé ces lacunes au bout d'un an; et à cette époque il devra subir un nouvel examen. Si même au bout de deux ans il n'avait pas comblé ces lacunes, il perdra ses droits de séminariste et devra quitter l'établissement.

4. Si le séminariste est pauvre, il pourra, sur un certificat de la direction, obtenir l'autorisation de suivre gratuitement les cours de l'université.

5. Les séminaristes auront, sur un certificat de la direction, la permission d'emporter chez eux tous les livres de la bibliothèque royale dont ils auraient besoin. Cette permission cesse dès qu'ils quittent le séminaire.

Pédagogie.

Pour s'assurer de l'intelligence et de la capacité de l'aspirant, le directeur lui fera subir un examen spécial qui consiste dans une composition pédagogique et dans quelques leçons d'épreuve.

Temps qu'il faut passer au séminaire.

1. La durée du séjour au séminaire est de quatre ans; parce que, comme il y a quatre gymnases à Berlin, chaque séminariste pourra avoir achevé un cours complet à chaque gymnase, tout en changeant de gymnase chaque année.

2. Après ce temps, ils reçoivent un certificat qui leur donne le droit d'entrer dans la carrière de l'enseignement: en même temps ils perdent leur droit au *stipendium* et à l'usage de la bibliothèque royale.

(1) Voyez plus loin pag. 185.

5. Tout séminariste peut, en prévenant la direction trois mois d'avance, quitter le séminaire pour aller remplir un professorat.

4. Ceux qui se sont particulièrement distingués, seront d'abord revêtus des places de maîtres surveillants auprès du gymnase royal du Joachimsthal. En général tous ceux qui ont terminé au séminaire leurs études avec succès, seront préférés lorsqu'il y aura des fonctions à conférer.

5. Tout séminariste est exempté de droit, pour entrer dans un gymnase, de l'examen *pro facultate docendi*, mais il devra se soumettre à l'examen *pro loco* (2). Le ministère pourra même dispenser de ce dernier examen ceux qui se seront fait connaître d'une manière avantageuse.

§ 7.

Obligations générales des séminaristes.

On exige en général des séminaristes qu'ils soient soumis tant aux directeurs du séminaire et du gymnase où ils enseignent, qu'aux autres personnes qui participent à la direction de ces établissements; qu'ils préparent suffisamment leurs leçons, qu'ils montrent du zèle et de l'application, qu'ils soient exacts dans leurs travaux et qu'ils se familiarisent avec les règles d'une bonne discipline.

§ 8.

Obligations particulières.

Exercices principaux.

1. Pour atteindre le but proposé pour cet établissement (§ 1,2), les séminaristes auront à faire des compositions qui seront discutées dans les réunions spéciales (§ 9).

2. Pour la connaissance théorique de la pédagogie et de l'art d'enseigner (*Didactik*), ils livreront des compositions pédagogiques qui seront discutées dans des réunions (§ 10).

3. Pour s'initier à la pratique de l'enseignement, ils devront se charger de quelques heures de classe aux gymnases, sur la désignation du directeur.

Exercices secondaires:

1. Assister aux cours des professeurs en titre, en qualité d'auditeurs (*hospitiren*) (§ 12, 13).

2. Faire des leçons sur des thèmes donnés, sous la direction du chef du séminaire (§ 12, 14).

3. Se charger de la surveillance et de la direction provisoire de quelques élèves négligents (§ 12, 13).

(2) Voyez plus loin pag. 191.

§ 9.

Des compositions (wissenschaftliche Abhandlungen)
et de leur examen.

Les séminaristes devront chaque mois présenter de
nouvelles compositions. Ces travaux seront la preuve
de leur diligence et de leur application et ils serviront
à faire ressortir l'ensemble de leurs connaissances.
Il faudra éviter de toujours choisir les mêmes sujets, mais les varier autant que possible. Aussi tous
les membres seront tenus de proposer, chacun à leur
tour, plusieurs sujets parmi lesquels le directeur choisira celui sur lequel il faudra travailler. Si, parmi les
sujets proposés, il n'y en a pas un seul de convenable,
le directeur en désignera un lui-même en indiquant la
marche à suivre.

Les séminaristes s'assembleront tous les mois une
fois sans exception et sous la présidence du directeur;
dans cette conférence, les compositions seront examinées. Comme chacun a huit mois de temps pour faire
sa composition, on est au moins en droit d'exiger
quelque chose de mûrement travaillé. Les compositions
seront écrites en latin, si elles portent sur des sujets
philologiques et archéologiques, et en allemand lorsqu'elles traitent de l'histoire moderne, des mathématiques et des sciences naturelles; et elles devront
être livrées neuf semaines avant la séance d'examen.
Le directeur communique chaque composition d'abord
au membre le plus ancien qui le fait passer au suivant,
et ainsi de suite, de manière que cette composition
retourne au directeur au moins huit jours avant la
séance; chacun doit y avoir mis des notes où il con-
signe son jugement. La composition sera discutée
dans la langue dans laquelle elle a été écrite; et il
sera dressé procès-verbal des actes de la discussion.

Comme le séminaire a pour but une éducation générale et variée, il faudra que parmi les six compositions que chaque membre donne pendant les quatre
années, il y en ait au moins deux qui se rattachent
moins immédiatement à la pédagogie.

Dans ces mêmes séances, le directeur fera connaître
aux séminaristes les progrès modernes des sciences, et
il leur fera des espèces de rapports sur les meilleurs
écrits nouveaux.

§ 10.

Des compositions pédagogiques et de leur examen.

Ces compositions ont pour but de sonder et d'approfondir le degré de connaissance auquel chacun est
parvenu dans la pédagogie; elles sont en langue allemande et traitent surtout de la théorie de la pédagogie
et de l'art d'enseigner.

L'examen de ces compositions se fera comme celui

des autres compositions. Dans les séances pédagogiques, outre l'examen de la composition, il y aura aussi
des rapports sur la marche ou le plan de l'enseignement suivi jusqu'alors, et sur d'autres objets importants, sur la surveillance des élèves qui ont été confiés
à chaque séminariste, etc.

§ 11.

Des classes confiées aux séminaristes.

Tout séminariste sera chargé alternativement pendant six semaines de quelques leçons dans un des
gymnases.

Ces leçons auront lieu la plupart dans les classes
supérieures et moyennes.

C'est le directeur du séminaire qui désigne les
classes à faire en s'entendant avec les directeurs des
gymnases. Le directeur du séminaire sera quelquefois
lui-même présent à ces leçons, et il examinera ainsi
la méthode et les moyens de chacun des élèves-maîtres. Quant à la discipline, les séminaristes seront
en tout subordonnés aux directeurs des gymnases
(§ 12).

Ces leçons seront, en outre, inspectées très-fré-
quemment par les professeurs titulaires avec lesquels
les séminaristes suppléants devront s'entendre sur la
discipline, ainsi que sur la matière et sur la forme de
l'enseignement.

Ils devront mettre toute leur attention à la préparation exacte et consciencieuse du petit nombre de leçons
qu'ils auront à faire; ils devront se pénétrer de l'importance de l'emploi qu'ils ont à remplir, et mettre
en pratique les bons principes pédagogiques qui leur
auront été enseignés, c'est-à-dire, allier la science avec
une discipline sévère, et savoir stimuler l'intérêt et la
curiosité des élèves. Pendant ces leçons il leur est
permis de punir les délits peu graves; mais cette punition ne doit pas être poussée trop loin. Lorsque les
délits sont plus grands, ils devront en prévenir les professeurs titulaires.

Les sujets de ces leçons sont changés tous les semestres. Ainsi, au bout de quatre ans, les séminaristes
sauront pratiquement, à leur sortie du séminaire, ce
qu'ils savaient seulement par la théorie à leur entrée
(§ 7, 6, 4).

Dans le cas de maladie d'un professeur, ils seront
chargés de plusieurs leçons, en qualité de suppléants;
mais ces leçons ne devront jamais dépasser le nombre
de six.

§ 12.

Dispositions secondaires.

. Bien que les § 9, 10, 11, contiennent déjà les dispositions essentielles du séminaire, il y a cependant en-

core quelques autres points secondaires à établir, qui sont relatifs, soit à la position de l'établissement vis-à-vis des gymnases, soit aux occupations individuelles de chaque membre (§ 8).

Il faudra surtout s'arranger de manière que celui qui n'est pas encore suffisamment avancé dans le matériel des connaissances, pour ainsi dire, n'emploie pas trop son temps à ces leçons d'épreuve.

Voici comment il faut envisager toutes ces choses :

1. On assiste aux cours des professeurs (*hospitiren*), pour acquérir la connaissance des lois de la discipline, de la marche et de la méthode de l'enseignement (§ 13).

2. On développe devant les élèves certains sujets donnés, afin de s'habituer à s'énoncer clairement et avec précision, et à se placer au point de vue et à la portée de ceux qu'on instruit (§ 14).

3. On s'exerce dans l'art de la pédagogie et de la discipline par la surveillance exercée sur quelques élèves grossiers et négligents, qu'on doit chercher à ramener dans la bonne voie par tous les moyens permis (§ 15).

§ 13.

De l'obligation d'assister aux cours du professeur.

C'est au directeur du séminaire, d'accord avec les directeurs des gymnases, à régler ce qui se rapporte à cette obligation.

En tous cas, les principes suivants sont établis à cet égard :

1. Le directeur du séminaire, en désignant un séminariste pour l'*hospitiren*, aura égard à la capacité et au savoir de celui-ci, afin de le faire assister ou aux cours des classes supérieures ou à ceux des classes inférieures.

2. Le séminariste n'assistera qu'à un seul cours à la fois.

3. L'*hospitiren* ayant lieu le premier mois de la suppléance dans un gymnase, est ainsi départi à chacun une fois par an.

4. Le séminariste *hospitant* doit se préparer à la matière du cours auquel il assiste.

Il pourra successivement assister aux cours des autres professeurs du gymnase où il enseigne ainsi provisoirement.

§ 14.

Des leçons sur certains thèmes donnés.

Le temps et la matière pour cet exercice seront fixés par le directeur.

Le thème devra être choisi de manière qu'il puisse être également développé dans toutes les classes.

Le thème est désigné par le directeur du séminaire, qui en donne avis au directeur du gymnase, afin que ce dernier puisse choisir pour cela une classe convenable, laquelle ne devra contenir ni moins de 15, ni plus de 25 élèves. Si ce thème porte sur l'explication de quelque auteur ancien, les élèves devront en être prévenus à l'avance, afin qu'ils aient le temps de s'y préparer.

Ces exercices, pour ne pas troubler l'enseignement ordinaire, devront avoir lieu en dehors du temps destiné aux classes ordinaires. Si le nombre de ces élèves volontaires est insuffisant, les élèves boursiers seront tenus d'assister à ces exercices.

Ces exercices ont lieu en présence du directeur du séminaire qui fixe le temps de la leçon, lequel doit être rigoureusement observé.

Le nombre de ces exercices n'est pas fixe ; il dépend des talents et des progrès des séminaristes.

Quant au thème donné, les séminaristes auront d'abord un rapport général à faire sur la méthode et la marche qu'ils se proposent de suivre dans l'exposition de l'ensemble et des détails.

Le directeur, s'il remarque quelque défaut soit dans la méthode en général, soit dans l'exposition des détails, en avertira le séminariste.

Afin d'obliger l'enseignant à prendre un ton convenable, de l'assurance et de la précision dans l'élocution, il ne devra se servir d'aucun cahier ni d'aucun secours ; à peine s'il est permis, dans la citation des ouvrages, de prendre note du chapitre, de la page, etc.

Quoique l'enseignant doive se tenir au plan qu'il s'est tracé, il devra néanmoins être prêt à donner des explications sur d'autres points, si quelques élèves les provoquent.

§ 15.

De la surveillance à exercer sur certains élèves.

Sur le but de cette surveillance, voyez le § 12. Quoique l'instruction soit la partie la plus essentielle dans un gymnase, elle devra néanmoins se lier étroitement à la discipline.

Le directeur du gymnase confiera de temps à autre aux séminaristes le soin de surveiller quelques sujets négligents, et de tâcher de les ramener dans la bonne voie par tous les moyens disponibles.

Il est nécessaire que ces sujets soient d'une des classes où les séminaristes font leurs leçons. L'élève placé sous cette surveillance, devra toutes les semaines présenter ses travaux à la révision du surveillant qui emploiera d'abord des conseils bienveillants et des moyens de douceur. Toutefois, les sujets ainsi surveillés, sont toujours sous la dépendance immédiate du directeur et des professeurs qni devront employer à leur égard les moyens ordinaires de correction.

Lorsque le temps de la surveillance est écoulé, le surveillant fera son rapport au directeur du gymnase, qui de son côté le communiquera au directeur du séminaire, en l'accompagnant des notes qu'il jugera à propos d'y ajouter.

§ 16.

Des conférences.

Les rapports des séminaristes avec les directeurs des gymnases seront sur le pied de l'amitié. En tant qu'enseignant dans les classes des gymnases, ils auront le droit d'assister à toutes les conférences ou délibérations, de donner leur voix, d'apposer aux notes leur signature, mais approuvée par le professeur titulaire, d'assister aux examens des élèves, etc. Les directeurs seront toujours prêts à leur donner tous les renseignements qu'ils pourraient demander, relativement aux divers points de discipline, etc.

§ 17.

Études des séminaristes.

Outre les moyens d'instruction établis par les règlements, le directeur pourra encore s'assurer si les séminaristes perfectionnent leurs connaissances par des études privées.

A cet effet, chaque membre du séminaire aura, dans les conférences ordinaires, à faire connaître ses études privées, à donner lecture de ses travaux et à indiquer les auteurs ou les ouvrages qu'il aura lus. Si les circonstances l'exigent, le directeur pourra faire mettre ces rapports par écrit. Les avis que le directeur pourrait donner là-dessus, devront toujours être reçus avec docilité.

§ 18.

Usage de la bibliothèque.

Il y a une bibliothèque spéciale appartenant au séminaire, et dont les séminaristes peuvent disposer. Cette bibliothèque renferme surtout deux classes d'ouvrages : 1° les ouvrages pédagogiques ; 2° les ouvrages qui ont trait à l'instruction en général. Quant aux ouvrages de la première classe, il est permis d'en emporter chez soi, mais il est défendu d'en garder plus longtemps que quinze jours. Les dictionnaires sont rangés dans la deuxième classe, et il n'est permis de les consulter qu'à la bibliothèque même.

Chaque trimestre, tous les ouvrages prêtés devront être réintégrés, afin d'en pouvoir répandre l'usage parmi un plus grand nombre d'élèves. La gestion de la bibliothèque sera confiée à chaque séminariste alternativement. La tenue du catalogue est confiée à la direction du séminaire qui, dans ses rapports annuels, indiquera les acquisitions nouvelles.

§ 19.

Subventions accordées aux séminaristes.

Tout membre ordinaire touchera sur la caisse du séminaire une subvention (*stipendium*) annuelle de 120 *thalers* , en quatre termes, payable au commencement de mars, de juin, de septembre et de décembre ; chaque fois il sera délivré par le récipiendaire une quittance.

Au reste, les relations que les séminaristes ont avec les gymnases pourront leur être très-utiles pour se procurer des leçons privées ; et, à cet effet, les directeurs ne manqueront pas de faire toutes les démarches nécessaires.

§ 20.

Rapport annuel.

Le directeur est tenu de faire toutes les années, au mois de décembre, un rapport annuel au département soussigné, en y ajoutant un tableau statistique sur les travaux, l'instruction, les progrès, etc., des séminaristes.

§ 21.

Entretien du séminaire.

Pour l'entretien de l'établissement, il est alloué une somme annuelle de 1,000 *thalers* , dont 960 thalers sont employés à la subvention des huit séminaristes, et les autres 40 thalers pour la bibliothèque et *ad extraordinaria*. Ces 1,000 thalers sont déposés à la caisse générale du ministère, lequel, sur les rapports de la direction du séminaire, en répartira les dépenses. Il ne pourra être disposé des subventions vacantes que sur l'autorisation spéciale du ministre.

Berlin, le 26 août 1812.

Le département de l'instruction publique et des cultes au ministère de l'intérieur.

De Schuckmann.

La loi de 1819 dit formellement, art. 59 :

« C'est dans ces établissements (les séminaires pour les écoles savantes) que doivent être pris les maîtres supérieurs des gymnases et les recteurs des hautes écoles de ville. »

Et ailleurs, même loi, art. 63 :

« Sont principalement aptes à être nommés aux places d'écoles qui exigent de l'instruction scientifique, c'est-à-dire aux places de professeurs dans les gymnases et de recteurs des écoles supérieures de villes pour lesquelles cette instruction est indispensable, les élèves des écoles normales susmentionnés à l'article 59, quand ils ont terminé les cours prescrits dans ces écoles, et que les directeurs leur ont donné le certificat de maturité parfaite. En ce

« cas, dans la règle, ils n'ont pas besoin d'être soumis
« à un examen particulier. »

Ainsi les écoles normales de la Prusse, jouissent,
comme notre grande école normale de Paris, de l'avantage de préparer spécialement aux diverses places de
l'instruction secondaire ; mais cet avantage n'est pas
plus un monopole en Prusse que chez nous, et la loi
de 1819, dans ce même article 63, déclare que
« ceux qui n'auraient pas été formés dans les écoles
« normales sont aptes néanmoins à l'enseignement
« dans les écoles supérieures de l'État, sous la con-
« dition de subir l'examen ordonné par l'édit du
« 12 juillet 1810, pour les candidats aux places d'en-
« seignement. »

Le même article confirme l'édit de 1810, consacre
les changements apportés dans les autorités chargées
de l'examen par l'instruction sur les consistoires provinciaux, en date du 23 octobre 1817, § 12, et y
ajoute un certain nombre de dispositions nouvelles.

L'édit de 1810, l'instruction de 1817, et la loi
de 1819, ont été, en 1831, la base d'un nouveau travail
duquel est sorti le règlement actuellement en vigueur
sur les examens nécessaires pour parvenir à un emploi
dans l'instruction secondaire. Ce règlement correspond
exactement à notre règlement du concours de l'agrégation. Il est inférieur au règlement français en ce que
l'examen peut avoir lieu sur six points différents du
royaume, Berlin, Kœnigsberg, Breslau, Halle, Munster
et Bonn, où il est impossible que le même niveau de
sévérité soit maintenu ; tandis que chez nous le concours de l'agrégation est centralisé à Paris, et qu'ainsi
l'unité de l'examen garantit la justice du résultat. Mais
le règlement prussien de 1831 est peut-être supérieur
à celui de l'agrégation française, par le caractère profondément pratique des diverses épreuves qu'il institue. Tout y est dirigé vers le grand objet de l'éducation : la science n'y est qu'un des instruments de la
pédagogie ; et le problème que les diverses épreuves
cherchent à résoudre, est de savoir si le candidat est
capable ou non de bien gouverner la jeunesse (1).

La gradation des épreuves est fort bien entendue.

Il y a d'abord un examen destiné à constater la capacité générale du candidat pour l'enseignement : *Examen pro docendi facultate.*

Après ce premier examen, on fait un noviciat d'un
an, avec le titre de candidat, dans un gymnase : on
y exerce différentes fonctions pour acquérir l'habitude
de l'enseignement et l'art du gouvernement d'une classe.

Vient alors un examen spécial pour obtenir telle
ou telle chaire, *examen pro loco.*

A chaque degré d'avancement, il faut un examen
nouveau, *pro ascensione.*

Pour devenir recteur, c'est-à-dire chez nous proviseur, il y a des conditions particulières.

Ce règlement est de la plus haute importance, et il
nous est impossible de ne pas le donner ici tout entier.

RÈGLEMENT

CONCERNANT LES EXAMENS DES CANDIDATS A L'ENSEIGNE-
MENT (SCHULAMTS-CANDIDATEN).

Conformément à l'édit royal du 12 juillet 1810,
concernant les examens des candidats à l'enseignement, il est arrêté ce qui suit :

§ 1er.

Les examens de capacité pour l'enseignement seront dirigés, sous l'autorité du collège des écoles du
consistoire provincial (*provinsial Schul-Collegium*) par
des commissions spéciales (*wissenschaftliche Prüfungs
Commissionen*) résidant à Berlin, à Kœnigsberg, à
Breslau, à Halle, à Munster et à Bonn.

§ 2.

Doivent se soumettre à ces examens :

1. Ceux qui aspirent à l'enseignement dans tout
établissement public, qui prépare des élèves pour les
universités (le *gymnase*);

2. Ceux qui aspirent à l'enseignement dans les
écoles publiques, qui préparent des élèves pour les
classes supérieures des établissements ci-dessus désignés (les *progymnases*) ;

3. Ceux qui aspirent à l'enseignement dans les
Bürger et *Real-Schulen*;

4. Les prédicateurs de régiment, en tant qu'ils
veulent enseigner dans les écoles de division (2).

Il sera notifié aux commissions d'examen de chaque
province, quels sont les établissements qui doivent
être compris sous les nos 1—3.

§ 3.

Les maîtres de dessin, de calligraphie et de chant
ne sont point soumis aux examens de la commission.
Le ministère avisera lui-même à l'établissement
d'examens convenables, par des règlements particuliers.

§ 4.

Les examens dont la direction est dévolue aux commissions d'examen, sont :

1. L'examen pro *facultate docendi ;*
2. L'examen pro *loco ;*
3. L'examen pro *ascensione ;*
4. Les *colloquia pro rectoratu.*

(1) Voyez l'ouvrage intitulé : *École normale*, pag. 153.

(2) Nos écoles régimentaires sérieusement organisées.

A. EXAMEN PRO FACULTATE DOCENDI.

Objet et but de cet examen.

§ 5.

L'examen *pro facultate docendi* a pour but de s'assurer de l'aptitude générale des candidats à remplir une chaire quelconque dans les établissements appartenant à la classe n° 2, sans exclure néanmoins les spécialités, si l'aspirant fait preuve de savoir et d'intelligence dans telle branche d'enseignement préférablement à telle autre. Pour sonder le degré d'instruction et d'aptitude de chaque candidat, la commission fera rouler l'examen sur les objets ci-après désignés :

A. LANGUES.

a. Allemande,
b. Grecque,
c. Latine,
d. Française,
e. Hébraïque.

B. SCIENCES.

a. Mathématiques, physique, histoire naturelle ;
b. Histoire, géographie, archéologie, mythologie, histoire littéraire des Grecs et des Romains ;
c. Philosophie et Pédagogie ;
d. Théologie.

Chaque candidat peut se faire examiner *proprio motu*, même dans d'autres parties qu'il a étudiées et dont le programme ne fait pas mention. Ceux des candidats qui se sont voués exclusivement aux mathématiques et aux sciences naturelles, et qui se destinent à l'enseignement dans les *höhern Bürger* et *Real-Schulen*, pourront être dispensés de l'examen dans les langues grecque et hébraïque.

§ 6.

Admission à l'examen pro facultate docendi.

Pour être admissible à l'*examen pro facultate docendi*, il faut justifier auprès de la commission des pièces suivantes :

1. D'un certificat constatant que le candidat a fréquenté l'université après avoir rempli toutes les conditions de l'*Abiturienten-Examen* ;

2. D'un certificat trimestriel délivré par l'université constatant l'assiduité aux cours et une bonne conduite ;

3. D'un certificat de bonnes vie et mœurs délivré par les autorités compétentes. Ce certificat n'est pas nécessaire si le candidat, ayant quitté l'université, s'est présenté peu de temps après à la commission, pour subir son examen ;

4. D'une autobiographie en langue latine, indiquant non-seulement le nom, le prénom, le lieu de naissance, etc., mais les études auxquelles l'aspirant a consacré le plus de temps, et dans lesquelles il croit s'être le plus distingué. Cette autobiographie peut être écrite aussi en langue française pour les candidats à l'enseignement dans les *höhern Bürger* et *Real-Schulen*.

Le candidat devra faire connaître également si son intention est de se destiner à l'enseignement dans les classes inférieures, moyennes, ou supérieures.

§ 7.

Tout individu ne justifiant point des pièces n°s 1 et 2 du § 6, ne pourra passer l'examen, à moins d'une autorisation spéciale du ministre. Lorsque les certificats élèvent des doutes sur l'aptitude du sujet, la commission peut conseiller à celui-ci de renoncer à l'examen, sans pouvoir toutefois refuser de l'y admettre, s'il persiste à se présenter. Les étrangers devront aussi obtenir la permission du ministre.

§ 8.

Forme de l'examen.

Il y aura examen par écrit et examen oral. Le candidat ne sera dispensé d'aucune partie de l'examen, à moins d'une autorisation préalable du ministre, motivée sur le rapport de la commission.

§ 9.

Examen par écrit.

Après avoir justifié des pièces nécessaires, le candidat sera tenu de présenter à des termes fixés par la commission, deux ou trois compositions, en indiquant les secours qu'il a employés. Il est indispensable qu'au moins une de ces compositions soit écrite en latin. Pour les candidats des *höhern Bürger* et *Real-Schulen*, ces compositions peuvent être écrites en latin ou en français.

Le but de ces compositions est de procurer aux examinateurs une connaissance exacte de l'ensemble de l'instruction du candidat. Tous les membres de la commission devront mettre par écrit le jugement qu'ils portent de ces travaux et se le communiquer entre eux.

§ 10.

Examen oral.

Après la présentation des compositions écrites, le candidat recevra de la part du directeur de la commission, l'assignation du terme pour l'examen oral et pour les leçons d'épreuve (*Probe Lectionen*).

§ 11.

Les sujets des leçons d'épreuve seront déterminés suivant la force des compositions écrites. En règle, ces sujets devront être choisis dans les sciences philologiques, mathématiques et historiques. Les membres de la commission assisteront à ces leçons; le directeur et les professeurs de l'établissement où se tient la leçon d'épreuve pourront également être présents. Les membres de la commission dresseront un procès-verbal sur les leçons.

§ 12.

Le but de l'examen oral est de s'assurer si le candidat possède les connaissances philologiques, mathématiques, historiques, etc., nécessaires à l'enseignement. Bien qu'on ne puisse pas exiger une connaissance également profonde dans les diverses branches scientifiques et littéraires, il faut cependant que les juges parviennent à connaître le degré de savoir et d'intelligence de chaque candidat. La partie de l'examen qui a pour but de s'assurer des connaissances du candidat dans la philologie classique, doit être faite en latin.

§ 13.

A chaque terme assigné, il n'y aura jamais plus de trois candidats qui tous se destineront au même ordre d'établissements. Il est permis à la commission de fixer chaque année des termes pour l'examen oral.

§ 14.

L'importance de l'examen exige la présence continuelle du directeur de la commission. Outre l'examinateur spécial pour chaque partie de l'examen, il devra y assister encore un membre adjoint.

§ 15.

Le procès-verbal, signé par tous les membres de la commission, sera annexé aux compositions écrites. Lorsqu'il y a plusieurs candidats, on dressera un procès-verbal particulier sur chacun d'eux. Ordinairement c'est un membre de la commission qui en sera chargé.

§ 16.

La *facultas docendi* pleine et entière ne sera accordée qu'à celui qui, dans les trois parties essentielles de l'enseignement supérieur, à savoir : 1° dans les langues anciennes et dans la langue maternelle; 2° dans les mathématiques et les sciences naturelles; 3° dans l'histoire et la géographie, possède des connaissances suffisantes pour pouvoir, après une préparation convenable, enseigner avec succès dans les deux classes

supérieures d'un gymnase, et qui enfin dans les autres parties est assez avancé pour pouvoir donner une instruction variée aux élèves. Ceux des candidats qui demanderaient à être dispensés d'une partie de l'examen à cause de leur ignorance soit dans les langues anciennes, soit dans l'histoire, etc., devront recevoir des membres de la commission le conseil de se présenter à un autre examen, après avoir appris ce qu'ils ignoraient.

§ 17.

Objets spéciaux de l'examen.

Philologie.

On exigera d'un professeur des classes inférieures une connaissance exacte des grammaires latine et grecque, de manière qu'il sache appliquer, en interprétant un auteur, les règles principales de la syntaxe.

La composition latine doit être exempte de fautes grammaticales. Le candidat devra aussi être assez versé dans les deux langues anciennes, pour comprendre sans difficulté les auteurs faciles et à la portée des commençants. Quant à l'histoire, on exigera qu'il soit à même de donner, pendant l'explication des auteurs, les notions nécessaires sur les hommes les plus célèbres et sur les institutions les plus importantes de l'antiquité.

Les candidats, pour les classes moyennes, devront faire preuve d'une connaissance plus étendue et plus scientifique des grammaires grecque et latine, qui les mette en état de saisir le caractère propre de ces langues, et d'enseigner aux élèves plus que ceux-ci n'en pourraient apprendre dans les manuels et les dictionnaires. Ils devront être en état d'expliquer à livre ouvert et assez couramment les passages un peu difficiles d'Homère, de Xénophon, d'Ovide, de Tite-Live et d'autres classiques du même rang. Ils devront connaître les faits les plus importants de l'archéologie, de la mythologie et de l'histoire littéraire des Grecs et des Romains, qui se rencontrent dans l'explication des auteurs; à défaut de cela, ils devront au moins connaître les meilleures sources relatives à ces matières.

Enfin, pour l'enseignement dans les deux classes supérieures d'un gymnase, on exigera, outre une connaissance encore plus approfondie des grammaires grecque et latine, une étude plus vaste des classiques anciens, surtout de ceux qui sont lus dans les classes supérieures; la connaissance de l'état actuel de la philologie et les sources les plus importantes, ainsi que de l'assurance et de la facilité dans l'élocution latine. Quant à l'archéologie, à la mythologie, à la métrique et à l'histoire littéraire des Grecs et des Romains, on ne peut pas, il est vrai, exiger une connaissance rigoureuse de toutes les particularités qu'elles renferment, mais cependant les candidats devront prouver qu'ils se sont occupés de ces sciences telles que les professeurs des universités les exposent dans leurs cours, et qu'étant déjà sur la bonne voie, ils pourront facilement se perfectionner eux-mêmes avec un peu d'effort et d'étude ; car ces choses ne s'apprennent pas simplement dans des compilations.

Les candidats qui se vouent, non pas à l'enseignement philologique, mais à l'enseignement dans les *höhern Bürger* et *Real-Schulen*, devront être à même de comprendre au moins avec facilité un livre latin.

Pour l'allemand, l'examen portera sur la grammaire générale, sur le génie et les lois de la langue, et sur l'histoire de la littérature nationale. Celui qui sur tout cela ne fait pas preuve d'assez d'intelligence et de savoir pour pouvoir enseigner la langue allemande avec succès dans toutes les classes, même dans les classes supérieures, celui-là n'aura aucunement droit à la *facultas docendi* absolue dans l'enseignement philologique.

Tout aspirant devra connaître suffisamment la grammaire française et être en état d'expliquer un poète ou un prosateur, même lorsqu'il n'a pas l'intention de se livrer à l'enseignement de cette langue.

§ 18.

Histoire et géographie.

Quant à l'enseignement de l'histoire et de la géographie dans les classes inférieures, il faudra que le candidat soit assez instruit pour diriger convenablement les élèves dans ces études, et qu'il puisse par la suite se perfectionner lui-même par la connaissance des meilleures sources.

Pour l'enseignement dans les classes moyennes, le candidat devra être familier avec l'histoire ancienne, l'histoire du moyen âge et l'histoire moderne, surtout avec la première ; il devra également connaître les meilleures sources relatives à ces matières.

Pour l'enseignement dans les classes supérieures, on exigera en général, non-seulement au plus haut degré ce que l'on exige d'un candidat pour les classes moyennes, mais surtout la connaissance la plus exacte de toutes les sources d'instruction. Le candidat devra, en outre, être assez avancé en philologie pour compulser avec profit les auteurs anciens et pouvoir donner en langue latine le cours de l'histoire ancienne.

Une connaissance de l'histoire générale, fondée sur la chronologie et la géographie, suffira à celui qui ne veut point se vouer à l'enseignement historique et géographique proprement dit.

§ 19.

Mathématiques et sciences naturelles.

Pour l'enseignement mathématique dans les classes inférieures, on exigera la connaissance de la géomé-

trie élémentaire, de l'arithmétique générale et de l'algèbre ; en outre, dans les classes moyennes, celle de la trigonométrie rectiligne. Pour les classes supérieures, il faudra que le candidat se soit assez familiarisé avec les mathématiques et la mécanique supérieures et avec le calcul infinitésimal, pour être en état d'en faire l'application à l'astronomie et à la physique.

Quant à l'enseignement des sciences naturelles, le ministère se réserve de publier un règlement spécial ; on exigera provisoirement des connaissances générales en zoologie, en botanique et en minéralogie pour les classes inférieures ; une connaissance plus systématique de ces sciences, en y ajoutant un peu d'anthropologie et de géographie physique, pour les classes moyennes ; enfin pour les classes supérieures, une connaissance vraiment scientifique de la physique.

Les candidats qui ne se destinent point à l'enseignement de ces sciences, devront au moins en savoir assez pour saisir le rapport qu'elles peuvent avoir avec les autres objets de l'enseignement et avec la *pédagogie* en général.

§ 20.

Philosophie et pédagogie.

On exigera de tout candidat, pour quelque classe que ce soit, la connaissance de la logique, de la psychologie, de l'histoire de la philosophie et de la pédagogie scientifique. D'ailleurs il faudra que le candidat montre dans ses leçons d'épreuve, de l'assurance, une diction facile, de la capacité logique, une simplicité non affectée, et un ton qui impose aux élèves. Outre les connaissances pédagogiques nécessaires, on exigera d'un candidat pour les classes moyennes, de la clarté et de la profondeur dans la psychologie, dans la logique et dans l'histoire de la philosophie ; les examinateurs auront à s'assurer de ces qualités par des questions adressées à cet effet. Les candidats pour les classes supérieures devront, outre une connaissance exacte de l'importance et de la nécessité de la science pédagogique, faire preuve d'une intelligence, pour ainsi dire, scientifique de la psychologie, de la métaphysique et de la logique ; enfin d'une connaissance générale de l'histoire de la philosophie, et des caractères essentiels des divers systèmes philosophiques. Il faudra encore que le candidat connaisse les différentes phases que la philosophie allemande a traversées depuis Kant.

§ 21.

Théologie et langue hébraïque.

Quant à la science théologique, le candidat devra être à même d'interpréter au moins le Nouveau Testament dans l'original, de connaître les règles générales de l'herméneutique, de la critique biblique, de la dogmatique et de la morale chrétienne, enfin les points les plus importants de l'histoire de l'Église à laquelle il appartient.

Pour la langue hébraïque, chaque candidat, de quelque confession qu'il soit, devra au moins savoir lire correctement, et analyser grammaticalement des mots et des phrases entières. Il devra savoir expliquer avec une certaine facilité les psaumes et les écrits historiques de l'Ancien Testament, et faire la comparaison du texte hébreu avec la traduction des Septante et de la Vulgate.

Les candidats qui ne se vouent point à l'enseignement religieux, ou seulement pour les classes inférieures, ne devront justifier que de la connaissance des principaux articles de la foi et de la morale chrétienne, et de celle des rapports de la religion avec les autres parties de la science pédagogique.

§ 22.

Restriction de la facultas docendi.

Tout candidat qui répond aux objets mentionnés § 16, mais qui ne satisfait pas d'une manière suffisante à d'autres points nécessaires pour l'enseignement dans les classes supérieures, ne pourra obtenir la *facultas docendi* qu'à la condition de s'engager à combler plus tard ces lacunes; et il est enjoint aux gouvernements provinciaux et aux consistoires de n'accorder l'examen *pro loco* à un candidat ayant obtenu une *facultas docendi* conditionnelle, qu'après s'être assurés qu'il a remédié au défaut de connaissances qu'il avait montré.

La *facultas docendi* conditionnelle sera accordée à celui qui, des objets mentionnés au § 16, saura ce qu'on exige ordinairement d'un candidat pour les classes inférieures et moyennes (§§ 17, 21).

§ 23.

Renvoi.

Celui qui ne satisfait à aucun des objets désignés aux §§ 16, 17, 21, sera renvoyé; mais il pourra être admis à un nouvel examen, aux conditions articulées aux §§ 27, 28.

§ 24.

Fin de l'examen.

L'examen oral étant terminé, le candidat se retire, et tous les membres de la commission entrent en conseil pour délibérer sur le résultat des examens. Chaque examinateur donne son vote sur la qualification du candidat, suivant les règles posées dans les §§ 16, 23; et la majorité des voix décidera si le candidat est capable (*bestanden*), ou incapable (*nicht bestanden*); s'il faut lui accorder la *facultas docendi* absolue ou conditionnelle. A voix égales, c'est le président qui décide. Cette conclusion de la commission sera ajoutée à la fin du procès-verbal.

§ 25.

Certificat.

Là-dessus il sera expédié au candidat un certificat signé du directeur et de tous les membres de la commission, lequel doit contenir :

a. Le nom et le prénom, le lieu de naissance, l'âge et la religion du candidat; ainsi que l'état de son père, avec les certificats de l'école et de l'université qu'il a quittées;

b. La conclusion censorale de la commission (*Censur-Schluss*);

c. L'indication de chacun des examens en particulier, des classes pour lesquelles il a montré de la capacité, et du degré d'intelligence dont il a fait preuve.

d. La désignation des défauts et des lacunes.

§ 26.

Honoraires pour le certificat.

Les commissions sont autorisées à faire payer pour chaque certificat 4 thalers de Prusse, non compris le droit du timbre.

§ 27.

Règlements relatifs aux candidats.

Il sera également délivré un certificat (d'après les conditions du § 25) au candidat renvoyé, certificat où sera désigné exactement le délai pour subir un second examen. Il sera donné copie de ce certificat à toutes les autres commissions d'examen.

§ 28.

Aucun candidat renvoyé ne pourra se présenter à un nouvel examen avant le terme désigné. Les candidats qui n'ont pas satisfait aux articles du § 16 pour les classes moyennes du gymnase, mais auxquels la commission n'a pas précisément fixé un terme pour subir un nouvel examen, ne pourront se présenter de nouveau qu'après un espace de deux ans.

§ 29.

Exceptions.

Seront exceptés des compositions écrites dans les examens pour les classes supérieures, tous ceux qui ont, après les formalités remplies, obtenu le grade de

docteur ou de maître (*magister*) dans une des universités nationales ; mais ils ne seront point dispensés de
l'examen oral ni des leçons d'épreuve. Pour être
admis à ce dernier examen, ils se présenteront avec
les pièces du § 6, avec leur diplôme de docteur et
avec la dissertation inaugurale soutenue auprès d'une
faculté philosophique. D'après le résultat des leçons
d'épreuve et de l'examen oral portant sur les articles
désignés §§ 16 et 21, il sera accordé au candidat,
d'après les décisions du § 25, la *facultas docendi* conditionnelle ou absolue. Lorsqu'un candidat, docteur
en philosophie, satisfait si peu la commission qu'elle
est obligée de le renvoyer, il en est immédiatement
donné avis au ministère avec l'envoi du procès-verbal.

§ 30.

Les membres du séminaire pour les sciences naturelles à Bonn, pourront, sur l'exhibition d'un certificat délivré par la direction de ce séminaire, être
exemptés de l'examen des sciences naturelles ; du
reste, ils devront, pour toutes les autres parties, se
soumettre aux règlements établis.

§ 31.

Les étrangers de réputation, qui ont été revêtus
des fonctions de l'enseignement ou dans une université, ou dans des établissements pareils à ceux qui
ont été cités § 2, ne seront soumis à aucune espèce
d'examen.

§ 32.

Valeur du certificat de la facultas docendi.

Ne seront comptés pour candidats aux emplois supérieurs de l'instruction publique (*Candidaten der
höhern Schulamtes*), et portés sur la liste tenue auprès
du ministère, que ceux qui auront, en vertu des certificats délivrés par les commissions, obtenu la *facultas docendi*, soit conditionnelle, soit absolue.

§ 33.

Année de noviciat (Probe-Jahr).

Afin de rendre le candidat encore plus apte à l'enseignement et de l'exercer d'une manière plus pratique
que par le moyen de la *Probe-Lection* (§ 11), il est
ordonné ce qui suit :

1. Tous les candidats à l'instruction secondaire,
qui ont obtenu leur certificat de *facultas docendi*, devront enseigner d'une manière préparatoire, au moins
pendant une année, dans un gymnase ou dans une
höhern Bürger et *Real-Schule*, et faire ainsi preuve de
capacité avant de prétendre à un emploi actif dans l'enseignement secondaire.

2. Les candidats sont libres dans le choix des *höhern*

Bürger et *Real-Schulen* pour y faire leur noviciat ;
seulement les candidats protestants devront choisir
des écoles protestantes, et les candidats catholiques
des écoles catholiques. Ils ne devront jamais être plus
de deux dans un même établissement, et n'être chargés
que de huit leçons par semaine, excepté dans un cas de
maladie d'un des professeurs, où le candidat pourra
être chargé de six leçons, mais jamais au delà de ce
nombre.

3. Le choix des classes où les candidats pourront
enseigner sera laissé au choix du directeur de l'établissement. Ce cours peut être semestriel ou annuel,
suivant le règlement des études.

4. Les directeurs et les professeurs ordinaires devront assister les candidats de leurs conseils et de leur
longue expérience, partout où besoin sera.

5. Les candidats devront être soumis aux directeurs,
connaître les lois de la discipline établie et les mettre
à exécution.

6. Pour se rendre familière la connaissance des lois
de la discipline établie, le candidat devra, pendant le
premier mois, assister comme auditeur aux leçons du
professeur ordinaire.

7. Pour s'initier à l'art pédagogique, il devra être
chargé de temps à autre de la surveillance des élèves
paresseux et négligents, et en faire un rapport écrit
au directeur de l'établissement.

8. Pendant ce noviciat, les candidats jouiront de
la même considération que les autres professeurs ; ils
assisteront à toutes les conférences et aux examens
publics et privés ; seulement dans les notes de censure,
leurs signatures devront être contre-signées par les
professeurs en titre.

9. Il leur sera permis de punir les délits de peu
d'importance, qui pourraient être commis pendant la
classe ; mais ils devront ensuite en référer au directeur et recevoir de lui tous les avis nécessaires. Dans
le cas de délits graves, mais qu'il n'est pas nécessaire
de punir sur-le-champ, le rapport devra en être fait
au professeur titulaire.

10. Les leçons que les candidats donneront pendant
l'année du noviciat, sont ordinairement gratuites ;
cependant ils pourront, sur la proposition du directeur, obtenir un honoraire convenable, si les fonds le
permettent.

11. Les directeurs devront, sur la demande des
candidats, délivrer des certificats signés par tous les
professeurs, constatant le service et la conduite des
candidats durant l'année du noviciat. Ces certificats
devront être faits avec la plus grande conscience ; et
il devra en être envoyé copie au ministère par l'entremise du consistoire provincial ou du gouvernement de
la province.

12. Les candidats munis de ces sortes de certificats

pourront seuls prétendre à des places dans les établissements désignés au paragraphe 2.

13. Les membres des séminaires pour les écoles savantes (*Seminarien für gelehrte Schulen*), s'ils ont obtenu avant leur entrée au séminaire la *facultas docendi*, seront exemptés de l'année du noviciat, par la raison que le but de ce noviciat est suffisamment rempli par les leçons qu'ils sont tenus de faire. Le certificat constatant leur aptitude à l'enseignement sera délivré par le directeur du séminaire, et signé par le directeur de l'établissement où le candidat a enseigné.

B. Examen pro loco.

§ 34.

[Idée et but de l'examen pro loco.

L'examen *pro loco* a pour but de connaître l'aptitude que le candidat peut avoir pour l'enseignement dans une des classes des écoles désignées § 2. Cet examen se distingue de l'examen *pro facultate docendi*, en ce qu'il porte plus spécialement sur les objets d'enseignement de telle ou telle classe.

§ 35.

Admission à l'examen pro loco.

Ne pourra être admis à l'examen *pro loco* que celui qui aura subi l'examen *pro facultate docendi*, et passé l'année de noviciat prescrit § 33. L'examen *pro loco* a lieu, non pas sur la demande du candidat, mais sur l'invitation du gouvernement ou du consistoire de la province. Quand il s'agit de conférer une place dans un gymnase ou dans une *höhern Bürger-Schule*, le candidat ne pourra être admis à l'examen *pro loco* que sur l'autorisation préalable du ministère. Les autorités compétentes devront communiquer à la commission de l'examen *pro loco*, l'indication de la classe à laquelle le candidat aspire et des divers objets de l'enseignement de cette classe, et de plus les certificats de l'examen *pro facultate docendi* et de l'année du noviciat, afin de pouvoir procéder en conséquence.

§ 36.

Terme et forme de l'examen pro loço.

Comme les examens *pro loco* ne souffrent pas ordinairement de délai, on pourra immédiatement assigner un terme au candidat, en le dispensant de l'examen par écrit, s'il n'y a pas de raison majeure qui s'y oppose. Ainsi, l'examen *pro loco* consistera dans une ou plusieurs leçons d'épreuve et dans un examen oral.

§ 37.

Marche à suivre dans l'examen pro loco.

L'examen *pro loco* devra principalement rouler sur les objets que le candidat est obligé d'enseigner dans sa nouvelle charge. S'il n'y a pas de classe spéciale à diriger, et que le candidat soit obligé d'enseigner dans plusieurs classes à la fois, l'examen *pro loco* sera semblable à l'examen *pro facultate docendi*, avec cette différence qu'il portera sur les objets des classes que le candidat est appelé à diriger, avec un peu plus de sévérité. Si le candidat se présente avec le certificat d'une *facultas docendi* conditionnelle, la commission devra, dans l'examen *pro loco*, s'assurer si les anciennes lacunes ont été depuis entièrement comblées. Le choix des leçons d'épreuve appartient à la commission.

§ 38.

Ce qu'il faut exiger d'un professeur des classes supérieures et inférieures des gymnases.

Ce qu'on doit exiger d'un professeur pour les classes supérieures des gymnases, est compris dans les §§ 17-21. En général, on doit exiger que les professeurs soient capables de se charger d'au moins trois branches d'enseignement à la fois; que le professeur de mathématiques soit en état de satisfaire à l'enseignement de la physique et même des autres sciences naturelles, et que les maîtres des classes inférieures puissent satisfaire au moins à une des conditions prescrites §§ 17-21, en suppléant au défaut d'étendue dans les connaissances exigées par une intelligence parfaite des éléments, et par une grande habileté dans l'application des principes pédagogiques.

§ 39.

Ce qu'il faut exiger des professeurs des höhern Bürger et Real-Schulen.

Dans les examens pour les *höhern Bürger* et *Real-Schulen*, on devra être assez sévère sur les mathématiques et les sciences naturelles, ainsi que sur l'histoire, la géographie et la langue française. Les candidats ne devront jamais être entièrement dispensés du latin.

§ 40.

Certificat.

Après l'examen, les membres de la commission entreront en conseil (§ 24) pour délibérer et décider à la majorité des voix si le candidat est apte ou non à remplir les fonctions en question.

Le certificat, délivré d'après la forme prescrite § 25, en y annexant une copie du procès-verbal, sera ensuite envoyé aux autorités qui ont ordonné l'examen *pro loco*. Quant à l'honoraire, *voyez* § 26.

§ 41.

Valeur du certificat.

En vertu de ce certificat, le candidat sera installé dans ses fonctions, conformément aux lois existantes. Si le candidat est refusé, on devra pourvoir immédiatement à une autre nomination. Si le candidat ainsi refusé croit avoir des raisons de se plaindre d'une trop grande sévérité de la part des examinateurs, il pourra demander au ministère l'autorisation de subir un nouvel examen ; mais il devra en prévenir aussitôt l'autorité qui a ordonné l'examen *pro loco*, afin que celle-ci prenne les mesures nécessaires pour pourvoir *ad interim* aux fonctions de la place, et qu'elle ait le temps d'envoyer au ministère tous les actes de l'ancien procès-verbal. D'après ces actes, le ministère décidera.

§ 42.

Dispense de l'examen pro loco.

Si le candidat, après avoir subi l'examen *pro facultate docendi* et traversé l'année de noviciat, a déjà pendant trois ans fonctionné dans les écoles désignées § 2, et que son aptitude soit suffisamment attestée par les certificats, le ministère peut, sur la demande des autorités compétentes, le dispenser de l'examen *pro loco*.

§ 43.

Examen des prédicateurs militaires.

Les prédicateurs militaires désignés par les gouvernements provinciaux aux commissions, devront être immédiatement admis à l'examen *pro loco*. On n'exigera pas d'eux de certificat *pro facultate docendi* ni de noviciat. L'examen roulera sur les mathématiques élémentaires, l'histoire, la géographie et sur les langues allemande et française ; mais il faudra avant tout s'assurer de la méthode et des talents naturels et acquis du candidat pour l'enseignement dans les écoles de division. Dans ce but, les candidats devront faire des leçons d'épreuve en présence des membres de la commission. Ils obtiendront, par suite de l'examen, des certificats dans la forme prescrite par le § 40.

C. Examen *pro ascensione.*

§ 44.

Idée et but de l'examen pro ascensione.

L'examen *pro ascensione* doit être considéré comme un examen *pro loco*, dans l'intention de s'assurer de l'aptitude d'un professeur à l'enseignement dans une classe plus élevée. D'ailleurs, le but de cet examen est d'exciter les professeurs à travailler et à se perfectionner sans cesse. Cet examen a lieu toutes les fois qu'un professeur des classes inférieures monte dans les classes supérieures, ou seulement d'une classe à une autre plus élevée.

§ 45.

Admission à l'examen pro ascensione.

Les examens *pro ascensione* sont, d'après le § 35, provoqués par les gouvernements ou les consistoires provinciaux, qui doivent en même temps communiquer aux commissions tous les renseignements relatifs aux fonctions auxquelles il s'agit de pourvoir.

§ 46.

Marche de l'examen pro ascensione.

L'examen portera principalement sur les parties que le professeur aura à enseigner dans la classe future. On n'exige pas de compositions écrites ni de leçons d'épreuve, et l'examen consiste ordinairement dans un *colloquium* avec les membres de la commission. Cependant ces derniers sont libres, après avoir pris connaissance des certificats antérieurs, de substituer au *colloquium* une ou plusieurs leçons d'épreuve, afin de s'assurer des progrès que le professeur doit avoir faits dans les diverses parties de la pédagogie.

§ 47.

Certificat de l'examen pro ascensione.

En délivrant le certificat de l'examen *pro ascensione*, on aura égard aux certificats des examens antérieurs, afin de noter soit les progrès soit l'absence de progrès dans les connaissances pédagogiques, scientifiques et littéraires du professeur. Les articles contenus § 40 et § 41 se rapportent également à l'examen *pro ascensione*.

§ 48.

Dispense de l'examen pro ascensione.

Le ministère se réserve de dispenser les professeurs qui se sont particulièrement distingués, de l'examen *pro ascensione*.

D. Colloquium *pro rectoratu.*

§ 49.

But du colloquium pro rectoratu.

Le *colloquium pro rectoratu* a pour but de s'assurer

si la personne proposée pour le *rectorat* d'une des
écoles désignées § 2, possède les connaissances philosophiques, pédagogiques et scientifiques nécessaires
pour embrasser tout ce qui tient à l'ensemble d'une
bonne éducation et pour diriger convenablement un
établissement d'instruction publique.

§ 50.

Il faudra d'abord s'assurer par le moyen du *colloquium*, si l'aspirant connaît parfaitement la marche de
l'enseignement dans les classes supérieures.

Le *colloquium*, fait en partie en latin et en partie en
allemand, devra principalement porter sur des objets
pédagogiques et didactiques, afin d'arriver à connaître
les idées que l'aspirant s'est faites sur la discipline, sur
l'enseignement, sur l'influence de l'éducation, sur le
caractère de l'homme, sur l'importance et le but des
divers objets d'enseignement, sur la manière dont le
sentiment moral et religieux et le sentiment pour le
beau, etc., peuvent être développés, sur les meilleures
méthodes et les meilleurs plans d'enseignement, sur les
institutions disciplinaires, sur les devoirs d'un directeur relativement aux professeurs, aux élèves et au
public, et sur d'autres objets semblables concernant
les écoles désignées § 2. Il faut établir une distinction
lorsqu'il s'agit d'un rectorat de gymnase ou d'une
höhern Bürger-schule. On exigera dans les réponses
de la précision, de la clarté, de l'assurance, de la
sagacité, plutôt qu'une concordance parfaite avec les
idées de l'examinateur, ou avec tel ou tel système philosophique.

§ 51.

Rapport sur les résultats du colloquium pro rectoratu.

Il ne sera pas délivré de certificat particulier sur les
résultats du *colloquium*; mais il en sera fait un rapport
consciencieux de la part de la commission, lequel rapport sera envoyé à l'autorité qui a ordonné le *collo-
quim pro rectoratu*.

Tous les patrons et directeurs des établissements
désignés § 2, sont prévenus et sommés de se conformer
aux décisions sus-énoncées, lors de la réception ou de
l'installation de ceux qui sont chargés de l'enseignement secondaire. De même, tous les gouvernements
et consistoires provinciaux sont invités à se conformer
à ce règlement, et à en surveiller sérieusement l'exécution.

> *Le ministère de l'instruction publique
> et des cultes.*
>
> *Signé*, D'ALTENSTEIN.

Berlin, le 20 avril 1831.

TITRE V.

DE L'EXAMEN POUR PASSER DU GYMNASE A L'UNIVERSITÉ.

Nous avons fait connaître les principales bases de
l'instruction secondaire publique en Prusse. Nous avons
exposé, d'après la loi et les règlements, les matières
diverses de l'enseignement, et le système des classes
inférieures, moyennes et supérieures, dans lesquelles
ces diverses matières sont réparties; nous avons mis
en lumière la manière dont on forme des maîtres,
capables de réaliser ce système. Il s'agit maintenant
de savoir ce qui résulte de tout cela, c'est-à-dire
quelle est, en dernière analyse, la force des études
dans les gymnases prussiens. En France, entre les
facultés et les colléges, est une épreuve destinée à vérifier la force des études des colléges, et à reconnaître
si les élèves qui en sortent sont en état de passer dans
les facultés et d'y recevoir une instruction supérieure
et spéciale. Cette épreuve est celle du baccalauréat ès
lettres. Le baccalauréat est le résumé des études du
collége; il les constate, et par là il les règle. En Prusse,
il y a un examen qui correspond à celui du baccalauréat et qui a le même but et le même effet; c'est
l'examen dit de maturité ou de capacité pour passer à
l'université. Cet examen donne le produit net de l'instruction secondaire, et le gouvernement a mis tous
ses soins à perfectionner sans cesse cet examen, et à
le rendre le plus possible conforme à sa fin, laquelle
est une appréciation vraie et complète des études que
comprend l'instruction secondaire. Le règlement du
23 décembre 1788 était déjà un grand progrès sur le
passé; il a été révisé en 1812 et a fait place à un règlement plus développé et plus systématique, que nous
avons vu en action à Berlin, en 1831, et que nous
allons faire connaître en détail.

L'examen pour passer à l'université a lieu ou dans
chaque gymnase pour les jeunes gens qui y ont terminé leurs études, et il s'appelle alors examen de départ (*Abiturienten-examen*), ou, pour les jeunes gens
qui n'ont pas étudié dans les gymnases, devant une
commission scientifique d'examen (*wissenschaftliche
Prüfungs-commission*), laquelle procède exactement
comme la commission des gymnases.

Cet examen résume fidèlement l'enseignement secondaire; il porte sur toutes les matières dont se
compose cet enseignement, et il comprend, dans
une mesure très-remarquable, les mathématiques et
les sciences aussi bien que les langues anciennes et
les lettres. La langue française fait même partie de
cet examen.

Sa vraie force réside dans des compositions écrites. Il y a une composition allemande, une composi-

tion latine, un thème grec et une version grecque, une version française, enfin une composition de mathématiques.

La partie orale de l'examen est aussi très-difficile, ne fût-ce que par l'emploi nécessaire de la langue latine pour tout ce qui regarde l'antiquité.

J'ai vu, dans un des meilleurs gymnases de Berlin, par la complaisance du directeur, M. Spilleke, les compositions de l'*Abiturienten-examen* de ce gymnase : ces compositions m'ont paru témoigner d'une connaissance très-solide des diverses matières enseignées. Selon moi, au talent de rhétorique près, l'examen de départ en Prusse, est, je ne dis pas seulement beaucoup plus fort que notre examen de baccalauréat ès lettres, mais presque aussi fort que notre examen de licence.

L'*Abiturienten-examen* donne lieu à une classification des candidats en trois classes :

1° Ceux dont la capacité est incontestable (*unbedingte Faehigkeit*);

2° Ceux dont la capacité est moins sûre (*bedingte Faehigkeit*);

3° Les incapables (*Unfaehigkeit*).

Chacun des élèves sortants ainsi examiné reçoit un certificat de congé (*Entlassung's Zeugnisse*) qui porte les n°° 1, 2, 3, correspondant au rang obtenu dans l'examen ; et il est obligé, quand il se présente pour être immatriculé étudiant dans une université, de produire ce certificat.

Les diverses facultés de l'université ne peuvent admettre à leurs examens pour obtenir des grades que les jeunes gens qui présentent le n° 1 ou le n° 2.

La ville de Berlin n'accorde de *stipendia* (bourses) pour l'université qu'aux n°° 1 ; et nulle ville, nulle commune, nulle corporation n'en peut accorder sous aucun prétexte aux n°° 3.

Le règlement de 1812, pour être bien apprécié, a besoin d'être connu dans son ensemble et dans ses détails : nous le donnons ici textuellement.

INSTRUCTION

Du 25 juin 1812, relative aux élèves qui passent à l'université.

La présente instruction du 25 juin 1812 est destinée à remplacer la circulaire du 23 décembre 1788, relative aux examens des élèves qui passent à l'université.

Les jeunes gens qui veulent entrer dans des universités étrangères à la Prusse ne sont pas pour cela dispensés de se soumettre à un examen, et s'ils voulaient plus tard se faire immatriculer dans une université prussienne sans avoir satisfait à cette règle, leur in-scription sur les contrôles d'une université étrangère ne suffira pas pour les faire admettre, et le recteur devra les renvoyer devant la commission mixte d'examen créée par le § 20 de la présente instruction.

Art. 1. Le but de ces examens n'est pas d'empêcher les jeunes gens de passer à l'université, quand bien même ils ne seraient pas encore en état d'en pouvoir suivre les cours, si telle était la volonté de leurs parents, mais de constater la capacité des élèves qui s'y présentent.

Art. 2. Les certificats délivrés à la suite de ces examens servent d'une part à éclairer les parents sur les progrès des élèves, et à donner en quelque sorte aux jeunes gens les derniers conseils de l'école au moment où ils la quittent; et d'autre part ils mettent les autorités provinciales préposées aux écoles à même de juger comment la jeunesse est préparée aux études universitaires dans les établissements d'instruction publique.

Art. 3. Par ces motifs, tous les gymnases et écoles savantes des États prussiens devront délivrer des certificats de congé (*Entlassung's Zeugnisse*) sous la forme qui sera déterminée plus loin, à tous les jeunes gens qui vont à l'université (*Abiturienten*).

Art. 4. Tout élève qui voudra entrer dans une université devra en informer le directeur de son école trois mois à l'avance, et demander le certificat de congé nécessaire pour obtenir son immatriculation. Si le directeur ne le croit pas encore assez avancé, il pourra en faire l'observation à l'élève ou à ses parents. Si ceux-ci ne veulent point avoir égard à cette observation, le directeur de l'école admettra l'élève à subir l'examen qui devra constater le degré de sa capacité et servir de base au certificat qui lui sera délivré. Ce certificat ne pourrait être refusé que dans le cas où l'élève ne se serait encore occupé d'aucun des travaux de la première classe ; et pour que les parents soient eux-mêmes bien avertis, les notes semestrielles sur les élèves (*Censuren*) exprimeront dès la seconde classe l'avis du maître sur la disposition de chacun d'eux aux études savantes.

Il est expressément recommandé aux chefs de tous les établissements d'examiner avec soin si, dans chacun des élèves qui quittent l'école, la maturité du caractère s'allie déjà à la maturité de l'esprit, comme il convient à la dignité des études universitaires et à la future destination des élèves appelés à fournir un jour à la patrie des magistrats, des maîtres, ou des administrateurs.

Art. 5. Les certificats de congé seront classés suivant la capacité des élèves et désignés par les n°° 1, 2 et 3, selon que le résultat des examens sera tout à fait satisfaisant, incomplet ou nul (*unbedingte, bedingte Tüchtigkeit, Untüchtigkeit*).

Art. 6. Afin d'obtenir le n° 1, il faudra : 1° pour l'étude des langues :

En latin : expliquer facilement Cicéron, Tite-Live, Horace et Virgile; connaître la quantité et les règles de la versification; pouvoir traduire des morceaux de Tacite en se préparant; enfin s'exprimer en latin non-seulement par écrit, mais de vive voix en style correct et sans y mêler trop de germanismes.

En grec : l'élève devra expliquer sans préparation la prose attique, les morceaux les plus faciles de Sophocle, d'Euripide et d'Homère. Il pourra s'aider d'un dictionnaire pour traduire un chœur de tragédie. Enfin il sera en état de faire une courte traduction de l'allemand en grec sans fautes trop grossières.

En français : il pourra écrire une page sans fautes, et traduire facilement un poète ou un prosateur, la prononciation sera bonne, et l'élève aura quelques notions de la littérature française.

En allemand : on exigera un style pur, simple et clair, une diction facile et juste. L'élève connaîtra les époques principales de l'histoire de la langue et de la littérature nationale, enfin les écrivains les plus célèbres de l'Allemagne.

2° Pour l'étude des sciences :

Histoire et géographie. L'élève devra prouver qu'il a parcouru toute l'histoire ancienne et moderne, et qu'il peut en rappeler les principaux faits dans leur succession chronologique, et en indiquant les différents théâtres de ces faits.

Mathématiques. On exigera de l'élève la connaissance des principes de l'arithmétique, de la science des nombres, du système des racines et des équations, des logarithmes, de la géométrie élémentaire (compris dans les six premiers, et dans les 11° et 12° livres d'Euclide), des règles de la trigonométrie, et de l'usage des tables mathématiques.

3° Pour les sciences naturelles :

En physique, pour satisfaire complètement au programme des examens, l'élève devra posséder une connaissance exacte de tous les phénomènes principaux, sans lesquels on ne peut comprendre les lois de la géographie mathématique et physique.

Dans l'histoire naturelle, il indiquera les classifications générales des produits de la nature, et les principes qui doivent régler ces classifications.

Le certificat de *capacité suffisante*, n° 1, sera délivré à l'élève qui aura satisfait à toutes ces conditions. Cependant un degré inférieur de force sur la langue française et dans les sciences naturelles ne serait point un motif de rejet, si d'ailleurs l'élève s'était distingué pour les langues anciennes, pour les mathématiques et pour l'histoire.

Lorsqu'un élève aura pleinement satisfait aux conditions du programme dans l'une ou l'autre de ces trois parties principales de l'enseignement supérieur de l'école, bien qu'il soit resté en arrière sur les autres points, il pourra obtenir le certificat de *capacité incomplète*, n° 2.

Celui qui n'aura répondu suffisamment bien sur aucun de ces trois points principaux, sera noté comme *encore incapable*. Cependant un examen passé avec distinction pour les sciences naturelles, pourrait autoriser quelques modifications favorables dans ce dernier certificat, n° 3.

Art. 7. L'examen ayant pour but de connaître le plus ou moins d'aptitude à suivre les cours de l'université, se composera à la fois d'examen, de rédactions et d'exercices propres à faire apprécier le mérite des études du candidat.

Art. 8. Il y aura dans chaque gymnase une commission d'examen composée : du directeur de l'établissement, de tous les maîtres, des éphores et des scolarques, ou si l'école a un *curatorium* particulier, d'un ou deux de ses membres ; enfin d'un fondé de pouvoirs de l'autorité provinciale (*ein bevollmächtigter der Landesbehorde*) à laquelle l'école est soumise. Ce dernier aura la présidence et la conduite de l'examen.

Art. 9. L'examen sera divisé en deux parties, l'examen oral et les travaux par écrit. Ceux-ci devant servir à compléter et à confirmer le premier examen, seront distribués aux élèves quelques jours avant l'examen oral, après avoir été arrêtés entre le commissaire de l'examen (*Prüfungs Commissarius*), le directeur et les maîtres; et les résultats seront mis sous les yeux de tous les membres de la commission pour être examinés par eux. Les travaux seront les mêmes pour tous les élèves à examiner.

Art. 10. Les travaux écrits pour les examens porteront sur les points suivants :

1° Un devoir allemand propre à faire connaître le degré d'intelligence et d'imagination aussi bien que le style et la facilité de chaque élève. Il sera libre de choisir la forme sous laquelle il préférera traiter son sujet qui ne devra jamais être de pure rhétorique.

2° Un devoir latin.

3° Un devoir français.

Les sujets historiques paraissent le mieux convenir à ce genre de travaux, afin de ne pas trop partager les efforts des élèves entre la forme et le sujet. Ils traiteront des matières tirées de l'histoire ancienne, en latin, et de l'histoire moderne en français ; et ils ne devront pas s'en tenir au simple récit des faits, mais s'appliquer à les juger et à montrer leurs rapports.

4° Un travail mathématique qui puisse faire apprécier le jugement de l'élève, et reconnaître jusqu'à quel point il comprend et résout les problèmes qui lui sont présentés.

5° Deux devoirs grecs, une traduction en allemand

d'un auteur qui n'aura pas encore été expliqué dans l'école, et une courte traduction de l'allemand en grec.

Tous ces devoirs seront faits sous la surveillance permanente d'un maître de l'école, et sans autre secours que celui d'un dictionnaire pour les devoirs grecs.

Art. 11. Si les travaux écrits ont principalement pour but de faire connaître le talent de l'élève, dans l'examen oral on s'attachera beaucoup plus à faire ressortir les connaissances positives.

On passera en revue tous les objets de l'enseignement de l'école.

Pour les langues, l'élève expliquera les auteurs qu'il aura parcourus dans l'école, ou même des morceaux tirés d'auteurs qu'il n'aurait pas connus.

Pour les mathématiques, on recherchera quelle est la solidité ou l'étendue des connaissances de l'élève sur chaque partie de la science.

On interrogera sur les principaux faits de l'histoire ancienne et moderne qui se rattachent à la chronologie et à la géographie.

Pour les sciences naturelles, l'élève prouvera qu'il comprend bien les faits et les explications que la science en fournit.

En français, l'élève devra donner des preuves de facilité à comprendre comme à parler la langue.

En allemand, il connaîtra la grammaire raisonnée et la littérature du pays. On pourra juger pendant tout le cours de l'examen de sa facilité à s'exprimer.

On parlera en latin pendant toute la partie de l'examen qui a rapport à l'explication des auteurs anciens.

Cet examen oral est fait par des maîtres des classes supérieures désignés par le directeur, en présence de toute la commission d'examen, mais sans autres témoins que les maîtres de l'établissement. Le commissaire inspecteur (*Prüfungs Commissarius*) peut, en déterminant lui-même le sujet de l'examen, lui donner le caractère d'impartialité nécessaire pour bien apprécier les connaissances de chaque élève.

Art. 12. Après l'examen, si la commission ne s'accorde pas et est obligée d'aller aux voix pour fixer le degré de capacité de l'élève, les maîtres, le directeur et les autres membres de la commission ont également voix délibérative ; le commissaire décide en cas de partage.

Art. 13. Un maître sera chargé de dresser un procès-verbal de l'examen, où seront consignés non-seulement le nom, le lieu de naissance et le temps du séjour à l'école, mais encore tous les actes détaillés de l'examen, les remarques spéciales sur chaque partie, enfin la décision de la commission.

Art. 14. Aussitôt que les examinateurs auront fixé le degré de capacité des élèves et signé le procès-verbal, les jeunes gens seront introduits, et il leur sera donné connaissance du jugement de la commission.

Art. 15. On annonce aux élèves qui ont été reconnus capables ou assez capables (*unbedingt oder bedingt-tüchtig*), qu'ils peuvent quitter l'école et passer à l'université. Quant à ceux qui ont été déclarés incapables (*untüchtig*), on leur donne le conseil de passer encore quelque temps à l'école, si l'on peut espérer qu'ils s'y perfectionneront. Si cependant ils persistent à se rendre à l'université, on leur délivre un certificat qui constate le résultat de l'examen.

Art. 16. Le certificat est délivré par le recteur de l'école sur le procès-verbal d'examen, et en remplissant un modèle imprimé où se trouvent indiqués les points suivants :

1° Les nom et prénoms de l'élève ;

2° Le temps du séjour à l'école ;

3° Sa conduite : avec ses camarades ; — envers ses supérieurs ;

4° Le travail ;

5° La capacité.

En tête du certificat est imprimé en chiffres romains le numéro correspondant au degré de capacité de l'élève.

Les réponses sur les différents points ne seront pas toutes sommaires, et l'on devra entrer dans les détails qui auront été consignés dans le procès-verbal d'examen. Le certificat sera signé par le commissaire et par les autres membres de la commission, et on y apposera le sceau de l'école.

On trouvera ci-annexés trois différents modèles de certificats sous les lettres A, B et C.

Art. 17. Outre le certificat, il sera délivré à l'élève qui quitte l'école, une note étendue sur son propre compte (*Censur*), telle qu'elle lui eût été donnée pour commencer un nouveau cours à l'école. Cette note ne sera pas présentée à l'université, mais elle sera communiquée aux parents.

Art. 18. Les certificats ne seront délivrés aux élèves qu'au moment de leur départ, et jusque-là ils continueront de suivre les cours du gymnase. La remise des certificats de congé aura lieu publiquement et avec le plus de solennité possible, afin qu'il en reste un souvenir profond aux élèves qui s'éloignent comme à ceux qui restent. Les élèves qui passent à l'université avec les n°ˢ 1 et 2 seront appelés successivement pour recevoir leur certificat, et le directeur de l'école pourra ajouter en même temps des exhortations particulières pour chacun d'eux. Pour ceux qui n'ont pas été reconnus capables, on se contentera d'annoncer qu'ils ont résolu de quitter l'école. On devra renoncer à l'usage introduit dans quelques établissements de reproduire en entier les censures des élèves sur les billets d'invitation ; mais on pourra publier leur nom seulement avec la mention du numéro de leur certificat, dans les programmes ou discours de circonstance.

Art. 19. Aucun élève sortant d'une école du pays pour entrer dans une université prussienne, ne pourra être immatriculé s'il ne se présente avec un certificat obtenu de la manière énoncée ci-dessus, et délivré par la commission d'examen, certificat qu'il ne faut pas confondre avec un simple *testimonium morum et diligentiæ*.

Art. 20. Pour les élèves qui auraient reçu une éducation privée, ou qui ne passent pas immédiatement d'une école savante à l'université, et qui ne voudraient pas se faire examiner dans un gymnase, il sera établi dans chaque université une commission d'examen, composée de professeurs de cette université et des directeurs de tous les gymnases que renferme la ville. La nomination des membres de cette commission appartient à l'autorité supérieure chargée de la direction de l'instruction publique.

Art. 21. Tous les jeunes gens qui se présentent pour l'immatriculation sans être munis d'un certificat d'examen, seront renvoyés devant la commission formée comme il est dit ci-dessus, et ne pourront être admis que sur un certificat délivré par elle.

Art. 22. Il sera procédé aux examens, exactement comme dans les gymnases; et dans les certificats qui seront immédiatement délivrés aux jeunes gens, on renverra pour la *conduite* et pour l'*application* aux notes qu'ils rapporteront de leurs instituteurs.

Art. 23. Toute immatriculation qui serait accordée sans qu'on eût présenté de certificat d'examen sera retirée, et le recteur ou le prorecteur en seront responsables devant la direction générale des cultes et de l'instruction publique.

Tous les six mois, en décembre et en juin, il sera adressé à la direction générale une liste des jeunes gens qui auront été immatriculés, avec indication de l'école de laquelle ils sont sortis, du numéro de leur certificat et de la faculté à laquelle ils s'adonnent.

Art. 24. Les jeunes gens qui auront obtenu des certificats d'examen des deux premières classes, pourront seuls avoir droit aux fondations publiques (*offentliche Beneficien für studirende*) en faveur des étudiants, de quelque nature qu'elles soient, sans distinction de celles qui proviennent de la couronne, des communes ou de toute autre corporation. Les certificats n° 1 auront toujours la préférence, et les individus qui seront entrés à l'université avec le certificat d'incapacité ne pourront prétendre à aucun de ces bénéfices.

Les fondations privées ou de famille ne peuvent être soumises à cette règle. Mais toutes les personnes chargées de distribuer les bourses ou fondations publi-ques, devront adresser chaque année aux gouvernements provinciaux un état de ces bourses et des parties prenantes, avec cette observation si les jeunes gens ont obtenu le certificat nécessaire n° 1 ou n° 2. L'autorité provinciale pourra retirer les bourses illégalement accordées. Les universités adresseront à la direction générale des cultes et de l'instruction publique des états semblables pour les bourses et fondations dont elles disposent.

Art. 25. Les certificats délivrés aux étudiants lorsqu'ils quittent l'université devront toujours rappeler en résumé le contenu du certificat qu'ils avaient apporté en y entrant et le numéro de ce certificat.

Art. 26. Les jeunes gens qui auraient obtenu un certificat d'incapacité, et qui voudront se placer dans un rang plus favorable, pourront, après un intervalle de six mois ou d'un an, se présenter de nouveau devant l'une des commissions d'examen pour subir une nouvelle épreuve, et dans le cas où le certificat n° 1 ou 2 leur serait délivré, ils pourraient dès lors jouir des avantages qui y sont attachés.

Art. 27. La commission d'examen de chaque gymnase devra envoyer tous les six mois au consistoire provincial auquel elle est subordonnée, le procès-verbal des examens de sortie (*Dimissions-prüfungen*), en y joignant les compositions des élèves, en original, et la copie des certificats auxquels elles auront donné lieu, en indiquant en outre dans quelle université l'élève doit se rendre, à quelle étude il se destine, ou s'il doit rester encore à l'école dans le cas où l'examen ne lui serait pas favorable.

Les consistoires provinciaux devront immédiatement adresser ces pièces à l'une des trois sections du conseil scientifique de la direction générale de l'instruction publique (*der Wissenschaftlichen Deputation des Departements des offentlichen Unterrichts*); savoir, à celle de Berlin, de Breslau ou de Kœnigsberg. Les commissions mixtes établies dans les universités adresseront de la même manière les résultats de leurs examens à la section du conseil scientifique qui réside auprès de l'unversité (1).

Chacune des sections du conseil scientifique examinera avec soin les rédactions et travaux qui lui seront adressés, et vers la fin de novembre de chaque année, enverra à la direction générale des cultes et de l'instruction publique un rapport général sur ces examens, avec toutes les pièces à l'appui.

La présente instruction devra être exécutée dans toutes les universités, gymnases et écoles savantes de la Prusse, de telle sorte que dès l'époque de Pâques prochain, les examens de sortie pour les élèves et les

(1) Il faut se rappeler que cette instruction est de 1812, époque à laquelle le royaume de Prusse était beaucoup moins étendu, le nombre des universités seulement de trois, et les commissions scientifiques autrement organisées.

immatriculations dans les universités aient lieu suivant les règles ici prescrites.

Direction des cultes et de l'instruction publique, ministère de l'intérieur.

Signé, De Schuckmann.

Fait à Berlin, le 23 juin 1812.

C'est ce règlement de 1812 que nous avons trouvé en vigueur pendant notre séjour en Prusse en 1831. Depuis il a été lui-même révisé en 1834, comme le règlement de 1788 l'avait été en 1812, et il y a été fait d'importantes modifications, fruit d'une nouvelle expérience de vingt années.

Le changement le plus considérable qui se remarque dans le nouveau règlement de 1834, est la suppression des commissions d'examen auprès des universités et la dévolution de tout examen de ce genre aux commissions de gymnases. On aura pensé que le but de ces examens étant de constater et de régler les études des gymnases, c'était surtout aux professeurs de gymnases qu'il appartient d'en être juges, et que des professeurs d'université, devenus comme étrangers à l'instruction secondaire, et dominés par d'autres habitudes, peuvent ne pas entrer dans l'esprit d'un pareil examen. Ainsi le gymnase est en possession de fixer le niveau de l'instruction secondaire, et l'éducation particulière doit venir y faire reconnaître ses titres. C'est devant la commission des gymnases que tout candidat particulier subit son examen avec les autres candidats, élevés dans les gymnases. En France, le baccalauréat a lieu devant les facultés des lettres et des sciences, et devant des commissions spéciales composées de professeurs de collèges royaux dans les académies où il n'y a pas de facultés. On a remarqué que les commissions des collèges royaux sont en général plus sévères et plus redoutées que les facultés. Le changement introduit en Prusse par le règlement de 1834, équivaut à peu près à celui qui concentrerait chez nous l'examen du baccalauréat dans les commissions des collèges.

Mais si, à certains égards, des professeurs de collège sont meilleurs juges de l'instruction secondaire que des professeurs d'université, il y aurait aussi plus d'un genre d'inconvénient à laisser sans contrôle le jugement des professeurs de gymnase sur les résultats de leur propre enseignement, et c'est ici que se place utilement l'intervention des professeurs d'université. Les six *commissions royales scientifiques,* chargées par l'arrêté ministériel de 1831 des examens de capacité pour l'enseignement secondaire, sont également chargées par le règlement de 1834 non de faire, mais de contrôler les examens de maturité.

Les commissions de gymnase envoyent aux commissions royales scientifiques, composées en grande partie de professeurs d'université, les actes des examens avec toutes les pièces justificatives, les compositions, etc. Ces commissions supérieures, révisent les examens, et renvoient leurs observations aux commissions des gymnases qui en profitent pour leurs examens nouveaux. Ainsi ce sont des praticiens de gymnase qui sont chargés des détails de l'examen, et ce sont des savants d'université qui le révisent et forment une sorte de tribunal supérieur qui ne prend aucune décision, car les commissions de gymnase sont cours souveraines, mais qui surveille et éclaire ces commissions et avertit les consistoires provinciaux et le gouvernement. Cette institution est excellente : elle prévient la routine et la négligence, lie les gymnases aux universités, et répand l'harmonie et la vie dans toutes les parties de l'instruction publique. Elle était déjà dans le règlement de 1812 ; mais celui de 1834 l'a fortifiée et développée.

Ce dernier règlement supprime aussi les deux degrés d'admission qui nous avaient paru très-bien entendus. Il ne reste plus que l'admission pure et simple, ou la déclaration d'incapacité. Cette mesure condamne les commissions d'examen à une grande indulgence ou à une grande sévérité. Pour le bien apprécier, il faudrait connaître les résultats qu'elle produit. En attendant, nous avouons que nous regrettons l'ancienne combinaison.

Au risque de fatiguer le lecteur par quelques répétitions, nous n'hésitons pas à mettre sous ses yeux le nouveau règlement qui est actuellement en vigueur et qui, selon toute vraisemblance, présidera longtemps en Prusse aux destinées de l'instruction secondaire.

RÈGLEMENT

POUR L'EXAMEN DES ÉLÈVES QUI PASSENT DES GYMNASES AUX UNIVERSITÉS.

§ 1.

Qui est obligé de subir l'examen de maturité avant de passer à l'université?

Tout élève qui désire se vouer à une profession à laquelle sont nécessaires des études de trois ou quatre ans aux universités, est tenu, soit qu'il veuille fréquenter quelque université du pays ou quelque université étrangère, de se soumettre, avant de passer à l'université, à un examen de maturité. Il n'importe pas que l'élève ait reçu l'instruction préparatoire dans une école du pays, ou dans une école étrangère, ou dans la maison paternelle.

§ 2.

But de l'examen.

Le but de l'examen est de faire connaître si le candidat a acquis le degré d'instruction indispensable pour embrasser utilement et avec succès l'étude de quelque carrière scientifique.

§ 3.
Lieu de l'examen.

L'examen n'a lieu que dans les gymnases, et désormais il n'est plus permis de le subir auprès des commissions royales. Tout gymnase, reconnu par le ministère soussigné, a partout le même droit de procéder à des examens de maturité.

§ 4.
Forme de l'examen.

L'examen a lieu dans les deux derniers mois de chaque semestre.

§ 5.
Commission.

L'examen est institué par la commission attachée au gymnase respectif. Voici le personnel de cette commission.

a. Le directeur.

b. Les maîtres du gymnase chargés de l'enseignement dans les classes supérieures.

c. Un membre de l'éphorat, du scolarchat ou du curatoire, là où subsiste une telle autorité locale.

d. Un commissaire du consistoire provincial.

Le choix de ce dernier membre, appelé à la présidence de la commission et à la direction de l'examen, doit être approuvé par le ministère soussigné, de même que le membre c doit être approuvé par le consistoire provincial.

§ 6.
Annonce pour être admis à l'examen.

Trois mois avant leur départ pour l'université, les élèves sont tenus de remettre au directeur une demande par écrit, dans laquelle ils expriment le désir d'être admis à l'examen, en y joignant chacun leur biographie en allemand.

§ 7.
Conditions pour y être admis.

Cette demande ne peut être faite que par des élèves qui ont, pendant trois semestres, suivi la première classe du gymnase. Dans l'ordre, ce n'est donc que dans le quatrième semestre du séjour en première, que cette demande doit être faite. Cependant, il dépend de la loyauté des maîtres d'admettre à l'examen,

même dans le troisième semestre du séjour en première, des élèves qui n'ont été membres de la première classe que pendant un an, mais qui se sont distingués tout ensemble par leur conduite et par leur savoir. Ce cas-là n'est cependant qu'exceptionnel.

§ 8.
Conduite à tenir envers les incapables qui se présentent.

Les élèves qui se présentent pour être admis à l'examen, mais qui, d'après le sentiment unanime des maîtres et du directeur, n'ont pas atteint la maturité requise sous le rapport de leur conduite ou de leurs connaissances, doivent être sérieusement dissuadés de l'exécution de leur dessein. Le directeur leur fera comprendre le danger qu'il y a à se rendre à l'université trop tôt et avant d'y être suffisamment préparés; au besoin, il fera là-dessus à leurs parents ou à leurs tuteurs les représentations nécessaires. Cependant on ne peut refuser d'admettre à l'examen l'élève qui pendant trois semestres a régulièrement assisté aux cours de la première, dans le cas où, malgré les avis du directeur, il persisterait dans sa demande.

§ 9.
Introduction à l'examen.

Le directeur est tenu de communiquer l'annonce des *Abiturienten* en temps convenable, au commissaire royal et aux autres membres de la commission, et de s'entendre avec le commissaire royal sur les mesures à prendre relativement à l'examen.

§ 10.
Objets de l'examen.

Les candidats sont examinés sur les matières suivantes :

1. Langues.

Langues allemande, latine, grecque et française. Dans les gymnases du grand-duché de Posen on examine de plus les élèves sur la langue polonaise. Ceux qui se vouent à l'étude de la théologie ou de la philologie doivent aussi subir un examen sur la langue hébraïque.

2. Sciences.

Religion, histoire et géographie, mathématiques, physique, histoire naturelle et propédeutique philosophique.

§ 11.

Principes de l'examen.

Pendant l'examen même, il faut soigneusement éviter tout ce qui pourrait troubler la marche régulière de l'école et porter les élèves à croire que c'est seulement pour subir l'examen qu'il faut, pendant le dernier semestre, une préparation particulière et de grands efforts intellectuels. L'échelle d'après laquelle se mesure l'examen peut et doit être la même que celle sur laquelle est fondé l'enseignement dans la première classe du gymnase. Et pour la délibération finale sur le résultat de l'examen, il n'y aura que les connaissances devenues véritablement la propriété des élèves, qui soient décisives. De semblables connaissances ne s'obtiennent ni par des efforts extraordinaires pendant les derniers mois avant l'examen, ni en apprenant par cœur une masse confuse de noms, de dates, ou de notions incohérentes entre elles. Ces connaissances ne peuvent être que le fruit lentement mûri d'un travail régulier et constant pendant tout le cours du gymnase.

Ces points de vue devant présider à tout l'examen, il faut les rappeler, dans toute occasion convenable, à la mémoire des élèves, afin que ceux-ci acquièrent de bonne heure une instruction solide, et qu'ils ne se trompent pas eux-mêmes, en même temps qu'ils cherchent à tromper les examinateurs, par des préparations uniquement destinées à les tirer d'affaire à l'examen.

§ 12.

Formes de l'examen.

L'examen se divise en examen par écrit et en examen oral ; l'un sert de complément à l'autre.

§ 13.

Examen par écrit.

On commencera par l'examen par écrit, lequel doit avoir lieu le plus tôt possible après que les élèves ont fait leur demande au directeur.

§ 14.

Choix des matières de composition.

Pour l'examen par écrit, il faut choisir des matières qui ne soient pas en dehors de la sphère intellectuelle des élèves, et qu'ils puissent traiter *ex tempore* d'une manière conforme au but de l'examen.

Il va sans dire que les élèves doivent avoir été précédemment instruits au gymnase sur toutes les matières de l'examen.

D'autre part, les matières spéciales de composition ne doivent jamais avoir été faites préalablement dans l'école.

§ 15.

Pour chaque composition, le directeur et les maîtres examinateurs soumettent au commissaire royal un choix de matières. Celui-ci est libre, d'après les circonstances, de désigner lui-même les matières. Ceux qui subissent l'examen en même temps, reçoivent tous les mêmes matières à traiter. Chaque matière n'est communiquée par le directeur aux candidats qu'au moment où ils doivent se mettre au travail.

§ 16.

Des diverses espèces de composition.

Les travaux par écrit consistent :

1. Dans une composition en prose en langue allemande. Le but de cette composition est de reconnaître l'ensemble de l'éducation de l'élève, principalement le développement de son intelligence et de son imagination et le degré de sa maturité en fait de style, par rapport à la précision et à l'ordre légitime des pensées, à l'arrangement régulier et à l'exécution de l'ensemble dans un style naturel, correct et conforme au sujet à traiter.

2. Dans un *ex tempore* latin, et dans une composition latine sur des matières qui ont été exposées clairement au gymnase. Là, outre l'arrangement général des idées, il faut surtout prendre en considération le degré de correction du style, auquel l'élève est parvenu dans la langue latine.

3. Dans la traduction d'un morceau grec choisi dans un poëte ou dans un écrivain de prose, qui n'ait pas été lu dans l'école, mais qui soit à la portée de la première classe du gymnase, et dans la traduction d'un morceau de latin en grec. Ceci a pour but de faire connaître jusqu'où les élèves sont parvenus dans la connaissance nécessaire des éléments de la langue grecque et des principales règles de la syntaxe.

4. Dans la version d'un morceau de grammaire pas très-difficile, de la langue maternelle dans la langue française.

5. Dans une composition mathématique, dont l'objet doit être la solution de deux problèmes de géométrie et de deux problèmes d'arithmétique, tirés des diverses parties des mathématiques qu'on a enseignées dans l'école, ou un développement de certaines propositions mathématiques.

Remarque I. Pour les élèves du grand-duché de Posen, il y a, en outre, une composition à faire en langue polonaise ou en langue allemande, suivant que l'une ou l'autre est la langue maternelle de l'élève.

Remarque II. Ceux qui se destinent aux études de théologie et de philologie ont à traduire de l'hébreu en latin un chapitre d'un des livres historiques de l'Ancien Testament, ou d'un psaume (qui n'ait pas été lu dans l'école), et y ajouter une analyse grammaticale.

Remarque III. Dans le cas où il y aurait quelques élèves qui croient avoir acquis dans telle ou telle branche d'enseignement plus que la mesure ordinaire des connaissances exigées, il faut leur rendre justice, d'après les cas indiqués § 28, *b* et *c*. Après qu'ils auront satisfait aux travaux et à toutes les obligations prescrites, on leur donnera en particulier des matières plus difficiles à traiter, afin de leur fournir l'occasion de montrer ce qu'ils prétendent savoir.

§ 17.

Temps fixé pour les compositions.

Quatre jours tout au plus (à 8 heures par jour) sont accordés au travail des compositions, y compris le temps qu'il faut pour mettre les copies au net, en sorte que pour

1. La composition en allemand, il y ait 5 heures.
2. La composition en latin, 5
3. L'*extemporale* latin, 1
4. La version grecque, 3
5. La traduction de l'allemand en grec, 2
6. La composition en français, 4
7. La composition en mathématiques, 5

Il faut encore accorder 2 heures en sus pour la version hébraïque (§ 16, *Remarque* II).

Ces quatre jours ne doivent pas se succéder immédiatement. Pour les compositions en allemand et en latin, on choisira cinq heures d'avant midi.

Il n'est pas permis d'achever la composition à moitié, en sorte que l'élève en fasse une partie avant midi et l'autre après-midi, et que l'élève ait ainsi à lui un temps intermédiaire de non-surveillance.

§ 18.

Prescription pour l'examen par écrit.

Pour les compositions il n'est accordé aux élèves d'autre secours que les dictionnaires des langues enseignées et les tables mathématiques. Ces compositions sont faites dans une des salles du gymnase, sous la surveillance constante et alternative d'un des maîtres, membre de la commission d'examen, qui est responsable de l'exacte observation des prescriptions établies. Toute composition doit être écrite sur des feuilles entières et pliées, d'une manière lisible, sous la surveillance d'un même maître, qui doit surtout faire attention à ce que la composition soit achevée sans interruption, transcrite et remise. Dans un procès-verbal particulier, dressé sur l'examen par écrit, chaque maître déclarera dans quel temps, pour quelle matière il a eu la surveillance et à quelle heure chacun des élèves a achevé son travail. Celui qui, le temps prescrit écoulé, n'a pas encore fini son travail, doit le donner non achevé.

L'élève qui, pour cause de maladie, ne peut subir en temps utile son examen par écrit, aura, dans le cas où il persisterait dans sa demande, de nouvelles matières de composition.

§ 19.

Correction des compositions.

Les maîtres respectifs sont tenus de revoir et de corriger scrupuleusement ces compositions, d'exprimer leur jugement sur le rapport qui existe entre les travaux actuels et les travaux ordinaires de l'élève, de remettre d'abord ces compositions au directeur qui à son tour est chargé de les remettre (après que tous les membres de la commission d'examen les auront lues) au commissaire royal, avec le procès-verbal dressé sur l'examen par écrit.

D'après les circonstances, le directeur est libre d'ajouter encore d'autres travaux que les élèves ont composés pendant la dernière année. Mais ces compositions ne constitueront pas la base de la décision que prendra la commission d'examen. Elles aideront seulement les membres à se former une idée claire et à porter un jugement solide de la capacité des élèves.

§ 20.

Examen oral. — Nombre des élèves à examiner. — Temps fixé pour l'examen.

L'examen oral aura lieu avec le même soin, quel que soit le nombre des élèves à examiner. Là, où il y a plus de huit élèves à examiner, l'examen oral sera remis à deux termes et même plus, suivant le nombre des élèves. Le choix de l'époque et des matières de l'examen sera fixé par le commissaire royal.

§ 21.

Juges de l'examen oral.

Seront présents à l'examen oral, tous les membres de la commission d'examen, de même que les maîtres du gymnase, qui ne font pas partie de cette commission. Les autorités locales de l'école (quand il y en a) seront particulièrement invitées par le directeur.

§ 22.

Obligations des examinateurs.

Les maîtres sont chargés de l'examen oral dans les matières qu'ils ont enseignées en première, à moins que le commissaire royal n'ait des raisons particulières pour choisir d'autres examinateurs. On doit attendre des maîtres qu'ils se servent d'une méthode convenable, qu'ils laissent à l'élève la latitude nécessaire pour s'exprimer avec lucidité et précision, et qu'en général ils conduisent l'examen de manière à découvrir le degré réel de savoir de ceux qu'ils interrogent. Quoique l'examen oral ne soit pas destiné à repasser les compositions des candidats, les maîtres sont libres d'y rattacher quelquefois leurs questions. Il dépend de la volonté du commissaire royal non-seulement d'imprimer à l'examen, par l'arrangement des objets, la marche qui lui semble convenable, mais encore de se charger lui-même de divers objets de l'examen.

§ 23.

Objets de l'examen oral.

Examen oral.

Les élèves seront interrogés :

1. Dans la langue allemande, sur la grammaire générale, sur la prosodie et la métrique, sur les époques principales de l'histoire et de la littérature nationale. Il faut aussi s'assurer si les *examinandi* ont lu avec fruit quelques ouvrages d'auteurs classiques nationaux.

2. En latin, les *examinandi* auront à traduire et à analyser des morceaux choisis de Cicéron, Salluste, Tite-Live, Virgile et Horace, afin de faire connaître leur capacité à saisir rapidement et à rendre avec goût la pensée de l'auteur, ainsi que leurs connaissances grammaticales et archéologiques. L'examen aura lieu ensuite en langue latine, où chacun est à même de montrer par un discours bien lié et concis, les progrès qu'il a faits dans cette langue.

3. En grec, les élèves expliqueront et analyseront quelques morceaux faciles de prose, notamment quelques passages d'Homère (dont une partie n'ait pas été lue dans l'école). L'examinateur aura soin de sonder les connaissances des élèves par des questions sur la grammaire et sur les objets relatifs à l'histoire, à la mythologie et à l'art des Grecs.

4. L'examen de français consistera dans l'explication de quelques morceaux choisis des auteurs classiques français. Pendant cette explication l'élève pourra montrer jusqu'où il sait parler la langue française.

5. Quant à la religion, il faut voir s'ils connaissent suffisamment la doctrine chrétienne, dogme et morale ; les époques principales de l'histoire de l'Église chré-

tienne, et en général le résumé de l'Écriture sainte, et s'ils ont lu quelques passages du *Nouveau Testament* avec intelligence et avec fruit.

6. Quant aux mathématiques, il faut s'assurer de la solidité et de l'étendue de leurs connaissances dans les diverses parties de la science (indiquées spécialement § 2, 8 et n° 6).

7. Relativement à l'histoire et à la géographie, il faut s'assurer si les élèves possèdent un aperçu clair de l'ensemble de l'histoire, et s'ils ont acquis une connaissance exacte de l'histoire ancienne, principalement de l'histoire grecque et romaine, ainsi que de l'histoire allemande et nationale, et s'ils sont assez avancés dans les éléments de la géographie mathématique, physique et politique.

Les examinateurs doivent s'abstenir de toutes questions qui entreraient trop dans les détails.

8. Dans l'histoire naturelle, on demandera une connaissance de la classification générale des produits de la nature, un coup d'œil juste et un talent exercé à décrire avec exactitude.

9. Dans la physique, une connaissance exacte des lois générales de la nature, principalement des lois qui peuvent être démontrées mathématiquement, sans employer cependant le calcul plus élevé.

10. Quant à la propédeutique philosophique, il faut voir si les *examinandi* peuvent se rendre compte d'une manière claire et distincte des principes élémentaires de la psychologie et de la logique ordinaire, notamment de la notion, du jugement, du raisonnement, de la définition, de la classification et de l'argumentation ou syllogistique.

Remarque I. Ce que nous avons dit n° 1, sur l'examen dans la langue allemande est de même applicable aux gymnases du grand-duché de Posen, où la langue polonaise est en grande partie la langue maternelle des élèves. Là encore les élèves allemands sont examinés en polonais, comme les élèves des autres gymnases sont examinés (n° 4) en français.

Remarque II. Les élèves qui veulent se vouer aux études de théologie et de philologie auront à expliquer et à analyser grammaticalement quelques passages tirés d'un des livres historiques de l'Ancien Testament.

Remarque III. Quant aux élèves qui croient avoir approfondi tel ou tel objet d'enseignement plus qu'on ne l'exige, il faut agir d'après le § 16, *Remarque* III.

§ 24.

Limitation des objets de l'examen oral.

Il dépendra de l'équité et du jugement loyal de la commission d'examen de limiter l'examen oral relativement aux objets sur lesquels les *examinandi* auraient déjà à peu près satisfait dans leurs compositions. En pareil cas, la règle est d'interroger l'élève surtout sur les points qu'il n'a pas suffisamment traités dans ses compositions, ou de faire porter l'examen oral principalement sur des sujets où l'on attend que tel ou tel élève se distinguera d'une manière particulière.

§ 25.
Procès-verbal de l'examen oral.

On dressera de l'examen oral un procès-verbal exact sur une feuille pliée. L'introduction à ce procès-verbal que le directeur aura faite ou aura fait faire par un des maîtres examinateurs, avant le commencement de l'examen même, doit contenir les noms des membres présents de la commission d'examen, le nom et les prénoms, le lieu de naissance, la confession, l'âge, et le temps du séjour des élèves au gymnase en général et en première spécialement.

§ 26.
Délibération sur le résultat de l'examen : décision.

L'examen oral fini, les examinés se retirent. C'est alors qu'on délibérera sur le certificat à délivrer, en conséquence du résultat de l'examen total, et d'après la conduite et l'intelligence que l'examiné a montrées en général pendant son séjour au gymnase. Les maîtres des diverses branches d'enseignement porteront, chacun à leur tour, un jugement exact sur les connaissances spéciales de l'examiné. Ce jugement sera l'objet d'une délibération. Dans le cas où les opinions seraient loin d'être unanimes, il faudra procéder à la majorité des suffrages. Là, chaque membre de la commission d'examen, y compris le commissaire royal, a une voix ; le membre le plus jeune de la commission vote le premier, et le commissaire royal le dernier. Si quelque membre, après avoir déjà voté, trouve que le vote d'un autre membre est mieux fondé que le sien, il peut retirer son vote et voter définitivement. S'il y a des deux côtés le même nombre de pour et de contre, c'est alors la voix du commissaire royal qui décidera. Celui-ci, quand il voit que la majorité des suffrages l'emporte déjà avant qu'il ait donné le sien, doit, sans nulle autre forme de procès, confirmer la décision, ou, s'il la croit contre sa conscience, la rejeter. Mais alors il exposera à la commission d'examen les motifs de son refus, et il mettra sous les yeux des membres le procès-verbal du résultat de l'examen et des compositions.

§ 27.
Censure.

Dans la délibération qui a lieu après l'examen oral,

il faut, conformément aux notes de censure qui ont été remises, asseoir un jugement général sur le travail, la conduite morale et la maturité du caractère des candidats, attendu que ce jugement doit trouver place dans le certificat.

§ 28.
Principes d'après lesquels se délivre le certificat de maturité.

Les principes suivants présideront à la délibération finale.

On accordera le certificat de maturité :

a. 1. Si l'élève a conçu avec justesse le plan de sa composition en langue maternelle, s'il en a ordonné l'ensemble logiquement, traité le sujet judicieusement, dans un style clair et convenable ; si, de plus, il a montré une connaissance solide des principales époques de la littérature nationale. Des fautes grossières de style, de la diffusion et de l'obscurité, l'orthographe et la ponctuation très-négligées, sont des motifs légitimes de douter de la capacité d'un élève.

2. Si les compositions latines sont exemptes de fautes grammaticales et de germanismes frappants, si l'élève s'exprime aisément et s'il comprend avec facilité un petit nombre de passages difficiles de Cicéron, Salluste, Tite-Live, et parmi les poëtes, les Églogues, l'Énéide de Virgile et les Odes d'Horace ; s'il connaît suffisamment la quantité et la métrique.

3. Si, dans la langue grecque, il possède les éléments de la grammaire et les principales règles de la syntaxe, et s'il sait expliquer sans préparation préliminaire l'Iliade et l'Odyssée, Hérodote, la Cyropédie et l'Anabase de Xénophon, ainsi que quelques dialogues courts et faciles de Platon.

4. Si la composition française est en général sans fautes et si l'élève explique couramment quelques morceaux faciles choisis dans les poëtes ou dans les prosateurs.

5. S'il fait preuve d'une connaissance claire et exacte de la doctrine chrétienne, dogme et morale, jointe à une vue générale de l'histoire de la religion chrétienne.

6. S'il se montre capable en mathématiques, s'il est habile dans le calcul ordinaire, dans les éléments de l'algèbre et de la géométrie, s'il n'ignore pas le binôme, s'il traite avec facilité les équations du premier et du deuxième degré, s'il sait faire usage des logarithmes, s'il est suffisamment exercé dans la trigonométrie rectiligne, et principalement s'il a fait preuve d'intelligence par un discours bien ordonné dans l'ensemble des propositions qu'il a développées.

7. S'il prouve qu'il a une idée nette et claire de la configuration des pays, qu'il peut se représenter dis-

tinctement sans la carte la surface de la terre, le cours des principaux fleuves, la position des montagnes, etc. S'il est versé dans la description politique du globe et de ses diverses parties, s'il saisit d'un coup d'œil juste et rapide l'ensemble de l'histoire; s'il est au courant de l'histoire des Grecs et des Romains, ainsi que de l'histoire allemande, et spécialement de l'histoire de Prusse.

8. Si, enfin, quant à la physique, il est parvenu à une intelligence claire des principes premiers des propriétés générales des corps, des lois de l'équilibre, du mouvement, de la chaleur, de la lumière, du magnétisme et de l'électricité. Si, dans la description de la nature, il a acquis une connaissance suffisamment fondée des classifications générales des produits de la nature.

9. On exige encore que ceux qui veulent se vouer aux études de théologie et de philologie sachent lire couramment l'hébreu, et qu'ils connaissent les éléments de la grammaire et les règles principales de la syntaxe, et qu'ils soient à même d'expliquer quelques passages faciles tirés d'un livre historique de l'Ancien Testament ou d'un psaume.

b. Pour ne point s'opposer au libre développement des talents naturels, on délivrera également le certificat de maturité à celui qui, ayant satisfait à ce qui est exigé en allemand et en latin, montre dans les deux langues anciennes ou dans les mathématiques, une connaissance beaucoup plus approfondie qu'on ne demande, lors même que cet élève n'aurait pas donné sous d'autres rapports des résultats bien satisfaisants.

c. Quoiqu'il ne faille nullement favoriser cette espèce de dégoût que montrent quelques élèves pour des études qui ne paraissent pas devoir leur servir dans la carrière qu'ils comptent embrasser un jour, il peut cependant y avoir, surtout parmi les candidats d'un âge avancé, des cas où l'équité aussi bien que l'intérêt du service de l'État, exigent d'avoir égard, dans la question sur la maturité, à la profession à laquelle le candidat se destine, et de modifier là-dessus la décision à prendre. Pour de semblables cas, qui ne sont absolument qu'exceptionnels, et qui doivent être justifiés d'une manière spéciale, c'est à la loyauté consciencieuse de la commission d'examen à décider s'il faut délivrer le certificat de maturité à un élève qui n'a pas répondu à tous les points de a, mais qui a satisfait sur la langue maternelle, sur la langue latine, et de plus sur les objets de l'examen qui se rapportent à sa carrière future.

d. Enfin, celui-là sera déclaré non mûr qui ne satisfait pas même à ce qu'on exige lettre e.

§ 29.

Après que la commission d'examen aura achevé conformément aux paragraphes 11, 27 et 28, le cer-

tificat de chaque candidat, et que la décision finale aura été mise dans le procès-verbal signé de tous les membres de la commission d'examen, les examinés sont rappelés dans la salle, où le commissaire royal leur fait connaître ceux qui méritent ou qui ne méritent pas le certificat de maturité. Là, ceux qui sont déclarés mûrs, apprendront qu'ils peuvent quitter l'école à la fin du semestre et passer à l'université. Ceux qui n'ont pas été jugés mûrs, recevront le conseil de fréquenter l'école encore pendant quelque temps, si toutefois il y a à espérer qu'ils suppléeront ainsi aux connaissances qui leur manquent. Après un laps de temps de six mois, ils peuvent se présenter de nouveau (§ 55) pour gagner le certificat de maturité. Si la cause de la non-maturité repose sur le manque de dispositions naturelles, le directeur doit, conjointement avec les autres maîtres, exhorter sérieusement l'élève de choisir une autre destination. Si un tel élève persévère dans l'intention de fréquenter l'université, il obtiendra, sur son instance, le certificat du résultat de son examen.

§ 30.

Certificat.

D'après le procès-verbal et les notes de censure, le directeur composera en allemand le certificat, qu'il soumettra ensuite à tous les membres de la commission d'examen. Le certificat mis au net sera d'abord signé par le commissaire royal, qui apposera son sceau. De là il passera à la signature du membre du scolarchat, de l'éphorat ou du curatoire. Ensuite le directeur y apposera le sceau de l'école, avec sa signature. Les signatures des autres membres de la commission d'examen y seront ajoutées les dernières.

§ 31.

Forme du certificat.

Voici le modèle de certificat, qui contient la véritable caractéristique du candidat, sous le rapport de la conduite, des facultés intellectuelles et de leur développement.

CERTIFICAT DE MATURITÉ

POUR L'ÉLÈVE DU GYMNASE DE

M. (*nom et prénoms*)
de (*lieu de naissance*)   âgé
          (*confession*), fils de   (*nom et
état du père*) à   (*domicile de celui-ci*)
      Sous la tutelle de   (*nom du tuteur*) à
(*domicile*)
      A été   (*année*) au gymnase à
(*lieu*)   (*années*) dans la première classe.

I. Conduite envers les condisciples , envers les supérieurs , et moralité en général.

Remarque I. Ici , il faut apprécier la régularité , la convenance et la moralité du candidat en général, non-seulement au dedans de l'école , envers ses maitres et ses camarades , mais encore en dehors de l'école , et d'après les notes de classe (*Schul-censuren*) , porter sur toute la conduite de l'élève un jugement qui exprime clairement le degré de sa capacité morale et de la maturité de son caractère.

II. Travail.

Remarque II. Pour apprécier l'application du candidat , il faut prendre en considération son plus ou moins de régularité à fréquenter l'école , son attention à écouter ses maitres , sa participation à tous les travaux de la classe, l'amour de l'ordre, le soin, la ponctualité qu'il aura montrés non-seulement dans la classe même , mais aussi dans son travail particulier.

III. Connaissances.

1° *Langues.*

  a. Allemand.
  b. Latin.
  c. Grec.
  d. Français.

2° *Sciences.*

  a. Religion.
  b. Mathématiques.
  c. Histoire et géographie.
  d. Physique et histoire naturelle.
  e. Propédeutique philosophique.

3° *Arts d'agrément.*

  a. Dessin   Sur ces deux points on se contentera
  b. Chant   de constater le jugement des maitres de dessin et de chant pendant le dernier semestre.

Remarque III. On ne se contentera pas de caractériser la capacité du candidat dans ces diverses parties par quelques mots, comme *très-bien*, *assez bien ;* mais on devra toujours exprimer les résultats de l'examen oral et par écrit d'après le procès-verbal de l'examen, d'une manière complète, qui laisse voir clairement si le candidat a profité de l'enseignement dans ces diverses parties, dans la mesure exigée par le présent règlement.

Remarque IV. Dans tous les cas prévus au § 28, il ne faut pas désigner seulement les objets d'enseignement sur lesquels le candidat a dépassé la mesure

exigée , il faut aussi désigner dans le certificat , d'après les résultats de l'examen , les objets sur lesquels il est au-dessous de la capacité demandée par le règlement.

Il faut également remarquer sur le certificat de celui qui a été déclaré non mûr, d'après le paragraphe 28, *c*, les raisons qu'a eues la commission d'examen pour prendre une telle résolution , et il faut de plus indiquer expressément les objets d'enseignement sur lesquels le candidat est encore en arrière.

En conséquence la commission d'examen a délivré à N... quittant le gymnase pour s'adonner à telles études universitaires (qu'il faut spécifier) , le certificat de maturité, et accordé le congé de N..., en l'accompagnant des vœux , des louanges , des recommandations convenables.

Le   18

LA COMMISSION ROYALE D'EXAMEN.

(*Signat.*)   *N. le commissaire royal.*
(Sceau du commissaire.)
(*Signat.*)   *N. le directeur.*
(Sceau de l'école.)

NN. les maitres des classes supérieures, etc.

Le certificat de non-maturité n'est délivré que sur la demande expresse de l'examiné ou de ses parents. Il sera conçu d'après le modèle donné ci-dessus , mais en omettant le mot *maturité* en titre ; et à la fin on mettra : « En conséquence, le certificat de maturité n'a pu lui être accordé dans l'examen de   18 ».

§ 32.

Délivrance du certificat.

Les certificats ne sont délivrés aux élèves par le directeur qu'au moment de la sortie. Jusque-là les élèves sont tenus d'assister régulièrement aux cours ordinaires et de se soumettre à l'ordre prescrit de l'école. La sortie des élèves a lieu dans tous les gymnases à la fin de l'examen public de l'école, ou dans d'autres établissements à l'occasion des fêtes en usage. Tous les élèves devront y être présents. Là , on fera l'appel nominal de tous les élèves examinés et jugés capables de passer à l'université , en leur délivrant en même temps leurs certificats. C'est au directeur de faire en sorte que ce jour solennel réponde à son but et qu'il produise l'effet désiré sur les élèves qui quittent l'école , sur les élèves qui restent, ainsi que sur le public ; c'est à lui encore de modifier la déclaration de sortie, en raison de l'individualité de chacun et du contenu du certificat. On dira seulement des non mûrs, que ceux-ci ont eux-mêmes jugé convenable de quitter l'école. Dans les programmes annuels de l'école, on notera simplement, sans aucune autre addition, les noms et les lieux de naissance des examinés, ainsi que l'espace de temps qu'ils ont été en première ; on y fera aussi mention du certificat accordé et de la faculté que l'élève a choisie.

§ 33.

Effets du certificat de maturité.

Il n'y a que les élèves munis de certificats de maturité qui puissent être :

1. Inscrits dans les universités nationales, comme étudiants en théologie, en droit, en médecine, en chirurgie, en philologie ;

2. Admis à l'examen pour obtenir une dignité académique quelconque dans une faculté du pays ;

3. Admis à l'examen pour être revêtus de quelque fonction dans l'État ou dans l'Église.

§ 34.

De plus, les bourses publiques (*stipendia*), qu'elles soient fondées par le roi, ou par des communes, ou par des corporations, ne seront conférées qu'aux étudiants qui ont obtenu le certificat de maturité. Les dotations privées ou de famille ne peuvent être par là limitées.

Les consistoires provinciaux, les autorités provinciales, ainsi que celles qui sont préposées aux gymnases, doivent tenir sévèrement à ce que les bourses royales d'université ne soient conférées à personne avant d'avoir mérité le certificat de maturité par un examen en règle. Tous les collaborateurs de *stipendia* et de secours publics seront tenus d'envoyer chaque année au gouvernement la liste des bénéficiaires, avec la remarque qu'ils ont obtenu le certificat de maturité.

Tout procédé illégal à cet égard sera suivi de la suppression de la collation. Les universités sont également tenues d'envoyer au ministère soussigné la liste des bénéfices et de ceux qui en jouissent.

§ 35.

Conditions pour accorder l'immatriculation à ceux qui n'ont pas obtenu le certificat de maturité.

Les élèves déclarés non mûrs obtiendront l'immatriculation dans une université nationale sur la base du certificat de non-maturité. Ils seront inscrits auprès de la faculté de philosophie dans un album particulier. Mais ils ne pourront s'livre aucune étude de faculté conduisant à un grade, avant qu'ils aient obtenu un certificat de maturité. On remarquera spécialement dans leur matricule qu'à défaut du certificat de maturité, ils ne peuvent être admis à aucune étude de faculté.

§ 36.

Conditions pour accorder l'immatriculation à ceux qui n'ont pas été examinés du tout.

Pour ne pas faire manquer leur destination à ceux qui n'ont point subi d'examen et qui, en fréquentant quelque université nationale, ont seulement l'intention d'acquérir une instruction générale pour les positions sociales plus élevées, ou qui ont un tout autre but que celui d'entrer dans les fonctions savantes de l'État et de l'Église, le ministère soussigné se réserve le droit d'accorder, sur le certificat de bonnes mœurs, un permis spécial pour l'immatriculation dans les universités du pays, et pour l'inscription dans les facultés de philosophie. Il faudra exposer le but pour lequel on fréquente l'université sans avoir subi l'examen de maturité, et justifier de la permission particulière du ministère.

§ 37.

Prescriptions relatives à l'immatriculation.

Pour l'immatriculation dans une université de Prusse et dans l'établissement académique de Munster, on exigera des élèves nationaux, soit qu'ils sortent d'un établissement du pays ou de l'étranger, un certificat de maturité ou de non-maturité délivré par la commission d'examen, ou à défaut de ce certificat, un permis spécial du ministère soussigné. Dans le cas où, sans un seul certificat et sans le permis du ministère, un élève prussien aurait été admis à l'immatriculation dans une université du pays, non-seulement la matricule sera nulle, mais encore le recteur ou le prorecteur sera, d'après les circonstances, accusé de contravention.

§ 38.

Envoi des listes semestrielles des immatriculés.

Chaque université, ainsi que l'établissement académique de Munster, est tenu d'envoyer au ministère soussigné, dans les mois de décembre et de juin, une liste exacte des étudiants nationaux immatriculés, avec les noms de l'école qu'ils ont fréquentée, de la carrière à laquelle ils se destinent et avec la note inscrite dans chaque espèce de certificat. Dans cette liste seront placés séparément les étudiants immatriculés et inscrits auprès de la faculté de philosophie avec un certificat de non-maturité ou avec un permis ministériel.

§ 39.

Obtention ultérieure du certificat de maturité.

Il sera permis à ceux qui ont passé à l'université

avec le certificat de non-maturité, mais qui, voulant éviter les effets d'un semblable certificat, désirent acquérir un certificat honorable, à ceux-là il sera permis de demander à subir, mais pas plus d'une fois, un examen de maturité dans un gymnase à leur choix. Le séjour de trois ou de quatre ans aux universités ne date légalement que du moment où le certificat de maturité a été obtenu, à moins d'une dispense spéciale accordée par le ministère soussigné.

§ 40.

Prescriptions relatives aux certificats de congé.

Les universités et nommément les recteurs ou les prorecteurs et les doyens seront tenus de transcrire dans l'album les notes du certificat de chacun (soit que le certificat ait été acquis à la sortie de l'école, ou pendant le cours académique), et de plus d'en faire mention dans la matricule, ainsi que dans les certificats qu'obtiennent les étudiants lorsqu'ils quittent les universités.

§ 41.

Instruction pour ceux qui ont reçu une éducation privée.

Ceux qui ne sortent pas d'un gymnase, mais qui ont reçu une instruction privée, pour passer à l'université, subiront, après avoir remis à la commission les certificats délivrés par leurs maîtres sur leurs études et leur conduite morale, un examen établi d'après les mêmes principes, auprès d'un gymnase dont le choix est laissé aux parents ou aux tuteurs. Cependant l'examen des élèves qui ont reçu une instruction privée, sera distinct de celui des élèves du gymnase, et dans la décision qui suivra l'examen on remarquera que les premiers n'ont pas fréquenté de gymnase et qu'ils n'ont pas été examinés par leurs propres maîtres. La règle prescrite dans le § 7 n'est point applicable à ceux qui ont reçu une éducation privée ou qui peuvent prouver qu'il s'est écoulé un intervalle de deux ans depuis leur sortie d'un gymnase du pays. Ils devront, quant à l'examen et aux certificats, s'acquitter des obligations prescrites.

§ 42.

Examen supplémentaire pour les étudiants en théologie et en philologie.

Les étudiants en théologie et en philologie qui se sont rendus à l'université sans avoir les connaissances requises dans la langue hébraïque (§ 28. *a.* 9), ou qui seulement à l'université se sont décidés pour les études de théologie et de philologie, tâcheront d'obtenir le certificat de maturité pour l'objet d'enseignement en question; à compter de ce moment-là, les examinés auront pendant cinq semestres à se livrer aux études de théologie ou de philologie.

§ 43.

Instructions pour les étrangers.

Les prescriptions du § 33, n° 3, seront applicables aux étrangers qui étudient dans une université du pays et désirent obtenir un jour une charge qui exige une étude de trois ou quatre ans aux universités. S'ils ne peuvent pas exhiber, quant à leur instruction scolaire, le certificat voulu par les lois, ils auront à se soumettre à un examen de maturité auprès d'un gymnase du pays.

§ 44.

Envoi des actes de l'examen.

Les directeurs des gymnases sont tenus d'envoyer au consistoire provincial les actes de l'examen, quatre semaines après l'examen même, et d'avertir la même autorité en temps et lieu, lorsqu'il n'y a point d'examen du tout. Les actes de l'examen contiendront 1° une copie du procès-verbal dressé sur l'examen oral et par écrit; 2° une copie des certificats délivrés aux examinés; 3° les compositions jugées par les maîtres, en original.

§ 45.

Les collèges provinciaux sont tenus de vérifier préalablement ces actes, de relever ce qu'il y a de défectueux, et principalement d'examiner les compositions; de transmettre ensuite tous ces actes à la commission royale d'examen (*Königliche wissenschaftliche prüfungs-commission*).

§ 46.

Jugement de ces actes.

Les commissions royales d'examen se livrent à une révision exacte de ces actes, et après cela les envoient, en y ajoutant leur jugement, au consistoire provincial. Celui-ci est tenu de faire parvenir ces actes à la connaissance de la commission d'examen, sous le couvert du commissaire royal, en laissant intact ou en modifiant le jugement porté par la commission royale.

§ 47.

Pour que le jugement porté par les commissions royales d'examen se retrouve entre les mains des commissions d'examen attachées aux gymnases, à l'époque où celles-ci procèdent à un nouvel examen, les actes des examens seront envoyés vers le milieu d'avril et d'octobre aux consistoires provinciaux. Ceux-ci les transmettront aux commissions royales d'examen, vers le milieu de mai et de novembre. Enfin les commissions royales d'examen les renverront deux mois après, vers le milieu des mois de juillet et de janvier, aux consistoires provinciaux, lesquels tiendront la main à ce que les compositions, avec le jugement porté par les commissions royales d'examen, reviennent vers le 1er août et le 1er février, aux commissions des gymnases.

§ 48.

Rapport annuel des examens de maturité.

A la fin de chaque année les consistoires provinciaux enverront copie des jugements portés par les commissions royales d'examen sur les gymnases de leur ressort ; ils enverront de plus le tableau des examinés, conçu de cette manière : *a*, nom et prénoms ; *b*, confession ; *c*, lieu de naissance ; *d*, état du père ; *e*, temps du séjour au gymnase en général ; *f*, en première spécialement ; *g*, notes du certificat d'examen ; *h*, nom de l'université que l'élève veut fréquenter ; *i*, choix de la faculté. Enfin, dans une colonne à part on remarquera ceux qui n'ont pas obtenu le certificat de maturité, ainsi que ceux qui se proposent de continuer leurs études au gymnase, ou qui les abandonnent.

§ 49.

Publication de ce règlement dans les deux classes supérieures du gymnase.

En présence des deux classes supérieures réunies, le directeur est tenu deux fois par an, au commencement de l'été et de l'hiver, de lire à haute voix et d'accompagner des remarques nécessaires, celles des parties de ce règlement qui portent particulièrement sur les conditions à remplir pour être admis à l'examen de maturité, et sur les devoirs et obligations imposées à ceux qui veulent subir cet examen.

§ 50.

Établissement de ce règlement.

Le ministère déclare expressément nulles toutes les prescriptions contraires audit règlement, en même temps qu'il avertit toutes les universités, gymnases et écoles savantes du royaume, de se conformer exactement au présent règlement, à dater des sorties de Pâques et des immatriculations dans les universités de l'année courante. L'ordre est intimé à tous les consistoires provinciaux, ainsi qu'aux gouvernements royaux, de contribuer, autant qu'il est dans les attributions de chacun d'eux, à l'exécution ponctuelle du présent règlement.

Le ministère de l'instruction publique et des cultes.

(*Sig.*) ALTENSTEIN.

Berlin, le 14 décembre 1834.

DEUXIÈME PARTIE.

STATISTIQUE DE L'INSTRUCTION SECONDAIRE.

NOMBRE DES GYMNASES, DES PROFESSEURS, DES ÉLÈVES, ET DES ADMISSIONS A L'UNIVERSITÉ.

On peut regarder comme une organisation très-satisfaisante de l'instruction publique, celle où les quatre points suivants seraient assurés :

1° Tout le monde, et par là j'entends tout le monde sans exception, la population tout entière, filles et garçons, dans les villes et les campagnes, allant aux écoles primaires élémentaires, gratuites ou payantes ;

2° Toute la classe moyenne dans les villes, allant aux écoles primaires supérieures ;

3° Un nombre suffisant de jeunes gens de la classe moyenne et des hautes classes, allant ensemble aux collèges dans la division inférieure ;

4° Sur ce nombre, après une épreuve convenable, une élite appelée, non par le droit de la naissance et de la fortune, mais par celui du travail et du talent, à passer dans la première division du collège, de là à l'université, et de là encore dans les rangs supérieurs de la société.

Cet idéal est à peu près réalisé en Prusse. Nous avons prouvé ailleurs (1) qu'en 1831, sur 12,726,823 habitants, 2,043,030 enfants, c'est-à-dire la totalité des enfants en âge d'aller aux écoles, y allaient effectivement ; et que sur ce nombre, 56,889 garçons, et 46,598 filles, en tout 103,487 enfants, fréquentaient les écoles primaires supérieures. Nous verrons dans ce mémoire combien fréquentent les classes inférieures des gymnases, combien les classes supérieures, et combien les universités.

Nous agissons toujours sur l'année 1831.

Combien y a-t-il en Prusse d'établissements publics d'instruction secondaire pour une population de 12,726,823 habitants ?

_____

(1) Mémoire sur l'instruction primaire en Prusse, en 1831.

Un tableau officiel que nous donnons ici sous le n° 1, porte le nombre total des établissements publics d'instruction secondaire en Prusse, pour l'année 1831, à 140.

Ces 140 établissements étaient servis par 1,124 professeurs titulaires et 369 professeurs adjoints.

Ils étaient fréquentés par 26,041 jeunes gens.

Tous ces nombres attestent un progrès dans l'instruction secondaire, en Prusse, si on les compare aux nombres correspondants pour l'année 1828. En effet, en 1828, il n'y avait que 134 établissements publics d'instruction secondaire, 1,053 professeurs titulaires, 323 professeurs adjoints, et 25,819 élèves.

TABLEAU N° 1.

1831. GYMNASES ET ÉCOLES SAVANTES.

NOMS des DÉPARTEMENTS.	NOMBRE DES			
		professeurs titulaires.	professeurs adjoints.	élèves.
Kœnigsberg......	6	44	17	1,260
Gumbinnen......	3	32	1	714
Dantzig	2	21	»	541
Marienwerder......	5	35	6	734
Posen......	5	42	5	838
Bromberg	1	9	1	230
Berlin (la ville)......	6	84	30	2,020
Potsdam......	5	43	13	963
Francfort (sur l'Oder)	7	37	14	1,425
Stettin......	2	22	9	664
Cœslin......	2	14	2	391
Stralsund......	2	15	7	466
Breslau......	8	72	33	2,643
Oppeln......	6	44	13	1,342
Liegnitz......	8	64	12	1,370
Magdebourg......	9	77	19	1,806
Mersebourg......	11	86	24	1,538
Erfurt......	7	56	14	947
Münster......	7	48	18	814
Minden......	9	49	16	1,110
Arnsberg......	4	27	17	410
Cologne......	6	43	18	886
Dusseldorf......	10	64	28	1,318
Coblentz......	3	31	7	498
Trèves......	4	30	12	597
Aix-la-Chapelle....	2	15	13	456
Somme en 1831....	140	1,124	369	26,041
Somme en 1828....	134	1,053	323	25,819

Maintenant, ces 140 établissements publics d'instruction secondaire sont-ils absolument uniformes et de la même force? Il n'en est pas, et il n'en pouvait pas être ainsi. La loi ne confère le titre de gymnases qu'aux établissements qui réalisent tout le programme fixé par la loi. Mais, antérieurement à cette loi, il y

avait des établissements d'instruction plus ou moins anciens, ici de hautes écoles de ville (*höhere Städtschulen*), là des écoles dites latines; et, dans certains départements récemment annexés à la monarchie, des écoles intermédiaires entre les écoles primaires et les gymnases sous le nom de progymnases (*Progymnasien*). Assurément le gouvernement prussien n'aurait pas créé ces établissements, mais il eût été très-peu sage à lui de les détruire. Il les a donc conservés, et les a encadrés dans l'instruction secondaire. Leur caractère le plus général est de ne s'élever guère au-dessus de la division inférieure d'un gymnase.

Mais quel est le rapport de ces établissements aux gymnases où le programme fixé par la loi est sévèrement accompli ou surpassé? Chez nous, il y a une multitude d'établissements inférieurs d'instruction secondaire, et seulement un assez petit nombre de collèges complets; c'est-à-dire que la véritable instruction secondaire est en minorité, et que ce qui devrait être la règle est malheureusement l'exception. C'est précisément tout le contraire en Prusse, où la règle est vraiment la règle, et où les exceptions sont ce qu'elles doivent être, extrêmement rares. En effet, il y avait, en 1831, sur 140 établissements publics d'instruction secondaire, 109 ou 110 vrais gymnases (1) qui préparent réellement à l'université. On sera bien aise de trouver ci-annexé sous le n° II, la répartition de ces 109 gymnases, département par département, avec diverses données que je vais signaler successivement.

TABLEAU N° II.

Tableau des gymnases de la Prusse, par départements.

DÉPARTEMENTS.	VILLES.	Nombre des gymnases.	NOMBRE des élèves		TOTAL des élèves.
			dans les deux premières classes	dans les classes inférieures.	
Kœnigsberg..	2 à Kœnigsberg, Braunsberg, Rastenbourg...	4	349	874	1,223
Gumbinnen..	Gumbinnen, Tilsitt et Lyk	3	143	573	716
Dantzig...	Dantzig et Elbingen...	2	107	498	599
Marienwerder..	Marienwerder, Thorn et Konitz...	3	81	572	659
Posen..	Posen et Lissa...	2	133	710	843
Bromberg..	Bromberg	1	5	195	240
Potsdam..	5 à Berlin, Potsdam, Brandebourg, Neu-Ruppin, et Prenzlau et la Ritter-académie à Brandebourg	10	527	2,279	2,806
Francfort(Oder)	Francfort, Kœnigsberg, Zulnichau, Kotbus, Guben, Luckau et Soran.	7	317	1,132	1,449
Stettin....	Stettin et Stargard....	2	179	515	694

est dans le résumé des dépenses des gymnases, qui m'a été communiqué par le gouvernement, et que je donne ici sous le n° IV.

(1) Je dis 109 ou 110, car le chiffre porté dans le tableau officiel de la *Gaz. d'État*, 1831, 23 août, tableau rédigé et publié par M. Hofmann, est de 109, tandis que le chiffre 110

DÉPARTEMENTS.	VILLES.	Nombre des gymnases.	NOMBRE DES ÉLÈVES		TOTAL des élèves.
			dans les deux premières classes.	dans les classes inférieures.	
Coeslin....	Coeslin et Neu-Stettin...	2	92	271	3 3
Stralsund..	Stralsund et Greifswald..	2	105	335	440
Breslau...	4 à Breslau, Oels, Brieg, Schweidnitz et Glatz.	8	653	1,801	2,454
Oppeln....	Oppeln, Neisse, Leobschütz, Ratibor, Gleiwitz.	5	372	971	6,343
Liegnitz....	2 à Glogau, Liegnitz, Hirschberg, Goerlitz, Lauban et la Ritter-academie à Liegnitz...	7	437	924	1,361
Magdebourg...	2 à Magdebourg, Salzwedel, Stendal, Halberstadt, Quedlimbourg et Aschersleben......	7	402	1,142	1,544
Mersebourg...	2 à Halle, Schulpforta, Rossleben, Naumbourg, Zeits, Mersebourg, Eisleben, Wittemberg et Torgau.	10	565	883	1,448
Erfurt....	2 à Erfurt, Heiligenstadt, Nordhausen, Mülhausen et Schleusingen.....	6	281	623	904
Münster..	Münster, Koesfeld et Recklingshausen......	3	250	207	657
Minden..	Minden, Herford, Bielfeld et Paderborn.....	4	247	511	758
Arnsberg..	Arnsberg, Soest, Hamm, Dormond......	4	124	283	407
Cologne..	2 à Cologne, Bonn, Münstereiffel......	4	230	479	729
Dusseldorf...	Dusseldorf, Erberfeld, Essen, Duisbourg, Wesel et Clèves.	6	251	580	831
Coblentz..	Coblentz, Kreuznach et Weislar.	3	117	355	472
Trèves....	Trèves et Saarbruck.	2	117	299	416
Aix-la-Chapelle	Aix-la-Chapelle et Düren.	2	165	266	431
	TOTAL...	109	6,289	17,478	23,767

Berlin a cinq grands gymnases, sans compter le *Realgymnasium*, qui peu à peu devient, à quelques modifications près, un gymnase ordinaire. Sur ces six gymnases, trois appartiennent à l'État, trois à la ville ; et pourtant Berlin n'a guère plus de 200,000 âmes. En suivant cette proportion, une ville de 800,000 âmes, comme Paris, devrait en avoir quatre fois autant, à savoir, près de vingt colléges. Loin de là , Paris n'a que sept colléges, dont cinq à l'État et deux à la ville. Hors de Paris, Lyon, avec 165,000 habitants, n'a qu'un seul collége. Des villes, comme Marseille (145,000 habit.), Rouen (88,000 habit.), Bordeaux (100,000 habit.), n'ont aussi chacune qu'un seul collége. Une seule ville a deux colléges, et celle-là est moins peuplée que toutes celles que je viens de nommer , mais elle est sur les bords du Rhin ; c'est Strasbourg qui, avec ses 49,000 habit., a un collége particulièrement destiné aux catholiques, et un gymnase protestant ; encore ce gymnase (le nom l'indique assez) est-il un vieil établissement allemand, vivant de dotations qui lui sont propres. En Prusse, il y a un assez bon nombre de villes qui n'ont pas plus de 30 à 40,000 âmes, et qui ont plusieurs gymnases. Kœnigsberg en avait deux en 1831 (voy. le tableau n° II) ;

je sais qu'elle en a trois aujourd'hui ; Breslau en a quatre ; Magdebourg, Halle, Erfurt, Glogau, Cologne, en ont deux. Et il ne faut pas croire que chacun de ces gymnases est trop peu fréquenté. Loin de là , les classes inférieures , et même les classes moyennes , y sont très-remplies. Mais ce n'est point par le grand nombre des élèves , quand ce nombre est d'ailleurs en rapport avec les vrais besoins de la population , c'est par la force des études et par l'excellence de la discipline qu'il faut juger un collége. Or , à cet égard , les gymnases de la Prusse sont presque des modèles. J'ai examiné en détail , outre le gymnase de Schulpforta, dans la province de Saxe , les six gymnases de Berlin. Je déclare qu'il n'y en a pas un où l'instruction , j'entends l'instruction littéraire , la seule dont je puisse me porter juge , ne m'ait paru à la fois solide et élevée.

Un des points les plus importants à constater, d'après les considérations que j'ai précédemment exprimées, est la proportion du nombre des élèves qui fréquentent les classes inférieures et les classes supérieures des gymnases. Dans le tableau n° II , déjà cité , cette proportion est indiquée pour chacun des gymnases de chaque département. Ces 109 gymnases de 1831 renferment ensemble 23,767 élèves , sur lesquels 17,478 dans les classes inférieures , et 6,289 dans les classes supérieures. Cette proportion est excellente. Beaucoup essayent l'épreuve de l'instruction secondaire et vont apprendre au gymnase s'ils sont faits pour les professions et les conditions élevées de la société. Un quart environ traversent heureusement cette épreuve.

Mais tout n'est pas fini pour ces jeunes gens lorsqu'ils sont passés des classes inférieures aux classes supérieures. Une épreuve décisive les attend à la fin du gymnase; savoir, lès examens de sortie dont nous avons parlé. Ces examens sont fort sévères. Un certain nombre d'élèves y succombent; plusieurs aussi, même après des succès, ne poussent pas plus loin leur carrière savante : tout cela réduit extrêmement le nombre des gymnasiastes qui vont, chaque année, à l'université.

Mais il faut tenir compte ici d'un autre élément. Comme nous l'avons dit, outre les gymnasiastes , il y a des jeunes gens qui se présentent à l'université sans avoir passé par le gymnase, ou qui l'ont quitté trop tôt , et ont reçu ou complété leur instruction dans la maison paternelle; et ce nombre est assez considérable.

En effet, le nombre des étudiants nationaux, dans les sept universités du royaume, est d'environ 5,000. Les deux tiers viennent du gymnase, l'autre tiers de l'éducation privée. Telle est la proportion constante qui résulte des immatriculations (1).

(1) Voyez l'art. déjà cité de M. Hofmann , *Gazette d'État*, 1831.

On ne peut entrer aux universités qu'après un examen qui est le même pour les gymnasiastes et les jeunes gens sortis de l'éducation privée. Cet examen, avons-nous dit, donnait lieu jusqu'en 1834 à une classification et à des numéros de mérite. Or, c'est ici qu'éclate l'immense supériorité de l'instruction publique sur l'instruction privée.

Nous prendrons neuf années, celles de 1820 jusqu'à 1828 inclusivement.

Pendant ces neuf années, les gymnases ont envoyé aux universités. . . . . 8,882 étudiants.

L'éducation privée en a fourni. 4,519

En tout. 13,401

Or, sur les 8,882 étudiants fournis par les gymnases, 1,628 ont obtenu le n° 1 ; 6,709 le n° 2 ; et 545 le n° 3 ; tandis que sur les 4,519 venus de l'éducation privée, 9 seulement ont obtenu le n° 1 ; 1,499 le n° 2 ; et 3,011 le n° 3, comme il résulte du tableau ci-annexé sous le n° III.

TABLEAU N° III.

Les gymnases ont envoyé aux universités :

DANS L'ANNÉE	AVEC LE CERTIFICAT			EN TOUT.
	N° I.	N° II.	N° III.	
1820	118	451	21	590
1821	144	529	42	715
1822	133	526	33	692
1823	222	627	48	897
1824	189	788	63	1,040
1825	200	869	53	1,122
1826	194	936	77	1,207
1827	206	950	90	1,246
1828	222	1,093	118	1,373
Dans les neuf années.	1,628	6,709	545	8,882

Les commissions d'examen attachées aux universités ont admis :

DANS L'ANNÉE	AVEC LE CERTIFICAT			EN TOUT.
	N° I.	N° II.	N° III.	
1820	1	76	272	349
1821	»	121	292	413
1822	4	133	336	473
1823	1	116	394	511
1824	»	160	426	586
1825	1	211	273	485
1826	»	200	279	479
1827	2	231	279	612
1828	»	251	360	611
Dans les neuf années.	9	1,499	3,011	4,519

En somme, ont été délivrés à des jeunes gens, nés en Prusse, pour être admis aux universités du pays :

DANS L'ANNÉE	LES CERTIFICATS			EN TOUT.
	N° I.	N° II.	N° III.	
1820	119	527	293	939
1821	144	650	334	1,138
1822	137	659	369	1,165
1823	223	743	442	1,408
1824	189	948	489	1,626
1825	201	1,080	326	1,607
1826	194	1,136	356	1,686
1827	206	1,181	469	1,858
1828	222	1,284	478	1,984
Dans les neuf années.	1,637	8,208	3,556	13,401

En rapprochant tous ces chiffres, on obtient encore un résultat remarquable : sur 13,401 étudiants entrés aux universités, pendant les neuf années de 1820 à 1828, 3,556 ont eu le n° 3, 8,208 le n° 2, et 1,637 le n° 1. Cette proportion est belle, et assure aux universités une grande majorité d'auditeurs très-bien préparés. On peut affirmer, vu la sévérité des commissions, que sur les 13,401 étudiants, tous les n°ˢ 1 et 2, c'est-à-dire près de 10,000 étudiants, sont en état de profiter parfaitement des leçons des professeurs. Ces étudiants, qui passent trois ou quatre ans à l'université, sont l'espérance de la patrie. C'est de leur sein que sortent les théologiens, les jurisconsultes, les médecins, les professeurs de gymnase et d'université, et tous les fonctionnaires du second et du premier ordre ; car les fonctions, en Prusse, sont toujours le prix d'un examen qui suppose une instruction élevée. Ces 10,000 étudiants constituent la vraie aristocratie du pays, aristocratie nombreuse et mobile qui vient de partout, d'en bas comme d'en haut, des écoles de l'État comme des institutions particulières et des foyers domestiques. Or, sur ces 10,000 jeunes gens, plus de 8,000 sont fournis par les gymnases ; par conséquent les gymnases sont le vrai recrutement de cette précieuse élite. C'est pour assurer ce recrutement que les gymnases sont institués, et sous ce rapport, ce ne sont pas seulement des établissements littéraires, ce sont, avec les universités auxquelles ils préparent, les foyers de la vie morale de la nation et de véritables institutions politiques. Voilà pourquoi des soins assidus leur sont donnés, tant par le conseil et le ministère de l'instruction publique que par les consistoires provinciaux ; voilà pourquoi on s'attache à ce qu'ils soient assez nombreux pour être accessibles à la partie distinguée de la population sur tous les points de la Prusse, sans être trop nombreux toutefois, dans la persuasion qu'il vaut beaucoup mieux en avoir cent neuf ou cent dix excellents que trois ou quatre cents médiocres ; voilà pourquoi on tient si sévèrement la main à la stricte observation de leurs règlements d'études et de discipline ; voilà pourquoi on multiplie le nombre des maîtres plutôt qu'on ne cherche à augmenter celui des élèves, et on fournit aux uns et aux autres tous les moyens d'instruction en entretenant les bibliothèques et les collections scientifiques de chaque gymnase ; voilà pourquoi, enfin, l'État n'hésite pas à faire les dépenses nécessaires à la prospérité d'établissements d'un si haut prix.

En effet, j'ai sous les yeux le budget des dépenses de l'instruction secondaire pour l'année 1831. Elles se montent, pour les cent dix gymnases de la monarchie, à 830,990 rixdales (environ 3,116,200 francs), sur lesquels la part de l'État est de 477,774 rixdales (environ 1,680,000 francs). Nous joignons ici la répartition de ce budget, province par province, sous le n° IV.

TABLEAU N° IV.

RÉCAPITULATION des dépenses des 130 gymnases de la monarch.	TOTAL pour l'année 1831.			PART de l'état.		
	Rixdal.	gr.	f.	Rixdal.	gr.	f.
1 Prusse orientale et occidentale. 13 gymnases.	90,138	25	6	42,460	29	3
2 Brandebourg . . 18 —	183,396	6	10	71,802	29	6
3 Poméranie . . . 8 —	46,223	6	14	13,627	22	6
4 Silésie . . . . . 20 —	148,185	28	1	73,415	34	5
5 Posen . . . . . 3 —	26,153	8	3	19,443	6	2
6 Saxe. . . . . . 23 —	174,944	10	»	110,287	18	»
7 Westphalie. . . 10 —	46,477	12	13	29,240	8	7
8 Clèves-Berg. . . 10 —	73,213	»	»	49,666	11	7
9 Bas-Rhin. . . . 7 —	30,058	1	15	38,629	28	4
Somme.	830,990	10	4	447,774	28	»

Remarquez que dans ces dépenses ne sont pas comprises celles des établissements d'instruction secondaire autres que les gymnases, ni celles des séminaires philologiques, ni même celles des séminaires pour les écoles savantes.

Voilà donc 1,680,000 fr. consacrés par l'État, en Prusse, à cent dix collèges. Cette dépense est assurément considérable pour un État de moins de 13,000,000 d'habitants, et qui a d'ailleurs tant de charges : chez nous, pour 32,000,000 d'habitants, l'instruction secondaire tout entière, avec ses annexes, école normale, etc., tire 1,522,000 fr. des fonds de l'État, et 119,000 des fonds dits de l'université, c'est-à-dire en tout un peu moins qu'en Prusse. Et encore, cette somme de 1,641,000 n'est point répartie, comme en Prusse, entre un nombre convenable de collèges ; elle est entassée sur trente-neuf collèges royaux, tandis que tous les autres collèges dits communaux, au

nombre de trois cent vingt, ne tirent pas une obole de l'État.

Je ne veux pas terminer cette statistique, sans expliquer la vraie nature de différents établissements sur lesquels il s'introduit, en France, des notions très-erronées ; je veux parler de ces écoles que l'on appelle en Prusse, comme dans toute l'Allemagne, Realschulen. On s'imagine que ces sortes d'écoles sont des établissements intermédiaires entre l'instruction primaire et les gymnases, inférieurs aux uns, supérieurs aux autres ; et on part de là pour réclamer dans notre pays des écoles de ce genre. Rien de tout cela n'est exact. On a enfin reconnu, en France, l'année dernière, l'impérieuse nécessité d'établissements d'instruction publique appropriés aux besoins de ceux qui ne se destinent point aux professions savantes, et auxquels en même temps ne suffisent pas les écoles élémentaires proprement dites : de là la belle création, dans la loi du 28 juin, des écoles primaires supérieures. Ce même besoin, depuis longtemps reconnu en Prusse, comme dans toute l'Allemagne, avant que le gouvernement y satisfît dans la loi, s'était en quelque sorte satisfait lui-même par la formation spontanée d'établissements qui, en opposition aux gymnases appelés généralement écoles savantes, Gelehrtenschulen, reçurent autrefois la dénomination de Realschulen, écoles réelles. Dans certaines localités, on les avait appelées écoles moyennes, Mittelschulen ; dans d'autres encore Bürgerschulen, écoles bourgeoises. Ce dernier nom est le plus commun. C'est celui qui a prévalu et qui a passé dans la loi qui, en 1819, a codifié l'instruction primaire. Dans cette loi, la Realschule, la Mittelschule, la Bürgerschule ne sont pas distinguées, et font partie de l'instruction primaire : elles en constituent le degré supérieur. Cette instruction primaire supérieure n'est nullement professionnelle, comme on le croit. Elle ne forme point des artisans pour tel ou tel métier, mais des hommes et des citoyens en général, précisément pour préparer à toutes les professions. Seulement, dans certaines localités, ces écoles primaires supérieures renferment quelques cours additionnels relatifs à certains besoins industriels de la population, et notre loi laisse à toute commune la même latitude, sous la condition que ces cours additionnels n'altéreront pas le caractère général de l'école primaire. Quand donc on demande au ministre de l'instruction publique d'importer en France les Realschulen de l'Allemagne, on ne sait ce qu'on lui demande ; car ce qu'on lui demande, il l'a déjà fait.

Un autre genre d'établissement a donné lieu à un malentendu plus grand encore, savoir, les Gewerbschulen. Ce sont, à proprement parler, nos écoles d'arts et métiers. Ces écoles ne ressemblent pas plus aux Realschulen qu'aux gymnases. Elles ne font partie ni de l'instruction primaire, ni de l'instruction secondaire. Elles sont professionnelles, et par conséquent elles n'appartiennent pas même au ministère de l'instruction publique, mais à celui de l'intérieur. Quand on demande au ministre de l'instruction publique, en France, de fonder des établissements analogues aux *Gewerbschulen* de l'Allemagne, on lui demande ce qu'il n'a pas même le droit de faire; car il empiéterait sur les attributions du ministère des travaux publics et du commerce. Je recommande même à la sollicitude de ce dernier département ces cours équivoques d'instruction commerciale qui, depuis quelque temps, ont été annexés, contre la nature des choses, à plusieurs de nos colléges, et qui ne sont, à proprement parler, ni commerciaux ni littéraires. Si on veut multiplier les écoles de commerce, les écoles d'arts et métiers, les établissements industriels, qu'on le fasse; mais qu'on leur donne le caractère spécial qui leur appartient, et surtout qu'on les place sous une autorité qui puisse les surveiller et les gouverner utilement. Nous, conseil-royal, inspecteurs généraux, recteurs, nous ne sommes nullement propres à cela.

Il reste à nous expliquer sur un établissement particulier d'instruction secondaire dont le titre pourrait induire en erreur ceux qui s'arrêteraient à ce titre: à savoir le *Real-gymnasium* de Berlin. On pourrait s'imaginer que ce gymnase est une sorte de collège industriel; il n'en est point ainsi. Le *Real-gymnasium* est au gymnase ordinaire ce que la *Realschule* est à la *Bürgerschule*, c'est-à-dire au fond le même établissement avec quelques nuances dans la forme. Nous avons dit que la *Realschule* n'est point une institution industrielle, comme la *Gewerbschule*, mais quelquefois elle renferme des annexes industrielles en plus grande quantité que la *Bürgerschule*. Il en est de même du *Real-gymnasium* comparé au gymnase ordinaire. Il n'a rien de professionnel et de commercial, et il comprend les mêmes matières d'enseignement que les autres gymnases, mais avec une répartition un peu différente. L'enseignement scientifique y est en général plus élevé que l'enseignement littéraire; les mathématiques et la physique y sont plus étudiées que le grec et le latin, de manière qu'en sortant de ce gymnase on puisse, si l'on veut, se présenter à l'*Abiturienten-examen* et passer à l'université, ou si l'on ne se destine point à l'université, mais à l'industrie et au commerce, on ait reçu dans ce gymnase toute l'instruction secondaire qui constitue l'homme bien élevé, sans que toutefois on y ait appris bien des choses plus utiles aux savants de profession qu'aux gens du monde. En un mot, le *Real-gymnasium* est moins philologique que les autres gymnases. On y commence le grec et le latin plus tard, et on les poursuit peut-être moins loin. Au reste, il n'y a qu'un seul gymnase de ce genre dans toute la

Prusse; c'est un établissement municipal; il est récent, et on m'assure que plus il se développe, plus il tend à se rapprocher des autres gymnases et à se confondre presque entièrement avec eux. Quand nous l'avons examiné à Berlin en 1831, il se distinguait seulement des autres gymnases par quelque infériorité dans les études littéraires et une supériorité marquée dans les études scientifiques.

Pour qu'on puisse juger en parfaite connaissance de cause des ressemblances et des différences de l'enseignement du *Real-gymnasium* et de celui des autres gymnases de Berlin, nous donnerons ici le programme détaillé, classe par classe, des leçons du *Real-gymnasium* pendant l'année 1831, avec le programme correspondant des leçons de l'un des gymnases royaux de la ville de Berlin pendant la même année.

REAL-GYMNASIUM.	GYMNASE DU JOACHIMSTHAL.
Directeur, M. AUGUST.	*Directeur*, M. MEINECKE.
Année 1831. — Semestre d'hiver.	Année 1831. — Semestre d'hiver.
SIXIÈME : 32 leçons d'une heure chacune par semaine.	SIXIÈME : 32 leçons d'une heure chacune par semaine.
Enseignement des sciences.	*Langues.*
1o Religion, 2 leçons par semaine, catéchisme, Bible, maximes tirées de la Bible et cantiques.	1o Langue latine, 10 leçons par semaine : dont 6 pour la grammaire, 2 pour les thèmes et 2 pour les versions.
2o Calcul, 5 leçons.	2o Langue allemande, 5 leçons : 1, pour des exercices de lecture, particulièrement dans la Bible, et 3 pour des développements analytiques de grammaire et des exercices d'orthographe.
3o Histoire, 2 leçons : les traits les plus importants de l'histoire ancienne.	
4o Géographie, 6 leçons : vues générales de la géographie.	
Enseignement des langues.	*Sciences.*
1o Langue française, 5 leçons : grammaire.	1o Religion, 2 leçons : histoire biblique jusqu'au Nouveau Testament, maximes bibliques et cantiques
2o Langue allemande, 5 leçons : grammaire, orthographe, exercices.	2o Calcul, 5 leçons : les 4 règles et les fractions en partie au tableau, en partie de tête.
Arts d'agrément.	3o Géographie, 2 leçons.
1o Calligraphie, 3 leçons.	*Arts d'agrément.*
2o Dessin, 2 leçons.	1o Dessin, 2 leçons.
3o Chant, 2 leçons.	2o Calligraphie, 4 leçons.
	3o Chant, 2 leçons.
CINQUIÈME : 32 leçons par semaine.	CINQUIÈME : 32 leçons.
Sciences.	*Langues.*
1o Religion, 2 leçons, catéchisme, morceaux choisis de la Bible, chants d'église.	1o Langue latine, 9 leçons : 4 pour la grammaire et la syntaxe; 5 pour thèmes et versions.
2o Géométrie, 3 leçons.	2o Langue allemande, 3 leçons, développements grammaticaux; exercices de lecture et de composition.
3o Calcul, 3 leçons : fractions et règle de trois.	3o Langue française, 2 leçons.
4o Histoire et géographie, 5 leçons pour la géographie comme en sixième; pour l'histoire, vue générale des faits les plus importants de l'histoire universelle.	*Sciences.*
	1o Religion, 2 leçons : histoire biblique, Nouveau Testament,

REAL-GYMNASIUM.

Langues.

1° Langue latine, 6 leçons ; grammaire et exercices.

2° Langue française, 4 leçons : exercices de grammaire, traductions, récitations de passages appris par cœur.

3° Langue allemande, 3 leçons : exercices de lecture et de composition.

Arts d'agrément.

1° Calligraphie, 2 leçons.
2° Dessin, 2 leçons.
3° Chant, 2 leçons.

QUATRIÈME, DIVISION INFÉRIEURE. 32 LEÇONS PAR SEMAINE.

Sciences.

1° Religion, 2 leçons : histoire biblique et doctrine chrétienne.

2° Géométrie, 2 leçons.

3° Calcul, 3 leçons.

4° Histoire et géographie, 2 leçons: géographie et histoire de l'Allemagne, de la Grande-Bretagne et de la Russie.

5° Sciences naturelles, 6 leçons : botanique, zoologie, vues générales de minéralogie, de physique et de chimie.

Langues.

1° Langue latine, 6 leçons.
2° Langue française, 4 leçons.
3° Langue allemande, 3 leçons.

Arts d'agrément.

1° Calligraphie, 2 leçons.
2° Dessin, 2 leçons.
3° Chant, 2 leçons.

QUATRIÈME, DIVISION SUPÉRIEURE : 32 leçons.

Sciences.

1° Religion, 2 leçons : doctrine et morale chrétienne en prenant pour texte les passages les plus importants des évangiles et des épîtres des apôtres.

2° Géométrie, 3 leçons.

3° Calcul, 3 leçons.

4° Histoire et géographie, 3 leçons : Angleterre, Russie, Suisse, Hollande, Danemark, Norwége et Suède.

5° Sciences naturelles, 6 leçons : continuation du précédent enseignement, zoologie générale.

Langues.

1° Latin, 6 leçons.
2° Français, 4 leçons.
3° Allemand, 3 leçons.

Arts d'agrément.

1° Dessin, 2 leçons.
2° Chant, 2 leçons.

TROISIÈME, DIVISION INFÉRIEURE : 32 LEÇONS PAR SEMAINE.

Sciences.

1° Religion, 2 leçons : introduc-

GYMNASE DU JOACHIMSTHAL.

maximes et cantiques, catéchisme de Luther.

2° Calcul, 3 leçons.

3° Histoire et géographie, 3 leçons : 2 pour la géographie de la terre, 1 d'histoire : faits les plus remarquables de l'histoire universelle.

4° Histoire naturelle, 2 leçons : zoologie.

Arts d'agrément.

1° Dessin, 2 leçons.
2° Calligraphie, 2 leçons.
3° Chant, 2 leçons.

QUATRIÈME : 32 LEÇONS PAR SEMAINE ; UNE SEULE CLASSE.

Langues.

1° Langue latine, 10 leçons : 3 leçons pour la grammaire et la syntaxe d'après Zumpt ; 2 pour les exercices et les extemporalia ; 5 pour l'explication d'auteurs de prose et de vers.

2° Langue grecque, 5 leçons : 3 leçons pour la grammaire, 2 pour l'explication des auteurs d'après le premier cours de Jacobs.

3° Langue allemande, 3 leçons.

4° Langue française, 3 leçons.

Sciences.

1° Religion, 2 leçons : premier semestre : Catéchisme de Luther et Vie de Jésus-Christ ; 2° semestre : discours de Jésus-Christ dans les trois premiers évangiles ; continuation du catéchisme, récitation de cantiques et de passages de la Bible.

2° Histoire et géographie, 4 leçons : 2 pour l'histoire ; premier semestre, histoire grecque ; deuxième semestre, histoire romaine : 2 pour la géographie de l'Europe.

3° Mathématiques, 4 leçons : arithmétique, 2 leçons pour la théorie, 2 pour la pratique.

4° Histoire naturelle, 2 leçons : botanique.

Plus d'arts d'agrément obligés.

TROISIÈME, DIVISION INFÉRIEURE : 32 LEÇONS.

Langues.

1° Latin, 10 leçons : 2 pour la

REAL-GYMNASIUM.

tion au Nouveau Testament, explication de l'évangile de saint Mathieu.

2° Mathématiques, 4 leçons : éléments de géométrie.

3° Histoire et géographie, 3 leçons : géographie et histoire anciennes.

4° Sciences naturelles, 6 leçons : continuation de l'enseignement précédent.

Langues.

1° Langue latine, 6 leçons.
2° — française, 4 leçons.
3° — allemande, 3 leçons.

Arts d'agrément.

1° Dessin, 2 leçons.
2° Chant, 2 leçons.

TROISIÈME DIVISION SUPÉRIEURE : 32 LEÇONS.

Sciences.

1° Religion, 2 leçons : comme dans la division inférieure.

2° Mathématiques, 3 leçons : géométrie et algèbre.

3° Histoire et géographie, 3 leçons : histoire physique de l'Allemagne et son histoire politique jusqu'à la réformation.

4° Sciences naturelles, 6 leçons : continuation des leçons de botanique, zoologie, physique, chimie et minéralogie.

Langues.

1° Latin, 6 leçons.
2° Français, 4 leçons.
3° Allemand, 3 leçons.
4° Grec, 4 leçons : éléments d'après la petite grammaire de Bellermann.

Arts d'agrément.

1° Dessin, 2 leçons.
2° Chant, 2 leçons.

GYMNASE DU JOACHIMSTHAL.

syntaxe d'après Zumpt ; 2 pour les exercices et les extemporalia ; 3 pour l'explication de César, guerre des Gaules et guerre civile ; 1 pour la répétition des lectures que les élèves ont dû faire chez eux ; et 2 pour l'explication de passages des Métamorphoses d'Ovide dans l'Anthologia latina de Schulz, avec des exercices de prosodie.

2° Grec, 6 leçons : 2 pour la syntaxe, 1 pour les exercices et les extemporalia, 3 pour le deuxième cours de Jacobs, comprenant des morceaux d'histoire, de géographie et d'histoire naturelle.

3° Allemand, 2 leçons : exercices par écrit et de vive voix.

4° Français, 2 leçons.

Sciences.

1° Religion, 2 leçons : synopsis des trois premiers évangiles et dogmatique chrétienne.

2° Histoire et géographie, 4 leçons : 2 pour l'histoire du moyen âge dans le premier semestre, et dans le deuxième, abrégé de l'histoire moderne ; 2 leçons pour la géographie : premier semestre, Amérique et Australie ; deuxième semestre, Asie et Afrique.

3° Mathématiques, 4 leçons : 2 d'arithmétique, 2 de géométrie.

4° Histoire naturelle, 2 leçons : minéralogie.

TROISIÈME, DIVISION SUPÉRIEURE : 32 LEÇONS.

1° Latin, 10 leçons : 2 pour la grammaire ; 2, explications de Cicéron, les Catilinaires et le Pro Roscio ; 2, Jugurtha de Salluste ; 2, Métamorphoses d'Ovide avec exercices prosodiques ; 1, extemporalia ; une pour la répétition des lectures privées.

2° Grec, 6 leçons : 2, syntaxe, exercices et extemporalia ; 2, Xénophon, Anabase ; 2, Homère, Odyssée.

3° Allemand, 2 leçons : compositions et exercices oraux.

4° Français, 2 leçons : extemporalia ; le premier et le second livre du Charles XII de Voltaire.

Sciences.

1° Religion, 2 leçons : premier semestre, épîtres de saint Jean et dogmatique chrétienne ; deuxième semestre, histoire

REAL-GYMNASIUM.	GYMNASE DU JOACHIMSTHAL.	REAL-GYMNASIUM.	GYMNASE DU JOACHIMSTHAL.

GYMNASE DU JOACHIMSTHAL.

des apôtres et morale chrétienne.

2° Histoire, 3 leçons : premier semestre, histoire romaine ; deuxième semestre, histoire grecque.

3° Mathématiques, 5 leçons : 2 d'arithmétique et d'algèbre, 3 de géométrie.

4° Physique, 2 leçons : premier semestre, physique ; deuxième semestre, géographie mathématique.

SECONDE : 33 LEÇONS PAR SEMAINE.

Langues.

1° Latin, 10 leçons, 2 pour des compositions sur des sujets à la volonté des élèves ; 2, explications de Cicéron, le *Pro Milone* et les Philipp. ; 2, explications de Tite-Live ; 1, répétition de lectures privées ; 1 extemporalia ; 2, Églogues et Énéide de Virgile.

2° Grec, 6 leçons : 2, grammaire, et extemporalia ; 2, Cyropédie de Xénophon ; 2, Odyssée d'Homère.

3° Hébreu, 2 leçons pour les élèves qui se destinent à la théologie.

4° Allemand, 2 leçons.

5° Français, 2 leçons, morceaux de différents auteurs classiques, une pièce de Scribe, le *Menteur véridique.*

6° Anglais, 2 leçons : les leçons d'anglais et de français ont lieu à la même heure et les élèves se partagent entre ces deux cours.

Sciences.

1° Religion, 2 leçons : évangile de saint Marc, histoire des apôtres.

2° Histoire, 3 leçons : commencement des croisades jusqu'à la fin du xv° siècle, histoire ancienne jusqu'à la prise de Carthage.

3° Mathématiques, 4 leçons : premier semestre, trigonométrie ; deuxième semestre, équations du premier et deuxième degré ; logarithmes.

4° Physique, 2 leçons.

PREMIÈRE : 34 LEÇONS.

Langues.

1° Latin, 10 leçons : 3, pour des compositions libres ; 3, Cicéron *de Oratore*, répétitions de lectures privées de quelques pièces de Térence ; 2, Agricola et Annales de Tacite ; 2, Odes d'Horace et choix d'Épodes et de Satires.

REAL-GYMNASIUM.

tique, éléments d'astronomie.

4° Histoire, 3 leçons : histoire moderne.

5° Physique, 2 leçons : optique d'après Fischer, et physique mathématique.

6° Chimie, 2 leçons : chimie organique et inorganique, travaux de laboratoire.

7° Technologie, 2 leçons.

Langues.

1° Latin, 5 leçons : Verrines de Cicéron, Odes d'Horace, les Adelphes de Térence ; une composition par mo's, un extemporale par semaine.

2° Français, 5 leçons : compositions, lecture de quelques pièces de Molière.

3° Allemand, 2 leçons : compositions, exercices de logique.

4° Grec, 2 leçons : l'Odyssée d'Homère ; le Criton et l'Euthyphron de Platon.

Arts d'agrément.

1° Dessin, 2 leçons.

2° Chant, 2 leçons.

GYMNASE DU JOACHIMSTHAL.

2° Grec, 6 leçons : 2, Protagoras de Platon ; 1, répétition des lectures privées d'Hérodote ; 1, exercices de grammaire ; 2, Antigone et OEdipe roi, de Sophocle, quelques morceaux de l'Iliade.

3° Hébreu, 2 leçons.

4° Allemand, 2 leçons.

5° Français, 2 leçons : compositions et extemporalia, la Phèdre de Racine et l'Hernani de V. Hugo.

6° Anglais, 2 leçons.

7° Italien, 2 leçons : grammaire de Fornasari, fragments de prosateurs. Les leçons de français, d'anglais et d'italien ont lieu à la même heure, et les élèves se partagent entre ces trois cours.

Sciences.

1° Religion, 1 leçon : évangile de saint Jean.

2° Philosophie, 1 leçon : logique.

3° Histoire et géographie, 4 leçons : 3 pour l'histoire universelle, depuis la fin du xv° siècle jusqu'au commencement de la révolution française ; 1, géographie ancienne, Grèce et Italie.

4° Mathématiques, 4 leçons : algèbre et sections coniques.

5° Physique, 2 leçons.

TROISIÈME PARTIE.

Nous allons maintenant recueillir les conclusions pratiques qui sortent de ce mémoire. L'histoire et la statistique seraient des études indignes de la raison humaine, si elles n'étaient une source féconde de leçons et comme une expérience instituée sur les uns au profit des autres dans l'économie du perfectionnement général.

Grâce à Dieu, l'instruction secondaire est loin d'être en France dans l'état déplorable où le gouvernement de juillet a trouvé l'instruction primaire. Avant la révolution française, les colléges de l'université de Paris formaient un ensemble d'établissements d'instruction publique dont la France pouvait être fière. L'empire a relevé ces beaux établissements, et il en a étendu l'organisation encore perfectionnée à un certain nombre d'anciens colléges de province ; il a fait d'excellents règlements d'études et de discipline ; en un mot, il nous a laissé une constitution de l'instruction secondaire dont les fondements, empruntés à

REAL-GYMNASIUM.

SECONDE : 32 LEÇONS.

Sciences.

1° Religion, 2 leçons : histoire de la religion chrétienne.

2° Mathématiques, 5 leçons : répétition et développement de l'enseignement de la géométrie ; algèbre jusqu'aux équations du troisième degré.

3° Histoire, 3 leçons : histoire du moyen âge.

4° Physique, 2 leçons.

5° Chimie, 2 leçons, travail au laboratoire.

6° Technologie, 2 leçons.

Langues.

1° Latin, 5 leçons : Cicéron *pro Murena* : Énéide, premier livre.

2° Français, 4 leçons : comme précédemment.

3° Allemand, 3 leçons : vues de la littérature allemande, passages importants de poëtes allemands.

4° Grec, 3 leçons : exercices de grammaire, premier livre de l'Anabase de Xénophon.

Arts d'agrément.

1° Dessin, 2 leçons.

2° Chant, 2 leçons.

PREMIÈRE : 32 LEÇONS.

Sciences.

1° Religion, 2 leçons, comme en seconde.

2° Mathématiques pures, 3 leçons : théorie des équations, éléments du calcul différentiel, stéréométrie.

3° Mathématiques appliquées, 2 leçons : principes de l'hydrosta-

l'expérience, ont résisté à l'épreuve du temps et sont encore debout aujourd'hui. Selon moi, une loi générale d'instruction secondaire est inutile et serait périlleuse. Toutes les améliorations nécessaires et désirables peuvent être procurées sans loi nouvelle, par des ordonnances royales, ou même par de simples arrêtés du conseil de l'instruction publique, et surtout par une administration à la fois prudente et énergique. Je ne viens donc pas proposer pour l'instruction secondaire, comme j'ai dû le faire pour l'instruction du peuple, une organisation nouvelle. Je suis heureux de pouvoir me borner à indiquer ici un certain nombre d'améliorations que m'a suggérées l'examen attentif et impartial des gymnases de la Prusse.

I. Ce qui me frappe le plus en lisant le programme des matières d'enseignement dont se compose l'instruction secondaire en Prusse, et surtout en voyant ce programme en action dans les bons gymnases de la monarchie, c'est l'alliance des études scientifiques et des études littéraires. Il est inutile de renouveler ici l'apologie des études classiques; tout a été dit sur ce sujet, et nul homme de sens ne peut être tenté d'affaiblir des études qui polissent l'esprit, élèvent l'âme, cultivent à la fois nos diverses facultés et nous initient dès l'enfance à tous les sentiments, à toutes les idées qui depuis deux mille ans sont le patrimoine immortel de l'humanité. Mais un excès ne va guère sans un autre, et comme il y a des savants sans lettres qui veulent diminuer dans nos collèges le temps accordé aux études littéraires, il est des lettrés qui voudraient à leur tour que les études littéraires fussent encore au xixe siècle les seules études de nos colléges. Leur grand argument est que le temps manque pour la double culture des lettres et des sciences, et qu'en voulant mener de front des études aussi diverses, on les affaiblit les unes par les autres, et on n'obtient aucun bon résultat. Nous pouvons répondre à cet argument par l'exemple des gymnases de la Prusse où les lettres anciennes sont en si grand honneur, et où en même temps les sciences physiques et mathématiques sont de jour en jour plus cultivées, ainsi que les langues et les littératures modernes, et même ces arts qu'on appelle d'agrément, mais qui sont si nécessaires ou si utiles à la culture de l'imagination et du cœur. Jamais et nulle part les humanités n'ont été plus florissantes que dans les gymnases de la Prusse; elles y gardent toujours le premier rang; elles y forment l'étude principale, mais loin de souffrir, elles gagnent au contraire par leur réunion avec d'autres études absolument indispensables et sans lesquelles le gymnase ne sert pas plus à la vraie science qu'à la vie réelle. Le problème est donc résolu, selon nous : nous pouvons en France, en toute sécurité de conscience,

unir l'étude des sciences physiques et mathématiques et des langues modernes à celle de la littérature ancienne, puisque dans le pays classique de la philologie et de l'archéologie, cette alliance est établie en principe, et qu'en réalité elle porte les meilleurs fruits. C'est à la prudence et aux lumières du conseil royal à ménager et à maintenir cette alliance dans une juste mesure, et par d'habiles combinaisons auxquelles pourrait servir, non de modèle, mais de point de départ, le double programme que nous avons fait connaître en détail, de deux gymnases très-différents de Berlin, ainsi que celui du gymnase de Schulpforta, dans la province de Saxe (1).

A ce propos nous appellerons l'attention du conseil royal sur un détail insignifiant en apparence, mais qui, dans la pratique, a les plus graves conséquences. En Prusse, il y a, dans chaque classe, 32 heures de leçons par semaine, tandis que chez nous il n'y en a que 22. Il est naturel que dans ces limites on trouve impossible ou très-difficile de faire entrer un enseignement varié. En Allemagne on a multiplié les leçons pour étendre l'enseignement, et on s'est arrangé pour ne pas fatiguer davantage l'esprit des élèves en ne prolongeant pas la leçon au delà d'une heure. Les leçons se succèdent, il est vrai, mais il y a entre elles un intervalle de quelques minutes, et la différence des objets d'études et le changement de professeurs sont une sorte de délassement. Nous sommes convaincu qu'à la réflexion on trouvera cette distribution très-bien entendue, au moins pour les classes inférieures.

II. Un caractère non moins frappant des études dans les gymnases prussiens est la haute importance de l'enseignement religieux.

En Prusse, il n'y a pas une des six classes dont se compose le gymnase qui n'ait son cours de religion comme son cours de latin, de grec et de mathématiques. Je l'ai déjà dit ailleurs, et je le répète ici avec toute la force qui est en moi : le culte seul avec ses cérémonies ne peut suffire à des jeunes gens qui réfléchissent et qui sont déjà imbus de l'esprit du siècle. Un véritable enseignement religieux est indispensable, et rien ne se prête à un enseignement plus régulier, plus riche, plus varié, que le christianisme, avec son histoire qui remonte au berceau du monde et se lie à tous les grands événements de l'humanité, avec ses dogmes qui respirent une métaphysique sublime, avec sa morale qui réunit toutes les qualités, austérité et indulgence; enfin avec ses grands monuments, depuis la Genèse jusqu'au Discours sur l'Histoire universelle. Il semble que la restauration, qui parlait sans cesse

(1) Voyez l'Appendice.

de religion, devait établir un pareil enseignement. Elle s'en est bien gardée ; tout son zèle s'est épuisé à multiplier les offices. Elle pouvait rendre au clergé la haute considération qui lui est due en ranimant dans son sein les études sacrées ; elle l'a compromis dans l'esprit des peuples en le jetant dans sa politique. Je ne connais pas de gouvernement qui ait plus nui à la cause religieuse. L'empire, trop conséquent pour négliger dans l'éducation de la jeunesse ce qu'il avait rétabli dans la société, avait relevé les anciennes facultés de théologie ; la restauration les a laissées tomber. L'empire avait mis dans chaque collège un aumônier, chargé non-seulement des cérémonies du culte, mais de l'enseignement ; et pour cela il avait voulu que tout aumônier fût nécessairement licencié en théologie, comme les autres professeurs devaient être licenciés ès lettres ou ès sciences. La restauration a réduit l'aumônier à n'être qu'un desservant, et à peine un catéchiste pour les classes inférieures, tandis que ce serait précisément aux classes supérieures que conviendrait l'enseignement religieux tel qu'il devrait être. Ce serait aux lecteurs d'Homère qu'il faudrait commenter la Bible ; c'est à Démosthènes qu'il faudrait ajouter Bossuet. Nous portons aujourd'hui le poids des fautes de la restauration en tout genre. Le christianisme sans enseignement, réduit à un spectacle inintelligible, fatigue et humilie des esprits qu'il aurait élevés et charmés. Il appartient à la révolution de juillet de lui restituer sa dignité. Je demande ou qu'il ne soit plus question de religion dans nos collèges, qu'on retranche toutes les cérémonies chrétiennes et qu'on les renvoie à l'église, ou qu'on y ajoute un enseignement qui les explique. Je demande, comme une mesure à la fois sociale et littéraire, l'établissement dans chaque collège d'un enseignement religieux confié à un aumônier professeur, qui ait, comme aujourd'hui, le rang et le traitement de professeur de première classe, mais sous la condition d'être licencié en théologie, comme ses collègues sont licenciés ès lettres ou ès sciences, en un mot, je demande l'exécution de l'article 55 du règlement impérial du 19 septembre 1809.

III. Après la détermination des objets de l'instruction secondaire, la question qui se présente naturellement est de savoir si cette instruction doit avoir deux degrés comme l'instruction primaire, c'est-à-dire, s'il y aura une classe de collèges qui rempliront tout le programme de l'instruction secondaire, et une autre classe de collèges qui n'en rempliront qu'une partie ; c'est-à-dire encore, s'il y aura, pour parler notre langue universitaire, des collèges de plein exercice et des collèges qui ne seront pas de plein exercice.

Il est impossible ici de ne pas considérer comme la plaie de l'instruction publique ces ombres de collèges qui couvrent la France, auxquels ne s'appliquent ni nos règlements d'études ni nos règlements de discipline, et où il n'y a souvent qu'une classe de grammaire et une classe d'humanités. Quelle instruction secondaire véritable donnent de pareils collèges ? Un peu d'instruction primaire est toujours quelque chose, mais un peu de latin et de grec mal enseignés ne peut avoir aucun avantage et peut produire de graves inconvénients. C'est pour remplacer la mauvaise instruction secondaire que nous avons créé l'instruction primaire supérieure. Cette création est vaine si on laisse subsister de misérables collèges où l'on apprend assez de latin et de grec pour se dégoûter des professions de la vie commune, et pas assez pour se préparer effectivement aux professions savantes et libérales. Deux classes de collèges sont peut-être nécessaires ; mais au moins faudrait-il déterminer le minimum au-dessous duquel l'instruction ne pourrait tomber dans les collèges qui ne seraient point de plein exercice.

En Prusse, il n'y a qu'un seul ordre d'établissements, appelés gymnases, mais chaque gymnase est organisé de manière que chacun d'eux contienne deux gymnases, deux collèges en quelque sorte, par la distinction sévère et l'organisation judicieuse des classes inférieures et des classes supérieures. Selon moi, cette combinaison satisferait à tous les besoins ; elle maintient l'instruction secondaire à la hauteur qui lui appartient, et elle en rend les approches accessibles à un très-grand nombre de familles, auxquelles l'instruction primaire supérieure elle-même ne suffit point. Qu'il me soit permis d'entrer ici dans quelques détails sur la manière dont on pourrait transporter chez nous cette utile combinaison.

La vertu de cette combinaison est tout entière dans le choix et la distribution des objets d'enseignement qu'embrasse la division inférieure du collège. Cette division doit comprendre trois ou quatre années depuis la sixième jusqu'à la quatrième ou la troisième inclusivement. Ce temps est à la fois nécessaire et suffisant pour éprouver et cultiver les dispositions des élèves par un bon ensemble d'études. Au premier rang il faut placer l'enseignement religieux qui aurait, dans chaque classe, un cours spécial, comme toutes les autres parties de l'enseignement ; dans la sixième et la cinquième, l'histoire sainte ; d'abord l'Ancien, puis le Nouveau Testament ; en quatrième et en troisième, le dogme et la morale heureusement unis dans de sages proportions. Cela suffit pour donner aux jeunes gens une connaissance solide du christianisme. Le principe de l'organisation de l'enseignement historique et géographique est fort simple. Que peuvent et doivent apprendre de géographie et d'histoire des jeunes gens de cet âge ? Rien qui soit arbitraire et contestable, rien qui exige des recherches académiques. Ainsi, point d'histoire grecque et romaine trop détaillée, mais ce qu'on peut très-bien apprendre à cet âge, ce qu'on a besoin de savoir, quelque profession qu'on embrasse plus tard, c'est-à-dire de justes notions de l'histoire de l'espèce humaine, avec une connaissance un peu plus approfondie de la nation particulière à laquelle on appartient. Il faudrait donc se borner à un cours d'histoire générale qui comprendrait, sous des formes très-simples, les grandes dates, les grands faits, les grandes époques, les grandes révolutions de l'histoire jusqu'à nos jours, avec un cours spécial, substantiel et précis de l'histoire de France. Il en serait de même de la géographie : un abrégé de la géographie générale avec la géographie de la France. Le cours de mathématiques, en trois ou quatre années, comprendrait aisément tous les éléments ; car même de bonne heure, on peut aller assez loin dans les mathématiques avec quelque intelligence et beaucoup de mémoire, ce qui est la qualité propre du jeune âge. On y joindrait un peu de physique et d'histoire naturelle. Les langues anciennes auraient leur place dans cet ensemble, pour préparer aux classes supérieures, exercer l'esprit, procurer une connaissance plus juste de la langue nationale, et donner un peu de cette culture classique sans laquelle on n'est pas supposé avoir reçu une bonne éducation. Il faudrait ici s'attacher beaucoup plus à la solidité qu'à l'étendue de l'enseignement. Le grec ne devrait commencer qu'en quatrième, comme dans les bons gymnases de la Prusse, que pourtant l'on n'accusera pas de trop peu cultiver la langue et la littérature grecques. Il suffirait qu'à la fin de cette division les élèves possédassent la grammaire grecque, et eussent lu un certain nombre de morceaux de prose et de vers bien graduées. Le latin devrait commencer au moins en cinquième, pour être conduit plus loin que le grec, parce qu'il est d'une utilité plus générale. Je voudrais enfin que, dans les deux dernières années, il y eût un cours spécial de langue française, où les jeunes gens fussent exercés à écrire et à composer en différents genres, et initiés à la lecture de nos écrivains classiques. Il faudrait ajouter à cela un cours de langue moderne, beaucoup de musique et un peu de dessin. Je ne pousserai pas plus loin ces détails. Il est bien entendu que tous ces objets seraient simultanément étudiés ; car chacune de ces études, dans ses justes limites, n'exige pas une grande contention d'esprit. Il ne faut pas craindre ici d'occuper beaucoup les élèves, car la réflexion ne gagnerait rien à leur loisir ; plus tard, nous pratiquerons un système différent : un petit nombre d'objets, et chacun d'eux très-approfondi, pour développer puissamment l'intelligence.

Mais dans cette division inférieure, une assez grande variété d'objets simultanément étudiés, moins de travail solitaire et beaucoup d'exercices en commun. Au fond, ce sont nos classes de grammaire organisées d'une manière raisonnable, et formant un certain ensemble.

Quiconque voudrait passer dans la division supérieure subirait un examen sévère, dont les professeurs de cette division devraient être chargés, sous la présidence du proviseur ou du censeur, ou d'un délégué du ministère de l'instruction publique.

Le principe de cette division inférieure est la simultanéité des études ; la division supérieure admettrait plus de spécialité. Cette division serait subdivisée en deux sections, les sciences et les lettres, et à la fin un cours commun de philosophie.

Les études de la section des sciences, après un résumé plus ou moins rapide de l'enseignement scientifique de la première division, seraient conduites jusqu'au point où l'élève sortant peut obtenir le grade de bachelier ès sciences. La section des lettres préparerait au baccalauréat ès lettres. Bien entendu que les cours de littérature seraient suivis par les savants et les cours de sciences par les lettrés ; mais enfin la spécialité dominerait. C'est alors que, dans la section des lettres, les études grecques et latines pourraient être poussées assez loin, puisque les élèves de cette section se destineraient aux carrières pour lesquelles le grec et le latin sont jugés ou nécessaires ou très-utiles. L'enseignement historique porterait alors très-convenablement sur l'antiquité aussi bien que sur les temps modernes. Il y aurait un cours commun de religion, où le professeur, partant de l'enseignement religieux de la division inférieure, développerait le dogme et la morale, et interpréterait les monuments sacrés d'une manière assez savante et assez littéraire pour instruire et intéresser les jeunes gens des deux sections. A la fin, un cours commun de philosophie formerait le couronnement des études religieuses, littéraires et scientifiques du collège. Ainsi seraient exercées, par une culture spéciale, les forces de tous et de chacun : je dis de chacun, car il est clair qu'il y aurait beaucoup moins d'élèves dans cette division que dans l'autre ; et ici, je le répète, le petit nombre des élèves serait un grand bien pour la discipline et pour les études. Ce serait là, ce me semble, une vraie fabrique d'hommes distingués pour toutes les professions libérales.

Enfin cette organisation, au lieu de bouleverser celle qui existe, l'améliorerait presque sans secousse. En effet, tout se réduirait à une meilleure distribution du programme des classes de grammaire, lesquelles porteraient le nom de classes inférieures, comme dans notre langage officiel, les humanités et la rhétorique sont appelées classes supérieures. Celles-ci ne souf-friraient aucun changement. La philosophie resterait à la place qu'elle occupe aujourd'hui. Nulle existence ne serait compromise, et tout serait amélioré.

Mais la condition de tout bien, la base de toute cette organisation est un examen sévère de révision pour passer des classes inférieures aux classes supérieures. D'où vient que, dans nos classes d'humanités et de rhétorique, il y a tant d'élèves qui assistent de corps plutôt que d'esprit aux leçons des professeurs, ou qui ne cultivent guère qu'une seule des branches dont se compose l'enseignement? Pourquoi le professeur, malgré son zèle, est-il souvent forcé d'abandonner des élèves qui ne sont pas en état de le suivre, et de réserver ses soins pour le petit nombre de ceux qui travaillent et sont en état de profiter de ses leçons? C'est que dès la sixième on laisse indistinctement monter de classe en classe les incapables avec les capables. Les familles, en voyant passer leurs enfants d'une classe dans une autre, s'imaginent que celle à laquelle ils sont parvenus représente leurs progrès réels; mais il n'en est rien. En Prusse, comme nous l'avons vu, une sévérité salutaire préside au passage d'une division à une autre; et chez nous les règlements impériaux prescrivent aussi deux examens dans l'an-née; mais ces articles de nos règlements, ainsi que beaucoup d'autres, ne sont pas exécutés (1) : en sorte que les classes supérieures sont quelquefois remplies d'élèves qui ne sont pas en état de les suivre. Maté-riellement, cela est fort bien : les classes sont nom-breuses, la rétribution est abondante, le collége a l'air de prospérer; mais au fond il n'y a dans chaque classe qu'une douzaine d'élèves qui profitent de l'enseigne-ment. Au contraire, pratiquez les règlements : un examen sévère fermant l'entrée des classes supérieures à ceux qui ne sont point capables d'en profiter, obli-gera ceux qui veulent y arriver à un travail constant, et rejettera du collége, après quelques épreuves, ceux qui seront convaincus de n'être pas propres aux études littéraires et scientifiques. Il y aura moins d'élèves dans les classes supérieures, mais ces élèves seront tous en état de suivre les leçons du professeur; leurs

connaissances représenteront fidèlement le degré de l'enseignement où ils seront parvenus, et les familles et la société sauront à quoi s'en tenir. Je demande qu'au moins il y ait, pour le passage des classes infé-rieures aux classes supérieures, un examen sérieux. Celui-là, s'il est ce qu'il doit être, peut suffire à la rigueur et dispenser de tous les autres; mais il est absolument nécessaire (2).

Cette mesure, que je considère comme vitale pour les études ainsi que pour la discipline, achèverait l'or-ganisation que je propose. Le germe de cette organi-sation est, il est vrai, emprunté à l'étranger; mais développé habilement, il prendrait aisément racine parmi nous et y produirait une institution qui répon-drait à tous les besoins, à tous les vœux, j'allais dire à tous les amours-propres; une institution que la Prusse nous envierait à son tour; car la division des classes inférieures et supérieures du gymnase y est bien loin de la perfection dont elle est susceptible. Je recommande avec quelque confiance cette organisa-tion du collége à tout ami de la science et du pays, à quiconque veut pour la France un avenir glorieux et paisible.

IV. Il est encore une mesure qui me paraîtrait cou-ronner heureusement cette nouvelle organisation du collége. Le baccalauréat ès lettres est le passage de l'instruction secondaire à l'enseignement supérieur des facultés. Personne ne peut obtenir aucun grade dans aucune faculté, ni de théologie, ni de sciences, ni de jurisprudence, ni de médecine, sans justifier préala-blement du baccalauréat ès lettres. C'est la garantie qu'on est en état de profiter des leçons de ces diffé-rentes facultés, et qu'on possède véritablement l'in-struction secondaire qui y prépare. Le baccalauréat est le but auquel aspire quiconque fait ses études, soit dans un collége, soit dans un établissement privé, soit dans sa famille. Si le baccalauréat est trop facile, c'en est fait de l'instruction secondaire. Or un cri s'élève de toutes parts contre la facilité des commis-sions qui confèrent ce grade. Cette facilité nuit pro-fondément aux études. Il est impossible d'obtenir que

(1)   *Règlement du 12 octobre 1803.*

Art. 27. Il y aura chaque année deux examens, l'un au 15 fructidor, l'autre au 1er germinal. Les élèves qui n'au-ront pas les connaissances suffisantes pour passer à une classe supérieure, resteront dans la même classe. Les examens seront faits par le directeur et le professeur de la classe pour laquelle les élèves se présentent.

Règlement du 28 septembre 1814.

Art. 119. A la fin de chaque année scolaire, les élèves seront examinés sur toutes les connaissances affectées à

leur classe, et l'on déterminera, d'après cet examen, s'ils peuvent monter à une classe supérieure.

Art. 121. Cet examen tiendra lieu des exercices litté-raires en usage jusqu'à présent, et sera suivi immédiate-ment des compositions pour les prix.

Art. 122. Il sera fait au commencement de l'année un examen semblable des nouveaux élèves, pour fixer la classe où ils doivent être placés.

Art. 123. Les élèves qui n'auraient pas obtenu leur pro-motion à l'examen de la fin de l'année, pourront se pré-senter à cet examen au commencement de l'année.

(2) Le conseil royal vient enfin de rétablir cet examen par son arrêté de juin 1838.

les élèves s'appliquent sérieusement à l'étude du grec, par exemple, des mathématiques ou de la philosophie, si les commissions d'examen pour le baccalauréat ès lettres n'exigent pas des connaissances solides sur ces trois points. Il ne faut point s'en prendre ici aux hommes, mais, comme presque toujours, à l'organisation. Imposer à des juges la nécessité de refuser ou d'accorder le grade de bachelier ès lettres absolument et sans distinction, c'est les condamner à l'indulgence. En effet, comment avoir le courage d'arrêter un pauvre jeune homme au début de sa carrière, et de lui interdire l'entrée des écoles de droit et de médecine, où, avec du temps et de nouveaux efforts, il aurait pu réussir ? Tout jugement absolu est rarement fondé, surtout à l'endroit de la mobile jeunesse. En établissant deux ordres de numéros d'admission, *très-bien*, *assez bien*, comme en Prusse dans l'examen de sortie, vous permettez aux juges d'être sévères sans stoïcisme. D'abord l'organisation proposée pour les collèges ne laissera guère arriver dans la division supérieure que des jeunes gens plus ou moins capables ; par conséquent, en sortant de là, très-peu de candidats au baccalauréat mériteront d'être rejetés ; et pour maintenir parmi eux une émulation désirable, la distinction des numéros d'admission est nécessaire, mais elle suffit. On ne voudra pas avoir le n° 2, *assez bien*, c'est-à-dire *médiocre* ; car ce numéro, inscrit dans le brevet et présenté aux diverses facultés, est une tache. D'autre part, le n° 1 est un bien autre honneur que notre admission pure et simple. Ainsi, pour les aspirants, cette distinction est déjà très-utile ; elle ne l'est pas moins pour les juges. L'expérience apprend que tout examen qui se résout simplement en oui ou en non, est toujours superficiel ; tandis que, s'il faut marquer des nuances, assigner des rangs, déterminer tel ou tel degré, alors le juge est obligé d'être attentif, et l'examen devient sérieux. Déjà, cette distinction de numéros d'ordre vient d'être établie dans l'instruction primaire, pour les examens de capacité (1), et cette innovation a suffi pour changer la face de ces examens et leur donner de l'importance aux yeux des candidats et des élèves. Il y aurait une contradiction manifeste à ne pas faire pour l'instruction secondaire ce qui a été si heureusement appliqué à l'instruction primaire.

V. Mais la plus grande difficulté est la préparation des maîtres : car les maîtres, encore une fois, et je ne le répéterai jamais assez, c'est le collège et l'instruction secondaire tout entière. Or ici (je suis heureux de pouvoir le dire avec une entière conviction, et

avec l'espoir d'être au-dessus du soupçon de toute flatterie patriotique ou autre), nous n'avons rien à envier à l'étranger, et nous pouvons lui montrer avec orgueil nos institutions et les fruits qu'elles commencent à porter.

L'empire nous a légué une école normale secondaire centrale, que la restauration a détruite, que le gouvernement de juillet a relevée, et qui assure à l'instruction secondaire un recrutement régulier. On n'est admis à l'école normale qu'après un concours dont la condition préalable est le baccalauréat ès lettres, c'est-à-dire la preuve publique qu'on possède l'instruction secondaire complète. Ce concours est ouvert dans toute la France, et jugé définitivement à Paris. Chaque année, vingt places à peu près sont mises au concours, dix pour les sciences et dix pour les lettres, et il y a toujours eu, depuis 1830, de cent à deux cents concurrents pour ces vingt places. Une fois admis à l'école normale, après une épreuve difficile, le jeune maître y trouve une organisation puissante qui, s'adressant d'abord à toutes ses facultés pour les éprouver et les reconnaître, lui imprime ensuite, quand sa vraie vocation a été constatée, une culture spéciale, scientifique ou littéraire, historique ou philosophique. Une discipline sévère exerce en même temps son caractère et fortifie sa moralité. Ce rude noviciat comprend trois années (2).

Mais ces trois années de préparation, pendant lesquelles les élèves de l'école normale prennent successivement des grades élevés, ces trois années, dis-je, n'ont pas encore paru une épreuve suffisante. Un élève de l'école normale n'est pas, à ce titre seul d'élève de l'école normale, de licencié ni même de docteur, agrégé de droit au corps enseignant ; il ne peut entrer dans ce corps que par une épreuve publique qui se passe au dehors de l'école, et où il a pour concurrents tous ceux qui se présentent avec les grades déterminés ; je veux parler du concours de l'agrégation, institution admirable qui tient en haleine l'école normale, comme l'école normale la soutient à la hauteur convenable ; qui recrute au dehors les talents qui auraient pu échapper à l'école, et fait paraître au grand jour ceux que l'école a formés (3).

Nul ne peut se présenter au concours de l'agrégation sans des grades déterminés, qui prouvent des connaissances acquises ; ensuite les épreuves diverses dont se compose le concours ont pour objet de mettre en lumière l'art de communiquer ces connaissances, le talent spécial du professeur, talent qui se compose de tant d'éléments moraux aussi bien qu'intellectuels. L'empire emprunta le principe du concours de l'agré-

---

(1) Voyez le règlement du 16 juillet 1833, sur les brevets de capacité et les commissions d'examen pour l'instruction primaire.

(2) Voyez *Programmes et règlements de l'école normale*.
(3) Voyez le règlement du concours de l'agrégation du 28 février 1836.

gation à l'ancienne université de Paris. La seule bonne chose que la restauration ait faite dans l'instruction secondaire, est d'avoir mis en œuvre ce principe; et encore ne le fit-elle que dans un mauvais dessein, celui de ruiner l'école normale, que par là, au contraire, elle aurait vivifiée, et qu'elle sacrifia à cet esprit fatal qui la perdit elle-même. Le gouvernement de juillet a, d'une main, relevé l'école normale, et, de l'autre, il a maintenu, développé le concours de l'agrégation. Ces deux institutions se soutiennent l'une l'autre, et assurent l'avenir de nos colléges.

Elles l'assurent, mais à une condition : c'est que nul ne pourra entrer dans l'instruction secondaire que par la grande porte de l'agrégation. Si, au contraire, on peut devenir fonctionnaire d'un collége, et même le fonctionnaire le plus éminent d'un collége, proviseur par exemple, sans avoir été agrégé, c'en est fait de l'unité du collége et de celle du corps enseignant. Le directeur de toute école primaire, élémentaire ou supérieure, est-il dispensé du brevet de capacité prescrit par la loi pour être instituteur primaire, public ou privé? Non, sans doute; ce serait à lui plus particulièrement, en quelque sorte, qu'il faudrait l'imposer, puisqu'il doit donner l'exemple à tous les maîtres qu'il emploie. De même, par quelle contradiction exigerait-on moins du directeur d'un collége que des professeurs qu'il doit diriger, conseiller, redresser et suppléer même au besoin?

Le concours de l'agrégation manque à la Prusse; il n'est pas dans les mœurs allemandes; il est remplacé par des examens admirablement gradués, et par la belle institution de jeunes candidats qui pendant une année au moins travaillent comme adjoints dans des gymnases, avant d'être nommés professeurs. Le concours d'agrégation est merveilleusement approprié à nos mœurs; et, pris en lui-même, autant il est absurde entre des hommes qui doivent avoir fait leurs preuves, autant il sied entre jeunes gens. Là, il ne repousse que la médiocrité intrigante; plus tard, il repousserait le talent déjà célèbre qui ne voudrait pas compromettre en un jour une réputation achetée par de longs travaux. Je regarde l'agrégation comme le principe vital de l'instruction secondaire publique. Nous l'avons beaucoup perfectionnée, et nous pouvons la perfectionner encore. C'est une institution nationale que l'expérience fortifiera tous les jours davantage. C'est l'expérience aussi, et une longue expérience qui, en Prusse et dans toute l'Allemagne, a produit et soutient la maxime de ne choisir jamais pour directeur d'un gymnase un homme qui n'a pas été plus ou moins longtemps professeur. On n'y comprendrait pas un directeur d'école savante, qui n'aurait pas fait ses preuves publiques de capacité; et ce scrupule même est poussé au point que tout directeur de gymnase est toujours chargé de l'un des cours les plus importants. On ne voit pas pourquoi, en principe, on n'exigerait pas la même chose en France d'un proviseur et d'un censeur de collége; il faudrait au moins qu'ils fussent toujours titulaires de quelque chaire, sauf à avoir des suppléants, avec ce précieux avantage de pouvoir être rendus à leurs chaires, s'ils étaient convaincus de ne pas convenir à l'administration. Mais, dans aucun cas, le proviseur d'un collége quelconque, ne devrait pas être en dehors du droit commun qui, dans l'instruction secondaire, est l'obligation d'être agrégé.

VI. La charte promet la liberté de l'enseignement. Le gouvernement a accompli cette promesse de la charte dans l'instruction primaire; il faut bien qu'il en poursuive l'accomplissement dans l'instruction secondaire.

D'abord il faut abolir l'obligation de passer par les écoles secondaires publiques pour être admis à l'examen du baccalauréat ès lettres qui ouvre les portes des facultés et par conséquent des professions savantes. Ce monopole doit être détruit. Il n'existe pas en Prusse, et les gymnases n'ont d'autres priviléges qu'une excellente organisation et l'habileté de leurs professeurs. Ce sont là les seuls que je réclame pour nos colléges. Ainsi, que la jeunesse française soit entièrement libre de suivre ses colléges, et que non-seulement de la maison paternelle, mais aussi des établissements privés, on puisse se présenter à l'examen du baccalauréat ès lettres sans autre certificat d'études que les connaissances dont on fait preuve.

Voilà déjà la liberté, sinon d'enseigner, au moins de s'instruire nettement assurée. Mais les difficultés commencent dès qu'il s'agit d'établir d'une manière raisonnable la liberté d'enseignement. En Prusse, comme jusqu'ici en France, l'État est en possession du droit d'autoriser et de celui de retirer l'autorisation; et les bonnes raisons ne manqueraient pas pour soutenir ce droit de la puissance publique. En France, il est entre les mains du ministre et du conseil qui, certes, n'en ont point abusé, et dont l'indulgence est aujourd'hui bien grande; mais cette indulgence même n'est pas dangereuse parce que ses efforts sont toujours réparables, et qu'une autorisation trop facilement accordée, peut, sur des informations ultérieures et d'après une enquête administrative, être retirée. L'État n'a aucun intérêt à empêcher un homme honnête et instruit de fonder un établissement d'instruction publique; et il y a un immense danger pour la société tout entière, si de mauvais citoyens ou des hommes d'une moralité douteuse, en remplissant quelques formalités ou même quelques conditions scientifiques, peuvent attirer à eux l'éducation de la jeunesse. On pourrait donc défendre fort légitimement l'état de

choses que l'empire nous a légué, et qui existe également en Prusse. Mais puisqu'on insiste, et que la
charte a parlé, nous croyons qu'il n'est pas impossible
de supprimer l'autorisation préalable sans péril pour
la société en la remplaçant par des conditions analogues
à celles qui sont établies dans le titre III de la loi du
28 juin 1833 sur l'instruction primaire. Nous proposons qu'il soit licite à tout citoyen de former un établissement privé d'instruction secondaire, sous des
conditions analogues à celles qui sont exigées pour
établir une école primaire privée, à savoir :

1° Un certificat de bonne conduite et de moralité
qui atteste que le demandeur est digne des fonctions
de l'enseignement et de la confiance des familles ;

2° Un certificat de capacité dont il sera question
ci-après ;

3° L'école secondaire privée, comme l'école primaire privée, sera soumise à la surveillance des autorités spéciales d'instruction publique pour tout ce qui
tient aux mœurs, à la discipline et aux études; et
pour ce qui regarde la police, les droits du maire et
des conseils municipaux seront réservés;

4° Enfin, l'instituteur secondaire privé ne pourra
perdre son état que par une sentence d'un tribunal
civil; mais il pourra lui être fait un procès spécial
d'école, comme cela a été décidé dans la loi du 28 juin.

Ce sont là les conditions de la liberté d'enseignement dans l'instruction primaire. Il n'y a aucune raison pour que les plus grands partisans de la liberté
ne les acceptent pas dans l'instruction secondaire, et,
selon moi, elles doivent satisfaire les partisans éclairés
du pouvoir. Mais il est une des conditions ci-dessus
énoncées sur laquelle il faut bien s'expliquer : je veux
parler du certificat de capacité.

Dans la vérité des choses, l'instituteur privé ne doit
pas être soumis à des conditions plus rigoureuses que
l'instituteur public ; les conditions doivent être les
mêmes pour l'un et pour l'autre. Si l'autorité les
aggrave pour l'instituteur privé, celui-ci a le droit de
se plaindre, et la liberté de l'enseignement est en
péril. D'un autre côté, faire à l'instituteur privé des
conditions meilleures qu'à l'instituteur public, c'est
une injustice envers ce dernier, et c'est le premier une
flétrissure qui retombe sur la liberté d'enseignement
qu'elle abaisse, et sur la société entière qu'elle compromet. L'égalité des conditions est ici la parfaite justice. Aussi qu'a-t-on fait dans l'instruction primaire ?
On a institué un examen de capacité, lequel est le
même pour tous les candidats, quelle que soit leur
destination. De même il faut instituer, pour l'instruction secondaire, une épreuve de capacité, qui soit la
même pour tous. Nous ne voyons pas quelle objection
pourrait faire à cela le plus ardent ami de la liberté
d'enseignement. Ce qui peut paraître contraire à la

liberté d'enseignement, c'est l'autorisation préalable,
outre le certificat de capacité. Mais si l'autorisation
préalable est abandonnée, il faut que la garantie de
capacité soit d'autant plus sévèrement maintenue dans
l'intérêt des familles et dans l'intérêt de la liberté d'enseignement elle-même. L'application de l'épreuve de
l'agrégation à tous les candidats, quels qu'ils soient,
serait donc inattaquable et fort rationnelle. Mais veut-
on faire des conditions plus douces aux candidats à
l'instruction privée? Veut-on rabaisser pour eux les
conditions de l'entrée dans les graves fonctions de l'enseignement? Alors que l'on institue un genre d'épreuve
inférieur, mais analogue à l'agrégation, par exemple
un examen spécial, comme en Prusse, devant une
commission instituée *ad hoc*. J'admettrai cela, si l'on
veut; mais je ne puis admettre la simple condition de
tel ou tel grade. En effet, qu'est-ce qu'un grade,
même le plus élevé? Une garantie de tel ou tel degré
de savoir; mais il ne s'agit pas seulement de savoir, il
s'agit aussi de l'art d'enseigner ce que l'on sait. Imaginez un homme, qui ait d'ailleurs des connaissances,
mais qui soit bègue, ou qui manque de présence d'esprit, ou d'une certaine facilité d'élocution, un tel
homme évidemment, quel que fût son savoir, quelque grade qu'il eût obtenu, serait impropre aux fonctions de l'enseignement. Le grade ne représente pas
toute la capacité exigée, mais la condition préalable
de cette capacité, c'est-à-dire certaines connaissances.
Ainsi nul ne peut entrer à l'école normale sans être
bachelier ès lettres ou ès sciences. Au bout d'un an
ou deux au plus, tous les élèves sont reçus licenciés,
et cependant on les garde une troisième année encore
à l'école pour les exercer à l'art pratique de l'enseignement ; et c'est alors seulement qu'ils se présentent
à l'épreuve définitive et publique de l'agrégation où
les grades sont de simples conditions préalables. Il
répugne que, pour une fonction spéciale, on ne
demande qu'une condition générale. Je comprendrais
que pour l'instruction supérieure, publique ou privée,
le grade seul fût exigé, parce que là le savoir est presque tout, et que le professeur n'est pas avec son auditoire dans ce fréquent commerce qui lie si étroitement
l'instituteur secondaire à ses élèves et qui exige des
qualités si rares. Le professeur de collège et le chef
d'une institution privée ont bien d'autres fonctions et
d'autres devoirs que le professeur de faculté et le simple discoureur public : il faut qu'ils soient plus ou
moins versés dans cette science spéciale, qu'on appelle
la pédagogie. Le grade ici n'est donc point une garantie suffisante. Le grade, indispensable en lui-même,
ne doit être encore que la condition d'un examen spécial destiné à constater la capacité spéciale, que doit
posséder un instituteur de la jeunesse. Cet examen
spécial existe déjà pour l'instruction primaire, privée

et publique; il existe pour l'instruction secondaire publique, sous la forme la plus sévère et la plus élevée, celle du concours de l'agrégation. On peut bien ne pas imposer cette forme à l'instruction secondaire privée, mais la dispenser de l'examen spécial lui-même et ne la soumettre qu'au grade, c'est mettre la licence à la place de la liberté, c'est manquer aux familles et à la société, et compromettre l'instruction secondaire tout entière; car, quand l'instruction privée sera trop faible, l'instruction publique, manquant du ressort de l'émulation, s'abaissera infailliblement. Une pareille concession est injuste en elle-même, imprudente et périlleuse dans ses résultats. Alors tous les arguments des ennemis de la liberté de l'enseignement, les alarmes sur l'invasion du clergé ou du parti désorganisateur, prennent de la force, surtout quand il s'agit de pensionnats où, quoi qu'on fasse, la jeunesse sera toujours élevée dans l'ombre, et où des hommes, ignorants des vraies maximes de l'éducation, publique ou privée, parce qu'ils seraient bacheliers ou licenciés, auraient le droit de fausser les esprits et les âmes. Pour moi je veux dans l'instruction secondaire la même liberté que dans l'instruction primaire; et je le veux aux mêmes conditions, et ces conditions ne subsistent pas si on substitue de simples grades aux certificats de capacité conférés sur un examen spécial.

Il est bien entendu que nul ne pourra, après avoir obtenu ce brevet de capacité, le laisser dormir pendant huit ou dix ans, embrasser une autre carrière, et s'il ne réussit pas dans celle-là, revenir à celle de l'enseignement comme à un pis aller, et se prévaloir de son ancien brevet. Il faut fixer un certain délai au delà duquel un brevet dont on n'a pas fait usage ne puisse plus servir; il faut soumettre celui qui l'a obtenu jadis à un examen nouveau, qui constate qu'il n'a perdu ni ses connaissances positives ni le talent de les transmettre.

Si dans l'instruction secondaire publique, on maintient deux degrés, deux sortes de colléges, ceux de plein exercice et ceux qui ne sont pas de plein exercice, on conservera nécessairement dans l'instruction privée la distinction des pensions et des institutions, et il faudra par conséquent deux sortes de brevet de capacité, deux examens différents, comme dans l'instruction primaire. La condition pour être admis à l'examen de capacité, pour le brevet de maître de pension, sera le grade de bachelier ès lettres ou ès sciences; la condition de l'examen pour le brevet de chef d'institution sera le grade de licencié ès sciences ou ès lettres.

VII. Mais je touche et reviens encore ici au problème le plus difficile de l'instruction secondaire:

faut-il ou ne faut-il pas deux sortes de colléges? Et dans toute hypothèse, quel parti faut-il prendre sur un assez grand nombre de nos colléges communaux? Commençons par reconnaître les faits.

Nos établissements publics d'instruction secondaire se composent de trente-neuf colléges royaux et de trois cent vingt colléges communaux.

Mais ces dénominations sont purement financières, et ne signifient rien scientifiquement. La vraie distinction des colléges est celle de colléges de plein exercice ou d'exercice incomplet.

Sur ces trois cent cinquante-neuf établissements, les trente-neuf colléges royaux sont incontestablement des colléges de plein exercice; et parmi les trois cent vingt colléges communaux, il y en a une centaine qui prétendent à ce titre. Je reviendrai tout à l'heure sur ces colléges; mais je m'occuperai d'abord des autres colléges communaux qui sont reconnus et classés comme des colléges incomplets.

Ceux-là forment beaucoup plus de la moitié de nos établissements publics d'instruction secondaire. Dans quel état sont ils? Je n'aurais pas le courage de le dire, si, pour le savoir, il ne suffisait d'ouvrir l'Almanach de l'université. La plupart sont tenus au compte du principal, et ne sont, à vrai dire, que de mauvaises ou de médiocres pensions. Il y en a qui n'ont pas plus de deux ou trois maîtres. Sans insister sur d'affligeants détails, il me suffira d'un mot pour prouver que ces établissements ne peuvent compter comme des établissements d'instruction secondaire : c'est qu'ils ne peuvent préparer au baccalauréat ès lettres ou ès sciences, lequel est la fin et la mesure de l'instruction secondaire.

Le mal que font ces tristes écoles est incalculable. Elles attirent par l'appât du bon marché une foule d'enfants qui n'y conviennent point, et elles enlèvent au colléges de plein exercice des sujets qui y eussent réussi et qui, faute de la culture convenable, n'arrivent pas à leur développement.

Que faire donc de ces établissements? En Prusse, s'il y a des établissements semblables, ils sont en très-petit nombre; ensuite il leur est interdit de porter le nom de gymnases. Je ne conseille pas de supprimer en masse deux cents colléges, et de blesser ainsi tant d'intérêts de tout genre. Mais je n'hésiterais pas à porter la main sur les plus mauvais de ces colléges qui sont encore assez nombreux. Il faut leur ôter le nom respecté de colléges, et les rendre à leur origine : c'étaient des pensions libres; qu'ils redeviennent des pensions; ou plutôt efforçons-nous de les transformer en écoles primaires supérieures.

L'instruction secondaire n'est désirable qu'autant qu'elle est bonne, et toute ville qui ne peut avoir un bon collége, se rend à elle-même un mauvais service en soutenant un collége misérable, au lieu d'appliquer la même dépense à une école primaire supérieure qui, bien entretenue et peu à peu sagement agrandie, porterait d'excellents fruits ; car enfin dans cette école primaire supérieure, il peut y avoir un enseignement religieux très-solide, de l'histoire et de la géographie générale et nationale, les éléments des mathématiques et des sciences naturelles, une langue étrangère, la musique et le dessin, en un mot tout ce qui est nécessaire à ceux qui ne se destinent pas aux carrières savantes. Malheureusement, les écoles primaires supérieures n'existent guère que dans la loi. Une haute pensée sociale a présidé à cette sage création. Les chambres ont ajouté 500,000 francs au million qu'elles avaient affecté à l'instruction primaire, afin d'aider le gouvernement à accélérer la formation des écoles partout où la loi les impose ; toutefois il n'en existe jusqu'ici qu'un fort petit nombre, et qui ne sont pas et ne peuvent pas être encore assises sur des bases bien solides. Si l'instruction primaire était depuis longtemps florissante en France, s'il y avait partout d'excellentes écoles élémentaires, on pourrait aisément faire avec les meilleures de ces écoles des écoles primaires plus élevées ; mais il nous faut créer à la fois et des écoles élémentaires et des écoles primaires supérieures. Dans cette situation, c'est presque une consolation d'avoir tant de colléges irrémédiablement défectueux, par la facilité qu'ils nous offrent d'en tirer au moins de bonnes écoles primaires supérieures.

En effet, il ne s'agit ici que de réduire ou plutôt de mieux distribuer l'enseignement. Il n'y a si mauvais collége communal qui n'ait deux ou trois maîtres, un pour les sciences, un ou deux pour les lettres et tout ce qui s'y rattache. C'est un triste personnel pour mettre en œuvre un programme un peu raisonnable d'instruction secondaire ; mais c'est là un personnel suffisant pour une école primaire d'un ordre même assez élevé, de sorte que nous pouvons avoir en assez peu de temps, au lieu de mauvais colléges, de bonnes écoles primaires supérieures. Voilà les vraies écoles intermédiaires que la loi a créées et qu'il s'agit d'organiser, au lieu de se jeter dans des créations équivoques d'établissements bâtards, moitié industriels et professionnels, moitié littéraires, que réclament à tort et à travers des personnes qui n'ont pas la moindre idée de la nature et de la mission d'un ministère de l'instruction publique. Il n'a jamais existé en France de semblables établissements. J'ai déjà dit qu'il n'y a rien de pareil non plus en Allemagne et en Prusse, où, encore une fois, les *Gewerbschulen* sont des écoles positivement professionnelles, des écoles d'arts et métiers, qui relèvent du ministère de l'intérieur, tandis que les *Realschulen* sont de véritables *Bürgerschulen* ou *Mittelschulen*, c'est-à-dire des écoles primaires

supérieures, avec quelques annexes industrielles plus ou moins considérables, selon les besoins des localités. Voilà, je le répète, les écoles que la loi du 28 juin 1833 nous a promises, et que nous pourrions en très-peu de temps réaliser en opérant habilement et courageusement, sur une centaine de mauvais colléges communaux, la transformation douloureuse, mais salutaire, qui seule peut les sauver de leur ruine absolue quand viendra la libre concurrence, et en tirer quelque utilité pour les villes et pour le pays.

Je reviens maintenant à nos colléges communaux de plein exercice.

Il y a à peu près cent colléges communaux, dits de plein exercice, et qui sont, en principe, semblables à des colléges royaux pour la discipline et les études. Mais cette ressemblance n'est qu'apparente, et la plupart des colléges communaux de plein exercice, tout en valant mieux que les autres colléges, sont extrêmement faibles et dans un état qui réclame toute l'attention du gouvernement. Il n'y a guère plus d'une vingtaine de colléges communaux qui fassent exception. Et le mal, ici, n'est pas accidentel ; il dérive de la constitution même de ces colléges. Premièrement, les allocations qui sont faites par les villes pour le traitement des maîtres, sont, chaque année, remises en question, et peuvent être modifiées, diminuées ou même supprimées. Une position aussi précaire ne peut tenter des hommes de mérite. Aussi a-t-il fallu abaisser les garanties scientifiques pour les mettre d'accord avec les conditions économiques. On ne peut être professeur dans un collége royal sans avoir passé par l'épreuve redoutable de l'agrégation ; mais pour enseigner dans un collége communal, même le meilleur, il n'est besoin ni du titre d'agrégé, ni même de celui de licencié : le baccalauréat suffit, c'est-à-dire la preuve jusqu'ici très-équivoque qu'on a reçu soi-même l'instruction qu'on est chargé de donner aux autres. Des maîtres d'un rang aussi inférieur ne sont pas appelés professeurs, mais régents ; et les élèves de l'école normale qui s'y laissent déporter, sont ceux qui ont succombé au concours de l'agrégation qu'on n'ont pas même osé l'affronter. Cet état de choses ne peut pas durer plus longtemps sans un vrai danger pour la société. Il n'y a qu'un moyen de tarir le mal, c'est de remonter à sa source ; il faut exiger : 1° que le budget de chaque collége cesse d'être annuel, et soit quinquennal, ou triennal au moins comme en Prusse ; 2° que, pour enseigner dans un collége de plein exercice, il soit nécessaire d'être sinon agrégé, au moins licencié ès lettres ou ès sciences.

Ces mesures sont bien simples en elles-mêmes, la nécessité les impose ; l'expérience les indique. Elles pourraient, en assez peu de temps, doter la France d'une certaine quantité de vrais colléges, royaux et communaux, qui relèveraient l'instruction secondaire et la placeraient au rang qui lui appartient dans une grande nation civilisée. En suivant la proportion de la population, pour être aussi riche que la Prusse, la France devrait avoir 275 bons colléges de plein exercice, comme la Prusse possède 110 bons gymnases. Que les chambres veuillent réfléchir à cette proportion, et qu'elles disent si le plan que je propose est excessif.

Nous n'avons que 39 colléges royaux. Pour exciter et encourager les départements et les villes, et donner d'abord une forte impulsion à l'instruction secondaire, je propose de choisir quelques-uns des meilleurs colléges communaux existants, en ayant égard aussi aux convenances géographiques et politiques, et de les convertir en colléges royaux.

Par exemple, cinq colléges royaux à Paris sont insuffisants. Autrefois, il n'y en avait que quatre. Le décret impérial du 16 novembre 1811 posa le principe de quatre nouveaux colléges; le décret du 21 mars 1812 commença l'exécution; les désastres de 1813 et 1814 la suspendirent; la restauration la reprit; il serait digne du gouvernement de juillet de l'achever. Il faut évidemment un nouveau collége pour cette grande région de l'autre côté de la Seine, entre le collége Charlemagne et le collége Bourbon. Il faudrait placer là un collége d'externes où la distinction des deux divisions des classes inférieures et des classes supérieures serait fortement marquée, et où le programme de la division inférieure, habilement concerté, attirerait, des quartiers et faubourgs Saint-Denis, Saint-Martin, Montmartre, Poissonnière, etc., une foule d'élèves, parmi lesquels un certain nombre, montrant des dispositions heureuses, passeraient plus tard dans la division supérieure. Et je désire dans des vues, non de courtisan, mais d'homme politique, que ce nouveau collége royal d'externes, soit appelé collége d'Orléans, pour attacher le nom de la dynastie nouvelle à un établissement qui serait infailliblement populaire. Cela n'empêcherait pas la ville de Paris d'encourager les écoles d'arts et métiers qui peuvent se trouver dans son sein, une à la dignité d'école municipale, qu'on pourrait placer rue de Charonne, selon le vœu du décret impérial du 21 mars 1812, pour la nombreuse et industrieuse population de ces quartiers.

L'académie de Paris comprend sept départements. Combien croit-on qu'il y ait de colléges royaux dans toute cette académie, outre ceux de Paris? Deux, l'un à Versailles, et l'autre à Reims. Entre Paris, Reims, Nancy, Dijon et Orléans, dans ce vaste rayon, il n'y a pas un seul collége royal.

Conçoit-on que la ville de Lille, le centre d'une des provinces les plus riches et les plus populeuses de France, n'ait pas un collége royal? Il serait convenable à tous égards de placer là un bel établissement d'instruction secondaire, pourvu de professeurs qui eussent de la réputation, avec une bibliothèque et des collections dont la ville ferait aisément les frais. Beaucoup d'élèves y viendraient de la Belgique où l'instruction publique est loin d'être florissante. Ce seraient là de nouveaux liens qu'il ne faut pas négliger, des semences fécondes qui germeraient avec le temps.

L'empire avait fondé un collége royal à Bourbon-Vendée. C'était une excellente mesure politique. Il ne serait pas moins sage aujourd'hui de ranimer ce collége languissant, en ayant bien soin d'en accommoder le personnel et la direction au but que l'on s'y proposerait de conquérir peu à peu la population.

Je suis bien sûr de surprendre le public en lui apprenant que Brest et Bayonne n'ont pas même un collége communal. Un collége de plein exercice, comme celui de Lorient, est indispensable au fond de la Bretagne, dans une ville où se trouvent tant de fonctionnaires, des familles riches, et en général de grandes ressources. Un établissement semblable serait-il déplacé à Bayonne, à la porte de l'Espagne ancienne et nouvelle?

Mais je demande surtout un collége royal pour la Corse. On y va élever une statue monumentale à Napoléon. Un collége royal fondé par le roi Louis-Philippe ne serait pas messéant à côté. Les élèves qui, faute de mieux, fréquentent le collége d'Ajaccio et les deux autres colléges très-médiocres de Bastia et de Calvi assureraient au nouvel établissement un bon nombre d'élèves, qui, cultivés par d'habiles maîtres, agrégés ou sortis de l'école normale, ne tarderaient pas à faire paraître tout ce qu'il y a de ressources d'esprit et de talent dans une population qui, indépendamment du grand homme, a produit tant de personnages distingués. Calculez aussi l'effet d'un grand centre d'instruction publique, moitié italien, moitié français, sur la côte italienne où tant de génie languit faute de culture!

Je ne poursuivrai pas ces propositions. Elles appartiennent d'ailleurs pour la plupart à un plus grand maître que moi en fait d'organisation. Je me hâte de les placer sous la protection de son nom. L'empereur reconnut aisément qu'il fallait plus d'un collége pour certaines villes, et le décret déjà cité du 18 novembre 1811 décida, article 8, que les villes de 60,000 âmes et au-dessus pourraient avoir, avec un lycée, un ou plusieurs colléges; et le décret impérial du 29 août 1813, daté du camp de Dresde, érigea en lycées les colléges communaux de dix-sept villes, et les deux institutions de Sorèze et de Juilly. Reprenons l'œuvre de l'empire; rentrons dans ces nobles voies de véritable civilisation. Pour réaliser les propositions que j'ai faites, il suffirait de 300 ou 350,000 fr. Dix nouveaux colléges, à

20,000 fr. chacun (1), exigeraient 200,000 fr. Il s'agirait ensuite d'une faible somme de 100 ou 150,000 fr. pour marquer l'intervention de l'État dans l'amélioration des colléges communaux de plein exercice que les villes et les départements voudraient relever et constituer au moyen d'un budget quinquennal. La dépense digne de l'État serait ici celle du traitement du directeur, et cette dépense ne s'élèverait qu'à 150,000 fr. pour cinquante colléges. En tout, moins de 400,000 fr. Les chambres refuseraient-elles cette faible augmentation de crédit pour l'instruction secondaire, quand on leur dirait qu'avec tout cela nous aurons au plus 100 colléges royaux et communaux convenables, tandis que la Prusse en a 110, et que nous devrions en avoir 275 pour en avoir proportionnellement autant qu'elle; quand on leur dirait que nous dépensons moins qu'elle pour l'instruction secondaire, tandis que nous devrions au moins dépenser le double?

En résumé, laissons tomber les mauvais colléges au profit des bons; ceux-là améliorons-les, agrandissons-les, et sachons être grands nous-mêmes et généreux sans prodigalité, dès qu'il s'agit de grandes choses et de la gloire de la France.

Une école primaire élémentaire dans chaque commune;

Une école primaire supérieure dans chaque arrondissement;

Un vrai collége, royal s'il est possible, ou communal, mais sur même pied qu'un collége royal pour le personnel et les études, dans chaque département (2);

Les cinq facultés organisées sous le nom d'université et formant un vaste foyer d'instruction dans chaque province, dans chaque région de la France;

Au centre, à Paris, sous un ministère responsable, un conseil, débarrassé de tout travail mesquin, et veillant sans cesse à la direction de l'ensemble;

Voilà le système général d'instruction publique que je souhaite à mon pays. Puissé-je l'y voir un jour réalisé et florissant! En attendant, je ne propose rien ici sur l'instruction secondaire que je n'aie vu pratiquer avec le plus grand succès chez la nation de la terre où fleurit le plus l'instruction publique. Je fais des vœux pour que ces faits et ces vues, les documents que renferme ce mémoire et les conclusions pratiques que j'ai cru pouvoir tirer de ces documents, ne soient pas inutiles au gouvernement que j'ai l'honneur de servir, et l'aident à perfectionner peu à peu l'organisation de l'instruction secondaire et à la rendre digne de celle que vient de recevoir l'instruction du peuple, également fondée sur l'expérience, appropriée à tous les besoins, aussi simple à la fois et aussi savante, aussi harmonique dans toutes ses parties, d'une combinaison profonde et d'une exécution facile, et qui soit enfin accueillie comme elle par la reconnaissance du pays et les suffrages de l'Europe.

---

(1)   BUDGET DE 1834, p. 5.

COLLÉGE ROYAL DE 3e CLASSE.

Proviseur.	3,000
Censeur.	1,500
Aumônier.	1,400

Professeurs de premier ordre.	Professeur de philosophie . .	1,500
	— de rhétorique. . .	1,500

Professeurs de deuxième classe.	— de physique . . .	1,200
	— de mathématiques spéciales. . . .	1,200
	— de seconde. . . .	1,200
	— d'histoire.	1,200

Professeurs de troisième classe.	Professeur de mathématiques élémentaires. .	1,000
	— de troisième . . .	1,000
	— de quatrième. . .	1,000
	— de cinquième. . .	1,000

Professeur de sixième	900
Maître d'études ou maître élémentaire	700
	19,000
En supposant 2 maîtres d'études, 1 de plus. . . .	700
	19,700

(2) Il est bien entendu que pour les colléges comme pour les écoles primaires supérieures et pour les écoles primaires élémentaires, il ne s'agit ici que d'un *minimum*.

APPENDICE.

───

DESCRIPTION DU GYMNASE DE SCHULPFORTA.

Nous croyons utile d'ajouter à ces documents généraux sur l'organisation des gymnases de la Prusse, la description détaillée de l'un des meilleurs et des plus célèbres de ces établissements, le gymnase de Schulpforta. Cette description fait partie de notre *Rapport*.

« Quand l'électeur Maurice embrassa le protestantisme et sécularisa les biens de l'Église, il convertit en écoles un certain nombre de grands couvents de la Saxe, et il laissa à ces écoles les dotations des couvents, sous la condition qu'elles entretiendraient un certain nombre d'élèves que leur enverraient les différentes villes de la Saxe : de là, entre autres écoles, les trois écoles princières, *die Fürstenschulen*, savoir, celle de Meissen, celle de Merseburg (1), et celle de Pforta, qui est la plus célèbre des trois. Quand la partie de la Saxe où se trouvait Pforta passa à la Prusse, celle-ci se garda bien de changer la destination des revenus de Schulpforta; c'eût été une iniquité et une faute, que de priver un pays nouvellement acquis d'un établissement qui l'honorait et l'enrichissait. Or si l'on voulait conserver un gymnase de boursiers à Schulpforta, il fallait bien que ce gymnase fût un pensionnat; car Pforta n'est pas une ville, c'est à peine un village; il faut absolument loger les élèves et les héberger, ou n'en pas avoir : de là le pensionnat de Schulpforta. Vous voyez donc, M. le ministre, que le gymnase à pensionnat n'est point une institution rationnelle, si je puis m'expliquer ainsi, imaginée et adoptée parce qu'on préférait des pensionnaires à des externes pour ce gymnase; c'est l'œuvre de la nécessité. La Prusse n'a fait que maintenir l'ancien emploi des dotations; elle n'a pas fondé des dotations pour l'avantage d'avoir des pensionnaires. Ici ce sont les dotations préexistantes qui ont amené le pensionnat; chez nous, très-souvent, c'est le besoin du pensionnat qui a amené ou soutenu les bourses. De plus, en France, les colléges à pensionnat, outre les boursiers, ont beaucoup de pensionnaires libres; ils en ont le plus qu'ils peuvent; c'est tout le contraire à Schulpforta, où il y a à peine une vingtaine de pensionnaires libres sur deux cents élèves.

(1) L'école princière de Merseburg a été depuis transportée à Grimma.

Tout y dépend des anciennes dotations. Encore une fois, c'est parce que ces dotations existent et ne peuvent être enlevées à Schulpforta, qu'il y a des boursiers, et ces boursiers ont attiré peu à peu quelques pensionnaires libres. Les dotations de Schulpforta donnent plus de 40,000 thalers de revenu (environ 160,000 francs), avec des bâtiments très-considérables, dans une situation magnifique; de là cent cinquante bourses ou demi-bourses, que le gouvernement prussien abandonne en grande partie aux villes de la Saxe qu'il a acquises. Ces cent cinquante boursiers, choisis naturellement parmi les sujets les plus distingués de la Saxe, puisent à Schulpforta l'esprit du gouvernement prussien et le réfléchissent dans cette province. Outre ces cent cinquante bourses, le roi, dit-on, vient de créer encore, par des raisons politiques, vingt autres bourses, dont il a remis la nomination au consistoire de Magdebourg, qui en dispose pour la province de ce nom. Il y a quelques élèves envoyés par leurs familles, et qui payent une petite pension; mais il y en a à peine une vingtaine, et ils doivent être des enfants du pays. Il y a aussi quelques autres élèves qui, par un arrangement particulier, demeurent chez les professeurs, sont nourris par eux, leur payent pension et n'appartiennent à l'établissement que par leur participation aux leçons communes. Le nombre total des boursiers et des pensionnaires ne peut dépasser deux cents.

« Le pensionnat de Schulpforta ainsi constitué, il s'agit de savoir comment il est administré. Rien de plus simple : il y a un administrateur pour le matériel, qui est notre économe, et un *recteur* pour les études et la discipline. Mais là même, dans ce gymnase à pensionnat, il n'y a pas de censeur : ensuite le recteur, chargé des études et de la discipline, est lui-même un professeur qui fait des classes comme ses collègues; seulement il en fait un peu moins; mais c'est toujours un des leurs, et d'ordinaire le plus habile. Il n'y a ni *prorecteur* ni *correcteur*, comme à Weimar, où il n'y a que des externes. Tous les samedis, il y a une conférence de tous les professeurs, présidée par le recteur, où l'on traite des affaires de la maison. Ainsi dans ce collége de deux cents pensionnaires, le luxe d'un censeur est inconnu; le proviseur, qui est tout aussi occupé que les proviseurs de nos colléges, n'a qu'un préciput, comme proviseur, et est professeur. Encore est-il astreint, comme les autres recteurs de gymnases d'externes, à faire des dissertations latines pour les solennités de la maison; seulement, à Schulpforta, les professeurs font tour à tour la dissertation de rigueur dans les exercices; et peut-être cela vaut-il mieux, car tous les professeurs paraissent ainsi successivement devant le public.

« Je me suis procuré une histoire de ce bel établissement, par les professeurs Schmidt et Kraft (*die Landeschule Pforte*, 1814). Les règlements de ce gymnase remontent jusqu'à l'électeur Maurice. Ils ont éprouvé beaucoup de modifications, et le gouvernement prussien vient d'y introduire des améliorations considérables. Le nouveau règlement n'est pas encore imprimé; mais on me l'a communiqué en manuscrit; en voici un extrait, ainsi que du prospectus qui fut publié en 1825.

« L'école de Pforta est destinée à un certain nombre d'enfants exclusivement de la confession évangélique, qui veulent entrer plus tard à l'université et se destinent aux études et aux professions libérales.

« Nul n'est admis au-dessous de douze ans. Pour y entrer, il faut justifier de toutes les connaissances préliminaires qui, chez nous, répondent au moins à la première année de grammaire, à savoir, les éléments de l'histoire et de la géographie, de l'arithmétique et de la géométrie, un peu de latin et de grec.

« Il y a douze professeurs, y compris le recteur et l'inspecteur ecclésiastique : ils forment ensemble le collège des maîtres. Il y a en outre des maîtres de musique, de dessin, de danse et d'écriture.

« Parmi les douze maîtres, les huit premiers sont titulaires; quatre, plus jeunes, portent le titre d'adjoints (1); ils sont ordinairement appelés ailleurs, après un séjour de quelques années à Pforta, pour remplir dans d'autres écoles les fonctions de directeurs ou de professeurs titulaires. Ainsi le double principe de la fixité et du mouvement se trouve représenté à Pforta : les titulaires conservent les bonnes traditions de l'école, tandis que les innovations peuvent s'y introduire successivement par les jeunes recrues qui y viennent enseigner, presque au sortir de l'université.

« Il y a trois classes; la première, la seconde et la troisième : ces deux dernières ont chacune deux divisions. On reste un an dans chaque division de troisième et de seconde, et deux ans dans la première classe. Celui qui n'a pas achevé son *sexennium*, ne peut subir l'examen de départ (*Abiturienten-examen*), et obtenir le certificat auquel il donne droit. Il y a des examens pour passer d'une classe à l'autre, et même d'une division à une division supérieure. Dès la classe inférieure, les dispositions des élèves se développent, et ceux qui ne montrent aucune aptitude pour les études sont rendus à leurs parents.

« Dans les classes inférieures, les élèves doivent s'appliquer également à toutes les parties de l'instruction; mais dans les classes supérieures, où déjà les diverses capacités ont pu se dévoiler, on a plus d'égards pour les élèves qui, distingués dans une partie, restent un peu en arrière dans une autre.

« Les objets de l'enseignement sont : la religion, le latin, le grec, l'allemand, les mathématiques, la physique, l'histoire et la géographie. Tous les élèves des classes supérieures reçoivent des leçons de français; et ceux qui se destinent à la théologie et à la philologie, suivent en

outre un cours d'hébreu. La musique est enseignée dans toutes les classes; le dessin, aux élèves de la seconde et de la troisième classe, qui prennent en outre des leçons de danse et d'écriture.

« La première classe a 28 leçons d'une heure par semaine, pour chacune des deux divisions; 9 de latin, 6 de grec, 4 de mathématiques, 2 de religion, 2 d'allemand, 2 de français, 2 d'histoire, 1 de physique, et pour quelques élèves 2 leçons d'hébreu.

« La seconde classe, première division, 29 leçons, 11 de latin, 6 de grec, 4 de mathématiques, 2 de religion, 2 d'allemand, 2 d'histoire, 2 de français, et pour quelques élèves 2 leçons d'hébreu.

« La seconde, deuxième division, 30 leçons; 12 de latin, 5 de grec, 4 de mathématiques, 2 de religion, 2 d'allemand, 3 d'histoire et de géographie, 2 de français, et 2 leçons d'hébreu.

« La troisième, pour les deux divisions, 30 leçons : 14 de latin, 5 de grec, 4 de mathématiques, 3 de géographie et d'histoire, 2 de religion, 2 d'allemand.

« En outre, par une sorte d'enseignement mutuel sagement ménagé, les deux divisions de la troisième classe reçoivent par semaine, des élèves de la première, 4 leçons de latin et 2 de grec, et, comme nous le verrons, chaque élève de première a toujours un ou deux élèves de troisième qui demeurent avec lui dans la même chambre et sont placés sous sa surveillance directe.

« Les divers auteurs latins qu'on explique successivement, sont :

Troisième classe, deuxième division : Jules-César (Guerre des Gaules), Justin, Cornélius Népos, les Élégies d'Ovide, les Fables de Phèdre.

« Troisième, première division : les Lettres de Cicéron, Caton l'Ancien et Lælius, les Métamorphoses d'Ovide.

« Seconde : les Discours de Cicéron, Tite-Live, la Germanie de Tacite, l'Énéide.

« Première : Cicéron (de l'Orateur, le Brutus, les Tusculanes, les livres sur la Nature des dieux), Horace, Tacite, (Annales et Histoires).

« La grammaire latine dont on se sert est celle de Zumpt. Pour les exercices de prosodie, on se sert du *Gradus ad Parnassum* de Lindemann, du dictionnaire de Scheller et Lindemann, et du dictionnaire latin-allemand de Kraft.

« En grec, on emploie les ouvrages suivants :

« Troisième classe, deuxième division : livre de lecture grecque de Jacobs.

« Troisième, première division : l'Attique de Jacobs et les morceaux choisis.

« Seconde, deuxième division : la Retraite des Dix-Mille, l'Odyssée.

« Seconde, première division : Hérodote, l'Archidamus d'Isocrate, l'Iliade, Vies de Plutarque.

« Première : Thucydide, quelques dialogues faciles de Platon, Sophocle.

« Les grammaires employées sont : celle de Buttman, dans les classes inférieures; la grammaire moyenne du même, dans les autres classes; le dictionnaire de Passow, et celui de Rost, grec-allemand.

« Il y a des exercices latins et grecs dans toutes les classes. On ne fait pas seulement des thèmes grecs, mais des vers grecs.

« L'allemand est enseigné, dans les différentes classes, par des traductions du latin, des compositions, des exercices en prose et en vers.

« En première, on étudie la grammaire générale, l'

partie technique de la logique et les éléments de la psychologie.

« Pour la langue française, les élèves sont mis à même de traduire immédiatement et assez correctement en français une dictée allemande.

« L'histoire, la géographie, les mathématiques, sont parcourues dans tous leurs degrés, suivant les différentes classes.

« Hors des classes et pendant les heures de travail particulier, les élèves se préparent sur les auteurs qu'ils ont à expliquer. Les élèves des classes supérieures ont à rendre compte par écrit des lectures qu'ils font, et ils soumettent de temps à autre aux professeurs de petites productions de leur façon, en prose ou en vers, sur des sujets qu'ils ont choisis eux-mêmes.

De temps en temps le recteur ordonne des revues des différentes classes, auxquelles il assiste avec tous les autres professeurs. A la fin de chaque semestre, a lieu un grand examen général. Pendant les neuf derniers jours qui précèdent, toutes les leçons sont suspendues, et les élèves composent par écrit des travaux dans toutes les langues qu'ils étudient, ainsi qu'en mathématiques; ces différents travaux sont corrigés en séance générale. C'est alors qu'ils reçoivent leurs certificats de conduite, et qu'ils passent d'une classe ou d'une division dans une autre.

« Les élèves qui doivent aller à l'université, sont soumis à l'*Abiturienten-examen*.

« Les élèves ont accès, à certaines heures, dans la grande bibliothèque de l'école, et peuvent se servir de tous les livres qu'elle renferme.

« L'établissement possède un cabinet d'arts (*Kunstkabinet*), où se trouvent les plâtres des antiques les plus célèbres, des pâtes, des médailles et des gravures. Il y a dans l'école un appareil de physique, un herbier, une collection de cartes géographiques et de globes terrestres, des pianos à queue pour le chant, des modèles de tout genre pour le dessin. Ces collections et la bibliothèque ne viennent pas seulement des riches revenus de l'établissement; elles sont entretenues et augmentées par les contributions obligées des élèves, qui, en entrant, payent un certain droit pour la bibliothèque et le cabinet de physique, comme à l'université d'Iéna.

« La discipline n'est pas moins soignée à Schulpforta que les études. Tous les élèves, à l'exception de ceux qui demeurent chez les professeurs titulaires, car les professeurs titulaires ont seuls le droit d'avoir chez eux quelques élèves, sont partagés en douze chambres. Dans chaque chambre, il y a plusieurs tables, à chacune desquelles travaillent ordinairement trois ou quatre élèves. La première place est occupée par un élève de la première classe ou de la première division de la seconde, et cet élève s'appelle *Obergeselle*, c'est-à-dire à peu près maître compagnon; la seconde place est occupée par un élève de la seconde classe, que l'on appelle *Mittelgeselle*, le compagnon du milieu; la troisième et la quatrième par des élèves de troisième, qui sont les compagnons inférieurs, *Untergeselle*. Le maître compagnon, notre sergent, a toute autorité sur les autres, et leur donne tous les jours une leçon de latin ou de grec, ce qui a pour effet de ne laisser aucun élève sans secours dans ses travaux particuliers, et de fortifier les plus capables par les leçons mêmes qu'ils donnent aux plus faibles. Comme chaque table a son directeur, de même chaque chambre a le sien dans un élève qu'on appelle inspecteur, et qui a la surveillance sur tous les élèves de la chambre. Il est le maître de quartier, et

c'est lui qui est responsable de tout ce qui se passe dans cette partie de l'établissement. Les douze inspecteurs sont choisis tous les six mois, après le grand examen, par tous les professeurs, en présence des élèves; et après qu'on leur a fait connaître les devoirs qu'ils auront à remplir, ils prennent, entre les mains du recteur, l'engagement d'y être fidèles. Dès lors ils ont sur les autres élèves une autorité qui ne peut être méconnue. Ils rappellent à l'ordre ceux qui s'en écartent, et peuvent même, au besoin, imposer quelques pensums ou défendre de descendre au jardin pendant les récréations. Ils font leur rapport au recteur ou au professeur qui est de semaine, personnage dont il sera question tout à l'heure, sur toutes les fautes graves et qui entraîneraient de plus fortes punitions. C'est l'inspecteur qui sert à table pendant le dîner.

« Chaque semaine, deux des inspecteurs sont chargés de la surveillance générale sur toute l'école. Ils maintiennent l'ordre à la sortie des classes, dans le corridor sur lequel donnent toutes les chambres, dans le jardin, pendant le repas, à l'église et pendant les prières du matin et du soir.

« Tous les samedis, après midi, les maîtres se réunissent en conférence, à laquelle peuvent être admis les inspecteurs, pour faire les rapports, entendre les plaintes ou les éloges du professeur de semaine sur la conduite des élèves, ou recevoir les ordres et les instructions du recteur.

« Chaque élève, entrant à l'école, est particulièrement recommandé à l'un des douze professeurs, au choix des parents. Ce professeur est dès lors regardé comme son tuteur, et se charge de surveiller toutes ses petites affaires privées. Il répond de sa conduite à l'établissement et même aux parents, avec lesquels il correspond.

« Chaque professeur, à l'exception du recteur et de l'inspecteur ecclésiastique, est à son tour, pendant une semaine, chargé de la surveillance générale de l'école; on l'appelle pour cela *hebdomadarius*. Il habite, pendant cette semaine, dans une chambre voisine des salles d'étude, et n'en sort que pour aller où ses fonctions l'appellent. Il fait la prière du matin et du soir; il visite les dortoirs aussitôt que les élèves sont levés, et les classes pendant les répétitions; il assiste aux leçons que donnent les élèves inspecteurs à ceux des classes inférieures; il est présent aux repas; il conduit les élèves à l'église, exerce enfin une surveillance continuelle sur le bon ordre, la propreté et la bonne conduite de tous ceux et de tous les agents de l'établissement. L'*hebdomadarius* et les inspecteurs remplacent ainsi sans frais notre censeur et nos maîtres de quartier.

Chaque professeur peut imposer des punitions aux élèves; mais dans les cas graves, il en réfère à la conférence des professeurs, qui s'appelle synode. Celui-ci instruit l'affaire et fixe les punitions. La moindre consiste dans une admonition du recteur dans la chambre de l'élève ou en présence du synode : pour les élèves de première, la prison simple ou la prison au pain et à l'eau. Enfin, si toutes ces punitions sont insuffisantes, l'élève est renvoyé de l'école.

Nul élève ne peut avoir plus de sept gros par semaine à dépenser à sa volonté. Pour augmenter cette somme, les parents doivent avoir l'assentiment de l'autorité.

Dans le grand jardin de l'établissement, les élèves jouissent de promenades agréables; on y a formé cinq grands jeux de quilles pour les cinq classes, et des dispositions ont été prises pour établir des exercices gymnastiques. Souvent on conduit les élèves dans les environs de Pforta. Quelquefois les tuteurs emmènent avec eux, dans leurs promenades, les jeunes gens qui leur ont été recommandés.

Deux fois par an, au commencement de mai et à la fin d'août, toute l'école, avec de la musique, se rend sur la montagne voisine, et s'y livre à des jeux ou à des danses, sous des tentes dressées exprès. Tous les professeurs, avec leurs familles, assistent à cette fête, ainsi qu'un certain nombre d'habitants de Naumburg, ville la plus rapprochée de Pforta. L'hiver, on donne souvent des concerts ou de petits bals.

L'été, le médecin ou le chirurgien de l'école conduit les élèves au bain, à la rivière voisine, la Saale, qui coule sous les murs de l'école, et on leur apprend à nager.

Avec un pareil système d'études et une telle discipline, pour obtenir les plus heureux résultats, il ne faut que de bons maîtres; et certes ils ne manquent pas à Schulpforta. Les professeurs titulaires sont MM. Lange, Schmieder, Wolf, Jacobi, Neue, Koberstein, Nalop, Steinhart; les adjoints, MM. Jacobi, Buttman, Lorentz et Büchner. M. Lange est recteur. Son prédécesseur était M. Ilgen, bien connu comme littérateur et philologue par les *Carmina Græcorum convivalia*, et ses belles traductions en vers latins de plusieurs morceaux de Schiller et de Gœthe, entre autres de *la Cloche*. M. Lange est lui-même un bon latiniste et un connaisseur de l'antiquité, comme il l'a bien prouvé par la dissertation qu'il fit en 1821, *de Severitate disciplinæ portensis*, et par celle qu'il vient de publier sur un vase étrusque du cabinet du prince de Canino, que M. Th. Panofka a fait connaître dans les *Monimenti inediti pubblicati dall'Instituto di corrispondensa archeologica*; Rome, 1829. Il se charge de toutes les leçons les plus importantes de latin dans les classes supérieures. M. Schmieder est l'inspecteur ecclésiastique. C'est notre aumônier. Il est professeur, et il n'y a pas une seule division où il ne fasse un enseignement religieux, qui dans la première classe est assez élevé. MM. Neue, Wolf et Nalop se partagent les différentes classes pour le grec, le latin et l'histoire. Je connais de M. Neue une dissertation intitulée *Sapphonis Mytilenææ fragmenta, specimen operæ in omnibus artis Græcorum lyricæ reliquiis, excepto Pindaro, collocandæ*, Berlin, 1827. M. Koberstein a l'enseignement de la langue française, et celui de la littérature allemande. Il a donné en 1828 une dissertation sur la langue d'un vieux poëte autrichien nommé Peter Suchenwirt, et il est l'auteur d'un excellent manuel de littérature allemande, *Grundriss zur Geschichte der deutschen national Litteratur*, qui en est à sa seconde édition. M. Steinhart, tout jeune encore, est déjà une des espérances de l'histoire de la philosophie ancienne. Tous ceux qui s'intéressent à cette partie si belle et si obscure de l'antiquité, ont distingué en 1829 un petit et savant essai intitulé *Quæstionum de dialectica Plotini ratione fasciculus primus, specimen historiæ philosophiæ Alexandrinæ a se conscribendæ*; in-4°. J'ai appris ici que c'était une dissertation faite pour Schulpforta; et j'ai été charmé de rencontrer dans ce gymnase un compagnon de mes propres études. M. Jacobi (ce n'est pas celui de Kœnigsberg) est chargé des mathématiques et de la physique. D'après le programme des matières, cet enseignement serait plus élevé qu'à Weimar et à Francfort. M. Buttman, le professeur adjoint, est le fils du grand philologue. Au reste, je vous envoie, M. le ministre, le programme imprimé des leçons de 1829 à 1830, et le programme manuscrit du premier semestre de 1831. . . . .

. . . .

« J'approuve entièrement le plan d'études de Schulpforta. C'est précisément celui du règlement impérial. Il y a cinq classes à Pforta; or, chez nous aussi il ne doit y avoir que deux classes de grammaire, précédées tout au plus d'une classe dite préparatoire, deux d'humanités, une de rhétorique, avec des cours de langues modernes, d'histoire et de géographie, d'histoire naturelle, de chimie, de physique, de mathématiques et de philosophie ajoutés dans un nombre convenable à chacune de ces classes. Nul élève ne pouvait, sous l'empire, entrer au collège que par la première classe de grammaire ou la classe préparatoire, c'est-à-dire, après avoir justifié de toutes les connaissances élémentaires, ce qui est très-raisonnable, les colléges étant destinés à l'instruction secondaire: tandis qu'à présent, il y a trois ou quatre classes avant celles de grammaire. Un vrai collège doit commencer où finit l'instruction primaire du plus haut degré; et il doit finir où commence l'université, c'est-à-dire, au baccalauréat ès lettres, examen qui couronne et résume toutes les études du collège, comme il faudrait, pour entrer au collège, un examen qui résumât toutes les connaissances préliminaires. Le collège représente l'éducation générale qu'il faut avoir reçue pour faire partie de la bonne société, comme l'université représente l'instruction scientifique nécessaire pour entrer dans les professions libérales. Toute inscription ou immatriculation dans l'université ne doit être permise que sur la présentation du diplôme de bachelier ès lettres, et l'on ne doit pouvoir entrer au collège qu'après un examen spécial. C'est la règle, mais elle n'est point observée; comme c'est aussi la règle, également inobservée, d'examiner les élèves d'une classe avant de les laisser passer dans une classe supérieure, règle nécessaire, sans laquelle il ne peut y avoir nul progrès régulier, nulle gradation réelle dans les études.

« Une dernière remarque. Dans chacun de nos collèges à pensionnat, il y a un aumônier pour les élèves catholiques, et un pasteur pour les élèves protestants. Je me plains que nos aumôniers, pour ne parler que de ce qui regarde les catholiques, se bornent aux offices, à la confession et à ce qu'il y a de plus indispensable dans leurs fonctions: c'est trop peu pour le rang et le traitement qu'ils ont, celui de professeurs de première classe; c'est trop peu surtout pour les besoins religieux des élèves. Il faut comprendre ces besoins et y satisfaire. Moins d'offices, et beaucoup plus d'enseignement; car les offices sans enseignement servent assez peu, et l'enseignement serait très-utile encore sans les offices. Voyez avec quelle assiduité la religion est enseignée dans toutes les classes de Schulpforta! Je voudrais que chez nous tout aumônier fît au moins deux conférences par semaine sur la religion chrétienne, et non pas aux commençants; pour ceux-là, le catéchisme et l'histoire biblique suffisent; c'est surtout aux élèves des humanités et de rhétorique, des classes d'histoire et de sciences, correspondantes aux humanités et à la rhétorique, c'est aux élèves de philosophie qu'un digne et savant ecclésiastique devrait s'adresser. Des jeunes gens de cet âge trouveraient une instruction solide et utile à tous égards dans l'explication des monuments du christianisme, qui se lieraient à toutes leurs études historiques et philologiques. Quand, pendant quelques années, ils auraient ainsi vécu dans un commerce intime avec les saintes Écritures, il ne serait pas plus facile de tourner en ridicule auprès d'eux le christianisme, sa forte morale, sa sublime philosophie, sa glorieuse histoire, qu'il ne l'est aujourd'hui de leur faire trouver Homère et Virgile de minces génies, et Rome et la Grèce sans grandeur et sans intérêt. Mais pour de pareils enseignements, il faut un aumônier instruit, et nul ne devrait être aumônier sans avoir obtenu le grade de bachelier, ou même celui de licencié en théologie Je sollicite instamment cette mesure (1)... »

QUESTIONS

SUR L'INSTRUCTION PUBLIQUE,

DANS LE DANEMARK, LA SUÈDE ET LA NORWÉGE (2).

Messieurs,

La commission à laquelle vous avez confié le soin de préparer les instructions demandées par M. Gaimard, m'a chargé de rédiger celles qui se rapportent à l'instruction publique. C'est ce travail ou plutôt ces notes que je viens soumettre à l'Académie.

Permettez-moi d'abord d'exprimer ici la satisfaction que j'éprouve en voyant l'instruction publique pour quelque chose dans les grandes explorations entreprises sous les auspices du gouvernement français. C'est une justice à la fois et un service à rendre à un genre d'études digne des encouragements de tous les gouvernements amis de l'humanité. La science de l'éducation est une partie essentielle de la philosophie morale et de la philosophie politique. Comme toutes les sciences dignes de ce nom, elle a besoin de s'entourer des lumières de l'expérience, et sous peine de s'égarer dans des théories fantastiques, elle doit s'empresser de se procurer une connaissance exacte des divers systèmes d'éducation chez toutes les grandes nations civilisées.

D'ailleurs l'instruction publique n'est-elle pas chez un peuple un des signes les plus sûrs de son développement intellectuel et moral, et n'est-elle pas faite, à ce titre encore, pour intéresser au plus haut degré la statistique?

Par toutes ces raisons, j'applaudis de tout mon cœur au vœu exprimé par M. Gaimard, de recevoir des mains de l'Académie une liste de questions relatives à l'instruction publique, et je désire vivement que désormais le gouvernement n'autorise aucun grand voyage sans le faire tourner au profit de la science si utile et encore si peu avancée de l'éducation comparée.

La contrée que va reconnaître M. Gaimard est la Scandinavie, sur laquelle nous possédons si peu de documents authentiques. Notre zélé et savant voyageur doit s'arrêter très-peu de temps en Danemark et en Suède; il doit séjourner un hiver entier en Norwége, et son but est l'Islande. Nous avons donc pensé qu'il était convenable de faire à M. Gaimard moins de questions sur le Danemark

et la Suède, et un peu plus sur la Norwége, qui nous est presque entièrement inconnue, et que le séjour de M. Gaimard lui permettra d'explorer sérieusement. Pour l'Islande, il nous a paru que l'instruction publique y avait plus de vœux à former que de recherches à entreprendre.

Voici donc les notes que nous proposons de remettre à M. Gaimard :

DANEMARK.

Instruction primaire.

L'instruction du peuple passe pour florissante depuis longtemps en Danemark. Elle y était dans un état très-satisfaisant avant l'année 1822, où la méthode d'enseignement mutuel fut introduite dans un grand nombre d'écoles.

Pour savoir si les écoles danoises d'enseignement mutuel sont aussi bonnes qu'on le dit, il faudrait consulter des hommes qui, par leur position et par leurs lumières, fussent élevés au-dessus de toute préoccupation systématique, connaissant bien les faits, et jugeant les choses par leurs résultats. La société d'enseignement mutuel qui s'est formée à Copenhague sur le modèle de celles de Londres et de Paris, publie de temps en temps des rapports sur ses travaux; il serait bon d'avoir la suite de ces rapports. S'adresser à M. d'Abrahamson. On connaît en France un rapport au roi de Danemark, inséré par extrait dans la Revue encyclopédique du mois d'avril 1828. Enfin, Malte-Brun a donné un résumé des renseignements publiés par M. d'Abrahamson sur le nombre et les progrès des écoles d'enseignement mutuel depuis 1823 jusqu'à 1831. Recueillir avec soin tous ces documents.

Y a-t-il en Danemark une ordonnance royale ou quelque statut général sur l'instruction primaire?

Une personne qui serait consultée avec fruit serait M. Borring, jeune professeur de l'école royale militaire de Copenhague, l'auteur de cette note a connu à Paris il y a quelques années, et qui témoignait un zèle éclairé pour l'éducation du peuple. Je désirerais que cette note fût mise sous les yeux de M. Borring, et qu'il eût la bonté de consigner par écrit son opinion sur l'état réel des écoles mutuelles en Danemark.

Sur le bruit que les partisans de ces écoles ont fait en Europe de leur excellence et de leur utilité, un très-habile pédagogue allemand, que l'on n'accusera pas d'éloignement pour les nouveautés, et qui, presque seul dans son pays, avait montré quelque goût pour l'enseignement mutuel, M. Diesterweg est allé l'été dernier en Danemark, pour voir et apprécier par lui-même ces écoles tant vantées, et il a consigné à son retour son opinion dans un écrit intitulé : *Bemerkungen und Ansichten auf einer pädagogischen Reise nach den dänischen Staaten im Sommer 1836, für seine Freunde und die Beobachter der wechselseitigen Schuleinrichtung niedergeschrieben.* (Notes et observations recueillies dans un voyage pédagogique en Danemark pendant l'été de 1836, adressées à mes amis ainsi qu'à ceux qui s'intéressent à l'enseignement mutuel, Berlin, 1836). Dans cet écrit, M. Diesterweg déclare qu'il abandonne entièrement son ancienne opinion, et qu'après avoir examiné à fond les écoles mutuelles du Danemark,

(1, On peut voir encore, dans le *Rapport*, la description détaillée de trois autres gymnases allemands de pays différents, celui de Francfort sur le Mein, celui de Weimar et celui de Saint-Thomas à Leipzig. Ces descriptions réunies peuvent donner une idée exacte et complète de l'instruction secondaire en Allemagne.

(2) M. Paul Gaimard, partant pour l'Islande et le Groënland, pria l'Académie des sciences morales et politiques de lui donner une liste de questions pour la solution desquelles il pourrait, dans son voyage, recueillir d'utiles renseignements. L'Académie chargea M. Cousin de poser les questions qui se rapportent à l'instruction publique

il les condamne comme réduisant l'éducation du peuple à un pur mécanisme.

Instruction secondaire.

Quant à l'instruction secondaire, je demande seulement les règlements et les programmes de deux ou trois gymnases; et, par exemple, je prie le recteur d'un des gymnases de Copenhague de vouloir bien exposer brièvement en latin les ressemblances et les différences du gymnase qu'il dirige avec un gymnase allemand. Le point principal sur lequel j'appelle l'attention, est l'union si désirable et si difficile à procurer de l'enseignement des lettres et de l'enseignement des sciences dans le gymnase, et la répartition et la gradation de ce double enseignement dans les différentes classes.

Instruction supérieure.

En Danemark, elle est confiée aux deux universités de Copenhague et de Kiel. L'université de Kiel est une université presque entièrement allemande. Celle de Copenhague est particulièrement l'université nationale du Danemark. Borner ses recherches à cette dernière université. Demander au recteur de l'université de Copenhague:

1° Les statuts de cette université;

2° Les programmes latins imprimés des cours pendant les six ou sept dernières années;

3° Quelques-unes des thèses de doctorat écrites en latin, surtout pour la faculté des lettres.

SUÈDE.

En Suède comme en Danemark, se borner à peu près à recueillir des documents officiels.

Instruction primaire.

Y a-t-il en Suède une loi sur l'instruction primaire? S'il y en a une, se la procurer; s'il n'y a pas de loi, demander à M. le ministre de l'intérieur de vouloir bien faire connaître en peu de mots les usages les plus généraux.

Du moins est-il probable que chaque département, chaque préfecture, a ses règlements particuliers. Se procurer un bon nombre de ces règlements départementaux.

On dit qu'en Suède tout le monde sait lire, écrire et compter. Y a-t-il donc dans chaque commune une école entretenue par la commune, et dont la fréquentation soit obligatoire? Ou bien, les mœurs ont-elles tout fait sans loi?

Dans les parties de la Suède où les diverses maisons d'une commune ou d'une paroisse sont très-distantes les unes des autres, comment se donne l'instruction primaire? Y a-t-il, comme dans certaines parties de l'Allemagne, des maîtres d'école ambulants?

L'instruction allemande et hollandaise des inspecteurs primaires existe-t-elle en Suède?

Quelle est la part du clergé dans la surveillance de l'éducation du peuple?

Pour l'enseignement mutuel, faire ici les mêmes recherches qu'en Danemark; demander des renseignements à des personnes différentes d'opinion et de position.

Se procurer les rapports faits aux états généraux sur l'administration générale du royaume, rapports dans les-quels il doit y avoir des parties relatives à l'instruction du peuple.

Le gouvernement a-t-il publié des documents sur le nombre des enfants qui fréquentent les écoles? De pareils documents seraient précieux à recueillir.

Maintenant, pour arriver à quelques points particuliers, s'informer:

1° A Upsal, de l'école des pauvres de cette ville ainsi que des écoles de dimanche;

2° A OErebro, petite ville de 4,000 âmes, il y a, selon Malte-Brun, une école normale. Mais que faut-il entendre par là? Est-ce seulement une *Normal-Schule* allemande, une école modèle française? Ou bien est-ce une école pour former des maîtres, une école normale française, un séminaire allemand? Dans ce dernier cas, demander le règlement de cette école et une note du directeur, dans laquelle il aurait la bonté d'indiquer le rapport et la différence de l'établissement qu'il dirige avec les *Seminarien für Schullehrer.*

3° On dit qu'à Carlstadt, sur les bords du lac Wener, il y a des écoles primaires très-bien tenues, et à Gothembourg des écoles de pauvres, remarquables.

4° Enfin la *Société pro patria* qui réside à Stockholm et encourage tout ce qui se fait de bien dans toutes les classes de citoyens, distribue des médailles d'argent pour récompenser les longs et pénibles services des maîtres d'école. Se procurer plusieurs rapports de cette société.

Instruction secondaire.

Demander à différents recteurs de gymnases une notice en latin sur leurs gymnases; par exemple, à Gothembourg, à Carlstadt et à Gèfle. Rechercher ce qu'est l'école cathédrale d'Upsal: est-ce un gymnase annexé à la cathédrale ou une école ecclésiastique?

Instruction supérieure.

Il y a en Suède deux universités, celle du Lund, à quatre lieues de Malmoë et à l'entrée de la Suède; et celle d'Upsal, à peu près au cœur du royaume. Se procurer les statuts et les programmes de ces deux universités, particulièrement de celle d'Upsal.

Cette université est fréquentée par un millier d'étudiants; elle a un très-grand nombre de professeurs; elle possède les plus riches ressources, un observatoire, de belles collections scientifiques, enfin une bibliothèque de 80,000 volumes. Comme l'Académie des sciences et des lettres à Stockholm représente, en quelque sorte, l'esprit nouveau en Suède, par exemple les recherches scientifiques proprement dites, les applications des sciences aux arts, etc., de même l'université d'Upsal représente l'ancien esprit du pays et la littérature proprement dite. Elle est surtout littéraire, historique et philosophique. Elle compte des professeurs très-distingués, entre autres l'historien Geyer, dont les ouvrages sont célèbres en Allemagne et ne sont pas inconnus en France. On y étudie avec zèle la langue et les antiquités nationales. L'auteur de cette note doit déjà à l'obligeance de M. le professeur et bibliothécaire Schrœder, de précieux renseignements sur l'université d'Upsal, plusieurs thèses de doctorat, écrites en latin sur divers points de philosophie, et quelques programmes des cours. Mais il ne possède pas les statuts de cette vieille et illustre université où enseignèrent Vallerius, Bergmann et Linné, qui peut revendiquer une partie des travaux de Scheele, qui a été longtemps le foyer des travaux de tous genres qui se faisaient en Suède, et le rendez-vous et la pépinière des savants et des gens de lettres avant le développement qu'ont pris en ces derniers temps les deux académies de Stockholm. Si M. Schrœder se souvient de moi, je le prie de vouloir bien faciliter à M. Gaimard toutes les recherches qui auront pour objet une connaissance approfondie de l'université d'Upsal.

En terminant, j'appelle l'attention de M. Gaimard sur la ville d'Uméa, capitale de la Laponie suédoise, qui compte plusieurs écoles dignes d'être observées. Il est curieux de rechercher les moindres traces de l'instruction publique à cette extrémité de la civilisation européenne.

NORWÉGE.

L'établissement d'instruction publique le plus important, et en même temps le plus nouveau que possède la Norwége, est l'université de Christiania. C'est là que vont se former tous les jeunes gens qui appartiennent aux familles les plus distinguées du pays, et tous ceux qui aspirent à entrer dans les professions libérales et savantes. Fondée vers 1813, elle est pourvue des collections et de toutes les ressources qui sont nécessaires à un grand établissement d'instruction publique; elle a, dit-on, une bibliothèque de 130,000 volumes; elle compte 17 professeurs et 700 élèves.

Il est indispensable de se procurer : 1° les statuts de l'université pour savoir s'ils ont été faits d'après ceux des universités de Lund, d'Upsal ou de Copenhague; 2° les programmes de ses cours pendant un certain nombre d'années; 3° quelques-unes des thèses latines qu'on soutient dans les diverses facultés : 4° les titres des livres qu'on emploie dans les leçons, surtout pour les lettres et la philosophie.

Quant à l'instruction secondaire, il faudrait avoir le chiffre exact des établissements de ce degré. Il y a certainement un collége à Christiania ; il y en a un aussi à Drontheim, dont le directeur, M. Bugge, a été récemment envoyé par son gouvernement en Allemagne et en France pour recueillir des renseignements sur l'organisation et sur l'état réel de l'instruction secondaire. M. Bugge, qui parle très-bien l'allemand et le français, nous paraît un des hommes de Norwége qui pourrait le plus aider la commission scientifique à remplir les intentions de l'Académie. Il a déjà promis au rédacteur de cette note de lui envoyer tous les documents imprimés sur les diverses parties de l'instruction publique en Norwége. M. Gaimard n'aura donc qu'à lui rappeler cette promesse, et à en presser l'accomplissement.

Entre l'instruction secondaire et l'instruction du peuple, proprement dite, sont les écoles bourgeoises. Il paraît qu'il y a en Norwége de pareilles écoles : il y en a une à Christiania. En demander le règlement, et s'enquérir si cette école a trouvé des imitations dans d'autres villes, à Drontheim par exemple : consulter M. Bugge à cet égard. Ces écoles sont-elles établies à titre public ou privé? Quel est le prix d'écolage? En combien de classes l'école est-elle divisée? Y a-t-il dans les écoles une division pour les filles, ou y a-t-il des écoles spéciales de filles à ce degré? La petite bourgeoisie dans les villes envoie-t-elle volontiers ses enfants à ces écoles? Donner le chiffre du nombre des élèves, et rapporter, et à rapporter la valeur morale de ces écoles, l'opinion textuelle de personnes diverses, et citer ces personnes. Le mieux serait d'avoir leur avis par écrit.

L'instruction du peuple passe pour très-répandue en Norwége : 1° repose-t-elle sur une loi? 2° quel est le bud-

get de l'instruction primaire? 3° Se procurer les budgets de plusieurs années, les budgets de l'État pour juger des dépenses et de l'intervention de l'autorité centrale dans l'éducation du peuple; les budgets provinciaux, et les budgets communaux des mêmes années pour établir la moyenne de la part relative de l'État, des départements et des communes; 4° le ministre doit faire au storthing un rapport triennal où il est peut-être question de l'instruction publique et surtout de l'instruction primaire. Il faudrait se procurer la suite de ces rapports qui doivent renfermer une statistique exacte du nombre des écoles urbaines ou rurales, et du nombre d'enfants qui les fréquentent.

On dit que sur un million d'habitants, la Norwége compte 165,000 écoliers de tous les degrés. Vérifier ce chiffre, et dans ce chiffre la part de l'instruction primaire.

Il n'y a probablement pas d'école normale primaire en Norwége. Comment se forment tous les maîtres d'école? Est-ce par le système de l'injonction, comme cela se pratique depuis longtemps en Hollande? Enfin, quelles conditions sont prescrites pour devenir maître d'école?

Il faut bien distinguer les écoles urbaines et les écoles rurales.

Écoles urbaines.

Avant 1820, l'instruction primaire en Norwége était très-florissante, et on ne connaissait que l'enseignement simultané. On dit que c'est le gouvernement suédois qui a lui-même introduit l'enseignement mutuel. Quels ont été les résultats de l'introduction de cette méthode?

Quel est l'état de l'enseignement mutuel en Norwége? l'emploie-t-on dans sa pureté primitive, et tel qu'il vint de l'Inde en Angleterre et d'Angleterre sur le continent, c'est-à-dire, 1° le magisterium n'est-il absolument qu'une simple surveillance? 2° Les moniteurs sont-ils exclusivement chargés de toutes les parties de l'enseignement, même les plus élevées, par exemple de l'histoire, de l'instruction morale, et de ces leçons qu'on appelle en Hollande et en Allemagne : *Exercices d'esprit, Verstandes-übungen?* 3° L'enseignement mutuel est-il aussi appliqué dans les écoles des filles, où toutes les manœuvres usitées dans les écoles des garçons?

Je désirerais avoir par écrit l'avis de personnes diverses, d'un ecclésiastique, d'un directeur de gymnase, d'un professeur d'université, et, s'il est possible, d'un professeur de philosophie qui, chargé d'étudier les facultés humaines, a qualité pour juger de ce qui, dans les diverses méthodes, en favorise ou en contrarie le développement. Prendre bien garde de consulter des personnes vouées à une étude spéciale et exclusive, qui n'éclaire et n'embrasse pas toutes les parties de l'instruction primaire.

Rapporter les livres qui sont le plus employés dans les écoles.

Quels sont les hommes qui ont le plus de réputation comme auteurs de livres de pédagogie?

Suit-on Pestalozzi pour l'arithmétique et la géométrie?

Les grands ouvrages de pédagogie de l'Allemagne sont-ils connus et employés?

Les filles et les garçons ont-ils des écoles distinctes, même dans les campagnes? Ou bien, comme en Allemagne et en Hollande, les écoles du peuple sont-elles communes aux deux sexes, au moins dans les classes inférieures, et ce régime a-t-il quelque inconvénient en Norwége? Consulter les maîtres d'école de campagne et de ville.

Il y a à Christiania une école du dimanche pour les ouvriers. Toutes les villes un peu considérables de Norwége ont-elles de pareilles écoles comme en Allemagne?

Il y a aussi à Christiania deux célèbres maisons d'orphelins; l'une pour les orphelins de la ville, l'autre pour ceux de tout le royaume; cette dernière maison, nommée *Anker*, fait élever à ses frais tous les enfants indigents qu'on lui adresse. Mais y a-t-il en outre à Christiania, à Drontheim, à Bergen et ailleurs, les *écoles* dites *gardiennes* de l'Allemagne et de la Hollande, les *Infants' schools* de l'Angleterre et de l'Amérique, les salles d'asile de France? Rapporter les règlements de ces petites écoles.

Écoles rurales.

Dans les paroisses rurales de la Norwége, étendues sur un vaste territoire, comment les enfants vont-ils à une seule école?

Est-il vrai que les mères de famille, en Norwége comme en Islande, et dans toute la Scandinavie, donnent elles-mêmes la première éducation à leurs enfants, et qu'ainsi les enfants ne vont à l'école que plus tard, lorsqu'ils sont déjà grands, et peuvent franchir d'assez longues distances?

Le clergé en Norwége est considéré et aimé. Quel est son rôle dans l'instruction du peuple? Fournit-il beaucoup de maîtres d'école ou se borne-t-il à l'inspection des écoles? Cette inspection appartient-elle de droit à tout pasteur de village, comme en Écosse, ou même à l'inspection y a-t-il, comme en Allemagne, des comités de surveillance dont le pasteur fait partie?

L'instruction religieuse joue-t-elle un grand rôle dans l'instruction primaire? Se donne-t-elle dans l'école par le maître d'école lui-même, ou bien à certaines heures par le pasteur? ou bien encore a-t-elle lieu comme en Hollande, en dehors de l'école, dans le temple et dans l'église? En ce cas, à quoi se réduit dans l'école l'instruction religieuse attachée à l'instruction primaire? Se réduit-elle à l'histoire biblique, comme en Hollande, ou va-t-elle plus loin?

Y a-t-il en Norwége une grande diversité de communions religieuses? Est-il vrai qu'il n'y a pas de chaumière de paysan en Norwége qui n'ait sa Bible, comme on le dit en Écosse, et que c'est dans la Bible que les mères norwégiennes apprennent à lire à leurs enfants?

ISLANDE.

Ici nous n'avons pour nous diriger dans nos questions que les courts renseignements qui se rencontrent dans la description de l'Islande de Malte-Brun, et dans le chapitre des Lettres de M. Marmier sur l'instruction publique.

On dit qu'en Islande il n'y a personne qui ne sache lire et écrire, et que le clergé y est instruit et même savant.

On explique le premier fait par le vieil usage de toute mère islandaise d'enseigner à son enfant ce qu'elle tient elle-même de sa mère, pendant les longues soirées d'hiver. Tout *bœr* islandais est ainsi une école. Il y a une Bible et un recueil de *sagas*. Puis de temps en temps le pasteur fait sa ronde et s'assure si l'instruction des enfants avance convenablement. Voilà ce que dit M. Marmier. Nous demandons si l'usage mentionné est en effet général et sans exception.

De plus, n'y a-t-il pas dans les villes, à Hôlar, et surtout à Reykiavik, capitale de l'île, quelques écoles primaires? Et comment ces écoles sont-elles tenues?

M. Marmier donne de touchants détails sur les professeurs de l'école de Bessastadir, qui est un vrai gymnase particulièrement destiné aux études ecclésiastiques. Mais il faudrait inviter le directeur de cette école à en traduire en latin les règlements d'étude et de discipline.

L'école de Bessastadir est le grand établissement d'instruction publique de l'Islande; c'est de là que sort le clergé; c'est de là que sortent aussi les jeunes Islandais qui se destinent à la médecine ou à la jurisprudence, et qui vont étudier à Copenhague. Le gouvernement danois a la sagesse d'encourager ces jeunes gens; ils sont logés dans une maison aux frais de l'État, et ceux qui se distinguent dans les examens reçoivent par mois une gratification qui équivaut à une petite pension; c'est là la pépinière des fonctionnaires islandais.

Cette maison, fondée par le roi Christiern VI, rappelle les hospices ou collèges établis à Paris au moyen âge pour les étudiants des différentes provinces, l'*Hospitium* ou *Collegium bellovacense, baiocense*, etc. Se procurer les règlements de cette maison.

Quand ces jeunes gens ainsi élevés reviennent en Islande, ils y transportent et y répandent le goût de l'instruction. La civilisation se répand peu à peu dans ces contrées. Il y a maintenant à Reykiavik une bibliothèque de 6,000 volumes dont j'ai vu le catalogue, et où sont une foule de livres excellents de philosophie et de pédagogie allemande, dans la langue originale ou dans des traductions danoises. Il serait honorable à l'Académie ou au gouvernement de déposer dans la bibliothèque de Reykiavik quelques ouvrages français sur l'éducation, comme un modeste hommage des amis de l'instruction publique en France à ceux qui travaillent si utilement à la propager dans la vieille terre des Scaldes.

FIN DE L'APPENDICE.

L'INSTRUCTION PUBLIQUE

EN HOLLANDE.

DE

L'INSTRUCTION PUBLIQUE

EN HOLLANDE.

JOURNAL D'UN VOYAGE FAIT DANS CE PAYS DANS LE MOIS DE SEPTEMBRE 1836.

ENTRÉE EN HOLLANDE.

(10—15 SEPTEMBRE 1836.)

Je me proposais depuis quelque temps de faire un voyage en Hollande pour y suivre mes études sur les divers systèmes d'instruction publique chez les grandes nations civilisées. J'étais plein du rapport de M. Cuvier (1). Les communications bienveillantes du gouvernement de Sa Majesté le roi des Pays-Bas m'avaient mis en possession des principaux documents relatifs à l'instruction du peuple et à l'instruction supérieure. J'avais rassemblé une collection complète des rapports que, conformément à la loi fondamentale, le gouvernement fait chaque année aux états généraux sur les diverses parties de l'instruction publique. Avec toutes ces pièces et quelque habitude des matières d'éducation, j'espérais qu'une course rapide me suffirait pour vérifier par moi-même les principaux traits du système hollandais. Mon plan était d'aller droit à La Haye, siége

du gouvernement, et là, d'étudier auprès du ministère l'organisation générale de l'instruction publique ; d'obtenir, des personnes compétentes, toutes les explications dont j'avais besoin ; puis, d'entrer dans le cœur de la Hollande, de parcourir Harlem, Amsterdam, Utrecht, Leyde, Rotterdam, et partout sur mon passage d'examiner les écoles du peuple, les écoles latines et les universités. J'étais bien aise aussi de faire visite à quelques-unes de mes compagnons d'études dans l'histoire de la philosophie grecque, et d'aller demander l'hospitalité à l'école platonicienne de Wyttenbach. Je nourrissais quelque espérance de rencontrer à Amsterdam, dans l'ancienne librairie Blaeu, et à Leyde, dans les papiers de Huygens, des fragments inédits de Descartes. Le dirai-je enfin ? une secrète reconnaissance m'attirait vers cette terre qui, depuis deux siècles, est l'asile de tous les philosophes persécutés, et où moi-même, à une autre époque de ma vie, j'avais pu trouver un abri (2).

Parti de Paris le 10 septembre 1836, avec mon fidèle compagnon de voyage, M. Viguier, conseiller référendaire à la cour des comptes, arrivé à Bruxelles

---

(1) Rapport sur les établissements d'instruction publique en Hollande, lu au conseil de l'université, en octobre et novembre 1811.

(2) En 1826, après mes aventures de Berlin, Sa Majesté le roi des Pays-Bas m'avait fait offrir de passer à son service.

le 11 au soir, j'étais le lendemain, à six heures du matin, sur le chemin de fer, qui, en une heure un quart, nous conduisit de Bruxelles à Anvers. Nous sommes restés à Anvers deux jours entiers, absorbés dans la contemplation des chefs-d'œuvre de tout genre que renferment le musée, les églises, et surtout la cathédrale. Je ne veux pas faire ici le touriste. Je dirai seulement qu'il faut venir à Anvers pour se faire une idée vraie et complète de l'école flamande : pour connaître Rubens, qui remplit toute la ville ; son meilleur disciple, Van Dyck ; son maître, Otto Venius ; et le maître de celui-là, Pourbus, et ce Quentin Metsys, qui remonte jusqu'au xve siècle et se rattache ainsi à la vieille école des Van Eyck, dont il a la naïveté et la vigueur (1). C'est encore à Anvers que je fis la découverte d'un genre de sculpture qui m'était à peu près inconnu, la sculpture en bois. J'avais vu dans plusieurs églises de France, surtout à Amiens, des ornements de chœur, des stalles en bois, travaillés avec délicatesse. Mais je n'avais vu nulle part ni en France, ni en Allemagne, ni dans le nord de l'Italie, la seule partie de l'Italie que je connaisse, de la grande sculpture en bois et des statues de grandeur naturelle. Il y a à Anvers, à la cathédrale, et surtout à Saint-Jacques, une multitude de statues de ce genre attachées aux chaires et aux confessionnaux, et qui forment des groupes admirables. Pourquoi, en effet, le bois ne se prêterait-il pas aussi bien que le marbre et le plâtre à l'expression de la pensée? Le ton grisâtre de cette sculpture prend, comme le marbre, avec le temps, un poli, une teinte brillante, qui, sur un fond un peu sombre, ajoute au pathétique de la sculpture chrétienne. Tout est dit sur la cathédrale elle-même. Elle n'a point cette richesse d'ornements extérieurs et ce luxe de détails que l'on admire dans plusieurs autres cathédrales, et, par exemple, dans la Notre-Dame de Paris. Mais la Notre-Dame d'Anvers a un clocher incomparable, presque aussi haut et plus élégant que celui

de Strasbourg. La flèche de Strasbourg est un tour de force, ce qui nuit à l'effet d'art, du moins à mes yeux. Le clocher d'Anvers est d'une mesure et d'une grâce parfaites ; il s'élance avec assurance et légèreté, et l'impression qu'il produit est à la fois grande et sereine. Sans doute, les vieilles tours de notre cathédrale, sorties de la nuit du xiie siècle, ont une majesté que personne ne ressent plus que moi, baptisé à Notre-Dame et élevé à l'ombre de ses murs; mais, quant à l'art, il n'y a aucune comparaison entre les deux basiliques : l'une accable de sa masse et comme du poids de l'infini la chétive créature agenouillée sous ses voûtes ; l'autre la relève et la fait monter avec elle, sur les ailes de la Prière et de l'Espérance, par des degrés harmonieux, jusqu'à la région de la paix. C'est du haut de ce clocher qu'il faut se donner le spectacle d'Anvers, et contempler ses ports, son bassin creusé par Napoléon, la bourse, les Oosterlingen, toutes les églises qui se pressent autour de la cathédrale comme des filles autour de leur mère, et le cours majestueux de l'Escaut, qui conduit à la mer du Nord, par où naguère Anvers était un des plus grands entrepôts du monde. Mais le temps presse : hâtons-nous de passer de Belgique en Hollande.

Nous quittons Anvers le 14 septembre, pour aller à Rotterdam, où nous arrivons le soir, en passant par Bréda et par Dordrecht. A Bréda est le mausolée d'Engelbert II et de sa femme, dont les quatre statues sont attribuées à Michel-Ange (2). Je ne vois guère comment des ouvrages du grand artiste florentin se seraient égarés jusqu'à Bréda, et la force un peu lourde de ces statues me rend suspecte leur authenticité. En traversant la ville, je ne puis m'empêcher de dire : Là peut-être, au coin de cette rue, était affichée, vers 1617, l'annonce d'un problème de mathématiques qu'un petit officier français, au service de Hollande et en garnison dans la place, se fit lire par son voisin, et qu'il résolut sur-le-champ. Ce petit officier était le

---

(1) Q. Metsys, né à Anvers vers 1450. On a de lui, au musée d'Anvers, un admirable tableau avec volets, représentant l'inhumation de Jésus-Christ. Les amis de Jésus, après avoir descendu son corps de la croix, lui rendent les derniers devoirs. La Vierge est prosternée devant les restes inanimés de son fils : saint Jean la soutient. Deux vieillards soulèvent, l'un le chef, l'autre la partie supérieure du corps du Sauveur, pendant que les saintes femmes en embaument les plaies. On voit à droite, sur le second plan, le sépulcre qu'on prépare pour recevoir le corps, le Calvaire sur un plan plus élevé, et à gauche Jérusalem. Volet de droite : la tête de saint Jean-Baptiste sur la table d'Hérode. Volet de gauche : saint Jean dans l'eau bouillante.

(2) Extrait de la notice qui se distribue à Bréda : « Ce tombeau a été construit d'albâtre ou de marbre transparent d'Orient, par le célèbre artiste et statuaire Michel-Ange Buonaroti. Il consiste en deux statues, un homme

et une femme (le comte et son épouse), le dos couché sur une tombe élevée de pierre de touche; au-dessus d'eux il y a une table également de pierre de touche, soutenue par quatre atlantes, tous agenouillés du genou droit, et sur la table est l'armure du comte, faite de marbre. Les inscriptions des quatre atlantes sont au-dessous d'eux, sur des plaques carrées d'albâtre, dont il ne reste que deux. Le premier des atlantes représente Jules César, dans une armure martiale à la romaine, avec l'inscription suivante C. JULIUS CÆSAR, *virtute bellica imperavi*. FORTITUDO. Le second atlante représente Régulus, de qui la partie supérieure du corps est entièrement nue; au-dessous se trouve l'inscription suivante : M. ATTILIUS REGULUS, *fidem infractus servavi*. MAGNANIMITAS. Les deux autres atlantes, dont les inscriptions sont détruites, représentent (on le suppose) deux héros grecs. On reconnaît encore des traces de dorure à l'armure de ces deux statues. »

futur auteur de l'application de l'algèbre à la géométrie. La pensée de Descartes me saisit à mon entrée en Hollande et ne me quitte plus.

Passage du Moerdyk à Willemsdorp par un temps affreux. Nous arrivons la nuit à Dordrecht, la ville du fameux synode. Quelques lieues plus loin, vers onze heures du soir, nous prenons encore un bateau, qui nous conduit à Rotterdam. Nous avons quelque peine à trouver ce bateau, à cette heure, par ce mauvais temps, et la traversée est un peu plus longue et plus pénible qu'elle ne l'est ordinairement. Nos deux mariniers parlent entre eux la langue du pays, à laquelle nous ne comprenons pas un seul mot. Je me rappelle en souriant cette aventure de Descartes, qui, traversant aussi en bateau je ne sais quelle rivière de la Hollande, mais entendant le hollandais, comprit à la conversation des mariniers qu'ils voulaient lui faire un mauvais parti et le jeter à l'eau. Descartes tire son épée, va droit aux mariniers, et les menace de les percer, s'ils font mine de lui chercher querelle. Une aventure à peu près semblable arriva à Leibnitz, en Italie, sur l'Adriatique. Ayant été assailli par une tempête, il entendit les matelots italiens qui le conduisaient lui attribuer cette tempête, à lui hérétique, et délibérer entre eux s'ils le jetteraient à la mer. Leibnitz, sans faire semblant de les avoir entendus, tira de sa poche un chapelet dont il s'était pourvu, et, en les rassurant ainsi sur son orthodoxie, sauva des passions et de la folie des hommes l'auteur de la Théodicée. Dans cette différente conduite de ces deux grands hommes est tout entière la différence de leur caractère, et celle de leur philosophie et de leur mission. A l'un, cet instinct intrépide, cette *furia francese*, qui commence les révolutions ; à l'autre la sagesse qui les termine, et qui s'élève au-dessus de toutes les opinions en sachant les comprendre et en leur faisant une juste part. Et moi, que ferais-je à cette heure, si ces deux paisibles mariniers, qui marmottent entre eux, voulaient me jouer le même tour ? Il y a quinze ans, j'aurais fait comme Descartes : je ferais aujourd'hui comme Leibnitz. Mais, grâce à Dieu, il n'est pas question de tout cela ; et pendant que je fais ces réflexions, nous avons atteint la grève de Rotterdam et ses ports magnifiques. Je traverse la moitié de cette grande ville, qui dort dans une nuit profonde, et me rends sur la place du Marché, à l'hôtel d'Angleterre, vis-à-vis la statue d'Érasme, que je salue avant de m'aller coucher.

Le lendemain, jeudi 13 septembre au matin, nous quittons Rotterdam sans y voir personne, et nous nous rendons à La Haye, en passant par Delft, charmante ville où naquit Grotius et où le premier statbouder est enterré. A dix heures, nous arrivons à La Haye.

LA HAYE.

La ville et le Musée. — M. Falck. — M. l'inspecteur Wynbeck. — Écoles primaires. — École latine. — M. Schreuder.

(15—19 SEPTEMBRE.)

La Haye, le siége du gouvernement hollandais, est une grande et belle ville, d'à peu près 50,000 âmes. On peut la considérer comme divisée en deux parties, l'une surtout consacrée au commerce, l'autre à la cour, à la diplomatie et aux affaires publiques. Tout ce quartier est fort agréable : belles rues, grandes places, plantées de superbes arbres ; mais nul monument remarquable. Ni le vieux ni le nouveau palais royal, ni l'hôtel de ville, ni même la grande église avec le tombeau de l'amiral Jacques de Wassenaar, ne peuvent arrêter un moment les regards d'un voyageur qui arrive d'Anvers.

Nous avons fait la visite obligée à Scheveningen, village de pêcheurs sur le bord de la mer, à une petite lieue de La Haye. Ici toutes les douceurs de la civilisation ; là, les orages de l'Océan : une demi-heure suffit pour se donner le plaisir de ce contraste. La propreté de ce village de pêcheurs est célèbre ; c'est le modèle du village hollandais sur les bords de la mer. A côté, sur le chemin de Leyde, est un bois de haute futaie, de trois quarts de lieue de long sur un quart de lieue de large. Ni les Champs-Élysées de Paris, ni le Thiergarten de Berlin, ni le Jardin Anglais de Munich, ne peuvent donner une idée de cette admirable promenade, qui présente tous les sites, tous les aspects. Du côté de la ville, c'est un parc, peuplé d'animaux de toute espèce ; près du chemin, des allées régulières d'arbres gigantesques ; plus loin c'est comme une forêt primitive, profonde et touffue, où l'on se croirait à cent lieues du monde ; puis, tout à coup, une échappée de vue vous découvre dans le ciel la flèche qui surmonte la grande église de La Haye, ou, à travers les dunes, quelques barques sillonnant les flots. A l'extrémité du bois est un grand pavillon, dont l'immense salon est couvert de peintures allégoriques, relatives à l'histoire du prince Frédéric-Henri, pacificateur des Provinces-Unies, mort en 1647.

Ces peintures me ramènent à La Haye, au musée Royal, la plus considérable collection de tableaux qu'il y ait dans les Pays-Bas, avec celle du musée d'Amsterdam. La galerie de La Haye est très-riche, même en tableaux étrangers. J'aurais bien voulu pouvoir transporter à celle de Paris trois charmants tableaux français de notre école vraiment nationale du dix-septième siècle ; un Poussin, un Claude Lorrain, un Bourguignon. J'ai vu là d'excellents échantillons de toutes les écoles de l'Italie, et pour l'école espagnole plusieurs Vélasquez et deux beaux Murillo, dont l'un est une *Madone* qui ne le cède guère à celles de Raphaël, avec un tout autre caractère. La Madone espagnole n'a pas le charme de la Madone italienne, ce mélange de dignité et de réserve qui peint à la fois et la Vierge et la mère; mais elle respire une grandeur et une majesté qui ne permettent d'y attacher aucune autre pensée que celle de la mère du Sauveur du monde. L'école allemande est ici représentée par plusieurs Dürer et plusieurs Holbein, qui sont tous des portraits historiques doublement précieux. Il était naturel de retrouver à La Haye plusieurs chefs-d'œuvre de l'école flamande, entre autres, quatre Rubens, dont deux sont les portraits de Catherine Printes, la première femme du grand artiste, et d'Hélène Forman, sa seconde femme, avec cinq tableaux de Van Dyck, dont l'un représente toute la famille Huygens. Mais ce que je cherchais et ce que j'ai le plus examiné à La Haye et à Amsterdam, ce sont les tableaux de l'école hollandaise proprement dite ; c'est là qu'il faut venir étudier cette école. Si Anvers m'avait fait connaître Rubens, c'est à La Haye et à Amsterdam que j'ai appris à connaître Rembrandt.

En Hollande, point d'idéal en quoi que ce soit. S'il n'y avait pas une apparence de fatuité à s'exprimer ainsi, je dirais qu'en Hollande, l'art, comme la philosophie, comme la littérature, comme les mœurs, comme la politique, a quelque chose de prosaïque et de bourgeois : tout y est dirigé vers la pratique et vers l'utile. La religion dominante est le calvinisme, qui substitue aux grandes spéculations religieuses une foi étroite et sévère, le gouvernement intérieur de l'âme et la règle des mœurs. En politique, le gouvernement fait sans bruit les affaires du pays. Les savants forment une classe à part qui travaille en silence, moitié par amour de la science, moitié par position. Ils écrivent en latin, c'est-à-dire pour un public très-borné, ou bien en hollandais, langue presque aussi inconnue de l'Europe que l'arabe et le persan. Comme la Hollande songe peu à l'Europe, de même chaque ville de la Hollande songe peu à La Haye. Le roi est profondément respecté ; la royauté n'a point d'ennemis ; mais la forme monarchique se fait peu sentir, et sous cette forme subsiste tout entier le vieil esprit de la république batave, le fédéralisme des Provinces-Unies, et le génie municipal. Enfin, par une conséquence du même caractère, dans chaque ville, chacun vit dans son intérieur, et l'esprit de famille est porté encore plus loin qu'en Allemagne. Le Hollandais est une créature sage et bien réglée ; il ne cherche point à briller ; en tout il s'attache au vrai et au solide. Il a

plus de probité que de générosité, plus de bon sens que d'esprit et d'imagination, plus de constance que d'enthousiasme. C'est un bon peuple plutôt qu'un grand peuple. Son tempérament est un certain flegme qui, dans les individus d'élite, s'élève jusqu'à une fermeté calme mais inébranlable, capable des plus longues et des plus difficiles entreprises. Le représentant le plus fidèle du peuple hollandais, comme son héros le plus illustre, est Guillaume le Taciturne. La maison de Nassau, avec ses défauts et ses qualités bien connues, est la Hollande même. Appliquez tout ceci à l'art, et vous aurez, au lieu de l'idéal de l'école italienne, ce qu'on pourrait appeler le réalisme de l'école flamande et surtout de l'école hollandaise ; car Rubens, avec la richesse et le faste de son imagination, à moitié belge, à moitié espagnole, est l'artiste le moins hollandais. L'art, en Hollande, est bourgeois et calviniste, comme en Italie il est aristocratique et sacerdotal. Le pathétique et le charme lui manquent, mais il a de la vérité et du naturel. Il réfléchit la réalité telle qu'elle est, avec une fidélité un peu minutieuse, mais qui a son mérite et un attrait particulier pour ceux qui aiment la nature et qui savent le goûter dans ses scènes les plus modestes et dans ses moindres détails, comme dans ses effets les plus grands.

Le représentant le plus élevé de cette école est Rembrandt : il n'a pas peint seulement la nature extérieure; il a peint aussi la nature humaine ; et il faut venir en Hollande, pour se faire une idée de la richesse et de la variété de ses productions. Je ne connaissais guère de lui que des ouvrages de petite dimension, où le génie du clair-obscur a produit des effets merveilleux, mais presque entièrement physiques. Mais j'ai vu à la Haye, et plus tard à Amsterdam, des tableaux de grande dimension et d'un genre plus distingué. La *Garde de nuit* d'Amsterdam (1), est une scène de nuit où brille le talent ordinaire de Rembrandt avec une élévation particulière. C'est le capitaine d'une compagnie qui sort la nuit de sa maison, escorté par ses officiers, pour aller au tir. Il est impossible de voir des mines plus guerrières, avec plus de simplicité. L'ensemble est plein de mouvement et même de chaleur, et les principales figures ont toute la noblesse bourgeoise possible. *La Leçon d'anatomie*, qui est au musée de La Haye (2), est un tableau moins grand, mais peut-être d'un effet plus profond. Il a été gravé plusieurs fois. L'homme mort sur lequel le savant professeur Tulp disserte, est bien mort ; on le voit, on n'en peut douter, quoiqu'il n'y ait pas la moindre charge. Tulp fait ses démonstrations, le scalpel à la main, devant plusieurs élèves ou professeurs, formant

(1) Voyez Amsterdam, p. 253.

(2) N° 365.

un demi-cercle. Il y a sur tous ces visages une plénitude de vie qui contraste avec le cadavre immobile et inanimé étendu sur le marbre. Leur savante
curiosité est diversement peinte dans la variété de
leur attitude, et Tulp est là, à côté de ce cadavre,
tout aussi à son aise que s'il était à table avec ses
amis. Ce flegme scientifique est admirablement rendu.

Après Rembrandt vient son école, Bol (1), Eeck-
hout (2), Van der Helst (3); puis toute l'école des
paysagistes et des peintres de chevalet; des Gérard
Dow (4), des Metzu (5), des Mieris (6), des Ostade (7),
des Potter, parmi lesquels le fameux tableau que
nous avons eu longtemps au musée de Paris (8), des
Berghem (9), et des Ruysdael (10), où le naturel
est joint à une sensibilité exquise; enfin, un grand
nombre de Wouwermans (11), pleins de chaleur et de
finesse; sans parler de beaucoup d'autres ouvrages de
pinceaux moins célèbres, qui appartiennent à toutes
les époques et à toutes les nuances de l'école hollandaise.

En fait d'arts, il faut voir aussi à La Haye, après le
musée royal, la galerie de tableaux du ministre des
affaires étrangères, M. le baron Verstolk, et surtout
sa collection de gravures, une des plus riches qu'il y
ait en Europe, non-seulement chez aucun particulier,
mais dans les dépôts publics.

J'ai vu aussi dans l'atelier d'un peintre de la ville
plusieurs morceaux de vieille sculpture en bois, assez
précieux, et que j'aurais bien voulu acheter et ramener à Paris.

Mais il est temps d'arriver à l'objet de mon voyage
et de m'occuper de l'organisation générale de l'instruction publique en Hollande; car c'était là ce que je
m'étais proposé de faire à La Haye. Je comptais trouver au siége même du gouvernement les documents qui
pouvaient me manquer encore, et surtout les lumières
nécessaires pour les bien apprécier. Je comptais particulièrement sur l'obligeance du ministre de l'intérieur,
M. le baron Van Doorn, qui m'avait déjà fait parvenir
toutes les pièces que je lui avais demandées. Mais,
malheureusement, le roi n'était pas à La Haye : M. le
ministre de l'intérieur était en Allemagne; et, dès mon
entrée en Hollande, j'aurais été fort désappointé dans
mes projets et dans mes espérances, si M. le baron
Mortier, mon collègue à la chambre des pairs, et ministre de France à La Haye, ne fût venu à mon secours

en me procurant la connaissance de l'homme de toute
la Hollande qui pouvait m'être le plus utile, et avec
lequel je désirais le plus m'entretenir et de l'instruction publique et de toutes choses; je veux parler de
M. le baron Falck.

Ce nom est un des plus respectés qu'il y ait aujour-
d'hui en Hollande, et il n'est pas inconnu en Europe.
M. Falck est, par-dessus tout, un esprit politique, et
il a été pendant plusieurs années à la tête de l'instruction publique; je ne pouvais donc mieux m'adresser
pour bien connaître les principes généraux qui président à l'instruction publique en Hollande. Quant aux
détails et à l'exécution, je voulais voir et juger par
moi-même; mais pour l'ensemble et la législation,
j'avais besoin d'un guide : je le trouvai dans M. Falck.
Mais l'éducation touche à tout; et même, en ne parlant avec M. Falck que d'écoles primaires, de gymnases
et d'universités, il ne m'a pas été bien difficile de discerner le caractère de son esprit et sa direction politique. Je sais quelle réserve m'est ici imposée à tous
égards, et je ne crois pas y manquer en exprimant hautement la profonde estime que M. Falck m'a inspirée.
Il est, à mes yeux, du très-petit nombre de véritables
hommes d'État qu'il y ait aujourd'hui en Europe, et
il ne serait déplacé à la tête des affaires d'aucun pays.
C'est l'homme qui a le plus servi le roi à son retour
en Hollande. Il a été d'abord secrétaire d'État, puis
ministre de l'instruction publique, ensuite ambassa-
deur à Londres. Il occupait ce poste à la révolution de
1830; il l'a quitté depuis quelques années, à la fin
de la conférence, et il vit maintenant à La Haye, en
qualité de ministre d'État très-considéré, mais non
employé. M. Falck est profondément Hollandais; il
possède les qualités de sa nation à un degré éminent.
Celles que je lui ai d'abord reconnues, sont la rectitude
et la fermeté du jugement, plus de force que de souplesse, avec un grand gouvernement de soi-même. Il
appartient visiblement à la vieille école de Jean de Witt,
et il est surtout attaché à l'honneur et aux intérêts permanents de son pays. Il n'aime pas, il ne peut pas
aimer la révolution de juillet et la France nouvelle,
mais il a l'esprit trop libre et le sens trop ferme pour
ne pas reconnaître ce qui est possible et ce qui ne
l'est plus. En politique, il m'a paru libéral à la façon
de Niebuhr et de Savigny, à la fois patriote et aristo-
crate dans le sens élevé de ces deux mots; en philoso-

(1) Nos 18, 19. Portraits de l'amiral Ruyter et de son fils.
(2) No 53.
(3) No 82. Le portrait de Potter.
(4) Nos 42, 43. Une femme devant un enfant au berceau,
devant une fenêtre ouverte. Une femme avec une lampe à
la fenêtre.
(5) Nos 121, 122, 123.
(6) Le père et le fils. Nos 125, 126, 127, 128. Entre au-

tres, le tableau du jeune garçon placé près d'une fenêtre,
et faisant des bulles de savon. Souvent gravé.
(7) Nos 155, 156.
(8) No 170.
(9) No 13. Un paysage d'Italie. 14, 15, 259.
(10) No 190. Chute d'eau. 191. Côte de mer. 192. Paysage
auprès d'Harlem.
(11) No 249. La grande bataille. 250—257.

phie, il est de l'école d'Hemsterhuis et de Wyttenbach; en religion, antiméthodiste. Pour l'instruction publique, ses principes sont tout à fait ceux de la législation existante. Il est partisan des écoles normales primaires; et, dans l'instruction supérieure, c'est un ami décidé des vieilles études classiques. Mais je m'aperçois que, sans le vouloir, je me laisse aller au plaisir de tracer ici un portrait qui pourrait bien déplaire à la gravité de M. Falck; je le supplie d'excuser cette indiscrétion en faveur des sentiments qui me l'inspirent.

Pendant que M. Falck avait la bonté de me donner toutes les explications que je lui demandais sur l'instruction publique, ma bonne étoile ramenait à La Haye M. le ministre de l'intérieur, précisément au moment où je ne pouvais plus me passer de plusieurs documents officiels. M. le ministre de l'intérieur voulut bien me les communiquer de la meilleure grâce du monde. Il fit plus; il mit, pour ainsi dire, à ma disposition, l'homme de son ministère qui dirige à peu près l'instruction publique, M. Wynbeek, inspecteur des écoles latines et des écoles primaires. J'usai et abusai de l'obligeance de cet estimable fonctionnaire : je lui pris toutes ses journées, soit en conférences sur les documents qu'il me transmettait, soit en visites à l'école latine et aux écoles primaires de la ville. M. Wynbeek a été pour moi à La Haye ce que M. Schulze avait été à Berlin (1). Je le prie, ainsi que M. le ministre de l'intérieur, de recevoir ici l'expression publique de ma reconnaissance.

Ce serait le lieu de rendre compte de l'organisation générale de l'instruction en Hollande, et de la législation existante, d'après les pièces officielles qui m'ont été communiquées à La Haye, et d'après les conversations de M. Falck et de M. Wynbeek. Mais le temps que j'ai destiné à ce rapide voyage est trop court pour que je l'abrége encore en lui enlevant les jours qu'exigerait un pareil travail, c'est-à-dire l'exposition et l'examen de la loi de 1806 sur l'instruction primaire, et de l'ordonnance de 1815 sur l'instruction supérieure. Je ne suis pas venu en Hollande pour y composer un semblable mémoire, mais pour en recueillir les matériaux. Je connais maintenant le système de l'instruction publique en ce pays; je l'emporte avec moi; plus tard, à mon retour en France, j'en exposerai à loisir et j'en discuterai les principes. Pour le moment, je ne veux, je ne puis montrer ce système qu'en action et dans les résultats qu'il a produits. Ce sont ces résultats que je veux étudier avec tout le soin dont je suis capable, et décrire, à la hâte, il est vrai, mais avec l'exactitude la plus scrupuleuse. Ici, comme en Alle-

(1) Rapport sur l'état de l'instruction publique dans quelques pays de l'Allemagne, et particulièrement en Prusse.

magne, j'emploierai tout le jour à voir de mon mieux; le soir, j'écrirai ce que j'aurai vu. Des faits nouveaux et importants, observés avec un peu d'intelligence, et reproduits avec une fidélité sévère, voilà tout ce que je puis demander moi-même à ces notes de voyage que je dérobe chaque soir avec effort à la fatigue de la journée.

Quoique ma principale occupation au siége du gouvernement hollandais ait été l'étude du système général de l'instruction publique en Hollande, je ne pouvais entièrement négliger les écoles particulières qui se présentaient à moi à La Haye. Une ville de 50,000 âmes possède nécessairement tous les degrés d'instruction primaire, et elle ne peut manquer d'avoir un collége. J'ai visité, sous la conduite de M. Wynbeek, le collége de La Haye, qu'on appelle ici école latine, et plusieurs écoles primaires de degrés différents. Je n'approfondis rien : c'est un premier coup d'œil que je jette sur les écoles de Hollande, pour en reconnaître, en quelque sorte, la physionomie extérieure. Dans le cours de ce voyage, j'étudierai en détail chaque genre d'établissement dans ses modèles les plus estimés. Ainsi, pour l'instruction supérieure, je verrai les deux grandes universités d'Utrecht et de Leyde. Pour l'instruction secondaire, je me propose d'examiner surtout l'école latine d'Utrecht, puisque cette école jouit d'une haute réputation. Enfin, pour l'instruction primaire, c'est à Harlem qu'il faut aller voir une école normale hollandaise; à Zwolle ou à Rotterdam, des salles d'asile; à Amsterdam, les écoles pour la classe indigente, appelées ici comme en Allemagne, écoles des pauvres, et à Utrecht encore l'école primaire supérieure, qu'on appelle en Hollande école française, parce que le trait distinctif de cette école et la marque de sa supériorité est l'enseignement de la langue française. Entre l'école primaire gratuite, dite école des pauvres (armen-school), et l'école primaire supérieure, dite école française (fransche school), où l'on paye souvent très-cher, est l'école intermédiaire (tusschen-school), ainsi nommée parce qu'elle n'est ni absolument gratuite ni fort coûteuse, qu'on y paye très-peu, mais enfin qu'on y paye quelque chose. On m'assure que je rencontrerai dans toutes les villes un peu considérables ces écoles intermédiaires et presque partout dans le même état. A La Haye, j'ai parcouru rapidement ces différents degrés de l'instruction primaire.

Il y a à La Haye quatre écoles de pauvres. M. Wynbeek m'a mené dans la plus considérable de ces écoles. Elle était composée de mille enfants de 5 à 12 ans. Ils ne payent absolument rien : on n'exige d'eux que d'arriver bien peignés, bien lavés et avec toute la propreté que permet l'indigence. Ces mille enfants sont réunis dans deux grandes salles, 700 au rez-de-chaussée, et 300 au premier étage, sans distinction de sexe ni de religion. C'est là une de ces écoles qui firent une si grande impression à M. Cuvier à son entrée en Hollande (1).

Pour me bien prouver qu'on reçoit à cette école, comme dans toutes les autres, des enfants de tous les cultes, M. Wynbeek parcourut avec moi plusieurs bancs en demandant à chaque enfant de dire lui-même à haute voix la religion à laquelle il appartenait : le même banc contenait presque des échantillons de toutes les communions chrétiennes, avec leurs nombreuses variétés, des catholiques, des calvinistes, des luthériens, des remontrants, des anabaptistes, ainsi que des juifs entremêlés au hasard avec des chrétiens. Cette école était déjà pour moi l'image anticipée de la Hollande et de la tolérance sans borne qui y règne.

Une autre particularité remarquable est le mélange des deux sexes, non-seulement dans la même salle, mais quelquefois sur les mêmes bancs.

Il y a 11 maîtres pour cette école, un directeur ou premier maître, quelques adjoints ou sous-maîtres, et plusieurs aides, parmi lesquels des aides apprentis. Ces aides sont à peu près de 15 à 20 ans ; les sous-maîtres sont un peu plus âgés, et le directeur en chef est un homme grave et d'un âge mûr.

Avec ce grand nombre de maîtres, il va sans dire que l'enseignement n'est pas mutuel, mais simultané. On suit en général la méthode de Pestalozzi.

J'ai assisté à plusieurs exercices des différentes divisions de cette grande école. J'ai surtout été fort satisfait de la manière dont les enfants de la classe la plus avancée ont exécuté devant moi un chant national qui m'a paru d'un caractère simple et noble, et parfaitement approprié aux écoles du peuple.

Cette école de pauvres est fort bien tenue. Toutefois, sept cents enfants renfermés dans une seule salle peuvent former un beau spectacle, mais ne composent point une école d'un gouvernement très-facile. Quand une des divisions est en exercice, elle trouble toujours un peu la division voisine. J'aimerais mieux une école qui ne contînt pas plus de 300 ou 400 élèves, avec un maître pour chaque centaine d'enfants. J'ai appris avec plaisir que les trois autres écoles de pauvres de La Haye sont moins nombreuses que celle-là.

Les enfants de la classe indigente fréquentent ces quatre écoles jusqu'à l'âge de 12 ou 13 ans. Alors ils quittent l'école pour prendre un métier ; mais, au lieu de les perdre de vue, on les engage à venir jusqu'à l'âge de 16 ans, assister à une leçon du soir, qui entretient et développe leur instruction. J'ai demandé combien d'enfants, sur ceux qui sortent des écoles de pauvres, fréquentent les écoles du soir. On m'a répondu qu'il y

(1) Rapport de M. Cuvier, p. 9.

en a à peu près un tiers. Ce sont là nos écoles d'adultes, raisonnablement organisées.

Outre ces quatre écoles gratuites, entretenues aux frais de la ville, il y a quelques autres écoles publiques et payantes, appelées écoles intermédiaires. J'ai vu aussi une école de ce genre : c'est à peu près le même enseignement que celui de l'école des pauvres, mais les deux sexes sont séparés ; et il y a des salles différentes pour les différentes classes.

Enfin, j'ai visité une école française, où l'enseignement est plus élevé et où l'on paye assez cher pour que la bonne bourgeoisie puisse y envoyer ses enfants sans aucune crainte de les voir confondus avec les enfants de la classe indigente. Ici, non-seulement les deux sexes sont divisés et les différentes classes placées dans différentes chambres, mais chaque salle et chaque classe contient un petit nombre d'élèves, ce qui permet au maître d'introduire un peu d'enseignement individuel dans l'enseignement simultané. La division supérieure de cette école est réellement très-avancée, et j'ai assisté à une leçon de français et d'orthographe, où des enfants de 12 à 13 ans ont fait preuve devant moi d'une connaissance très-solide de notre langue.

M. Wynbeek, qui est à la fois inspecteur des écoles primaires et des écoles latines, a voulu me faire aussi les honneurs de l'école-latine de La Haye, qui passe pour excellente. Sur le frontispice est cette inscription : *Palladis Haganæ sedes.* Voici les résultats de ma visite à cette école, et de mon entretien avec le directeur, M. Gaspard Bax.

1° Cette école latine est composée de six classes ; et chacune de ces classes renferme elle-même plusieurs divisions.

2° Ici, comme en Allemagne, pour passer d'une division dans une autre de chaque classe, et surtout pour passer d'une classe dans une autre, il y a un examen.

3° Le cours total de l'école latine est nécessairement de cinq années, et ordinairement on reste deux ans dans la *prima*, laquelle a trois divisions ou ordres, *ordines.* Les trois *ordines* de la *prima* présentent un caractère bien remarquable. Comme les élèves de cette classe se destinent presque tous à l'université, on les prépare peu à peu, non-seulement aux études, mais encore à la vie de l'université. On les accoutume à travailler par eux-mêmes, comme ils doivent le faire un jour. Dans la première division, ils choisissent eux-mêmes, avec l'approbation du directeur, les sujets de leurs compositions, et ils ne soumettent au professeur qu'une seule composition par semaine ; dans la seconde division, une composition par mois ; enfin dans la troisième division, ce sont plutôt des directions générales, des conseils et des conférences, que de véritables cours. Cette méthode a pour effet de développer fortement chaque individu selon sa nature et sa vocation, et de favoriser l'enseignement individuel, auquel on doit tendre le plus possible ; car le but dernier qu'il faut se proposer est de faire des individus distingués, et on ne peut atteindre ce but que par une culture individuelle. Mais tout ceci est à une condition, à savoir, le petit nombre des élèves. Aussi toute l'école latine de La Haye ne se compose-t-elle que de soixante élèves. Il y en a un assez grand nombre dans la sixième, une vingtaine, par exemple. Ils vont en diminuant de classe en classe, et il n'y en a que dix dans la première. Un habile professeur n'ayant pendant un an et quelquefois pendant deux ans que dix élèves peut développer puissamment leur esprit. Les instructions ne sont pas semées au hasard ; elles se rapportent sans cesse aux besoins individuels des élèves. L'instruction est ainsi une éducation, et la classe la plus élevée du gymnase est une transition admirable aux études et à la vie de l'université. Pour moi, je souhaite ardemment que la condition inflexible d'examens rigoureux pour passer d'une classe à l'autre, diminue successivement le nombre beaucoup trop grand des élèves dans nos collèges, et n'y maintienne que ceux qui se montrent capables de recruter un jour les professions libérales de la société; et qu'alors, dans les classes supérieures, on puisse exercer une action forte et sérieuse sur l'esprit et sur l'âme de ces jeunes gens, et y graver, par une instruction mêlée d'éducation, des principes de morale, de goût et de philosophie, qui les suivent dans les diverses facultés spéciales qu'ils fréquenteront au sortir du collége.

4° Il y a à la tête de cette école latine un recteur et un corecteur, notre proviseur et notre censeur. Ils sont tous deux professeurs, et le recteur est le professeur de la *prima*. Cela est partout ainsi dans toutes les écoles latines, et il est nécessaire qu'il en soit ainsi, dès que la *prima* est constituée comme je l'ai dit. Il est évident que le professeur de la *prima*, est tel qu'il doit être, est l'âme de tout l'établissement.

5° Mais, pour que le directeur d'un collège soit en même temps professeur, il faut que le collège soit un externat, et toutes les écoles latines du royaume ne contiennent que des externes. Si l'une quelconque était un pensionnat, le soin de ce pensionnat absorberait nécessairement toute la vigilance et tout le temps du directeur; et ici on ne trouverait aucun savant qui voulût se charger d'une telle fonction.

6° Chacune des classes de l'école latine est gouvernée par un seul et même professeur, qui enseigne à la fois le grec, le latin, etc. ; en un mot, toutes les parties dont se compose le programme de cette classe, excepté les mathématiques. C'est à peu près le système de nos colléges français; et M. l'inspecteur Wynbeek et M. le recteur Bax tiennent pour ce système et le préfèrent à celui de l'école latine d'Utrecht, où, dit-on, chaque classe a plusieurs maîtres, chargés chacun de tel ou tel enseignement spécial, et le suivant de classe en classe depuis la sixième jusqu'à la première.

7° La constitution financière de l'école latine de La Haye est très-simple. D'abord le bâtiment de l'école n'est qu'une assez grande maison où il y a sept à huit chambres dans lesquelles sont distribués une soixantaine d'élèves. Il y a de plus un logement convenable pour le recteur. Le corecteur n'est pas logé dans l'établissement. Chaque professeur a un traitement fixe, et de plus la rétribution des élèves. Aussi les dépenses annuelles de l'établissement ne sont-elles pas très-considérables, et elles sont toutes payées par la ville. C'est aussi la ville qui nomme les professeurs. L'école latine de La Haye est donc entièrement municipale; et toutes les écoles latines de Hollande ont ce même régime. Il n'y en a qu'un très-petit nombre qui reçoivent quelques subsides du gouvernement, et l'on m'a assuré qu'il n'y en a pas une seule qui soit entièrement défrayée par l'État.

Encore un trait caractéristique de l'esprit de la Hollande. L'école latine de La Haye n'a aucun règlement d'études ou de discipline, imprimé ni manuscrit. Elle se conforme au règlement général de toutes les écoles latines, mais elle admet un bon nombre de particularités que le recteur y établit peu à peu et sans bruit. Les curateurs désignés par la ville, car il n'y a pas d'école latine qui n'ait son collége de curateurs, comme tout collège communal a chez nous son bureau d'administration ; les curateurs, dis-je, prennent connaissance de ces particularités; et, s'ils les approuvent, ils laissent faire le recteur, qui n'écrit rien, et tout passe ainsi en silence dans les mœurs et sans règlement. L'inspecteur des écoles latines, en faisant sa tournée, s'aperçoit bien que les choses ne vont pas là comme ailleurs; mais, s'il n'y voit pas d'inconvénient, lui-même laisse tout aller, de sorte que le digne M. Bax n'a pu me communiquer aucun document imprimé ou manuscrit sur l'école latine de La Haye. Il m'a dit seulement le nom des auteurs grecs et latins dont on se sert dans les différentes classes. Le grec y est très-cultivé, puisque dans la *prima* on explique l'Électre de Sophocle, plusieurs dialogues de Platon assez difficiles, et des parties de la *République*. Ces explications sont la base du peu d'enseignement philosophique qui se donne dans cette école.

Je ne m'arrêterai pas davantage à l'école latine de La Haye, pas plus que je ne l'ai fait aux écoles primaires de cette ville. J'ai voulu seulement, dans cette première visite, m'orienter et pour ainsi dire m'acclimater dans les écoles de Hollande. Il s'agit maintenant de commencer l'étude approfondie d'un certain nombre de grands établissements d'instruction publique, qui se trouvent sur divers point du pays. J'irai d'abord à Harlem, pour y voir une école normale primaire hollandaise, et en même temps quelques écoles de village dans la Nord-Hollande. Mais, en m'engageant dans les provinces septentrionales du royaume, je regrettais bien vivement mon excellent guide de La Haye, M. Wynbeek, et je redoutais un peu de me trouver seul au fond de la Nord-Hollande avec des maîtres d'école ignorant le français, moi de mon côté ne sachant pas un mot de leur langue, ne pouvant ni interroger les élèves, ni m'entretenir avec les maîtres, et réduit à ne voir guère que l'extérieur des choses, qui est plus trompeur encore dans l'instruction publique que dans tout le reste. La générosité du gouvernement du roi vint gracieusement dissiper mes craintes : la veille de mon départ, M. Wynbeek, en m'exprimant ses regrets de ne pouvoir m'accompagner lui-même, m'apprit que M. le ministre de l'intérieur avait fait venir de Gouda l'inspecteur de ce district, ancien directeur de l'école normale de Lierre, M. Schreuder, homme très-instruit, sachant fort bien le français, et profondément versé dans toutes les parties de l'instruction primaire, avec la commission spéciale de m'accompagner partout, et de me servir de guide, d'introducteur et d'interprète. Un pareil fait n'a pas besoin de commentaire : je me borne à la publier.

Le lundi matin, 19 septembre, j'étais avec M. Schreuder sur la route de Harlem, où nous arrivâmes le soir même, après avoir passé une demi-journée à Leyde.

HARLEM.

Entretien avec M. Van den Ende, ancien inspecteur général de l'instruction primaire : De l'instruction morale et religieuse ; des inspecteurs ; de l'enseignement mutuel. M. Prinsen, directeur de l'école normale de Harlem. Organisation de cette école : Études ; discipline. — De l'externat dans les écoles normales. — Exercices pratiques des élèves de l'école normale dans les diverses écoles de la ville. — Une école de village près d'Harlem. Chant national.

(19—20 SEPTEMBRE.)

Harlem était un des points principaux de mon voyage. C'était là que je devais rencontrer et que je voulais étudier la seule institution qui n'existât pas en Hollande du temps de M. Cuvier, une école normale primaire.

En 1811 (1) on formait les maîtres d'école comme

(1) Rapport de M. Cuvier, pag. 52. « On n'a eu besoin ni de classes normales ni de séminaires pour les maîtres d'école, ni d'aucun des moyens dispendieux et compliqués

on les forme encore aujourd'hui la plupart du temps : dans toutes les écoles publiques on prend les enfants qui montrent le plus d'intelligence ; on les garde un peu plus longtemps, et on les dresse à leur futur métier par des leçons spéciales qu'on leur donne le soir, et surtout en les employant successivement dans les différentes classes, d'abord en qualité d'aides avec une très-faible indemnité, puis comme adjoints avec un traitement meilleur, jusqu'à ce qu'enfin ils soient mis à la tête d'une école, lorsqu'il se présente une vacance quelque part. Cette manière de former des instituteurs primaires subsiste aujourd'hui, et elle est excellente. On fait ainsi des maîtres d'école à fort bon marché, et de plus on ne fait que des maîtres d'école : on ne leur apprend que ce qui est nécessaire à leur profession. Nourris dans l'école, ils en contractent toutes les habitudes, ils s'y attachent et ils y passent volontiers toute leur vie ; tandis que des maîtres façonnés à plus grands frais, avec une culture plus recherchée, courent le risque d'être beaucoup moins propres au pénible métier qui les attend, ne s'y résignent que comme à un pis aller, et le quittent le plus tôt possible. Voilà le bon côté de cette méthode, mais elle a aussi de grands inconvénients. Elle est très-favorable à l'esprit de routine. Tous les défauts qui sont une fois dans une école s'y enracinent, l'écolier adoptant d'abord aveuglément et reproduisant ensuite avec une fidélité intéressée la manière du maître duquel il attend tout ; et de longues générations d'instituteurs peuvent se succéder sans que l'instruction primaire fasse un seul pas. Il importe sans doute de ne point élever les jeunes maîtres pour une autre profession que la leur ; mais il ne faut pas non plus les tenir comme à la glèbe de l'école : il faut cultiver leur esprit et leur âme, en faire des hommes éclairés, capables à leur tour d'éclairer les autres, ayant même des manières, sinon élégantes, au moins convenables, donnant ainsi à l'établissement qu'ils dirigent plus de relief, plus d'autorité à leur enseignement, et entretenant de meilleurs rapports avec les magistrats et avec les familles. De là l'idée des écoles normales primaires. Cette idée a partout prévalu en Allemagne ; mais elle n'avait pas encore pénétré en Hollande, quand M. Cuvier fit son inspection et son rapport. Aussi, sans repousser absolument les écoles normales primaires, mon illustre collègue au conseil royal de l'instruction publique les redoutait un peu, et il leur préférait l'ancienne et judicieuse pratique dont il avait vu de si bons résultats en 1811. Pour moi, partisan déclaré des *Seminarien für Schullehrer* de l'Allemagne, j'attachais la plus grande importance aux écoles nor-

imaginées en d'autres pays. C'est dans les écoles primaires elles-mêmes que se forment les maîtres d'écoles primaires et sans exiger aucuns frais particuliers, etc. »

males primaires , et j'y plaçais tout l'avenir de l'éducation du peuple. Aujourd'hui l'autorité de la Hollande manquerait à M. Cuvier; car la Hollande, en perfectionnant son système d'instruction primaire, en est elle-même arrivée aux écoles normales pour la meilleure formation des maîtres d'école. Le gouvernement s'est bien gardé de renoncer à l'ancienne méthode, qui est très-bonne; mais , en la maintenant, il a établi en 1816 deux écoles normales primaires , l'une à Harlem pour la partie septentrionale du royaume, l'autre à Lierre, près d'Anvers, pour la Belgique. Il s'en était déjà formé une autre à Groningue, sous les auspices de la *Société du bien public* (1) ; et de l'aveu de tout le monde, ces institutions nouvelles ont fait un bien infini. Tous les inspecteurs que j'ai rencontrés dans mon voyage m'ont assuré qu'elles avaient, pour ainsi dire, métamorphosé l'état d'instituteur, et donné aux jeunes maîtres un sentiment de la dignité de leur profession, et par là un ton et des manières qui avaient singulièrement profité aux écoles. Ainsi les faits, même en Hollande, sont de mon côté, et le problème est pour moi résolu. Il l'est, mais à deux conditions sans lesquelles je conviens que l'école normale est plus dangereuse qu'utile : 1° tout en donnant aux jeunes maîtres une culture plus élevée que celle qu'ils auraient pu rencontrer dans aucune école primaire, l'école normale doit garder un caractère d'austérité qui prépare les jeunes gens à leurs laborieuses fonctions ; 2° l'école normale doit être essentiellement pratique et mettre continuellement des exercices à côté de l'enseignement théorique.

Je mettais donc un grand prix à voir une école normale primaire en Hollande à juger par moi-même de l'art avec lequel on y aurait conservé tous les avantages de l'ancienne méthode en y ajoutant ceux de la nouvelle. Or, des deux écoles normales primaires de Hollande, celle de Groningue est placée à l'extrémité du royaume par delà le Zuiderzée ; elle n'est pas entièrement établie aux frais de l'État, quoique l'État intervienne dans ses dépenses , tandis que celle de Harlem , au centre même de la Hollande, est tout à fait une école normale primaire du gouvernement. Fondée en 1816, elle a eu tout le temps de s'affermir , de se développer et de montrer tout ce qu'elle peut être. La réputation de son directeur est très-grande dans tout le pays. M. Prinsen , que M. Cuvier avait déjà distingué comme un excellent instituteur à Harlem et comme auteur d'estimables ouvrages de pédagogie (2) , passe pour le modèle des maîtres d'école. Enfin cette école normale primaire a été formée

par les soins et sous les yeux de M. Van den Ende, inspecteur général de l'instruction primaire, l'homme qui, avec le célèbre orientaliste M. Van der Palm (3), est considéré en Hollande comme un des pères de l'éducation du peuple. Je me souvenais encore de la haute estime que M. Cuvier m'avait témoignée pour M. Van den Ende, et je désirais vivement m'entretenir avec un homme aussi expérimenté sur les matières qui nous sont chères à l'un et à l'autre. Il ne faut pas oublier non plus que le guide qui avait été donné par le gouvernement hollandais, M. Schreuder, inspecteur du district de Gouda , avait été lui-même, avant 1830, directeur de l'école normale de Lierre. Je ne manquais donc d'aucun moyen de bien connaître et d'apprécier l'école normale primaire de Harlem.

M. Van den Ende vit encore, mais l'âge et un grand malheur domestique qui lui est récemment arrivé, l'ont fort abattu. Il a, depuis 1833, donné sa démission de ses fonctions, et il se préparait même à quitter Harlem et à se retirer à la campagne pour y finir sa vie. Je n'ai pu le voir et l'entretenir qu'une seule fois; mais notre conversation a été longue et pleine d'abandon. Il m'a paru touché de mon voyage en Hollande et m'a dit avec une émotion visible : « Monsieur, je vous reçois dans la même chambre où, il y a vingt-cinq ans, j'ai reçu M. Cuvier. » Il a appris de moi, avec une grande satisfaction , que M. Cuvier laisse un frère qui , lui-même, aime beaucoup et entend parfaitement l'instruction du peuple. Il connaissait mes travaux sur les écoles de Prusse, ainsi que les efforts que nous faisons en France depuis 1830. Si j'avais eu besoin d'encouragements pour persévérer, en dépit de tous les obstacles, dans la carrière où je suis entré, je les aurais trouvés dans les paroles du vénérable vieillard. Il m'a rappelé, par sa haute taille, l'air de son visage , le son de sa voix et ses manières affectueuses, un autre vieillard, que j'ai aussi beaucoup aimé, M. Jacobi (4).

De peur de trop fatiguer M. Van den Ende, je n'ai voulu consulter son expérience que sur un très-petit nombre de questions, parmi lesquelles je mets au premier rang celle de l'enseignement religieux dans les écoles primaires. M. Van den Ende m'a dit : « Oui, les écoles primaires doivent être en général chrétiennes, mais ni protestantes ni catholiques. Elles ne doivent appartenir à aucun culte en particulier et n'enseigner aucun dogme positif. — Il ne faut pas tendre à la division des écoles , et avoir des écoles spéciales catholiques et des écoles spéciales protestantes. Une école du peuple est pour le peuple tout entier.

---

(1) Voyez sur cette Société, qui a été si utile à l'instruction primaire, le rapport de M. Cuvier, p. 12.

(2) Rapport de M. Cuvier, p. 46.

(3) *Ibid.*, pag. 16 et 20.

(4) Voyez, sur ce vertueux et ingénieux philosophe, le *Manuel de l'histoire de la philosophie*, de Tennemann, trad. franç., t. II, pag. 330.

— Oui, vous avez raison, l'école doit être chrétienne, il le faut absolument. La tolérance n'est nullement de l'indifférence. Il faut développer l'esprit moral et l'esprit religieux des enfants par un bon choix d'histoires bibliques ; surtout il faut que cet enseignement soit mêlé à tous les autres enseignements ; qu'il se retrouve dans la lecture, dans l'écriture, dans l'histoire, etc. — Je n'approuverais point que le maître d'école fît aucun enseignement religieux dogmatique : un pareil enseignement appartient aux ministres des différents cultes, en dehors de l'école. J'admets qu'en certains cas le maître d'école fasse réciter le catéchisme, et encore cela n'est pas sans inconvénients. — Vous êtes en Hollande où l'esprit chrétien est très-répandu, et où en même temps une grande tolérance existe depuis des siècles entre les diverses communions. »

Ainsi, sur ce premier point, le principe de M. Van den Ende est de maintenir fortement l'esprit du christianisme dans les écoles, et pourtant de n'y laisser pénétrer aucun enseignement religieux dogmatique. Pour tout dire, il m'a paru même redouter l'intervention officielle du curé ou du pasteur dans l'inspection de l'école, intervention à laquelle on attache tant de prix en Allemagne, et sur laquelle j'ai moi-même tant insisté (1).

Nous avons ensuite parlé de l'inspection des écoles et du mode d'inspection. « Oh ! pour cela, m'a-t-il dit, des hommes spéciaux, des hommes spéciaux ! » Il a vivement regretté que notre loi de 1833 n'eût pas institué des inspecteurs spéciaux, nommés par le gouvernement, comme en Hollande et en Allemagne, et comme je l'avais demandé dans mon rapport sur l'instruction primaire en Prusse (2) ; et je lui fis un grand plaisir en lui apprenant que depuis nous avions comblé cette lacune et que nous possédions maintenant un inspecteur primaire par département. Il a été charmé de cette nouvelle, et il m'a dit « Prenez garde au choix de vos inspecteurs : ce sont des hommes qu'il faut chercher une lanterne à la main. » Il semblait heureux de l'éloge profondément senti que je lui faisais de la belle institution des commissions provinciales d'instruction primaire, commissions qui s'assemblent trois fois l'année au chef-lieu de la province, et sont composées, non d'amateurs et de philanthropes bénévoles, mais de la réunion de tous les inspecteurs de districts de la province. Ces inspecteurs sont des fonctionnaires qui tiennent toute l'instruction primaire entre leurs mains ; car ils sont chargés de surveiller les écoles, et, par conséquent, ils sont à même d'y discerner les enfants qui montrent quelque capacité et

peuvent devenir aides ou être envoyés dans les écoles normales primaires ; ils retrouvent ces jeunes gens à l'examen de capacité dont ils sont eux-mêmes exclusivement chargés ; ils les retrouvent encore dans le concours nécessaire pour obtenir telle place spéciale, concours que préside toujours un inspecteur ; ils les suivent dans les conférences des maîtres d'école que préside également un inspecteur ; enfin ils ne les perdent point de vue pendant tout le cours de leur carrière.

« Mais, me dit-il, et votre enseignement mutuel, qu'en faites-vous ? Espérez-vous qu'avec un pareil enseignement l'instruction primaire puisse former des hommes ? car c'est là sa véritable fin. Les diverses connaissances enseignées dans les écoles ne sont que des moyens dont toute la valeur est dans leur rapport à cette fin. Si on veut l'atteindre, il faut renoncer à l'enseignement mutuel, qui peut bien donner une certaine instruction, mais jamais l'éducation ; et encore une fois, monsieur, l'éducation est la fin de l'instruction. »

On peut juger avec quelle satisfaction je recueillais ces paroles de la bouche d'un juge aussi compétent que M. Van den Ende. « Rien n'est plus évident, lui disais-je ; et pour moi, philosophe et moraliste, je regarde l'enseignement individuel, qui est impossible, comme la seule méthode qui convienne à l'éducation d'une créature morale ; mais, je dois l'avouer, l'enseignement mutuel jouit encore, en France, d'une popularité déplorable. — D'où vient cela, me dit-il, dans une nation aussi spirituelle que la vôtre ? — D'une circonstance fatale, dont les suites durent encore. Sous la restauration, le gouvernement tendait à remettre l'instruction primaire entre les mains du clergé. L'opposition se jeta dans l'extrémité contraire. Quelques hommes bien intentionnés, mais superficiels et tout à fait étrangers à l'instruction publique, ayant été par hasard en Angleterre dans des villes de fabrique à demi barbares, où, à défaut de mieux, on est encore trop heureux d'avoir des écoles lancastériennes, prirent pour un chef-d'œuvre ce qui était l'enfance de l'art, et se laissèrent éblouir par le spectacle de classes innombrables gouvernées par un seul maître, à l'aide de petits moniteurs pris parmi les élèves. Ce gouvernement d'enfants par des enfants ressemblait à une sorte de *self-government*, et paraissait un utile apprentissage de l'esprit démocratique. De plus, l'instruction chrétienne était impossible avec cette méthode, car il n'y a pas de moniteur, eût-il même douze ans, qui puisse enseigner la religion et la morale : on se trouvait donc conduit à réduire à peu près à rien l'instruction religieuse, à moins qu'on ne donne ce nom

(1) Rapport sur l'instruction publique en Allemagne, et mon rapport à la chambre des pairs sur la loi de 1833.

(2) Rapport sur l'instruction publique en Allemagne.

à la récitation matérielle du catéchisme, comme on peut le faire en Portugal et en Espagne, et cela semblait un triomphe sur le clergé. D'autres personnes voyaient dans ce mode d'enseignement une grande économie. Et puis, l'œil était charmé de cet ordre matériel et du mécanisme des exercices. Les enfants s'y mouvaient au geste d'un autre enfant, comme dans une fabrique les diverses parties d'un métier par l'impulsion d'une simple manivelle. Ce fut cet enseignement tout matériel qu'on opposa aux écoles ecclésiastiques de la restauration. Ainsi une extrémité précipite dans une autre ; la théocratie et le despotisme poussent à l'esprit de licence. Malheureusement l'enseignement mutuel a survécu aux luttes qui précédèrent 1830. Cependant l'enseignement simultané fait peu à peu des progrès, et les hommes honnêtes et désintéressés finissent par ouvrir les yeux. En Allemagne, je n'ai pas trouvé un seul pédagogue qui fût partisan de ce mode d'enseignement, et il ne s'est encore offert à moi aucune école mutuelle ni à La Haye ni à la Leyde. — Mais, me dit-il, sachez, monsieur, que vous n'en trouverez pas une seule dans toute la Hollande. » Et se tournant vers M. l'inspecteur Schreuder : « N'est-il pas vrai, lui dit-il, qu'il n'y a pas en Hollande une seule école mutuelle? » L'inspecteur Schreuder l'affirma. — « Et ce n'est pas, reprit M. Van den Ende, que nous ignorions l'enseignement mutuel. Nous l'avons étudié, et c'est parce que nous l'avons étudié que nous le rejetons. La *Société du bien public*, que vous devez bien connaître par le rapport de M. Cuvier, a mis au concours la question des avantages et des inconvénients de l'enseignement mutuel et de l'enseignement simultané. L'ouvrage qui a remporté le prix, examine dans le plus petit détail la méthode mutuelle et la convainc d'insuffisance sur tous les points où il s'agit d'éducation, d'autorité magistrale et de véritables leçons à inculquer à l'enfance. » L'auteur de cet ouvrage est M. l'inspecteur Visser (1).

(1) Un des meilleurs inspecteurs primaires de la Frise, que M. Cuvier avait déjà remarqué (Rapport, p. 23). Il est mort en 1836. Son ouvrage mériterait d'être traduit. En voici le titre et les principales divisions : Essai sur les objets d'enseignement nécessaires dans les écoles de pauvres, et sur les meilleures méthodes d'enseignement, avec une comparaison entre ces méthodes et celle de Bell-Lancaster.

PREMIÈRE PARTIE.— Des objets d'enseignement absolument nécessaires dans les écoles de pauvres.

IIᵉ PARTIE. — Avantages et désavantages d'un enseignement élevé dans les écoles élémentaires.

IIIᵉ PARTIE.—Des meilleures méthodes d'enseignement dans les écoles de pauvres.

CHAPITRE PREMIER DE CETTE IIIᵉ PARTIE.

Caractères du bon enseignement.

1. Lecture et écriture. Méthodes de Lancaster, de Prin-

J'aurais bien désiré adresser d'autres questions à M. Van den Ende, mais le bon vieillard commençait à se fatiguer, et je ne pouvais pas plus loin la conversation. Je regarde M. Van den Ende comme un des hommes de l'Europe qui ont le plus fait pour l'éducation du peuple, et je me suis séparé de lui avec la crainte de ne plus le revoir, et le vif regret de ne l'avoir pas connu plus tôt.

De M. Van den Ende je me rendis chez M. Prinsen.

M. Prinsen demeure à l'école normale. Cette école normale est un assez beau bâtiment sur le frontispice duquel on lit ces mots : 's Rijks Kweekschool voor Schoolonderwijzers, c'est-à-dire : *Séminaire royal pour former des maîtres d'école.* On m'avait donné M. Prinsen pour un homme austère, dévoué à ses devoirs et d'une instruction profonde. Il est depuis longtemps dans la carrière de l'instruction publique, où il a commencé par être simple maître d'école. Aujourd'hui il est à la fois directeur de l'école normale de Harlem et inspecteur primaire du district. Pour suffire à cette double fonction, il ne faut pas moins que son activité et son énergie, et on verra que l'école normale primaire de Harlem, telle qu'elle est organisée, exige absolument un tel directeur. M. Prinsen peut avoir une soixantaine d'années. C'est un homme de près de six pieds, très-fort et d'une physionomie grave et sévère. Malheureusement pour moi il sait le français, mais il ne le parle pas. M. Schreuder dut nous servir d'interprète.

Je lui exposai mon but. « Je désire, lui dis-je, connaître d'abord, dans cette conversation, la constitution de l'école normale primaire de Harlem en elle-même et dans ses principes. Ensuite, je vous prierai de me la montrer en action en me permettant de l'inspecter moi-même avec vous. D'abord la règle ; puis les résultats.

« Pouvez-vous me communiquer le règlement de

sen, de Nieuwold. 2. Arithmétique. Méthode de Lancaster, de Pestalozzi. 3. Morale et religion. But suprême de cet enseignement : développement progressif de la moralité et de la piété. D'abord, éveil du sentiment religieux et moral, de l'amour, de la confiance. Courtes exhortations. Conversation. Ensuite développement du sentiment moral et religieux. Avantages du maître d'école sur le pasteur. Enfin enseignement de l'Évangile. Catéchisme. 4. Chant. 5. Autres objets d'enseignement.

CHAPITRE II.

Organisation.

1. Maison d'école. 2. Mobilier. 3. Classes, divisions. 4. Maîtres, aides, moniteurs.

CHAPITRE III.

Discipline.

La discipline doit avoir pour but : 1. La présence régu-

votre école? — Il n'y a point de règlement : je suis le règlement, » dit-il en souriant.

Voici le résumé, un peu sec, de ma longue conversation avec M. Prinsen, par l'intermédiaire de M. Schreuder.

L'école normale primaire de Harlem est un externat. Chaque élève y jouit d'une bourse royale ou d'une demi-bourse, avec laquelle il s'entretient lui-même dans la ville. Nul ne peut être admis sans avoir au moins quinze ans accomplis.

Outre ces élèves spéciaux, on admet aussi un certain nombre de jeunes gens qui ne reçoivent aucun secours de l'État, ou des instituteurs déjà placés qui désirent un complément d'instruction.

Il vient des élèves de toutes les parties du royaume; ils sont admis sur les rapports des inspecteurs, et nommés directement par le ministre. Il y a trois mois d'épreuve, pendant lesquels le directeur fait connaissance avec les élèves, éprouve et juge leur capacité. Après ces trois mois, il fait un rapport au ministre, et, sur ce rapport, les élèves sont définitivement admis; alors commence véritablement pour eux l'école normale.

Il y a quarante élèves en tout. La durée du cours total est de quatre ans. Comme il ne s'agit pas seulement de théorie, mais d'exercices, et comme on prépare les élèves à obtenir, dans l'examen de capacité, le premier grade, notre degré d'instruction primaire supérieure, et que ce grade en Hollande ne peut être obtenu avant l'âge de vingt-cinq ans, on a supposé que quatre ans n'étaient pas de trop pour parcourir le cercle entier des études et des exercices qui peuvent former le maître d'école accompli. La plupart des élèves restent donc quatre ans à l'école normale; mais il n'y a point obligation absolue d'y rester tout ce temps; car, bien qu'on prépare au premier grade, très-peu y prétendent. La grande affaire pour l'État, ce sont les écoles inférieures; c'est surtout pour celles-là que travaille l'école normale, quoiqu'elle donne un enseignement plus élevé.

1° *Études.* — Parmi les divers objets d'étude, il en est trois, la pédagogie, l'histoire et la physique, étant considérées comme plus difficiles que les autres, sont enseignées à deux reprises différentes dans l'étendue du cours normal. Les autres connaissances, comme l'histoire naturelle, la géographie, la calligraphie, le dessin, le chant et les mathématiques, ne sont enseignées qu'une fois et successivement.

Quant à la religion, elle n'a point d'enseignement dogmatique, propre à telle ou telle communion, seulement, comme la base de toutes les communions est l'histoire biblique, on expose régulièrement l'histoire de la Bible, et on y joint toutes les maximes morales qui se présentent à cette occasion. « Non, il n'y a pas même ici de cours spécial de morale. Je ne conçois pas l'enseignement de la morale ni celui de ce qu'on appelle la religion naturelle. Ce serait de la métaphysique. Mais l'esprit de moralité et de religion est sans cesse excité, nourri, entretenu par tous les maîtres dans toutes les occasions. Tous les maîtres enseignent la morale, et nul ne l'enseigne en particulier. Nous recevons ici des catholiques, des protestants et même des juifs, mais ces derniers assistent seulement aux leçons sur l'Ancien Testament. Les élèves juifs deviennent plus tard les maîtres des écoles spéciales que les juifs entretiennent pour les enfants de leur culte. »

Joignez ces paroles de M. Prinsen à celles de M. Van den Ende sur le même sujet, et vous aurez le trait le plus saillant de l'instruction primaire en Hollande, à savoir, l'absence de tout enseignement spécial de religion et même de morale dans les écoles de l'un des peuples les plus moraux et les plus religieux de la terre. La pratique allemande est toute différente, et cette différence sort de la nature opposée de ces deux excellents pays. En Hollande, on fuit tout ce qui a l'air théorique et spéculatif comme un luxe stérile, surtout dans l'éducation, et on s'attache à la réalité, c'est-à-dire, ici, aux habitudes qu'on s'applique à former par un exercice continuel. Au contraire, en Allemagne, où le génie de la spéculation domine, il n'y a pas une seule école primaire élémentaire où, sous les formes les plus simples, la vérité chrétienne, qui est faite pour les pauvres d'esprit comme pour les savants, ne soit enseignée dans ses principes dogmatiques les plus généraux et dans ses conséquences morales, comme le ferme fondement des mœurs privées et publiques. J'incline du côté de l'Allemagne. J'avoue que cette absolue séparation de l'école et de l'église ne me paraît pas meilleure que leur confusion. Il y aurait encore ici un juste milieu à saisir, que la Hollande est loin de réaliser. Mais je continue de décrire ; je discuterai une autre fois.

M. Prinsen se charge, avec un seul adjoint, des cours les plus importants de l'école normale. Ces cours se font ordinairement le soir. Mais ce n'est pas

lière des élèves. 2. Le bon esprit de l'école; confiance, amour. 3. Les progrès des élèves. 4. Corriger leurs défauts. 5. Les habituer à la bonne conduite.

CHAPITRE IV.

1. Temps nécessaire à l'enseignement. 2. Nombre des

enfants. 3. Dépenses. — Frais des écoles lancastériennes. Frais des livres, cahiers, etc. (à Rotterdam, à Harlem, à Sneek). Traitements de l'instituteur et des aides. Prix du mobilier. — Tous ces frais sont plus considérables dans les écoles lancastériennes que dans les nôtres.

là le véritable enseignement normal. Pendant tout le jour, les élèves sont employés comme aides, comme adjoints et même comme directeurs temporaires, dans les diverses écoles de la ville, selon le degré de capacité auquel ils sont parvenus. Deux mille trois cents enfants fréquentent les écoles de la ville de Harlem et sont un sujet permanent d'exercices pour les élèves de l'école normale. Ces deux mille trois cents enfants sont distribués en un assez grand nombre d'écoles, pour que tous les élèves de l'école normale primaire puissent y être tour à tour exercés. Ce grand nombre d'écoles est ici nécessaire, et c'est d'ailleurs un bien. « Il ne faut pas, m'a dit M. Prinsen (et j'ai été charmé de l'entendre ainsi parler), il ne faut pas que les écoles aient trop d'élèves. Le maître n'agit plus directement sur les élèves, ce qui pourtant est nécessaire pour que chacun d'eux reçoive une vive impression et garde un profond souvenir de l'école. Ensuite, quand chaque école a trop d'élèves, il y a un trop petit nombre d'écoles, et alors les adjoints, obligés d'attendre trop longtemps pour arriver maîtres à leur tour, se découragent, tombent dans la routine ou abandonnent leur carrière. »

2° *Discipline.* — C'était là ce que j'avais le plus à cœur d'étudier; surtout dans une école normale d'externes. J'avais vu d'assez bons externats en Prusse : mais les meilleures écoles normales primaires, les admirables établissements de Potsdam et de Brühl, sont des pensionnats (1). En Prusse, on pense généralement que le pensionnat est plus favorable à l'éducation des jeunes maîtres, que le directeur peut exercer sur eux une influence plus grande parce qu'elle est plus constante, et qu'en ayant une ou deux écoles de degrés différents annexés à l'école normale, les élèves s'y exercent tout aussi bien que dans les écoles de la ville, séparées de l'établissement. On fait aussi grand cas comme préparation à la vie austère du maître d'école, de la rude discipline qu'admet le pensionnat. Les élèves n'y ont pas de domestiques et se servent eux-mêmes. Et puis leur émulation est plus excitée dans la vie commune, où les capacités relatives se dessinent mieux. Enfin, il semble que l'esprit chrétien, avec les exercices dont il se nourrit, réclame un pensionnat. Telle est du moins l'opinion des plus habiles pédagogues et la pratique la plus générale de l'Allemagne. Il y a pourtant de très-bonnes écoles normales primaires d'externes, et moi-même, dans mon Rapport, j'ai conseillé de commencer en France par des externats (2) ; mais j'avoue que les externats

me semblent des pis aller, dans certaines circonstances, quand on n'a pas de bâtiments convenables et qu'on vise à l'économie. L'école normale primaire de Harlem excitait donc au plus haut degré ma curiosité, et je voulais savoir dans le plus grand détail comment on y maintient l'ordre, les mœurs, tous les sentiments et toutes les habitudes qui font le bon maître d'école, sans le ressort de la vie commune et cloîtrée. Voici ce que m'a dit M. Prinsen.

« D'abord les élèves de l'école normale primaire n'y entrent que volontairement et pour se perfectionner dans une carrière qu'ils se proposent de parcourir et qui est la plus grande affaire, le plus grand intérêt de leur vie. Ils sont donc d'eux-mêmes portés à l'ordre et n'ont pas besoin de la discipline du pensionnat. Chaque élève est pour ainsi dire, sous la discipline des dispositions morales qu'il apporte dans l'école. Ensuite celui qui n'a pas ces dispositions et qui ne les montre pas dans les trois premiers mois, est immédiatement renvoyé. Ceux qui résistent à ces trois mois d'épreuve, savent parfaitement que la moindre faute sera très-sévèrement punie, qu'ils dépendent entièrement du directeur, et que leur renvoi serait l'effet du moindre mécontentement qu'il exprimerait. Il leur est défendu de fréquenter aucun lieu public. S'ils sont vus dans un estaminet, ils subissent une réprimande sévère, et à la récidive ils sont renvoyés. Ils ne peuvent s'éloigner une seule nuit de la ville sans la permission du directeur. Ce ne sont pas eux qui choisissent leur logement ; c'est le directeur. Il paye même pour eux. Les familles qui reçoivent ces élèves en pension sont elles-mêmes intéressées à entrer dans les vues du directeur. C'est un bonheur et un profit pour une famille peu fortunée d'être choisie pour recevoir des élèves de l'école normale. Au moindre soupçon, on leur retire les élèves. Ceux-ci ne sont pas considérés dans les maisons qu'ils habitent comme des étrangers, mais comme des membres de la famille, soumis à toutes ses règles et à toutes ses habitudes. On doit toujours savoir où ils sont, à toute heure de la journée. Le directeur visite les maisons au moins tous les quinze jours. Il s'entend avec la police, qui ne manque pas de l'informer officieusement de tout ce qui arrive à sa connaissance.

On voit que c'est exactement là le régime des écoles normales primaires d'externes en Prusse (3). On voit en même temps à quel prix on remplace ici la facile discipline des pensionnats, combien de précautions sont nécessaires, dont une seule venant à défaillir,

_____

(1) Rapport sur l'instruction publique en Prusse.

(2) *Ibid.*

(3) Je regrette de n'avoir pas donné le règlement détaillé d'une école normale primaire d'externes en Prusse. J'aurais pu choisir l'école protestante de Soest (province de Westphalie), dont le directeur est M. Ehrlich; ou l'école catholique de Saint-Mathieu, à Trèves, que dirige M. le curé Schulzgen. Mais j'ai fait connaître l'école normale primaire d'externes de Weimar Rapport, etc.

toutes les autres sont frappées d'impuissance; surtout on reconnaît qu'à la tête d'un pareil externat, il faut un homme d'une vigilance, d'une énergie, d'une sévérité éclairée, bien au-dessus de la portée ordinaire; tandis que le pensionnat, par la vertu qui lui est propre, exige dans le directeur une réunion de qualités moins rares. Aussi M. Prinsen, tel que j'ai appris à le connaître, non-seulement dans notre conversation, mais en vivant avec lui pendant toute la journée, est un homme parfait pour cette fonction. J'ignore s'il a les connaissances étendues, la riche culture et l'élévation d'esprit de M. Striez, de Potsdam (1); mais il ne faut pas l'avoir vu longtemps pour connaître en lui une admirable énergie physique et morale, une autorité naturelle, une aptitude innée au gouvernement, et quelque chose d'imposant qui me fait admettre volontiers ce qu'il m'a dit : « Oui, la main sur la conscience, je déclare que dans cet ordre de choses tout va bien en général, et que les exemples de désordre sont tellement rares qu'on ne peut pas les considérer comme les résultats du système. » Je ne puis m'empêcher de lui répondre : « Vous n'êtes pas seulement le règlement de l'école normale de Harlem; vous êtes le système même de cette école. »

M. Schreuder, qui nous servait d'interprète et qui a été lui-même à la tête de l'école normale de Lierre, m'assura également qu'à cette école l'externat n'avait pas eu d'inconvénients; mais j'aurais pu lui faire à lui-même, sans aucune flatterie, la même réponse qu'à M. Prinsen. Avec des directeurs comme M. Prinsen et lui, il n'y a pas de mauvais système. Il faut tenir compte aussi du caractère plus tranquille des jeunes Hollandais et de la nature flamande, qui exige une moins forte discipline. Mais ces deux messieurs se sont accordés à me dire que le système de l'externat ne convient que dans une petite ville, et M. Prinsen demandait une ville ou un fort village d'environ deux mille âmes, qui pût avoir environ trois cents enfants à envoyer aux écoles pour servir de sujet d'exercice à l'école normale. Enfin l'un et l'autre avouaient qu'une pareille école normale doit avoir un assez petit nombre d'élèves.

Je ne veux pas omettre ici une des meilleures raisons que ces deux hommes éclairés m'ont donnée à l'appui de l'externat. « Vous prétendez, m'ont-ils dit, que le pensionnat avec sa forte discipline prépare mieux à la vie du maître d'école. Au contraire, nous sommes convaincus qu'un jeune homme qui a passé quelques années dans la vie commune d'une école normale d'internes, se trouve extrêmement embarrassé, quand il sort de là, pour se conduire tout seul; tandis que, dans notre système, le jeune homme apprend à se

(1) Rapport, etc.

conduire lui-même, à traiter avec les autres; et la vie qu'il mène est l'apprentissage de la vie qu'il mènera plus tard. » Cette raison est forte, et je conviens que les exemples ne manquent pas, de jeunes gens qui, après avoir été des saints dans un pensionnat, sortis de là, ne savent plus se conduire, font des sottises, du moins sont incapables de se plier à un autre genre de vie que celui de leur couvent.

En résumé, je ne me crois pas obligé de choisir absolument entre les deux systèmes. L'un et l'autre sont bons, selon le pays, selon le temps, et surtout selon l'homme qui est appelé à les mettre en œuvre; car je ne cesserai jamais de le répéter : autant vaut le directeur, autant vaut l'école. Mais le directeur d'une école normale primaire d'externes doit être un homme d'un bien grand mérite, ou c'en est fait de tout l'établissement.

Quant au point de vue financier, il est ici fort simple. L'école normale primaire à Harlem coûte à l'État 10,000 florins par an (21,000 fr) pour quarante élèves, tous frais compris; l'entretien des bâtiments et du bilier et le traitement de M. Prinsen, qui est de 1,600 florins. Le directeur a de plus un très-bon logement à l'école normale.

Telle est la constitution de l'école normale primaire d'externes de la ville de Harlem. Maintenant il s'agirait d'en faire connaître les résultats et de conduire mole lecteur, comme MM. Prinsen et Schreuder m'ont conduit moi-même, dans les écoles de la ville où s'exercent les jeunes maîtres. J'ai vu ces jeunes gens appliqués aux différents services de l'instruction primaire. Ils travaillent sous la direction du maître de chaque école, qui, lui-même, la plupart du temps, est un ancien élève de l'école normale de M. Prinsen. Nous avons parcouru les divers degrés de l'instruction primaire. D'abord une école de pauvres, c'est-à-dire une école élémentaire gratuite, puis une *Tusschenschool*, autre école élémentaire payante, puis enfin des écoles dites françaises, écoles privées qui sont à peu près nos écoles primaires supérieures, les *Bürgerschulen* de l'Allemagne. J'ai été fort content de l'activité et de l'intelligence de ces jeunes maîtres; mais ce qui m'a le plus frappé, c'est l'autorité de M. Prinsen. Comme directeur de l'école normale primaire, il commande à ces jeunes gens; comme inspecteur du district de Harlem, il commande aux maîtres eux-mêmes, et toutes ces écoles, élèves et maîtres de tous les degrés et de toutes les conditions, lui sont soumis, comme une armée à son général. Tout se meut à sa voix, tout est inspiré de son esprit et de son âme. La méthode pour enseigner à lire, dont il est l'auteur, méthode ingénieuse, mais dans laquelle je ne crois pas devoir entrer, est la méthode universellement reçue. Les neuf tableaux gradués qu'elle emploie, sont appendus dans les écoles, et M. Prinsen, absent ou présent, est toujours là.

J'avais vu en Hollande des écoles primaires de toutes sortes, excepté pourtant des écoles de village. M. Prinsen nous proposa de nous en montrer quelques-unes dans une promenade que nous fîmes aux environs, pour voir aussi cet admirable jardin qui entoure Harlem et les serres de M. Van der Hoop d'Amsterdam. Il est difficile de faire une course plus agréable. Les serres de M. Van der Hoop sont très-belles, et j'ai vu là cette culture de fleurs qui est une des curiosités et des richesses de Harlem. Nous avons poussé notre promenade jusqu'aux dunes, du haut desquelles nous avons eu pendant quelque temps deux magnifiques spectacles : derrière nous, ce grand lac qu'on appelle la mer de Harlem, le golfe de l'Y et du Zuyderzée, et à l'autre extrémité de l'horizon l'Océan du Nord tout au plus à une demi-lieue.

En allant et en revenant, nous avons visité plusieurs écoles, et j'avoue qu'ici mon étonnement a été bien autrement grand que dans les écoles de la ville. Je crois bien que M. Prinsen n'aura pas choisi les plus mauvaises pour nous les montrer; mais choisies à dessein ou offertes à nous par le hasard de la promenade, il est certain que, même en Prusse ou en Saxe, je n'ai jamais vu, je ne dis pas de plus belles, mais d'aussi belles écoles de village. Figurez-vous une maison d'une apparence modeste, mais d'une propreté exquise et vraiment hollandaise, divisée en deux parties : d'un côté, une assez grande salle capable de contenir à peu près tous les enfants du village, filles et garçons, en état d'aller à l'école; de l'autre côté, le logement du maître et de sa famille. La salle où se tient l'école est éclairée par en haut avec des ventilateurs des deux côtés. Un certain nombre de tables, où les enfants sont distribués selon le degré de leur instruction : de l'espace entre chaque table pour laisser le maître et les élèves circuler facilement. Aux murs sont suspendus les neuf tableaux classiques de M. Prinsen, un grand tableau noir pour les exercices, un modèle des différents poids et mesures selon le système décimal, et, ce que je n'ai pas toujours vu en Allemagne, un second tableau noir où sont tracées des lignes disposées pour recevoir l'écriture de la musique et les notes qu'on veut y tracer pour la leçon du chant. On aura de la peine à le croire, mais j'atteste que ces différents maîtres d'école parlaient passablement le français. On a fait faire devant moi différents exercices dont ces enfants ne se sont point mal tirés. L'un des deux maîtres avait pour aide son propre fils, enfant de quatorze ans, qu'il destine à le remplacer un jour. Selon l'an-

cienne méthode, cet enfant n'ayant pas d'autre maître que son père, n'en saurait jamais plus que lui, et, à moins d'avoir l'esprit inventif, il s'arrêterait où son père s'est arrêté ; mais il ira à l'école normale de Harlem, et là, non-seulement il recevra une instruction plus élevée, mais il pratiquera dans des écoles différentes où son esprit se développera dans la mesure de ses forces naturelles.

Je ne puis dire combien j'ai été touché d'entendre dans ces petites écoles de village, à la leçon de musique, ce même chant national que j'avais déjà entendu dans les écoles de La Haye et de Harlem. Ce chant est partout le même. Il est simple et noble, il inspire l'amour de la patrie et du prince, et porte à l'âme une foule de sentiments honnêtes. Chaque grande nation doit avoir ainsi un chant national qui se récite depuis les plus grands théâtres jusqu'aux plus humbles écoles, dans les grandes villes et dans les villages. Le *God save the King* des Anglais est un beau chant de ce genre. Pour nous, nous avons des chants révolutionnaires admirables ; mais nous n'avons pas de chant national. Il serait digne de quelque compositeur honnête homme de faire, sur des paroles nobles sans emphase, un chant qui pût devenir une source d'inspirations morales, exempt de cette exaltation passionnée qui, sous aucun prétexte, ne doit pénétrer dans les écoles de l'enfance, et tellement pur de tout esprit de parti qu'il pût convenir à tous les temps, à toutes les opinions, à toutes les classes de la société. J'attache une si grande importance à la culture de l'âme par la musique, que si j'étais ministre, je n'hésiterais pas à proposer un prix pour le meilleur chant national approprié aux écoles du peuple.

A propos de musique, je ne dois pas quitter Harlem sans dire un mot de son orgue célèbre. Cet orgue a six mille tuyaux. Je l'ai entendu avec un véritable ravissement dans la vieille et immense église catholique, aujourd'hui temple protestant.

Au milieu de la place publique est la statue de Koster, qu'on regarde ici comme l'inventeur de l'imprimerie.

J'ai quitté vers sept heures du soir, à regret, cette jolie ville où les soins du commerce n'ont pas détruit le goût de la nature, et où, entre M. Van den Ende et M. Prinsen, j'avais sans cesse présente l'image de M. Cuvier qui les a connus et estimés tous les deux, et qui, il y a vingt-cinq ans, loin de sa patrie et de sa famille, s'entretenait, comme moi, dans ces mêmes lieux, sur les mêmes sujets, avec ces deux mêmes hommes respectables dont il m'a parlé si souvent, et auxquels très-probablement j'ai dit aussi un éternel adieu.

AMSTERDAM.

La ville et le Musée. — M. l'inspecteur Teissèdre L'Ange. — Les écoles des pauvres. Règlement et description de ces écoles. — De l'enseignement mutuel et de l'enseignement simultané. — Écoles intermédiaires. — Enseignement moral et religieux. — L'athénée. — La synagogue des juifs portugais.

(21 SEPTEMBRE.)

Arrivés le mardi soir à Amsterdam par le plus mauvais temps du monde, au milieu de la foire, nous avons eu bien de la peine à y trouver un logement dans une auberge tout hollandaise, où personne ne sait un mot de français, le Rondeel. Le lendemain matin, de bonne heure, nous sommes sur pied pour voir un peu la ville avant de commencer nos visites aux écoles.

Ici enfin je me sens complètement dépaysé et hors de France. Aspect des lieux, mœurs générales, coutumes particulières, tout est nouveau pour moi. Il faut se figurer une ville de plus de 200,000 âmes, bâtie sur le confluent de l'Amstel et de ce golfe de la mer du Nord qu'on nomme le Zuyderzée. Elle est donc traversée en tous sens par l'Amstel, et elle a devant elle le Zuyderzée : de là une foule de canaux et un port de mer immense. La ville tout entière est sur pilotis. On pourra juger du travail qu'il a fallu à l'homme pour se faire une pareille demeure, quand on saura que l'ancien hôtel de ville, aujourd'hui le palais du roi, porte sur 13,695 mâts. Amsterdam est la Venise du Nord. Comme celle du Midi, elle présente un caractère tout à fait original : on s'y sent dans un monde à part et dans le siége d'un empire. Mais que la Venise du Nord est laide par un mauvais temps ! La pluie, qui n'avait cessé de tomber depuis quelques jours, inondant les rues, les confondait en quelque sorte avec les canaux. Tout semblait eau, et encore une eau infecte. Les canaux, qui reçoivent toutes les immondices, exhalent toujours une mauvaise odeur; et quand une forte et longue pluie vient à remuer ces cloaques, il en sort des exhalaisons insupportables. Les indigènes n'y font presque pas attention; mais, je l'avoue, cette odeur méphitique m'a tout d'abord gâté le séjour d'Amsterdam. Cependant je reconnais qu'Amsterdam est une superbe ville. Elle a des quais admirables, plantés de beaux arbres, et bordés de maisons dignes des

(1) 249 pieds de longueur intérieure sur 225 de largeur.
(2) N° 254.
(3) N° 256.
(4) N° 255.

anciens maîtres de l'Océan. Sur le port on nous à montré la maison de Ruyter : son tombeau est à l'église neuve. La vieille église, autrefois si riche et si belle, est maintenant nue et déserte. Cette immense (1) cathédrale renferme les plus étonnants vitraux. Il y en a de mieux coloriés, par exemple ceux de Sainte-Gudule, à Bruxelles; mais nulle part je n'en ai rencontré d'aussi vastes. Ils forment trois magnifiques compositions : l'Annonciation, la Visitation et la Mort de la Vierge. La figure de Marie mourante, assistée par le bien-aimé disciple, m'a rappelé le même sujet dans un tableau d'un ancien maître de l'école flamande, que j'ai vu, en 1817, à Heidelberg, chez M. Sulpice Boisserée. Le Musée d'Amsterdam est peut-être encore plus riche que celui de La Haye. Je laisse là tous les tableaux étrangers, un Murillo, un Velasquez, trois de Crayer, quatre Holbein. Je néglige toute l'école flamande, Van Eyck, Porbus, Otto Venius, Rubens, Van Dyck; je ne veux voir, je ne regarde ici que l'école hollandaise. Avant tout, Rembrandt et la Garde de nuit (2), vaste composition assez mal nommée, et qui représente le capitaine Kock sortant la nuit pour aller tirer aux buttes, accompagné de ses officiers et arquebusiers; l'un d'eux chargeant son arme, les autres se disposant à en faire autant; au milieu une jeune fille portant à la ceinture un coq blanc, prix du tireur; tout cela diversement éclairé, et plein de vie et d'expression. A côté de ce tableau, il faut mettre, pour le naturel et la force, l'assemblée des cinq chefs de la corporation d'Amsterdam, appelée Staal-Hof (3). Ils paraissent interrompus dans leur délibération, car tandis que l'un d'eux se lève, les quatre autres portent leurs regards vers le spectateur, ou quelqu'un entrant de ce côté. J'admire d'un œil plus distrait la décollation de saint Jean-Baptiste du même maître (4), parce qu'elle reporte ma pensée vers une autre époque du monde et vers une autre école, et que je veux rester en Hollande. J'aime mieux m'arrêter sur ce beau Van der Helst, qui passe pour la merveille de l'école hollandaise, et qui représente un repas donné par les officiers de la garde civique d'Amsterdam, en commémoration de la paix de Münster (5). Je ne pourrais compter la foule des Van Miris, des Metzu, des Van Ostade, des Poelembourg, des Potter, des Flink, des Teniers, des Gérard Dow, des Berghem, des Ruysdael et des Backhuysen qui reproduisent si fidèlement et si vivement la Hollande et la vie hollandaise, ses campagnes, ses ports de mer, ses églises, ses scènes domestiques depuis la plus noble (6) jusqu'à la plus grossière, et même des

(5) N° 116.
(6) G. Dow, n° 71. A l'ombre d'un épais bocage, une dame richement vêtue, assise, un éventail à la main, et à côté d'elle un brillant cavalier qui semble lui faire une déclaration. Le fond du paysage est de Berghem.

scènes d'école (1). Nous avons eu grand' peine à quitter cet admirable Musée, qu'il aurait fallu une semaine entière pour étudier un peu, et nous sommes allés voir une exposition des tableaux des artistes vivants d'Amsterdam et de toute la Hollande. Quelques marines, une multitude de portraits, peu de compositions distinguées. Le tableau qui m'a le plus frappé est celui qui représente la mort du capitaine Barends dans la Nouvelle-Zélande : composition correcte et sévère, figures nobles et expressives. Il y a aussi plusieurs tableaux précieux à l'ancien hôtel de ville, aujourd'hui le palais du roi. Je ne dis rien des chantiers, des bassins, des entrepôts, de la vieille bourse, qui rappelle tant de souvenirs, mais je ne puis passer sous silence la promenade appelée *le Plantage*, faubourg ou plutôt jardin composé de plusieurs belles allées bordées d'arbres et de jolies maisons où les habitants d'Amsterdam viennent le soir ou le dimanche goûter les douceurs du repos et de la campagne. Chacune de ces maisons a un nom inscrit sur sa façade : *Bellevue, Séjour de paix, Repos du cœur*, etc. Mais il est temps d'arriver aux écoles.

M. Schreuder me conduisait chez M. l'inspecteur du district d'Amsterdam, M. Teissèdre L'Ange, pasteur et prédicateur de l'église wallonne, qui était déjà averti de mon arrivée et qui me reçut avec le plus aimable empressement. Il se mit entièrement à ma disposition, et me demanda ce que je voulais voir à Amsterdam. — Les écoles des pauvres. — Il me dit que lui-même autrefois en avait fait les honneurs à M. Cuvier, et il m'assura qu'elles étaient au moins aussi bonnes qu'à cette époque.

Les écoles d'Amsterdam sont gouvernées par M. L'Ange et par la commission des écoles de la ville. A Amsterdam, comme dans toutes les villes un peu considérables, à côté de l'inspecteur spécial, la loi établit une commission composée d'habitants notables et organisée d'une manière qui choquerait beaucoup toutes nos habitudes, mais qui me paraît fort judicieuse et très-pratique. En général, excepté l'inspecteur, il n'y a point dans cette commission de membres de droit, pas même le bourgmestre. En effet, le zèle, l'activité, la charité, l'intelligence spéciale de certaines matières sont nécessairement personnelles, et ne peuvent pas être supposées à *priori* d'après telle ou telle position. Les différents membres sont nommés sur la présentation de leurs collègues, et cela est encore très-bien entendu ;

car, ainsi, on ne nomme que des membres dont on connaît la capacité, et avec lesquels on est sûr de s'entendre. Enfin l'inspecteur, qui fait partie de la commission, intervient dans cette présentation ; il y a la plus grande influence, et on peut dire qu'en réalité c'est lui qui présente. De cette manière est assuré l'accord de la commission et de l'inspecteur, accord sans lequel tout bien est impossible. La commission des écoles de la ville et l'inspecteur L'Ange travaillent depuis longtemps de concert ; et c'est et le temps et ce concert qui ont produit tous les beaux résultats que M. Cuvier a tant admirés.

Par diverses raisons, il y a, pour les écoles de pauvres d'Amsterdam, une commission spéciale nommée collège de curateurs ; et ce collège avait déjà fait un excellent règlement pour ces écoles, dès l'année 1798. J'ai sous les yeux ce règlement. Il est divisé en vn sections : 1re section, de l'Admission des enfants aux écoles de pauvres ; 11e, Répartition des élèves en trois classes ; 111e, Heures des classes ; 1ve, Programme détaillé de l'enseignement ; ve, des Livres ; v1e, Récompenses et punitions ; v11e, des Maîtres. Voici un extrait de cette dernière section : « La commission nomme directement le premier maître. Les sous-maîtres sont nommés à la recommandation du premier maître. On préfère pour premiers maîtres des gens mariés. Le maître qui n'est pas marié prend à ses frais une maîtresse d'école qui doit être approuvée par la commission. Le traitement du premier maître est de 900 florins, avec son logement, le feu et la lumière. Sa veuve a droit à une pension annuelle de 250 fl. Le traitement du premier sous-maître est de 400 fl. ; celui du second sous-maître est de 100 fl. Quand les maîtres reconnaissent à un enfant des dispositions pour l'enseignement, ils le signalent aux curateurs ; ceux-ci s'entendent avec les parents et accordent chaque mois à l'enfant, dès qu'il a 14 ans, un peu plus que ce qu'il aurait gagné en apprenant un métier, jusqu'à ce qu'il soit capable de devenir un des sous-maîtres. » Ce règlement est signé du président du collège des curateurs, et du secrétaire, M. Werts, instituteur distingué et inspecteur d'Amsterdam, qui y a laissé une mémoire vénérée pour les services qu'il a rendus à l'éducation du peuple.

Je trouve encore signé de ce même M. Wertz, comme président du collège des curateurs, un règlement de 1804, où les dernières dispositions du règlement

---

(1) G. Dow, n° 70. Une scène de nuit dans une école. — Le maître, assis à son pupitre, réprimande un écolier qui va se retirer et qui le regarde timidement. Une jeune fille dit sa leçon ; près d'elle est un sablier et la lumière qui éclaire ce groupe. Sur la droite, une autre jeune fille debout, tenant une lumière, et s'entretenant avec un garçon qui écrit sur une ardoise. Au bas du tableau est une lanterne à feuilles de cornes, entr'ouverte, ce qui produit des effets surprenants en demi-teinte. Dans le fond, plusieurs écoliers étudiant à la lumière d'une chandelle, tandis qu'un d'entre eux descend un escalier, tenant une chandelle allumée. En tout, douze figures et en lumières différentes qui donnent des effets merveilleux de clair-obscur, avec un naturel et une vérité parfaite.

de 1798 sur les élèves que l'on garde aux écoles des pauvres pour les former au métier d'instituteur, sont développées en un certain nombre d'articles que je donne ici en les abrégeant : « 1° L'élève qui restera à l'école pour apprendre le métier d'instituteur, recevra, en récompense des services qu'il rendra à l'école, 50 fl. par an les deux premières années, et 75 les deux suivantes. 2° Il ne sera pas permis aux parents d'un élève de lui faire changer de destination pendant tout le temps fixé, si ce n'est avec le consentement des curateurs, et à la condition de restituer tout l'argent reçu jusqu'alors. 3° Les parents sont obligés de signer l'engagement de restituer l'argent reçu par leurs fils, s'ils ne se conforment pas à l'article 2. 4° Si les parents d'un enfant qui contrevient à l'article 2 reçoivent des secours publics, les curateurs informent la commission de bienfaisance, et l'engagent à retirer les secours à cette famille. 5° Les curateurs conservent le droit de renvoyer tout élève qui ne se conduirait pas bien. »

Depuis la loi de 1806, on n'a pas détruit le règlement de 1798, mais on l'a successivement modifié, et il y a longtemps qu'on n'y a plus touché. On n'a pas sans cesse innové; on a constamment marché dans les mêmes voies, et voilà pourquoi on a fait tant de chemin.

Il n'y avait d'abord que trois écoles de pauvres à Amsterdam, maintenant il y en a onze, une par chaque quartier. Voici l'exacte description de ces écoles, telle que je le rencontre dans un rapport du collège des curateurs, rapport intéressant et instructif que j'aurai occasion de citer plus d'une fois. Il est du 7 mars 1817.

« Les salles des écoles de pauvres d'Amsterdam ont la forme d'un carré long. Les tables et les bancs y sont rangés les uns derrière les autres, depuis l'un des murs latéraux jusqu'à l'autre, en laissant un espace suffisant entre le banc antérieur et la muraille. Cette disposition est nécessaire pour que les enfants, qui sont assis les uns derrière les autres, aient le visage tourné vers les tableaux qui tapissent l'un des murs, et sur lesquels on trace des lettres et les exemples d'écriture, ainsi que les exercices pour la langue, le calcul et les notes du chant.

« Les écoles sont partagées en trois classes :

« La première classe ou classe inférieure est distribuée en *bancs* au nombre de trois ; la deuxième classe se subdivise en deux *tables*. Dans la classe inférieure, il ne se trouve que des bancs et non des tables, parce que dans cette classe on n'écrit pas.

« Voici la liste des choses qu'on apprend dans les différentes classes et dans leurs subdivisions :

1re Classe.

« 1er *Banc :* On apprend à nommer les lettres et à épeler.

« 2° *Banc :* A épeler et à partager les lettres en syllabes.

« 3° *Banc :* A épeler, à lire et à connaître la ponctuation; on y apprend aussi à prononcer les quantités exprimées par des chiffres et la table de multiplication.

2° Classe.

« 1re *Table :* La lecture, les principes de l'écriture, les parties du discours, la formation des chiffres, les premiers éléments d'arithmétique, et le chant.

« 2° *Table :* La lecture, l'écriture, l'arithmétique, l'art de calculer sans tracer des chiffres, les déclinaisons et les conjugaisons, l'histoire des Pays-Bas, l'histoire sainte suivant la Bible, le chant.

« Dans la *troisième classe*, on donne des leçons de lecture méthodique, d'écriture, d'arithmétique appliquée à la règle de trois et à des règles plus élevées, de grammaire et de syntaxe hollandaise, d'histoire des Pays-Bas et d'autres pays, d'histoire sainte selon la Bible, et de chant.

« Outre ces différents genres d'instruction, on emploie chaque semaine une heure à enseigner les principes de la religion. Après chaque lecture, on adresse aux élèves des questions raisonnées pour leur faire bien comprendre ce qu'ils ont lu. »

« Les leçons se donnent sans que les élèves quittent leurs places : tout se fait par démonstration sur des tableaux peints en noir et suspendus à la muraille, sur lesquels on trace avec de la craie des exemples d'écriture, ainsi que les exercices relatifs à l'étude de la langue, à l'arithmétique, au chant, etc. Les écoliers ont d'ailleurs des livres élémentaires pour apprendre à épeler et à lire; ils n'écrivent que dans des cahiers, et ne se servent d'ardoises que pour les opérations d'arithmétique.

« On trace, à la vue des écoliers, sur les tableaux suspendus à la muraille, les lettres de l'alphabet, ainsi que les diphthongues et les triphthongues, qu'on leur apprend à prononcer en une seule syllabe; on leur apprend aussi à lier les consonnes, et à les prononcer par une seule émission de la voix. L'instituteur montre aux commençants, sur le tableau suspendu devant eux, les lettres simples, les consonnes doubles et composées, les syllabes de deux et de trois voyelles, et, après qu'ils les ont nommées, il les leur fait chercher dans leur livre : de cette manière, ils apprennent insensiblement à épeler, en sorte qu'ordinairement, en très-peu de temps, on ne trouve plus dans les écoles que ce qu'on y appelle le premier banc de la première classe.

« Dans chaque école, composée d'environ 300 à 400 enfants, l'instruction est confiée à un premier maître ou instituteur en chef, qui a sous lui un premier et un second sous-maître, outre quelques apprentis-instituteurs et quelques aspirants-apprentis.

« Comme on se propose particulièrement, dans ces écoles, de conduire les enfants à l'instruction plutôt par attachement à leurs devoirs et en excitant leur émulation, que par une crainte servile pour les châtiments, on exige comme qualités essentielles de la part du maître, non-seulement des mœurs irréprochables et de la religion, mais encore une grande modération dans le caractère. On veut d'ailleurs qu'il possède à fond les règles de sa langue, qu'il soit très-versé dans l'écriture, l'arithmétique, l'histoire, la géographie et le chant, et qu'il puisse enseigner les principes de la religion ; il est surtout nécessaire qu'il ait le talent de communiquer avec facilité ses connaissances à ses élèves : aussi, non-seulement les instituteurs en chef, mais encore les sous-maîtres de ces écoles, ne sont-ils admis à ces fonctions qu'après avoir subi un rigoureux examen, tant sur la théorie que sur la pratique de l'enseignement.

« Chaque maître est chargé de la direction générale de son école ; il y maintient le bon ordre, et veille à ce que, tant les sous-maîtres et les apprentis-instituteurs que les écoliers, tous remplissent exactement leurs devoirs ; il concourt, en outre, personnellement, aux leçons qui se donnent dans la classe supérieure, et prend part, suivant l'occurrence, au travail des autres classes.

« Les sous-maîtres enseignent, sous la surveillance immédiate du maître, soit à l'aide des tableaux suspendus à la muraille, soit en faisant lire les enfants dans leurs livres élémentaires, sans qu'ils quittent pour cela leur place.

« Les apprentis-instituteurs sont des gens pris entre les sujets les plus instruits de la classe supérieure ; on n'admet comme tels que ceux qui se sont distingués par leur application et leur bonne conduite, et qui ont manifesté, de concert avec leurs parents, le désir de se vouer à l'instruction de la jeunesse. Ces apprentis sont d'abord reçus comme aspirants, et distribués dans l'école pour aider à instruire les enfants, surtout ceux de la classe inférieure et ceux qui composent la première table de la seconde classe. Après avoir quelque temps exercé ces fonctions comme aspirants, ils sont admis à l'examen, et placés, suivant leur capacité, au rang des apprentis-instituteurs.

« Cette institution forme insensiblement une pépinière de maîtres, surtout par l'avantage qu'ont ces jeunes gens, tant les simples aspirants que les apprentis admis, d'assister, dans l'intervalle des exercices ordinaires, à des leçons particulières, données par trois des instituteurs en chef, pour les former ultérieurement dans l'art d'écrire et celui de lire avec méthode, pour les instruire dans les parties les plus avancées de la langue vulgaire, de l'histoire, de la géographie et de l'arithmétique, et leur enseigner l'algèbre et la géométrie. Un autre avantage qui la distingue de toute autre institution de ce genre, c'est qu'on n'admet que des sujets déjà reconnus, par expérience, comme ayant une inclination marquée et les qualités préliminaires requises pour se vouer à l'instruction : aussi en est-il déjà sorti un grand nombre de maîtres, aussi distingués par leurs talents que par leur mérite personnel. Dès que les aspirants sont parvenus au rang d'apprentis-instituteurs, ils jouissent d'un traitement annuel, de même que les maîtres et les sous-maîtres.

« Dans chaque école on tient exactement registre des absences, comme aussi des marques qui attestent la bonne conduite des élèves et leurs progrès dans la lecture, l'écriture, le calcul, la langue, etc. À la fin de chaque semaine on fait le résumé de ces marques d'approbation ; on proclame les noms des deux filles et des deux garçons de chaque classe qui en ont obtenu le plus grand nombre, et leurs noms demeurent exposés toute la semaine suivante sur un tableau expressément destiné à cet usage.

« Au bout de six mois on fait un résumé général de toutes ces marques ; on désigne dans chacune des classes et de leurs subdivisions les quatre élèves qui en ont le plus obtenu, et qui, par conséquent, ont été le plus souvent inscrits sur le tableau hebdomadaire, et on leur distribue des prix, consistant en quelques livres utiles et proprement reliés. Il se fait en outre une distribution d'estampes et de petits livres ornés de figures entre les plus jeunes écoliers qui ont fréquenté assidûment l'école, et on donne aux plus âgés, qui ont le mieux mérité sans pouvoir obtenir de prix, du linge de corps et des bas, à titre d'accessit et d'encouragement. Toutes ces distributions se font par les membres de la commission, à l'issue d'un examen qui a lieu tous les six mois. Ces commissaires sont tenus de faire au moins chaque mois une tournée dans les écoles soumises à leur direction spéciale, et de présenter leur rapport dans l'assemblée générale de la commission, qui se tient tous les mois.

« On divise en trois classes les écoliers qui sortent de ces écoles : la première se compose de ceux qui s'absentent, ou se comportant mal, ou ayant été trouvés incorrigibles, sont renvoyés ou rayés de la liste des écoliers ; la seconde classe comprend ceux qui quittent l'école régulièrement, c'est-à-dire à l'âge déterminé, et avec le consentement de la direction ; la troisième classe supérieure renferme ceux qui ont achevé avec succès le cours entier de leurs études.

« Ces derniers reçoivent, en quittant l'école, un certificat honorable dans la séance publique qui se tient annuellement pour entendre le rapport de l'administration ; on y ajoute une gratification qui consiste en chemises et en bas. Dans la même séance qui, ordinairement, se tient dans un des temples de la ville, les écoliers rassemblés donnent, en présence du public, des échantillons des progrès qu'ils ont faits, en même temps que les apprentis instituteurs font preuve de leurs connaissances et de leurs talents dans l'art d'enseigner.

« Pour punir ceux qui ont mérité quelque châtiment, on se contente de leur imposer une tâche hors le temps des exercices ordinaires, de les faire tenir debout en présence de leurs camarades, ou de leur donner de mauvaises notes, qu'on défalque sur les marques de diligence et de bonne conduite. Rarement on a recours aux châtiments corporels, et lorsqu'ils sont jugés nécessaires, le maître seul doit les infliger, et toujours sans témoigner le moindre emportement.

« Faute d'emplacement suffisant et assez vaste, les deux sexes sont réunis dans la même salle, mais placés à des tables et sur des bancs séparés, de sorte qu'il ne peut en résulter le moindre désordre.

« Outre les instructions communes aux deux sexes, les jeunes filles apprennent régulièrement à tricoter : ce sont les femmes des instituteurs en chef qui les instruisent. Celles d'entre ces jeunes filles qui remportent, au sortir de l'école, un certificat d'approbation, sont ensuite reçues dans d'autres écoles uniquement destinées pour les enfants de la classe indigente, et administrées par des dames, qui portent le titre de *régentes*. On y instruit les filles régulièrement dans toutes sortes d'ouvrages à l'aiguille.

« Enfin, durant les mois d'hiver, on tient aussi école le soir pour les jeunes gens qui, ayant quitté les écoles, et travaillant le jour comme apprentis chez des artisans, désirent entretenir les connaissances qu'ils ont acquises. »

Pour juger par moi-même de la fidélité de cette description, je priai M. L'Ange de me montrer la plus considérable des écoles de pauvres d'Amsterdam, celle qui pouvait me donner l'idée la plus exacte et la plus complète de toutes les autres. Nous sommes donc allés ensemble dans une école de pauvres. En y entrant, je reconnus d'abord l'original de la description qu'on vient de lire : grande salle, bien aérée ; des tableaux sur les murs ; les enfants, filles et garçons, assez mal vêtus, mais lavés et propres à leur manière, distribués sans distinction de sexe, entre trois divisions, dont chacune est gouvernée par un maître assistant. Ces assistants dépendent de sous maîtres qui dépendent eux-mêmes du directeur. Il y avait à peu près six cents

enfants ; et la salle peut et doit en contenir mille dès que certaines réparations seront achevées.

Ici je me permis de dire à M. L'Ange que je souhaitais fort que ces réparations ne fussent jamais achevées, et que six cents enfants étaient bien suffisants pour une école, même pour une école de pauvres. De tant d'enfants diversement occupés, il sort nécessairement un certain bruit, sans nul inconvénient peut-être pour la plus faible division, dont les occupations sont presque entièrement matérielles, mais qui donne aux élèves plus avancés de fâcheuses distractions. Au lieu d'une salle immense, mieux vaudraient deux ou trois salles contiguës l'une à l'autre, qui permettraient de séparer les divisions. Encore une fois, il ne s'agit point d'obtenir le spectacle plus ou moins agréable d'une masse d'enfants rassemblés et obéissant à un seul et même maître ; il s'agit de procurer la meilleure éducation de chacun d'eux ; et pour cela il ne faut pas seulement établir diverses classes dans l'école, il faut avoir aussi des salles distinctes pour ces différentes classes. A mon avis, cent enfants suffisent bien à une salle, et deux, trois ou quatre salles à une école. Plus d'écoles, et des écoles moins nombreuses ; dans chaque école plus de salles, et moins d'enfants dans chacune de ces salles. A cela, M. l'inspecteur L'Ange ne faisait qu'une objection : Mais l'argent, l'argent ! il faut alors plus de bâtiments. Sur ce point même, je ne suis pas de son avis. Il est plus aisé et moins coûteux d'acheter ou d'approprier plusieurs petites maisons qu'une très-grande, surtout dans de grandes villes comme Amsterdam et Paris ; et je citais au digne inspecteur l'exemple de Berlin, où nulle école communale de pauvres ne renferme plus de trois cents enfants. Et puis l'hygiène est ici très-intéressée. Je remarquerai qu'il faisait bien chaud dans cette immense salle, malgré la saison, et que cette chaleur n'était pas fort saine, malgré les fenêtres et toutes les précautions.

Je fus frappé de voir dans un couloir un garçon d'une douzaine d'années enseignant les premiers éléments de la lecture à de tout petits enfants. « Ce petit maître est-il un assistant ? demandai-je — Non, c'est un enfant de l'école, de la classe la plus avancée. — C'est donc un moniteur, et vous pratiquez l'enseignement mutuel ? — A Dieu ne plaise ! mais nous sommes éclectiques, me dit en souriant M. L'Ange ; nous ne proscrivons aucune pratique utile, à quelque système général qu'elle appartienne. Ainsi, lorsqu'un enfant montre des dispositions, et se propose de devenir un jour assistant et d'entrer dans l'enseignement primaire (car vous savez que toute école de pauvres est une véritable école normale primaire), nous ne voyons aucun inconvénient à confier à un pareil élève, non pas l'enseignement, mais la répétition de l'enseignement des choses les plus faciles. A la rigueur, on peut employer des enfants pour certaines répétitions; mais l'initiative de tout enseignement exige un maître. Nos assistants mêmes, qui sont déjà des maîtres, ne sont chargés que de simples répétitions. »

Et à cette occasion, notre visite achevée, nous nous entretînmes sérieusement de l'enseignement mutuel et de l'enseignement simultané. « Monsieur, lui dis-je, connaissez-vous bien l'enseignement mutuel? Avez-vous essayé de le pratiquer? et qu'en pensez-vous? — Nous connaissons l'enseignement mutuel, nous en avons fait faire des essais, et nous le regardons comme une méthode absolument insuffisante. Ce n'est pas (je me sers ici des expressions mêmes de M. L'Ange), ce n'est pas une méthode faite pour des êtres moraux et intelligents; et nous ne nous croyons pas le droit de l'appliquer à une école de pauvres plus qu'à toute autre école. Car les pauvres surtout ont besoin d'éducation; et l'enseignement mutuel ne donne pas l'éducation; il donne seulement l'instruction, et il la donne si superficielle, si matérielle en quelque sorte, que véritablement ce n'est pas là une culture pour l'esprit. Du temps de la réunion de la Belgique et de la Hollande, les libéraux belges vantaient si fort cette méthode, surtout pour les nombreuses écoles, comme sont les écoles de pauvres, que notre collège des curateurs, attentif à tout ce qui se passe d'un peu remarquable en fait d'instruction populaire, crut devoir faire un essai de la méthode nouvelle; et le résultat de son examen fut qu'il n'y avait de méthode vraiment rationnelle que la méthode simultanée. Il a, dans un rapport sur nos écoles de pauvres, consigné les motifs de son opinion. » C'est le rapport dont nous avons déjà parlé. Nous nous en sommes servi pour faire connaître les écoles de pauvres d'Amsterdam, et il peut être considéré comme une pièce intéressante du procès qui se débat aujourd'hui devant l'opinion publique entre la méthode mutuelle et la méthode simultanée. Nous ne croyons donc pas sans utilité d'en donner une courte analyse.

Ce rapport se divise en trois parties : 1° une exposition fidèle et impartiale du système lancastérien; 2° une description de la méthode suivie dans les écoles de pauvres d'Amsterdam ; c'est le morceau que nous avons cité; 3° une comparaison de ces deux méthodes, et les motifs de la commission pour préférer la méthode hollandaise à la méthode anglaise.

Dans cette troisième partie on examine d'abord ce qu'on enseigne dans l'une et dans l'autre école; puis la manière dont on l'enseigne. Il est évident que dans l'école hollandaise on enseigne plus de choses. Le rapport va plus loin : il démontre aussi que le mode d'enseignement des mêmes choses y est meilleur. Parmi les divers arguments employés à l'appui de

cette thèse, nous nous contenterons de citer celui-ci, qui comprend en quelque sorte tous les autres : « Dans « le système lancastérien, il ne paraît pas que le « maître donne lui-même quelque instruction : il semble « se borner à la surveillance : au lieu que dans les « écoles d'Amsterdam, l'instituteur en chef prend « habituellement part aux leçons. »

Voici plusieurs passages qui se rapportent à cet argument, et que nous recommandons à l'attention de tout véritable ami de l'éducation du peuple.

« A Amsterdam, les instituteurs sont des hommes expérimentés, et des jeunes gens qui ont fait preuve de talents pour l'enseignement; en Angleterre, ce sont toujours des enfants qui enseignent. Or, s'il est vrai que le maître qui veut enseigner avec fruit doit être lui-même instruit à fond et posséder de bien plus grandes connaissances que celui auquel il sert de précepteur; surtout s'il est incontestable que, pour bien enseigner une chose, il ne suffit pas de la savoir soi-même, et qu'il faut en outre posséder l'art de communiquer aux autres ce qu'on sait, d'une manière claire, intelligible et convenable au sujet, on doit avouer qu'une instruction donnée, comme à Amsterdam, par des hommes expérimentés et par des jeunes gens qui s'y adonnent de profession, est de beaucoup préférable à l'enseignement mutuel qui se communique d'un enfant à l'autre...

« Il est vrai que l'entretien des écoles d'Amsterdam coûte plus cher que celui des écoles de Lancaster; mais, en revanche, les élèves ont l'avantage, dans les premières, d'être instruits par des maîtres très-habiles et formés par une expérience acquise dès leur jeunesse; ils ont pour leurs exercices de lecture plusieurs petits ouvrages propres à former leur cœur et à enrichir leur esprit; ils écrivent dès le commencement sur du papier, et apprennent ainsi à former de beaux caractères et à écrire couramment. Si on voulait, dans les écoles d'Amsterdam, se borner à n'enseigner que ce qu'on enseigne dans les écoles lancastériennes, on pourrait aisément n'employer pour cela que des apprentis instituteurs et des aspirants; on pourrait se passer d'un grand nombre de livres pour l'instruction et la lecture, substituer, pour l'écriture, des ardoises aux cahiers, et peut-être alors les écoles d'Amsterdam coûteraient-elles moins cher que celles d'Angleterre, sans qu'on cessât pour cela d'y pousser l'instruction beaucoup plus loin que dans ces dernières. Mais grâce à la munificence des magistrats d'Amsterdam et à la libéralité de ses habitants; grâce à l'intérêt que les uns et les autres prennent à l'avancement de l'instruction, les écoles d'Amsterdam n'ont pas manqué e ne manquent pas encore des secours nécessaires pour sa larier des maîtres habiles et expérimentés, pour fourni de bons livres aux enfants qu'on y instruit gratuitement , et pour leur apprendre à écrire, non sur des ardoises, mais avec des plumes et de l'encre, sur de bon papier.

« Qu'on ne dise pas que ce qu'on enseigne dans les écoles lancastériennes est suffisant, et que dans celles d'Amsterdam on fait trop pour l'instruction de la classe indigente. S'il est dans les vues de la politique (ce qui nous semble cependant ne plus être le cas) de tenir le petit peuple plongé dans l'ignorance, qu'on renonce alors à toute espèce d'instruction ; car une instruction ébauchée est dangereuse et plus à craindre que celle qu'on perfectionne davantage. L'homme dont la capacité se borne à savoir lire, pourra lire des ouvrages propres à corrompre les mœurs ou à porter à la sédition ; et , faute de lumières suffisantes pour réfléchir et pour apprécier sainement ce qu'il aura lu , il se laissera séduire et entraîner par l'apparence. Nous le répétons, si l'on fait tant que de mettre le petit peuple en état de lire, on doit lui donner en même temps les moyens d'entendre et d'apprécier ce qu'il lit : c'est à quoi tend principalement l'instruction qu'on donne aux enfants des pauvres dans les écoles d'Amsterdam. Tous les livres qu'on y met entre leurs mains, depuis le premier ouvrage élémentaire jusqu'à celui qui doit terminer leur instruction, renferment des leçons et des exemples de vertu, de sagesse et de soumission à leurs supérieurs. Ils apprennent à lire et à comprendre l'histoire de leur pays et celle que renferment les livres saints. Ces lectures sont, plus que toute autre chose, capables de porter à l'imitation d'actions grandes et vertueuses, unique moyen de former des citoyens utiles à l'État. Enfin (et c'est un avantage également précieux pour les écoles d'Amsterdam) ceux d'entre eux qui annoncent des dispositions extraordinaires y trouvent l'occasion de les développer, en se vouant eux-mêmes, comme apprentis, à l'instruction de la jeunesse. Aussi un grand nombre de ces enfants nécessiteux sont-ils déjà parvenus par ce moyen à se tirer de l'indigence et à entrer dans la classe des honnêtes bourgeois. »

Ces considérations, qui président à la direction des écoles de pauvres d'Amsterdam , ne sont pas propres aux curateurs de ces écoles et à M. l'inspecteur L'Ange ; elles appartiennent à tous les inspecteurs et à tous les hommes de Hollande qui s'occupent d'instruction primaire. Le gouvernement rencontra en Belgique des préventions en faveur de l'enseignement mutuel. Il se garda bien de les heurter directement, car il les aurait fortifiées ; mais il s'appliqua à les éclairer, et on m'assure qu'il y réussissait. Nous reproduirons les paroles mêmes du gouvernement dans un des rapports que, conformément à la loi fondamentale du royaume, il présente chaque année aux états généraux :

« Anvers vient d'établir une école pour les pauvres, où l'on suivra les maximes de l'enseignement mutuel, système accueilli et applaudi en Angleterre et en France, mais qui a trouvé de moins vifs admirateurs dans des pays tels que la Suisse, l'Allemagne, l'Écosse, la Hollande, où l'éducation du premier âge avait depuis longtemps fixé l'attention du gouvernement. La méthode lancastérienne donne-t-elle des résultats aussi durables qu'ils sont prompts ? Utile pour la rapide communication de quelques notions et connaissances élémentaires , l'est-elle également pour le développement et l'exercice des facultés morales ? Est-il vrai qu'elle convient surtout aux écoles de pauvres, où cependant cette éducation morale est d'une importance supérieure à celle de l'enseignement proprement dit ? Ce qu'elle peut laisser à désirer sous ce rapport est-il suffisamment compensé par l'économie qu'elle procure à l'égard du temps et des frais ? La comparaison pratique des effets de l'enseignement mutuel avec ceux des méthodes antérieurement usitées, doit précéder tout jugement définitif. Des écoles lancastériennes existeront à côté des bonnes écoles dont le royaume a depuis longtemps à se glorifier ; et peut-être, au moyen des emprunts qu'elles se feront réciproquement de leurs procédés les plus recommandables , verrons-nous bientôt diminuer l'espace qui les sépare encore aujourd'hui. Telles, du moins, peuvent être les vues et les espérances du gouvernement, alors qu'il professe et qu'il observe une entière impartialité entre tant de méthodes différentes. Il se borne à les subordonner toutes au bien public, à les diriger en général vers le grand but de la propagation des vertus et des lumières. Il facilite et régularise les moyens de les pratiquer avec avantage ; et quant à leurs progrès et à leur perfectionnement , il s'en remet au zèle de leurs partisans , et au témoignage de l'expérience, qui ne parle jamais en vain pour une nation généreuse et réfléchie. »

A ce judicieux et noble langage, on reconnaît l'habile homme d'école et l'homme d'État supérieur, dont la signature est au bas de ce rapport, M. Falck, alors ministre de l'instruction publique.

Après avoir examiné une des meilleures écoles de pauvres, nous allâmes visiter une espèce d'école intermédiaire ou plutôt d'école française, appelée *école bourgeoise néerlandaise (Nederduitsche burgerschool)*; ainsi nommée pour indiquer qu'on n'y enseigne pas le français. Elle a 4 ou 500 élèves, mais ces 4 ou 500 élèves sont répartis en des salles différentes et dans les différents étages de la maison , et je persiste à penser que cette division est un grand élément d'ordre. En fait, je n'ai pas vu en Hollande une seule école primaire payante où un trop grand nombre d'élèves fussent réunis dans une même salle ; et , en vérité, il n'y a point d'économie à cette réunion. Car, si on a une grande salle qui puisse contenir 400 enfants , est-ce une dépense que de pratiquer dans cette même salle , à l'aide de cloisons , deux ou trois divisions avec un couloir commun pour laisser le directeur surveiller aisément les différentes salles (1) ?

J'étais toujours curieux de voir comment s'enseignaient la morale et la religion dans le système hollandais , sans dogmes positifs pour la religion, ni sans abstractions métaphysiques pour la morale. M. L'Ange, ministre du saint Évangile , me répéta ce que m'avaient déjà dit M. van den Ende et M. Prinsen : Il n'y a point de maître spécial pour cela. On inculque la morale et la religion à toute occasion ; il n'y a d'enseignement positif que celui de l'histoire biblique. Chacun des faits de cette histoire est naturellement la matière de réflexions pieuses qui développent le sentiment moral et le sentiment religieux. De temps en temps, le directeur de l'école s'assure des progrès de chaque élève en ce genre : cette inspection est le véritable enseignement. « Voyons , lui dis-je, montrez-moi en action cette manière de procéder.—Avec plaisir, » me dit-il, et sur-le-champ lui-même fit en hollandais un examen de morale et de religion. M. Schreuder me traduisait successivement les demandes et les réponses. On parcourut ainsi devant moi les principaux faits de l'histoire sainte ; et , dans la division la plus avancée, on fit ressortir la moralité de ces faits. Les élèves répondirent avec plus ou moins de facilité. Je dois le dire : cette épreuve n'a pas dissipé mes doutes ; je préfère toujours la méthode allemande, un enseignement moral et religieux, très-général, où on n'entre pas dans le détail des dogmes particuliers , mais où l'on fait connaître régulièrement les principales vérités de la morale et de la religion chrétienne avec les traits principaux de son histoire ; et je me souviens de l'impression que me fit à Weimar un enseignement de ce genre à l'école bourgeoise (2). Il me semble que, sans empiéter sur l'Église, le maître d'école peut donner une pareille instruction, qui prépare à l'instruction religieuse positive sans l'anticiper, et par conséquent sans pouvoir indisposer ni le curé ni le pasteur, à deux conditions toutefois , que le curé et le pasteur soient raisonnables , et que le maître d'école se tienne dans de justes limites. Telle est la pratique allemande ; telle est la prescription de la loi française. J'ai partout, dans la préparation de cette loi et dans sa discussion, soutenu cette opinion , et je la maintiens. Comme on ne se fie pas à l'enseignement de l'écriture et de la

lecture pour donner aux enfants la connaissance et le goût de l'histoire , de même , il ne faut se fier à aucun autre enseignement pour suppléer à celui de la morale et de la religion. Il faut, sans doute , et cela est fondamental , reproduire et faire pénétrer cet enseignement dans tous les autres; mais , pour cela même , il faut qu'il soit quelque part. La tolérance la plus parfaite doit applaudir à un système qui habitue toutes les opinions religieuses à s'accorder de bonne heure dans les vérités générales, communes à tous les cultes. C'est une précieuse semence de concorde à déposer dans l'âme des enfants. Après cette instruction morale et religieuse , essentiellement chrétienne , mais sans acception des communions particulières , vient en dehors de l'école l'enseignement spécial , propre à chaque communion. Il est vrai que cette pratique tolérante suppose un pays de tolérance. En Irlande , elle paraît avoir échoué, et je m'étais permis de le prédire à mes amis d'Angleterre et d'Écosse. En Prusse, elle réussit parfaitement , et il n'y a pas de pays où elle pût réussir mieux qu'en Hollande, où la piété et la tolérance sont depuis si longtemps unies. D'ailleurs, ce ne serait pas un bien grand changement à faire. Il suffirait de recueillir en un seul et même enseignement ce qui se répand et se dissémine dans tous les autres; il s'agirait, en un mot, d'ajouter à l'histoire de l'Ancien et du Nouveau Testament, les résultats que l'Ancien et le Nouveau Testament ont produits , c'est-à-dire les principes généraux de la religion et de la morale chrétienne.

J'insiste sur ce point , parce qu'il me semble très-important de lier , en une certaine mesure, l'école du peuple à l'Église, dans le commun intérêt de l'une et de l'autre. On m'assure d'ailleurs qu'en Hollande l'instruction religieuse de l'enfance a lieu , en dehors de l'école , par les soins des diverses autorités religieuses qui y veillent scrupuleusement. Mais , encore une fois , cette instruction spéciale serait et plus facile et plus solide, si elle avait son fondement dans un enseignement religieux très-général. L'école n'est pas l'église ; mais elle y prépare et y conduit ; quelquefois même elle en tient lieu.

Le soir, à dîner chez M. L'Ange, je rencontrai un bon vieillard , M. Mollet , instituteur, et du très-petit nombre de quakers qui soient aujourd'hui en Hollande. M. Mollet m'apprit qu'il avait fondé à Amsterdam une école de tout petits enfants, qui peut être considérée comme une salle d'asile. Je suppliai ces deux hommes excellents de développer ce précieux germe et de procurer à la ville d'Amsterdam un certain nombre de

---

(1) J'ai sous les yeux le règlement des écoles intermédiaires d'Amsterdam; il est du 20 novembre 1830. C'est à peu près le même règlement que celui des *Tusschen-*

schoolen de Leyde et de Rotterdam, sur lesquelles j'insisterai davantage.
(2) Rapport, etc.

salles d'asile. Je m'efforçai de leur démontrer que toute école de pauvres veut une salle d'asile, bien entendu gratuite, qui y soit annexée et y prépare. Il appartiendrait au collège des curateurs des écoles de pauvres, qui a déjà tant fait pour la classe indigente, de la doter de ce nouveau bienfait.

M. L'Ange était venu à Paris l'année dernière, et il n'avait pas manqué d'aller visiter un certain nombre d'écoles primaires. Il ne tarissait pas sur les défauts de nos écoles d'enseignement mutuel, et lui, qui doit être difficile, convenait qu'il avait vu des écoles de frères de la doctrine chrétienne très-bien tenues, et donnant d'excellents résultats à l'aide de l'enseignement simultané. Il était assez curieux d'entendre à Amsterdam un catholique (M. Schreuder), un ministre protestant, un quaker et un philosophe s'accordant à faire l'éloge de ces pauvres frères qui, sans bruit, font tant de bien, et qu'un fanatisme d'un nouveau genre essaye en vain de flétrir sous le nom de frères ignorantins. Mais je m'arrête ici pour ne pas brouiller M. l'inspecteur L'Ange, malgré sa rigidité anticatholique et ses trente ans d'expérience de l'éducation du peuple, avec notre philanthropie parisienne.

Quelques heures avant de me rendre à l'invitation de M. L'Ange, je suis allé faire visite à l'établissement d'instruction publique le plus élevé que possède Amsterdam, son *Athénée.*

Les athénées sont en Hollande une institution singulière, tout à fait propre à ce pays, et qui ne peut être jugée que par rapport aux circonstances qui lui ont donné naissance. En 1815, d'après les observations de M. Cuvier, on ne laissa subsister en Hollande que trois universités : celles de Groningue, d'Utrecht et de Leyde, et les deux anciennes universités de Franeker et de Harderwyk furent supprimées. Mais, pour dédommager ces deux dernières villes et pour mettre à profit les collections de toute espèce qu'elles possédaient, on y établit une institution qui est à la fois au-dessus du gymnase et au-dessous de l'université, en quelque sorte une université au petit pied, c'est-à-dire un certain nombre de chaires dont chacune tient lieu d'une des cinq facultés. C'est là ce qu'on appelle un athénée. L'athénée prépare à l'université. Les études que l'on y fait sont comptées pour les mêmes études qu'on aurait pu faire à l'université ; mais c'est l'université seule qui confère tous les grades. Les deux athénées d'Harderwyk et de Franeker sont institués par le gouvernement ; ce sont des établissements royaux. Ils n'ont pas beaucoup réussi : celui d'Harderwyk n'a pu se soutenir, et il est tombé depuis longtemps ; celui de Franeker ne passe point pour très-florissant. A côté de celui-là, il y a en Hollande deux autres athénées dont la destination est la même, avec cette seule différence qu'ils ne sont pas des établissements royaux,

mais municipaux : ce sont les deux athénées de Deventer et d'Amsterdam. Celui d'Amsterdam est fort ancien ; il compte plus d'un professeur célèbre, et, dans ces derniers temps, Wyttenbach. D'abord il ne possédait qu'un très-petit nombre de chaires ; mais peu à peu elles se sont multipliées. Il y a à l'athénée d'Amsterdam deux ordres de professeurs, comme à l'université, les professeurs ordinaires et les professeurs extraordinaires. Le traitement fixe du professeur ordinaire est de 1,800 florins ; celui du professeur extraordinaire est de 1,200 ; mais le meilleur revenu des professeurs leur vient des élèves. Ici les élèves ne payent point les cours par semestre comme en Allemagne, mais par année ; et chaque cours, pendant une année, coûte 60 florins. Il n'y a pas un très-grand nombre de professeurs, mais chacun d'eux fait plusieurs cours : par exemple, le célèbre van Lennep, successeur de Wyttenbach, enseigne à la fois la littérature latine, la littérature grecque et l'histoire ; et comme ces trois branches de connaissances sont nécessaires à tous les élèves pour subir à l'université l'examen de candidat ès lettres (notre baccalauréat ès lettres), tous les élèves passent par les mains de M. van Lennep, qui se fait ainsi un revenu considérable. Le nombre des élèves est de cent cinquante à deux cents ; de plus, les différents séminaires d'Amsterdam, qui sont assez nombreux, envoient leurs élèves à l'athénée. On y reste aussi longtemps qu'on croit devoir le faire pour se préparer au grade universitaire auquel on aspire. Un pareil établissement est très-favorable à la jeunesse d'Amsterdam, et la ville y tient fort. C'est la ville qui paye les professeurs : mais ce qu'il y a de plus singulier, c'est que la ville aussi les nomme. Il y a auprès de l'athénée, selon la coutume hollandaise, comme auprès de toute université et de toute école latine, une commission spéciale appelée collège de curateurs, ordinairement composée de personnages connus par l'intérêt qu'ils portent aux sciences et jouissant d'une grande considération. Ces curateurs, de concert avec l'assemblée des professeurs, règlent l'ordre des cours et gouvernent l'athénée. Dès qu'il y a une dépense à faire, ils s'adressent à la ville, au conseil municipal, présidé par le bourgmestre, et ce conseil décide. Quand il s'agit de remplacer un professeur, le collège des curateurs présente trois candidats, parmi lesquels le conseil municipal choisit et nomme. Cette organisation, prise en elle-même, ne vaut pas grand'chose ; mais il ne faut pas oublier que la Hollande est un pays de municipalité, que les villes sont fières de leurs établissements d'instruction publique, et sont disposées à tous les sacrifices raisonnables ; qu'enfin l'institution des curateurs, hommes spéciaux et capables, corrige ce que peut avoir de vicieux l'intervention du conseil municipal en des matières où il est si peu compétent.

En fait, l'athénée d'Amsterdam est très-florissant : il compte, avec M. van Lennep, plusieurs professeurs distingués, parmi lesquels M. den Tex, professeur de jurisprudence, et auteur d'un écrit philosophique qu'il avait bien voulu m'envoyer (*De vi musices ad excolendum hominem è sententiâ Platonis*, Traj. ad Rh., 1816). Mais, de tous les professeurs d'Amsterdam, celui que je désirais le plus connaître était M. Roorda, professeur de langues orientales, de théologie et de philosophie, qui commence à se faire une honorable réputation en Hollande, et dont j'avais lu une petite dissertation sur un point curieux et obscur de philosophie ancienne (*Disputatio de anticipatione, atque Epicureorum et Stoicorum de anticipationibus doctrina*, Lugduni Bat., 1823). Je savais M. Roorda familier avec la philosophie allemande, et je comptais sur lui pour me servir de cicerone philosophique à Amsterdam. Je voulais lui demander de me présenter à M. Kinker, l'auteur d'un excellent exposé de la critique de la raison pure, qui était, avant 1830, professeur de littérature néerlandaise à l'université de Liége, et qui vit aujourd'hui à Amsterdam, dans un âge fort avancé, mais toujours occupé de philosophie kantienne. M. Roorda aurait pu m'introduire dans l'ancienne librairie Blaeu, où diverses raisons me font soupçonner qu'il pourrait bien se trouver encore quelques manuscrits de Descartes. Je voulais aussi le prier de m'aider à retrouver sur le Burgwal la maison où est né Spinoza, et à recueillir quelques traces de son séjour à Amsterdam ou dans les environs. Mais tout m'a manqué à la fois : l'athénée était en vacances ; les cours ne devaient recommencer qu'au 1ᵉʳ octobre ; tous les professeurs étaient à la campagne, et je ne pus pas même trouver le portier pour me montrer la maison, les auditoires et la salle d'assemblée où sont les portraits de tous les professeurs de l'athénée, depuis sa fondation jusqu'à nos jours.

Privé de tout guide, je me vis forcé de renoncer à mes recherches cartésiennes : et quant à Spinoza, à défaut de mieux, je me contentai d'aller faire en son honneur une visite à la synagogue des juifs portugais. Il s'y célébrait ce jour-là une grande fête, celle de la réconciliation avec Dieu. Cette synagogue est assez belle, et elle était remplie jusqu'au faîte. Chaque assistant était là couvert d'une espèce de drap blanc, figurant probablement le sac plein de cendres de la contrition, les uns dormant, les autres causant, un grand nombre lisant, et très-peu écoutant le lecteur, qui, sur une estrade, faisait une lecture publique, en attendant le commencement de l'office. Quel que soit mon profond respect pour toute espèce de culte, et en particulier pour le culte juif, précurseur du nôtre,

j'avoue que dans cette synagogue je n'ai pu penser qu'à Spinoza. Assurément, je ne suis pas spinosiste ; et, après Leibnitz et M. de Biran, j'ai, dans mes leçons de 1829, parlé du système de Spinoza, avec plus de sévérité que d'indu'gence. En confondant le désir avec la volonté, Spinoza a détruit le véritable caractère de la personnalité humaine, et, en général, il a trop effacé la personnalité dans l'existence. Chez lui, Dieu, l'être en soi, l'éternel, l'infini, écrase trop le fini, le relatif, et cette humanité sans laquelle pourtant les attributs les plus profonds et les plus saints de la Divinité sont inintelligibles et inaccessibles. Loin d'être un athée, comme on l'en accuse, Spinoza a tellement le sentiment de Dieu, qu'il en perd le sentiment de l'homme. Cette existence temporaire et bornée, rien de ce qui est fini ne lui paraît digne du nom d'existence ; et il n'y a pour lui d'être véritable que l'être éternel. Ce livre, tout hérissé qu'il est, à la manière du temps, de formules géométriques, si aride et si repoussant dans son style, est au fond un hymne mystique, un élan et un soupir de l'âme vers celui qui, seul, peut dire légitimement : *Je suis celui qui suis*. Spinoza, calomnié, excommunié, persécuté par les juifs comme ayant abandonné leur foi, est essentiellement juif, et bien plus qu'il ne le croyait lui-même. Le Dieu des juifs est un Dieu terrible. Nulle créature vivante n'a de prix à ses yeux, et l'âme de l'homme lui est comme l'herbe des champs et le sang des bêtes de somme (1). Il appartenait à une autre époque du monde, à des lumières tout autrement hautes que celles du judaïsme, de rétablir le lien du fini et de l'infini, de séparer l'âme de tous les autres objets, de l'arracher à la nature, où elle était comme ensevelie, et, par une médiation et une rédemption sublime, de la mettre en un juste rapport avec Dieu. Spinoza n'a pas connu cette médiation. Pour lui le fini est resté d'un côté, et l'infini de l'autre ; l'infini ne produisant le fini que pour le détruire, sans raison et sans fin. Oui, Spinoza est juif, et quand il priait Jéhovah sur cette pierre que je foule, il le priait sincèrement dans l'esprit de la religion judaïque. Sa vie est le symbole de son système. Adorant l'Éternel, sans cesse en face de l'infini, il a dédaigné ce monde qui passe ; il n'a connu ni le plaisir, ni l'action, ni la gloire, car il n'a pas soupçonné la sienne. Jeune, il a voulu connaître l'amour, mais il ne l'a pas connu, puisqu'il ne l'a pas inspiré. Pauvre et souffrant, sa vie a été l'attente et la méditation de la mort (2). Il a vécu dans un faubourg de cette ville ou dans un village voisin, ou dans un coin de La Haye, gagnant, à polir des verres, le peu de pain et de lait dont il avait besoin pour se soutenir ; haï, répudié des hommes de sa communion, suspect

_____

(1) Ecclésiaste.

(2) Spin. Vita est meditatio mortis.

à tous les autres, détesté de tous les clergés de l'Europe qu'il voulait soumettre à l'État, n'échappant aux persécutions et aux outrages qu'en cachant sa vie, humble et silencieux, d'une douceur et d'une patience à toute épreuve, passant dans ce monde sans vouloir s'y arrêter, ne songeant à y faire aucun effet, à y laisser aucune trace. Spinosa est un mouni indien, un soufi persan, un moine enthousiaste; et l'auteur auquel ressemble le plus ce prétendu athée est l'auteur inconnu de l'*Imitation de Jésus-Christ*. Ici sa trace est entièrement effacée; aujourd'hui même dans tout l'éclat de sa gloire, quand ses idées se répandent et retentissent dans le monde entier, personne ne sait son nom, personne ne peut me dire où il a vécu et où il est mort, et je suis certainement le seul dans cette synagogue qui pense à Benoît Spinosa.

Avant le dîner, la synagogue; après le dîner, la comédie, non pas la comédie française que donnaient mes chers compatriotes, les artistes de la foire (j'aurai tout le temps d'entendre M. Scribe à Paris); mais la comédie nationale et populaire. La pièce que nous avons vue s'appelle *Les Sangsues* : c'est une farce qui se passe dans la boutique d'un apothicaire.

J'aurais dû rester plusieurs jours à Amsterdam, mais le mauvais temps et l'odeur des canaux me chassèrent; et le lendemain, à six heures du matin, j'étais, avec mes compagnons de voyage, sur la route d'Amsterdam à Utrecht.

UTRECHT.

L'école française. L'inspecteur M. van Goudoever. — L'école latine. — Étude presque exclusive du grec et du latin. — Maîtres spéciaux appliqués, dans chaque classe, à chaque branche d'études. — Absence d'enseignement philosophique et religieux. — Système de l'externat. — Constitution financière de l'école latine. — Mode de nomination des professeurs. — Université d'Utrecht. Sa constitution. — Un examen de candidat ès lettres. — Bâtiment de l'université. Salle des promotions. Portraits des professeurs. Annales de l'université — Souvenirs de Descartes à Utrecht. — M. van Heusde.

(22—24 SEPTEMBRE.)

La route d'Amsterdam à Utrecht est célèbre par son agrément. Elle offre, des deux côtés, une succession non interrompue de charmants paysages, de châteaux, de villas, qui s'avancent jusque sur les bords de la route et du canal, et présentent à l'œil des parterres de fleurs, des corbeilles de roses, et cette fraîcheur de verdure, même en automne, qui manque presque en toute saison à l'Italie. Cette route me rappelle celle de Vérone à Venise, sur les bords de la Brenta, avec la même bordure de maisons de plaisance. Mais ici tout est froid, tout est monotone ; des plaines et toujours des plaines ; tandis que sur les bords de la Brenta, à cette même époque de l'année, il y a encore une impression de la chaleur de l'été, et les monts Euganéens, avec leurs lignes harmonieuses, encadrent agréablement le tableau. Au reste, la Hollande et l'Italie sont deux extrêmes qu'il ne faut pas plus comparer que Berghem et Salvator; mais chacun de ces extrêmes a, du moins, un caractère prononcé.

Utrecht est une belle ville de quarante à quarante-cinq mille âmes. Elle est déjà plus élevée que toutes celles que je viens de parcourir, et l'air y est plus pur et plus vif. J'avoue qu'en quittant Amsterdam j'ai rencontré avec plaisir une ville où j'ai pu respirer tout à mon aise, avec un peu de danger peut-être pour ma poitrine, mais avec sécurité pour mon odorat.

J'ai beaucoup à faire ici. J'y veux voir, pour l'instruction primaire, une école française que l'on m'a beaucoup vantée ; l'école latine, qui passe pour la meilleure de la Hollande ; l'université, et M. van Heusde. Aussi, tandis que mon excellent guide, M. Schreuder, va prévenir de notre arrivée les personnes qu'il nous importe de connaître, nous montons sur le célèbre tour d'Utrecht, pour nous donner le spectacle de la ville et de ses environs. Utrecht est assise sur deux bras du Rhin qui la traversent dans toute sa longueur, et y forment deux lignes de quais plantés d'arbres, comme tous les quais de la Hollande. Les anciens remparts ont fait place à de charmantes promenades. Point de monuments importants, excepté l'hôtel de ville et la cathédrale, dont faisait partie la tour sur laquelle nous sommes établis. Il ne reste de cette cathédrale que le chœur et la croix. La partie de la nef qui était adossée à la tour a été renversée dans une tempête. Cette tour servait probablement de portail. A côté était le palais de l'évêque, et derrière le chœur, le cloître d'un couvent devenu le bâtiment de l'université. Toutes ces parties, liées entre elles, formaient un édifice immense. Je me félicite presque qu'il n'y ait pas un plus grand nombre de curiosités remarquables à Utrecht, pour pouvoir m'occuper sans distraction de l'objet de mon voyage.

Utrecht possède trois ou quatre écoles de pauvres, plusieurs écoles intermédiaires, et quelques écoles françaises privées. Dans ces derniers temps, la commission des écoles de la ville a eu l'heureuse idée de fonder une école française publique, une véritable *Bürger-schule* allemande, une école primaire supérieure, que pussent fréquenter les enfants des plus honorables familles, et où l'instruction fût meilleure et plus étendue que dans les écoles françaises particulières. C'est la commission elle même qui a établi cette école à l'aide d'une souscription formée dans son sein, et avec un secours donné par le conseil municipal. C'est donc réellement une école publique : elle prospère ; on dit qu'elle sera bientôt en état de rembourser la somme avancée par la commission, et même de ne plus rien coûter à la ville.

Cette école contient deux classes, l'une pour ceux qui commencent, l'autre pour les plus avancés. Dans cette dernière, on reste jusqu'à treize ou quatorze ans. On paye 40 florins dans la classe inférieure et 75 dans la classe supérieure. Dans la même maison, mais dans une autre aile, est une école semblable pour les filles, dont la classe inférieure est seule en activité jusqu'ici.

J'ai examiné avec soin toute cette école, et je l'ai trouvée digne de sa bonne réputation.

Du moins puis-je assurer que je n'ai pas vu une seule école française en Hollande, pas même à La Haye, où la langue française soit aussi bien enseignée et poussée aussi loin que dans l'école d'Utrecht. Les élèves les plus avancés sont assez familiers avec le français pour que j'aie pu les interroger en cette langue et sur le français et sur la géographie et sur l'histoire. J'ai pris les quatre élèves les plus forts, et je leur ai fait des questions assez difficiles. Ils lisent fort bien le français, mais dans quels livres ? Toujours *Numa Pompilius*, que j'ai rencontré d'un bout de la Hollande à l'autre, et la traduction française de je ne sais plus quel ouvrage de miss Edgeworth. En ma qualité de membre de l'Académie française, j'ai partout interposé mon autorité, et j'ai prié messieurs les inspecteurs primaires de vouloir bien introduire dans les écoles des ouvrages français véritablement classiques, par exemple le *Télémaque*, le *Traité de l'existence de Dieu*, de Fénélon, *les Mœurs des premiers chrétiens*, de Fleury, etc. Je me suis permis de leur recommander la petite *Grammaire française* de Lhomond pour les commençants, et pour les plus forts, l'excellente *Grammaire française* de Guéroult. Ces jeunes gens m'ont véritablement étonné par la manière dont ils m'ont répondu sur l'histoire de France. Ils connaissent à merveille la succession des rois et des principaux événements de chaque règne. Ils possèdent parfaitement la géographie de France, et je déclare que j'aurais été très-satisfait si on m'eût aussi bien répondu dans une école du même degré à Paris. J'en ai fait sincèrement mes compliments au directeur de l'école et à l'inspecteur M. van Goudoever, professeur de littérature latine à l'université, homme instruit et actif, qui, par son influence et la juste considération dont il est entouré, a rendu les plus grands services à l'instruction primaire. Quand cet établissement sera complété par la division supérieure de l'école des filles, ce sera une excellente école bourgeoise. Mais

j'ai bien recommandé à M. van Goudoever de faire payer aussi 75 florins au moins dans la division supérieure de l'école de filles ; car un prix un peu élevé, sans l'être trop, est le seul moyen de décider la classe moyenne à envoyer ses enfants à une école primaire, par l'assurance qu'ils n'y seront pas confondus avec ceux de la classe indigente. En France, si jamais on veut avoir des écoles bourgeoises et exécuter sérieusement l'article de la loi de 1833, qui établit des écoles primaires supérieures dans toute ville de plus de 6,000 âmes et dans tout chef-lieu de département, il faudra y attirer, non pas, comme on le croit, par le très-bon marché, mais, au contraire, par un prix convenable qui donne un certain lustre à ces écoles, et mette dans l'esprit des familles qu'elles n'appartiennent à l'instruction primaire que par ce seul endroit, qu'on n'y enseigne point le grec ni le latin. Ce jour-là, la cause des écoles primaires supérieures sera gagnée en France. La ville de Paris songe enfin, après trois ans, à exécuter la loi en à fonder une école primaire supérieure ; si elle veut en croire mon expérience, elle établira une rétribution de 50 à 100 francs par an ; elle donnera à cette école un autre nom que celui d'école primaire supérieure ; elle l'appellera école moyenne ou école intermédiaire, et elle ne craindra pas d'y élever l'enseignement et de le faire monter, par une gradation habile, jusqu'à une instruction véritablement libérale, avec des annexes industrielles et commerciales.

L'école latine était à Utrecht l'établissement d'instruction publique que je désirais le plus connaître. Depuis La Haye, je n'avais pas visité d'école latine, et je m'étais toujours réservé pour celle d'Utrecht, que l'on m'avait signalée comme un modèle en ce genre. Les deux écoles latines d'Utrecht et de La Haye, passant pour les deux meilleures du pays, l'examen de l'une et de l'autre suffisait pour me mettre en possession du véritable état de l'instruction secondaire en Hollande.

Rappelons-nous bien le problème que doit résoudre un gymnase, un collège ; c'est de préparer à l'instruction supérieure, à l'université. En effet, on n'apprend pas les mathématiques et les langues savantes pour n'en rien faire, mais dans le dessein de se mettre par ce moyen en état d'embrasser les professions pour lesquelles ces diverses connaissances sont nécessaires. Si ce principe est incontestable, il doit servir à constituer l'instruction secondaire et le collège.

Supposez un collège où, par exemple, on n'enseigne que les mathématiques, la chimie, la physique, l'histoire naturelle et les langues vivantes. Ce collège ne prépare point à l'université : il ne prépare tout au plus qu'à la faculté de médecine. Mais, dans ce cas, où iront s'instruire ceux qui, à l'université, veulent suivre la faculté de jurisprudence ou quelque autre faculté ? Il leur faudra donc un collége spécial. Mais ces colléges spéciaux auraient l'inconvénient de former d'avance de futurs médecins qui seraient incapables de lire dans leur langue Gallien, Celse, Boerhaave, Stahl, etc., et des jurisconsultes qui n'auraient pas la moindre notion des lois de la nature. Il s'ensuit que le collége, pour préparer aux différentes facultés, doit contenir des enseignements divers, littéraires et scientifiques. Je repousse donc à la fois, ainsi que M. Cuvier, d'une part, une instruction secondaire privée qui n'enseignerait pas le grec et le latin, et de l'autre, une instruction secondaire publique qui n'enseignerait que le grec et le latin, et n'enseignerait ni les mathématiques, ni l'histoire et la géographie, ni les principales langues de l'Europe ; et je demande une instruction secondaire publique et privée, des instituts particuliers et des gymnases, qui réunissent tous ces enseignements. C'est à peu près là le système français ; c'est tout à fait le système prussien ; depuis 1815, la Hollande y est plus ou moins entrée.

Ces principes posés, je me permets d'attaquer le titre d'école latine. Ce titre était parfaitement vrai jadis, quand, dans l'école latine, on n'enseignait que les études classiques ; mais si on y enseigne encore autre chose, ce titre est faux, et la persistance du titre est très-propre à retenir l'enseignement dans ses anciennes limites.

J'avais trouvé bien des lacunes dans le programme des études de l'école latine de La Haye ; je les ai retrouvées presque toutes dans celle d'Utrecht. Ainsi, je venais de quitter une école primaire où j'avais pu m'entretenir en français sur l'histoire de France, avec des jeunes gens de douze à quatorze ans ; et quand je suis arrivé à l'école latine, dans les classes même les plus élevées, les jeunes élèves n'ont pu me répondre en français. L'allemand n'est guère mieux enseigné. Il y a bien quelques leçons sur ces deux langues ; mais ces leçons ne sont pas obligatoires ; et cette partie du programme est à peu près inexécutée. On ne voit pas même figurer dans ce programme les sciences naturelles et les sciences physiques. Les mathématiques sont un peu plus cultivées, mais sans jouir d'une grande considération. Tout l'intérêt est pour les études classiques. J'incline donc à penser que l'école latine d'Utrecht mérite son nom ; et bien qu'elle admette déjà une instruction plus étendue que l'ancienne école latine hollandaise, elle n'est encore ni un gymnase allemand, ni même un collége français.

C'est du moins une excellente école latine. J'y ai examiné la plus basse classe, la troisième, la seconde et la première. On y soigne, avec beaucoup de raison, l'enseignement des éléments, et les classes sont parfaitement graduées entre elles. J'ai fait moi-même expliquer en troisième un morceau de Plutarque, dont

les élèves se sont bien tirés. La première classe n'est composée que d'une douzaine d'élèves, et ce nombre me paraît suffisant. J'ai prié quelques-uns de ces jeunes gens de mettre en latin, sur-le-champ, devant moi, un morceau de l'Hécube d'Euripide. Je les ai interrogés en latin sur la partie grammaticale de ce morceau, et ils m'ont répondu, toujours en latin, d'une manière satisfaisante. Je leur ai fait scander un morceau de l'Énéide, et leur ai fait rendre compte de la force des expressions. J'étais bien certain que tout cela était improvisé, puisque c'était moi-même qui faisais les interrogations.

En somme, cette école est bonne, et j'en ai été content ; mais quoiqu'on y enseigne principalement le grec et le latin, je déclare en conscience que le grec et le latin n'y sont pas mieux enseignés, ni poussés même aussi loin que dans les gymnases de l'Allemagne, où pourtant on enseigne encore beaucoup d'autres choses. L'école latine d'Utrecht ne vaut pas mieux, comme école latine, qu'aucun des gymnases que j'ai vus ; et en même temps elle renferme un plan d'études moins varié et moins riche. Les écoles latines de Hollande ont donc beaucoup gagné depuis M. Cuvier ; mais il leur reste quelque chose à faire pour arriver au point où elles rempliront toute leur destination, et prépareront véritablement à l'université.

J'ai dit tout cela à M. van Heusde, professeur de littérature grecque et de philosophie à l'université d'Utrecht, un des curateurs de l'école latine, qui avait bien voulu m'en faire les honneurs ; je lui ai dit tout cela, mais sans l'ébranler. M. van Heusde est tout à fait dans les principes de M. Thiersch : il est humaniste et exclusivement humaniste en fait de collége. Pour moi, après avoir vu et comparé la France, l'Allemagne et la Hollande, je demeure convaincu que, dans l'instruction secondaire, les études classiques, les lettres grecques et latines doivent être le principal ; car c'est là qu'est la vraie culture de l'esprit et de l'âme ; mais qu'en même temps il faut joindre aux bonnes lettres, aux humanités, l'étude des sciences exactes, sans lesquelles il n'y a plus aujourd'hui de vraies lumières, ainsi que l'étude des langues vivantes, sans lesquelles on n'appartient pas à la grande famille civilisée. Lorsqu'on prétend que cette simultanéité d'études est une chimère, et tourne au détriment de chaque branche en particulier, je réponds hautement par l'exemple des gymnases de Berlin que j'ai inspectés moi-même, et je soutiens qu'à Paris, quand on voudra être un peu sévère sur l'ensemble des connaissances au baccalauréat ès lettres, on obtiendra le même ensemble dans les études de nos colléges. D'ailleurs ce n'est pas tant la force spéciale de telles ou telles études qu'il faut rechercher dans un collége ; c'est bien plutôt l'harmonie des diverses connaissances ; car c'est pré-

cisément cette harmonie qui constitue la bonne éducation. Ensuite les diverses facultés de l'université, et
plus tard les écoles spéciales, impriment à l'esprit une
direction spéciale et cultivent fortement telle ou telle
branche des connaissances humaines. Au fond, ai-je
dit à M. van Heusde, savez-vous quel est l'idéal de
votre école latine? un collége de jésuites. A l'exception du grec, qui était négligé dans les colléges de la
Société, les lettres latines y étaient très-cultivées, et
à peu près exclusivement cultivées. Qu'est-il sorti de
ces colléges tant vantés? une génération de beaux esprits superficiels.

Je ne puis pas non plus approuver sans réserve un
autre point essentiel de l'organisation de l'école latine
d'Utrecht ; je veux parler des maltres attachés à telle
ou telle branche d'enseignement, et la suivant dans
toutes les classes, au lieu d'enseigner dans une seule
les diverses branches de connaissances que cette classe
comprend. J'accorde cela pour les mathématiques,
pour les sciences physiques, pour les langues modernes, pour l'histoire même, comme nous l'avons
fait chez nous, peut-être avec plus d'inconvénients
que d'avantages. Mais, pour tout le reste, je n'admets
pas qu'on doive confier à un maltre la poésie latine, à
un autre la prose, à un autre le grec, etc. Mon objection radicale contre ce système est le défaut d'une autorité unique, permanente, continue dans une classe.
Ensuite, comment abandonner un élève, depuis la
sixième jusqu'à la première, pour une branche importante d'études, à un seul et même professeur, qui,
s'il est mal choisi, ou s'il se néglige, ou s'il se fatigue,
ruine cette branche d'études depuis le commencement
jusqu'à la fin, et pendant les cinq ou six ans de l'école !
Cette pratique est encore imitée des colléges des
jésuites, où le professeur de sixième montait, d'année
en année, dans les classes supérieures, de manière à
suivre ses élèves dans toutes les classes et dans tout le
cours de leurs études. J'ai rappelé à M. van Heusde,
contre ce système, que nous appelions en badinant le
système circulaire de l'école latine d'Utrecht, toutes
les objections de détail que j'avais présentées à
M. Wynbeek et à M. Bax à La Haye. Elles n'ont pas eu
le même succès auprès de mon savant interlocuteur.

Son grand argument était celui-ci : Un homme ne
peut pas posséder également toutes les branches de
connaissances qu'on doit enseigner dans une classe.
Réponse : Tout au contraire, je soutiens qu'à part les
exceptions ci-dessus mentionnées, tout bon professeur
de sixième, par exemple, doit savoir le grec, tout le
latin, toute l'histoire même et toute la géographie
dont ses élèves ont besoin. Je ne puis comprendre un
professeur de sixième qui ferait expliquer les Fables
de Phèdre sans être en état de citer les Fables d'Ésope,
et sans faire, devant ses élèves, la comparaison in-

structive de l'original et de la copie. Séparer le grec
et le latin est nécessaire dans une faculté de l'université, mais non pas dans un collége. Si j'osais, j'en
dirais presque autant de la géographie et de l'histoire
ancienne, et je ne verrais aucun inconvénient à ce que
les professeurs de grec et de latin enseignassent l'histoire grecque et l'histoire romaine. Ils l'enseigneraient
au moins sur des textes positifs; ils mettraient par là
beaucoup de faits dans la tête des jeunes gens, et on
ne verrait plus de cours d'histoire de collége, appartenant beaucoup plus à la philosophie de l'histoire
qu'à l'histoire proprement dite.

Second argument : A la longue, un professeur s'en-
nuie de rester toujours dans la même classe. Réponse :
Mais, à la longue, un professeur peut s'ennuyer aussi
de n'enseigner jamais que les mêmes choses. Le remède unique à cet inconvénient est dans une bonne
administration des colléges, qui, surveillant avec soin
chaque professeur, tout en le maintenant longtemps
dans une classe pour qu'il la possède bien, saisit le
moment où la fatigue commence, pour le faire monter
dans une classe supérieure, relevant ainsi et variant
ses occupations.

Troisième argument : Les hommes chargés d'une
branche spéciale la professent mieux. Réponse : L'argument est vrai, mais il ne porte pas, parce que la
question n'est pas de savoir si un professeur spécial ne
professera pas mieux une branche spéciale, mais si
un seul et même professeur n'est pas en état de professer très-convenablement plusieurs branches à la fois,
et si le résultat dernier que l'on se propose, à savoir,
la bonne instruction générale des élèves, n'est pas
mieux atteint dans un système que dans l'autre. Ces
maltres spéciaux tirent chacun de leur côté; et comme
ils ne peuvent pas être tous de la même force ni également intéressants, l'équilibre de la classe, ce point
si essentiel, est rompu, et le grec est sacrifié au latin
ou le latin au grec. Il peut arriver aussi que les branches les moins importantes, si elles sont mieux enseignées et peut-être avec plus de zèle et de chaleur que
de véritable talent, nuisent à d'autres branches plus
importantes et plus austères.

« Mais vous, disais-je à M. van Heusde, qui aimez
tant les maltres spéciaux pour chaque branche de
connaissances, comment n'avez-vous pas un professeur
de philosophie? Je ne vois point d'enseignement philosophique dans l'école latine d'Utrecht. — Il n'y a
point d'enseignement philosophique proprement dit
dans aucune de nos écoles latines, me répondit M. van
Heusde, parce qu'à cet âge nous ne croyons pas les
jeunes gens capables d'études aussi difficiles; mais les
professeurs de littérature grecque et de littérature latine rencontrent et développent beaucoup de maximes
philosophiques dans l'explication de certains écrits de

Cicéron et de plusieurs dialogues de Platon. Nos jeunes élèves se familiarisent ainsi avec la philosophie ancienne, et sont préparés à l'enseignement philosophique des universités. » Il faut convenir qu'il en est à peu près de même dans les gymnases de l'Allemagne. Mais j'appris à M. van Heusde qu'il n'en était plus tout à fait ainsi dans les gymnases de la Prusse, et que dans la première classe il y avait un enseignement philosophique élémentaire (1). Cette pratique me paraît excellente en elle-même et nécessaire. Sans doute, il sort une bonne instruction philosophique du *de Officiis*, du *Criton*, de l'*Alcibiade* et des dialogues socratiques; mais il faut coordonner ces maximes et en faire un ensemble, pour que cet ensemble s'imprime dans l'esprit et dans l'âme. Et puis, il convient d'inculquer de bonne heure le sentiment de la dignité de la philosophie, et ceci est un point très-important. Ensuite, si le gymnase est une préparation à l'université, il doit préparer au cours de philosophie de la faculté des lettres. Il ne faut pas alléguer l'âge de ces jeunes gens, car s'ils sont capables de comprendre l'*Alcibiade* de Platon et les idées qui s'y rencontrent, ils peuvent bien comprendre ces mêmes idées arrangées dans un certain ordre. Enfin, en ne plaçant pas dans les colléges un enseignement philosophique élémentaire, on condamne les universités à se charger de cet enseignement, et on abaisse alors, on réduit à une nullité presque absolue la philosophie dans les universités.

Je remarquai aussi qu'il n'y avait aucun enseignement moral et religieux dans l'école latine d'Utrecht. C'est le même système que dans l'enseignement primaire, et M. van Heusde me répéta pour l'école latine absolument ce que tous les inspecteurs primaires m'avaient dit pour leurs écoles : Tous les maîtres ici s'appliquent en toute occasion à rappeler les principes de l'Évangile et à inculquer l'esprit de moralité et de piété; mais nous n'avons pas d'enseignement spécial à cet égard ; un pareil enseignement n'a lieu qu'en dehors de l'école latine, dans le temple ou dans l'église. Et M. van Heusde me donnait de cette coutume les mêmes raisons qu'on m'en avait déjà données, la nécessité de maintenir la tolérance, surtout la nécessité de ne point effaroucher les ministres des différents cultes, l'impossibilité de se passer d'eux pour un tel enseignement, et en même temps l'inconvénient de le confier à l'un d'eux en particulier. — Mais pourquoi ne confieriez-vous pas l'enseignement religieux des différents cultes à des ministres de ces cultes? Nul n'aurait à se plaindre, et l'école y gagnerait. — C'est

(1) Mémoire sur l'instruction secondaire en Prusse. Pour cet enseignement on se sert de l'excellent *Manuel de philosophie* d'Aug. Matthiæ.

ce qui se fait, me dit-il, mais hors de l'école. — A la bonne heure, si cela se fait, mais cela se fait-il réellement? Remarquez que dans les classes supérieures des écoles latines, les enfants ont fait leur première communion, et qu'il n'y a plus pour eux, en dehors de l'école, d'exercices religieux obligés ; or, en toute chose, je ne me fie qu'à l'obligé. Si vous m'assurez que, sans cette obligation, l'esprit de piété est tel en Hollande que vos jeunes gens ne manquent pas de suivre le sermon ou le prêche et des exercices religieux, je m'incline et me tais; mais en Allemagne, il y a au moins autant de piété que chez vous, et pourtant je n'y ai pas vu un gymnase où il n'y ait un enseignement religieux. En Allemagne cet enseignement est quelquefois si général, qu'il convient aux enfants de toutes les communions, excepté aux juifs qui naturellement n'assistent point à ces cours. Cet enseignement, habilement réparti dans toutes les classes, est regardé comme le fondement du gymnase. Il est même poussé si loin, bien entendu sans discussions théologiques, dans la classe supérieure, que longtemps il a dispensé et qu'encore aujourd'hui il dispense quelquefois de l'enseignement philosophique. En effet, le christianisme peut être considéré comme la philosophie de la jeunesse. Mais vous, dans vos écoles latines, vous n'avez ni enseignement philosophique ni enseignement religieux. Votre enseignement scientifique n'est pas très-développé. Vous n'enseignez réellement aucune langue vivante. C'est qu'au fond vous ne voulez dans vos écoles latines que du grec et du latin, conformément à leur titre. Pour moi, je veux dans tout collége un enseignement moral et religieux, parce que je ne crois pas que les pratiques extérieures du culte, fussent-elles même régulièrement suivies, suffisent à l'éducation morale et religieuse de la jeunesse, et que ces exercices, sans un enseignement qui les soutienne et les explique, sont plus dangereux qu'utiles dans un certain développement de l'esprit. Je veux un enseignement moral et religieux très-général et sans acception d'aucune communion dans les écoles primaires, comme base commune de l'enseignement religieux positif que les différents cultes donneront dans l'église, le temple ou la synagogue. De même, dans le collége, je réclame un enseignement religieux donné dans les murs mêmes du collége aux jeunes gens des différents cultes par les ministres de ces cultes, un enseignement chrétien qui suive les jeunes gens depuis leur entrée jusqu'à leur sortie du collége, qui les pénètre d'un respect éclairé et durable pour les grands monuments du christianisme, pour les grandes vérités qu'il a mises dans le monde, et pour la sublime morale de l'Évangile. Maintenant vous me dites qu'un pareil enseignement est difficile à maintenir dans les limites de la tolérance et de la raison. J'en conviens avec vous ; je conviens encore qu'il vaut mieux que cet enseignement n'ait pas lieu, que s'il était fait dans un esprit de fanatisme ou de prosélytisme, ou de dévotion mesquine et superstitieuse ; mais je vous donne ma parole que j'ai assisté en Allemagne à des leçons de religion, dans les écoles du peuple et dans les gymnases, qui m'ont pénétré d'admiration, et ce qui vaut encore mieux, qui m'ont donné à moi-même, au moins pendant cette heure fugitive, tous les sentiments que je voudrais voir s'enraciner dans le cœur de mes semblables.

Nous avons aussi agité la grande question de l'externat et du pensionnat dans l'instruction secondaire. Ici tout le monde est unanime contre le pensionnat, et M. van Heusde m'a parlé comme M. Bax. L'école latine d'Utrecht est un externat comme celle de La Haye (1), et il n'y a pas en Hollande une seule école latine, un seul gymnase à pensionnat. J'ai demandé quel moyen on avait alors de connaître profondément chaque élève, et d'influer sur ses sentiments ; en un mot, de mêler l'éducation à l'instruction. Voici ce qui m'a été répondu : « 1° Le directeur et les professeurs, délivrés des soins qu'entraîne le pensionnat, correspondent habituellement avec les pères et les mères de famille. La famille et l'école s'entr'aident. Les mères, en particulier, ont un zèle admirable. 2° Chaque maître s'efforce de cultiver l'âme de ses élèves en ramenant sans cesse dans ses leçons de bonnes maximes, et en saisissant toutes les occasions de se livrer à des réflexions morales. » Ces deux excellentes pratiques existent aussi en Allemagne, où le plus grand nombre des gymnases sont, comme en Hollande, des externats. Et à ce propos, je ne puis m'empêcher de faire remarquer que les deux peuples où l'éducation joue le plus grand rôle dans l'instruction, sont précisément les deux peuples qui préfèrent l'externat au pensionnat, tandis qu'en France, où l'internat prévaut, sur le principe que l'internat seul peut donner l'éducation, l'éducation est presque nulle ou beaucoup plus faible que dans les deux autres pays. J'ai moi-même exposé ailleurs les difficultés de toute espèce et les graves dangers du collége à pensionnat (2). D'un autre côté, un pareil collége bien dirigé serait une chose si admirable et si utile, ce serait une leçon si efficace et si vive d'ordre, de hiérarchie et de justice, que je ne voudrais pas désarmer la société d'un tel moyen de culture morale et politique. Et puis, en France, la vie domestique est malheureusement si faible, que si nos colléges cessaient d'être des pensionnats, les établissements privés s'enrichiraient seuls de leurs dépouilles, il y aurait autant d'enfants enlevés à leurs familles, avec cette seule diffé-

rence, qu'au lieu de tomber entre les mains vigilantes de l'État, ils seraient abandonnés à des spéculations particulières bien moins capables encore que le gouvernement de succéder aux droits et aux devoirs de la famille. En résumé, je ne crois pas qu'on puisse résoudre le problème d'une manière absolue. Tout dépend des mœurs du pays, du plus ou moins de force de la vie de famille, et de beaucoup d'autres choses qu'il faut prendre en considération pour fonder à propos un collége de pensionnaires ou d'externes. La seule chose que je n'aie vue réussir nulle part, c'est un pensionnat trop considérable.

Je termine cet examen de l'école d'Utrecht par quelques mots sur sa constitution intérieure et sur le mode de nomination des professeurs. Pour une centaine d'élèves, il y a sept professeurs, indépendamment des maîtres de français et d'allemand. Parmi les professeurs, deux sont les supérieurs officiels des autres, et portent les titres de rector et conrector, comme en Allemagne, c'est-à-dire notre proviseur et notre censeur. L'école est sous la surveillance d'un collége de curateurs, comme l'athénée d'Amsterdam. Cette commission a la plus grande confiance dans un de ses membres, M. van Heusde, le premier homme de l'université et du pays, qui gouverne à peu près l'école latine et la dirige dans l'esprit que nous avons signalé. C'est le collége des curateurs qui propose les candidats pour les places de professeurs au conseil municipal d'Utrecht ; le conseil nomme les professeurs et il les paye. L'État n'intervient ni dans la nomination, ni dans le traitement des professeurs ; et il en est ainsi dans toute la Hollande (3). L'instruction secondaire ne coûte donc presque rien à l'État ; mais aussi l'État n'exerce presque aucune influence sur elle, excepté par la surveillance de l'inspecteur des écoles latines, M. Wynbeek, qui réside à La Haye, et fait de temps en temps quelques tournées. En réalité, l'instruction secondaire est ici toute municipale, et plus municipale même que l'instruction primaire ; car celle-ci est presque tout entière entre les mains des inspecteurs qui la surveillent, composent les commissions d'examen de capacité générale, et président les concours pour les nominations spéciales ; et ces inspecteurs sont nommés et payés par l'État. Il y a même des places de maîtres d'école de ville et de village, dont l'État fait ou complète le traitement, quand la commune et le département n'y suffisent pas. A l'autre extrémité de l'instruction publique, dans les universités, l'État intervient encore, et il intervient seul : il paye les professeurs et il les nomme. Mais toute l'instruction secondaire est abandonnée aux municipalités, éclairées et dirigées, il est

---

(1) Voyez La Haye, pag. 230.
(2) Rapport, etc.

(3) Voyez La Haye, pag. 230 ; et Amsterdam, pag. 253.

vrai , par des colléges de curateurs. Pour devenir recteur ou professeur , il n'y a pas d'autres conditions
que celles de certains grades universitaires ; le recteur
doit être docteur ès lettres , et tout professeur au moins
candidat ; mais outre les grades , il n'y a pas d'examens spéciaux qui constatent la capacité spéciale d'enseigner en telle ou telle classe ; et il n'y a point de
mode régulier de préparer à l'enseignement , comme
en Allemagne et chez nous (1). Une ordonnance royale
a bien institué des cours de pédagogie dans les trois
universités du royaume , pour les jeunes gens qui se
destinent à l'enseignement ; mais ces cours de pédagogie sont presque entièrement théoriques. A Utrecht,
c'est M. van Goudoever , le professeur de littérature
latine , qui est chargé du cours de pédagogie. Or , on
voit par le programme des leçons de l'université , que
celles-là n'ont lieu que deux fois par semaine ; chacune
est d'une heure seulement (et M. Bake , qui est chargé
de ce même cours à Leyde , n'y emploie pas plus de
temps). C'est déjà quelque chose que l'institution de
ces cours ; elle trahit au moins le sentiment d'un besoin réel ; mais il y a loin de là aux écoles normales
de la Prusse et à notre école normale de Paris. En général , l'organisation de l'instruction secondaire en Hollande est , à mon gré , l'enfance de l'art , et l'ordon-
nan e de 1815 demande une révision sérieuse où l'on
laisse à l'État une part bien plus forte dans le gouvernement de l'instruction secondaire. Mais encore une
fois , il ne faut pas oublier que la Hollande est une
vieille république où il règne encore beaucoup d'esprit
républicain , j'entends dans le bon sens du mot. Pour
bien apprécier les institutions de ce pays , il ne faut
jamais perdre de vue les deux choses qui y dominent,
l'esprit municipal et l'esprit de famille. C'est cet esprit
qui a produit et qui maintient les colléges d'externes
exclusivement municipaux. En France , l'esprit contraire a produit et soutient nos colléges royaux à pensionnat. Mais il est temps de passer de l'instruction
secondaire à l'instruction supérieure , de l'école latine
à l'université d'Utrecht.

Qui connaît l'ordonnance de 1815 sur les universités, connaît l'université d'Utrecht ; car en Hollande,
les lois sont exécutées , et les règlements ne vont pas
d'un côté et les faits de l'autre. Une université hollandaise est d'ailleurs presque entièrement une université allemande (2). Tandis que les écoles latines sont
exclusivement entretenues par les villes , comme nos
colléges communaux , les universités sont entretenues
par l'État et ne relèvent que de l'État. Auprès de chaque université est un collége de curateurs , encore

comme en Allemagne. L'université est gouvernée ,
pour le train ordinaire des affaires , par le sénat académique , l'assemblée de tous les professeurs ordinaires, et par le recteur élu par cette assemblée et nommé
par le roi pour une année , à tour de rôle , dans chaque faculté. Il n'y a pas seulement ici quatre facultés,
comme en Allemagne ; mais , ce qui vaut mieux , et
ce qui est un reste du régime français, il y a cinq facultés. L'ordo philosophicus de l'Allemagne (3) est ici
divisé en deux , comme chez nous : les lettres et les
sciences. En revanche, je désirerais que la Hollande,
ainsi que la France , eussent dans chaque faculté ,
outre des professeurs ordinaires et des adjoints , avec
des rangs et des traitements différents , de jeunes docteurs admis , à certaines conditions , à faire des cours
dans l'auditoire de chaque faculté. Voilà six ans que
je demande à tous les ministres qui se succèdent au
ministère de l'instruction publique , d'appliquer à toutes les facultés la belle institution des agrégés de la
faculté de médecine. Les lecteurs des universités hollandaises ne sont que l'ombre de cette institution ; car
ces lecteurs ne font des cours que sur des matières de
peu d'importance , tandis que nos agrégés de l'école
de médecine , les Privat-docenten des universités allemandes, font précisément des cours sur les points
les plus intéressants que négligent quelquefois les professeurs ordinaires et les adjoints , et par là soutiennent et animent l'enseignement , et complètent , presque sans aucuns frais , l'encyclopédie scientifique que
toute université doit présenter. Mais , j'ai ailleurs (4)
assez développé mes idées à cet égard , pour qu'il soit
superflu d'y insister davantage.

Ici , comme en Allemagne , personne ne comprend
des professeurs ordinaires de l'université , qui doivent
être des hommes depuis longtemps connus et entourés
d'une certaine renommée , concourant comme d'obscurs maîtres d'école ou comme des jeunes gens , et
subissant des épreuves très-hasardeuses , devant des
juges qui , à dire vrai , sont et doivent être incapables
de les apprécier. En effet , que dans une faculté des
sciences, par exemple , le professeur unique de mathématiques vienne à mourir , voilà les professeurs
d'histoire naturelle , de physique , de chimie , etc. ,
qui se trouvent juges d'un concours pour une chaire
de mathématiques , lorsqu'ils ne sont pas ou peuvent
ne pas être mathématiciens , et quand celui qui se présente doit leur être infiniment supérieur à tous dans
cette branche spéciale de connaissances. Je suppose
qu'à notre faculté des lettres , le professeur de géographie savante vienne à nous manquer ; comment

(1) Mémoire sur l'instruction secondaire en Prusse. Pour
la France, voy. le recueil intitulé : *École normale*, etc.
(2) Rapport, etc. Université de Iéna. Université de Leipzig.

(3) Rapport, etc. Université de Iéna. Université de Leipzig.
(4) *Ibid.*

veut-on que moi, professeur de l'histoire de la philosophie, je sois un juge compétent d'un concours de
géographie? Je refuserais assurément de traduire à ma
barre M. Letronne ou M. Walkenaer. Je suis à peine en
état d'être leur écolier, loin de pouvoir être leur juge;
mais j'aurais assez de lumières pour me trouver honoré
qu'on me les donnât pour collègues. J'ai encore, il y a
longtemps, exprimé mon opinion tout entière à cet
égard (1), et, grâce à Dieu, l'opinion publique, un
moment égarée ou plutôt étourdie par la clameur de la
médiocrité remuante, commence à reconnaître que
le concours appliqué aux chaires d'université est une
véritable dérision. En Hollande, le collége des curateurs propose, et le roi, c'est-à-dire le ministre
nomme. Il en est à peu près de même en Allemagne,
où le ministre prend peut-être un peu plus d'initiative
du choix. Je sais bien tout ce qu'on peut dire contre
ce mode de nomination; mais tout a ses inconvénients,
et les plus grands sont du côté du concours. Au reste,
voulez-vous une preuve de fait? Pour les chaires de
première institution en France, le droit de nomination
directe appartient au ministre. Il a été ainsi nommé,
depuis 1830, un bon nombre de professeurs, par des
ministres très-différents, dans toutes les facultés.
Examinez ces choix ministériels, et comparez-les
avec les résultats des concours dans ces mêmes facultés.

Mais voici le point vital de la constitution des universités en Hollande et en Allemagne. Le professeur a
un traitement fixe convenable, mais il reçoit aussi une
rétribution des élèves qui fréquentent ses cours. Je
l'ai dit ailleurs (2), et je le répète, c'est là l'unique
moyen d'avoir des professeurs zélés et des auditeurs
assidus. Nulle invention ne peut remplacer cette condition fondamentale. Par exemple, l'appel qui se fait
ou qui devrait se faire dans nos facultés de droit en
France, est une pratique puérile, tyrannique et vaine.
Qui oserait proposer de la transporter dans les facultés
des sciences et des lettres? La vraie discipline d'un
cours, la vraie garantie de l'assiduité est dans la rétribution des élèves. C'est aussi là qu'il faut chercher
la garantie d'un auditoire sérieux, qui réagit à son tour
sur l'enseignement. Alors plus de cours de luxe, plus
de déclamations, de divagations, d'excursions perpétuelles hors du sujet. Tout cela, loin de repousser la
jeunesse, l'attire naturellement, lorsqu'elle peut venir
écouter tout cela pour rien et uniquement pour ses
plaisirs; mais si, pour son argent, on ne lui donne

que des phrases, les plus belles, si elles sont vides,
ne suffiront plus. Le professeur qui voudra un nombreux auditoire, dans le double intérêt de sa renommée et de sa bourse, fera effort pour être solide, substantiel, instructif, comme aujourd'hui je sais des
professeurs capables de donner un très-bon enseignement, et qui se tourmentent l'esprit pour faire, contre
nature, un enseignement léger, à la portée de leurs
bénévoles auditeurs.

Je sais parfaitement que je prêche dans le désert,
et que je ne serai point écouté. Cependant je ne cesserai d'opposer à un usage qui n'a pas trente ans en
France, et qui, depuis trente ans, a toujours été un
abus manifeste, la règle et la pratique de toutes les
universités du monde et la voix de l'expérience universelle (3).

Je mettais une grande importance à juger par moi-
même de la force des études littéraires à l'université
d'Utrecht, et, pour cela, je désirais assister à l'examen de candidat ès lettres. En Hollande, comme chez
nous, le grade de candidat ou de bachelier ès lettres
est indispensable pour prendre des grades dans toutes
les autres facultés; mais il n'est pas la condition de l'immatriculation même : on peut ne prendre le grade de
candidat ès lettres qu'au bout de deux ans; en fait on
ne le prend guère avant un an ou dix-huit mois, et il
suppose qu'on a suivi plusieurs cours à l'université dans
la faculté des lettres. L'immatriculation s'accorde à
peu près à quiconque la demande, et l'examen d'immatriculation n'est guère qu'une formalité, à ce que
m'ont dit la plupart des professeurs. La nécessité d'un
examen sérieux pour la candidature ès lettres est donc
d'autant plus grande. Je demandai à M. van Heusde
de me faire assister à un examen de ce genre, et comme
il devait y en avoir un le lendemain, je n'ai pas manqué de m'y trouver, et j'en puis parler en parfaite connaissance de cause.

Avant d'entrer dans le détail de cet examen, je dois
dire qu'en Hollande le programme de la candidature
ès lettres est différent, selon que le candidat se destine
à la médecine, ou à la jurisprudence, ou à la théologie, ou aux sciences, ou aux lettres. Mais si les programmes d'examen sont différents, ce doit être précisément pour qu'il soit apporté à chaque examen une
sévérité convenable. Cependant M. van Heusde m'a
avoué, comme le fit quelques jours après M. Bake à
Leyde, que s'il s'agit de candidats pour les sciences,
pour la médecine, et même pour la jurisprudence,

(1) Rapport, etc. Université de Iéna. Université de Leipzig.
(2) Ibid.
(3) C'était aussi l'avis de M. Cuvier. Il s'exprime plusieurs fois à cet égard de la manière la plus catégorique.
« Reste à parler des rétributions des élèves. C'est, comme

nous l'avons dit, un mobile si puissant et si utile pour
l'émulation des professeurs et pour attacher les élèves à
leurs études, que si nous étions appelés à proposer des
améliorations dans notre système de l'intérieur, nous n'hé-
siterions pas à proposer qu'on rétablît ces rétributions
partout. »

l'examen est très-facile et d'une extrême indulgence. C'est un grand mal, qui aggrave celui de la nullité de l'examen d'immatriculation; et ces deux abus méritent au plus haut degré de l'attention du gouvernement. Mais M. van Heusde prétend qu'on est plus sévère lorsqu'il est question de candidats en théologie et surtout en littérature. Le candidat qui se présentait à l'examen auquel j'ai assisté se destinait à la théologie. Voici comment s'est passé cet examen :

Le jeune homme fréquentait les cours de l'université depuis une année. Il savait qu'il serait interrogé sur la littérature moderne, sur le *Banquet* de Platon pour la littérature grecque, sur le *de Officiis* et sur un poète latin pour la littérature latine, enfin sur l'hébreu. Les juges étaient les quatre professeurs ordinaires de la faculté des lettres, M. Groenewoud, professeur de littérature hébraïque et orientale, M. Visscher, professeur de littérature nationale, M. van Goudoever, professeur de littérature latine, et M. van Heusde, professeur de littérature et de philosophie grecque. M. Visscher a interrogé en hollandais. J'ai compris qu'il était question de déterminer les auteurs et l'époque de différents écrits du moyen âge, par exemple l'*Imitation de Jésus-Christ*, que le candidat et le juge ont attribuée, sans hésiter, à notre Gerson. Les trois autres juges ont interrogé en latin, et le candidat a répondu dans la même langue. M. van Heusde lui donna à expliquer un morceau du *Banquet*. Le jeune homme était préparé, car il avait apporté une édition de ce dialogue. Il traduisit en latin le passage indiqué, et rendit compte des diverses difficultés grammaticales. Il s'exprimait médiocrement, mais correctement, et ses réponses étaient assez exactes. M. van Heusde lui fit, dans son exquise latinité et avec une aisance incroyable, des questions sur l'époque probable où le *Banquet* avait été composé, sur le but du dialogue, le caractère des différents discours et la vraie pensée de Platon. Les réponses du candidat, en général très-brèves, prouvaient qu'il avait sérieusement étudié l'ouvrage sur lequel on l'interrogeait. M. van Goudoever présenta successivement à l'élève une page de Cicéron et un morceau de poésie latine; et à propos du *de Officiis*, le savant professeur ne manqua pas d'interroger le candidat sur les sources de ce traité, sur Panætius et sur les stoïciens, si chers et si familiers à l'érudition hollandaise. Le candidat s'en tira assez bien. Le professeur d'hébreu prit le dernier la parole et tint le candidat sur la sellette plus longtemps que les autres, vraisemblablement parce que ce candidat se destinait à la théologie. L'examen sur l'hébreu et sur l'exégèse sacrée était le point principal de la séance. Ce dernier juge poussa le jeune homme assez vivement.

Celui-ci ne répondit pas trop mal, au moins quant au latin. Tout à coup la porte s'ouvrit, et l'huissier vint dire à haute voix : *Hora*, l'heure est écoulée. Les assistants, qui étaient douze ou quinze et qui semblaient des étudiants comme le candidat, se retirèrent ainsi que moi; quelque temps après on fit rentrer le candidat, et il fut déclaré admis.

Dans mon opinion, ce candidat ès lettres répondit à peu près comme répondrait un bon candidat à notre licence ès lettres dans la partie orale des épreuves; et l'examen auquel j'ai assisté à Utrecht est plus fort que celui de notre baccalauréat, non pas précisément par la difficulté des auteurs à expliquer, mais par la durée de l'épreuve et par la nécessité de répondre en latin. Le candidat d'Utrecht était un peu plus âgé que les nôtres, et paraissait plus mûr dans ses études. Mais je ne sais s'il aurait pu répondre d'une manière satisfaisante sur tout le programme de notre baccalauréat ès lettres, encore moins sur le programme de l'*Abiturienten-examen* de la Prusse, dernier programme qui est infiniment plus fort que le nôtre, par cela seul qu'il contient des épreuves écrites (1). Il est absolument indispensable de reviser notre baccalauréat ès lettres. Si l'on veut qu'il résume fidèlement les études du collége dans leur ensemble, comme on y a mis des mathématiques et de la physique, il faudrait y mettre pour la littérature, outre des explications d'auteurs grecs et latins, une composition, un thème grec, ou du moins une version latine, ou, ce qui serait plus sûr, un thème latin (2).

Je demandai à M. van Heusde si l'examen de ce candidat ès lettres durait quelquefois moins d'une heure. « Jamais; cela ne se peut pas; c'est l'huissier et l'horloge qui règlent, d'après la loi, la durée de l'examen. — Le candidat, reçu aujourd'hui, représente-t-il la moyenne ou l'élite de vos candidats? — Un peu plus que la moyenne. Sans être très-remarquable, nous le trouvons tout à fait bon. — Lui avait-on communiqué d'avance les questions? — Non; mais il savait, comme vous le saviez vous-même, les auteurs sur lesquels il serait interrogé. — Les examens de candidature ès lettres, pour ceux qui se destinent à la littérature proprement dite, sont-ils plus difficiles que celui-là? — Oui; car pour le grec, il faut expliquer deux auteurs, un prosateur et un poète; et de plus, on doit répondre sur la logique et sur la métaphysique. »

Je puis représenter l'examen auquel j'ai assisté, comme représentant la candidature ès lettres à peu près dans sa force moyenne, et je déclare qu'un pareil examen ne peut être taxé de faiblesse, et qu'on ne peut le soutenir, comme l'a fait devant moi le candidat

(1) Mémoire sur l'instruction secondaire en Prusse.

(2) Mémoire sur l'instruction secondaire en Prusse.

d'Utrecht, sans avoir fait de très-bonnes études grecques et latines. Si donc on exigeait un pareil examen, bien entendu, sauf l'hébreu, pour l'immatriculation, avec quelques éléments de sciences exactes, d'histoire et de géographie, il n'y aurait rien à désirer, et la Hollande aurait notre excellente institution du baccalauréat ès lettres; ses écoles latines y gagneraient; son instruction secondaire privée serait bien forcée de se mettre au niveau des écoles latines ou de renoncer absolument à préparer à l'université, et les cours de l'université en première année pourraient être plus élevés. Mais, dans ce cas, il faudrait mettre, pour ceux qui se destinent à la littérature, une épreuve intermédiaire entre l'immatriculation et le doctorat ès lettres, c'est-à-dire quelque examen qui répondît à notre licence.

J'ai vu aussi à Utrecht les bâtiments de l'université. Ils ne sont pas fort considérables, la plupart des professeurs ayant, selon l'usage allemand, leurs auditoires chez eux. Il y a pourtant un certain nombre de salles publiques, mais dont la plus grande ne peut contenir plus de cent à cent cinquante élèves, et c'est un auditoire bien suffisant si les cours sont ce qu'ils doivent être, sérieux et substantiels. La bibliothèque de l'université n'est pas dans le même bâtiment que les salles des cours; elle occupe, ainsi qu'à Leyde et la plupart du temps en Allemagne, à Munich et à Berlin, un bâtiment séparé, parfaitement disposé, et où toutes les matières sont rangées dans le plus bel ordre. M. van Heusde est le directeur de cette bibliothèque. Dans tout bâtiment d'université en Hollande, comme en Allemagne, est une belle salle pour le sénat académique, et une salle plus belle encore pour ce qu'on appelle les promotions, nos examens pour le doctorat. La salle des promotions, à Utrecht, est vraiment imposante, et il est ridicule qu'à la Sorbonne nous n'en ayons pas une semblable pour les facultés des lettres et des sciences. Dans la salle du sénat académique sont suspendus à la muraille les portraits de tous les professeurs de l'université d'Utrecht, dans les différentes facultés, depuis sa fondation jusqu'à nos jours. Excellente et noble coutume de conserver les images des hommes qui ont bien mérité de l'université, et qui me rappelle une autre coutume, ou plutôt une règle de chaque université hollandaise, de publier chaque année ses annales, qui contiennent les divers actes des cinq facultés, les programmes des cours, et les sujets de prix donnés par l'université, avec les dissertations qui ont remporté les prix. Par là, le monde savant peut juger si une université remplit ou non sa mission. Ces annales deviennent ainsi, dans un pays, les annales

mêmes de la science. Certainement, on peut dire que les annales des trois universités de Groningue, de Leyde et d'Utrecht (1) forment, avec les mémoires de l'Institut royal, à Amsterdam, un corps complet de l'histoire littéraire et scientifique de la Hollande. Chez nous, l'*Histoire de l'Université de Paris*, de Duboulay, n'est-elle pas l'histoire même de la philosophie et de la science à Paris, au moyen âge? Il semblerait donc très-convenable que les cinq facultés de l'université de Paris, quand il y aura à Paris une université véritable, missent parmi les devoirs de leur recteur, de faire paraître l'histoire de l'université pendant le cours de son rectorat, à l'aide des notes et des pièces que le doyen de chaque faculté lui remettrait. Oh! quand nos cinq facultés formeront-elles un corps? quand auront-elles des délibérations en commun? quand chaque faculté élira-t-elle son doyen? quand les facultés réunies éliront-elles leur recteur? Déjà M. Royer-Collard, quand il était président de la commission de l'instruction publique, a demandé, en 1816, à la faculté des lettres, de désigner des candidats pour le décanat. Le savant géographe, M. Barbier du Bocage, fut ainsi nommé, ayant été désigné par ses pairs. A-t-on vu que ce mode de nomination ait bouleversé la faculté des lettres? L'Institut de France nomme ses secrétaires, et c'est dans cette élection que ces secrétaires puisent leur pacifique autorité. Je fais donc des vœux, ou plutôt je les renouvelle (car je les ai mille fois exprimés, pour que sur certains points de la France, à Rennes, pour la presqu'île bretonne, à Caen pour la Normandie, à Dijon pour la Bourgogne, à Lyon et à Toulouse pour le Midi, à Douai pour le Nord, à Strasbourg pour la Lorraine et l'Alsace, on établisse successivement et peu à peu nos cinq facultés, liées les unes aux autres, nommant leurs doyens et leurs recteurs, ayant des assemblées en commun, et formant de grands centres scientifiques, rattachées, d'ailleurs, comme le sont aujourd'hui nos facultés spéciales, au gouvernement central de l'instruction publique, au conseil royal et au ministre.

En parcourant les portraits des professeurs de l'université d'Utrecht, j'ai rencontré parmi eux des personnages de ma connaissance, ce Regius, ce Schooten, qui introduisirent la philosophie de Descartes dans l'université naissante d'Utrecht, et ce Voet, qui la combattit avec tant d'acharnement et de méchanceté, et qui essaya de persécuter Descartes en Hollande comme catholique, tandis que, plus tard, la catholique et jésuitique faculté de Louvain le condamna comme hétérodoxe, et qu'un moment, arrêtée par l'arrêt burlesque de Despréaux, l'autorité en France,

(1) Je dois à la munificence de l'université d'Utrecht une collection complète de ses *Annales* depuis 1815, où j'ai rencontré plus d'une dissertation précieuse pour l'histoire de la philosophie ancienne.

après quelques hésitations, sur les instances des jésuites, finit par proscrire officiellement le cartésianisme. Vains efforts! malgré Voet et les siens (car il y a trois ou quatre portraits de différents membres de la famille Voet dans la salle du sénat académique d'Utrecht), c'est en Hollande que s'éleva le plus intrépide disciple de Descartes, Spinosa, que le Voet du synode de Dordrecht ne put accuser de catholicisme, mais que les Voet du judaïsme persécutèrent à leur tour. J'ai trouvé à Paris, à la bibliothèque du roi, et j'ai entre les mains l'avis motivé, probablement d'un conseiller d'État du roi Louis XIV, pour qu'on ne proscrive pas la philosophie de Descartes; et cet homme grave, dont j'ignore le nom, en donne des raisons excellentes (1). J'ai trouvé également à la bibliothèque royale un arrêt du conseil, contre-signé Phelipeaux, rendu vraisemblablement sur les suggestions de quelque père Letellier, lequel arrêt interdit l'enseignement de la philosophie cartésienne dans tous les colléges de l'Oratoire; et c'est précisément d'un collége de l'Oratoire qu'est sorti cet autre disciple de Descartes, le Spinosa chrétien, le Platon de la philosophie moderne, le divin Mallebranche! O vanité des persécutions en philosophie! Le génie sans doute a ses erreurs, ses excès, ses périls; mais il n'y a qu'un seul remède à tout cela; ce remède est l'intervention d'un autre génie qui corrige son devancier, à condition d'être à son tour corrigé lui-même par celui qui le suivra. Toutes les tracasseries n'empêchèrent point Descartes de faire son œuvre, car cette œuvre était nécessaire et bonne. Malgré les Voet et les Letellier, il produisit Spinosa et Mallebranche, qui, en tirant des principes de leur maître des conséquences nouvelles, prolongèrent et agrandirent son influence, en dépit de tous les obstacles, même dans ce qu'elle avait de vicieux, jusqu'à ce que parut le grand Leibnitz, qui, sans intrigue de cour et sans ordre de cabinet, quoiqu'il fût le conseiller de deux ou trois monarques, arrêta le mouvement cartésien, et brisa le règne exclusif de Descartes avec les armes mêmes de Descartes, c'est-à-dire le raisonnement, la démonstration. Un argument, un argument, voilà qui vaut mieux que mille arrêts; mais l'argument de Leibnitz contre Descartes n'était pas à l'usage du jésuite Letellier et du calviniste Voet.

Voet et Descartes me ramènent à Utrecht. J'y ai trouvé surabondamment les traces du premier; mais celles du dernier sont effacées. On ne sait pas bien où il logeait à Utrecht: on conjecture qu'il demeura quelque temps dans une petite maison située sur la promenade appelée aujourd'hui le Mail (*Maliebaan*). La bibliothèque ne contient pas une seule lettre de lui;

mais j'espère être plus heureux à Leyde, et trouver dans les papiers de Huygens quelque chose qui se rapporte à notre illustre compatriote.

Je ne veux pas poser la plume avant d'avoir fait un peu connaître au lecteur mon savant et aimable guide à l'école latine et à l'université d'Utrecht, M. van Heusde. Quand j'entrai en Hollande, M. van Heusde était, avec M. Falck, l'homme avec lequel je désirais le plus m'entretenir. Je ne le connaissais que par ses écrits et par quelques lettres; mais j'avais l'espérance et comme un pressentiment que je trouverais en lui quelqu'un selon mon esprit et selon mon cœur. J'attendais beaucoup, j'ai trouvé mieux encore. M. van Heusde a commencé sa réputation par le *Specimen criticum in Platonem*, qu'il publia dans sa jeunesse, sortant à peine de l'auditoire de Wyttenbach. Les *Initia philosophiæ platonicæ* ont fait pour les idées mêmes de Platon, ce que le *Specimen* avait fait pour le texte. C'était déjà un lien naturel entre M. van Heusde et moi. Mais, ce que j'ignorais, c'est que, comme moi aussi, il est passionné pour l'instruction publique: c'est le Thiersch de la Hollande. Il a publié en hollandais des lettres, que l'on dit très-belles, sur l'étude des humanités, à peu près l'analogue de l'ouvrage de Thiersch: *Uber gelehrte Schulen*. J'avais bien senti dans sa belle latinité un parfum d'atticisme, qui m'avait ôté toute crainte de rencontrer en M. van Heusde un savant en *us* du seizième siècle. L'auteur de la lettre à Creuzer, qui est en tête des *Initia*, devait avoir de la grâce dans l'esprit; et, en effet, on n'est pas plus aimable que M. van Heusde. C'est un homme qui connaît le monde, qui a voyagé en France, en Suisse, en Allemagne, qui est lié avec tout ce qu'il y a de mieux en Hollande, et son commerce y est du meilleur goût. M. Van Heusde est, selon moi, le philosophe par excellence, le vrai représentant de sa nation en philosophie, comme M. Falck me paraît le patriote et l'homme d'État hollandais. Il y a en Hollande quelque chose, je ne veux pas dire de médiocre, mais de flegmatique, une certaine sagesse un peu lourde, un bon sens mêlé de si peu d'imagination, qu'en général l'intelligence n'y prend pas cet essor hardi qui emporte si haut et souvent égare la philosophie allemande et la philosophie française. Une philosophie spéculative d'un caractère très-prononcé ne me paraît pas sortir naturellement de ce sol. Spinosa y est un étranger et comme un accident. La gravité hollandaise fuit toute extrémité, et les systèmes sont aussi des extrémités dans leur genre. D'un autre côté, le goût de l'érudition et de l'antiquité ayant, dans ces derniers temps, tourné les études vers les ouvrages de Platon, la partie socratique de ces ouvrages éveilla dans ces esprits une sincère et vive sympathie. La philosophie de Socrate porte l'âme vers tout ce qui est bien et tout ce qui est beau, et en même temps elle n'a pas, ou plutôt elle ne paraît pas avoir un caractère très-systématique; par ce double motif, elle convenait merveilleusement à la nature hollandaise, et elle devait être pour elle l'idéal de la philosophie humaine. De là Hemsterhuis, qui a été appelé le Socrate de la Hollande. M. Van Heusde est l'Hemsterhuis de notre âge. Il est tout à fait de la même famille. Il vient de publier un ouvrage sur l'école socratique, en langue hollandaise. Deux volumes ont paru, je désirerais vivement les connaître; et l'Allemagne, qui traduit tout, jusqu'à mes écrits, devrait bien traduire ceux-là. M. Van Heusde se propose de donner bientôt un troisième volume, où il s'expliquera nettement sur les principaux problèmes de métaphysique. Il m'a dit que de ses longues études platoniciennes il avait recueilli une foule de notes de toute espèce, philologiques, comme celles du *Specimen criticum*, et surtout historiques, où il a essayé à son tour de fixer la date approximative de la composition de chaque dialogue. Un jour, il arrangera toutes ces notes, et il en formera un ouvrage spécial.

Nous avons beaucoup parlé de Schleiermacher; nous le connaissons bien tous les deux. J'ai dit très-franchement à M. van Heusde que je regardais la traduction de Schleiermacher comme le plus grand travail du dix-neuvième siècle sur Platon, et l'auteur des *Initia* est lui-même de cet avis.

J'ai passé avec M. van Heusde, à causer avec abandon de toutes choses, des moments qui me laisseront à jamais un doux souvenir. Quand je n'aurais connu que deux hommes en Hollande, M. Falck et M. van Heusde, je ne regretterais pas ce voyage. L'un m'a fait comprendre l'esprit hollandais en politique; l'autre, ce qu'est et peut être la philosophie en Hollande.

Pour M. van Heusde, le point fondamental en philosophie, c'est la méthode. La vraie méthode, c'est l'observation, l'expérience, l'étude de la nature humaine en soi-même et dans les autres, mais surtout en soi-même, le γνῶθι σεαυτόν de Socrate et de Platon. On peut juger si j'applaudissais à une telle profession de foi.

Mais parce qu'on débute par l'observation, on n'est pas condamné à rester dans le relatif et le contingent et dans la sphère des idées sensibles ou des idées qui se ramènent à celle-là; on peut très-bien, par l'observation, s'élever jusqu'à l'absolu, et voici, me dit M. van Heusde, comment je pose le problème de la philosophie : trouver à *posteriori* ce qui est en soi-même à *priori*. A ces mots je ne pus m'empêcher de l'interrompre, pour lui demander s'il avait lu « mes *Fragments philosophiques*. — Je ne les connais pas encore. — Eh bien ! si jamais vous les rencontrez, vous y trouverez le programme d'un cours de philoso-

phie professé à Paris en 1818, où je suis tellement de votre avis sur le problème philosophique, en ce qui concerne la méthode, que je l'exprime précisément dans les mêmes termes que vous : trouver à *posteriori* ce qui est en soi-même à *priori*. — Quoi! dans ces mêmes termes ? — Dans ceux-là mêmes, ni plus ni moins ; la même pensée nous a dicté le même langage (1). » Le bon M. van Heusde avait d'abord un peu de peine à croire à cette parfaite identité de formules entre nous; mais mon propre étonnement ayant dissipé ses doutes, il me prit en gré dès ce moment, et me traita avec autant de confiance que si nous nous fussions connus depuis dix ans. « En ce cas, me disait-il, nous sommes frères en philosophie. » Toutefois, avec le respect que je dois à mon aîné, oserai-je dire qu'au moins d'après nos conversations, je ne suis pas très-sûr que M. van Heusde arrive en philosophie à des résultats bien déterminés. Il m'a dit que la philosophie n'est en elle-même ni une science, ni un art, mais le lien commun des arts et des sciences ; il faut la suivre et la transporter en toutes choses; mais, pour en faire un système propre et indépendant, cela n'est pas possible ; et telle est, selon le philosophe d'Utrecht, la pensée de Socrate et de Platon. Selon moi, cela est plus vrai du premier que du second, dont la théorie des *Idées* est un système, ou bien il n'y a plus de système au monde. Les idées se mêlent à tout, et elles sont dans tout ; mais on peut aussi les considérer en elles-mêmes, dans leurs rapports et dans leur hiérarchie ; et cette indépendance et en même temps cette hiérarchie est la philosophie de Platon proprement dite. Après tout, quand M. van Heusde n'irait pas aussi loin qu'on peut aller dans la philosophie spéculative, il est au moins dans la bonne route, et tous ses pas portent sur un terrain solide ; tandis qu'en Allemagne il y a aujourd'hui beaucoup d'écoliers qui se croient des maîtres, pour se précipiter d'abord dans des hypothèses à perte de vue. Fût-elle un peu moins haute, je préfère une philosophie plus humaine.

M. van Heusde m'a parlé avec beaucoup d'estime de son collègue M. Schröder, qui professe aussi la philosophie à l'université d'Utrecht. Il était d'abord kantien rigide; mais en faisant connaissance, dans la compagnie de M. van Heusde, avec Socrate et Platon, il a peu à peu sacrifié aux Grâces, et pris une manière de voir plus large et plus éclectique. « Je suis éclectique aussi, » me disait M. van Heusde ; et je ne crois pas qu'en cela il ne fît qu'un acte de politesse envers moi. Mais je ne finirais pas, si je voulais ici raconter mes conversations avec M. van Heusde. Pendant les trois jours que j'ai passés à Utrecht, nous ne nous

(1) *Fragments philosophiques.*

sommes presque pas quittés. Il a voulu m'accompagner lui-même à l'école latine, à l'université, et même dans une petite course à Zeist, chez les frères Moraves, dont l'institut est une fabrique ou plutôt une maison de commerce très-bien tenue. Je suis allé déjeuner chez lui dans une charmante maison de campagne, où il passe la moitié de l'année, entouré d'une nombreuse famille ; et de là nous sommes allés rendre visite à M. le baron van der Capellen, ancien gouverneur des Indes orientales, qui en a apporté une riche collection javanaise, dont il fait les honneurs avec une grâce parfaite.

J'aurais bien voulu rester longtemps à Utrecht pour y resserrer et y goûter la nouvelle amitié que j'y formais ; mais il fallait poursuivre mon voyage, et visiter sérieusement l'université de Leyde et les savants hommes qu'elle compte dans son sein, et que j'avais à peine entrevus à mon premier passage, en allant de La Haye à Harlem. Le 24 septembre, vers le soir, je montai donc en voiture pour Leyde, où j'arrivai en quelques heures.

LEYDE.

La ville. — L'inspecteur primaire, M. Blussé. — Une école française. — Une école intermédiaire. — Opinion de M. Bake sur le système des écoles latines. — Université de Leyde. Salle du sénat académique. — M. Mahne. M. Bake. M. van Assen. — La bibliothèque. M. Geel et M. Uylenbroek. — Lettres inédites de Descartes. — Fragment inédit de Huygens sur Descartes.

(24—26 SEPTEMBRE.)

J'ai visité Leyde deux fois : la première en allant de La Haye à Harlem, la seconde en venant d'Utrecht.

Leyde est le cœur de cette partie de la Hollande qui est en deçà du Zuyderzée. Delft, La Haye, Harlem, Amsterdam et Utrecht lui composent une ceinture de villes florissantes. Elle est située à quelques lieues de la mer, au milieu du Rhin qui la traverse d'une foule de canaux, liés entre eux par de beaux ponts et ornés de quais plantés d'arbres magnifiques. Le Rhin y achève paisiblement sa carrière, qu'il commence à près de deux cents lieues, dans les montagnes des Grisons ; il expire dans les sables, et à peine a-t-il la force de se jeter dans la mer à Katwyk : il faut l'y aider avec des écluses. Leyde était autrefois une place de guerre, et elle a soutenu un siége célèbre ; aujourd'hui c'est une ville d'études, tranquille et silencieuse. Elle est traversée à peu près dans toute sa longueur par la grande rue, *Breedestraat*, qui forme une très-agréable pro-

menade. Ce n'est point la noble et sévère ligne droite de notre rue de Rivoli ou de Castiglione ; c'est une courbe légère qui, sans briser à chaque instant le point de vue, le renouvelle fréquemment et charme l'œil par l'harmonie de la variété et de la grandeur. Sur la Breedestraat est l'hôtel de ville, où sont conservés plusieurs tableaux anciens dont le plus précieux est sans contredit le Jugement dernier de Lucas de Leyde ; tableau d'autel à deux portes sur bois. La couleur en est vive et forte, la composition riche et bizarre ; et ce tableau m'aurait peut-être frappé sans le souvenir accablant du Jugement dernier de Michel-Ange. Les bizarreries de Lucas de Leyde paraissent un peu fades quand on a vu, même seulement dans une mauvaise lithographie, cette composition puissante où les tours de force du dessin le plus sûr sont mis au service de l'imagination la plus hardie et souvent la plus gracieuse : il n'y a que les pages du Dante qui puissent se soutenir devant celles-là. La vieille église de Saint Pierre est comme le musée de sculpture de la ville de Leyde. On y voit les tombeaux des hommes illustres de Leyde, entre autres celui de Boerhaave ; et on pourrait presque lire l'histoire de l'université dans les inscriptions de ces mausolées ; le dernier est celui d'un étudiant tué pendant la courte campagne de 1831, le jeune Beekman. J'aurais dû aller voir le musée javanais de M. le professeur Siebold ; mais les antiquités javanaises de M. le baron van der Capellen, à Utrecht, avaient suffi à ma curiosité en ce genre, et je laissai là bien volontiers les magots et les monuments, inintelligibles à mon ignorance, rapportés à grands frais des îles de l'Océan indien, pour des raretés d'un tout autre prix à mes yeux, les véritables richesses de la Hollande, c'est-à-dire ses écoles.

J'ai visité à Leyde une école dite française et une école intermédiaire.

Je me suis trop peu arrêté à l'école française de Leyde pour en parler en détail ; je dirai seulement que, comme celle d'Utrecht, c'est une école publique, et je ne saurais trop en féliciter la ville de Leyde ; car, s'il est vrai que la partie supérieure de l'instruction primaire peut en général être livrée à des instituteurs privés, il importe aussi qu'il y ait au moins dans toute ville un peu considérable une école française publique : ce sont là les véritables gymnases de la classe industrielle et commerçante.

Au-dessous de l'école française, vient l'école intermédiaire, ainsi appelée parce qu'elle forme une sorte de milieu entre l'école française et l'école des pauvres. Mais cette dénomination est plus financière que scolastique ; car l'école intermédiaire est une école élémentaire comme l'école des pauvres ; on n'y enseigne rien de plus que dans celle-ci ; on n'y apprend pas la langue française, enseignement qui distingue ici l'école primaire supérieure et qui lui a donné son nom. Mais l'école intermédiaire est véritablement intermédiaire en ce sens qu'elle n'est pas gratuite, comme l'est en général l'école des pauvres, et qu'elle est loin de coûter aussi cher que l'école française. On y paye peu de chose, mais enfin on y paye quelque chose, et cela seul fait que la population qui fréquente ces écoles est déjà au-dessus de la classe tout à fait indigente, sans appartenir encore à la bonne bourgeoisie. L'enseignement y est le même que celui de l'école des pauvres, mais il est plus soigné, et en général chaque division de l'école a des salles distinctes, ce qui est très-favorable au bon enseignement. J'ai vu à l'école intermédiaire de Leyde, quant à la rétribution, une pratique très-singulière et qui, dit-on, réussit : on n'y paye pas par mois, ni par semaine, ni par jour, mais par temps d'école. Ainsi, de 9 heures du matin à midi, voilà le premier temps d'école ; de 2 heures à 5 heures du soir, voilà le second. On paye, par chaque temps d'école, un cent et demi de Hollande, qui font trois centimes de France. Donner chaque demi-journée quelques centimes paraît moins onéreux que d'en donner un bon nombre à la fois chaque semaine ou chaque mois. Les enfants qui fréquentent cette école payent ainsi en détail, par semaine, pour dix temps d'école, 15 cents de Hollande, 6 sous de France ; c'est-à-dire un peu plus de 20 sous par mois.

A cette école intermédiaire est annexée une école du soir pour les enfants plus âgés qui ont déjà passé par l'école, et qui, appliqués à un métier pendant le jour, viennent le soir renouveler ou fortifier leur instruction. Cette école du soir n'est pas gratuite non plus, et la rétribution est de 3 cents de Hollande (6 centimes de France) par séance.

Voici maintenant les détails de l'organisation de cette école, tels que je les ai vus moi-même en action dans la visite que j'y ai faite sous la conduite de M. Blussé, l'inspecteur du district de Leyde, vieillard très-actif, qui depuis longtemps est ici à la tête de l'éducation du peuple, et qui a fondé tout le bien dont il jouit aujourd'hui avec une satisfaction très-méritée.

L'école intermédiaire de Leyde ne date que de 1825. Elle contient 480 enfants pendant le jour, et 130 le soir. Elle reçoit des filles et des garçons de toute communion religieuse, et même des juifs. Elle relève de la commission des écoles de la ville. La direction est confiée à un maître principal qui a sous lui des sous-maîtres, des aides et quelques élèves de l'école qui, après avoir terminé leurs études, se proposent de devenir aides à leur tour et d'entrer dans la carrière de l'instruction publique. Chaque division de l'école a son maître spécial.

Pour être admis à cette école, ainsi que dans toutes les écoles du royaume, publiques ou privées, il faut produire des certificats de vaccine. On ne reçoit aucun enfant pour l'école du jour, au-dessous de six ans, pour l'école du soir au-dessous de dix.

Dans l'école du jour, les enfants qui manquent plus de six fois, et dans l'école du soir, ceux qui manquent plus de quatre fois aux heures de classe, sans avoir justifié de leur absence auprès du directeur, sont renvoyés de l'école, préalablement par le directeur, ensuite et définitivement par la commission qui s'assemble chaque mois et prend connaissance de tout ce qui se rattache à l'école.

L'école est ouverte une demi-heure avant que l'enseignement ne commence. Il commence le matin à neuf heures et un quart et finit à midi : l'après-midi il commence à deux heures et un quart, et finit à quatre heures et demie. Le soir, il commence au plus tard cinq minutes après sept heures, et se termine à neuf. L'enseignement commencé, l'école se ferme, et personne ne peut plus y entrer.

Dès que la porte de l'école est fermée, on fait la collecte du prix d'écolage. Les écoliers qui ont oublié leurs centimes sont obligés d'aller les chercher. L'argent ainsi ramassé est mis dans une boîte fermée, et renvoyé à la fin de chaque semaine à la commission.

Les dépenses de l'école se font de la manière suivante : le conseil municipal se charge de l'entretien du local ; toutes les autres dépenses sont faites par la commission à l'aide de la rétribution d'école. On voit combien cette école, si utile à la ville, lui coûte peu.

La commission des écoles s'assemble tous les mois. A cette assemblée, le directeur fait un rapport sur les besoins de l'école pour le mois suivant, sur les enfants qui ont manqué trop souvent aux heures de l'école, sur ceux qui se conduisent mal et ne se laissent pas corriger par la seule punition permise, qui est l'éloignement de sa place ordinaire et la déportation sur un banc particulier où l'on reste oisif.

La propreté la plus sévère est de rigueur dans l'école. Les enfants qui viennent malpropres à l'école sont renvoyés sur-le-champ avec un avertissement sérieux à leurs parents. En cas de récidive, le directeur fait son rapport à la commission.

L'école ouvre chaque fois par une prière ou un cantique ou par tous les deux. A la fin de l'année, un examen solennel a lieu, et il est suivi d'une distribution de petits livres ou de gravures aux enfants qui se sont distingués par leurs progrès ou par leur conduite. Les membres du conseil municipal assistent, autant que possible, à cette solennité.

Il y a chaque année cinq semaines de vacances, que la commission divise et répartit pour le mieux.

L'école du jour a six classes, dans lesquelles l'enseignement est gradué de la manière suivante :

1re classe : Lire, épeler de tête, écrire sur l'ardoise. — La numération. Histoire de la Bible. — Exercices d'esprit d'après Lohr, et exercices de mémoire au moyen de vers qu'on apprend par cœur.

IIe *classe* : Mêmes objets : mais déjà on commence à écrire sur du papier.

IIIe *classe* : Mêmes objets : commencement du calcul de tête.

IVe *classe* : Mêmes objets : de plus l'arithmétique théorique et pratique, et le chant.

Ve *classe* : Mêmes objets : de plus la grammaire, la géographie, et l'histoire du pays.

VIe *et dernière classe* : Développement de l'enseignement précédent.

ÉCOLE DU SOIR. — *Quatre classes.*

Ire *classe* : Lire, écrire, histoire de la Bible.

IIe *classe* : Lire, écrire, arithmétique et histoire de la Bible.

IIIe *classe* : Lire, écrire sur du papier, l'arithmétique théorique et pratique, la grammaire, l'histoire nationale, l'histoire de la Bible, la géographie, et le chant.

IVe *classe* : L'enseignement précédent avec des notions de physique et d'histoire générale.

J'aurais dû visiter l'école latine de Leyde, pour connaître aussi l'instruction secondaire dans cette partie de la Hollande, mais le temps m'a manqué, le seul jour que j'eusse pu consacrer à cette visite était un dimanche. Cependant c'est ici le moment de rapporter l'opinion de l'un des professeurs les plus habiles de l'université de Leyde sur les écoles latines en général. M. Bake est, avec M. van Lennep d'Amsterdam et M. van Heusde d'Utrecht, un des premiers philologues de la Hollande ; il a succédé à Wyttenbach dans la direction de la *Bibliotheca critica* ; il a publié *Posidonius* (1) et *Cleomedes* (2) ; et il travaille aujourd'hui à une édition critique du *de Legibus* de Cicéron. Quand donc je lui parlai des écoles latines, je m'attendais à trouver en lui l'opinion de son savant confrère d'Utrecht. A mon grand étonnement, M. Bake m'a exprimé une opinion toute contraire. Il s'est prononcé nettement contre le système exclusif des écoles latines et contre les idées de M. Thiersch ; il m'a déclaré qu'il était, ainsi que moi, pour le système des gymnases prussiens, et il a fini par ces mots qui m'ont fort surpris et que je n'oserais pas répéter pour mon propre compte : « Monsieur, il faut tout refaire à neuf. »

(1) Posidonii Rhodii reliquiæ doctrinæ, Lugduni Batavorum, 1810.
(2) Cleomedis circularis doctrinæ de sublimibus libri duo, Lugd. Bat., 1820.

M. Bake m'a assuré qu'au fond il n'y a presque pas d'enseignement scientifique dans les écoles latines, que ce qu'on a ajouté en 1815 à l'ancien et exclusif enseignement du grec et du latin, contre lequel s'était élevé avec tant de raison M. Cuvier, n'a jamais pu s'y rattacher et s'y fondre, que tout cela n'est (je me sers de ses paroles mêmes) qu'un replâtrage, des morceaux étrangers ajoutés à une vieille masure sans que le tout fît une maison habitable et régulière ; et il concluait sans cesse : Il faut tout refaire à neuf. Je recommande à l'attention du gouvernement hollandais cette opinion d'un humaniste tel que M. Bake. Sans être aussi sévère, sans méconnaître tout ce qu'exige de justes ménagements une institution aussi ancienne, aussi accréditée et aussi populaire que l'école latine, j'ai la profonde conviction que l'instruction secondaire est encore en Hollande fort au-dessous de l'instruction primaire, ce qui est précisément le contraire en France ; or, cette infériorité de l'éducation des classes supérieures, peut à la longue produire les plus graves conséquences, et elle doit exciter au plus haut degré la sollicitude du gouvernement. Il ne suffit point d'être un peuple instruit et honnête, tel que j'ai vu et reconnu moi-même le peuple hollandais ; il faut aussi que du sein de ce peuple une forte instruction secondaire tire et produise une minorité d'hommes à la hauteur des connaissances de l'Europe, capables de recruter utilement les postes élevés de la société et de conduire les affaires de l'État. Je le dis avec regret, mais je dois le dire : le système des écoles latines ne prépare guère que des professeurs et des théologiens. Je le sais, je heurte par là l'amour-propre et le préjugé hollandais ; mais je n'ai entrepris de faire ma cour à personne, pas plus à la Hollande qu'à mon propre pays ; et je n'hésite pas à soumettre à l'examen de tous les hommes éclairés les quatre propositions suivantes : 1° Changer le nom d'écoles latines en celui de gymnases qui est déjà fréquemment usité et est plus vrai. 2° Fortifier l'étude des sciences et la combiner en une juste proportion avec celle des lettres qui doit rester l'étude principale ; surtout introduire l'enseignement obligé d'une ou deux langues modernes. 3° Faire concourir l'État dans la nomination, et, s'il est possible, dans le traitement des professeurs. 4° Comme on a des écoles normales pour former des maîtres d'école, de même établir auprès de l'université d'Utrecht ou de Leyde, à la place de quelques leçons pédagogiques insignifiantes, une école normale pour former des professeurs de gymnases (1).

Si je voulais traiter ici tout au long de l'université

(1) Sur ces quatre points consulter le *Mémoire sur l'instruction secondaire en Prusse*, et le document intitulé : *École normale.*

de Leyde, il me faudrait répéter à peu près ce que j'ai dit de celle d'Utrecht. C'est absolument la même organisation et les mêmes usages. Je ne reproduis ici qu'une seule observation, c'est qu'il manque à Leyde comme à Utrecht l'institution allemande des docteurs agrégés. Il faut le dire : il y a dans les universités d'Utrecht et de Leyde, dans les professeurs et dans les étudiants, avec les plus estimables habitudes de régularité et de tranquillité studieuse, un peu de routine, une certaine absence de mouvement et de vie, qui rendraient fort utile l'établissement d'un corps, sans cesse renouvelé, de jeunes docteurs auxquels serait accordée, après de 'fortes épreuves, la permission d'enseigner sans honoraires de l'État, et à leurs risques et périls, à côté des professeurs ordinaires, dont le temps refroidit quelquefois le zèle. Je ne doute pas qu'une pareille institution n'imprimât un mouvement salutaire à ces vieilles et respectables universités, et ne créât auprès de chacune d'elles une pépinière de jeunes savants qui tiendraient sans cesse en haleine l'esprit des étudiants, assureraient les progrès de la science et l'avenir de l'enseignement.

Ici comme à Utrecht, j'ai visité les bâtiments de l'université, les salles des cours, dont la grandeur est proportionnée aux besoins de l'université qui compte au plus 7 à 800 étudiants, la salle dite des promotions, qui est fort belle et où les examens de docteurs ont toute la publicité et l'éclat sévère qu'ils méritent, enfin la salle du sénat académique, où sont rangés par ordre chronologique tous les professeurs de l'université de Leyde. Niebuhr exprime quelque part la profonde impression que lui firent les portraits de Gronovius, de Perizonius et de tant d'autres savants hommes de cette université, auxquels l'histoire romaine est si redevable. Je ne trouvais pas en philosophie d'aussi illustres souvenirs dans la salle académique de Leyde; cependant j'y fus aussi bien vivement frappé de cette longue suite de portraits vénérables qui présentent tant de veilles, tant d'efforts utiles à l'esprit humain, soit par un enseignement de plus de deux siècles, soit par des écrits marqués au coin d'un savoir incontestable.

Dans cette courte visite à l'université de Leyde, j'ai regretté de n'avoir pas rencontré deux hommes dont il m'aurait été très-agréable de faire la connaissance ; l'un, M. Peerlkamp, auteur d'une excellente monographie de Musonius Rufus (1), aujourd'hui professeur de littérature latine, et très-connu par une édition d'Horace, où il ne se gêne pas pour enlever à Horace

et déclarer indignes de lui et apocryphes une foule de vers et même d'odes jusqu'ici en possession de l'admiration des siècles (2) ; l'autre, M. Thorbèke, auteur d'une très-bonne dissertation sur la différence des sceptiques et de la nouvelle Académie (3), professeur à la faculté de droit et qui y enseigne avec le plus grand succès l'histoire politique moderne. En revanche, j'ai eu un grand plaisir à m'entretenir avec M. Mahne, l'auteur de la monographie d'Aristoxène (4), un des élèves chéris de Wyttenbach, qui a écrit la vie de son maître et publié sa correspondance et plusieurs de ses ouvrages posthumes. Il se propose, m'a-t-il dit, de mettre au jour d'autres ouvrages encore inédits de Wyttenbach, entre autres, une histoire de la philosophie, intitulée : Historia doctrinarum, laquelle ne fera pas moins de trois gros volumes. Cet écrit ne peut manquer d'être précieux, au moins pour l'histoire de la philosophie ancienne.

Mais l'homme de Leyde que j'ai le plus vu, quoique bien peu, à mon gré, est M. Bake, dont j'ai déjà parlé. M. Bake peut avoir une cinquantaine d'années. Nous avons causé d'instruction publique et de philosophie ancienne. Son opinion sur les écoles latines de Hollande a d'autant plus d'autorité et mérite d'autant plus d'attention, qu'outre ses leçons de littérature grecque et latine, il fait un cours de pédagogie, scholas pædagogicas, dit le programme affiché à la porte de l'université. Je me suis plaint à lui qu'il eût abandonné la Bibliotheca critica nova, le seul ouvrage par lequel nous pouvions savoir à Paris ce qui se faisait en Hollande. Il m'a dit qu'il n'était pas impossible qu'il parût bientôt une publication périodique du même genre, sous les auspices et par les soins de plusieurs recteurs d'écoles latines, qui en ce moment se concertent à cet égard. Pour lui, il est enfoncé dans la préparation de son édition du de Legibus. Il a été lui-même à Milan collationner les manuscrits de Cicéron. Il m'a parlé avec la plus haute estime des travaux de Madwig de Copenhague sur diverses parties de Cicéron et sur plusieurs passages de Lucrèce (5). Madwig, m'a-t-il dit, m'a convaincu que la célèbre édition de Lucrèce de Wakefield laisse encore beaucoup à désirer. Sans adopter toutes les hypothèses de M. Peerlkamp, M. Bake fait grand cas de son travail, qu'il regarde comme le plus important qui ait été entrepris sur Horace depuis Bentley.

Enfin je ne veux pas quitter l'université de Leyde sans remercier le savant et aimable jurisconsulte, M. van Assen, des agréables moments que j'ai passés

(1) C. Musonii Rufi, philosophi stoici, reliquiæ et apophthegmata, Harlemi, 1822.

(2) Q. Horatii Flacci carmina recensuit Peerlkamp, Harlemi, 1834.

(3) De eo quod in dogmaticis expugnandis inter aca-

demicos et scepticos interfuit. Lugduni Batav., 1821.

(4) Diatribe de Aristoxeno, philosopho peripatetico, Amstelodami, 1793.

(5) Madwigii opuscula academica.

à causer avec lui de toutes choses, dans les courts intervalles de mes visites aux écoles et de mes recherches à la bibliothèque.

Cette bibliothèque, qu'il me reste à faire connaître, était le principal objet de ma seconde visite à Leyde. Le catalogue imprimé de ses manuscrits (1) m'avait donné des espérances, qui, grâce à Dieu, n'ont pas été tout à fait vaines.

Le bibliothécaire de Leyde est M. Geel, connu de tous les amis de la philosophie ancienne par l'*Historia critica sophistarum* (2). C'est un homme plein d'esprit et d'activité, et qui a eu la bonté de s'enfermer avec moi pendant tout un dimanche dans la bibliothèque, pour me la faire connaître en détail. Celle-ci est à la fois très-belle, très-bonne et très-commode : elle est divisée comme celle de Goettingue et comme celle d'Utrecht en autant de salles qu'il y a de grandes divisions bibliographiques : la théologie, la médecine, la jurisprudence, la philosophie, etc. On s'établit dans chacune de ces salles, qui sont plus ou moins grandes selon les matières qu'elles renferment, et on y travaille tout à son aise, entouré des livres dont on a besoin. Non-seulement les étudiants y sont admis un certain nombre de jours de la semaine ; mais on leur prête des livres, comme à Goettingue et partout en Allemagne, sur leur signature, et sous la garantie d'un de leurs professeurs.

Cette bibliothèque contient d'excellents portraits. J'y ai vu avec un plaisir extrême ceux des Dousa, les fondateurs et les promoteurs de l'université de Leyde. M. Geel a commencé par me montrer les manuscrits curieux, entre autres un vieux manuscrit français avec les plus belles vignettes. Ce sont de petits tableaux d'un coloris admirable où il y a déjà de la composition et même du dessin. Je les signale à M. le comte de Bastard pour sa belle collection des peintures, des manuscrits du moyen âge. M. Geel m'a fait voir avec orgueil le fameux manuscrit de Suidas, que M. Gaisford a fait collationner pour son édition, et dont les bonnes leçons sont maintenant imprimées. Il voulait me montrer aussi le manuscrit d'Olympiodore sur le Phédon qui a servi à Wyttenbach, mais j'avais vu en Italie bien des manuscrits d'Olympiodore, et nous en avons d'excellents à Paris (2). J'ai donc prié M. Geel de me mettre en présence du véritable trésor de la bibliothèque de Leyde ; je veux dire les papiers de Huygens. Mais cette riche collection ayant été mise à la disposition de M. Uylenbroek, qui en a déjà tiré 2 vol. in-4°, il fallut s'adresser à ce professeur qui eut

l'obligeance de venir lui-même à la bibliothèque me faire les honneurs des manuscrits de son illustre compatriote. Là, j'ai vu de mes yeux, touché de mes mains une foule de lettres de Leibnitz, de cette écriture ferme et serrée qui n'est pas tout à fait celle de son siècle. Ces lettres (4) sont pleines de révélations littéraires du plus haut intérêt ; par exemple, elles nous apprennent que Leibnitz avait composé sur les *Principes* de Descartes le même travail que sur l'*Essai* de Locke. Adressées à Huygens, elles se rapportent surtout aux mathématiques et à la physique ; mais Leibnitz ne s'y retient pas toujours, et il lui échappe de loin en loin de ces traits ingénieux et profonds qu'il semait à pleines mains autour de lui avec la profusion et la négligence du génie. Dutens n'a pas connu ces lettres, et, en les publiant, M. Uylenbroek a rendu à l'esprit humain un signalé service. J'en témoignai ma vive reconnaissance au savant éditeur qu'un article du Journal des savants (5) avait découragé au point qu'il avait à peu près renoncé à continuer sa publication commencée. Mais l'article en question, qui m'était encore présent, loin de faire valoir l'inutilité de la publication de M. Uylenbroek, en démontre au contraire l'importance, puisqu'il lui emprunte tant de lumières nouvelles sur la grande découverte du calcul différentiel, sur la fameuse querelle de Leibnitz et de Newton, et sur la cause ou l'instrument de cette querelle, ce Fatio de Duilliers, qui s'était mis entre ces deux grands hommes pour les brouiller, à peu près comme Sorbière entre Gassendi et Descartes. Enfin, c'est précisément de ces papiers qu'est sortie la célèbre note de Huygens avec les lettres de Leibnitz qui la confirment, sur le dérangement d'esprit éprouvé par Newton ; document qui est la base principale de la discussion qui s'est élevée à ce sujet entre le docteur Brewster et le savant et ingénieux auteur de l'article. D'ailleurs qui peut douter que la correspondance des grands hommes ne soit la source la plus sûre des renseignements certains sur leur vie, sur leur caractère, sur l'ordre de leurs travaux, et sur celui du développement de leur génie ? Ainsi la correspondance de Leibnitz et celle de Descartes sont, aux yeux de tout ami de l'histoire, des monuments d'un prix infini. La correspondance de Huygens n'a pas, il est vrai, la même importance ; car Huygens est déjà un homme spécial ; sa gloire et ses travaux appartiennent exclusivement aux mathématiques, tandis que Descartes et surtout Leibnitz embrassent le champ entier des connaissances humaines, et sont encore plus grands

---

(1) Catalogus librorum tam impressorum quam manuscriptorum bibliothecæ publicæ universitatis Lugduno-Batavæ. Lugd. Bat., 1716.

(2) In-8°. Traject. ad Rhenum, 1823.

(3) Voyez le Journal des Savants, 1834.

(4) Christiani Hugenii... Hagæ comitum, 1833.

(5) Année 1834, p. 291.

comme philosophes que comme géomètres. L'horizon de Huygens est loin d'être aussi vaste. Il y a pourtant dans ses papiers, et surtout dans ceux que M. Uylenbroek n'a pas encore publiés, bien des choses précieuses pour l'histoire de la philosophie, et je les aurais très-volontiers transcrites ; mais l'intérêt de M. Uylenbroek pour ces papiers paraissant se ranimer, je me contentai de lui dire que m'abstenir de copier de telles pages, c'était lui imposer l'obligation de les publier. Je le priai seulement de me permettre de rechercher et de noter ce qui se rapporterait directement à Descartes, qui avait été lié avec Huygens et toute sa famille. En parcourant ces manuscrits, qui sont très-volumineux, nous tombâmes sur un petit paquet que M. Uylenbroek n'avait jamais examiné, et qui contient des remarques sur la vie de Descartes par Baillet. Ces remarques n'étaient destinées qu'à relever les erreurs de l'ouvrage de Baillet relativement à la famille de Huygens. Elles sont d'abord très-minutieuses ; mais peu à peu elles s'élèvent, et elles se terminent par un morceau sur Descartes, sur son caractère et sur ses travaux, qui me paraît digne d'être médité et rapproché de plusieurs passages analogues de Leibnitz. En ma qualité d'éditeur de Descartes, je demandai à M. Uylenbroek la permission de copier au moins ce petit morceau, en ne lui dissimulant pas l'intention de le publier. Il me l'accorda, et, pour plus de bonne grâce, il voulut absolument que je le tinsse de sa main. Mais il me fit observer que ce morceau était très-défavorable à Descartes, et que, d'après moi-même, il était d'une sévérité voisine de l'injustice. « Oui, lui répondis-je, mais il est sur Descartes et de la main de Huygens ; par conséquent je ne me crois pas le droit de le dérober à la connaissance du public, devant lequel se débat le grand procès de l'appréciation parfaite des grands hommes. C'est une pièce de ce procès ; il la faut publier, quelque usage qu'on en fasse, et qu'elle tourne à l'honneur de Descartes ou contre lui. »

. Cependant, je ne pouvais me persuader qu'il n'y eût pas à Leyde quelques lettres inédites de Descartes lui-même. Il avait habité longtemps Endegeest, maison de campagne à côté de Leyde, sur la route de Harlem. Il avait été lié non-seulement avec les Huygens, mais avec beaucoup d'autres savants hommes et de Leyde et de toute la Hollande. Je priai donc M. Geel de vouloir bien me communiquer le recueil de toutes les lettres inédites que contient la bibliothèque. Ces lettres ne sont pas cataloguées. Je parcourus plusieurs paquets, entre autres, les deux gros volumes du legs de Pappenbroek. Je rencontrai un bon nombre de lettres inédites de Bayle, de Grotius, de Gassendi, de Heinsius, des Junius, deux lettres françaises de Mersenne, enfin, plusieurs morceaux autographes de Descartes. Je reconnus immédiatement sa main et sa signature. Je tombai d'abord sur un billet fort insignifiant à son horloger, mais écrit en hollandais, dans le plus mauvais hollandais, à ce que me dit M. Geel, qui a eu la bonté de me copier et de me traduire ce petit morceau : il est de l'année 1643. Je trouvai ensuite deux autres lettres plus intéressantes de cette même année, l'une en français, l'autre en latin, toutes deux adressées à M. Colvius, à Dordrecht, et se rapportant à la querelle de Descartes et de Voet, avec une réponse de M. Colvius, correspondant de Descartes, qui ne nous était pas connu jusqu'ici. Ce sont là les seules petites découvertes cartésiennes que j'aie faites en Hollande, où je suis convaincu qu'un plus long séjour me mettrait sur la voie de découvertes tout autrement précieuses.

———

A Monsieur Colvius, ministre de la parole de Dieu, à Dordrecht.

Monsieur,

Les nouvelles du ciel que vous m'avez fait la faveur de m'escrire m'ont extremement obligé ; elles m'ont esté extremement nouvelles et je n'en avois point ouy parler auparavant ; mais on m'a escrit depuis de Paris que M. Gassendi, qui est héritier de la bonne et célèbre lunette de Galilée, ayant voulu chercher par son ayde ces 5 nouvelles planetes autour de Jupiter, a iugé que ce n'estoient que des estoiles fixes que le bon pere capuchin aura pris pour des planetes, de quoy on pourra aysement découvrir la vérité, et les 4 planetes desia cy-devant découvertes autour de Jupiter ont donné tant d'admiration que les cinq autres ne la peuvent gueres augmenter.

J'estois en la description du ciel et particulièrement des planetes lorsque vostre lettre m'a esté renduë ; mais estant sur le point de déloger d'icy pour aller demeurer auprès d'Alcmaer *op de hoef* où j'ay loué une maison ; et ayant entre les mains un mauvais livre *de philosophia Cartesiana* que vous aurez peut estre veu et dont on dit que M. Voetius est l'autheur, i'ay quitté le ciel pour quelques iours, et ay brouillé un peu de papier pour tascher à me défendre des iniures qu'on me fait en terre ; et ie m'assure que tous ceux qui ont de l'honneur et de la conscience trouveront ma cause si iuste que ie ne craindray pas de la soumettre à vostre jugement, bien que j'aye affaire à un homme de vostre profession, et ie vous supplie de me croyre,

Monsieur,

Vostre tres humble et obéissant serviteur.

DESCARTES.

D'Endegeest, ce 20 avril 1643.

Réponse de A. Colvius à Descartes.

Nobilissime vir,

Accepi apologeticum scriptum tuum, legi illud et dolui. Quid enim aliud potui in acerrimo certamine amicorum meorum? quorum unum semper propter eminentem cognitionem in philosophicis, alterum propter theologicam æstimavi. Hactenus vos fuistis antistites Dei et naturæ, qui optima et facillima via nos ad summum ens illiusque proprietates ducere debent genus humanum. Quam vero horrendum utrumque atheismi crimine accusari, idque ab iis qui atheismum maxime detestantur! Ille te atheum speculativum, quales nullos revera esse affirmat, probare conatur, sed sine ratione et charitate, quæ saltem non cogitat malum nec est suspicax. Tu illum conaris probare atheum practicum, horresco referens, hominem futilem, perfidum, mendacissimum et diabolicum. Si talis, quomodo jam cathedram aut suggestum ascendere audebit? quomodo magistratus eum tolerare amplius poterit? quomodo ex ipsius ore populus et studiosa juventus sacra haurire poterit? Ad quid hæc scripta prosunt, nisi ut omnis eruditio omnium risui exponatur, et doctos quam maxime insanire omnes revera judicent, qui nihil sapiunt in propria causa? Vereor ne in respondendo leges charitatis D. Voetio præscriptas observaveris: non enim solum neminem primo lædere nec factis nec verbis nec scriptis debemus, sed nec reddere malum pro malo ad explendam vindictam; et quæcumque a malevolo animo procedunt, plus auctorem quam alium lædere solent: quæ a voluntate procedunt, ut vere ais, revera nostra sunt. Quanto præstaret utrumque certare pro gloria Dei, ostendendo nobis ejus potentiam, sapientiam et bonitatem ex libro naturæ, et veritatem, justitiam et misericordiam ex libro S. Scripturæ! Cur autem tantum vitia, infirmitates in oculos et mentem vestram incurrunt, et virtutes egregiasque dotes non videtis, aut videre non vultis? Cur ille in te non videt subtile et vere mathematicum ingenium, in scribendo modestiam sine alicujus offensione, promissa maxima, quæ elicere aut saltem patienter nobiscum expectare debuit? Cur tu non laudas in eo diligentiam indefessam, multijugam cognitionem linguarum et rerum, vitæ modestiam, quæ infestissimi hostes ejus in eo fatentur? Charitas cooperit multitudinem peccatorum: sine ea sumus aquilæ et serpentes in aliorum vitiis intuendis; et tamen sine charitate nihil sumus. Quæso, vir summe, da mundo quæ tamdiu promisisti, et omitte rixas illas tetricas, quæ ingenia præclarissima inficere solent et sunt remoræ bonæ mentis. Vides quam hæc procedant ab animo vacuo ab omni malevolentia, ut me arctiori affectu constringas. Vale.

Dordraci, Junii 1643.

Clarissimo et præstantissimo viro A. Colvio theologiæ doctori R. Descartes S. D.

Non ita mihi complaceo ut nihil a me fieri existimem, quod merito possit reprehendi; et tanta teneor cupiditate errores meos cognoscendi, ut etiam injuste reprehendentes, quibus non est animus malus, mihi soleant esse pergrati. Et sane dubitare non debes, quin litteræ quas a te accepi, summopere me tibi devinciant. Etsi enim in illis quædam mea reprehendas, in quibus non mihi videor valde peccasse, ac me comparas cum homine a quo quam maxime differre velim, quia tamen ab animo peramico simulque ingenuo et pio profectas esse animadverto, non modo illas libenter legi, sed etiam reprehensionibus tuis assensus sum. Dolendum est quod non omnes homines commodis publicis inserviant, et aliqui sibi mutuo nocere conentur; at justam defensionem meæ famæ suscipere cogebar, et uni forsan nocere ut pluribus prodessem. Transgressus sum leges charitatis; at credidi me ad eas erga illum non magis teneri quam erga ethnicum et publicanum, quia audiebam ipsum nec fratrum suorum nec etiam magistratuum precibus flecti potuisse. Non celebravi ejus egregias dotes, vel non vidi: nam infessos labores, memoriam, et qualemcumque doctrinam, tamquam instrumenta vitiorum timenda in eo esse putavi, non laudanda; vitæ vero probitatem et modestiam prorsus non vidi. Petis etiam cui bono? Ego bonum pacis quæsivi; nimis enim multi adversarii quotidie in me insurgerent, si nullas umquam injurias propulsarem. Non dico quid de eo jam fiet, neque enim scio; sed ejus domini super hac re videntur velle deliberare, ut ex celebri eorum programmate forte notasti. Quid vero ad illud respondeam, in chartis hic adjunctis si placet leges, et acies eo pluris me facere virtutes tuas, quo aliorum vitia magis aversor. Vale.

Egmundæ op de Hoef, 5 julii 1643.

Lettre de Descartes au sieur G. Brandt, horloger, demeurant à Amsterdam.

TRADUCTION.

Monsieur Gerrit-Brandt,

Je vous envoie mon horloge, et je vous prie de faire faire la chaîne, et de l'y appliquer, comme nous sommes convenus ensemble, excepté que je vous ai parlé d'une chaîne de 12 aunes. Craignant qu'elle ne soit trop longue et trop difficile à appliquer et qu'elle ne cause de l'embarras, je crois qu'il vaudra mieux prendre la moitié de cette longueur, d'après la mesure de la corde, que j'ai jointe à l'horloge. Je vous envoie en même temps les poids et la poulie, à laquelle le plus léger des poids doit être suspendu. Pardonnez-moi mon mauvais hollandais.

Votre bienveillant ami,

DESCARTES.

D'Egmond op de Hoef, 18 juillet 1643.

———

Extrait des remarques de M. Huygens sur la vie de Descartes, écrite par Baillet.

. . . .

. . . .

« M. Descartes n'a pas connu quel seroit l'effet de ses lunettes hyperboliques, et les a présumées incomparablement plus qu'il ne devoit, n'entendant pas assez cette théorie de la dioptrique, ce qui paroist par sa démonstration tres mal basée des télescopes. Il ne sçavoit pas le défaut des réfractions remarqué par Newton. Nous serions heureux s'il n'y avoit que le défaut de la figure sphérique.

« Ne seroit-ce pas plus d'honneur à M. Descartes si on avoit omis un grand nombre de petites particularités sur sa vie? Ou faut-il croire que c'est un avantage et une chose à souhaiter d'être ainsi connu à la postérité par des particularités et des circonstances qui n'ont rien de grand ni d'extraordinaire? Il me semble que si on nous avoit laissé de tels mémoires de la vie d'Épicure ou de Platon, ils n'ajouteroient rien à l'estime que je fais de ces grands hommes. Outre que ces petites choses ne méritent pas d'occuper un lecteur.

« Cet endroit où il raconte comment il avoit le cerveau trop échauffé et capable de visions, et son vœu à Notre-Dame-de-Lorette, marque une grande foiblesse, et je crois qu'elle paroistra telle mesme aux catholiques qui se sont défait de la bigoterie.

« M. Descartes avoit trouvé la manière de faire prendre ses conjectures et fictions pour des véritez. Et il arrivoit à ceux qui lisoient ses Principes de philosophie quelque chose de semblable qu'à ceux qui l'sent des romans qui plaisent et font la mesme impression que des histoires véritables. La nouveauté des figures de ses petites particules et des tourbillons y font un grand agrément. Il me sembloit, lorsque je lus ce livre des Principes la première fois, que tout alloit le mieux du monde, et je croyois, quand j'y trouvois quelque difficulté, que c'estoit ma faute de ne pas bien comprendre sa pensée. Je n'avois que quinze à seize ans. Mais y ayant depuis découvert de

temps en temps des choses visiblement fausses et d'autres tres peu vraisemblables, je suis fort revenu de la préoccupation où j'avois été, et à l'heure qu'il est je ne trouve presque rien que je puisse approuver comme vray dans toute la physique, ni métaphysique, ni météores.

« Ce qui a fort plu dans le commencement, quand cette philosophie a commencé de paroistre, c'est qu'on entendoit ce que disoit M. Descartes, au lieu que les autres philosophes nous donnoient des paroles qui ne faisoient rien comprendre, comme ces qualitez, formes substantielles, espèces intentionnelles, etc. Il a rejetté plus universellement que personne auparavant cet impertinent fatras. Mais ce qui a surtout recommandé sa philosophie, c'est qu'il n'en est pas demeuré à donner du dégoût pour l'ancienne, mais qu'il a osé substituer des causes qu'on peut comprendre de tout ce qu'il y a dans la nature. Car Démocrite, Épicure et plusieurs autres des philosophes anciens, quoiqu'ils fussent persuadez que tout se doit expliquer par la figure et le mouvement du corps et par le fluide, n'expliquoient aucun phénomène, en sorte qu'on en restoit peu satisfait; comme il paroist par les chimères touchant la vision, où ils vouloient qu'il se détache continuellement des pellicules tres déliées des corps, lesquelles vont frapper nos yeux. Ils retenoient la pesanteur pour une quantité interne des corps. Ils soutenoient que le soleil n'avoit effectivement qu'un pied ou deux de diamètre, et qu'il se refesoit la nuit pour renaltre le matin. Enfin ils ne pénétroient rien de ce qu'on souhaitoit de sçavoir.

« Les modernes, comme Telesius, Campanella et Gilbert, retenoient de mesme que les aristotéliciens plusieurs qualitez occultes, et n'avoient pas assez d'invention ni de mathématiques pour faire un système entier; Gassendi non plus, quoiqu'il ait reconnu et découvert les inepties des aristotéliciens. Vérulamius a vu de mesme l'insuffisance de cette philosophie péripatéticienne, et de plus a enseigné de tres bonnes méthodes pour en bastir une meilleure à faire des expériences et à s'en bien servir. Il en a donné des exemples assez rares, pour ce qui regarde la chaleur dans les corps, qu'il conclut n'estre qu'un mouvement des particules qui les composent. Mais au reste il n'entendait point les mathématiques et manquoit de pénétration pour les choses de physique, n'ayant pas pu concevoir seulement la possibilité du mouvement de la terre, dont il se moque comme d'une chose absurde. Galilée avoit tout ce qu'il faut pour faire des progrès dans la physique, et il faut avouer qu'il a esté le premier à faire de belles découvertes touchant la nature du mouvement, quoiqu'il en ait laissé de tres considérables à faire. Il n'a pas eu tant de hardiesse ni de présomptions que de vouloir entreprendre d'expliquer toutes les causes naturelles, ni la vanité de vouloir estre chef de secte. Il estoit modeste et aimoit trop la vérité ; il croyoit d'ailleurs avoir acquis assez de réputation et qui devoit durer à jamais par ses nouvelles découvertes.

« Mais M. Descartes, qui me paroist avoir été jaloux de la renommée de Galilée, avoit cette grande envie de passer pour autheur d'une nouvelle philosophie. Ce qui paroist par ses efforts et ses espérances de la faire enseigner aux académies à la place de celle d'Aristote; de ce qu'il souhaitoit que la société des jésuites l'embrassast ; et enfin parce qu'il soutenoit à tort et à travers les choses qu'il avoit une fois avancées, quoique souvent tres fausses. Il respondoit à toutes les objections, quoique je voye rarement qu'il ait satisfait à ceux qui les faisoient, sinon comme les soutenants font aux disputes publiques dans les académies, où on leur laisse toujours le dernier mot. Cela auroit esté autrement, s'il eust pu expliquer clairement la vérité de ses dogmes, et il l'auroit pu, si la vérité s'y fust rencontrée.

« J'ay dit qu'il donnoit ses conjectures pour des véritez, ce qui paroist dans les particules canelées, qu'il employe à l'explication de l'aimant, au cercle de glace suspendu en l'air, qu'il employe aux parhélies de Rome, et à cent autres choses, sans qu'il se soit arrêté à quantité d'absurditez que ces hypothèses traînoient avec elles. Il assuroit de certaines choses, comme les loix du mouvement dans les corps qui se rencontrent, qu'il croyoit faire accepter pour vrayes, en permettant de croire que toute sa physique fust fausse, si ces loix l'estoient. C'est à peu près comme s'il vouloit les prouver en fesant serment. Cependant il n'y a qu'une seule de ces loix de véritable, et il me sera fort aisé de le prouver.

« Il devoit nous proposer son système de physique, comme un essai de ce qu'on pouvoit dire de vraisemblable dans cette science, en n'admettant que les principes de mécanique, et inviter les bons esprits à chercher de leur costé. Cela eust esté fort louable ; mais en voulant faire croire qu'il a trouvé la vérité, comme il fait partout, en se fondant et se glorifiant en la suite et en la belle liaison de ses expositions, il a fait une chose qui est de grand préjudice au progrès de la philosophie ; car ceux qui le croient et qui sont devenus ses sectateurs, s'imaginent de posséder la connoissance des causes tout autant qu'il est possible de les sçavoir ; ainsi ils perdent souvent le temps à soutenir la doctrine de leur maistre, et ne s'étudient point à pénétrer les raisons véritables de ce grand nombre de phénomènes naturels dont Descartes n'a débité que des chimères.

« La plus belle chose qu'il ait trouvée en matière de physique, et dans laquelle seule peut-estre il a bien

rencontré, c'est la raison du double arc-en-ciel ; c'est-à-dire pour ce qui est de la détermination de leurs angles ou diamètres apparents ; car pour la cause des couleurs, il n'y a rien de moins probable, à mon avis. Les escrits des autres philosophes jusqu'à luy estoient pitoiables sur ce sujet, pour n'avoir pas sçu assez de géométrie, n'avoir connu les véritables loix de la réfraction, ni s'estre éclaircis par des expériences. Il est vray que ces loix de la réfraction ne sont pas de l'invention de M. Descartes, selon toutes les apparences ; car il est certain qu'il a vu le livre manuscrit de Snellius, que j'ay vu aussi, qui estoit escrit exprès touchant la nature de la réfraction et qui finissoit par cette règle, dont il remercioit Dieu ; quoiqu'au lieu de considérer les sinus, il prenoit, ce qui revient à la mesme chose, les costez d'un triangle ; et qu'il se trompoit en voulant que le raion qui tombe perpendiculairement sur la surface de l'eau, se raccourcist, et que cela fait paroistre le fond d'un vaisseau élevé plus qu'il n'est.

« Nonobstant ce peu de vérité que je trouve dans le livre des Principes de M. Descartes, je ne disconviens pas qu'il ait fait paroistre bien de l'esprit à fabriquer, comme il a fait, tout ce système nouveau, et à lui donner ce ton de vraisemblance qu'une infinité de gens s'en contentent et s'y plaisent. On peut encore dire qu'en donnant ces dogmes avec beaucoup d'assurance et estant devenu authéur tres célebre, il a excité d'autant plus ceux qui escrivoient après, à le reprendre et tascher de trouver quelque chose de meilleur. Ce n'est pas aussi sans l'avoir bien mérité, qu'il s'est acquis beaucoup d'estime ; car, à considérer seulement ce qu'il a escrit et trouvé en matiere de géométrie et d'algèbre, il doit estre réputé un grand esprit. »

ROTTERDAM.

La ville. — L'inspecteur primaire M. Delprat. — M. le baron de Mackay, membre de la commission de la ville. — Salle d'asile. — École de pauvres. — Écoles primaires payantes. — École de la maison centrale de correction. — Fin du voyage. Retour en France.

(26 SEPTEMBRE — 10 OCTOBRE.)

La route de Leyde à Rotterdam, par Delft, est moins belle peut-être que celle d'Amsterdam à Utrecht ; mais c'est toujours à peu près le même jardin continuel, la même suite de maisons de campagne avec les inscriptions accoutumées : *Belle-Vue, Asile de Paix*, etc.

Arrivés à Rotterdam au milieu du jour, nous avons

trouvé cette ville aussi vive et aussi animée qu'elle nous avait paru silencieuse et majestueuse lorsque nous y sommes entrés de nuit la première fois : immense mouvement commercial, foule occupée se pressant dans les rues, effet pittoresque des navires qui, à tous moments, apportent du fond de l'Allemagne par le Rhin et la Meuse, et du Nord et des Indes par l'Océan, d'énormes amas de marchandises dont Rotterdam est l'entrepôt. La *haute rue* est une digue à laquelle la ville entière est attachée et comme suspendue.

Le seul monument un peu remarquable est la grande église avec son orgue et une assez belle grille en cuivre à l'entrée du chœur. Elle renferme aussi quelques tombeaux qui peuvent avoir leur intérêt historique. Je n'avais vu qu'à la clarté de la lune la statue d'Érasme en bronze, placée sur le grand Marché, et qui représente l'auteur des *Entretiens* et de l'*Éloge de la Folie*, debout avec la robe et le bonnet de docteur et un livre à la main. Au jour, je n'ai pas été fort satisfait de cette statue où il n'y a presque plus rien de la physionomie d'Érasme, et de cette figure fine et un peu pointue qui rappelle celle de Voltaire. On m'a montré la maison où il est né ; mais ses parents demeuraient à Gouda, et c'est par accident que sa mère accoucha à Rotterdam, ce qui fait une petite rivalité entre ces deux villes. J'ai voulu voir sur la place du grand Marché, en face de la statue d'Érasme, la maison où vécut Bayle, et où il est mort dans la disgrâce du parti protestant. Singulière destinée de cet homme du midi de la France, qui, pour échapper aux superstitions de son pays, s'en va tomber sous la main du synode de Dordrecht, et qui, passant successivement par tous les extrêmes, aboutit au scepticisme ! Bayle n'est point un sceptique systématique comme Sextus et Hume, avouant ses principes et les poussant intrépidement à leurs dernières conséquences. Son scepticisme est comme le fruit de la lassitude, et l'ouvrage d'un esprit curieux et mobile qui flotte au hasard dans une érudition immense. C'est encore à Rotterdam que Locke dut passer une partie de son exil jusqu'à la révolution de 1688, avec son savant et judicieux ami Leclerc, qui imprima pour la première fois dans son *Journal* les deux premiers livres de l'*Essai sur l'Entendement humain*, monument immortel où l'erreur et la vérité sont mêlées en proportions presque égales, et qui contient les germes d'un scepticisme bien différent de celui de Bayle, et peut-être plus contagieux, parce qu'il semble arraché comme à regret le sens commun à la réflexion la plus attentive, à la plus scrupuleuse moralité, et même à la foi la moins suspecte. Ce sont là les deux scepticismes dont s'est nourri celui de

Voltaire pendant son séjour en Hollande et en Angleterre, et qui ont produit le *Dictionnaire philosophique*. Mais il ne s'agit plus de philosophie à Rotterdam. On n'y songe guère à Locke, à Leclerc, à Bayle ni à Voltaire. Il ne s'y fait plus de livres bons ou mauvais ; on n'y pense qu'à faire fortune. Mais dans cette ville, où se forment et s'accumulent tant de richesses, il y a bien des pauvres aussi, et ils n'ont pas été abandonnés par une dédaigneuse opulence. L'administration a regardé comme son premier devoir de venir au secours de l'indigence, surtout en lui ouvrant des asiles et des écoles, où on lui donne les lumières de toute espèce dont elle a besoin. Il n'y a de bien remarquable en fait d'instruction publique à Rotterdam que l'instruction primaire, mais celle-là y est digne de la plus sérieuse attention.

Déjà le gouvernement hollandais avait averti de notre arrivée l'inspecteur primaire du district de Rotterdam ; nous étions donc attendus, et nous fûmes accueillis avec l'empressement le plus cordial. M. Delprat, de Rotterdam, me rappela M. L'Ange, d'Amsterdam. Je ne suis pas surpris qu'avec de pareils hommes, et avec leurs dignes collègues, M. Blussé à Leyde, M. Prinsen à Harlem, M. van Goudoever à Utrecht, et M. Schreuder à Gouda, l'instruction primaire soit si florissante en Hollande. M. Delprat est, comme M. L'Ange, ministre de l'Église wallonne, prédicateur français très-distingué, plein de lumières, d'esprit et de goût. J'ai peut-être déjà dit la même chose de quelque autre inspecteur primaire, mais c'est en vérité la plus stricte justice qui me force à répéter sans cesse les mêmes compliments. M. Delprat voulut bien me faire connaître plusieurs membres de la commission des écoles de la ville, entre autres M. le baron de Mackay, ancien officier de marine, aujourd'hui directeur des postes, homme riche, influent, profondément Hollandais de cœur et d'esprit, et qui, dans un âge avancé, conserve une activité surprenante, qu'il consacre en grande partie à l'administration des écoles du peuple.

Ce que je voulais voir à Rotterdam, c'était surtout la salle d'asile, appelée ici, comme en Allemagne, école gardienne (*Bewaarschooll*), ou comme en Angleterre, école de l'enfance (*kleine Kinderschool*) (1). Je n'avais pas encore rencontré d'établissement de ce genre en Hollande. Il m'aurait fallu traverser le Zuyderzée pour aller chercher à Zwolle la célèbre école gardienne de cette ville. Mais je me suis procuré son règlement et les rapports qui en ont été publiés (2). Elle ne date que de la fin de 1828. Elle est entièrement gratuite, et, à en juger par les deux rapports que j'ai sous les yeux, elle a réussi à merveille : il est certain, du moins,

---

(1) En Allemand, *Wartschule*; en anglais, *Infant-school*.

(2) Verslag van den staat des stads armeninringting te Zwolle, 1er juin 1830. Tweede Verslag, etc., aug. 1834.

qu'elle passe en Hollande pour un établissement vraiment normal. C'est sur ce modèle qu'a été fondé depuis l'asile de Deventer, et quand la commission des écoles de Rotterdam voulut établir aussi un asile dans cette ville, elle envoya la personne qu'elle voulait mettre à la tête de cette petite école, avec les deux aides qu'elle se proposait de lui donner, pour se former quelque temps et s'exercer auprès de l'école gardienne de Zwolle. Il n'y a pas d'autres salles d'asile publiques en Hollande que ces trois-là. C'est un grand tort et une très-fâcheuse conséquence. Si on établit des écoles gratuites pour les pauvres depuis cinq ou six ans jusqu'à douze, comment ne point établir des asiles gratuits pour ces mêmes pauvres de deux ans jusqu'à l'âge d'aller à l'école? Toute école de pauvres doit renfermer un asile gratuit. De cette manière, l'asile est la pépinière de l'école ; l'un prépare et conduit à l'autre, et l'un et l'autre réunis forment un seul et même établissement. De même, à la plupart des écoles primaires payantes, il serait bon qu'un asile payant fût attaché. Mais il faut bien se garder, quand cela n'est pas inévitable, de mêler dans l'école et dans l'asile deux sortes d'enfants, les uns qui payent, les autres qui ne payent pas ; vous humiliez les pauvres par ce contraste, et par le voisinage des pauvres vous repoussez ceux qui peuvent payer, et dont les familles ne veulent pas avoir l'air d'envoyer leurs enfants à une école gratuite, outre qu'il n'est pas en effet sans inconvénient de mettre un enfant d'une certaine classe de la société, propre et déjà façonné à d'assez bonnes manières, à côté d'un enfant soumis, mais grossier, bien lavé, mais très-mal vêtu. Des salles différentes dans le même établissement ne suffisent même pas. L'asile pour les enfants pauvres et l'asile payant doivent avoir des bâtiments distincts. L'asile gratuit est le plus nécessaire et en même temps le plus facile à établir. Une propreté sévère sans délicatesse, un peu d'instruction très-élémentaire, et beaucoup de jeux fortifiants, voilà qui suffit. Il faut que les enfants soient dans l'asile gratuit comme ils seraient dans une famille honnête, mais pauvre ; car si l'asile dégoûte du foyer domestique, il fait plus de mal que de bien. L'asile payant doit être plus soigné sans recherche, de sorte que la mère de famille un peu à son aise, qui, par une raison ou par une autre, ne veut pas garder ses enfants à la maison, puisse avec sécurité les envoyer à un asile convenable, où ils trouveront des enfants de la même classe que celle à laquelle ils appartiennent. N'ayant été ni à Zwolle ni à Deventer, je n'ai vu en Hollande aucun asile gratuit. Celui de Rotterdam est un asile payant. Je l'ai examiné dans le plus grand détail.

Il se compose d'une pièce d'entrée qui conduit, à gauche, à une petite salle où l'on nettoie les enfants, et où se pratique tout ce qui concerne la propreté, et, à droite, à une autre salle, qui est l'école gardienne proprement dite : grande salle très-bien aérée, dont la propreté approche un peu trop de l'élégance : une centaine d'enfants distribués en trois divisions : l'une de petits enfants de l'âge de deux ans, l'autre d'enfants un peu plus âgés, la troisième d'enfants de cinq à six ans. Chacune de ces trois divisions est confiée à une sous-maîtresse, et ces trois personnes ont à leur tête la directrice de la maison, qui est toujours là, et surveille l'ensemble de l'école. On apprend à lire, un peu à compter, et on exerce toutes ces petites intelligences en mettant sous leurs yeux un assez grand nombre d'objets en nature ou assez fidèlement représentés. On n'écrit pas encore sur du papier, mais on trace déjà des lettres sur l'ardoise. Au bout de cette salle d'études est une autre salle où les enfants prennent leur récréation pendant l'hiver et le mauvais temps, et à côté une assez grande cour sablée pour la belle saison. Il y a beaucoup de maîtresses pour un assez petit nombre d'enfants ; car l'école n'en a pas, en ce moment, plus de cent ; mais elle pourrait en contenir bien davantage. Chaque enfant y paye deux sous de Hollande, quatre sous de France par semaine.

Cette école gardienne occupe tout le rez-de-chaussée de la maison. Au premier, on se propose d'établir une école élémentaire payante pour les enfants de la même classe que ceux qui fréquentent l'asile. Ce voisinage est tout à fait convenable ; et il serait fort à désirer qu'à côté de l'école élémentaire, on établît une école française où l'on payât un peu cher et qui fût parfaitement tenue. Alors il y aurait à Rotterdam un vrai modèle d'un établissement complet d'instruction primaire pour la classe moyenne. J'ai recommandé ce plan, non sans quelque espérance de succès, à mes deux honorables guides et au propriétaire de la maison, membre lui-même de la commission des écoles.

Après les asiles, les écoles des pauvres. J'ai prié M. Delprat et M. de Mackay de me faire voir la plus nombreuse et la mieux tenue ; ils m'ont conduit dans une école de pauvres de mille enfants.

Cette école se distingue de toutes celles que j'avais rencontrées sur ma route, par cette circonstance qu'elle est établie dans la maison consacrée au bureau de bienfaisance de la ville. C'est là qu'on fabrique en partie et qu'on distribue les secours aux personnes inscrites sur la liste d'indigence, et on se sert de ce ressort pour faire venir les enfants pauvres à l'école ; car on supprime les secours à toute famille indigente du quartier qui néglige d'envoyer ses enfants à cette école. L'obligation d'aller à l'école, imposée par la loi en Allemagne (*Schulpflichtigkeit*) aux enfants de toutes les conditions, est ici indirectement appliquée aux enfants pauvres, et on ne peut contester l'excellence de cette mesure dans ces limites et pour cette classe de la société. C'est ainsi qu'en France on pourrait commencer ; et si, dans toutes les grandes villes, les bureaux de bienfaisance avaient la sagesse et le courage de ne plus conseiller seulement, mais d'enjoindre aux familles qu'ils soutiennent, d'envoyer leurs enfants aux asiles et aux écoles gratuites, sans loi et sans bruit, ils feraient en peu d'années aux classes pauvres et à la société tout entière un bien immense, sans aucune dépense nouvelle.

Quand je suis entré dans cette maison de charité et d'école : Oh ! le bel ensemble que formerait cet établissement, disais-je à mes compagnons, si en même temps il y avait ici une école gardienne gratuite ! Puissent mes paroles porter leurs fruits et donner à la maison de bienfaisance de Rotterdam l'unique mais indispensable complément dont elle a besoin !

Je m'attendais à trouver ici, comme à La Haye et à Amsterdam, les mille enfants réunis dans une même salle : mon attente a été heureusement trompée. Les divisions dont se compose cette nombreuse école sont distribuées dans les différents étages, et chaque étage a des salles différentes pour les différentes classes. Le directeur a sous lui plusieurs adjoints et plusieurs aides, et même des aides apprentis. Ici, comme à Amsterdam, la méthode suivie est l'enseignement simultané, avec quelque mélange d'enseignement mutuel pour la répétition des parties inférieures et matérielles de l'instruction.

Passons maintenant des écoles de pauvres aux écoles payantes, appelées écoles intermédiaires. Autrefois ces écoles étaient livrées en Hollande à l'industrie particulière, et presque partout c'était des écoles privées. Rien de mieux en théorie que cette distribution de l'instruction primaire ; dans la pratique voici les conséquences qu'elle devait amener et que le temps n'a pas tardé à faire paraître. Les écoles de pauvres n'étant pas seulement entretenues, mais instituées et gouvernées par l'autorité publique, leurs règlements étaient faits par des hommes versés dans ces matières ; ces règlements étaient strictement exécutés ; les maîtres étaient formés dans de bonnes écoles ou dans les écoles normales, les méthodes rigoureusement surveillées, la discipline excellente, les études bornées, mais solides. Les écoles de pauvres devinrent donc bientôt, en plusieurs endroits, supérieures aux écoles payantes dont l'industrie privée s'était chargée. De là le grave désordre d'enfants de la classe moyenne moins bien élevés que ceux de la classe indigente, et ce désordre pouvait à la longue amener une véritable perturbation sociale. On reconnut la nécessité d'aller au devant de ce danger, et les villes fondèrent des écoles intermédiaires publiques. La ville de Rotterdam a deux écoles de ce genre, indépendamment de celles que la concurrence privée avait établies. D'abord il y a entre ces différentes écoles une émulation qui tourne au profit de toutes ; ensuite, et c'est là le point essentiel, des familles qui ne sont point assez indigentes, ou qui, dans leur indigence, ont trop d'amour-propre pour envoyer leurs enfants aux écoles des pauvres, sans pouvoir atteindre au prix assez élevé de la plupart des écoles privées, trouvent dans ces écoles publiques à bon marché ce qui convient à la fois à leurs sentiments et à leur position. Ainsi la ville de Rotterdam rend un service important à une partie très-intéressante de la classe moyenne, et ce service, elle a pu le rendre sans autre dépense qu'une avance de fonds qu'elle n'a pas tardé à recouvrer par le rapide succès de ces deux nouvelles institutions. J'ai entre les mains le compte de leurs dépenses et de leurs recettes pour l'année 1835, et ce compte donne un excédant de recettes, que la ville a appliqué à la salle d'asile que nous venons de décrire.

Voici les dépenses des deux écoles réunies :

1° Traitements des deux instituteurs en chef à 1,400 florins pour chacun . . . . Plus pour indemnité de logement, à 200 fl. pour chacun.	fl. 3,200 »
2° Traitements des sous-maîtres au maximum de fl. 350. Salaires et encouragements aux apprentis sous-maîtres. École n° 1 . . . . fl. 755 » École n° 2. . . . . . . 1,033 75	fl. 1,788 75
3° Deux maîtresses de couture pour les filles des deux écoles	403 »
4° Papier, livres, encre, plumes, ardoises, pour les deux écoles	614 31
5° Chauffage, éclairage pour les deux écoles . . . . . Le local est fourni et entretenu par la ville. (Mémoire.)	308 30
Total des dépenses.	fl. 6,403 36

Ou environ 12,900 francs.

La recette se compose du payement de 20 cents, argent de Hollande, par semaine et par élève. Elle a produit :

1° Pour l'école n° 1, fréquentée par environ quatre

cents enfants. . . . . . fl. 3,000 90
Pour la classe de couture,
le soir pendant six mois,   } fl. 3,044 90
cette classe _n'existant
que depuis le 1er juillet . . . , 44 ,

2° Pour l'école n° 4, fréquentée par environ quatre
cent quatre-vingts en-
fants. . . . . fl. 3,926 40
Pour la classe de couture,   } fl. 4,156 60
établie près de l'école
n° 2, depuis le 1er jan-
vier 1835, à 5 cents par
semaine. 230 20

Total de la recette pour les deux écoles. fl. 7,201 50
Ou environ 14,300 francs.
La dépense étant de fl. 6,403 36
L'excédant de recette est de fl. 798 14

Voilà donc deux écoles contenant près de 900 enfants avec dix ou douze maîtres, sous-maîtres et aides,
et deux sous-maîtresses, qui ne coûtent absolument
rien à la ville, et qui se soutiennent et fleurissent à
l'aide d'une rétribution hebdomadaire de 20 cents de
Hollande ou 40 centimes de France. Encore, quand
deux enfants de la même famille fréquentent l'école,
ces deux enfants ne payent chacun que quinze cents
(30 centimes), et quand il y en a trois de la même
famille, chacun ne paye que 10 cents (20 centimes).
Les filles de la division supérieure reçoivent le soir
une instruction particulière pour les ouvrages de main,
couture, etc., et elles ne payent de plus pour cette
instruction que 5 cents (10 centimes). Cette rétribution est bien modique. Il n'y a pas une famille au-
dessus de la classe tout à fait indigente, à laquelle
sont réservées les écoles de pauvres, qui ne puisse
payer une trentaine de sous par mois, surtout quand
on laisse la faculté de payer par semaine; et même
dans certaines villes, à Leyde, par exemple, de payer
par jour et même par demi-journée (1), ce qui réduit
la dépense à presque rien. Et pourtant cette petite
dépense est une satisfaction pour l'amour-propre des
parents; elle attache les enfants à l'école et garantit
leur assiduité, car on veut profiter pour son argent;
et, en même temps, en défrayant l'instruction de la
classe moyenne, elle permet à la ville de concentrer
ses dépenses sur l'instruction de la classe qui ne peut
absolument rien payer, et envers laquelle, dans ce
cas, l'instruction gratuite est une dette sacrée. En
multipliant inconsidérément les écoles primaires gratuites, on accable les communes de dépenses qui s'ac-
croissent sans cesse et qui peu à peu épuisent et las-

(1) Voyez Leyde, p. 275.

sent la charité. La charité bien entendue consiste à
donner pour rien à ceux qui n'ont rien, et à donner à
bon marché à ceux qui ont quelque chose. A Paris,
toutes les écoles communales sont gratuites, et il n'y
a pas une seule école primaire publique où l'on paye,
tandis que les écoles privées, dont la rétribution est
la plus modique, coûtent près de cinq francs par
mois, de sorte qu'il n'y a aucun degré intermédiaire
entre le gratuit et un prix qui est déjà assez considérable. Un ouvrier qui a plusieurs enfants ne peut guère
les envoyer à l'école privée, et il éprouve quelque
honte à les envoyer à l'école gratuite et à se mettre
sur la liste officielle des indigents. N'oubliez pas encore cette considération : tous ces maîtres d'écoles
gratuites qui ne demandent pas un centime à leurs
élèves, n'ont d'autre revenu que leur traitement. Ce
traitement a été porté de 1,200 à 1,800 francs. C'est
beaucoup pour la ville, c'est trop peu pour le maître
et sa famille; tandis que le maître de l'école privée
gagne bien davantage, et voit son revenu s'accroître
avec son habileté et son activité. On pourrait à moins
de frais faire plus de bien encore par un système d'é-
coles publiques mieux appropriées aux divers besoins
de la population. Nous avons assez d'écoles communales gratuites ; car plusieurs, malgré le talent des
maîtres, ont un petit nombre d'élèves. Or, sans vouloir 1,000 enfants dans chaque école de pauvres, il
en faut bien à peu près 300; et quelques écoles de ce
genre, peuvent suffire à chaque arrondissement, si on
n'admet dans ces écoles que ceux qui doivent y entrer, c'est-à-dire les véritables pauvres dont la liste
est à peu près complète dans les bureaux de bienfaisance. Et ici j'exprimerai toute ma pensée. A Dieu ne
plaise que jamais je puisse songer à exclure personne
de l'éducation populaire ! Loin de là, je ne cesserai
d'appeler à cette noble tâche tous les gens de bien,
tous les hommes éclairés, sans aucune acception ni de
cultes ni de méthode ; mais, je l'avoue à mes risques
et périls, c'est surtout aux frères de la doctrine chrétienne qu'il me paraîtrait convenable de confier les
écoles communales absolument gratuites; comme c'est
surtout aux sœurs de la charité que nous confions le
soin des malades dans les hospices. D'abord c'est au
service du peuple que les statuts des frères les consacrent. Ensuite, par un retour bien naturel, le peuple
les aime. Le peuple est fier, il ne veut pas qu'on le
méprise ; et, avec les meilleures intentions du monde,
on peut avoir l'air de le mépriser, pour peu qu'on ait
des façons trop élégantes. Les frères ne nous mépri-
sent pas, dit le peuple. La tournure un peu lourde et
commune de ces bons frères, qui les expose à quelques
railleries, leur humilité, leur patience, surtout leur
pauvreté et leur absolu désintéressement, car ils ne
possèdent rien en propre, les rapprochent et les font

bien venir du peuple au milieu duquel ils vivent. Le peuple et l'enfance demandent une patience sans bornes. Qui n'est pas doué d'une telle patience ne doit pas songer à être maître d'école. Enfin, par leurs statuts, les frères enseignent gratuitement : il leur est interdit de rien demander aux enfants, et ils se contentent de très-peu de chose pour eux-mêmes et-pour leurs écoles. Voilà des gens qui semblent faits tout exprès pour l'instruction primaire gratuite. Il serait donc assez raisonnable de leur confier les écoles de pauvres, puisqu'ils ne peuvent pas en diriger d'autres. Mais à côté de ces écoles de pauvres, il faudrait en même temps dans chaque arrondissement un nombre à peu près égal d'écoles primaires publiques et payantes : celles-là, on les confierait à des instituteurs laïques qui, avec leur traitement fixe, trouveraient dans la modique rétribution imposée aux élèves, un éventuel proportionné à leur zèle et à leurs succès. Ces instituteurs, la plupart du temps pères de famille, auraient ainsi une assez bonne condition, et la ville posséderait des écoles publiques payantes qui deviendraient le modèle des écoles particulières, même d'un prix beaucoup plus élevé. Enfin, au-dessus de ces écoles publiques élémentaires, où l'on payerait quelque chose, placez dans chaque arrondissement, sous le nom d'école intermédiaire ou moyenne, ou sous quelque autre meilleur, une école primaire supérieure où l'on payerait un peu cher, pour cette partie de la population marchande et commerçante qui est à son aise et qui ne va pas et ne doit pas aller au collège apprendre des langues savantes qui ne lui serviraient à rien. Toutes ces écoles, loin de coûter à la ville, lui deviendraient, à l'aide d'une rétribution convenable, une source de profits, et ces profits, elle pourrait les faire servir à l'entretien des salles d'asile et des écoles de pauvres. Dans un pareil système, qui est tout à fait selon l'esprit de la loi, la ville aurait bien des charges encore, composée elle en aurait beaucoup moins, et toutes ses dépenses auraient des résultats immédiatement utiles. Mais de Paris revenons à Rotterdam.

J'ai vu encore à Rotterdam un établissement de charité trop curieux en lui-même, et où l'instruction primaire joue un trop grand rôle pour que je ne lui consacre pas quelques mots : je veux parler de la maison de correction pour les jeunes garçons.

Je donnerai une idée suffisante de l'excellent régime des prisons en Hollande, en disant que les maisons centrales de détention y sont divisées en deux classes, les unes pour les jeunes gens au-dessous de dix-huit ou vingt ans, les autres pour l'âge plus avancé. La

maison centrale de correction pour la jeunesse, établie à Rotterdam, recevait jusqu'ici des jeunes détenus de l'un et de l'autre sexe : ils étaient séparés de la manière la plus sévère dans les cours, au réfectoire même : ils avaient des écoles distinctes. Malgré tout cela, l'expérience a démontré la nécessité de les séparer plus fortement encore et d'avoir une maison spéciale de correction pour les garçons et une autre pour les filles. Celle des filles est à Amsterdam ; celle des garçons à Rotterdam. J'ai fait de celle-ci une inspection très-détaillée.

On ne s'y propose pas seulement de tenir les jeunes gens soumis et inoffensifs pendant le temps de leur détention : on s'y propose de les améliorer. L'incarcération et la rudesse du régime est le juste châtiment du délit ; car, d'abord et avant tout, il faut qu'il y ait châtiment. Mais le châtiment ne serait point approprié à sa fin s'il n'était un moyen d'amélioration, et la maison s'efforce de mériter son titre de maison de correction. On agit sur les jeunes détenus par l'ensemble du régime de la prison : 1° par la discipline destinée à leur rendre le sentiment de l'ordre et de l'autorité ; 2° par le travail auquel ils sont assujettis, et il y a à cet effet plusieurs ateliers. La tenue de la maison est militaire ; tous les employés ont un uniforme et une attitude grave et décente, qui est déjà un excellent enseignement. La nourriture est saine, mais presque grossière, et cela est juste. Chaque détenu n'a pas une cellule ; mais chaque dortoir ne contient qu'un assez petit nombre de lits, et chacun de ces lits est un hamac. Tout cela m'a paru très-propre et très-convenablement disposé. J'aurais souhaité, pour mieux voir, les yeux de mon honorable confrère à l'Académie, M. Bérenger, et ses lumières pour interroger mes conducteurs (1). Du moins suis-je un juge compétent de l'école qui est annexée à cette maison. C'est ici qu'est le principal ressort de la correction.

Cette école est composée d'une soixantaine de jeunes détenus, tous habillés uniformément d'un pantalon et d'une veste de toile propre, mais grossière. J'ai été frappé des progrès qu'attestaient les cahiers d'écriture, souvent après très-peu de temps d'école. J'ai surtout été satisfait des chants que j'ai entendus. Mais il ne faut pas oublier que ce n'est pas l'esprit qui manquait à ces jeunes gens. Le maître est lui-même un jeune homme plein de gravité et de douceur, qui est comme le père de ses élèves. On lui avait proposé de lui adjoindre un des gardiens de la maison pour maintenir l'ordre ; il n'en a pas voulu, par cette raison qu'il aurait l'air d'avoir peur, et seul il suffit à toute son école. Il consacre sa vie à cette sainte mission : il connaît

<hr />

(1) *Voyez*, dans le t. Ier des Mémoires de l'Académie des sciences morales et politiques, 2e série, un mémoire très-remarquable de M. Bérenger, *Sur les moyens propres à généraliser en France le système pénitentiaire.*

individuellement chacun de ses élèves, et il s'applique à gagner leur confiance. Il peut donc les suivre, et il les suit en effet au dehors de la maison. C'est sur sa recommandation qu'on les place, et il entretient une correspondance régulière avec chacun d'eux. Mais, pour qu'un tel gouvernement soit possible, il ne faut pas qu'il y ait dans l'école un trop grand nombre d'enfants ; car alors tout ce que peut faire un seul homme. c'est de les enseigner de son mieux, tant qu'ils sont entre ses mains : il lui est impossible de suivre dans la vie des milliers d'élèves. Quand donc, dans un semblable établissement, il y a beaucoup de jeunes détenus, il faut soigneusement les diviser et les confier, par divisions de cinquante à soixante au plus, à un seul maître auquel on doit expressément imposer, non-seulement le soin de l'enseignement, mais celui de l'éducation, et non-seulement la responsabilité du présent, mais la surveillance de l'avenir.

Je m'étonnai que l'unique maison centrale de détention pour les jeunes garçons, dans toute la Hollande, ne contînt que soixante à quatre-vingts jeunes gens, et avec le dépôt de 70 autres qu'on attend de Leyde, en tout 150 jeunes détenus (1) au plus, sur une population de deux millions cinq cent mille habitants ; mais, pour trouver l'explication de ce phénomène, je n'avais qu'à songer à ces excellentes écoles de pauvres que j'avais partout rencontrées. Les dépenses des villes pour ces écoles produisent donc ce résultat, qu'il y a moins de délits et de crimes, et, par conséquent, elles diminuent les dépenses pour la police, la répression et la correction. A Rotterdam, ville de commerce de près de cent mille âmes, toute remplie de marchandises, et où la multiplicité des canaux et des ponts rend les vols et même les crimes si faciles, les vols sont rares, et ceux par effraction et accompagnés de violence le sont tellement, que nos conducteurs m'ont affirmé qu'il leur serait mal aisé de s'en rappeler quelques-uns. J'admire avec douleur le zèle inconséquent de certains philanthropes, et même de certains gouvernements qui s'occupent avec tant de soin des prisons et négligent les écoles ! Ils laissent se former le crime et s'enraciner les vicieuses habitudes dans l'absence de toute culture et de toute éducation pendant l'enfance; et quand le crime est formé, quand il est robuste et vivace, ils entreprennent de se mesurer avec lui ; ils essayent ou de le terrasser par la terreur et le châtiment ou de le séduire, en quelque sorte, par des douceurs et des caresses. On s'épuise en efforts d'esprit et en dépenses, et on s'étonne quand tout cela est inutile: c'est que tout cela est un contre-sens. Corriger importe sans doute ; mais prévenir importe encore plus. Il faut

déposer d'abord dans le cœur de l'enfant des semences de morale et de piété, pour les retrouver un jour et pouvoir les développer dans le sein de l'homme que de fatales circonstances amènent sous la main de la justice. L'éducation du peuple est le fondement nécessaire de tout bon régime des prisons. Les maisons de correction ne sont pas faites pour changer des monstres en hommes, mais pour rappeler à des hommes égarés les principes qu'on leur a enseignés et inculqués autrefois, et qu'eux-mêmes ont suivis et pratiqués quelque temps dans les asiles où s'est écoulée leur enfance, avant que la passion, la misère, le mauvais exemple et les hasards de la vie les eussent emportés hors des sentiers de la règle et de l'ordre. Corriger, c'est d'abord exciter le remords et réveiller la conscience ; mais comment ranimer une voix qui ne s'est jamais fait entendre? Comment rappeler un langage à qui ne l'a jamais su et n'a pas même eu à le désapprendre ? Si démontrer suppose des principes dont on convient, corriger suppose aussi une règle reconnue , une notion quelconque d'obligation et de devoir, un sentiment effacé, mais non pas détruit, du bien et du mal , et quelques bonnes habitudes antérieures qu'il s'agit de faire revivre par un régime approprié, et de faire triompher peu à peu d'autres habitudes survenues plus tard au préjudice des premières. J'approuve donc et je bénis de tout mon cœur les écoles de correction ; mais je les considère comme à peu près condamnées à demeurer infructueuses, tant qu'elles ne s'appuieront pas sur des écoles du peuple universellement répandues, obligatoirement suivies, et dans lesquelles l'instruction ne sera qu'un des moyens de l'éducation.

Pendant le peu de temps que je suis resté à Rotterdam , les journées étaient employées comme je viens de le dire, et je passais les soirées chez M. Delprat et chez M. de Mackay, à causer ensemble de tout ce que nous avions vu pendant le jour. Nous étions peu nombreux, cinq personnes seulement, tous amis passionnés de l'éducation du peuple, nous communiquant avec une entière confiance toutes nos réflexions , moi , surtout , interrogeant sans cesse la longue expérience de deux hommes d'école consommés , tels que MM. Delprat et Schreuder, eux satisfaisant à toutes mes questions avec une connaissance profonde de ces matières, avec une patience et un empressement dont la source était moins encore leur parfaite obligeance envers un étranger, que leur amour sans bornes de la cause sa crée que nous servions tous. M. Delprat et M. de Mackay demeuraient, l'un et l'autre, sur ces beaux quais de Rotterdam d'où l'on aperçoit la Meuse , aussi vaste à cet endroit qu'un bras de mer. Une lune magnifique se jouait sur les eaux tremblantes que l'ombre de la nuit,

(1) Encore faut-il ajouter que beaucoup de ces jeunes détenus sont de simples vagabonds que les tribunaux condamnent assez facilement parce qu'ils savent quel soin on prend de l'éducation morale dans la maison de détention.

dérobant l'aspect de la rive opposée, rendait seules visibles. La ville dormait en silence ; et, de l'embrasure de la fenêtre auprès de laquelle j'étais assis, je passais tour à tour du charme de ce paisible spectacle à celui d'une conversation doucement animée, sur le plus grand sujet que des hommes sages puissent proposer à leurs méditations, l'éducation de leurs semblables. La pensée de M. Cuvier, qui, il y a vingt-cinq années, m'avait précédé dans le même pays et dans les mêmes recherches, toujours présente à mon esprit, plus vive encore en ce moment, donnait pour moi un caractère presque solennel à ces conversations, les dernières que je devais avoir en Hollande, et où j'essayais de compléter mes informations et d'achever la connaissance que ce voyage avait pu me donner de l'instruction publique, et surtout de l'instruction primaire, dans un pays où elle est portée à une si grande perfection. C'étaient, en quelque sorte, de réciproques adieux entre la Hollande et moi : ils m'ont laissé un ineffaçable souvenir.

Le lendemain, 29 septembre, j'ai pris congé avec un vif regret, mêlé d'une sincère reconnaissance, du guide accompli qui m'avait été donné par le gouvernement hollandais. M. Schreuder a été pour moi, pendant cette tournée souvent pénible, un compagnon d'une obligeance à toute épreuve, et ses conversations intimes m'ont révélé un des hommes d'école les plus capables que j'aie rencontrés.

Bientôt j'avais quitté la Hollande par le même chemin qui m'y avait introduit. Je saluai de nouveau la cathédrale d'Anvers, et après avoir consacré quelques jours à visiter Malines, Gand et Bruges pour charmer encore une fois mes yeux des merveilles de tout genre de l'école flamande, je revins à Paris, par Lille et Amiens ; et me voici de retour dans ma paisible Sorbonne, rapportant de ce rapide voyage, avec de longues fatigues, des impressions et des observations qui grossissent l'humble trésor de mon expérience en fait d'instruction publique.

Ce journal, composé de notes prises à la hâte et sur les lieux, est au moins d'une exactitude scrupuleuse. Je n'ai rien raconté que je n'aie vu de mes yeux, entendu de mes oreilles. Je n'ai prêté à personne aucune parole qui n'ait été réellement tenue, et les réflexions mêlées au récit sont nées spontanément des faits eux-mêmes. Ces faits, retracés dans toute leur vérité, mettent suffisamment en lumière l'état florissant de l'instruction publique et surtout de l'instruction primaire en Hollande. Il s'agit maintenant de rapporter ces faits à leurs causes, de remonter aux principes de ces beaux résultats, constatés, il y a vingt-cinq ans, par M. Cuvier, et qui viennent d'être vérifiés ; il s'agit en un mot, pour remplir la promesse faite à La Haye, de soutenir et de couronner ces légères esquisses par l'exposition et l'examen de la législation sur laquelle repose le système entier de l'instruction publique dans les Pays-Bas.

Commençons par donner une idée de l'organisation du département de l'instruction publique à La Haye.

I. ORGANISATION GÉNÉRALE

DE L'INSTRUCTION PUBLIQUE.

Dans un pays aussi petit que la Hollande, qui, dans ses dix provinces ou départements (1), ne compte que deux millions cinq cent mille habitants (2), l'instruction publique ne forme pas un ministère à part ; elle fait partie du ministère de l'intérieur. A la tête de cette division du ministère est un *référendaire* qui travaille avec le ministre. A côté de ce référendaire est un inspecteur des écoles latines et de l'instruction primaire. Ce fonctionnaire est le principal ressort de l'instruction publique.

Voilà toute la centralisation de l'instruction publique en Hollande. Il n'y a ni conseil, ni inspecteurs généraux, excepté celui dont nous venons de parler et qui est aujourd'hui M. Wynbeek. On en donne pour raison : 1° le peu d'étendue de la Hollande ; 2° la force des localités et des habitudes provinciales ; 3° l'existence d'une loi sur l'instruction primaire, et d'une ordonnance royale sur l'instruction supérieure, loi et ordonnance qui partout sont fidèlement exécutées et marchent comme d'elles-mêmes sous les autorités spéciales qu'elles ont créées.

Au reste, cette organisation centrale a plus d'une fois varié, même depuis 1815, et elle n'est constituée ni par une loi, ni par une ordonnance. Ainsi, en 1815, il y eut une sorte de ministre spécial de l'instruction publique sous le nom de commissaire général de l'instruction, des arts et des sciences, M. Repelaer van Driel, et cela dura jusqu'en 1818 où M. Falck devint ministre de l'instruction publique, département auquel on ajouta l'industrie nationale et les colonies. Plus tard, l'état actuel des choses s'est établi et s'est maintenu.

Mais c'est précisément parce que l'instruction pu-

---

(1) Hollande septentrionale, Hollande méridionale, Zélande, Utrecht, Frise, Groningue, Drenthe, Over-Yssel, Brabant, Limbourg.

(2) Malte-Brun.

blique est comme fondue dans le ministère de l'intérieur, qu'elle a besoin d'un conseil chargé spécialement de veiller à la stricte exécution des règlements existants, de préparer les nouveaux règlements qui peuvent devenir nécessaires, d'établir une jurisprudence fixe dans toutes les décisions de l'administration centrale, et d'imprimer ainsi une impulsion une et forte à la chose scolastique. On verra tout à l'heure que l'instruction primaire est en possession d'une institution de ce genre. En effet, il y a de temps en temps, à La Haye, sous la présidence du ministre, une assemblée d'un certain nombre d'inspecteurs des départements, réunis en conseil et proposant toutes les mesures que leur paraissent réclamer les besoins du service. Il semble qu'il eût été raisonnable d'établir une institution analogue pour l'instruction supérieure. La loi fondamentale établit un conseil pour la monnaie (1). L'instruction publique a-t-elle moins besoin d'une surveillance générale et continue? Il n'y a point en Allemagne, je ne dis pas un seul royaume, mais un seul duché un peu considérable qui ne possède un semblable conseil sous un nom ou sous un autre, et en général sous celui de consistoire (2). En France, le conseil royal fait partie intégrante de l'organisation même de l'instruction publique; il en est comme le régulateur au milieu des commotions perpétuelles de la politique; et sans lui, depuis 1808, l'instruction publique aurait cent fois changé de direction en changeant de directeurs et de ministres; elle aurait erré au gré des opinions littéraires à la mode, des partis religieux et politiques, des révolutions de ministère et de gouvernement. L'unité d'un pays est surtout dans celle de l'éducation nationale; et cette unité ne peut être assurée que par un conseil permanent qui soit en quelque sorte la cour de cassation de l'instruction publique. En Hollande, ce n'est pas contre les mouvements désordonnés qu'il faut se défendre; c'est bien plutôt contre l'esprit de routine et contre une certaine apathie qui résulte du phlegme national. Un conseil permanent de l'instruction publique qui aurait l'œil sans cesse ouvert sur les abus et travaillerait sans cesse à prévenir ou à réformer, aurait donc aussi son utilité; du moins, un conseil temporaire serait-il indispensable; et, par analogie avec ce qui se fait dans l'instruction primaire, je soumets au gouvernement hollandais l'idée d'une réunion annuelle ou triennale, à La Haye, d'un certain nombre de curateurs d'écoles latines et d'universités, qui, sous la présidence du ministre, délibéreraient sur les intérêts de l'instruction supérieure et proposeraient les mesures générales que leur suggérerait leur expérience. Hors de là, il ne reste que l'arbitraire ministériel ou l'omnipotence municipale. Entre ces deux extré-

mités, presque également fâcheuses pour la dignité et le progrès des sciences et des lettres, la sagesse allemande et le génie de Napoléon ont placé un conseil investi d'une autorité convenable.

Examinons maintenant en elles-mêmes chacune des grandes parties de l'instruction publique. Une loi de 1806, qui n'a subi presque aucune modification, régit depuis cette époque l'instruction primaire; et une ordonnance royale du 2 août 1815 a constitué l'enseignement supérieur à ces deux degrés : 1° les écoles dites latines, qui sont nos collèges et les gymnases de l'Allemagne; 2° les universités, et quelques hautes écoles à peu près du même ordre, bien qu'elles ne confèrent pas des grades, et appelées athénées. Nous allons faire connaître successivement cette loi et cette ordonnance.

II. INSTRUCTION PRIMAIRE.

Il y a cinquante ans, l'instruction primaire était à peu près en Hollande dans le même état que dans tout le reste de l'Europe. Les heureux changements qui sont intervenus, sont dus principalement aux efforts éclairés et soutenus de la société si célèbre en Hollande sous le nom de *Société du bien public*. C'est à son exemple et par ses conseils que, dans les premières années du XIXᵉ siècle, le gouvernement prit en main la cause de l'éducation du peuple. L'illustre orientaliste, M. van der Palm, nommé en 1799 agent de l'instruction publique dans la république batave, fit le premier pas et rédigea une première loi, adoptée le 15 juin 1801, laquelle posait déjà toutes les bases des lois ultérieures. Plus tard, M. van der Palm, nommé membre du conseil de l'intérieur, et chargé en cette qualité de l'instruction publique, présenta et fit adopter, le 19 juillet 1803, une seconde loi, qui modifia la première, celle de 1801, d'après l'esprit des changements survenus dans l'intervalle. En 1805, un nouveau changement mit M. Schimmelpenninck, sous le titre de grand pensionnaire, à la tête de la république batave, fit disparaître le conseil de l'intérieur et interrompit la carrière politique de M. van der Palm qui se retira entièrement des affaires. Le grand pensionnaire nomma un secrétaire d'État pour l'intérieur, chargé en même temps des attributions de l'ancien agent de l'instruction publique. Auprès de ce ministre fut établi un commissaire spécial pour l'instruction primaire, et ce commissaire fut M. van den Ende, qui, depuis 1800, avait été constamment employé à peu près dans cette même

(1) Loi fondamentale, chap. VII, art. 201.

(2) Rapport, etc.

fonction par l'agent de l'instruction publique et par le conseil de l'intérieur. Depuis cette époque jusqu'en 1833, M. van den Ende n'a cessé d'être à la tête de l'instruction primaire en Hollande. Il acheva l'ouvrage commencé par M. van der Palm, en le modifiant et le perfectionnant. De là, la loi présentée par le grand pensionnaire à la chambre des représentants de la république batave, le 19 novembre 1805, adoptée le 25 février 1806, et publiée par le grand pensionnaire comme loi de l'État, le 3 avril de la même année, avec les règlements généraux que la loi autorisait le gouvernement à faire, et qui sont ainsi incorporés à la loi elle-même.

Ce code d'instruction primaire était fondé sur des maximes si sages, il était si bien lié dans toutes ses parties et si conforme à l'esprit du pays, il s'adaptait si aisément, par la généralité de ses principes, aux convenances des provinces les plus différentes, qu'il a duré jusqu'à nos jours sans aucune modification grave, à travers trois grandes révolutions : celle qui changea la république batave en un royaume d'abord indépendant, puis incorporé à la France ; celle qui renversa le roi Louis, ramena la maison d'Orange, et fit un seul royaume de la Hollande et de la Belgique ; et celle enfin qui sépara ces deux pays, et fit rentrer le royaume des Pays-Bas dans ses anciennes limites. Pendant ces trente années, nulle atteinte ne fut portée à la loi de 1806; on n'y pouvait toucher que par une loi; et lorsqu'en 1829, pour complaire aux libéraux belges, le gouvernement proposa une nouvelle loi générale, où celle de 1806 subissait des modifications déplorables, les chambres résistèrent, et le gouvernement fut obligé de retirer son projet.

Le code d'instruction primaire de 1806 est donc demeuré intact et n'a éprouvé ni modification, ni addition, ni interprétation nouvelle quelconque ; il a présidé et préside encore à toute l'instruction primaire en Hollande ; tous les règlements provinciaux s'y rapportent, et les règlements particuliers de chaque école sont fondés et sur cette loi et sur ces règlements provinciaux. La loi avec ses règlements généraux, les règlements provinciaux, les règlements de chaque école particulière, tout cela a si peu changé que j'ai retrouvé à peu près en Hollande, en 1836, ce qu'y avait vu M. Cuvier en 1811, avec les développements et la solidité que le temps seul peut donner aux institutions d'école comme à toutes les autres. Ainsi tout le bien qui s'est fait vient de la loi de 1806 et des règlements généraux qui y sont annexés. Quelle est donc cette loi ? et quels sont ces règlements ?

Quand on compare cette loi et ses quatre règlements avec la loi prussienne de 1819 (1), l'examen de ces deux monuments, les plus grands qui existent jusqu'ici dans le monde, en matière d'instruction primaire, donne ce premier résultat, que la plupart des objets réservés en Hollande aux règlements, font en Prusse partie de la loi. En Prusse, tout ce qui est général est dans la loi : en Hollande, les mesures générales sont divisées en deux classes : celles qui appartiennent à la loi, et celles qui appartiennent aux quatre règlements. C'est qu'en Prusse, où il n'y a pas de gouvernement représentatif, la distinction de loi et d'ordonnance n'existe pas réellement ; mais en Hollande, où la forme du gouvernement impose cette distinction, il fallait faire de deux choses l'une : il fallait mettre dans la loi tout ce qui est général, comme nous l'avons fait en France dans la loi de 1833, au risque de voir s'introduire, par la discussion devant une assemblée nombreuse et peu compétente en ces matières, des amendements capables de bouleverser le système le mieux concerté ; ce qui a manqué d'arriver chez nous sur les points les plus essentiels, et ce qui est arrivé en effet sur quelques points d'une assez grande importance ; ou bien, pour éviter ce danger, il fallait choisir dans la multitude des dispositions générales nécessaires, celles pour lesquelles on ne pouvait se passer de l'intervention législative, c'est-à-dire les dispositions desquelles toutes les autres dépendent, et qui peuvent être regardées comme les principes de tout le reste. Le gouvernement hollandais a pris ce dernier parti ; et dès lors, il a eu à résoudre cette question d'organisation du plus grand intérêt comme de la plus grande difficulté, à savoir : quelles sont les dispositions qui doivent être considérées comme formant l'âme et la vie du système entier. Or, c'est ici qu'éclate le caractère propre et distinctif de la loi hollandaise.

En effet, savez-vous sur quoi roule cette loi ? Traite-t-elle des conditions différentes de l'école publique et de l'école privée, et de tout ce qui se rapporte à la question si célèbre chez nous de la liberté d'enseignement ? Non, car cette question est purement politique et ne touche pas au fond de l'éducation du peuple. Traite-t-elle des obligations des communes relativement à leurs écoles ? Non : car, après tout, ce n'est là qu'une disposition financière qui peut bien assurer l'existence matérielle des écoles, mais non leur bonté ; or le point important n'est pas d'avoir des écoles, mais d'en avoir de bonnes ; point d'école dans une commune est un inconvénient ; mais une mauvaise école est une calamité. Enfin, la loi hollandaise s'occupe-t-elle du traitement des maîtres ? Ceci, assurément, est de la plus haute importance ; car, s'ils n'espèrent qu'un sort incertain ou malheureux, les gens de mérite ne deviendront pas maîtres d'école, et c'en est fait de toute l'instruction primaire. Toutefois, un maître peut être très-bien rétribué et ne pas savoir grand'chose, s'il n'y a point quelque autorité qui

---

(1) Rapport, etc.

s'oppose à cet abus comme à tous les autres. Les autorités préposées aux écoles, voilà le ressort de toute l'instruction primaire. Que l'on y réfléchisse; tout aboutit là et tout part de là. Sans doute, le gouvernement est fait pour la société; mais c'est le gouvernement seul qui fait marcher la société; si vous voulez constituer une société, commencez par constituer son gouvernement; si vous voulez sérieusement l'éducation du peuple, sachez bien que tout le nerf de cette éducation est dans le gouvernement que vous lui donnerez. Si ce gouvernement est faible et mal assuré, l'instruction primaire est sans avenir; elle pourra bien avoir quelques moments d'éclat par des circonstances passagères, mais il n'y a pas de raison pour qu'elle ne retombe bientôt dans une langueur déplorable. Donnez-lui, au contraire, un gouvernement vigoureux et actif: l'esprit de ce gouvernement se communiquera à toute la machine et lui imprimera le mouvement et la vie. La loi prussienne s'occupe aussi des autorités préposées aux écoles; mais la loi hollandaise a ce trait distinctif, qu'elle porte presque tout entière sur ce point fondamental. Il y a là quelque chose à la fois de hardi et de pratique. Je dis de hardi; car quoi de plus choquant pour nos habitudes que de faire une loi sur une matière quelconque pour y constituer seulement les autorités qui doivent présider à cette matière? Et pourtant, ôtez ces autorités, et que devient tout le le reste? La loi hollandaise n'a pas voulu faire un chef-d'œuvre de codification, où la matière de l'instruction primaire fût divisée et classée selon toutes les règles de l'analyse philosophique; elle a été droit au but qu'elle se proposait d'atteindre, par le chemin le plus court et le plus sûr; et puisque, au fond, dans l'instruction primaire, tout repose sur l'inspection, c'est l'inspection que la loi a constituée.

Ce point est tout, hélas! et c'est sur ce point vital que la loi française, je le dis avec regret mais sans remords, est si défectueuse! Le projet ministériel confiait l'inspection dans chaque département à deux comités; le premier, local et communal; le second situé à l'arrondissement, excitant, surveillant tous les comités locaux, et attirant à lui les questions les plus importantes. Cette organisation est bonne en elle-même; mais on l'a viciée: 1° en substituant à peu près au comité communal le conseil municipal, nommé pour tout autre chose que pour l'instruction primaire, qui devait sans doute avoir sa part dans le comité communal, mais qui maintenant l'absorbe presque tout entier; faute énorme que je m'honore d'avoir combattue de toutes mes forces, et contre laquelle j'ai protesté jusqu'à la dernière extrémité (1); 2° en mettant dans les comités d'arrondissement beaucoup trop

(1) Rapport à la chambre des pairs, sur la loi de 1833.

de membres de droit; d'où il est résulté que ces comités, très-bien intentionnés et très-éclairés, font souvent assez peu de chose, parce que la plupart de leurs membres ont tout autre chose à faire. Supposez même qu'ils ne fissent rien; que pourrait à cela le gouvernement? Rien; car ils sont là par leur droit, et le gouvernement ne pourrait pas remplacer les membres inutiles par des membres qui auraient plus de loisir et d'activité. Ajoutez que tous ces comités sont gratuits. La loi prussienne et la loi hollandaise ont aussi des comités gratuits; mais la loi prussienne admet moins de membres de droit que la loi française, et la loi hollandaise n'en admet pas du tout. On ne devient pas membre d'un comité d'instruction primaire parce que l'on a telle ou telle position, mais parce que l'on a telle ou telle capacité. Voilà déjà une grande différence. En voici une bien plus grande encore: outre les comités gratuits, la loi prussienne et la loi hollandaise instituent, sous le titre d'inspecteurs, des fonctionnaires salariés, pris à volonté partout où on rencontre la capacité requise, et qui répondent au gouvernement de toute l'instruction primaire dans un district déterminé. Là est le vrai gouvernement de l'instruction primaire, et c'est l'organisation plus ou moins savante de ce gouvernement qui est à mes yeux la question vitale de l'éducation du peuple. Or, en France, la loi ne fait pas même mention d'une telle inspection. Plus tard, nous l'avons introduite par une voie détournée, et, grâce à Dieu, elle existe aujourd'hui très-imparfaite, mais enfin elle existe, et c'est à l'étendre, à la perfectionner, à l'organiser que nous devons mettre tous nos soins. D'une allocation du budget il faut peu à peu tirer une grande et solide institution; et pour cela on ne peut méditer trop soigneusement dans leurs principes et dans leurs effets la loi prussienne et surtout la loi hollandaise.

Il est difficile de concevoir une organisation plus forte que celle de l'inspection en Hollande. Toute province hollandaise, ou, pour employer le langage de notre circonscription administrative, tout département a sa commission départementale d'instruction primaire. Cette commission est composée de tous les inspecteurs des différents districts d'école dans lesquels le département a été divisé. Chacun de ces districts d'école n'est jamais aussi étendu qu'un de nos arrondissements, et il l'est toujours un peu plus qu'un de nos cantons. Chaque inspecteur réside dans son district; il est tenu d'en inspecter chaque école au moins deux fois l'année. Dans son district, il est à la tête de l'instruction primaire de tous les degrés. Sans lui, on ne peut arriver à être instituteur public ni même privé; sans lui encore, nul instituteur public ou privé ne peut se soutenir, ou avoir de l'avancement, ou obtenir quelque récompense; car nulle commission ne peut rien sans lui, et il est ou le président ou le membre influent de chacune d'elles. Il dirige donc toute l'instruction primaire dans son district particulier. Enfin, trois fois l'année, il se rend au chef-lieu du département, et là, sous la présidence du gouverneur, notre préfet, il se réunit aux autres inspecteurs de districts, et il a avec eux une conférence de deux ou trois semaines, dans laquelle chacun d'eux lit un rapport sur l'inspection de son district, et soumet à l'assemblée les questions dont la décision lui appartient. Comme tout département a son règlement spécial d'instruction primaire, fondé sur la loi et sur les règlements généraux, la commission départementale recherche si tous les actes de chacun des inspecteurs ont été conformes à ce règlement spécial ; elle s'applique à faire exécuter strictement et uniformément ce règlement ; elle arrête un certain nombre de mesures dont l'initiative lui appartient ; elle compose le rapport annuel qu'elle doit au gouvernement central, et lui soumet les améliorations qui lui paraissent nécessaires ou utiles, et dont il est juge. Au centre, sous le ministre, est un haut fonctionnaire, l'inspecteur de l'instruction primaire. De temps en temps le gouvernement convoque à La Haye une assemblée générale d'instruction primaire à laquelle chaque commission départementale envoie un député. Ainsi, depuis l'inspecteur général à La Haye jusqu'à l'inspecteur du plus petit district, toute l'instruction primaire est entre les mains des inspecteurs. Chaque inspecteur dirige son district ; chaque commission départementale dirige son département ; l'assemblée générale, qu'on pourrait appeler les états généraux de l'instruction primaire, dirige le royaume, et tous ces pouvoirs sont de la même nature à tous les degrés ; car à tous les degrés ce sont des fonctionnaires, c'est à dire des agents salariés et responsables. L'inspecteur de district est responsable devant la commission départementale ; et celle-ci devant l'inspecteur général et le ministre. Dans cette savante et très-simple hiérarchie, chaque degré a ses pouvoirs déterminés et limités.

Mais pour bien comprendre toute l'influence des inspecteurs de districts, il faut savoir comment, selon la loi de 1806, on peut devenir instituteur primaire, public ou privé.

D'après cette loi, pour devenir maître d'école, outre la condition du certificat de moralité, deux conditions sont nécessaires, à savoir : l'admission générale et l'admission spéciale ; et ces deux conditions sont également requises en Prusse pour l'instruction secondaire. En France, quiconque a une fois subi l'examen de capacité et obtenu, à une époque quelconque de sa vie, un brevet d'instituteur primaire, peut, à titre privé, lever une école partout où il lui plaît, d'un bout de la France à l'autre, moyennant des certificats de moralité, qui ne se refusent jamais dans une commune à celui qui veut la quitter ; et même pour devenir instituteur public, il n'a plus besoin que d'une nomination sans nouvel examen. L'inspecteur a très-peu d'influence dans l'un et dans l'autre cas ; il n'influe guère sur l'obtention du brevet de capacité, puisqu'il fait seulement partie d'une commission d'examen assez nombreuse, et composée de membres qui lui sont étrangers ; il influe encore bien moins sur la nomination de l'instituteur, puisqu'il ne fait partie ni du conseil municipal qui présente, ni du conseil d'arrondissement qui nomme ; de telle sorte qu'on devient instituteur public ou privé, sans lui ou même malgré lui. D'un autre côté, l'instituteur public ou privé n'a presque rien à craindre de l'inspecteur pendant toute sa carrière ; car l'inspecteur a bien le droit de se plaindre officieusement d'un instituteur, mais il n'a pas même le droit de l'accuser directement devant le comité d'arrondissement ; encore bien moins celui d'intervenir dans le jugement qui prononce sa suspension temporaire ou sa révocation. Il en est tout autrement en Hollande : 1º le brevet d'admission générale, notre brevet de capacité, est accordé à la suite d'un examen qui a lieu par devant la commission départementale, composée exclusivement des inspecteurs de district. Sans cette admission générale, nul ne peut être candidat à aucune place, et cette admission générale ce sont les inspecteurs seuls qui la confèrent ; les voilà donc déjà placés à l'entrée de la carrière, et rien n'est plus sage et mieux entendu. 2º Quiconque est pourvu d'un brevet de capacité générale, devient candidat. S'il veut devenir instituteur privé, il lui faut une autorisation de l'autorité municipale ; et cette autorisation n'est accordée par l'autorité municipale que sur l'avis de l'inspecteur. Si le candidat veut devenir instituteur public, c'est bien pis ou plutôt c'est bien mieux encore, car sa nomination spéciale ne peut avoir lieu que d'après un nouvel examen comparatif, d'après un concours où l'inspecteur est un des juges, et si même l'avis du jury du concours lui paraît erroné, l'inspecteur a le droit d'en appeler au ministre. 3º Une fois nommé ou autorisé, il faut que l'instituteur public ou privé comparaisse devant l'inspecteur du district pour justifier de sa nomination ou de son autorisation, de sorte que, jusqu'à la fin, tous les degrés d'admission parcourus, il dépend encore en quelque façon de l'inspecteur. 4º Enfin, la suspension ou la révocation est prononcée par les autorités administratives, municipales ou départementales, mais sur la proposition des inspecteurs.

Reste à savoir comment des fonctionnaires, revêtus d'une autorité aussi étendue, sont eux-mêmes nommés et rétribués. Supposez-les nommés et rétribués par la commune et par le département, ils sont, par cela seul, frappés d'impuissance; car ils relèvent d'autorités étrangères à leurs fonctions; ils dépendent des conseils municipaux, des maires, des sous-préfets et des préfets. Ils pourront être choisis et maintenus dans un autre intérêt que celui de l'instruction primaire et par un tout autre motif que celui de leur capacité. En Hollande, ils sont payés par l'État et nommés par l'État. Leur traitement n'est pas considérable, il est même assez modique : c'est, à proprement parler, une indemnité. Un père de famille, qui n'aurait d'autre fortune que cette indemnité, ne pourrait se soutenir honorablement; mais celui qui a déjà par lui-même ou par quelque autre fonction analogue, ecclésiastique ou scolastique, une modeste aisance avec une position convenable, trouve dans cette indemnité et surtout dans l'honneur d'une nomination royale, un accroissement de bien-être et de considération qui l'attache à ses fonctions. Il y a plus : c'est l'État qui nomme l'inspecteur de district, mais sur une présentation; et cette présentation n'est pas faite par une autorité étrangère à l'instruction primaire, mais précisément par la commission départementale des inspecteurs qui, connaissant à fond les besoins de l'instruction primaire dans le département, sont les meilleurs juges de la capacité spéciale que la place exige. Cependant l'État ne peut être condamné à nommer celui que la commission lui présente; car ce serait alors la commission qui nommerait, ce qui serait vicieux; voilà pourquoi cette commission présente une liste de deux candidats. L'administration départementale transmet cette présentation avec ses observations; elle a même le droit d'ajouter un ou plusieurs candidats nouveaux; le ministre choisit, et c'est le grand pensionnaire de la république, c'est-à-dire aujourd'hui le roi, qui nomme.

Telles sont les dispositions fondamentales que contient la loi de 1806; je les ai plutôt commentées qu'exposées textuellement, et plutôt développées qu'abrégées, pour les faire comprendre et les mettre en lumière; car, en tout, la loi n'a que vingt et un articles. Je ne connais pas de loi d'instruction primaire plus courte et en même temps plus efficace. Elle ne contient que le gouvernement de l'instruction primaire. Tout le reste est renvoyé à des règlements généraux d'administration. L'organisation de l'inspection est toute la loi : elle n'est pas même tout entière dans la loi; plusieurs parties de cette organisation se trouvent dans les règlements; et la loi n'en renferme que les principes essentiels. Au lieu de cette précision facile et trompeuse, qui a si bon air sur le papier, mais qui, dans la pratique, embarrasse tant et ne laisse rien à faire au temps et à l'expérience, la loi hollandaise présente cette généralité et cette latitude, qui, à mes yeux, font tant d'honneur à notre admirable décret

de 1808. Ce décret aussi est très-général, et il dispose encore moins sur les choses que sur les hommes. Il contient surtout une hiérarchie d'autorités; il n'a organisé l'instruction publique en France que parce qu'il a organisé les autorités qui doivent y présider : il a constitué le gouvernement de l'université, et ce gouvernement a fait tout le reste. Les règlements sur les choses ne se sont point fait attendre. En Hollande, ces règlements ont été publiés avec la loi elle-même, et ils y sont incorporés. Nous allons en rendre compte successivement.

Le premier de ces règlements, coté A, a pour titre : *Règlement pour l'instruction primaire et les établissements qui s'y rapportent dans toute la république batave.*

Le titre même de ce règlement dit assez qu'il s'occupe des choses, de l'instruction primaire elle-même, plutôt que des autorités qui doivent y être préposées; et cela est vrai en général, comme nous allons le voir tout à l'heure; cependant la question des autorités d'école a paru tellement importante, que ce premier règlement renferme un bon nombre de dispositions qui fortifient et développent celles de la loi relativement aux inspecteurs.

Par exemple, c'est dans le règlement A, art. 7 et 8, que se trouve l'utile et grande mesure dont nous avons déjà parlé, celle qui permet au ministre de convoquer annuellement, à La Haye, une assemblée générale de toutes les commissions départementales d'instruction primaire, représentée chacune par un de leurs membres, pour délibérer en commun, sous la présidence du ministre ou d'un délégué du ministre, sur tout ce qui se rapporte à l'instruction du peuple.

C'est encore dans ce règlement, art. 10, qu'est attribué à chaque inspecteur de district le droit de proposer l'établissement d'une commission locale de surveillance dans toutes les villes et dans tous les lieux un peu considérables où il y aurait un grand nombre d'écoles publiques et privées. Ce comité local de surveillance est donc là pour venir en aide à l'inspecteur de district et nullement pour le contrarier. Comme l'inspecteur influe puissamment sur la nomination des membres du comité, il s'entend aisément avec eux; et l'inspecteur et le comité marchent de concert au même but.

L'art. 21 annonce un règlement général d'ordre intérieur pour toutes les écoles primaires, et en même temps il attribue à chaque comité de surveillance le droit d'appliquer ce règlement général aux écoles de son ressort par un règlement spécial, fondé sur le règlement général, mais qui le modifie d'après les besoins et les circonstances particulières de chaque école. Ces règlements spéciaux sont, il est vrai, proposés par les comités locaux de surveillance, dont les inspecteurs de district font partie ; mais ils sont renvoyés à la commission départementale d'instruction primaire, composée exclusivement de tous les inspecteurs de district du département, laquelle examine ces règlements et les transmet, avec son avis, au ministre.

L'art. 24 réserve exclusivement au gouvernement, à l'autorité centrale ministérielle, le droit d'autoriser les livres qui peuvent être introduits dans les écoles publiques, et sur ce point la république batave a pensé comme l'empire français. En effet, il est évident que c'est à la puissance publique qu'il appartient de gouverner les écoles publiques, et que ce gouvernement lui échappe, si elle n'a pas le droit exclusif de déterminer les livres à l'usage de ces écoles ; il est également évident que, dans une matière si délicate et si décisive, elle ne peut pas déléguer ce droit, dont l'application exige une prudence et une fermeté dont elle seule est capable. Et l'art. 24 du règlement A est exactement l'art. 80 de notre décret fondamental de 1808. Mais la liste générale des livres autorisés une fois arrêtée par le gouvernement, il s'agit d'y faire un choix, d'y former une liste spéciale pour chaque département. Le droit de faire ce choix est très-important, car cette liste spéciale est exclusive pour toutes les écoles publiques du département. Or l'art. 24 ne remet pas le droit d'établir cette liste aux comités de surveillance, quoique ces comités soient sous l'influence des inspecteurs de district ; il le concentre entre les mains de la commission départementale d'instruction primaire. Cette liste est toujours assez étendue, et chaque instituteur public y choisit à son gré les livres qui lui conviennent. De cette manière, tous les droits, tous les intérêts, toutes les convenances, sont ménagés. L'État, ayant une fois dressé une liste générale exclusive, est assuré qu'il n'entre dans aucune école publique aucun livre dangereux pour la société ou au-dessous du niveau des connaissances qu'il veut maintenir partout. D'autre part, les intérêts particuliers de chaque département, qui a ses mœurs et ses usages propres, sont garantis par le droit de la commission départementale d'instruction primaire, de choisir dans cette liste générale ce qui sied à chaque département. Enfin dans cette liste départementale, chaque instituteur choisit à son tour, et cette latitude qui lui est accordée, en satisfaisant à ses convenances personnelles, l'attache davantage à son enseignement. Ce n'est pas un manœuvre, c'est une créature intelligente, à laquelle on trace ses devoirs, mais qui les accomplit librement. Et puis, cette sage liberté produit une émulation et un perfectionnement perpétuel dans les méthodes. Mais, comme on voit, l'influence des inspecteurs sur ce point essentiel est parfaitement assurée ; car ce sont eux qui dressent la liste départementale et qui veillent à ce qu'elle soit respectée.

Pour les instituteurs privés, ils se servent des livres qui leur conviennent, sous la seule condition d'en donner avis à l'inspecteur de district, lequel en fait son rapport à la commission départementale ; et ce rapport, selon les circonstances, est transmis par cette commission à l'autorité supérieure ministérielle.

Outre les dispositions relatives aux inspecteurs, le règlement A renferme d'autres articles de la plus grande importance : par exemple, les art. 22 et 23, qui donnent à l'instruction primaire en Hollande un caractère particulier.

Comme la loi prussienne, le règlement hollandais que nous analysons, établit que la fin de l'instruction primaire est l'éducation morale et religieuse. Ici les deux lois s'accordent entièrement, et cet accord fait l'éloge de l'une et de l'autre. Car, si les écoles populaires ne faisaient que développer l'esprit, sans développer en même temps les sentiments de morale et de piété propres à bien diriger dans leur conduite les classes laborieuses, ces écoles feraient peut-être plus de mal que de bien, et peut-être ne serviraient-elles qu'à amener une barbarie d'une nouvelle espèce où des connaissances matérielles s'allieraient à une profonde ignorance du bien et du beau et de la véritable destinée humaine. La république batave n'a pas hésité à proclamer ce principe que la fin de toute l'instruction primaire est, comme le dit expressément l'article 22, *l'exercice de toutes les vertus sociales et chrétiennes*. Mais si la loi hollandaise et la loi prussienne se proposent la même fin, elles diffèrent singulièrement dans le choix des moyens. En Allemagne, et dans les pays protestants, aussi bien que dans les pays catholiques, l'église et l'école ont un lien intime. Pour que l'école soit chrétienne, on y a mis un enseignement chrétien que donne l'instituteur lui-même, et non-seulement un enseignement chrétien en général par les considérations morales qu'il renferme, mais un enseignement chrétien positif, à la fois moral et dogmatique, protestant ou catholique, selon la communion des enfants qui fréquentent l'école. Quand l'école contient des enfants des deux communions, le maître ordinaire fait l'enseignement religieux selon la communion à laquelle la majorité de ses élèves et lui-même appartiennent ; et pour l'instruction religieuse des autres élèves, on s'adresse à un ministre de leur communion particulière, qui, à certaines heures, fait à la minorité, mais toujours dans l'école, l'enseignement spécial qui lui convient. Ce régime nous paraît excellent en principe. Nous approuvons ce lien établi entre l'église et l'école. Si ce lien manquait, nous craindrions que l'harmonie de la culture de l'esprit et de la culture morale et religieuse fût rompue ou mal assurée, et que le maître d'école, n'ayant plus à donner l'enseignement moral et religieux, ne le perdît de vue, et que, malgré la prescription de l'art. 22, la religion étant ainsi tout à fait absente de l'école, l'éducation de l'âme, qui, pour être vraie et forte, doit être une, ne souffrit beaucoup de distinctions poussées trop loin. Assurément, outre l'enseignement moral et religieux de l'école, l'Église doit avoir chez elle le sien, avec les exercices qui s'y rapportent et sous l'exclusive autorité de ses ministres. Mais cet enseignement doit avoir sa préparation dans un enseignement moral et religieux donné dans l'école même, infiniment moins spécial, mais chrétien encore, et qui, par conséquent, doit embrasser, dans de sages limites, les parties essentielles du christianisme, à savoir : les pratiques les plus générales et les plus indispensables du culte, surtout la morale, et les fondements de cette morale, c'est-à-dire les vérités sur lesquelles le christianisme repose. Tels sont les principes de la loi prussienne ; et dans la pratique, ces principes ont porté les meilleurs fruits. En Hollande, le législateur a pensé tout autrement : et, soit parce qu'en ce pays les diverses sectes chrétiennes sont encore plus multipliées qu'en Allemagne, et que dans cette extrême diversité de sectes l'enseignement religieux semblât plus difficile ; soit peut-être parce qu'à l'époque où la loi fut rédigée, l'esprit du temps, même en Hollande, fût plus favorable à la morale chrétienne qu'à ses dogmes ; soit enfin parce qu'en Hollande, où tout est dirigé vers la pratique, ce soit surtout la morale qui paraît essentielle, le législateur de 1806 a décidé que nul enseignement religieux dogmatique ne serait donné dans l'école, sauf à prendre des mesures pour que, en dehors de l'école, les élèves fussent instruits dans la partie dogmatique de la communion religieuse à laquelle ils appartiennent. Je me hâte d'ajouter que ces mesures ont été réellement prises. J'ai sous les yeux une circulaire du gouvernement adressée aux diverses autorités ecclésiastiques et les réponses de ces autorités qui toutes acceptent volontiers la séparation. Elle est partout observée. Partout l'instituteur donne dans l'école l'enseignement commun à tous ; et en dehors de l'école les ministres des différents cultes se chargent de l'instruction religieuse. En quoi peut donc consister dans les écoles l'enseignement qui, selon l'art. 22, doit préparer à l'exercice des vertus sociales et chrétiennes? Est-ce un enseignement de morale chrétienne, abstrait et philosophique? Mais cela doit être bien insignifiant et bien vague. Enfin, il faut apprécier les principes par les résultats. Si les résultats sont bons, la pratique hollandaise est bonne, au moins en Hollande ; car on peut arriver au même but par des chemins différents. Or, en fait, par tout ce que j'ai vu et entendu, je de-

meure convaincu que les générations élevées sous le régime de la loi de 1806 sont des générations honnêtes et pieuses. En Hollande, le christianisme est à la fois dans les mœurs et dans les croyances du peuple ; et cependant, dans les écoles de ce peuple si religieux, l'enseignement prescrit par l'art. 22 se réduit à celui de l'histoire biblique, avec les réflexions que fait naître cette histoire (1).

Il est encore un autre point très-important sur lequel la loi hollandaise diffère de la loi prussienne, l'obligation légale pour les parents d'envoyer leurs enfants à l'école, lorsqu'ils ne peuvent justifier qu'ils les font instruire chez eux. On a pu voir ailleurs (2) combien j'étais partisan de cette obligation légale (*Schulpflichtigkeit*). Invoquer et accueillir avec enthousiasme une loi d'expropriation forcée, et ne pas oser enjoindre aux familles qui ne peuvent donner d'elles-mêmes et à leurs frais l'instruction à leurs enfants, d'envoyer ces enfants aux écoles publiques, c'est à mes yeux une contradiction déplorable. Tout pays, monarchique ou républicain, qui, comme la Prusse et la France, est accoutumé à une centralisation forte, comporte et réclame une pareille loi. Mais en Hollande, où le gouvernement du grand pensionnaire était très-faible, où la municipalité et la famille ont une force immense, où enfin, une association puissante, la société du bien public, a longtemps travaillé et travaille encore à exciter et à encourager partout l'instruction du peuple, la prescription de la loi prussienne n'était ni possible ni indispensable. Aussi la loi hollandaise se tait à cet égard, et le règlement A contient seulement, à l'article 30, la recommandation aux administrations départementales et communales de prendre les mesures nécessaires pour que la fréquentation et la non-interruption des écoles pendant toute l'année, soit strictement observée. Ces mesures ne pouvaient être directement coërcitives, mais divers moyens efficaces ont été employés. Les inspecteurs ont partout excité le zèle des administrations départementales et communales, et celles-ci ont fondé des écoles ou gratuites ou à très-bon marché, qui ont tenté les familles pauvres. Les ministres de toutes les communions ont fait un devoir de conscience à ces familles d'y envoyer leurs enfants. Les bureaux de bienfaisance ont mis cette condition à leurs secours. De sorte que maintenant il n'y a presque aucun enfant dans les campagnes qui n'aille à l'école ; et dans les villes mêmes c'est un très-petit nombre qui reste sans instruction. Les calculs officiels que nous avons recueillis établissent que si la Hollande, à cet égard, est encore assez loin de la Prusse, elle est déjà arrivée à des résultats fort satisfaisants.

---

(1) Voyez Amsterdam, page 253.

(2) Rapport, etc.

Ces résultats ont été obtenus peu à peu ; ce qui y a le plus contribué, c'est l'excellence des écoles, le talent des maîtres, et surtout la considération qu'ils ont successivement acquise, grâce à leur zèle, et grâce aussi à l'honorable situation que leur procure le revenu de leur école. Et pourtant ni la loi ni aucun des règlements que nous parcourons, n'établit ce revenu sur aucune base fixe et générale, comme l'a fait la loi française, laquelle a imposé à toute commune d'assurer à l'instituteur, avec un logement convenable, un traitement fixe dont elle a déterminé le minimum, et un même minimum pour toute la France (200 francs). La loi prussienne s'est bien gardée d'établir un même minimum pour tout le royaume; mais elle a conféré aux consistoires provinciaux le droit de fixer ce minimum pour chaque province. Et quant à la rétribution des élèves, par une disposition qui a été heureusement transportée dans la loi française, la loi prussienne a voulu que ce ne fût pas l'instituteur, mais le percepteur de la commune, qui fût chargé de la percevoir. En Hollande, ni la loi ni les règlements généraux ne contiennent de semblables prescriptions; je trouve seulement dans le règlement A, art. 30, l'injonction aux administrations départementales et communales de veiller à ce que les revenus de l'instituteur soient fixés de manière que ses fonctions honorablement remplies lui procurent un entretien suffisant, et qu'il soit aussi peu que possible dépendant du secours des parents dont les enfants fréquentent son école. Sur ce fondement, les règlements départementaux ont fait le reste, et la condition des maîtres d'école est, en Hollande, aussi bonne qu'en Prusse. J'ai vu partout, dans les villages comme dans les villes, les maîtres d'école contents de leur sort; et, ce qui dit tout, l'état de maître d'école est recherché.

L'art. 31 du règlement A laisse au gouvernement l'initiative de toutes les mesures convenables pour assurer et améliorer la condition des instituteurs. Une de ces mesures a été de venir au secours, sur les fonds de l'État, des départements et des communes qui ne peuvent procurer aux maîtres d'école des traitements suffisants. Le gouvernement s'appuie sur le même article pour accorder quelquefois des gratifications extraordinaires à ceux de ces maîtres qui se distinguent le plus par leur zèle et par leur succès.

Le même art. 31 porte aussi que le gouvernement s'occupera de former des sujets propres à l'instruction primaire. Ce germe précieux resta longtemps dans la loi sans recevoir tout son développement. Longtemps, le seul mode suivi en Hollande pour former des maîtres d'école fut celui qu'y rencontra M. Cuvier, c'est-à-dire des classes dites normales auprès de toutes les écoles bien organisées, et surtout auprès des écoles de pau-

vres, en faveur des enfants qui, montrant de la vocation pour le métier d'instituteur, restaient dans l'école, d'abord comme aides, puis comme adjoints. C'est de cette manière simple et peu coûteuse que se formèrent, jusqu'à 1816, les maîtres d'école; et, comme nous l'avons déjà dit (1), M. Cuvier admirait beaucoup cette méthode. J'ai appris avec une vive satisfaction de M. Falck et M. van den Ende qu'elle n'avait point été en Hollande le fruit d'une préférence réfléchie, mais seulement le résultat forcé des circonstances; que de très-bonne heure, M. van der Palm avait proposé des écoles normales pour former des maîtres d'école; que telle avait toujours été l'opinion de M. van den Ende, et que si, jusqu'en 1816, il n'y avait pas eu en Hollande d'école normale, cela n'était venu que du malheur des temps, de l'instabilité des gouvernements et du manque de fonds suffisants. M. Falck est un partisan déclaré des écoles normales; il m'a dit que c'était M. van den Ende qui, en 1816, en qualité d'inspecteur général de l'instruction primaire, avait proposé d'établir deux écoles normales primaires aux frais de l'État, l'une pour la Belgique, l'autre pour la Hollande. Déjà même, la Société du bien public en avait élevé une à ses frais à Groningue; on lui accorda des subsides; elle s'est maintenue et elle a été fort utile; mais c'est surtout l'école normale de Harlem, qui est l'école normale hollandaise par excellence. Je renvoie à la description détaillée que j'en ai donnée, et je me hâte de passer à l'analyse du règlement B.

Ce règlement porte tout entier sur les *examens qu'il faut subir pour pouvoir se livrer à l'instruction primaire dans la république batave.*

Il faut d'abord se bien rappeler que, d'après la loi de 1806, deux choses sont nécessaires pour être maître d'école soit public soit privé : 1° le certificat de capacité générale, l'admission générale, laquelle est exactement la même pour l'instituteur privé et pour l'instituteur public; 2° une nomination spéciale après examen comparatif ou concours pour être instituteur public; ou une autorisation spéciale pour être instituteur privé.

Outre le certificat de capacité générale, l'autorisation spéciale pour les instituteurs privés est ici jugée indispensable. Le gouvernement de 1806, quoiqu'il fût républicain, ou peut-être parce qu'il était républicain, n'a pas songé à abdiquer le droit de la puissance publique d'autoriser, soit directement, soit par des autorités subordonnées, tout établissement d'éducation, que cet établissement soit appelé privé ou public; car alors même qu'un établissement s'appelle privé, il n'est pas moins d'un usage public. La seule distinction reconnue en Hollande entre l'école publi-

(1) Voyez Harlem, page 245.

que et l'école privée est purement financière, et on pense qu'une pareille distinction ne touche en rien au droit de l'État, non-seulement de surveiller, mais d'autoriser tout ce qui est d'un usage public dans une matière aussi délicate et aussi périlleuse que l'éducation de l'enfance.

Quant au candidat à l'instruction publique, lorsqu'il s'est pourvu de son brevet de capacité, il faut encore qu'il subisse, pour obtenir une nomination spéciale à telle ou telle place, un examen comparatif, un concours, qui a lieu entre tous les candidats inscrits sur la liste d'admission générale. Ce concours tient en haleine tous les candidats et ne leur permet pas de se reposer après avoir obtenu un brevet de capacité. Cette excellente institution manque à la loi française, et il faut s'efforcer de réparer cette lacune en encourageant les comités d'arrondissement à examiner de nouveau et comparativement les candidats qui leur sont présentés par les conseils municipaux. Déjà plusieurs comités d'arrondissement se sont avisés de cette pratique ; loin de les en blâmer, on ne saurait trop applaudir à leur zèle.

Mais la grande affaire est l'examen d'admission générale. En effet, l'examen d'admission générale est une sorte de scrutin épuratoire ; s'il est mal organisé, s'il est trop facile, il remplit l'instruction primaire de mauvais candidats qui peu à peu s'y introduisent et lui font un mal irréparable ; car, en fait d'instruction primaire surtout, ne comptez pas sur la répression, ne comptez que sur la prévention. La mesure préventive est ici l'examen d'admission générale. Cet examen est parfaitement organisé en Hollande.

La capacité générale y est divisée en quatre degrés, et donne lieu à des brevets de quatre rangs. Cette diversité de rangs dans le brevet de capacité compose entre tous les candidats une hiérarchie morale qui entretient entre eux une émulation utile, et qui a aussi ses conséquences positives. Dans les villes on n'admet que des instituteurs privés ou publics du premier ou du second rang. Le premier rang ne peut être obtenu avant l'âge de vingt-cinq ans accomplis. La plus grande sévérité est recommandée pour cet examen, et il est beaucoup plus élevé que l'examen qui y correspond en France, notre examen pour le brevet supérieur. Outre les divers objets assez difficiles qu'il embrasse, il exige que l'on reconnaisse dans le candidat une *culture distinguée*. Le brevet de troisième rang ne confère que la candidature pour des places de maître d'école de village. Enfin, le brevet du quatrième rang sert seulement à devenir aide ou adjoint dans une école de ville, ou tout au plus maître de quelque école de village très-mal rétribuée.

L'examen pour ces quatre degrés, mais particulièrement pour le troisième, le second et le premier degré, a ce caractère de rouler tout autant sur le talent pédagogique que sur le talent scientifique des candidats. Il y a d'abord un entretien avec le candidat, dans lequel on s'assure, indépendamment du certificat de moralité préalablement exigé, de ses principes de morale et de religion, et de sa manière de penser en général. Vient ensuite l'examen proprement dit : on examine 1° les connaissances du candidat ; 2° sa méthode d'enseignement ; 3° son talent pour la discipline et pour le gouvernement intellectuel et moral de l'école.

A la suite de cet examen, il est délivré au candidat un brevet de capacité, dans lequel il inscrit le degré auquel le place son examen et la fonction qu'il a le droit de solliciter d'après le rang qu'il a obtenu. On s'efforce même, indépendamment de ce numéro, de caractériser la nature de la capacité du candidat, et le genre de talent dont il a fait preuve.

A chaque session de la commission d'examen, les noms de ceux qui ont obtenu l'admission générale sont publiés dans le journal officiel pour l'instruction primaire, avec les rangs qu'ils ont mérités.

Mais quelque bien organisés que soient de pareils examens, tout dépend de ceux auxquels ils sont confiés. C'est ici surtout qu'il ne faut pas de membre de droit, d'après telle ou telle position sociale. Grâce à Dieu, en France, les commissions d'examen sont nommées par le ministre. Mais c'est encore bien mieux en Hollande : ce sont les inspecteurs seuls qui composent ces commissions. L'examen du dernier degré, pour devenir aide ou adjoint, a lieu devant l'inspecteur du district tout seul. Pour les trois autres degrés, l'examen a lieu devant la commission départementale, composée de la réunion de tous les inspecteurs de district. Pour être admis à l'examen du degré inférieur, il faut justifier qu'on est domicilié depuis un an entier dans le district de l'inspecteur qui examine ; pour les autres examens, dans le département auquel appartient la commission ; et cette dernière condition est le meilleur certificat de moralité que les candidats puissent présenter ; ils sont alors bien connus de ceux qui les examinent, et tout se passe en parfaite connaissance de cause. Cette organisation des examens pour l'admission générale arrête dès l'entrée de la carrière ceux qui n'y conviennent point, et ne laisse arriver aux examens définitifs pour telle ou telle place spéciale, que des sujets d'une capacité éprouvée. Le grand ressort de toute cette organisation est l'emploi unique des inspecteurs dans l'examen préalable, et leur forte intervention dans l'examen définitif.

Après ces deux règlements, vient une instruction cotée C destinée à diriger les inspecteurs primaires. Nous avons vu jusqu'ici les droits de ces fonctionnaires ; nous allons maintenant reconnaître leurs devoirs et les charges qui leur sont imposées. Tout est tellement substantiel dans cette pièce qu'il est difficile de l'abréger.

Tout inspecteur de district doit établir, soit dans sa demeure, soit ailleurs et dans telle partie de son district qui lui paraîtra convenable, une conférence à certaines époques fixes, à laquelle il invitera les instituteurs placés sous son inspection; et là il s'entretiendra avec eux sur les importantes fonctions qui leur sont confiées et sur la meilleure manière de les remplir.

Il est tenu de visiter deux fois par an toutes les écoles de son district.

Trois fois par an, tous les inspecteurs de district d'un département se rassemblent au chef-lieu de l'administration départementale, à Pâques, en juillet et en octobre.

Outre ces assemblées ordinaires et obligées, il peut y avoir des assemblées extraordinaires, soit sur une convocation expresse du ministre ou de l'administration départementale, soit lorsque les différents membres le jugent nécessaire; mais, dans ce dernier cas, l'assemblée a lieu à leurs frais et sans indemnités.

Dans toute assemblée ordinaire, chacun des membres de la commission lit un rapport écrit : 1° sur les écoles qu'il a visitées depuis la dernière assemblée; 2° sur les conférences d'instituteurs qu'il a tenues; 3° sur les examens d'instituteurs du dernier rang qui ont eu lieu devant lui; 4° sur les divers événements d'école survenus dans son district.

De ces divers rapports écrits, chaque inspecteur forme annuellement un rapport général de l'état des écoles et de l'instruction primaire dans son district.

Enfin la commission départementale tire des rapports annuels de chacun de ses membres, un résumé général de l'état des écoles et de l'instruction primaire dans toute l'étendue du département.

Après chaque session de la commission départementale, il est envoyé au ministère, dans le terme de quinze jours, un extrait du procès-verbal de l'assemblée, les rapports originaux des divers membres, la liste des candidats examinés avec les rangs qu'ils ont obtenus.

Chaque année, après l'assemblée de Pâques, on envoie au ministre le rapport général et annuel de la commission de l'instruction primaire du département; les rapports généraux et annuels de chacun des membres sur leur district respectif; les rapports généraux et annuels des différents comités de surveillance locale; enfin, la liste des propositions que chaque commission désire voir mettre en délibération dans la prochaine assemblée générale à La Haye.

On voit que les fonctions des inspecteurs ne sont point des sinécures. Pour les remplir dignement, il faut des hommes dévoués à l'instruction primaire, et ce sont les inspecteurs eux-mêmes qui sont le plus en état de juger des qualités de toute espèce que doit posséder celui auquel une pareille mission peut être utilement confiée. Aussi, l'art. 17 de l'instruction C déclare-t-elle que la présentation à toute place d'inspecteur de district qui deviendrait vacante, appartiendra à la commission départementale; la présentation de la commission est adressée à l'administration du département, qui la transmet au ministre avec son avis.

Il ne restait plus qu'à établir l'ordre intérieur de chaque école, et c'est ce qu'a fait le règlement d'ordre pour les écoles de la république batave, arrêté le 23 mai 1806, en vertu de l'art. 24 du règlement B.

Voici les principales dispositions de ce quatrième règlement :

Lorsque le nombre des élèves dépasse 70, on adjoint au maître de l'école un sous-maître.

Toute école est divisée en trois classes, dont chacune a sa place séparée et reçoit l'instruction séparément.

L'enseignement individuel est banni, et l'enseignement simultané prescrit partout et dans tous les cas.

Bien avant qu'il fût question d'enseignement mutuel, tout ce qu'il y a de bon dans cette méthode se trouve déjà dans l'art. 10 du règlement que nous faisons connaître : « Lorsque le maître le jugera à propos, il récompensera les élèves les plus instruits et les plus sages, en les chargeant de donner quelques parties d'enseignement aux élèves les moins avancés. » En effet, cette pratique est excellente; d'un côté, elle est sans inconvénient pour ceux qui sont enseignés, puisqu'elle se borne à l'explication des choses les plus faciles dont les élèves les plus avancés d'une école ne sont point incapables; et, de l'autre, elle est très-profitable à ceux qui enseignent; car, pour apprendre une chose à un autre, il faut la mieux savoir; et le petit maître s'enseigne lui-même très-utilement; il développe ses facultés, et se surprend ainsi quelquefois un talent pour l'enseignement qui l'engage à rester quelque temps de plus à l'école et à se vouer à l'instruction primaire. Et puis, le directeur et les sous-maîtres sont ainsi un peu soulagés, et ils peuvent mieux vaquer à toutes leurs occupations. La méthode d'enseignement mutuel a donc un fondement solide; c'est l'exagération seule de cette méthode qui est vicieuse et insensée. De ce que les élèves les plus avancés d'une école sont en état de donner quelques leçons aux plus faibles, il ne s'ensuit point du tout qu'ils soient capables de se charger eux-mêmes de tout l'enseignement, encore bien moins du gouvernement de l'école; et il est évident que l'enseignement mutuel exclusivement pratiqué ne donnera qu'une instruction toute matérielle et un ordre purement extérieur. La vie spirituelle et morale d'une école ne peut venir que du maître ; lui seul peut l'inspirer, parce que lui seul il la possède. Il est donc absurde qu'il se fasse habituellement et constamment remplacer par des enfants ; mais il fera bien d'employer, avec discernement, les plus intelligents, surtout les plus honnêtes de ses élèves, à enseigner aux plus faibles les choses les plus faciles ; et c'est ce que notre règlement permet et même recommande.

On peut bien s'attendre qu'il ne manque pas dans un règlement hollandais de fortes prescriptions pour la propreté de l'école et des élèves.

A la fin de chaque année a lieu un examen général de l'école, à la suite duquel les élèves sont admis à passer d'une classe inférieure à une classe supérieure, et des récompenses sont accordées à ceux qui se sont distingués par leur application et leur bonne conduite.

A la sortie de l'école, si un élève a fait des progrès marqués, il lui est délivré un certificat en termes honorables.

Sur ce règlement d'ordre général est établi un règlement particulier d'ordre intérieur pour chaque école, lequel, imprimé ou manuscrit, doit être suspendu dans l'école et expliqué de temps en temps par le maître à ses adjoints et aux élèves.

Mais il est temps de terminer ces longues analyses qui pourtant, malgré leur longueur, ont laissé encore échapper bien des choses utiles. Toutefois je crois n'avoir oublié aucun point essentiel, et j'espère que ce résumé fidèle donnera une idée suffisante de l'organisation de l'instruction primaire en Hollande. Cette organisation est, avec celle que contient la loi prussienne de 1819, la plus savante en elle-même, et celle qui a produit les meilleurs résultats. J'ai plusieurs fois comparé le système hollandais et le système prussien. J'achèverai ici cette comparaison, en rappelant les points sur lesquels ces deux systèmes me paraissent avoir tour à tour l'avantage l'un sur l'autre.

Je préfère hautement la loi prussienne à la loi hollandaise, pour les écoles normales et les écoles primaires supérieures.

En Hollande, les écoles normales ne sont pas dans la loi, et de fait il n'y en a que deux, et sur ces deux une seule aux dépens de l'État. Cela est déjà sans doute un grand progrès sur l'ancienne manière de former les maîtres d'école, mais ce progrès en appelle de nouveaux. En Prusse, pour une population de moins de 13,000,000 d'habitants, il y a plus de trente écoles normales parfaitement organisées (1). En Hollande, pour 2,500,000 habitants, en suivant la même proportion, il en faudrait bien cinq. Je voudrais du

moins qu'il y en eût trois : une à Groningue, pour les départements de Groningue, de la Frise, de la Drenthe, et de l'Over-Yssel ; et certes, ce n'est pas trop d'une école normale pour ces quatre départements, qui contiennent une étendue de territoire de plus d'un million d'hectares, une population de près de 700,000 âmes, et des villes telles que Groningue, Leeuwarde, Zwolle, Deventer, Kampen, Assen, et beaucoup d'autres. L'école normale d'Harlem servirait aux trois départements de la Hollande septentrionale, de la Hollande méridionale, et de la Zélande, qui possèdent près d'un million d'habitants et qui renferment les trois villes principales de la monarchie, Amsterdam, Rotterdam et La Haye. Mais il n'y a pas aujourd'hui une seule école normale pour ce vaste territoire, qui contient les quatre départements d'Utrecht, de la Gueldre, du Brabant septentrional et du Limbourg, où sont des villes telles qu'Utrecht et Amersfort, Nimègue et Arnheim, Bois-le-Duc, Bréda et Maestricht. Cette partie du royaume demande au moins une école normale comme celle de Groningue ; et le mieux peut-être serait qu'elle en eût deux, l'une à Utrecht, pour les deux départements de la Gueldre et d'Utrecht ; l'autre à Bois-le-Duc ou à Maestricht, pour le Brabant septentrional et le Limbourg. Il serait digne de la *Société du bien public*, à laquelle on doit déjà l'école normale de Groningue, de se livrer à l'utile entreprise que nous venons de lui signaler. Je prie le gouvernement hollandais de faire attention qu'il n'y a pas un département en Prusse qui n'ait au moins une école normale, et il y a des départements qui en ont plusieurs. En France, la loi de 1833 impose une école normale à chaque département, en laissant toutefois à plusieurs départements la faculté de se réunir pour fonder en commun une pareille école. Je recommande ces faits et les considérations qui s'y rattachent au gouvernement hollandais. Quand il donnerait, pour chacune des deux petites écoles normales que je lui propose d'établir, 12 à 15,000 fr. par an, ce ne serait pas une grande dépense, et cette dépense serait très-productive ; d'abord elle améliorerait promptement l'état de l'instruction primaire dans ces départements, dont plusieurs passent pour être un peu en arrière ; ensuite, il y aurait ici un résultat politique qu'il faut savoir obtenir au prix de quelques sacrifices. La Gueldre, le Brabant septentrional et le Limbourg, sont les frontières du royaume du côté de l'Allemagne et de la Belgique. Il importe donc d'y enraciner l'attachement à la patrie hollandaise et au roi, et, sous ce rapport, il ne serait pas d'une médiocre importance d'y fonder deux écoles normales dont les élèves, nourris dans les principes du gouvernement, et plus tard disséminés dans les villes et les campagnes, transmettraient ces principes à tous les enfants, et peu à peu à la population tout entière.

(1) Rapport, etc.

Le second point sur lequel l'organisation prussienne me paraît supérieure à l'organisation hollandaise, est la classification des écoles. Au fond, les quatre brevets distincts dont nous avons parlé, ne constituent qu'une hiérarchie morale parmi les instituteurs et non pas quatre classes d'écoles ; la loi n'établit pas ici de classification bien nette. Les écoles inférieures (*laagere-schoolen*) sont les écoles primaires élémentaires de la Prusse, répandues dans les villages et les villes, à titre public ou privé. Dans les villes, les écoles publiques de ce degré sont les écoles de pauvres (*armen-schoolen*), les *armen-schulen* allemandes, nos écoles entièrement gratuites. Au-dessus d'elles sont les écoles, appelées écoles intermédiaires (*tusschen-schoolen*), où l'on paye très-peu de chose, mais où l'on paye quelque chose. Ces sortes d'écoles ne se trouvent que dans les villes. Il y en a beaucoup à titre public ; mais un grand nombre aussi sont des écoles privées. Enfin, au-dessus des *tusschen-schoolen*, viennent les écoles dites françaises, appelées ainsi, parce qu'on y enseigne le français, ce qui prouve que l'on y donne déjà une culture assez distinguée. Ce sont là les écoles primaires supérieures de la Hollande. On y paye assez cher ; et presque toutes, pour ne pas dire toutes, sont des écoles privées. Il semble donc que voilà des écoles de trois degrés différents. Mais au fond, il n'y a pas là trois écoles différentes ; car la *tusschen-school* n'est qu'une école primaire élémentaire, et même une école de pauvres (*armen-school*), excepté sous le point de vue financier. On y paye quelque chose : voilà toute la différence ; aussi l'école est-elle plus soignée ; mais l'enseignement y est le même, et on n'exige point du maître d'une *tusschen-school* un brevet plus élevé que du maître de l'*armen-school*. La distinction réelle des écoles se réduit donc à l'école dite inférieure (*laagere-school*) laquelle comprend et l'*armen-school*, et la *tusschen-school*, et à l'*école française* où l'enseignement est réellement plus étendu et plus approfondi. La loi n'exige pas pour les maîtres des écoles françaises un brevet spécial ; elle se contente d'imposer le brevet du premier et du second degré aux maîtres de toute école de ville, sans distinguer les écoles. Elle ne dit pas non plus dans quelles conditions l'école primaire supérieure hollandaise, l'école française, sera obligatoire pour les villes, tandis que la loi française, imitée de la loi allemande, veut que tout chef-lieu de département et toute ville de plus de six mille âmes ait une école primaire supérieure. La loi prussienne impose la même obligation à toute ville de plus de quinze cents habitants ; elle donne à toute école primaire supérieure un programme d'enseignement plus étendu que celui de l'école française de Hollande ; elle prescrit un brevet spécial de capacité pour tenir une semblable école ; en un mot, elle fait de ces écoles une classe d'établissements publics parfai-

tement déterminés, auxquels elle a donné le nom populaire d'écoles bourgeoises ou quelquefois encore le nom très-significatif d'écoles moyennes ou intermédiaires. Faute de prescriptions légales aussi formelles, l'école primaire supérieure hollandaise n'est presque partout qu'une spéculation privée que les villes encouragent, mais qu'elles n'assurent point. Or il y a là un besoin positif d'une partie considérable de la population, que je ne développerai point, parce que je l'ai fait ailleurs avec toute la force qui est en moi (1). En principe, comme nulle commune ne peut être dispensée d'une école élémentaire publique, de même nulle ville de quelque importance ne doit être dispensée d'une école supérieure, également publique. Les écoles françaises de Hollande sont en général assez bonnes ; mais elles pourraient être meilleures encore. Je désirerais que l'autorité publique s'en occupât davantage, et qu'elle y intervînt de deux façons : 1° par quelques subsides ; 2° en exigeant formellement le brevet du degré supérieur des directeurs de cette école. J'invite le gouvernement hollandais à demander à l'assemblée générale des commissions départementales d'instruction primaire, leur avis sur cet objet, en recommandant à leur attention l'organisation des écoles bourgeoises de la Prusse.

Mais il est un point sur lequel la loi hollandaise reprend l'avantage sur la loi prussienne : je veux parler de l'organisation et de l'inspection primaire.

J'approuve assurément l'établissement de comités gratuits de surveillance, tels que la loi prussienne et la loi française, qui en dérive, les ont prescrits. Rien n'est plus important que d'associer les efforts de tous les gens de bien à ceux du gouvernement dans l'instruction du peuple, et d'intéresser par là tout le pays à cette œuvre sacrée. Aussi la loi hollandaise établit-elle de semblables comités ; mais elle les établit de telle manière qu'ils servent toujours, et ne nuisent jamais. En effet, ils n'ont pas de membres de droit ; l'administration prend les membres de ces comités partout où elle les trouve. Et non-seulement, d'après la loi hollandaise, il n'y a pas un seul membre de droit dans les comités de surveillance, mais, pour la nomination des membres de ces comités, l'administration doit prendre l'avis de l'inspecteur primaire ; par là sont assurés la bonne composition des comités ainsi que le concert du comité et de l'inspecteur, sans lequel nul bien n'est possible.

Mais, ce qui élève, à mes yeux, la loi hollandaise au-dessus de la loi prussienne, c'est l'institution de la commission départementale d'instruction primaire avec ses fortes et diverses attributions. Cette institu-

(1) Rapport, etc.

tion ressemble à celle du *Schulcollegium* (1), qui fait partie en Prusse de tout consistoire provincial ; mais elle vaut mieux ; car le *Schulcollegium* n'est pas composé d'inspecteurs. Il fait bien faire par quelques-uns de ses membres une inspection, quand il y a lieu ; mais l'inspection n'est pas son emploi : il juge sur pièces, et non sur ce qu'il a vu, et il est forcé de s'en rapporter en général aux témoignages des inspecteurs particuliers ; tandis qu'en Hollande ,. la commission départementale, inspectant à la fois, et jugeant les inspections , fait tourner l'expérience acquise dans une inspection perpétuelle au profit de la délibération, et réciproquement les lumières qui se recueillent dans un conseil où on décide et où on gouverne, au profit de l'inspection : combinaison profondément pratique qui unit ce qui presque partout est divisé. Les consistoires provinciaux de la Prusse avec leurs collèges d'écoles sont les conseils académiques de la France : leur véritable objet est et doit être l'instruction secondaire. Il n'y en a qu'un seul par province ; cela ne suffirait point à l'instruction primaire, qui demande une autorité un peu plus rapprochée. Je désirerais donc qu'en Prusse et en France, au chef-lieu du département, c'est-à-dire au-dessus des comités d'arrondissement, institués par la loi, on formât administrativement une commission départementale , composée des divers inspecteurs d'arrondissement, quand nous aurons un inspecteur primaire par arrondissement, et, en attendant, de membres des divers comités d'arrondissement, désignés par l'inspecteur départemental et nommés par le ministre, bien entendu avec l'avis du préfet. Cette commission se réunirait une ou deux fois par an au chef-lieu du département. Elle pourrait être chaque année renouvelée ou modifiée ; elle entendrait le rapport annuel de l'inspecteur départemental ; elle serait présidée par le préfet et formerait comme son conseil en matière d'instruction primaire. Son objet principal serait de mettre un peu d'uniformité dans l'instruction primaire du département, au lieu qu'aujourd'hui chaque comité d'arrondissement et surtout chaque conseil municipal tendent sans cesse à des mesures particulières , souvent en contradiction avec la loi et avec les vues de l'autorité centrale. Entre cette autorité centrale et l'autorité locale des comités d'arrondissement et des conseils municipaux, il faut un intermédiaire , et cet intermédiaire ne peut être une fraction du conseil académique, mais une autorité départementale, constituée, comme je viens de le proposer, sur le modèle des commissions départementales de la Hollande.

On connaît maintenant la constitution de l'instruction primaire de la Hollande. Je l'ai exposée avec quelque étendue d'après les monuments officiels, parce qu'elle est le fondement de ces beaux résultats qui ont tant contribué à la haute estime dont la Hollande jouit en Europe. J'avais aussi , pour y insister, une autre raison. L'instruction primaire est encore dans l'enfance parmi nous. Son organisation naissante peut recevoir par voie administrative bien des modifications et des développements. Personne n'ignore tout ce que la loi de 1833 doit à l'expérience de l'Allemagne. J'ai pensé que l'expérience de la Hollande, que M. Cuvier avait déjà essayé de mettre à profit dans l'ordonnance de 1816, ne serait point invoquée en vain à une époque où l'éducation du peuple, si longtemps négligée , est devenue un des principaux objets de l'attention du gouvernement et de tous les hommes éclairés. Il ne s'agit point ici de vaines théories, mais de principes consacrés par trente années d'éclatants succès ; et à ce titre, j'ai cru que je devais cette longue exposition et à la Hollande et à la France.

III. INSTRUCTION SUPÉRIEURE.

ÉCOLES LATINES.

M. Cuvier, qui admirait tant les écoles primaires de la Hollande, a fait une triste peinture de ses collèges et de ses universités. Il avait proposé d'utiles réformes, que le gouvernement français avait adoptées. En 1814, le gouvernement nouveau , prenant en considération les critiques de notre illustre compatriote et les réformes commencées, nomma une commission pour s'occuper de cet objet important et préparer une ordonnance sur toute l'instruction supérieure. Cette ordonnance royale est intervenue le 2 août 1815, et elle a été suivie d'autres ordonnances et de divers règlements, qui l'ont développée et appliquée.

En étudiant ces documents, on reconnaît que la législation nouvelle renferme des améliorations incontestables sur la routine incohérente que M. Cuvier avait, avec tant de raison, si vivement censurée. Toutefois j'y trouve encore de manifestes imperfections, qui retiennent et retiendront toujours, tant qu'elles subsisteront, l'instruction supérieure en Hollande au-dessous de ce qu'elle est en Allemagne et en France.

L'ordonnance royale du 2 août 1815 comprend sous le nom d'instruction supérieure les écoles latines et les universités , avec les athénées, établissements singuliers, qui ne tiennent point à l'ensemble du système , et que nous croyons avoir fait connaître suffisamment (2). Les écoles latines sont nos collèges, les

---

(1) Rapport, etc.

(2) Amsterdam, page 253.

gymnases de l'Allemagne. Je vais m'occuper d'abord de ces écoles et parcourir rapidement la constitution de l'instruction secondaire en Hollande, d'après le chapitre 1er de l'ordonnance de 1815, exclusivement consacré aux écoles latines, et d'après les divers règlements et arrêtés qui sont intervenus depuis.

Le grand reproche que fait partout M. Cuvier aux anciennes écoles latines de la Hollande, c'est de n'en seigner que le grec et le latin, et de ne pas enseigner du tout ou d'enseigner mal les mathématiques, la physique, l'histoire, la géographie et les langues modernes. Or, pour ceux qui sont au fait des questions d'instruction secondaire, cette critique de M. Cuvier, si elle est fondée, est accablante pour les écoles latines de la Hollande; car des écoles secondaires, réduites à un pareil enseignement, sont incapables de préparer aux universités. Comment profiter, en effet, de l'enseignement universitaire, si on ne possède dans une certaine mesure les diverses connaissances que nous venons d'énumérer? Il faudra donc alors que l'université enseigne les éléments des connaissances, ce qui est contre sa fin, et il ne lui restera plus assez de temps pour introduire les élèves dans les profondeurs de la science.

Le chapitre 1er de l'ordonnance de 1815 sur les écoles latines coupe-t-il court à cette critique? On voit bien que ce chapitre a pour but d'y satisfaire; mais, selon moi, il n'y satisfait qu'imparfaitement.

Les art. 9 et 10 déclarent que l'objet spécial des écoles latines est d'enseigner le latin et le grec, et en même temps ils contiennent cette disposition que l'enseignement journalier dans les langues anciennes étant terminé, il sera donné des leçons sur les éléments des mathématiques, sur la géographie et sur l'histoire ancienne et moderne. Cette innovation est déjà, sans doute, un progrès; mais elle laisse encore bien des choses à désirer.

1° Dans ce programme légal des écoles latines ne se trouvent ni la physique, dont les éléments sont indispensables, ni aucune langue moderne, enseignements qui ne manquent à aucun gymnase de la Prusse ni même à aucun bon collège français.

2° Non-seulement l'ordonnance de 1815 ne dit pas jusqu'où devra aller l'enseignement des mathématiques; mais le règlement spécial de 1816, qui développe cette ordonnance, n'en dit pas un mot, et abandonne cet enseignement à l'arbitraire du directeur: tandis que ce même règlement fixe dans le plus grand détail les matières de l'enseignement classique dans chacune des six classes de l'école latine.

3° L'art. 16 de l'ordonnance exige, d'une manière générale et absolue, pour être professeur à l'école latine, le grade universitaire de candidat ès lettres, sans distinguer parmi les professeurs de l'école latine ceux qui sont chargés des lettres anciennes et ceux qui sont chargés des mathématiques. La capacité des professeurs de littérature est assurée par cet article; mais celle des professeurs de mathématiques ne l'est nullement. La candidature ès lettres, comme on l'a vu (1), est plus élevée que notre baccalauréat ès lettres : elle approche beaucoup de notre licence. Tel est le grade dont il faut justifier pour être professeur, même de mathématiques, dans une école latine. Mais demander à un savant tant de littérature et n'en exiger aucun grade dans les sciences, c'est évidemment abaisser l'enseignement scientifique.

4° De plus, les art. 17 et 18 imposent aux premiers fonctionnaires de toute école latine, le *Rector* et le *Conrector*, notre proviseur et notre censeur, de faire, l'un la première, l'autre la seconde classe, où l'enseignement du grec et du latin est poussé fort loin; et, pour cette raison, ces deux fonctionnaires doivent justifier du grade de docteur ès lettres, d'où il suit que le professeur de mathématiques, à moins d'être aussi un très-habile latiniste et helléniste, et docteur ès lettres, ne peut jamais parvenir aux emplois élevés et lucratifs de l'école latine.

5° L'art. 19 engage à choisir de préférence pour l'enseignement des connaissances mentionnées à l'article 10, à savoir : les mathématiques et la géographie, les professeurs chargés des autres enseignements, en leur donnant une augmentation de traitement. Il y a plus : si l'on ne trouve pas, dans les professeurs ordinaires de l'école, des gens capables de se charger de l'enseignement des mathématiques, le même art. 19 permet d'appeler, pour cet enseignement, des maîtres spéciaux; mais ces maîtres n'auront ni le même rang ni les mêmes avantages que les autres professeurs : ils n'auront, d'après l'art. 20, aucune part à la rétribution des élèves. Celle-ci est alors exclusivement réservée au recteur, au correcteur et aux quatre autres professeurs. Le maître de mathématiques n'a droit qu'à un traitement spécial : il est exactement sur le même pied que les maîtres d'histoire naturelle et de langues modernes dans les collèges français.

Par tous ces motifs, il est évident que l'enseignement scientifique dans les écoles latines, n'offrant point une carrière véritable, ne peut attirer aucun homme distingué; et que cet enseignement n'est qu'un accessoire qui ne peut jouir auprès des familles et auprès des élèves d'aucune considération.

Les vices d'un pareil état de choses ne tardèrent pas à paraître. L'enseignement des mathématiques restant à peu près nul dans les écoles latines, condamnait celui des universités à la même nullité. Bientôt de

(1) Utrecht, page 263.

vives réclamations se firent entendre, surtout en Belgique, où les colléges avaient possédé autrefois, sous le gouvernement français, un enseignement mathématique très-bien constitué. De là l'ordonnance royale du 6 septembre 1826, qui réforme l'enseignement des mathématiques dans les gymnases et dans les universités.

L'art. 1er de cette ordonnance arrête que l'enseignement des mathématiques dans les athénées, les colléges et les écoles latines, embrassera au moins les éléments de l'arithmétique et de l'algèbre jusqu'aux équations du deuxième degré inclusivement, et ceux de la géométrie jusqu'à la trigonométrie rectiligne. C'est exactement l'enseignement mathématique de nos colléges, et tel qu'il était réglé sous le gouvernement français dans les lycées de Belgique : cet article sérieusement exécuté devait relever en Hollande l'étude des mathématiques.

L'art. 2 de la même ordonnance met pour condition à toute inscription dans les universités, un certificat constatant que l'élève a acquis au collége, dans l'arithmétique, l'algèbre et la géométrie, les connaissances nécessaires pour être admis aux leçons académiques. C'est encore un sage emprunt fait au règlement français qui, pour le grade de baccalauréat ès lettres, condition de l'inscription dans toute faculté, exige une certaine portion de connaissances scientifiques.

Mais malheureusement l'art. 3 contient une réserve qui détruit ou énerve toute la force de l'art. 2. En effet, cet art. 3 admet qu'à défaut de ce certificat, il suffira, pour être inscrit comme étudiant, de produire une attestation du professeur de mathématiques de l'université, par laquelle ce professeur déclare qu'après avoir fait subir à l'élève un examen spécial, il lui reconnaît des connaissances suffisantes en arithmétique, en algèbre et en géométrie, pour profiter des leçons de l'université. Cet article renverse toutes les mesures antérieures. Si la nature humaine est en Hollande ce qu'elle est en France, tout examen passé devant un homme seul est nul. Il n'y a personne qui veuille se charger à lui tout seul de la responsabilité d'un refus. Comment veut-on qu'un professeur de mathématiques, recevant dans sa chambre un étudiant en littérature, en droit ou en théologie, pousse le stoïcisme jusqu'à lui refuser, à lui et à toute sa famille et aux mille sollicitations dont on l'entourera, un certificat qui, après tout, ne nuira point aux mathématiques, et dont le refus nuirait aux revenus de l'université dont le professeur de mathématiques fait partie? On peut être bien sûr que ce certificat ne sera jamais refusé; que, par conséquent, les élèves ne demanderont point le certificat du collége dont parle l'art. 2, mais cet autre certificat si facile à obtenir; que, par conséquent encore, dans l'espérance de l'obtenir sans rien savoir, ils n'auront aucun intérêt à bien suivre

l'excellent enseignement imposé en vain par l'art. 1er de l'ordonnance de 1826.

Mais à côté de cette indulgence excessive, voici en revanche une sévérité tout à fait déplacée et poussée jusqu'à l'injustice et presque jusqu'au ridicule. S'il est convenable et nécessaire de placer dans l'examen d'immatriculation, à côté de connaissances littéraires, une certaine portion de connaissances scientifiques, il n'est plus du tout nécessaire de reproduire cette dernière condition pour les examens qu'exige l'obtention des grades ultérieurs dans la faculté des lettres. C'est pourtant ce que prescrit l'art. 5 : il déclare que, pour obtenir le grade de candidat ès lettres qui prépare aux études de théologie et de jurisprudence, il faudra subir devant la faculté des sciences un examen sur les éléments de l'arithmétique, de l'algèbre et de la géométrie. Mais voici qui est bien pis : l'art. 7 veut que le candidat au grade de docteur ès lettres obtienne préalablement du professeur de mathématiques un certificat constatant non-seulement qu'il possède, mais qu'il est en état d'enseigner et même d'enseigner avec succès les éléments de l'arithmétique, de la géométrie et de l'algèbre. Je vois bien que cette dernière disposition est faite pour les recteurs et correcteurs d'écoles latines, assujettis à la condition du grade de docteur ès lettres, et qui voudraient, conformément à l'article ci-dessus énoncé de l'ordonnance de 1815, se charger de l'enseignement des mathématiques à leur école, pour avoir une augmentation de traitement. Je conviens qu'au moyen de cet art. 7 de l'ordonnance de 1826, les docteurs ès lettres qui voudront se charger de l'enseignement des mathématiques, devront les savoir. Mais l'ordonnance aurait dû dire cela et pas autre chose, et n'imposer cette condition qu'aux candidats au doctorat qui annonceraient un pareil dessein; autrement, dans sa généralité, l'art. 7 est souverainement injuste. Celui qui veut être docteur ès lettres pour enseigner seulement les lettres, ne peut être condamné à prouver qu'il peut enseigner aussi les sciences avec succès. Et si on répond que ce certificat, étant donné par le seul professeur de mathématiques, sera très-facilement obtenu, je dis que cette réponse, très-fâcheuse en elle-même, détruit de plus la garantie nécessaire pour les docteurs ès lettres qui se destineraient à l'enseignement des mathématiques.

On m'assure que depuis l'ordonnance de 1826, une nouvelle ordonnance, allant plus directement au but, a exigé pour l'enseignement des mathématiques, le grade de candidat ès sciences, toutefois en accordant au ministre la faculté d'en dispenser. Je n'ai pas sous les yeux cette ordonnance; mais d'après la disposition que je viens de citer, elle semble dire le oui et le non : exiger une condition et en même temps en dispenser, c'est véritablement ne rien faire.

Tous ces changements montrent assez que si quelques pas ont été faits vers le but qu'il faudrait atteindre, ce but n'est pas encore atteint ; et ici nous n'hésitons pas à inviter le gouvernement hollandais à tourner les yeux vers les deux pays où l'instruction secondaire est florissante, l'Allemagne et la France, et à imiter de leurs règlements ce qui peut réparer les imperfections que nous venons de signaler. Il faut s'empresser de supprimer l'obligation pour tout candidat au doctorat ès lettres de prouver qu'il peut enseigner avec succès les mathématiques. Il faut également supprimer dans l'examen de candidat ès lettres, la forte portion de mathématiques dont il est chargé et la reporter sur l'examen d'immatriculation, examen qu'il s'agit d'organiser sérieusement et de confier à une commission universitaire, composée de professeurs de la faculté des lettres et de la faculté des sciences, comme en France ; ou, si l'on veut, comme en Prusse, aux professeurs supérieurs de sciences et de lettres de chaque gymnase. Enfin, le professeur de mathématiques doit être sur le même pied que les autres professeurs ; il doit avoir la même perspective d'avancement, les mêmes avantages, et il faut lui imposer dans les sciences les grades correspondants à ceux des autres professeurs dans les lettres.

L'ordonnance de 1815 se tait sur un point essentiel qui, je ne crains pas de le dire, est la gloire et la force de l'instruction secondaire en France : la préparation des professeurs et les conditions nécessaires pour entrer dans la carrière de l'enseignement.

Nous avons vu que dans l'instruction primaire la loi hollandaise prescrit deux degrés d'examen, l'un général, l'autre spécial pour obtenir une place de maître d'école, et que pour former ces maîtres d'école, indépendamment des classes normales annexées à la plupart des bonnes écoles primaires, le gouvernement a établi une grande école normale à ses frais, à Harlem, et qu'il en protége une autre à Groningue. Il semble que, pour l'instruction secondaire, de plus grandes précautions encore devaient être prises. L'ordonnance de 1815 dit seulement que, pour être professeur à une école latine, il faut être candidat ès lettres, et docteur, pour être recteur et corecteur. Il n'y a pas d'autre condition au choix des professeurs, et pas un mot sur la manière de les former. S'il est pourtant quelque chose de démontré par l'expérience, c'est que nul n'est propre à une fonction, s'il n'y a été préparé spécialement. Cette vérité reconnue un peu tard donna naissance à l'ordonnance royale du 19 septembre 1827, et à l'arrêté ministériel du 1er mai 1828, qui établissent dans chaque université un cours de pédagogie avec des exercices pratiques : c'est déjà un progrès considérable ; mais on ne peut s'arrêter là. Ces cours de pédagogie auprès des trois universités du royaume,

répondent à peu près aux classes normales attachées aux bonnes écoles primaires : ces classes normales étaient aussi un progrès dans leur temps. Sans renoncer à cet excellent moyen de former des instituteurs, on a organisé une préparation plus sûre en fondant des écoles normales primaires ; de même, en conservant le cours de pédagogie dans chaque université, il faudrait établir une école normale secondaire à Utrecht ou à Leyde pour tout le royaume, sur le modèle du *Seminarium für gelehrte Schulen* de Berlin, ou sur celui de la grande école normale de Paris. Si la Hollande veut relever son instruction secondaire, qu'elle emprunte à la Prusse et à la France quatre pièces essentielles : le règlement du *séminaire* de Berlin et celui de l'école normale de Paris (1) avec le règlement prussien sur les examens nécessaires pour obtenir un emploi dans un gymnase, et le règlement français du concours de l'agrégation (2) ; c'est là qu'elle trouvera des modèles d'organisation, au lieu des ébauches que contiennent l'ordonnance royale de 1815 et les ordonnances ultérieures.

Il est encore un article fort important sur lequel la pratique prussienne et française est infiniment supérieure à la pratique hollandaise : le mode de nomination et de traitement des professeurs.

En Hollande, d'après l'ordonnance de 1815 et de très-anciens usages, auprès de toute école latine est une administration appelée *Collége des curateurs*. C'est ce collége qui présente aux candidats aux places de professeurs des écoles latines ; mais à qui les présente-t-il ? Au conseil municipal de la ville ; et c'est ce conseil qui nomme, parce que c'est lui qui paye. Mais ce principe est très-faux : celui qui paye n'a pas toujours le droit de nommer, s'il n'a pas la capacité nécessaire ; mais il est fort convenable qu'il paye ce dont il profite. En France, tous les professeurs de colléges communaux sont payés par les communes, et ils sont nommés par le ministre. En Prusse, beaucoup de gymnases, sont, en partie du moins, aux frais des communes, et c'est toujours le gouvernement qui nomme les professeurs. Ainsi, même en supposant que le gouvernement hollandais ne pût intervenir davantage dans les dépenses des écoles latines, il a le droit d'en nommer les maîtres, et ce droit, si important pour le gouvernement, ne l'est pas moins pour le bon service de l'instruction secondaire et pour les professeurs eux-mêmes. L'État peut ainsi faire passer les professeurs d'une ville dans une autre pour augmenter leur traitement ou pour fortifier une école, et le droit de nomination est entre ses mains un moyen indirect, mais efficace, de récompenser les services et de répandre l'émula-

(1) École normale.
(2) Ibid.

tion. Enfin, le professeur nommé par l'État a tout autrement de dignité et de consistance. Quant à la question financière, en France, le gouvernement fait seul toutes les dépenses des colléges royaux, et il ne donne pas une obole à tous les colléges communaux ; ce sont deux extrémités entre lesquelles je préfère la pratique de la Prusse, où l'État intervient, en une certaine mesure, dans le traitement des professeurs ou du moins des directeurs de tout gymnase. Le gouvernement hollandais ferait bien d'augmenter un peu les subsides qu'il fournit déjà aux écoles latines ; ce lui serait un titre pour reprendre les rênes de l'instruction secondaire qui, jusqu'ici, est restée presque entièrement municipale. Mais, je le répète, quand même il ne pourrait augmenter les subsides existants, il n'en est pas moins fondé à réclamer le droit de nommer tous les professeurs d'école latine, surtout les directeurs ; et ce droit, personne ne sera tenté de le lui contester dès qu'il l'aura organisé : 1° une école normale secondaire, semblable à celle de Harlem, pour l'instruction primaire ; 2° des examens sérieux pour devenir professeur d'une école latine, semblables à ceux qu'il a prescrits pour devenir instituteur primaire ; 3° des commissions, et j'allais dire, avec mes habitudes de centralisation française, une seule et grande commission pour présider à ces examens, et conférer le brevet de capacité pour l'enseignement secondaire. Et ici, conformément à la pratique allemande, j'approuverais fort qu'il y eût un examen spécial pour les directeurs. En Prusse, le règlement prescrit une conférence dans laquelle le candidat au rectorat doit exposer ses principes pédagogiques, et satisfaire à toutes les questions qui lui sont adressées sur les diverses parties de l'art de gouverner une école, élèves et maîtres, études et discipline, le moral et le matériel. En Hollande, il suffit d'être docteur ès lettres pour devenir recteur et corecteur. Au lieu d'un simple grade, qui témoigne seulement d'une instruction plus ou moins élevée, mieux vaudrait un examen spécial où fussent mises à l'épreuve les qualités requises pour les fonctions auxquelles on aspire.

La meilleure disposition de l'ordonnance royale du 2 août 1815, est celle qui établit auprès du ministre un inspecteur des écoles latines, lequel, conformément à son titre, surveille ces écoles, et fait de temps en temps une tournée, pour en visiter un certain nombre, selon les besoins du service. Cette place est pour l'instruction secondaire ce qu'est la place d'inspecteur des écoles primaires pour l'éducation du peuple. C'est comme inspecteur général des écoles primaires que M. van den Ende a fait tant de bien. Il appartiendrait à M. Wynbeek, inspecteur général des écoles latines, d'oser regarder en face les imperfections des écoles confiées à ses soins, et d'essayer d'y porter remède : cette tâche

est bien digne de son patriotisme et de ses lumières.

Et pourquoi le ministre ne ferait-il pas pour l'instruction secondaire, ce qui s'est fait plusieurs fois si utilement pour l'instruction primaire ? Pourquoi de temps en temps ne convoquerait-il pas à La Haye un certain nombre de professeurs d'université dans les lettres et dans les sciences, des recteurs d'écoles latines et des curateurs de ces écoles, pour conférer avec eux sur les intérêts des écoles latines et sur les améliorations qu'on pourrait y introduire ? Il sortirait infailliblement de ces assemblées des propositions qui mériteraient l'attention du gouvernement,

La première question qui devrait occuper une pareille assemblée, celle qu'il faut résoudre d'abord, et qui, non résolue, s'oppose invinciblement à toute réforme, c'est la délicate et périlleuse question de la répartition des écoles latines sur le territoire hollandais. Cette répartition est aujourd'hui très-vicieuse ; il n'y a pas une petite ville qui n'ait voulu avoir son école latine, comme il n'y a pas de ville en France qui ne veuille avoir son collége. Il en est résulté qu'en Hollande, comme en France, il y a un bon nombre d'écoles latines qui comptent à peine quelques élèves, avec deux ou trois maîtres très-mal payés et dans une situation à laquelle aucun homme de mérite ne peut se réduire. La Hollande, en 1833, comptait 62 écoles latines fréquentées par 1,255 élèves, ce qui donne, terme moyen, 20 élèves par chaque école. Or, je le demande, quelle organisation un peu savante peut-on appliquer à une école de 20 élèves ? Comment diviser une pareille école en six classes, ainsi que le veut l'ordonnance royale de 1815, pour qu'il y ait 3 ou 4 élèves dans chaque classe ? Comment avoir des professeurs de sciences différents des professeurs des lettres ? Avec un si petit nombre d'élèves, la force des choses contraint d'avoir très-peu de classes dans chaque école et très-peu de maîtres, condamnés chacun à enseigner tout et à tout mal enseigner. Et encore ce nombre 20 n'est qu'une moyenne qui couvre de grandes différences. Nous avons vu que les écoles latines de La Haye et d'Utrecht ont chacune une soixantaine d'élèves ; il faut donc qu'il y ait des écoles latines qui n'en comptent pas plus de 10 ou 12 ; dans ce cas je défie le génie même de l'organisation de tirer aucun parti d'une pareille école. Par exemple, un seul département, la Gueldre, a 14 écoles latines fréquentées par 70 élèves, ce qui donne, terme moyen, 12 élèves par école. N'est-il pas évident que, dans ce département, il y a trop d'écoles latines, qu'elles se nuisent les unes aux autres, et que plusieurs doivent être dans un état déplorable ? Je sais tout le respect qui est dû aux habitudes domestiques et aux mœurs de la famille, et qu'en ayant partout sous leur main une école latine, bonne ou mauvaise, les parents ne sont pas forcés de se séparer de leurs enfants, et qu'on évite ainsi de convertir les écoles latines en pensionnats. Mais si on tient à une bonne instruction secondaire, il faut bien faire quelques sacrifices, et payer la rançon du bien qu'on veut obtenir. Or, ici, cette rançon est inévitablement le système du pensionnat dans une certaine mesure pour quelques écoles latines, et la suppression d'une vingtaine d'écoles au moins sur 62. Cette suppression serait un grand bien public et même privé ; car tant d'écoles latines sont un appât dangereux pour beaucoup de familles auxquelles des *écoles françaises* bien organisées, de bonnes *Bürgerschulen* conviendraient mieux. Il y a très-peu d'écoles françaises publiques en Hollande, et beaucoup trop d'écoles latines ; il faudrait renverser cette proportion ; il faudrait augmenter le nombre des écoles françaises publiques, diminuer celui des écoles latines, et transformer peu à peu les établissements secondaires trop défectueux en excellentes écoles primaires supérieures. Je recommande, à cet égard, au gouvernement hollandais les vues que j'ai exposées ailleurs sur la réduction du nombre des colléges communaux en France. C'est quand cette réduction des écoles latines aura été opérée, quand les subsides que l'État et les départements éparpillent inutilement sur tant de faibles écoles, auront été rassemblés sur un certain nombre d'établissements bien fréquentés et pourvus de ressources suffisantes, c'est alors qu'on pourra s'occuper de leur réforme intérieure et prendre en considération peut-être les idées que j'ai développées ou plutôt indiquées dans cette rapide analyse de la première partie de l'ordonnance royale de 1815.

UNIVERSITÉS.

Les universités sont, en Hollande, dans l'état où pourraient être les écoles latines après la réduction indispensable que je viens de proposer. M. Cuvier, en 1811, trouva en Hollande cinq universités : à Groningue, à Franeker, à Harderwyck, à Utrecht et à Leyde. Ces cinq universités étaient très-anciennes, et chacune d'elles, comme on le pense bien, faisait la fortune de la ville où elle était établie. Mais, dans un pays aussi peu étendu que la Hollande, cinq universités, au lieu d'enrichir l'instruction supérieure, l'appauvrissaient, et, faute d'un nombre suffisant d'élèves, faute aussi d'un assez grand nombre de professeurs éminents, la retenaient dans la langueur et la faiblesse où j'ai vu encore l'instruction secondaire. M. Cuvier reconnut d'abord le mal, et y proposa le remède douloureux mais nécessaire de la suppression de deux universités sur cinq. Les seules universités conservées devaient être celle

de Groningue pour toute la partie de la Hollande à l'orient du Zuyderzée, et pour tout le reste du pays, celles d'Utrecht et de Leyde. Sans doute, ces deux dernières sont bien près l'une de l'autre ; mais il était impossible de songer à supprimer une de ces deux universités, presque également chères à la nation et presque également recommandables par leurs longs services et par les vastes ressources de toute espèce que plusieurs siècles y ont accumulées. Le gouvernement français entra dans les vues de M. Cuvier ; et, en 1814, le gouvernement hollandais, trouvant la réduction commencée, l'acheva ; il satisfit, comme il put, aux réclamations des villes de Franeker et d'Harderwyck, en leur donnant des athénées royaux ; il concentra tous ses efforts et toutes ses dépenses sur les trois universités conservées ; il les enrichit de professeurs et d'élèves, et, avec le temps, il en a fait de grands et beaux établissements très-florissants, auxquels il ne manque que de s'appuyer sur une instruction secondaire mieux constituée.

Les sept derniers titres de l'ordonnance de 1815 renferment l'organisation des universités ; ils traitent successivement :

1° De l'enseignement des universités ;

2° De la collation des grades ;

3° De l'état des professeurs ;

4° De l'état des étudiants ;

5° Du matériel nécessaire aux diverses parties de l'enseignement ;

6° Des divers moyens d'encourager les études ;

7° De l'administration.

On voit qu'aucun point important n'est oublié dans l'ordonnance de 1815. Nous l'avons montré en action dans la description de l'université d'Utrecht. Nous nous contenterons donc ici de relever ses dispositions essentielles, les imperfections que nous avons pu y découvrir, et surtout les sages mesures qu'il conviendrait d'en emprunter et de nous approprier. Nous suivrons l'ordre même des matières adopté par l'ordonnance hollandaise.

TITRE Iᵉʳ.—*De l'enseignement.*

Comme nous l'avons déjà dit (1), toute université hollandaise est composée de cinq facultés. L'ancienne faculté philosophique, l'*ordo philosophicus* de l'Allemagne a été divisée, d'après le régime français, en deux facultés distinctes, celle des sciences et celle des lettres. Notre faculté des sciences s'appelle ici *faculté des sciences mathématiques et physiques ;* et celle des lettres a le nom de *faculté de philosophie spéculative et des lettres.*

(1) Utrecht, page 263.

Il est à remarquer que la faculté de théologie est exclusivement protestante et même calviniste. L'enseignement supérieur de la religion catholique est réservé aux séminaires placés sous la juridiction immédiate des évêques. L'art. 58 le dit formellement, et l'article 59 promet des subsides pour l'enseignement supérieur de la religion chez les luthériens, les mennonites et les remontrants; en effet, une ordonnance postérieure a établi un séminaire luthérien à Amsterdam.

Cette constitution de l'enseignement théologique soulève une question extrêmement grave et qui mérite au plus haut degré l'attention de l'homme d'école et de l'homme d'État.

Il n'y a pas d'université allemande qui n'ait sa faculté de théologie protestante. Les candidats au ministère du saint Évangile suivent les cours publics de ces facultés. Sortis des gymnases, comme les autres étudiants, ils entrent, avec eux, à l'université : ils en subissent la discipline, et ils jouissent de la liberté qu'elle laisse. Cette liberté est fort grande : mêlés sans cesse aux autres étudiants, les jeunes théologiens courent risque de prendre des manières et des habitudes mondaines, et de tomber même dans des fautes peu en harmonie avec leur futur caractère; mais il ne faut pas oublier que ces théologiens doivent un jour devenir des pères de famille. Les étourderies de la jeunesse se perdent plus tard dans la sainteté du mariage. Et puis le peuple n'impose point au clergé protestant la même rigidité extérieure qu'au clergé catholique. D'un autre côté, on comprend tout ce qu'il y a d'avantageux pour des futurs ecclésiastiques dans la fréquentation des cours d'une université. Ils y prennent le goût de la haute littérature, profane et sacrée; ils s'exercent à la grande critique historique; ils se familiarisent avec les systèmes philosophiques, et, ce qui n'est pas moins précieux, ils s'instruisent à connaître, dans un commerce assidu, l'esprit de leur siècle et de leur nation. C'est ainsi que j'ai vu, dans les universités d'Allemagne, de jeunes ecclésiastiques, passant tour à tour de l'auditoire des professeurs de théologie dans ceux des professeurs de philosophie, de philologie et d'histoire, devenir eux-mêmes des philosophes, des historiens et des philologues du plus grand mérite, capables d'intervenir un jour dans les grandes luttes de la science, au nom de la religion, et d'y acquérir une illustration et une autorité qui se réfléchissent sur le clergé tout entier.

Tel est le fondement qui a soutenu et qui soutient encore les facultés de théologie protestante. Ni les gouvernements, ni le clergé, n'ont jamais songé à leur ôter ce lien intime avec les autres facultés universitaires, qui fait à la fois et leur péril et leur force. Mais la même organisation est-elle applicable à l'enseignement de la théologie catholique? Des hommes qui contractent des obligations tout autrement austères peuvent-ils, à l'âge où se forment les habitudes de toute la vie, être livrés impunément à toutes les tentations de la liberté universitaire? Peut-on d'ailleurs espérer que l'autorité ecclésiastique se dessaisisse du droit de présider elle-même à la formation des jeunes prêtres; et, quelques garanties qu'on lui puisse offrir par des mesures spéciales de discipline, consentira-t-elle jamais de bonne grâce à abandonner à des mains étrangères, pendant trois ou quatre années, ceux en qui repose l'avenir du sacerdoce? Ensuite, toute faculté de théologie, qui fait partie d'une université, tombe par là sous la juridiction civile, et cette juridiction civile, le clergé catholique n'est pas très-disposé à la reconnaître, surtout en pareille matière. Lui qui revendique l'éducation universelle, ne réclamera-t-il pas du moins le privilège exclusif de l'éducation et même de l'instruction ecclésiastique? Sans doute la théorie peut répondre à ces difficultés; mais, dans la pratique, elles n'ont jamais été parfaitement résolues. En Allemagne, le gouvernement prussien a fondé aux deux universités de Breslau et de Bonn, à côté d'une faculté de théologie protestante, une faculté de théologie catholique, pour les populations catholiques de la Silésie et des bords du Rhin. A ne parler ici que de la faculté de Bonn, la seule qui me soit bien connue, on a eu la sagesse, en l'instituant, de prendre toutes les précautions qui pouvaient rassurer l'autorité ecclésiastique. Des liens étroits ont été établis entre cette faculté et l'archevêque de Cologne. L'archevêque retient une forte part d'influence sur le gouvernement spirituel de la faculté. A l'université, les jeunes théologiens sont séparés des autres étudiants et logent dans une maison particulière placée sous la juridiction du doyen. Ce doyen était un homme très-distingué (M. Hermès), capable, par la solidité et la variété de ses connaissances, de donner une grande impulsion à l'enseignement théologique, et qui, en même temps, était fort agréable à l'archevêque d'alors, M. le comte de Spiegel. J'ai vu les choses aller assez bien sur ce pied. Mais depuis la mort de M. Hermès et de M. de Spiegel, j'entends dire que la faculté de théologie catholique de Bonn est bien déchue. En France, l'empereur établit aussi des facultés de théologie catholique à l'instar de l'ancienne et célèbre faculté de théologie de Paris. Mais celle-ci n'avait jamais été ce qu'on appelle une faculté dans une université, et le modèle était bien différent de la copie. A Paris, l'ancienne faculté de théologie n'était autre chose qu'une dénomination commune à deux maisons spéciales, également en possession de conférer des grades théologiques, la maison de Sorbonne et celle de Navarre, toutes deux cloîtrées, toutes deux ayant des pensionnaires, qui y recevaient l'enseignement et y prenaient leurs grades. Au contraire, les facultés théologiques de l'empire étaient des facultés comme les autres. Seulement leurs étudiants devaient être particulièrement les élèves des grands séminaires. L'enseignement destiné à ces séminaristes devait se faire dans la langue même des séminaires, le latin. Enfin les candidats à l'enseignement devaient être approuvés par l'archevêque. Malgré toutes ces précautions, les archevêques et les séminaires ne se soumirent jamais qu'avec une extrême répugnance à la fréquentation des facultés de théologie ; et dès que l'empire eut disparu, un conflit s'établit à cet égard entre le clergé et le ministère de l'instruction publique. Les évêques refusèrent presque partout d'envoyer leurs séminaristes, même pour quelques heures de la journée, dans un auditoire et sous une discipline qui ne leur appartenaient pas ; ils ne consentirent pas à suivre les formes prescrites pour la nomination régulière des professeurs ; en un mot, ils s'appliquèrent à renfermer étroitement l'enseignement théologique dans les limites des séminaires, qu'ils gouvernent exclusivement et où l'œil même de l'autorité civile ne pénètre point. Les grades théologiques, que les facultés pouvaient seules conférer, furent partout abandonnés, les facultés tombèrent peu à peu, et, de fait, aujourd'hui l'enseignement théologique en est en France où il en est légalement en Hollande, sous l'ordonnance de 1815 ; à proprement parler, il n'y a pas de facultés de théologie catholique ; ce sont les grands séminaires qui en tiennent lieu.

Cet état de choses, qui pouvait suffire à la Hollande de 1815, presque entièrement protestante, peut-il suffire à la France presque entièrement catholique, où le clergé est en possession d'une si vieille et si vivace influence, et où, par conséquent, l'éducation du clergé touche aux plus grands intérêts de la société et de l'État ? Après y avoir bien réfléchi, je ne le crois pas. Je ne blâme point l'ordonnance hollandaise en Hollande ; mais je ne puis pas m'y résigner en France.

Dans mon opinion, les facultés actuelles de théologie sont condamnées à périr, ou plutôt elles sont déjà mortes, et nul effort ne pourra les ranimer. Le gouvernement aura beau décréter, comme il l'a fait, en 1831, que tel ou tel grade théologique sera désormais nécessaire pour telle ou telle fonction, telle ou telle dignité de l'Église : cette ordonnance ne sera point exécutée, et elle sera un scandale de plus. On ne soumettra point les évêques ; on ne leur arrachera point des élèves ; on n'en obtiendra point des professeurs. Les institutions mixtes, qui participent de deux autorités, veulent un concert parfait de ces deux autorités ; et ici ces deux autorités ne s'entendent pas. Enfin, quand elles s'entendraient, je doute fort que, dans l'état des études théologiques en France, on pût trouver assez de professeurs éminents pour soutenir un certain nombre de

facultés. Selon moi, il n'en faudrait qu'une seule, et celle-là, bien organisée, pourrait suffire à tous les besoins et satisfaire à toutes les convenances. Je m'explique.

Les petits séminaires attirent les jeunes gens qui peuvent avoir quelque aptitude à l'état ecclésiastique ; et ils développent cette aptitude par leur enseignement et par leur régime. Au sortir des petits séminaires, les sujets dont la vocation ecclésiastique paraît décidée, entrent dans les grands séminaires. Là se forme le clergé. Il y reçoit une double instruction : d'abord une instruction générale, littéraire, philosophique, et même scientifique jusqu'à un certain point ; ensuite l'instruction cléricale proprement dite ; cette dernière est la véritable fin des grands séminaires. Tout ce que peuvent faire ces établissements, avec des élèves sortis en très-grande partie des rangs inférieurs de la société, et qu'ils reçoivent en général très-médiocrement préparés, c'est de les rendre, au bout de quelques années, passablement instruits, et assez bien façonnés à l'exercice des fonctions ecclésiastiques ; on ne peut pas leur demander davantage. Mais à quelle école pourraient se former aujourd'hui ces anciens docteurs de Sorbonne et de Navarre, qui étaient les lumières de l'Église gallicane, ou ces profonds savants qui ont donné tant d'excellents ouvrages à la littérature sacrée et profane, ou ces hommes forts par la doctrine et par les œuvres, qui ont administré avec tant d'autorité les affaires temporelles de l'Église ? En un mot, les grands séminaires forment le gros du clergé ; mais il faudrait songer aussi à l'élite, à la tête de ce grand corps ; il faudrait une institution spéciale, qui fût en quelque sorte l'école normale supérieure du sacerdoce. C'est une institution de ce genre que voulut fonder en Belgique le gouvernement hollandais, sous le nom de collège philosophique. Le nom était ridicule, et comme une menace envers l'Église ; et la chose, en vérité, ne valait guère mieux que le nom. Sous la restauration, en France, un ministre de l'instruction publique et des cultes conçut l'idée d'une maison des hautes études ecclésiastiques. Les allocations nécessaires à cet établissement ont été faites au budget ; mais tout a manqué par un déplorable conflit de pouvoirs. M. l'évêque d'Hermopolis, ministre des cultes et de l'instruction publique, soutenait avec raison que la maison des hautes études ecclésiastiques, étant faite pour tout le clergé et devant servir à la France entière, bien que située à Paris, n'était pas un établissement diocésain, et par conséquent ne pouvait relever de l'autorité diocésaine de M. l'archevêque, mais de l'autorité ecclésiastique générale, c'est-à-dire du ministre. M. l'archevêque prétendait, au contraire, que cette maison étant sur son territoire, lui appartenait. Cette prétention n'est pas plus fondée que ne serait celle du recteur de Paris d'avoir dans ses attributions

l'école normale, parce que l'école normale est maté-
riellement placée dans l'académie de Paris. Les exemples surabondent d'établissements généraux, qui à ce
titre ne relèvent que de l'autorité générale, c'est-à-dire
du gouvernement, quoique placés dans tel ou tel lieu.
Il faudrait reprendre cette affaire avec la ferme volonté
de la mener à bien ; et pour cela, ce n'est point avec
M. l'archevêque de Paris, c'est avec Rome qu'il faudrait la traiter. Rome sait à quel point la grandeur du
clergé français importe à la chrétienté tout entière ; et
elle ne peut qu'applaudir à un établissement dont le
but est le perfectionnement des études théologiques,
et la formation d'une élite ecclésiastique capable de
soutenir, dans ces temps difficiles, l'ancienne réputation de savoir et de lumières de l'Église de France.
Quant à l'organisation de cet établissement, voici les
bases que je soumettrais à la sagesse du gouvernement
français et du saint-siége.

1° Nul ne pourrait être admis dans la maison des
hautes études ecclésiastiques, qui n'eût achevé son
grand séminaire et reçu les ordres.

2° Dans chaque diocèse, ce serait l'évêque qui choisirait les sujets à envoyer à Paris, sur la désignation
du directeur du grand séminaire.

3° Au sortir de la maison de Paris, l'élève serait
remis à la disposition de l'évêque qui l'aurait envoyé,
et qui pourrait en faire à son gré un maître de conférences de son grand séminaire, un directeur de petit
séminaire, un grand vicaire, un membre de son chapitre, etc.

4° La maison des hautes études serait placée sous le
gouvernement d'une assemblée d'évêques, parmi lesquels serait M. l'archevêque de Paris, qui pourrait
même avoir la présidence. Dans ce conseil ecclésiastique
serait de droit un conseiller d'État, désigné à cet effet
par le roi pour y représenter la puissance publique.
Bien entendu que ce conseiller d'État n'aurait de voix
qu'en matière administrative.

5° Ce conseil arrêterait le règlement d'études et de
discipline de la maison sous l'autorité de M. le ministre
des cultes. Il nommerait ou proposerait le directeur,
les maîtres de conférence, l'économe.

6° Le conseil se réunirait une fois chaque année, à
une époque qu'il déterminerait lui-même chaque fois.
Cette réunion pourrait durer trois semaines. Là, on
entendrait le rapport général du directeur sur les travaux des élèves et l'état spirituel et matériel de la maison. En conséquence de ce rapport, le conseil prendrait
sur les choses et sur les personnes les résolutions qu'il
jugerait convenables.

Je m'arrête : ce n'est point ici le lieu d'entrer dans
plus de détails ; et je me borne à faire des vœux pour
que le ministère des cultes n'abandonne point la pensée
de cette grande institution qui intéresse à la fois

l'Église et l'État, qui seule peut relever le clergé et
lui donner, sans violence et par ses propres mains,
une direction salutaire. Mais je m'empresse de revenir
à la Hollande.

J'ai déjà signalé un autre point par lequel les universités hollandaises diffèrent essentiellement des universités allemandes, la hiérarchie du professorat (1). En
Allemagne, il y a trois ordres de professeurs, et je ne
cesserai de vanter cette organisation comme le fondement certain du perpétuel progrès de l'enseignement
et des sciences. Il y a, dans toute université allemande,
trois degrés dans le professorat. D'abord se présentent
le Privat-docenten, jeunes docteurs, qui, après certaines épreuves, reçoivent de leurs facultés respectives
l'autorisation de donner des cours dans les auditoires
publics de l'université. Ces docteurs sont assez nombreux dans chaque faculté ; jeunes, pleins d'ardeur,
ayant leur fortune à faire, ils ne négligent rien pour
avoir des auditeurs ; car leur seul traitement est celui
qu'ils tirent de leurs leçons, et c'est sur leurs succès
que repose tout leur avenir. Au-dessus de ces jeunes
docteurs, sont les professeurs extraordinaires, nos professeurs adjoints ; ceux-ci sortent en très-grande partie
des rangs des premiers : ce sont ordinairement ceux
d'entre eux qui ont montré le plus de capacité, et qui,
par le succès de leurs leçons ou de leurs écrits, ont
forcé en quelque sorte l'université de se les attacher ;
car ils font partie de la faculté, et ils ont un traitement
fixe plus ou moins considérable. Viennent enfin les
professeurs ordinaires ou titulaires, sortis eux-mêmes,
la plupart du temps, des rangs des professeurs adjoints, et parvenus à ce poste et à ce titre par de longues épreuves et des travaux plus ou moins illustres
dans l'enseignement et dans les sciences. Ces professeurs titulaires sont en très-petit nombre, cinq ou six
au plus dans chaque faculté. Ce sont les maîtres de la
science. La considération publique les environne, et
ils jouissent d'assez grands avantages. Cette belle gradation manque à la Hollande comme à la France. En
France, il n'y a qu'une seule faculté, la faculté de médecine, qui ait des agrégés. En Hollande, il n'y a pas
même la moindre trace d'une institution de ce genre.
Quant aux professeurs extraordinaires, il y en a bien
quelques-uns en Hollande et en France, mais ils ne
sont pas régulièrement constitués comme en Allemagne.
L'article 69 de l'ordonnance de 1815 admet qu'il pourra
être établi, surtout à l'université de Leyde, des professeurs extraordinaires, dans des cas exceptionnels ou
pour suppléer les professeurs ordinaires qui tomberaient
malades. C'est aussi ce qui se pratique en France ;
comme il n'est pas absolument sans exemple qu'on autorise tel ou tel docteur à faire un cours dans l'audi-

(1) Utrecht, page 263.

toire d'une faculté des lettres ou des sciences. Mais ce n'est là ni l'institution des agrégés, ni celle des professeurs adjoints. Règle générale : si vous voulez dans un corps du mouvement et de la vie, établissez des degrés, des rangs, des épreuves successives et un avancement gradué. Essayez beaucoup de monde et n'adoptez personne légèrement. Qu'il soit permis d'entrer dans l'enseignement supérieur sans y être d'abord professeur titulaire ; et qu'il soit interdit, sauf des cas très-rares, de commencer par la fin et d'être professeur titulaire à 25 ans. Mais encore une fois je ne pourrais que me répéter à cet égard, et je passe au titre II de l'ordonnance de 1815, sur la collation des grades académiques.

Titre II. — *Des grades académiques.*

D'abord nul ne peut être inscrit comme étudiant sans les certificats dont nous avons déjà parlé (1) et qui supposent un examen semblable à notre examen de baccalauréat ès lettres. J'ai déjà montré que cet examen est loin d'être ce qu'il faudrait qu'il fût, et sa réforme est à mes yeux ce qu'il y a de plus urgent. L'examen d'immatriculation doit être le résumé de toute l'instruction secondaire ; car qui ne peut justifier de posséder l'instruction secondaire dans toutes ses parties essentielles, ne doit pas être admis à l'instruction supérieure. Ce principe, une fois introduit dans l'examen d'immatriculation, permettrait de dégager les grades ultérieurs de conditions qui ne leur ont été imposées que parce qu'on ne les avait pas mises au fondement même de tous les grades. Ces grades sont ceux de candidat et de docteur, à peu près notre licence et notre doctorat. Chose étrange ! pour le grade de docteur en théologie, on exige entre autres épreuves que le candidat justifie qu'il a fréquenté avec succès des leçons de physique expérimentale, d'astronomie physique, et qu'il possède les principes généraux de l'économie rurale. Peut-être des pasteurs de village doivent-ils ne pas être étrangers à l'économie rurale et à la physique, et il pourrait être convenable d'exiger ces connaissances de tout candidat aux fonctions pastorales. Mais je ne comprends pas qu'on les demande à tout candidat au doctorat en théologie ; car ce grade n'est pas nécessaire pour être pasteur de village. Mais pouvez-vous me dire ce que fait ici l'astronomie physique ? Ce qu'il y a de vrai dans tout cela, c'est qu'on ne doit pas être admis à étudier en théologie sans posséder toutes les notions scientifiques que donne l'instruction secondaire. Mais une fois ces notions sérieusement constatées à l'examen d'immatriculation, il ne convient plus de les demander au delà.

(1) Voyez page 305.

Ceci ne s'applique point à la médecine, où des connaissances scientifiques, assez développées, sont indispensables. L'ordonnance de 1815 a très-bien établi qu'il faut être candidat ès sciences mathématiques et physiques pour se présenter à la candidature en médecine ; et dans ce cas, en Hollande comme en France, il y a un programme scientifique particulier.

Quelle que soit ma prédilection pour la philosophie et l'histoire de la philosophie, je ne conçois pas bien qu'on en exige la connaissance, comme le veut l'article 94, pour devenir docteur dans les sciences mathématiques et physiques. En général, il importe d'établir des points de contact entre toutes les études, et cela est nécessaire au début de la carrière ; mais à mesure que l'on avance, il ne faut lier entre elles que les études analogues, la philosophie et les lettres avec la théologie et la jurisprudence, et les sciences avec la médecine ; on doit finir même par laisser chaque élève se livrer exclusivement à ses études spéciales qui dans chaque faculté sont si étendues et réclament tant de temps.

Titre III. — *Des professeurs.*

Ici est le plus grand et le plus heureux changement que l'ordonnance de 1815 ait fait subir aux anciennes universités hollandaises.

Autrefois ces universités, avec leurs professeurs, étaient à la charge des villes. L'ordonnance de 1815 déclare les professeurs des trois universités, fonctionnaires de l'État, nommés par l'État et payés par l'État. Ils sont exemptés non-seulement du service militaire, mais du service de la garde bourgeoise. Leur traitement se compose de deux parties, le fixe et l'éventuel. Le traitement fixe est de 2,800 florins pour les professeurs de l'université de Leyde, et de 2,200 florins pour ceux d'Utrecht et de Groningue. Au delà de trente années d'exercice, le traitement fixe est augmenté d'un quart. Voilà déjà qui assure aux professeurs une situation satisfaisante ; mais le traitement éventuel améliore beaucoup cette situation. Il se compose : 1° de la répartition égale entre tous les membres d'une faculté des sommes que rapporte la collation des grades, déduction faite de ce qui est nécessaire aux frais de l'université, au recteur et au secrétaire ; 2° du partage égal entre tous les professeurs de l'université du dixième des droits d'inscription ; 3° des avantages attachés aux diverses fonctions académiques, comme celles de secrétaire et de recteur, que chaque professeur titulaire remplit tour à tour, et auxquelles on est promu pour une année par les suffrages de l'assemblée des professeurs de toutes les facultés. Enfin il y a le revenu des cours ; car chaque professeur fait payer ses leçons, institution excellente et qu'on ne peut trop recommander (1). Chaque cours est d'une année. S'il comprend seulement deux leçons par semaine, il coûte 15 fr. ; s'il comprend plus de deux leçons, il coûte 30 fr. , et cela indépendamment des cours extraordinaires, que chaque professeur peut donner, s'il lui plaît, et pour lesquels il est libre de faire les arrangements qui lui paraissent convenables.

On voit par là que le professeur d'université jouit en Hollande de l'aisance due à ses travaux et nécessaire au rang qu'il occupe dans la société. On m'a assuré que le revenu total d'un professeur actif et accrédité est à peu près de 10 à 15,000 francs.

Sa vieillesse non plus n'a rien à craindre, et les pensions de retraite sont établies sur des bases très-raisonnables. Pour cause d'infirmités ou de vieillesse, on peut être admis à l'*éméritat*, qui donne droit à une pension, dont le minimum est de 500 florins pour les cinq premières années de service, avec l'augmentation, pour chaque année de plus, de la trente-cinquième partie du traitement fixe dont on jouit au moment où on demande la retraite. A soixante et dix ans, tout professeur est déclaré de droit émérite avec son traitement tout entier pour pension, et même avec une certaine part dans les émoluments éventuels. Les veuves des professeurs, tant qu'elles ne se remarient pas, et leurs enfants mineurs touchent une pension de 500 florins, qui peut s'élever dans certaines circonstances jusqu'au double, sans pouvoir le dépasser. Ces dernières pensions pour les veuves et pour les enfants sont payées par une caisse spéciale, composée des retenues faites chaque année sur les traitements des professeurs. Quand cette caisse ne suffit pas, l'État vient à son secours.

Titre iv. — *Des Étudiants.*

Ce titre ne contient guère que des détails de police académique semblables à ceux des règlements allemands, que nous avons fait connaître dans la description des universités d'Iéna et de Leipzig (2).

Titre v. — *Du Matériel nécessaire à l'enseignement.*

Ce titre v montre le haut prix que le gouvernement hollandais attache à l'enseignement universitaire, par les sommes qu'il consacre à accroître sans cesse et à entretenir dans le meilleur état les bibliothèques et les collections de tout genre des universités. L'énumération de toutes les ressources dont chacune est pourvue au nom de la loi, forme un contraste affligeant avec la pénurie et le mince budget de nos facultés de province.

C'est la faute de l'isolement de ces facultés. S'il y avait en France, comme partout en Europe, un certain nombre de grands centres scientifiques, composés des quatre facultés réunies, avec de nombreux étudiants, les villes, les départements et l'État s'empresseraient de concourir à l'ornement et à l'agrandissement de pareils établissements. Les particuliers même, comme en Allemagne et en Hollande, pourraient être tentés de les enrichir par des legs ou donations : il se trouverait des professeurs qui transmettraient leur bibliothèque ou des collections plus ou moins précieuses à l'université auprès de laquelle ils auraient passé leur vie. Pour qu'un établissement s'accroisse et se développe, il faut qu'il ait d'abord quelque grandeur par lui-même. Qui peut s'intéresser à une misérable faculté, où l'on compte à peine quatre ou cinq professeurs, cent cinquante ou deux cents élèves ? C'était la situation des universités hollandaises de Franeker et de Harderwyck avant 1811. Il faudrait oser faire chez nous ce qui a été fait en Hollande : supprimer plusieurs facultés qui languissent inutiles, les grouper et les réunir, comme je l'ai proposé tant de fois (3), sur un certain nombre de points qui deviendraient peu à peu des foyers de lumières et de civilisation pour les provinces. Depuis 1808, je ne crois pas qu'il y ait eu un seul legs fait à aucune faculté en France. La plupart n'ont pas de bibliothèque, et les étudiants sont réduits aux bibliothèques des villes, qui, n'appartenant pas à l'université, ne se procurent pas les livres qui pourraient être utiles aux études académiques. Mais je demande quelle ville ne consentirait volontiers à affecter sa bibliothèque à l'université qu'on établirait dans son sein ? Cette bibliothèque, tout en servant aux habitants de la ville, étant une fois affectée à l'université, s'enrichirait successivement de livres à son usage et deviendrait d'un immense secours pour les études; bien entendu qu'il faudrait y introduire l'usage allemand et hollandais non-seulement d'y recevoir chaque jour les étudiants, mais de leur prêter des livres sous la garantie de la signature d'un de leurs professeurs. Sans de grandes bibliothèques, il n'y a pas d'enseignement supérieur, et la division des facultés s'oppose invinciblement à la formation de grandes bibliothèques. J'en dis autant des collections scientifiques. Par exemple, le gouvernement, malgré ma vive résistance, a établi une faculté des sciences dans la ville de Lyon. Il fallait là quelque grande école industrielle, si l'école de la Martinière n'était pas suffisante. Il fallait peut-être un second collége, royal ou communal, ou, ce qui eût été encore mieux, trois ou quatre écoles primaires supérieures bien organisées. Au lieu de cela, Lyon a l'avantage de posséder une faculté des sciences, qui fait des cours de luxe à des amateurs bénévoles, et qui ne sert et ne peut servir à rien, puisqu'elle n'a pas d'étudiants obligés. Et pourtant quelles sommes ne faudrait-il pas pour établir raisonnablement une pareille faculté avec les collections de tout genre dont elle a besoin ! Mettez à Lyon une faculté de médecine à côté de cette faculté des sciences : tout change. Les étudiants en médecine composent un auditoire à la faculté des sciences. L'enseignement peut avoir une règle parce qu'il a un but. Les deux facultés, nécessaires l'une à l'autre, se soutiennent réciproquement : elles peuvent mettre en commun leurs ressources, et voilà le commencement d'un établissement durable. La faculté de droit de Poitiers compte d'honorables souvenirs et plus d'un professeur recommandable ; mais elle a bien peu d'élèves, et, faute d'une faculté des lettres, les élèves sont là, ensevelis pendant trois ou quatre années dans l'étude exclusive de la jurisprudence, sans aucun cours ni de philosophie, ni d'histoire, ni de littérature. Quel triste fondement pour la jurisprudence ! quelle grande étude de droit romain ou de droit national peut se faire dans une pareille faculté et comme si le droit, par sa nature, ne tenait pas de tous côtés à la philologie, à la critique historique et à la philosophie ! Ce que je dis des facultés isolées de Poitiers et de Lyon, je pourrais le dire de beaucoup d'autres qui, par la même cause, sont dans le même état. Toutes ces facultés ne laissent pas d'être matériellement utiles à un certain nombre de villes, entre lesquelles le gouvernement sème beaucoup d'argent sans en recueillir presque aucun fruit. Ces villes tiennent extrêmement à leurs petites facultés comme à leurs petites cours royales. De 1830 à 32, il n'y avait presque pas de ville qui ne nous demandât une faculté ou de droit ou des lettres. Orléans, Bourges et bien d'autres villes ont été sur le point d'obtenir ce qu'elles demandaient. Puisse un ministère, sérieusement dévoué à la cause de l'instruction publique, entreprendre de substituer peu à peu de grands centres scientifiques fortement constitués et richement dotés, à de pauvres facultés isolées, sans bibliothèques, sans collections, sans ressources et presque sans étudiants. Le jour où on songera à établir de pareils centres, on fera bien de prendre en considération le titre v de l'ordonnance hollandaise de 1815.

TITRE VI. — *Des Moyens d'encouragements et de secours pour les études académiques.*

Un des grands ressorts de notre instruction secondaire réside dans les prix annuels des collèges. Peut-être même avons-nous un peu trop tendu ce ressort. En revanche, nous avons livré à elle-même l'instruc-

tion supérieure, et nous avons assez bien présumé des étudiants de nos facultés pour ne leur proposer aucune autre récompense que la perspective d'une admission honorable aux examens du baccalauréat, de la licence et du doctorat. A Paris, tandis que l'on a institué une solennelle distribution de prix, avec l'appareil le plus pompeux, en faveur des écoliers de nos collèges depuis la rhétorique jusqu'à la sixième ; tandis que chaque année M. le ministre de l'instruction publique, assisté du conseil royal, et accompagné du corps entier de l'université, va de sa propre main mettre des couronnes sur la tête d'enfants d'une douzaine d'années, on laisse absolument sans récompenses les étudiants inscrits aux différentes facultés, qui réussissent dans leurs études, excepté à la faculté de médecine dont en général l'organisation est un modèle. Pourquoi chaque faculté ne mettrait-elle pas chaque année au concours des sujets de dissertation que les étudiants inscrits pourraient traiter ? Le grade inférieur de la faculté suffirait pour être admis à ce concours. Chacun de ces prix porterait tour à tour sur quelqu'une des matières principales de l'enseignement. Ce ne serait pas une grande dépense, car le prix pourrait être fort modeste ; par exemple, une médaille de 100 fr. ou de 100 écus au plus. Chaque année, à l'ouverture des cours, la faculté proclamerait les résultats du concours, distribuerait la médaille en public et donnerait de nouveaux sujets de prix. Cet usage règne depuis longtemps en Allemagne et en Hollande. Souvent des prix ainsi obtenus pendant le cours des études universitaires ont décidé plus d'une vocation, suscité de jeunes talents, et même enrichi la science, et particulièrement l'histoire de la philosophie, de dissertations qui ne sont pas sans mérite. Je possède un assez grand nombre de dissertations de ce genre sorties des universités d'Allemagne et de Hollande. L'ordonnance de 1815 consacre cet usage et fonde pour chaque université autant de prix ou médailles qu'il y a de facultés. Elle entoure ces concours des précautions qui peuvent prévenir toute espèce de fraude. Elle admet indistinctement à tous les concours les étudiants des trois universités, et elle décide que chaque dissertation couronnée sera imprimée dans les annales de l'université. Tel est le premier encouragement accordé par l'État aux études académiques. Le second moyen, plus efficace encore, est celui des bourses.

En France, je le répète, tout a été fait pour l'instruction secondaire et presque rien pour l'instruction supérieure. Il y a des prix pour les collèges ; il n'y en a pas pour les facultés ; il y a des bourses pour les collèges ; il n'y en a pas pour les facultés. C'est une inconséquence que rien n'explique. Indépendamment des considérations politiques que j'écarte ici, il y a deux règles en matière de bourse : la première est la pauvreté ; la seconde , la capacité. Je ne suis pas de ceux qui veulent pousser à la haute instruction les classes inférieures , et j'ai dit ailleurs et mille fois combien je désirais que les bonnes écoles moyennes diminuassent le nombre des enfants pauvres que la vanité mal entendue de leurs parents envoie au collège. Mais le talent a des droits sacrés , surtout le talent pauvre ; et il faut lui tendre la main partout où on le rencontre. N'est-ce pas du sein du peuple que sortent la plupart du temps , sous l'inspiration d'une nature heureuse et sous l'aiguillon du besoin, les hommes qui, en tout genre, reculent les bornes de l'esprit humain et enrichissent les sciences de découvertes inattendues ? C'est une imprudence, c'est presque un crime de refouler sur eux-mêmes ces puissants instincts , et je ne sais au nom de quel intérêt social on viendrait dire au talent pauvre : La société te condamne à périr , parce qu'elle te craint , toi sans lequel il n'y a pour elle ni progrès ni grandeur. Je déplore donc l'abus des bourses que les villes prodiguent au hasard ; mais j'en approuve le principe , et c'est surtout à l'instruction supérieure qu'on peut l'appliquer , sans courir le moindre risque de se tromper ; car l'instruction secondaire est là pour attester si réellement un jeune homme pauvre mérite ou non d'être introduit de la main même de l'État dans les carrières libérales et savantes. On ne devrait pas donner une seule bourse de collège avant la quatrième ou la troisième, parce que jusque-là il n'y a pas encore de vocation décidée. Mais quand, à la fin de ses études, un jeune homme a eu de grands succès, en rhétorique, en philosophie , en mathématiques, toutes ses preuves sont faites et bien faites ; il n'y a point à hésiter : il faut lui donner toutes les facilités de poursuivre ses études. Et pourtant, chose étrange ! il n'y a pas de bourses pour les facultés. Longtemps même il n'y a eu qu'une seule exemption des frais d'inscription et d'examen. Elle était accordée à celui des élèves des collèges de Paris , qui , dans le concours général de ces collèges , avait obtenu le prix d'honneur de rhétorique. Encore cette exemption était-elle bien peu de chose ; car , ce qui coûte le plus , ce ne sont pas les frais d'inscription et d'examen ; ce sont les frais de séjour et d'entretien pendant tout le temps que durent les études universitaires. Il eût donc été digne de la munificence impériale d'accorder au prix d'honneur de rhétorique une bourse de faculté de 1,000 francs ou 1,200 francs par année. Le privilége jusqu'ici attaché au seul prix d'honneur de rhétorique a été étendu depuis au prix d'honneur de philosophie et à celui de mathématiques pour les lauréats du concours général de Paris. On devrait aller plus loin et créer un certain nombre de bourses et demi-bourses, royales et départementales, pour l'instruction supérieure , qui seraient accordées à ceux qui auraient obtenu de grands succès dans l'instruction secondaire.

En Prusse, il y a un assez grand nombre de bourses de ce genre, et, en Hollande, l'ordonnance de 1815 fonde une allocation annuelle de 17,000 florins à répartir entre les trois universités , de manière qu'il y ait 30 bourses pour l'université de Leyde, 20 pour celle d'Utrecht et autant pour celle de Groningue. Chacune de ces bourses est de 300 florins à Leyde, et de 200 à Utrecht et à Groningue.

Enfin le dernier moyen d'encouragement pour les études académiques employé par le gouvernement hollandais, est l'institution des *Annales* que publient les universités et dans lesquelles elles impriment , avec leurs actes essentiels et les programmes de leur enseignement, les pièces couronnées dans les concours dont nous avons parlé tout à l'heure et les meilleures dissertations présentées pour le doctorat. D'après l'ordonnance de 1815, chaque université devrait chaque année publier à part ses annales. On m'écrit qu'une ordonnance du mois d'octobre dernier a décidé qu'il y aurait un seul corps d'annales pour les trois universités. J'ai déjà dit (1) et je répète que ces annales composent , avec le recueil des *Mémoires* de l'institut d'Amsterdam, l'histoire scientifique et littéraire de la Hollande.

Il me reste à dire un mot de l'administration des universités. C'est le sujet du titre vu et dernier.

TITRE VII. — *De l'Administration.*

Les universités de Hollande se gouvernent elles-mêmes pour les affaires ordinaires, et elles sont gouvernées dans les points essentiels par ce qu'on appelle le collège des curateurs. Ces curateurs sont des personnages distingués par leur rang dans la société et par leur attachement à la cause des lettres et des sciences. Ils sont nommés directement par le roi ; leurs fonctions sont gratuites , sauf de faibles droits de présence. Ces fonctions sont particulièrement de procurer l'exécution de l'ordonnance de 1815 et de tous les arrêtés ultérieurs du gouvernement relatifs aux universités ; de tenir la main à ce qu'il n'y ait pas une branche d'enseignement du programme légal qui ne soit remplie ; de veiller à la conservation des bâtiments , cabinets , et collections académiques ; de statuer sur toutes les questions que l'assemblée des professeurs porte à sa connaissance en ce qui regarde le matériel ; et enfin , de gérer les fonds, revenus et propriétés de l'université , de discuter et de fixer son budget annuel.

Le collège des curateurs est aussi chargé de la collation des bourses.

Ils peuvent proposer d'ériger une nouvelle chaire , de supprimer ou de scinder une chaire devenue vacante.

(1) Utrecht, page 203.

Ils ont le droit de proposer au ministre deux candidats à toute chaire qui devient vacante.

Ils communiquent directement avec le ministre, et ne relèvent que de lui.

Ils sont tenus de s'assembler deux fois l'année.

A tout collége de curateurs est attaché un secrétaire et un intendant qui ont un traitement fixe.

Sous le collége des curateurs, le corps de l'université se gouverne lui-même par l'assemblée de tous les professeurs ordinaires présidée par le recteur. Cette assemblée s'appelle sénat académique ; il est particulièrement chargé de maintenir la discipline entre les étudiants. Il fait à cet égard les règlements que l'intérêt de la discipline exige, sans avoir besoin d'en référer au ministre ; seulement le collége des curateurs a le droit d'en connaître. Le recteur a le titre de *rector magnificus*. Cette dignité est annuelle, et elle passe d'une faculté à une autre. Le recteur est nommé par le roi sur une liste de quatre candidats présentés par le sénat académique. Chaque année, il prononce, en remettant ses fonctions à son successeur, un discours solennel en latin dans lequel il rend compte de tout ce qui s'est passé sous son rectorat. Le discours est imprimé dans les annales académiques. Certains avantages matériels sont attachés à la charge de recteur.

Le sénat académique est convoqué et présidé par le recteur, et il a auprès de lui un secrétaire qui jouit aussi de certains avantages ; ce fonctionnaire est, comme le recteur, un professeur, et il est choisi sur une liste de quatre candidats, présentés par l'assemblée académique. Mais ce n'est pas le roi qui nomme le secrétaire, c'est le collége des curateurs. Ce même collége a le droit de nommer des assesseurs, toujours pris dans le sénat académique, pour assister au besoin le recteur dans ses fonctions.

Outre cette assemblée générale des professeurs de l'université, chaque faculté a ses assemblées particulières. Celles-ci ont lieu aussi souvent que la faculté le juge à propos. Le doyen de la faculté est un professeur choisi pour une année par la faculté elle-même : le plus jeune des professeurs fait l'office de secrétaire. Le doyen et le secrétaire n'ont pas de traitement. Ce sont deux titres purement honorifiques.

Pour beaucoup d'autres détails, je renvoie au texte même de l'ordonnance de 1815.

L'analyse étendue que j'ai donnée de cette ordonnance aura son excuse dans l'importance de la matière, surtout au moment où le gouvernement de juillet, après avoir constitué l'instruction primaire, peut enfin songer à perfectionner l'instruction supérieure partout languissante, excepté à Paris, sur le fondement de l'excellente instruction secondaire que le gouvernement impérial nous a léguée. Osons le dire : l'instruction supérieure est d'un intérêt peut-être encore plus grand, ou du moins plus pressant que celle du peuple. Car une instruction supérieure bien réglée développe des talents capables de remplir toutes les grandes fonctions de l'État et de faire marcher le gouvernement et la société, en attendant que le peuple se forme et grandisse. Ce qui a fait jusqu'ici la force du pays, c'est l'instruction secondaire. Couronnons-la par une instruction supérieure fortement organisée sur le modèle de nos anciennes universités nationales, quand il y avait en France autre chose encore qu'une capitale, à l'image des grandes et célèbres universités de la Hollande et de l'Allemagne, et nous aurons un système général d'instruction publique auquel nous pourrons confier sans crainte l'avenir de la patrie.

DOCUMENTS OFFICIELS.

PREMIÈRE PARTIE.

INSTRUCTION PRIMAIRE.

LOI ET RÈGLEMENTS GÉNÉRAUX DE 1806 (1).

LOI DE 1806.

Leurs Hautes Puissances, représentant la république Batave, à tous ceux qui les présentes verront ou lire ouiront, salut, font savoir :

Qu'ayant été reçue et approuvée la proposition du grand pensionnaire, il a été résolu d'arrêter, comme par les présentes nous arrêtons, ce qui suit :

Loi sur l'instruction primaire dans la république Batave.

Art. 1er. L'inspection spéciale de l'instruction primaire sera confiée, dans toute l'étendue de la république Batave, à des fonctionnaires, nommés inspecteurs d'écoles, qui exerceront cette inspection concurremment ou conjointement, si les localités l'exigent, avec d'autres personnes ou commissions, selon la nature des écoles, le tout néanmoins sous la haute surveillance du grand pensionnaire, ou, en son nom, du secrétaire d'État pour les affaires de l'intérieur, et sous la surveillance de l'administration départementale.

Art. 2. Les administrations départementales veilleront à ce que, dans toute l'étendue de leur département, la jeunesse ait tous les moyens de recevoir une instruction convenable, sans que cependant, par une admission illimitée, le nombre des instituteurs ou institutions s'augmente trop, principalement dans les communes rurales.

Art. 3. Elles tâcheront, ainsi que les administrations communales, d'améliorer et d'assurer le sort des instituteurs, d'après les ressources dont elles peuvent disposer, ou d'après celles qui, au besoin, leur seront fournies par le gouvernement. Elles s'occuperont, de plus, d'encourager la meilleure organisation des écoles primaires, d'ériger des écoles d'industrie auprès des écoles publiques, et d'entretenir celles qui existent déjà dans les maisons de bienfaisance.

Art. 4. Les inspecteurs d'écoles, demeurant dans le même département, forment la commission d'instruction primaire pour ce département.

Art. 5. Outre la faculté, que possède chaque administration départementale, de confier dans son arrondissement la surveillance des écoles primaires à une commission spéciale tirée de son sein, elle nomme encore un de ses membres, chargé particulièrement d'être en rapport direct tant avec les commissions respectives d'instruction primaire, qu'avec les inspecteurs d'écoles qui s'y référeront en première instance pour tout ce qui concerne l'instruction publique.

---

(1) Je donne ici ce document précieux, qui n'était jamais sorti de la Hollande, d'après deux traductions qui m'ont été communiquées, l'une par M. Van den Ende, l'autre par le gouvernement hollandais.

Art. 6. Le grand pensionnaire fixe la somme à allouer en masse à chaque commission. Elle sera prise sur la somme affectée à cet effet sur le budget, de même que tous les frais et déboursés faits par les inspecteurs d'écoles, d'après l'autorisation du secrétaire d'État pour l'intérieur.

Art. 7. Le nombre des membres de chaque commission, la circonscription des districts, et la distribution qui doit être faite entre eux de la somme allouée en masse, seront réglés par le grand pensionnaire, et pourront être revus et modifiés d'après les circonstances.

Art. 8. La première nomination des membres de chaque commission, et celle des membres dont elle pourrait être éventuellement augmentée, appartient au grand pensionnaire.

Art. 9. Le secrétaire d'État pour l'intérieur fait les propositions nécessaires au grand pensionnaire, concernant les différents objets mentionnés dans les trois articles précédents.

Art. 10. Pour remplir dans la suite les places vacantes d'inspecteurs d'écoles, les commissions respectives présentent une liste de deux personnes à l'administration départementale, qui la fait parvenir au secrétaire d'État de l'intérieur, en y joignant les observations qui pourraient lui paraître convenables et en augmentant le nombre des candidats d'une ou de deux personnes, si elle le juge à propos. Le secrétaire d'État présente cette liste au grand pensionnaire, qui y choisit l'inspecteur d'écoles.

Art. 11. Les commissions d'instruction, les inspecteurs d'écoles et telles autres commissions locales pour les écoles qui pourront être instituées d'après des déterminations ultérieures, veilleront à ce que la loi et les règlements relatifs à l'instruction primaire, tant généraux que particuliers, soient exécutés et ne soient pas éludés, ni mis hors d'effet, sous quelque prétexte que ce soit, dans les départements, districts, villes ou communes, faisant partie de leur administration. Si tel cas arrive, ils devront en porter plainte devant l'administration communale, départementale ou nationale, suivant l'exigence du cas.

Art. 12. Aucune école primaire ne pourra être établie et n'existera, sous quelque dénomination que ce soit, sans une autorisation expresse de l'administration départementale ou communale respective, d'après l'avis de l'inspecteur d'écoles du district ou de la commission locale.

Art. 13. Personne ne sera admis à donner l'instruction primaire dans la république Batave, s'il ne remplit les quatre conditions suivantes :

Premièrement, qu'il puisse justifier de sa conduite civile et morale par un ou plusieurs certificats satisfaisants ;

Secondement, qu'il ait obtenu l'*admission générale* pour donner l'instruction ;

Troisièmement, qu'il puisse prouver avoir obtenu légalement, après et outre cette admission générale, une *vocation*, *nomination*, ou *admission spéciale*, à telle ou telle école déterminée.

Quatrièmement, qu'après l'obtention d'une vocation, nomination ou admission spéciale, il se soit présenté muni des preuves voulues, soit par écrit, soit en personne, devant l'inspecteur d'écoles de son district, ou devant la commission locale pour les écoles.

Sont exceptés les instituteurs demeurant dans les maisons de particuliers, et exclusivement attachés à l'instruction des enfants de la famille.

Art. 14. Ceux qui, après la mise à exécution de la présente loi, et en contravention des deux articles précédents, se permettraient d'ériger une école primaire, ou de donner l'instruction primaire sous quelque dénomination ou de quelque manière que ce soit, payeront pour la première fois une amende de cinquante florins, et pour la seconde fois de cent florins, un tiers au profit de l'officier compétent, qui aura intenté l'action, les deux autres tiers au profit des écoles locales respectives.

Si les contrevenants sont hors d'état de payer l'amende, le juge aura la faculté de leur infliger telle autre correction arbitraire, qu'il jugera convenable eu égard à leurs personnes ou aux circonstances : à la troisième infraction, on leur interdira le domicile dans la commune durant six années consécutives.

Art. 15. Les stipulations contenues dans l'article 13 ne concernent point les instituteurs actuellement en fonction légale, aussi longtemps qu'ils ne changent ni d'école ni de domicile, toutefois sous la réserve d'y pourvoir en cas d'une mauvaise conduite notoire ou d'une extrême ignorance.

Art. 16. L'admission générale pour une partie quelconque de l'instruction primaire ne peut être obtenue qu'après un examen convenable devant des commissaires ou personnes compétentes.

Art. 17. Les vocations, nominations et admissions spéciales se font par des commissions compétentes, comme il sera ultérieurement fixé par le règlement local (mentionné art. 20), de façon cependant qu'aucune vocation, nomination ou admission ne pourra se faire sans que l'inspecteur d'écoles du district ou la commission locale pour les écoles, n'en soient convenablement informés, et que les certificats d'admission générale ne leur aient été préalablement présentés.

Art. 18. Tous ceux qui, après avoir obtenu l'admission générale, se rendront coupables de négligence dans l'exercice de leurs devoirs, d'infraction ou de résistance à la loi, ou de mauvaise conduite notoire, seront punis, pour la première fois, par la suspension de leur acte d'admission générale pendant six semaines, et en cas de récidive, par l'abolition de cet acte et la perte du droit et de la jouissance de leur vocation, nomination ou admission spéciale : s'ils se permettent néanmoins de continuer à enseigner, ils seront soumis aux peines et amendes mentionnées à l'article 14.

Art. 19. La susdite suspension temporaire ou définitive de l'acte, se fait par l'administration communale, départementale ou nationale, à ce compétente, d'après la proposition qui en sera faite par la commission d'instruction ou par la commission locale pour les écoles, qui se concerteront, s'il est nécessaire, avec les personnes qui pourraient être encore en relation directe avec les instituteurs en question.

Art. 20. Toutes les stipulations plus particulières qui seront jugées nécessaires au bien de l'instruction primaire dans chaque département, seront contenues dans un règlement local, que rédigera chaque commission départementale sur le pied de l'art. 5, et qu'elle soumettra à l'administration départementale, laquelle, après s'être concertée au préalable avec le secrétaire d'État pour l'intérieur, en fera un arrêté.

Art. 21. Le grand pensionnaire arrête tels règlements ou instructions nécessaires à l'introduction uniforme et efficace de cette loi, ainsi que tous autres règlements qui tendraient au perfectionnement de l'instruction primaire en général.

Tous les placards, statuts, ordonnances, ou règlements existants dans cette république, au sujet des écoles primaires, sous quelque dénomination que ce soit, et spécialement la publication du 29 juillet 1803, ainsi que tous les règlements et ordonnances pour les écoles, qui en dérivent, sont sans aucune exception abolis et annulés, du moment où la présente loi recevra sa mise en activité par la promulgation qui en sera faite par le grand pensionnaire.

En vertu de l'article 21 de la loi ci-dessus, sont arrêtés, comme vient d'être arrêtée la présente loi, les règlements et l'instruction ci-dessous indiqués par les lettres A, B, C.

Règlement A *sur l'instruction primaire et les établissements qui s'y rapportent dans la république Batave.*

Art. 1er. Par école primaire (art. 1 et 12 de la loi), il faut entendre tout établissement où, sous quelque dénomination que ce soit d'écoles, collèges, institutions ou autres, la jeunesse de tout âge et des deux sexes est instruite, soit collectivement, soit particulièrement, dans les premiers principes des connaissances, comme la lecture, l'écriture, le calcul et la langue hollandaise, ou dans des connaissances plus avancées, telles que la langue française et d'autres langues modernes ou savantes, la géographie, l'histoire et autres sciences de ce genre ; enfin, tout établissement dont le but est de préparer la jeunesse à une culture supérieure. Sont exceptées les écoles latines ordinaires ou gymnases.

Art. 2. Les écoles primaires se divisent en deux classes :

Celles qui sont directement entretenues ou salariées, en tout ou en partie, par une caisse publique quelconque, de l'État, du département, ou de la commune, par des fonds ecclésiastiques ou appartenant à une fondation, qui, enfin, d'une manière quelconque, reçoivent des subsides ou un soutien permanent d'une caisse publique ;

Celles qui, sans le secours d'aucune caisse publique, sont entretenues par des fonds ou gratifications particulières.

Les premières sont des *écoles publiques*, et les secondes des *écoles privées*. Leurs instituteurs se distinguent conséquemment en *instituteurs publics* et en *instituteurs privés*.

Art. 3. Les écoles privées dont il est fait mention dans le précédent article, sont de deux espèces :

1° Celles qui appartiennent exclusivement, soit à une diaconie, soit à une maison de bienfaisance ou de quelque communauté religieuse que ce soit, soit à la société dite *du Bien public*, soit à une fondation quelconque qui se soutient entièrement par elle-même ; ou celles qui sont totalement aux frais et à la charge d'un ou de plusieurs individus qui se sont réunis pour l'entretien entier et régulier de ces écoles ;

2° Celles qui, sans aucun subside fixe ou salaire, trouvent tout leur entretien dans le revenu de la rétribution payée par les élèves.

Art. 4. L'instruction primaire (art. 1 et 13 de la loi) dans la république Batave, se donne aux écoles publiques et particulières mentionnées aux art. 2 et 3 du présent règlement :

En partie par les instituteurs des deux sexes, au nombre desquels on comprend tels autres individus qui sont adjoints ou substitués à l'instituteur ou à l'institutrice, ou qui, sous le titre de sous-maître, de sous-maîtresse ou autre semblable, sont chargés, dans ces écoles, de quelque branche d'enseignement ;

En partie par tels instituteurs des deux sexes qui, sous le titre de maître de langues, de répétiteur ou autres, donnent des leçons, soit dans leurs propres demeures, soit dans d'autres, et qui s'occupent de quelque partie séparée de l'enseignement inférieur pour un ou plusieurs élèves, d'après l'article 1 ci-dessus.

Tous ces individus sont compris dans la loi générale, et sont désignés par les noms d'*instituteurs*, d'*institutrices* et de *maîtres de langues* (qui donnent leçon dans les maisons des particuliers).

Les gouverneurs ou précepteurs, et les gouvernantes, en sont seuls exceptés (art. 15 de la loi.)

Art. 5. Chacun des inspecteurs d'écoles (art. 1 de la loi) a son district particulier dont l'inspection lui est personnellement confiée et dans lequel il devra être domicilié, s'il est possible. Les fonctions des inspecteurs seront réglées par une *instruction pour les commissions d'instruction*.

Art. 6. Les *commissions d'instruction* (art. 4 de la loi) sont pourvues, par les administrations départementales, de tout ce qui est nécessaire à la tenue de leurs assemblées, tel que un local convenable, feu lumière, papier, etc.

Art. 7. Si le secrétaire d'État pour l'intérieur le juge nécessaire, il pourra convoquer annuellement à La Haye une assemblée générale de députés de toutes les commissions.

Elle se tiendra sous sa direction, et délibérera sur les intérêts généraux de l'instruction primaire.

Art. 8. Pour assister à cette assemblée générale, chaque commission députera un de ses membres, qui sera indemnisé d'après un tarif à fixer.

Art. 9. Dans les petites villes, villages, hameaux ou endroits où il ne se trouve pas, outre une école publique (art. 2), deux ou plusieurs écoles particulières de la seconde classe (art. 3; n° 2), non compris les petites écoles tenues par des femmes, l'inspecteur des écoles du district (art. 3) est autorisé, en se concertant avec l'administration locale, à confier à une ou plusieurs personnes connues et accréditées, une inspection locale subordonnée à la sienne (art. 1 de la loi) sur l'école ou les écoles, ainsi que sur tous les instituteurs des deux sexes qui se trouvent établis dans cet endroit, soit village, hameau ou tel autre lieu pris et considéré séparément.

Art. 10. Dans toutes les villes ou lieux plus considérables, où indépendamment d'une ou de deux écoles publiques (art. 2), il se trouve encore deux ou plusieurs écoles particulières de la seconde classe (art. 3, n° 2), non compris les susdites écoles tenues par des femmes, l'administration communale, de concert avec l'inspecteur des écoles du district (art. 5), instituera une surveillance locale sur l'instruction inférieure, composée d'un ou de plusieurs membres, selon les circonstances locales, de sorte que chaque membre ait sa section ou ses écoles dont l'inspection lui soit personnellement confiée.

Ces personnes, prises collectivement (art. 1 de la loi), constituent avec l'inspecteur des écoles du district la *commission locale des écoles* (art. 11 de la loi),

dont les fonctions seront fixées par les règlements locaux sur les écoles, à arrêter (art. 28 de la loi), en conformité des règlements généraux, sauf ce qui se trouvera déjà fixé par les *règlements sur les examens*, ou par l'*instruction pour les commissions*.

Art. 11. Dans les villes ou lieux plus considérables, décrits ci-dessus, l'inspection des écoles publiques (art. 2), pour autant qu'elle est encore exercée par un comité de régents, inspecteurs, ou autres semblables, et n'est point encore ou ne peut être directement ramenée sous l'inspection locale, sera exercée par la commission locale ou par deux ou plusieurs de ses membres, conjointement avec un nombre égal de membres du comité ci-dessus mentionné.

Cette réunion forme la *commission locale pour les écoles publiques*; elle détermine d'un commun accord, sous la direction et l'approbation de l'administration communale, son organisation et sa sphère d'activité d'après les circonstances, de façon néanmoins que le soin de l'enseignement dans ces écoles, et de tout ce qui y a rapport, lui reste entièrement déféré.

Art. 12. L'installation des commissions locales pour les écoles en général (art. 10), et l'organisation des commissions locales particulières pour les écoles publiques (art. 11), devra se faire dans le délai de deux mois après la publication du présent règlement.

Les administrations communales devront en faire rapport à l'administration départementale, de même qu'à la commission départementale pour l'instruction.

L'inspecteur des écoles du district exercera les fonctions de cette inspection locale sur les écoles, aussi longtemps qu'elle n'aura pas été instituée.

Art. 13. La surveillance sur les écoles privées de la première classe (art. 3, n° 1), est déférée à l'inspecteur des écoles du district (art. 5), ou à la commission locale pour les écoles (art. 10), pour autant qu'il n'y ait pas d'autre inspection établie à cet effet.

L'inspecteur du district ou la commission locale devront néanmoins toujours être à même de connaître l'état et l'organisation de ces écoles, afin d'en pouvoir faire rapport annuellement là où il convient. L'inspecteur ou la commission locale susdite seront tenus de fournir à l'inspection existante pour ces écoles particulières, tous les renseignements et observations qui pourraient contribuer au bien de ces écoles. L'inspection précitée reste responsable de l'exécution des règlements, tant généraux que particuliers, émis ou à émettre, relativement à l'enseignement primaire.

Art. 14. Tous les maîtres qui s'occupent de l'enseignement primaire, et se trouvent compris dans l'art. 4 ci-dessus, se présenteront en personne ou par écrit, pendant le cours du mois de juillet de la présente année, devant l'inspecteur des écoles du district ou devant la commission locale pour les écoles. Ceux qui présenteront alors un acte de vocation ou nomination antérieure, recevront incontinent un certificat d'admission générale; ceux qui, sans être pourvus d'aucun acte semblable, seraient jugés mériter le certificat susdit d'après l'opinion de l'inspecteur ou de la commission, et sous l'approbation de l'autorité compétente, en seront également pourvus. Tous ceux qui auront obtenu par cette voie le certificat d'admission générale, seront compris parmi les instituteurs actuellement en fonction légale, indiqués dans l'art. 13 de la loi.

ART. 15. En cas d'une extrême ignorance (art. 13 de la loi), on fixera, après une exhortation et un avertissement préalablement fait par l'inspecteur ou par la commission locale des écoles (art. 10), un terme de six mois au moins, à l'expiration duquel les maîtres seront tenus de fournir soit devant la commission départementale d'instruction, soit devant la commission locale (art. 10), des preuves d'un commencement de progrès; faute de quoi ils seront suspendus de leurs fonctions ou destitués, d'après les articles 18 et 19 de la loi.

ART. 16. Des dispositions de l'art. 13 de la loi sont encore exceptées les personnes qui, ayant obtenu d'une autorité compétente la faculté d'enseigner publiquement et de préparer les jeunes gens à l'instruction supérieure, trouveraient bon d'y joindre quelque partie de l'instruction inférieure, soit que ceux-ci soient en pension chez elles ou non; pourvu qu'en cas de pension, quel que soit le nombre des élèves, et, dans le cas contraire, si ce nombre excède quatre, elles en informent par écrit la commission départementale ou la commission locale pour les écoles; bien entendu que pour l'enseignement de leurs élèves, dans quelque branche de l'instruction inférieure (art. 1 et 4), elles ne pourront employer que des personnes qui possèdent les qualités exigées par l'art. 13 de la loi.

ART. 17. Il ne sera permis à personne de solliciter l'obtention d'une école vacante, d'en ériger une nouvelle, ou de donner des leçons privées sans avoir obtenu l'admission générale (art. 13, n° 2, et art. 16 de la loi).

Pareillement personne ne pourra enseigner aucune autre partie que celle pour laquelle il aura reçu l'admission générale.

ART. 18. En cas de vacance d'une place d'instituteur (art. 4), ceux qui ont le droit d'y nommer (article 17) en donneront connaissance, par écrit, à l'inspecteur des écoles du district, ou à la commission locale pour les écoles, en y ajoutant le montant des appointements et des émoluments attachés à cette place, afin d'en faire l'annonce où il appartiendra, conformément à l'art. 14.

ART. 19. A chaque nomination ou admission spéciale (art. 13, n° 3, et art. 17 de la loi), ceux qui font la nomination devront en délivrer à la personne nommée, soit comme instituteur ou institutrice public ou particulier, soit comme maître de langues, un acte écrit déterminant exactement le cercle de ses fonctions; et celles-ci, pour ce qui concerne l'enseignement, ne pourront en aucun cas s'étendre au delà de celles pour lesquelles la personne nommée a reçu l'autorisation par son acte d'admission générale (art. 13, n° 2, et art. 16 de la loi). Le susdit acte ne donne aucune qualification au delà de ce qui est accordé par la nomination. Ce sont ces actes qui doivent être, d'après le n° 4, art. 13 de la loi, présentés à l'inspecteur des écoles du district ou à la commission locale, avant que la personne nommée soit autorisée à en faire usage, et afin qu'il puisse être fait de cette nomination une annonce publique où il apprendra.

ART. 20. Outre une vocation, nomination ou admission spéciale, comme maître de langues, il en faut encore une comme maître d'école, et réciproquement; d'ailleurs, chacun de ces actes n'est valable que pour l'école ou l'endroit pour lesquels il a été délivré.

Toutes les administrations communales ont le droit de conférer une admission spéciale à des instituteurs ou à des maîtres de langues pour donner des leçons dans les maisons des particuliers, ressortissant de leur administration, pourvu que ces instituteurs ou maîtres de langues soient admis ou établis dans le même département ou dans le même district (art. 21 du règlement pour les examens), en observant toutefois ce qui est statué par l'art. 17 de la loi et à la fin de l'article précédent de ce règlement.

ART. 21. Un règlement général pour l'ordre intérieur des écoles à rédiger et à arrêter par le secrétaire d'État pour l'intérieur, sera introduit et observé dans toutes les écoles. Il y aura en outre un règlement spécial pour chaque école, en harmonie avec le règlement général. Ce règlement sera modifié d'après les besoins et les circonstances particulières de chaque école et rédigé par l'inspection locale respective. Il sera arrêté en cas de besoin d'après les circonstances, soit par l'administration locale, soit par l'administration départementale. Tous ces règlements seront envoyés à la commission départementale d'instruction primaire, qui les soumettra au secrétaire d'État pour l'intérieur.

ART. 22. L'enseignement devra être organisé de façon que l'étude des connaissances convenables et utiles soit accompagnée du développement des facultés intellectuelles, et que les élèves soient préparés à l'exercice de toutes les vertus sociales et chrétiennes.

ART. 23. Il sera pris des mesures pour que les écoliers ne soient pas privés d'instruction dans la partie dogmatique de la communauté religieuse à laquelle ils appartiennent : mais cette partie de l'enseignement ne sera pas à la charge de l'instituteur.

Art. 24. Après l'expiration d'une époque à fixer, les instituteurs et les institutrices, à titre public, ne pourront se servir d'autres livres élémentaires ou de lecture que de ceux qui seront portés sur une liste à former et à arrêter par le secrétaire d'État pour l'intérieur.

De cette liste générale, chaque commission départementale pourra former une liste particulière de livres à l'usage des écoles de son département, à l'exclusion de tout autre livre.

Les instituteurs privés de la première classe (art. 3, n° 1) auront la faculté de se servir dans leurs écoles de tels autres livres élémentaires ou de lecture que la nature de leurs écoles exigerait, sauf à obtenir l'approbation de l'inspection établie pour leurs écoles et à en donner connaissance à l'inspecteur des écoles ou à la commission locale lorsqu'elle existe. Les instituteurs des écoles privées de la seconde classe (art. 3, n° 2) auront la liberté de proposer à l'inspecteur des écoles du district ou à la commission locale, s'il en existe une, des livres propres à l'enseignement de telle ou telle science particulière qui s'enseigne dans leurs écoles.

Il sera fait un rapport de ce qui aura eu lieu à cet égard, tant pour les écoles privées de la première, que pour celles de la seconde classe, à la première assemblée de la commission départementale. Ce rapport sera fait par l'inspecteur des écoles du district, et sera communiqué par la susdite commission au secrétaire d'État de l'intérieur.

Art. 25. Toutes les personnes qui, par négligence ou malveillance, ne se conformeront pas au contenu des articles précédents, seront soumises aux peines stipulées dans l'article 18 de la loi.

Art. 26. Nonobstant les dispositions relatives à la suspension ou suppression des actes d'admission générale (art. 18 et 19 de la loi), les personnes et les comités qui ont des droits sur les écoles privées de la première classe (art. 13, n° 1), conserveront la faculté de priver les instituteurs de ces écoles de la jouissance de leur vocation ou admission, soit pour un temps, soit définitivement, selon qu'ils le jugeront nécessaire dans l'intérêt de l'école. Ces personnes ou comités instruiront l'inspecteur du district ou la commission locale, du fait et des motifs, afin qu'il en soit fait publiquement mention où il appartiendra.

Art. 27. Quant aux instituteurs publics, à ceux des écoles privées de la seconde classe, aux institutrices et aux maîtres de langues, la suspension ou la suppression de leur acte de vocation, nomination ou admission spéciale, entraînera la suppression ou suspension de leur acte d'admission générale (art. 1 et 19 de la loi);

et la publication en sera également faite où il appartiendra.

Art. 28. Dans aucune des écoles privées de la première classe (art. 3, n° 1), il ne sera permis de recevoir et d'instruire que les enfants dont les parents appartiennent à la diaconie, à la maison de bienfaisance, à la société où à la fondation auxquelles ces écoles sont attachées, ou sont compris au nombre de leurs inspecteurs ou souscripteurs.

Art. 29. Dans les écoles établies pour la classe indigente, on ne pourra admettre et instruire que des enfants indigents.

Dans les endroits où de telles écoles ne sont point établies, l'administration compétente veillera à ce que ces enfants soient reçus et instruits dans l'école ordinaire, soit aux frais de la diaconie à laquelle ils appartiennent, soit à la charge de quelque autre caisse.

Art. 30. Les administrations départementales et communales sont invitées à prendre les mesures convenables :

1° Pour que les revenus de l'instituteur (principalement dans les communes rurales) soient fixés de manière que ces fonctions, honorablement remplies, lui fournissent un entretien suffisant, et qu'il soit aussi peu que possible dépendant, d'une manière directe, des parents dont les enfants fréquentent son école (art. 3 de la loi);

2° Pour que la fréquentation et la non-interruption des écoles pendant toute l'année soient strictement observées.

L'inspecteur des écoles du district fera un rapport au secrétaire d'État pour l'intérieur, de toutes les mesures prises ou à prendre à cet égard, ainsi que des résultats obtenus, afin qu'il en soit fait tel usage que le bien général des écoles paraîtra exiger.

Art. 31. Le secrétaire d'État pour l'intérieur proposera toutes les mesures convenables pour former des sujets propres à l'instruction primaire, exciter l'émulation des instituteurs distingués, assurer et améliorer leur entretien et leur sort. Il proposera aussi les mesures capables de répandre une instruction bien réglée et vraiment utile parmi la jeunesse batave. Il mettra en usage, de même que les administrations départementales (art. 3 de la loi), tous les moyens qui sont à sa disposition pour encourager de la manière la plus énergique le perfectionnement de l'instruction primaire, ainsi que pour faire exécuter et maintenir la loi et tous les règlements qui interviendront à ce sujet.

Art. 32. Le grand pensionnaire se réserve le droit d'interpréter, de restreindre et d'étendre le présent règlement, comme et quand il le jugera utile et nécessaire.

Règlement B concernant les examens à subir par ceux qui désirent se livrer à l'instruction primaire dans la république batave.

ART. 1er. Les instituteurs (art. 4 du règlement A) sont divisés en quatre classes ou rangs, selon le degré de connaissances exigées et d'après l'examen qu'ils auront subi (art. 16 de la loi).

Le quatrième ou dernier rang comprend les instituteurs qui sont passablement expérimentés dans la lecture, l'écriture, les éléments de l'arithmétique, y compris la règle de trois, et qui possèdent quelque aptitude pour l'enseignement.

Le troisième se compose de ceux qui possèdent bien la lecture, l'écriture, le calcul, même avec les fractions, et qui savent en faire l'application usuelle avec assez de facilité. Ils doivent en outre avoir quelque connaissance des principes de la langue hollandaise, et posséder quelques notions d'une bonne méthode d'enseignement.

Le second rang est assigné aux maîtres qui savent très-bien lire et même déclamer, dont la main trace une écriture nette et élégante, qui possèdent l'arithmétique théorique et pratique, qui ont poussé assez loin la connaissance des principes de la langue hollandaise, qui ont quelques notions de la géographie et de l'histoire, et qui sont capables de donner une instruction assez relevée.

Le premier, ou le plus haut rang, se compose de ceux qui, outre une grande habileté dans les diverses parties de l'instruction primaire, possèdent particulièrement les principes et la pratique d'une méthode d'enseignement judicieuse et éclairée, à qui la géographie et l'histoire sont familières, qui sont assez avancés en physique et en mathématiques, et qui se distinguent par la culture de leur esprit.

Les institutrices (art. 4 du règlement A), quoique dirigeant des établissements très-divers, ne forment collectivement qu'un seul rang, de même que les maîtres de langues (art. 4 du règlement A).

ART. 2. Il suffira à ceux qui ne désirent obtenir qu'une admission générale comme instituteur du quatrième ou dernier rang, de subir leur examen devant l'inspecteur des écoles du district, qui en fera son rapport à la commission d'instruction, afin que celle-ci prononce l'admission et en délivre l'acte, s'il y a lieu (art. 12 ci-dessous).

ART. 3. Tous ceux qui désirent une admission générale en qualité d'instituteur du troisième, second ou premier rang, devront être examinés par une commission départementale pour l'instruction.

ART. 4. Outre les examens que les instituteurs ont à subir pour l'obtention d'une vocation, nomination ou admission spéciale, et dont il sera parlé ci-après (art. 25), les ·commissions locales pour les écoles (art. 10 du règlement A), ont la faculté d'examiner toutes les personnes qui désirent l'admission générale en qualité de maître de langues ou d'institutrice. Là où il n'y a point une commission locale pour les écoles, ces examens se font ou par l'inspecteur des écoles du district, ou bien par la commission départementale, nommément dans le cas où le candidat se propose d'enseigner des langues étrangères ou des sciences supérieures.

ART. 5. Les commissions départementales pour l'instruction, les inspecteurs des écoles ou les commissions locales ne pourront admettre aux examens pour l'obtention de l'admission générale, que des individus domiciliés durant la dernière année dans leur département, district, ville où autre endroit qui y ressortit, excepté les étrangers qui désirent s'y établir.

ART. 6. Toute personne qui désire passer un examen en qualité d'instituteur, d'institutrice ou de maître de langues devra se présenter à temps devant le membre de la commission départementale, ou devant celui de la commission locale dont il habite le district ou la section (art. 5 et 10 du règlement A).

Si c'est un étranger, il devra s'adresser également audit membre dans le district ou dans la section duquel il désire s'établir; les uns et les autres devront produire en même temps un ou plusieurs certificats satisfaisants, qui prouvent une bonne conduite morale et civile (art. 13, n° 4 de la loi).

Le membre susdit fera connaître alors le temps et le lieu de l'examen.

ART. 7. Dans les examens, on n'aura pas uniquement pour but de s'assurer de l'étendue des connaissances du candidat dans les sciences qu'il se propose d'enseigner, mais aussi de connaître son habileté à transmettre à d'autres, et surtout aux enfants, les connaissances qu'il a acquises.

ART. 8. Avant de passer à l'examen proprement dit, on tâchera de s'assurer, par forme de conversation, de la manière de penser du candidat en fait de morale et de religion, de la sphère de ses connaissances, tant à l'égard des parties les plus indispensables de l'instruction primaire, que par rapport aux langues étrangères et à d'autres sciences qu'il se propose de faire entrer dans son enseignement, ainsi que de son aptitude à diriger, instruire et former la jeunesse.

ART. 9. L'examen roulera sur les points suivants :

1° Un exercice de lecture de divers caractères imprimés et écrits, fait avec une bonne prononciation et un accent convenable et naturel, plus la connaissance de la ponctuation.

2° A l'aide de la cacographie, on proposera au candidat quelques mots et phrases altérés à dessein, afin de sonder ses connaissances en orthographe.

3° Pour connaître l'étendue de ses connaissances grammaticales dans la langue hollandaise, on lui dictera une phrase qu'il analysera, en indiquant les parties du discours : il devra donner des preuves de son habileté dans les déclinaisons et les conjugaisons.

4° Le candidat écrira quelques lignes en caractères grands, moyens et petits : il taillera lui-même ses plumes.

5° On lui proposera quelques questions d'arithmétique, en s'attachant surtout à celles d'un usage habituel et qui soient propres à montrer le degré d'expérience du candidat dans le maniement du calcul, tant en nombres entiers qu'en fractions. On lui fera des questions sur la partie théorique et en particulier sur le calcul décimal.

6° On fera quelques questions sur la théorie du chant.

7° Différentes questions relatives à l'histoire, à la géographie, à la physique, aux mathématiques, et autres sciences que le candidat se propose d'enseigner.

8° On donnera un passage en français, ou dans telle autre langue dans laquelle le candidat désire être examiné, d'abord à lire et ensuite à traduire. On dictera quelque pièce en langue hollandaise, afin qu'il la traduise par écrit ou de vive voix dans la langue qui fait l'objet de l'examen. On lui fera improviser dans cette même langue une composition en forme de lettre, de relation, etc., le tout afin de pouvoir s'assurer du degré de connaissances auquel il est arrivé dans cette langue, en fait d'orthographe, de grammaire et de prononciation.

ART. 10. L'examen sur les connaissances du candidat étant terminé, on procédera à l'examen de son aptitude pour l'enseignement : on l'interrogera sur la manière de conduire les enfants à la connaissance des lettres, des chiffres et des premiers principes, ensuite dans la lecture, l'écriture et le calcul.

Puis on proposera le récit d'un conte ou d'une histoire, pour connaître son degré d'aptitude à présenter les choses aux enfants avec clarté et précision ; on aura soin, si l'occasion se présente et si on le juge à propos, de réunir quelques enfants, qui diffèrent d'âge et de connaissances, afin de s'assurer plus particulièrement de son habileté dans la pratique de l'enseignement.

ART. 11. En dernier lieu l'on fera quelques questions sur l'application des principes à suivre dans les punitions et les récompenses, comme en général sur les moyens les plus propres, non-seulement à développer et à cultiver les facultés intellectuelles des enfants, mais surtout à les élever dans l'exercice des vertus chrétiennes (art. 22 du règlement A).

ART. 12. L'examen étant terminé, on délivrera au candidat qui désire obtenir l'admission générale en qualité d'instituteur (s'il a fait preuve d'habileté suffisante), un acte de cette admission, selon le degré de son habileté, et où il sera fait mention autant que possible du degré et de la nature des talents et des connaissances du candidat, d'après le résultat de l'examen, et dans lequel acte devra être énoncé le rang obtenu, soit le premier, le second, le troisième ou le quatrième, et conséquemment l'admission générale (art. 13, n° 2, et art. 16 de la loi) qui leur donne la faculté de solliciter une place d'instituteur, d'après le rang qu'on lui a assigné (art. 17 du règlement A). Enfin cet acte désignera les branches de l'enseignement, et les langues pour lesquelles il aura obtenu l'admission générale (art. 2 et 3 ci-dessus, et art. 17 du règlement A).

ART. 13. Les institutrices ou maîtres de langues qui auront subi un examen, et auront donné des preuves suffisantes de leur habileté, recevront également un acte qui contiendra, outre la circonscription et le degré de leurs connaissances et de leurs talents, suivant le résultat de l'examen, une admission générale, soit en qualité d'institutrice, soit comme maître de langues (art. 17 du règlement A). Cet acte fera encore une mention expresse des branches d'étude et des langues dans lesquelles la personne examinée reçoit le droit d'enseigner (art. 14 ci-dessus, et art. 17 du règlement A).

ART. 14. Tous les différents actes dont il est parlé dans les deux articles précédents seront les mêmes dans toute l'étendue de la république, tant pour leur contenu que pour leur forme. S'ils sont délivrés par une commission départementale pour l'instruction (art. 2, 3 et 4), ils seront signés par le président et par le secrétaire, et le cachet de la commission y sera apposé. Les actes, qu'un inspecteur (art. 4) ou une commission locale (art. 3 et 4) délivrera, seront signés seulement par l'inspecteur ou par le secrétaire de la commission locale.

ART. 15. Ces actes du *premier* et du *second rang* (art. 1 et 12), délivrés par une commission départementale (art. 3), autorisent à aspirer à toutes les écoles, tant publiques que privées, des deux classes (art. 2 et 3 du règlement A), dans tous les endroits de cette république, sans aucune exception ; tandis que les actes délivrés par une commission locale ne donnent aucun droit hors de la même localité.

ART. 16. Les actes du *troisième*, de même que ceux du *quatrième* ou *dernier rang* (art. 1 et 12), ne donnent droit qu'à des écoles établies dans les endroits dont les besoins sont en proportion avec le rang et la capacité de tels instituteurs et qui sont situées dans le ressort de la commission départementale (art. 3).

Art. 17. Afin que les dispositions des deux articles précédents soient d'une exécution plus aisée, les écoles des petites villes et endroits moins considérables, décrits plus amplement art. 9 du règlement A, seront classées par les différents inspecteurs et par les commissions départementales, en *écoles d'un rang supérieur, moyen et inférieur*, sur une base à indiquer ultérieurement. Cette classification, soumise à l'approbation des administrations départementales, devra servir uniquement pour empêcher que des écoles principales ne soient occupées par des instituteurs d'une habileté insuffisante, laissant d'ailleurs la faculté de confier la moindre école à un instituteur très-habile.

Art. 18. Dans les villes ou lieux plus considérables, décrits plus amplement art. 10 du règlement A, il ne sera pas permis d'admettre à une école publique ou particulière un instituteur du quatrième ou dernier rang. Il est même recommandé aux commissions locales d'avoir soin, autant que possible, que l'enseignement dans les écoles de leurs villes ne soit confié qu'à des *instituteurs du premier ou du second rang*.

Art. 19. L'acte à délivrer aux instituteurs du premier rang, porte par excellence le titre de *certificat complet*. Il n'est accordé qu'à ceux qui ont atteint l'âge de vingt-cinq ans (1) ; on usera d'une grande sévérité en délivrant ces certificats, qui se distingueront des autres actes, tant par la forme que par les termes dans lesquels ils seront conçus.

Art. 20. La valeur des *certificats complets*, délivrés d'après les lois scolaires antérieures, sera déterminée pour chaque département par le règlement local, en observant toutefois que les porteurs de ces certificats auront droit à un examen gratis, quand ils voudront s'y soumettre, pour la jouissance des prérogatives qui y sont attachées (art. 15) (2).

Art. 21. Les actes d'admission générale, en qualité d'institutrice ou de maître de langues (art. 1 et 13), ne sont valables que dans l'étendue du ressort de ceux par qui ils ont été délivrés (art. 4 et art. 20 du règlement A).

Art. 22. L'admission générale, comme instituteur de quelque rang que ce soit, donne droit de solliciter une vocation, une nomination, ou une admission spéciale, et comme instituteur et comme maître de langues.

L'admission générale comme maître de langues ne donne au contraire aucun droit de solliciter une vocation, nomination ou admission spéciale en qualité d'instituteur, à moins qu'on n'ait obtenu en outre l'admission générale comme instituteur (art. 20 du règlement A).

Art. 23. Quoique généralement les instituteurs des trois rangs inférieurs soient libres de se présenter en tout temps devant la commission du département dans lequel ils sont domiciliés (art. 3), afin d'obtenir un rang supérieur, en subissant un nouvel examen, néanmoins les sujets les plus distingués des deux rangs inférieurs seront invités et encouragés par l'inspecteur des écoles du district ou par les commissions locales pour les écoles (art. 10 du règlement A), à subir au moins au bout de deux ans un nouvel examen devant la commission départementale (art. 3), jusqu'à ce qu'ils aient obtenu un acte comme instituteur du second rang, et on leur délivrera chaque fois un nouvel acte (art. 12) d'après le nouveau rang qu'ils auront pu obtenir.

Art. 24. Une liste contenant le nom, le rang, la qualité et le degré d'habileté de tous ceux qui ont obtenu une admission générale en qualité d'instituteur, d'institutrice ou de maître de langues, sera publiée par le moyen de l'ouvrage périodique intitulé : *Bijdragen tot den Staat* (3), etc. Les maîtresses des petites écoles pour des enfants en bas âge sont exceptées de cette mesure.

Art. 25. Ceux qui auront obtenu l'admission générale en qualité d'instituteur, de quelque rang ou de quelque espèce que ce soit, restent soumis à un second examen ou examen comparatif, lorsqu'ils solliciteront une vocation, nomination ou admission spéciale (art. 17 de la loi) ; et cet examen comparatif se fera soit par la commission locale pour les écoles, soit par telles autres commissions ou personnes autorisées à cet effet par ceux qui ont le droit de faire la nomination.

Art. 26. Les règlements départementaux (art. 20 de la loi) et municipaux (art. 10 du règlement A), régleront ce qui devra être payé pour les examens, de manière néanmoins :

1° Qu'il y ait une gradation dans les sommes à payer pour chaque rang nouveau et qu'une proportion convenable soit observée dans ce qui devra être exigé des différents rangs de maîtres d'école, d'institutrices ou de maîtres de langues ;

2° Que celui qui aura satisfait à ce qu'il doit payer en obtenant un rang inférieur comme instituteur, ne soit tenu en obtenant un rang supérieur qu'à fournir le complément de la somme fixée pour ce rang, en

---

(1) L'âge pour l'obtention de chacun des trois autres rangs a été fixé depuis de la manière suivante : celui de 22 ans accomplis pour le second rang ; de 18 pour le troisième, et de 16 ans pour le quatrième.

(2) Cet article transitoire est depuis longtemps déclaré aboli.

(3) C'est à peu près notre *Manuel officiel pour l'instruction primaire*. Cet utile recueil subsiste encore aujourd'hui.

déduisant de la somme à payer ce qu'il a fourni antérieurement pour le rang inférieur ;

3° Que le maître de langues qui obtient quelque rang comme instituteur, soit considéré comme n'ayant rien payé encore ;

4° Que ceux qui, d'après les lois scolaires antérieures, auront subi un examen pour lequel ils auront payé, et qui se soumettront à un nouvel examen pour l'obtention d'un rang quelconque, ne payent que le complément de ce qu'ils ont fourni lors de l'examen antérieur. De cette disposition sont exceptés tous ceux qui auparavant auront obtenu un certificat complet.

5° Que les sommes payées pour les examens subis devant l'inspecteur des écoles du district (art. 2 et 4) reviennent au profit de la caisse des commissions respectives pour l'intruction.

ART. 27. Le grand pensionnaire se réserve le droit d'interpréter, de restreindre et d'étendre le présent règlement comme et quand il le jugera utile et nécessaire.

Instruction C pour les inspecteurs d'écoles, et pour les commissions d'instruction dans les différents départements de la république batave.

ART. 1er. Les inspecteurs d'écoles prendront le plus grand soin possible pour que l'instruction de la jeunesse soit mise sur un pied uniforme, améliorée et rendue d'une utilité plus directe et plus générale; que les instituteurs soient vraiment capables de donner une telle instruction ; que leur zèle soit encouragé, leur mérite récompensé, et leur sort amélioré; surtout que les mesures prises ou à prendre pour l'enseignement inférieur soient connues et exécutées (art. 11 de la loi); que les obstacles qui pourraient se rencontrer soient écartés avec prudence, afin que l'amélioration de l'instruction primaire en général soit présentée au public, comme intéressante et avantageuse. Le tout en conformité des articles suivants.

ART. 2. Chaque inspecteur prendra connaissance du nombre et de la situation des écoles primaires, ainsi que de l'état de tout l'enseignement inférieur (art. 1-4 du règlement A), dans l'étendue de son district (article 5 du règlement A). Il contribuera de son côté (art. 2 et 12 de la loi) à ce que, outre le nombre

nécessaire d'écoles ordinaires, il y ait encore un nombre suffisant d'écoles pour des enfants en bas âge, organisées le mieux possible, ainsi que des écoles d'industrie ou de travail (art. 3 de la loi). Enfin il veillera à ce qu'on puisse recevoir une instruction suffisante sur toutes les parties de l'enseignement primaire (article 1 du règlement B), le tout d'après les circonstances et les besoins des différentes communes.

ART. 3. Il s'appliquera à connaître la personne et les talents des différents instituteurs de son district (art. 4 du règlement A) ; il en tiendra note. Il sera toujours accessible à ceux qui croiront avoir besoin de conseils ou d'éclaircissements, concernant leurs fonctions : dans des cas particuliers, il leur imposera l'obligation soit de se rendre auprès de lui en personne, soit de s'adresser à lui par écrit, lorsqu'il le jugera nécessaire.

ART. 4 (1). Il s'appliquera surtout à exciter et à entretenir le zèle des instituteurs ; à cet effet, il en rassemblera un nombre quelconque autour de sa personne à des époques fixes, soit dans sa demeure, soit dans d'autres parties de son district, et cela aussi souvent que possible. Il s'entretiendra alors avec eux sur le but et les attributions des fonctions importantes qui leur sont confiées, et sur la meilleure manière de les remplir fidèlement et utilement pour la jeunesse.

ART. 5. L'inspecteur est tenu de *visiter deux fois par an* toutes les écoles de son district qui sont sous sa responsabilité directe (art. 9 du règlement A, et article 11 de cette instruction). Il est exhorté à réitérer cette visite des écoles à différentes reprises, soit en cas de nécessité, soit pour le bien général, aussi souvent qu'elle peut se faire sans lui être trop à charge. Il fera l'inspection des autres écoles de son district (art. 10, 11 et 13 du règlement A, et art. 12 de cette instruction) de temps à autre, mais en se concertant, si ces écoles sont sous une inspection particulière (article 13 du règlement A), avec les personnes qui en sont investies.

ART. 6. En faisant la visite des écoles qui sont sous sa responsabilité, il invitera l'instituteur à enseigner en sa présence les élèves de différentes classes, et qui diffèrent par leurs progrès, pour qu'il puisse juger de la façon dont l'instruction est dirigée et donnée. Il fera attention, en outre, si les règlements touchant l'instruction primaire (art. 11 de la loi), ainsi que le règlement pour l'ordre intérieur des écoles, s'observent et s'exécu-

---

(1) D'après l'esprit de cet article, il s'est formé successivement dans les districts de chaque département, sous la direction des inspecteurs, des sociétés d'instituteurs qui s'efforcent de se perfectionner réciproquement. On se réunit à des époques fixes, ordinairement tous les mois.

Depuis l'année 1815, un subside annuel est assigné sur le trésor pour subvenir aux frais des livres, etc. Le ministre de l'intérieur fait la répartition de ce subside parmi les districts, et chaque inspecteur lui rend compte de l'emploi de la somme accordée à son district.

tent convenablement ; enfin , il aura égard à tout ce qu'il croira être de quelque importance. A la fin de la visite l'inspecteur s'entretiendra en particulier avec l'instituteur ou l'institutrice sur tout ce qu'il a remarqué dans sa visite, et, selon l'exigence du cas , il donnera des éloges, il instruira, il exhortera ou il censurera , d'après ce qu'il aura vu et entendu. Chaque inspecteur des écoles tiendra note des remarques et des observations qu'il aura faites pendant le cours de ses visites, pour servir de la manière dont il sera stipulé ci-après (art. 24 et 25 de la présente instruction).

ART. 7. Dans les visites des autres écoles (art. 5) l'inspecteur ne communiquera pas à l'instituteur les remarques et les réflexions qu'il aura été dans le cas de rassembler, mais il les exposera discrètement, soit à la commission locale, soit à l'inspection particulière, selon la nature de ces écoles.

ART. 8. Dans toutes les affaires concernant la prospérité des écoles, dans lesquelles les inspecteurs des écoles auraient besoin de l'assistance ou de la coopération du pouvoir civil, ils s'adresseront à l'administration locale, départementale ou nationale, suivant la nature de ces affaires (art. 11 de la loi).

ART. 9. Ils prendront surtout à cœur l'amélioration des salles d'école, l'instruction des enfants des pauvres, particulièrement dans les villages et hameaux (art. 29 du règlement A), la régularisation et l'amélioration des revenus des instituteurs (art. 30 , nº 1 du règlement A), la tenue et la fréquentation non interrompue des écoles, autant que possible, durant toute l'année (art. 30, nº 2, du règlement A). Ils feront à cet égard des propositions aux autorités constituées ou aux personnes (art. 10, 11 et 13 du règlement A) qui sont compétentes pour y pourvoir et prendre les dispositions requises, en se conformant d'ailleurs, touchant les stipulations faites dans le présent article et dans celui qui précède, à ce qui a été dit art. 5 de la loi.

ART. 10. Ils veilleront à ce qu'avant d'entrer en fonction, chaque instituteur soit muni de la patente exigée, et se la feront exhiber en même temps que les pièces à l'appui de la nomination spéciale (art. 13, nº 4 de la loi). Quant au renouvellement annuel de l'acte de patente, ils en laisseront la recherche aux personnes préposées par la loi à cet effet (1).

ART. 11. Quoique chaque inspecteur d'écoles soit autorisé dans les cas et de la manière stipulés par l'art. 9 du règlement A , de déférer l'inspection locale d'une école ou de plusieurs écoles à une ou plusieurs personnes, il reste néanmoins entièrement responsable pour ces écoles et l'enseignement qui s'y donne. Il est

(1) Depuis longtemps sans exécution.

tenu , à l'égard de ces écoles , de remplir en personne les fonctions essentielles de sa place. La création d'une semblable inspection locale sert uniquement à l'aider et à le soulager dans l'exercice de ses fonctions.

ART. 12. Comme faisant partie intégrante de chaque commission locale pour les écoles (art. 10 du règlement A) instituée dans son district, l'inspecteur est informé de chacune de leurs assemblées, et il y assiste aussi souvent que possible , spécialement à celle où l'on examine quelque candidat.

Il a accès dans toutes les écoles qui ressortissent de l'inspection de ces commissions locales, mais il ne sera pas en droit de présider ces assemblées en qualité d'inspecteur, ni d'exercer, conjointement avec les autres membres , l'inspection particulière de quelque section ou de quelque nombre d'écoles de ce lieu (art. 10 du règlement A).

Les autres membres des commissions locales pour les écoles exercent la même inspection sur l'instruction primaire du lieu, chacun sur les écoles comprises dans sa section , de la même manière que cette inspection est déférée individuellement à l'inspecteur des écoles, là où de semblables commissions locales n'existent point : en sorte que tout ce qui vient d'être dit dans les neuf premiers articles de la présente instruction concernant les inspecteurs d'écoles, est applicable, sauf les changements nécessaires, aux membres des commissions locales.

ART. 13. L'inspecteur tâchera, par tous les moyens convenables , et surtout par une correspondance amicale avec l'inspection locale (art. 9 du règlement A) et avec les divers membres des commissions locales pour les écoles (art. 10 et 11 du règlement A) établies dans son district, de s'instruire immédiatement et exactement de tous les changements et de toutes les particularités intéressantes qui auront eu lieu dans toute l'étendue de son district, à l'égard des écoles et de l'instruction primaire , ou qui ont rapport spécialement à la vacance des places d'instituteurs , soit par décès , renonciation ou autres causes (art. 17 et 18 de la loi, et 18 et 26 du règlement A). Il prendra connaissance de la nature des écoles (art. 1-5 du règlement A) , de leur rang (art. 17 du règlement B), des appointements , des émoluments (art. 18 du règlement A) , des conditions attachées à ces places , de même que des noms, des qualités (art. 4 du règlement A) , du rang (art. 4 du règlement B) et des talents des personnes qui ont obtenu une vocation, nomination ou admission spéciale pour remplir des places vacantes dans l'étendue de son district (art. 19 du règlement A).

ART. 14. L'inspecteur enverra tous les mois au département de l'intérieur un rapport exact contenant les places d'instituteurs vacantes , les nouvelles nominations (excepté ce qui concerne les écoles pour des enfants en bas âge), enfin tout ce qui a été détaillé dans le précédent article, afin que ces rapports soient insérés, autant que cela sera jugé utile et intéressant, dans l'ouvrage périodique, intitulé *Bijdragen*, etc. (art. 24 du règlement B).

ART. 15. Les inspecteurs d'écoles veilleront à ce qu'en cas de vacance d'un district, par suite de renonciation, de décès ou autres causes, les papiers, pièces et annotations qui y ont rapport (art. 3 et 6), soient remis en bon ordre au successeur.

ART. 16. Dès qu'un district des écoles se trouve vacant par décès, renonciation ou autres causes, l'inspection de ce district sera exercée, jusqu'à l'époque d'une nouvelle nomination, par un ou plusieurs inspecteurs faisant partie de la même commission départementale, d'après un arrangement temporaire à faire par ladite commission à chaque vacance, sous l'approbation du secrétaire d'État pour l'intérieur.

L'exercice des fonctions d'une place vacante d'inspecteur entraînera la jouissance des honoraires attachés à cette place.

ART. 17. La nomination pour remplir à l'avenir une place vacante d'inspecteur des écoles d'un district (art. 10 de la loi), sera faite par les commissions respectives pour l'instruction pendant la tenue de leur première assemblée qui suivra l'époque de la vacance, et sera remise à l'administration départementale : si des raisons majeures y mettaient empêchement, on devra en faire part, pendant la tenue de l'assemblée, à l'administration susdite.

ART. 18. Les assemblées ordinaires des commissions auront lieu dans les villes où siége l'administration départementale, au moins trois fois par an, l'une pendant la semaine de Pâques, les deux autres durant la seconde semaine des mois de juillet et d'octobre. Les jours et heures seront fixés par les commissions elles-mêmes qui en feront insérer l'avertissement dans les *Bijdragen*.

ART. 19. Les assemblées extraordinaires auront lieu :

1° Lorsqu'elles seront nécessaires pour un ou plusieurs examens. Elles seront alors réglées comme il sera stipulé (d'après l'art. 27 du règlement B) dans les règlements locaux;

2° D'après une convocation expresse, soit du secrétaire d'État pour l'intérieur, soit de l'administration départementale, qui, dans ce cas, pourvoiront aux frais, chacun pour ce qui les concerne, et d'une manière raisonnable;

3° Lorsque les membres jugent une pareille assemblée nécessaire ou convenable, elle se tiendra alors à leurs propres frais.

ART. 20. Tous les membres des commissions sont tenus d'assister à ces assemblées (art. 18 et 19), et ne peuvent s'en dispenser que par des raisons d'une nécessité urgente.

ART. 21 (1). Les membres de la commission rempliront à tour de rôle les fonctions de président et celles de secrétaire, avec la faculté de conférer ces fonctions pour un plus long temps à la même personne, pourvu qu'elle y donne son assentiment.

ART. 22. Si la commission désire se pourvoir d'un secrétaire perpétuel pris hors de son sein, elle en fera la proposition à l'administration départementale, et l'acte de nomination sera délivré par le grand pensionnaire. Toutefois, cette mesure n'apportera aucune augmentation à la somme assignée à chaque commission (2).

ART. 23. Ces assemblées, tant ordinaires qu'extraordinaires, ne seront pas dissoutes avant que les affaires qui leur sont confiées et qui doivent être terminées, ne le soient convenablement.

ART. 24. Chacun des membres produit dans chaque assemblée ordinaire un rapport par écrit sur :

1° Les écoles qu'il a visitées depuis la dernière assemblée (art. 5), en mentionnant l'époque et en faisant une relation de ses observations touchant l'état des écoles sous les différents rapports (art. 6 et 7);

2° Les occasions qu'il a fournies aux instituteurs de s'entretenir avec lui touchant leurs fonctions (art. 4);

3° Les examens des instituteurs du dernier rang et de rangs supérieurs, en vertu de l'art. 2 du règlement B, le tout accompagné des particularités qui seront jugées importantes;

4° Les changements et autres particularités qui auront eu lieu dans son district par rapport à quelque école ou place d'instituteur depuis la dernière assemblée, et surtout la vacance des places d'instituteurs, la délivrance d'actes de vocation, de nomination ou d'admission spéciale de tout rang et de toute classe, en faisant mention des particularités intéressantes qui s'y rapportent : la nomination d'une inspection locale, dans des endroits d'une moindre étendue (art. 9 du règlement A); les changements qui auront eu lieu dans des commissions locales pour les écoles (art. 10 dudit règlement); l'inspection d'une nouvelle école primaire ou industrielle, l'admission de quelque maître de langues; la formation des règlements pour l'ordre intérieur des écoles (art. 21 du règlement A); l'introduc-

---

(1) Un arrêté royal a transféré la présidence au gouverneur de la province; il lui a adjoint un vice-président, qui est pris dans la commission même, conformément à ce que cet article contient relativement à la présidence.

(2) Sans exécution.

tion de livres scolaires autres que ceux portés sur la liste générale des livres, dans les écoles privées des deux classes (art. 24 du règlement A); les mesures prises pour régler et améliorer les revenus des instituteurs (art. 9, de même que l'art. 30, n° 1, du règlement A); les mesures établies en faveur de la tenue et de la fréquentation non interrompue des écoles (art. 9, de même que l'art. 30, n° 2, du règlement A); les obstacles qu'elles auront rencontrés, les encouragements ou les difficultés que les instituteurs auront éprouvés; les examens subis par les élèves dans les écoles. L'inspecteur y ajoutera l'indication exacte de ce dont il pourrait désirer l'insertion dans l'ouvrage mensuel ci-dessus mentionné (*Bijdragen*).

Art. 25. De ces données écrites (art. 24) et autres annotations particulières (art. 5 et 6), de même que des rapports par écrit des commissions locales pour les écoles (dont il sera fait mention dans l'article suivant), chaque inspecteur des écoles formera annuellement, avant l'assemblée qui se tient après Pâques, un rapport général de l'état des écoles et de l'enseignement primaire dans toute l'étendue de son district. Il y joindra les raisons qui l'ont engagé à ne pas visiter ou à ne visiter qu'une fois telle ou telle école pendant le cours de l'année précédente. Il fera les propositions qu'il jugera mériter quelque intérêt et qui pourraient contribuer à l'amélioration de l'instruction primaire. Ce rapport général, de même que les rapports ordinaires par écrit des derniers mois, seront présentés à l'assemblée tenue après Pâques (art. 18).

Art. 26. Afin de mettre les inspecteurs d'écoles en état de ne rien omettre dans leur rapport annuel, mentionné dans le précédent article, les commissions locales des écoles ou leurs membres en particulier, pour ce qui concerne les écoles placées sous leur inspection, formeront un pareil rapport par écrit, tel qu'il est exigé des inspecteurs d'écoles (art. 24), au plus tard avant la fin du mois de février.

Ce rapport contiendra aussi tout ce qui pourrait concerner les écoles; il sera présenté à l'assemblée de la commission locale et remis ensuite entre les mains de l'inspecteur du district pour s'en servir aux fins susdites.

Art. 27. De tous ces rapports annuels des divers membres des commissions départementales respectives (art. 25), il sera formé, pour chacune d'elles, un aperçu général et succinct de l'état des écoles et de l'enseignement primaire dans l'étendue de leur département. Il en sera fait deux copies.

Art. 28. Après chaque assemblée ordinaire, les commissions départementales expédieront ou feront expédier au secrétaire d'État pour l'intérieur, dans le terme de quinze jours :

1° Un extrait authentique du procès-verbal ou des actes de cette assemblée et des assemblées extraordinaires qui auront eu lieu ;

2° Les rapports originaux par écrit produits par chaque membre ;

3° Un état nominal des personnes qui auront été examinées pendant la tenue des assemblées, tant ordinaires qu'extraordinaires, mentionnant le résultat des examens subis, et en particulier les rangs que les personnes examinées auront obtenus, afin de publier ce qui sera jugé nécessaire (conformément à l'art. 24 du règlement B) dans l'ouvrage périodique intitulé *Bijdragen*.

Art. 29. Après l'assemblée ordinaire dans la semaine après Pâques, chaque commission expédiera ou fera expédier, dans l'espace de quatre semaines, au secrétaire d'État pour l'intérieur, outre les pièces mentionnées dans l'article précédent :

1° Une des deux copies authentiques de l'aperçu général annuel ;

2° L'original des rapports généraux des différents membres des commissions (art. 25) ;

3° Les rapports originaux annuels et par écrit des différentes commissions locales ;

4° Un état détaillé, extrait de celui de chacun des membres, des propositions que chaque commission désire voir mettre en délibération dans la prochaine assemblée générale et annuelle (art. 7 du règlement A), ou qu'elle a résolu de présenter à l'administration départementale.

Art. 30. Une pareille copie authentique de l'aperçu général annuel est expédiée, dans le même délai, par la commission, à l'administration départementale. Toutes les autres pièces seront présentées également, si on l'exige, à l'administration départementale, ou au membre de cette administration qui est spécialement chargé du soin des écoles primaires et de l'instruction inférieure (art. 5 de la loi). A cette fin, toutes les pièces originales, expédiées au secrétaire d'État pour l'intérieur, nommément les divers rapports écrits des différents inspecteurs, leurs rapports annuels, les rapports annuels des diverses commissions locales, seront renvoyés au secrétaire de la dernière assemblée, après qu'on en aura fait l'usage nécessaire au département de l'intérieur, et ce, dans le délai de deux mois au plus tard après la réception : ces pièces seront ensuite déposées parmi les papiers des commissions respectives.

Art. 31. Le grand pensionnaire se réserve le droit d'interpréter, de restreindre et d'étendre la présente instruction de la manière qui sera jugée convenable.

Conformément à l'art. 21 de la loi, placé en tête de la présente publication, le grand pensionnaire fera connaître au peuple l'époque à laquelle les statuts, ordonnances, lois ou règlements antérieurs, touchant le régime des écoles, seront abolis et supprimés, spécialement, la publication du 29 juillet 1803, ainsi que tous les règlements, tant généraux que particuliers, qui en sont résultés.

En conformité de quoi nous ordonnons et enjoignons que la présente loi soit publiée et affichée partout où il appartiendra, avec ordre à tous ceux qu'elle concerne de veiller à ce qu'elle reçoive une entière exécution.

Fait à La Haye, le 3 avril 1806.

(*Signé*) R.-J. SCHIMMELPENNING; *grand pensionnaire.*

Et par ordre, le secrétaire d'État général,

(*Signé*) C.-G. HULTMAN.

———

Règlement d'ordre général pour les écoles primaires de la république Batave, arrêté le 23 mai 1806.

Le secrétaire d'État pour les affaires de l'intérieur dans la république Batave fait savoir : qu'en vertu de l'art. 21 de la loi sur l'instruction primaire, en date du 3 avril de la présente année, il a arrêté le règlement d'ordre suivant, pour être adopté et suivi dans toutes les écoles primaires de la république Batave.

ART. 1er. L'instruction primaire ne souffrira aucune interruption pendant tout le cours de l'année (art. 30, n° 1 du règlement A, et art. 9 de l'instruction pour les commissions d'inspection), excepté pendant le temps fixé pour les vacances.

ART. 2. Pendant tout le temps consacré aux leçons, l'instituteur sera présent, depuis le commencement jusqu'à la fin ; il ne pourra s'occuper que de ce qui a rapport à l'enseignement, ni s'absenter de l'école sans des motifs d'une nécessité absolue.

ART. 3. L'instituteur veillera à ce que les élèves ne sortent pas de l'école sans nécessité, surtout à ce qu'ils y soient tranquilles et attentifs, et qu'au dehors ils se montrent toujours paisibles, honnêtes et modestes.

ART. 4. Lorsque le nombre des élèves s'élèvera à plus de soixante et dix, on s'occupera des moyens d'adjoindre un second instituteur, ou un sous-maître.

ART. 5. Il ne sera reçu, autant que possible, aucun élève qu'à des époques fixes dans le cours de l'année.

ART. 6. A l'ouverture et à la sortie de chaque classe, il sera fait soit chaque jour, soit chaque semaine, une prière chrétienne, courte et convenable, composée avec dignité. On pourra même, en cette occasion, exécuter quelque chant adapté aux circonstances.

ART. 7. Les élèves seront distribués en trois classes; chacune d'elle aura sa place séparée, et recevra à chaque séance l'instruction qui lui convient.

ART. 8. L'instruction sera simultanée pour tous les élèves de la même classe, et l'instituteur veillera à ce que durant ce temps les élèves des deux autres classes soient utilement occupés.

ART. 9. Autant que possible, l'enseignement des différentes classes et dans les diverses branches se donnera sur la planche noire.

ART. 10. Lorsque l'instituteur le jugera à propos, il récompensera les élèves les plus instruits, en les chargeant de donner quelque instruction aux commençants.

ART. 11. L'instituteur veillera à ce que les élèves soient toujours propres, bien peignés et bien lavés; il prendra de même les plus grands soins pour tout ce qui peut contribuer à leur santé.

ART. 12. Les salles d'écoles seront toujours proprement tenues ; à cette fin elles seront aérées dans l'intervalle des classes et nettoyées deux fois par semaine.

ART. 13. Il sera fait dans chaque école, au moins une fois chaque année, un examen. En cette occasion, les élèves d'une classe inférieure passeront à une classe supérieure, et, autant que les circonstances le permettront, on accordera quelques récompenses à ceux qui se seront distingués par leur application et leur bonne conduite.

ART. 14. Lorsqu'à la fin du cours un élève quittera l'école après s'y être distingué par sa conduite et ses progrès, il lui en sera délivré un certificat, conçu en termes honorables.

ART. 15. Il sera fait pour chaque école des règlements particuliers qui, soit écrits, soit imprimés, seront collés sur carton, suspendus dans l'école, et lus et expliqués de temps en temps par l'instituteur.

ART. 16. Ces règlements seront arrêtés par les autorités de chaque école (art. 21 du règlement A) ; ils auront pour objet de fixer les heures d'enseignement et leur distribution dans les trois classes.

Afin que personne ne puisse prétexter cause d'ignorance, le présent règlement sera publié et affiché comme de coutume partout où il appartiendra.

Fait à La Haye, ce 23 mai 1806. De ma parfaite connaissance, le secrétaire du département de l'intérieur,

(*Signé*) WENCKEBACH.

———

Mesures prises pour assurer l'enseignement de la partie dogmatique de la religion aux enfants de chaque communion.

Comme, par l'article 23 du règlement A pour les écoles primaires, il est stipulé que, vu l'interdiction aux instituteurs d'enseigner le dogme, il sera pris des mesures pour que les élèves ne soient néanmoins nullement frustrés de l'enseignement de la partie dogmatique de la communion religieuse à laquelle ils appartiennent; pour satisfaire à cette disposition, le secrétaire d'État pour les affaires de l'intérieur a arrêté, le 30 mai 1806, une lettre circulaire aux diverses communions ecclésiastiques du pays, laquelle est conçue en ces termes.

Le secrétaire d'État pour les affaires de l'intérieur,

A tous

Synodes des Églises réformée, hollandaise et wallonne, consistoires des communions luthérienne, remonstrante et mennonite, et prélats de la communion catholique romaine,

Messieurs,

La haute importance que le gouvernement attache très-sérieusement à l'instruction primaire dans cette république ne peut avoir échappé à votre attention. Aucune de ses attributions n'est pour lui plus attrayante. Puissent les institutions scolaires améliorées porter, sous la bénédiction divine, les fruits qu'elles semblent promettre! Elles s'opposeront aux progrès de l'immoralité dans notre patrie, et les principes épurés des vertus chrétiennes et sociales seront, par ce moyen, comme implantés et cultivés dans les cœurs des générations futures. Du moins on ne peut douter que ce ne soit là le vœu le plus cher du gouvernement, et le premier but qu'il se propose dans l'amélioration des écoles primaires. Dans la publication du 3 avril dernier, concernant les écoles primaires, ces intentions se manifestent avec la plus grande évidence. L'école ne vise donc plus uniquement à donner des connaissances utiles; elle est établie comme un auxiliaire énergique pour l'amélioration des mœurs.

C'est d'après ce même principe que le gouvernement attend que vous appuierez et propagerez ses institutions scolaires, et qu'il vous invite, par la présente, à employer à cette fin votre puissante influence.

Particulièrement, il y a une partie de l'enseignement de la jeunesse pour laquelle le gouvernement réclame votre coopération, à savoir: l'enseignement dans la partie dogmatique des diverses communions.

Vous ne pouvez pas ignorer que dans toute l'étendue de notre patrie, il a existé jusqu'ici à peine une école où l'instituteur donnât un enseignement religieux bien réglé. Cet enseignement religieux dans les écoles se bornait à imprimer dans la mémoire et à faire réciter les demandes et les réponses de quelques livres de catéchisme. On n'avait pas lieu, pour diverses raisons, d'en attendre davantage de l'instituteur. Et, quoique le gouvernement se flatte que les nouvelles institutions scolaires amèneront cette conséquence salutaire que,

peu à peu il s'introduira dans les écoles une organisation régulière de l'enseignement dans la religion chrétienne, en ce qui concerne la partie historique et la morale, cependant, dans l'ordre actuel des choses, il ne sera jamais en droit d'imposer aux instituteurs l'obligation d'enseigner les notions dogmatiques des communions particulières.

Si le gouvernement a cru, pour ces raisons, devoir séparer totalement l'enseignement du dogme de l'enseignement scolaire, il n'en attache pas moins de prix à ce que les enfants ne soient nullement frustrés de cet enseignement; c'est pourquoi, plein de confiance en vos bonnes dispositions pour la propagation de ses vues salutaires et pour le bien-être de la jeunesse, il a jugé ne pouvoir prendre aucune mesure plus énergique que de s'adresser aux diverses communions ecclésiastiques de cette république, et de vous inviter spécialement par la présente de prendre entièrement sur vous l'instruction religieuse de la jeunesse, soit par des leçons bien réglées sur le catéchisme, soit par d'autres voies. Il me sera agréable d'être instruit des mesures que vous aurez prises, introduites ou renouvelées à ce sujet.

Comme vous jugerez sans doute important de communiquer le contenu de la présente aux ministres des communes de votre ressort, je vous invite à me faire savoir le nombre d'exemplaires de la présente que vous désireriez à cette fin, avec quoi je vous recommande en la protection du Très-Haut.

(Signé) HEND. VAN STRALEN.

Le synode de la communion réformée hollandaise, dans la Hollande méridionale, à S. Exc. le ministre de l'intérieur.

Le synode de la communion réformée hollandaise, dans la Hollande méridionale, ayant reçu une lettre circulaire du secrétaire d'État pour les affaires de l'intérieur de la république Batave, datée de La Haye le 30 mai 1806, contenant l'expression du désir du gouvernement, que ce synode appuie et favorise les institutions scolaires actuellement existantes, et de plus, une invitation à coopérer principalement à l'enseignement de la partie dogmatique de notre communion, etc., etc.; il a l'honneur de répondre à Votre Excellence :

1° Que le synode chrétien a remarqué avec une joie intime cette marque de la confiance du gouvernement dans le zèle et les bonnes dispositions des ministres de la religion réformée. Honoré par cette confiance, il donne à Votre Excellence l'assurance que les ministres de son ressort n'ont cessé de tâcher de se rendre dignes, soit en donnant l'enseignement religieux, soit par d'autres infatigables efforts (dans quelque circonstance difficile que ce pût être), dans lesquels ils continueront avec le même zèle, se flattant que les intentions du gouvernement, si clairement manifestées et dont le synode n'a jamais douté, extirperont totalement le préjugé qui présentait les nouvelles institutions scolaires comme ayant la tendance de supprimer l'enseignement du dogme dans la religion, et de le remplacer par des doctrines et des exhortations purement morales; et qu'en conséquence le synode exhortera très-sérieusement les ministres de son ressort de continuer, comme ils ont toujours fait jusqu'à présent, de recommander soit dans leurs sermons publics, soit dans leurs visites pastorales, et dans toutes les occurrences, l'assidue fréquentation des écoles;

2° Que la lettre circulaire reçue sera portée à la connaissance des diverses classes, et par elles, aux Églises particulières (à quelle fin nous demandons, d'après les offres de Votre Excellence, trois cent vingt-deux exemplaires), pour que les consistoires en donnent communication officieuse aux instituteurs de leurs communes respectives, y ajoutant que le synode a la confiance que ces instituteurs favoriseront de tout leur pouvoir les salutaires intentions du gouvernement, en exhortant sans cesse les élèves et les parents à faire un usage convenable des leçons de catéchisme chez les ministres de la communion religieuse à laquelle ils appartiennent, et qu'ils prendront sur eux la légère peine de remettre au consistoire une liste qu'ils compléteront de temps à autre, par exemple, tous les trois mois, contenant les noms des enfants de la communion réformée qui fréquentent leur école, avec une indication de ceux qui sont assez avancés dans la lecture pour jouir avec plus de fruit de l'enseignement des ministres, et en y joignant encore, du moins dans les villes, le lieu de leur domicile, afin que les ministres en soient informés, chacun pour ce qui concerne son quartier;

3° Que les consistoires, de leur côté, enverront chaque trimestre une commission dans les écoles, à une heure convenable, afin de demander à l'instituteur des renseignements sur le plus ou moins d'assiduité des élèves à suivre son enseignement; ils s'informeront en même temps des progrès des enfants; et, s'ils sont trop jeunes, ils les exhorteront au zèle et à une bonne conduite, pour qu'ils aient sous peu l'honneur et l'avantage d'être envoyés au catéchisme par le maître: celui-ci ne se refusera pas à leur insinuer en toute occasion que cela est un bonheur et un avantage;

4° Que la commission susdite se rendra chez les régents des maisons d'orphelins et des hospices de bienfaisance, de ceux toutefois où tous les enfants qu'on y élève, ou du moins la plupart, sont de la religion réformée; elle leur fera connaître la haute importance que le gouvernement attache à l'enseignement religieux, surtout à celui du dogme; et elle se concertera avec les régents susdits sur les moyens les plus propres à remplir, à l'égard de ces enfants, les vues du gouvernement.

Le synode ne doute pas que ces régents ne s'empressent de soumettre complétement à la susdite commission les instituteurs employés dans ces établissements, ni que, en cas de vacance, ils ne veuillent s'entendre avec elle pour la nomination à ce poste, d'autant qu'il paraît avec évidence que le gouvernement confie et recommande cet enseignement exclusivement au synode, et par suite aux consistoires de son ressort qui sont responsables envers lui.

5° Enfin le synode prend la liberté de prier Votre Excellence qu'il lui plaise de faire porter la lettre circulaire à la connaissance du commissaire pour l'instruction primaire, et par lui aux inspecteurs d'écoles, ainsi qu'aux commissions locales pour les écoles, afin que ceux-ci soient informés que les consistoires n'ont point en vue d'introduire des changements dans les règlements scolaires, ni de s'ingérer dans des choses étrangères à leurs attributions; mais qu'ils ont spécialement mandat *ad hoc* du gouvernement; qu'aussi les susdits inspecteurs et les commissions locales soient invités, à l'occasion des distributions de prix ou autres récompenses, à avoir égard au témoignage favorable ou désavantageux, relativement à la fréquentation de l'enseignement religieux et au zèle dont les élèves auront donné des preuves. De leur côté, les commissions des consistoires prendront l'engagement de fournir de temps à autre aux inspecteurs ou aux commissions locales, des renseignements sur l'application et le zèle des enfants qui suivent l'enseignement religieux, et, dans le cas où elles éprouveraient de la résistance de la part des instituteurs, de faire parvenir leurs plaintes auxdits inspecteurs ou commissions.

Aussitôt que messieurs les députés du synode auront reçu de Votre Excellence une réponse approbative, que le synode sollicite avec confiance, ils en informeront les classes, pour qu'elles se conduisent sans délai suivant ces dispositions.

Le synode recommande Votre Excellence en la protection de notre Dieu et Sauveur Jésus-Christ. Il supplie Votre Excellence d'agréer l'assurance de sa considération et de sa confiance, et a l'honneur d'être,

Votre très-humble serviteur en son nom,

(Signé) D.-J. van Brandenburgh,
ministre à Delft.

Synode de la Hollande méridionale,
H. T., *scriba.*

Delfshaven, ce 8 août 1806.

Extrait du procès-verbal des actes du ministre de l'intérieur.

Ce jeudi, 25 septembre 1806, n° 8, entendu le rapport du commissaire van den Ende, sur plusieurs missives des synodes de la communion réformée hollandaise, dans les provinces de la Hollande méridionale, de la Hollande septentrionale et de la Gueldre, contenant des réponses à peu près dans les mêmes termes à la lettre circulaire du secrétaire d'État pour les affaires de l'intérieur, en date du 30 mai dernier, et dans lesquelles se trouvent : ·

1° L'assurance de l'empressement des synodes susdits à seconder de la manière la plus énergique les vues du gouvernement dans l'œuvre commencée de l'amélioration des institutions scolaires, et en particulier les dispositions détaillées dans la susdite circulaire, surtout en exhortant les ministres de leur ressort à recommander en toute occasion l'assidue fréquentation des écoles ;

2° Divers arrêtés des synodes sur cette matière, tendant :

Le premier, à porter la susdite circulaire à la connaissance des consistoires, avec invitation d'en faire communication officieuse aux instituteurs respectifs, dans la confiance que ceux-ci ne se refuseront pas à exhorter leurs disciples à fréquenter assidûment l'enseignement religieux chez les ministres des diverses communions religieuses auxquelles ils appartiennent, et qu'ils se prêteront volontiers à remettre régulièrement une liste nominale de leurs élèves appartenant à la communion réformée ;

Le second, que les consistoires enverront chaque trimestre une commission dans les écoles, afin d'instruire l'instituteur du plus ou moins d'assiduité des élèves à suivre l'enseignement religieux, et de s'informer aussi s'il se trouve en état d'assister avec fruit aux leçons du catéchisme ;

Enfin le troisième, que les susdites commissions se rendront chez les régents des maisons d'orphelins et des hospices de bienfaisance, où tous les enfants qu'on y élève, ou du moins la plupart, sont de la religion réformée, afin de se concerter avec eux sur les moyens de remplir, relativement à ces enfants, les vues du gouvernement, etc. ;

3° La double invitation de porter leurs missives à la connaissance des inspecteurs d'écoles et des commissions locales, et d'accorder une réponse approbative aux mesures qu'elles contiennent et qui ont été prises à ce sujet par les synodes respectifs ;

En conformité de quoi, il est arrêté :

1° De faire connaître aux synodes respectifs ci-dessus mentionnés la satisfaction du gouvernement pour leurs bienveillantes et unanimes dispositions concernant la prospérité des institutions scolaires, et pour leur coopération en ce qui regarde en particulier l'enseignement de la partie dogmatique de la religion ; et qu'il leur sera expédié le nombre demandé d'exemplaires de la circulaire du secrétaire d'État pour l'intérieur. Ces diverses mesures offrent, dans une perspective qui s'agrandit chaque jour, les heureux résultats des intentions bienfaisantes du gouvernement pour la jeunesse, et font naître la brillante espérance que, grâce à l'appui énergique, qu'en conséquence des missives susdites et autres en réponse à la circulaire mentionnée, les institutions scolaires ont à attendre dorénavant de la part de la communion réformée et des autres communions, l'œuvre commencée de l'amélioration des écoles deviendra, sous la bénédiction divine, un auxiliaire puissant pour les progrès des sentiments moraux et religieux dans notre patrie, autrefois si éminente et si recommandable à cet égard ; but sacré vers lequel le gouvernement ne cessera de marcher, en mettant à profit les idées contenues dans diverses réponses à la circulaire mentionnée ; qu'en même temps le gouvernement donne son assentiment aux mesures prises par les synodes et énoncées dans leurs missives respectives, par rapport à un enseignement régulier de tous les écoliers, appartenant à la communion réformée, dans la partie dogmatique de la religion ;

2° D'autoriser par le présent arrêté les membres respectifs des commissions d'instruction dans les départements :

A. A exhorter tous les instituteurs, tant publics que privés, ainsi que toutes les institutrices, à remettre aux consistoires respectifs ou autres personnes ecclésiastiques de leur commune, sur leur invitation, une liste des noms, et aussi, dans les villes, du domicile de leurs élèves, appartenant à la communion religieuse au nom de laquelle se fait l'invitation : à compléter cette liste de six en six mois, et, de plus, à veiller avec soin à ce que leurs disciples suivent assidûment l'enseignement religieux qui sera donné en leur faveur par les ministres respectifs de leur communion ; avec la faculté pour les susdites commissions des consistoires ou autres personnes ecclésiastiques de s'informer, si elles le jugent nécessaire, dans les écoles mêmes, des choses qui peuvent concerner l'enseignement religieux.

B. A inviter les régents respectifs des maisons d'orphelins et des hospices de bienfaisance, ou autres établissements de même nature, où des enfants et des jeunes gens des deux sexes sont admis et élevés, à seconder le plus efficacement possible les consistoires auxquels appartiennent les enfants admis dans leurs établissements, dans toutes leurs démarches pour remplir les vues du gouvernement, par rapport à l'enseignement des dogmes de leur communion religieuse, et de concerter avec eux les mesures les plus propres

par d'autres infatigables efforts (dans quelque circonstance difficile que ce pût être), dans lesquels ils continueront avec le même zèle, se flattant que les intentions du gouvernement, si clairement manifestées et dont le synode n'a jamais douté, extirperont totalement le préjugé qui présentait les nouvelles institutions scolaires comme ayant la tendance de supprimer l'enseignement du dogme dans la religion, et de le remplacer par des doctrines et des exhortations purement morales; et qu'en conséquence le synode exhortera très-sérieusement les ministres de son ressort de continuer, comme ils ont toujours fait jusqu'à présent, de recommander soit dans leurs sermons publics, soit dans leurs visites pastorales, et dans toutes les occurrences, l'assidue fréquentation des écoles;

2° Que la lettre circulaire reçue sera portée à la connaissance des diverses classes, et par elles, aux Églises particulières (à quelle fin nous demandons, d'après les offres de Votre Excellence, trois cent vingt-deux exemplaires), pour que les consistoires en donnent communication officieuse aux instituteurs de leurs communes respectives, y ajoutant que le synode a la confiance que ces instituteurs favoriseront de tout leur pouvoir les salutaires intentions du gouvernement, en exhortant sans cesse les élèves et les parents à faire un usage convenable des leçons de catéchisme chez les ministres de la communion religieuse à laquelle ils appartiennent, et qu'ils prendront sur eux la légère peine de remettre au consistoire une liste qu'ils compléteront de temps à autre, par exemple, tous les trois mois, contenant les noms des enfants de la communion réformée qui fréquentent leur école, avec une indication de ceux qui sont assez avancés dans la lecture pour jouir avec plus de fruit de l'enseignement des ministres, et en y joignant encore, du moins dans les villes, le lieu de leur domicile, afin que les ministres en soient informés, chacun pour ce qui concerne son quartier;

3° Que les consistoires, de leur côté, enverront chaque trimestre une commission dans les écoles, à une heure convenable, afin de demander à l'instituteur des renseignements sur le plus ou moins d'assiduité des élèves à suivre son enseignement; ils s'informeront en même temps des progrès des enfants; et, s'ils sont trop jeunes, ils les exhorteront au zèle et à une bonne conduite, pour qu'ils aient sous peu l'honneur et l'avantage d'être envoyés au catéchisme par le maître : celui-ci ne se refusera pas à leur insinuer en toute occasion que cela est un honneur et un avantage;

4° Que la commission susdite se rendra chez les régents des maisons d'orphelins et des hospices de bienfaisance, de ceux toutefois où tous les enfants qu'on y élève, ou du moins la plupart, sont de la religion réformée; elle leur fera connaître la haute importance que le gouvernement attache à l'enseignement religieux, surtout à celui du dogme; et elle se concertera avec les régents susdits sur les moyens les plus propres à remplir, à l'égard de ces enfants, les vues du gouvernement.

Le synode ne doute pas que ces régents ne s'empressent de soumettre complétement à la susdite commission les instituteurs employés dans ces établissements, ni que, en cas de vacance, ils ne veuillent s'entendre avec elle pour la nomination à ce poste, d'autant qu'il paraît avec évidence que le gouvernement confie et recommande cet enseignement exclusivement au synode, et par suite aux consistoires de son ressort qui sont responsables envers lui.

5° Enfin le synode prend la liberté de prier Votre Excellence qu'il lui plaise de faire porter la lettre circulaire à la connaissance du commissaire pour l'instruction primaire, et par lui aux inspecteurs d'écoles, ainsi qu'aux commissions locales pour les écoles, afin que ceux-ci soient informés que les consistoires n'ont point en vue d'introduire des changements dans les règlements scolaires, ni de s'ingérer dans des choses étrangères à leurs attributions; mais qu'ils ont spécialement mandat *ad hoc* du gouvernement; qu'aussi les susdits inspecteurs et les commissions locales soient invités, à l'occasion des distributions de prix ou autres récompenses, à avoir égard au témoignage favorable ou désavantageux, relativement à la fréquentation de l'enseignement religieux et au zèle dont les élèves auront donné des preuves. De leur côté, les commissions des consistoires prendront l'engagement de fournir de temps à autre aux inspecteurs ou aux commissions locales, des renseignements sur l'application et le zèle des enfants qui suivent l'enseignement religieux, et, dans le cas où elles éprouveraient de la résistance de la part des instituteurs, de faire parvenir leurs plaintes auxdits inspecteurs ou commissions.

Aussitôt que messieurs les députés du synode auront reçu de Votre Excellence une réponse approbative, que le synode sollicite avec confiance, ils en informeront les classes, pour qu'elles se conduisent sans délai suivant ces dispositions.

Le synode recommande Votre Excellence en la protection de notre Dieu et Sauveur Jésus-Christ. Il supplie Votre Excellence d'agréer l'assurance de sa considération et de sa confiance, et à l'honneur d'être,

Votre très-humble serviteur en son nom,

(*Signé*) D.-J. VAN BRANDENBURGH,
ministre à Delft.

Synode de la Hollande méridionale,
H. T., *scriba*.

Delfshaven, ce 8 août 1806.

Extrait du procès-verbal des actes du ministre de l'intérieur.

Ce jeudi, 25 septembre 1806, n° 8, entendu le rapport du commissaire van den Ende, sur plusieurs missives des synodes de la communion réformée hollandaise, dans les provinces de la Hollande méridionale, de la Hollande septentrionale et de la Gueldre, contenant des réponses à peu près dans les mêmes termes à la lettre circulaire du secrétaire d'État pour les affaires de l'intérieur, en date du 30 mai dernier, et dans lesquelles se trouvent : ·

1° L'assurance de l'empressement des synodes susdits à seconder de la manière la plus énergique les vues du gouvernement dans l'œuvre commencée de l'amélioration des institutions scolaires, et en particulier les dispositions détaillées dans la susdite circulaire, surtout en exhortant les ministres de leur ressort à recommander en toute occasion l'assidue fréquentation des écoles ;

2° Divers arrêtés des synodes sur cette matière, tendant :

Le premier, à porter la susdite circulaire à la connaissance des consistoires, avec invitation d'en faire communication officieuse aux instituteurs respectifs, dans la confiance que ceux-ci ne se refuseront pas à exhorter leurs disciples à fréquenter assidûment l'enseignement religieux chez les ministres des diverses communions religieuses auxquelles ils appartiennent, et qu'ils se prêteront volontiers à remettre régulièrement une liste nominale de leurs élèves appartenant à la communion réformée ;

Le second, que les consistoires enverront chaque trimestre une commission dans les écoles, afin d'instruire l'instituteur du plus ou moins d'assiduité des élèves à suivre l'enseignement religieux, et de s'informer aussi s'il se trouve des enfants en état d'assister avec fruit aux leçons du catéchisme ;

Enfin le troisième, que les susdites commissions se rendront chez les régents des maisons d'orphelins et des hospices de bienfaisance, où tous les enfants qu'on y élève, ou du moins la plupart, sont de la religion réformée, afin de se concerter avec eux sur les moyens de remplir, relativement à ces enfants, les vues du gouvernement, etc. ;

3° La double invitation de porter leurs missives à la connaissance des inspecteurs d'écoles et des commissions locales, et d'accorder une réponse approbative aux mesures qu'elles contiennent et qui ont été prises à ce sujet par les synodes respectifs ;

En conformité de quoi, il est arrêté :

1° De faire connaître aux synodes respectifs ci-dessus mentionnés la satisfaction du gouvernement pour leurs bienveillantes et unanimes dispositions concernant la prospérité des institutions scolaires, et pour leur coopération en ce qui regarde en particulier l'enseignement de la partie dogmatique de la religion ; et qu'il leur sera expédié le nombre demandé d'exemplaires de la circulaire du secrétaire d'État pour l'intérieur. Ces diverses mesures offrent, dans une perspective qui s'agrandit chaque jour, les heureux résultats des intentions bienfaisantes du gouvernement pour la jeunesse, et font naître la brillante espérance que, grâce à l'appui énergique, qu'en conséquence des missives susdites et autres en réponse à la circulaire mentionnée, les institutions scolaires ont à attendre dorénavant de la part de la communion réformée et des autres communions, l'œuvre commencée de l'amélioration des écoles deviendra, sous la bénédiction divine, un auxiliaire puissant pour les progrès des sentiments moraux et religieux dans notre patrie, autrefois si éminente et si recommandable à cet égard ; but sacré vers lequel le gouvernement ne cessera de marcher, en mettant à profit les idées contenues dans diverses réponses à la circulaire mentionnée ; qu'en même temps le gouvernement donne son assentiment aux mesures prises par les synodes et énoncées dans leurs missives respectives, par rapport à un enseignement régulier de tous les écoliers, appartenant à la communion réformée, dans la partie dogmatique de la religion ;

2° D'autoriser par le présent arrêté les membres respectifs des commissions d'instruction dans les départements :

A. A exhorter tous les instituteurs, tant publics que privés, ainsi que toutes les institutrices, à remettre aux consistoires respectifs ou autres personnes ecclésiastiques de leur commune, sur leur invitation, une liste des noms, et aussi, dans les villes, du domicile de leurs élèves, appartenant à la communion religieuse au nom de laquelle se fait l'invitation : à compléter cette liste de six mois en six mois, et, de plus, à veiller avec soin à ce que leurs disciples suivent assidûment l'enseignement religieux qui sera donné en leur faveur par les ministres respectifs de leur communion ; avec la faculté pour les susdites commissions des consistoires ou autres personnes ecclésiastiques de s'informer, si elles le jugent nécessaire, dans les écoles mêmes, des choses qui peuvent concerner l'enseignement religieux.

B. A inviter les régents respectifs des maisons d'orphelins et des hospices de bienfaisance, ou autres établissements de même nature, où des enfants et des jeunes gens des deux sexes sont admis et élevés, à seconder le plus efficacement possible les consistoires auxquels appartiennent les enfants admis dans leurs établissements, dans toutes leurs démarches pour remplir les vues du gouvernement, par rapport à l'enseignement des dogmes de leur communion religieuse, et de concerter avec eux les mesures les plus propres à atteindre ce but à l'égard de la jeunesse confiée à leurs soins paternels.

C. A exhorter les inspecteurs d'écoles, et par eux les commissions locales instituées ou à instituer en conséquence de l'article 10 du règlement A, comme ils sont exhortés par le présent arrêté, à seconder de tout leur pouvoir les ministres des diverses communions religieuses, dans ce qui leur est spécialement confié par le gouvernement, à l'égard de l'enseignement du dogme religieux, et en outre d'avoir à leurs avis, indications ou plaintes sur cette matière, tel égard qui paraîtra convenable pour l'encouragement de cet enseignement; en même temps que les susdits inspecteurs, et par eux les commissions locales, sont informés par le présent arrêté, en conséquence des déclarations expresses jointes aux invitations des synodes précités, que lesdits synodes n'ont nullement en vue de s'immiscer dans ce qui concerne la surveillance des écoles, les consistoires et les ministres des diverses communions ayant à se borner à ce qui concerne l'enseignement du dogme de leur communion, sans s'arroger aucune autorité ou influence sur les instituteurs ou sur les exercices scolaires, choses qui appartiennent exclusivement et en totalité au gouvernement et aux personnes expressément nommées ou qualifiées par lui à cet effet.

Extrait du présent arrêté sera expédié, par lettre conductoire ordinaire, aux trois synodes de la communion réformée hollandaise dans les provinces de la Hollande méridionale, de la Hollande septentrionale et de la Gueldre, ainsi qu'aux commissions départementales pour l'instruction primaire; et de plus, la missive du synode mentionné le premier (celles des deux autres y étant en tout conformes, quant au contenu), sera insérée dans les *Bijdragen*, pour l'information des personnes ou collèges dont il est fait mention dans le présent arrêté.

Conforme au susdit procès-verbal.

(*Signé*) WENCKEBACH.

Par l'extrait ci-dessus mentionné, il paraît que d'autres synodes ont fait parvenir des réponses à la circulaire du 30 mai dernier, et que les arrêtés relatés dans cet extrait concernent aussi directement les synodes de la Hollande septentrionale et de la Gueldre. De même, il est parvenu de plusieurs autres synodes des communions réformées, ainsi que des autres communions, des réponses à la susdite circulaire; toutes attestent l'empressement des diverses communions à appuyer le gouvernement dans ses efforts pour l'amélioration des écoles primaires, ainsi que leurs bonnes dispositions pour répandre dans le cœur des jeunes gens des sentiments moraux et religieux, en propageant, en favorisant et en encourageant l'enseignement religieux.

Le gouvernement ne pouvait, à la vérité, s'attendre à d'autres dispositions de la part de ces hommes vénérables dont la tâche est de travailler sans relâche à disposer à la morale et à la religion les cœurs des personnes de leur communion, et dont c'est le devoir indispensable de n'en jamais négliger les occasions, et surtout celles que le gouvernement fait naître; néanmoins le gouvernement ne peut voir qu'avec satisfaction ces démonstrations d'appui et de coopération exprimées dans les missives susdites, que les ecclésiastiques des diverses communions ont si unanimement faites, comme il conste par la réponse, insérée ci-dessus, du synode de la communion réformée hollandaise dans la Hollande méridionale, avec laquelle sont en parfaite harmonie les réponses des synodes de la Hollande septentrionale et de la Gueldre; et comme il paraîtra par les missives suivantes, reçues en réponse à la même circulaire.

Monsieur,

En réponse à votre honorée missive du 30 mai dernier, que j'ai reçue le 10 du présent, j'ai l'honneur de mander à Votre Excellence ce qui suit :

Vu que de bonnes institutions scolaires ne peuvent que produire les résultats les plus souhaitables pour préparer la jeunesse non-seulement aux vertus sociales, mais encore aux vertus religieuses, il est indubitable que tous les ministres des diverses communions religieuses en général, et ceux de la communion catholique romaine en particulier, attacheront le plus haut intérêt aux mesures que le gouvernement a prises ou prendra à cet égard, et qu'ils se feront un devoir d'y coopérer, de leur côté, le plus qu'il leur sera possible. Je vous prie de me faire parvenir une soixantaine d'exemplaires, afin que je les distribue aux pasteurs de ma communion.

Les pasteurs catholiques prendront volontiers sur eux l'enseignement de la jeunesse dans les dogmes de leur religion, et donneront des leçons de catéchisme dans les églises aux jours et heures qui seront jugés les mieux appropriés aux circonstances où se trouvent les paroisses respectives, sujet sur lequel j'entrerai en relation avec les curés qui me sont subordonnés. Je prends, en cette occasion, la liberté d'appeler l'attention de Votre Excellence sur une petite observation.

On ne peut, surtout dans les communes rurales, choisir d'autres jours que le dimanche pour donner avec régularité l'enseignement en question aux enfants des laboureurs et des artisans; mais un abus qui s'enracine de plus en plus apporte un grand obstacle à tous les efforts des pasteurs; le travail public le jour du Seigneur se répand de plus en plus dans toutes les classes du peuple. Des artisans de toute espèce travaillent souvent en public tout le dimanche, et quand on leur en parle, ils s'excusent en disant qu'un refus leur ferait perdre leurs pratiques qui tiennent à cela. D'autres suivent cet exemple, et par là nombre d'enfants se trouvent frustrés de l'enseignement religieux.

Or, vu que dans toutes les communions chrétiennes le dimanche est consacré à l'enseignement et à l'exercice de la religion, et, certes, les ministres ont bien besoin de ce jour pour instruire la jeunesse, surtout celle des basses classes du peuple, il serait à souhaiter que, de son côté, le gouvernement prît quelques mesures efficaces pour faciliter les fonctions des ministres à cet égard, et pour extirper l'abus que je viens de signaler. Je vous prie, monsieur, si faire se peut, d'exposer la chose à l'attention paternelle du gouvernement, afin qu'il y soit pourvu.

J'ai l'honneur d'être, avec toute la considération possible,

Monsieur,

De Votre Excellence, le très-soumis serviteur,

(*Signé*) J. VAN ENGELEN, *archiprêtre*.

Mannsen, 13 juin 1806.

Monsieur,

La missive de Votre Excellence, du 30 mai dernier, m'est parvenue le 10 de ce mois.

J'avoue que j'en ai lu le contenu avec allégresse, et je me flatte que moi et messieurs les autres curés de cette province, nous répondrons de tout notre pouvoir aux vues salutaires du gouvernement Batave, et que nous montrerons que nous ne sommes pas indignes de sa confiance.

Pour voir régner la concorde, l'amitié et la charité entre les diverses communions, il est nécessaire, à mon avis, que les instituteurs s'abstiennent de l'enseignement des dogmes des diverses communions. J'en excepte seulement le cas où un instituteur, dont d'ailleurs la probité et la capacité seraient notoires, n'aurait que des élèves d'une seule communion. Sans cela, les enfants apprennent trop tôt qu'ils diffèrent de religion; l'un fait des reproches à l'autre, et beaucoup d'instituteurs ne se mettent pas en peine de l'empêcher. Ce n'est d'abord, à la vérité, qu'un enfantillage; mais cependant les enfants croissent, et l'éloignement augmente de plus en plus, la rancune se fixe dans le cœur, et toute leur religion n'est souvent qu'un faux zèle que le véritable esprit religieux et la charité chrétienne réprouvent et détestent.

Pour atteindre le but salutaire que le gouvernement se propose, et pour lequel il réclame notre coopération énergique, c'est par les enfants qu'il convient de commencer; et, quoique dans notre Église l'enseignement du dogme nous soit imposé, toutefois les exhortations d'un gouvernement qui attache tant de prix au bien-être de la jeunesse, nous porteront avec plus d'ardeur encore à remplir nos devoirs. Nous tâcherons de donner par là une marque de notre soumission, de notre estime et de notre respect, et, en même temps, nous prierons Dieu de daigner bénir les efforts que fait le gouvernement pour la félicité générale.

Le nombre des curés dans cette province est de trente, à chacun desquels je ne négligerai pas de remettre un exemplaire, aussitôt que je l'aurai reçu.

J'ai l'honneur d'être, avec tout le respect que je vous dois,

Monsieur,

De Votre Excellence, le très-humble serviteur,

(*Signé*) H. DE HAAS, *archiprêtre de la Frise*.

Sneek, 5 juin 1806.

Monsieur,

Nous apprenons avec allégresse, par la circulaire qui nous a été envoyée le 31 mai, le plan d'amélioration des institutions scolaires qui a été introduit. Nous souhaitons que tout réponde aux intentions salutaires du gouvernement. De notre côté, nous ne manquerons pas d'y contribuer en fournissant aux enfants indigents, appartenant à notre communion, les moyens d'apprendre leur religion, dans les différentes communes qui ressortissent de notre confraternité : c'est pourquoi nous prions Votre Excellence de nous faire parvenir douze exemplaires de la circulaire mentionnée.

Après avoir recommandé Votre Excellence en la protection du Très-Haut, nous avons l'honneur de nous nommer, avec respect et considération,

Monsieur,

De Votre Excellence, les très-humbles serviteurs,

Le consistoire de la communion luthérienne rétablie, et en son nom,

(*Signé*) J.-N. HAMELAN, *secrétaire*.

Amsterdam, 23 juin 1806.

Le consistoire de la communion mennonite, à Harlingue, au secrétaire d'État pour les affaires de l'intérieur, à La Haye.

Harlingue, le 18 juin 1806.

Monsieur,

La circulaire du 30 mai dernier, que Votre Excellence nous a adressée, nous est bien parvenue.

Le consistoire a compris avec un vif plaisir, par le contenu d'icelle, les nobles tentatives du gouvernement pour améliorer les institutions scolaires, qui, introduites successivement, doivent avoir pour résultat, aussi bien la culture des facultés morales et la propagation de toutes les vertus chrétiennes et sociales, que la communication des connaissances premières et indipensables qui sont ordinairement les objets de l'enseignement scolaire.

En même temps le consistoire donne l'assurance de son empressement à appuyer, autant qu'il dépend de lui, les salutaires efforts du gouvernement à cet égard, se flattant en outre que les institutions qui existent déjà, et qui ont longtemps existé sur ce sujet dans notre communauté, répondront aux intentions manifestées par le gouvernement.

Outre que nos ministres sont engagés au service de l'Église, ils sont encore expressément obligés, d'après leur acte de nomination, de donner à la jeunesse un enseignement régulier dans les principes de la religion, comme ils la pratiquent avec assiduité et fidélité. Le dimanche, durant toute l'année, un nombre considérable d'enfants jouissent d'un semblable enseignement, qui est d'ailleurs encouragé par une distribution gratuite de livres aux élèves qui ont plus ou moins de mérite, distribution que les ministres peuvent effectuer au moyen d'une somme considérable que le consistoire a fixée à cette fin.

De plus, nous avons des exercices particuliers durant la majeure partie de l'année, pour les élèves plus avancés, auxquels on ne propose que des questions sur les principales vérités et les devoirs de la religion. Ils donnent leurs propres réponses, qui sont soumises au jugement des ministres. Outre cela, il y a des leçons hebdomadaires sur le catéchisme dans la maison des orphelins appartenant à notre communauté.

Nous avons donc la confiance que, dans notre communauté, des mesures convenables ont déjà été prises et ne cesseront d'être prises pour veiller à ce que la jeunesse ne manque jamais des moyens de s'instruire, selon ses facultés et ses besoins, dans le dogme de la religion ; quoique, par suite de l'ordre actuel des choses, et pour bonnes raisons, cet enseignement soit écarté des écoles primaires.

Pour mettre Votre Excellence à même de mieux apprécier la nature de l'enseignement religieux propre à la jeunesse, et que nous lui donnons, nous avons l'honneur de transmettre ci-joint à Votre Excellence les deux livres élémentaires en usage dans notre communauté, et qui servent de guide à nos ministres.

Croyant avoir satisfait par la présente à l'invitation spéciale et aux intentions de Votre Excellence, nous recommandons votre personne et les intérêts sacrés de la patrie à la grâce et à la protection de Dieu.

Le consistoire susdit, et en son nom,
(Signé) FREERK HOEKSTRA.

Monsieur,

Rien ne nous est ni ne pouvait nous être plus agréable que de voir le gouvernement prendre lui-même à cœur l'état des écoles primaires. A la vérité, dans notre ville, nous jouissons de l'avantage que dans plusieurs écoles et particulièrement dans les écoles des pauvres, on a introduit avec succès un enseignement amélioré ; mais nous comprenons en même temps que, pour introduire dans toutes les écoles de notre ville, et du pays en général, ces améliorations si salutaires, tant pour les connaissances que pour la vertu et les bonnes mœurs, il était nécessaire que le gouvernement y employât son autorité et sa puissance ; et nous éprouvâmes une joie cordiale, lorsque nous apprîmes par la circulaire du secrétaire d'État pour les affaires de l'intérieur, alors en fonctions, monsieur H. van Stralen, en date du 30 mai 1806, qu'en effet ces vues étaient réalisées. Nous en félicitons notre pays, et nous tâcherons de tout notre cœur de répondre à l'attente du gouvernement, autant qu'il est en notre pouvoir, et nous appuierons et favoriserons, de toute l'influence dont nous jouissons, les institutions scolaires qu'il établira.

Relativement à l'enseignement du dogme de notre communion, nous avons l'honneur de faire savoir à Votre Excellence que de tout temps il y a été pourvu par notre communauté ; que les vérités dogmatiques de notre confession sont proposées dans nos prédications religieuses comme les fondements et les motifs des véritables vertus chrétiennes ; que les mêmes principes sont traités dans des leçons publiques hebdomadaires de catéchisme par nos ministres donnent à des maîtres et à des maîtresses de catéchisme, dans la vue de les rendre de plus en plus habiles ; que nos ministres, ainsi que ces maîtres et maîtresses de catéchisme instruisent séparément notre jeunesse. Pour preuve des mesures que nous avons prises à cet égard, nous alléguerons que quand, par les dispositions bienfaisantes de la régence de notre ville, l'enseignement amélioré fut introduit dans les écoles communales des pauvres de tous les cultes, nos administrateurs des pauvres, non-seulement se sont empressés de profiter de cette occasion favorable pour les enfants dont ils alimentent les parents ; mais ils ont veillé en même temps à ce que, dans nos deux églises, il fût donné chaque semaine un enseignement religieux par des maîtres habiles.

Après avoir souhaité la bénédiction du Très-Haut à Votre Excellence dans toutes ses relations, et spécialement dans le poste important qui lui est confié pour la prospérité de l'État et de la nation, nous avons l'honneur d'être, avec le respect qui vous est dû,

De Votre Excellence, les très-humbles serviteurs,

Le consistoire des chrétiens de la confession d'Augsbourg à Amsterdam, et en son nom,

(*Signé*) J.-P. HOLSTEYR, *secrétaire*.

Amsterdam, octobre 1806.

———

Arrêté du 20 mars 1814, qui remet en vigueur la loi du 3 avril 1806, relative aux écoles primaires.

Nous Guillaume, par la grâce de Dieu, prince souverain des Pays-Bas, etc., etc.

Prenant en considération que, durant le temps de la domination française, l'enseignement primaire n'a pas été traité avec cette attention et cette abondance de moyens qu'il mérite, et dont il avait joui sous le gouvernement précédent de ce pays,

Et voulant qu'un objet aussi important soit, le plus tôt possible, rétabli sur le pied qui est généralement reconnu le plus utile et le plus efficace, et recommandé comme tel par l'expérience,

Entendu la proposition de notre commissaire général pour les affaires de l'intérieur,

Avons arrêté et arrêtons :

ART. 1er. La loi du 3 avril 1806 continuera d'être considérée comme le fondement des institutions scolaires des Pays-Bas. Tous les règlements généraux ou particuliers auxquels elle sert de base, ne seront pas seulement maintenus dans les provinces où ils sont déjà introduits, mais encore ils seront mis en vigueur, sauf les modifications nécessaires, dans toutes les parties de l'État qui, en l'an 1806, en étaient détachées, et y furent récemment réunies ou y seront réunies ultérieurement.

ART. 2. Pour remplir les places vacantes d'instituteurs, les candidats légitimes, convoqués de la manière usitée jusqu'à présent, seront soumis à un examen comparatif, et notre commissaire général pour les affaires de l'intérieur, après avoir reçu le rapport du résultat de cet examen, autorisera à faire la nomination ou l'admission, et en délivrera l'acte.

ART. 3. Notre commissaire général pour les affaires de l'intérieur nous fera ultérieurement parvenir ses considérations sur la question de savoir si, et jusqu'à quel point, les frais de l'enseignement peuvent être convenablement couverts d'autres moyens que par des subsides à la charge de la caisse de l'État, et spécialement sur ce que, dans cette vue, il convient de statuer relativement aux fonds communaux pour les écoles, soit déjà existants, soit à établir ou à étendre par la suite.

ART. 4. Cependant, jusqu'à ce que nous ayons pris une décision finale à cet égard, et à compter du 1er dé-

cembre 1813, il sera payé par la caisse de l'État, aux instituteurs, les traitements ou subsides dont ils jouissaient avant l'incorporation du pays à la France, soit sur la caisse de l'État, soit sur quelque autre caisse générale.

ART. 5. Notre commissaire général pour les affaires de l'intérieur est chargé de l'exécution du présent arrêté, qui sera porté à la connaissance de la chambre des comptes, et inséré au Journal Officiel.

(*Signé*) GUILLAUME.

Par ordre de Son Altesse Royale,

(*Signé*) A.-R. FALCK.

———

Programme de l'examen d'admission générale relatif à chaque rang dans la classification des instituteurs, conformément au règlement B, art. 9 et suiv., p. 24.

Quatrième rang. — AGE DU CANDIDAT : Seize ans accomplis.

CAPACITÉ REQUISE : La lecture, l'écriture, les éléments du calcul, et de bonnes dispositions pour l'enseignement.

DÉTAILS DE L'EXAMEN :

Première séance. Quelques lignes à écrire en gros, en moyen et en fin ; questions sur les principes de l'arithmétique ; application des quatre règles à quatre problèmes ; les candidats remettront les plumes dont ils se seront servis, et qu'ils auront eux-mêmes taillées.

Seconde séance. Observations sur les pièces de l'examen par écrit ; lecture de quelques passages imprimés et manuscrits ; interrogations sur la manière d'enseigner les lettres, les premiers éléments de la lecture, la numération et le calcul.

Troisième rang. — AGE DU CANDIDAT : Dix-huit ans accomplis.

CAPACITÉ REQUISE : Notions exactes de la lecture, de l'écriture et de l'arithmétique ; application facile de ces objets aux usages ordinaires ; principes de l'orthographe et de la grammaire ; connaissance pratique d'une bonne méthode d'enseignement.

DÉTAILS DE L'EXAMEN :

Première séance. Écriture en gros, en moyen et en fin ; questions sur la théorie de l'arithmétique, y compris les fractions et les parties décimales, problèmes sur les quatre opérations fondamentales appliquées aux nombres entiers et fractionnaires, et au nouveau système des poids, des mesures et des monnaies ; questions de grammaire, dictée d'orthographe, analyse grammaticale. Les candidats joindront à leur copie les plumes qu'ils auront eux-mêmes taillées.

Seconde séance. Observations sur les pièces de l'examen par écrit; lecture de passages en différents caractères; questions sur la ponctuation; exposé des principes de la tenue de la plume et de la position du corps en écrivant; développement de la méthode pratique pour l'enseignement de la lecture, de la grammaire et de l'arithmétique; questions sur l'ordre intérieur des salles d'écoles, sur l'emploi des récompenses et des punitions, et sur les moyens d'éducation morale.

Second rang. — AGE DU CANDIDAT: Vingt-deux ans accomplis.

CAPACITÉ REQUISE: Lecture méthodique, belle écriture; connaissance de l'arithmétique dans toutes ses parties et applications; règles de la syntaxe; notions d'histoire et de géographie; théorie et pratique des bonnes méthodes d'enseignement.

DÉTAILS DE L'EXAMEN:

Première séance. Exercices d'écriture bâtarde et coulée en gros, en moyen et en fin; questions sur la théorie des fractions et des proportions; application de toutes les règles de l'arithmétique; développement du nouveau système des poids, des mesures et des monnaies; solution des difficultés de la syntaxe; analyse grammaticale et logique; questions d'histoire et de géographie. Les candidats remettront les plumes qu'ils auront eux-mêmes taillées.

Seconde séance. Observations sur les pièces de l'examen par écrit. Lecture méthodique de divers passages en prose et en vers; questions sur la ponctuation; principes des différentes sortes d'écriture; exposé des méthodes propres à enseigner la lecture, la grammaire, l'arithmétique, l'histoire et la géographie, et des moyens qui contribuent le plus à développer l'intelligence; théorie des récompenses et des peines; questions sur la discipline des écoles, sur le développement des qualités morales, sur la répression des vices les plus communs aux enfants, et sur les devoirs qu'imposent les fonctions d'instituteur. Le candidat fera une narration sur un sujet donné et y fera entrer toutes les applications qu'il peut offrir, tant sous le rapport de la morale que sous celui des connaissances usuelles.

Premier rang. — AGE DU CANDIDAT: Vingt-cinq ans accomplis.

CAPACITÉ REQUISE: Toutes les branches de l'instruction primaire; la théorie et la pratique des bonnes méthodes d'enseignement; la connaissance approfondie de l'histoire et de la géographie; des notions de physique et de mathématiques; et généralement un esprit cultivé, une élocution facile et une rédaction aisée et correcte.

DÉTAILS DE L'EXAMEN:

Première séance. Exercices sur les différentes sortes d'écriture; questions sur les plus grandes difficultés de la langue; sur la géographie naturelle, politique et astronomique; sur l'histoire générale et celle de la patrie; problèmes d'algèbre et de géométrie; questions sur la physique et l'histoire naturelle; composition sur un sujet donné.

Seconde séance. Observations sur les pièces de l'examen par écrit. Lecture de morceaux en différents genres: principes d'élocution; théorie approfondie des méthodes d'enseignement: interrogations sur le but et les résultats de l'éducation, et sur les moyens d'y parvenir.

Institutrices, comprises toutes dans un seul rang.

CAPACITÉ REQUISE: La lecture, l'écriture, le calcul et de bonnes dispositions pour l'enseignement.

DÉTAILS DE L'EXAMEN:

Première séance. Écriture en gros, en moyen et en fin; questions sur la théorie du calcul; problèmes sur les quatre règles fondamentales de l'arithmétique. Les personnes admises à l'examen remettront les plumes dont elles auront fait usage, et qu'elles auront taillées elles-mêmes.

Seconde séance. Observations sur les pièces de l'examen par écrit; lecture de divers passages; questions sur la manière d'enseigner les éléments de la lecture, de l'écriture et de l'arithmétique; interrogations sur l'ordre intérieur et la discipline des écoles pour les jeunes demoiselles.

Observations. Les institutrices qui voudront étendre leur enseignement plus loin, demanderont à être interrogées sur la grammaire, la géographie, l'histoire et généralement sur toutes les parties qu'elles prétendent enseigner, afin que le certificat de capacité en fasse mention et les y autorise.

Maîtres de langues, compris tous dans une seule classe.

CAPACITÉ REQUISE: La connaissance parfaite des langues que les candidats se proposent d'enseigner; explication méthodique des principes de ces langues.

DÉTAILS DE L'EXAMEN:

Première séance. Questions sur les règles particulières de chaque langue; dictée d'orthographe; traduction de quelques passages; composition sur un sujet donné.

Seconde séance. Observations sur les pièces de l'examen par écrit; lecture à haute voix; interrogations sur la méthode à suivre dans l'enseignement de chaque langue.

Observation. Les personnes qui, sans se vouer à l'enseignement public, désireraient obtenir un brevet de capacité comme instituteurs particuliers, seront examinées sur toutes les parties qu'elles se proposent d'enseigner, et qui doivent être pour cela explicitement énoncées dans leur brevet. Il en est de même des instituteurs qui, admis dans les rangs inférieurs, voudraient donner à leurs élèves des notions de géographie, de dessin linéaire, etc. ; le brevet devant, dans tous les cas, faire mention des parties à l'enseignement desquelles est autorisé celui auquel il est conféré.

_____

Considérations sur les moyens employés et à employer dans les écoles primaires, pour former le caractère des enfants. (Extrait de la circulaire adressée par M. Visser, inspecteur d'écoles, aux instituteurs du huitième district d'instruction de la province de la Frise.)

Quand nous considérons attentivement l'état des écoles et les moyens qu'on y employait pour conduire la jeunesse dans les cinquante dernières années du siècle précédent, ce qui nous frappe le plus, et ce qui s'offre en même temps comme l'objet le plus digne de nos réflexions, c'est la diversité d'effets que les différents procédés, alors en usage, ont dû nécessairement produire sur le caractère des enfants et, par conséquent, sur celui du peuple.

Pendant la première moitié de cette époque, de même que dans les temps antérieurs, les seuls moyens en usage, tant pour contenir et corriger que pour convaincre et encourager les enfants, étaient, pour ainsi dire, la verge, le bâton, la férule et la corde à nœuds ; on ne connaissait que peu ou point de récompenses. Faut-il s'étonner, d'après cela, que les hommes ainsi élevés soient devenus méchants, querelleurs, barbares et même cruels ? Les écoles étaient les lieux où ils acquéraient de telles dispositions et où ils contractaient le germe de tous ces vices.

Au commencement de la dernière partie de cette même époque, les moyens d'éducation furent un peu moins barbares, et l'on vit la plupart des salles d'écoles ornées de tableaux d'honneur et de honte, qui remplacèrent la verge, le bâton, la férule et la corde à nœuds. Les enfants se réjouirent de cette heureuse révolution. Mais leur joie fut de courte durée ; car ils ne tardèrent pas à s'apercevoir que si ces instruments de supplice n'étaient plus suspendus ni exposés dans l'école, ils n'en étaient pas moins employés secrètement et lorsque la crainte des poursuites ne mettait point d'obstacle à leur usage. Quant aux écoles où ils furent réellement abolis, la main pesante du redoutable magister, la règle destinée à tracer les lignes, ou la baguette servant à montrer les tableaux y devinrent de nouveaux instruments de torture. Ainsi les moyens

de répression furent toujours les mêmes, et les effets ne durent, par conséquent, point changer.

Néanmoins l'usage des tableaux d'honneur et de honte s'introduisait et se maintint dans beaucoup d'écoles, quoique d'une manière très-différente. Dans les unes, on voyait inscrits les noms de presque tous les élèves ; dans les autres, on ne trouvait que deux ou trois noms sur chacun d'eux, et quelquefois les mêmes noms sur tous les deux. Ici l'on inscrivait sur le tableau de honte tout enfant turbulent, paresseux ou négligent ; là on n'employait le tableau d'honneur que pour récompenser les progrès ; d'un côté, on faisait particulièrement usage du tableau d'honneur ; de l'autre, on se servait exclusivement du tableau de honte. Certains instructeurs, incapables d'adopter une direction convenable, mais peu enclins d'ailleurs à l'emploi de mesures trop sévères, firent usage de cartes de bonne et de mauvaise note comme auxiliaires de ces tableaux. Il en résulta que l'emploi du tableau d'honneur devint peu à peu moins fréquent, et que l'on abandonna tout à fait le tableau de honte en certains endroits. Les effets de cette manière d'agir varièrent cependant suivant les écoles. Là où ces distinctions ne sortaient point de l'enceinte de la classe et où l'on n'y attachait pas trop de prix, elles eurent des conséquences beaucoup moins sensibles et moins pernicieuses ; là, au contraire, où l'on y attachait une importance démesurée et où l'on cherchait à leur donner de la publicité en les communiquant aux parents et aux personnes de leur connaissance, on vit se former ces jeunes pédants, ces êtres présomptueux et vains qui sont si à charge à la société et à ceux qui les environnent.

Les dix dernières années du même siècle furent très-fécondes en essais qui prouvèrent jusqu'à l'évidence le danger et l'insuffisance des moyens d'éducation employés jusqu'alors. Dans les écoles où ils continuèrent d'être en vigueur, la formation du caractère fut peu sensible, et les résultats dépendirent de la sagesse et de l'esprit de l'instituteur ; mais dans celles où l'on voulut, à l'instar de la méthode lancastérienne, réduire leur usage en système, on se vit obligé d'en abandonner l'application, pour prévenir les conséquences dangereuses auxquelles il conduisait.

Telle est l'énumération des moyens les plus directs employés à cette époque pour la formation du caractère des enfants. Voici maintenant mes observations et mes idées à cet égard :

L'usage du tableau de honte est déraisonnable et en même temps très-pernicieux. Cette punition ne peut manquer d'avoir dans l'école le même effet que produit dans la société l'exposition au carcan ; c'est-à-dire d'imprimer dans l'âme de ceux auxquels elle est infligée la conviction qu'ils ont perdu l'estime de leurs semblables : ce qui doit nécessairement les conduire peu à peu du mal au pis. Il en est de même de toutes les peines infamantes, de quelque manière qu'elles soient infligées dans une école. On doit également ranger au nombre des punitions nuisibles ces expressions désagréables et tout propos tenu publiquement dans l'école sur la conduite, le zèle et les progrès d'un élève ; moyens qui ne servent qu'à le décourager et à émousser sa sensibilité. J'ai vu dans quelques endroits une autre punition qui prouve, hélas! combien peu certains instituteurs connaissent les hommes et les enfants qu'ils prétendent élever. C'est l'usage pernicieux de retenir dans l'école, après le temps de la classe, les élèves qui n'ont pas achevé leur devoir ou qui ont mécontenté le maître sous quelque rapport. Eh! faut-il donc faire servir de prison un endroit qui doit être pour les enfants le lieu le plus sacré et le plus agréable? Rien n'est plus contraire ni plus opposé au véritable but de l'éducation.

Quant aux châtiments corporels, je ne crois pas devoir vous en entretenir. J'ai la satisfaction de pouvoir dire qu'il est rare qu'un instituteur de mon district s'oublie au point d'en faire usage, et je suis certain qu'il n'en est point parmi eux qui ne soient convaincus de l'inconvenance et du danger qu'ils présentent. Je me bornerai seulement à vous rappeler combien ces sortes de punitions sont défendues par la dépêche ministérielle du 21 décembre 1820. Vous pourrez aussi juger combien le gouvernement est disposé à tenir la main aux dispositions prises à cet égard, par la résolution de Son Excellence le ministre de l'instruction publique, du 2 décembre 1823, et la circulaire de M. le gouverneur de la Gueldre et de la commission d'instruction de cette province. J'ajouterai à cela que je suis aussi peu disposé qu'autorisé à tolérer l'emploi de ces punitions, même les plus faibles.

Si vous me demandez maintenant quelles punitions vous emploierez, je vous répondrai *très-peu, de très-douces, de très-humaines, qui soient mûrement pesées et qui restent inconnues*.

Très-peu de punitions. L'instituteur qui connaît et qui exerce le mieux et le plus utilement ses importantes fonctions, est celui qui a le moins besoin de punitions, qui ne connaît point de châtiments réels, mais qui, dirigeant et formant l'esprit de son école, agit par ce moyen sur chaque élève; qui enfin prévient et détourne les défauts qu'il peut leur supposer, plutôt qu'il ne punit et ne corrige sévèrement les fautes qu'ils ont commises. C'est un art qu'on acquiert par la connaissance et l'empire de soi-même ; mais la peine qu'il réclame est beaucoup moindre et certainement plus agréable que les soins qu'exigent la recherche et l'application de toutes sortes de châtiments et de punitions.

Des punitions très-douces. Ce n'est point la rigueur de la punition qui prévient le mal ni qui le corrige : l'expérience prouve même le contraire. Les écoles et les sociétés où l'on fait usage des punitions les plus sévères et les plus inhumaines, sont celles aussi où l'on trouve toujours le plus d'opiniâtreté, de barbarie et de cruauté. L'instituteur qui prétend travailler pour la civilisation, doit prouver que ses élèves sont assez civilisés pour se laisser conduire et former par de douces exhortations. Plus vous augmenterez les punitions, plus les infractions se multiplieront, plus vous rendrez les peines sévères et rigoureuses, plus la désobéissance et l'opiniâtreté s'accroîtront.

Des punitions très-humaines. Si l'on pense que vous exercez le ministère de juge ou les fonctions de bourreau, alors vous réprimez et vous ne corrigez pas. Si vous punissez en colère, on apprend à vous haïr; si vous punissez avec une froide sévérité, on apprend à vous craindre et à vous regarder d'un œil indifférent. Un enfant ne peut jamais recevoir de vous la moindre réprimande ni la moindre punition sans que vous vous éprouviez vous-même quelque émotion, parce que vous sentez qu'un de vos semblables, qui a comme vous l'image de Dieu et la même destination, était en danger de s'égarer. Que jamais votre amour pour un élève ne se montre d'une manière plus évidente que lorsque vous le punissez. Que le chagrin que vous ressentez de sa faute, lui en donne la preuve et la conviction ; c'est ainsi que vous formerez véritablement la jeunesse et que vous la corrigerez.

Des punitions mûrement pesées. La précipitation n'est jamais plus nuisible que dans la direction des enfants et surtout dans l'administration des peines. Y a-t-il en effet quelqu'un de plus ridicule et de plus indigne qu'un instituteur qui, à chaque désagrément qu'il éprouve, fait aussitôt sentir les effets de son mécontentement au premier venu? Délibérer longtemps, réfléchir avec calme, juger avec précision la nature et les circonstances du délit pour infliger avec justesse la punition convenable ; voilà ce que doit faire tout instituteur. Il n'est pas moins insensé de vouloir tout punir. Bien des choses vous sont désagréables, qui ne méritent cependant pas de punition. Ce sont souvent les suites de l'irritation de l'âge et même les conséquences d'une mauvaise direction. Réfléchissez donc avec calme ; et quand vous devez punir, que la peine soit, autant que possible, en rapport immédiat et naturel avec le délit.

Des punitions qui restent ignorées. La peine n'a besoin d'être connue que de l'instituteur et de l'élève. Il en doit être de même de toute réprimande et exhortation. La sensibilité des enfants est plus délicate et plus active que celle des hommes faits, chez qui les peines l'ont beaucoup diminuée. Pensez à l'impression que faisait jadis sur vous une réprimande publique ou la censure de vos défauts. Cette réprimande et cette censure vous ont-elles corrigés? Quel doit donc être l'effet de semblables procédés sur l'âme des enfants? C'est à vous d'en juger. Que toute punition ou réprimande ait donc lieu en secret; qu'elles restent entre vous et l'élève, et inconnues à tous les autres. Les enfants apprendront ainsi à vous respecter et à vous aimer; ils sentiront que vous ne travaillez que pour leur bonheur, et récompenseront, par leur amour et leur reconnaissance, la bonne conduite que vous aurez tenue à leur égard.

Après vous avoir entretenus de la partie de la discipline relative aux fautes plus ou moins grandes des élèves, il me reste à vous parler de cette autre partie qui concerne le zèle et la bonne conduite et qui embrasse l'emploi des encouragements, des récompenses, des distinctions, des marques d'honneur, d'approbation, etc.

Si l'on se bornait jadis à tout régler par des punitions, on est maintenant tombé dans l'excès contraire en n'employant que des récompenses. Autant on s'attachait trop autrefois à l'usage des moyens de répression, autant l'on donne aujourd'hui trop de prix aux moyens d'encouragement. Si l'on errait alors dans l'emploi des punitions si multipliées et adoptées depuis longtemps, faut-il s'étonner que l'on se trompe dans la distribution des récompenses jadis si rarement usitées? Je vais m'expliquer un peu plus au long sur ce sujet.

Les premières récompenses qu'on employa dans les écoles furent des distributions d'images et de livres. Si on les eût données en cadeaux et non comme récompenses, on eût fait beaucoup de bien et très-peu de mal, dans un temps surtout où les nouveaux livres d'étude et de lecture étaient peu recherchés et peu connus. Mais dans la suite, on vit s'introduire dans nos écoles une mode étrangère, une espèce de récompenses à l'aide des sentiments d'honneur et de honte, fondées sur la comparaison mutuelle des élèves entre eux, et qui devaient imprimer dans l'âme des enfants des principes contraires à la morale et à la religion, et agir d'une manière très-défavorable sur le caractère du peuple et le bien-être de la société. Peu à peu ce genre de récompenses devint systématique. Toutes les actions, tous les exercices, toutes les opérations des enfants eurent leur bonne ou leur mauvaise note déterminée. La somme des notes de chaque élève fut mise en parallèle avec celles des autres; on distribua des marques d'honneur à ceux qui en avaient le plus,

et le plus grand nombre de ces marques décida du mérite. De cette manière, le zèle, l'application et la docilité des enfants furent mis réciproquement en concurrence, et l'on estima les progrès et la conduite de chaque élève d'après les progrès et la conduite de ses condisciples. On adopta ainsi un mode d'évaluation faux, inexact et incertain. La distribution solennelle des marques d'honneur, obtenues par suite de comparaisons faites entre les progrès de tous les élèves et fondées sur le nombre de notes accordées à chaque preuve de zèle, d'application et de bonne conduite, par des moniteurs, des aides ou des sous-maîtres, fut, par les raisons que nous venons d'expliquer, non-seulement injuste, mais encore pernicieuse. On a reconnu que ce mode de récompenses faisait naître chez les uns des sentiments d'orgueil, d'ambition, et des prétentions insupportables; tandis qu'il excitait chez les autres la jalousie, l'envie, le dégoût et le découragement. Cet usage sert encore à exciter et à entretenir dans le cœur des enfants le désir de voir récompenser et honorer chaque marque de zèle et de docilité que présente leur conduite; désir qui ne peut être satisfait plus tard dans le monde, et qui devient par là nuisible à la société, puisque chaque fois que les espérances sont déçues, il en résulte du mécontentement et de l'indifférence pour l'intérêt général; désir enfin qui est diamétralement opposé aux principes de la religion, de la morale et de la charité chrétiennes.

Les récompenses sont en général déplacées et nuisibles dans une école comme dans l'éducation particulière, car elles supposent des services rendus; et des enfants qui s'acquittent de leur tâche et suivent docilement les avis de leurs parents et de leurs maîtres, ne rendent point de services, ils ne font que leur devoir. Récompenser est donc, dans les écoles et dans les familles, une fausse idée (1), qui ne peut être admise en éducation, bien loin de devoir servir de règle à la manière d'élever et de former la jeunesse.

S'il ne convient pas d'employer les récompenses avec les enfants, vous pouvez donner votre approbation à leur zèle, à leur conduite et quelquefois à leurs progrès, et les encourager par ce moyen. Vous pouvez leur en donner des marques sensibles, pourvu que cela se fasse d'une manière avantageuse à leur développement moral. Si vous me demandez comment cela peut avoir lieu, je vous dirai: *Donnez les marques de votre contentement et de votre approbation sans précipitation, en particulier, avec réserve, modérément, après mûre délibération et avec joie et cordialité.*

(1) Ce principe, présenté trop absolument, n'est point exact. L'idée du mérite et du démérite, et par conséquent celle de la récompense et de la peine, s'applique aux petites choses comme aux grandes, et elle a son emploi légitime dans l'école comme dans l'État. L'émulation est un principe pédagogique juste en lui-même, et utile quand on s'en sert avec mesure. Mais il est vrai qu'il n'y a pas de principe plus dangereux et plus corrupteur lorsqu'il est mal employé. C'est contre cet abus que réclame ici avec force le vertueux inspecteur frison.

Témoignez votre approbation avec réserve. Si vous élevez jusqu'au ciel les moindres marques de zèle et de bonne conduite, que ferez-vous dans le cas d'une application soutenue ou d'une action vraiment louable ? Si vous prodiguez vos éloges pour des bagatelles, quel sera l'effet de vos louanges quand vous voudrez encourager des faits plus importants? Soyez donc réservés dans les marques d'approbation. Considérez surtout que ce n'est ni la quantité ni l'étendue des témoignages que vous accordez aux élèves qui leur donne de l'importance à leurs yeux, mais que c'est plutôt la manière dont vous les donnez qui en fait le prix. Si vous remarquez qu'un enfant se passionne pour cette sorte d'encouragement, soyez encore plus réservés, afin de maîtriser son amour-propre, et ne témoignez votre approbation qu'après que vous avez vu que cela devient nécessaire.

Soyez également modérés dans vos témoignages de satisfaction. La rareté peut en augmenter considérablement la valeur. Si vous encouragez tous les jours, si vous donnez tous les jours des marques d'approbation, l'élève apprendra à les envisager avec indifférence, ou sera mécontent toutes les fois qu'il tardera à les recevoir. Ne prodiguez donc point vos témoignages de satisfaction ; mais lorsque la marche ordinaire des exercices vous engage à prendre un air content et gai, que vos regards se portent particulièrement sur ceux qui se sont distingués par leur zèle, leur application et leur conduite.

N'accordez votre approbation qu'après un mûr examen et une profonde délibération. Lorsque vous avez des motifs d'approuver la conduite ou le zèle d'un élève, ne croyez pas qu'il soit indifférent de quelle manière et dans quels termes vous le lui témoignez. Ne vous précipitez pas ; méditez d'abord attentivement ce que vous voulez dire, et comment vous le voulez dire ou de quelle manière vous voulez témoigner votre satisfaction. Ce n'est qu'en vous conduisant ainsi que vous pourrez agir efficacement sur le cœur des jeunes gens, et établir une sage économie dans vos marques de satisfaction.

De plus, que toutes vos approbations soient données en particulier ; qu'elles restent toujours uniquement entre vous et vos élèves. La publicité fait ordinairement manquer le but dans l'éducation morale et n'est propre qu'à exciter l'orgueil et l'ambition des uns, à causer l'envie et le découragement des autres. N'admettez donc point de témoins, aussi bien quand vous louez que quand vous blâmez. Votre élève s'attachera d'autant plus à vous, et vous acquerrez, en agissant ainsi, d'autant plus de pouvoir sur lui.

Enfin, donnez toutes vos marques d'approbation avec une entière cordialité. Tout blâme ou tout éloge exprimé avec une froide indifférence ne va pas jusqu'au cœur, qui le repousse dès l'abord. Vous donnerez à un enfant mille louanges sans y mettre l'accent convenable, et aucune d'elles ne fera sur lui une impression durable. C'est pourquoi je vous engage, toutes les fois que vous devez témoigner votre satisfaction, à laisser voir à l'enfant qui en est l'objet, toute la joie et tout l'intérêt que vous prenez à ce qui le concerne. Ouvrez-lui un cœur plein d'amour : ce moyen, beaucoup plus que vos paroles, influera sur le cœur de vos élèves et facilitera leur développement moral.

————

Exercices propres à développer l'esprit et le cœur des enfants ; extraits de l'ouvrage intitulé : *Voedsel voor het kinderlijk verstand en hart*, et traduit de l'allemand de LOHR.

DÉVELOPPEMENT DE L'INTELLIGENCE.

PREMIÈRE SECTION.

Les exercices (1) consistent : 1° à faire dire aux enfants des mots d'une signification opposée ; 2° à leur apprendre à lier les idées.

§ 1. *Mots d'une signification opposée.*

1. *Indiquez les mots qui représentent exactement le contraire des suivants* : grand — haut — long — large — fort — gros — vieux — riche — tranquille — froid — léger — rond — doux — agréable — courageux — clair — dur — pointu — précieux — courbé — uni — plein — creux — ouvert — sec — noir — nu — gras — frais — solide.

2. *Cherchez le contraire de* sage — taciturne — propre — adroit — diligent — laborieux — juste — honnête — obéissant — pieux — innocent — vrai — spirituel — gourmand — docile — sincère — obligeant — avare — facile — méchant — poli — fidèle — hardi — commun — connu — certain — égal — instruit — content — variable.

3. *Quel est l'opposé de* vieillesse — force — chaleur — nuit — hiver — sécheresse — commencement — avantage — profondeur — amitié — orgueil — liberté — paresse — mensonge — ordre — confiance — vertu — beauté — gloire — tristesse — bonheur — espoir — politesse — fidélité — peine — douceur — tempête — honneur — souvenir — mépris.

(1) Ces exercices doivent être proposés de vive voix aux enfants qui ne savent ni lire ni écrire, et sur la planche noire à ceux qui ont déjà fait quelques progrès dans la lecture.

4. *Quel est encore l'opposé de* dormir — marcher — parler — travailler — venir — monter — partir — estimer — nuire — aimer — réunir — affirmer — donner — punir — joindre — accorder — oublier — répondre — ouvrir — geler.

5. *Y a-t-il des mots qui expriment le contraire de* vert — jaune — pain — viande — paille — fleur — lapin — jambe — beurre — vache — maison — pleuvoir.

§ 2. *Liaison des idées.*

Parmi les mots, il y en a qui servent à désigner les objets, comme *homme, cheval, maison* ; d'autres expriment les qualités ou les propriétés des objets, comme : un *grand* homme, un *vieux* cheval, une *belle* maison. Les premiers s'appellent *substantifs* ou *noms*, les autres se nomment *adjectifs*.

Dans le discours, les noms et les adjectifs doivent être employés de manière à ne présenter aucune contradiction entre les idées qu'ils expriment ; ainsi, l'on ne dit pas *une boule carrée*, *une montagne profonde*, *du charbon blanc*, etc. D'après cela :

1. *Dites si les expressions suivantes représentent des idées analogues entre elles ; et, dans le cas où les idées seraient contradictoires, remplacez le nom ou l'adjectif par des mots plus convenables.*

Le nègre blanc — la neige noire — l'eau sèche — l'arbre profond — la fosse élevée — le sucré amer — la glace brûlante — le désert peuplé — le chagrin agréable — l'avare prodigue.

2. *Indiquez parmi les expressions suivantes, celles dont les idées sont moins contradictoires :*

Le maître obéissant — l'écolier impérieux — le lion apprivoisé — l'hiver chaud — l'été froid — le vent doux — la pomme aigre — la poire pierreuse — l'âne vert — la charge légère.

3. *Joignez aux noms suivants les qualités qui conviennent aux objets qu'ils expriment :*

Pain, viande, bière, vin, table, chaise, miroir, oiseau, souris, lit, fenêtre, porte, travail, santé, force, chambre, jardin, air, soleil, lune, ville, rivière, prairie, craie, encre, livre, maison, arbre, manteau.

4. *Dites si les mots suivants peuvent servir à l'expression claire et distincte des idées que l'on veut rendre :*

Le jardin épais — la soupe ronde — le mouton carré — le bâton maigre — la poupée spirituelle — le thé clairvoyant — l'arbre intelligent.

SECONDE SECTION.

Les exercices ont pour objet d'apprendre à distinguer, à l'aide de petits contes, ce qui est *vrai* d'avec ce qui est *faux.*

Indiquez, dans les historiettes suivantes, ce à quoi on peut ajouter foi, et ce qui exprime réellement contradiction.

1. Deux chiens poursuivaient un lièvre ; celui-ci se retourna, mordit les chiens et les mit en fuite.

2. Une rivière avait sa source au bas d'une montagne ; l'eau coulait en se dirigeant vers le haut ; et parvenue au sommet, elle descendait ensuite de l'autre côté.

3. Une poule ayant pondu douze œufs, les couva. Au bout d'un certain temps, il sortit d'un œuf deux poulets, d'un autre quatre, d'un autre six, etc., tellement qu'il y en eut qui produisirent jusqu'à douze poulets.

4. Le feu avait pris aux quatre coins d'une grande maison ; un petit oiseau vola au-dessus, et éteignit le feu avec ses ailes.

5. Un lion faisait la ronde pour chercher quelque proie ; ne pouvant rien trouver, il se leva sur ses pattes de derrière, et vola comme un oiseau pour mieux voir de tous côtés.

6. Neuf enfants qui n'avaient pas mangé depuis deux jours, avaient extrêmement faim. Ils trouvèrent une pomme, qu'ils partagèrent entre eux, et ils furent rassasiés.

7. Dans une grande chaleur, tous les fruits mûrirent, et les rivières furent gelées ; mais elles se dégelèrent par le grand froid qu'il y eut l'hiver suivant.

8. Un jeune veau trouva un grand loup dans une prairie, située au milieu d'un bois ; comme il avait fort faim, il tua cette bête féroce et la dévora.

9. Un jeune enfant voulant attraper des oiseaux, leur présenta du pain ; alors ils volèrent tous vers lui, et se laissèrent prendre sans difficulté.

10. Six de ces oiseaux mangeaient en un jour un boisseau de millet.

11. Un muet se trouvait sur un grand chemin, où il demandait l'aumône. Un homme riche vint à passer et lui demanda quelle était son infirmité. « Ah ! dit-il, je suis muet. » Aussitôt le passant eut pitié de lui, et lui donna beaucoup d'argent.

12. Quatre sourds vinrent dans une auberge où des musiciens s'exerçaient à jouer de divers instruments ; ils furent si charmés de la musique qu'ils entendirent, qu'ils ne purent s'empêcher de danser.

13. Un voyageur racontait qu'il avait été dans un pays très-éloigné où il faisait tellement chaud que son épée fondit dans le fourreau.

14. Un artiste fort habile fit un jour un moineau d'or massif, qui s'envola aussitôt.

15. Un mauvais sujet ayant fait un grand feu sur un étang, brûla tous les poissons qu'il renfermait.

16. En une seule nuit, quelqu'un construisit une

grande maison, et la garnit des meubles nécessaires, quoiqu'il n'y eût rien de préparé auparavant.

17. Quelqu'un parcourut dans ses voyages un pays où les pierres précieuses, l'or, l'argent, les vaches, les chevaux et les moutons croissaient sur les arbres.

18. Dans une certaine nuit, il fit un vent si violent, que les maisons et les clochers en souffrirent beaucoup. Mais ce qu'il y eut de plus déplorable, c'est qu'une grosse montagne fut renversée sur une grande ville, et que l'on eut des peines infinies pour la relever.

19. Lors d'une grande famine, les hommes prirent des pierres, les broyèrent, et en firent d'excellent pain.

20. Un corbeau rencontra un mouton gras, et l'enleva dans les airs, pour le manger sur un arbre.

21. Un individu qui n'avait plus de pieds, marchait à l'aide de deux jambes de bois. Un petit polisson les lui ayant enlevées, il courut après lui, le joignit et le châtia d'importance.

22. Un soldat ayant perdu ses deux mains dans un combat, écrivit à son frère de venir le rejoindre afin de l'aider.

23. Quelqu'un avait des dents si aiguës, qu'il pouvait mordre dans un caillou comme dans une pomme, de manière à y laisser l'empreinte de ses dents.

24. Le boucher d'un petit village ayant peu de débit de sa marchandise, résolut de ne plus tuer, dans la suite, que la moitié d'un bœuf.

25. Quelqu'un n'ayant point assez d'argent pour payer le loyer de la maison qu'il habitait, se tira d'embarras en achetant ladite maison.

26. On demandait dans une société comment il se faisait que le soleil se levât à une extrémité de l'horizon, tandis qu'il se couchait à l'autre; un homme bien entendu en donna l'explication suivante: c'est, dit-il, que pendant la nuit le soleil retourne sur ses pas; et si nous ne le voyons pas, c'est qu'il fait obscur.

27. Quelqu'un était si gros qu'il ne pouvait voir ses pieds que dans un miroir. Six hommes n'étaient pas capables de le porter d'un endroit à l'autre; et cependant il était si léger qu'il surpassait à la course le cheval le plus vif.

28. On vit, dans une certaine foire, un homme en avaler un autre avec ses habits et ses souliers, et le retirer ensuite de sa poche une heure après.

29. Quelqu'un avait été malade pendant très-longtemps, et les plus habiles médecins n'avaient pu le guérir. Un jour, il vint chez lui un homme qui prononça des paroles inintelligibles, et il fut guéri à l'instant.

30. Un particulier avait un cheval ailé, un aigle à quatre pattes, et une baleine avec des ailes et des pieds. Il voyageait avec ces animaux curieux, et les montrait

partout. Il disait aussi qu'il venait d'un pays où les menteurs ne disaient jamais que la vérité.

TROISIÈME SECTION.

Les exercices sont de trois sortes: 1° des questions; 2° des propositions sur les rapports entre les objets; 3° des classifications d'objets.

§ 1. *Questions.*

1. Quels sont les objets avec lesquels on coupe?

2. Indiquez tout ce qui, dans une vache, peut être utile, et quel usage on en fait.

3. Quelles sont les créatures qui peuvent apprendre à parler?

4. La voix et le cri de chaque animal sont presque toujours désignés par un mot particulier. Citez ces expressions, si elles vous sont connues. On dit d'un cheval qu'il hennit, d'un chat qu'il miaule, etc. — Dites comment l'on nomme le cri du cochon, de la poule, du coq, du rossignol, du chien, du loup, du lion, du bœuf, etc.

5. Indiquez tout ce qui est nécessaire à la construction d'une maison, et quels sont les ouvriers qu'on y emploie. Indiquez aussi l'ouvrage de chacun d'eux.

6. Par quel moyen pouvez-vous communiquer vos pensées, sans employer le secours de la parole?

7. Parmi les objets qui vous sont connus, citez ceux qui sont faits: 1° avec du fer; 2° avec de la laine; 3° avec du coton; 4° avec du cuir; 5° avec de la terre; 6° avec du bois.

8. Comment peut-on se rendre d'un lieu à un autre? Pensez à vos pieds, aux chevaux, aux voitures, aux vaisseaux, aux poissons. Pensez aussi à la manière dont les oiseaux et les vers se rendent d'un endroit à un autre.

9. D'où viennent les rivières et les ruisseaux? D'où sortent-ils? Pourquoi coulent-ils d'un endroit à un autre? L'eau peut-elle se rendre naturellement vers les montagnes?

10. Il y a de grandes villes où l'on trouve des milliers d'habitants. La plupart sont situées sur des rivières ou près de la mer; quelle en est la raison?

11. Quels objets l'homme emploie-t-il ou peut-il employer pour sa nourriture? Quels objets emploie-t-il pour ses vêtements?

12. Quand on n'a point les objets nécessaires pour se nourrir et s'habiller, comment peut-on les obtenir? Est-ce avec de l'argent? Mais quand on n'en a point, que fait-on pour s'en procurer?

13. Quand fait-il jour? Où est le soleil, quand le ciel est couvert de nuages? Où est-il pendant la nuit?

14. Nommez quelques objets auxquels on peut attri-

buër la qualité de grand, petit, étroit, large, frais, sec, humide, gras, maigre, vieux, jeune, nouveau, rare, commun, malade, sain, long, court, épais, mince, doux, aigre, amer, simple, spirituel, savant, rouge, vert, noir, jaune, pointu, paresseux, diligent, élevé, bas, uni, chaud, froid, agréable, désagréable.

15. Certaines parties du corps sont solides, d'autres sont liquides; nommez les unes et les autres.

16. Indiquez toutes les qualités auxquelles vous pouvez reconnaître et distinguer un animal d'avec les plantes, les pierres et d'autres objets.

17. Nommez toutes les parties d'une plante.

18. Que fait-on pour rendre les mets plus délicats? Nommez quelques-unes des épiceries qu'on y emploie.

19. Dites ce qui est plus pesant d'une livre d'or ou d'une livre de cire. Dites ce qui forme le plus gros volume d'une rasière de froment ou d'une rasière de clous.

20. Savez-vous combien il y a d'heures dans un jour et une nuit pris ensemble, combien il y a de jours dans une semaine, combien de semaines dans un mois, et combien de mois dans un an?

21. Indiquez tous les objets qui sont employés au service de la table. Indiquez ceux qui se trouvent ordinairement dans une chambre à coucher.

22. Nommez les diverses sortes d'habillements dont nous nous servons, la manière dont ils sont faits, et les ouvriers qui les fabriquent.

23. Comment pouvez-vous savoir qu'un objet est long ou court, mince ou épais, doux ou aigre, odorant ou inodore?

34. Toutes choses croissent et décroissent. Nommez-en quelques-unes. — Comment décroissent les arbres, les plantes, le fer, les pierres, etc.

§ 2. *Propositions et comparaisons.*

1. Dites en quoi une montagne, une aiguille, un couteau, une tour se ressemblent. Cherchez ce que ces objets ont de commun. Pensez à leurs extrémités.

2. Quelle ressemblance y a-t-il entre une plante et un animal, entre l'herbe et le pommier, entre une cerise et un abricot?

3. Savez-vous quelle ressemblance il y a entre une araignée et un pêcheur, entre un charpentier et un limaçon, entre une taupe et un jardinier?

4. En quoi une table ressemble-t-elle à un bœuf, un four au soleil, l'encre au lait, une voiture à une barque?

5. Quelle analogie y a-t-il entre une corde et un clou, du sucre et du sel, du feu et de l'eau, la lune et une lanterne, l'été et l'hiver, un anneau et une roue?

6. Quelle ressemblance trouvez-vous encore entre le vin et la bière, la soupe et l'eau, une pomme et une prune, du beurre et de l'huile, un jardin et un bois, des rats et des souris, un chapeau et une perruque, les canards et les poissons?

7. Indiquez aussi la différence qu'il y a entre la chaleur et le feu, l'eau et la glace, l'air et le vent, du papier et un livre, du bois et une table.

§ 3. *Classification des objets.*

Lorsque, d'un certain nombre d'objets, on réunit ceux qui ont entre eux quelque analogie, cela s'appelle *séparer, distinguer, classer.* On peut classer les objets de différentes manières, selon leurs différentes propriétés ou qualités, par exemple, en réunissant ceux qui ont la même couleur, la même forme, la même grandeur, etc.

1. Classez les animaux suivants, de manière que ceux qui ont le même nombre de pieds se trouvent réunis: souris, rat, ver, papillon, chenille, carpe, cheval, hanneton, anguille, âne, brochet, chèvre, canard, oie, poule, serpent, taupe, lion, chien, belette, moineau, araignée.

2. Classez les mêmes animaux suivant l'élément qu'ils habitent, l'air, l'eau, la terre, etc.

3. Réunissez-les d'après l'espèce d'aliment dont ils se nourrissent.

4. Ne peut-on pas diviser tout ce qui se trouve sur la terre en êtres vivants et en objets inanimés? Divisez de cette manière les objets suivants: bœuf, chanvre, toile, rôti, froment, arbre, table, oie, lit, huître, char, cheval, vache, farine, oiseau, pierre, planche, chaux, taupe, pont, sable, poule, fer, pot, couteau, vers, soulier, chemise, mouton, laine, bas, livre, papier, cuir, pomme, chat.

5. Ne distingue-t-on pas aussi les objets en naturels et en artificiels, suivant qu'ils proviennent de la nature ou qu'ils sont l'ouvrage des hommes? Divisez les objets qui précèdent, d'après cette distinction.

6. Parmi les objets que produit la nature, les uns, que l'on nomme animaux, peuvent se mouvoir, comme les quadrupèdes, les oiseaux, les poissons, les insectes; d'autres que l'on nomme végétaux, tiennent immédiatement à la terre et croissent au-dessus, comme les arbres et les plantes; d'autres enfin, que l'on nomme minéraux, sont renfermés dans l'intérieur de la terre, comme les pierres, le sable, les métaux, etc. D'après cela, divisez les objets suivants en trois classes: or, lion, tulipe, renard, foin, rose, fer, cuivre, chenille, pois, puce, boue, papillon, fraisier, brebis, plomb, fève, marbre, hibou, cerise, tigre, étain, poire, sel, loup, violette, chaux, canard, choux, navet, hanneton.

7. Pourrait-on, dans la classification des animaux, distinguer ceux qui mettent au monde leurs petits tout

vivants, et ceux qui les font provenir d'œufs ? D'après cela, divisez les animaux suivants en classes : brebis, loup, cheval, poule, chien, lapin, pigeon, chat, moineau, araignée, cochon, mouche, vache, anguille, dindon, souris, papillon, âne, hareng, alouette.

8. Pourriez-vous, dans la classification des végétaux, et particulièrement des arbres, distinguer ceux qui portent des fruits et ceux qui n'en portent pas ? D'après cela, divisez les arbres suivants en deux classes : noyer, saule, pommier, chêne, platane, abricotier, poirier, sapin, acacia, figuier, aune, prunier, bouleau, frêne, hêtre, marronnier, peuplier, charme, mûrier, tilleul.

———

Nous, Guillaume, etc.

Vu le rapport de notre ministre de l'intérieur, du 3 avril 1827, concernant la création de bourses à la charge du trésor, au moyen desquelles de jeunes filles seraient élevées pour l'état d'institutrices;

Vu notre disposition préalable du 8 avril 1827 ;

Vu le rapport subséquent de notre ministre de l'intérieur du 5 juillet 1827 ;

Avons arrêté et arrêtons :

ART. 1er. Notre ministre de l'intérieur pourra disposer, en faveur des jeunes filles qui désirent se vouer à l'état d'institutrice, de dix bourses à la charge du trésor, chacune de 300 flor., et de dix bourses chacune de 150 flor.

ART. 2. Ces bourses serviront à placer dans de bons pensionnats du royaume de jeunes personnes de quinze à seize ans qui veulent se livrer à l'enseignement, pour y être formées à cet état sous la direction de l'institutrice d'un pareil établissement.

ART. 3. Notre ministre de l'intérieur pourra accorder ces bourses pendant trois années consécutives, mais elles ne seront accordées qu'à des jeunes personnes indigènes, de l'âge susdit, qui déclarent positivement vouloir suivre la carrière de l'instruction. Pour pouvoir obtenir une bourse, ces personnes doivent connaître par principes les langues hollandaise et française, savoir faire des analyses grammaticales et connaître les principes de l'arithmétique.

ART. 4. Lesdites bourses sont affectées sur le budget du département de l'intérieur.

Notre ministre de l'intérieur est chargé de l'exécution du présent arrêté, qui sera communiqué à notre ministre des finances et à la chambre générale des comptes.

Donné à Laeken, le 9 juillet 1827, la quatorzième année de notre règne.

(Signé) GUILLAUME.

(Signé) J.-G. DE MEY VAN STREEFKERK.

Le ministre de l'intérieur,

Vu l'arrêté royal du 9 juillet 1827, par lequel vingt bourses sur le trésor ont été fondées pour subvenir à l'éducation et à l'entretien de jeunes personnes du sexe qui se destinent à l'état d'institutrice, savoir dix bourses entières de 300 flor. et dix demi-bourses de 150 flor.;

Vu les propositions des commissions d'instruction de chaque province concernant les jeunes personnes à qui ces bourses pourraient être données et les pensionnats dans lesquels elles pourraient être placées ;

A arrêté :

1° La distribution des bourses se fera cette année de manière que dans chaque pensionnat soient placées, autant que les circonstances pourront le permettre, une jeune personne qui aura obtenu une bourse entière et une autre à qui on n'aura pu donner qu'une demi-bourse, dans la confiance que les maîtresses des pensionnats se contenteront de cet arrangement et n'exigeront pas de subside extraordinaire pour l'entretien des élèves qui n'auront obtenu qu'une demi-bourse.

2° Ces bourses ne seront accordées que pour le terme provisoire d'une année, mais pourront, s'il y a lieu, être prolongées pour un et même pour deux ans.

Pour l'année courante, il ne sera disposé de ces bourses qu'à partir du 1er avril.

3° Les inspecteurs des districts d'écoles dans lesquels se trouvent des pensionnats où des boursières seront placées, sont particulièrement chargés de surveiller l'éducation et les progrès de ces jeunes personnes.

Ils seront tenus d'adresser un rapport séparé sur cet objet à la commission d'instruction de leur province, à sa réunion annuelle du mois d'octobre.

4° Les commissions d'instruction, après avoir examiné ces rapports, les feront parvenir séparément au département de l'intérieur, accompagnés, s'il y a lieu, de leur avis concernant la prolongation du terme pour lequel ces bourses ont été provisoirement accordées.

5° Les commissions d'instruction adresseront en même temps leurs propositions au département de l'intérieur, à l'égard de la réassignation des bourses devenues vacantes, après avoir pris l'avis de l'inspecteur du district, dans le ressort duquel se trouve le pensionnat auquel la bourse vacante était attachée.

Copie du présent arrêté sera envoyée à chacune des commissions d'instruction, et à l'inspecteur en chef de l'instruction moyenne et primaire, pour leur information respective.

Le 4 avril 1828.

Le ministre de l'intérieur,

(Signé) VAN GOBBELSCHROY.

A la députation des états de la province de .....

J'ai l'honneur d'informer Vos Seigneuries qu'il a plu à Sa Majesté de statuer que, pour faciliter l'enseignement et la connaissance du système métrique, toutes les écoles primaires communales seront pourvues d'une série complète des nouveaux poids et mesures, dont l'achat se fera aux frais des communes.

J'ai, en conséquence, l'honneur de prier Vos Seigneuries de vouloir communiquer cette décison du roi aux régences des villes et aux administrations communales de votre province, avec injonction d'y satisfaire aussitôt que les circonstances le permettront.

Je me trouve chargé en outre de prier Vos Seigneuries au nom de sa Majesté,

1° De veiller à ce que les communes qui ne pourraient pas se procurer de suite ces poids et mesures, mais qui cependant ne manquent pas de ressources pécuniaires, ne négligent pas de porter sur leur budget la somme nécessaire pour en faire l'achat une année prochaine;

2° De venir, autant que possible, au secours des communes dénuées de ressources, au moyen des fonds provinciaux;

3° Dans le cas où les fonds provinciaux fussent également insuffisants, de faire connaître les besoins pécuniaires au département de l'intérieur, dans le but de mettre le gouvernement à même de juger s'il y a lieu à accorder un secours sur le trésor.

Le 14 janvier 1828.

L'administrateur de l'instruction publique, des arts et des sciences.

(*Signé*) Van Ewyck.

———

En 1829, le gouvernement qui, pour satisfaire les prétentions du clergé belge, pensait à remplacer la loi de 1806 par une loi nouvelle où la liberté illimitée d'enseignement fût consacrée, crut convenable de sonder l'opinion générale sur cet important sujet, en demandant l'avis de toutes les commissions départementales sur une question relative au droit d'enseigner. Telle était cette question : « S'il convient, dans l'intérêt d'une bonne instruction, de permettre que des personnes munies de certificats de capacité se fixent à leur gré, comme instituteurs particuliers, dans l'endroit, ville ou village qu'elles choisiraient à cet effet; ou bien s'il vaut mieux limiter le nombre des instituteurs, en ayant égard aux localités et aux besoins de la population? » Presque toutes les commissions se prononcèrent pour cette dernière opinion. Nous avons sous les yeux l'ensemble de ces réponses, et nous publions celle de la commission du Luxembourg, non-

seulement parce que cette réponse est en français, mais parce qu'elle renferme, avec des vues d'un ordre élevé, des documents historiques très-peu connus et très-dignes de l'être.

Rapport de la Commission d'instruction du grand-duché de Luxembourg, sur une question relative au droit d'enseigner.

Son Excellence le ministre de l'intérieur, par une dépêche du 16 mai 1829, litt. A, annonce qu'il entre dans les vues de Sa Majesté de faire présenter aux chambres un projet de loi sur l'instruction publique, et d'arrêter à ce sujet des règlements généraux. En conséquence, Son Excellence demande que les commissions provinciales d'instruction se prononcent sur la question de savoir : « S'il convient, dans l'intérêt d'une « bonne instruction, de permettre que des personnes « munies de certificats de capacité se fixent à leur « gré comme instituteurs particuliers dans l'endroit, « la ville ou la commune qu'ils choisiraient à cet effet ; « ou s'il vaut mieux limiter le nombre des instituteurs, « en ayant égard aux localités et aux besoins de la « population. »

Cette question étant de nature à exercer une haute influence sur l'instruction publique, nous avons eu recours aux lumières de messieurs les inspecteurs d'écoles, répandus sur les divers points du grand-duché ; nous les avons invités à consulter à la fois les intérêts généraux de la société, les circonstances locales qui les environnaient, l'expérience qu'ils avaient acquise, et à nous transmettre des rapports sur le résultat de leurs combinaisons. Ces rapports ont été recueillis par nous, et conférés ensemble; la discussion s'est ouverte dans notre assemblée générale d'été, en présence et avec le concours de la plupart de ceux qui en étaient les auteurs ; et par cette longue et juste investigation on est parvenu à reconnaître : « qu'il ne « convenait pas, dans l'intérêt d'une bonne instruc-« tion, de permettre que des personnes muniës de « certificats de capacité se fixassent à leur gré comme « instituteurs particuliers dans l'endroit, la ville ou la « commune qu'ils choisiraient à cet effet; qu'il valait « mieux limiter le nombre des instituteurs, en ayant « égard aux localités et aux besoins de la population : « qu'en conséquence il y avait lieu de maintenir toutes « les conditions existantes pour l'établissement d'un « instituteur dans un endroit quelconque, sauf toute-« fois à statuer que la faculté d'agréer les sujets pro-« posés, confiée jusqu'ici au département de l'intérieur, « serait déférée aux états députés de la province, toutes « les fois au moins qu'il s'agirait d'une école non dotée « par le gouvernement. »

Tel est l'objet de la délibération de notre assemblée

générale du 2 août dernier. Cette délibération est accompagnée des rapports particuliers de MM. les inspecteurs d'écoles, d'un résumé de ces rapports, et nous avons été chargés d'y ajouter le développement des idées émises dans la discussion orale qui en a été la suite.

C'est une tâche assez difficile à remplir, si l'on considère qu'il s'agit de soutenir une opinion qui a été combattue avec tant de persistance, soit dans les papiers nouvelles, soit dans des écrits particuliers, soit dans les adresses faites à l'autorité publique, soit enfin dans les discussions des états généraux. Les conditions que le législateur avait cru devoir mettre à la faculté d'enseigner, sont la cause de tant d'hostilités. La digue qui a si longtemps maintenu prospère l'enseignement est devenue un objet de terreur et d'aversion ; et c'est au nom de la liberté qu'on croit devoir en réclamer la destruction, de la liberté illimitée qu'on veut voir régner dans tout, comme seule capable de tout vivifier.

Loin de nous la pensée d'apporter le moindre obstacle à l'exercice de ce droit sacré de l'homme ; mais loin de nous aussi la coupable faiblesse de fermer les yeux sur les fausses couleurs qu'on lui donne. La vérité est aussi un besoin de l'homme ; elle est cette lumière vive qui nous mène plus sûrement dans la voie que nous devons suivre ; et cette lumière, ce n'est pas dans le labyrinthe des abstractions qu'on la découvre, mais dans l'analyse des faits, dans l'examen du passé et dans la comparaison du présent. Nous porterons donc nos regards sur ce que l'instruction primaire a été successivement sous les gouvernements autrichien et français, et sur ce qu'elle est devenue de nos jours.

§ 1. État de l'instruction primaire sous le gouvernement autrichien.

On se tromperait grandement si l'on s'imaginait que la liberté d'enseigner, si ardemment invoquée depuis un an, n'ait pas existé dans l'ancien temps. Elle était, au contraire, le fruit naturel de l'indifférence des gouvernants et des gouvernés d'alors. Mais, avant d'en venir aux funestes résultats qu'elle a amenés, nous parcourrons rapidement les époques durant lesquelles le gouvernement a paru se réveiller plus ou moins de sa léthargie ordinaire.

La première ordonnance que les anciens recueils nous fournissent à cet égard, est du 1er juin 1586. L'article 15 de cette ordonnance imposait aux magistrats le devoir de tenir la main à ce que les enfants, serviteurs et servantes, fréquentassent les écoles, et de punir les chefs de famille qui ne les y enverraient pas.

Le 5 décembre 1771, le conseil de la province de Luxembourg, qui réunissait aux fonctions judiciaires une partie de l'administration civile, rendit un décret ainsi conçu :

« Ordonnance à tout père et mère, tuteur et curateur et autres, ayant charge de surveillance sur les enfants, de les envoyer diligemment au catéchisme qui se fait à l'église et à l'école, à l'âge de huit ans au plus tard, jusqu'à ce qu'ils aient été admis à la première communion, et ce depuis le 1er novembre jusqu'à Pâques, à peine contre les négligents de sept sols d'amende pour chaque enfant, à décréter par ceux de la justice sans ultérieurs frais, sur les listes signées qui leur seront données par les curés des lieux. Défense à tous et un chacun de s'ériger en maître d'école, sans avoir été préalablement examiné et approuvé par lesdits curés et admis par l'officier, à peine de dix florins d'or d'amende. Et sera le présent décret publié, chaque année, au prône pour que chacun s'y conforme. »

Nonobstant des dispositions si précises et d'autres semblables émanées dans l'intervalle de 1586 à 1771, l'instruction primaire n'en continua pas moins de rester languissante et stérile ; trois ou quatre mois au plus y étaient consacrés par an. L'enseignement était individuel, de sorte que durant ce court espace de temps, chaque élève recevait de 6 à 8 heures de leçons au plus. Aussi était-ce moins pour instruire les enfants que pour s'en débarrasser qu'on les envoyait à l'école. Dans beaucoup d'endroits c'était le vicaire qu'on en constituait le gardien ; ailleurs on louait un maître à cet effet, comme ou louait un pâtre pour le troupeau commun. Le bienvenu était celui qui se donnait au meilleur marché. Si quelquefois il se faisait des préférences, ce n'était pas le plus habile en était l'objet, mais le fils, le parent de celui qui jouissait de plus d'influence ou de plus de protection.

Sous cette coutume asservissante et corruptrice, nonseulement l'homme capable était repoussé d'une école par toutes les difficultés, toutes les injustices ; mais quand il parvenait à y entrer, il était retenu dans le cercle étroit tracé autour de lui. Tout procédé nouveau lui était interdit ; il était obligé de se traîner dans l'ornière de l'ancienne routine ; il ne pouvait se servir que de l'abécédaire, du catéchisme et de quelques vieux bouquins d'un langage suranné et barbare. Savoir lire son catéchisme et son livre de prières était le *nec plus ultra* de l'instruction dans la plupart des écoles de campagne ; rarement on apprenait à écrire au delà de son nom, et plus rarement encore à chiffrer. De là l'engourdissement des facultés humaines, la prolongation des ténèbres de l'ignorance, du préjugé et de l'erreur.

Joseph II, célébré avec tant d'enthousiasme par les uns, blâmé avec tant de sévérité par les autres pour ses mesures d'administration, Joseph II osa le premier porter la hache au pied de cette forêt d'abus, dont

l'ombre couvrait nos cités et nos campagnes et empê-
chait le développement de la civilisation, des arts et de
l'industrie. Ce prince éclairé, voyant les avantages que
ses peuples de l'Allemagne retiraient d'écoles bien
organisées et convenablement distribuées, résolut d'en
transmettre le germe à ses provinces de la Belgique.
Il y fit instituer des écoles dites normales, c'est-à-dire
des écoles dirigées par des procédés qui facilitaient la
tradition des éléments des sciences et la conception
de ceux qui les recevaient. C'était un mode en vertu
duquel le plus pauvre comme le plus borné devait acquérir, en peu de temps, les connaissances utiles à toutes les situations de la vie. Mais sous ce rapport, il
effraya les vues intéressées de ceux qui exploitaient
l'ignorance et les préjugés du peuple ; il excita même
les alarmes d'une croyance religieuse mal éclairée ; dès
lors on le décria comme l'œuvre de l'usurpation et de
l'hérésie. En vain l'empereur, étonné d'une opposition
si étrange, envoya-t-il des ministres plénipotentiaires
pour ramener à des sentiments plus sages et plus modérés ; ils échouèrent successivement. Les états provinciaux, enveloppés dans un tourbillon de passions
aveuglément soulevées, éludèrent les propositions de
ces envoyés de conciliation et de paix. Voici ce que
l'un deux, le comte de *Cobentzl*, leur écrivit le 12 février 1790.

« L'établissement des écoles normales étant resté
« jusqu'à présent en termes de projet, on n'insistera
« pas sur son exécution ; mais on a tout lieu de s'at-
« tendre que les états et tous ceux qu'il peut appartenir
« s'occuperont, sans perte de temps, avec tout le zèle
« que l'intérêt de la religion et du bien public exige,
« de l'emploi des moyens propres à favoriser, étendre
« et assurer l'éducation et l'instruction de la jeunesse
« et à procurer à cette partie si intéressante, mais
« trop négligée, toute l'amélioration et la solidité
« qu'elle exige, sans s'attacher à une méthode exclu-
« sive ; et le gouvernement verra avec satisfaction les
« projets qui auront été formés dans ce point de vue
« pour la province. »

Quelle fut la réponse des états à cette communication
pleine de sagesse et de modération ? Au mois de décembre 1791, c'est-à-dire après avoir employé près de
deux ans en exceptions dilatoires, ils prirent la résolution suivante :

« Il sera présenté, par MM. les députés, au gou-
« vernement, le décret du conseil de cette province,
« en date du 5 décembre 1771 (1), en le suppliant d'y
« donner sa sanction, et, en conséquence, enjoindre
« audit conseil de faire imprimer dans les deux lan-
« gues, publier et afficher, à la manière accoutumée,

(1) C'est le décret dont nous avons donné le texte plus haut.
(2) Voyez, sur toutes les lois françaises antérieures à

« ledit décret, auquel il sera, au surplus, ajouté que
« les communautés auront à entretenir un maître d'école
« dans chaque paroisse, et plusieurs s'il est possible. »

C'était décliner, en deux mots, la question des
écoles normales et celle même de toute autre amélioration recommandée par le ministre plénipotentiaire.
Bientôt le système de Joseph II fut abandonné, et tout
rétrograda vers l'ancien ordre de choses. Ce n'est pas
que la dernière résolution des états n'eût pu opérer
quelque bien si elle avait été fidèlement exécutée ; mais
il n'en fut rien : faute de surveillance organisée, les
habitudes vicieuses des familles, le caprice et l'arbitraire des autorités locales continuèrent à disposer des
écoles. Chacun pouvait choisir pour instituteur qui bon
lui semblait, et chacun aussi pouvait se présenter pour
exercer cette profession, s'établir à cet effet où il voulait, composer son enseignement de ce qui lui plaisait.
C'était le régime de la liberté absolue dans toute son
étendue ; c'était celui de la concurrence illimitée ouverte à quiconque se sentait la velléité de se faire l'en-
seigneur des autres. Ce régime commode redevint le
domaine des apôtres de l'ignorance, qui le consacrèrent
à recrépir l'instruction de tous ces anciens abus, et
souvent même à n'en pas avoir du tout.

§ 2. *De l'instruction primaire sous le gouvernement*
français.

Pendant les premières années de la révolution française, on a beaucoup disserté, beaucoup médité sur
l'éducation publique. Les uns voulaient qu'elle fût du
domaine absolu de l'État, afin d'asservir les individus
à ses principes ; les autres prétendaient qu'elle devait
être abandonnée au libre arbitre des parents ; d'autres
enfin, se plaçant entre ces deux extrêmes, désiraient
que le gouvernement intervînt comme régulateur commun des intérêts de tous. A travers tous ces débats,
on n'a jamais eu que des essais, que des ébauches
imparfaites. On n'en excepte pas même la loi du
3 brumaire an IV, qui créa des écoles primaires, des
écoles centrales et des écoles spéciales.

Cette loi fut appliquée à la Belgique au mois de
pluviôse an V. Mais, à cette époque, elle était déjà
frappée d'une improbation générale ; outre qu'on lui
reprochait de n'établir aucune connexité entre les écoles
centrales et les écoles primaires, elle avait le défaut
de ne pas régler l'organisation de ces dernières ; de
sorte qu'elle ne fournissait pas les moyens nécessaires
pour les faire naître et les aviver.

En vain chercha-t-on le remède de la loi du 11 flo-
réal an X (2). Cette loi renfermait encore en elle-même

celle de 1833, notre rapport à la chambre des pairs, ainsi
que l'exposé des motifs de la loi.

la cause de sa stérilité ; elle abandonnait le premier degré d'instruction à l'exercice d'une simple faculté ; elle supposait ou que les habitants d'une commune s'adresseraient à leur conseil municipal pour lui demander un instituteur, ou que le conseil suppléerait à leur indifférence en formant l'établissement d'office. Mais ni l'une ni l'autre supposition n'était dans la nature des choses ; la masse du peuple avait des habitudes qui l'éloignaient d'un tel soin, et la plupart des conseils communaux, tirés de son sein, ne s'y livraient pas davantage. Si quelquefois ils y étaient poussés par la force des circonstances, ce n'était guère que le chef-lieu de la mairie qui s'en ressentait ; les autres communautés d'habitants restaient abandonnées à leurs propres vues, ou plutôt à leur cruelle insouciance.

Qu'arriva-t-il sous l'empire d'une loi si favorable au relâchement de tous les ressorts? Les imperfections reprochées au régime autrichien ne firent que s'enraciner, et nous eûmes les nouveaux abus de plus avec les anciens freins de moins. Aussi l'anarchie était-elle complète : ici c'étaient quelques pères de famille qui se choisissaient une espèce de pédagogue, pour se débarrasser de leurs enfants pendant les travaux domestiques de l'hiver ; là, c'était le pasteur qui faisait le choix exclusivement ; ailleurs c'était le curé ou quelque membre de l'administration communale, voire même avec une espèce d'agent de l'ancien régime, qui s'ingérait des intérêts communaux, sous le titre illégal et aboli de centenier.

Si du moins on avait accrédité des sujets capables d'enseigner quelque chose ! Mais non : on s'adressait à des inconnus, roulant les campagnes comme des domestiques qui vont chercher des conditions ; on prenait des manœuvres dont la cessation des travaux champêtres avait rendu les bras libres ; des maçons, des cordonniers, qui échangeaient provisoirement leurs outils contre la férule et l'A b c. On les engageait non à raison de leur savoir, c'était ce dont on s'inquiétait le moins ; mais selon la modicité du prix auquel ils se soumettaient à servir. Figurons-nous l'état d'abaissement dans lequel ces malheureux vivaient, obligés qu'ils étaient de donner leurs tristes leçons dans de mauvais galetas, de courir alternativement les maisons de leurs élèves, de quêter une chétive nourriture qu'on leur donnait à regret, et de faire les démarches les plus humiliantes pour être payés de leurs rétributions, qu'encore ils ne recevaient jamais en entier.

Il y a plus, souvent les parents ne s'entendaient pas sur la nomination de l'unique maître qu'ils pouvaient entretenir ; alors la commune restait une ou plusieurs années sans en avoir, tandis que telle autre en avait deux ou trois, nommés en opposition l'un de l'autre, et devenant ainsi le sujet des inimitiés et des querelles les plus scandaleuses.

A qui persuadera-t-on qu'une liberté qui entraîne de pareils désordres puisse être utile à la société? Il ne suffit pas de donner la liberté aux hommes, il faut qu'ils soient capables d'en profiter. Sans cela elle n'est pour eux qu'un fruit empoisonné.

§ 3. *Ce que l'instruction primaire est devenue de nos jours.*

Lorsque la Belgique recouvra son indépendance, par l'érection du royaume des Pays-Bas, ses écoles devinrent l'objet d'un système de sollicitude et de protection qui leur présageait des jours plus prospères ; mais, avant d'en suivre les traces, nous parcourrons rapidement celui de l'ancienne Hollande, dont il n'est qu'une émanation.

Il y a cinquante ans, les petites écoles hollandaises ressemblaient à celles de tous les pays. Des maîtres, presque aussi ignorants que ceux qu'ils devaient instruire, réussissaient à peine, en quelques années, à donner à un petit nombre d'élèves de si faibles connaissances dans la lecture et dans l'écriture. Ces écoles n'avaient aucuns surveillants généraux ; la plupart étaient nées de spéculations privées ; dénuées d'ordre et de principes fixes, elles végétaient dans les mains débiles des entrepreneurs.

Les premières améliorations furent le produit des effets d'une société de bienfaisance, dite la *Société du bien public*, fondée en 1784. Cette société a fait, pendant seize à dix-sept ans, des efforts inouïs pour atteindre le but de sa création, et ses travaux ont exercé l'influence la plus heureuse sur le perfectionnement de l'éducation publique. Cependant cette influence serait peut-être toujours demeurée faible, précaire ou au moins limitée à certains cantons, sans l'intervention puissante du gouvernement.

Elle fut d'abord partielle, suivant que les villes ou les cantons la réclamaient ; mais en 1801, en 1803 et en 1806, elle s'étendit sur toutes les provinces. La loi du 3 avril 1806 et les règlements qui la développent, sont aujourd'hui le guide de tout ce qui concerne les écoles primaires.

Les auteurs de cette loi adoptèrent toutes les écoles, de quelque manière qu'elles fussent entretenues, mais en les soumettant à une surveillance régulière et uniforme. Ces écoles furent classées en publiques et en privées. Quant aux instituteurs, on établit que nul ne serait admis à enseigner, s'il n'avait : 1° un brevet de capacité d'un degré déterminé ; 2° une nomination particulière près d'une certaine école.

Chaque province fut divisée en un certain nombre de districts, et à la tête de chacun d'eux fut placé un surveillant, chargé d'y inspecter toutes les écoles, de les visiter, du moins, deux fois par an, de soutenir, au besoin, leurs intérêts près des autorités locales, et de faire des rapports de leur état, d'après des modèles donnés.

Les surveillants de chaque district formèrent la commission d'instruction publique de la province, dont l'office était de recevoir les rapports de chaque surveillant pour son district, de faire l'examen des maîtres, de leur délivrer des brevets, de délibérer sur tout ce qui paraîtrait utile à l'instruction, et de faire au département de l'instruction publique un rapport sur l'état des écoles. Un inspecteur en chef fut chargé de correspondre avec les commissions provinciales, de répandre les bonnes méthodes, et de faire connaître les meilleurs livres à employer dans les écoles ; enfin, de veiller partout au maintien de l'ordre, et de proposer au ministre toutes les mesures à prendre relativement à cette partie de l'instruction.

Une législation si complète et si activement exécutée, d'une extrémité du pays à l'autre, ne pouvait que prospérer. Aussi a-t-elle eu des succès non moins rapides qu'étendus. Bientôt le nombre des écoles et des élèves est devenu des plus considérables, la plupart des enfants en âge d'aller à l'école y allaient réellement, et il y a déjà longtemps qu'on aurait eu de la peine à trouver une province où il existât un jeune garçon qui ne sût lire et écrire (1).

Quoique le soin d'envoyer les enfants à l'école eût toujours été plus grand en Hollande qu'ailleurs , on était loin d'en être venu à ce point avant le régime de 1806. L'effet de ce régime tutélaire est dû, d'une part, à la plus grande confiance inspirée aux parents, aux facilités plus multipliées qui leur ont été offertes; et, de l'autre, à la faveur que les écoles ont trouvée près des autorités publiques, qui ont amélioré les édifices et augmenté les traitements fixes des maîtres, afin d'en obtenir toujours de plus capables.

Telles sont les notions que nous fournissent divers documents sur la matière, et notamment le rapport fait, en 1811, par deux commissaires, envoyés en Hollande par le gouvernement français pour visiter les établissements d'instruction publique, MM. Cuvier, conseiller titulaire, et Noël, inspecteur général de l'université.

Ce qu'il y a de plus remarquable dans le jugement de ces deux savants, c'est qu'ils attribuent ces grands résultats à l'action combinée du bon entretien des maîtres , des règles établies envers eux, et de la surveillance des inspecteurs d'écoles ; enfin et surtout à la direction continue du gouvernement, et aux soins qu'il a pris d'éviter la surabondance des écoles. « Les « administrations publiques, disent-ils, furent char-

« gées de veiller à ce qu'il y eût toujours un nombre « suffisant d'écoles, à ce que des spéculations particu- « lières ne les multipliassent pas trop, à ce que des « mesures convenables fussent prises pour l'entretien « des maîtres et le bon état des édifices. »

Or, le régime qui a été introduit dans la Belgique n'est autre chose que celui que nous venons d'exposer : il n'est pas, comme dans les provinces septentrionales, consacré par une loi; mais il est retracé dans une instruction provisoire (2), arrêtée par le département de l'instruction publique , de l'industrie nationale et des colonies, le 20 mai 1812, et appliquée successivement aux diverses provinces méridionales. Quels que fussent les fruits que le gouvernement en eût recueillis dans les premières, il n'a pas prétendu en tirer une conséquence absolue pour les secondes ; il a eu la sage précaution de n'en faire qu'un essai dans celles-ci, et par là il s'est ménagé la double faculté d'étudier l'effet qu'il y produirait, et de le modifier dans ce qui pourrait n'être plus opportun ni efficace.

Son but a été complétement atteint. A sa voix paternelle, ce chaos d'antiques habitudes s'est ébranlé de toutes parts ; une chaleur bienfaisante et féconde a succédé à la froideur de l'indifférence et à l'apathie; une heureuse émulation s'est emparée d'un grand nombre de communes, et de nombreuses écoles qui étaient dans le néant ont été rétablies sur des bases nouvelles. Ici l'on a restauré des maisons qui tombaient en ruines, là on en a construit de nouvelles ; dans les unes et dans les autres on a placé les meubles nécessaires ; on y a nommé des instituteurs plus capables et mieux rétribués ; la jeunesse , à son tour , s'est éveillée, s'est empressée d'accourir dans des locaux plus salubres, et d'assister à des leçons plus méthodiques. Jamais on n'a vu tant de changements heureux s'opérer en si peu de temps ; jamais on n'a observé le phénomène d'une jeunesse avide de savoir , rougissant de son ignorance et ne connaissant plus qu'un seul plaisir , celui de s'instruire.

Il est vrai que ces grands résultats ne sont pas seulement dus aux dispositions réglementaires du gouvernement , mais encore aux bienfaits qu'il a répandus sur les entreprises de ce genre. Ces entreprises venaient-elles des communes ? Il leur décernait des subsides , soit pour mettre les maisons d'écoles en état, soit pour mieux traiter les instituteurs. Se devait-on à des associations philanthropiques, il leur accordait sa protection et des fonds pour soutenir et propager l'œuvre qu'il avait lui-même commencée. Dans la Hollande, c'étaient les associations qui avaient provoqué son action dans l'administration de l'instruc-

---

(1) Ceci est exagéré. Voyez, plus loin, les tableaux statistiques.

(2) C'est un abrégé de la loi de 1806, accommodé à la Belgique.

tion publique ; dans la Belgique , c'est lui qui a fait surgir des sociétés pour y coopérer.

Mais que conclure de là , si ce n'est que son intervention n'a aucun des caractères de domination qu'on lui prête ; qu'elle n'est ni impérieuse, ni coercitive, mais bienveillante et excitative ; ni ombrageuse ni exclusive, mais confiante et communicative, se faisant des auxiliaires de tous ceux qui, quels que soient leur croyance , leur profession , leur état civil ou politique, se sentent animés du noble désir de régénérer l'éducation populaire ? Ce n'est pas cet odieux monopole dont on nous fait sans cesse, comme sans raison, un fantôme effrayant; mais le génie de la bienfaisance dans tous ses attributs, appelant à son secours la religion, la morale, la philosophie, les sciences elles-mêmes, et rassemblant toutes ses forces pour que son action ait plus de vigueur, ses ouvrages plus de solidité.

Mais, dit-on, au point où les choses en sont venues, le gouvernement a-t-il encore besoin d'en conserver la direction ? ne doit-il pas laisser à chacun pleine liberté de faire comme il l'entend , et borner son rôle à une simple surveillance ? C'est une question incidente dont la solution nous ramènera naturellement à la proposition faite par le gouvernement. Nous allons donc la traiter dans le paragraphe suivant.

§ 4. *Examen de ce qu'il y a de plus convenable à l'état actuel de l'instruction primaire.*

Nous avons dit qu'on réclamait la liberté la plus absolue dans les opérations relatives à l'instruction primaire.

Ce n'est certainement pas sur la terre des Pays-Bas, où la liberté enfante tant de prodiges si justement célèbres , qu'on osera , nous le disons pas, calomnier ses bienfaits , mais même parler d'elle sans respect et sans reconnaissance. Toutefois, il faut la bien comprendre pour la bien exercer.

La liberté réside dans le pouvoir qu'un être intelligent a de faire ce qu'il veut, conformément à sa propre détermination. Sous ce rapport, elle est une prérogative réelle de l'homme, qui n'est ni immuable ni infinie , pas plus que ne l'est l'homme lui-même. Chez les nations policées elle est réduite à ce qu'on appelle *liberté civile*, c'est-à-dire qu'elle est dépouillée de cette partie qui fait l'indépendance des particuliers , pour les faire vivre sous des lois qui leur procurent la sûreté et la propriété. Si un citoyen pouvait faire ce que les lois défendent, il n'aurait plus de liberté , parce que les autres auraient tous de même ce pouvoir. Ainsi la liberté limitée par les lois est la seule possible dans l'état social.

La liberté dont le bien commun ne pose pas les bornes , dont la sagesse ne règle pas l'usage , devient facilement funeste. L'intérêt personnel en abuse, la cupidité se cache sous son voile pour se satisfaire. On ne sait plus quelle part de ses droits individuels chaque citoyen doit sacrifier pour la conservation des autres; on sacrifie le bien de la patrie au bien de la cité, le bien de la cité à celui de la famille , et celui de la famille à un de ses membres.

L'ignorance seule suffit pour amener tous les abus; ils sont l'ouvrage des individus , et c'est l'administration qu'on accuse, sans remarquer que quand la législation est muette l'administration est sans pouvoir, et qu'il ne lui appartient pas toujours de faire le bien et d'empêcher le mal qu'elle discerne, quand elle n'est pas armée de la force de la loi. C'est le cas où elle se trouverait pour l'instruction publique , si l'on écoutait les prôneurs de la liberté illimitée.

La liberté ne doit sans doute pas avoir trop d'entraves ; mais la licence ne doit pas être sans bornes. Tout ne doit pas être soumis à des règles trop étroites; mais tout ne doit pas être laissé à un arbitraire trop absolu. Une police trop rigoureuse révolterait les familles, un abandon total les livrerait à l'oubli et à la négligence.

Trouver un juste milieu entre ces deux écueils est, selon nous, le but auquel tout homme sage , vraiment ami du bien public , doit chercher à atteindre.

Heureusement notre loi fondamentale y a pourvu d'une manière à rendre cette tâche facile à remplir. D'abord dans son article 226 , elle s'énonce ainsi : « L'instruction est un objet constant des soins du « gouvernement. Le roi fait rendre compte tous les ans, « aux états généraux, de l'état des écoles supérieures, « moyennes et inférieures. »

Il est vrai que les fauteurs de la liberté illimitée ne se laissent pas déconcerter par cet article. Ils s'en servent, au contraire, pour écarter l'intervention du gouvernement ; ils prétendent que les soins qu'il doit donner à l'instruction , que les comptes qu'il en doit rendre , n'entraînent pas le droit d'y intervenir.

Mais nous demandons comment il serait possible de soigner une instruction quelconque et d'en rendre compte , sans prendre la moindre part aux travaux qui en sont l'objet. En second lieu , ne venons-nous pas de voir que l'action du gouvernement ne pouvait être efficace qu'autant qu'il avait le pouvoir de la faire respecter ? Enfin ceux qui, malgré cela, repoussent son intervention , ignorent-ils qu'elle ne dérive pas seulement de l'article précité, mais qu'elle est encore la conséquence indispensable d'un autre article de la même loi ? C'est le 145e, portant que « les états provinciaux « sont chargés de l'exécution des lois relatives à l'in-« struction publique. »

Or s'il y a des lois à exécuter sur l'instruction puplique, il doit y en avoir à rendre ; et, s'il doit en être rendu, c'est que cette branche d'administration civile a besoin d'être réglée comme les autres.

En vain objecterait-on que ces lois ne peuvent pas toucher ni la matière de l'enseignement, ni l'exécution des établissements où il se donne, ni les personnes qui s'y consacrent. Les auteurs de la loi fondamentale ne l'ont pas entendu ainsi. « Nous avons placé, disent-ils « dans leur rapport au roi du 13 juillet 1815, nous « avons placé parmi les premiers devoirs du gouver- « nement, celui de protéger l'instruction publique, « *qui doit répandre dans toutes les classes les connais-* « *sances utiles à tous*, et dans les classes élevées cet « amour des sciences et des lettres qui embellissent la « vie, *font partie de la gloire nationale et ne sont* « *étrangères ni à la prospérité ni à la sûreté de l'État.* »

Ces considérations sont fondées sur des vérités de tous les siècles; et elles ne peuvent pas laisser le moindre doute sur l'extension que nous leur attribuons, sans quoi elles indiqueraient la fin sans donner les moyens. D'ailleurs, la législation des peuples les plus renommés n'est-elle pas là pour attester ce que de semblables idées doivent comprendre ?

Les Égyptiens, par exemple, divisés en différentes tribus, recevaient une éducation propre à chacune. Ils avaient des écoles publiques tenues par des prêtres, concurremment avec d'autres instituteurs ; mais les sciences qu'ils appelaient sacrées, comme la médecine, la jurisprudence, l'astronomie, la physique, l'histoire, étaient enseignées exclusivement par les prêtres, dé- positaires de l'autorité publique et dispensateurs des fonctions civiles.

Chez les Perses, les enfants étaient gardés par les femmes jusqu'à l'âge de 6 ans, ensuite ils allaient aux gymnases publics jusqu'à l'âge de 16 à 18 ans. De là ils passaient successivement dans la classe des jeunes gens, des hommes faits et des vieillards, de sorte que tous les âges trouvaient des sources d'instruction pro- portionnées aux diverses positions de la vie.

Chez les Athéniens, Solon avait publié une quantité de lois sur l'éducation de la jeunesse. Il y prévoyait tout, il y réglait tout, l'âge précis où les enfants devaient recevoir des leçons publiques, et les qualités des maîtres chargés de les instruire, et l'heure où les écoles devaient s'ouvrir et se fermer. Au sortir de l'enfance il les faisait passer dans les gymnases, et là se continuaient les soins destinés à conserver la pureté de leurs mœurs, à les préserver de la contagion de l'exemple et des dangers de la séduction.

Nous ne parlerons pas de cette république austère qui, pour établir une éducation strictement nationale, osa d'abord ravir le titre de citoyen à la majorité de ses habitants, et se vit ensuite obligée de briser tous les liens de la famille, tous les droits de la paternité par des lois contre lesquelles s'est soulevée, dans tous les temps, la voix de la nature.

Mais nous citerons Rome, qui, pour avoir laissé l'éducation dans la puissance paternelle, n'en conserva pas moins la haute direction, puisqu'elle gouvernait la puissance paternelle elle-même, et qu'elle faisait tout fléchir au bien-être de la république ; Rome, qui eut d'ailleurs des écoles publiques, surtout sous les empe- reurs, qui payaient les instituteurs sur le trésor de l'empire.

Mentionnerons-nous en outre les règnes de *Charle- magne*, de *Charles-Quint*, de *Marie-Thérèse* et d'au- tres souverains modernes? Nous y trouverions toujours la même sollicitude pour l'instruction publique, la même participation au régime dont elle était l'objet.

Mais, nous objectera-t-on peut-être, ces règnes ap- partiennent à des monarques absolus, et, à ce titre, ils ne sont pas à donner comme des exemples de la liberté des peuples. Soit : nous montrerons alors des États qui nous ont précédés dans la jouissance de cette liberté.

Voyez d'abord l'Écosse. Un acte du parlement de l'année 1698 établit des écoles dans chaque paroisse, et fait des fonds pour le payement des maîtres d'école. Dès ce moment l'ignorance commence à faire place à l'instruction, les vices aux vertus : et, de nos jours, ce pays, jadis si barbare, est devenu celui de l'Europe où les basses classes sont le plus éclairées, et où il se commet le moins de crimes.

Voyez la Suède : elle a constamment un comité royal d'éducation, qui dirige les écoles publiques, leur alloue les fonds nécessaires, et en institue ou en fait instituer partout où le besoin s'en fait sentir.

Voyez la Suisse ; il n'est pas un seul des États qui la composent, qui n'ait pris des mesures pour assurer l'éducation de tous les individus, et pour prévenir les funestes effets de la négligence des parents.

Une lettre du général La Harpe, datée de Lausanne, canton de Vaud, le 24 octobre 1821, contient entre autres ce qui suit : « D'après nos lois, tous les enfants « sans exception doivent fréquenter les écoles, où on « leur enseigne à lire, à écrire, l'arithmétique élémen- « taire et le catéchisme. Le dernier dénombrement « portait le nombre de ces enfants à environ vingt-neuf « mille et celui des écoles à six cent trente-neuf ; ce « qui est certainement beaucoup pour une population « totale de cent soixante mille habitants (1). »

Dans le canton de Fribourg, le conseil d'État a fait, le 30 juin 1819, un règlement très-sévère sur l'orga- nisation et la direction des écoles rurales, et cet acte,

(1) Cela donne en effet plus de 181 élèves par 1,000 ha- bitants, tandis que dans d'autres pays on s'estime heureux d'en avoir 100 par 1,000.

cité comme un exemple de prévoyance philanthropique, lui a valu des adresses de félicitations et de remerciments de la part de ses administrés (1).

Tant de dispositions diverses suffisent, sans doute, pour démontrer que, dans tous les temps et dans tous les lieux, les gouvernements des peuples les plus libres à la fois et les plus éclairés sont intervenus dans l'instruction publique, et qu'ils l'ont administrée, dirigée et surveillée.

Comment donc pourrait-on ne pas considérer comme conformes aux intérêts de la société des usages consacrés par les législations les plus célèbres, observés par les nations les plus policées? Les peuples, surtout ceux qui se glorifiaient tant de leur liberté, auraient-ils si longtemps toléré ces usages, s'ils avaient été contraires à la nature et aux droits de l'homme? Quelle est cette sagesse qui voudrait renverser la raison des siècles, et lui substituer des abstractions dénuées de moyens comme d'exemples. Par quelle révolution d'idées voudrait-on faire prospérer l'instruction, en l'abandonnant au libre arbitre de tant d'ignares, qui ne savent ni l'estimer ni la comprendre?

Il n'y a sans doute pas un philanthrope qui ne sourie à l'image des premiers éléments de l'instruction introduits dans les chaumières, sous les auspices de la pure liberté, et par le seul désir des familles, charmant leurs loisirs, éclairant leurs besoins, fécondant les campagnes et les ateliers; et, si ces rêves d'un homme de bien viennent à être adoptés par quelques-uns de ces publicistes qui peuvent les prôner tous les jours, les amateurs du merveilleux s'en emparent comme d'une conception sublime : ils s'y attachent comme à une corne d'abondance, prête à répandre les trésors de l'instruction dans toutes les classes de la société.

Mais l'expérience dément ces brillantes théories; pour peu qu'on descende à l'application pratique, on

voit combien la nature humaine est loin de se prêter au roman d'une telle félicité. Parmi le peuple, la nécessité de se nourrir est presque l'unique loi; celle de s'instruire y est peu sentie; l'artisan, le cultivateur, qui ne voient de profits que dans le travail de leurs mains, ne songent pas à la culture de l'esprit et du cœur : ils ne désirent pas pour leurs enfants ce qu'ils ignorent eux-mêmes; au contraire, le plus souvent ils le rejettent comme devant les priver des services momentanés que leurs enfants peuvent leur rendre. C'est ce qu'exprime avec énergie un auteur qu'on peut en croire, puisqu'il joint à des connaissances étendues le mérite de les employer depuis longtemps à l'éducation populaire.

Voici ce qu'il dit :

« En toute autre chose, la privation se fait sentir :
« elle amène le besoin, le désir, la demande. Il en est
« précisément le contraire en fait d'instruction. Plus
« on en manque, moins on en cherche. Voilà pourquoi
« les simples sauvages sont stationnaires. Plus on a
« d'instruction, plus on a faim et soif de s'instruire.
« Si le pauvre est ignorant, et c'est la condition du plus
« grand nombre, non-seulement il n'aura guère l'idée
« de préparer son enfant à en savoir plus que lui; mais
« d'ordinaire il y résistera; et les éloquentes philip-
« piques de certains hommes contre l'éducation pri-
« maire, destinée au peuple, quoique exprimées dans
« un plus beau style, dérouleront moins d'arguments
« que l'obstination du père grossier, jaloux d'avoir un
« fils qui lui ressemble (2). »

Et ce serait à des dispositions si hostiles à la civilisation qu'on abandonnerait le sort de la génération qui s'élève ! Ce serait à des individus imbus de sentiments si corrupteurs qu'on donnerait pleine liberté de faire ce qu'ils voudraient des êtres débiles qu'ils mettent au monde! Vraiment alors nous retournerions,

---

(1) Voici un extrait de ce règlement :
Art. 26. Toute paroisse ou commune sera tenue de pourvoir à ce que tous les enfants qui l'habitent, communiers ou étrangers, reçoivent l'instruction primaire dès l'âge de 7 ans accomplis, à moins que des infirmités de corps ou d'esprit, qu'il faudra constater, ne demandent un délai. Si les infirmités deviennent permanentes, le révérend curé, réuni à l'administration paroissiale, délivrera aux enfants un certificat de dispense.
Art. 27. Les autorités paroissiales, de concert avec le révérend curé, pourront, quoique difficilement, dispenser de l'école publique les enfants que l'on voudrait instruire à la maison; mais il faudra constater les moyens domestiques d'éducation. La dispense sera toujours révocable ; les élèves seront tenus de se faire examiner quatre fois l'an, à l'école, par le révérend curé et régent; ils devront, au surplus, paraître à l'examen annuel et à la distribution des prix, sans cependant pouvoir en obtenir : les parents, d'ailleurs, ne seront pas moins tenus de contribuer, selon leur fortune, à l'entretien de l'école publique.

Art. 28. Les parents qui voudront envoyer leurs enfants à l'une des écoles modèles, en devront obtenir l'agrément de la commission d'école de l'arrondissement, sur le préavis du révérend curé et de l'administration paroissiale : ils n'en fourniront pas moins leur quote-part pour l'école du lieu.
Art. 29. Tous ceux qui ont des enfants à leur charge en âge de fréquenter l'école, sont responsables de l'exactitude des élèves. En cas de négligence, ils seront d'abord mis à l'amende, d'après le nombre des absences qui seront consignées, jour par jour, dans les registres de l'école, et vérifiées par le révérend curé et le syndic. L'amende entrera dans le fonds de l'école, pour être capitalisée; elle sera retirée par les autorités. Le révérend curé usera de toute l'influence de son ministère pour amener les parents et les élèves à l'exactitude. Si les amendes ne peuvent pas être retirées, ou si elles sont infructueuses, les autorités emploieront d'autres moyens exécutifs.

(2) De GÉRANDO, dans le Visiteur du pauvre.

comme le disait naguère un orateur dans une séance solennelle, « nous retournerions à pas de géant vers « la barbarie. »

Et qu'on ne dise pas que le degré de perfectionnement que nous avons atteint ne permet pas de concevoir de semblables craintes. Ce perfectionnement était bien consolidé dans nos provinces septentrionales, lorsqu'elles passèrent à l'empire français ; cependant qu'est-il arrivé pendant le court espace de temps que les règlements tutélaires auxquels on le devait y ont été négligés?

Écoutons ce qu'en dit un témoin oculaire attaché à la partie :

« Les inspecteurs d'écoles, ne jouissant plus de « l'appui qui leur était nécessaire, se sont trouvés « dans l'impossibilité de surveiller les établissements « confiés à leurs soins, et par là ils ont perdu de jour « en jour de leur considération près des administra- « tions communales. Les instituteurs, à leur tour, « n'étant plus protégés par eux, ont méconnu leur « autorité, et ils ont commis impunément toutes sor- « tes de contraventions et d'abus. Privés inopinément « d'une partie de leurs émoluments, ils ont été obligés, « pour ne pas périr de misère, de recourir à des « moyens subsidiaires qui compromettaient l'exercice « de leurs fonctions habituelles. Les maisons d'écoles « qui dépérissaient ou qui tombaient en ruines, ne « se sont plus réparées ; les meubles et autres objets « dont elles avaient besoin ont cessé d'être fournis ; « en un mot, l'instruction, abandonnée à l'arbitraire « des instituteurs et des communes, est tombée rapi- « dement en décadence. En vain MM. les commissai- « res de l'université impériale avaient-ils fait de gé- « néreuses propositions, pour arrêter cette marche « rétrograde ; les guerres paralysaient tout, et déjà « l'on désespérait du salut des écoles, lorsque l'an- « cien souverain, revenu à la tête du gouvernement, « redonna heureusement aux règlements délaissés la « vigueur qu'ils avaient si funestement perdue. »

Tel est le tableau frappant que l'on trouve dans un ouvrage hollandais intitulé : *Ontwerp van eene ge- schiedenis der school-verbetering*, publié, en 1821, par Th. van Swinderen, inspecteur d'écoles et secrétaire de la commission d'instruction de la province de Groningue.

Convenons donc que l'intervention du gouvernement est indispensable pour soutenir l'instruction publique ; que les bases de cette intervention doivent embrasser à la fois la matière de l'enseignement, l'érection des établissements où il se donne, et les personnes qui s'y consacrent.

De quoi s'agit-il, d'ailleurs ? Est-il question de définir l'objet de l'instruction, d'en mesurer l'étendue, de lui tracer des limites ? A-t-on la prétention de prescrire les méthodes, de fixer les principes, de commander les opinions ? Non, sans doute ; sous aucun de ces rapports on ne songe à faire la loi à personne. Seulement, en marquant le but de l'instruction, en veut ouvrir les routes qui y conduisent, on veut les ouvrir toutes, mais sans imposer les moyens à employer pour les suivre, moyens qui peuvent être divers, selon les vues, les besoins et les ressources de chaque province, de chaque commune. Mais on aurait tort d'inférer de ce système modérateur que le gouvernement doit être exclu de toute participation à la tradition des doctrines. La liberté qu'on a d'employer les moyens qu'on juge à propos pour l'instruction, ne constitue pas la liberté d'enseigner des principes contraires à ceux du gouvernement, pas plus que la liberté accordée aux marchands ne les autorise à vendre des poisons pour des aliments. Dans un État bien ordonné, la surveillance doit s'étendre sur les empoisonneurs de l'âme comme sur les empoisonneurs du corps. C'est surtout sur les élèves du premier âge que la sollicitude du gouvernement doit particulièrement se fixer, ce sont eux qu'il doit surveiller avec plus de soin, afin que, sur cette terre vierge, l'ivraie ne vienne pas se mêler aux semences salutaires, afin que cet âge, si intéressant par son innocence, soit préservé de la contagion de l'erreur, des préjugés et de l'esprit de parti, contagion dont les effets sont d'autant plus funestes à l'enfance, que l'impression qu'elle en reçoit est plus facile et plus profonde.

C'est au moment où les facultés intellectuelles annoncent l'être qui sera doué de la raison, que la société doit, en quelque sorte, introduire un enfant dans la vie sociale, et lui apprendre à la fois ce qu'il faut pour être un jour un bon citoyen et pour vivre heureux. Toutefois elle ne doit pas s'en tenir là ; elle doit conserver et affermir ceux qu'elle a déjà formés. L'instruction qu'elle doit à l'homme a pour but de le perfectionner dans tous les âges, de développer ses facultés, de manière à ce qu'elles deviennent à la fois les instruments de son bien-être et les moyens d'accomplir sa destinée, en un mot de mettre l'homme dans toute sa valeur, tant pour lui que pour ses semblables.

Ainsi, l'instruction n'est pas seulement une source de biens pour les individus, mais encore une source de biens pour la société ; d'où il suit qu'elle doit émaner simultanément des individus et de la société, comme étant dans l'intérêt des uns et de l'autre.

Considérons ultérieurement que le succès des individus dans la société dépend de la manière dont ils y remplissent leurs rôles ; que pour les bien remplir il faut qu'ils soient bien distribués, et que pour donner à chacun celui qui lui convient, il faut les embrasser tous dans un bon système d'éducation.

Or, qui formera ce système, si ce n'est le gouvernement, seul appréciateur possible de tous les éléments dont il se compose ; le gouvernement, dépositaire du foyer sacré de l'intérêt commun, dans lequel doivent se confondre tous les intérêts individuels, le gouvernement enfin, qui doit veiller à ce que la jeunesse soit élevée dans les principes qui ont présidé à la constitution de l'État, dans l'amour de la patrie et des institutions qu'elle s'est données ?

Ce système, nous le savons, ne convient pas à ces âmes rétrécies ou égoïstes qui ne conçoivent rien au delà de la routine et de l'intérêt personnel. Quoi, s'écrieront-elles, on veut ravir aux pères le droit sacré de faire élever leurs enfants suivant les principes que leur dicte la conscience, les mettre en opposition avec eux, porter dans le sein des familles la fureur des opinions politiques ?

Ces clameurs sont exagérées. La loi respecte ces éternelles convenances de la nature qui, mettant sous la sauvegarde de la tendresse paternelle le bonheur des enfants, laissent aux parents la faculté de les instruire eux-mêmes ; elle sait que si leurs leçons sont moins énergiques, elles sont aussi plus persuasives, plus pénétrantes ; et que leur sollicitude active peut suppléer aux moyens qui existent dans l'instruction commune. Sa confiance en eux va même si loin, qu'elle leur permet de prendre chez eux, pour l'instruction des enfants de la maison, telle personne que bon leur semble, sans être astreints à aucune formalité. Mais elle ne peut ni ne doit laisser la même latitude à un instituteur public ; elle ne peut tolérer que le premier venu s'établisse, de sa propre autorité, le substitut de plusieurs familles à la fois, et instruise les enfants à sa guise. Un tel individu sera nécessairement étranger à l'amour paternel, au protectorat domestique et à toutes les garanties qu'offrent les liens de famille. Ne peut-il pas arriver dès lors qu'il corrompe l'éducation des enfants, ou que du moins il ne lui donne pas l'étendue et l'activité requises ?

Sous ce rapport, il est du devoir du gouvernement de veiller à ce que les parents ne soient pas trompés et à ce qu'il ne soit pas porté préjudice à leurs enfants et à la société entière, par des instituteurs ineptes et immoraux.

De là la conséquence immédiate que ce gouvernement a le droit d'exiger de ceux qui sont appelés à remplir le ministère de l'instruction publique, la justification de qualités propres à cet état. L'exercice d'un tel droit n'empiète nullement sur celui des parents, puisqu'ils restent libres de choisir parmi les instituteurs qui réunissent les conditions requises.

Mais, nous repart-on aussitôt, ce n'est pas aux parents qu'on laisse le choix, c'est aux conseils communaux qu'on le confère. Pourquoi ne permet-on pas aux chefs de famille de se réunir pour nommer eux-mêmes l'instituteur communal ?

Si, pour répondre à cette question, nous en étions réduits à n'envisager que l'intérêt de l'ordre et de la tranquillité publique, nous nous référerions au § 2 du présent rapport, où l'on voit comment le désordre et la mésintelligence se glissent dans ces sortes de réunions, et combien l'instruction en souffre. Mais nous considérons la chose sous le point de vue légal, et nous trouvons que les réunions d'habitants, pour les affaires de communauté, ne sont plus permises aujourd'hui.

Pour remédier aux inconvénients attachés à des assemblées si nombreuses, on a institué des conseils municipaux ou communaux, chargés de délibérer sur les intérêts et les besoins des associations formées sous le titre de commune. Chaque famille a dû détacher de la masse des pouvoirs dont elle était essentiellement revêtue, la portion de ces pouvoirs qu'il était nécessaire de mettre en commun pour former le pouvoir municipal ou communal ; et c'est cette autorité représentative des familles prises dans leur ensemble, qui agit au nom de la communauté ; c'est elle qui décide de tout ce qui concerne la police intérieure, la sûreté, la salubrité, la régie des revenus communaux, l'administration des établissements publics et nommément celle des écoles communales. Ce n'est donc pas l'arbitraire qui a présidé à la formation des conseils communaux, c'est la raison sociale fondée sur l'ordre public et sur l'utilité générale ; ce n'est pas l'esprit de domination qui a conféré à ces corps la manutention des intérêts communaux, c'est le besoin d'un pouvoir central, modérateur des pouvoirs individuels, mettant le faible à l'abri des entreprises du fort, et qui, couvrant de son autorité tutélaire l'universalité des citoyens, garantit à tous la plénitude de leurs droits.

Or, la nomination de l'instituteur public tombe directement dans l'exercice de ces droits. Destiné qu'il est à servir plusieurs familles ensemble, à être logé, chauffé et même en partie entretenu aux frais de la commune, l'instituteur ne peut convenablement être établi que par l'autorité qui est à la tête de tous ces intérêts, et qui les administre pour le compte de tous ; et si, par-dessus cette autorité domestique, il y a une autorité nationale qui prend part aux opérations de ce genre, ce n'est qu'un cointéressé de plus qui intervient. En effet, l'éducation, comme nous l'avons déjà vu, n'intéresse pas seulement les familles, les communes, mais elle intéresse encore la nation ou l'État, qui doit recueillir les fruits de la conduite des citoyens qui le composent.

Cela étant ainsi et l'administration nationale ayant par conséquent, comme l'administration communale, un droit d'intervention reconnu juste et nécessaire, ces autorités doivent pouvoir user de tous les moyens propres à le rendre utile , comme par exemple de limiter le nombre des écoles aux besoins de la population et des localités.

Nous avons vu , au § 3 du présent rapport , qu'il existe une disposition de cette nature dans la loi des provinces septentrionales, du 3 avril 1806 ; elle charge les administrations publiques de veiller à ce que les spéculations particulières ne multiplient pas trop les écoles. On a senti que, s'il en fallait une quantité suffisante , le nombre excessif serait une superfétation nuisible à leur développement ; et c'est, dit-on , à cette prévoyance , combinée avec l'entretien des écoles et avec le bien-être des instituteurs, qu'on doit en grande partie la prospérité dont ces établissements jouissent dans ces mêmes provinces.

Cependant on ne se rend pas à cet exemple , et l'on persiste à soutenir que la libre concurrence des instituteurs les portera nécessairement à faire des efforts pour enseigner mieux les uns que les autres, et pour se surpasser en progrès. Vaine espérance : la libre concurrence existait dans les provinces septentrionales avant la loi précitée, et on l'a supprimée comme un obstacle aux améliorations commencées depuis plusieurs années ; elle s'y était rétablie pendant la courte interruption de cette loi, et nous avons vu combien elle avait contribué à la rechute des écoles si péniblement régénérées. Enfin nous en avons joui sous les gouvernements précédents , et nous avons appris, par les §§ 1 et 2 du présent rapport, qu'elle est toujours restée la compagne d'un état languissant et stationnaire.

Aussi le gouvernement de la Hollande n'a-t-il pas été le premier à en reconnaître les funestes effets. Il existe une ordonnance de *Marie-Thérèse* d'Autriche , du 6 septembre 1766, qui les proclame d'une manière non moins formelle ; et, si cette ordonnance ne les applique pas précisément aux écoles primaires, elle ne prouve que davantage qu'ils sont généraux et sans exception , en matière d'enseignement. Voici ce qu'elle porte dans son préambule :

« L'éducation de la jeunesse et la culture des bonnes
« études étant un objet essentiel de notre attention ,
« nous avons jugé devoir la porter sur les collèges et
« autres écoles destinées à l'enseignement public des
« humanités. Il nous a été représenté, à cet égard,
« qu'en comparant leur état présent avec celui où ils
« ont été autrefois, il était aisé d'apercevoir un déchet
« considérable dans les études, *ce qui doit principale-*
« *ment être attribué à la multiplication successive de*
« *ces établissements*, et à la difficulté de trouver un
« nombre suffisant de professeurs, capables d'ensei-
« gner avec fruit dans cette multitude d'écoles toutes
« les parties des humanités , nommément celles dont

« la connaissance est plus intimement liée avec les
« sciences supérieures. »

Viennent ensuite les dispositions qui suppriment les écoles bâtardes , qui assurent de nouveaux avantages aux écoles légitimes, qui décernent des encouragements aux professeurs et qui les soumettent à des règles pour exercer leur état.

Il reste donc démontré que ce n'est pas la multiplicité des établissements consacrés à l'enseignement qui assure la bonne instruction, mais que ce sont l'ordre et la discipline qu'on y fait régner , les soins qu'on a de les entretenir et de ne les confier qu'à des instituteurs éprouvés. D'où il faut conclure que les dispositions qui renferment des mesures semblables sont seules capables de faire prospérer l'éducation populaire ; que par conséquent l'avis émis par notre assemblée générale, pour le maintien de ces dispositions , est conforme à l'utilité publique.

Fait à Luxembourg, en séance du 12 décembre 1829.

La commission d'instruction du grand duché de Luxembourg ,

(*Signé*) DE LA FONTAINE , *vice-président.*

Par la commission ,

(*Signé*) GELLE, *secrétaire.*

———

Message royal à la seconde chambre des états généraux.

Nobles et Puissants Seigneurs !

Nous avons manifesté notre intention, lors de l'ouverture de la présente session , de soumettre à l'examen de Vos Nobles Puissances une loi sur l'instruction publique, afin de donner , d'un commun accord , plus de fixité aux principes libéraux qui doivent régir cette importante matière.

Nous donnons suite à cette communication , en présentant le projet ci-joint aux délibérations de Vos Nobles Puissances.

Sa rédaction présentait de graves et nombreuses difficultés.

On ne devait point perdre de vue l'obligation imposée à tout gouvernement et plus expressément encore à celui des Pays-Bas par la loi fondamentale, de faire de l'instruction publique l'objet de sa constante sollicitude ; on ne devait point méconnaître la nécessité d'obtenir des garanties suffisantes contre le dangereux abus qui pourrait être fait d'une sage liberté ; enfin on devait avoir égard à notre désir sincère de satisfaire , autant que nos devoirs nous le permettent, aux vœux qui nous ont été manifestés, et de ne point heurter les opinions existantes.

Ces diverses considérations auraient pu faire naître des difficultés insurmontables, si l'on n'avait subordonné toutes les parties de ce projet à une pensée principale, en lui donnant pour base le principe de la liberté dans l'exercice de l'enseignement. Ce principe a néanmoins dû être limité, autant que l'exige le bien-être et la sûreté de l'État, et les moyens nous sont réservés, d'après l'obligation qui nous incombe, de conserver dans tout le royaume une instruction publique en harmonie avec les besoins intellectuels et moraux de la nation, et qui soit à l'abri des vicissitudes des établissements particuliers, sans empêcher néanmoins l'existence de ces derniers, et en leur permettant même de prendre toute l'extension possible.

Le projet qui vous est soumis nous semble propre à remplir ces vues.

Sur ce, Nobles et Puissants Seigneurs, nous prions Dieu qu'il vous ait en sa sainte et digne garde.

(Signé) GUILLAUME.

La Haye, 26 novembre 1829.

Nous Guillaume, par la grâce de Dieu, roi des Pays-Bas, prince d'Orange-Nassau, grand-duc de Luxembourg, etc.

A tous ceux qui les présentes verront, savoir faisons;

Ayant pris en considération qu'il importe de fixer les bases d'après lesquelles sera réglé tout ce qui concerne l'instruction, principalement par rapport aux établissements qui ne reçoivent de secours d'aucune caisse publique;

A ces causes, notre conseil d'État entendu, et de commun accord avec les états généraux, avons statué comme nous statuons par les présentes :

ART. 1er. L'instruction est ou *privée* ou *publique*.

ART. 2. L'instruction *privée*, donnée sous la surveillance des parents ou tuteurs à des individus d'une seule et même famille, n'est soumise à aucune espèce de condition.

ART. 3. L'instruction publique est donnée :

1° Dans des établissements érigés par les soins de l'administration générale, provinciale ou communale, ou qui sont entretenus par elles, en tout ou en partie;

2° Dans des établissements érigés par des particuliers ou entretenus par eux, sans être subsidiés par aucune caisse publique;

3° Par les personnes faisant profession de donner l'enseignement à des individus de différentes familles.

ART. 4. L'instruction donnée dans les établissements de la première catégorie est réglée par nous.

ART. 5. Il est permis à tout Belge de donner l'instruction inférieure, moyenne ou supérieure, de la manière indiquée sous les numéros 2 et 3 de l'article 3, en remplissant les conditions suivantes :

Il donnera connaissance par écrit de son intention à l'administration communale, en y ajoutant :

1° Le programme de ce qu'il se propose d'enseigner ou de faire enseigner.

2° La preuve de capacité, laquelle consistera :

a. Pour ce qui regarde l'*instruction inférieure*, c'est-à-dire l'enseignement destiné à des enfants au-dessous de l'âge de *douze* ans, et comprenant la lecture, l'écriture, l'arithmétique et les premières notions de grammaire, d'histoire et de géographie, dans un certificat à délivrer par la commission mentionnée à l'article 6, constatant qu'il possède les connaissances requises dans les sciences sur lesquelles il a désiré être examiné.

b. Pour ce qui regarde l'*instruction moyenne* et pour toute autre instruction scientifique, qui ne peut être comprise sous la dénomination d'instruction *supérieure*, soit dans un certificat pareil à celui exigé pour l'instruction *inférieure*, soit dans les grades académiques, obtenus dans une des universités du royaume; et

c. Pour ce qui regarde l'*instruction supérieure*, dans les grades académiques, obtenus dans une des universités du royaume.

3° Un certificat de bonne conduite, délivré par les administrations des communes où il a résidé pendant les trois dernières années.

Ce certificat sera de la teneur suivante :

« Nous bourgmestre et échevins (assesseurs) de. . . « province de. . . . . déclarons conformément « à la vérité, que le sieur. . . . . . (nom et « prénoms) a habité cette ville (ou commune) depuis « le. . . jusqu'au. . . . . . qu'il y a exercé « la profession de. . . . . . et n'y a donné « lieu à aucune plainte sur sa conduite. »

Si l'autorité communale croyait devoir refuser le certificat demandé, la partie intéressée pourra avoir recours à la députation permanente des états et ensuite à nous.

L'autorité communale, ayant reçu la notification et les pièces mentionnées ci-dessus, pourra, s'il s'agit de l'ouverture d'une école, s'y opposer pour le motif que déjà une ou plusieurs écoles existent dans la commune. Elle en informera par écrit celui qui veut ériger l'école, et soumettra, avant l'expiration d'un mois, à la décision de la députation des états les motifs de son opposition et la notification qu'elle aura reçue.

La députation décidera dans un mois après la réception des pièces.

Si l'entrepreneur de l'école n'est pas informé de l'opposition de l'administration locale dans un mois après avoir fait la notification, il pourra ouvrir son école. Il pourra le faire également lorsque, après l'expiration de deux mois, la décision des états députés ne lui aura pas été communiquée.

Art. 6. Il y aura dans chaque province une commission d'examen, composée du gouverneur et de deux membres des états députés à nommer chaque année par l'assemblée des états provinciaux ; cette commission pourra, d'après la nature de l'examen, s'adjoindre un ou plusieurs experts.

La commission sera autorisée à délivrer aux particuliers les certificats de capacité pour donner l'enseignement mentionné à l'article 5, n° 2, a et b, et pour ériger à leurs frais des écoles, à cet effet, après un examen qui aura lieu en public.

Ces certificats feront foi dans toutes les communes de la province où ils sont délivrés.

Art. 7. Ne seront point admis à donner l'instruction :

1° Ceux contre lesquels il aura été prononcé une condamnation à des peines afflictives ou infamantes, passée en force de chose jugée.

2° Ceux contre lesquels une semblable condamnation à des peines correctionnelles aura été prononcée, à moins que les états députés, à raison de la nature du délit, ne jugent qu'il n'est pas nécessaire de maintenir l'exclusion.

Art. 8. Avant de se livrer à l'enseignement, l'instituteur sera tenu de prêter entre les mains du bourgmestre le serment suivant, qui sera signé par l'instituteur et le bourgmestre, en double, et dont une expédition sera déposée au secrétariat de la commune, et l'autre transmise au procureur du roi de l'arrondissement :

« Je jure fidélité au roi, obéissance à la loi fonda‹ mentale et aux lois sur l'instruction publique, de ne ‹ rien enseigner ou laisser enseigner qui soit contraire ‹ à la loi fondamentale, aux lois de l'État, à l'ordre et ‹ au repos public, ainsi qu'aux bonnes mœurs. »

Art. 9. Tous les établissements d'instruction publique, sans exception, seront soumis à la surveillance des autorités publiques, et devront, en conséquence, être constamment ouverts à toutes personnes qui auront mission de les inspecter de la part de l'autorité communale, provinciale ou supérieure.

Les instituteurs et tous ceux qui exercent quelque autorité ou surveillance dans ces établissements, seront tenus de donner aux personnes susdites, tant verbalement que par écrit, tous les renseignements qu'elles désireront.

Art. 10. Aucun étranger ne pourra établir une école ou aller dans les maisons particulières pour y donner l'enseignement, sans avoir obtenu notre autorisation spéciale.

Les écoles des étrangers, déjà autorisées, sont maintenues, et ceux qui actuellement enseignent dans les maisons particulières pourront continuer de le faire.

Art. 11. Toute personne qui aura acquis les connaissances nécessaires, sans distinction où, ni de quelle manière elle les aura acquises, sera admise aux examens et pourra obtenir les certificats ou grades requis pour l'exercice de certaines fonctions ou professions.

Art. 12. Ceux qui s'immisceront dans l'enseignement sans y être autorisés par les dispositions de la présente loi, seront, indépendamment que l'école sera immédiatement fermée par l'autorité communale, punis d'une amende de 50 à 100 florins, et, en cas de récidive, d'une amende de 100 à 300 florins.

Art. 13. Seront punis de la même amende ceux qui dépasseront le programme notifié, ou contreviendront à l'une des dispositions de l'article.

En cas de circonstances aggravantes, le contrevenant pourra être suspendu dans l'exercice de sa profession pendant six semaines à six mois.

Art. 14. Ceux qui auront enseigné ou laissé enseigner dans leurs établissements des principes contraires au serment qu'ils ont prêté, seront punis d'une amende de 50 à 300 florins et pourront même, selon la gravité du cas, être interdits de l'exercice de leur profession. La clôture de l'école pourra également être prononcée pour trois mois à deux ans, le tout indépendamment des peines comminées par le code pénal.

Art. 15. La répression des délits prévus par les articles précédents, appartient aux tribunaux ordinaires.

Art. 16. La présente loi sera par nous mise à exécution au plus tard dans un an à dater de son adoption.

Mandons et ordonnons, etc.

———

A monsieur le président de la seconde chambre des états généraux.

La Haye, le 27 mai 1830.

Monsieur le président,

Ainsi que le roi l'avait annoncé aux états généraux dès l'ouverture de cette session, Sa Majesté a soumis à l'examen de la seconde chambre une loi sur l'instruction, afin de donner d'un commun accord plus de fixité aux principes libéraux qui doivent régir cette matière importante. Les motifs qui ont dicté les dispositions de ce projet ont été développés par le message royal du 26 novembre 1829, et Sa Majesté a témoigné à Leurs Nobles Puissances, par celui du 11 décembre de la même année, son désir que les délibérations de la chambre lui fissent connaître si, dans ses propositions, Sa Majesté avait atteint le but de ses efforts, qui ne tendaient qu'à satisfaire les vœux raisonnables de tous les citoyens.

Mais les délibérations qui ont eu lieu dans le sein des sections de la seconde chambre ayant fait voir que Leurs Nobles Puissances sont en général d'avis qu'il serait avantageux de ne point procéder, quant à présent, à des dispositions législatives sur l'instruction, le roi a trouvé bon de se ranger à cette opinion et de retirer le projet de loi dont il vient d'être fait mention. J'ai l'honneur, d'après les ordres de Sa Majesté, de vous en prévenir, monsieur le président, pour l'information de la chambre.

Sa Majesté espère que les soins qu'elle consacrera constamment à un objet si intimement lié au bonheur de la nation, et les mesures qu'elle se propose de prendre, concourront puissamment à concilier les esprits, et, lorsque l'expérience aura répandu de nouvelles lumières sur les questions qui les divisent, que plus d'unanimité de sentiments se fera apercevoir, et que les besoins du temps, ainsi que les intérêts de l'instruction, paraîtront réclamer une sanction législative, soit pour donner plus de stabilité aux principes qui régiront la matière, soit pour réprimer avec plus de force les atteintes et les abus, le roi invoquera avec une pleine confiance le concours de Leurs Nobles Puissances.

Le secrétaire d'État,

(*Signé*) DE MEY VAN STREEFKERK.

SECONDE PARTIE.

INSTRUCTION SUPÉRIEURE.

ORDONNANCE ROYALE DU 2 AOUT 1815.

Nous, Guillaume, par la grâce de Dieu, roi des Pays-Bas, prince d'Orange-Nassau, grand duc de Luxembourg, etc.

Ayant examiné le rapport de la commission chargée, par notre arrêté du 18 janvier 1814, de la rédaction d'une organisation de l'enseignement supérieur; rapport qui est accompagné d'un projet d'ordonnance auquel il sert de base, et des considérations présentées à la commission, sous la date du 31 mai 1814, tant par ses membres *Muntinghe* et *Camper* conjointement, que par celui-ci en particulier;

Vu les considérations de notre secrétaire d'État pour les affaires de l'intérieur;

Le conseil d'État entendu;

Avons ordonné et ordonnons:

Art. 1er. Sous la dénomination d'*enseignement supérieur*, on entend celui qui a pour objet de former pour une carrière scientifique dans la société, les élèves qui y ont été préparés par l'enseignement primaire et moyen.

Art. 2. Il est permis à quiconque s'en juge capable de donner des leçons des différentes branches de cet enseignement; mais dans le calcul du temps des études, on ne fera entrer que l'enseignement dont on aura joui dans les établissements reconnus par l'autorité publique.

Art. 3. Comme établissements de cette classe sont reconnus les écoles latines, les athénées et les universités, confirmées par le présent arrêté, et ce en raison des dispositions énoncées dans les chapitres suivants, relatifs à chacun de ces établissements.

CHAPITRE PREMIER.

Écoles latines.

Art. 4. Les écoles latines doivent être considérées comme le premier degré de l'enseignement supérieur, et comme principalement destinées à ceux qui, ayant joui d'une première culture par l'enseignement primaire et moyen, seront formés pour une carrière scientifique dans la société.

Art. 5. Aucun élève ne sera admis aux écoles latines, à moins que, dans un examen préalable, il n'ait fait preuve d'habileté dans la lecture, l'écriture, l'arithmétique, la grammaire hollandaise et les éléments de la géographie et de l'histoire. Dans les cas néanmoins où l'insistance sur ces deux dernières parties paraîtrait trop rigoureuse, les curateurs auront la liberté d'agir comme ils le croiront équitable.

Art. 6. Une commission, nommée et qualifiée à cet effet par l'administration communale, s'occupera de faire subir ces examens deux fois l'année, savoir: peu de temps avant le commencement de chaque cours semi-annuel.

Art. 7. Cette commission ayant trouvé le candidat assez habile, lui en délivrera un certificat, sur la présentation duquel le recteur des écoles latines pourra l'inscrire comme élève.

Art. 8. Dans tous les lieux où des écoles moyennes seront érigées ou reconnues par l'autorité suprême, l'examen ou le certificat ci-dessus mentionné pourra être remplacé par une déclaration écrite, délivrée par le directeur de ces écoles, et relative à l'habileté suffisante de l'élève dans les choses contenues à l'art. 5.

Art. 9. Aux écoles latines on donnera des leçons, principalement, comme la dénomination l'indique, dans la langue latine, et, aux élèves plus avancés, aussi dans la langue grecque, en observant autant que possible que les disciples soient exercés dans d'autres connaissances qui leur sont indispensables: en outre, l'enseignement journalier dans les langues anciennes étant terminé, il sera donné des leçons dans ces autres connaissances.

Art. 10. Les connaissances qui, outre les langues anciennes, devront être les objets de l'enseignement aux écoles latines, sont : les éléments des mathématiques, la géographie tant ancienne que moderne, l'histoire ancienne et moderne, la mythologie grecque et latine.

ART. 11. Les écoles latines devront être tenues, hors du temps des vacances, tous les jours de la semaine, excepté les dimanches et jours de fête, le matin, depuis neuf heures jusqu'à midi, et l'après-midi, durant les trois mois d'hiver, depuis deux heures jusqu'à quatre, et durant le reste de l'année, depuis deux heures jusqu'à cinq, à l'exception du mercredi et du samedi après-midi, qui seront un temps de congé pour toute l'année.

ART. 12. Il y aura de grandes vacances de six semaines, dans le temps de l'été le mieux adapté aux circonstances locales. En outre, il y aura de petites vacances durant la semaine de Noël et la semaine qui suivra les examens et les promotions de chaque demi-année scolaire.

ART. 13. L'enseignement dans les langues anciennes devra se donner le matin, durant les deux premières heures du temps de l'école, et l'après-midi, durant tout le temps de l'école pendant les trois mois d'hiver, et durant les deux premières heures, pendant les autres mois de l'année. La dernière heure de la matinée, pendant toute l'année, et la dernière heure de l'après-midi, pendant neuf mois, seront expressément consacrées à l'enseignement de quelqu'une des connaissances mentionnées à l'art. 10.

ART. 14. Les élèves des écoles latines seront divisés en six classes, à moins que, vu la localité, les curateurs ne jugent un autre partage nécessaire. A la tête de la plus haute classe sera le recteur; à la tête de celle qui suit immédiatement sera le corecteur; tandis que les quatre dernières classes seront dirigées par des professeurs. Le recteur, et en son absence le corecteur, exerce une surveillance sur toutes les classes.

ART. 15. Dans les communes populeuses, deux ou plusieurs classes pourront être tenues et dirigées par un professeur, un corecteur ou un recteur.

ART. 16. Personne ne pourra être nommé professeur à une école latine, sans avoir obtenu le grade de candidat dans les lettres.

ART. 17. Dans les villes dont la population excède vingt mille âmes, personne ne pourra être corecteur ou recteur, sans avoir obtenu le grade de docteur dans les lettres.

ART. 18. Dans les villes de moins de vingt mille âmes, le titre de docteur ne sera exigé que pour le recteur.

ART. 19. Pour l'enseignement des connaissances mentionnées à l'art. 10, les curateurs nommeront de préférence les titulaires désignés à l'art. 14, si, toutefois, ils possèdent les talents requis, et ce, moyen-

nant une augmentation de traitement proportionnée à l'accroissement du travail. Mais si ces personnes ne possèdent pas les capacités requises, on nommera pour ces branches des maîtres habiles, auxquels on assignera un traitement convenable.

ART. 20. Ces maîtres n'auront aucune part au minerval ou rétribution que payent les élèves aux écoles latines; mais ce minerval sera uniquement au profit du recteur, du corecteur et des professeurs.

ART. 21. Les leçons dans toutes les classes seront distribuées de manière que tous les élèves soient occupés utilement à la fois.

ART. 22. Non-seulement l'exercice de la mémoire n'est pas défendu : il est même sérieusement recommandé; mais les leçons de mémoire devront s'apprendre hors du temps des classes, et le maître ne fera apprendre par cœur que les choses qu'il aura clairement appliquées et mises à la portée de la conception de ses élèves.

ART. 23. Les exercices de chaque classe, ainsi que les auteurs à traduire dans les écoles latines, seront indiqués dans un règlement que le département de l'intérieur rédigera à cet effet.

ART. 24. Dans les choses qui concernent la surveillance des écoles latines, le chef de ce département sera secondé par un commissaire intitulé : *commissaire pour les écoles latines* (1), d'après les instructions à déterminer ultérieurement, fonctionnaire auquel l'inspection des écoles latines pourra être déférée.

ART. 25. Partout où le petit nombre des maîtres ou d'autres empêchements locaux s'opposeront à la pleine et entière exécution des règlements sur les leçons dans les classes, il y sera pourvu néanmoins autant que possible.

ART. 26. Dans toutes les villes où il existe des écoles latines, l'administration communale conférera la direction de ces écoles à un collége de trois personnes au moins, qui, sous la dénomination de curateurs ou de scolarques, veillera à ce que l'enseignement y soit dirigé et maintenu suivant les mesures qui seront prescrites par le règlement.

ART. 27. Ce comité, de concert avec l'administration, réglera, selon les circonstances locales, le traitement du recteur, du corecteur et des autres maîtres, ainsi que le minerval à payer par les élèves.

ART. 28. Les curateurs ou scolarques fixeront autant que possible leur attention sur la conduite morale et les progrès des élèves; et nommément, à cette fin, ils feront subir chaque année deux examens solennels, à l'occasion desquels il leur sera remis par les maîtres un rapport de la diligence, de la conduite et des pro-

(1) Le titre a été changé en celui d'*inspecteur des écoles latines*.

grès de chaque élève, avec une indication du nombre des fautes que les élèves auront faites dans les thèmes et les explications.

De plus, les disciples eux-mêmes, interrogés à cet effet, donneront des preuves de leur habileté dans les diverses parties de l'enseignement.

Art. 29. A l'issue de cet examen les curateurs feront passer à une classe supérieure, les élèves qu'ils y jugeront propres en raison de leurs progrès, et, quant à ceux de la première classe, s'ils les trouvent assez instruits pour suivre les cours académiques, ils les congédieront comme élèves de l'école latine et leur délivreront un certificat honorable écrit en latin.

Art. 30. Cependant personne ne pourra quitter la classe du recteur, sans y avoir passé une année, si ce n'est pour des raisons importantes.

Art. 31. Les élèves venus du dehors, qui, sans avoir passé par les basses classes, désirent entrer immédiatement dans une classe supérieure, devront subir, devant une commission nommée suivant les termes de l'art. 6, un examen qui constate que ces élèves possèdent les connaissances requises pour l'admission à cette classe supérieure.

Art. 32. La publication des promotions de toute espèce, la distribution publique des prix aux élèves qui ont fait le moins de fautes dans leurs thèmes et leurs explications, et qui, en général, ont excellé, ainsi que la coutume qu'ont les élèves de prononcer en ces occasions des *Gratiarum actiones*, sont d'anciens usages très-louables, dont le maintien est recommandé aux curateurs.

Art. 33. Les élèves qui quittent l'école munis d'un certificat honorable délivré par les curateurs, et qui, en même temps, ont remporté un des premiers prix, devront produire publiquement un essai de leurs progrès, en prononçant en latin, soit un discours, soit une pièce en vers de leur propre composition.

Art. 34. Les curateurs feront, chaque année deux fois, nommément après chaque examen semi-annuel, à notre secrétaire d'État pour les affaires de l'intérieur, un rapport de la situation de leurs écoles (1).

Art. 35. S'il s'agit de remplir une place vacante aux écoles latines qui jouissent de quelques subsides de l'État, ce sera le secrétaire d'État susdit auquel les candidats seront proposés pour la nomination (2).

CHAPITRE SECOND.

Athénées.

Art. 36. Il pourra exister dans chacune des pro-

(1) La correspondance avec le ministère de l'intérieur se fait par l'intermédiaire de MM. les gouverneurs des provinces.

(2) Par ordonnance royale du 12 février 1820, cet article a reçu un supplément : le droit de la présentation des

vinces des *Pays-Bas-Unis*, à l'exception de celles d'*Utrecht*, de *Groningue* et de *Drenthe*, un athénée, dont l'objet sera : 1° de propager le goût, la civilisation et les lumières ; 2° de remplacer, du moins partiellement, les universités et l'enseignement académique, en faveur des jeunes gens que leur situation empêche de passer à une université tout le temps qu'exigent les cours académiques.

Art. 37. Les athénées susdits pourront exister :
Pour la *Gueldre*, à *Harderwyk*.
Pour la *Hollande*, à *Amsterdam*.
Pour la *Zélande*, à *Middelbourg*.
Pour la *Frise*, à *Franeker*.
Pour l'*Overyssel*, à *Deventer*.
Pour le *Brabant*, à *Bréda*.

Art. 38. Les frais des athénées seront à la charge des villes où ils seront établis, à l'exception de ceux de *Harderwyk* et de *Franeker*, dont les frais seront supportés par l'État.

Art. 39. En conséquence de cette différence, l'administration des athénées qui sont à la charge des villes, le choix des curateurs et la nomination des professeurs, appartiendront à la commune, sans préjudice de la surveillance exercée par le département de l'intérieur ; tandis que, sous la même surveillance, l'administration des athénées payés par la caisse de l'État, sera conférée à des curateurs nommés par nous.

Art. 40. La nomination des professeurs à ces derniers athénées se fait par nous, sur une liste de deux candidats présentés par les curateurs au département de l'intérieur.

Art. 41. Le nombre des professeurs aux athénées ne sera, selon la règle, que de cinq :
Un pour les études préparatoires de la théologie ;
Un pour les études préparatoires de la jurisprudence ;
Un pour la philosophie spéculative et naturelle, et pour les mathématiques ;
Un pour l'histoire et la littérature grecque et latine ;.
Et un pour la littérature orientale.

En outre, les athénées établis dans les capitales des provinces auront un professeur pour la langue et la littérature hollandaise.

Art. 42. Les administrations des villes qui supportent les frais de leur athénée, et qui avaient, d'ancienne date, la faculté de régler, à leur bon plaisir, le nombre des professeurs et les branches de l'enseignement, pourront aussi désormais s'écarter des dis-

candidats y a été conféré à MM. les curateurs des écoles latines. Quant à la nomination à la place vacante d'une école latine non subsidiée par le trésor, elle appartient de droit au conseil municipal, d'après le règlement général pour les régences des villes.

positions de l'article précédent, pourvu qu'elles demandent et obtiennent le consentement du département de l'intérieur.

ART. 43. La médecine et les sciences qui s'y rattachent, savoir : l'histoire naturelle, la chimie et la botanique, n'entreront pas dans les objets de l'enseignement aux athénées à cause que les appareils sont trop dispendieux, et que, sans ces appareils, l'enseignement est défectueux ; à moins que dans cette même ville il ne se trouve déjà un enseignement médical, soit provincial, soit communal, en faveur des chirurgiens, apothicaires et sages-femmes, auquel cas il pourra y avoir à l'athénée des professeurs qui donneront un cours d'enseignement préparatoire pour la médecine, sans toutefois que les étudiants soient par là déchargés de l'obligation de suivre pendant deux ans au moins les cours de l'université.

ART. 44. Sauf les dispositions de l'art. 41, les athénées de *Harderwyk* et de *Franeker*, vu le mérite des académies établies autrefois dans ces deux villes, auront deux professeurs pour préparer à l'obtention des grades académiques.

Le premier s'occupera d'un cours de médecine proprement dite, et nommément de l'anatomie et de la physiologie, tandis que le second enseignera les éléments des sciences préparatoires; savoir : la botanique, la chimie et la pharmacie; ce qui néanmoins ne dégage pas les étudiants de l'obligation de suivre pendant deux ans au moins les cours de l'université.

ART. 45. La disposition de l'art. 40 ne sera pas applicable au cas où, pour cause de vieillesse, d'indisposition, ou de partage à l'amiable, on adjoindrait un second professeur à un premier, sans extension de l'enseignement, ce qui exigera néanmoins l'autorisation du département de l'intérieur même pour les athénées dont les dépenses sont supportées par les villes où ils sont établis.

ART. 46. Les connaissances qui seront aux athénées les objets de l'enseignement préparatoire pour l'obtention des grades académiques, sont :

1° Pour la théologie, un cours d'histoire ecclésiastique, un sur les principes de l'exégèse appliquée à la Bible, un sur la théologie naturelle.

2° Pour la jurisprudence, un cours sur les institutes, un sur les pandectes, un sur le droit naturel et un sur le droit civil moderne.

3° Pour la médecine, dans les lieux où cet enseignement est établi, suivant les art. 43 et 44, un cours d'anatomie et un de physiologie.

4° Pour les sciences mathématiques et physiques, un cours de mathématiques, un de physique, un de botanique et un de chimie, de pharmacie et de mathématiques médicales.

5° Pour la philosophie spéculative et les lettres, un cours de logique et de métaphysique, un de littérature latine, un d'antiquités romaines, un de littérature grecque, un sur la littérature et les antiquités orientales, un sur les éléments de l'arabe, un sur l'histoire, et un sur la langue et la littérature hollandaise, dans les lieux où cet enseignement est établi, suivant l'art. 41.

ART. 47. Les professeurs auront néanmoins la faculté de donner plus d'extension à leurs cours, sans toutefois que les étudiants qui aspirent au grade de docteur soient par là libérés de l'obligation de suivre les cours de l'université, pendant deux ans, pour la théologie et la médecine, et pendant un an au moins pour les autres sciences, bien entendu, pendant la dernière ou les deux dernières années de leurs études.

ART. 48. Sont exempts de cette dernière obligation ceux qui, sans se destiner à une carrière judiciaire, après s'être voués durant trois années à l'étude du droit, ne désirent pour fruit de leurs exercices qu'un titre scientifique. Ils pourront même, sans avoir suivi les cours académiques et après un examen convenable, obtenir le diplôme de docteur en droit de la manière qui sera déterminée ci-dessous pour les étrangers.

ART. 49. De même cette obligation n'est pas applicable aux élèves qui, durant leur séjour aux athénées, ont acquis un tel degré d'habileté, qu'ils se trouvent disposés à se soumettre aux difficultés d'une promotion publique.

ART. 50. La langue dont on fera usage pour l'enseignement aux athénées différera selon les objets. Le latin sera maintenu pour les objets d'érudition, tandis que, pour atteindre le but principal des athénées, on enseignera en hollandais :

1° Le droit moderne ;

2° Les mathématiques ;

3° La physique ;

4° La chimie ;

5° L'histoire naturelle ;

6° L'histoire de la patrie ;

7° La littérature hollandaise ;

En outre, les leçons d'anatomie et de physiologie dans les endroits où elles se donnaient ci-devant en hollandais, *pourront* continuer à se donner dans la même langue; et dans les endroits où cet enseignement est combiné avec une institution pour l'enseignement de la médecine ou de la chirurgie, elles *devront* se donner en hollandais.

ART. 51. Le minimum du traitement des professeurs aux athénées est fixé à 1,600 fr., principe que les administrations des villes, qui supportent les frais des athénées, sont invitées à ne pas perdre de vue.

ART. 52. Les curateurs des athénées de *Harderwyk*

et de *Francker* remettront chaque année le bordereau des sommes dont ils auront besoin pour l'année suivante, au département de l'intérieur, pour qu'il soit présenté à notre approbation.

CHAPITRE TROISIÈME.

Universités.

ART. 53. Il y aura sur le territoire actuel des Pays-Bas trois universités, où non-seulement les études pour l'obtention d'un grade scientifique seront achevées, et ces grades mêmes conférés ; mais encore où il sera donné des leçons dans toutes les principales branches des connaissances humaines.

ART. 54. Ces universités seront établies à *Leyde*, à *Utrecht* et à *Groningue*.

ART. 55. Les universités seront distinguées des athénées :

1° Par l'enseignement ;

2° Par le droit de conférer les grades ;

3° Par les droits des professeurs ;

4° Par les droits des étudiants ;

5° Par un mode particulier d'administration pour le maintien de la discipline académique ;

6° Par les subsides matériels pour toutes les parties de l'enseignement ;

7° Par des dispositions plus efficaces de la part de l'État pour l'encouragement et la prospérité des études ;

8° Par l'organisation de leur administration.

TITRE PREMIER.

De l'enseignement.

ART. 56. Les objets de l'enseignement seront divisés en cinq facultés :

1° Celle de théologie, dans le but de former des élèves pour la religion protestante ;

2° Celle de jurisprudence ;

3° Celle de médecine ;

4° Celle des sciences mathématiques et physiques ;

5° Celle de philosophie spéculative et des lettres.

ART. 57. Le rang des facultés change alternativement tous les ans ; celle à laquelle appartiendra le recteur temporaire aura la prééminence.

ART. 58. Il sera pourvu aux besoins de l'enseignement supérieur dans la religion catholique romaine par des subsides accordés aux séminaires sur le pied actuel.

ART. 59. De même, il sera fixé des subsides en faveur de l'enseignement supérieur dans la religion, chez les Luthériens, les Mennonites et les Remontrants.

ART. 60. Dans chacune des cinq facultés, il sera donné des leçons sur toutes les sciences qui en font partie. On fera précéder l'enseignement de chaque science d'un court aperçu de toutes les parties de cette science, comme aussi d'une indication et désignation des meilleures sources de chacune de ces parties et de la manière d'en distribuer l'étude, au moins des principales, pendant le cours académique (encyclopédie et méthodologie) ; à chaque science, ou chaque partie de cette science, on en joindra aussi une histoire abrégée.

ART. 61. Les professeurs ne seront pas nommés pour une ou plusieurs parties séparées, mais uniquement pour la faculté à laquelle ils sont destinés et dont ils porteront le titre ; la distribution des leçons entre les professeurs est déférée aux curateurs, qui veilleront, toutefois, à ce qu'aucun des cours à mentionner art. 63 ne soit négligé.

ART. 62. Cette distribution n'empêchera pourtant pas que les professeurs ne puissent donner un cours sur quelque partie de leur faculté qui ne leur aura pas été confiée expressément ; même, il ne sera pas permis à un professeur, de quelque faculté qu'il puisse être, à moins d'un empêchement très-valable, de se dispenser de donner un cours dans une partie dont il n'aurait pas été chargé par les curateurs, dès que dix étudiants au moins l'y inviteront.

ART. 63. Les cours qui devront avoir lieu chaque année dans chaque université, en des leçons séparées, sont :

1° Dans la faculté de théologie :

   a La théologie naturelle, qui pourra cependant être aussi traitée dans la faculté de philosophie spéculative et des lettres ;

   b L'histoire ecclésiastique ;

   c Les principes de l'exégèse appliquée à la Bible;

   d La dogmatique ;

   e La morale chrétienne, etc. ;

   f L'homélitique et la science pastorale.

   Les professeurs de la faculté de théologie rempliront, hors du temps des vacances, en qualité de *concionatores academici*, les fonctions de prédicateurs, et il leur sera assigné collectivement, pour cette vocation, le traitement attaché à une place de ministre du saint Évangile.

2° Dans la faculté de jurisprudence :

   a Les institutes ;

   b Les pandectes ;

   c Le droit naturel ;

   d Le droit public ;

   e Le droit civil moderne ;

   f Le droit criminel moderne.

Et, en outre, à l'université de Leyde :

   g L'histoire politique de l'Europe ;

   h La statistique ;

i La diplomatique.

Les deux derniers cours alternativement seront relatifs à notre patrie.

3° Dans la faculté de médecine :

a L'anatomie ;

b La physiologie ;

c La pathologie ;

d La pratique ;

e La pharmacie et matière médicale ;

f La chirurgie ;

g L'art des accouchements;

h La diététique et la médecine légale.

4° Dans la faculté des sciences mathématiques et physiques :

a Les mathématiques élémentaires ;

b Les mathématiques transcendantes ;

c Les mathématiques appliquées à l'hydraulique et à ses constructions ;

d La physique expérimentale ;

e La physique mathématique ;

f L'astronomie physique;

g L'astronomie mathématique, jointe à un enseignement sur les observations astronomiques et sur la navigation ;

h La chimie tant générale qu'appliquée ;

i La botanique et la physiologie des plantes ;

j L'histoire naturelle des animaux et des minéraux, à laquelle on joindra l'anatomie comparée des animaux ;

k L'économie rurale.

5° Dans la faculté de philosophie spéculative et des lettres :

a La logique ;

b La métaphysique ;

c L'histoire de la philosophie ;

d La morale philosophique.

Ces deux derniers cours pourront aussi être tenus alternativement.

e La littérature latine ;

f Les antiquités romaines ;

g La littérature grecque ;

h Les antiquités grecques ;

i La littérature hébraïque ;

j La littérature arabe, syriaque et chaldéenne;

k Les antiquités juives ;

l L'histoire générale ;

m L'histoire de la patrie ;

n La littérature et l'éloquence hollandaise.

ART. 64. Dans le cas où les professeurs ne pourraient s'accorder entre eux à l'égard de la distribution des leçons qui doivent se donner annuellement, la décision appartiendra aux curateurs.

ART. 65. La classification de ces sciences, faite d'après leur nature à l'article 63, n'empêche pas que les curateurs ne puissent faire passer un professeur, dont les parties qu'il enseigne paraissent, d'après cet article, se lier à telle ou telle faculté, dans une autre faculté à laquelle les objets de son enseignement ont le rapport le plus intime, sans toutefois que ce déplacement l'autorise à donner quelque autre enseignement académique que celui qui appartient à la faculté dans laquelle il a spécialement été nommé. Personne ne pourra être à la fois membre de deux facultés. Les professeurs actuellement en fonctions conservent leurs droits.

ART. 66. La langue dont les professeurs des facultés, à l'exception seulement de ceux de la littérature hollandaise et des sciences économiques, devront faire usage, sera exclusivement la langue latine. Les curateurs pourront toutefois, à l'égard d'autres parties où cela pourrait être utile, accorder les dispenses nécessaires.

ART. 67. Le nombre ordinaire de professeurs pour chaque faculté ne sera pas le même aux différentes académies. Ce nombre sera :

	A Leyde,	à Utrecht,	à Groningue.
Pour la théologie ,	4	3	3
— jurisprudence,	4	3	3
— médecine,	4	3	3
— les sciences mathématiques et physiques ,	4	*	*
— la philosophie spéculative et les lettres,	5	5	5

ART. 68. Dans les cas extraordinaires, lorsque l'intérêt des sciences l'exigera, ce nombre pourra être augmenté, ou l'on pourra nommer un professeur en sus du nombre ordinaire, sauf à demander et obtenir dans ce cas notre approbation.

ART. 69. Outre les professeurs ordinaires, il pourra être nommé à l'université de *Leyde* des professeurs sous le titre de *professores extraordinarii*, dans l'une des branches de l'enseignement supérieur, lorsque cette mesure sera jugée utile, soit pour les sciences et l'université elle-même, soit pour conserver aux lettres ou aux sciences quelque sujet d'un mérite éminent. Cette nomination ne donne cependant aucun droit à la chaire de professeur ordinaire quand elle viendra à vaquer; de plus, les *professores extraordinarii* ne pourront être proposés comme successeurs sans un avis motivé. Aux autres universités, ces *professores extraordinarii* pourront être nommés, lorsque des indispositions habituelles ou autres entraves de cette nature, empêcheront un professeur ordinaire de remplir convenablement ses fonctions.

ART. 70. Chaque science, qui fait l'objet d'un *cours* particulier, devra être traitée en une année. Les curateurs **sont** provisoirement chargés de veiller à l'exécution de cet article.

Art. 71. Autant que possible, on répondra sur tous les cours. En outre, les professeurs sont invités à continuer les autres exercices académiques anciennement introduits; tels que les colléges de dispute, de récitation, etc.

Art. 72. Les leçons continueront d'être privées. Elles peuvent se donner au domicile des professeurs, et à cet égard, l'état des choses, tel qu'il était en 1810, sera maintenu.

Art. 73. Personne ne sera admis aux leçons proprement dites des facultés de théologie, de droit et de médecine, sans avoir obtenu préalablement, pour la première et la seconde de ces facultés, le grade de candidat dans les lettres, et, pour la troisième, celui de candidat dans les sciences mathématiques et physiques. Seront seulement exceptées les leçons sur l'anatomie, l'ostéologie, qui, vu la longueur du cours de médecine, pourront être réunies aux études préparatoires.

Art. 74. Il n'y aura point d'ordre réglé d'études à suivre; mais nul étudiant ne sera admis à l'examen définitif, qui procure un titre ou un état dans la société, s'il ne prouve avoir étudié, après l'obtention du grade préparatoire, pendant *trois* années en théologie, *trois* années en droit, *quatre* années en médecine (ou *trois* années, si l'on a combiné les leçons d'anatomie, d'ostéologie et de physiologie avec les études préparatoires); *trois* années en philosophie, et *trois* années dans les lettres, et avoir fréquenté, outre les leçons des parties sur lesquelles il doit spécialement et en tout cas être examiné, les cours subsidiaires requis pour chaque grade et énoncés ci-après.

Les dispositions de cet article ne seront pas applicables à ceux qui, avant la présente ordonnance, avaient déjà suivi un cours dans la faculté dans laquelle ils doivent étudier.

Art. 75. L'obligation de l'article précédent n'est pas non plus applicable à ceux qui se déclarent disposés à se soumettre aux difficultés de la promotion publique. Ils seront, ainsi que les étrangers, dispensés de l'obligation de prouver le temps ou le cours de leurs études.

Art. 76. Les curateurs des différentes universités proposeront les mesures qui leur paraîtront les plus convenables pour maintenir sur le pied actuel, ou pour améliorer et étendre, par la nomination de lecteurs ou autres maîtres, l'enseignement des langues modernes, du dessin, de l'équitation et de l'art de l'escrime (1).

(1) Maintenant les vacances des places de lecteur ou de maître pour ces objets ne se remplissent plus qu'aux frais de la ville où l'université est établie.

Des grades académiques.

Art. 77. Il y aura dans chaque faculté deux grades, celui de candidat et celui de docteur.

Art. 78. On ne pourra obtenir un de ces grades, à moins d'avoir subi un des examens ci-dessous déterminés. Il sera néanmoins permis aux universités, selon l'ancien usage, de conférer à des hommes d'un mérite éminent, tant étrangers que régnicoles, le titre de docteur, ou de le leur offrir comme une preuve d'estime; mais, dans ce cas, l'affaire, sur la proposition de la faculté qui confère le grade, devra être traitée par tout le sénat, expressément convoqué à cet effet. On n'exigera des docteurs créés de cette manière ni les examens ni les droits d'usage.

Art. 79. Le grade de candidat ne donne aucun droit hors de l'université, que pour autant qu'il y aura des exceptions spéciales faites ci-après.

Ce grade est purement académique, préparatoire pour obtenir celui de docteur, et n'est constaté que par un extrait des actes de la faculté qui le confère. Il devra toujours être demandé par ceux qui font leurs études à l'université, à moins d'empêchement essentiel, un an avant l'obtention du grade de docteur, sans que ceci puisse être appliqué aux étrangers ou à ceux qui leur sont assimilés par l'art. 85.

Art. 80. Le grade de docteur donne le droit, sans aucun autre examen préalable, de remplir toutes les fonctions exprimées dans le diplôme, pour autant qu'il n'y est point dérogé par la présente ordonnance.

Art. 81. La nature et le but des examens seront différents, selon le but que l'on se propose en demandant un grade.

Art. 82. Dans la faculté de théologie, on exigera pour le grade de candidat :

1° Un examen sur la théologie naturelle, l'histoire ecclésiastique et la doctrine générale de la religion chrétienne;

2° La preuve qu'on a en outre fréquenté les leçons sur la métaphysique, la morale philosophique (soit chez le professeur de droit naturel, soit chez le professeur de philosophie), et la littérature orientale, à l'exception de l'hébreu.

Art. 83. Pour le grade de docteur en théologie, on exige :

1° Un examen sur la dogmatique, la morale chrétienne, la théorie de l'exégèse et la science pastorale;

2° L'interprétation d'un lieu de l'Ancien et un du Nouveau Testament, qui seront indiqués par la faculté, dans le cas d'un résultat favorable de l'examen précédent.

Cet examen aura lieu le lendemain de celui qui vient d'être mentionné.

3° La preuve que l'on a en outre fréquenté avec un bon succès les leçons de physique expérimentale, d'astronomie physique, d'économie rurale, et surtout les leçons de style et d'éloquence hollandaise.

Art. 84. Dans la faculté de jurisprudence, on exigera pour le grade de candidat :

1° Un examen sur les institutes et sur le droit romain.

2° La preuve qu'on a, en outre, fréquenté les leçons sur l'encyclopédie des études du droit, sur l'histoire du droit, sur celle de la patrie et sur le droit naturel.

Art. 85. Le grade de docteur dans la faculté de droit sera de deux espèces, le *doctoratus juris romani et hodierni*, pour ceux qui auront donné les preuves les plus indubitables de leur capacité, et qui veulent fonder sur ce titre leur prétention aux dignités, pour l'obtention desquelles un grade académique est de nécessité ; et le simple *doctoratus juris*, en faveur des étrangers et de ceux qui ne désirent qu'un titre scientifique.

Art. 86. Pour l'examen doctoral de cette dernière espèce, il ne sera exigé, après l'examen du candidat, que l'explication par écrit d'une loi des Pandectes, et d'une du code de *Justinien*, en les défendant contre les objections des professeurs.

Art. 87. Pour l'examen doctoral dans le droit romain et moderne, on exigera :

1° Un examen sur le droit moderne, civil et criminel ;

2° Une explication de deux passages, un du droit romain, et un du droit moderne, de la manière indiquée ci-dessus pour la théologie ;

3° La preuve qu'on a, en outre, fréquenté avec succès les leçons sur les Pandectes, le droit public, la statistique du pays, l'histoire politique de l'Europe, l'économie politique, *medicina legalis et forensis*, et sur le style et l'éloquence hollandaise, pour autant que ces cours sont à l'université où l'on demande un grade.

Art. 88. Dans la faculté de médecine, on exigera pour le grade de candidat :

1° Un examen sur l'anatomie, la physiologie, la pathologie, la pharmacie, et la matière médicale ;

2° Une démonstration anatomique ;

3° La preuve qu'on a fréquenté, en outre, les leçons d'histoire naturelle et d'anatomie comparée.

Art. 89. Pour le grade de docteur en médecine on exigera :

1° Un examen sur la pratique de la médecine, sur la théorie de la chirurgie et sur l'art des accouchements ;

2° Une explication de deux aphorismes d'*Hippocrate*, en observant ce qui a été déterminé à l'art. 83, à l'égard de la théologie ;

3° La preuve que l'on a, en outre, fréquenté avec succès les leçons sur la diététique, la médecine légale et la clinique.

Art. 90. Il sera libre à celui qui, ayant obtenu le grade de *medicinæ doctor*, désire ensuite se vouer plus particulièrement à la chirurgie, à la pharmacie ou à l'art des accouchements, de demander séparément le titre de *doctor chirurgiæ, artis obstetriciæ*, ou *artis pharmaceuticæ*, droit dont jouira tout *medicinæ doctor*, qui, venant de l'étranger, désirerait le titre particulier de *chirurgiæ artis obstetriciæ* ou *artis pharmaceuticæ doctor*. Les examens à subir dans ce cas seront les suivants :

1° Le chirurgien devra faire quelques opérations qui lui seront indiquées sur le cadavre ; il subira, de plus, un examen sur la théorie de la chirurgie.

2° L'accoucheur, outre un examen particulier à subir sur son art, sera tenu de faire quelques opérations sur le mannequin, et de prouver qu'il a opéré, sous les yeux d'un habile accoucheur, ou dans une institution clinique quelconque, un nombre suffisant, au jugement de la faculté, d'accouchements naturels et non naturels.

3° Le pharmacien, outre un examen particulier sur la chimie et la pharmacie, devra effectuer une opération de chimie ou de pharmacie qu'on lui prescrira.

Art. 91. Les qualités voulues pour le grade de candidat dans les sciences mathématiques et physiques diffèrent suivant qu'on demande ce grade comme un grade préparatoire pour le doctorat des sciences mathématiques et physiques, ou comme un grade préparatoire aux études médicales.

Art. 92. Comme grade préparatoire pour le doctorat des sciences mathématiques et physiques, on exigera du candidat :

1° Un examen sur les mathématiques, la physique expérimentale, l'astronomie et les éléments généraux de l'histoire naturelle et de la botanique ;

2° La preuve qu'on a, en outre, suivi avec succès les leçons sur la littérature grecque et latine et sur la logique.

Art. 93. Comme grade préparatoire pour les études médicales, on exigera du candidat :

1° Un examen sur les mathématiques, la physique, la botanique et les éléments de la chimie générale ;

2° La preuve que l'on a, en outre, fréquenté avec succès les leçons sur la littérature latine et grecque, et sur la logique.

Art. 94. Les examens pour le grade de docteur dans les sciences mathématiques et physiques, dont le titre sera celui de *matheseos magister, philosophiæ naturalis doctor*, seront les suivants :

1° Un examen sur les mathématiques appliquées, la physique et l'astronomie mathématiques, la chimie appliquée et la géologie ;

2° La solution d'un problème de mathématiques et d'un problème de physique ;

3° La preuve que l'on a , en outre , fréquenté avec succès les leçons sur la métaphysique et l'histoire de la philosophie.

Art. 95. Les diplômes de cette faculté exprimeront particulièrement la partie des sciences dans la quelle on aura choisi de préférence de prendre un état, et sur laquelle on aura été surtout examiné.

Art. 96. Pour le candidat dans les lettres , les examens différeront , comme dans le cas de l'art. 91 , suivant le but qu'il se propose.

Art. 97. Comme grade préparatoire pour le doctorat dans les lettres , on exigera :

1° Un examen sur la théorie de la grammaire grecque et latine , sur les antiquités grecques et romaines , l'histoire générale et la logique ;

2° La preuve que l'on a , en outre , fréquenté avec succès les leçons sur les mathématiques , la physique expérimentale et la littérature hollandaise.

Art. 98. Comme grade préparatoire pour l'étude de la théologie , on exigera du candidat :

1° Un examen sur la littérature hollandaise , grecque , latine et hébraïque , ainsi que sur les antiquités grecques et hébraïques ;

2° La preuve que l'on a , en outre , fréquenté avec succès les leçons sur les mathématiques , la logique , et l'histoire générale.

Art. 99. Comme grade préparatoire pour l'étude de la jurisprudence , on exigera du candidat :

1° Un examen sur les langues grecque et latine , ainsi que sur les antiquités romaines et l'histoire générale ;

2° La preuve que l'on a , en outre , fréquenté avec succès les leçons sur les mathématiques et la logique.

Art. 100. Pour le grade de docteur dans les lettres , qui donne le titre de *philosophiæ theoreticæ magister* , *litterarum humanarum doctor* , on exigera :

1° Un examen sur la connaissance approfondie des langues grecque et latine , sur l'histoire ancienne, la métaphysique et l'histoire de la philosophie ancienne ;

2° L'explication de deux passages obscurs , ou la correction de deux passages corrompus , l'un tiré d'un auteur grec , et l'autre d'un auteur latin ;

3° La preuve que l'on a , en outre , fréquenté avec succès les leçons sur les instituts , l'histoire du droit romain , l'histoire de la patrie et l'astronomie physique.

Art. 101. Les examens dont il est parlé dans les articles précédents devront tous se faire en présence de tous les membres de la faculté qui confère le grade , convoqués à cet effet pour paraître à l'assemblée en costume. Ils devront se faire en latin , à moins d'une autorisation expresse de la part des curateurs. Pour que la disposition relative à la présence des membres

de la faculté ne soit pas éludée , il pourra être fixé une amende à payer par les absents.

Art. 102. Ceux qui n'ont pas suivi la carrière académique , et qui , par conséquent , sont hors d'état de produire les certificats exigés à l'art. 82 , seront tenus , en cas d'examen pour un grade quelconque , de donner des preuves de leurs connaissances dans toutes les branches mentionnées à chaque article.

Art. 103. Les étrangers qui déclareront ne pas avoir l'intention de s'établir par la suite dans ce pays seront exempts , en faisant les examens pour chacun des grades , de l'obligation de produire des preuves qu'ils ont assisté aux leçons susdites. S'ils changent de résolution , ils ne pourront , en aucun cas , pratiquer dans ce pays la science dans laquelle ils ont obtenu le grade , sans avoir satisfait , de même que les régnicoles , aux obligations auxquelles ceux-ci sont astreints.

Art. 104. Tous les examens sans distinction devront durer *une* heure entière et ceux que mentionne l'article 98 , *deux* heures. Ils devront , autant que possible , s'étendre également sur tous les objets à traiter , et être accessibles au public. A cet effet , chaque examen sera annoncé le jour précédent par une affiche *ad valvas academiæ*.

S'il y a plus d'une demande d'examen , les candidats devront être examinés séparément , et il ne sera permis dans aucun cas de les examiner ensemble.

Art. 105. Après avoir satisfait à tous ces examens , on sera admis à la promotion

Art. 106. Cette promotion sera de deux espèces , l'une publique , l'autre particulière. La promotion en capuchon ou *more majorum* sera maintenue en faveur de ceux qui la désirent.

Art. 107. Pour les promotions , il est nécessaire de composer et de défendre un *specimen inaugurale* , qui consistera en une dissertation sur l'un ou l'autre objet relatif à la science dans laquelle on demande un grade , ou dans des observations détaillées sur différents sujets qui y appartiennent. Des thèses détachées et sans aucun raisonnement ne seront pas reçues.

Art. 108. Ce *specimen* sera soumis à la censure de la faculté , afin qu'elle s'assure qu'il ne s'y trouve rien de contraire à la tranquillité publique et aux bonnes mœurs , chacun étant , du reste , libre de présenter au public les résultats de sa conviction , sans que , pour cela , les opinions du candidat puissent être considérées comme étant les opinions de la faculté ou de l'université.

Art. 109. Le *specimen* ayant été approuvé , sera imprimé , et pour les promotions particulières , défendu dans la faculté contre les objections des professeurs ; mais toujours le public y aura libre accès ; et pour les promotions publiques , le *specimen* devra être défendu , dans l'*auditorium publicum* , contre les objections de tous ceux qui pourraient être disposés à en faire.

Art. 110. Il sera libre à chacun de choisir la promotion publique ou particulière. Toutefois ceux qui n'auront pas suivi les cours académiques durant le nombre d'années fixé ci-dessus (les étrangers seuls exceptés) devront toujours défendre leur *specimen* en public.

Art. 111. La défense particulière du *specimen* a lieu en présence du recteur de l'académie et du secrétaire du sénat, lesquels seront toujours appelés à cet effet dans l'assemblée de la faculté, et auront leur voix dans l'admission ou le rejet du candidat. Aux promotions publiques, tout le sénat sera convoqué, et l'admission au doctorat prononcée à la majorité des voix de tous les membres.

Art. 112. Lorsque l'admission du candidat au doctorat sera décidée, ce grade lui sera conféré solennellement par un des professeurs de la faculté, à tour de rôle, en qualité de promoteur ; tandis que le secrétaire sera invité à accélérer l'expédition du diplôme, qui ne sera néanmoins délivré qu'après que les *doctores medicinæ, chirurgiæ, artis obstetriciæ et artis pharmaceuticæ* auront prêté le serment ou fait la déclaration que leur profession exige.

Art. 113. Le contenu des diplômes sera le même dans toutes les universités ; cependant dans ceux du doctorat en droit, on fera une différence entre le *doctoratus juris romani et hodierni* et le simple *doctoratus juris*.

Art. 114. Les droits attachés aux grades académiques mentionnés au présent titre sont les suivants :

1° L'exercice illimité des fonctions exprimées dans le diplôme, à moins qu'une admission spéciale ne soit expressément requise ;

2° Le droit d'être admis à telles dignités, emplois ou rangs, pour l'obtention desquels un grade académique est indispensable ;

3° Le droit de préséance dans tous les collèges où des individus non gradués sont admis, sur ces derniers, lorsqu'ils prennent séance en même temps.

Art. 115. Les dignités, emplois et rangs auxquels personne ne peut être admis sans avoir un grade académique, sont ceux auxquels cette condition est attachée par les articles suivants, ou ceux auxquels elle pourrait l'être à l'avenir.

Art. 116. Dans le culte protestant, personne ne sera admis au service de la chaire, en qualité de ministre, sans avoir obtenu au moins le grade de candidat dans les lettres et celui de candidat dans la théologie, et sans avoir fourni la preuve que l'on a, en outre, fréquenté avec succès, durant deux années, les leçons sur l'exégèse appliquée à l'ancien et au nouveau Testament, la morale chrétienne et l'économie rurale.

Art. 117. La disposition de l'article 116 n'est point applicable aux ministres de l'Évangile ni aux aspirants au ministère qui étaient ou avaient été attachés au service de la chaire avant la promulgation de la présente ordonnance.

Art. 118. Quant à de semblables obligations relativement aux ministres des autres cultes, il sera pris des dispositions ultérieures.

Art. 119. Le grade de candidat en droit ne donne aucune prérogative au dehors. Celui de *doctor juris*, tel qu'il a été indiqué à l'art. 85, en faveur des étrangers, ne donne que des droits scientifiques, ou ceux qui sont énoncés dans le diplôme, dont l'exercice n'exige aucune admission ultérieure.

Art. 120. La faculté de pratiquer, comme avocat, devant une de nos cours ou de nos tribunaux, ne sera accordée, à compter de la publication de la présente ordonnance, qu'à ceux qui auront obtenu le diplôme de docteur, tant en droit romain qu'en droit moderne. Ceux qui ont obtenu avant cette époque un diplôme de docteur ou licencié en droit seront seuls exceptés.

Art. 121. Les fonctions, emplois et dignités pour lesquels, dorénavant, le premier ou le second doctorat en droit sera exigé, seront déterminés par des arrêtés particuliers. La prise de possession devra toujours être précédée de l'exhibition des diplômes.

Art. 122. Le grade de *medicinæ doctor* autorise, sans aucun examen ultérieur, l'exercice de la médecine interne. Il en sera de même pour les grades de *chirurgiæ doctor*, *doctor artis obstetriciæ* et *artis pharmaceuticæ*, qui, sans aucun examen ultérieur, donnent le droit d'exercer partout la chirurgie, l'art des accouchements et la pharmacie.

Art. 123. La pratique d'aucune des parties des sciences médicales ne peut être exercée par celui qui n'aurait pas obtenu le grade qui en donne l'autorisation, excepté dans le cas de nécessité urgente, et sauf les stipulations faites dans les règlements existants ou à faire.

Art. 124. Le grade de *matheseos magister*, *philosophiæ naturalis doctor*, dispense de tout examen ultérieur sur les parties mentionnées dans le diplôme, pour l'obtention des places où de pareils examens pourraient être nécessaires. Au cas, toutefois, que le diplôme obtenu par le docteur ne fasse aucune mention expresse ou détaillée de la partie dans laquelle il cherche à être placé, il aura le choix, ou de faire étendre son diplôme doctoral à cette partie, en subissant un nouvel examen, ou de se soumettre à l'examen ordinaire devant les collèges institués à cet effet. Ce grade sera exigé pour tous les régnicoles qui aspirent à une place de professeur ou de lecteur dans les sciences mathématiques et physiques.

Art. 125. Les grades dans les lettres donnent le droit, sans aucun examen ultérieur, d'enseigner les parties détaillées dans les articles précédents, qui ont rapport aux examens pour obtenir ces grades. On les exigera de tous ceux qui seront attachés à l'enseignement dans les écoles latines, suivant les art. 16, 17 et 18.

ART. 126. La disposition de l'article précédent n'est pas applicable à ceux qui, avant la promulgation de la présente ordonnance, étaient ou avaient été attachés à l'enseignement.

ART. 127. Les frais qu'entraîne l'obtention des grades mentionnés dans le présent titre, sont réglés pour chacun d'eux, excepté les droits de l'État, exigibles actuellement ou à imposer par la suite, et en sus de ce qui est accordé aux bedeaux de l'université comme émoluments, ainsi qu'il suit :

1° Pour le grade de candidat dans les lettres, les sciences mathématiques et physiques, et la théologie,   30 fl.

2° Pour celui de candidat dans la jurisprudence et la médecine,   50 fl.

3° Pour le doctorat dans les facultés de théologie et des lettres,   60 fl.

4° pour le doctorat dans les autres facultés, 100 fl.

Tandis qu'en outre, ceux qui auraient besoin des examens extraordinaires dont il est parlé aux art. 90, 100 et 124 du présent arrêté, payeront pour chaque examen de la même manière,   30 fl.

TITRE TROISIÈME.

Des Professeurs.

ART. 128. Tous les professeurs, tant ceux de l'université de *Leyde*, que ceux des universités d'*Utrecht* et de *Groningue*, sont fonctionnaires de l'État.

ART. 129. Par conséquent, ni les professeurs, ni les curateurs ne sont chargés d'aucune responsabilité envers les autorités provinciales ou communales.

ART. 130. L'exemption du service de la garde bourgeoise, tant pour les professeurs que pour les étudiants, est réglée par la loi sur la milice et le *landstorm*.

ART. 131. En cas de logements militaires, les professeurs auront la faculté de s'en libérer, moyennant une rétribution pécuniaire à payer par eux.

ART. 132. Le traitement ordinaire des professeurs qui seront nommés dorénavant aux universités, est fixé de la manière suivante :

1° Pour ceux de *Leyde*,   2,800 fl.

2° Pour ceux d'*Utrecht* et de *Groningue*, 2,200 fl.

Quand l'habitation gratuite d'une maison de l'État ou de l'université sera par hasard accordée à un professeur, le montant du loyer de cette maison sera déduit de son traitement; cette dernière disposition n'est pas applicable au cas où quelque local académique, n'appartenant pas à une profession déterminée, serait accordée comme domicile aux plus anciens professeurs de quelque faculté, comme prérogative et en récompense de longs services.

ART. 133. Trente années d'enseignement en qualité de professeur ordinaire, dans une ou plusieurs universités du pays, donneront le droit à une augmentation de traitement équivalant au quart du traitement ordinaire à l'université où le professeur se trouve pour lors.

ART. 134. Les émoluments du professorat ordinaire consisteront :

1° Dans la répartition égale entre tous les membres de la faculté du restant des sommes payées pour l'obtention des grades académiques, déduction faite de ce qui est dû à l'université, au recteur et au secrétaire ;

2° Dans le partage entre tous les professeurs d'un dixième des sommes perçues, par le recteur, de chaque étudiant qui se sera fait inscrire ;

3° Dans les avantages qu'ils retireront, conformément à ce qui sera réglé ci-dessous, des fonctions académiques extraordinaires qu'ils rempliront chacun à son tour.

Les anciens émoluments en usage à certaines académies (comme droit de robe, etc.) sont pour jamais abolis. Les professeurs extraordinaires et les lecteurs mentionnés aux art. 69 et 76 comme n'étant pas membres de la faculté, ne pourront jamais prétendre à ces émoluments sous quelque titre que ce soit.

Le tout sans préjudice de ce qui sera stipulé par la suite concernant une certaine retenue à faire sur ces divers émoluments, en faveur d'une caisse des veuves qui doit être érigée.

ART. 135. La rétribution pour les leçons auxquelles chaque professeur est tenu, en vertu de sa nomination, sera la même pour toutes les universités, savoir : 15 fl. pour un cours donné deux fois par semaine, et 30 fl. pour un cours donné plus de deux fois par semaine. Pour les cours extraordinaires et pour des leçons particulières à donner à un ou plusieurs étudiants, le professeur aura la liberté de faire les arrangements qui lui paraîtront convenables.

ART. 136. Par rapport à l'époque ou au mode de payement de ces rétributions, les facultés ou le sénat feront les arrangements qu'ils jugeront convenables. En tout cas, l'on pourra assister aussi souvent que l'on voudra au même cours, pour la somme de 15 fl. ou 30 fl. une fois payée.

ART. 137. Les dispositions des art. 135 et 136 sont aussi applicables aux *professores extraordinarii*. Les lecteurs ne pourront exiger que 20 fl. pour un cours de quatre leçons par semaine, et 10 fl. pour un cours de deux leçons par semaine, et l'on pourra, pour ces sommes une fois payées, assister deux et même trois fois au même cours ordinaire.

Art. 138. Il sera libre à chaque professeur d'une de nos universités de demander d'être déclaré émérite :

1° Pour cause d'une incommodité qui l'empêche de remplir plus longtemps les fonctions de son poste ;

2° Pour cause de vieillesse, lorsqu'il aura atteint l'âge de 60 ans, dont trente-cinq années accomplies ont été vouées à l'enseignement académique dans ce pays.

Art. 139. L'éméritat, étant accordé, donne droit :

1° A la conservation du rang professoral et à la séance dans le sénat académique, sans qu'on puisse, à ce titre, élever aucune prétention sur le partage des émoluments ;

2° A une pension de 500 fl., avec une augmentation pour chaque année de service, en sus de cinq années, de la trente-cinquième partie du traitement dont on jouira au moment de la demande de pension ; à moins que, d'après l'art. 133, on n'ait obtenu le quart d'augmentation ; auquel cas la pension ne peut être calculée que d'après le traitement fixe ordinaire, la pension ne pouvant jamais excéder la somme du traitement.

Art. 140. Lorsqu'un professeur aura atteint l'âge de 70 ans, il sera de fait émérite de la manière prescrite par l'article précédent, mais en conservant son traitement tout entier, de même que les émoluments affectés à son poste, avec la faculté, toutefois, de continuer à enseigner ; auquel cas, pour alléger ses fonctions, il sera toujours nommé un second professeur, soit ordinaire, soit extraordinaire, dans la faculté à laquelle il appartient.

Art. 141. A la jouissance de la pension d'éméritat est attachée, pour les régnicoles, la condition de continuer d'habiter le territoire des *Pays-Bas*.

Art. 142. Lorsque des professeurs ou des lecteurs, en mourant, laisseront une veuve et des enfants mineurs, la première, jusqu'à l'époque d'un nouveau mariage, et les derniers, jusqu'à leur majorité ou l'exercice d'un état lucratif, jouiront d'une pension de 500 fl., augmentée de la moitié du surplus, auquel le défunt aurait eu droit ; bien entendu néanmoins que la pension ne pourra jamais excéder le double de la somme fixe de 500 fl.

Art. 143. La dépense occasionnée au trésor public par les dispositions de l'article précédent, sera supportée, autant que possible, par un fonds pour les veuves à former de la manière qu'il est d'usage pour les employés ministériels, c'est-à-dire par les retenues à faire chaque année sur les émoluments, etc., des professeurs et lecteurs.

Art. 144. Après le décès de la veuve, les enfants continueront de jouir de la pension jusqu'à leur majorité ou l'exercice d'un état lucratif.

Art. 145. La disposition de l'art. 141 est également applicable aux veuves et aux enfants.

Art. 146. Les dispositions des art. 138 et 141 sont aussi applicables aux *professores extraordinarii*, ainsi qu'au lecteur actuel pour les mathématiques à l'université de *Leyde*.

Art. 147. Le costume des professeurs ordinaires et extraordinaires sera un habit habillé noir, couvert d'une toge, tel qu'il était en usage en 1810.

Les lecteurs ont pour costume un habit noir habillé et un chapeau retroussé à trois cornes.

TITRE QUATRIÈME.

Des Étudiants.

Art. 148. Personne ne sera considéré comme étudiant à une des universités, à moins de s'être fait inscrire, avant la fréquentation des leçons académiques, chez le recteur temporaire de l'université, comme étudiant, sur le rôle des étudiants.

Art. 149. Cette inscription ne pourra se faire par le recteur avant que l'étudiant ait produit un certificat en due forme, et en ait déposé une copie, d'après lequel il conste qu'après avoir parcouru le premier degré de l'enseignement supérieur à une école latine, le candidat a été, par une commission compétente, jugé capable de fréquenter les leçons académiques.

Art. 150. Lorsqu'on aura fait ses études préparatoires, soit sous un maître particulier, soit en pays étranger, soit enfin par sa propre activité, et que l'on sera par conséquent hors d'état de produire le certificat voulu à l'article précédent, on pourra s'adresser à la faculté des lettres, qui pourra l'accorder, après un examen qui, d'après le premier chapitre de cette ordonnance, suppose que l'on a parcouru les six classes qui y sont désignées.

Art. 151. Un étudiant qui aurait déjà étudié à une université soit dans le pays, soit à l'étranger, et qui se rendrait de là à une autre université, ne sera pas soumis à cette formalité ; mais, dans ce cas, un certificat légalisé, constatant qu'il a fait cette étude en un autre endroit, sera suffisant.

Art. 152. Ne seront pas admis à l'inscription ceux qui, par une sentence légale, auront été bannis d'une autre université pour cause de mauvaise conduite. Un simple *consilium abeundi* n'exclut pas nécessairement ; mais, dans ce cas, l'admission ou le rejet est déféré au recteur et à ses assesseurs.

Art. 153. Les dispositions des articles précédents, excepté seulement la dernière, pour autant que le bannissement y mentionné soit notoire, ne seront pas applicables aux étrangers, qui viennent d'ailleurs et déclarent vouloir retourner chez eux à la fin de leurs études : cependant ils seront tenus de se faire inscrire comme étudiants.

Art. 154. Pour frais d'inscription, il sera payé trois florins, outre ce qui devra être payé aux bedeaux, comme émoluments pour les fonctions à remplir par eux d'après leurs instructions.

Art. 155. Il est laissé à la prudence et au jugement des recteurs de décider de quelle manière ils feront connaître et rappelleront aux étudiants, à l'occasion de leur inscription, la nature de leurs nouvelles relations et les devoirs qu'elles leur imposent, de même que ceux qui leur sont imposés par les statuts académiques. Le serment académique et la lecture annuelle des lois sont abolis; mais par contre les statuts académiques devront se trouver en tout temps chez l'imprimeur de l'université, et être signés par les étudiants lors de leur inscription.

Art. 156. L'inscription n'aura son effet que durant l'année académique courante; à l'expiration de ce terme, chacun aura la faculté de se faire inscrire de nouveau, afin d'être encore considéré comme étudiant l'année suivante.

Art. 157. Ce recensement ou révision du rôle des individus faisant partie de l'université, aura lieu chaque année dans la première quinzaine après la proclamation du nouveau recteur et du nouveau secrétaire. Elle aura lieu en leur présence, et l'on payera la somme d'un florin en sus de ce qui sera accordé aux bedeaux pour ce qui leur reste à faire après cette révision. Après l'expiration du terme fixé pour ce recensement, les frais en seront triplés.

Art. 158. Excepté les étudiants proprement dits qui suivent de fait les leçons des professeurs, et sont reconnus comme tels par lesdits professeurs, personne ne sera inscrit comme faisant partie de l'université, ni ne pourra être recensé comme tel, sinon:

1° Les lecteurs et autres maîtres académiques mentionnés ci-dessus, art. 76;

2° Les employés exclusifs et en activité à l'université.

S'il avait été accordé antérieurement des priviléges à l'une ou l'autre de ces personnes faisant partie de l'université, et pour lesquels il a été donné des indemnités, ces indemnités feront, à dater de la signature de la présente ordonnance, partie du traitement du possesseur actuel, et ne seront accordées à personne dans la suite.

Art. 159. Afin de prévenir l'abus qu'on pourrait faire du titre d'étudiant, le secrétaire du sénat fera parvenir, quelques jours avant le recensement, au doyen de chacune des facultés, une liste des étudiants inscrits sur le rôle, et qui appartiennent à leurs facultés respectives, afin que chaque professeur fasse sa déclaration au doyen de sa faculté, en fonction cette année, des étudiants qui fréquentent effectivement ses leçons. Celui dont le nom ne se trouverait sur aucune de ces déclarations, sera rayé du rôle, la veille du recensement, dans une assemblée du recteur et de ses assesseurs, et ne sera plus admis à se faire recenser.

Art. 160. Chaque étudiant est tenu de se conformer aux lois et statuts de l'université à laquelle il appartient. La transgression de ce devoir encourra les conséquences déterminées par les statuts.

Art. 161. Il est tenu d'obéir sans réserve au recteur, sauf son recours au conseil académique, s'il croit qu'on lui a fait tort; le refus d'obéir, si le conseil académique juge que le recteur n'a pas outrepassé ses pouvoirs, aura pour suite, selon les circonstances, ou un *consilium abeundi*, ou la relégation.

Art. 162. La surveillance immédiate de la conduite et des mœurs appartient au recteur de l'université. Cette surveillance s'étendra sur toutes les contraventions aux statuts de l'université, sur l'insubordination et la négligence à assister aux leçons. Dans tous ces cas, le recteur pourra faire des remontrances aux étudiants.

Art. 163. Lorsque des avertissements réitérés de sa part resteront sans effet, il pourra porter l'affaire devant l'assemblée du recteur et des assesseurs. Ceux-ci seront pris dans les quatre facultés respectives, à l'exclusion de celle à laquelle le recteur appartient.

Art. 164. A l'égard du *forum privilegiatum*, dont jouiront tous les étudiants effectifs à toutes les universités, il sera fait une proposition aux états généraux.

TITRE CINQUIÈME.

Des Subsides matériels de l'Enseignement académique.

Art. 165. Des locaux appartenant à l'État, et actuellement appropriés à l'enseignement supérieur, ou qui seront cédés dans la suite pour cet usage, seront placés sous l'administration des curateurs respectifs, et ne pourront être soustraits à l'usage mentionné, sans notre autorisation spéciale.

Art. 166. La construction d'un nouveau local académique à *Leyde* sera entreprise aussitôt que les circonstances le permettront, et cependant les curateurs feront exécuter les plans et devis, d'après lesquels les sommes nécessaires à cet effet pourront être supputées.

Art. 167. Les bibliothèques actuellement existantes aux universités et athénées, continueront d'appartenir aux établissements où elles se trouvent. Les athénées de *Harderwyk* et de *Franeker* resteront en possession des bibliothèques qui ont appartenu aux académies établies en *Gueldre* et en *Frise*.

Art. 168. A chacune des universités de *Leyde*, *Utrecht* et *Groningue*, il sera accordé, sur leur budget annuel, une somme considérable pour l'achat des ouvrages les plus intéressants qui ont paru ou paraîtront, tant dans le pays que dans les pays étrangers.

Art. 169. Un tiers de ce subside sera accordé aux sciences physiques (y compris toutes les branches de l'histoire naturelle), tandis que les deux autres tiers seront employés par parties égales aux besoins des autres facultés, toutefois, déduction faite sur le total des sommes requises pour les *acta academiarum* et *societatum*, dans toutes les langues, ainsi que pour les journaux et les ouvrages généraux dont l'acquisition sera jugée nécessaire. Les curateurs veilleront à la répartition équitable de ce subside, conformément à l'esprit de cet article. '

Art. 170. Chaque faculté fera connaître à cet effet annuellement au premier bibliothécaire les ouvrages qu'elle juge surtout nécessaire d'acquérir ; elle a aussi le droit d'acheter dans les ventes publiques jusqu'à la concurrence de sa part du subside suedit, mais en observant toujours de ne pas outrepasser la part qui lui revient, et en se concertant au préalable avec le premier bibliothécaire.

Art. 171. Si, pendant le cours d'une année, une faculté n'emploie pas sa quote-part, le reste pourra être ajouté à sa part de l'année suivante.

Art. 172. L'établissement et l'entretien de bibliothèques publiques, par des subsides annuels aux athénées, sont recommandés aux administrations des villes où ces athénées sont établis. Pour les athénées qui sont à la charge de l'État, il sera porté à cet effet un article sur le budget annuel.

Art. 173. Les legs ou donations existant en faveur des bibliothèques actuelles resteront aux endroits auxquels ils sont affectés.

Art. 174. A chaque bibliothèque académique, soit aux universités, soit aux athénées, il y aura un catalogue en double, manuscrit ou imprimé, de tous les livres ou manuscrits qui s'y trouveront.

Un de ces catalogues sera arrangé par ordre de matières, et l'autre par ordre alphabétique. Les curateurs sont tenus de veiller à ce que cette disposition soit exécutée le plus promptement possible. Une exposition de l'état des choses à cet égard fait un point principal de leur rapport annuel.

Art. 175. L'administration de ces bibliothèques, et le personnel qui y est attaché, restent provisoirement sur le pied actuel. Les curateurs des universités s'occuperont, immédiatement après leur nomination, d'augmenter l'utilité de ces bibliothèques, autant que possible, sauf les institutions existantes.

Les curateurs des universités d'*Utrecht* et de *Groningue*, ainsi que ceux des athénées de *Harderwyk* et de *Franeker*, expédieront, dans le plus bref délai, leurs projets à cet égard au département de l'intérieur.

Art. 176. Aussitôt que la bibliothèque de *Leyde* aura été transférée dans un meilleur local, il nous sera présenté, par une commission à nommer par nous à cet effet, un projet d'administration et de direction de cette bibliothèque, en rapport avec sa valeur intrinsèque et l'exemple donné à cet égard par des peuples voisins.

Art. 177. Il y aura dans chacune des universités des cabinets de préparations anatomiques, physiologiques et pathologiques, afin de faciliter l'enseignement de l'anatomie, de la médecine, de la chirurgie et de l'art des accouchements. On y réunira aussi des préparations d'anatomie comparée qui puissent servir à éclairer la connaissance du corps humain, ainsi qu'une collection complète autant que possible, d'instruments à l'usage des chirurgiens et des accoucheurs, non-seulement de ceux qui sont maintenant en usage, mais aussi de ceux qui peuvent servir à des comparaisons historiques, afin de faire connaître les progrès de la science et les procédés des autres peuples. Les mannequins pour l'art des accouchements y seront compris.

Art. 178. La surveillance de ces instruments est confiée aux professeurs d'anatomie, de chirurgie et de l'art des accouchements, chacun pour la partie qui le concerne. L'emploi des sommes accordées leur est également confié, sauf le compte à en rendre aux curateurs.

Art. 179. Le soin de ces cabinets est confié aux curateurs. A l'égard de l'université de *Leyde*, ce qui a été déterminé à l'art. 166 est censé répété ici.

Art. 180. A toutes les universités seront attachés des hôpitaux pour l'enseignement clinique de la médecine, de la chirurgie et de l'art des accouchements.

Art. 181. Vu le petit nombre de lits existants à ces hôpitaux académiques, et pour donner à l'enseignement clinique la plus grande étendue possible, les administrations communales et les régents des hôpitaux civils ou de bienfaisance sont invités à prendre, avec les curateurs des universités, les arrangements nécessaires pour que les malades des hôpitaux civils ou de bienfaisance qui pourraient être utiles ou instructifs pour l'enseignement clinique, soient transportés, avec tous les ménagements et la sécurité possibles, à l'hôpital académique, et que, par contre, lorsque la maladie aura cédé, et que ces personnes seront devenues inutiles à l'enseignement clinique, elles soient transférées à l'établissement d'où elles sont sorties, pour y passer le temps de leur convalescence.

Art. 182. Ces hôpitaux académiques étant particulièrement destinés à l'enseignement, les curateurs veilleront à ce qu'ils ne dégénèrent pas en simples établissements de charité, où l'on admet par faveur des malades qui n'offrent aucun intérêt à l'enseignement.

Art. 183. En faveur de ces hôpitaux, il sera porté en compte par l'université de *Leyde* 10,000 fl., et par celles d'*Utrecht* et de *Groningue* chacune 4,500 fl., tout compris, même le traitement du contrôleur de ces établissements, lequel sera nommé par les curateurs et jouira d'un traitement de 200 fl.

Art. 184. Le mode d'administration intérieure de ces établissements sera réglé par les curateurs; ils veilleront à ce que l'enseignement clinique y soit, autant que possible, également partagé entre la médecine, la chirurgie et l'art des accouchements.

Art. 185. Il y aura en tout temps, à ces hôpitaux, les instruments nécessaires pour la chirurgie et les accouchements, afin de servir aux opérations que les circonstances pourraient exiger. Un des soins de la direction consistera à veiller à ce que ces instruments soient toujours entretenus de manière à pouvoir servir au besoin dans tous les temps. Les achats nécessaires à cet effet se feront de temps à autre sur les fonds accordés à ces établissements.

Art. 186. En faveur de l'enseignement dans les sciences physiques, il y aura dans chaque université un cabinet d'instruments de physique, ainsi que de modèles des machines les plus intéressantes. Les curateurs désigneront un local sec et convenable pour la conservation de ces objets. A l'égard de l'université de *Leyde*, ce qui a été dit à l'art. 166, relativement à tous ces cabinets, est censé répété ici.

Art. 187. La direction de ce cabinet et le choix des instruments à acheter chaque année, appartiennent au professeur ou aux professeurs de physique.

Art. 188. En faveur de l'enseignement astronomique, il y aura à chacune des universités les instruments nécessaires d'astronomie.

Art. 189. La direction de ces instruments appartient au professeur d'astronomie à *Leyde* et à *Utrecht*. Ces instruments seront déposés aux observatoires existants dans ces villes; à *Groningue*, ils seront joints aux instruments de physique, sauf d'autres arrangements à prendre par les curateurs pour un emplacement convenable.

Art. 190. Il y aura aussi dans chaque université un laboratoire de chimie. Les curateurs indiqueront un local propre à l'y établir, et veilleront à ce que les laboratoires existants éprouvent de temps à autres les améliorations que, de concert avec les professeurs de chimie, ils jugeront utiles.

Art. 191. Dans ce laboratoire, il y aura une collection aussi complète que possible d'instruments de chimie et de tout ce qui y est nécessaire.

Art. 192. La direction de ce laboratoire et des collections qui en font partie est confiée aux professeurs de chimie.

Art. 193. En faveur de l'enseignement de l'histoire naturelle, et spécialement de la zoologie, il y aura dans chaque université un cabinet pour l'histoire naturelle des animaux et pour leur anatomie comparée.

Art. 194. Il y aura aussi à chaque université une collection de minéraux, principalement pour l'enseignement de la géologie.

Art. 195. La direction de ces cabinets appartient au professeur d'histoire naturelle. Les curateurs des universités respectives désigneront les locaux propres à recevoir ces cabinets.

Art. 196. Il y aura à chaque université un jardin botanique. Les curateurs s'occuperont incessamment des améliorations qui paraîtront les plus nécessaires, et qu'ils se feront indiquer par le professeur de botanique.

Les dépenses nécessaires à cet effet ne pouvant que difficilement être couvertes par les sommes accordées annuellement, les curateurs les porteront au budget de l'année suivante.

Art. 197. La direction du jardin botanique, ainsi que de l'herbier qui en fait partie, est confiée au professeur de botanique. La collection de bois, qui se trouve maintenant dans la bibliothèque de *Leyde*, sera mise sous la même direction.

Art. 198. Les frais de premier établissement et d'entretien de toutes les institutions mentionnées dans ce titre, seront portés au budget annuel des dépenses de l'université, et il y sera porté autant de sommes séparées qu'il y a d'institutions, y compris les frais que les expériences physiques, chimiques et d'économie rurale entraîneront, et qui seront restitués aux professeurs respectifs, sauf leur responsabilité.

Art. 199. Les différents directeurs devront veiller à ce qu'il y ait des catalogues ou inventaires complets, par ordre alphabétique et par ordre de matières, des collections qui sont sous leur direction. Il devra toujours s'en trouver un exemplaire ou une copie à l'endroit où se trouve la collection, et chaque pièce nouvelle devra être inscrite de suite sur le catalogue.

Le recteur qui résigne ses fonctions sera tenu, avant cette époque, de confronter tous les ans cette inscription, et d'en faire rapport aux curateurs, auxquels aussi les directeurs donneront tous les ans une liste des objets achetés.

Art. 200. Le directeur de chaque cabinet ou collection est responsable des pièces qui, d'après les inventaires, doivent se trouver sous sa garde. Quand un professeur ou directeur de cabinet lui-même a besoin d'un objet de cette collection pour un usage scientifique ou pour la facilité de l'enseignement, il pourra recourir à l'un des cabinets ou collections; mais il devra toujours, dans ce cas, donner un reçu au professeur chargé de la direction, par lequel seulement le directeur est déchargé de sa responsabilité, s'il est prouvé qu'il n'ait pas négligé d'en exiger la remise.

ART. 201. Cette dernière clause concerne aussi le bibliothécaire ou les bibliothécaires, à l'égard des livres que les professeurs emportent des bibliothèques à leur domicile.

ART. 202. A l'égard du nombre et des traitements des employés subalternes dans ces institutions, les curateurs prendront les arrangements qu'ils jugeront nécessaires, eu égard aux dispositions qui seront faites sur ce sujet au budget annuel des dépenses.

ART. 203. Tous ces employés inférieurs, mentionnés à l'article précédent, sont censés n'être nommés que pour un an. Ils seront continués annuellement, sur leur demande appuyée d'un certificat qui leur aura été délivré par le professeur ou les professeurs chargés de la direction de l'institution, et qui fasse foi que l'on est satisfait de leur zèle et de leur bonne conduite.

TITRE SIXIÈME.

Des Moyens d'encouragement et de secours pour les études académiques.

ART. 204. Il sera affecté annuellement une somme fixe destinée à récompenser le mérite distingué, et à procurer des secours aux jeunes gens habiles, mais peu fortunés.

ART. 205. Pour atteindre le premier but, il sera décerné tous les ans à l'université de *Leyde* 10 médailles d'or, 6 à celle d'*Utrecht* et 6 à celle de *Groningue*. Ces médailles seront de la valeur de 50 fl. chacune, ou la valeur en espèces. Les étudiants proprement dits à nos universités ou athénées auront seuls le droit d'y prétendre ; bien entendu néanmoins que tout étudiant, à quelque université ou athénée qu'il appartienne, et de quelque université qu'émane le programme, aura le droit de concourir.

ART. 206. La distribution de ces prix se fera annuellement en public par le recteur, après qu'il aura prononcé le discours par lequel il transmet sa dignité à son successeur.

ART. 207. Ils seront décernés à la meilleure réponse rédigée en langue latine à l'une des questions à proposer au concours, dont, à *Leyde* :

1 sur la théologie, à proposer par la faculté de théologie ;

1 sur la jurisprudence, à proposer par la faculté de droit ;

1 sur la médecine, à proposer par la faculté de médecine ;

1 sur la physique,	
1 sur les mathématiques,	à proposer par la faculté des sciences physiques et mathématiques ;
1 sur l'astronomie,	
1 sur l'histoire naturelle,	
1 sur la chimie,	
1 sur la philosophie spéculative,	à proposer par la faculté de philosophie spéc. et des lettres ;
1 sur la littérature,	

A *Utrecht* et à *Groningue* :

1 sur la théologie, à proposer par la faculté de théologie ;

1 sur la jurisprudence, à proposer par la faculté de droit ;

1 sur la médecine, à proposer par la faculté de médecine ;

2 sur les mathématiques et la physique, à proposer par la faculté des sciences physiques et mathématiques ;

1 sur la littérature ou la philosophie, à proposer par la faculté de philosophie spéculative et des lettres.

ART. 208. Ces questions seront réglées de manière qu'au bout d'un certain nombre déterminé d'années, elles aient embrassé tout le cercle des études. La faculté des lettres aura soin de comprendre, dans le nombre des questions à proposer par elle dans le cours de quelques années, un sujet d'éloquence ou de poésie propre à soutenir la réputation acquise à la nation par les orateurs et poètes latins qu'elle a produits.

ART. 209. On s'attachera surtout à proposer des questions dont la solution suppose plutôt un exercice assidu des leçons qu'une subtilité ou une sagacité d'esprit extraordinaires.

ART. 210. Quand une dissertation reçue au concours paraîtra mériter le prix, la faculté qui a proposé la question devra, avant de décerner publiquement le prix, et après avoir ouvert le billet contenant le nom de l'auteur et présentant en tête la même épigraphe que porte la dissertation, inviter l'auteur à comparaître devant elle dans un espace de temps déterminé, afin qu'il défende, pendant une demi-heure, sa dissertation contre les objections des membres de la faculté. Si, après l'ouverture du billet, il paraît que la dissertation n'est pas écrite de la main même de l'auteur, il perdra de fait son droit au prix.

ART. 211. Quand le résultat de cet examen aura prouvé que la pièce en question a pu être, en effet, l'ouvrage de celui qui l'a envoyée, la médaille lui sera décernée, et mention en sera faite dans tous les journaux et ouvrages périodiques, en fixant le jour où la médaille, suivant l'art. 206, lui sera délivrée publiquement.

ART. 212. L'obtention d'une ou de plusieurs de ces médailles sera près de nous une recommandation en cas de demande d'une place ou d'un avancement.

Art. 213. Les pièces couronnées seront imprimées dans les annales de l'université dont il sera fait mention ci-après.

Art. 214. Outre les 1,100 fl. désignés à l'art. 205 pour encouragement, il sera alloué annuellement une somme fixe, sur la caisse de l'État, pour venir au secours des jeunes gens doués de bonnes dispositions, et dont la fortune ne leur permet pas de fréquenter à leurs propres frais les leçons académiques.

Art. 215. Ce secours consistera en 70 pensions, à répartir entre les trois universités, de manière qu'il y en ait trente pour l'université de *Leyde*, et vingt pour chacune de celles d'*Utrecht* et de *Groningue*.

Ces pensions remplacent les institutions de bienfaisance actuellement existantes ou ayant existé jusqu'en 1810, et qui étaient supportées par la caisse de l'État en faveur des étudiants peu fortunés, lesquelles, sous quelque dénomination que ce soit, sont abolies par la présente ordonnance. Si, par cette suppression, quelques personnes se trouvaient lésées dans leurs droits légitimement acquis, les curateurs leur accorderont préalablement une indemnité équitable, prise sur le fonds des pensions.

Art. 216. Le montant de chacune de ces bourses ou pensions sera à *Leyde*, de 300 fl., à *Utrecht* et *Groningue* de 200 fl., et par conséquent la somme totale de ces subsides sera de 17,000 fl.

Art. 217. La répartition de ces pensions entre les diverses facultés sera comme suit :

	Leyde.	Utrecht.	Groningue.
Pour la théologie.	10	5	5
— jurisprudence,	2	2	2
— médecine,	4	4	4
— les sciences physiques et mathématiques,	4	4	4
— la philosophie et lett.,	10	5	5
	30	20	20

Art. 218. Dans le cas où il ne se trouverait pas un nombre suffisant de sujets, dans une faculté quelconque, qui pourraient prétendre équitablement à ces pensions, il sera libre aux curateurs, s'il existe dans d'autres facultés des sujets méritants, qui, d'après l'article précédent, ne pourraient aspirer à la jouissance d'une bourse, d'employer en tout ou en partie, en faveur de ceux-ci, la somme restante.

Art. 219. Les curateurs feront les règlements nécessaires pour la surveillance à exercer sur les jeunes gens qui jouissent de ces bourses, tant par rapport à

(1) L'inspecteur des études dans l'institution de bienfaisance connue sous le nom de *collège de l'État*, attaché

leur conduite que relativement à leurs études, mais toujours de manière à charger la caisse de l'État le moins possible. Cependant l'inspecteur actuellement en fonctions (1) sera maintenu dans la jouissance de son traitement et de ses émoluments.

Art. 220. Les curateurs de chacune des universités auront la collection des bourses; tandis que chaque faculté sera libre de recommander à l'attention des curateurs des jeunes gens de mérite, qui se sont déjà distingués à l'université par leur zèle, leur bonne conduite et leurs heureuses dispositions.

Art. 221. Chacune des bourses ou pensions mentionnées ci-dessus ne sera accordée que pour un an, terme qui pourra être prolongé chaque fois pour une année; mais on ne pourra jamais en jouir plus de *six* ans.

Art. 222. Cette prolongation ne pourra avoir lieu sans le témoignage unanime des professeurs dont l'étudiant qui réclame cette faveur, d'après la précédente disposition, a dû suivre les leçons, témoignage qui prouve la constante assiduité de l'étudiant, et qui doit être donné par écrit par la faculté.

Art. 223. Les bourses actuellement existantes à l'une des universités de *Leyde*, d'*Utrecht* et de *Groningue*, et provenant de quelques contrats ou dispositions testamentaires de particuliers, sont maintenues conformément aux contrats et dispositions des fondateurs. Si de semblables fondations ont existé aux ci-devant académies de *Franeker* et de *Harderwyck*, elles resteront affectées aux athénées de *Frise* et de *Gueldre*.

Art. 224. Ces bourses particulières ne pourront toutefois être conférées à un titulaire de bourse publique, à moins que le montant n'en excède pas la somme de 100 fl.

Art. 225. Les curateurs n'accorderont donc aucune pension à la charge de l'État, que sur la requête de l'étudiant, par laquelle il déclare en même temps ne pas jouir d'une autre bourse que celle qui est mentionnée dans l'article précédent.

Art. 226. Si par la suite il était reconnu que l'étudiant a agi de mauvaise foi, ou qu'après avoir présenté sa requête, il eût obtenu une autre bourse au delà de 100 fl., soit qu'il l'eût demandée ou non, il aura perdu de fait tout droit quelconque aux secours de l'État, non-seulement pour l'année courante, mais pour toute sa carrière académique.

Art. 227. Pour exciter l'émulation, et s'assurer si les dispositions comprises dans le présent titre produisent les résultats désirés, des annales académiques seront publiées par toutes les universités. Le secrétaire temporaire du sénat sera chargé du soin de cette publication.

à l'université de Leyde, mais supprimée à la création des bourses.

Art. 228. Ces annales contiendront :

1° Le discours par lequel le recteur résigne annuellement ses fonctions, ainsi qu'il sera réglé ci-après, art. 251 ;

2° Les pièces couronnées, mentionnées au présent titre ;

3° Une liste des dissertations inaugurales ou autres composées *sub præsidio*, qui ont paru à l'université durant l'année.

Les annales de l'université de *Leyde* contiendront en outre les discours et la notice des dissertations des athénées d'*Amsterdam* et de *Middelbourg* (1) ; les annales d'*Utrecht*, les discours et la notice des dissertations des athénées de *Harderwyk* et de *Bréda* ; et les annales de *Groningue*, les discours et la notice des dissertations des athénées de *Franeker* et de *Deventer*.

Ces annales seront précédées d'une liste des professeurs qui ont été en fonctions pendant l'année, et d'un programme des leçons qui ont été données aux universités et aux athénées.

TITRE SEPTIÈME.

De l'Administration académique.

Art. 229. Il y aura à chacune des universités de *Leyde*, d'*Utrecht* et de *Groningue*, un collége de curateurs, composé de cinq personnes, distinguées autant par leur amour pour les lettres et les sciences, que par le rang qu'elles tiennent dans la société.

Art. 230. Les curateurs seront nommés immédiatement par nous, et choisis, au moins pour trois cinquièmes, dans la province où l'université est établie ; les deux autres pourront être choisis dans les provinces adjacentes.

Art. 231. Dans les colléges de curateurs les membres prendront séance d'après le rang de leur nomination.

Art. 232. Le président de la régence communale d'une ville où l'université est établie, est, par cette dignité même, membre de droit du collége des curateurs. Il ne reste curateur que pendant la durée de sa dignité. Les autres curateurs restent membres du collége, à moins qu'ils ne reçoivent une autre destination qui serait incompatible avec cette qualité.

Art. 233. Les membres de cette assemblée ne jouiront en cette qualité d'aucun traitement ; mais il sera alloué, pour chaque assemblée, à *Leyde*, 75 fl., à *Utrecht* et à *Groningue*, 50 fl., pour être partagés, comme droit de présence, entre les membres présents. Les frais de voyage seront réglés d'après la seconde

(1) Les athénées de Middelbourg et de Bréda ont existé autrefois, mais ne se sont pas relevés.

classe du tarif fixé par l'arrêté du 31 mai 1806, n° 3, ou d'après ce qui pourrait être statué par la suite. Dans les solennités ou assemblées académiques, le collége des curateurs occupe le premier rang.

Art. 234. Les fonctions et le pouvoir confiés aux curateurs, sont :

1° Le soin de surveiller la stricte observation de toutes les lois et arrêtés sur l'enseignement supérieur, et spécialement le présent statut académique ;

2° Le soin de veiller à ce que toutes les branches de l'enseignement soient et restent confiées à un nombre suffisant de professeurs ; de plus, que toutes les dispositions de l'enseignement, stipulées dans la présente ordonnance, soient convenablement observées ;

3° Le soin de veiller à la conservation de tous les bâtiments académiques, collections, cabinets, et de tout ce qui appartient directement ou indirectement à l'université ;

4° Le soin de former, d'arrêter, de modifier ou étendre toutes les instructions des employés qui dépendent de l'université. L'avis du sénat sera demandé lorsqu'il s'agira des bedeaux ; l'avis des directeurs des collections ou cabinets, lorsqu'il s'agira des personnes qui y sont employées, et enfin celui du professeur de botanique, lorsqu'il s'agira des employés du jardin botanique ;

5° La surveillance d'une bonne administration des fonds, revenus et propriétés appartenant aux universités, ainsi que des legs et donations de toute nature qui pourraient être faits en faveur des universités, soit passés, soit futurs, à l'exception des legs et donations dont l'administration a été confiée par les fondateurs à d'autres personnes ou colléges ;

6° La formation d'un budget annuel où doivent être toutes les dépenses présumées nécessaires pour l'année suivante, afin que, par là, déduction faite des revenus particuliers de chaque université, si elle en a, on puisse fixer le montant de ce que le trésor public devra fournir en faveur de l'université. Ce budget sera envoyé par eux au secrétaire d'État pour les affaires de l'intérieur, pour être soumis par lui, avec ses observations, à notre approbation ; et après avoir été approuvé par nous, il servira de règle pour les dépenses à faire pour chaque université et dont le soin reste confié au département susdit ;

7° Le plus grand intérêt à tout ce qui, selon leur avis, pourrait contribuer à entretenir ou à augmenter le bien-être et l'honneur de l'université dont ils ont la surveillance.

Art. 235. Lorsqu'une chaire viendra à vaquer, les curateurs proposeront au département de l'intérieur deux candidats pour la remplir, et ils joindront à leur proposition les raisons qui ont motivé leur choix ; la nomination définitive sera faite par nous.

Art. 236. Si les curateurs jugent utile d'ériger une nouvelle chaire, ou bien de supprimer ou de scinder une chaire vacante, ils feront, à cet égard, une proposition motivée au département de l'intérieur.

Art. 237. La collation des bourses est déférée aux curateurs de la manière réglée au sixième titre.

Art. 238. Les curateurs seront tenus de s'assembler deux fois par année dans la ville où l'université se trouve établie; savoir : à l'occasion du changement de recteur, au jour anniversaire de l'université, et au mois d'octobre, pour former le budget pour l'année suivante. Au reste, ils s'assembleront sur l'invitation du président, aussi souvent que les circonstances l'exigeront.

Art. 239. Les curateurs prêteront, après leur nomination, entre nos mains, le serment suivant :
« Je jure (je promets) fidélité à la patrie et au roi; je
« jure d'observer les lois et arrêtés sur les établissements
« académiques, autant qu'ils concernent ma qualité
« de curateur de l'université de...., et de coopérer,
« autant qu'il dépend de moi, à sa prospérité et à son
« éclat. »

Art. 240. Au collège des curateurs de l'université de *Leyde* seront attachés un secrétaire et un intendant, avec les traitements dont ils ont joui jusqu'en 1810. Les instructions de ces fonctionnaires seront revues et fixées par les curateurs. Les possesseurs actuels de ces postes seront maintenus, à moins qu'il n'y ait des raisons valables pour les éloigner. Cependant, après le décès ou la résignation d'un des possesseurs actuels, les deux postes seront réunis dans la personne du secrétaire.

A chaque collège de curateurs à *Utrecht* et à *Groningue*, il y aura un secrétaire avec un traitement de 600 fl., sans plus, dont les instructions seront réglées par les curateurs.

Art. 241. Le corps de l'université est représenté par le recteur et les professeurs ordinaires, conjointement assemblés sous la présidence du premier. Cette assemblée portera le titre de *senatus academicus*.

Art. 242. Quand les curateurs jugent nécessaire de traiter des intérêts majeurs de l'université avec le *senatus academicus*, le recteur, d'après leur vœu, convoquera une assemblée de tous les professeurs qui porte le titre de *senatus amplissimus*. Lorsque le sénat jugera qu'une pareille assemblée est nécessaire, la proposition en sera faite par le recteur aux curateurs, qui décideront si elle est nécessaire. Cette assemblée se tiendra régulièrement, une fois par an, quelque temps avant l'époque où le recteur résignera sa charge. Alors les curateurs, après avoir, de concert avec le recteur et les assesseurs, désigné un secrétaire du sénat pour l'année suivante, se rendront dans le *senatus academicus*, pour faire, prêter aux professeurs chargés de fonctions académiques qui alternent tous les ans, le serment des dignités académiques annuelles.

Art. 243. La surveillance de la discipline académique et des études est confiée au sénat académique, sous la présidence du recteur. Le sénat pourra faire aussi aux curateurs les propositions que l'intérêt de l'université suggérera. Le recteur convoquera, à cet effet, le sénat aussi souvent qu'il le trouvera bon.

Art. 244. Le sénat a le droit, afin de maintenir l'ordre et la discipline, de donner tels édits et statuts que l'intérêt de l'université exigera, pourvu qu'ils ne soient pas en contradiction avec les lois générales. Ces édits et statuts seront publiés au nom du recteur et du sénat ; ils seront signés par le recteur, et contresignés par le secrétaire du sénat.

Les universités se communiqueront mutuellement leurs statuts, et en donneront copie aux collèges des curateurs, en expliquant les motifs qui ont provoqué chaque édit ou statut.

Art. 245. Les édits et statuts dont la force est plus que momentanée ou temporaire, seront imprimés et ajoutés au recueil des lois académiques, pour que chacun se les procure.

Art. 246. La comparution à l'assemblée du sénat fait partie des obligations imposées à tous les professeurs ordinaires qui n'en auront pas été expressément dispensés ; on ne recevra pour cela aucune rétribution extraordinaire. Les frais nécessaires à cette assemblée seront portés en compte par les bedeaux au recteur, et par celui-ci à l'université.

Art. 247. Chaque sénat des différentes universités a la faculté de faire tels règlements qu'il jugera nécessaires sur l'ordre, le rang de séance, et l'arrangement intérieur de ses assemblées ; comme aussi sur le secret de ce qui aura été traité dans chaque assemblée, pourvu que ces règlements ne contiennent rien de contraire aux dispositions générales.

La langue dont le sénat se servira dans les actes solennels, et particulièrement dans la rédaction des édits et des statuts, ou des lettres de cérémonie, sera toujours la latine. Les notices de l'assemblée du sénat seront aussi rédigées dans la même langue.

Art. 248. La direction et la convocation de l'assemblée du sénat restent toujours confiées au recteur ou, à son défaut, pour empêchement légitime, au prorecteur, c'est-à-dire à celui des professeurs ordinaires présents, qui n'est point empêché, et qui a été le dernier recteur, auquel, à défaut du recteur, sont déférés tous les droits et devoirs du rectorat.

Art. 249. La dignité de recteur de l'université, qui donne le titre de *rector magnificus*, n'est pas permanente ; elle passe annuellement, le jour jadis fixé comme jour anniversaire de l'université, d'une faculté à une autre. A cet effet, quinze jours avant ce jour anniversaire, ou plus tôt, si on le juge nécessaire pour pouvoir obtenir une réponse avant le jour anniversaire, il nous sera présenté une liste de quatre candidats, pour que nous fassions l'élection.

Dans cette liste sera omise la faculté à laquelle appartient le recteur qui résigne le poste. La faculté qui durant le plus long espace de temps n'a pas donné un recteur, précédera les autres sur la liste, tandis que, dans chaque faculté, on présentera la personne qui, pendant le plus long espace de temps, n'a pas joui de la dignité de recteur ou qui n'en a jamais joui.

Art. 250. Lorsque le professeur qui, d'après l'article précédent, devrait être porté le premier sur la liste, n'a pas encore été une année académique complète à l'université, ce ne sera pas lui, mais celui qui, selon les dispositions du précédent article, le suit immédiatement, que l'on y portera.

Art. 251. Le recteur de l'année précédente, en résignant ses fonctions à son successeur, prononce un discours solennel en latin, dans le grand *auditorium* de l'université. Ce discours, qui devra toujours être consigné dans les annales académiques, doit contenir :

1° Un aperçu historique de ce qui s'est passé à l'université pendant l'année précédente ;

2° Une notice des professeurs décédés pendant cette année, avec une idée sommaire de leur vie et de leur mérite littéraire. Afin de donner plus d'étendue à l'histoire littéraire, et de contribuer à sa perfection, on joindra à la fin de chaque discours une liste supplémentaire complète de tous les écrits que les professeurs auront publiés ou qu'ils destinaient à l'être. L'orateur aura la faculté de donner à ces objets plus ou moins de détails ; il pourra juger aussi si cet aperçu historique peut seul suffire à faire la matière de son discours, ou s'il croit devoir en faire un objet secondaire, et choisir tout autre sujet pour le traiter principalement.

Art. 252. Le recteur nommé prend séance au jour anniversaire de l'université. Avant que le rectorat lui soit solennellement remis, il prête, entre les mains du président des curateurs, le serment suivant :

« Je jure (je promets) d'observer et de faire observer les lois et les arrêtés sur l'enseignement supérieur, émanés ou à émaner, et spécialement les édits et statuts académiques ; de remplir les conditions qui m'y sont imposées, et faire en outre tout ce que je pourrai faire en ma qualité pour l'utilité de l'État, du roi et de l'université. »

Art. 253. Outre le droit exclusif, ci-devant mentionné, de convoquer, de diriger et de présider le sénat, la direction supérieure de la police académique est encore une attribution du rectorat. D'après ce principe, le recteur a le droit, non-seulement de faire comparaître devant lui chaque étudiant, pour lui demander telles explications ou lui donner tels avis qu'il jugera nécessaires, mais il a aussi le droit d'infliger à un étudiant les arrêts domestiques, ou de le faire mettre sous une garde lorsqu'il le croira convenable. Dans le dernier cas, le recteur sera néanmoins tenu de porter l'affaire, dans les vingt-quatre heures, à la connaissance de la commission du recteur et des assesseurs, afin qu'elle décide sur la continuation ou la levée des arrêts, et qu'elle prenne connaissance immédiate de l'affaire qui les a motivés.

Art. 254. Les arrêtés, édits et statuts, devront toujours porter en tête la formule : *Nous, Recteur et Sénat.* Ils seront, comme en général tout acte académique officiel, rédigés en latin, signés par le recteur, et contre-signés par le secrétaire.

Art. 255. Les sceptres académiques (*fasces academiæ*), de même que le grand sceau de l'université, seront déposés chez le recteur. Lorsque celui-ci se rendra à l'académie, en sa qualité, il sera précédé d'un bedeau portant le sceptre ; le sénat, paraissant en public dans des occasions solennelles, sera précédé des deux bedeaux, portant chacun un des sceptres académiques.

Art. 256. Les déboursés et les avances du recteur, de même que les frais d'assemblée du sénat académique, seront liquidés annuellement par le recteur, et présentés aux curateurs, qui, après en avoir vérifié la conformité avec les règles prescrites par le budget, feront au département de l'intérieur la demande requise pour le remboursement.

Art. 257. Les avantages attachés au rectorat sont :

1° Le droit d'inscription ;

2° Le droit de recensement, conjointement avec le secrétaire du sénat ;

3° Le droit de partage égal dans les émoluments provenant des promotions auxquelles il préside, avec les autres membres de la faculté dont il n'est pas membre, et le double, si la promotion a lieu dans la faculté dont il est membre.

Il sera accordé en outre au recteur, sur son compte annuel de frais et déboursés, une somme de 150 fl. pour ports de lettres, papier, plumes, encre, etc.

Art. 258. Il y aura près le sénat académique un secrétaire, qui sera chargé :

1° De la garde du sceau ordinaire et des archives, dont il devra rendre compte annuellement, par une liste numérotée et tenue jour par jour, en résignant, en présence du nouveau recteur, le secrétariat au secrétaire nouvellement nommé ;

2° De la rédaction des notices de toutes les assemblées du sénat, de celle du recteur et des assesseurs, ainsi que du *senatus amplissimus* ;

Le contenu de ces actes, qui devront être rédigés en latin, ainsi que tout ce qui se rapporte aux archives académiques, sera inscrit sommairement par le secrétaire dans un *registre alphabétique académique*. Ce registre sera continué successivement, et dans le même ordre, par chaque secrétaire, qui en répondra à son successeur, en présence du nouveau recteur.

3° De la tenue régulière du registre académique, et de ce qui lui a été imposé à cet égard par les dispositions du n° 2 ;

4° D'écrire ou faire écrire et expédier tous les actes, arrêtés, diplômes, etc., qui devront être délivrés, ou pourraient être demandés, par suite des actes académiques : toutes les expéditions seront non-seulement signées par le recteur, mais aussi contre-signées par le secrétaire ;

5° De la rédaction et de la publication des annales mentionnées ci-dessus.

Art. 259. Ce secrétaire sera choisi par une nomination formée de la manière prescrite ci-dessus pour le recteur, mais le choix se fera par les curateurs, conjointement avec le recteur et les assesseurs.

Art. 260. Les avantages attachés au secrétariat du sénat sont :

1° Le droit de recensement, conjointement avec le recteur de l'université ;

2° Le droit de partage dans les émoluments de promotion, de la même manière qu'il est réglé ci-dessus par le recteur. Outre ce droit de partage, pour présence il recevra d'avance une somme de 7 fl. pour l'expédition du diplôme.

Il sera accordé, en outre, au secrétaire, sur le compte annuel des frais de bureau du recteur, une somme de 100 fl. pour papier, frais d'écriture, etc.

Art. 261. Les assesseurs choisis par les curateurs en tel nombre et de la manière prescrite ci-dessus à l'art. 163, pour le temps d'une année, devront, sur la convocation et sous la présidence du recteur, lui prêter secours pour terminer toutes les affaires courantes, et, sur sa demande, l'aider de leurs conseils. Les travaux de cet assessorat font partie des fonctions professorales, et ne donnent aucun droit à des rétributions ou traitements extraordinaires.

Art. 262. Outre cette assemblée du sénat, et cette commission du recteur et des assesseurs, les professeurs, dans chaque faculté, pourront aussi se réunir pour discuter les intérêts de la faculté. Chaque professeur présidera annuellement, à son tour, comme doyen, ces assemblées de la faculté, et le plus jeune des autres professeurs y fera les fonctions de secrétaire.

Art. 263. Ces fonctions ne donneront non plus aucun droit à quelque traitement ou rétribution extraordinaire, elles sont des suites des obligations attachées aux fonctions de professeur.

Art. 264. La collation des grades appartient à ces assemblées de la faculté ; les membres partagent entre eux les différentes parties de l'examen, comme ils le jugent le plus convenable, suivant ce qui est prescrit ci-dessus au titre second.

Art. 265. Il y aura dans chaque université, pour le service tant du recteur que des colléges nommés dans le présent titre, deux bedeaux, dont les traitements resteront sur le pied actuel.

Ils recevront, en outre, de chaque étudiant, pour la remise de chaque bulletin d'inscription, 1 flor.; pour la présence à chaque examen, 2 flor.; et, pour chaque promotion, 7 flor.

Art. 266. Les curateurs, de concert avec le recteur de l'université, rédigeront des instructions ultérieures pour les bedeaux.

Art. 267. A l'université de Leyde, il y aura, en outre, un portier chargé de l'ouverture et de la clôture des locaux académiques où besoin sera, ainsi que du nettoyage de l'*auditorium*.

Il prêtera aussi secours aux gardiens de la bibliothèque, aux jours où elle est ouverte au public, et se prêtera de plus aux services que le recteur temporaire exigera de lui. Il jouira d'un traitement de 250 flor.

Art. 268. A l'égard des autres employés de l'université et des établissements qui en dépendent, ce qui a été stipulé au titre y est censé répété ici.

Art. 269. Les dispositions contenues dans la présente ordonnance seront mises à exécution le plus promptement possible dans les provinces septentrionales de l'État, tandis que nous nous réservons, lors de la régularisation de l'enseignement supérieur dans les provinces méridionales, de les modifier de la manière qui sera jugée la plus analogue aux circonstances locales et à la nature des institutions qui s'y trouvent déjà.

Art. 270. Notre secrétaire d'État pour les affaires de l'intérieur est chargé de l'exécution de la présente ordonnance, dont copie lui sera remise à cette fin.

Donné à Bruxelles, le 2 août de l'année 1815, et de notre règne la seconde.

(*Signé*) Guillaume.

De par le roi.

(*Signé*) A.-R. Falck.

Règlement du 20 avril 1816 sur l'organisation de l'enseignement aux écoles latines, fixant, pour les diverses classes, les exercices ainsi que les auteurs à traduire, arrêté par Son Excellence le commissaire général pour l'instruction, les sciences et les arts, en conséquence de l'art. 23 de l'ordonnance royale du 2 août 1815.

Art. 1er. La sixième ou plus basse classe des écoles latines pourra être subdivisée en deux sections.

Art. 2. Quant à l'enseignement de la langue latine dans cette classe inférieure, on exercera les commençants dans les déclinaisons et les conjugaisons, et on leur fera apprendre des mots latins.

Art. 3. Pour atteindre le premier but, on fera usage d'une grammaire latine bien rédigée, telle que celle de *Scheller* ou de *Weytingh*, ou la petite grammaire latine de *Bröder;* pour faire apprendre des mots, on se servira du petit dictionnaire de *Scheller*, dont le grand dictionnaire sera employé dans les hautes classes, à l'exclusion de tout autre.

Art. 4. Les paradigmes des déclinaisons et des conjugaisons seront exposés aux élèves dans des tableaux, qui serviront de modèles pour effectuer les mêmes opérations sur d'autres mots.

Art. 5. Les plus avancés dans cette classe seront exercés dans les règles les plus indispensables de la syntaxe.

Art. 6. Le professeur expliquera les règles de la grammaire latine avec clarté à ses élèves, qui devront les apprendre par cœur et les réciter. En outre, pour se convaincre que les élèves ont bien saisi ces règles, ainsi apprises, et qu'elles leur sont devenues familières, le professeur saisira toutes les occasions de leur en faire faire l'application, ce qui sera surtout facilité par les thèmes ou traductions du hollandais en latin, et par les explications ou traductions du latin en hollandais.

Art. 7. Pour ces explications on employera, pour les commençants, la grammaire latine de *Bröder*, ci-dessus mentionnée, ensuite les *Initia lectionis scholasticæ*, de *Bosscha*. Le maître aura la faculté d'y joindre ses propres compositions, desquelles il introduira, autant que possible, des passages d'auteurs anciens. Pour les thèmes, on fera usage des livres de traduction de *Werner* ou de *Weytingh*.

Art. 8. On abrégera autant que possible le travail de l'analyse grammaticale, en évitant des répétitions superflues.

On évitera de même de trop s'appesantir sur les détails de la construction grammaticale.

Art. 9. Parmi les fautes que les élèves auront faites dans les explications, seront comptées les fautes de hollandais. De plus le professeur ne tiendra pas seulement compte des fautes commises dans les traductions,

mais aussi du plus ou moins de zèle des élèves, ainsi que de leurs progrès dans les diverses parties de l'enseignement.

Art. 10. Dans cette sixième classe, on commencera la lecture et l'écriture de la langue grecque.

Art. 11. La dernière heure scolaire sera consacrée, dans cette classe, à l'enseignement de l'histoire générale et de la géographie moderne. Pour l'histoire, on recommande l'abrégé de *Schröck*, publié par la *Société du bien public*, et, pour la géographie, *les premières règles de la géographie politique*, opuscule imprimé à Dordrecht, chez Blussé. On pourra aussi commencer l'enseignement des mathématiques.

Art. 12. Dans la cinquième classe, on entreprendra la traduction d'auteurs latins. Outre les *Fables de Phèdre*, et quelques-unes des *Épîtres de Cicéron* les plus faciles, on se servira spécialement, à cet effet, de l'abrégé de l'histoire romaine par Eutrope, dont les élèves se rendront, autant que possible, le contenu familier.

Art. 13. En expliquant les auteurs anciens en général, le professeur s'appliquera à faire connaître à ses élèves les mœurs et coutumes des anciens, autant du moins qu'une parfaite intelligence de ces auteurs l'exigera.

Art. 14. On continuera dans cette classe et dans toutes les suivantes les exercices de thèmes et d'explications, et l'on pourra, à cette fin, dans les classes supérieures, faire usage des *Essais de la traduction de Döhring*.

Art. 15. Pour le grec, on exercera les élèves dans les déclinaisons et les conjugaisons. On enseignera de préférence la langue grecque par le moyen du hollandais, et l'on fera traduire le grec en cette langue.

Art. 16. On suivra pour l'enseignement du grec la méthode indiquée à l'art. 4 pour le latin, et en particulier on exposera clairement la formation des temps.

Art. 17. La dernière heure scolaire sera consacrée au commencement ou à la continuation de l'enseignement des mathématiques, et à celui de l'histoire et de la géographie ancienne. Pour cette dernière branche, on pourra suivre l'ouvrage abrégé de Cellarius, ou quelque autre livre bien rédigé, par exemple : le *Compendium geographiæ antiquæ in usum scholæ Goudanæ*, en comparant toujours la géographie ancienne avec la moderne. Pour l'histoire ancienne, on recommande l'abrégé indiqué à l'art. 11.

Art. 18. Pour l'enseignement du latin dans la quatrième classe, on prendra en prose les épîtres de Cicéron et Cornélius Nepos, et pour la poésie on pourra entreprendre les *Tristia* d'Ovide. En outre on exercera les disciples dans toutes les règles de la grammaire latine, soit suivant le livre du célèbre G.-J. Vossius, soit suivant la grammaire de Scheller.

Art. 19. On continuera dans cette classe l'ensei-gnement des principes de la langue grecque, et on y exercera de plus en plus les élèves par la traduction de quelque chrestomathie facile et adaptée à leurs connais-sances.

Art. 20. La dernière heure scolaire dans cette classe sera consacrée à continuer l'enseignement de l'histoire et de la géographie ancienne ainsi que des mathéma-tiques. On y joindra l'enseignement de la mythologie grecque et latine, pour lequel l'usage des *Fabulosa deorum et heroum historia in usum scholarum edita*, de même que *Damnii compendium historiæ fabu-losæ*, traduit en latin par *C.-F. Nagel*, est très-recom-mandable.

Art. 21. Dans la troisième classe, pour exercer les élèves dans la langue latine, on leur fera traduire les *Métamorphoses d'Ovide* et les *Historia philippicæ de Justin*, dont ils se rendront, autant que possible, la partie historique familière. En outre, ils étudieront la grammaire de Vossius et principalement ce qui a rapport à la prosodie latine.

Art. 22. Pour le grec on fera usage de livres de lecture dans le genre de ceux de *Gedicke* et de *Jacobs*.

Art. 23. La dernière heure scolaire sera consacrée, dans cette classe, à la continuation des mathémati-ques et de la mythologie, ainsi qu'à l'enseignement de l'histoire moderne, pour lequel on pourra conti-nuer à se servir de l'ouvrage de *Schröck* mentionné à l'art. 11.

Art. 24. Dans la seconde classe, le disciple passera à la traduction des Oraisons de *Cicéron*, dont un choix propre à la jeunesse a été publié séparément. Tout en continuant les *Métamorphoses d'Ovide*, on y joindra les *Héroïdes* du même auteur, ainsi que Térence et l'on entreprendra Virgile.

Art. 25. On s'attachera spécialement à faire rédiger des compositions sur des sujets donnés, et l'on aura surtout égard à une latinité et à une éloquence classiques.

Art. 26. Pour le grec, on traduira dans cette classe les *Dialogues* de *Lucien* et les passages difficiles des chrestomathies de *Jacobs* et de *Gedicke;* de plus, on traitera, le samedi, quelque chapitre du Nouveau Testament.

Art. 27. Dans la dernière heure scolaire, on s'oc-cupera d'une révision d'*Eutrope, Justin* et *Cornélius Nepos*, principalement dans la vue de se rendre les notions historiques familières. On continuera l'histoire moderne, et l'on répétera, au moins deux fois par semaine, l'enseignement des mathématiques, auquel on joindra la géographie mathématique et l'usage du globe.

Art. 28. Dans la première ou plus haute classe, le recteur fera traduire à ses disciples les Oraisons choi-sies de *Cicéron*, et un choix de passages de *Tite-Live*. En même temps, il fera expliquer *Virgile* et *Horace*, de manière que non-seulement les élèves comprennent le sens en perfection, mais encore qu'ils remarquent la justesse de chaque expression, ainsi que la beauté des figures et des ornements de l'éloquence et de la poésie.

Art. 29. Surtout dans cette classe, on exercera les élèves à la composition sur des sujets donnés, en ob-servant les dispositions de l'art. 25. De plus, on encou-ragera les élèves à s'exercer à la poésie latine, et on leur proposera des questions sur l'histoire et la mytho-logie, auxquelles ils devront répondre en bon latin avec clarté et brièveté.

Art. 30. Dans cette classe, on préparera l'élève à l'enseignement académique de la littérature grecque, en traitant avec lui quelque chant de l'*Iliade* ou de l'*Odyssée*, quelque fragment d'*Hérodote* ou de *Xéno-phon*, pris dans les *Selecta historicorum de Wyttenbach*, et en lui faisant traduire en grec quelque partie d'un auteur latin ou une composition hollandaise.

Art. 31. L'enseignement durant la dernière heure scolaire, pour cette classe, est abandonné à la sagacité du recteur.

Art. 32. Au commencement de chaque cours semi-annuel, le recteur se concertera avec le correcteur et les professeurs sur les parties des auteurs précités que chacun aura à traiter dans sa classe, afin que l'ensemble soit en une parfaite harmonie.

Art. 33. Vers la fin de chaque année scolaire, tout recteur pourra remettre aux curateurs ou scolarques, pour être pris par eux en considération, un rapport contenant :

1° Ce que, d'après son expérience, il jugera suscep-tible d'amélioration dans l'indication des exercices déterminés au présent règlement pour les écoles la-tines ;

2° Les livres élémentaires publiés ultérieurement, et qui paraissent préférables à ceux qui sont mainte-nant indiqués ;

3° Les éditions des auteurs anciens mentionnés dans le présent règlement, qu'ils jugeront les meilleurs pour l'usage des écoles.

Les curateurs ou scolarques expédieront au dépar-tement de l'instruction, des sciences et des arts, les indications susdites, en y ajoutant leurs observations. Ils sont en même temps invités à faire eux-mêmes de semblables indications au susdit département.

Art. 34. Par suite des indications et observations mentionnées à l'article précédent, le présent règlement pourra subir une extension ou des restrictions. Et il sera accordé par suite une récompense à l'auteur d'un livre élémentaire, ainsi qu'à l'éditeur d'un auteur ancien, lorsque le département de l'instruction, des sciences et arts jugera cet ouvrage digne d'être recommandé pour l'enseignement aux écoles latines.

Ainsi arrêté le 20 avril 1816.

Le commissaire général pour l'instruction, les sciences et les arts,

(*Signé*) Repelaer van Driel.

Pour copie conforme,

Le secrétaire au département de l'instruction, des sciences et des arts,

(*Signé*) De Geer.

———

Arrêté relatif à l'enseignement des mathématiques dans les gymnases et les universités.

Nous, Guillaume, par la grâce de Dieu, roi des Pays-Bas, prince d'Orange-Nassau, grand-duc de Luxembourg, etc., etc., etc.

Considérant que l'expérience a fait connaître la nécessité de soumettre à une révision les dispositions des règlements relatives à l'enseignement des mathématiques dans les gymnases et les universités :

Vu les art. 10, 29, 92, 93, 97, 98, 99, 100, 149 et 150 du règlement sur l'organisation de l'enseignement supérieur dans les provinces septentrionales (ordonn. du 2 août 1815), ainsi que les art. 42, 43, 47, 48, 49, 94 et 95 du règlement sur l'organisation de l'enseignement supérieur dans les provinces méridionales (arrêté du 5 septembre 1816) ; enfin l'art. 2 de notre arrêté du 19 février 1817, litt. Z ;

Sur le rapport de notre ministre de l'intérieur, du 24 juillet 1826 ;

Le conseil d'État entendu (avis du 4 de ce mois) ;

Avons arrêté et arrêtons :

Art. 1er. L'enseignement des mathématiques dans les athénées, les collèges et les écoles latines, embrassera au moins les éléments de l'arithmétique et de l'algèbre jusqu'aux équations du second degré inclusivement, et ceux de la géométrie jusqu'à la trigonométrie rectiligne.

Art. 2. Le certificat qui doit être délivré après l'achèvement des études dans un gymnase, et qui est exigé pour être inscrit comme étudiant dans une université, devra contenir expressément que l'élève a acquis dans l'arithmétique, l'algèbre et la géométrie, les connaissances nécessaires pour être admis aux leçons académiques.

Art. 3. Celui dont le certificat ne contiendra pas la clause ci-dessus mentionnée, ou qui n'aura pas fréquenté les gymnases reconnus, devra, avant de pouvoir être inscrit comme étudiant, produire un certificat du professeur de mathématiques, constatant que, dans un examen, il a prouvé avoir fait des progrès suffisants en arithmétique, algèbre et géométrie, pour être admis aux leçons académiques. Ceux qui n'ont pas fréquenté les gymnases produiront, en outre, le certificat ordinaire de la faculté des lettres.

Art. 4. Pour obtenir le grade de candidat en sciences mathématiques et physiques, tant celui qui est préparatoire au doctorat en sciences, que celui qui est préparatoire à l'étude de la médecine, ainsi que pour obtenir le grade de candidat préparatoire au doctorat en lettres, l'on subira un examen devant la faculté des sciences mathématiques et physiques sur les éléments de l'arithmétique, de l'algèbre, jusqu'aux équations supérieures au second degré, et sur les mathématiques, y compris la trigonométrie rectiligne et sphérique, ainsi que sur l'application de ces sciences, et surtout de la dernière, à l'astronomie sphérique et à la géographie mathématique.

Art. 5. Pour obtenir le grade de candidat ès lettres, préparatoire à l'étude de la théologie et à celle de la jurisprudence, l'on subira également devant la faculté des sciences mathématiques et physiques un examen sur les éléments de l'arithmétique, de l'algèbre et de la géométrie, y compris la trigonométrie rectiligne.

Art. 6. L'examen en mathématiques devra précéder celui pour obtenir les différents grades de candidat ès lettres, et sera gratuit. Personne ne pourra être admis auxdits examens pour le grade de candidat, sans avoir produit un certificat de la faculté des sciences mathématiques et physiques, constatant que, pour ce qui regarde ses connaissances en mathématiques, il pourra être admis aux examens littéraires.

Les autres dispositions relatives aux qualités requises pour les différents examens à l'effet d'obtenir le grade de candidat, restent en leur entier.

Art. 7. Outre ce qui est prescrit par les règlements pour obtenir le grade de docteur en lettres, il sera requis un certificat du professeur de mathématiques, contenant que l'étudiant a été trouvé capable d'enseigner avec succès les éléments d'arithmétique, d'algèbre et de géométrie.

Art. 8. On donnera dans chaque université un cours de sciences indiquées dans l'art. 1er, en y ajoutant la trigonométrie rectiligne. On y donnera également un cours qui comprendra les équations supérieures, la géométrie des corps solides, la trigonométrie sphérique et l'application de ces sciences, telle qu'elle est indiquée dans l'art. 4. Le dernier de ces cours sera envisagé comme étant de l'espèce de ceux qu'on appelle demi-cours. Ceci aura lieu quand même les leçons seraient données plus de deux fois par semaine.

La fréquentation d'aucun des deux cours ne sera obligatoire pour ceux qui seront prêts à se soumettre aux examens mentionnés aux art. 4 et 9.

Art. 9. Les art. 2 et 3 ne seront applicables qu'aux élèves des athénées, des collèges, ou des écoles latines, qui seront promus aux universités postérieurement au 1er janvier 1827.

Ne seront pas soumis aux dispositions prescrites par les art. 4, 5, 6 et 7, les étudiants qui, dans le premier trimestre qui suivra la date du présent arrêté, seront prêts à subir leurs examens pour le grade de candidat ou de docteur. Ce qui est prescrit par les règlements reste en vigueur à leur égard.

Notre ministre de l'intérieur est chargé de l'exécution du présent arrêté, dont il sera donné connaissance au conseil d'État.

Fait au château du Loo, le 9 septembre de l'an 1826, de notre règne le treizième.

(*Signé*) Guillaume.

Établissement de cours de pédagogie aux universités.

Nous, Guillaume, etc. ;

Considérant que la formation de bons professeurs pour les collèges publics et les écoles latines est du plus haut intérêt, et voulant établir les moyens propres à atteindre ce but;

Sur le rapport de notre ministre de l'intérieur, du 15 septembre 1827 ;

Avons arrêté et arrêtons :

Art. 1er. L'art d'enseigner et d'élever la jeunesse (la pédagogie) formera dorénavant une branche particulière de l'instruction universitaire.

Art. 2. Cette instruction consistera :

1° Dans un cours particulier sur la théorie de l'enseignement et de l'éducation en général : ce cours sera semestriel, ou bien de la classe de ceux qu'on nomme demi-cours ;

2° Dans l'organisation d'exercices réglés, où l'on exercera les élèves susdits dans toutes les branches qu'ils sont destinés à enseigner plus tard, et dans l'art et la manière de les communiquer aux autres. Ces exercices auront lieu tant dans la faculté des sciences que dans celle des lettres.

Art. 3. Notre ministre de l'intérieur est autorisé à confier, dans les différentes universités, le susdit enseignement à des professeurs ou à des lecteurs nommément désignés. Il réglera, de concert avec les curateurs, le temps où l'instruction sera donnée, la manière de l'enseigner, ainsi que l'époque à laquelle et pendant laquelle les élèves qui désirent être placés en qualité de professeurs dans les collèges ou les écoles latines, devront la suivre.

Notre ministre de l'intérieur est chargé de l'exécution du présent arrêté.

Donné à Bruxelles, le 19 septembre de l'année 1827, le quatorzième de notre règne.

(*Signé*) Guillaume.

Le ministre de l'intérieur,

Vu l'arrêté royal du 19 septembre 1827, concernant l'enseignement pédagogique qui sera donné près de chaque université du royaume aux jeunes gens qui désirent être nommés dans la suite professeurs aux athénées et aux collèges ;

Vu les rapports de messieurs les curateurs des universités ;

Voulant arrêter un règlement général sur cet objet;

Arrête :

Art. 1er. Les cours sur l'enseignement pédagogique s'ouvriront au commencement de l'année académique prochaine.

Art. 2. Tous les jeunes gens qui désirent obtenir une place de professeur près d'un athénée ou collège, sont tenus de suivre ces cours.

Lors de la nomination à ces places, la préférence sera donnée aux jeunes gens qui, outre les preuves de savoir et de bonne conduite, pourront produire les certificats les plus satisfaisants concernant l'application dont ils ont fait preuve dans leurs études pédagogiques.

Art. 3. On se servira pour l'instruction pédagogique de trois moyens :

A. On donnera un demi-cours sur la théorie générale de l'instruction et de l'éducation;

B. Des leçons seront données sur la méthodologie par rapport aux branches enseignées aux athénées et collèges;

C. Des exercices pratiques auront lieu dans l'art d'instruire.

Art. 4. Le cours sur la théorie générale de l'instruction et de l'éducation sera suivi pendant la seconde année académique. Ce cours sera donné en langue nationale. A Liége, on se servira de la langue française.

Art. 5. Les professeurs des universités qui sont chargés d'une branche d'enseignement également enseignée aux athénées et collèges, donneront des leçons sur la méthodologie, chacun dans la branche qui le concerne. Les leçons spéciales sur cette partie seront données aux heures que les professeurs jugeront les plus convenables.

Art. 6. Les exercices pratiques ne commenceront que dans la troisième année académique. Un professeur, chargé de l'enseignement des langues anciennes, et un autre, chargé de l'enseignement des mathématiques, fourniront aux élèves l'occasion de s'exercer dans l'art d'instruire, soit en leur faisant donner des leçons sous leur direction, soit en employant d'autres moyens qui leur paraîtront convenables.

On recommandera aux élèves de fréquenter quelquefois les leçons des bonnes écoles primaires, et, si faire se peut, les cours du collége de la ville où l'université se trouve établie.

Art. 7. A la fin de chaque année académique, les professeurs chargés de quelques parties de l'enseignement pédagogique, feront un rapport sur leurs travaux et sur le résultat qu'ils ont obtenu, en y joignant les observations qu'ils jugeront utiles. Ce rapport sera remis aux curateurs, qui le transmettront au ministère de l'intérieur, accompagné, s'il y a lieu, de leur avis.

Le ministre de l'intérieur.

Établissement de cours industriels aux universités.

. Nous, Guillaume, par la grâce de Dieu, roi des Pays-Bas, prince d'Orange-Nassau, grand-duc de Luxembourg, etc., etc., etc.;

Voulant multiplier pour nos fidèles sujets les occasions de s'instruire dans les sciences, dont la connaissance est pour eux du plus grand intérêt dans l'exercice des arts utiles;

Convaincu que ces sciences, lorsqu'elles seront plus généralement connues, influeront d'une manière très-avantageuse sur le progrès de l'industrie nationale;

Sur le rapport de notre ministre de l'intérieur, en date du 10 mai;

Avons arrêté et arrêtons:

Art. 1er. La chimie et la mécanique, appliquées aux arts industriels, seront enseignées régulièrement dans chacune de nos universités.

Art. 2. Deux chaires spéciales sont en outre créées à *Liége*, l'une pour l'exploitation des mines, l'autre pour les sciences forestières.

Art. 3. A l'aide de ces chaires, les leçons de la faculté des sciences mathématiques et physiques à *Liége* seront combinées de manière qu'il soit pourvu à l'enseignement de toutes les sciences que doivent connaître ceux qui sont appelés à diriger l'exploitation des mines ou à exercer l'administration des forêts.

Art. 4. Le sieur *P. Dandelin*, premier lieutenant du génie et membre de l'Académie royale des sciences et belles-lettres à *Bruxelles*, est nommé à la chaire d'exploitation des mines.

Est appelé à la chaire pour les sciences forestières le sieur *V. Brown*, docteur ès sciences, et lecteur des sciences forestières à l'université de *Heidelberg*.

Ils auront provisoirement le rang de professeurs extraordinaires à la faculté des sciences mathématiques et physiques, et le droit de siéger au sénat académique; leur traitement est fixé à 1,600 fl.; en outre M. *Brown* jouira d'une indemnité de 500 fl. pour son déplacement.

Art. 5. Une somme de 1,600 fl. est accordée pour l'achat des livres et instruments nécessaires à l'enseignement des sciences nommées aux art. 1, 2 et 3.

Art. 6. Notre ministre de l'intérieur nous soumettra un règlement par lequel les leçons mentionnées à l'article 3 seront réglées, ainsi que l'admission des élèves, leurs études et leurs examens.

Il nous proposera les moyens d'exécuter le principe énoncé à l'art. 1er, en observant d'augmenter le moins possible le personnel des professeurs.

Notre ministre susdit est chargé de l'exécution du présent arrêté, dont communication sera donnée à notre ministre des finances, à notre commissaire général de la guerre et à la chambre générale des comptes.

Donné à Bruxelles, le 13 mai 1825, la douzième année de notre règne.

(Signé) GUILLAUME.

Par le roi:

Le secrétaire d'État,
(Signé) J.-G. DE MEY DE STREEFKERK.

Règlement sur l'organisation des cours d'exploitation forestière à l'université de Liége, *approuvé par l'arrêté du roi du 6 septembre 1815.*

CHAPITRE PREMIER.

De l'Enseignement.

Art. 1er. L'enseignement du cours complet d'exploitation forestière sera de deux années, et sera divisé de la manière suivante:

1re année.

1er semestre:

1° Les mathématiques;

2° L'histoire naturelle;

3° L'art de dessiner les plans.

2e semestre:

1° Continuation des mathématiques;

2°   de l'histoire naturelle;

3° L'économie forestière, précédée d'une introduction à la science forestière en général;

4° L'économie rurale.

2e année.

1er semestre:

1° La physique mathématique et expérimentale;

2° La chimie ;

3° Le second cours de la science forestière ;

4° La statistique forestière.

2° semestre :

1° Continuation de la physique ;

2°   de la chimie ;

3° Le droit forestier ;

4° L'économie politique dans ses rapports avec la science enseignée.

ART. 2. Le professeur d'exploitation forestière fera avec ses élèves des excursions dans les forêts, pour les observations et la pratique en général.

ART. 3. Les jours et heures des leçons seront déterminés par les curateurs, sur la proposition des professeurs. Ils pourront, sur l'avis des professeurs, faire dans les leçons les changements qu'ils jugeront convenables dans l'intérêt de l'instruction.

ART. 4. Les cours de mathématiques, de chimie et de physique seront donnés par les professeurs actuels.

Pour ce qui concerne le dessin, les arrangements qui seront pris par les curateurs, en faveur des élèves de l'école des mines, seront communs à ceux du cours d'exploitation forestière.

ART. 5. Un des professeurs à la faculté de droit donnera une leçon particulière sur les lois, ordonnances et règlements relatifs à l'administration et à la conservation des eaux et forêts, ainsi que sur toutes les dispositions concernant l'économie rurale.

ART. 6. Il sera établi, dans les terrains appartenant à l'université, une pépinière pour les leçons pratiques journalières sur la botanique forestière. On y cultivera surtout des arbres exotiques susceptibles de culture dans ce pays, et ceux dont les espèces ne sont point communes dans les forêts voisines.

Elle sera sous la direction du professeur d'exploitation, qui sera aussi chargé de la conservation des modèles et collections relatives à la science forestière en général.

CHAPITRE II.

Des Élèves.

ART. 7. Pour être admis, l'on devra savoir lire et écrire, et connaître les éléments des mathématiques simples.

Les élèves, avant leur admission, seront examinés par le professeur d'exploitation.

ART. 8. Ceux qui seront admis seront inscrits par le recteur, et assimilés aux élèves de l'université pour tout ce qui peut être relatif à l'ordre et à la discipline en général.

CHAPITRE III.

Des Rétributions à payer par les élèves.

ART. 9. La rétribution des cours donnés par le professeur d'économie rurale et d'exploitation forestière est fixée, pour le tout, à 30 fl. par année.

Attendu que l'enseignement des mathématiques, de la chimie et de la physique, ainsi que celui relatif au droit, n'exigent pas des cours très-étendus dans ces différentes branches, les curateurs prendront des arrangements avec les professeurs, dans l'intérêt des élèves, pour fixer une rétribution convenable d'après l'étendue de l'enseignement.

ART. 10. Les élèves ayant de bonnes dispositions, et dont les parents ne seraient pas assez aisés pour payer ces rétributions, pourront en être exemptés au commencement des cours académiques, mais seulement dans la proportion d'un quart des élèves inscrits. Ils seront pris de préférence parmi les enfants des agents forestiers.

ART. 11. A la fin du cours complet, les élèves qui désireront obtenir des certificats de capacité seront examinés sur toutes les parties de l'instruction par les professeurs.

ART. 12. Le prix de ce certificat est fixé à 20 fl.

ART. 13. L'exemption accordée aux élèves peu fortunés s'étendra aux droits d'examen.

ART. 14. Les élèves qui auront terminé un cours complet dans cette école, et qui seront porteurs de certificats satisfaisants, seront employés de préférence dans la partie forestière dépendante d'administrations publiques, si d'ailleurs ils réunissent les qualités requises, particulièrement à raison des circonstances du service dont ils devraient être chargés.

———

Établissement d'un Séminaire luthérien.

Nous, Guillaume, par la grâce de Dieu, roi des Pays-Bas, prince d'Orange-Nassau, grand duc de Luxembourg, etc., etc., etc. ;

Vu la proposition de notre commissaire général, chargé provisoirement des affaires de l'Église réformée, etc., en date du 26 novembre 1816 ;

Vu l'art. 59 de notre ordonnance du 2 août 1815, et en conséquence des considérations présentées par la commission nommée, en vertu du même arrêté, pour les affaires de la communion évangélique luthérienne, relativement aux moyens les plus efficaces, pour procurer, dans ce royaume, à ceux qui se destinent au ministère de la chaire, dans cette même communion, une instruction convenable ;

Avons trouvé bon de déterminer ce qui suit :

Art. 1er. Il sera établi à Amsterdam un séminaire luthérien pour former ceux qui se destinent au ministère de la chaire dans la communion évangélique luthérienne.

Art. 2. A cette fin, nous nommerons un professeur ordinaire et deux professeurs extraordinaires.

Art. 3. Le professeur ordinaire, qui ne pourra exercer en même temps les fonctions de ministre ni occuper aucun autre poste salarié, jouira d'un revenu annuel de 3,000 fl. à la charge de l'État.

Art. 4. Les professeurs extraordinaires seront choisis parmi les ministres de la communion évangélique luthérienne d'Amsterdam, et chacun d'eux jouira, dans ce cas, d'un subside annuel de 500 fl. Si, par des circonstances imprévues et extraordinaires, ce professorat était déféré à d'autres personnes qu'aux ministres susdits, nous fixerons ultérieurement leur traitement.

Art. 5. Les professeurs jouissent du prix des cours, fixé par les art. 135 et 136 du règlement sur l'enseignement supérieur.

Art. 6. Les dispositions de l'art. 138 et suivants sur l'éméritat et la pension des veuves, sont déclarées applicables au professeur ordinaire et en ce que ces dispositions ne doivent pas être censées concerner seulement les professeurs des universités.

Art. 7. Les professeurs feront les cours suivants :

a. La théologie naturelle ;

b. L'histoire ecclésiastique ;

c. L'exégèse appliquée à la Bible ;

d. La dogmatique ;

e. La morale chrétienne ;

f. L'homilétique et la science pastorale;

g. L'encyclopédie et la méthodologie théologique.

Art. 8. Le partage des cours entre les professeurs sera réglé par les curateurs mentionnés ci-après. On observera toutefois que les leçons du professeur ordinaire devront embrasser au moins la moitié des cours ci-dessus mentionnés, tandis que le reste sera partagé entre les professeurs extraordinaires.

Art. 9. La langue dont les professeurs devront se servir dans l'enseignement, sera exclusivement le latin, sans préjudice du droit des curateurs et de notre commissaire général pour l'instruction, les sciences et les arts, de permettre l'enseignement en hollandais de certaines branches, lorsqu'ils le jugeront utile.

Art. 10. Les grades académiques de candidat et de docteur pour la communion luthérienne seront conférés par la faculté de théologie de l'université de Leyde ; auquel cas le professeur de théologie positive sera remplacé par le professeur ordinaire du séminaire luthérien d'Amsterdam, ou, en son absence, par le plus ancien des professeurs extraordinaires.

Art. 11. Le professeur luthérien remplira spécialement en cette occasion les fonctions de promoteur.

Art. 12. Après l'année 1819, et par conséquent à compter de l'an 1820, personne ne sera admis au ministère de la chaire en qualité de ministre dans la communion évangélique luthérienne (excepté aux postes de ministres allemands), hormis ceux qui ont obtenu de la manière susdite le grade de candidat en théologie, et qui ont suivi, au moins durant deux années, les leçons des professeurs luthériens à Amsterdam.

Jusqu'à cette époque, l'admission au ministère de la chaire pourra être accordée à ceux qui produiront des attestations qu'ils ont achevé convenablement leurs études à une académie étrangère.

Art. 13. Le grade de candidat ès lettres ne sera de même exigé, pour la promotion des candidats et des docteurs luthériens, qu'à commencer de l'an 1820.

Art. 14. Au reste, la collation de ces grades académiques et les examens qu'ils exigent seront soumis, pour les théologiens luthériens, à toutes les formalités voulues par le règlement sur l'enseignement supérieur, autant qu'elles pourront y être applicables.

Art. 15. Personne ne sera considéré comme étudiant au séminaire luthérien, à moins que, avant d'assister aux leçons des professeurs, il ne se soit fait inscrire sur le rôle des étudiants, tenu par le professeur ordinaire. A l'égard de cette inscription, on observera les dispositions du règlement sur l'enseignement supérieur, art. 148, etc.

Art. 16. Les étudiants au séminaire luthérien ont, aussi bien que ceux des athénées de l'État et des villes, la faculté de concourir pour les prix dont la distribution est accordée par le même règlement.

Art. 17. Notre commissaire général pour l'instruction, les sciences et les arts, après avoir recueilli les informations nécessaires touchant les institutions et les fonds qui existent pour le soutien des étudiants, nous fera un exposé de ce qu'il conviendra de fixer à cet égard.

Art. 18. La surveillance du séminaire luthérien d'Amsterdam et le soin de ses intérêts seront déférés à un collège de cinq curateurs, nommés par nous.

Art. 19. Ils se réuniront deux fois en assemblée ordinaire à Amsterdam, et de plus, aussi souvent que le président le jugera utile. Aux membres non domiciliés à Amsterdam il sera accordé, s'ils le requièrent, une indemnité pour frais de voyage, suivant les dispositions que nous prendrons à cet égard.

Art. 20. Les curateurs susdits prendront avec les curateurs de l'athénée d'Amsterdam les arrangements convenables relativement aux rapports mutuels des deux établissements.

Art. 21. En cas de vacance d'une chaire, les curateurs présenteront au département de l'instruction, des sciences et des arts, une liste de trois candidats, avec un exposé des motifs de notre choix ; et la nomination définitive sera faite par nous.

Art. 22. Notre commissaire général pour l'instruction, les sciences et les arts, est chargé de l'exécution du présent arrêté, dont, à cette fin, une copie lui sera remise, tandis que de semblables copies seront expédiées, pour information, au département des affaires de l'Église réformée et à la chambre des comptes.

(*Signé*) GUILLAUME.

Bruxelles, le 5 décembre 1816.

———

Arrêté du 14 juin 1825, qui ordonne l'établissement, à l'une des universités du royaume, d'un collége philosophique, pour les jeunes gens du culte catholique romain, destinés à l'état ecclésiastique.

Nous, Guillaume, par la grâce de Dieu, roi des Pays-Bas, prince d'Orange-Nassau, grand-duc de Luxembourg, etc., etc., etc.;

Considérant que, d'après diverses dispositions ecclésiastiques et civiles, les jeunes gens catholiques romains ne pouvaient être admis autrefois dans les séminaires épiscopaux, avant d'avoir fini convenablement leurs humanités et leur philosophie ;

Considérant que ces dispositions, en grande partie, ne sont point suivies, d'après le mode actuel de l'instruction de ces jeunes gens, et qu'ainsi le but salutaire qu'elles ont pour objet ne peut être atteint ;

Eu égard à des représentations de quelques chefs du clergé sur l'insuffisance de l'enseignement préparatoire donné aux jeunes gens qui se destinent à l'état ecclésiastique ;

Vu le règlement relatif à l'enseignement supérieur pour les provinces méridionales du royaume, approuvé par notre arrêté du 25 septembre 1816 ;

Et voulant favoriser les moyens de former des ecclésiastiques capables pour l'Église catholique romaine;

Sur les rapports de notre ministre de l'instruction publique, de l'industrie nationale et des colonies, et du directeur général des affaires du culte catholique, du 29 novembre 1823 ;

Vu l'avis de notre ministre de l'intérieur, du 19 mai dernier ;

Le conseil d'État entendu, nous avons arrêté et arrêtons :

Art. 1er. Il sera érigé provisoirement, près l'une des universités des provinces méridionales du royaume, un établissement d'instruction préparatoire pour les jeunes catholiques romains qui se destinent à la carrière ecclésiastique. Cet établissement, sous la déno-

mination de collège philosophique, sera établi dans un local convenable fourni par la ville, à défaut de bâtiment disponible appartenant à l'État. Les élèves y seront reçus avec permission de porter l'habit ecclésiastique, après avoir été inscrits préalablement comme étudiants de la faculté des lettres, conformément aux dispositions existantes. Ils y recevront, moyennant 200 florins au plus, la table, le logement et l'instruction, mentionnés ci-après.

Art. 2. Les élèves du collège philosophique seront instruits dans les matières suivantes :

La littérature nationale ;
La littérature latine ;
La littérature grecque ;
La littérature hébraïque ;
L'éloquence ;
La logique ;
L'histoire des Pays-Bas ;
L'histoire universelle ;
L'histoire de la philosophie ;
L'histoire ecclésiastique ;
La morale ;
La métaphysique ;
Le droit canonique.

En outre, il leur sera fourni l'occasion de s'appliquer à la littérature allemande et française, à l'éloquence nationale et française, et aux mathématiques.

Enfin, il leur sera donné, dans un cours particulier, un aperçu général de physique, de chimie, d'économie rurale et d'histoire naturelle, lequel, quoique succinct, sera néanmoins assez complet pour qu'ils acquièrent sur ces parties des notions suffisantes.

Tous les élèves assisteront à ce cours particulier.

Art. 3. Notre ministre de l'intérieur nous proposera, pour ce collège, trois professeurs, après avoir entendu l'archevêque de Malines.

Le choix à faire tombera de préférence sur des prêtres catholiques romains, et, en tous cas, sur des personnes de cette religion.

Ces professeurs seront chargés : l'un, de la logique, de la métaphysique et de la morale ;

L'autre, de l'histoire de la philosophie et de l'histoire universelle, etc. ;

Le troisième, du droit canonique et de l'histoire ecclésiastique.

Les cours seront publics, et tous les autres étudiants de l'université pourront les fréquenter.

Art. 4. Les professeurs sus-mentionnés n'auront point leur logement au collège philosophique, mais ils jouiront d'un traitement de 2,500 florins sur le trésor, sans rétribution d'élèves.

Deux d'entre eux seront attachés à la faculté des lettres, et celui chargé du cours de droit canonique, à la faculté de droit,

ART. 5. Ils tiendront leurs cours en langue latine.

Chacun d'eux tiendra, en outre, dans la même langue, des cours de disputes et de répétitions.

ART. 6. Le département de l'intérieur fixera l'ordre des études, les jours et heures des leçons.

ART. 7. Les professeurs de l'université donneront l'instruction aux élèves du collège philosophique, dans toutes les matières qui ne sont point réservées spécialement par l'art. 5. Ils ne recevront pour cela aucune rétribution ; cependant le département susdit est autorisé à nous proposer chaque année, en leur faveur, une indemnité proportionnée.

ART. 8. A une époque à déterminer ultérieurement, nul ne pourra être présenté pour les places de professeur au collège philosophique, s'il n'a le grade de docteur.

ART. 9. Aussitôt après la désignation de la ville où sera établi le collège philosophique, l'archevêque sera nommé par nous curateur à vie ; en cette qualité, la surveillance de ce collège lui sera confiée alors plus spécialement.

ART. 10. Il sera nommé par nous, également pour le collège philosophique, un régent et un ou plusieurs sous-régents, prêtres catholiques romains, sur la proposition du département de l'intérieur et l'avis de l'archevêque de Malines.

Le régent sera chargé de l'économie intérieure de l'établissement ; il aura la surveillance de la discipline, de l'ordre et de l'assiduité aux études, et on lui confiera l'enseignement de la doctrine chrétienne et des bonnes mœurs.

Il sera aidé, dans tout ce qui précède, par des sous-régents qui lui seront subordonnés.

ART. 11. Les régents et sous-régents recevront dans l'établissement, logement, table, feu et lumière.

Le traitement du régent sera fixé de manière que ses émoluments puissent égaler le salaire des professeurs ; quant aux sous-régents, le premier en rang jouira d'un traitement égal aux deux tiers de celui du régent ; il sera statué ultérieurement sur celui des autres.

ART. 12. Le département susdit arrêtera un règlement d'économie intérieure pour le collège, ainsi que des instructions sur le mode de reddition du compte annuel du régent.

ART. 13. Les élèves du collège philosophique sont considérés comme étudiants en théologie ; en conséquence, les dispositions de notre arrêté du 8 juillet 1818, relativement à la milice nationale, leur seront applicables sur leur déclaration qu'ils entendent se vouer à la théologie.

(1) Par arrêté du roi, du 20 juin 1829, la fréquentation obligatoire du cours d'étude au collège philosophique a été déclarée facultative, et par celui du 9 janvier 1830, le

Ils peuvent obtenir, dans la faculté des lettres, le grade de candidat et de docteur, conformément au règlement sur l'enseignement supérieur.

ART. 13. Après un délai de deux ans, à compter de l'ouverture du collège philosophique, il ne sera plus donné aucune leçon de philosophie dans les séminaires épiscopaux. A cette époque, le traitement des professeurs chargés de cette partie dans les ledits séminaires, viendra à cesser.

Au même instant l'on n'admettra plus, dans les séminaires, aucun élève, s'il n'a achevé convenablement son cours d'études au collège philosophique (1).

Tout étudiant de ce dernier établissement devra y rester deux ans au moins.

ART. 15. Une certaine partie des bourses, allouées par nous dans les séminaires, présumée égale à celle affectée jusque-là aux étudiants en philosophie, passera au collège philosophique.

Ces bourses ne seront plus acquittées dans lesdits séminaires du moment que les leçons auront lieu au collège philosophique.

En outre, les élèves dudit collège auront droit, de préférence, pour autant que l'institution le permette, aux bourses rétablies par notre arrêté du 26 décembre 1818 (*Journal officiel*, n° 48), en faveur des étudiants en philosophie.

ART. 16. Les bourses seront conférées par nous sur la proposition du ministre de l'intérieur. Toutes les dépenses résultant de l'érection dudit établissement, seront imputées sur le budget du même département.

Notre ministre de l'intérieur et le directeur général des affaires du culte catholique sont chargés, chacun en ce qui le concerne, de l'exécution du présent arrêté, qui sera inséré au *Journal officiel*.

Bruxelles, le 14 juin de l'an 1825, de notre règne le douzième.

(*Signé*) GUILLAUME.

Par le roi :

(*Signé*) J.-G. DE MEY DE STREEFKERK.

———

Arrêté du 8 septembre 1827 sur la fixation des vacances.

Nous, Guillaume, etc. ;

Vu les règlements établis par notre ordonnance du 2 août 1815, et par celle du 25 septembre 1816,

collège a été supprimé à compter de la fin du cours universitaire commencé alors.

sur l'enseignement supérieur dans les provinces septentrionales de notre royaume ;

Considérant que, jusqu'à ce jour, il n'existe aucune détermination à l'égard de la durée des vacances aux universités des provinces septentrionales, comme aussi il existe une différence considérable entre les universités de ces dernières provinces et celles des provinces méridionales;

Voulant mettre les règlements relatifs à ce sujet sur un pied uniforme, et en même temps en harmonie avec l'intérêt bien entendu des études supérieures;

Vu le rapport de notre ministre de l'intérieur ;
Le conseil d'État entendu ;
Vu le rapport ultérieur de notre ministre susdit ;
Avons arrêté et arrêtons :

ART. 1er. A compter du commencement de l'année académique 1827-1828, les vacances aux diverses universités seront réglées comme suit, savoir :

A. Un temps de vacances depuis le 23 décembre inclusivement jusqu'au premier lundi du mois de janvier;

B. Un temps de vacances de deux semaines, savoir : la semaine qui précède et celle qui suit la fête de Pâques;

C. Un temps de vacances de deux mois, commençant le troisième lundi du mois de juillet et finissant le troisième lundi de septembre.

ART. 2. Pour la régularisation des leçons qui peuvent se donner dans chaque cours semi-annuel, l'année académique est divisée en deux parties. La première partie se terminera par des vacances de quatre jours, qui commenceront le jeudi qui précède le troisième lundi du mois de février, tandis que la seconde partie commencera à ce dernier jour.

ART. 3. Toutes les autres vacances sont supprimées, sauf toutefois celles que des fêtes reconnues rendent nécessaires.

Copies du présent arrêté seront, etc.

(*Signé*) GUILLAUME.

Augmentation des droits pour les inscriptions et les examens.

Nous, Guillaume, par la grâce de Dieu, roi des Pays-Bas, prince d'Orange-Nassau, grand-duc de Luxembourg, etc., etc., etc. ;

Considérant que les subsides accordés annuellement sur la caisse de l'État aux universités, sont insuffisants pour fournir convenablement à tous les besoins de ces établissements;

Que, dans de semblables circonstances, il paraît équitable que ceux qui jouissent de l'enseignement académique, et qui aspirent à l'obtention des grades,

contribuent à compléter ce qui est nécessaire à ces établissements ;

Qu'à cette fin, il a paru plus convenable d'augmenter les sommes indiquées dans notre ordonnance du 2 août 1815, pour les inscriptions, recensements et examens, et de former du produit de ces augmentations un fonds particulier pour chaque université ;

Vu le rapport de la commission nommée par notre arrêté du 15 juin dernier ;

Vu le rapport du département de l'intérieur, en date du 29 août dernier ;

Vu les rapports du département des finances et de celui des affaires de l'Église réformée, etc., du 3 septembre suivant, et du 15 du même mois;

Vu le rapport ultérieur du département de l'intérieur, en date du 28 septembre dernier;

Le conseil d'État entendu (avis du 10 octobre 1836);
Avons arrêté et arrêtons :

ART. 1er. Sans préjudice de ce qui est dû actuellement pour inscription et recensement comme étudiant, il sera versé, entre les mains du secrétaire du collège des curateurs de l'université, près de laquelle l'inscription ou le recensement doit se faire, et pour en obtenir le droit, une somme de 10 fl. chaque fois.

Le reçu de ce versement devra être exhibé avant que l'inscription ou le recensement puisse avoir lieu.

ART. 2. Les frais des grades mentionnés à l'art. 127 de notre ordonnance du 2 août 1815, seront augmentés d'une moitié des sommes qui y sont indiquées. Cette augmentation devra être versée entre les mains du secrétaire du collège des curateurs. Le reçu de ce versement devra être exhibé avant qu'on puisse être admis aux examens.

ART. 3. Les boursiers de l'État sont exempts de l'exhibition du reçu mentionné à l'art. 2.

De même ceux qui, avant la signature du présent arrêté, avaient commencé leurs études à l'une des universités ou à l'un des athénées, n'auront à payer que la moitié de l'augmentation exprimée à l'art. 2, ou même, sur leur requête, appuyée de motifs valables, ils pourront en être entièrement libérés par les curateurs de l'université.

ART. 4. Les sommes ainsi perçues seront uniquement et exclusivement destinées aux besoins de l'université près de laquelle elles auront été recouvrées.

Elles seront principalement employées à enrichir et à étendre la bibliothèque académique et les autres collections établies à l'université, ou bien en faveur de quelque branche de l'enseignement pour laquelle les subsides accordés par l'État paraîtraient insuffisants.

ART. 5. Aussi souvent que les circonstances l'exigeront, les curateurs enverront à notre ministre de l'intérieur une proposition motivée, concernant l'emploi des sommes disponibles, avec déclaration de l'état des fonds dans ce moment. Notre ministre susdit nous remettra cette proposition, accompagnée de ses observations et avis, afin que nous prenions à cet égard une détermination selon l'occurrence.

Art. 6. Si l'état des fonds, en raison des besoins actuels, permet de placer les sommes non employées, on y procédera le plus promptement possible.

Art. 7. Le secrétaire des curateurs est chargé, sous la surveillance immédiate de ce collége, de l'administration de ce fonds. Il présente chaque année aux curateurs un mémoire général de sa comptabilité durant l'année écoulée, lequel mémoire, visé par les curateurs, devra être remis en triple expédition au département de l'intérieur, pour être expédié à la chambre des comptes, qui l'enregistrera et en réglera le solde.

Art. 8. Les payements sur ce fonds s'effectueront par le secrétaire des curateurs, sur déclarations des ayants droit, remises en double expédition, et visées par les professeurs ou directeurs des collections, chacun pour ce qui le concerne.

L'une des déclarations acquittées sera jointe au mémoire mentionné à l'art. 7.

Art. 9. Le secrétaire est obligé de veiller à ce que le montant accordé ne soit pas excédé.

Le département de l'intérieur est chargé de l'exécution du présent arrêté, dont copies seront expédiées, pour information, à notre ministre des finances, au conseil d'État et à la chambre des comptes.

Donné à la Haye, le 13 octobre de l'an 1836, de notre règne le vingt-troisième.

(Signé) GUILLAUME.

De par le roi :

(Signé) VAN DOORN.

Diminution des bourses.

Nous Guillaume, par la grâce de Dieu, roi des Pays-Bas, prince d'Orange-Nassau, grand-duc de Luxembourg, etc., etc., etc.;

Considérant qu'il existe divers motifs de diminuer, pour le présent, le nombre des bourses ou pensions instituées par l'art. 214 et suivants de notre ordonnance du 2 août 1815;

Vu le rapport de la commission nommée par notre arrêté du 15 juin dernier;

Vu le rapport du département de l'intérieur, en date du 29 août dernier;

Vu les rapports du département des finances et de celui des affaires de l'Église réformée, etc., du 3 septembre suivant et du 15 du même mois;

Vu le rapport ultérieur du département de l'intérieur, en date du 28 septembre dernier;

Le conseil d'État entendu (avis du 10 octobre);

Avons arrêté et arrêtons :

Art. 1er. Le nombre des bourses est réduit à *cinquante*, dont *vingt* resteront à l'université de *Leyde*, et *quinze* à chacune des universités d'*Utrecht* et de *Groningue*.

Art. 2. Ceux qui sont actuellement en jouissance d'une bourse y seront maintenus, sauf à observer les dispositions de l'arrêté. Néanmoins, dès qu'une bourse viendra à vaquer, on en suspendra la collation jusqu'à ce que les bourses soient réduites au nombre déterminé par l'article précédent.

Art. 3. Les bourses ne seront accordées qu'à ceux que le collége des curateurs aura indubitablement reconnus ne posséder pas les moyens suffisants pour fournir aux frais de leurs études à l'université.

De plus, ceux qui sollicitent l'obtention d'une bourse, se soumettront, en présence des curateurs, à un examen comparatif, que fera subir la faculté, et la bourse vacante sera accordée, d'après l'avis de la faculté, à celui qui se sera distingué par des dispositions éminentes.

Art. 4. Les curateurs ne seront pas tenus de distribuer un nombre égal de bourses à chaque faculté; ils se dirigeront en cela sur les besoins réels et selon l'intention qui maintient, par le présent arrêté, la collation des bourses.

Art. 5. Les curateurs continueront à prendre les mesures propres à assurer de la part des jeunes gens qui jouissent des bourses, le strict accomplissement de leurs devoirs; ils n'accorderont la prolongation de la jouissance d'une bourse, qu'après s'être assurés de cet accomplissement des devoirs, et après avoir entendu l'avis de la faculté à laquelle le boursier appartient.

Le département de l'intérieur est chargé de l'exécution du présent arrêté, dont copies seront expédiées pour information à notre ministre des finances, au conseil d'État et à la chambre des comptes.

Donné à La Haye, le 13 octobre de l'an 1836, de notre règne le vingt-troisième.

(Signé) GUILLAUME.

De par le roi :

(Signé) VAN DOORN.

Annales académiques.

Nous, Guillaume, par la grâce de Dieu, roi des

Pays-Bas, prince d'Orange-Nassau, grand-duc de Luxembourg, etc., etc., etc. ;

Revu l'art. 8 de notre arrêté de ce jour, suivant lequel les dissertations couronnées ne seront plus imprimées aux frais de l'État ;

Considérant que les annales académiques peuvent dès lors être convenablement réunies en un volume, et imprimées à l'imprimerie de l'État ;

Vu le rapport de la commission nommée par notre arrêté du 13 juin dernier ;

Vu le rapport du département de l'intérieur du 29 août dernier ;

Vu les rapports du département des finances, et de celui des affaires de l'Église réformée, etc., du 3 septembre suivant, et du 15 du même mois ;

Vu le rapport ultérieur du département de l'intérieur, en date du 28 septembre dernier ;

Le conseil d'État entendu (avis du 10 octobre 1836) ;

Avons arrêté et arrêtons :

Art. 1er. L'édition séparée des annales académiques, telle qu'elle a lieu jusqu'à présent pour chaque université, n'aura plus lieu à commencer dès l'année 1836-1837.

Art. 2. Les annales académiques de 1837-1838 et suivantes seront réunies et imprimées, en un volume in-4°, à l'imprimerie de l'État.

Art. 3. L'édition aura lieu sous la surveillance du département de l'intérieur, auquel le secrétaire académique de chaque université expédiera les pièces qui devront être insérées dans les annales académiques, pour autant qu'elles concernent son université, et ce, conformément aux mesures à concerter ultérieurement.

Art. 4. Dans les annales académiques, sera insérée une notice exacte du nombre des étudiants qui ont fréquenté l'université pendant l'année académique, avec une indication de la faculté à laquelle ils appartiennent.

Le département de l'intérieur est chargé de l'exécution du présent arrêté, dont copies seront expédiées pour information, à notre ministre des finances, au conseil d'État et à la chambre des comptes.

Donné à La Haye, le 13 octobre de l'an 1836, de notre règne le vingt-troisième.

(Signé) GUILLAUME.

De par le roi :

(Signé) VAN DOORN.

Des Prix académiques.

Nous, Guillaume, par la grâce de Dieu, roi des

Pays-Bas, prince d'Orange-Nassau, grand-duc de Luxembourg, etc. ;

Considérant qu'il existe des raisons pour modifier les dispositions de notre ordonnance du 2 août 1815, relativement au programme des prix pour les universités ;

Vu le rapport de la commission nommée par notre arrêté du 2 juin dernier ;

Vu le rapport du département de l'intérieur du 29 août dernier ;

Vu les rapports du département des finances, et de celui des affaires de l'Église réformée, etc., du 3 septembre suivant, et du 15 du même mois ;

Vu le rapport ultérieur du département de l'intérieur, du 28 septembre dernier ;

Le conseil d'État entendu (avis du 10 octobre 1836) ;

Avons arrêté et arrêtons :

Art. 1er. Les programmes annuels des prix se publieront désormais par une seule université, à tour de rôle, suivant l'ordre alphabétique.

Art. 2. La faculté des sciences mathématiques et physiques proposera *deux* questions ; la faculté de philosophie spéculative et des lettres, également *deux* questions, et chacune des autres facultés *une* question.

Art. 3. Les facultés observeront dans le programme le contenu des art. 208 et 209 de notre ordonnance du 2 août 1815 ; elles éviteront de proposer des questions qui ne pourraient être que difficilement résolues par d'autres étudiants que ceux d'une université déterminée.

Art. 4. Aucun étudiant ne pourra concourir que ceux qui, lors de l'émission du programme, étaient entrés dans la troisième année de leurs études.

Art. 5. Dans le cas de tirage au sort, lorsque deux dissertations seront jugées avoir un mérite égal, le perdant recevra une médaille en argent, sur laquelle le partage du prix sera mentionné.

Art. 6. Les dispositions des art. 210 et 211 de l'ordonnance mentionnée seront modifiées de cette manière que la défense de la dissertation couronnée devra se faire à porte ouverte, et devra durer au moins une heure entière ; tandis que la publication du triomphe et de la distribution des médailles se fera dans le Journal officiel et dans la Gazette de la ville où l'université est établie.

Art. 7. Ceux qui obtiennent la médaille d'argent peuvent réclamer la même indemnité, pour frais de voyage et de séjour, que nous accordons par notre arrêté du 30 juillet 1822, à ceux à qui la médaille d'or est décernée.

Art. 8. Les dissertations couronnées ne seront plus imprimées aux frais de l'État : elles resteront la propriété de leurs auteurs ; mais il devra en être laissé une copie exacte à la faculté.

Art. 9. Les dispositions du présent arrêté seront exécutoires à commencer dès l'année prochaine, 1837.

Le département de l'intérieur est chargé de l'exécution du présent arrêté, dont copies seront expédiées, pour information, à notre ministre des finances, au conseil d'État et à la chambre des comptes.

Donné à la Haye, le 13 octobre de l'an 1836, de notre règne le vingt-troisième.

(*Signé*) GUILLAUME.

De par le roi :

(*Signé*) VAN DOORN.

———

Series lectionum quæ habentur a professoribus illustris Athenæi Amstelædamensis, inde a feriis æstivis anni MDCCCXXXIV *ad ferias æstivas* MDCCCXXXV.

DAVID JACOBUS VAN LENNEP,

J. U. D.'hist. eloq. poes. antiquit. litt. gr. et lat. professor, ordinis hoc tempore præses,

PUBLICE, præcipua quædam historiæ et litterarum capita tractat, vel ipsi juventuti, exercitationis causa, disceptanda proponit.

PRIVATIM, tradit :
Litteras latinas, interpretandis Ciceronis libro quarto in Verrem, Virgilii Georgicorum libro tertio;
Litteras græcas, interpretandis locis quibusdam Herodoti et Thucydidis in *selectis principum historicorum* a Wittenbachio editis, idylliis Theocriti selectis, explicandis antiquitatibus græcis;
Historiam universam, ab orbe condito ad Carolum Magnum.

GERARDUS VROLIK,

Med. doct., botan. et art. obstetr. professor,

PRIVATIM, docebit.
Obstetriciam theoreticam;
Physicam plantarum.

JOANNES WILLMET,

A. L. M. phil. doct. ling. antiquit. et hist. orient. cum civ. tum litterar. ac hermeneuticæ sacræ professor,

PUBLICE, *historiam poeseos Hebræorum* tractat, aut præcipua philologiæ momenta ad disceptationem proponit;
PRIVATIM, *nonnullas Ibn Challicani vitas*, quæ in *solo codice suo* inveniuntur, interpretatur;

Lectiones vero *grammaticas* atque *exegeticas*, hoc iterum anno, habebit vir cl. T. ROORDA, illi honorifice adjunctus.

FRANCISCUS VAN DER BREGGEN, CORN. FIL.,

Med. doct. path. medic. forens. atque medic. pract. professor,

PRIVATIM, exponit :
Pathologiam generalem,
Doctrinam de cognoscendis et curandis hominum morbis,
Aphorismos Hippocratis,
Medicinam forensem.

CORNELIUS ANNE DEN TEX,

Philos. theor. magister, litt. hum. juris rom. et hod. doctor, juris nat., gent. et publici professor,

PUBLICE, varia loca ex jure naturæ, publico et gentium tractat, vel ipsi juventuti disceptanda proponit.
PRIVATIM, tradit encyclopædiam jurisprudentiæ,
Jus publicum cum universum tum belgicum,
Jus gentium,
Initia economiæ politicæ.

JACOBUS VAN HALL,

Juris rom. et hod. doctor, juris civilis cum romani tum hodierni professor,

PUBLICE, selecta quædam juris privati capita juventuti disceptanda proponit.
PRIVATIM, tradit :
Jus romanum, explicandis Justiniani imp. institutionibus, narrandis digestorum libris I—XX, ratione habita *Principiorum juris civilis*, quæ scripsit Westembergius;
Jus civile hollandicum, exponendis ejus principiis secundum compendium a NIENHUISIO v. cl. compositum;
Jus judiciarium, explicanda theoria, quæ dicitur processus civilis.

GILBERTUS JOANNES ROOIJENS,

Theol. doctor, theol. et historiæ eccles. professor,

PUBLICE, questiones aliquot theologicas juventuti disceptandas proponit.
PRIVATIM, tradit:
Theologiæ christianæ partem theoreticam;
Theologiæ christianæ partem practicam;

Historiam societatis et religionis christianæ a Carolo Magno ad nostra tempora ;

Exegesin novi Testamenti , interpretanda Pauli ad Philippenses epistola ;

Exercitationes homileticas moderatur.

NICOLAUS GOTHOFREDUS VAN KAMPEN ,

Philos. theor. mag. litt. hum. doctor, litterarum belgicarum et historiæ patriæ professor,

PUBLICE , partes quasdam historiæ litterariæ patriæ tractabit.

PRIVATIM , styli hollandici præcepta tradet , et exemplis illustrabile florilegio suo (*Bloemlezing uit nederlandsche prozaschrijvers*).

Historiam patriæ enarrabit ,

Historiam litterarum batavarum exponet ,

Exercitationes oratorias moderabitur.

GUILLIELMUS VROLIK ,

Med. doctor, chirurgiæ theoreticæ, anatomiæ, physiologiæ et historiæ naturalis professor,

PUBLICE , demonstrationes anatomicas habebit.

PRIVATIM , docebit :

Historiam naturalem ,

Physiologiam ,

Methodum secandi ,

Anatomen pathologicam.

TAPO ROORDA ,

Phil. theor. mag. litt. hum. et theol. doctor, extraord. linguar. orient. antiq. hebr. et exeg. V. F., atque ord. philos. theor. professor,

PRIVATIM , *Grammaticam hebræam* docebit ;

Antiquitatem hebræam illustrabit ;

Cursoria , ut aiunt , lectione partem *Deuteronomii* interpretabitur ;

Exeges in veteris fœderis continuanda interpretatione vaticiniorum *Jeremiæ* inde a cap. 25° ;

Et *Linguam arabicam* , duce Rosenmullero tradet ;

Cum provectioribus partem *Chrestomathiæ arabicæ* et selecta quædam *Corani* capita leget ;

Denique *Philosophiæ theoreticæ* initia , præsertim *Psychologiam* et *Logicam* , docebit.

GUILLIELMUS SIMON SWART ,

Math. mag. phil. nat. doctor, matheseos, physicæ et chemiæ professor,

PRIVATIM , docebit :

Elementa matheseos ,

Physicam ,

Chemiam generalem et applicatam.

GUILLIELMUS HENRICUS DE VRIESE ,

Med. doctor, botanices profes. extr.,

PRIVATIM , docenda re herbaria interpretabitur *Elementa botanica in usum prælectionum academicarum edita a viro cl. H. C. van Hall.*

Tradet materiam medicam et historiam naturalem remediorum simplicium.

CHRISTIANUS BERNARDUS TILANU ,

Medicinæ et chirurgiæ doctor, chirurgiæ et artis obstetr. professor,

PRIVATIM , tradit :

Chirurgiam et obstetriciam theoreticam et practicam,

Exercitationibus clinicis in nosocomio præest.

GERARDUS CONRADUS BERNARDUS SURINGAR ,

Med. chirurg. et art. obstetr. doctor, medicinæ professor,

PRIVATIM , docebit :

Historiam artis et scientiæ medicorum ;

Therapiam generalem et selecta pharmacologiæ capita ;

Medicinam practicam, cum in scholis, tum ad lectos ægrotantium , in nosocomio S.-Petri.

HENDRIK DE HARTOG ,

Lector in de Wiskunde , Zeevaart en Sterrekunde, zal , in geval er geen Beletselen plaats hebben, 's Dinsdags, Woensdags en Donderdags, des middags om *twaalf* ure, in het klein *auditorium* van het *Athenæum illustre*, publieke lessen , in het nederduitsch, over deze Wetenschappen geven ; en dat wel in afloop van de volgende orde :

Eeerstelijk over de *rekenkunde, decimale breuken* en *logarithmengetallen*, vervolgens over de *meetkunde* en *algebra* en het maken der *sinus-* en *logarithmen tafelen;* voorts over de platte en klootsche *driehoeks-meting* en eenige hoofd-eigenschappen der *kegelsneden ;* waarin over de beginselen der sterre- en ardrijkskunde , en laatstelijk over de theorie der *Zeevaartkunde;* en wel inzonderheid over de berekening der *Lengte of Zee*, zal gehandeld worden ; het een of ander stuk echter meer of minder uitgebreid , of wel met bijvoeging van eenige verklaring der zeevaartkundige instrumenten, naar mate het getal en de lust der toehoorders zulks zal schijnen te vorderen.

———

Sujets de prix mis au concours pour l'année 1836, par les universités de Leyde, d'Utrecht et de Groningue, conformément aux art. 204-213 *de l'ordonnance royale de* 1815.

Programma certaminis litterarii a Rectore et Senatu Academiæ Lugduno-Batavæ, d. viii. mensis Februarii A. mdcccxxxvi indicti.

Rector et Senatus Academiæ Lugduno-Batavæ, ex Regio Edicto d. 2 Mensis Augusti A. mdcccxv, omnes Academiarum Belgicarum Cives et Athenæorum Alumnos in annum sequentem ad certamen Litterarium invitant et evocant, et Quæstiones, e singulis Ordinibus Academicis, promulgant has :

EX ORDINE THEOLOGORUM.

Ἁγιασμός, quæ et καθαλισμός, ἁγνισμός, ἀνακαένωσις et μεταμόρφωσις dicitur, qualis sit, præsertim cum a μετανοίᾳ et ἐπιστροφῇ distinguitur, accurate, ex una sacri Codicis institutione, ostendatur.

EX ORDINE DISCIPLINARUM MATHEMATICARUM ET PHYSICARUM.

E MATHESI.

In plano quodam indefinito tres dentur circuli, quorum magnitudo et positio tribus æquationibus

$$(x-a)^2 + (y-b)^2 = r^2$$
$$(x-a')^2 + (y-b')^2 = r'^2$$
$$(x-a'')^2 + (y-b'')^2 = r''^2$$

determinantur. Quarum æquationum, quum binæ vicissim una ab alia substrahuntur, trium prodeunt rectarum æquationes, quæ, ut solutio docebit, *rectæ chordarum* aut *æqualium potentiarum*, appellari possunt. Tres illæ rectæ memorabiles sunt ob mutuam convenientiam positionis ratione rectarum, quæ binos circulorum datorum vicissim tangunt. Hinc quæritur explicatio rerum peculiarium ad quas datæ æquationes ducent et theorematum quorumdam, quæ analytica inquisitio immediate monstrabit. Quo in genere requiritur, ut diligenter exponatur, quid æquationes indicabunt, quum radii unius aut plurium horum circulorum evanescunt, eamque ob causam æquatio aut æquationes circulorum in illas puncti definiti mutantur.

EX ASTRONOMIA.

Tubi culminatorii varii usus tum in Astronomia tum in Geodesia exponantur, et exemplis illustrentur.

E PHYSICA.

De corporum calore specifico disputetur ita, ut 1° definiatur quid sit ; 2° qua ratione determinetur ; 3° denique quibus legibus obtemperet.

E CHEMIA.

Tradatur acidi carbonici nativi historia naturalis et chemica, ejusque fontes præcipui indicentur et explicentur.

E ZOOLOGIA.

Organorum generationis structura in iis Molluscis quæ *gasteropoda pneumonica* a Cuvierio dicta sunt, additis iconibus, explicetur, et accurate exponantur diversæ recentiorum scriptorum de harum partium natura, sententiæ.

EX ORDINE PHILOSOPHIÆ THEORETICÆ ET LITTERARUM HUMANIORUM.

E PHILOSOPHIA THEORETICA.

Quæ fuit in singulis veterum Græcorum Philosophiæ scholis descriptio et constitutio perfecti sapientis ?

E LITTERIS LATINIS.

Ex judiciis doctorum Romanorum et ex ipsis Historicorum exemplis qui exstiterunt inde a Sillæ dictatura usque ad Augusti Principatum demonstretur, quam rationem Historiæ componendæ scribendæque illâ ætate maxime probaverint.

EX ORDINE MEDICORUM.

Quid recentiorum labores contulerunt ad doctrinam de *Arthrocace*, et potissimum de *Coxarthrocace* augendam et perficiendam ?

EX ORDINE JURECONSULTORUM.

Locus de triade politica, id est de summa potestate distribuenda in legiferam, judiciariam et exsecutricem, ita explicetur, ut inquiratur, num lex imperii apud nos eam admittat, argumenta autem utrinque allata exponantur.

Commentationes, non nisi Latina oratione conficiendæ, aliâque, quam auctoris, manu describendæ, ante, diem 1. Novembris hujus anni mittantur ad virum clarissimum C. Pruys van der Hoeven, Senatus Academici Actuarium, fiatque hoc præter Academiæ expensas. Singulæ Lemmate inscribuntor, adjunguntorque schedulæ obsignatæ, auctorum nomina et prænomina integre continentes, eodemque extrinsecus Lemmate distinctæ.

Universa concertationis ineundæ ratio cognoscatur ex regio edicto supra memorato, art. 205 — 213.

———

Quæstiones, in Academia Rheno-Trajectina proposi- tæ, die 24 Martii 1836; singularum disciplinarum studiosis in Academiis et Athenæis patriis, pro præmiis reportandis, e decreto regis augustissimi, diei 2. m. Augusti 1815. §§ 204-213.

QUÆSTIO MEDICA.

Quæritur quanam in re differant actiones nervorum, quas per sic dictum reflexum fieri recentiores docue- runt, ab actionibus involuntariis stimuli applicatione directe provocatis, et quænam imprimis phænomena illis explicari possint.

QUÆSTIO LITTERARIA.

Ex antiquæ Politicæ principiis, atque ex ipsa civi- tatum antiquarum historia, effatum explicetur veterum, quod apud Ciceronem est pro *Cluentio* c. 53: *legum omnes servi sumus, ut liberi esse possimus.*

QUÆSTIO MATHEMATICA.

Exponantur præcipua incrementa, quæ post Lagran- gii opus: *Traité de la résolution des équations*, etc., accepit theoria solutionis æquationum numericarum.

QUÆSTIO ZOOLOGICA.

Quæritur insectorum lepidopterorum, quæ in opere Crameri: *Les Papillons exotiques des trois parties du monde*, etc., ejusque supplemento descripta et deli- neata sunt, catalogus, continens enumerationem sys- tematicam specierum, in sua genera redactarum, se- cundum methodum cel. Latreille, in posteriore editione Cuvierii operis: *Le Règne animal*, etc., expositam.

QUÆSTIO THEOLOGICA.

Schismatis in Diœcesi Rheno-Trajectina (1423-1457) historia ita enarretur, ut simul ejus vis exponatur cum in Ecclesiam et Hierarchiam Belgicam, tum in præ- parandam Sacrorum in patria nostra emendationem.

QUÆSTIO JURIDICA.

Succincte exponatur, quale Caroli V ætate in diver-

sis Belgii regionibus ei subjectis jus summi imperii, quibusque finibus summi imperantis potestas circum- scripta fuerit.

Ad quas respondendum erit a. d. 10. m. Janua- rii 1837, libellis e legum memoratarum præscripto informandis iisque ad Senatus Graphiarium, virum clarissimum ADR. CATH. HOLTIUS, mittendis.

———

Programma certaminis litterarii a Rectore et Se- natu Academia Groningana indicti die XIII octo- bris MDCCCXXXVI.

Ex decreto Regis Augustissimi, Academiarum Ci- vibus atque Athenæorum Alumnis in nostra patria a singulis Ordinibus Academicis quæstiones proponuntur sequentes.

QUÆSTIONES PROPOSITÆ AB ORDINE DISCIPLINARUM MATHE- MATICARUM ET PHYSICARUM.

1.

Exponantur et dijudicentur methodi, quibus adhuc usi sunt Physici, ad determinandam luminis inten- sionem.

2.

Quæritur concinna et, quantum fieri possit, critica expositio eorum, quæ nota sunt de mutatione, quam aër atmosphæricus plantarum vegetatione subit, tum quod chemicam compositionem, tum quod reliquam atmosphæræ conditionem attinet.

AB ORDINE PHILOSOPHIÆ THEORETICÆ ET LITTERARUM HUMANIORUM.

Præmonitis paucis de varia Historiæ scribendæ me- thodo, cum apud Veteres, tum apud Recentiores, exponatur ratio, quam HOOFTIUS noster in Historia scri- benda secutus est, et comparatio instituatur eum inter et CORN. TACITUM, Historicum Romanum.

AB ORDINE THEOLOGICO.

Concilium quod, Luca Act. Apost. cap. XV nar- rante, habuerunt Apostoli et Presbyteri Hierosolymi- tani, et præcipua Christianorum, per priora Ecclesiæ Christianæ secula quatuor, concilia reliqua sic inter se comparentur, ut quatenus hæc illi fuerint similia, quatenus dissimilia, luculenter appareat.

AB ORDINE JURIDICO.

Quo modo et jure, inde ab iis temporibus, quibus

Hispanorum dominationi resistere cœperunt Batavi, usque ad A. 1795, peregrini rebus nostris, majores autem domesticis vel exteris aliarum gentium negotiis intervenerunt.

AB ORDINE MEDICO.

Cum exanthemantum, recentiori imprimis tempore, variæ propositæ sint divisiones, quæritur, ut, præmissâ earum accuratâ expositione, indicetur, quænam ex iis, tum *sensu diagnostico*, tum *therapeutico*, se plurimum commendaret?

Responsa oratione Latina, manu alienâ, satis nitide scribenda, et ante diem 1 augusti 1837, auctorum sumptibus, mittenda sunt ad virum clarissimum, qui Senatui Academico erit ab actis; observatis iis, quæ leguntur art. 210 decreti regii, facti 2 Aug. 1815.

Victoribus in honestissimo hoc certamine præmia distribuentur die XII Octobris anni 1837, quo novus Rector munus suum est auspicaturus.

Series lectionum, in academia Lugduno-Batava habendarum a die 5 septembris 1836, rectore magnifico Nicolao-Christiano Kist.

FACULTAS THEOLOGICA.

N. C. KIST historiam ecclesiasticam docebit mediam, diebus lunæ, martis et mercurii. . . . . hora XII.

Doctrinæ christianæ apud Europæ recentiores historiam tradet, diebus jovis et veneris. . . . . XII.

Ecclesiæ veteris monumenta explicabit, diebus jovis et veneris. . . . . . XI.

Excercitia disputandi, de quæstionibus argumenti potissimum historico-theologici, moderabitur, die saturni . . . . . I.

Orationibus sacris præerit, die martis. I.

J. CLARISSE theologiam, cum naturalem tum dogmaticam, docebit, diebus lunæ, martis et mercurii. . . . . IX.

Theologiam moralem, diebus lunæ, martis et mercurii. . . . . . . XI.

Apologeticen, aut hermeneutices V. T. præcepta, tradet diebus martis et jovis. . X.

Encyclopædiam theologicam secundum suam epitomen, diebus et horis auditoribus sibique commodis.

Pastoralem quam vocant theologiam, diebus lunæ et mercurii exponet. . . X.

Exercitia oratoriæ sacræ moderabitur, die lunæ. . . . . I.

W. A. VAN HENGEL *Epistolam* PAULI *ad Romanos* interpretabitur, diebus lunæ, mercurii et veneris . . . . . . VIII.

Homileticam docebit, diebus martis et jovis. . . . . VIII.

De præcipuis theologiæ dogmaticæ capitibus auditores interrogabit, diebus jovis et veneris. IX

Cum theologiæ studiosis provectioribus de variis rebus gravioris argumenti familiariter colloquetur, die veneris. . . . . V. sqq.

Oratoriæ sacræ exrcitationibus præerit, die jovis. . . . . i.

FACULTAS DISCIPLINARUM MATHEMATICARUM ET PHYSICARUM.

G. WITTEWAAL de cura summi imperantis ad promovendum agriculturam, artes et mercaturam aget, diebus lunæ, martis, mercurii et jovis. . . . . . i.

Lectionibus de agricultura et re pecuaria vacabit, diebus et horis auditoribus commodis.

C. G. C. REINWARDT chemiam universam theoreticam et experientalem exponet, diebus lunæ, martis, mercurii et jovis. . . . . XI.

Rei herbariæ fundamenta tradet, diebus lunæ, martis et mercurii. . . . . i.

Plantarum historiam illustrabit, verno et æstivo tempore matutino, iisdem diebus et jovis. . . . . VII.

J. DE GELDER tradet elementa geometriæ, diebus lunæ, martis, mercurii et jovis. . . . . VIII.

Trigonometriam rectilineam et sphæricam ejusque usum in astronomiâ et arte navigandi aliisque disciplinis, provectioribus discipulis explicabit, diebus lunæ, martis, mercurii et jovis. . . . . IX.

Calculum differentialem et integralem, diebus lunæ et mercurii. . . . . XII.

Mechanicam analyticam, diebus martis et jovis. . . . . XII.

Theoriam probabilitatis, quam vocant, et insignem ejus usum in vita civili tradet, quarum lectionum horas in commodum auditorum constituet.

Philosophiæ theoreticæ et litterarum humaniorum candidatis geometriam et arithmeticam universalem initiis repetitis explicabit, diebus lunæ, martis, mercurii et jovis. . . . . XI.

Partem theoreticam et practicam pædagogices, ad disciplinas mathematicas relatæ, futuros gymnasiorum præceptores docebit, horis deinceps indicandis.

P. J. UYLENBROEK physicam docebit, secundum compendium a cl. Biot editum, diebus lunæ, martis, mercurii et jovis. . **XII.**

Physicam et astronomiam mathematicam tradet, iisdem diebus. . . . . **X.**

Astronomiæ elementa exponet, die martis, hora vespertina. . . . . . . **VI—VII.**

Arithmeticam universalem sive algebram explicabit, die jovis. . . . . **I.**

Et veneris. . . . . **VIII et I.**

J. G. S. van BREDA historiam naturalem, anatome et physiologia comparata animalium præsertim vertebratorum, illustratam, docebit, diebus jovis et veneris. **XI.**

Geologiam et historiam plantarum et animalium fossilium tradet, diebus jovis et veneris. **XII.**

J. van der HOEVEN anatomen et physiologiam comparatam docebit, diebus lunæ, martis et mercurii. . . . . **XI.**

Historiam naturalem præsertim animalium docebit, diebus martis et jovis. . . **I.**

Entomologiam et historiam naturalem avium tradet, diebus et horis deinde indicandis.

A. H. van der BOON MESCH, prof. extraord., chemiæ doctrinam ejusque in artibus usum exponet, diebus veneris et saturni. . . . . **XII.**

Chromurgiam, seu pigmentorum historiam, parandi methodum, naturam et varium usum explicabit, diebus mercurii et veneris. . . . . **IV.**

Instrumentorum chemicorum historiam et usum exponere perget, die saturni. . **V—VIII.**

FACULTAS PHILOSOPHIÆ THEORETICÆ ET LITTERARUM HUMANIORUM.

J. H. van der PALM *Davidis* aliorumque *carmina* interpretabitur, diebus lunæ et mercurii. . . . . **I.**

Secundum Regum librum cursoria lectione tractare perget, die veneris. . . **I.**

Antiquitates hebræas explicabit, diebus lunæ, martis, mercurii et jovis. . . . **XII.**

M. SIEGENBEEK historiam patriæ, secundum compendium sermone batavo a se edendum, enarrabit, die mercurii, hora I, et diebus jovis et veneris.

Styli bene belgici præcepta tradet, die-

bus lunæ, martis et mercurii. . . . **XII.**

Eloquentiam belgicam docebit, ter per hebdomaden, diebus et horis, pro auditorum commodo, constituendis.

Exercitia oratoria moderabitur, die saturni. . . . . **I.**

J. BAKE græcas litteras tradet interpretandis *Homericæ Odysseæ* libris XXI et XXII, tum PLATONIS *Protagora*, diebus lunæ, martis, mercurii et jovis. . . . . **X.**

Antiquitates atticas explicabit, diebus lunæ et mercurii. . . . . **I.**

Scholas pædagogicas continuabit, diebus martis et jovis . . . . **I.**

J. NIEUWENHUIS logicam docebit, diebus veneris et saturni. . . . . . . **VIII.**

Metaphysicam, die jovis, horâ post meridiem. . . . . **IV.**

Et diebus veneris ac saturni . . . . **I.**

Scholas pædagogicas continuare et historiam philosophiæ explicare paratus est, horis deinceps indicandis. . . . . .

P. HOFMAN PEERLKAMP explicabit historiam universalem, diebus lunæ, martis, mercurii et jovis . . . . **XI.**

Interpretabitur TITI LIVII Historiarum libros XXI, XXII, et Æneidis VIRGILII libros VI, VII, diebus lunæ, martis, mercurii et jovis. . . . . **IX.**

Fabulas PLAUTI, Mostellariam et Militem gloriosum, die veneris. . . . . . **V.**

G. L. MAHNE antiquitates romanas tradet, diebus lunæ, martis et mercurii **XII.**

Historiam artium et doctrinarum studii apud Romanos exponet, diebus jovis et veneris. . . . . **XII.**

J. M. SCHRANT patriæ historiam explicabit, diebus mercurii, jovis et veneris. **I.**

Antiquitates germanicas, batavicas, frisicas interpretabitur, diebus lunæ et martis. . . . . **I.**

Eloquentiæ historiam criticam, cum veteris tum recentioris ævi, explicare paratus est, diebus et horis auditoribus commodis.

H. E. WEIJERS, prof. extraord., sermonis hebræi elementa tradet, grammaticâ usus cl. ROORDÆ, diebus lunæ, martis, mercurii et jovis. . . . . **VIII.**

Litteras arabicas et syriacas docebit, in illis cl. ROORDÆ, in his cl. HOFFMANNI grammaticam secutus, diebus martis et jovis . **I.**

Et die veneris. . . . . **VIII et IX.**

Provectioribus explicabit Hamasæ carmina cum Tebrizii commentario, die lunæ. **I.**

Bar-hebr.æi chronicum syriacum, die mercurii. . . . .
Librum arabicum de expugnatione Memphidis et Alexandriæ, ab Hamakero editum, die veneris. . . . .
J. BAKE et P. HOFMAN PEERLKAMP præerunt disputandi exercitiis, die mercurii.

FACULTAS MEDICA.

G. SANDIFORT anatomiam docebit, diebus lunæ, martis, mercurii, jovis et veneris. . . . . X.
Physiologiam, anatome comparata illustratam, iisdem diebus. . . . . . . IX.
Methodum secandi cadavera, quotidie, hiberno tempore. . . . . III—V.
M. J. MACQUELYN supellectilem pharmaceuticam duce pharmacopæâ belgicâ explicare perget, et præcepta diætetica tradet, diebus lunæ, martis, mercurii et jovis. VIII.
Doctrinam indicationum therapeuticarum docebit, et ad usum præcipuorum remediorum applicabit, cum exercitatione in nosocomio academico, diebus lunæ, martis, mercurii et jovis. . . . . IX.
J. C. BROERS theoriam disciplinæ chirurgicæ exponet, singulis diebus . . . XII.
Exercitationibus clinicis, in nosocomio academico habendis, vacabit quotidie. . I—III.
Die vero veneris. . . . . II.
Operationibus chirurgicis hiberno tempore, horis dein indicandis.
Artem obstetriciam theoreticam et practicam, diebus lunæ, martis, mercurii et jovis. . . . . X.
Medicinam forensem, die veneris . . I.
C. PRUYS van der HOEVEN pathologiam docebit, diebus lunæ, mercurii et veneris I.
Et die veneris. . . . . VIII.
Medicinam practicam cum exercitatione in nosocomio academico, quotidie. · . . XI.
Historiam medicinæ tradet, diebus lunæ et mercurii . . . . IV.
M. J. MACQUELYN et C. PRUYS van der HOEVEN disputandi exercitiis præerunt, die jovis. . . . . III.

FACULTAS JURIDICA.

·N. SMALLENBURG, emeritus.
H. G. TYDEMAN encyclopædiam juris tradet, diebus lunæ, martis et mercurii. . XII.
Œconomiæ politicæ principia, ad patriam nostram applicata, docebit, diebus lunæ et veneris. . . . . I.

Et die veneris. . . . . XII.
Statisticam patriæ describet, diebus martis, mercurii et jovis. . . . . . . I.
Juris mercatorii belgici institutiones bis per hebdomadem tradere paratus est.
C. J. van ASSEN docebit justiniani institutiones juris civilis, diebus lunæ, martis, mercurii et jovis. . . . . VIII.
Interpretabitur digestorum libros, diebus lunæ, martis et mercurii. . . . . . X.
Et die veneris. . . . . VIII.
Codicem juris civilis, diebus lunæ, martis et mercurii. . . . . XI.
Codicem rei judiciariæ die jovis. . . X et XI.
H. COCK jus naturale tradet, diebus lunæ, martis et mercurii. . . . . . X.
Jus criminale, diebus lunæ, martis, mercurii, jovis, veneris et saturni. . . . IX.
Jus publicum et gentium, diebus lunæ, martis, mercurii et jovis . . . . . VIII.
J. R. THORBECKE explicabit historiam juris romani, diebus lunæ, mercurii et veneris. . . . . IX.
Historiam Europæ diplomaticam a regno Ludovici XIV usque ad congressum Viennensem, diebus martis et mercurii. . . I.
Et die veneris. . . . . X.
Historiam politicam et juris civilis patriæ nostræ, inde a Carolo V ad pacem Monasteriensem, die jovis . . . . . . XII.
Et die veneris. . . . . XI.
Historicam tradet legis fundamentalis, cum aliis nostri ævi legibus fundamentalibus comparatæ, interpretationem, diebus lunæ, martis et mercurii . . . . XII.
H. W. TYDEMAN et C. J. van ASSEN præerunt disputandi exercitiis, die martis. III.
C. KNIPPENBERG, academicus artis gladiatoriæ magister, aptum et elegantem gladii usum quotidie docebit.

Bibliotheca academica, lectionum tempore, diebus martis, jovis et saturni, ab hora XI ad II; mensibus autem aprili, maio, junio et septembri, præterea diebus lunæ, mercurii et veneris post meridiem, ab hora IV ad VII; feriarum tempore, diebus mercurii et saturni, ab hora XII ad II, unicuique patebit.

Series lectionum in academia Rheno-Trajectina, inde a die VI septembris anni MDCCCXXXVI, *usque ad ferias æstivas anni* MDCCCXXXVII, *a professoribus et lectoribus habendarum, Rectore* I. L. C. SCHROEDER van der KOLK.

IN FACULTATE MEDICA, docebunt.

Anatomiam. I. L. C. SCHROEDER van der KOLK, quater per dierum hebdomadem, hora IV.

Physiologiam I. L. C. SCHROEDER van der KOLK diebus lunæ, martis et jovis, horà VIII matutinà, die mercurii horà IX.

Anatomiam Pathologicam, bis per dierum hebdomadem, I. L. C. SCHROEDER van der KOLK horà auditoribus commodà.

Dissectionibus cadaverum anatomicis, opportuno anni tempore instituendis, præerit quotidie I. L. C. SCHROEDER van der KOLK.

Pathologiam exponet B. F. SUERMAN, ter per dierum hebdomadem, horà IX.

Doctrinam de cognoscendis et curandis hominum morbis I. I. WOLTERBEEK, quater, horà XII.

Therapiam generalem, *et apparatum medicaminum*, exponet I. I. WOLTERBEEK, quater, horà I.

Pharmaciam, vernaculo sermone, N. C. de FREMERY, diebus lunæ et martis, horà II.

Examen ægrotantium et Semeioticam, I. I. WOLTERBEEK, in nosocomio academico, horà X.

Institutionibus clinicis morborum internorum vacabit I. I. WOLTERBEEK, singulis diebus, in nosocomio academico.

Praxin chirurgicam tradet B. F. SUERMAN, quater per dierum hebdomadem, horà VIII.

Operationes chirurgicas demonstrabit B. F. SUERMAN, tempore hyemali, quater per dierum hebdomadem, horà V.

Institutionibus in arte chirurgicà, quovis die, vacabit B. F. SUERMAN.

Theoriam artis obstetriciæ, I. I. WOLTERBEEK, diebus martis, jovis et veneris, horà IX.

Institutionibus obstetricis, *imprimis practicis*, *in nosocomio habendis* vacabit I. I. WOLTERBEEK.

Medicinam forensem tradet N. C. de FREMERY, diebus mercurii et saturni, horà VIII.

Disputandi exercitationibus, alternis hebdomadibus, Professores in Facultate Medicà præerunt.

I. BLEULAND, licet propter ætatem honorifice rude donatus, commilitonibus, qui explicationem accuratiorem speciminum Anatomicorum et Pathologicorum in Museo præsentium desiderabunt, sua officia, quantum valetudo permittet, offert.

F. S. ALEXANDER, prof. honor. institutionibus clinicis in nosocomio militari, singulis diebus horà deinceps indicandà vacabit.

IN FACULTATE LITTERARUM HUMANIORUM, docebunt

Logicam, atque *Anthropologiam* I. F. L. SCHROEDER, diebus lunæ atque saturni, horà IX.

Doctrinam metaphysicam I. F. L. SCHROEDER, diebus jovis et veneris, horà II.

Litteras latinas A. van GOUDOEVER, diebus martis, jovis, veneris et saturni, horà XI interpretando cum Ciceronis Orationem pro T. Annio Milone, tum Virgilii lib. IV Æneidos.

Antiquitatem romanam A. van GOUDOEVER, diebus martis, mercurii, jovis et veneris, horà X.

Exercitationes Pædagogicas moderabitur A. van GOUDOEVER, die mercurii horà I et die saturni horà XII.

Exercitationibus Oratoriis præerit A. van GOUDOEVER, alternis dierum hebdomadibus, die saturni, horà I.

Litteras græcas tradet Ph. G. van HEUSDE, interpretandà *Sophoclis Antigonà*, adjunctis *Quæstionibus poeticis ac tragicis*, die lunæ, horà XI, et diebus martis, jovis et veneris, horà I.

Litteras hebraicas I. C. SWYGHUISEN GROENEWOUD, cum interpretandà *Grammaticà*, tum *ejus* ut et *Syntaxeos* usu legendis quibusdam V. F. capitibus historicis monstrando, diebus lunæ, martis, jovis et veneris, horà II.

Litteras, cum aramæas, tum arabicas, I. C. SWYGHUISEN GROENEWOUD, diebus mercurii, horà VIII, et veneris, horà X.

Antiquitatem hebraicam I. C. SWYGHUISEN GROENEWOUD, diebus lunæ, martis, jovis et veneris horà VIII.

Cæterum provectiorum commilitonum desideriis, diebus jovis, horà I quoad poterit, satisfaciet libentissime I. C. SWYGHUISEN GROENEWOUD.

Historiam gentium, præsertim *gentium recentiorum*, Ph. G. van HEUSDE, diebus lunæ, martis, jovis et veneris, horà XII.

Historiam philosophiæ recentioris, Ph. G. van HEUSDE, diebus mercurii, horà XII et saturni, horà XI.

Litteras belgicas et litterarum belgicarum Historiam L. G. VISSCHER, diebus lunæ, martis, mercurii et veneris, horà X.

Præcepta styli bene belgici tradet L. G. VISSCHER, diebus martis, mercurii et jovis, horà I.

Historiam patriæ L. G. VISSCHER, diebus lunæ et martis, horà XI, jovis, horà X, et saturni, horà XI.

Poetarum principum Belg. selecta loca L. G. VISSCHER, diebus jovis et veneris, horà IV.

Antiquitatem germanicam exponere perget L. G. VISSCHER, diebus martis et mercurii, horà IV.

Disputandi exercitationibus sermone vernaculo habendis, præerit, alternis hebdomadibus, die lunæ, horà IV L. G. VISSCHER.

Disputandi exercitationibus præerunt, alternis hebdomadibus, die saturni horà I alternatim Ph. G. van HEUSDE et A. van GOUDOEVER.

IN FACULTATE MATHESEOS, ET PHILOSOPHIÆ NATURALIS,
docebunt

Elementa matheseos, I. F. L. SCHROEDER, diebus martis, mercurii, jovis et veneris, horâ IX.

Stereometriam, Trigonometriam sphæricam, adhibitam ad Astronomiam sphæricam et Geographiam mathematicam I. F. L. SCHROEDER, die veneris atque saturni, horâ VIII.

Collocutionibus de ratione docendi disciplinas mathematicas vacabit I. F. L. SCHROEDER, horâ postea indicandâ.

Geometriam analyticam R. VAN REES, diebus lunæ, mercurii et veneris, horâ X.

Calculum differentialem et integralem R. VAN REES, diebus martis, jovis et saturni, horâ X.

Mechanicam analyticam R. VAN REES, diebus lunæ, mercurii, veneris et saturni, horâ IX.

Physicam experimentalem G. MOLL, diebus lunæ, martis, jovis et veneris, horâ I.

Astronomiæ primas notitias G. MOLL, diebus lunæ, martis, jovis et veneris, horâ IX, vel aliâ, auditoribus magis commodâ.

Astronomiam theoreticam et practicam G. MOLL, iisdem diebus, horâ III.

Elementa Hydrotechniæ, ad præsentem conditionem Patriæ applicata, si sufficiens numerus auditorum adsit, belgico sermone, exponet G. MOLL, horâ deinceps indicandâ.

Chemiam generalem et applicatam N. C. DE FREMERY, diebus lunæ, martis, mercurii et jovis, horâ XII.

Elementa chemiæ regni organici, præsertim vegetabilis, P. J. I. DE FREMERY, diebus veneris et saturni, horâ IX.

Chemiam artibus adhibitam P. J. I. DE FREMERY, die martis horâ pomeridianâ VI—VIII.

Iis, qui instituendis operationibus chimicis operam dare cupiunt, præerit P. J. I. DE FREMERY, diebus et horis auditoribus commodis.

Botanices et physiologiæ plantarum elementa C. A. BERGSMA, diebus lunæ, martis, mercurii et jovis, horâ X, in auditorio horti academici.

OEconomiam ruralem C. A. BERGSMA, diebus et horis auditoribus commodis.

Excursionibus botanicis singulis hebdomadibus præerit C. A. BERGSMA.

Botanicam et physiologiam plantarum I. KOPS, licet rude donatus, die mercurii, horâ XI, et diebus veneris et saturni, horâ X.

Historiam naturalem Mammalium, Avium, Reptilium et Piscium exponet TH. G. VAN LIDTA DE JEUDE, diebus lunæ et martis, horâ XI. *Cæterorum autem animalium, vertebris carentium, historiam, duce* V. Cl. I. van der Hoeven, die mercurii, eâdem horâ.

Anatomiam comparatam tradere perget TH. G. VAN LIDTA DE JEUDE, die saturni, horâ I.

Mineralogiam et Geologiam N. C. DE FREMERY, diebus jovis et veneris, horâ XI.

OEconomiam ruralem I. KOPS, diebus veneris et saturni, horâ I, vel aliâ, auditoribus magis commodâ, in museo regio instrumentorum ruralium.

Disputandi exercitationibus, die saturni, horâ I, alternatim præerunt professores in Facultate Matheseos et Philosophiæ Naturalis, singuli in partibus sibi demandatis.

IN FACULTATE THEOLOGICA.

In *Theologiam Naturalem* cum commilitonibus inquiret H. BOUMAN, diebus lunæ et martis horâ X.

Historiam Ecclesiasticam maxime *recentiorem*, tradet H. I. ROYAARDS, diebus lunæ et martis, horâ XI.

Historiam dogmatum Christianorum recentiorem narrabit H. I. ROYAARDS, die mercurii, horâ II.

Jus Ecclesiasticum Belgicum hodiernum apud reformatos, duce Compendio suo (*Hedend. Kerkvegt der Hervormden in Nederland*, Utr. 1834) exponet H. I. ROYAARDS, die jovis, horâ I.

Disquisitionibus de Hist. Eccl. Christ., probationi academicæ præviis vacabit H. I. ROYAARDS, die jovis, horâ II.

Criticam sacram tradet H. BOUMAN, die mercurii, horâ IX.

Hermeneuticæ sacræ partem alteram exponet H. BOUMAN, diebus jovis et veneris, horâ X.

Isaiæ vaticinia explicabit H. BOUMAN, diebus jovis et veneris, horâ IX.

Priorem Pauli ad Corinthios Epistolam interpretabitur H. BOUMAN, diebus lunæ et martis, horâ IX.

Theologiam dogmaticam docebit I. HERINGA, E. F. diebus lunæ, martis et veneris, horâ XII.

Collocutionibus de *Theologia populari* vacabit I. HERINGA, E. F. die jovis, horis vespertinis a VII ad IX.

Ethicam Christianam, exponendis *officiis Christianis*, docebit H. I. ROYAARDS, diebus lunæ, martis et mercurii, horâ I.

Præcepta homiletica tradet I. HERINGA, E. F. diebus lunæ et jovis, horâ VIII.

Exercitationes oratorias sacras moderabitur I. HERINGA, E. F. die mercurii, horâ X.

Officia doctorum et antistitum in Ecclesia Christiana exponet I. HERINGA, E. F. diebus martis et veneris, horâ VIII.

Puerorum doctrinæ Christianæ initiis *erudiendorum* exercitationem instituet I. HERINGA, E. F. die veneris, horâ XI.

Commilitonibus, *orationes* habentibus *sacras*, præsides aderunt I. HERINGA, E. F. die martis, horâ I, H. BOUMAN, die lunæ, horâ I, et H. I. ROYAARDS, die veneris, horâ I, privatim præterea Candidatis Theologiæ et S. Ministerii H. I. ROYAARDS, horâ commodâ.

Publicis *disputandi* exercitationibus præerunt alternatim, die mercurii, horâ I, I. HERINGA, E. F., BOUMAN et H. I. ROYAARDS.

Cæterum I. HERINGA, E. F. propter ætatem honorifice rude donatus, quoad valetudo sinet, partes in Serie indicatas acturus est, donec successor ipsi propediem dandus eas suscipiat.

G. van OORDT, etsi suo rogatu honorifice a rege dimissus est, libentissime tamen sua officia et consilia, quoad ejus fieri possit, offert commilitonibus. Orationes sacras habentibus præses aderit, diebus et horis et sibi et commilitonibus opportunis.

IN FACULTATE JURIDICA, docebunt

Pandectas, Westenbergio duce, diebus martis, mercurii, jovis et veneris, horâ X, H. ARNTZENIUS, qui, licet propter ætatem honorifice rude donatus, suam operam et consilia commilitonibus offert.

Jus Belgicum, ad ductum linearum Jur. Civ. Holland. descriptarum a cl. N. Smallenburg, I. R. de BRUEYS, diebus lunæ, martis, mercurii, jovis et veneris, horâ I.

Encyclopædiam juris I. R. de BRUEYS, diebus lunæ, horâ X, mercurii et veneris, horâ XI.

Elementa OEconomiæ politicæ I. R. de BRUEYS, diebus lunæ, martis et jovis, horâ XI.

Institutiones Justiniani A. C. HOLTIUS, diebus lunæ, martis, mercurii, jovis et veneris, horâ IX.

Historiam Juris Romani privati ad Constantinum, secundum sua *Lineamenta* (quæ prostant apud Academiæ Typographum) A. C. HOLTIUS, diebus lunæ et veneris, horâ I, die saturni, horâ X.

Historiam gentium recentiorum politicam I. ACKERSDYCK, diebus lunæ, mercurii et veneris, horâ XII.

Rerumpublicarum, imprimis patriæ, notitiam I. ACKERSDYCK, diebus martis, jovis et saturni, horâ XII.

Jus naturale I. F. M. BIRNBAUM, diebus martis, jovis et veneris, horâ VIII.

Jus Publicum et Gentium I. F. M. BIRNBAUM, diebus lunæ et saturni, hora X, die martis, hora IX.

Jus Criminale I. F. M. BIRNBAUM, diebus lunæ, mercurii, jovis et saturni, horâ IX.

Disputandi exercitationibus, alternis hebdomadibus, præerunt professores in facultate Juridicâ.

G. DORN SEIFFEN, *Litt. Human. Lector,* die mercurii, horâ XII vel II, *Historiam Russiæ et Poloniæ* patrio sermone enarrabit.

I. H. KOCH, linguæ Germanicæ grammaticam et historiam litterariam interpretabitur, horâ auditoribus commodâ.

Litteras Franciscas tradet G. C. VERENET, diebus lunæ et jovis, horâ V.

Litteras Anglicas tradet C. THOMPSON, diebus lunæ et jovis, horâ IV.

L. de FRANCE, *Academicus gladiatoriæ artis Magister,* quotidie aptum et elegantem gladii usum docebit.

Bibliotheca academica, diebus lunæ, martis, jovis et veneris, ab horâ I in II; diebus mercurii et saturni ab horâ I in IV; et feriarum tempore singulis diebus jovis, ab horâ I in II, unicuique patebit. Museum quoque zoologicum, tam hujus academiæ, quam privatum in ædibus professoris historia naturalis, cuique roganti patebit.

Ordo lectionum quæ duce et auspice Deo O. M., anni ducentesimi vicesimi secundi decursu, in illustri academiâ quæ Groningæ est, habebuntur a die VII septembris anni æræ christianæ MDCCCXXXV ad ferias anni MDCCCXXXVI, rectore magnifico Jacobo-Hermanno Philipse.

IN FACULTATE JURIDICA.

SEERPIUS GRATAMA, diebus lunæ, martis, jovis et veneris, horâ X, *Institutiones* explicabit, horâ XI, *jus naturæ,* docebit.

HENRICUS NIENHUS, diebus lunæ, martis, mercurii et jovis, horâ XI, tradet *præcepta praxeos judiciariæ in causis civilibus,* additis *exercitationibus practicis,* iisdemque diebus horâ XII, secundum primas lineas, quas edidit, *jus civile hodiernum* exponet. — Disputationes *de jure hodierno* habendas moderabitur die saturni, horâ XI.

JACOBUS HERMANNUS PHILIPSE, *encyclopædiam et methodologiam juris, sive introductionem in jurisprudentiam universam* tradet diebus martis, mercurii et jovis, horâ XII, die veneris horâ VIII; *juris romani historiam* enarrabit diebus lunæ, martis, mercurii et jovis, horâ VIII; *pandectas,* duce WESTENBERGIO, diebus lunæ, martis, mercurii, jovis et veneris, horâ X. — Disputationes *de jure romano ejusque historiâ* moderabitur die veneris, horâ XI.

CORNELIUS STARNUMAN, diebus martis, mercurii, jovis et veneris, horâ VIII, *jus gentium,* horâ IX, *jus publicum,* docebit. Idem disputationes *de jure publico, gentium et criminali,* tum publicas, tum privatas, alternis vicibus moderabitur die saturni, horâ XII.

IN FACULTATE MEDICA.

SIBRANDUS ELZO STRATINGH, diebus lunæ,

martis, jovis et veneris, horâ X, *medicinam practicam;* diebus veneris, horâ XI, et saturni, horâ X, *diæteticam cum medicinâ politicâ* conjunctam ; diebus lunæ , martis et jovis, horâ XI, *materiam medicam* cum *pharmaciâ medicâ* conjunctam et *semeioticam* diebus ac horis postea indicandis tradere constituit. Singulis etiam diebus in nosocomio academico ægrotis curandis vacabit, morbosque tractatos medicinæ studiosis subinde de industria paulo uberius exponet. Qui disputando vires suas periclitari velint, illorum desideriis lubens obtemperabit.

AUGUSTUS ARNOLDUS SEBASTIAN, *physiologiam* docebit diebus martis, mercurii, jovis, horâ VIII; *chirurgiam* exponet diebus jovis, veneris, saturni, horâ IX, ejusque *Praxin* in nosocomio academico quotidie horâ mediâ XII ; *elementa anatomes pathologicæ* cum *anatome morborum abdominis,* tradet diebus veneris et saturni horâ VIII; *anatomen corporis humani* exponet diebus martis et mercurii, horâ mediâ V, et diebus veneris et saturni, horâ III; dissectionibus cadaverum anatomicis tempore hyemali instituendis quotidie præerit.

JACOBUS BAART DE LA FAILLE, diebus lunæ, horâ VIII et IX, martis et mercurii, horâ IX, *artem obstetriciam* exponet, et in nosocomio academico, ad parturientium lectos, quâlibet oblatâ occasione, practice instituet. Diebus lunæ et martis, horâ X, mercurii, horâ XI, et saturni, horâ IX, *pathologiam generalem* docebit. Diebus mercurii et saturni, horâ X, *medicinam forensem* tradet. — Disputationum exercitiis lubens vacare perget.

IV FACULTATE DISCIPLINARUM MATHEMATICARUM ET PHYSICARUM.

THEODORUS van SWINDEREN, diebus lunæ et martis, horâ VIII, *encyclopædiam philosophiæ naturalis* tradet, cui præmittet præcepta *hodegetica,* sive de *studii ratione recte instituenda,* additis *pædagogices principiis.* Diebus mercurii, horâ VIII et III, *historiam naturalem animalium* et *fossilium, imprimis, patriæ,* et *animalium,* cum *anatome comparatâ* conjunctam, docebit ; diebus lunæ et martis, horâ III vel verno tempore VII matutinâ, hoc anno, *mineralogiam, ad. junctâ geologiâ et historiâ naturali mundi veteris,* fusius explicabit ; die saturni, horâ XII, *œconomiam politicam* exponet.

SIBRANDUS STRATINGH, diebus lunæ, martis et mercurii, horâ I, lectiones habebit *de chemiâ generali et applicatâ,* illamque hoc anno duce F. P. DULK illustrabit. Diebus lunæ et mercurii, horâ XII, *chemiam pharmaceuticam* Pharmacopœæ Belgicæ accommodatam, practice tradet, et hanc doctrinam duce C. F. HANLE exponet. Denique, diebus lunæ et martis , horâ VI,

technologiam chemicam in usum publicum tractabit , et *recentioribus inventis chemiæ applicatæ* ornabit. Si qui porro sint, qui *exercitiis practicis chemicis* operam dare velint , hisce horis matutinis IX-XII die saturni vacabit et suis consiliis adjuvabit.

HERMANNUS CHRISTIANUS van HALL , die saturni, horis X et XI, *œconomiam ruralem* docebit, vel horis auditoribus commodis tradet universæ naturæ conspectum in usum eorum, qui ruri habitabunt ; die veneris horis VIII et IX et die saturni horâ VIII, *elementa botanices* illustrabit. Denique die martis , horâ XII, aget de aere, aquis , locis et humano genere in Batavo solo atque insuper horâ auditoribus commodâ *plantarum officinalium* historiam exhibebit.

JANUS GUILIELMUS ERMERINS , die jovis , horâ XI, et pomeridianâ III, diebus veneris et saturni, horâ XI, *arithmetices, algebræ, geometriæ et trigonometriæ planæ* elementa exponet ; diebus jovis et saturni, horâ IX, *stereometriam et trigonometriam sphæricam* tradet ; *physicam experimentalem* docebit diebus jovis, veneris et saturni, horâ XII. De lectionibus *astronomicis* et *exercitiis pædagogicis* cum auditoribus consilia inibit.

CORNELIUS DE WAAL , diebus lunæ , martis , mercurii, jovis et veneris , horâ IX , *metaphysicam* tradet ; hora XII , aut aliâ auditoribus commodâ , *philosophiæ moralis* partem alteram, id est *ethicam* exponet ; horâ X , *historiam philosophiæ recentioris per sæcula æræ christianæ* enarrabit. Cæterum, si sint, qui *theologiam naturalem* tradi sibi cupiant , de hâc cum discipulis consilium inibit.

JOANNES RUDOLPHUS van EERDE, diebus lunæ, martis et mercurii, horâ ante meridiem IX, *historiam universalem;* et, hora X, *antiquitates romanas* exponet; horâ post meridiem I vel III, *historiam populorum recentiorem* ducibus MARTENSIO et HEERENIO illustrabit. Denique bis vel semel per hebdomadem *isagogen in studium historicum* tradet. Disputationum exercitiis lubens vacabit.

GERARDUS WOLTERS, diebus jovis, veneris et saturni horâ matutinâ VIII, *antiquitates hebræas* exponet, horâ ante meridiem IX, *librum II* SAMUELIS analytice explicabit ; horâ X , *litteraturam orientalem* tradet ; horâ XII, *grammaticam hebræam* interpretabitur. Si qui sint, qui *Coranum* sibi explicari cupiant, cum his consilium inibit.

JANUS TEN BRINK, diebus jovis, veneris et saturni, horâ I pomeridianâ, *selecta poetarum et historicorum romanorum* exponet. Si qui sint, qui HORATII carmina, adhibitâ nuperâ editione viri cl. P. H. PEERLKAMP, sibi exponi cupiant, iis operam dabit, horâ auditoribus commodâ. Denique disputandi exercitiis præesse perget, et scholis pædagogicis vacabit horis, quæ auditoribus erunt commodæ.

BARTHOLDUS HENRICUS LUFOLS, diebus lunæ, martis et mercurii, horâ XII, secundum manuductionem suam, *fundamenta styli bene Belgici* exponet, *eaque, quæ ad scientiam præstantiæ, originis, indolis ac grammatices totius linguæ Belgicæ, nec non ad historiam litterarum Belgicarum pertinent;* additis in primis *recte Belgice scribendi exercitationibus.* — Iisdem diebus, horâ solitâ V, post meridiem, alterum suum compendium secuturus, fusius è *rhetoricâ Belgica*, sive ex altioribus *eloquentiæ* ac simul *poeseos Belgicæ* præceptis, selecta tradet, exemplis ex optimis, cum Belgicis, tum græcis et latinis, gallicis, germanicis, aliarumque gentium oratoribus ac poetis desumptis, perpetuo illustrata, et adjunctis exercitiis, quæ eloquentiæ exteriori, sive vocis et gestuum moderationi inserviant. Reliquis studiosorum desideriis lubens obtemperabit.

GERARDUS JOANNES MEIJER, diebus jovis, veneris et saturni, horâ XII, *historiam patriam* exponet.

FREDERICUS CHRISTIANUS DE GREUVE, diebus lunæ, martis et mercurii, horâ X, *historiam philosophiæ antiquæ* explicabit; iisdem diebus, horâ XI, *logicam* docebit; diebus vero mercurii, jovis et veneris horâ III, *disciplinarum philosopharum encyclopædiam* tradet.

PETRUS VAN LIMBURG BROUWER, PLUTARCHI *vitas* DEMOSTHENIS et CICERONIS interpretabitur, diebus jovis, veneris et saturni, horâ X; *antiquitatem græcam* tradet, diebus lunæ, martis et mercurii, horâ I; PLATONIS *Gorgiam*, exercitationis gratiâ, cum litterarum græcarum studiosis leget, die saturni, horâ XI; disputandi exercitiis præerit.

IN FACULTATE THEOLOGICA.

ANNÆUS YPEIJ, quamvis auctoritate regiâ ob ætatem septuagenariam rude donatus, juventutis tamen academicæ commodis inservire cupiens, theologiæ studiosorum desideriis, quantum posterit, satisfacturus est.

JOANNES FREDERICUS VAN OORDT, I. G. FIL. diebus lunæ, horâ VIII et jovis horâ X, *orationem* quæ dicitur *montanam* Matth. V-VII interpretabitur; diebus martis, mercurii, jovis et veneris, horâ VIII, *theologiam christianam theoreticam* explicabit; diebus lunæ et mercurii, horâ IX, *officia doctorum et antistitum in ecclesiâ christianâ* exponet; diebus martis et jovis, horâ IX, quæ ad *institutionem oratoris s.* pertinent, tractabit; die veneris horâ III, *exercitationes catecheticas* moderabitur. Collocutiones de locis dogmaticis instituet horâ auditoribus commodâ.

PETRUS HOFSTEDE DE GROOT, diebus lunæ, martis et mercurii, horâ X, *historiam ecclesiæ christianæ* enarrabit; diebus lunæ, martis et mercurii, horâ XI, *epistolam ad Hebræos* interpretabitur; die veneris, horâ X, *theologiam naturalem* exponet.

LUDOVICUS GERLACHUS PAREAU, diebus martis, mercurii et jovis, horâ XII, *theologiam christianam moralem* exponet; diebus lunæ, jovis, horâ XI, et veneris, horâ XII, *cum loca quædam hermeneutices sacræ* exponet, tum *carmina quædam hebraïca* cum commilitonibus interpretabitur.

Disputationibus cum publicis tum privatis *de locis theologicis*, die mercurii, horâ III, suis vicibus præerunt theologiæ professores.

Disputationes publicæ per omnes facultates instituentur diebus mercurii et saturni, ab horâ matutinâ undecimâ ad secundam, aut à tertiâ ad quartam.

Bibliotheca academica, diebus lunæ, mercurii et saturni, ab horâ matutinâ decimâ ad primam, et diebus jovis et veneris, ab horâ secundâ ad quartam, studiosis aliisque litterarum amantibus patebit, iis legibus, quæ in aditu ipsius bibliothecæ publice affixæ sunt.

In feriis autem æstivis bibliotheca post meridiem non patebit.

Museum historiæ naturalis patebit die mercurii ab horâ XII ad I.

Museum anatomicum patebit die mercurii, ab horâ XII ad I, et die jovis, ab horâ II ad IV.

Museum instrumentorum rusticorum patebit die martis, ab horâ XII ad I.

Peregrinarum linguarum, nominatim germanicæ et gallicæ, cupidi suos hic reperient præceptores, publicâ auctoritate ad id constitutos, ut civibus nostris inserviant, uti etiam illi, qui artibus gymnasticis cujuscunque generis corpora sua formare ac se erudire gestiunt, et qui equitandi arte instrui cupiant, suis non destituentur magistris.

TROISIÈME PARTIE

STATISTIQUE.

BUDGET GÉNÉRAL DES DÉPENSES POUR L'INSTRUCTION PUBLIQUE.

NATURE DES DÉPENSES.	1831.	1832.	1833.	1834.	1833.	1836.	1837.
Organisation centrale de l'instruction publique.	fl.	fl.	fl.	fl.	fl.	fl.	fl.
Traitements et suppléments...	9,400 »	11,400 »	6,400 »	4,200 »	4,200 »	4,200 »	4,200 »
Frais de route et de séjour...	4,037 50	3,000 »	2,000 »	2,000 »	1,500 »	1,500 »	1,500 »
	13,437 50	14,400 »	8,400 »	6,200 »	5,700 »	5,700 »	5,700 »
UNIVERSITÉS.							
Frais de l'université de Leyde.	fl.	fl.	fl.	fl.	fl.	fl.	fl.
Collège de curateurs...	2,147 50	2,750 »	2,750 »	2,730 »	2,750 »	2,750 »	2,750 »
Traitements des professeurs...	74,000 »	74,700 »	74,700 »	73,330 »	69,150 »	69,150 »	69,150 »
Idem des autres employés.	19,724 »	15,974 »	15,974 »	14,674 »	14,424 »	14,424 »	14,424 »
Subsides matériels...	16,000 »	16,250 »	16,250 »	14,000 »	14,250 »	14,250 »	14,450 »
Bourses et médailles...	10,213 25	9,836 »	9,836 »	9,826 »	9,826 »	9,826 »	9,826 »
Entretien des édifices...	4,750 »	5,000 »	5,000 »	4,630 »	4,620 »	4,620 »	4,620 »
Frais d'impression et dépenses du recteur...	2,831 »	2,980 »	2,980 »	2,980 »	2,980 »	2,980 »	2,980 »
	129,065 75	127,480 »	127,480 »	123,000 »	118,000 »	118,000 »	118,000 »
Frais de l'université d'Utrecht.	fl.	fl.	fl.	fl.	fl.	fl.	fl.
Collège de curateurs...	1,300 »	1,400 »	1,400 »	1,400 »	1,400 »	1,400 »	1,400 »
Traitements des professeurs...	44,650 »	44,650 »	44,650 »	45,200 »	45,200 »	45,200 »	44,900 »
Idem des autres employés.	4,761 »	5,611 »	5,611 »	5,611 »	5,611 »	5,611 »	5,611 »
Subsides matériels...	11,260 »	11,260 »	11,260 »	10,000 »	9,000 »	9,000 »	9,000 »
Bourses et médailles...	4,552 75	4,549 »	4,549 »	4,549 »	4,549 »	4,549 »	4,549 »
Entretien des édifices...	2,707 50	2,850 »	2,850 »	2,500 »	2,500 »	2,500 »	2,500 »
Frais d'impression et dépenses du recteur...	1,767 »	1,880 »	1,880 »	1,740 »	1,740 »	1,740 »	2,040 »
	71,068 25	72,180 »	72,180 »	71,000 »	70,000 »	70,000 »	70,000 »
Frais de l'univ. de Groningue.	fl.	fl.	fl.	fl.	fl.	fl.	fl.
Collège de curateurs...	1,694 »	1,720 »	1,720 »	1,720 »	1,720 »	1,720 »	1,720 »
Traitements des professeurs...	44,927 40	43,227 40	43,227 40	42,227 40	42,777 40	43,777 40	43,327 40
Idem des autres employés.	8,229 »	6,329 »	6,329 »	6,329 »	6,129 »	6,129 »	6,129 »
Subsides matériels...	11,000 »	11,000 »	11,000 »	9,700 »	9,000 »	9,000 »	9,000 »
Bourses et médailles...	4,389 75	4,611 20	4,611 20	4,611 20	4,611 20	4,611 20	4,611 20
Entretien des édifices...	5,012 40	5,212 40	5,212 40	4,612 40	4,612 40	4,612 40	4,612 40
Frais d'impression et dépenses du recteur...	2,033 »	2,140 »	2,140 »	1,800 »	1,850 »	1,850 »	1,850 »
	77,485 55	73,240 00	73,240 00	71,000 00	70,700 00	70,700 00	71,250 00
Frais de l'athénée de Franeker.	fl.	fl.	fl.	fl.	fl.	fl.	fl.
Collège de curateurs...	200 »	200 »	200 »	200 »	200 »	200 »	200 »
Traitements des professeurs...	11,600 »	11,600 »	11,600 »	11,600 »	11,600 »	11,600 »	11,600 »
Idem des autres employés.	3,010 »	3,010 »	3,010 »	3,010 »	3,010 »	3,010 »	3,010 »
Subsides matériels...	3,400 »	3,400 »	3,400 »	3,000 »	3,000 »	3,000 »	3,000 »
Entretien des édifices...	2,100 »	2,200 »	2,200 »	1,930 »	1,930 »	1,930 »	1,930 »
Frais d'impression et dépenses du recteur...	247 »	260 »	260 »	260 »	260 »	260 »	260 »
	20,557 »	20,670 »	20,670 »	20,000 »	20,000 »	20,000 »	20,000 »

NATURE DES DÉPENSES.	1831.	1832.	1833.	1834.	1835.	1836.	1837.
Frais extraordinaires pour les universités et l'athénée de Franeker.	fl.	fl.	fl.	fl.			
Frais de réparation des édifices des universités et de l'athénée de Franeker.	22,000 »	7,000 »	7,000 »	7,000 »	Mémoire.	Mémoire.	Mémoire.
Subsides matériels extraordin..	4,000 »	3,000 »	3,000 »	3,000 »	Mémoire.	Mémoire.	Mémoire.
	26,000 »	10,000 »	10,000 »	10,000 »	»	»	»
Séminaires théologiques pour différentes sectes.	fl.	fl.	fl.	fl.	fl.	fl.	fl.
Frais de bureau et de route des curateurs du sémin^re luthérien.	501 50	520 »	520 »	500 »	500 »	500 »	500 »
Traitements des professeurs...	4,601 »	4,600 »	4,600 »	4,600 »	4,600 »	4,600 »	4,600 »
Trois bourses.	900 »	900 »	900 »	900 »	900 »	900 »	900 »
Traitement d'un professeur remonstrant.	» »	700 »	700 »	700 »	700 »	700 »	700 »
Bourses pour les élèves israélites.	500 »	500 »	500 »	500 »	500 »	500 »	500 »
	6,502 50	7,220 »	7,220 »	7,200 »	7,200 »	7,200 »	7,200 »
ÉCOLES LATINES.							
Frais des écoles latines.	fl.	fl.	fl.	fl.	fl.	fl.	fl.
Dans la pr. du Brabant septent^l..	11,340 »	11,340 »	11,340 »	11,340 »	11,340 »	11,340 »	11,340 »
— de Gueldre.	10,765 50	10,765 50	8,965 50	8,965 50	9,865 50	9,865 50	9,865 50
— de la Hollande septent^le.	200 »	200 »	200 »	200 »	200 »	200 »	200 »
— de la Hollande mérid^le.	800 »	800 »	800 »	800 »	800 »	800 »	800 »
— de Zélande.	» »	» »	» »	» »	» »	» »	» »
— d'Utrecht.	» »	» »	» »	» »	» »	» »	» »
— de Frise.	3,859 »	3,859 »	3,859 »	3,859 »	3,859 »	3,859 »	3,859 »
— d'Overyssel.	2,403 65	2,403 65	2,403 65	2,403 65	2,403 65	2,403 65	2,403 65
— de Groningue.	6,831 50	6,831 85	6,831 85	6,831 85	6,831 85	6,831 85	6,831 85
— de Drenthe.	1,000 »	1,000 »	1,000 »	1,000 »	1,000 »	1,000 »	1,000 »
	37,199 65	37,200 00	35,400 00	35,400 00	36,300 00	36,300 00	36,300 00
INSTRUCTION PRIMAIRE.							
Subsides aux commissions d'instruction primaire.	fl.	fl.	fl.	fl.	fl.	fl.	fl.
Subsides.	34,205 »	26,350 »	26,350 »	26,350 »	26,350 »	26,350 »	26,350 »
Frais de bureau.	2,308 50	2,450 »	2,450 »	2,150 »	1,850 »	1,850 »	1,850 »
	36,513 50	28 800 »	28,800 »	28,500 »	28,200 »	28,200 »	28,200 »
Traitements et suppléments aux instituteurs primaires.	fl.	fl.	fl.	fl.	fl.	fl.	fl.
Dans la pr. du Brabant septent^l..	44,292 »	44,242 50	44,907 50	45,832 50	45,832 50	45,757 50	45,757 50
— de Gueldre.	16,054 05	16,479 05	16,804 05	16,904 05	16,904 05	16,904 05	16,904 05
— de la Hollande septent^le	6,096 »	6,096 »	6,096 »	6,396 »	6,396 »	6,396 »	6,646 »
— de la Hollande mérid^le.	6,478 40	6,648 40	6,848 40	6,884 40	6,986 40	6,986 40	6,986 40
— de Zélande.	5,038 »	4,958 »	5,008 »	5,008 »	5,008 »	5,008 »	5,008 »
— d'Utrecht.	2,161 »	2,161 »	2,261 »	2,261 »	2,186 »	2,186 »	2,186 »
— de Frise.	4,484 »	4,484 75	4,484 75	4,609 75	4,609 75	4,609 75	4,609 75
— d'Overyssel.	11,012 70	11,367 70	11,367 70	11,417 70	11,417 70	11,417 70	11,417 70
— de Groningue.	13,388 30	13,230 70	13,696 90	14,289 70	14,187 70	14,037 70	14,037 70
— de Drenthe.	4,046 90	4,096 90	4,196 90	4,196 90	4,196 90	4,196 90	4,196 90
Traitem^ts à accorder dans la suite.	2,000 »	2,035 »	2,328 80	2,000 »	2,075 »	2,300 »	2,250 »
	115,031 35	115,800 00	118,000 00	120,000 00	120,000 00	120,000 00	120,000 00
Secours et encouragements pour l'instruction primaire.	fl.	fl.	fl.	fl.	fl.	fl.	fl.
Séminaires pour les instituteurs.	12,743 50	12,980 »	12,980 »	13,150 »	13,150 »	13,150 »	13,150 »
Autres secours et moyens d'encouragement.	22,770 »	14,370 »	14,370 »	13,350 »	12,050 »	11,280 »	11,280 »
	35,513 50	27,350 »	27,350 »	26,500 »	25,200 »	24,430 »	24,430 »

FIN DU BUDGET GÉNÉRAL DE L'ÉTAT POUR L'INSTRUCTION PUBLIQUE.

DÉPENSES DE L'INSTRUCTION PRIMAIRE DANS L'ANNÉE 1830.

A. — 1830. *Budget de l'État.*

NATURE DES DÉPENSES.	ORDINAIRES.		EXTRAORDINAIRES		TOTAL.		OBSERVATIONS.
	fl.		fl.		fl.		
Commissions d'inspecteurs.	28,419	26	»	»	28,419	26	
Écoles normales.	10,054	96	600	»	10,654	96	
Bourses pour former des institutrices. .	1,950	»	»	»	1,950	»	
Réunions d'instituteurs.	»	»	3,605	»	3,605	»	
Traitements d'instituteurs.	109,528	46	1,856	27	111,384	73	
Construction, réparation, ameublement d'écoles.	5,800	»	38,237	14	44,037	14	
Encouragements et gratifications. . . .	300	»	1,100	30	1,400	30	
	156,052	68	45,398	71	201,451	39	

B. — 1830. *Dépenses provinciales.*

PROVINCES.	CONSTRUCTION, et AMEUBLEMENT de maisons d'écoles.		POUR les INSTITUTEURS.		AUTRES DÉPENSES.		TOTAL.		OBSERVATIONS.
	fl.		fl.		fl.		fl.		
Brabant septentrional. . . .	2,600	»	»	»	400	»	3,000	»	
Gueldre.	7,800	»	2,005	»	»	»	9,805	»	
Hollande septentrionale. . .	11,873	»	127	»	»	»	12,000	»	
Hollande méridionale. . . .	9,655	»	345	»	»	»	10,000	»	
Zélande.	1,900	»	1,355	»	290	»	3,545	»	
Utrecht.	5,500	»	150	»	»	»	5,650	»	
Frise.	4,200	»	118	75	»	»	4,318	75	
Overyssel.	1,300	»	»	»	»	»	1,300	»	
Groningue.	»	»	»	»	»	»	»	»	
Drenthe.	»	»	»	»	»	»	»	»	
	42,828	»	4,100	75	690	»	47,618	75	

C. — 1830. *Dépenses communales.*

PROVINCES.	POPULATION au 1er JANVIER 1830.	CONSTRUCTION, réparation, AMEUBLEMENT d'écoles.		POUR LES INSTITUTEURS.				POUR ENCOURAGEMENT.		TOTAL.	
				Pour TRAITEMENTS.		Pour D'AUTRES MOTIFS.					
		fl.		fl.		fl.		fl.		fl.	
Brabant septentrional. . . .	348,891	20,570	05	43,054	90	4,118	92	9,225	16	46,967	03
Gueldre.	309,793	25,675	96	25,409	29	8,381	26	8,519	67	68,076	18
Hollande septentrionale. . .	413,988	20,580	73	86,565	07	9,596	55	18,660	30	135,702	65
Hollande méridionale. . . .	479,757	27,859	86	58,831	53	24,602	16	21,007	91	132,281	46
Zélande.	157,262	14,674	98	21,068	73	3,599	05	3,984	58	43,037	34
Utrecht.	152,359	20,303	32	12,767	23	991	17	3,834	43	37,896	15
Frise.	204,909	62,970	95	66,848	30	4,229	52	10,854	14	144,902	91
Overyssel.	178,895	8,773	»	13,247	51	1,619	21	2,954	44	26,574	16
Groningue.	157,504	7,555	45	5,587	26	»	»	7,705	22	20,848	93
Drenthe.	63,868	3,591	80	4,156	59	694	65	2,166	05	10,409	09
	2,427,206	212,627	10	307,536	41	57,832	49	88,689	90	666,683	90

FIN DES DÉPENSES DE L'INSTRUCTION PRIMAIRE DANS L'ANNÉE 1830.

TABLEAU DES ÉCOLES PRIMAIRES EN 1835.

PROVINCES.	POPULATION.	ÉCOLES primaires.	ÉLÈVES.		ÉCOLES privées.	ÉLÈVES.		TOTAL.			TOTAL des ÉLÈVES.
			GARÇONS.	FILLES.		GARÇONS.	FILLES.	ÉCOLES.	GARÇONS.	FILLES.	
Brabant septentrional..	358,938	296	20,269	14,568	47	1,543	1,346	343	21,812	15,931	37,743
Gueldre.	328,091	318	21,785	14,583	36	1,535	1,181	354	23,340	15,764	39,104
Hollande septentrionale..	420,448	259	19,002	13,133	200	7,563	5,730	459	26,565	18,863	45,428
Hollande méridionale..	497,311	247	19,273	15,467	180	7,695	5,717	427	26,968	21,184	48,152
Zélande.	141,987	141	9,535	6,264	24	1,057	747	165	10,592	7,011	17,603
Utrecht.	137,392	78	6,418	5,135	63	2,952	2,317	141	9,370	7,452	16,822
Frise.	221,273	328	18,565	14,284	13	745	500	341	19,310	14,784	34,094
Overyssel.	186,563	207	14,311	12,411	19	1,794	1,372	226	16,105	13,783	29,888
Groningue.	168,346	191	11,309	8,973	52	2,277	1,816	243	13,586	10,789	24,375
Drenthe.	68,058	125	5,655	5,076	8	275	244	133	5,930	5,320	11,250
	2,528,387	2,190	146,122	109,911	642	27,456	20,970	2,832	173,578	130,881	304,459

ÉCOLES PRIMAIRES.

Division des départements de la Hollande en districts d'écoles.

	Distr. d'école.		Distr. d'école.
Brabant septentrional.	9	Frise.	9
Gueldre.	10	Overyssel.	6
Hollande septentrionale.	9	Groningue.	6
Hollande méridionale.	8	Drenthe.	4
Zélande.	5	Limbourg.	7
Utrecht.	4		
A REPORTER. . .	45	REPORT. . .	45
		TOTAL. . .	77

Et comme il y a plusieurs districts subdivisés eux-mêmes en plusieurs inspections, il s'ensuit qu'en Hollande, pour moins de trois millions d'habitants, il y a à peu près un aussi grand nombre d'inspecteurs primaires qu'en France.

ÉCOLES LATINES DURANT LES ANNÉES 1831-1835.

PROVINCES.	ÉCOLES.	NOMBRE DES ÉLÈVES EN					OBSERVATIONS.
		1831.	1832.	1833.	1834.	1835.	
Brabant septentrional. . .	13	255	245	249	263	265	Parmi le nombre indiqué des écoles latines, il s'en trouve quelques-unes établies dans de très-petites villes, et qui, en conséquence, ne comptent qu'un très-petit nombre d'élèves.
Gueldre.	14	182	159	167	173	170	
Hollande septentrionale. .	5	162	193	155	171	168	
Hollande méridionale. . .	9	245	236	208	215	205	
Zélande.	2	48	35	40	30	33	
Utrecht.	2	99	105	110	105	96	
Frise.	6	121	115	99	95	87	
Overyssel.	7	93	88	91	97	102	
Groningue.	2	64	72	65	47	66	
Drenthe.	2	48	47	43	49	45	
	62	1,315	1,295	1,225	1,245	1,235	

UNIVERSITÉS EN 1835.

VILLES.	NOMBRE DES ÉLÈVES.	OBSERVATIONS.
Leyde..	771	On n'a pas la statistique exacte des deux athénées municipaux de Deventer et d'Amsterdam.
Utrecht.	491	
Groningue.	265	
Franeker (athénée)	44	
	1,571	

COMPARAISON DE LA PRUSSE ET DE LA HOLLANDE.

N° I.

INSTRUCTION PRIMAIRE.

	PRUSSE 1831 [*].	HOLLANDE 1835.	OBSERVATIONS.
La population totale est de..	12,726,823 hab.	2,528,287 hab.	1/5 de la Prusse.
La population de 1 jour à 14 ans est de.	4,767,072	947,055	En suivant les mêmes proportions pour la Hollande que pour la Prusse.
Sur ce nombre les enfants de 7 à 14 forment les 5/7 ou.	2,043,030	405,880	Ou 42,857 enfants de 7 à 14 ans en état d'aller à l'école sur 100,000 enfants.
Or les enfants présents à l'école étaient au nombre de.	2,021,421	304,459	Ou 42,404 sur 100,000 en Prusse et 32,200 en Hollande.
La différence en moins est de. . . .	21,609	101,421	Elle se retrouve en Prusse dans les éducations particulières et dans les classes inférieures des gymnases.
Parmi les enfants présents à l'école se trouvaient.. { *Garçons.*	1,044,364	173,578	Ou 43,694 sur 100,000 en Prusse et 36,606 en Hollande.
Filles...	977,057	130,881	Ou 41,106 sur 100,000 en Prusse et 27,787 en Hollande, en partageant également la population entre les deux sexes.
Le nombre des écoles primaires était de.	22,612	2,832	Dont en Prusse 21,789 écoles élémentaires et 823 écoles moyennes. Et en Hollande 2,190 écoles publiques et 634 écoles particulières.
On compte, terme moyen, pour une école primaire.	89 élèv.	107 élèv.	
Et sur la population totale du pays, un élève pour.	6,29 1/2 hab.	8,50 1/2 hab.	

Cette infériorité de la Hollande s'explique parce qu'il n'y a pas, en ce pays, de loi qui oblige les parents à envoyer leurs enfants à l'école, ni qui fixe l'âge auquel on doit y aller. Il n'y a pas non plus un contrôle aussi rigoureux pour l'assiduité des élèves pendant toute l'année.

	PRUSSE 1831 [*].	HOLLANDE 1835.	OBSERVATIONS.
Sommes payées annuellement par l'État pour les écoles primaires, environ.	863,700 fr. » c.	381,480 fr. » c.	Dont 264,000 fr. pour les traitements d'instituteurs d'écoles moyennes et primaires. 55,440 pour encouragements de l'instruction moyenne et primaire. Et 62,040 pour les subsides aux commissions de l'instruction primaire. ———— 381,480 fr.
L'instruction primaire coûte à l'État par tête d'enfant.	» 43	1 25	On peut donc conclure que l'instruction primaire est plus répandue en Prusse qu'en Hollande, et qu'elle coûte moins à l'État.

[*] Voyez le Mémoire intitulé : *État de l'instruction primaire en Prusse dans l'année* 1831.

N° II.

GYMNASES ET ÉCOLES LATINES.

	PRUSSE 1831 [*].	HOLLANDE 1855.	OBSERVATIONS.
La population totale est de......	12,726,823 hab.	2,528,387 hab. [1]	[1] 1/5 de la Prusse.
Le nombre des gymnases et des écoles latines est de...............	140 [2]	62	[2] Dont 100 ou 109 vrais gymnases préparent réellement à l'université. [3] Quelques écoles latines placées dans de très-petites villes, ne comptent qu'un très-petit nombre d'élèves.
Ces établissements sont fréquentés par....................	26,041 élèv.	1,255 élèv.	[4] En Prusse, le surplus de la dépense non supportée par l'État est de 1,430,200 fr., ou, par tête d'élève, 55 fr. 11 c., ce qui fait en tout pour chaque élève 119 fr. 62 c.
On compte, terme moyen, par école.	186 élèv.	20 élèv. [3]	Il serait curieux de connaître également à combien se monte le surplus de la dépense non supportée par l'État en Hollande.
Ou sur la population totale du pays un élève pour...........	489 hab.	2,015 hab.	
L'État contribue dans la dépense pour.................	1,680,000 fr. » c. [4]	79,860 fr. » c.	
L'instruction secondaire coûte à l'État par tête d'élève..........	64 fr. 51 c.	63 fr. 63 c.	

N° III.

UNIVERSITÉS.

	PRUSSE 1831	HOLLANDE 1855	OBSERVATIONS
La population totale est de.....	12,726,823 hab.	2,528,387 hab. [1]	[1] 1/5 de la Prusse.
Le nombre des universités est de..	7	4 [2]	[2] Dont trois universités et l'athénée de Franeker qui compte seulement 44 élèves
Ces établissements sont fréquentés par.................	5,000 élèv. [3]	1,571 élèv.	[3] Évaluation du nombre des étudiants nationaux.
On compte sur la population totale du pays un élève pour........	2,543 hab.	1,606 hab.	
L'État contribue dans la dépense pour................	1,742,360 fr. » c. [**]	613,140 fr. » c.	
L'instruction supérieure coûte à l'État par tête d'élève...........	348 fr. 47 c.	390 fr. 28 c.	

* Voyez le Mémoire sur l'instruction secondaire en Prusse.
** Tiré de la brochure de Dieterici qui porte sur l'année 1834, où le nombre des élèves était à peu près le même qu'en 1831.

RÉCAPITULATION.

EN PRUSSE :

Ecoles primaires et moyennes 1 élève pour chaque   6 $\frac{11\ 1/2}{100}$ habitants, coûtant à l'État » fr. 45 c.
Gymnases........... 1 élève pour chaque   489   habitants, coûtant à l'État 64   51
Universités.......... 1 élève pour chaque   2,534   habitants, coûtant à l'État 348   47

EN HOLLANDE :

Ecoles primaires publiques et particulières .... 1 élève pour chaque   8 $\frac{10\ 1/2}{100}$ habitants, coûtant à l'État   1 fr. 26 c.
Écoles latines .... 1 élève pour chaque   2,015   habitants, coûtant à l'État 63   63
Universités. .... 1 élève pour chaque   1,609   habitants, coûtant à l'État 390   28

En Prusse, l'instruction primaire est plus répandue; elle est meilleure, puisqu'il y a moins d'élèves dans chaque école, et un plus grand nombre de maîtres; elle coûte moins cher à l'État, ce qui indique-rait qu'elle est plus appréciée et mieux payée par le peuple ou les communes.

L'instruction secondaire est beaucoup plus répandue; elle est plus centralisée puisqu'elle réunit plus d'élèves dans chaque école; elle coûte un peu plus cher à l'État.

L'instruction supérieure est beaucoup moins répandue, elle est beaucoup plus centralisée et elle coûte un peu moins cher à l'État.

FIN DE L'INSTRUCTION PUBLIQUE EN HOLLANDE.

NOUVELLES CONSIDÉRATIONS

sur les

RAPPORTS DU PHYSIQUE

et

DU MORAL DE L'HOMME.

œuvres philosophiques de M. de Biran. Voici quelles seraient mes idées à cet égard :

« Cette édition pourrait avoir quatre volumes : le premier contiendrait, avec une introduction sur la personne et les travaux de M. de Biran, les deux mémoires couronnés à l'Institut de France, dont l'un a été imprimé en totalité, et l'autre aux trois quarts; le second volume, les deux mémoires de Berlin et de Copenhague, tels qu'ils ont été composés d'abord; le troisième, les deux morceaux dont il a été parlé à l'article 7, comme fragments importants d'un tout inachevé; le quatrième, le traité des *rapports du physique et du moral*, avec les meilleurs des petits écrits mentionnés dans l'article 5.

« S'il y avait quelque obstacle à cette édition complète, on pourrait au moins imprimer immédiatement le dernier ouvrage de M. de Biran, savoir : les *Considérations sur les rapports du moral et du physique*. Il est certain que l'intention de M. de Biran était de publier cet ouvrage le plus tôt possible, le manuscrit, comme je l'ai dit, est visiblement préparé pour l'impression; sa publication serait un véritable service rendu à la philosophie et une pierre d'attente au monument que méritent les travaux de M. de Biran. Paris, 15 août 1825. »

Ni l'une ni l'autre de ces deux propositions souvent renouvelées ne fut acceptée, et je ne rendre tous les papiers qui m'avaient été confiés, excepté le manuscrit des *Rapports du physique et du moral* que M. Lainé voulut bien me permettre de garder, et qui me paraissait pouvoir suffire, à tout événement, avec l'*Examen des leçons de M. Laromiguière* et l'*article sur Leibnits*, à sauver du naufrage la mémoire de M. de Biran. C'est cet écrit que je me hasarde à publier aujourd'hui. Je le considère comme le résumé de tous les ouvrages de l'auteur. Non-seulement il en renferme toutes les idées fondamentales, mais il en reproduit même les meilleurs chapitres intégralement ou en abrégé. Il est dégagé de ces tâtonnements laborieux qui, dans les premiers mémoires, attestent la fermentation un peu confuse d'un esprit qui invente et l'embarras d'un penseur qui cherche sa route et ne l'a point encore trouvée. Ici, M. de Biran, arrivé à son entier développement, pose son but plus nettement, et y marche d'un pas plus ferme. C'est son dernier mot sur le sujet constant des méditations de toute sa vie. J'y ai joint l'*Examen des leçons de M. Laromiguière* et l'article LEIBNITZ, où la main d'un maître est si sensiblement empreinte, ainsi qu'une *réponse* à des objections qui lui avaient été faites par notre savant ami M. Stapfer. Cette réponse suppose une théorie parfaitement arrêtée. Je ne crains donc pas d'affirmer que ce volume renferme M. de Biran presque tout entier. Le voilà tel que je l'ai connu; et, à défaut d'une édition complète de tous ses ouvrages, qui eût

été si désirable, cette publication le présente à l'Europe philosophique, à peu près tel qu'il aurait pu s'y présenter lui-même.

Puisque je lui sers d'introducteur, il me semble que je ne puis me dispenser de placer ici quelques mots qui aident le lecteur à s'orienter dans ce volume et dans une doctrine compliquée et obscure en apparence, et pourtant très-simple dans son principe et son caractère général.

Le premier mérite de cette doctrine est son incontestable originalité. De tous mes maîtres de France (1), M. de Biran, s'il n'est pas le plus grand peut-être, est assurément le plus original. M. Laromiguière, tout en modifiant Condillac sur quelques points, le continue. M. Royer-Collard vient de la philosophie écossaise qu'avec la rigueur et la puissance naturelle de sa raison il eût infailliblement surpassée, s'il eût suivi des travaux qui ne sont pas la moins solide partie de sa gloire. Pour moi, je viens à la fois et de la philosophie écossaise et de la philosophie allemande. M. de Biran seul ne vient que de lui-même et de ses propres méditations.

Disciple de la philosophie de son temps, engagé dans la célèbre société d'Auteuil, produit par elle dans le monde et dans les affaires (2), après avoir débuté sous ses auspices par un succès brillant en philosophie, il s'écarte peu à peu sans aucune influence étrangère; de jour en jour il s'en sépare davantage, et il arrive enfin à une doctrine diamétralement opposée à celle à laquelle il avait dû ses premiers succès.

En l'an VIII (1800), la classe des sciences morales et politiques de l'Institut où régnait l'école de Condillac, mit au concours, pour prix de philosophie, l'*Influence de l'habitude sur la faculté de penser*. Maine de Biran traita ce sujet dans la doctrine qui dominait, mais avec la finesse d'observation qui déjà le caractérise. Son Mémoire fut couronné en 1802. C'est le livre de l'*Habitude* qui fit à cette époque la réputation de l'auteur.

Voilà, ce semble, un homme bien engagé dans un système et par l'amour-propre et par la reconnaissance.

Dans l'an XI (1803), la même classe proposa pour sujet de prix la question suivante : « Comment on doit décomposer la faculté de penser et quelles sont les facultés élémentaires qu'on doit y reconnaître. » Maine de Biran concourut encore. Les mêmes juges attendaient du même concurrent les mêmes principes. Loin de là : Maine de Biran fit à cette question une réponse qui trahissait une direction nouvelle.

Que s'était-il passé dans l'esprit du jeune lauréat? Quelle lumière lui était venue, et de quel côté de l'horizon philosophique? Elle n'avait pu lui venir ni de l'Écosse ni de l'Allemagne; il ne savait ni l'anglais ni l'allemand. Nul homme, nul écrit contemporain n'avait pu modifier sa pensée; elle s'était modifiée elle-même

---

(1) Voyez la préface de la nouvelle édition des *Fragments philosophiques*.

(2) Il fut nommé d'abord sous-préfet à Bergerac, dans le département de la Dordogne, son pays; puis membre du corps législatif, où il fit partie de la fameuse commission, que composaient avec lui MM. Lainé, Raynouard, Gallois et Flaugergues. Sous la restauration, il fut député et conseiller d'État. Il était correspondant de l'Institut et de l'Académie de Berlin.

par sa propre sagacité. A force de méditer la doctrine du jour, le disciple de Cabanis et de Tracy avait fini par en entrevoir l'insuffisance, par sentir le besoin et reconnaître la réalité d'un élément essentiellement distinct de la sensation. C'était une sorte de défection; et ce qui honore singulièrement les juges et témoigne en eux d'un sincère amour de la vérité, c'est qu'ils couronnèrent en 1805 le nouveau mémoire qui, sous les formes les plus polies, leur annonçait un adversaire. Ce fait m'a paru trop honorable à la philosophie pour ne pas être mentionné.

Le germe contenu dans ce mémoire, Maine de Biran a passé sa vie entière à le développer.

Dans ce mémoire il n'y a qu'une seule idée, et Maine de Biran n'a jamais eu que celle-là. Cette idée, confuse encore et timidement avancée dans ce mémoire de 1805, il la reproduit déjà plus dégagée et plus précise dans le mémoire couronné en 1807 à l'académie de Berlin (1), sur l'aperception immédiate interne, comme distincte de la sensation; il la reproduit, de plus en plus nette et vive, dans le mémoire couronné plus tard à l'académie de Copenhague, sur les rapports du physique et du moral. Depuis, tous ses écrits n'ont été que des remaniements de ces trois mémoires. Quelle est donc l'idée qui a suffi à toute cette vie, à toute une destinée philosophique?

Cette idée n'est pas autre chose que la réintégration de l'élément actif avec le cortége entier de ces conséquences.

La philosophie régnante engendrait successivement toutes nos facultés, comme toutes nos idées, de la sensation, qu'elle expliquait par l'excitation du cerveau produite par les impressions faites sur les organes. L'homme n'était plus qu'un résultat de l'organisation, et toute la science de l'homme un appendice de la physiologie. Maine de Biran a successivement démontré que ce n'était là qu'un amas d'hypothèses, et qu'en revenant à l'observation et à l'expérience, on trouvait parmi tous les faits réels qui doivent composer une vraie science de l'homme, un fait tout aussi réel que les autres, qui se mêle sans doute à la sensation, mais qui n'est point explicable par elle, qui a des conditions organiques, mais qui est distinct et même indépendant de l'organisme, à savoir, l'activité; et cette activité, il l'a discernée de tout ce qui n'est pas elle; il a remonté à sa source; il l'a suivie dans tous ses développements; il lui a restitué son rang dans la vie intellectuelle; et de cet ensemble d'idées et de vues est sortie une théorie plus ou moins étendue, mais profonde, très-vraie en elle-même, indestructible dans ses bases, et qu'une philosophie complète doit recueillir et mettre à sa place.

Voici la série de vérités expérimentales dans lesquelles on peut renfermer cette théorie. Je suis forcé d'exprimer ici ces vérités dépouillées des observations qui les expli-

quent, et que l'on trouve abondamment dans les écrits de M. de Biran :

1° La vraie activité est dans la volonté;

2° La volonté c'est la personnalité et toute la personnalité, le moi lui-même;

3° Vouloir c'est causer, et le moi est la première cause qui nous est donnée.

Ces trois points sont le fond de la théorie de M. de Biran; ils sont contenus dans un seul et même fait, que chacun de nous peut répéter à tous les instants, l'effort musculaire.

Dans tout effort musculaire il y a : 1° une sensation musculaire plus ou moins vive, agréable ou pénible; 2° l'effort qui la produit. La sensation musculaire ne vient pas seulement à la suite de l'effort; la conscience atteste qu'elle est produite par l'effort, et que le rapport qui les lie n'est pas un rapport de simple succession, mais un rapport de la cause à l'effet. Et il n'y a besoin ici ni du raisonnement, ni même du langage : pour apercevoir l'effort musculaire, il suffit de le produire. Nous pouvons bien ignorer comment l'effort produit la sensation, mais nous ne pouvons pas douter qu'il ne la produise; et quand même nous saurions comment il la produit, nous ne saurions pas avec plus de certitude qu'il la produit : notre conviction n'en serait pas même augmentée. Mais nul ne fait effort qui ne veut le faire, et il n'y a pas d'effort involontaire. La volonté est donc le fond de l'effort, et la cause est ici une cause volontaire. Dautre part, c'est nous qui faisons l'effort; nous nous l'imputons certainement à nous-mêmes, et la volonté qui en est la cause est notre volonté propre. La personne, la volonté, la cause, sont donc identiques entre elles. Le moi nous est donné dans la cause et la cause dans le vouloir. Otez le vouloir, c'est-à-dire l'effort, il n'y a plus rien, et le fait entier disparaît.

Ce fait, profondément étudié et amené à une évidence irrésistible, est le principe de la théorie de M. de Biran. Cette théorie éclaire de toutes parts la philosophie et l'histoire de la philosophie.

D'abord, sans sortir du fait même de l'effort musculaire, déjà on y puise de vives lumières. Le moi y étant sous le type de la volonté, et la liberté étant le caractère même de la volonté, la liberté du moi est identique à son existence et immédiatement aperçue par la conscience. La voilà donc placée au-dessus de tous les sophismes, puisqu'elle est soustraite au raisonnement.

Il en est de même de la spiritualité du moi. Au lieu de tant de raisonnements qui ne valent guère mieux pour que contre, la spiritualité du moi nous apparaît ici dans son unité et son identité, unité et identité qui sont encore des aperceptions immédiates de conscience. Dans la continuité de l'effort, le moi se sent toujours vouloir et toujours agir; et il se sent la même volonté et la même cause, alors même que les effets voulus et

---

(1) A parler rigoureusement, le mémoire de M. de Biran eut seulement l'accessit ; mais l'Académie exprima ses regrets que, le mémoire qui lui avait été envoyé étant anonyme, cette circonstance l'empêchât d'accorder un prix à l'auteur. Le prix fut décerné à M. Snabedissen,

qui depuis s'est f it connaître honorablement en philosophie. Voyez les mémoires de l'Académie de Berlin, 1804-1811, p. 8. L'année où le prix fut décerné est 1807, et non pas 1809, comme le dit M. de Biran dans sa préface.

produits varient. Ce moi identique et un, distinct de ses effets variables, ne tombe ni sous les sens ni sous l'imagination; il s'aperçoit lui-même directement dans la continuité de son activité qui est pour lui la continuité même de son existence; il existe donc incontestablement pour lui-même d'une existence qui échappe à l'imagination et aux sens : c'est là l'existence spirituelle. Nul raisonnement ne peut procurer cette certitude, comme aussi nul raisonnement ne peut ni la détruire ni l'ébranler.

Voilà donc le spiritualisme rétabli dans la philosophie sur la base même de l'expérience; mais ce n'est pas un spiritualisme extravagant et sans rapport avec le monde que nous habitons; car l'esprit que nous sommes, le moi nous est donné dans un rapport dont il forme le premier terme, mais dont le second terme est une sensation, et une sensation qui se localise dans tel ou tel point du corps. Ainsi, l'esprit nous est donné avec son contraire, le dehors avec le dedans, la nature en même temps que l'homme.

Condillac et ses disciples expliquent toutes nos facultés par la sensation, c'est-à-dire par l'élément passif. Pour eux, l'attention est la sensation devenue exclusive; la mémoire, une sensation prolongée; l'idée, une sensation éclaircie. Mais qui éclaircit la sensation pour la convertir en idée? Qui retient ou rappelle la sensation pour en faire un ressouvenir? Qui considère isolément la sensation pour la rendre exclusive? Si la sensibilité a sa part dans nos facultés, la volonté y a la sienne aussi. Une sensation devenue exclusive par sa vivacité propre n'est pas l'attention qui s'y applique, et sans laquelle plus la sensation serait exclusive et moins elle serait aperçue. La sensation sollicite souvent la volonté; mais loin de la constituer, elle l'étouffe, quand elle prédomine. Il y a sans doute des souvenirs qui ne sont que des échos de la sensation, des images qui reviennent involontairement sous les yeux de l'imagination; c'est là la mémoire animale en quelque sorte; mais il y a une autre mémoire où la volonté intervient. Souvent nous allons chercher dans le passé tel souvenir qui nous échappe, nous le ranimons à moitié évanoui, nous lui donnons de la précision et de la consistance, et il y a une mémoire volontaire comme il y a une mémoire passive. La conscience elle-même qui semble ce qu'il y a de plus involontaire, la conscience a pour condition un degré quelconque d'attention; or l'attention c'est la volonté. Dans le berceau même de la vie intellectuelle, nous retrouvons donc la volonté; nous la retrouvons partout où nous sommes, partout où est déjà la personne humaine, le moi.

Si la volonté explique presque toutes nos facultés, elle doit expliquer presque toutes nos idées. La plus féconde de toutes, celle sur laquelle repose la métaphysique est assurément l'idée de cause ; ici ce n'est plus une hypothèse, c'est l'idée la plus certaine recueillie dans un fait primitif, évident par lui-même, la volition. Par là le faux dogmatisme est frappé à sa racine aussi bien que le scepticisme, et la lumière la plus haute se trouve empruntée à la source la plus pure, celle de l'expérience intérieure.

Dès que la volonté est bien conçue comme la personnalité elle-même, une foule de questions curieuses et obscures, sur lesquelles on dispute depuis longtemps, s'éclaircissent. On cherche encore l'explication du sommeil et de la veille, qui souvent se ressemblent si fort. Le somnambulisme est devenu un des problèmes de notre époque. La controverse dure encore sur la nature des animaux, et plusieurs écrits célèbres (1) sont loin d'avoir terminé le débat du vrai caractère de la folie. Toutes ces questions se résolvent d'elles-mêmes dans la théorie de M. de Biran. La veille, c'est le temps de la vie pendant lequel s'exerce plus ou moins la volonté ; le sommeil, dans ses degrés divers, est l'affaiblissement de l'état volontaire ; le sommeil absolu en serait l'abolition complète. Le somnambulisme est un état où la volonté ne tient plus les rênes, et où toutes nos facultés et surtout l'imagination et les sens ont encore leur exercice, mais leur exercice déréglé, sans liberté, sans conscience, et par conséquent sans mémoire. Pour concevoir l'animal, il suffit à l'homme de faire abstraction de sa volonté et de se réduire à la sensibilité et à l'imagination. Tout ce qui n'est pas volontaire en nous est animal, et l'homme retombe à l'état d'animalité toutes les fois qu'il abdique l'empire de lui-même. Comme beaucoup d'hommes sommeillent pendant la veille ordinaire, ainsi nous sommes des animaux pendant une très-grande partie de notre vie. Enfin, qu'une cause quelconque, morale ou physique, détruise notre liberté, cette liberté étant précisément notre vraie personnalité, le même coup qui frappe la liberté en nous, emporte l'homme, et ne laisse qu'un automate où s'exécutent encore les fonctions organiques et même intellectuelles, mais sans que nous y participions, sans que nous en ayons ni la conscience ni la responsabilité. Nous devenons comme étrangers à nous-mêmes : nous sommes hors de nous, c'est là l'aliénation (alienus à se), la démence (amens, à mente), la folie dont les divers degrés sont les degrés mêmes de la perte de la liberté.

Que d'absurdités n'a-t-on pas entassées sur la question du langage et des signes? L'école théologique, pour abaisser l'esprit humain, prétend que Dieu seul a pu inventer le langage ! Mais la difficulté n'est pas d'avoir des signes : les sons, les gestes, notre visage, tout notre corps, expriment nos sentiments instinctivement et souvent même à notre insu : voilà les données primitives du langage, les signes naturels que Dieu n'a faits que comme il a fait toutes choses. Maintenant, pour convertir ces signes naturels en véritables signes et instituer le langage, il faut une autre condition; il faut qu'au lieu de faire de nouveau tel geste, de pousser tel son instinctivement comme la première fois, ayant remarqué nous-mêmes que d'ordinaire ces mouvements extérieurs accompagnent tel ou tel mouvement de l'âme, nous les répétions volontairement, avec l'intention de leur faire

(1) Voyez les Traités de Pinel et de M. Broussais.

exprimer le même sentiment. La répétition volontaire d'un geste ou d'un son produit d'abord par instinct et sans intention, telle est l'institution du signe proprement dit, du langage. Cette répétition volontaire est la convention primitive sans laquelle toute convention ultérieure avec les autres hommes est impossible; or il est absurde d'employer Dieu pour faire cette convention première à notre place : il est évident que nous seuls pouvons faire celle-là. L'institution du langage par Dieu recule donc et deplace la difficulté et ne la résout pas. Des signes inventés par Dieu, seraient pour nous non des signes, mais des choses qu'il s'agirait ensuite pour nous d'élever à l'état de signes, en y attachant telle ou telle signification. Le langage est une institution de la volonté, travaillant sur l'instinct et la nature. Mais ôtez la volonté, il n'y a plus de répétition libre possible d'aucun signe naturel, il n'y a plus de vrais signes possibles, et la sensibilité toute seule n'explique pas plus le langage que l'intervention de Dieu. Enfin ôtez la volonté, c'est-à-dire le sentiment de la personnalité, la racine du *je* est enlevée; il n'y a plus de sujet, ni par conséquent d'attribut; il n'y a plus de verbe, expression de l'action et de l'existence : il n'est pas plus au pouvoir de Dieu qu'il n'appartient aux sens et à l'imagination, de nous en suggérer la moindre idée.

La théorie de M. de Biran touche à tout, renouvelle tout, jusqu'à l'histoire des systèmes philosophiques ; j'entends l'histoire des systèmes modernes, les seuls dont s'occupât la philosophie française à cette époque.

M. de Biran est le premier en France qui ait réhabilité la gloire de Descartes, presque supprimée par le XVIIIᵉ siècle, et qui ait osé regarder en face celle de Bacon. Le précepte fondamental de Bacon est de faire abstraction des causes, et de s'en tenir à la recherche des faits et à l'induction des lois; et cela suffit ou peut suffire jusqu'à un certain point dans les sciences physiques; mais en philosophie, négliger les causes, c'est négliger les êtres ; c'est, par exemple, dans l'étude de l'homme, faire abstraction du fond même de la nature humaine, de la racine de toute réalité, du moi, sujet propre de toutes les facultés qu'il s'agit de reconnaître, parce qu'il est la cause de tous les actes dont ces facultés ne sont que la généralisation. C'est Bacon qui, en détournant la philosophie de la recherche des causes, l'a séparée de la réalité, et l'a condamnée à des observations sans profondeur et à des classifications artificielles. Locke, qui admettait deux sources d'idées, la sensation et la réflexion, eût pu, s'il eût été fidèle à sa théorie, trouver dans la réflexion toute la vie intellectuelle et morale de l'homme; mais il emprunte beaucoup moins à la réflexion qu'à la sensation. Bientôt, entre les mains de Condillac, la réflexion devient une simple modification de la sensation, et l'homme de la sensation sans activité véritable, sans volonté, sans puissance propre, sans personnalité, n'est plus qu'un fantôme hypothétique, une abstraction, un signe. De là le nominalisme de M. de Tracy, ou bien encore cette physiologie systématique qui, poursuivait dans l'organisation les clas-

sifications à moitié verbales d'une idéologie arbitraire, n'aboutit qu'à fonder des hypothèses sur des hypothèses. M. de Biran a été le premier et le plus solide adversaire de toute l'école sensualiste et physiologiste, dont il a mis à nu la fausse méthode et les chimériques prétentions.

Descartes est pour lui le créateur de la vraie philosophie. En effet *je pense, donc je suis*, est et sera toujours le point de départ de toute saine recherche philosophique. La *pensée*, le *cogito* de Descartes, est la conscience dans notre moderne langage. Descartes a très-bien vu que la conscience seule éclaire à nos yeux l'existence et nous révèle notre personnalité. Son tort est de n'avoir pas recherché et de n'avoir pas su reconnaître la condition de toute vraie pensée, de toute conscience, et à quel ordre de phénomènes est attaché le sentiment de la personnalité. Si au lieu de dire vaguement : *Je pense, donc je suis*, Descartes eût dit : *Je veux, donc je suis*, il eût posé d'abord un moi, cause de ses actes, au lieu d'une âme substance de ses modes, une personnalité, non-seulement distincte comme la pensée de l'étendue, mais douée d'une énergie capable de suffire à l'explication de toutes ses opérations et de toutes ses idées, sans qu'on ait besoin de recourir à l'intervention divine; et il eût arrêté peut-être l'école cartésienne sur la pente glissante qui entraîne tout spiritualisme au mysticisme. Mais une fois la nature propre du moi et sa puissance causatrice méconnues, il était assez naturel que Mallebranche appelât à son secours l'efficace divine pour expliquer des opérations inexplicables par la seule pensée, et que Spinosa rapportât à une substance étrangère, avec l'étendue, une pensée sans volonté, sans puissance, sans individualité réelle.

Le point de vue de M. de Biran l'élevait naturellement à l'intelligence de celui de Leibnitz. Aussi s'est-il complu à remettre en honneur ce grand nom. Pour la première fois en France, depuis un siècle, ce nom qui ne semblait plus appartenir qu'aux sciences mathématiques, reparut avec éclat dans la philosophie; et la monadologie, jusque-là reléguée parmi les hypothèses surannées par l'école la plus hypothétique qui fût jamais, de nouveau examinée à la lumière de la vraie méthode, fut déclarée contenir plus de vérités d'expérience que toute la philosophie du XVIIIᵉ siècle. Il est curieux de voir M. de Biran retrouver toutes ses idées dans quelques phrases de Leibnitz. En voici une, par exemple, que M. de Biran a plusieurs fois citée, et qu'en effet la plus longue méditation épuiserait difficilement :

« Pour éclaircir l'idée de substance, il faut remonter « à celle de force ou d'énergie... La force active ou « agissante n'est pas la puissance nue de l'école; il ne « faut pas l'entendre en effet, ainsi que les scolastiques, « comme une simple faculté ou possibilité d'agir, qui, « pour être effectuée ou réduite à l'acte, aurait besoin « d'une excitation venue du dehors, et comme d'un « *stimulus* étranger. La véritable force active renferme

« l'action en elle-même; elle est entéléchie, pouvoir
« moyen entre la simple faculté d'agir et l'acte déter-
« miné ou effectué : cette énergie contient ou enveloppe
« l'effort (*conatum involvit*). »

Cette phrase si riche et si pleine est cachée dans le
coin d'un petit écrit, où Leibnitz ne se proposait pas
moins que de réformer toute la philosophie en réfor-
mant la notion de substance, c'est-à-dire en donnant
pour caractéristique à cette notion celle de cause, que,
par des raisons diverses, Descartes et Locke avaient
presque également négligée ou méconnue (1).

Voici un autre passage d'un caractère moins absolu
et moins élevé, qui semble appartenir à M. de Biran
lui-même (2) : « La force peut être conçue très-dis-
tinctement (*distinctè intelligi*); mais elle ne peut être
expliquée par aucune image (*non explicari imaginabiliter*). »

Leibnitz distingue partout la pure impression organique, qui relève de la physique générale, la sensation
proprement dite, qui constitue la vie animale, et l'aperception de conscience, qui constitue la vie intellectuelle. Il caractérise parfaitement cette aperception de
conscience, ou « connaissance réflexive de notre état
intérieur, connaissance qui n'est point donnée à toutes
les âmes, ni toujours à la même âme (3). » Il parle
ailleurs « d'actes réfléchis, en vertu desquels nous pensons l'être qui s'appelle moi... En nous pensant nous-
mêmes, nous pensons en même temps l'être, la substance, l'esprit et Dieu lui-même, en concevant comme
infini ce qui est fini en nous (4). »

Ainsi l'aperception de conscience nous donne la
connaissance du moi : substance et cause tout ensemble,
force simple, monade, qui se développe par l'activité,
activité qui se manifeste par l'effort. C'est bien là la
théorie de M. de Biran; mais ce n'est encore que le
commencement du système de Leibnitz; et ce système
est, selon moi, bien plus solide qu'il ne semble au premier coup d'œil. Ma conviction est que la psychologie
la plus sévère, en partant de l'aperception de conscience, de la cause personnelle, de la monade moi,
peut arriver très-légitimement à un non-moi, dont la
seule notion serait celle de cause impersonnelle, de
force encore, et par conséquent de monade, pour s'élever jusqu'à la cause des causes, la monade première,
de manière à justifier non-seulement le fondement de
la monadologie, mais la monadologie tout entière, et
peut-être aussi l'harmonie préétablie bien comprise.
En effet, selon la monadologie, toutes les monades
agissent et influent les unes sur les autres; mais quelle
est la nature de cette action? C'est ici qu'il faut bien
entendre Leibnitz. L'action d'une monade sur une autre
ne peut pas aller jusqu'à changer la nature de cette mo-

nade, c'est-à-dire , dans le système donné, son activité
propre; ce qu'elle devrait faire , pour être la cause de
ses déterminations. Elle n'est pas la cause de ses déterminations , mais seulement de ses perceptions , et ,
comme nous dirions aujourd'hui , de ses sensations. Les
déterminations d'un être qui est une cause véritable
n'appartiennent qu'à lui; mais il n'en est pas ainsi de
ses sensations : celles-ci lui viennent du dehors, et sont
l'effet de l'action des autres êtres ou causes extérieures.
Une saine philosophie peut très-bien maintenir tout
cela. L'univers en agissant sur moi n'y produit aucune
opération , aucune volition; l'univers entier ne m'atteint
qu'à travers l'organisme ; il ne peut donc me donner
que des sensations, lesquelles limitent mes opérations
et ne les constituent pas, mais à l'occasion desquelles
il arrive aussi que ma puissance personnelle entre en
exercice et se développe, sans que jamais le monde
extérieur puisse être appelé la cause de ce développement. Ici s'applique encore la grande maxime : *Nihil
est in intellectu quod non fuerit in sensu, nisi ipse intellectus :*
le moi, la cause personnelle et libre se développe par
sa propre vertu et par ses propres lois. Il en est de
même de la cause impersonnelle , du non-moi, de la
nature extérieure qui a ses forces et ses lois aussi , que
toute mon action ne peut pas changer. Je puis, il est
vrai, modifier l'action des corps comme la leur modifie
la mienne ; mais ces modifications mêmes s'accomplissent en vertu des lois qui gouvernent les corps. Tous
les êtres, toutes les forces agissent donc les unes sur les
autres, mais dans certaines limites. Comme toutes les
forces se ressemblent , leurs lois sont plus semblables
aussi qu'on ne le pense, et parce qu'elles se ressemblent , elles s'accordent. Cette concordance , établie
d'abord par celui qui a tout fait avec poids et mesure,
est l'harmonie préétablie. Ainsi entendu, l'harmonie
préétablie est une conséquence de la monadologie; tandis qu'autrement, si on suppose qu'elle exclue toute
influence réciproque des monades , elle est en contradiction manifeste avec la monadologie, dont le principe
est l'action perpétuelle des monades; action qui apparemment ne se dissipe point , et qui, dans ses effets,
forme nécessairement les perceptions des diverses monades, lesquelles perceptions sont leurs représentations et réfléchissent pour chacune d'elles l'univers
entier. Il n'y a donc aucune contradiction , comme on
l'a prétendu, et comme l'a trop répété M. de Biran ; il
y a au contraire une liaison intime entre la monadologie
et l'harmonie préétablie. Peut-être cette liaison n'est-
elle pas assez marquée dans les ouvrages de Leibnitz,
qui ne sont que des fragments; mais elle ne pouvait
pas ne pas exister dans cette vaste intelligence où la
variété la plus riche s'alliait à la plus puissante unité.

(1) Opera Leibn., éd. Dutens, tom. II, pag. 18. De primæ philosophiæ emendatione et notione substantiæ.

(2) Opera Leibn., tome II, IIe partie, p. 49. De ipsâ naturâ sive de
vi insitâ, § 7.

(3) Opera Leibn., tome II, Ire partie, p. 83. Principes de la nature
et de la grâce.

(4) ... *Actus reflexos... quorum vi istud cogitamus quod ego
appellatur..., nosmetipsos cogitantes de ente , substantiâ... de
immateriali et ipso Deo cogitamus...* Principia philosophiæ, sive
theses in gratiam principis Eugenii Opera Leibn., tom. II, Ire partie,
p. 24.

Les disciples n'ont jamais pu venir à bout de bien expliquer la pensée du maître, et ils ont fini presque par l'abandonner. On y revient aujourd'hui de toutes parts. Schelling, en décrivant l'harmonie des lois de l'esprit humain et des lois de la nature, ne se doutait pas qu'il ne faisait autre chose que développer une idée de Leibnitz; et l'auteur de cet écrit, après avoir lu Leibnitz comme tout le monde, ne l'a compris qu'après être arrivé de son côté à peu près aux mêmes résultats par une autre méthode (1). Nous n'entendons guère que nos propres pensées. J'avoue encore qu'il m'a fallu l'éclectisme pour reconnaître et goûter la direction éclectique répandue dans tous les ouvrages de Leibnitz. A mesure que j'avance, ou crois avancer en philosophie, il me semble que je vois plus clair dans la pensée de ce grand homme, et tout mon progrès consiste à le mieux comprendre. M. de Biran, au point où il s'est arrêté, n'a bien saisi du système entier de Leibnitz que la partie qu'éclairait à ses yeux sa propre théorie; mais cette partie est la clef de toutes les autres, et ceux qui pénétreront un jour plus avant dans le sanctuaire, ne devront point oublier que c'est M. de Biran qui les y a introduits, et qui a donné le flambeau qui illumine tout l'édifice.

Mais s'il y a dans le dogmatisme de Leibnitz des hauteurs moins accessibles à la psychologie de M. de Biran, elle était singulièrement faite pour se mesurer avec avantage contre le scepticisme de Hume et lui enlever son dernier retranchement, en réfutant d'une manière victorieuse le fameux *Essai sur l'idée de pouvoir* (2). On sait que Locke, après avoir affirmé dans un chapitre sur l'*idée de cause et d'effet* que cette idée nous est donnée par la sensation, s'avise dans un chapitre différent sur *la puissance* d'une tout autre origine, bien qu'il s'agisse au fond de la même idée; il trouve cette origine nouvelle dans la réflexion appliquée à la volonté, et il prend pour exemple la volonté de remuer certaines parties de notre corps, volonté qui produit effectivement le mouvement, et nous suggère l'idée de pouvoir. Cette théorie de Locke est le germe de la théorie de M. de Biran; j'en ai fait voir ailleurs les rapports et les différences (3). Hume n'était pas homme à accepter la première explication, et il a parfaitement établi que l'idée de cause ne peut pas venir de la sensation; sur ce point il est accablant; il a condamné à jamais le sensualisme au scepticisme. Examinant ensuite la seconde explication de Locke, il essaye d'en venir à bout comme de la première par une suite d'arguments très-spécieux contre lesquels Reid s'est contenté de protester au nom du sens commun et de la croyance générale de l'humanité. Mais cette protestation ne pouvait être qu'une sorte d'acte conservatoire, en attendant un examen plus approfondi. C'est cet examen qu'a institué M. de Biran. Il lutte corps à corps

avec le redoutable sceptique, le poursuit dans tous ses replis, et lui oppose une analyse tout aussi déliée, mais plus solide que la sienne. Selon nous, cette argumentation ne laisse rien à désirer ni à répliquer. On ne peut pas mieux exposer la vanité de l'argument fondamental de Hume qui a fait une si grande fortune, savoir, que pour être certain que notre volonté est la cause de tel ou tel mouvement des muscles, il faudrait connaître *comment* ce mouvement est produit, la nature de l'âme qui veut et qui cause, la nature du corps où l'effet volontaire a lieu, et le rapport de ces deux natures entre elles. M. de Biran montre à merveille quelle absurdité il y aurait de subordonner ainsi la certitude irrécusable des faits, et des faits les plus évidents de tous, ceux de conscience, à une certitude d'un tout autre ordre, qui probablement ne pourra jamais être obtenue, et qui, le fût-elle, ne pourrait rien ajouter à la première; car, quand je saurais comment je meus mon bras, je ne serais pas plus sûr que je le meus réellement. Mais cette polémique est trop serrée pour qu'il soit possible d'en détacher quelques anneaux; il faut en embrasser la chaîne entière, et nous renvoyons au livre même de M. de Biran tous ceux qui auraient pu se laisser séduire par les arguments de Hume, et par la théorie célèbre qui prétend expliquer la relation de la cause à l'effet par le principe de l'association des idées, théorie fantastique que dona démenti à la croyance universelle et aux faits, théorie destructive de toute vraie métaphysique, et à laquelle le successeur infidèle de D. Stewart et de Reid, homme d'esprit, philosophe assez médiocre, Th. Brown, a donné en Angleterre et même en Écosse et jusqu'en Amérique, une déplorable popularité (4).

Telle est la doctrine de M. de Biran : je crois en avoir fait ressortir tous les points saillants et le caractère fondamental. Je me flatte que si l'auteur était là, il reconnaîtrait que je ne lui ai rien ôté. Je me rends du moins cette justice à moi-même que de toutes les idées de quelque importance qu'il m'est possible de rapporter directement ou même indirectement à M. de Biran, à ses écrits ou à sa conversation, je n'en aperçois plus une que je ne lui aie ici fidèlement et religieusement restituée. Or cette doctrine, telle que je viens de l'exposer, je l'adopte et l'adopte sans réserve. Jusque-là et dans ces limites, elle me paraît inattaquable, aussi exacte que profonde.

Mais M. de Biran a-t-il eu la sagesse de la retenir dans ces limites? Après m'être complu à relever le bien, qu'il me soit permis aussi de ne pas taire le mal, dans l'intérêt suprême de la vérité et de la bonne cause philosophique.

M. de Biran a cru pouvoir tirer toute la philosophie de la doctrine que nous venons d'exposer. Mais cette doctrine est purement psychologique; or, pour réussir

---

(1) Voyez le système développé dans les *Fragments philosophiques*, 1re et 2e préfaces, et dans le cours de philosophie de 1828.

(2) Hume, *Essais sur l'entendement*, essai septième.

(3) Cours de 1829, leçon 19e.

(4) *Lectures on the philosophy of the human mind*, 1820. Il en a paru en 1833 une septième édition; et on en a fait en Amérique un abrégé qui sert de base à la plupart des cours de philosophie.

à tirer toute la philosophie de la psychologie, la première condition est que la psychologie elle-même soit
complète, qu'elle reproduise tous les faits de conscience ;
sans quoi les lacunes des prémisses psychologiques se
retrouveront nécessairement dans les conclusions ontologiques, et plus tard dans les vues historiques.

La psychologie de l'école sensualiste n'a abouti et ne
pouvait aboutir qu'au nominalisme ou au matérialisme.

En face de la sensation, M. de Biran a replacé la
volonté. La volonté constitue un ordre de faits distinct
de celui des faits sensitifs, et qui, enrichissant la psychologie, doit agrandir la philosophie. Non-seulement
M. de Biran a reconnu ces nouveaux faits de conscience,
mais il les a mis à leur vraie place ; il a prouvé que ces
faits, si négligés dans la philosophie du xviiie siècle,
sont précisément la condition de la connaissance de tous
les autres ; il les a saisis et présentés sous leur type le
plus frappant, l'effort musculaire où éclate irrésistible-
ment le caractère de la volonté, son énergie productrice,
et la relation de la cause à l'effet. Voilà donc deux ordres
de faits : 1° les faits sensitifs, qui tout seuls n'arrive-
raient pas à la conscience ; 2° les faits actifs et volontaires, dont l'aperception directe et immédiate rend
seule possible l'aperception des autres phénomènes.
Maintenant ces deux ordres de faits épuisent-ils tous les
faits de conscience ? C'est là la prétention de M. de Biran.
Selon moi, cette prétention est une illusion, une erreur
fondamentale qui vicie la psychologie de M. de Biran, et
qui, y introduisant une lacune énorme, a d'avance
enchaîné toute sa philosophie dans un cercle qu'elle n'a
pu franchir ensuite que par des hypothèses.

Il suffit en effet de l'observation la moins clairvoyante,
pourvu qu'elle ne soit point aveuglée par l'esprit de
système, pour reconnaître dans la conscience, à côté
des faits sensibles et des faits voluntaires, un troisième
ordre de faits tout aussi réel que les deux autres, et qui
en est parfaitement distinct : je veux parler des faits
rationnels proprement dits.

Que la volonté soit la condition de l'exercice de toutes
nos facultés, j'en tombe d'accord ; comme M. de Biran
accorde aussi que les sens sont la condition de l'exercice de la volonté. Mais nier ou négliger l'entendement,
parce que l'entendement a pour condition de son exercice la volonté, c'est, j'en demande bien pardon à mon
ingénieux et savant maître, une vice d'analyse tout aussi
grave que de nier ou négliger la volonté parce qu'elle
est liée à la sensibilité.

Je ne dis rien là que de fort vulgaire. Tous les auteurs
distinguent les facultés de l'entendement de celles de la
volonté. Il est vrai que la plupart, après avoir distingué
dans le mot, confondent en réalité ou même intervertis-
sent ces deux ordres de facultés de la manière la plus
bizarre. Par exemple, je me suis permis de le remarquer ailleurs (1), M. Laromiguière place parmi les facultés
de la volonté la préférence qui évidemment est involontaire, et il met à la tête des facultés de l'entendement

(1) *Fragments philosophiques.*

l'attention qui non moins évidemment appartient à la
volonté. Nous sommes maîtres, jusqu'à un certain point,
de notre attention ; mais nous ne sommes pas maîtres de
nos préférences. Quand je préfère le bien au mal, ceci
à cela, je le fais parce que je ne puis pas ne pas le faire ;
ma volonté n'est ici pour rien. Préférer est donc un fait
qui n'a point de rapport à la volonté ; il ne se rapporte
pas davantage à la sensation : je suppose cela prouvé ;
c'est un fait pourtant ; et si c'est un fait, il faut bien le
reconnaître et le rapporter à une faculté quelconque, différente de la sensation et de la volonté.

Il en est de juger comme de préférer. En supposant
que juger ne soit que percevoir des rapports selon la
théorie commune, je demande si nous percevons des
rapports à volonté ?

On pense comme on peut, non pas comme on veut.

Il y a dans la croyance la même nécessité : on ne fait
pas sa croyance, on la reçoit.

J'ai souvent pris, pour discerner nos diverses facultés,
l'exemple d'un homme qui étudie un livre de mathématiques. Assurément si cet homme n'avait point d'yeux,
il ne verrait point le livre, ni les pages ni les lettres ; il
ne pourrait comprendre ce qu'il ne pourrait pas lire.
D'un autre côté, s'il ne voulait pas donner son attention,
s'il ne contraignait pas ses yeux à lire, son esprit à
méditer ce qu'il lit, il ne comprendrait rien non plus à
ce livre. Mais quand ses yeux sont ouverts, et quand son
esprit est attentif, tout est-il achevé ? Non. Il faut encore
qu'il comprenne, qu'il saisisse ou croie saisir la vérité.
Saisir, reconnaître la vérité est un fait qui peut avoir
bien des circonstances et des conditions diverses : mais
c'est en soi un fait simple, indécomposable, qui ne peut
se réduire à la simple volonté attentive non plus qu'à la
sensation ; et à ce titre, il doit avoir sa place à part dans
une classification légitime des faits qui tombent sous
l'œil de la conscience.

Je parle de la conscience ; mais la conscience elle-
même, l'aperception de conscience, ce fait fondamental et permanent que le tort de presque tous les systèmes est de prétendre expliquer par un seul terme, que
le sensualisme explique par une sensation devenue
exclusive, sans s'enquérir de ce qui la rend exclusive,
que M. de Biran explique par la volonté produisant une
sensation, ce fait pourrait-il avoir lieu sans l'intervention de quelque autre chose encore qui n'est ni la sensation ni la volonté, mais qui aperçoit et connaît l'une
et l'autre ? Avoir conscience, c'est apercevoir, c'est connaître, c'est savoir ; le mot même le dit (*scientia-cum*).
Non-seulement je sens, mais je sais que je sens ; non-
seulement je veux, mais je sais que je veux ; et c'est ce
savoir-là qui est la conscience. Ou il faut prouver que
la volonté et la sensation sont douées de la faculté de
s'apercevoir, de se connaître elles-mêmes, ou il faut
admettre un troisième terme sans lequel les deux autres
seraient comme s'ils n'étaient pas. La conscience est un
phénomène triple, où sentir, vouloir et connaître se
servent de condition réciproque, et dans leur connexité,
leur simultanéité à la fois et leur distinction, composent

la vie intellectuelle tout entière. Otez le sentir, et il n'y a plus ni occasion ni objet au vouloir, qui dès lors ne s'exerce plus. Otez le vouloir, plus d'action véritable, plus de moi, plus de sujet d'aperception, partant plus d'objet aperceptible. Otez le connaître, c'en est fait également de toute aperception quelconque ; nulle lumière qui fasse paraître ce qui est, le sentir, le vouloir et leur rapport; la conscience perd son flambeau; elle cesse d'être.

Connaître est donc un fait incontestable, distinct de tout autre, *sui generis*.

A quelle faculté rapporter ce fait? Nommez-la entendement, esprit, intelligence, raison, peu importe, pourvu que vous reconnaissiez que c'est une faculté élémentaire. On l'appelle ordinairement la raison.

Chose étrange! M. de Biran ne semble pas avoir soupçonné qu'il y eût là un ordre de faits qui réclamât une attention particulière. Dans son mémoire *sur la décomposition de la pensée, et sur les facultés élémentaires qu'il y faut reconnaître*, il affirme sans aucune preuve que « la faculté d'apercevoir et celle de vouloir sont indivisibles (p. 189 des feuilles imprimées) » et que « les métaphysiciens ont eu bien tort de diviser en deux classes l'entendement et la volonté (ibid.). » Il n'admet qu'un seul principe intellectuel et moral distinct de la sensibilité, lequel est la volonté, et il rejette la raison comme faculté originale. Plus tard, pressé par nos objections, il se contente de la négliger, ou s'il lui rend quelquefois un tardif hommage, c'est par pure politesse; car il ne l'emploie jamais : elle ne joue aucun rôle dans sa théorie.

Ainsi ce profond observateur de la conscience n'y a pas vu ce sans quoi précisément il serait impossible d'y rien voir; lui qui reproche sans cesse à la philosophie de la sensation de mutiler l'esprit humain pour l'expliquer par la seule sensation, ne s'aperçoit pas qu'il le dépouille lui-même de sa plus haute faculté, pour l'expliquer par la volonté seule, et que par là il tarit à leur source les idées les plus sublimes que la volonté n'explique pas plus que la sensation.

D'abord, c'est supprimer le principe de toute idée, c'est-à-dire de toute connaissance; car il n'y en a pas une ni grande ni petite, ni importante ni vulgaire, qui ne relève nécessairement de la faculté de connaître, de la raison. Mais, même sans parler avec cette rigueur, qui pourtant est la loi de toute saine philosophie, il est évident que n'admettre qu'un seul ordre de facultés, celle qu'engendre la volonté, c'est n'admettre qu'un seul ordre d'idées, savoir, l'idée de cause, et celles qui en dérivent. En effet, si la puissance volontaire, réduite à soi seule, peut donner quelque idée, elle donne l'idée de cause, mais elle est condamnée à ne donner que celle-là; concentrée dans l'action, toute sa portée s'y renferme, et elle ne peut sortir de l'ordre d'idées qui s'y rapporte sans sortir de soi. Or, toutes nos idées sont-elles réductibles à celle de cause? Beaucoup s'y

ramènent; mais il en est beaucoup aussi que cette idée n'explique point.

Dans le commencement de ses travaux, M. de Biran était assez mal disposé pour l'idée de substance, à laquelle il voulait substituer celle de cause plus directe et plus claire; il ne s'est raccommodé avec l'idée de substance qu'assez tard, lorsqu'il eut appris de Leibnitz son vrai caractère. La substance réduite à la cause en soi, au pouvoir virtuel qui fait passer la cause à l'acte, considéré avant l'acte même, trouva plus aisément, grâce aux yeux d'une psychologie dont le principe unique est l'aperception de la cause personnelle. Cependant à la rigueur le moi-volonté ne donne que la cause en action, et non pas le principe insaisissable et invisible de cette cause que nous concevons nécessairement, mais que nous n'apercevons pas directement. La cause en action n'équivaut pas à la cause en soi. La volonté donne la cause en acte; la raison seule peut donner la cause en soi, la substance.

Mais où la théorie de M. de Biran succombe entièrement, c'est devant l'idée de l'infini. Le moi, substance ou cause, est fini et borné comme l'activité volontaire qui en est le signe. Pressez, tourmentez tant qu'il vous plaira le moi, la volonté et la sensation, isolées ou combinées, vous n'en tirerez jamais l'idée de l'infini; il faut la demander encore à la raison qui, pourvue d'une puissance qui lui est propre, en présence du fini seul, conçoit et révèle l'infini, l'infini du temps et l'infini de l'espace, tandis que les sens ne peuvent jamais donner que les corps et non l'espace qui les contient, comme l'effort, la continuité du vouloir, ne peut donner que la durée du moi, le temps relatif, et non pas le temps absolu, la durée infinie (1).

Que sera-ce donc quand il s'agira d'expliquer par la volonté, non plus seulement des idées, mais des principes, et encore des principes marqués du caractère d'universalité et de nécessité, et entre autres celui de causalité? Le principe de causalité est incontestablement universel et nécessaire; or, il répugne que l'aperception d'une cause tout individuelle et contingente puisse porter jusque-là. Cependant c'est le principe seul de causalité, et non pas la simple notion de notre cause individuelle, qui nous fait sortir de nous-mêmes, qui nous fait concevoir des causes extérieures, et de ces causes limitées et finies nous élève à la cause infinie et indéfectible. Supposons que nous ayons la conscience de notre force causatrice, mais que nous puissions éprouver et apercevoir une sensation sans la rapporter à une cause, le monde extérieur ne serait jamais pour nous. Sans doute le principe de causalité ne se développerait point, si préalablement une notion positive de cause individuelle ne nous était donnée dans la volonté; mais une notion individuelle et contingente qui précède un principe nécessaire, ne l'explique pas et n'en peut pas tenir lieu (2). Que fait donc M. de Biran? Au-dessus ou à côté de la simple idée de cause

---

(1) Cours de 1829, leçon 18e.

(2) Cours de 1829, leçons 17e, 18e et 19e.

volontaire et personnelle qui ne lui suffit pas, et à la
place du principe de causalité dont il ne peut pas se
passer, il imagine un procédé dont nul philosophe ne
s'était encore avisé, qui n'est pas le principe de causalité,
mais qui en a toute la vertu, procédé magique que son
ingénieux inventeur décrit à peine, et auquel il attribue
sans discussion la propriété merveilleuse de transporter
et de répandre en quelque sorte la force du moi hors de
lui-même : ce procédé, il l'appelle induction (p. 593).

Je pourrais d'un mot arrêter tout court cette nouvelle théorie en demandant qui fait cette induction
extraordinaire? Évidemment c'est le moi lui-même; car
avec la sensation, il n'y a rien autre chose pour M. de
Biran. Mais le moi de M. de Biran, c'est uniquement le
sujet personnel de la volonté; il n'a d'autres fonctions
que la volition et l'action. A ce titre, il donne peut-être
l'idée de cause; mais il est dans une impuissance absolue d'en faire aucune induction, ni légitime ni illégi-
time : induire est un procédé tout rationnel qui n'appartient pas à la volonté.

Il suffirait, ce semble, de cette objection radicale.
Cependant comme cette théorie est pour M. de Biran la
clef du passage de la psychologie à l'ontologie; comme
d'ailleurs l'homme de France dont le jugement m'impose le plus, M. Royer-Collard, en mettant à profit,
ainsi que moi, les travaux et les entretiens de M. de
Biran, a adopté et fortifié de son autorité cette théorie
que je ne puis pas admettre, j'ai cru devoir la soumettre
à une discussion régulière (1), qui en a, je crois, démontré le peu de solidité et dont il suffira de reproduire
ici la conclusion.

Toute induction dont le fondement et l'instrument
unique est le moi, en supposant qu'elle soit possible,
ne peut rendre, en dernière analyse, que le moi lui-
même, c'est-à-dire des causes volontaires et personnelles; et l'anthropomorphisme est la loi universelle et
nécessaire de la pensée.

Suivant cette induction, toute idée de cause involontaire est impossible. Il n'y a pas seulement des forces
dans la nature, il y a, et même il n'y a que des causes,
je ne dis pas semblables, mais identiques à celle que
nous sommes. L'aimant n'attire pas seulement le fer, il
veut l'attirer; il pourrait donc ne le pas vouloir. Le
Fatum disparaît et la liberté seule subsiste. Voilà pour
la nature extérieure.

Le Dieu de cette induction est bien, il est vrai, un
Dieu personnel et providentiel; mais de quelle personnalité, de quelle providence! d'une personnalité pleine
de misères comme la nôtre, d'une providence nécessairement bornée et finie, ombre vaine de cette éternelle et infinie Providence que le genre humain adore,
dont la toute-puissance égale la sagesse, et qui embrasse
dans ses conseils tous les temps comme tous les lieux.
Un Dieu dont le moi est le type et la mesure ne peut
avoir en partage la toute-puissance, l'éternité, l'infinité.
Une métaphysique aussi étroite dans sa base n'admet

_____
(1) Cours de 1829, leçon 19e.

point une morale solide. La personne, l'activité volontaire et libre est bien le sujet propre de la morale; et
c'est déjà une donnée précieuse; mais cette donnée est
insuffisante. Ce n'est pas la volonté qui peut fournir
la règle qui lui est imposée, les lois qui doivent gouverner les volontés, les actions, les personnes, et dans
le monde intérieur de l'âme, et dans le monde de la
société, de l'État. Le bien, la loi doit être conforme
sans doute à la nature de celui qui doit l'accomplir;
mais il répugne que le sujet soit jamais le législateur.

Enfin une pareille philosophie ne peut comprendre
l'histoire entière de la philosophie : elle reculera nécessairement devant tout grand dogmatisme qui aura essayé
d'embrasser l'universalité des choses. Les systèmes les
plus illustres lui paraîtront des hypothèses surhumaines,
parce qu'ils dépasseront de toutes parts la mesure unique qui leur sera appliquée, celle d'une psychologie
incomplète, qui, se coupant les ailes à elle-même, sur
trois ordres de faits réels, néglige précisément le plus
important et le plus fécond, celui qui, tout en faisant
son apparition dans la conscience, la surpasse, et
ouvre à l'homme la seule route qui peut le conduire de
lui-même à tout le reste.

Il en est des erreurs en philosophie comme des fautes
dans la vie : leur punition est dans leurs conséquences
inévitables. Tout ordre de faits réels retranché ou
négligé laisse dans la conscience un vide qui ne peut
plus être rempli que par des hypothèses. Toute omission condamne à quelque invention. M. de Biran,
préoccupé des faits volontaires qu'il est parvenu à dégager du sein des faits sensibles qui les couvraient alors
à tous les yeux, las ou ébloui, n'aperçoit pas les faits
rationnels. Voilà une lacune. On la lui signale, et, pour
la réparer, il invente l'hypothèse d'une induction illé-
gitime. Mais cette hypothèse, qu'il n'a jamais exposée
avec beaucoup de lucidité et de précision, est trop
inconsistante et trop vague pour lui suffire, et peu à
peu il a recours à une bien autre invention. Contre le
scepticisme que tout idéalisme traîne ordinairement à
sa suite, il se réfugie dans une sorte de mysticisme qu'on
voit déjà poindre dans la longue et curieuse note jointe
aux *Considérations sur le moral et le physique*. Ici il convient à peu près que toutes les déductions ou inductions
que la personnalité peut tirer d'elle-même ne suffisent
point à cette personnalité, et il s'adresse à l'intervention
divine, à une révélation non accidentelle, mais universelle, par laquelle Dieu s'unit à l'homme et lui enseigne
la vérité. Il allègue le témoignage de Platon dans un
dialogue sur la *Prière* qui n'appartient point à Platon;
il cite quelques passages admirables de la *République*
qui ont besoin d'être expliqués; il emprunte à Proclus
des morceaux où plus d'une vérité profonde se cache
sous une enveloppe obscure; il invoque van Helmont et
Mallebranche, et l'auteur d'une théorie toute personnelle et toute subjective, finit presque par en appeler à
la grâce.

Il y a loin du sentiment de l'effort musculaire à cette
conclusion, et cela sans doute est une inconséquence;

mais c'est une inconséquence nécessaire : car on ne se repose point dans l'exclusif et l'incomplet. L'homme étouffe dans la prison de lui-même ; il ne respire à son aise que dans une sphère plus vaste et plus haute. Cette sphère est celle de la raison, la raison, cette faculté extraordinaire, humaine, si l'on veut, par son rapport au moi, mais distincte en elle-même et indépendante du moins, qui nous découvre le vrai, le bien, le beau, et leurs contraires, tantôt à tel degré, tantôt à tel autre ; ici sous la forme du raisonnement et même du syllogisme qui a sa valeur et son autorité légitime ; là sous une forme plus dégagée et plus pure, à l'état de spontanéité, d'inspiration, de révélation. C'est là la source commune de toutes les vérités les plus élevées comme les plus humbles ; c'est là la lumière qui éclaire le moi, et que le moi n'a point faite. Faute de reconnaître et de suivre cette lumière, on la remplace par son ombre. On passe à côté de la raison sans l'apercevoir, puis on désespère de la science, et on se précipite dans le mysticisme, dont toute la vérité est empruntée pourtant à cette même raison qu'il réfléchit imparfaitement, et à laquelle il mêle souvent de déplorables extravagances (1).

Que serait-il arrivé à M. de Biran, si nous ne l'eussions perdu en 1824? Je l'ai assez connu, et, s'il m'est permis de le dire, je connais assez l'histoire de la philosophie et les pentes cachées, mais irrésistibles, de tous les principes, pour oser affirmer que l'auteur de la note en question aurait fini comme Fichte a fini lui-même.

Fichte est le grand représentant, et, par la trempe de son âme comme par celle de son esprit, le véritable héros de la philosophie de la volonté et du moi. La théorie de Fichte est celle de M. de Biran, mais plus profonde encore dans ses bases psychologiques, plus rigoureuse dans ses procédés, plus hardie dans ses conséquences. Fichte aussi, comme M. de Biran, part de l'acte primitif du vouloir, dans lequel le moi s'aperçoit lui-même comme force libre, et se distingue de tout ce qui n'est pas lui. Ce moi qui se pose d'abord lui-même, qui va sans cesse se développant et se réfléchissant, est le principe unique duquel Fichte a tiré toute sa psychologie, toute sa métaphysique, toute sa religion, toute sa morale, toute sa politique ; et le système entier fondé sur ce principe unique, il n'a pas craint de l'appeler lui-même idéalisme subjectif. Eh bien! cet idéaliste intrépide, ce stoïcien théorique et pratique, duquel vraiment on ne saurait pas dire si le système est plus fait pour le caractère ou le caractère pour le système, cette tête et cette âme si bien d'accord, cette nature si une et si ferme, cet homme fort par excellence, et précisément parce qu'il était fort, ne put tenir

jusqu'au bout dans le cercle aride où l'enchaînait la rigueur de l'analyse et de la dialectique. En dépit de l'une et de l'autre, et quoi qu'il en ait dit, il changea de doctrine ; et sortant du moi, il invoqua une intervention divine, une grâce mystérieuse qui descend d'en haut sur l'homme. Mais, pour que cette grâce nous éclaire et nous persuade, il faut bien qu'elle rencontre quelque chose en nous qui puisse la reconnaître, l'accueillir, la comprendre. Cette faculté supérieure, encore une fois, c'est la raison, qui, si elle n'eût pas été retranchée d'abord par l'esprit de système, eût naturellement révélé au philosophe, comme elle le fait au genre humain, toutes les grandes vérités que le scepticisme ne peut ébranler, que le mysticisme défigure, et notre propre existence, attachée à la volonté, et celle de la nature extérieure, qui a sans doute de l'analogie avec le moi, mais qui en diffère aussi, et au-dessus du moi et du non-moi, une cause première et souveraine, dont la cause personnelle et les causes extérieures ne sont que des copies imparfaites (2).

Ce rapport de la destinée de Fichte et celle de M. de Biran est frappant. Cette double expérience contemporaine est une leçon décisive que l'histoire adresse à l'esprit systématique.

En résumé, la théorie de M. de Biran, vraie en elle-même, est profonde, mais étroite. M. de Biran a retrouvé et remis à leur place un ordre réel de faits entièrement méconnus et effacés : il a séparé de la sensation et rétabli dans son indépendance l'activité volontaire et libre qui caractérise la personne humaine. Mais, comme épuisé dans ce travail, il ne lui est plus resté assez de force ni de lumières pour rechercher et discerner un autre ordre de phénomènes enfoui sous les deux premiers. Telle est la faiblesse humaine. A un seul homme une seule tâche ; celle qu'a accompli M. de Biran a de l'importance et de la grandeur ; qu'elle suffise donc à l'honneur de son nom. Les esprits profonds sont souvent exclusifs ; en retour les esprits étendus sont quelquefois superficiels : ils laissent rarement un sillon aussi fécond dans le champ de l'intelligence.

Tel est le jugement que je crois pouvoir porter des travaux de M. de Biran. Avec leurs défauts et leurs mérites, ils ont servi la science ; ils ne doivent pas périr. Je l'ai dit et je le répète avec une entière conviction : M. de Biran est le premier métaphysicien français de mon temps. Il est un des maîtres que j'ai été si heureux de rencontrer au début de ma carrière ; et puisque de tristes circonstances m'ont empêché de lui fermer les yeux, je devais du moins ce monument à sa mémoire.

Paris, 1er mars 1834.

V. COUSIN.

(1) Sur la raison, comme distincte à la fois de la volonté et de la sensation, et comme le principe unique de toute vérité, voyez les *Fragments passim*, 1re et 2e préfaces, le cours de 1828 et celui de 1829.

(2) Sur Fichte, voyez Tennemann, *Manuel de l'histoire de la Philosophie*, trad. fr., tom. II, p. 272, 294.

PRÉFACE DE L'AUTEUR.

« Quand j'ai été dans le monde, disait Montesquieu (dans une de ses pensées), je n'ai pas conçu comment on pouvait vivre dans la solitude; et quand j'ai été dans la solitude, j'ai conçu encore moins comment on pouvait vivre dans le monde. »

C'est là l'histoire de ma vie, coupée en deux parties bien tranchées, celle du monde ou des affaires; et celle d'une solitude complète consacrée aux méditations psychologiques.

L'alternative et les contrastes de ces deux manières d'exister, jointes à une pente naturelle vers les choses d'observation intérieure, expliquent en même temps le genre et la forme de mes compositions philosophiques, et l'obscurité où j'ai cru devoir les laisser jusqu'à ce jour.

Parmi toutes les différences qui séparent en effet les études, dont l'homme intérieur est le propre sujet, de toute autre occupation intellectuelle ou travail de l'esprit appliqué aux choses du monde ou de la société, il en est une dominante et vraiment caractéristique; c'est qu'en appliquant ses pensées à des objets quelconques, étrangers à soi-même, l'homme solitaire, le plus studieux, ne sort véritablement pas du monde extérieur; c'est pour le monde qu'il travaille; c'est de lui seul qu'il attend sa récompense, savoir: *la gloire que le monde donne.* Mais l'homme qui se prend lui-même pour sujet d'étude, est solitaire dans toute l'étendue du terme. Seul, il doit, et avant même de pouvoir débuter dans la carrière de sa science, s'être isolé ou complétement affranchi du monde extérieur et de tous les besoins d'opinion qui s'y rattachent.

Aussi puis-je dire, d'après mon expérience intime, et dans un sens peut-être plus vrai que celui de Montesquieu, que, quand j'ai vécu dans la solitude, uniquement occupé à me connaître moi-même, je n'ai pas conçu comment je pourrais vivre dans le monde ou pour lui; mais, quand j'ai ensuite été appelé dans ce monde, que j'ai eu l'idée de l'espèce de gloire qu'il donne ou qu'il vend, j'ai conçu bien moins comment, après avoir longtemps vécu et travaillé uniquement pour le monde intérieur, je pourrais intéresser les hommes à mes œuvres solitaires et recueillir quelque gloire de leur publication. Ainsi, j'avais du moins tiré ce profit de mes études psychologiques, que j'étais complétement désintéressé à l'égard de mes propres ouvrages, et que la recherche et l'amour de la vérité pour elle-même me rendaient presque indifférent aux suffrages et à l'approbation du monde. Plus juste envers les hommes comme envers moi-même, je n'avais pas la pensée d'obtenir d'eux une récompense que je ne méritais pas. Dans ma solitude philosophique je n'avais pas travaillé pour le monde; le monde ne me devait donc rien, et je n'avais rien à lui demander.

Voilà pourquoi, malgré les succès obtenus dans quatre concours successifs sur des questions de psychologie, et peut-être même à cause de ces succès (1), j'ai fui plutôt que recherché les

(1) Mon mémoire de l'*Habitude* couronné en l'an x, par la classe des sciences morales et politiques de l'Institut de France, fut imprimé immédiatement, et sans que je me fusse donné le temps de le revoir; j'étais bien jeune alors pour la science de l'homme!

Un second ouvrage sur un nouveau sujet de philosophie, proposé par la même classe, obtint le prix en l'an xiii; la question était ainsi conçue; « *Comment doit-on décomposer la faculté de penser, et quelles sont les facultés élémentaires qu'il faut y reconnaître?* »

L'impression de cet ouvrage, assez volumineux, a été arrêtée en 1807 par un accident qu'il est inutile de rappor-

occasions d'attirer sur moi les regards du public.

Pour exposer au grand jour les produits de ma solitude, il fallait que l'homme intérieur qui les avait conçus se transformât pour ainsi dire en homme extérieur ; or je ne me sentais nullement disposé à cette métamorphose.

Il y a d'ailleurs une lumière intérieure, un *esprit de vérité*, qui luit dans ces profondeurs de l'âme et dirige l'homme méditatif appelé à visiter ces galeries souterraines.

Cette lumière n'est pas faite pour le monde, car elle n'est appropriée ni au sens externe ni à l'imagination ; elle s'éclipse ou s'éteint même tout à fait devant cette autre espèce de clarté des sensations et des images ; clarté vive et souvent trompeuse qui s'évanouit à son tour en présence de l'*esprit de vérité*.

Voilà pourquoi aussi ceux qui cherchent la vérité psychologique de bonne foi, et qui ont le bonheur d'être éclairés de sa lumière, doivent être peu enclins à la *tirer de dessous le boisseau ;* comme aussi, ceux qui aspirent en ce genre aux succès du monde et qui les obtiennent, ne font guère qu'enfanter des chimères et propager les mêmes illusions dont ils se nourrissent.

Telle a été depuis vingt ans, et telle est encore la manière dont je suis disposé à l'égard des résultats de mes études psychologiques. Si mes idées avaient quelque valeur intrinsèque (ce que je ne chercherai nullement à persuader à per-

sonne), je suis convaincu d'avance que ce ne serait qu'aux yeux du très-petit nombre de mes contemporains qui ont l'habitude et le goût de la méditation solitaire, qui aiment et pratiquent la vie intérieure, alors même qu'ils se répandent dans le monde extérieur, non par goût, mais par devoir, afin de remplir la destination qui leur est marquée par la Providence sur cette terre où nous passons.

Tel est (et j'en juge par une seule conversation qui a suffi pour me révéler une âme avec laquelle la mienne sympathise de toutes ses forces), tel est l'observateur profond du physique et du moral de l'homme, l'ami de la science et de la morale qui a provoqué cet écrit (1).

Le désir et l'espoir de le seconder dans un but noble, utile à l'humanité, qu'il a conçu et dont il m'a fait part, pouvaient seuls me déterminer à tirer de l'oubli et du secret du portefeuille d'anciens travaux dont je me trouve trop loin aujourd'hui, et moins encore par le temps que par mes dispositions d'esprit, et par toutes les circonstances d'affaires et de devoirs.

Cet écrit, tel qu'il m'a été donné de le faire, en demandant quelque trêve au monde extérieur, sort de mes mains pour passer dans celles du digne professeur à qui il doit l'existence, et près duquel il aura accompli toute sa destinée s'il fournit quelques matériaux utiles à l'une des plus belles mais des plus difficiles entreprises qu'un médecin philosophe puisse se proposer.

ter ; mais j'eus occasion de reproduire, sous une autre forme, le même fond d'idées dans un mémoire qui obtint encore le prix à l'Académie de Berlin en 1809, sur cette question remarquable : « *Y a-t-il une aperception immédiate interne ? En quoi diffère-t-elle de la sensation ou de l'intuition ?* etc. » Quoique mes honorables juges m'eussent presque fait une loi de livrer ce mémoire à l'impression, la minute n'en reste pas moins encore enfermée dans mon portefeuille.

Enfin, une autre question, proposée par l'Académie royale des sciences de Copenhague, donna lieu à un ouvrage

sur les rapports du physique et du moral de l'homme, qui obtint le prix en 1813, et qui est aussi resté inédit jusqu'à ce jour.

La cause de cette obscurité, à laquelle j'ai volontairement condamné mes écrits, tenant à une disposition interne qui est du ressort de la psychologie, j'ai cru, sous ce rapport, devoir en faire mention expresse dans cet avant-propos.

(1) M. Royer-Collard, professeur à la faculté de médecine, qui préparait alors ses leçons sur l'aliénation mentale.

DIVISION DE L'OUVRAGE.

Nouvelles considérations sur les rapports du physique et du moral de l'homme (pour servir à un cours sur l'aliénation mentale).
PROLÉGOMÈNES PSYCHOLOGIQUES.

PREMIÈRE PARTIE.

Que les expériences ou les *considérations physiologiques ne peuvent servir à expliquer les faits de l'âme ou du sens intime* (1) ; dangers et abus de ces explications.

§ Ier.

Du principe de causalité et de l'altération qu'il subit dans l'application des procédés de la méthode de Bacon à la recherche et la classification des faits du sens intime.

§ II.

Comment cette altération a influé sur la direction des doctrines physiologiques et psychologiques, et amené leur confusion.

§ III.

Influence des systèmes de philosophie sur les doctrines physiologiques.
  1° Du cartésianisme ; comment il a dû amener la doctrine des physiologistes mécaniciens ;
  2° Du stalhianisme, et de son influence sur les systèmes de physiologie moderne.

§ IV.

Des tentatives faites pour analyser ou diviser les facultés

de l'âme et les faits du sens intime, en leur assignant hypothétiquement des siéges particuliers dans l'organisation.

§ V.

Division physiologique des fonctions de l'organisme, en *sensibilité* et *contractilité, organique ou animale.*
  1° Des deux espèces de sensibilité reconnues par Bichat ;
  2° Des différentes sortes de contractilité établies par le même auteur.

DEUXIÈME PARTIE.

Recherches expérimentales des vrais rapports qui existent entre les faits physiologiques de sensibilité ou motilité animales, et les faits de l'âme ou du sens intime (2).

§ Ier.

Des doctrines de philosophie qui ont établi une distinction nécessaire entre la sensibilité physique ou animale et la pensée, ou la volonté humaine, et des fondements que cette distinction peut avoir dans l'expérience intérieure.

§ II.

Expériences propres à constater dans l'homme divers modes de sensibilité purement physique ou animale,

---

(1) Ce sont les termes de la première partie du programme de l'Académie de Copenhague, au sujet de la question traitée dans le mémoire qui remporta le prix en 1813.

(2) « Les recherches ou considérations psychologiques sur les faits « de l'âme ou du sens intime, peuvent avoir une véritable utilité « d'application dans la science de l'homme physique (*et vice versâ*), « et cette utilité ne se borne pas à l'observation et au traitement de « certaines maladies. » Termes de la deuxième partie du programme de l'Académie de Copenhague, sur la même question.

dans l'absence ou l'aliénation momentanée de la personne morale.

1° Des impressions purement affectives;

2° Des intuitions internes qu'on peut ranger dans la classe des sensations animales.

3° De l'observation intérieure appropriée aux modes de sensibilité animale.

§ III.

Caractères et signes des déterminations qui appartiennent à l'instinct animal, et de leur opposition avec les lois de la pensée ou de la libre activité du moi humain.

§ IV.

Observation sur les rêves, le délire et la manie; et de la manière de les classer, eu égard à leurs siéges et à leurs causes organiques.

§ V.

Recherches expérimentales sur les vrais rapports du physique et du moral de l'homme.

1° Influence physique ou physiologique;

2° Influence du moral sur le physique, constatée par les faits.

NOTE.

Sur un mode supérieur de sensibilité ou de réceptivité propre à l'âme humaine, indépendamment de l'organisme; de l'inspiration ou révélation intérieure: comment cette sorte de révélation se trouve indiquée dans les livres des philosophes grecs, et notamment dans plusieurs des dialogues de Platon, etc.

NOUVELLES CONSIDÉRATIONS

DU PHYSIQUE ET DU MORAL DE L'HOMME.

PROLÉGOMÈNES.

Exister, pour l'homme, à titre de sujet pensant, actif et libre, c'est avoir la conscience, la propriété de soi. Jouir de son bon sens ou de sa raison, de sa libre activité, pouvoir dire et se reconnaître *moi*, voilà le fond de l'existence humaine, et le point de départ, la donnée première, le fait primitif de toute science de nous-mêmes.

Un être de notre espèce, ayant les formes extérieures de l'homme, mais qui ne se connaît ni ne se possède, n'existe pas pour lui-même.

Aussi dit-on très-justement dans la langue vulgaire que, dans un tel état, l'homme est hors de lui et étranger à lui-même (*alienus*) : d'où le mot très-bien fait, *aliénation*, auquel on pourrait attribuer un degré de généralisation supérieur à celui qu'il a dans le sens ordinaire des physiologistes et des médecins. Ce terme conviendrait très-bien, en effet, à tous les états propres de l'âme et du corps organisé, qui emportent avec eux absence complète, momentanée ou permanente, du sentiment du moi, quoique les fonctions vitales et sensitives n'éprouvent pas d'interruption, et quelles que puissent être d'ailleurs les causes, les conditions et les signes physiologiques de l'*aliénation* ainsi entendue.

Parmi ces signes ou caractères d'aliénation personnelle, le plus notable et le seul fondamental est celui-ci, savoir : que le sentiment du moi ne cesse ou n'est suspendu qu'autant que la volonté ou la force libre agissante, *sui juris*, qui détermine la locomotion du corps et les opérations proprement dites de l'esprit, cesse ou est suspendue momentanément dans son exercice, quoique la sensibilité physique soit en jeu et avec elle toutes les fonctions qui en dépendent.

On s'assure, par diverses observations, que les mêmes causes physiques ou morales qui sont capables d'empêcher ou de suspendre le plein exercice de la volonté, peuvent obscurcir ou absorber par-là même le moi ou la personnalité identique, et amener ainsi une sorte d'*aliénation*.

Ainsi peut se vérifier indirectement ou par le fait même de conscience ou du sens intime, que la faculté d'agir librement, ou de commencer une série de mouvements externes ou internes, est la condition première et nécessaire de la connaissance de soi-même ou du sentiment de sa propre existence, sentiment qui équivaut à l'existence elle-même, dans le vrai point de vue psychologique.

En d'autres termes, l'âme se manifeste elle-même à titre de *personne* ou de *moi*, par l'exercice actuel de sa force propre et constitutive, et seulement en tant que cet exercice est libre ou affranchi des liens de la nécessité ou du *fatum*, et indépendant de toutes les autres forces de la nature extérieure.

C'est ainsi que, sans sortir de nous-mêmes, nous pouvons distinguer et circonscrire les deux domaines opposés de la nécessité et de la liberté, faire la part du moi et de la nature, de l'action et de la passion de l'homme et de l'animal.

Leibnitz a aperçu ces limites de la hauteur de son génie, lorsque, mettant en opposition l'activité prévoyante de l'esprit et l'aveugle fatalité du corps, il dit, dans sa langue énergique :

« *Quod in corpore fatum in animo est providentia.* »

C'est l'épigraphe d'un mémoire couronné, par l'Académie de Copenhague, sur les rapports du physique et du moral de l'homme.

Il s'agissait, d'après les termes du programme, de déterminer jusqu'à quel point peuvent être fondés :

1° Ceux qui nient l'utilité des expériences ou des considérations physiologiques pour expliquer les faits du sens intime et les opérations de l'âme humaine, etc. ;

2° Ceux qui refusent d'admettre les considérations ou raisons psychologiques comme applicables aux recherches qui ont pour objet les facultés du corps organisé, vivant dans l'état sain ou malade.

Pour répondre à cette double question, il me parut nécessaire d'établir d'abord les caractères distinctifs des deux ordres de faits psychologiques et physiologiques, en remontant jusqu'à l'origine et au vrai fondement des différences qui les séparent.

Cette recherche devait me conduire à signaler les illusions systématiques de quelques modernes qui ont cherché à assimiler, à confondre, sous le même terme générique, l'*objet* et le *sujet* de deux sciences aussi distinctes l'une de l'autre que les lois de l'organisation matérielle et aveugle sont distinctes et séparées des lois de l'esprit intelligent et libre.

En suivant la marche analytique que je m'étais tracée, j'ai tâché de remonter jusqu'à la vraie origine de l'idée de force, de cause productive des phénomènes ; idée dont les physiciens méconnaissent le titre ou qu'ils laissent à l'écart, en disant, d'après Bacon, qu'il faut faire abstraction des causes dans les calculs de l'expérience, et dans la recherche des faits et des lois de la nature.

Je crois avoir démontré que c'est précisément cette abstraction ou cette mise à part de l'idée ou du sentiment même d'une cause libre productive, immédiatement présente au dedans de nous, tant que nous sommes présents à nous-mêmes, qui seule a pu amener la confusion des faits de deux natures, et faussé malheureusement la direction théorique et pratique de la vraie science de l'homme.

Je n'offrirai ici qu'un résumé des recherches relatives à la nature et au fondement du principe de causalité et à l'altération que ce principe a subi par l'application imprudente de la méthode de Bacon à la science des facultés ou des faits intérieurs de l'âme humaine.

Je m'étendrai davantage sur la nature ou le caractère des deux ordres de faits qui appartiennent au domaine de la sensibilité physique ou animale, et à celui de la pensée et de la libre activité de l'homme.

Je m'attacherai particulièrement à déterminer les rapports qui les unissent, et les modes d'observations externes et internes appropriés à l'un et à l'autre ordre de faits. On pourra voir ainsi dans quel sens et dans quelles limites la science de l'homme physique peut éclairer celle de l'homme moral ou profiter de ses lumières.

PREMIÈRE PARTIE.

LES EXPÉRIENCES OU CONSIDÉRATIONS TOUTES PHYSIOLOGIQUES NE PEUVENT POINT SERVIR A EXPLIQUER LES FAITS DE L'AME OU DU SENS INTIME : DANGER ET ABUS DE CES EXPLICATIONS.

§ Ier.

Du principe de causalité, et de l'altération qu'il subit dans l'application des procédés de la méthode de Bacon à la recherche et la classification des faits du sens intime.

La philosophie scolastique avait trop longtemps et trop malheureusement abusé des termes généraux ou abstraits employés vaguement à désigner une multitude de *facultés*, *virtualités*, *quiddités*, improprement dites *causes occultes* des phénomènes. L'imagination superstitieuse s'égarait de plus en plus à la poursuite de ces chimères réalisées, lorsque, révoltés par l'excès des abus, avertis par les premières expériences faites en Italie, et les lumières toutes nouvelles qu'elles répandaient sur les sciences physiques, les bons esprits s'éveillèrent de toutes parts, et, réunis sous l'étendard de Bacon, marchèrent à la conquête de la nature.

Après avoir mis à l'écart les *causes occultes*, on ne sent plus que le besoin d'observer, de multiplier les expériences, de rassembler le plus grand nombre de faits, vraies richesses de l'esprit humain.

La comparaison de ces faits manifeste entre eux des analogies sensibles qui s'étendent par des observations nouvelles et des comparaisons de plus en plus fécondes : de là, la formation régulière d'espèces, de genres, de classes réelles, et une langue vraiment savante avec laquelle du moins on peut savoir ce qu'on dit.

Éclairé sur les produits de son activité propre, l'esprit s'élève ainsi méthodiquement à la conception des rapports les plus généraux, et jusqu'à ces lois mêmes de produits ou effets immédiats d'une cause première, d'une force ou volonté suprême dont elles révèlent l'existence.

Tel est donc l'ordre régulier et seul légitime des procédés de l'esprit humain dans la connaissance ou l'exploration des faits de la nature, *observer*, *classer*, *poser les lois*, *chercher la cause*, ou du moins s'assurer qu'une telle cause ou force productive existe réellement.

Ces procédés concourent tous, en effet, à ce qu'on

peut appeler l'explication complète d'un même système de faits , en tant que ces faits sont vraiment de nature homogène , ou qu'ils ont assez d'analogie entre eux pour qu'on puisse les comprendre dans une même classe , les exprimer par un seul terme générique commun , les subordonner à une même loi , s'assurer, enfin , qu'ils sont produits par une seule et même cause ou force agissante.

Il importe bien de remarquer ici que , dans le point de vue de l'observateur de la nature extérieure , la cause qui produit ou amène une série de faits analogues ou du même genre, ne peut jamais être donnée à priori, ni conçue en elle-même, encore moins imaginée dans le *comment* de la production des phénomènes qui s'y rattachent ; aussi la langue des sciences naturelles manque-t-elle toujours du terme propre qui signifie précisément l'activité productive, l'énergie essentielle de toute cause efficiente, manifestée actuellement par les phénomènes sensibles qu'elle produit , mais non constituée par eux, puisqu'elle est connue comme étant nécessairement *avant, pendant* et *après* ces phénomènes.

Ainsi , comme le remarque très-judicieusement un philosophe (1) : « Dans ce que nous appelons , par
« exemple , force d'attraction , d'affinité , ou même
« d'impulsion , la seule chose connue (c'est-à-dire
« représentée à l'imagination et aux sens), c'est
« l'effet opéré , savoir, le rapprochement des deux
« corps attirés et attirant.

« Aucune langue n'a de mot pour exprimer ce *je*
« *ne sais quoi* (*effort, tendance, nisus*), qui reste
« absolument caché, mais que tous les esprits con-
« çoivent nécessairement comme ajouté à la repré-
« sentation phénoménale. »

Pour le désigner, il a fallu recourir à des expressions détournées de leur sens propre et primitif ; aussi, dans l'enfance des sciences naturelles, pour exprimer ce *je ne sais quoi*, qui s'applique aux corps pour les mouvoir, les pousser, les attirer, etc., on a employé le signe de certaines affections de l'âme, suivant en cela une marche inverse de celle des premiers inventeurs des langues, et nous trouvons là une preuve de plus que toute notion de force ou de cause productive appliquée dans son sens naturel hors des conventions artificielles ou des points de vue systématiques de la science, prend sa source dans l'intimité même de notre être agissant et pensant, et n'a par suite aucun rapport de ressemblance avec l'étendue, la figure, le mouvement, ni rien qui puisse se représenter aux sens ou à l'imagination.

Maintenant on voit pourquoi , en faisant la langue de ces sciences , comme on aspire surtout à la clarté

(1) M. Engel, Mémoires de l'Académie de Berlin.

des idées ou images, on tend si fortement à écarter ces termes mystérieux, obscurs, qui expriment, par des sortes de métaphores, les causes mêmes ou forces productives des phénomènes, objets de l'attention exclusive de l'observateur.

Pourquoi , d'ailleurs, ce vain recours aux noms des causes occultes, dès que la langue scientifique est déjà en possession de termes qui expriment les rapports des plus hautes classes de faits, c'est-à-dire les *lois*, qui n'étant que ces faits mêmes , généralisés d'après l'expérience et l'induction, font bien mieux, suivant nos philosophes, que remplacer les noms des causes occultes auxquelles on prétend les substituer complétement? C'est ainsi qu'ils se flattent d'avoir éliminé les inconnues, qui se trouvent nécessairement à la tête de chaque chaîne ou série de faits.

Mais, quoi qu'ils fassent, le terme qui exprime ainsi par convention une cause physique, rappelle toujours à l'esprit la cause efficiente , la force productive des faits représentés , et dont le signe propre manque à la langue.

Ce signe, s'il existait , exprimerait une notion parfaitement simple (aussi simple que celle du moi) , savoir, celle d'une cause individuelle , d'une force productive , et dont l'activité fait toute l'essence ; notion indéterminée en elle-même comme ces quantités qui entrent dans les calculs du mathématicien, et dont il ne peut déterminer la valeur, faute de pouvoir les mettre en équation avec des quantités connues d'espèce homogène.

Au contraire, le terme général employé pour exprimer la *cause* dans la langue du physicien, est un signe très-complexe, représentant une multitude de valeurs successives et déterminées, dont on a l'équation.

Prenons pour exemple les termes *électricité, magnétisme,* ou ceux-ci encore plus généraux, *attraction, gravitation, affinité chimique :* chacun de ces termes ne doit exprimer, au sens des naturalistes, que la cause physique de tous les faits semblables, dont l'observation ou l'expérience ont constaté l'analogie ou l'identité.

Mais, supposé que venant de comparer les faits de deux classes différentes , on reconnaisse entré eux quelque analogie nouvelle, mais aperçue dans la première classification , il faudra ou créer un nouveau signe plus général pour embrasser les deux classes auparavant séparées , ou , mieux encore, attribuer à l'un des termes connus une extension nouvelle , c'est-à-dire transformer le nom d'une espèce en celui d'un genre, ou former une classe nouvelle plus élevée.

Mais , parce que l'on perfectionne ainsi le langage en le simplifiant, s'ensuit-il qu'on parvienne réellement, comme on dit, à simplifier les causes ? Parce qu'on n'a plus qu'un nom ou un terme général comme celui d'attraction en physique, de sensibilité en physiologie, est-on bien fondé à croire qu'il n'y ait vraiment qu'un seul principe, une seule cause, qui suffise à tout expliquer?

Ici s'aperçoit clairement l'erreur commune aux naturalistes et aux philosophes de l'école de Condillac ; erreur grave et funeste à la psychologie, comme nous aurons bientôt occasion de le montrer.

Reconnaissons dès à présent que toute la suite des procédés physiques et logiques, d'observation ou de généralisation, quelque utile qu'elle soit au perfectionnement des sciences naturelles, ne fait pas avancer d'un seul pas dans la recherche ou la véritable connaissance des causes. Tout au contraire, la notion sous laquelle l'esprit ou le sens commun conçoit toujours nécessairement l'existence de quelque cause ou force productive qui fait commencer les phénomènes, s'éloigne, s'obscurcit et se dénature de plus en plus par les procédés mêmes qui tendent à dissimuler son titre et sa valeur réelle.

« La découverte la plus admirable, la plus vaste « que puisse offrir la science humaine, dit un philo- « sophe anglais, M. Dugald Stewart, dans sa *Philo- « sophie de l'esprit humain*: celle de la gravitation « newtonienne, laisse la cause de la chute des corps « sous la forme d'un mystère tout aussi impénétrable « qu'il l'était avant cette découverte.

« Tout l'art des recherches, ajoute cet auteur, « consiste, en philosophie comme en géométrie, à « réduire les choses difficiles et compliquées à quelque « chose de plus simple, en poursuivant et étendant « les analogies de la nature, etc. »

Certainement on ne peut nier l'utilité et la légitimité de ces procédés dans les sciences naturelles ; mais il ne faut pas que les philosophes suivent l'exemple des naturalistes, et, perdant de vue le propre sujet de leur étude, s'imaginent qu'ils éclairciront et perfectionneront la science des faits de l'âme ou du moi, en transformant en images les idées ou les notions psychologiques, en représentant au dehors ce qui ne peut s'apercevoir qu'au dedans, et s'évanouit ou se dissipe à la lumière extérieure.

Disons, en résumant ce qui précède, que les naturalistes eux-mêmes ne transforment point véritablement, comme ils le prétendent d'après Bacon, la valeur des termes employés à désigner des causes ou forces occultes productives de phénomènes ; mais qu'en y substituant l'expression abstraite des faits généralisés, ils laissent à l'écart des notions ou des faits mêmes d'un ordre supérieur tout différent de celui qu'ils considèrent : notions dont il n'est pas possible à l'esprit humain de faire abstraction complète, pas plus que de s'abstraire lui-même.

Vainement donc on se flatte d'*éliminer cette inconnue*, *cause* ou force, qui subsiste toujours dans l'intimité de la pensée, sous quelque terme conventionnel qu'on la désigne, ou alors même qu'on ne la nomme pas.

Malgré tous les efforts de la logique, cette notion réelle de cause ne saurait jamais se confondre avec aucune idée de succession expérimentale ou de liaison quelconque des phénomènes.

Quoique la vraie méthode des sciences naturelles restaurées ait utilement remplacé une trop vaine recherche des causes par l'observation et la position nette de ces lois de succession expérimentale des phénomènes, il n'en est pas moins vrai de dire que la confusion perpétuelle des noms qui expriment ou doivent exprimer réellement une cause efficiente avec ceux qui signifient par convention une prétendue cause physique ou un fait généralisé, donne lieu à des équivoques nuisibles aux progrès réels des sciences physiques elles-mêmes.

Je pourrais citer en exemple ces disputes auxquelles a donné lieu dans la mécanique rationnelle la théorie des forces mouvantes et la manière dont on doit mesurer ou évaluer l'action de ces forces, etc., etc.

Mais ces abus ont un caractère bien autrement grave dans la science morale ou psychologique, dont l'objet est tout intérieur.

C'est ici surtout qu'il est d'autant moins permis de tenter de faire abstraction de la cause efficiente et d'en dissimuler le titre, que cette cause, force productive des mouvements du corps et d'une classe entière d'actes ou d'opérations de l'esprit, est le propre sujet de la science, et qu'elle se révèle immédiatement à la conscience comme le moi constitué avec elle ou par elle. Comment donc le philosophe dirait-il avec le naturaliste que la cause efficiente est inconnue ou hors des limites de l'observateur, lorsqu'il s'agit précisément du sujet même de cette observation ou expérience intérieure, puisque l'homme, agent libre, n'est ni plus ni moins assuré, qu'il est l'auteur ou la cause de ses actes et mouvements volontaires qu'il ne l'est de son existence? Abstraire la cause pour considérer exclusivement les effets de la sensibilité physique, les impressions simples et immédiates du plaisir ou de la douleur, etc., sans conscience du moi, c'est dénaturer ou détruire toute la science de l'homme intérieur ; c'est faire de la psychologie soit une science abstraite de définitions comme les mathématiques ou la logique, soit encore une science toute physique, fondée sur l'observation des faits d'une nature extérieure au moi, étrangère à la pensée.

§ II.

Comment l'altération du principe de causalité a influé sur la direction des doctrines physiologiques et psychologiques, et amené leur confusion.

En suivant la marche et les progrès de toutes les

sciences naturelles dans la direction imprimée par Bacon, les observateurs de la nature organisée, vivante ou sensible, durent écarter toutes les idées ou notions de causes exprimées par d'anciens philosophes sous les titres vagues d'*âme végétative*, d'*âme sensitive*, etc. Analyser ou décomposer les corps organisés dans leurs parties, les soumettre à une suite régulière d'observations ou d'expériences comparées, en allant des plus simples aux plus composées, des propriétés particulières ou spécifiques jusqu'à celle qui, étant commune à tous les individus de l'espèce, forme le type du genre le plus élevé, passer, toujours à l'aide d'inductions méthodiques, du connu à l'inconnu, du visible à l'invisible, pour arriver enfin, par cette chaîne d'analogies, jusqu'à la notion d'une faculté générale, d'un principe identique, commun à toute organisation vivante, telle est la marche constante des physiologistes modernes, et c'est par de tels procédés qu'ils en sont venus à cette simplification de langage, si heureuse suivant eux : un seul mot, *sensibilité*, suffit pour exprimer à la fois tout cet ensemble de faits découverts par l'observation assidue des corps vivants, et qui distinguent ou séparent cette classe d'êtres de celle des corps bruts, soumis aux lois de la mécanique ordinaire.

Certainement, en faisant sa langue ou le dictionnaire d'une science, on est maître, jusqu'à un certain point, du choix des termes conventionnels qui doivent méthodiquement exprimer les espèces ou les classes des faits analogues et vraiment homogènes entre eux ; mais c'est toujours à condition d'éviter l'amphibologie signalée auparavant et de se garder de confondre la valeur nominale, abstraite et complexe, de cette cause physique, avec la valeur réelle et simple de la cause efficiente.

Dans la langue consacrée par nos modernes physiologistes, le terme *sensibilité* exprime une propriété générale commune à tous les corps vivants, et tient aussi dans la science des faits de la nature vivante le même rang supérieur que tient le mot *attraction* dans la science des faits de la nature morte.

Mais l'amphibologie subsiste dans les deux cas également, chacun de ces noms abstraits ayant deux valeurs, l'une composée et déterminée par le calcul des phénomènes ; l'autre simple et non susceptible d'être déterminée autrement que par elle-même : l'une ayant son type au dehors dans les faits de la nature qui se représentent ; l'autre n'ayant qu'un type tout intérieur dans le fait unique de conscience, dans ce moi qui se réfléchit comme force ou cause productive de l'effort et du mouvement sans se représenter ou se concevoir sous une image.

Employé tour à tour sous l'une et l'autre de ces acceptions, le terme équivoque *sensibilité* se trouve,

tantôt restreint à sa valeur purement physiologique, lorsqu'il s'agit d'exprimer des faits intérieurs de conscience, tantôt étendu aux faits de cet ordre intérieur lorsqu'il ne s'agit que d'exprimer de purs phénomènes organiques.

C'est ainsi que le même mot signifie ici une propriété vitale, inhérente aux organes matériels, inséparable d'eux, avec toutes ses conséquences ; là une faculté, un attribut qui n'appartient qu'à l'âme humaine et constitue toute son essence.

Une telle confusion de langue et d'idées n'a pu qu'influer d'une manière funeste sur la direction et les progrès des études qui ont pour objet l'homme physique et moral.

Arrêtons-nous un moment pour examiner les principes et les résultats de cette confusion des deux sciences.

---

§ III.

De l'influence des systèmes de philosophie sur les doctrines physiologiques.

1° Du cartésianisme et de son influence sur les doctrines physiologiques.

Descartes est le premier de tous les métaphysiciens qui ait conçu et nettement posé la ligne de démarcation qui sépare les attributs de la matière et ce qui appartient au corps, des attributs de l'âme et de ce qui ne peut appartenir en propre qu'à une substance ou force pensante.

Cette distinction fondamentale, développée et appliquée dans le grand ouvrage des *Méditations*, avec une profondeur de réflexion vraiment admirable, a mérité à notre Descartes le titre de créateur et de père de la vraie métaphysique. L'auteur des *Méditations* me semble surtout justifier ce titre, lorsqu'il applique à la science de l'âme ou à l'exploration des faits intérieurs, le seul organe pour ainsi dire approprié à cet ordre de faits ; savoir, une méthode toute réflexive, au moyen de laquelle l'âme pensante, qui se dit moi, devient à la fois le sujet et l'objet de sa vue intérieure, de son aperception immédiate. Ainsi fut abandonnée cette méthode des analogies qui assimilait et confondait en un seul les deux domaines de la liberté et de la nécessité, de la nature et du moi ; méthode trompeuse qui a égaré sans cesse, depuis l'origine de la science, tous ceux qui, partant du physique et s'y arrêtant, croient pouvoir en détruire le moral ou l'intellectuel sans changer de méthode et de point de vue, sans admettre de quelque manière explicite ou implicite un élément qui ne soit pas physique.

Du premier point de départ, et de l'énoncé même du principe psychologique de Descartes, il résulterait évidemment qu'il ne pouvait y avoir aucune sorte d'analogie ni de comparaison à établir entre les attributs ou les modes propres de l'âme, la pensée, la volonté, la réminiscence, le jugement et la réflexion, tels que la conscience seule les manifeste intérieurement, et les attributs du corps, l'étendue, la figure, le mouvement, représentés au dehors par l'imagination ou les sens externes.

Les premiers attributs, seuls identifiés avec l'existence, ont pour le moi l'infaillibilité, l'évidence immédiate du sentiment de l'existence personnelle et réelle.

Quant aux attributs ou modes du corps représentés à l'imagination et aux sens, la certitude ne s'étend pas plus loin que le fait même de la représentation, en tant que l'être pensant moi en a la conscience actuelle, mais elle ne s'étend point jusqu'à assurer immédiatement que ce que nous appelons corps, ce qui nous apparaît au dehors, étendu, figuré, ait quelque réalité absolue, indépendante de nous, et soit quelque chose de plus qu'une apparence, un pur phénomène.

Suivant ce système, pris tout entier dans l'intime réflexion du sujet pensant, il est bien évident qu'on ne saurait se proposer d'expliquer les faits intérieurs de l'âme pensante ou du moi, les seuls qui portent avec eux un caractère de réalité, d'évidence immédiate, au moyen des faits de l'organisation vivante et de tout ce qui peut être attribué au corps, lequel peut n'avoir qu'une valeur phénoménale ou dont on peut douter s'il existe réellement, etc.

Cependant dès que nous savons d'une manière quelconque, par la raison, le témoignage, l'autorité de Dieu même, que les corps existent et que nous en avons un propre à nous, ce corps, tout extérieur qu'il est à l'âme, ou au moi qui s'en distingue ou s'en sépare, ne va pas moins être appelé, selon les principes mêmes de la physique de Descartes, à jouer un rôle essentiel et presque exclusif dans tous les phénomènes de la vie, de l'organisation, de la sensibilité même et de l'imagination, en tant que ces propriétés ou fonctions sont indépendantes de la pensée, ne rentrent pas dans la sphère d'activité de l'âme, ou ne font pas partie de ses attributs propres. C'est ainsi que les impressions des faits sur les organes ou leurs résultats les plus immédiats, que nous appelons *sensations* premières, ne seraient, dans l'hypothèse explicative de Descartes, qu'un pur mécanisme résultant de divers mouvements de fibres ou de fluides, d'esprits animaux répandus dans les nerfs, lesquels vont se réunir dans un point central du cerveau qui est le propre siège de l'âme, etc.

Tous ces mouvements vitaux ou sensitifs sont soumis aux mêmes lois qui régissent la matière étendue, figurée, modifiée d'une manière quelconque sans qu'il y ait d'exception pour les corps vivants. La raison en

est simple dans ce système ; c'est qu'en effet tous les êtres, toutes les substances de l'univers se partagent en deux grandes classes, savoir : les substances matérielles étendues qui ne pensent point, et les substances spirituelles, inétendues, qui pensent, les esprits et les corps.

On ne saurait concevoir ici une troisième classe intermédiaire.

Il y a bien plusieurs modifications ou manières de penser, comme il y a plusieurs modifications de l'étendue, figurable ou mobile à l'infini, mais il n'y a pour chaque esprit qu'un seul fond permanent de pensée qui fait le durable de la substance pensante, comme il n'y a qu'un même fond de matière ou d'étendue qui constitue l'essence réelle de chaque corps, et le fait rester ce qu'il est, malgré toutes les variations de formes ou de qualités sensibles, etc.

De la pensée prise pour l'essence dans le système cartésien, il s'ensuit que l'âme ne peut cesser de penser sans cesser d'être ; ainsi l'âme pense toujours depuis l'instant de sa création dans le fœtus, au sein de sa mère et dans le plus profond sommeil, comme dans les défaillances, dans les états enfin où l'homme a perdu le *conscium*, le *compos sui*.

Si l'on eût demandé à Descartes quelle est la différence essentielle qui sépare dans le même être organisé, vivant, sentant et pensant, ce qui appartient au corps et ce qui est proprement du domaine de l'âme, il aurait répondu sans hésiter comme il le fait dans plusieurs endroits de ses ouvrages : « J'attribue au corps tout ce qui n'est pas la pensée, » c'est-à-dire toutes les fonctions organiques vitales ou animales en vertu, ou plutôt à l'occasion desquelles l'âme sent, est affectée de plaisir ou de douleur, et aussi perçoit au dehors ou dans son cerveau certaines images ou représentations. Et comme il n'y a certainement aucune ressemblance intelligible entre ces sensations, affections ou perceptions, qui sont des modes de la pensée, et les mouvements des fibres, le jeu des fluides, des esprits animaux, etc., qui les occasionnent, il n'y a donc point de passage ni par suite d'explication possible de l'un à l'autre de ces deux ordres de faits interne et externe. Pour expliquer le mode de la pensée le plus simple, savoir : la sensation que l'âme éprouve à la suite ou à l'occasion d'une impression organique ou matérielle quelconque, il faudrait commencer par expliquer l'union des deux substances de l'âme et du corps ; c'est là le secret de la création ; si nous le savions, *nous saurions tout*, dit Descartes lui-même, dans une de ses lettres.

Comme à l'occasion des impressions matérielles reçues par les organes nerveux, internes ou externes, l'âme est modifiée ou éprouve certaines affections agréables ou douloureuses, certains désirs ou appéuits, etc., réciproquement à l'occasion de certaines pensées, sentiments ou vouloirs de l'âme, le corps organisé exécute divers mouvements coordonnés, consécutifs à ces pensées ou vouloirs, sans néanmoins qu'il y ait causalité productive ou liaison de cause à effet entre le vouloir de l'âme et le mouvement du corps.

A cet égard le sens intime nous trompe sur l'efficace de notre volonté, comme il nous trompe dans le transport que nous faisons des réactions de l'âme dans les affections immédiates du plaisir ou de la douleur aux parties du corps où elles nous semblent se localiser.

Dans la réalité il n'y a qu'une seule cause efficiente vraiment productive : Dieu, force suprème, infinie, qui, ayant créé les êtres, peut seule les modifier, les changer ou les conserver dans le même état.

Toutes les substances créées et finies sont passives, et l'âme humaine ne fait exception ni quant au fond de son être ni quant aux idées ou notions innées, gravées en elle par la main même du Créateur.

De là il suit que les animaux doivent être considérés comme des machines de la nature, et nous n'avons aucune raison de leur attribuer une âme qui, si elle existait, sentirait, et par là même penserait comme la nôtre, puisque, d'ailleurs, toutes les fonctions, mouvements organiques, impressions, tendances, appétits, s'expliquent dans les animaux comme dans l'homme, à l'aide de l'étendue et du mouvement.

D'où il suit encore que, considérant l'être organisé vivant, ou le tout formé par l'union mystérieuse et ineffable des deux substances diverses de l'âme et du corps, tout ce que la philosophie devra se proposer sera, non d'expliquer les mouvements ou affections du corps par les lois de l'esprit, ou réciproquement, en essayant de combler un abîme, mais bien d'expliquer les fonctions ou mouvements du corps organique vivant par les lois connues et plus simples de la mécanique ordinaire.

Dans le dernier cas seulement on peut comparer entre elles les choses de même nature, de même genre ; dans l'autre cas on ne saurait mettre en équation des valeurs hétérogènes et incommensurables entre elles.

Il serait donc absurde de croire que les faits de l'âme ou les opérations de l'esprit puissent avoir leur principe ou leur cause efficiente dans les fonctions ou mouvements du corps ou de la matière. Pour trouver ce principe ou cette cause, il faut remonter à l'esprit suprême ou à Dieu qui, en créant l'âme et le corps, a posé les lois de leur union.

Cet exposé rapide et incomplet du cartésianisme nous montre l'origine de la physiologie du dernier siècle. On voit, de plus, comment la doctrine mère, altérée dans son principe, ou peut-être même poussée à ses dernières extrémités par des esprits hardis et

très-conséquents, a pu favoriser le système des unitaires matérialistes en ramenant la confusion de deux ordres de faits et d'attributs que Descartes avait voulu et cru séparer à toujours.

En effet, si la causalité n'appartient à aucune substance créée, y compris l'âme humaine ou le moi, toutes recherches ou considérations sur les causes ou forces productives des phénomènes se trouvent nécessairement exclues du domaine de la philosophie comme de la physique, et n'appartiennent qu'à la théologie ; on pourra donc dire de toute cause efficiente ce que dit Bacon en parlant des causes finales : *Causarum finalium investigatio tanquam virgo Deo consecrata nihil parit.*

Mais si l'idée ou l'aperception que chaque être pensant a de son existence personnelle, de son moi, n'est autre que l'idée, l'aperception interne d'une cause, force agissante et libre, abstraire la cause dans la recherche ou l'observation des faits primitifs du sens intime, ce sera abstraire le moi, propre sujet de l'observation intérieure. Dès lors la psychologie, ou la science des faits de l'âme, ira se confondre avec la science purement abstraite ou logique conventionnelle, qui roule sur des définitions (et c'est là que Condillac et ses disciples ont ramené la science de l'homme intellectuel et moral), ou d'autre part avec une théorie des fonctions organiques ou propriétés des corps vivants dont les physiologistes résument l'ensemble sous le titre général de sensibilité physique.

A la vérité, ce que nos modernes philosophes ont appelé sensations animales, imaginations, associations d'idées considérées, pour ainsi dire, de dehors ou localisées dans une partie quelconque de l'organisation cérébrale, n'ont rien de commun avec ce que Descartes a proprement nommé la *pensée* prise pour attribut essentiel de l'âme et du moi ; mais il est vrai aussi que, quand on a été conduit à faire abstraction du sentiment de libre activité ou du moi, et par suite de toute cause efficiente, on peut très-bien sans inconséquence ne reconnaître qu'une seule classe de facultés ou de fonctions attribuées soit à l'âme, soit même au corps qui a la vie en puissance, et dont la propriété essentielle est de *sentir* ; dans ce dernier cas, on ramène les faits de l'intelligence, les actes libres de la volonté humaine aux phénomènes de la sensibilité physique ou animale, et à une simple réceptivité des organes mêmes où l'observateur imagine et croit saisir ces phénomènes.

Tel a été, depuis l'application de la méthode de Bacon à la science de l'homme intellectuel et moral, le point de vue commun aux physiologistes et à plusieurs philosophes qui se sont proposé expressément, et de la manière la plus illusoire, de ramener l'homme intérieur et moral à l'homme extérieur ou physique, comme si le moral était le physique même retourné,

C'est en transportant à la science de l'âme ces hypothèses limitées par Descartes à la science des corps et de leurs divers mouvements, que Hobbes et Gassendi d'abord, ensuite Hartley et Priestley, Ch. Bonnet, et de nos jours les disciples de Condillac qui se sont spécialement occupés de la physiologie, ont porté au plus haut degré la confusion des deux ordres de faits physiologiques et psychologiques.

2o De la doctrine de Stalb et de son influence.

Dans ce point de vue systématique où Descartes refusait toute action, toute causalité réelle aux créatures et ne voyait qu'en Dieu seul la cause efficiente, les mouvements divers de la matière brute ou organique, dépendant de la même cause, venaient théoriquement se ranger sous les mêmes lois, et la physiologie n'existait pas encore comme science particulière, distincte de la physique ou de la mécanique. Mais en reconnaissant le fait de l'activité humaine, ou en lui attribuant une causalité au sens le plus élevé, Stalh fut conduit à poser nettement la ligne de démarcation qui sépare les lois physiologiques des corps vivants et les lois mécaniques de la matière brute. Stalh fut ainsi le créateur de la vraie physiologie animale, comme Descartes avait été le père de la vraie métaphysique de l'âme.

Mais pour affranchir les corps vivants des lois générales de la mécanique, il n'était pas nécessaire de les faire rentrer sous la dépendance exclusive de l'âme pensante, il ne fallait pas surtout confondre la prévoyance ou la libre activité de l'esprit avec l'aveugle *fatum* du corps.

Stalh abonda trop dans le sens absolu de Descartes, et crut avec lui que tout ce qui était démontré ne pouvoir appartenir au corps devait, par là même, être exclusivement attribué à l'âme pensante.

« En faisant de l'âme le principe de tous les mouvements vitaux, dit M. Roussel, Stalh a renversé la barrière qui séparait la médecine de la philosophie. »

Cela est vrai, mais ne saurait être pris pour un éloge du stalhianisme, ni pour une marque de l'heureuse et légitime influence de ce système sur les véritables progrès, soit de la médecine physiologique, soit de la vraie philosophie de l'esprit humain.

Les faits de la nature restent toujours ce qu'ils sont, en dépit de nos systèmes et de nos classifications arbitraires ; chaque homme qui descend en lui-même, apprend (*certissimâ scientiâ et clamante conscientiâ*) que les faits et les lois du corps ne sont pas plus les faits ni les lois de l'esprit, que la passion n'est l'action : aucune science humaine ne saurait renverser cette forte barrière élevée par la nature même entre les deux forces vivantes qui constituent l'homme tout entier.

L'homme n'est pas plus une pure intelligence servie par des organes, qu'il n'est une organisation servie par un esprit ; il y a des organes de perception qui obéissent à la volonté ; ceux-là seuls peuvent être dits servir l'intelligence ; il en est d'autres de pure sensation qui, placés par la nature hors de la sphère d'activité de la personne ou du moi, peuvent entraîner et subjuguer la volonté sans lui obéir en aucun cas, obscurcir et absorber l'intelligence sans jamais lui porter la lumière.

Dans un sujet aussi composé que l'homme, il faut se méfier de ces maximes générales et absolues, de ces formules aphoristiques et tranchantes qui ne sont vraies que d'un côté.

Partant des faits particuliers de conscience, Stalh s'élève, avec une précipitation impossible à justifier pour un philosophe, jusqu'à la cause unique efficiente des phénomènes organiques et vitaux comme des phénomènes moraux et intellectuels. Il trouve bien le type originel de cette cause dans le sentiment du moi, identifié avec celui d'une force libre qui se connaît par la conscience de ses propres actes, et sur ce point capital il rectifie le système de Descartes : *penser* ne signifie pas seulement avoir ou sentir une modification, mais agir ou créer le mouvement, par un effort primitif indépendant. Mais en attribuant à la force moi tout mouvement corporel involontaire et non aperçu, comme volontaire ou libre et intérieurement aperçu, Stalh considère que cette force agissante, toujours à l'œuvre, n'a pas besoin d'avoir conscience de son effort, de ses actes ou de ses vouloirs, pour être la vraie cause de tous ses mouvements, tant organiques que volontaires, pas plus qu'elle n'a besoin de se connaître elle-même pour exister réellement à titre de force ou de substance en soi.

A ce titre purement nominal ou abstrait, l'âme considérée comme cause ou force productive inconnue, n'a plus rien de commun avec la personne ou le moi qui se connaît ou se sait exister. Ainsi l'âme humaine irait se ranger dans la classe de toutes les autres forces de la nature dont les physiciens disent avec vérité qu'il n'y a point de science possible hors des effets sensibles extérieurs, qui les manifestent. C'est dans ce sens aussi que les anciens philosophes s'informaient si curieusement de l'essence ou de la forme même de l'âme ; si elle n'était pas un air, un feu subtil, un globule de matière, etc. Dans ce sens imaginaire et hypothétique, on pourra bien se croire fondé à dire, sans s'écarter du point de vue de Stalh, que la même âme, la même cause inconnue, s'appliquant tour à tour ou à la fois à des instruments divers, fait sentir les organes chacun à sa manière, sécrète la bile dans le foie, les sucs gastriques dans l'estomac, digère les aliments, enfin, par une analogie qui passe toutes les bornes, veut, réfléchit, se souvient, compare et juge dans le cerveau. Mais, ramener ainsi à l'unité de cause ou de lois, des faits si divers, si incomparables par leur nature, n'est-ce pas tomber dans une erreur plus grande et plus manifeste encore que celle des premiers physiologistes mécaniciens ? N'est-ce pas violer aussi ouvertement toutes les règles d'une sage induction et s'écarter de la méthode même exclusivement appropriée aux sciences naturelles, d'après laquelle, en comparant ces faits divers, alors même qu'ils sont également extérieurs au moi, on ne peut être conduit à admettre ou supposer une vraie identité de cause, qu'autant qu'il y a analogie ou ressemblance complète entre les effets observés ? Or, comment assigner quelque ressemblance entre des faits aussi essentiellement divers, par leur nature, que le sont, par exemple, tels actes intérieurs de vouloir, de souvenir, de jugement, de réflexion, et telle fonction ou mouvement organique représenté à l'imagination ou aux sens. La différence seule des deux modes d'observation par lesquels nous pouvons constater ces deux natures de faits, ne suffit-elle pas pour montrer toute l'absurdité qu'il y aurait à ranger dans la même catégorie des choses aussi hétérogènes, à leur appliquer les mêmes lois, les mêmes dénominations, à les rattacher enfin à la même cause ?

Malgré le système de la perfectibilité progressive et indéfinie, nous ne pouvons nous empêcher de croire qu'ils étaient plus près de la vérité ou dans une meilleure direction méthodique, ces anciens philosophes qui, après avoir embrassé le système général des facultés de l'être organisé, vivant, sentant et pensant, sentirent le besoin de noter avec plus de précision les trois rapports essentiellement distincts sous lesquels ils considéraient cette sorte de *trinité* d'existence ; en employant les titres d'*âme végétative, sensitive* et *raisonnable* pour exprimer trois principes de vie ou d'opération.

Aussi, en dépit de tous les efforts qu'on a faits de nos jours pour écarter et proscrire les titres mêmes des causes occultes, voyons-nous que l'observation et l'examen plus approfondi d'un ordre de faits mixtes, et qui semblent tenir à la fois à la science de l'âme et à celle du corps organique, tendent à ramener sous d'autres formes, des divisions de classes, de propriétés et de fonctions tout à fait semblables à celles que les anciens avaient reconnues ou établies entre les principes ou les causes de ces fonctions diverses.

Nous montrerons bientôt, en effet, par un exemple remarquable, que les mêmes observations qui ont porté à distinguer une sensibilité organique de la sensibilité animale, et pareillement une contractilité organique insensible d'une contractilité sensible ou animale, doivent conduire nécessairement à admettre une troisième espèce de sensibilité et de contractilité,

qui, sortant de la sphère de l'organisation ou de l'animalité, ne peut être attribuée qu'à la personne ou au moi, et par suite à l'âme humaine ; ce qui, en rétablissant les titres respectifs de causes métaphysiques ou forces productives des trois classes de propriétés observées, conduirait à l'ancienne division d'*âme végétative, sensitive et pensante*.

La théorie physiologique de Stahl s'alliait très-bien avec les systèmes métaphysiques, qui, partant de l'absolu et n'ayant aucun égard aux faits primitifs du sens intime, avaient été conduits à rapporter à la cause ou moteur suprême, non-moi, ces actes volontaires et libres que le moi s'attribue dans le for interne comme des effets dont il se sait cause de la même manière qu'il se sait exister. Dès que cette causalité immédiate ou de fait est reniée ou méconnue, la personnalité l'étant aussi, la science ne repose plus que sur des hypothèses. On pourra bien supposer, en effet, qu'une même force, une même cause intelligente ou aveugle, libre ou nécessaire, fait tout dans la nature et dans l'homme, mais que cette cause soit Dieu (ou l'âme universelle ou particulière), toujours est-elle non-moi et étrangère à la personne dont le titre et le caractère individuels vont se perdre dans des abstractions ou se confondre avec des images.

Réciproquement nos doctrines modernes de psychologie ont pu se rattacher à la doctrine du stahlianisme pur ou modifié selon les vues de cette méthode propre aux sciences naturelles qui fait profession d'écarter tout recours aux causes occultes.

On trouve, par exemple, dans la psychologie de Charles Bonnet toutes les idées de Stahl relativement à l'empire universel que la même *âme* exercerait sur les fonctions vitales, nutritives, sécrétoires, etc., comme sur les opérations libres de l'esprit et de la volonté.

Condillac lui-même paraît entrer dans ce point de vue, quand il dit avec assurance dans sa *Logique* que le principe qui fait végéter l'animal est le même qui le fait penser ou sentir.

C'est ainsi qu'après avoir fait abstraction du fait primitif ou de l'effort libre qui constitue la personne ou le moi, toutes les facultés de l'âme viennent se confondre, soit avec les modifications du principe inconnu, de la force aveugle qui fait végéter, ou encore plus simplement avec les propriétés mêmes inhérentes aux organes vivants. Dès lors, la science de l'homme physique et moral ne sera plus que celle des fonctions de ses divers organes ; le métaphysicien, croyant trouver le sujet propre de sa science dans les observations ou système du physiologue, croira pouvoir emprunter son langage ou lui prêter le sien, entrer avec lui en communauté d'idées comme de signes, adopter ses hypothèses pour expliquer des faits d'un ordre entièrement différent, employer enfin une méthode de classification ou de division qui, étant appropriée à des choses ou des phénomènes que l'imagination ou les sens saisissent et représentent au dehors, n'ont plus qu'une acception illusoire et tout à fait frivole, quand il s'agit des faits tout intérieurs auxquels une réflexion concentrée peut seule donner un sens : c'est ce que nous allons chercher à montrer par quelques exemples.

––––––––

§ IV.

Des tentatives faites pour distinguer et analyser les diverses facultés de l'âme, en leur assignant des siéges particuliers dans l'organisation.

Comme le transport que nous faisons des impressions sensibles aux divers siéges organiques qu'elles affectent, est sans doute le premier moyen naturel de leur distinction dans la conscience, il devient ensuite le motif principal qui détermine à réunir dans une même classe et à exprimer par un seul terme général, toutes les impressions qui peuvent se rapporter à un même organe.

C'est la nature même qui semble avoir fait le partage de nos sensations en cinq espèces, relatives à autant d'instruments particuliers qui les reçoivent ou les transmettent, et avoir ainsi préparé une sorte de décomposition de cette faculté générale appelée sensibilité extérieure : décomposition qui se fonde sur une circonstance d'autant plus facile à saisir, qu'elle ne demande aucun retour réfléchi sur les modifications spécifiques elles-mêmes, lesquelles peuvent être d'ailleurs intrinsèquement différentes ou même contraires, quoiqu'elles se rapportent au même siége ou s'associent à l'idée d'un même lieu.

En continuant d'après les mêmes vues et suivant le plan indiqué par la nature, des esprits systématiques ont cru qu'il n'y avait rien de mieux à faire que d'appliquer la même méthode de division des fonctions des sens divers, tant externes qu'internes, à l'analyse des faits de l'âme, ou des modes et actes de conscience qui sont censés correspondants à ces fonctions ou en résulter.

Dès qu'on se serait convaincu, par exemple, d'après un assez grand nombre d'observations ou d'expériences appropriées (si tant est qu'il puisse y en avoir de telles), que certaines facultés ou opérations intellectuelles, désignées d'une manière plus ou moins précise, par ces termes, jugement, mémoire, imagination, etc., correspondent chacune à une division partielle du cerveau, qui doit entrer en jeu ou fonctionner d'une manière quelconque pour qu'il y ait lieu

à l'exercice spécial de telle faculté ; dès lors, dis-je, on pourrait croire avoir ou décomposé cette faculté générale nommée *entendement* en autant de facultés particulières (l'imagination, le jugement, le souvenir, etc.), qu'il y aurait de siéges cérébraux vraiment distincts. En supposant la division physiologique suffisamment exacte, il n'y aurait plus de disputes ou de divergence d'opinion sur l'espèce et le nombre précis de ces sortes d'instruments par lesquels l'homme conçoit, rappelle, compare, etc., des idées ; pas plus qu'il n'y en a maintenant sur le nombre et les limites des cinq sens externes qui fournissent les premiers matériaux de ces opérations.

Observons, néanmoins, qu'une distinction de siéges attribuée à l'exercice de chaque faculté, telle que certains physiologistes se sont crus autorisés à la supposer, se réfère nécessairement elle-même à un système fondé sur une méthode de division tout à fait différente, tantôt réflexive comme celle de Descartes, tantôt purement logique comme celle de Condillac, mais également indépendant, dans les deux cas, de toutes les considérations physiologiques.

Maintenant, de deux choses l'une, ou la division métaphysique dont il s'agit a été déjà confirmée et vérifiée par son *critère* approprié, la réflexion et le sens intime ; ou bien elle n'est qu'arbitraire, conventionnelle et provisoire. Dans le premier cas, la division physiologique, supposée ou même constatée par l'observation extérieure, n'ajouterait rien à la vérité intérieure des distinctions psychologiques ; il en résulterait seulement une sorte de parallélisme et un accord satisfaisant entre la connaissance objective des moyens ou instruments par lesquels nos facultés intellectuelles s'exercent, et la connaissance toute réflexive de cet exercice même. Dans le second cas, la division physiologique pourrait servir, jusqu'à un certain point, de preuve ou de correctif à une analyse métaphysique, incertaine, arbitraire ; pourvu, toutefois, que la première ne fût pas imaginée comme moyen de suppléer l'autre, de la justifier, et, surtout, de l'expliquer ; car ainsi il suffirait que le métaphysicien multipliât arbitrairement ses distinctions ou classifications, pour que le physiologiste en prît prétexte d'assigner une petite place dans le cerveau, afin d'y loger telle faculté abstraite et purement nominale.

L'on voit bien que des hypothèses, ainsi entées sur des hypothèses d'un ordre différent, loin d'éclaircir l'analyse des facultés de l'esprit, ne seraient propres qu'à les obscurcir, en dénaturer ou transformer les véritables caractères.

Les livres de physiologie ne nous fournissent que trop d'exemples de l'abus et du vide de ces sortes d'hypothèses explicatives pour des facultés ou attributs de l'âme.

On sait comment Willis avait assigné dans le cerveau un siége particulier à chaque faculté de l'âme, en logeant le *sens commun* dans le *corps cannelé*, la *mémoire* dans la *substance corticale*, etc.

D'autres physiologistes, depuis Willis, ont proposé de nouvelles divisions de siéges, mais toujours fondées sur des distinctions psychologiques plus ou moins arbitraires.

De nos jours, le docteur Gall a prétendu établir une liaison ou correspondance certaine entre chacune de nos facultés intellectuelles, et même entre telles passions, tels vices, telles vertus ou dispositions morales, et certaines protubérances du crâne qui les signalent aux yeux de l'observateur.

Sans vouloir entrer dans les détails de ce système, je me bornerai à demander à M. le docteur Gall, s'il croit que la nature a dû proportionner le nombre des organes à celui des distinctions qu'il a plu à l'homme d'établir dans des langues arbitraires et conventionnelles, en considérant quelquefois, par exemple, une seule et même faculté sous différents points de vue abstraits, par rapport à telles circonstances sociales, tels résultats accidentels ou fortuits, etc.

M. Pinel, dans son Traité sur l'aliénation mentale, admet aussi, quoique avec beaucoup plus de réserve, l'hypothèse d'une diversité de siéges cérébraux à chacun desquels viendrait se rattacher une faculté particulière de l'esprit.

Cet auteur induit deux divisions psychologiques et physiologiques parallèles et correspondantes de certains cas de manie ou d'aliénation mentale où il dit avoir observé que tel aliéné exerce tour à tour et isolément une faculté intellectuelle particulière, comme l'attention, le jugement, la méditation, etc., pendant que d'autres facultés, comme la perception, la mémoire, etc., paraissent tout à fait oblitérées ; ce qui prouverait, suivant cet auteur, la multiplicité de cet être abstrait et complexe, appelé l'entendement humain, et sa divisibilité réelle en autant de facultés élémentaires qu'il y a ou qu'il doit y avoir d'instruments ou de siéges cérébraux.

Je crois qu'on peut contester à la fois et le fondement de cette analyse psychologique, et les inductions que le physiologiste prétend en tirer.

Quand on dit qu'un aliéné exerce telle faculté active de l'intelligence proprement dite, comme le jugement, la réflexion, etc., c'est qu'on part de certaines définitions nominales de ces facultés, ou qu'on les considère à la manière de Condillac, en dedans de la sensation, en faisant abstraction de leur caractère le plus essentiel.

Ce n'est, en effet, qu'autant qu'on a préalablement défini, caractérisé et classé les facultés de l'entendement, en laissant à l'écart le moi, la conscience, l'ac-

tivité libre de la personne, sans laquelle nulle intelligence n'existe, que l'on peut dire, conséquemment à telle définition abstraite, qu'un aliéné qui n'a pas actuellement le *conscium*, le *compos sui*, pense, donne son attention, juge, médite, réfléchit, etc.

Cette hypothèse tout à fait contradictoire, à mon sens, est un nouvel exemple très-frappant des illusions et des abus qui se lient d'une part à l'emploi d'une méthode, ou logique ou physique, dans la science des faits intérieurs, ou de la confusion de langage et d'idées introduite, comme nous l'avons remarqué, entre deux sciences diverses qu'on tente vainement de réduire à une seule.

Au vrai, l'aliéné, tant qu'il n'a pas le sentiment du moi, et qu'il ne se connaît pas, se trouve rayé de la liste des êtres intelligents, des personnes morales : il ne perçoit pas, car percevoir c'est se distinguer soi-même de tous objets de représentation ou d'intuition externe ; par suite, il ne juge pas ; car le jugement consiste précisément à distinguer l'attribut du sujet ; or l'individu qui ne fait pas cette distinction en lui-même, qui ne sépare pas ce qui est lui de ce qui ne l'est pas, s'identifiant (selon l'expression de Condillac) avec toutes ses modifications successives, sent, et ne juge pas.

Il n'est pas plus vrai de dire que l'aliéné donne son attention ; car l'attention étant un acte volontaire de l'esprit, là où il n'y a pas de libre activité, de *compos sui*, il ne saurait y avoir d'attention, ni, par suite, de réminiscence ou de souvenir, etc.

Un maniaque qui exerce actuellement une seule des facultés actives dont on parle, cesse, par là même, d'être aliéné ; par cela seul qu'il rentre en possession de *lui-même*, l'intelligence, la pensée, se trouve rétablie dans son empire entier et sans nulle division.

Sans doute la sensibilité, proprement dite, externe ou interne, l'imagination, les passions, toutes les facultés passives, peuvent s'exercer et prendre même un surcroît d'énergie dans l'état d'aliénation, quoique la conscience du moi, et avec elle toutes les facultés actives de l'intelligence, soient suspendues ou oblitérées ; et au contraire, les facultés de l'entendement peuvent être dans l'état le plus sain, quoique la sensibilité physique et toutes les facultés passives qui en dépendent, la sensibilité, l'imagination, la mémoire mécanique, soient altérées et soumises à des aberrations telles qu'on en trouve divers exemples, dont un des plus frappants est celui qu'on peut lire dans l'*Essai analytique sur l'âme*, par Charles Bonnet, relativement à un vieillard, Charles Lullin, sujet à des aliénations extraordinaires qui ne troublaient nullement l'exercice de ses facultés mentales.

De cet exemple et d'une foule d'autres, on déduit très-bien, non comme dit l'auteur dont nous parlions, la divisibilité de cet être abstrait et nulliforme, appelé l'entendement, mais une division ou séparation réelle de deux classes de facultés, les unes animales ou passives, les autres intellectuelles et actives ; distinction essentielle prouvée par les observations physiologiques, éclairées par une vraie psychologie.

Disons, en nous résumant sur ce sujet capital, qu'il n'en est pas des facultés actives, des volitions et des actes réfléchis de notre intelligence, comme des capacités purement réceptives des divers organes sensitifs auxquels se rattachent les impressions passives, les images ou autres distinctions spontanées : si ces dernières modifications peuvent être étudiées dans leurs causes instrumentales et leurs effets physiques , ou divisées, circonscrites et classées hors du moi dans leurs sièges propres , les premières étant vraiment indivises de leur cause hyperorganique ou de la force consciente et une dont elles émanent, ne peuvent pas plus que cette force même se représenter dans l'espace extérieur, ou se concevoir par localisation et comme par dissémination dans les parties du composé organique. Là se trouvent les limites où le physiologiste est forcé de s'arrêter ; toute application des points de vue de la méthode et des principes de sa science propre devient impossible, et n'amène que des contradictions ou des absurdités.

Mais avant d'arriver à ces limites on rencontre , pour ainsi dire sur les confins des deux natures, une espèce de faits mixtes et qui semblent tenir de l'une et de l'autre, et en former comme le lien ; ainsi que nous tâcherons de le montrer après avoir cité encore un exemple propre à faire voir l'immense lacune qui subsiste toujours entre les deux sciences de l'homme physique et de l'homme moral, en dépit de tous les efforts des physiologistes pour combler l'abîme ou dissimuler le *hiatus*.

———

§ V.

Divisions physiologiques des fonctions de sensibilité et de motilité; comment elles laissent à l'écart les faits de l'âme.

1º Différentes espèces de sensibilité distinguées par Bichat.

On sait combien d'expériences ont été faites et variées , depuis Haller jusqu'à nos jours, pour constater dans différents êtres organisés , ou dans les diverses parties d'un même être vivant, l'existence ou les modes de cette propriété générale que les physiologistes ont appelée tour à tour *sensibilité* et *irritabilité*.

On a longuement discuté, et peut-être discute-t-on encore , pour savoir si ces deux noms expriment réellement deux propriétés différentes , ou une même propriété diversement modifiée.

Le savant et judicieux Haller avait toujours fait entrer dans la notion psychologique ou réflexive , exprimée par le terme *sensibilité*, la conscience ou le sentiment du moi, comme la seule part que l'âme humaine puisse être censée prendre à ce qui se passe dans l'organisation vivante.

Quant aux autres phénomènes de mouvement ou de contraction, expérimentés ou observés dans des parties séparées du corps de l'animal, ou isolées du principe ou de la force consciente en vertu de laquelle la personne existe et sent ou perçoit , ils venaient se ranger, suivant Haller, dans une classe tout à fait distincte sous le nom propre d'*irritabilité* qui exprime ainsi une propriété vitale ou inhérente au corps organisé , et qui réside spécialement dans les parties musculaires.

Mais les physiologistes qui restaient attachés à la doctrine de Stahl , pure ou modifiée comme nous l'avons vu, préoccupés des vues de Stahl et considérant que la même âme, principe commun de la pensée, du sentiment et de la vie organique, est présente ou fonctionne là même où n'est pas la conscience ou le moi, étaient conduits par là même à identifier l'irritabilité et la sensibilité, sinon , quant aux effets apparents , du moins quant au principe ou à la cause productive des phénomènes organiques, respectivement classés sous ces deux titres.

C'est ainsi que les physiologistes se sont crus autorisés à dire dans un langage qu'on pourrait croire métaphysique, que lorsque tel organe musculaire, par exemple , se contracte ou frémit sous le *stimulus*, c'est parce qu'il en sent l'excitation en vertu du mode spécial de sensibilité qui lui est propre suivant les uns, communiquée, suivant les autres, par les nerfs qui rampent et se cachent dans son tissu; ainsi, l'irritabilité ne serait , au vrai, qu'une modification particulière même, ou, comme on l'a dit, une branche égarée de la sensibilité, propriété mère à laquelle on prétendrait rattacher l'universalité des faits de la nature vivante, sentante, et pensante même.

Cependant, il était impossible de nier ou de méconnaître les résultats des expériences certaines sur lesquelles Haller fondait sa distinction.

On ne pouvait confondre, par exemple, les cas où telle partie excitée répond seule à l'action du stimulus, par des mouvements de contraction partielle plus ou moins visibles, sans que l'animal semblât y participer en aucune manière, et ceux, au contraire, où la plus légère impression faite sur quelque extrémité nerveuse, détermine une agitation générale , entraînant après elle tous les signes d'une vraie sensibilité ; mais on n'en a pas moins persisté à dire que dans le premier cas, c'est l'organe isolé qui sent seul l'impression du stimulus, tandis que dans le deuxième, c'est tout le système vivant, l'animal enfin qui est affecté, qui souffre plaisir ou douleur.

Nous ne voulons pas ici récriminer de nouveau sur l'équivoque ou l'abus trop évident du mot *sentir* pris tour à tour dans deux acceptions qui n'ont rien de commun ; mais nous ne pouvons nous empêcher de remarquer que cette prétendue sensibilité, latente ou bornée à un organe particulier, ne saurait offrir à la pensée ou à l'imagination, rien de plus que ce que Haller entendait par l'irritabilité ; et certainement, il ne peut y avoir sur ce point qu'une dispute de mot. Quoi qu'il en soit, il fallait un terme particulier pour exprimer cette sorte d'affectivité. On a choisi le terme *sensibilité organique* au lieu d'irritabilité, comme plus propre à signifier cette propriété générale, en vertu de laquelle chaque partie de l'organisation vivante est dite *sentir* les impressions qu'elle reçoit immédiatement. Et l'on a appelé *sensibilité animale* cette même propriété générale, attribuée à l'animal ou au même tout vivant, dont tous les organes sont solidaires.

Or une condition essentielle à toute sensation animale, celle que toutes les expériences des physiologues s'accordent à manifester, c'est la transmission directe et continue de l'impression depuis l'organe qui la reçoit jusqu'au cerveau, qui étant le rendez-vous commun de tous les nerfs et organes sensitifs de la vie animale, est dit aussi le siège central, le rendez-vous commun de toutes les sensations de cette espèce. De là, on conclut très-bien qu'une sensation qui devient *animale*, par sa propagation jusqu'au cerveau, est d'abord et peut rester *organique* en s'arrêtant à l'organe extérieur, immédiatement affecté ; que, par conséquent, il n'y a point là deux propriétés différentes, mais seulement deux degrés d'une seule et même propriété, ou passage d'un degré à l'autre.

On peut donc dire que la *sensation animale* n'est elle-même qu'une sensation organique plus forte ; comment pourrait-elle, en effet, cesser d'être organique par le seul fait de sa transmission à un organe central ?

On peut dire de même dans le langage physiologique que la *sensation organique* n'est qu'une sensation animale plus faible ; mais si l'on introduit dans cette espèce supérieure de sensation quelque chose de plus que la transmission de l'impression à un centre ou qu'une communication de mouvement d'organe à organe ; si la sensation n'est dite animale qu'en tant qu'on la considère sous son rapport à la conscience

du moi, qui la perçoit, que devient la sensation organique ? et quelle valeur réelle attribuer, en ce cas, au mot *sensation* si souvent employé ? Faudra-t-il diviser la conscience en autant de degrés qu'on peut en supposer entre l'impression organique la plus bornée, la plus obscure, et la sensation animale la plus vive ! faudra-t-il, encore, diviser le moi entre toutes les parties de l'organisation vivante, ou attribuer un moi partiel à chaque fibre nerveuse, à chaque atome de matière vivante ? Que devient dans cette hypothèse absurde l'unité indivisible du moi, l'identité de la personne ?

Percevoir une impression en la rapportant à un objet ou à un siège corporel, et surtout en l'attribuant à cette force ou puissance, *vouloir*, qui concourt à la produire, où être simplement affecté de l'impression et la *devenir*, comme dit Condillac, sont certainement deux manières d'être ou de sentir essentiellement diverses par nature, et non pas seulement par le degré ou la dose, suivant l'expression de Bichat.

Souvent une impression perçue à tel degré cesse de l'être à un degré plus élevé ou lorsqu'elle s'avive au point d'absorber la conscience ou le moi lui-même qui la *devient*. Ainsi, plus la sensation serait éminemment *animale*, moins elle aurait le caractère vrai d'une perception humaine.

Plusieurs modifications peuvent ainsi passer par divers degrés de vivacité ou de faiblesse, et se transformer, suivant les titres convenus, d'organiques en animales, sans être jamais liées à aucune aperception intérieure : d'autres, au contraire, ne sauraient avoir lieu à aucun degré sans être perçues ou accompagnées de conscience. L'observation prouve que les premières ont leur siège dans des organes purement impressionnables, placés hors de toute influence du centre d'où irradie l'action d'une volonté motrice, et se rapportent surtout à l'appétit ou aux fonctions nutritives : pendant que les autres, essentiellement activées par la volonté, mettent l'individu en rapport de connaissance et avec les objets étrangers et avec une force intérieure qui se réfléchit dans ses actes propres. Ces dernières sensations, si on leur veut conserver ce titre, n'ont-elles donc pas quelque chose d'hyperorganique dans leur caractère, ou de suranimal dans leurs effets ? Pourquoi donc les confondre dans la classe des sensations animales, qui ne sont au fond que des sensations organiques ? Le vice essentiel de la classification et l'abus grossier du langage qui enveloppe ainsi deux ordres de faits ou d'idées si hétérogènes, ressort encore plus évidemment, s'il est possible, de la division physiologique des différentes espèces de contractilité correspondante à celle qui précède.

§ II.

Des différentes sortes de contractilité établies par Bichat.

Après avoir distingué deux sortes de sensibilités, l'une organique, l'autre animale, Bichat établit la division systématique de deux espèces de contractilité musculaire sous les mêmes titres, savoir : une contractilité *organique* et une contractilité *animale*.

Pour conserver une analogie avec la division précédente il fallait que le terme *contractilité organique* exprimât seulement la propriété qu'a tout organe musculaire d'entrer en contraction sous l'influence du stimulus, ou d'exécuter des mouvements partiels auxquels l'*animal* ne prend aucune part : c'est bien là l'irritabilité hallérienne. Quant à la contractilité *animale*, elle ne devrait se distinguer de la précédente que par les mouvements coordonnés de l'animal tout entier. Telles sont en effet les deux sortes de contractilité que Bichat comprend sous le même titre de *contractilité organique* en distinguant deux contractilités organiques, l'une insensible, l'autre sensible, et qu'il n'appelle pourtant pas encore *animale*. Outre ces deux espèces, le célèbre physiologiste en reconnaît encore une troisième qu'il appelle proprement *contractilité animale*, non pas seulement comme dans l'espèce précédente, et tant que le mouvement est *senti* par l'animal, mais, de plus, en tant qu'il est effectué ou produit par une force inhérente à l'être sensible et moteur ; c'est ici bien évidemment quelque chose de plus qu'un degré supérieur de la contractilité organique sensible ; il s'agit, non pas seulement d'une propriété, mais d'une faculté, d'une puissance nouvelle qui n'a plus d'analogie avec les espèces de sensibilité ou de motilité organiques parmi lesquelles on prétend vainement la classer.

Ici, la diversité, le contraste, ressort des expériences mêmes ou des faits psychologiques, sur lesquels on croit fonder une analogie et expliquer la manière d'agir ou les produits de cette puissance de vouloir qui ne s'explique que par sa libre action.

Les physiologistes se sont assurés par des expériences nombreuses et variées, que les contractions ou mouvements opérés dans les muscles, qu'ils appellent *volontaires*, s'exécutent toujours sous l'influence immédiate des nerfs cérébraux ou médiate du cerveau même.

En portant, en effet, une irritation quelconque au sein même de cet organe central, on produit infailliblement des contractions dans toutes les divisions musculaires qu'il tient sous sa dépendance par l'intermède des nerfs cérébraux, pourvu que ces nerfs soient dans cet état d'intégrité ou de correspondance avec d'autres systèmes (artériel, veineux, etc.). C'est donc avec raison qu'on distingue ces sortes de contractions générales de celles qui sont immédiatement exécutées par le *stimulus* dans des organes particuliers ; qu'elles soient ou ne soient pas sous la dépendance du centre moteur, elles n'en sont pas moins *senties* par l'animal vivant, comme nous sentons, par exemple, les battements de cœur, des mouvements convulsifs et involontaires ; tel est aussi le vrai sens de la contractilité animale ou sensible. Cette dernière classe doit comprendre tous les mouvements musculaires qui peuvent être produits dans l'état de vie sous l'influence cérébrale, quel que soit d'ailleurs leur principe ou leur cause, soit que cette cause agisse sur le cerveau même, centre du mouvement, soit qu'elle influe sur les nerfs intermédiaires, véhicules de l'action motrice : et l'on peut déjà entrevoir que le même terme générique, *contractilité animale*, va résumer sous lui bien des éléments ou bien des déterminations opposées en principe.

Il est évident que l'expérience physiologique s'arrête au matériel même de la contraction ou au jeu sensible des instruments organiques qui l'effectuent, et ne saurait donner aucune prise sur la nature de la cause ou de la force vraiment motrice.

Ainsi, que le mouvement soit automatique comme dans certaines maladies nerveuses, convulsives, etc., ou purement instinctif comme dans la locomotion du fœtus au sein de la mère ou au moment de la naissance ; ou forcé par les habitudes mécaniques, ou aveuglément entraîné hors de toute délibération et conscience par de violentes exacerbations de la sensibilité, de vives douleurs, des émotions subites, des passions exaltées, etc.; ou, au contraire, qu'il soit le produit d'une volonté consciente, réfléchie, éclairée ; dans tous ces cas divers ou opposés, le physiologiste ne verra que des effets analogues ou homogènes d'une seule et même propriété vitale de contractilité animale ; parce qu'il ne peut voir que les mêmes muscles en jeu ou imaginer la même influence nerveuse ou cérébrale exercée d'organe à organe.

Mais, si le physiologiste se rend plus attentif aux phénomènes qui lui montrent la nécessité d'une sorte de partage au sein de la vie animale ; s'il consulte aussi l'expérience intérieure, il sentira le besoin de scinder la contractilité animale en deux espèces, celle de l'instinct ou des passions, qui est entièrement subordonnée à la sensibilité physique, et celle de la volonté proprement dite, qui n'est soumise qu'au choix libre et éclairé de l'intelligence. A ses yeux, la contractilité animale pourra s'exercer de deux manières ou sous deux modes d'influence cérébrale, l'une directe, ou propre au centre moteur, l'autre indirecte ou sympathique. Là, le cerveau est vraiment actif, il prend l'initiative de l'action contractile qui lui appartient; tels sont les cas où la locomotion, proprement dite volontaire, consécutive à un jugement de l'esprit, est aperçue en principe ou en résultat par le moi qui se l'approprie comme cause, ou, ce qui revient au même, qui l'attribue par le fait de conscience à une force agissante, avec qui le moi est complétement identifié. Dans le second mode d'influence cérébrale indirecte ou sympathique, le cerveau, dira-t-on, sera passif; il n'aura plus l'initiative d'action et ne fera que recevoir lui-même la détermination de quelque autre organe ou centre nerveux partiel, pour la transmettre par les nerfs contigus, et sur lesquels il réagit immédiatement, jusqu'aux muscles qui doivent l'exécuter. Or comme ces organes ou centres nerveux partiels, qui envoient au cerveau leurs irradiations, sont les siéges d'impressions affectives appropriées à des besoins ou des appétits organiques, à des sensations purement animales, aussi obscures dans leur principe qu'entraînantes dans leurs résultats, on conçoit que les mouvements ou actes ainsi déterminés, participent à tout l'aveuglement de leur cause provocante.

Quoique cette hypothèse explicative tende, comme on voit, à scinder en deux la classe de *contractions animales*, le physiologiste célèbre dont nous parlons n'en maintient pas moins l'unité systématique de classe, sans doute pour n'avoir qu'une seule cause ou un seul principe au lieu de deux; simplification si désirable aux yeux des physiciens, et sur laquelle nous n'aurions rien à dire dans cette occasion, s'il ne s'agissait vraiment que de phénomènes ou de fonctions de la même espèce homogène; si l'on ne confondait pas dans le langage comme dans les faits, les fonctions qui appartiennent au corps, avec des facultés ou des actes qui ne peuvent s'attribuer qu'à l'âme ou au moi; les mouvements communiqués d'organe à organe avec la puissance libre, éclairée, qui commence et continue les mouvements; la prévoyance de l'esprit avec le *fatum* de l'organisme.

Malgré cette unité systématique de classe, ou la symétrie de division des propriétés vitales de sensibilité et de contractilité, les faits mêmes du sens intime nous obligent donc de reconnaître que la contraction animale n'est pas plus identique à un mouvement volontaire ou à un acte libre, que la sensation animale n'est identique ou même analogue à une perception du moi humain; le même hiatus subsiste dans les deux cas, et ce n'est pas la physiologie qui pourra le combler. Seulement (et j'attache un grand prix à cette remarque), les observations mêmes du physiologiste peuvent le conduire jusqu'à ces limites où l'organisme finit, où commence l'empire de l'âme, et servir ainsi à tracer plus exactement la ligne de démarcation qui sépare deux natures essentiellement diverses.

Sans doute, le moi ne se manifeste qu'à lui-même par le sens intime, dans l'effort ou le mouvement volontaire que l'âme aperçoit intérieurement comme un produit de son activité, comme un effet dont sa volonté est cause; mais l'initiative d'action attribuée par l'hypothèse précédemment exposée à un centre physiologique organique auquel l'âme est censée indivisiblement unie, devient, pour notre faible intelligence, comme un symbole sensible propre à représenter, peut-être, ce qui se passe dans l'organisation vivante au moment même où un *vouloir* ineffable, conçu par l'âme, s'effectue par le mouvement qui le manifeste.

Le vice de l'hypothèse consiste à prendre le symbole ou le signe pour la chose signifiée, l'image pour la réalité.

Faites totalement abstraction de cette force vive qui veut, commence ou détermine le mouvement du corps dont aucun signe physiologique, comme du sens interne, ne saurait exprimer la valeur, ni donner la moindre idée, et supposez qu'une force physique quelconque, telle que l'électricité ou le galvanisme, agisse immédiatement sur le centre organique, ou que le cerveau fonctionne précisément de la manière requise d'après l'hypothèse, l'individu jouissant d'ailleurs de toutes ses facultés sensitives et intellectuelles, à l'exception de la volonté de mouvoir dont nous faisons abstraction; en ce cas, la cause physique en question, en déterminant l'influx cérébral, aura bien sûrement pour effet de produire des contractions et une agitation générale dans tous les muscles auxquels aboutissent ces nerfs moteurs: l'individu sentira ces mouvements, non comme des effets de sa volonté, mais comme des produits d'une force étrangère qui n'est pas lui.

En effet, le moi ne saurait s'attribuer à lui-même comme cause ces sortes de sensations, de mouvements, où il n'interviendrait, pour ainsi dire, que comme témoin ou sujet passif.

Il ne pourrait se les attribuer, même dans une hypothèse telle que celle de la girouette de Bayle, que les vents viennent à point nommé tourner comme elle désire; car le désir n'est pas la volonté, et pour arriver à propos ou à souhait, un mouvement quelconque n'en est pas moins tout à fait involontaire tant qu'il n'est pas accompagné du sentiment de l'effort et déterminé ou produit librement.

Il suit de là qu'aucune hypothèse physiologique ne saurait imiter, figurer, reproduire, ni par suite expliquer les effets ou attributs propres de la volonté ou force motrice de l'âme même: et ici, le défaut d'appropriation de toute hypothèse physiologique pour expliquer ou aider à concevoir le fait du sens intime, celui de la libre activité et de l'existence même du moi, montre clairement le passage d'une nature à une autre, d'un ordre de faits ou d'idées à un ordre tout différent.

Excitez dans l'animal quelque partie nerveuse, vous faites naître une sensation effective ; portez le *stimulus*, soit immédiatement sur un organe musculaire, soit sur le tronc nerveux qui lui fournit des rameaux, il produit des mouvements, des contractions sensibles animales. Mais la volonté ou la puissance de commencer, continuer ou suspendre le mouvement, reste *sui juris*, hors de toute atteinte comme de toute imitation. Quand elle s'exerce, tous les résultats de l'expérience physiologique sont incertains ou trompeurs ; tous les signes de sensibilité ou de contractilité animale peuvent devenir muets. Que deviennent en effet ces signes ? et à quoi sert l'aiguillon de douleur le plus acéré, lorsque le brasier ardent consume la main d'un *Mutius Scévola* qui veut rester immobile ? quelle est cette puissance capable de modifier ainsi toutes les lois de sensibilité et de contractilité animale, qui lutte contre l'instinct, change toutes ses déterminations, suspend ses mouvements, contraint le corps à rester fixe ou à se porter en avant quand une force opposée le fait fuir ou trembler (1) ?

Je m'arrête ici sans croire avoir besoin de développer davantage les prémisses d'une distinction évidente d'ailleurs par elle-même, et qui n'aurait pas besoin de preuves si la physiologie moderne n'avait pas cherché à envahir jusqu'au domaine de l'âme, et à soumettre à ses divisions ou explications hypothétiques les faits mêmes du sens intime.

Le vide de toutes ces explications du moral par le physique est, je l'espère, démontré maintenant par tout ce qui précède.

Mais n'y a-t-il donc pas quelque lien ou rapport autre que celui de *causalité* entre les faits des deux natures vivante et pensante ? Ce rapport, ce lien intime existe, nous n'en saurions pas plus que du mode actuel de notre existence qu'il constitue ; mais quel est précisément ce rapport ? comment le déterminer ou en reconnaître les signes propres ?

S'il est vrai, enfin, selon les termes du programme de l'académie de Copenhague, qu'on soit fondé à nier, en général, l'utilité des expériences ou des doctrines physiologiques, pour exprimer les faits de l'âme ou du sens intime, n'y a-t-il pas quelque expérience ou observation de cette espèce, qui puisse éclairer les points du contact de nos deux natures, manifester leur influence réciproque dans certaines limites, et faire ainsi mieux connaître l'homme tout entier ?

Tel est l'objet des recherches et des considérations qui vont suivre.

DEUXIÈME PARTIE.

RECHERCHES EXPÉRIMENTALES DES DIVERS RAPPORTS QUI EXISTENT ENTRE LES FAITS PHYSIOLOGIQUES ET LES FAITS DE L'AME OU DU SENS INTIME.

§ Ier.

Doctrines de philosophie qui établissent une distinction entre la sensibilité et la pensée ; fondement psychologique de cette distinction pris dans l'expérience intime.

Après avoir élevé comme un mur de séparation entre les deux attributs exclusifs des substances de l'âme et du corps, Descartes, pressé par les objections graves, élevées contre son hypothèse des animaux machines (hypothèse invraisemblable, mais conséquente au principe absolu de sa division), répond très-justement : « J'attribue aux animaux tout ce qui *n'est pas la pensée*. » A ce titre il pouvait en effet, sans scrupule, reconnaître une sensibilité comme une motilité spontanée vraiment animale ; car ce n'est pas là qu'est la pensée, la conscience du moi.

Si les animaux ne pensent pas, c'est qu'en effet ce ne sont pas des personnes, c'est-à-dire des agents libres, et, par suite, qu'ils sont incapables de savoir ce qu'ils font, ou de se connaître eux-mêmes.

Toujours mus ou entraînés par quelque affection ou passion instinctive, les animaux sont toujours ce que nous sommes nous-mêmes dans une partie de notre existence, dans les rêves, le somnambulisme, les accès des passions violentes, dans certaines maladies nerveuses qui altèrent ou pervertissent la perceptibilité et la motilité volontaire dans leurs principes ; enfin, dans tout état de l'organisation qui absorbe le sentiment du moi et va jusqu'à réduire l'homme à une espèce d'*aliénation* passagère ou durable, totale ou partielle.

Dans de tels états, ce qui peut être attribué à l'homme comme à l'animal n'est certainement pas la pensée, la liberté, le moi.

Ainsi, la sensibilité prise dans toute son étendue avec l'ensemble des facultés qui sont sous sa dépen-

---

(1) « Tu trembles, carcasse, » se disait le grand Turenne à la première bataille où il assistait, « si tu savais où je « dois te conduire en ce jour, tu tremblerais bien davan- « tage. » Quel est ce *je* dont parle Turenne ? est-ce le corps, la sensation ou la contradiction animale ?

dance (et que Condillac a pu très-bien appeler *sensations transformées*), la locomotion spontanée, l'imagination, les reproductions ou associations fortuites d'images et de signes; enfin, tout ce qui se fait nécessairement ou passivement en nous, est vraiment hors du domaine de l'âme pensante.

Dans la langue commune aux métaphysiciens et aux physiologistes, le terme général *sensation* exprime tout mode simple de plaisir ou de douleur, soit que la conscience ou le moi prenne actuellement une part expresse à l'affection, ou au résultat immédiat d'une impression reçue, soit qu'il n'y ait rien de pareil, et que l'animal seulement *pâtisse* plaisir ou douleur. De là un équivoque de mots, dont Condillac et son école ont tant et si étrangement abusé; de là aussi bien des illusions systématisées qui accusent la langue et un défaut essentiel d'analyse.

Otez la conscience ou le moi d'une sensation ou représentation, que reste-t-il? Rien ou un *pur abstrait*, diront presque tous nos métaphysiciens, physiologistes et autres.

Je prétends, moi, que ce qui reste est encore un fait, un mode positif de l'existence animale, qui constitue la vie même tout entière d'une multitude d'êtres auxquels nous attribuons avec raison une sensibilité et tout ce qui en dépend, sans être nullement fondés de leur accorder une âme, une pensée, un moi comme le nôtre.

La philosophie de Leibnitz me semble offrir l'expression vraie de ce mode d'existence, séparé de tout ce qui n'est pas lui.

Leibnitz distingue en effet, avec une précision toute particulière, les attributs de deux natures distinctes : l'une *animale*, qui vit, *sent* et ne pense point; l'autre *intelligente* ou pensante, qui appartient spécialement à l'homme et l'élève au rang de membre de la *cité de Dieu*. Ainsi se trouve rétabli l'intermédiaire omis ou dissimulé par les cartésiens, entre les pures *machines de la nature* et les *animaux*, comme entre ceux-ci et les êtres pensants. Dès lors la *physiologie* vient se placer entre la dynamique des *corps* et celle des *esprits*; et on conçoit que la pensée ne ressort pas plus des sensations animales que des mouvements de la matière, et ne peut s'expliquer par les unes ni par les autres. Pour apprécier les motifs de ces grandes distinctions, citons d'abord les propres paroles du maître :

« Outre ce degré intime de perception, qui subsiste « dans le sommeil comme dans la stupeur, et ce de- « gré moyen, appelé *sensation*, qui appartient aux « animaux comme à l'homme, il est un degré supé- « rieur que nous distinguons sous le titre exprès de « *pensée* ou d'*aperception*. La pensée est la *percep- « tion* simple, jointe à la conscience du moi, ou à la

« réflexion dont les animaux sont privés... L'esprit « (*mens*) est l'*âme raisonnable;* la vie appartient à « l'*âme sensitive*. L'homme n'a pas seulement une « vie, une âme sensitive, comme les bêtes ; il a de « plus la conscience de lui-même, la mémoire de ses « états passés : de là l'*identité personnelle*, conservée « après la mort ; ce qui fait l'immortalité morale de « l'homme, jointe à l'immortalité physique ou à la « conservation de l'*animal*, qui ne fait que s'envelop- « per et se développer.

« Il n'y a point de vide dans les perfections ou les « formes du monde moral, pas plus que dans celles « du monde physique; d'où il suit que ceux qui nient « les âmes des animaux, et qui admettent une ma- « tière complétement brute, s'écartent des règles de « la vraie philosophie, et méconnaissent les lois mêmes « de la nature...

« Nous éprouvons en nous-mêmes un certain état « où nous n'avons aucune perception distincte, et ne « nous apercevons de rien, comme dans la défail- « lance, le sommeil profond, etc. Dans ces états, « l'âme ne diffère point d'une simple monade ; mais, « comme ce n'est pas là l'état habituel et durable de « l'homme, il faut bien qu'il y ait en lui quelque autre « chose. La multitude des perceptions où l'esprit ne « distingue rien, fait la stupeur et le vertige, et peut « ressembler à la mort. En sortant de cette stupeur, « comme en s'éveillant, l'homme qui recommence à « avoir la conscience de ses perceptions, s'assure bien « qu'elles ont été précédées ou amenées par d'autres « qui étaient en lui sans qu'il s'en aperçût ; car une « perception ne peut naître naturellement que d'une « autre perception, comme un mouvement naît d'un « autre mouvement. Ainsi se distingue par le fait de « conscience, ou l'observation de nous-mêmes, la « *perception* qui est l'état intérieur de la monade, « représentant ces choses externes, et l'*aperception* « qui est la conscience ou la connaissance réflexive de « cet état intérieur, laquelle n'est point donnée à « toutes les âmes, ni toujours à la même âme, etc. »

Cette analyse vraie, quoique fondée en partie sur un point de vue systématique, lève complétement l'équivoque du terme *sensation*, aussi généralement employé dans la doctrine de Condillac, que le mot *pensée* l'était dans celle de Descartes, pour exprimer indistinctement tous les modes *passifs* comme *actifs* de l'*âme* : ceux qui *affectent* comme ceux qui *représentent;* ceux qui sont dans la *sensibilité* pure, sans être dans la *conscience*, comme ceux qui s'éclairent de cette lumière intérieure, et sont inséparables du moi, sans même ils ne le constituent.

Tâchons de préciser encore davantage ces distinctions essentielles, et voyons comment elles se justifient par la double observation.

L'homme qui réunit en lui deux natures ou deux modes d'existence différente obéit aussi à deux sortes de lois.

Comme être organisé, vivant et sentant, il obéit à des lois nécessaires qu'il ne connaît pas, et ne peut changer pas plus que les corps célestes ne peuvent changer l'ordre immuable de leurs révolutions périodiques et les formes régulières de leurs orbites, ou pas plus que les molécules de la matière ne peuvent se donner d'autres affinités électives.

L'être purement sensitif ignore sa vie ou son existence comme les fonctions et les diverses impressions affectives dont elle se compose :

Vivit et est vitæ nescius ipse suæ.

Comme être actif et libre, ou cause, force virtuelle, capable de commencer le mouvement du corps sans être entraînée ou contrainte par aucune autre force de la nature, l'homme a la conscience ou l'aperception interne de lui-même, de son individualité ; il s'aperçoit ou se sent exister moi, personne libre et intelligente ; à ce titre seul, il aperçoit ou sent ce qui se passe en lui et dans le corps qu'il s'approprie, et il se représente ce qui est hors de lui, dans les corps étrangers au sien.

C'est dans ce sens aussi qu'on peut dire qu'il jouit de la vie de relation, terme si sagement employé par les physiologistes, pour exprimer les sensations purement animales, étrangères à la personne ou au moi, qui est le premier terme de toute relation.

L'homme étant ainsi considéré hors de l'animalité, non-seulement vit et sent comme l'animal, il a de plus l'aperception interne de sa vie fondamentale, et des sensations qui la modifient ; non-seulement il a des rapports physiques avec les êtres environnants, mais il perçoit ou connaît ces rapports, et peut tantôt s'y conformer et s'y soustraire jusqu'à un certain point, tantôt les amplifier, les étendre, les varier en vertu d'une force agissante, qui s'affranchit elle-même des liens du destin.

Quæ fati fœdera rumpit.

Tout ce que cette force moi opère par une libre activité, déployée sur les parties de l'organisation qui lui sont soumises, est exclusivement *perçu* par la *conscience*, et s'y redouble ou s'y réfléchit (1). Tout ce qui est étranger à la force du vouloir du moi, tout ce qui la contraint, l'entraîne ou l'absorbe ; enfin, tout ce qui se fait sans elle dans le corps vivant par une fonction quelconque de la vitalité des organes, n'entre pas dans le domaine de l'aperception, ne *se redouble*

(1) Bacon emploie fort heureusement ce mot *conduplicatio impressionis*, pour exprimer la perception comme nous l'entendons.

pas dans la conscience du moi, mais reste plus ou moins obscur dans les limites de la sensibilité physique ou de la sensation animale. Or, la sensation de l'animal n'est pas plus la perception de l'individu homme qu'elle n'est le simple mouvement végétatif de la plante ou le produit d'une impulsion. Ainsi se trouvent posées les bornes des deux sciences physiologique et psychologique. Tout ce qui sort de la libre activité, tombe sous les lois nécessaires de la nature morte ou vivante, et appartient à la physique. Les facultés, les fonctions de la vie animale, prise dans toute son étendue, sont du propre ressort de la physiologie qui laisse à part et au-dessus d'elle la science des facultés de l'être libre, intelligent, moral.

Mais comment se faire quelque idée précise des modes d'une existence purement sensitive, qui ne seraient ni directement aperçus par un moi, ni représentés hors de lui comme les phénomènes d'une nature tout extérieure ? Les considérations et les exemples suivants pourront servir à résoudre, du moins en partie, ce problème aussi important que difficile.

Dans mon premier ouvrage sur *l'habitude*, j'essayai de montrer comment le composé appelé *sensation*, réputé *simple* par les métaphysiciens depuis Locke, peut se résoudre, par une analyse vraie, en deux parties : l'une purement *affective*, ou qui affecte la combinaison vivante, l'animal ; l'autre intuitive, et qui *représente* sans *affecter*. Le départ de ces deux éléments combinés de la sensation s'opère en quelque sorte de lui-même, la partie *affective* allant toujours en s'affaiblissant par suite de la répétition des mêmes impressions, pendant que la partie intuitive ou *représentative* acquiert progressivement par l'habitude plus de netteté et de distinction.

Mais ce n'est là encore que de la physiologie. L'*affection* et l'*intuition* forment, comme la matière, l'objet même de la sensation ; celle-ci n'a rien d'actif ou d'intellectuel qu'autant qu'il y a un sujet moi qui se joint ou s'applique à l'objet représenté et s'en distingue. Or, ce sujet se fonde uniquement sur une relation première (sentie ou intérieurement aperçue) de cause à effet : cause moi, si le mode est actif ou un produit de la libre activité, tel qu'un mouvement volontaire, par exemple ; et cause non-moi conçue ou imaginée au dehors, si le mode est passif et perçu (soit au dehors, soit dans l'organisation sensible) comme effet de quelque force étrangère à la volonté.

Otez toute aperception de cause subjective ou objective, et il n'y a plus de perception, ou, comme dit Locke, plus d'idée de *sensation*, quoiqu'il y ait encore *sensation animale*.

Étant ainsi posé le caractère essentiel et fondamental de toute perception ou idée de sensation considérée comme fait de l'âme humaine, soit primitif et

simple, suivant Locke et Condillac (qui, plus consé-
quents, devaient en conclure l'*innéité* de l'idée de
cause), soit secondaire et *composé* (selon nous, qui
dérivons l'idée de cause extérieure du sentiment de la
force constitutive du moi, lequel s'unit aux expressions sensibles sans s'y confondre, ni surtout sans en
dépendre); nous avons par là un moyen indirect, mais
sûr, de déterminer par l'analyse les conditions, les
caractères et les signes de tous les modes simples de
la sensibilité physique où le moi n'est pas, et par suite
d'une vie purement animale. Nous disons donc qu'un
être qui serait privé de la faculté de vouloir et d'agir
ou de commencer une série de mouvements ou d'actes
internes ou externes, avec un effort voulu, et senti ou
intérieurement aperçu, n'ayant aucun sentiment d'une
force propre à lui, ne saurait jamais concevoir l'existence d'une force étrangère quelconque comme productive des impressions sensibles reçues et des mouvements opérés. La distinction première de sujet et
d'objet, de moi ou de non-moi, qui se ramène par l'analogie à celle de cause et d'effet, ne saurait donc avoir
lieu.

Dans ce cas, l'âme identifiée, suivant l'expression
de Condillac, avec chacune de ses modifications successives, ne serait jamais par elle-même rien de plus
que la sensation; ce qui revient à dire que le moi, la
personne identique n'existerait en aucun sens (1).

Par conséquent, point de perceptions ou de *représentations* telles que les nôtres; mais seulement une
suite d'impressions affectives, modes *impersonnels*
d'une existence tout animale dont on chercherait vai-

(1) Dans cette hypothèse, il est bien évident qu'il n'y
aurait pas de signe ou de langage possible, par suite point
d'*idée*, pas même d'*idée de sensation*, si du moins comme
on peut le dire dans un certain sens, il n'est point de
véritable idée sans *signe volontaire*.

On a demandé pourquoi les animaux, conformés comme
nous pour la parole, restent toujours muets. Il est difficile, je crois, de répondre à cette question dans l'hypothèse
qui rattache à la simple sensation toutes les facultés de
l'âme humaine. Dans notre point de vue, cette question se
résout par elle-même : les animaux ne parlent pas, parce
qu'ils ne pensent pas ou parce qu'ils ne sont pas des personnes, et que l'activité libre, indépendante de la sensation, ne leur appartient pas; qu'ainsi, n'ayant ni le sentiment ni l'idée de sujet distinct de l'attribut ou de la cause
distincte de l'effet, ils ne sauraient former le premier de
tous les jugements, qui est la base de tous les autres, en
attachant un sens au mot *je*, ou au verbe *est*. Le passage
de la vie animale à la vie intellectuelle ou active, se manifeste dans l'homme enfant au moment même où il transforme les vagissements ou les premiers cris de la douleur
en signes d'appel, dont il se sert volontairement, pour
qu'on vienne à lui, qu'on le change de place, etc. Cette
transformation est fort remarquable; c'est le premier pas
d'*homme*, c'est la première et véritable institution du langage. La nature donne à l'être naissant les signes instinc-
tifs propres à manifester ses besoins. Ces signes ne sont

nement à concevoir le sujet d'inhérence ou le *substra-
tum*, sous le titre d'*âme* sensible ; *âme* qui n'est pas le
moi et ne saurait le devenir, tant qu'on ne lui attribue
rien de plus que des sensations ou modifications passives.

Ce qu'on sait physiologiquement, c'est que le système nerveux, dans la solidarité de ses parties, est le
moyen ou l'instrument nécessaire de ces affections de
plaisir ou de douleur, reçues immédiatement par les
extrémités des nerfs, et transmises de là au cerveau ou
à un centre partiel.

Nous sommes fondés à admettre, à titre d'hypothèse
justifiée par le fait même du sens intime, que l'âme
(en tant que moi) n'agit point immédiatement sur les
nerfs sensitifs, mais bien directement, quoique d'une
manière inconnue, sur tous les organes de la locomotion volontaire, qui servent aussi à toutes les perceptions proprement dites. C'est cette partie seulement
de l'organisation humaine, qui peut être dite *servir*
l'intelligence, alors que l'âme, déployant sa force
motrice sur les organes qui lui sont soumis, sort de
l'état virtuel pour se manifester à elle-même comme
force agissante et libre.

L'organisation nerveuse, purement vitale et sensitive, n'obéit point à l'âme humaine, mais à la nature
et aux forces qui l'excitent ; elle absorbe la volonté,
aveugle l'intelligence, et commande à l'âme plutôt
qu'elle ne lui obéit, et ne lui sert point.

Une âme humaine qui serait attachée à une organisation toute nerveuse et purement sensible, demeure-
rait peut-être à jamais renfermée dans l'absolu de son
rien pour l'être sensitif qui les ignore ; et ils ne sont de
vrais signes que pour la nourrice qui les entend et les
interprète. Pour que ces premiers signes donnés deviennent quelque chose pour l'individu qui s'en sert, il faut
qu'il les institue lui-même une seconde fois par son activité propre, ou qu'il y attache un sens. Ceux qui pensent
que l'homme n'eût pu jamais inventer le langage, si Dieu
même ne le lui eût donné ou révélé, me ne semblent pas
bien entendre la question de l'institution du langage ; ils
confondent sans cesse le fond avec les formes. Supposé que
Dieu eût donné à l'homme une langue toute faite ou un
système parfait de signes articulés ou écrits propres à
exprimer toutes ses idées ; il s'agissait toujours pour
l'homme d'attribuer à chaque signe sa valeur ou son sens
propre, c'est-à-dire d'instituer véritablement ce signe avec
une intention et dans un but conçu par l'être intelligent,
de même que l'enfant institue les premiers signes quand
il transforme les cris qui lui sont donnés par la nature en
véritables signes de réclame.

La difficulté du problème psychologique, qui consiste à
déterminer les facultés qui ont dû concourir à l'institution
du premier langage, subsiste donc la même, soit que les
signes qui sont la forme et comme le matériel de ce langage aient été donnés ou révélés par la suprême intelligence, soit qu'ils aient été inventés par l'homme ou
suggérés par les idées ou les sentiments dont ils sont l'expression.

être, sans aucun moyen naturel de se manifester à elle-même ou de se connaître intérieurement à titre de force pensante, quoique la vie animale fût en plein exercice.

C'est à cet état que des êtres de notre espèce peuvent se trouver réduits par suite de ces anomalies ou perturbations de sensibilité qui font prédominer telle partie du système nerveux en y concentrant presque la vie entière.

_____

§ II.

Exemples des modes de sensibilité pure.

On trouve dans un livre assez peu connu (intitulé *Histoire naturelle de l'âme*, par M. *Rey Régis*, médecin) une observation remarquable que j'ai citée ailleurs pour donner une idée de ce que pouvaient être les impressions affectives et passives d'une sensibilité purement animale, séparées de l'activité ou de la motilité volontaire, qui, en les unissant au moi, leur donne seule le caractère de perception, ou élève la *sensation animale* à la hauteur d'une *idée humaine*.

Un homme. tombé en paralysie avait perdu toute faculté de mouvoir dans la moitié des parties du corps, quoique la sensibilité des parties ainsi paralysées restât la même.

M. Rey Régis, médecin, appelé pour voir le malade, voulut s'assurer par diverses expériences si la sensibilité n'était pas aussi altérée plus ou moins dans ces parties paralysées pour le mouvement.

Il comprima fortement la main et les doigts du malade (sous la couverture), de manière à lui faire pousser un cri, sans qu'il sentît d'où lui venait la douleur ni quel en était le siége.

Le médecin répéta et varia ces expérience ; toutes lui confirmèrent que quelle que fût la partie blessée, le paralytique n'en éprouvait jamais qu'une impression *générale* de douleur ou de malaise qu'il ne *localisait* pas, ou ne rapportait à aucune partie déterminée du corps ; à moins qu'il ne vît l'instrument ou la main qui opérait sur lui, auquel cas il jugeait l'opération faite en tel lieu de son propre corps, comme il en aurait jugé pour un corps étranger, sans sentir la douleur au lieu même, quoiqu'il en fût péniblement affecté.

Le paralytique recouvra peu à peu l'usage de ses membres, et à mesure que la motilité revint dans ces parties, il apprit de nouveau à y localiser les impressions.

Je m'abstiendrai de développer ici toutes les conséquences psychologiques que j'ai déduites ailleurs de cet exemple remarquable et curieux.

Je veux seulement en induire dans cette occasion que, mettant à part la motilité volontaire ou la faculté vraiment hyperorganique qu'a l'âme de commencer et continuer le mouvement dans cette partie du corps, prédisposée d'ailleurs à recevoir l'action de la force motrice, en même temps que celle des objets ou des causes étrangères, abstraction faite, dis-je, de cette force *soi* mouvante et des conditions propres qui l'*actualisent* dans le corps vivant, toutes les impressions reçues des organes nerveux quelconques, transmises à un centre commun, suivant les lois régulières auxquelles la physiologie rattache les sensations animales, seraient de l'ordre de ces sensations générales et vagues qui affectent toute la combinaison vivante, l'animal, sans se rapporter à aucun siège ni objet déterminé, à aucune cause interne ni externe.

Telles sont, dans l'hypothèse de Condillac, ces sensations que la *statue devient*, et qui diffèrent de nature et de genre de celles dont le moi se distingue dès qu'il les juge, et les localise hors de lui.

Nous pouvons retrouver en nous-mêmes, jusqu'à un certain point, les modes de cette existence sensitive à laquelle nous sommes réduits toutes les fois que notre libre activité étant suspendue de quelque manière que ce soit, la conscience du moi s'évanouit ou s'absorbe avec elle dans des sensations ou passions animales.

Mais, avant de chercher à montrer par des exemples comment nous pouvons concevoir et observer même en nous cette espèce de modes qu'on pourrait appeler *impersonnels*, j'ai besoin de noter une espèce de sensations qui, sans avoir aucun caractère des affections générales de plaisir ou de peine, dont nous parlions, ne rentrent pas moins dans le cercle de la vie animale ou sensitive, ayant leurs lois hors de la pensée ou du moi, qui peut n'y prendre aucune part.

§ III.

Des intuitions externes qui rentrent dans la classe des sensations animales.

On a dit souvent, et d'une manière bien vague, que toutes les sensations pouvaient se réduire à celles du toucher, sens général répandu dans toutes les parties où viennent aboutir les extrémités nerveuses qui sont censées rayonner du cerveau comme de leur centre unique.

Cette manière de voir prouve bien qu'on n'a guère jamais considéré les sensations que par leur côté passif ou dans la forme extérieure seulement, abstraction faite du fond intérieur qui se rapporte au moi. Ce qui le constitue ce moi, ce n'est point en effet ce qu'on nomme généralement la sensation ; il ne se transforme point pour devenir telle sensation particulière ; mais il reste le même quand toutes les sensations passent ou varient nécessairement.

Nous accordons que toutes ces sensations adventices peuvent se réduire aux diverses espèces de toucher, en tant que chacun de leurs organes est borné à la pure réceptivité des impressions faites par les corps solides ou fluides immédiatement appliqués sur ces organes : aussi les extrémités nerveuses y sont-elles recouvertes d'une membrane plus ou moins épaisse qui modère les impressions et la sensibilité ou la susceptibilité nerveuse, et contribuent à donner à chaque sensation spécifique son caractère propre. Mais on ne saurait dire que toutes les fonctions des sens de la perception, tels que la vue ou l'ouïe, par exemple, se réduisent à celles du toucher particulier de la lumière et du fluide sonore. Il y a là, il est vrai, un toucher de ces fluides sur les membranes qui tapissent le fond de l'œil, de l'oreille, du nez, la conjonctive, la choroïde, la pituitaire ; mais ce toucher ne produit que des impressions affectives générales, comme sont celles que les rayons lumineux ou sonores produisent sur l'organe, en venant le choquer, l'irriter ou le chatouiller de manière à produire ces affections immédiates, qui n'ont réellement aucun rapport avec la perception des figures colorées ou des sons harmonieux. Ce n'est point en effet l'impression immédiate, résultante du choc des rayons lumineux ou sonores comme des corpuscules odorants ou sapides, qui constitue ici les perceptions objectives correspondantes. L'être qui perçoit ou se représente tel objet comme visible et tangible, peut ne rien sentir en lui-même ou dans son organisation ; et réciproquement celui qui sent ou qui est ainsi affecté de plaisir ou de douleur, peut ne rien percevoir ni se représenter au dehors. Ainsi les impressions immédiates, faites sur la peau par des corps en masse, ou sur les organes de l'odorat et du goût, par les molécules des corps odorants ou sapides, sont les propres objets de la sensibilité. Cette distinction essentielle et si bien constatée par le sens intime aurait dû frapper, ce semble, les physiologistes et les métaphysiciens, qui confondent perpétuellement la sensation et la perception ou l'idée.

Pour ne parler ici que des fonctions perceptives de la vue, j'observerai à ce sujet qu'il y a certainement lieu de distinguer trois éléments de nature différente ; savoir : 1° l'impression immédiate (et toujours plus ou moins affective), faite sur l'organe extérieur par les rayons lumineux ; 2° l'image que j'appelle aussi l'intuition représentée dans l'espace ; 3° enfin, l'acte même de la perception qui n'appartient qu'au moi, qui se distingue de l'intuition comme de la cause ou objet représenté.

Que ce dernier élément supersensible soit séparé des deux autres, et qu'il y ait des affections comme des intuitions visuelles sans moi, c'est ce qui me semble résulter de l'observation d'une foule de phénomènes de la nature animale, simple dans la vitalité (1), combinée avec une nature intelligente, active et libre.

Le sens de la vue prédominant dans l'organisation humaine se trouve plus rapproché du centre cérébral, et a pour caractère éminemment distinctif une sorte de propriété vibratoire qui lui est commune avec ce centre organique, considéré comme le véritable siège de l'imagination, ou de la faculté reproductive de ces images dont le sens de la vue fournit le fonds et les premiers matériaux.

En vertu de cette propriété vibratoire, les impressions reçues par l'organe externe y persistent avec plus ou moins de force. Spontanément reproduites, elles s'associent, se succèdent, se combinent de toutes les manières, sans que la volonté y prenne la moindre part, et souvent aussi sans que la conscience ou le moi y participe autrement que comme témoin.

Entièrement soumise aux lois de l'organisme ou de l'instinct animal, dont elle est une branche, cette faculté spontanée d'intuition, qu'on est fondé à considérer comme innée dans les animaux et préexistante aux impressions du dehors, surtout dans les gallinacés, explique jusqu'à un certain point comment, à la naissance ou à la sortie de l'œuf, le poussin fait déjà, sans se tromper, le choix des objets appropriés à son besoin de conservation ou de nutrition, et va juste becqueter le grain à distance, etc.

Comme cette faculté d'intuition spontanée suit toujours toutes les dispositions ou tous les changements successifs, naturels ou accidentels de l'organisme, on voit comment peuvent s'y rattacher ces divers phénomènes sensitifs, tels que les rêves, les apparitions nocturnes, les spectres effrayants ou bizarres, produits d'un cerveau irrité par des causes quelconques organiques ou étrangères, directes ou sympathiques.

Sans avoir besoin d'insister ici plus longuement sur cette espèce particulière de phénomènes dont l'observation intéresse également le physiologiste et le métaphysicien, nous ferons seulement remarquer la sympathie étroite qui unit les fonctions de la vue aux dispositions ou aux fonctions de la sensibilité générale affective. Quand on dit que l'œil est le miroir de l'âme, il faut l'entendre surtout de l'âme sensitive, dont toutes les émotions se manifestent et se communiquent par cet organe, premier lien sympathique de tous les êtres animés. Ce n'est pas ainsi ou par des signes aussi sensibles que se communiquent ou s'observent les

(1) Animal simplex in vitalitate, homo duplex in humanitate. (Boërhave *de Morbis nervorum*.)

actes propres de l'intelligence et de la volonté humaine.

C'est ce qui fait que les observateurs de l'homme physique qui ont de l'habitude et du tact, démêlent tant de choses dans le regard d'un individu actuellement en proie à telles affections nerveuses ou autres altérations maladives, ou même à des passions qui, étant morales dans leurs principes, deviennent physiques ou organiques dans leurs résultats.

Combien de preuves de cette sympathie étroite entre les fonctions propres des organes internes de la vie animale ou sensitive, et les produits spontanés de la faculté d'intuition interne frapperaient l'homme, observateur de lui-même, s'il était plus assidûment attentif, moins distrait ou moins assourdi par tous les bruits du dehors !

Citons quelques observations de cette espèce.

Observations intérieures des modes affectifs et intuitifs de la vie animale.

Toutes les fois que la libre activité du moi n'a pris aucune part de conscience à une modification sensible, intuitive ou affective, ces modes spontanés et inaperçus se trouvent perdus à jamais pour la personne; et lors même qu'ils viendraient à se reproduire dans leur sens interne, ils ne sauraient motiver aucun acte exprès de réminiscence.

Cependant pour un observateur dont la vue est constamment tournée de ce côté, il est telles intuitions ou images de cette espèce, qui, ramenées quelquefois par les mêmes causes, les mêmes dispositions affectives qui les ont produites, se rattachent confusément à un mode d'existence antérieur ou s'accompagnent de cette sorte de réminiscence imparfaite liée aux mensonges fugitifs d'un songe.

C'est par ce moyen, tout difficile qu'il soit, qu'on peut constater une sorte de périodicité, propre à certaines affections, à certaines tendances, goûts, dispositions, qui renaissent les mêmes à certains intervalles marqués.

Chaque saison de l'année peut ramener ainsi spontanément une espèce de dispositions particulières affectives et d'images correspondantes, sans que l'intelligence et la volonté y prennent la moindre part.

Il en est qui se lient constamment au retour du printemps, d'autres à celui de l'été, de l'automne, souvent sans que l'individu s'aperçoive ou se rende compte de cette sorte de renaissance périodique.

Les sympathies de l'âme sensitive ou de ses organes propres, peuvent ainsi avoir une étendue d'influence et des lois générales que l'intelligence n'a aucun moyen de connaître ou de déterminer.

Et c'est sous ce rapport qu'il convient de soumettre à un examen impartial et plus approfondi, ces phénomènes encore si obscurs du magnétisme ou du somnambulisme à l'égard desquels il me semblerait sage de se garder d'un scepticisme absolu comme d'une crédulité aveugle et superstitieuse.

Sans sortir de l'observation intérieure, combien de pressentiments liés à certaines affections sympathiques obscures, ne pourrait-on pas découvrir en soi-même, si l'on pouvait tenir un registre des produits de ces impressions fugitives, auxquelles on cède avant de les avoir aperçues, de ces faiblesses dont on ne se croit à l'abri que faute de les avoir observées et prises pour ainsi dire sur le fait ?

L'observation de l'espèce de phénomènes dont il s'agit ici, induirait à croire que, si l'âme pensante n'a qu'un siége unique dans le cerveau, un point central d'où irradie sa lumière avec sa force motrice (supposé, toutefois, que l'idée objective de lieu ait quelque rapport avec la notion toute subjective ou réflexive de force pensante), il n'en serait pas de même de l'âme sensitive, qui semble se transporter, pour ainsi dire, dans chacun de ces centres partiels, lesquels prennent tour à tour un surcroît d'énergie ou d'activité qui entraîne et s'assujettit toutes les fonctions de l'être sensitif, de l'agent moral, transformé alors en être physique.

§ IV.

Caractères et signes des déterminations affectives de la sensibilité animale.

« Il n'est pas une seule des parties de notre corps, » dit Montaigne, spectateur si assidu et si judicieux de ces scènes intérieures, « qui souvent ne s'exerce contre « la volonté; elles ont chacune leurs passions pro- « pres, qui les éveillent ou les endorment sans notre « congé. »

Nous pouvons reconnaître le caractère des affections simples, ou les résultats les plus immédiats d'une fonction purement sensitive, dans ces passions locales, pour ainsi dire partielles, dont parle si énergiquement l'auteur des *Essais*, dans ces appétits brusques d'un organe particulier, tel que l'estomac, le sixième sens, devenu centre dominateur, etc., dont l'influence croissant quelquefois par degrés, finit par absorber tout sentiment du moi et entraîner, à son insu, tous les mouvements comme automatiques. C'est là qu'on peut reconnaître les sensations vraiment animales.

Du concours même le plus régulier de ces impressions immédiates, produites dans des organes qui s'affectent réciproquement par consensus ou par sympathie, ressort le mode fondamental d'une existence sensitive, qui ne peut être dite ou conçue simple qu'à l'instar d'une résultante de forces multiples et variables à chaque instant. Ce sentiment fondamental n'est point la conscience, car il ne se sait pas, ne s'éclaire pas lui-même ; et pendant qu'il change ou meurt incessamment pour ne plus renaître, il y a un moi qui reste et qui le sait.

Les modes fugitifs de cette existence, tantôt heureuse, tantôt funeste, se succèdent, se poussent comme des ondes mobiles dans le torrent de la vie. C'est par le seul effet de ces dispositions affectives sur lesquelles tout retour nous est interdit, que nous devenons alternativement tristes ou enjoués, agités ou calmes, froids ou ardents, timides ou courageux, craintifs ou pleins d'espérance. Chaque âge, chaque saison, quelquefois chaque heure du jour, voient contraster ces modes de notre existence sensitive ; ils ressortent pour l'observateur qui les saisit à certains signes sympathiques ; mais placés, par leur nature et leur intimité même, hors du champ de la perception, ils échappent au sujet pensant par l'effort même qu'il fait pour les fixer.

Aussi la partie de nous-mêmes sur laquelle nous sommes le plus aveugles, est-elle l'ensemble de ces impressions immédiates de tempérament, dont ce que nous nommons caractère n'est que la physionomie ; cette physionomie n'a point de miroir qui la réfléchisse à ses propres yeux.

Associant leurs produits inaperçus à l'exercice des sens extérieurs, de la pensée même, ces impressions immédiates communiquent aux choses et aux êtres une teinte qui semble leur être propre. C'est la réfraction morale qui nous montre la nature, tantôt sous un aspect riant et gracieux, tantôt couverte d'un voile funèbre qui nous fait trouver dans les mêmes objets, tantôt des motifs d'espérance et d'amour, tantôt des sujets de haïr ou de craindre. Ainsi se trouve cachée dans l'intimité même de notre être la source de presque tout le charme ou le dégoût attaché aux divers instants de la vie ; on la porte en soi-même, cette source de biens et de maux, et on la cherche au dehors dans l'influence mystérieuse de la fortune, du destin. Le *fatum* n'est-il pas en effet dans les modes variables et spontanés d'une sensibilité qui échappe à la prévoyance comme à toute l'activité de l'esprit ? non, il n'est point au pouvoir de la volonté de créer aucune de ces affections aimables qui rendent si doux le sentiment immédiat de l'existence, ni de changer ces dispositions funestes qui la rendent pénible et quelquefois insupportable.

Si la médecine physique ou morale pouvait parvenir à fixer ces impressions heureuses ou l'état organique qui y correspond, comme à guérir ces impressions funestes, véritables maladies sensitives de l'âme, les hommes qui posséderaient cet art précieux se-

raient les premiers bienfaiteurs de l'espèce humaine, les véritables dispensateurs du souverain bien, de la sagesse, de la vertu même, si l'on pouvait appeler vertueux celui qui serait toujours bon sans effort, puisqu'il serait toujours calme et heureux.

C'est cette vérité sentie que J.-J. Rousseau avait puisée dans l'observation de lui-même, et à laquelle il revient souvent avec une si grande force de persuasion. C'est bien aussi une vérité de sentiment pour tous les hommes qui, doués de cette sorte de tact intérieur, nécessaire pour saisir ces affections immédiates et connaître leur influence, ont en même temps assez de force pour se mettre en quelque sorte hors d'elles. Il y a encore pour eux, dans cet état, un certain charme consolateur à les étudier, à suivre leur marche jusque dans les afflictions et les chagrins ; tantôt à se mettre à la place d'un témoin compatissant à ses propres maux, tantôt à envisager de sang-froid l'ennemi intérieur, et à se placer à une hauteur où ses coups ne puissent atteindre.

Sous la loi de l'instinct, dans les appétits simples, les penchants et les besoins primitifs de l'organisme, l'être devenant toutes ses affections ou identifié avec elle, pâtit donc immédiatement le bonheur ou le malheur d'être ; si l'intelligence développée assiste comme témoin à ces scènes intérieures, elle est trop souvent impuissante pour en distraire ou en arrêter le cours.

----

§ V.

Des états de sommeil et de délire.

Dans le sommeil ou l'inaction complète des sens externes et même du sens interne de l'intuition, les organes intérieurs prennent souvent ce surcroît d'activité qui fait prédominer leurs impressions immédiates et les transforme dans de véritables sensations animales. L'être sensitif peut alors être déterminé à divers actes ou mouvements très-coordonnés qui se proportionnent nécessairement à la nature des affections qu'il éprouve, et sont pour l'observateur étranger des signes de ces dernières, pendant que le moi ou la personne absente ignore complétement ce qu'éprouve l'âme sensitive.

C'est cette absence de tout sentiment personnel et aussi la suspension momentanée des conditions particulières auxquelles elle se lie, qui fait ce véritable sommeil de l'être pensant, car il n'y a de sommeil complet pour l'être sensitif que dans la mort absolue. Le principe qui entretient l'affectibilité dans les organes, veille sans cesse (*activè excubias agit*), il parcourt ensemble ou successivement, et dans un ordre déterminé par la nature ou les habitudes, toutes les parties de son domaine qui s'éveillent ainsi ou s'endorment tour à tour. Mais l'animal peut être assoupi pendant que plusieurs organes sont éveillés ; l'animal peut s'éveiller aussi pendant que la pensée et le moi sommeillent encore. Il ne serait pas impossible d'observer ces gradations, ni peut-être, en les rapportant à leurs causes organiques, d'expliquer ainsi une partie des effets si surprenants du somnambulisme.

Les phénomènes du sommeil, étudiés dans la manière successive dont ils s'enchaînent, l'engourdissement où tombent divers sens les uns après les autres, depuis l'instant où la volonté cessant d'agir, l'aperception ou la conscience cesse avec elle, jusqu'à celui où tous les organes extérieurs sont complétement endormis ; et dans un ordre inverse, depuis le réveil commencé dans chaque sens en particulier jusqu'à ce que le moi redevienne présent à lui-même par la plénitude des fonctions qui le constituent ; la nature des songes qui surviennent dans un sommeil plus ou moins profond ; les véritables produits de l'intelligence, qui perçant quelquefois dans ce vague obscur des images, leur imprime le caractère d'une réminiscence imparfaite : tous ces phénomènes, dis-je, joints à l'observation de ce qui se passe d'une manière analogue dans divers états nerveux, léthargiques, cataleptiques, ou extatiques, lorsque leur invasion est aussi graduelle ou successive, me paraissent très-propres à faire ressortir le caractère simple de ces affections ou intuitions morales qu'il fallait caractériser dans leurs signes physiques pour qu'on ne les confondît plus avec les produits du moral.

Quelle que soit la cause qui suspende la fonction perceptive dans ses conditions ou son mobile propre, les impressions peuvent être reçues, l'animal peut être affecté et se mouvoir en conséquence ; mais le moi n'y est pas, la conscience est enveloppée, et tant qu'un pareil état dure, il est impossible d'y signaler aucun de ces caractères qui constituent pour nous l'être intelligent, doué d'aperception, de volonté, de pensée

L'idiotisme, par exemple, correspond à l'état où le moi sommeille, pendant que les organes sensitifs proprement dits sont seuls éveillés, et prennent même ainsi quelquefois, par la concentration de leur vie propre, un degré supérieur d'énergie. L'état de démence correspond encore à celui où le cerveau produit spontanément des images tantôt liées, plus souvent décousues, pendant que la pensée sommeille ou jette de temps en temps quelques éclairs passagers.

L'idiot vit et sent ; sa vie se compose d'impressions nombreuses qu'il reçoit du dedans et du dehors, et des mouvements qui se proportionnent à la nature de ces impressions : il parcourt, en un mot, le cercle entier de l'existence sensitive ; mais au delà de ce cercle il n'y a plus rien ; c'est de cet être dégénéré qu'on peut dire qu'il devient toutes ses modifications.

Dans le maniaque avec délire, le sens interne de l'imagination ou de l'intuition se trouve complétement soustrait à l'action ou l'influence de cette force qui constitue la personne. Les images prennent alors d'elles-mêmes, dans le centre cérébral, les divers caractères de persistance, de profondeur que prennent les affections immédiates dans leurs siéges particuliers, par le seul effet des dispositions organiques.

Mais irons-nous chercher les signes et les cacactères propres d'une division des phénomènes intellectuels, dans un état qui exclut précisément la condition première et fondamentale de l'intelligence ; je veux dire l'aperception, le *conscium* et le *compos sui* ? Peut-on supposer l'exercice des facultés d'attention, de mémoire, de comparaison, de méditation, etc., dans un être qui s'ignore actuellement lui-même, et qui est privé de la puissance réelle d'entendre des idées comme de vouloir les actes ou mouvements qui y correspondent ? Je sais qu'on peut transporter à l'état complet même d'aliénation mentale certaines facultés définies et caractérisées (en dedans de la sensation) sous les titres conventionnels d'attention, jugement, etc., comme l'a fait Condillac dans le fantôme hypothétique qu'il a pris pour terme de ses analyses ; mais il resterait à savoir si ce sont là les opérations dont nous retrouvons le modèle intérieur ou dont nous obtenons les idées singulières en réfléchissant sur nous-même. Ne seraient-ce pas plutôt des notions toutes différentes arbitrairement revêtues des mêmes signes conventionnels ?

Je crois qu'au lieu de chercher dans les différents cas d'aliénation mentale les signes d'une division de siége des facultés intellectuelles, qui n'existent que nominalement ou par supposition dans la plupart de ces cas, il serait plus utile de bien observer toutes les circonstances de l'invasion, des intervalles, de la terminaison, des paroxysmes de la démence, pour y bien distinguer les produits aveugles de l'organisme, les saillies passagères d'un cerveau déréglé, de ce qui peut partir réellement d'une volonté, d'une intelligence.

Les deux éléments qui constituent l'homme double sont si intimement unis, dans son état naturel, que la réflexion a bien de la peine à les concevoir séparés ; mais, dans les cas dont nous parlons, on peut les surprendre, les signaler à part. On les voit se succéder, s'exclure, se joindre, prédominer tour à tour, et former, sous la même enveloppe, deux êtres qui n'ont presque point de correspondance, ou sont aussi étrangers l'un à l'autre que l'est l'homme éveillé aux actes du somnambule.

§ VI.

Recherches expérimentales des divers rapports du physique et du moral, et de leur influence réciproque.

Tout imparfait et incomplet que soit le tableau précédent des phénomènes de la sensibilité animale, ou des produits immédiats des fonctions de cet ordre, il peut servir, je crois, à circonscrire dans des limites plus étroites et plus exactes ce point de vue purement physiologique, où l'on prétend ramener la connaissance des rapports du physique et du moral de l'homme à celle d'une influence mutuelle ou d'une action sympathique réciproquement exercée par les divers organes sensitifs entre eux et sur le centre cérébral.

Et vraiment, quand on a fait abstraction totale de la libre activité, et par suite du moi ou de la personne humaine, on a fait par la même abstraction du moral : ce qui reste n'est plus que du physique ; or, ce physique ne saurait jamais se retourner ou se transformer, comme on dit, pour produire le moral (1).

Mais, entre l'homme moral et l'homme physique, considéré sous tous ses divers rapports, il est, pour ainsi dire, des points de contact plus intimes, qui, pouvant être soumis à une double observation, semblent servir de passage ou de lien entre les deux sciences ou les deux sortes d'éléments de la science complète de l'homme. C'est ainsi que la connexion ou l'influence réciproque du physique et du moral de l'homme peut être à la fois un fait psychologique ou de sentiment intime, et un fait d'observation physiologique.

Il est des hommes d'une certaine organisation ou tempérament, qui se trouvent sans cesse ramenés en dedans d'eux-mêmes par des impressions affectives d'un ordre particulier, assez vives pour attirer l'attention de l'âme ; de tels hommes entendent pour ainsi dire crier les ressorts de la machine ; ils les sentent se monter ou se détendre, tandis que les idées se succèdent, s'arrêtent, et semblent se mouvoir du même branle. Si des hommes ainsi disposés sont de plus appelés par état ou par goût à observer les autres natures sensibles avec lesquelles ils sympathisent dans divers états correspondants aux âges, aux climats, aux tempéraments, aux maladies accidentelles, et à noter parallèlement l'espèce et l'allure des idées que ces états amènent ; s'ils étudient les modifications diverses et infinies de l'automate (qui cesse d'être homme en cessant d'être une personne libre), de cette machine, alternativement *tranquille ou furieuse, faible ou vigoureuse, délirante ou réglée, successivement imbécile, éclairée, stupide, bruyante, muette, léthargique, agis-*

sante, vivante, morte (2) ; ils parviendraient plus sûrement et pourraient distinguer, classer et exprimer avec toute la précision désirable ces derniers modes affectifs, qui, étrangers à la conscience du moi, n'en sont pas moins dans la sensibilité physique ou animale ; ils noteraient ces derniers degrés par lesquels une affection, une image quelconque, produite spontanément, s'avive d'elle-même, s'empare peu à peu de toute l'âme sensitive, et finit par aborder tout ce qui n'est pas elle, tout jusqu'à la personne morale ; mais dans un ordre inverse d'influence, d'action proprement dite de l'âme, ils sauraient aussi marquer exactement les degrés par lesquels l'activité d'un vouloir énergique, prenant le dessus, peut s'opposer aux passions, aux affections, à cette foule d'images qui troublent ou pervertissent les lois de l'intelligence, et les vaincre ou les dissiper.

Ici de longs détails me sont interdits par la nature de mon sujet, et plus encore par la limite de mes moyens.

Je dois me borner à un petit nombre d'exemples proportionnés à mon but actuel, qui est de constater, par une sorte d'observation interne, certains modes de l'existence purement sensitive, qui influent sur notre vie intellectuelle ou morale ; je prendrai mon premier exemple en moi-même.

Il m'arrive assez fréquemment de dormir profondément malgré un véritable état de souffrance que l'âme sensitive éprouve et que le moi, absent, ne sait pas. Soit que cette souffrance augmente, au point d'éveiller le moi, soit qu'il s'éveille par toute autre cause, aussitôt qu'il redevient présent à lui-même, il perçoit l'affection dans son siège ; et il l'y perçoit, non comme une sensation qui naîtrait à l'instant même, mais comme une impression affective qui préexistait à sa perception ou qui était dans la sensibilité physique, avant d'être dans la conscience ; de même que, lorsque nous nous représentons les objets dans l'espace intérieur, nous savons qu'ils y étaient avant la perception actuelle que nous en avons ; car l'âme sait bien qu'elle ne crée pas ces objets comme elle crée, par exemple, les actes libres ou les mouvements du corps que la volonté détermine.

Ce seul exemple suffirait pour montrer la diversité d'espèce, l'indépendance des deux natures sensitive ou passive, intellectuelle ou active ; mais c'est de leur lien ou de leur point de contact qu'il s'agit ici plus particulièrement.

Or ce lien des deux natures réside surtout dans le sens interne de l'intuition, plus généralement et aussi plus vaguement appelé l'imagination.

La plus simple observation de nous-même nous

(1) Voyez Cabanis, *Rapports du physique et du moral.*

(2) Voyez l'art. Locke, *Encycl. ancienne.*

apprend, en effet, que ce sens interne qui reproduit les images, dont la vue extérieure est le moyen ou l'organe principal, se trouve placé sous l'influence alternative des deux forces vivantes, l'une aveugle et spontanée ou mise en jeu par les impressions des organes internes et des sensations vraiment animales, l'autre, éclairée, prévoyante et libre, qui règle l'imagination et lui donne des lois quand elle ne reçoit pas les siennes. Dans le premier cas, il n'y a point, comme on dit, influence du physique sur le moral, mais bien influence d'une espèce de fonctions organiques sur d'autres fonctions du même genre, et encore une fois on ne sort pas de la physiologie : le physique n'agit réellement pas sur le moral, comme on le dit improprement, mais l'organisme règne seul ; le moral est absorbé. Dans le deuxième cas seulement, il est vrai de dire qu'il y a une action indirecte, mais réelle, exercée par le moral, par la volonté de l'être intelligent et libre sur les affections ou les instincts de l'organisme.

Parcourons rapidement les cas de ces deux modes d'influence opposés.

Influence du physique sur l'imagination et les passions.

Les premiers cas ressortent de ce que nous avons précédemment observé sur les phénomènes du sommeil et des songes, des passions qui ont leur siége dans des organes ou centres partiels de la vie intérieure, et des diverses sortes de délires, de manies ou d'altérations mentales; phénomènes dont les trois espèces pourraient être comprises sous le titre général d'aliénation, et se classer naturellement eu égard à l'analogie des circonstances ou des causes qui peuvent les amener, et eu égard aux siéges organiques qu'elles affectent et aux signes externes ou internes qui les manifestent.

Ainsi, en revenant sur l'état de sommeil ou sur les songes, ou les produits spontanés du sens interne de l'intuition, nous remarquerons que cette sorte d'aliénation périodique et passagère où les facultés vraiment actives de l'âme sont souvent suspendues comme le *conscium* et le *compos sui*, est analogue, sous ce rapport, à l'état de manie, et peut lui ressembler aussi quant à la cause, aux conditions, aux siéges organiques affectés, etc. Voilà pourquoi tout ce qui tend à concentrer les forces vitales sensitives et motrices dans quelque organe ou foyer principal interne, soit en interceptant les sympathies d'autres organes essentiels, soit en amenant des sympathies toutes nouvelles, contraires aux lois ordinaires et régulières des fonctions vitales, est propre à amener, suivant la gravité et la durée de la cause, tantôt le sommeil et les songes, tantôt le délire et la manie, tantôt des passions de certaines espèces.

Par exemple, l'effet des liqueurs enivrantes ou des narcotiques se porte d'abord sur l'estomac, s'étend de là au cerveau, excite la sensibilité générale qui se concentre peu à peu, soit dans un organe interne, soit dans le centre cérébral lui-même.

A ces modes alternatifs d'influence ou de réaction sympathique des organes internes sur le cerveau, considéré comme sens interne des images ou des intuitions, pourraient se rattacher trois espèces de songes et aussi de délires, ou de vésanies, de passions même, considérées dans le physique.

Les songes comme les vésanies et les passions qui prennent leur source dans quelque altération des organes internes, ont un caractère affectif particulier, qui sert à les distinguer des phénomènes correspondants qui proviennent des altérations propres ou excitations anomales du centre cérébral.

Dans le premier cas, dans les songes que j'appellerai affectifs, la sensibilité est plus ou moins vivement excitée dans l'un quelconque de ces foyers principaux.

Dans le deuxième cas, diverses images ne font qu'apparaître, se succéder, se combiner de toutes manières, sans que la sensibilité affective semble prendre aucune part à ces scènes mobiles.

Ici, la cause quelconque qui amène les songes ou rêves, que j'appellerai intuitifs, paraît bien être inhérente au sens même de l'intuition interne, centre du système nerveux de la vie animale. Là, au contraire, cette cause se trouve (et peut être quelquefois certainement assignée) dans un organe interne ou un centre nerveux de la vie organique.

La même distinction s'applique aux différentes espèces de délires ou manies, comme à celle des passions animales, qui, ayant mêmes causes, mêmes foyers, peuvent être spécifiées et classées sous ces rapports de la même manière que les songes ou les rêves.

Il n'est point, en effet, de rapport plus marqué que celui qui existe entre la prédominance naturelle de tel organe interne ou la lésion accidentelle de l'un d'entre eux ; et l'espèce d'affection triste, joyeuse, colérique ou expansive, etc., qu'éprouve habituellement l'individu ainsi déréglé; c'est là ce qui constitue, comme on dit, son tempérament, le fond de son caractère, ce naturel dont l'empreinte est ineffaçable et qu'on peut reconnaître dans les animaux mêmes comme dans l'homme. D'autre part, à la même prédominance organique et au mode fondamental de l'existence sensitive qui en dépend, correspondent naturellement des images d'une certaine espèce, d'une certaine teinte ou couleur qu'elles portent avec elles. Ce sont de telles images que le sens interne, soumis à cette influence organique, reproduit ou enfante spontanément dans le sommeil comme dans la veille même, lorsqu'il n'est pas distrait par les impressions étrangères du dehors. Aussi d'anciens médecins, observateurs de l'homme, donnèrent-ils la plus grande attention à tous ces rapports qui peuvent exister entre les penchants, les appétits naturels, la direction spontanée ou la tournure particulière de l'imagination et les qualités ou les vices du tempérament organique; de là ils déduisaient souvent les pronostics de plusieurs maladies, l'horoscope même de l'homme moral tout entier, croyant deviner en quelque sorte ses passions, ses vertus, ses défauts, par des signes physiques indicateurs d'une influence prédominante de telle partie de l'organisation intérieure. Et cette prévoyance, justifiée par un assez grand nombre d'exemples, pourrait se vérifier plus souvent si l'homme moral était uniquement dans ses passions, dans son tempérament physique, enfin dans le jeu de ses divers organes et le résultat de leurs fonctions; et si l'activité libre, qui seule constitue la nature morale, ne venait sans cesse modifier les résultats de ces sortes de combinaisons, et mettre en défaut tous les calculs, et les pronostics des physiologistes.

Mais, faisant abstraction de cette force vraiment *hyperorganique*, on peut en effet trouver par l'expérience qu'il existe des rapports assez constants entre cette espèce d'images ou d'intuitions spontanées ou adventices de l'aliéné, comme de l'homme endormi, et telles dispositions ou affections d'un organe interne particulier. Et si c'étaient là des résultats d'une double observation physiologique et psychologique suffisamment répétée, il faudrait admettre ces résultats à titre de faits, alors même qu'on rejetterait toutes les hypothèses employées à les expliquer.

Il est certain, par exemple, que l'état de vacuité ou de plénitude de l'estomac donne lieu, le plus souvent, à des rêves d'une espèce analogue à la disposition physique de l'individu, que l'appétit vénérien, résultant d'une sévère abstinence, surtout dans la jeunesse, fait naître ces affections si remarquables par leur vivacité et leur persistance, et donne surtout à l'imagination une ardeur, une pente invincible à créer jusque dans le sommeil des fantômes voluptueux qu'elle caresse. Ainsi encore la diathèse bilieuse amène souvent en songe des affections et des images lugubres; la pléthore sanguine fait rêver de batailles et de fantômes sanglants, etc. On connaît le pronostic de Galien, fondé sur la vision en songe d'un *serpent rouge*, et l'heureux effet d'une saignée copieuse faite à la suite.

C'est aux habiles observateurs chargés du traitement des aliénés, qu'il appartiendrait surtout d'examiner jusqu'à quel point l'espèce de délire ou de manie, susceptible d'être caractérisée par la nature même ou la couleur des images qui poursuivent habituellement l'aliéné, pourrait mettre sur la voie du traitement qui convient à tel ou tel genre d'aliénation.

Je me bornerai à une dernière observation sur les caractères des songes intuitifs ou affectifs, qui s'applique également à l'aliénation maniaque ou passionnée.

J'ai éprouvé par moi-même que l'effet sensitif de ces sortes de rêves n'est pas borné à la durée du sommeil, mais s'étend encore plus ou moins sur les dispositions de l'homme éveillé, et peut donner à ses sentiments comme à ses idées une direction particulière dont il ne se rend pas compte. Combien de passions, de préventions, de sympathies ou d'antipathies, relatives à telles personnes, peuvent naître d'un songe qui les a peintes à l'imagination de l'homme endormi sous des couleurs aimables ou repoussantes! J'ai par devers moi plusieurs expériences de cette espèce, qui se rattachent surtout à l'âge des sentiments expansifs et tendres.

Une autre sorte d'influence des songes que l'expérience m'a également démontrée, c'est celle qu'ils peuvent acquérir sur les croyances ou les persuasions de l'homme éveillé.

Je me souviens d'avoir été une fois réveillé en sursaut par un fantôme très-effrayant, dont il m'était impossible à l'instant même de rappeler la forme. J'ai très-présent le sentiment de terreur où j'étais au moment du réveil et encore assez longtemps après.

Tant que dura cette affection de crainte avec ses symptômes physiques ordinaires, comme le battement des artères et du cœur, etc., je ne pouvais écarter la pensée ou la croyance qu'un tel fantôme invisible, dont je ne me faisais aucune image, existât réellement dans l'espace extérieur, et qu'il exerçât sur moi une influence à laquelle je ne pouvais échapper. Je croyais à cette influence d'une manière si ferme, qu'il eût été impossible à qui que ce fût de changer ma croyance; et cependant j'étais en possession de mes facultés, je me rendais compte de mon état; je m'en étonnais moi-même. N'est-ce pas là un cas particulier du phénomène distingué sous le nouveau titre d'hallucination, qui diffère et de l'aliénation mentale, puisque la personne est présente ou s'appartient, et de l'état naturel et régulier de nos facultés mentales, où la croyance commune à tous les hommes ne s'attache qu'aux objets réels et permanents des sens externes, du toucher surtout, à l'exclusion des images ou produits spontanés de la sensibilité ou de la fantaisie?

L'exemple précédent prouverait que dans l'hallucination la croyance passe entièrement sous l'empire de la sensibilité physique interne, et se proportionne, comme toutes les tendances de l'instinct, à la vivacité ou à la profondeur des affections, d'où dépendent aussi la persistance et la vivacité des images.

Résumons : soit que l'excitation partant d'un organe interne devenu centre ou foyer principal, se communique sympathiquement au cerveau qui fonc-

tionne à sa manière dans la production ou la représentation des images, soit que le centre cérébral,
primitivement et directement excité, entre en jeu
par lui-même, les produits sensitifs ou fantastiques
de ces deux sortes d'actions et de réactions sympathiques ne peuvent servir à constater, comme on l'a dit,
l'action réciproque du physique sur le moral, mais
seulement l'action du corps sur le corps, des nerfs
sur les nerfs.

Comme il n'y a rien là que de physique dans la
cause aveugle et nécessaire, il ne saurait y avoir rien
de moral ou de prévoyant et de prédéterminé dans les
effets.

Observateur de ce jeu déréglé de la machine nerveuse, le médecin appelé à y remédier s'attache
sans doute, dans cette espèce de maladie comme dans
d'autres, à reconnaître le siège de l'aliénation mentale,
à distinguer par de vrais signes les cas où le centre
propre des images se trouve directement affecté, et ceux
où il ne l'est que consécutivement ou par sympathie
avec d'autres organes, siéges propres de l'altération.

Le traitement de l'aliéné ne saurait être le même
dans ces cas divers : ici le médecin emploiera les
moyens propres à son art, pour agir directement sur
l'estomac et les viscères ; là, il peut lui suffire d'agir
sur l'imagination du malade, de chercher les moyens
moraux les plus propres à faire diversion aux fantômes
qui l'obsèdent, à rompre ses habitudes, à changer le
cours de ses idées, l'ordre de ses sensations, etc.

On connaît l'expérience faite par Boerhave à l'hôpital de Harlem, et la manière dont il parvint à guérir
les enfants qui tombaient en convulsion par sympathie
ou par imitation réciproque, en menaçant de l'application d'un fer rouge, qu'il fit apporter, le premier
qui viendrait à avoir un accès convulsif. Cet habile
observateur trouva ainsi un moyen direct d'agir par
l'imagination sur la sensibilité intérieure, en opposant
l'affection d'une forte crainte à une affection différente, quoique de même nature, ou en surmontant
une passion animale par une autre plus forte.

C'est ainsi que l'homme parvient à changer ou à
modifier l'instinct des animaux, qu'il fait servir à ses
besoins et à ses plaisirs ; c'est par la crainte, ou par
l'appât de nourriture surtout, qu'il les dompte ou les
dresse.

Mais tout cela encore n'est que du physique ou de
l'organisme ; voyons maintenant quels sont les vrais
rapports du moral et du physique, ou en quoi consiste la véritable action du moral sur le physique, en
donnant à ce dernier mot toute l'extension dont il est
susceptible, d'après ce que nous venons de voir.

Influence morale, ou vraie action du moral sur le physique.

L'imagination, avons-nous dit, est comme le lien
interposé entre deux natures, l'une animale, l'autre
intelligente. L'imagination subordonnée d'une part à
la sensibilité intérieure, est mise en jeu par les mêmes
mobiles d'excitation, et se proportionne à toutes ces dispositions variables, d'où l'ordre particulier des phénomènes physiologiques que nous venons de considérer ;
phénomènes étrangers par eux-mêmes au sujet pensant
qui peut les ignorer, et ne s'en rendre observateur que
dans certains modes mixtes de l'existence sensitive dont
nous avons indiqué les exemples. Mais, d'autre part,
l'imagination est subordonnée à l'activité de l'âme qui
peut la diriger, la régler, la mettre elle-même en jeu
au moyen des signes volontaires dont le moi dispose,
ou qui donnent une prise directe à son action sur la re-
production des images, et par là indirectement sur les
affections ou les sentiments qui s'y trouvent associés.

Avant d'aller plus loin, observons la différence bien
remarquable qui sépare les affections immédiates de la
sensibilité des sentiments de l'âme proprement dite.
Ici, en effet, le sentiment affectif, agréable ou pénible
de l'âme, est le résultat ou la suite de quelque travail
de l'esprit ou d'une opération intellectuelle, d'une idée
quelconque à laquelle le sentiment se trouve lié. Là,
au contraire, et lors même qu'il y a personnalité constituée ou idée de sensation, l'affection ou la sensation animale, produit immédiat de l'action d'un objet
externe ou de l'impression faite sur l'organe, précède
toujours d'un instant, au moins, l'idée ou la perception complète de l'objet, et cette perception peut être
même empêchée ou obscurcie par une affection trop
vive. Nouvelle preuve de la distinction essentielle entre
les deux ordres de facultés, l'un sensitif ou animal,
l'autre perceptif et intellectuel.

Quel que soit le développement que prenne l'imagination subordonnée à l'activité de l'âme, et tempérée
ou réglée par l'usage des signes volontaires, ses produits conservent toujours une partie des caractères de
vivacité, de promptitude et presque de spontanéité
qu'ils tiennent de leur source même, savoir de l'âme
sensitive qui en est le premier foyer. On retrouve ces
caractères dans les produits même les plus élaborés
du génie des sciences, qui s'affranchit des règles et
du joug des méthodes, échappe à toute loi de continuité, et saisit d'un seul coup d'œil les deux extrémités
d'une immense chaîne d'idées, ou de rapports, dont
les intelligences ordinaires ne parviendront peut-être
qu'après des siècles à retrouver tous les chaînons successifs. On les trouve surtout éminemment, ces caractères, dans les inspirations sublimes du génie des arts,
de ce génie qui révèle une âme céleste, dont l'origine
est manifestée par des créations propres à exciter à
jamais l'admiration des hommes.

Cette âme agit au dehors d'elle, attire par un
charme sympathique, invincible, tout ce qui est à

portée de recevoir son influence , et remplit tous les témoins de sa création du même feu dont elle anime le créateur. Mais ce n'est point l'âme humaine qui se donne cette toute-puissance d'inspiration (1) ; la volonté , la libre activité, dans toute son énergie est loin de pouvoir imiter ou reproduire cet attrait , ce charme suprême ; elle tend plutôt à le rompre ou à le dissiper.

Notre objet n'est point de tracer les points de vue divers sous lesquels on peut chercher à saisir cette faculté créatrice, ou à exprimer les caractères de ses produits admirables, surnaturels et quelquefois surhumains ; le seul de ces points de vue sous lequel nous avons besoin maintenant de considérer l'imagination, c'est celui du lien qu'elle établit entre les affections ou la sensibilité et les idées ou les produits de l'activité intellectuelle ; car de là ressort un nouvel ordre de considérations, ou de rapports offerts à l'exploration de l'observateur de l'homme moral et physique.

C'est en ayant égard aux caractères des produits extraordinaires de l'imagination tels que nous venons de les signaler, que l'on peut reconnaître qu'il est une puissance et des moyens d'action indirects donnés à l'âme même, dans plusieurs cas, pour mettre en action, exciter ou calmer telles parties de l'organisation naturellement soustraites à son empire : c'est ainsi que l'homme dont le moral est développé peut guérir ou prévenir lui - même les altérations ou maladies auxquelles sont sujettes les facultés mentales, par un régime approprié surtout à cette faculté d'imagination qui forme le lien des deux vies.

Il résulte , en effet , de ce qui a été dit précédemment, que, comme il y a certaines modifications de la sensibilité animale ou certaines affections des organes intérieurs, qui entraînent la production sympathique de telles images analogues à ces affections , il doit y avoir aussi tel mode d'exercice de l'imagination dirigée par la volonté qui, faisant naître telles affections particulières de la sensibilité animale , pourra changer de mauvaises dispositions organiques et avec elles tels modes tristes ou agréables de l'existence sensitive qui y correspondent.

Indiquons, en finissant, quelques exemples propres à donner une idée de l'influence du régime moral ou intellectuel sur les dispositions de l'homme physique.

1° Chacun peut observer en lui-même que les perceptions directes des sens externes, comme les images ou intuitions du sens interne , et les idées mêmes, produits élaborés de l'intelligence, venant à être réfléchis ou contemplés successivement par le moi sous des modifications sensitives diverses, ou avec un sentiment variable de l'existence, triste ou pénible, agréable ou facile, etc.,

se proportionnent jusqu'à un certain point à ces variations quant aux degrés de clarté ou d'obscurité , de mobilité ou de persistance , de confiance ou de doute, qui impriment à ces idées un caractère particulier et comme une physionomie propre. C'est là, pour le dire en passant, ce qui fait que les idées morales, et psychologiques surtout , se laissent si difficilement ramener à un type constant et uniforme par divers esprits ou par le même esprit en différents temps ; d'où il arrive que certaines vérités du sens intime sont incommunicables, loin qu'elles soient susceptibles de démonstration, ainsi que le supposent Locke et Condillac, comme les vérités mathématiques dont les idées n'ont rien à démêler avec nos dispositions ou affections sensitives.

Mais , puisque d'une part ce mode d'influence des dispositions organiques et des affections immédiates de la sensibilité intérieure sur la tournure des idées ou les produits de l'intelligence , est un fait d'expérience intérieure, et que d'autre part l'observation ou l'expérience physiologique peut faire découvrir les moyens plus ou moins propres à agir directement sur l'organisation et à modifier le ton de la sensibilité générale par l'emploi mieux entendu et plus régulier de certains moyens, ou à l'aide de certaines substances dont on aurait constaté les propriétés excitantes, calmantes, létifiantes, etc. ; la science plus avancée de l'homme physique pourrait donc , sous ce rapport, donner des moyens d'agir ou d'influer d'une manière plus ou moins heureuse sur les dispositions mêmes de l'homme moral.

C'est dans ce sens aussi qu'il faut entendre ce passage remarquable qu'on trouve dans le traité de Descartes, sur la *Méthode :*

« Animus enim adeo a temperamento et corporis organorum dispositione pendet ut , si ratio aliqua posset inveniri quæ homines sapientiores et ingeniosiores reddat, credam illam in medicina quæri debere (2). »

Les anciens philosophes, les pythagoriciens surtout, avaient bien reconnu cette vérité; aussi , le régime physique entrait-il en première ligne dans leurs préceptes et leurs moyens de sagesse.

2° Mais s'il y a des moyens d'influer sur la force, la tenue et la bonne direction de l'esprit par un certain ordre de modifications imprimées aux corps, il doit y avoir, pour le moins, autant de moyens d'influer sur les bonnes dispositions du corps par un régime direct et bien entendu des facultés de l'esprit.

Si, par exemple , comme on ne saurait en douter d'après l'expérience, tel mode d'exercice de la pensée se trouve facilité par suite de certaines dispositions sensitives qui tiennent à la machine, il n'y a point de

---

(1) Voyez la note à la fin de cet écrit.

(2) Édit. française, t. 1er, pag. 195.

doute non plus que l'énergie de la force pensante⸮ne lutte souvent contre les obstacles organiques contraires à son but, et ne parvienne à en triompher, ou même à changer tout à fait ses dispositions en amenant une série toute différente de mouvements organiques. L'auteur de ce Mémoire, d'une constitution faible, et sujet à une multitude de variations organiques et sensitives, porte en lui-même un exemple vivant de l'influence médiate que la volonté peut avoir sur les dispositions affectives du corps par un effort direct qu'elle exerce sur les opérations de l'esprit ou sur les idées qu'elle tend à ramener à un certain type régulier. Combien de fois n'a-t-il pas eu à observer sur lui-même qu'un travail intellectuel, entrepris en faisant violence à l'inertie la plus marquée des organes ou à un état affecté de trouble, de malaise, de souffrance, amenait, après des efforts opiniâtres et prolongés, un état d'activité, de sérénité, de calme et de bien-être intérieur ! Combien n'éprouve-t-il pas chaque jour que les fonctions même de l'organisme le plus grossier s'accommodent à l'exercice de la pensée en suivant les mêmes périodes de langueur ou d'activité : par exemple, la digestion, l'ordre des sécrétions ou excrétions organiques qui ne se font pas ou se font mal, si le travail de l'esprit ne peut avoir lieu aux heures accoutumées, etc. ! Ces exemples, dans lesquels se reconnaîtra chaque homme doué du tempérament dont nous parlons ci-dessus, habitué à s'observer, surtout à prendre et à conserver l'empire sur ses affections, attestent la réalité de cette influence indirecte de la volonté ou de l'activité libre sur les mouvements ou les tendances de la vie organique et animale.

Eh ! comment oserait-on poser des bornes à cette influence, ou à l'empire même de l'âme, lorsqu'on sait tout ce qu'ont pu produire de grand, de sublime, les vertus humaines des stoïciens ; ce que peut surtout une religion toute divine pour dompter la chair ou soumettre *la loi du corps à la loi de l'esprit !*

Au-dessous de ces hauteurs s'offre une multitude d'exemples journaliers qui prouvent qu'une prédétermination de l'esprit, fortement conçue, peut aller au point de dominer même un instinct rebelle, et le forcer à obéir à point nommé aux volontés antérieures de la personne, dans l'absence même momentanée du moi.

Ainsi, quoique la nature et l'habitude aient fixé une certaine durée à l'état de sommeil, si l'on prédétermine de s'éveiller à une certaine heure, il arrive presque toujours que le sommeil cesse à point nommé, comme si la volonté le commandait elle-même, quoique cette force, consciente de ce qu'elle opère véritablement, ne prenne aucune part actuelle au passage instantané du sommeil à la veille. Mais la détermination antérieure de la volonté a pu modifier l'âme sensitive, ou le principe de la vie, d'une

manière inexplicable sans doute, mais telle qu'elle produise un effet prédéterminé dans son temps fixé. Je ne doute point que l'énergie constante des prédéterminations ou des vouloirs de l'âme ne parvînt à produire divers effets de la même espèce, comme à prévenir le retour périodique de certaines causes d'altération ou maladies nerveuses, et à empêcher celles-ci de naître ou de s'enraciner.

Observons bien que ce n'est point en opposant une passion à une autre passion qu'on peut, dans les cas semblables, remédier au mal, ou prévenir le désordre organique : dans l'expérience faite par Boerhave à l'hôpital de Harlem, la peur du fer rouge prévenait bien, il est vrai, les mouvements convulsifs, mais ne remédiait point à la cause, et pouvait au contraire l'aggraver.

Une force sensitive ou nerveuse ne peut, en aucun cas, s'opposer à elle-même, ni modifier ou changer ses propres déterminations. Il faut une force d'une autre nature pour s'opposer et lutter avec avantage contre la direction aveugle et vicieuse d'une sensibilité tout animale.

3° Dans cet état régulier et harmonique des fonctions, qui fait la santé de l'homme parvenu au degré de civilisation propre à sa nature, la part contributive des actes ou des modes de l'âme pensante n'est certainement pas moindre que celle des dispositions mêmes du corps organisé.

L'équilibre des facultés de l'esprit, résultat d'une sage direction et de bonnes habitudes intellectuelles, l'harmonie constante entre les idées et les sentiments moraux, concourent merveilleusement à produire et à maintenir cette autre espèce d'harmonie ou d'équilibre entre les fonctions des organes et les affections immédiates de la sensibilité dont nous parlions auparavant comme de la condition de toute existence heureuse.

Ces deux sortes de santé se correspondent quelquefois merveilleusement dans certains êtres privilégiés où le physique et le moral bien réglé, chacun dans leur ordre, se soutiennent et se perfectionnent même l'un par l'autre ; mais les exemples d'un tel accord sont rares, et c'est aussi à le rendre plus commun que la médecine et la philosophie pourraient utilement concourir en réunissant les données de la double observation.

Lorsque le physique est mal réglé, l'âme sensitive est nécessairement affectée de ce désordre d'une manière triste et pénible ; si le moi se laisse alors absorber, pour ainsi dire, par de telles affections, le désordre augmente et se double par cette cause même.

Mais il est possible, et il arrive, dans certains cas, que le moi souffre ou jouit moralement, pendant que le principe sensitif s'affecte d'une manière tout opposée.

Au sein des affections pénibles et tristes, l'homme moral peut éprouver, par exemple, une douce satisfaction intérieure, en se sentant soutenir par une force supérieure à la douleur et aux peines ; au contraire, l'être intelligent et moral peut s'affliger intérieurement et se trouver humilié des fausses joies de l'être sensitif. *Risum reputavit errorem et gaudio dixit : Quid frustra deciperis ?*

Ce contraste des deux natures ne pouvait échapper à un philosophe aussi éminemment réfléchi que Descartes. Voyez avec quelle précision il caractérise dans son *Traité sur les Passions* les sentiments propres de l'âme et les affections immédiates de la sensibilité confondues dans son système avec les mouvements de la machine !

Dans les modes ordinaires de notre existence sensitive et morale, ces affections et ce sentiment peuvent s'accorder et se renforcer les uns par les autres, ce qui entraîne la santé de l'âme et du corps, ou s'opposer réciproquement ; et de là diverses altérations mentales, des déchirements intérieurs, un état de trouble et de désordre moral et physique.

Pour l'âme humaine ou pour l'être intelligent et sensible, le plaisir n'est autre chose que la conscience de la perfection ; la douleur, au contraire, est le sentiment de quelques imperfections de notre nature mixte.

L'âme même la plus mêlée avec la chair, la plus dominée par les tendances instinctives de la sensibilité animale, la plus obscurcie par les passions, est toujours une âme humaine, dont le caractère et le type original imprimé par le Créateur, ne saurait jamais être complétement effacé.

Tout animal suit son instinct sans contrainte, sans diversion ; celui du tigre, par exemple, l'entraîne à déchirer, à se repaître du sang de ses victimes.

Quel objet d'horreur et de pitié, que l'homme poussé, entraîné malgré lui par d'affreux penchants à des forfaits qu'il déteste', puisse se dire, comme Œdipe :

In ceste, parricide, et pourtant vertueux !

Qu'il est doux le sentiment immédiat de l'existence d'une âme qui, née pour la vertu et pour la vérité, se trouve liée par la plus heureuse, la plus belle des harmonies, à une organisation qui la seconde, et ne lui renvoie, pour ainsi dire, que des impressions modérées, des affections sympathiques, aimables et bienveillantes !

Comment peindre la sérénité, le calme, le bonheur constant attaché à la conscience de ces deux sortes de perfection physique et morale fondues ensemble et se soutenant l'une par l'autre ! Comment rendre ce jeu prompt et facile des facultés de tout ordre obéissant toujours à l'empire de la vertu, et plus heureusement encore aux inspirations du génie, qui n'est lui-même que le produit le plus élevé de cette grande harmonie ! Comment exprimer les jouissances attachées à la contemplation du beau, du bon, du vrai, alors que l'âme vient à réaliser par son activité, l'idéal sublime dont elle sent en elle-même le type, la source inépuisable !

L'exercice habituel de si hautes facultés, et tous les sentiments ineffables qui s'y lient, peuvent remplir tous les vides de l'existence ; il amoindrit la part de mort, et fait participer l'organisme à l'activité, à la vie, à la jeunesse éternelle de l'âme.

Peut-être expliquerait-on ainsi les divers exemples de longévité parmi ces hommes d'élite, qui vécurent surtout de cette vie intellectuelle et morale, dont les instruments ou les formes seules changent et disparaissent aux yeux, mais dont le fond et les produits ne doivent jamais mourir !

Au contraire, l'inertie, la langueur, la passiveté de l'âme, doivent laisser la vie organique plus exposée à toutes les causes extérieures ou intérieures qui l'altèrent, la minent, et la conduisent plus rapidement à la mort.

Je ne pousserai pas plus loin cet ordre de considérations, pressé d'en conclure que ceux qui rejettent absolument les considérations psychologiques dans des recherches qui ont pour objet le corps organique, ou qui restreindraient cette application à certaines maladies, ne sont pas mieux fondés que ceux qui croiraient devoir expliquer par des doctrines ou des expériences purement physiologiques les faits de l'âme ou les phénomènes du sens interne.

FIN DE LA DEUXIÈME ET DERNIÈRE PARTIE.

NOTE.

Au-dessus de la sphère d'activité de l'âme humaine, et de toutes les facultés d'entendement ou de raison qu'elle embrasse, s'élève une faculté créatrice, dont les caractères et les produits attestent une origine plus haute, et portent avec eux le gage et comme le pressentiment d'une nature immortelle.

Cette faculté supérieure n'a rien de proprement actif : on pourrait donc, sous ce rapport, la comparer aux facultés sensitives, si la sublimité de sa forme, de son objet et de ses produits, ne mettait entre elle et cette nature inférieure toute la distance qui sépare le ciel de la terre, l'infini du fini.

Tous les philosophes qui ont pénétré un peu avant dans les profondeurs de l'âme humaine, ont signalé, sous divers titres, ce côté pour ainsi dire divin de notre nature.

On trouve des notions relatives à cet ordre supérieur de facultés, établies, dès le premier âge de la philosophie, dans les écoles de Pythagore et de Platon.

Les métaphysiciens de l'école d'Alexandrie fondaient sur la même base leurs doctrines mystiques des émanations ou des communications surnaturelles des âmes entre elles et avec Dieu d'où elles sortent.

Parmi divers passages extrêmement remarquables sur ce sujet de haute philosophie qu'on trouve dans les livres de cette école, parvenus jusqu'à nous, j'en citerai un seul, extrait des œuvres de Proclus, dont nous devons la publication et le commentaire précieux aux recherches profondes d'un jeune et savant professeur.

Dans le livre *de Fato et Providentiâ*, Proclus, parlant des platoniciens, s'exprime ainsi :

« Laudant cognitionem supra intellectum et maniam et
« verè hanc divinam vocant.

« Ipsam aiunt imum animæ non adhuc hoc intellec-
« tuale excitantem et hoc coaptantem uni.

« Unam autem quam ut verè melior scientiâ et intel-
« lectu est intelligentia divinificata : hæc est cognitio
« quam anima phantasiana in hâc vitâ planè accipere non
« potest, etc. (1). »

Dans ses excursions mystiques, van Helmont a peint d'une manière très-remarquable cet état de l'âme qui,

(1) Procli Opera inedita, édit. Paris, t. Ier, p. 41-62.
(2) Ortus Medicinæ,... authore J. B. van Helmont. Amstelodami, apud Elsevirium, 1648. — Venatio Scient., p. 27, 29.

cessant de se connaître, ou de s'appartenir, passe tout entière sous l'influence d'un esprit supérieur de vie et de vérité.

« Comperi sanè, » dit-il au chapitre si curieux intitulé, *Venatio scientiarum*, « non esse de plenâ atque liberâ
« nostræ voluntatis potestate suo sic intellectu nunc frui ;
« et quod ad istud requiratur plus quam putare, saniti :
« optare, velle, etc.

« Alias namque quam cito quis cogitat de animâ suâ
« aut de re quâpiam tamquàm de tertio, cum alteritate
« separata extra intellectum, eo ipso nondùm est cogi-
« tatio aut operatio puri ac solius intellectûs. Ast cùm
« anima cogitat se ipsam, aut aliud quidquam tanquàm
« se ipsam, sine alteritate cogitantis et rei cogitatæ, sine
« appendentiâ, extraversione vel relatione ad locum,
« durationem et circumstantias : tum scilicet ejus modi
« cogitatio est intellectualis...

« Utpote anima in illo luminis statu sic apprehendit
« interiorem et anteriorem rei intellectæ essentiam quòd
« ipse intellectus transmigrando sese transformet in rem
« intellectam... non fit ejus modi intellectualis conceptio,
« cum discretione verborum aut idiomatum, neque
« cum sensuum aut rationis præcincta, neque cum
« celeriori quodam totius logiami concepta affatim
« hausto, etc.

« Nec etiam potest per rationem aut imaginationem
« concipi aut per imaginationem ideasve cogitari ; verùm
« in illo statu nunc, hic sensus, ratio, imaginatio,
« memoria et velle, sunt simul in merum intellectum
« liquata, stantque sub tenebris lumine intellectûs offus-
« cata.

« Quamobrem sive intellectus transformetur, sive se
« ipsum transformet in simulacrum rei intellectæ,...
« saltem tunc anima intuetur suum intellectum, sub
« formâ arreptâ in dato lumine. Atque in isto sui speculo
« speculatur se ipsam intellectualiter absque reflexione
« alteritatis, sicque concipit rem scibilem unâ cum omni
« suo et proprietatibus, etc. (2). »

Van Helmont me semble s'être annoncé comme le précurseur des nouveaux systèmes de métaphysique allemande, basés sur l'intuition intellectuelle.

Revenant au point de vue platonicien, relativement au sujet de ces inspirations d'origine céleste, les passages frappants qu'on trouve à cet égard dans les Dialogues de Platon, ont dû porter à croire que les philosophes grecs, et plus particulièrement le disciple de Socrate , avaient reconnu et exprimé la nécessité d'une révélation.

Sur ce dernier point de fait , savoir : si Pythagore , Socrate ou Platon, avaient emprunté quelques parties de leur doctrine des livres hébreux , les recherches d'érudition les plus approfondies n'ont pu rien découvrir de certain ni même de probable à cet égard.

« Utrùm ab Hæbreis aliquid didicerint Pythagoras et « Plato hactenùs, quod id credi suadeat nihil comperi, » dit Leibnitz lui-même, après de grandes recherches sur ce sujet important (1).

Quant au point de doctrine, savoir : si les anciens philosophes ont senti le besoin ou reconnu la nécessité d'une révélation divine, il faut bien s'entendre sur la nature, le caractère et l'objet de cette révélation, telle que pouvaient la concevoir ou l'entendre des philosophes éclairés par les seules lumières de la raison.

J'ai eu occasion de traiter cette question qui m'avait été proposée par un savant ami (2), aussi distingué par ses hautes connaissances philosophiques que par son amour éclairé de la religion et de la morale.

' Je donnerai ici un extrait assez long de ma réponse à cette grande et belle question.

Je demande d'abord qu'on distingue les idées ou les notions pures de l'entendement, de quelque manière que lui viennent ces idées, soit qu'on prétende les dériver des sens (et de quels sens?), soit qu'on les suppose comme innées, soit qu'on les admette primitivement révélées par la parole ou avec la parole même (logos), d'avec le sentiment qui s'attache à ces notions, les transmet de l'esprit au cœur, et les approprie ainsi véritablement à notre nature morale. Quelle que soit, en effet, la croyance sur l'innéité ou la révélation ou le mode quelconque de manifestation et de réceptivité des idées ou notions de l'esprit, toujours faut-il reconnaître que ce sentiment ne peut être que suggéré ou inspiré à l'âme qui se sent incapable de se modifier elle-même par un exercice quelconque de son activité.

Cette distinction, qui tient au fait même de conscience, se trouve marquée dans les livres de Platon et dans nos divins Évangiles.

· Commençons par ceux-ci :

Dans l'évangile de saint Jean, Jésus-Christ dit à ses apôtres : « Cet esprit de vérité que le monde ne peut « recevoir et ne conçoit pas parce qu'il ne le voit pas, « vous le connaîtrez parce qu'il viendra et restera en vous. »

« Spiritum veritatis quem mundus non potest accipere « quia non videt eum nec scit eum, vos autem cognoscetis « eum quia apud vos manebit. »

Et plus bas : « Telles sont les paroles que je vous ai « fait entendre; mais l'Esprit-Saint (le Paraclet) que vous « enverra mon père, vous les enseignera véritablement; « seul il pourra suggérer à vos âmes le vrai sens des « paroles que vous aurez reçues par ma bouche. »

« Hæc locutus sum vobis; Paracletus autem, Spiritus « sanctus quem mittet pater, ille vos docebit et suggeret « vobis omnia quæcumque dixere vobis. »

Tels sont les traits frappants de cette révélation intérieure, qui consiste dans le sentiment ineffable suggéré à l'âme et non pas seulement dans l'idée ou la parole qui s'adresse uniquement à l'entendement. Ici est la lettre, là .est l'esprit qui vivifie.

Quel que soit cet ordre de vérités , notions ou idées intellectuelles, il y a toujours lieu de demander si elles

sont ou ne sont pas des produits de la raison ou de l'activité propre et naturelle de l'esprit humain. Mais l'homme sait par conscience qu'il ne se donne pas ou que son âme ne se suggère ·pas à elle-même ces sentiments ineffables du beau, du bon, de la vertu, de l'infini, de la Divinité : la cause, la source de ces hautes suggestions ne peut être subjective; elle tient à une nature plus élevée que les sensations et les idées de l'esprit, plus hautes que tout ce qui est fini.

Les sages qui puisèrent au fond de la conscience les premières vérités religieuses et morales, durent y trouver aussi cette distinction évidente entre les données ou les produits de la raison humaine et les sentiments ou les inspirations de l'âme.

On trouve dans les Dialogues de Platon une foule de passages qui font allusion à cette sorte de suggestion ou de révélation intérieure; mais le disciple de Socrate, non plus que son maître , ne pouvaient entendre cette révélation que dans le sens de l'esprit, et non point selon la lettre positive que la religion nous enseigne.

C'est en effet par les lumières naturelles ou par la meilleure et la plus haute direction des facultés intellectuelles et morales de notre nature que Socrate paraît s'être élevé aux notions du vrai Dieu, de l'âme immortelle et libre, du bien et du mal moral.

Ceux qui croient que ces premières vérités ne purent qu'être tirées des livres des Hébreux , ou transmises par l'Égypte aux philosophes grecs , me semblent restreindre singulièrement les bornes de ces puissances intellectuelles que Dieu a données à l'homme , en le livrant au concours des moyens internes et externes, préordonnés dans le but d'étendre et d'assurer le développement progressif de ses facultés naturelles.

Sans doute ces sages qui purent s'élever jusqu'au dogme de l'unité de Dieu et de l'immortalité de l'âme , par les seules forces de la méditation, avaient , comme nous l'avons tous, la conscience de l'imperfection et des limites naturelles et nécessaires des facultés humaines. Plus ils étaient élevés, plus ils devaient sentir le besoin d'un infini, qu'il n'est pas donné à l'homme d'atteindre; plus ils devaient désirer aussi une communication plus immédiate, plus intime avec cette raison suprême, dont ils avaient conçu l'existence et reconnu la nécessité. Aussi voit-on les premiers philosophes qui désiraient faire participer leurs semblables à la vraie lumière dont ils étaient éclairés, invoquer le secours d'une autorité supérieure à celle de leurs paroles ou de leur nom, pour confirmer et répandre cet enseignement sublime dont les Dialogues de Platon offrent le type.

C'est dans ce but sublime que Socrate réclame l'intervention divine pour que ses leçons profitent à ses disciples, en s'insinuant dans leur âme. Telle est aussi la révélation tout intérieure dont il sent et exprime la nécessité dans les dialogues du Théagès et des deux Alcibiade, de même sens que Jésus-Christ annonce à ses disciples la révélation intérieure du Paraclet, dans l'évangile de saint Jean.

C'est dans cet esprit qu'on faut chercher le vrai sens de plusieurs passages de ces Dialogues.

La comparaison faite, dans la *République*, du souverain bien, Dieu , avec le soleil , est aussi très-frappante , et remarquablement belle dans ses développements et son application aux vérités intellectuelles et morales et à la manière dont notre esprit les perçoit. On y trouve presque le sublime de ces paroles divines de l'évangile de saint

---

(1) Leibn. Op. tome II, page 222.

(2) M. Stapfer.

Jean : « **Erat lux vera quæ illuminat omnem hominem**
« **venientem in hunc mundum... Lux lucet in tenebris et**
« **tenebræ eam non comprehenderunt...** »

Ce que la lumière du soleil est dans le lieu sensible par
rapport à la vue du corps ou aux objets perçus, le souverain bien, ou l'esprit de Dieu, l'est par rapport à l'entendement et aux êtres intelligibles.

L'impression sensible de la lumière sur l'œil qui s'ouvre
pour la première fois à ses rayons, est passive pour l'être
sentant qui la reçoit et qui en est affecté, soit qu'il veuille
ou ne veuille pas. Il y a de même une impression passive
du souverain bien ou de la lumière divine sur l'esprit de
tout homme qui vient au monde; c'est par cette lumière
seule que tout esprit créé, vit et existe ou se conçoit; le
principe, la cause, la raison suffisante de cette vie intellectuelle n'est pas plus, en effet, dans l'homme même ou
dans le moi, que le principe ou la raison de la vie sensitive n'est dans l'animal.

Mais comme la perception distincte des objets visibles
exige en même temps l'activité du regard et la présence
de la lumière intérieure, ainsi l'aperception claire des
êtres intelligibles exige le concours de l'activité libre de
l'esprit avec la lumière supérieure divine qui en est la
source, la condition ou le moyen nécessaire, mais non pas
la cause absolument efficiente.

Que si cela était ou si l'âme pensante était réduite à une
passiveté complète d'intuitions, dès lors absorbée en Dieu
elle n'aurait plus la propriété d'elle-même : en perdant
l'action propre qui la constitue personne, moi, elle ne
pourrait être considérée comme substance (1). Tel est ce
concours divin, comme dit encore Leibnitz (en entrant
profondément dans la vue de Platon), qui fait qu'en un
certain sens Dieu seul peut être considéré comme l'objet
extérieur de l'âme, ou comme étant, à chaque esprit créé,
ce que la lumière est à l'œil.

La comparaison de Platon étant ainsi entendue, on
saisit mieux le vrai sens des paroles attribuées à Socrate
dans le passage suivant, qui résume admirablement la
doctrine de Platon sur les idées intellectuelles.

« Comme de tous les organes de nos sens, l'œil est
« celui qui a le plus de rapport avec la lumière du soleil
« (quoiqu'il ne soit pas, ou qu'il ne porte pas en lui cette
« lumière); ainsi, de toutes les facultés de notre esprit,
« la raison est celle qui a le plus de rapport avec le sou-
« verain bien ou la lumière divine, quoiqu'elle ne soit pas
« cette lumière; ou qu'elle ne la porte pas en elle-même. »

Et c'est là ce qui éloigne l'idée d'un caractère purement
subjectif, attribué par des auteurs systématiques aux êtres
intelligibles de Platon, ou aux notions universelles et
nécessaires des modernes, manifestés à l'âme par une
lumière divine que l'âme ne fait pas, ou qu'elle ne porte
pas en elle-même, mais vers laquelle elle se tourne et se
dirige par son activité propre.

Je prie qu'on relise un admirable passage de l'*Alcibiade*, qui revient parfaitement à ce que nous venons de
dire de la condition et du moyen qui sert à l'homme à se
connaître en connaissant Dieu, et en se voyant, se mirant

dans l'Esprit divin qui lui renvoie sa lumière, de même
que l'œil se voit ou se mire dans un autre œil hors de lui,
qui lui réfléchit son image, comme étant d'une nature
analogue à la sienne. Je ne connais rien de plus beau en
philosophie que ce Dialogue.

Revenons à notre sujet :

Si les objets intelligibles (l'être, l'âme, la substance, la
cause, etc.) sont en nous, en tant que nous sommes
conscients de nous-mêmes ; si la lumière appropriée à ces
objets, ou Dieu lui-même, est présent à l'âme, alors
même qu'elle ne le voit pas ou ne le cherche pas ; s'il est
vrai, dans le sens platonique, que l'idée du souverain
bien, et par elle celle de tous les êtres intelligibles, les
vérités absolues, universelles, nécessaires, soient innées
ou infuses à notre âme, de telle sorte qu'en entendant,
pour la première fois, les paroles ou les signes qui les
expriment, l'âme ne fasse que s'en ressouvenir ou en
avoir la réminiscence, loin d'en recevoir la science du
dehors ; il n'est donc pas besoin d'une révélation directe,
extérieure et temporaire, qui ait en vue, relativement à
cet objet, quelqu'une de ces vérités premières, apanage
de notre nature. Au contraire, toute la doctrine de Platon
sur les *idées*, et particulièrement la comparaison du soleil
avec le souverain bien (qui est comme le symbole de cette
doctrine) serviraient plutôt à prouver que les premiers
sages n'ont eu aucune idée de la nécessité d'une révélation
ou d'un enseignement direct, accordé aux hommes par la
Divinité, qui n'aurait pu à cet égard que leur révéler ce
qu'ils savent d'eux-mêmes par les lumières naturelles, et
comme par réminiscence d'un état antérieur.

Mais il n'en est pas de l'inspiration ou de la suggestion
du sentiment qui approprie les vérités à l'âme, comme
de la lumière pure qui les montre à l'esprit, lorsqu'il se
tourne vers elle, en écartant les obstacles, les images, les
sensations, les passions, etc.

La lumière est constamment présente à nos âmes, il ne
faut qu'un certain degré d'activité qui dépend de nous
pour apercevoir nettement les objets qu'elle éclaire. Mais
l'esprit souffle où il veut ; nous ne pouvons nous inspirer
à nous-mêmes le sentiment ou l'amour du souverain bien,
comme nous pouvons concevoir ou remémorer son idée,
pour l'exercice de notre libre activité. Nous ignorons
complétement les moyens dont Dieu se sert pour cette
inspiration ou cette révélation tout intérieure par laquelle
il se communique à nous, et nous unit à lui plus intimement. Cette suggestion divine n'est pas donnée à toutes
les âmes, ni à la même âme constamment et en tout
temps. Quelquefois elle nous saisit subitement et nous
ravit au troisième ciel, et l'instant après elle nous abandonne et laisse l'homme retomber de tout son poids vers
la terre. C'est là, et là uniquement qu'éclate l'action immédiate de la Divinité sur l'âme humaine. C'est à cette
source que tous les philosophes religieux en ont puisé
l'idée et l'intime conviction. On la reconnaît surtout dans
les pages d'inspiration que Fénélon a écrites sur l'amour
divin, qui se réfèrent parfaitement aux passages cités des
Dialogues de Platon.

(1) Leibnitz dit supérieurement : « *Beatitudo animæ consistit in
suâ unione cum Deo ; modò non putes absorberi animam in Deum,
proprietate quæ substantiam propriam solâ facit actione amissâ.* »

Il ne s'agit pas de la substance, mais du sentiment du *moi* ou
de la personnalité humaine, qui peut être absorbée ou remplacée par
l'esprit divin, leur substance restant la même.

Le Fils qui est la manifestation du Père (de l'être), se retire vers
lui ; toute manifestation sensible cesse avec le Fils (le *moi*), mort, en-

seveli, et c'est alors que commence la véritable vie. De son Père, où il
est rentré, le Fils envoie à sa place l'Esprit-Saint, l'amour vivifiant.
C'est lui qui dirige ceux qui s'abandonnent à lui en faisant abnégation
de leur propre esprit, de leur *moi*, etc.

Le fait psychologique sur lequel peut se fonder le point de vue mystique, semble s'accorder parfaitement avec la révélation et les propres
paroles du Sauveur, où l'on trouve presque toujours au figuré quelques
vérités intérieures.

Quand Socrate dit à Théagès que, s'il veut faire des progrès dans le bien ou la sagesse, il doit s'adresser à Dieu, c'est moins, sans doute, pour qu'il lui donne la science ou l'intelligence que l'amour de la sagesse ou l'attrait pour les choses divines (1).

Dans le *deuxième Alcibiade*, à la fin, Socrate réprime avec autant d'énergie que de raison ces prières insensées que les hommes étrangers à l'esprit de sagesse, esclaves des passions, adressent aux dieux. Le sage, le juste, sait seul ce qu'il faut demander à Dieu. Socrate engage Alcibiade à attendre, pour prier comme il faut, qu'il lui ait été enseigné comment il convient de se conduire envers Dieu et envers les hommes; et quand Alcibiade demande qui le lui enseigna, Socrate répond : Celui qui veille sur toi, savoir (en consultant ce qui précède) : le génie même de Socrate, ou l'esprit de sagesse, le démon qui l'inspire; mais auparavant il faut que cet esprit sorte des nuages ou dissipe ces vains fantômes qui obscurcissent l'entendement d'Alcibiade, de même que, dans Homère, Minerve sort de la nue qui la cachait aux yeux de Diomède.

N'est-ce pas là le complément de ce que Socrate disait à Alcibiade à la fin du premier dialogue? « Savez-vous par quels moyens vous pourrez parvenir à chasser tout ce qui occupe et trouble aujourd'hui votre esprit? Car je ne veux pas même qualifier ou nommer des choses si basses eu égard à un esprit aussi élevé que le vôtre?

Alcibiade. Je le sais.

Socrate. Comment donc?
Alcibiade. Ce sera si vous le voulez, ô Socrate!
Socrate. Vous ne dites pas bien, Alcibiade.
Alcibiade. Comment donc faut-il dire?
Socrate. Si Dieu le veut, etc. »

Cette dépendance où est l'âme, à l'égard de certains sentiments qu'elle ne se donne pas, et qui pourtant font sa perfection et sa vie, les stoïciens ne l'ont pas reconnue, et c'est aussi ce qui rend leur morale si incomplète, si inférieure à celle des premiers platoniciens, et surtout à celle du christianisme.

« La principale merveille que Dieu fait en nous, dit
« Fénelon, c'est de remuer notre cœur comme il lui plaît,
« après avoir éclairé notre esprit : il ne se contente pas
« de se montrer infiniment aimable, mais il se fait aimer
« en produisant par sa grâce son amour dans nos cœurs.
« Ce n'est pas seulement (ajoute ce philosophe du
« cœur) la loi extérieure de l'Évangile que Dieu nous
« montre par la lumière de la raison ou de la foi. C'est
« son esprit qui parle, qui nous touche, qui opère en
« nous, et qui nous anime; en sorte que c'est cet esprit
« qui fait en nous et avec nous tout le bien que nous
« faisons, comme c'est notre âme qui anime notre corps
« et en règle les mouvements. »

Voilà le démon ou l'esprit de Socrate, la révélation intérieure, dont les anciens philosophes ont senti et exprimé le besoin.

___

(1) Ceci revient à un passage de Bossuet, intitulé *Mystici in tuto,* où on lit : *Beatus Joannes in cruce qui de contemplatione sive oratione* simplicis intuitus scripsit quem amatorium sive amorosum appellant, etc.

EXAMEN

DES

LEÇONS DE PHILOSOPHIE

DE M. LAROMIGUIÈRE,

OU CONSIDÉRATIONS SUR LE PRINCIPE DE LA PSYCHOLOGIE, SUR LA RÉALITÉ DE NOS CONNAISSANCES
ET L'ACTIVITÉ DE L'AME.

> « . . . . . . Hi actus reflexi, quorum
> vi istud cogitamus quod seo appella
> tur. . . præcipua largiuntur objecta
> ratiociniorum nostrorum. »
>
> LEIBNITZ, *Opera*, t. II.

Cet écrit, destiné d'abord à un journal philosophique et littéraire, a pris une étendue et une forme qui ne pourraient convenir au journal même le plus sérieux : tel qu'il est, ou tel qu'il s'est fait comme de lui-même, il ne saurait guère offrir non plus d'intérêt ni d'attrait de curiosité au plus grand nombre de lecteurs.

Éloigné, par la nature de son objet, de ce théâtre d'activité universelle où se rattachent tant de pensées, d'espérances, de vœux, de besoins et d'intérêts, cet écrit ne s'adresse qu'à ceux qui aiment à se réfugier du dehors au dedans, qui cherchent dans la vie intérieure des consolations, des moyens de force, des motifs d'espérer, des raisons de croire, et la clef de bien des énigmes ; à ceux surtout qui, ayant pensé une fois à la grande question des *existences,* ne peuvent s'empêcher d'y penser toujours, et y reviendront sans cesse jusqu'à ce que le problème soit résolu ou démontré insoluble.

« ... Quiconque ne vit que dans le monde extérieur pour chercher, observer, juger, employer, classer, ordonner les objets sensibles, sans connaître la vie intellectuelle..., pourra croire tout comprendre et tout expliquer, et il ne comprendra rien : il vivra sans se douter du sérieux de la vie, il exercera l'activité de son esprit sans savoir qu'il a une *âme...*

« ... Ce n'est pas du sein des combinaisons de l'esprit, ni même de ce qu'on appelle vulgairement la sensibilité, que sort et s'élève ce qu'il y a de grand dans la nature de l'homme : mais c'est des profondeurs du moi, qui se replie sur lui-même, c'est-à-dire de l'*âme* (1). »

(1) *Mélanges de littérature et de philosophie*, par F. Ancillon, t. II, p. 184.

DIVISION DE CET ÉCRIT.

EXAMEN

DES

LEÇONS DE PHILOSOPHIE.

INTRODUCTION.

Ceux qui n'ont pas suivi autrefois le cours de philosophie de M. Laromiguière, pourront profiter et se plaire à la lecture de son ouvrage ; mais ses leçons écrites auront de plus l'intérêt et le charme du souvenir, pour ceux qui assistèrent aux leçons orales.

En ne paraissant pas avec le professeur, le livre a perdu ; il est vrai, tout ce que la personne même, le ton, l'accent, la physionomie, le plus remarquable talent de parole, ajoutaient au cours oral de piquant, de gracieux, de propre à captiver l'attention et à fixer la légèreté même. Mais ce livre est la copie d'un modèle qu'on regrette de ne plus voir ; il a donc, outre son prix réel, un prix de sentiment attaché à tout ce qu'il rappelle.

Le brillant succès qu'obtint ce cours de philosophie, dans un monde étonné de s'y complaire, fut-il exclusivement dû au talent et à tout l'esprit qu'y mit le professeur ? Ne faut-il pas l'attribuer aussi au caractère de la doctrine qui a fait valoir l'esprit, et s'est trouvée avec lui dans cette heureuse harmonie, principe de tout succès ?

Une philosophie qui se serait annoncée sur un ton plus sérieux, plus grave, comme voulant entrer plus avant dans les profondeurs du sujet, n'aurait-elle pas rompu le charme et mis les grâces en fuite ?

Laissons dans ces questions la part de la critique, et contentons-nous de remarquer que les leçons de philosophie, malgré leur mérite incontestable, malgré l'éclat du cours public, ou même en raison de cet éclat, pourraient bien ne pas satisfaire à tous les besoins des esprits méditatifs, ni remplir l'objet d'une philosophie complète.

Il ne faut demander au livre de M. Laromiguière

que ce qu'il a voulu y mettre ; c'est une logique claire, facile à entendre, et qui se fait lire sans fatigue ; l'aridité naturelle du sujet y est tempérée par l'élégance du style, la variété des tons et une foule d'idées accessoires, toujours fines, et quelquefois profondes. Mais malgré le titre et les accessoires, l'ouvrage n'est au fond qu'une logique, une science de méthode : or la logique est beaucoup sans doute ; elle tient sa place essentielle dans un cours de philosophie, mais est-elle toute la philosophie ?

M. Laromiguière ne paraît pas en douter, lorsqu'il énonce, dès son début, cette maxime absolue qui fixe d'avance l'objet et l'esprit de son cours.

« Si l'esprit humain, dit-il, est tout entier dans « l'analyse, il est tout entier dans l'artifice du lan- « gage. »

Est-il donc bien vrai que l'esprit humain soit tout entier dans l'analyse, et surtout dans l'espèce d'analyse que le professeur nous donne comme la méthode unique ou par excellence ?

Que devient alors cette science qui tenait autrefois, et qui tient encore dans plusieurs écoles un rang si éminent, sous le titre de *philosophie première* ou de *métaphysique*, divisée elle-même en *psychologie* et *ontologie* ? Tout cela n'est-il que chimère ? Faut-il proscrire toute métaphysique ? Une telle question méritait sans doute examen ; car il faut toujours examiner avant de proscrire. Peut-être même était-ce là le préliminaire essentiel d'un cours de philosophie, qui, débutant par la logique, annonce devoir s'y terminer, s'il est vrai surtout que l'esprit humain soit tout entier dans l'artifice du langage.

A la vérité, l'auteur promet de traiter, dans un deuxième volume, la grande question de la réalité ou de la non-réalité des objets de nos diverses idées ;

c'est-à-dire de décider s'il y a ou non une science qui, sous tel titre qu'on voudra (autre que celui d'*idéologie* ou de *logique*), aurait le droit de prononcer sur la réalité d'une connaissance ou d'une existence quelconque. Mais cette question, qu'on a dû tant de fois supposer résolue dans la première partie du cours, ne viendra-t-elle pas trop tard à la fin? Nous n'avons pu nous empêcher de le croire, lorsque, voulant nous borner à rendre compte de cet intéressant ouvrage, nous avons été, malgré nous, entraîné à remplir l'importante lacune qu'il a laissée, et à anticiper sur la seconde partie qui nous est promise.

Si cette anticipation était une faute ou une témérité, l'auteur lui-même l'aurait provoquée et devrait nous la pardonner.

Dans ces recherches sérieuses et moins attrayantes, nous en convenons, que les *leçons de philosophie*, cet ouvrage nous servira de texte. Nous examinerons successivement avec le professeur les questions premières de l'*analyse*, des *principes*, ou de l'*origine de nos facultés et de nos idées*; du moi, ou de l'*existence personnelle*, du *matérialisme* (dont on accuse la doctrine de Condillac), et surtout de l'*activité* telle qu'on l'entend dans cette doctrine.

Des questions semblables peuvent être posées ou entendues de deux manières bien différentes: l'une en faisant des définitions ou en employant les *artifices du langage*: l'autre en consultant les faits ou se réglant d'après l'*expérience intérieure*. La première est *logique*: c'est celle dont M. Laromiguière a le plus souvent donné le précepte et l'exemple; la deuxième est *psychologique* ou réflexive: c'est celle que nous emploierons. Le lecteur pourra comparer et choisir.

§ Ier.

De l'analyse.

I. Fondement de l'analyse.

Quand on a défini l'analyse une méthode de décomposition, on n'a encore rien dit que de vague; car la décomposition peut s'entendre de bien des manières, et s'appliquer à des termes ou à des objets de nature très-diverse.

Cette diversité d'objets en apporte en effet une bien essentielle dans le mode de décomposition, dans l'espèce des moyens employés, et par suite dans la méthode elle-même.

S'agit-il d'objets réellement existants? S'agit-il seulement d'idées archétypes, comme les appelle Locke, que nous faisons ou composons nous-mêmes?

L'analyse proprement dite ne peut s'appliquer qu'à ce qui est donné d'abord à notre esprit ou à nos sens, comme objet de connaissance obscure qu'il s'agit d'éclaircir ou de développer.

Or rien ne peut nous être donné hors de l'existence ou sans elle; par suite, rien, hors ce qui existe, ne peut être objet d'analyse.

Lorsqu'on parle de l'analyse des sensations et des idées, lorsqu'on propose de décomposer la pensée, il faut ou qu'on change l'acception des mots, ou qu'on attribue à de simples modes séparés de leur sujet d'inhérence, à de purs phénomènes ou effets abstraits de leur cause productive, la réalité qui appartient ou que nous croyons nécessairement et exclusivement appartenir aux substances ou aux causes.

Les abstraits ne peuvent être qu'éléments de synthèse, résultats antérieurs, mais non point termes ou objets actuels d'analyse.

La synthèse, comme son nom l'indique, ne fait que composer ou construire: or l'esprit ne compose ou ne construit pas les existences, il les prend toutes faites; il les constate par l'observation externe ou interne.

Tout ce qui existe, l'esprit de l'homme ne le fait pas ou ne l'a pas fait; et tout ce qu'il fait n'existe réellement pas.

Il suit de là que l'analyse est bien la véritable et la seule méthode philosophique; car à quoi s'applique éminemment la science des réalités; ce qu'elle a besoin de connaître, ce qu'elle cherche sans cesse, c'est ce qui est hors des phénomènes et sous les apparences sensibles, ce qui est conçu exister à titre de substance et de cause, notions universelles et nécessaires dont notre esprit et par suite nos langues ne peuvent se passer.

Cette manière de considérer ou de définir l'analyse, nous conduit déjà à une première conséquence très-importante pour notre objet.

C'est que l'idéologie ou la science logique n'est qu'une partie subordonnée de la philosophie proprement dite, au lieu d'être la philosophie tout entière, comme on l'entend depuis Condillac; et que la méthode exclusivement employée et recommandée de nos jours sous le nom d'*analyse*, est une véritable synthèse.

Deux exemples illustres pourront appuyer et éclaircir ces premières remarques.

II. Deux sortes d'analyse.

Le père de la métaphysique, Descartes, nous a laissé, dans ses Méditations, le plus beau modèle d'analyse appliquée à la connaissance propre du *sujet pensant*.

Le restaurateur des sciences naturelles, Bacon, a donné à son tour l'exemple et le précepte d'une véritable analyse appliquée aux *objets représentés ou pensés*.

Ces deux génies contemporains marchent dans la même route, mais suivent deux directions opposées.

Pour eux, il s'agit également de connaître ce qui existe réellement dans l'un ou l'autre monde interne ou externe.

III. Analyse réflexive ou psychologique.

C'est dans le monde intérieur que Descartes trouve d'abord la réalité.

L'existence du sujet qui se connaît et se dit *moi*, est la donnée primitive, le point fixe de la science et celui d'où part l'analyse pour connaître toutes les choses.

La réalité n'appartient pas primitivement et essentiellement au monde de nos *représentations*. Les sens et l'imagination trompent à chaque instant et peuvent tromper toujours.

Mais par delà ces apparences ou derrière elles, se trouve caché le monde des êtres, *substances* ou *causes*.

Ce n'est point aux sens, mais à la raison qu'il est donné d'atteindre ce monde invisible, la *raison*, arbitre de toutes les facultés inférieures, faculté appropriée à la connaissance de toutes les réalités autres que celles du sujet pensant qui est la seule réalité primitive, la seule qu'il soit possible d'abstraire ou d'écarter un instant sans anéantir la pensée avec l'existence.

Puisque le monde réel extérieur n'est pas donné primitivement, il ne peut être d'abord objet d'analyse; pour le connaître tel qu'il est, il faudra que la raison le construise ou le recompose avec des éléments simples, produits de l'analyse réflexive, et combinés d'après des lois certaines, immuables, garanties par la raison suprême, par l'auteur même de toute raison.

IV. Analyse physique et logique.

C'est dans un point de vue opposé que Bacon procède à la connaissance du monde extérieur. Ce monde, le même que celui de nos représentations, est la première donnée d'où part l'analyse; la réalité absolue lui appartient, et ne peut en être conçue séparée, autrement que par l'abstraction qui n'aboutit qu'à créer des êtres de raison.

Le monde extérieur, objet constant et unique de toutes les facultés de l'esprit humain, ne lui est pas donné pour qu'il le morcelle d'abord par l'abstraction, et le recompose ensuite avec des éléments artificiels, des hypothèses arbitraires, mais pour qu'il le contemple, l'étudie ou l'observe tel qu'il est.

La métaphysique portée dans la science de la nature ne peut que l'altérer ou la transformer en une science idéale et vaine. (*O physique! préserve-toi de la métaphysique!*)

C'est dans le monde extérieur, en effet, que se trouvent les principes et les causes comme les mo-

dèles de toutes nos idées. C'est à ce type réel qu'elles doivent se conformer pour être vraies.

« En effet, dit Bacon, lorsque l'esprit humain applique ses facultés à la nature, en contemplant assidûment l'œuvre de Dieu, ses idées se conforment aux objets de cette nature, et sont réglées et déterminées par eux ; que s'il veut se replier ou se retourner sur lui-même, comme l'araignée qui fait sa toile, rien ne détermine ou ne limite son point de vue, et les doctrines idéales qu'il construit, ressemblent en effet à ces toiles, ouvrage de l'art dont on admire la finesse de tissu, sans pouvoir les appliquer à aucun usage. »

« *Mens humana si agat in materiam, naturam rerum et opera Dei contemplando ; pro modo materiæ operatur atque ab eâdem determinatur : si ipsa in se vertatur, tanquàm aranea texens telam, tunc demùm indeterminata est, et parit telas quasdam doctrinæ tenuitate fili operisque mirabiles, sed quoad usum frivolas et inanes.* »

Et vraiment, dans ce point de vue opposé à toute réflexion, qu'y a-t-il en nous, ou que pourrions-nous y découvrir en tissant notre propre toile comme l'araignée ? Rien que des formes et comme des cases vides, dont on aurait séparé la matière qui en fait toute la réalité.

Sans doute il n'est point inutile de considérer à part ces formes ou catégories, de les énumérer, de les réduire en tableaux, pour classer ou ordonner les idées acquises, et faciliter des acquisitions nouvelles ; mais ce sont là des moyens, des instruments de la science, et non la science même.

« La connaissance des choses, comme elles sont dans leur propre existence, dans leur constitution, propriétés ou opérations, etc., voilà la première et la seule science réelle, savoir : la physique qui embrasse toutes les existences réelles, les esprits comme les corps.

« La seconde espèce de connaissance (la morale) est pratique (c'est-à-dire art plutôt que science). Elle se compose d'idées archétypes, que nous formons ou composons nous-mêmes, sans modèles, et sur lesquelles aussi nous pouvons raisonner avec autant de certitude et de précision que les géomètres sur les idées de quantité.

« Enfin, la troisième espèce, qui se confond presque avec la seconde, est la logique, ou la connaissance des signes qui tiennent la place des idées ou des choses, quand la matière de la représentation n'y est plus (1). »

Cette division des sciences, qu'on trouve à la fin du

(1) Voyez Locke, *Essai sur l'entendement humain* (chap. 21, liv. 4).

grand ouvrage de Locke, est tout à fait conséquente
à la doctrine et à la méthode de Bacon ; elle ne sépare
pas la science des esprits de celle des corps, quant à
la réalité absolue, et en les considérant sous le même
point de vue objectif, elle exclut enfin ou raye du tableau des sciences, celle du sujet pensant, la psychologie.

Ainsi cette analyse par laquelle débute Descartes,
dans son grand et immortel ouvrage des *Méditations*,
n'aurait ni sujet ni objet réel, pas plus que la matière
subtile et les tourbillons.

Que devient alors la science propre de nos facultés?
Et sur quoi pourrait porter la distinction établie entre
leur *nature*, leur *emploi*, ou leurs *effets*? La division
de ces facultés serait-elle autre chose qu'une classification de leurs produits, rangés dans l'ordre encyclopédique le plus propre à en faciliter l'étude, et sous
des titres nominaux, tels que *raison*, *mémoire*, *imagination* (1), etc.?

De cette comparaison abrégée des principes sur
lesquels se fondent les deux doctrines mères dont
nous venons de parler, nous pouvons déduire ce résultat intéressant et curieux pour l'histoire de la philosophie ; c'est que là précisément où Descartes emploie l'analyse et l'observation intérieure, l'école de
Bacon suivra une méthode logique de définition et de
classification.

Réciproquement là où l'école de Bacon applique si
heureusement la méthode d'observation extérieure et
une analyse proprement dite, l'école de Descartes procédera par abstraction et par hypothèse.

Il sera maintenant facile de voir quelle est l'espèce
de méthode propre à la doctrine de Condillac, et à
celle de l'ouvrage qui nous occupe.

Ce ne peut être l'analyse de Bacon, puisqu'il ne
s'agit pas d'observation extérieure, ni d'une science
de la nature.

C'est encore moins l'analyse employée dans les *Méditations* de Descartes, car il ne s'agit pas de connaître
ou d'étudier la pensée par réflexion, ou par la perception interne de ses actes, mais uniquement dans
les sensations adventices qui sont censées la produire,
ou dans les organes qui en sont les instruments, ou
dans les idées qui en sont les résultats, et surtout dans
les signes qui expriment ces idées.

Restera donc une méthode d'abstraction, d'analogie
ou d'hypothèse, tout empruntée du dehors.

Voyez aussi d'une part Hartley, Hobbes, Gassendi,
Charles Bonnet lui-même, et tous les physiologistes,
transporter dans l'étude des faits de l'esprit humain,
des hypothèses qui semblent calquées sur celles de la
physique de Descartes. Voyez d'autre part Locke,

(1) Voyez le *Tableau encyclopédique* de Bacon.

Condillac et leurs disciples transporter toute philosophie dans la logique, définir, classer, poser des lois
générales ou abstraites avant d'avoir constaté, par l'expérience intérieure, les faits de notre nature individuelle et morale ; comme si la science de l'esprit
humain se composait uniquement d'idées archétypes
faites sans modèle et sans règle ; comme si le modèle
pour être intérieur en était moins réel ; comme si le
vrai philosophe n'était pas en présence du monde
intérieur, comme le physicien est en présence de la
nature !

Chose étrange ! jamais l'analyse ne fut tant recommandée, et jamais la synthèse, proscrite dans le mot,
ne fut plus exclusivement pratiquée qu'elle ne l'a été
dans la doctrine et l'école de Condillac.

————

§ II.

Des principes d'une connaissance réelle.

Les nouvelles Leçons de philosophie, la manière
dont l'auteur entend l'analyse et définit les principes,
offrent un exemple frappant de la transposition de méthode que nous venons de remarquer.

« Toutes les fois, dit cet auteur (p. 48), qu'une
« même substance prend diverses formes, l'une après
« l'autre, on donne à la première forme le nom de
« principe. »

Cette définition ne semble-t-elle pas faite exprès
pour pouvoir dire ensuite qu'une première sensation
(première forme de la substance appelée âme) est le
principe de toutes nos idées ?

L'acception du mot *principe* varie pourtant et
semble s'écarter de la définition, lorsque l'auteur l'applique à des abstractions mathématiques, telles que la
ligne droite qui est dite le principe de toutes les figures,
l'addition qui est dite le principe de toutes les compositions de nombres, etc.

Qu'on entende ainsi les principes dans des sciences
dérivées ou de définition, il n'y a rien à dire ; mais,
quand on parle des principes en philosophie, peut-on
les limiter aussi arbitrairement ou s'arrêter à une
valeur purement nominale, sans renoncer à la véritable science des principes ou sans supposer qu'une
telle science n'est qu'une chimère ?

Si dans la physique, par exemple, on se proposait
de chercher non pas seulement quelle est la forme
qui se manifeste la première dans certain ordre de
succession des phénomènes, mais quelle est la propriété première, essentielle à la substance d'où peuvent
dériver toutes les qualités secondes que l'expérience
découvre l'une après l'autre ; quoiqu'on sentît et qu'on
démontrât peut-être l'impossibilité où nous sommes,

avec nos facultés données, de déterminer ce qu'un tel principe est en soi, on n'en serait pas moins nécessité à l'entendre ainsi, et non autrement.

Il y a, dirait-on, tel principe d'où dérivent tous les phénomènes de la même espèce, quoique nous ne le connaissions pas, c'est-à-dire, quoique nous ne puissions nous le représenter ou l'imaginer dans la substance même.

Certainement nous ne pouvons pas mieux nous représenter le principe dans la cause efficiente, et cependant il nous est impossible de ne pas admettre l'existence d'une cause ou force productive des effets qui commencent à paraître ou des formes qui se montrent l'une après l'autre. Celui des effets qui est le premier dans l'ordre de la succession, n'est pas pour cela principe de la série entière ; mais toute la série, depuis le premier jusqu'au dernier terme, a son principe réel dans une cause ou force unique qui ne se transforme dans aucun de ses effets, et reste toujours identique avant, pendant et après l'apparition de ses effets.

Je voudrais bien savoir, demande à ce sujet Leibniz (1), comment on peut démontrer que toute succession doit avoir un commencement? Question profonde et très-bien motivée, dans le vrai sens qu'y attache ce grand maître, mais qui serait absurde si l'on prenait le *commencement*, ou le premier terme de la série, pour *la cause*, en mettant en question si *ce qui commence a une cause* ; car le contraire implique contradiction, et ne peut pas même être conçu par l'esprit (2).

Sans doute on peut descendre ou remonter dans la série indéfinie des effets, sans changer de point de vue, ou sans sortir du cercle des sensations et des images ; mais on tournerait ainsi perpétuellement dans ce cercle, ou l'on développerait la série à l'infini, sans trouver la cause. Pour en concevoir la réalité nécessaire, il faut nécessairement admettre, hors de ce qui est représenté à l'imagination ou aux sens, quelque chose qui n'est pas et ne peut être représenté, ou qui n'est pas du même genre, ni de la même nature que le phénomène observé.

C'est ainsi que toute la série des composés matériels aboutit à la notion de *force simple ;* que tout mouvement local se résout dans la tendance, l'effort ou le *nisus*, qui ne se représente pas au dehors ; que les couleurs, les sons, etc., se rapportent à des fluides invisibles, insensibles, etc.

Nier la réalité de tout ce qui ne peut être vu, ni touché, ni senti, ni imaginé, c'est anéantir toutes les causes, c'est idéaliser la nature entière.

(1) Leib. *Oper.* tome II, page 327.
(2) *Sur cette question*, voyez un mémoire de M. Coccius, inséré dans la *Collection de Berlin*, 1772.

Le système des idées innées consiste précisément à nier que la succession des pensées ou des modes de l'âme, ait un commencement dans l'expérience : proposition aussi difficile à combattre qu'à établir, tant qu'on n'a égard qu'à l'ordre de succession des idées. C'est dans l'application première et légitime du principe de causalité que se trouve, je crois, la véritable et l'unique solution du problème.

Si, comme nous ne pouvons en douter, ce principe plane sur les deux mondes intérieur et extérieur, s'il peut seul leur donner une base réelle et leur servir de lien, la philosophie première devra se proposer pour objet d'en bien constater la réalité, de le rattacher, s'il est possible, à un fait primitif, de déterminer enfin les applications premières et nécessaires que l'esprit humain en fait depuis l'origine, non-seulement pour connaître et expliquer la nature, mais de plus et surtout pour se connaître et s'expliquer lui-même.

Prend-on pour principe un premier phénomène, un premier mode ou une première forme, on méconnaît, on renie la philosophie comme science des réalités.

Prend-on pour principe la substance passible de plusieurs formes successives ou simultanées, on peut dénaturer encore la véritable valeur du principe, et tomber dans divers écarts ou illusions dont l'histoire de la philosophie nous fournit tant et de si frappants exemples.

Si Descartes avait mis la *cause* à la place de la *substance* dans le fait primitif auquel il a si bien et si profondément vu que toute la science devait se rattacher, le spinosisme ne serait pas né, la métaphysique ne se serait pas discréditée par tant et de si longues disputes ; peut-être nous aurions une autre philosophie ; enfin la psychologie proprement dite ne serait pas encore une science à créer.

Une analyse un peu approfondie du principe ou du fameux enthymème : *Je pense, donc je suis*, pourrait justifier ces premières réflexions.

Mais avant d'aller plus loin, nous avons besoin de prévenir une objection grave, tirée de la doctrine de Locke et Condillac, contre la réalité des notions de substance et de cause auxquelles on donne, dans cette philosophie, le titre d'*abstractions réalisées*.

---

§ III.

Des principes abstraits et des abstractions réalisées.

Abstractions sensibles : idées générales.

C'est en cherchant à déterminer avec quelque précision le sens de ces mots, *principes abstraits, abstractions*, qu'on a sujet de reconnaître combien la langue psychologique est pauvre et imparfaite. Il s'agirait d'exprimer des actes de nature différente, de distinguer soigneusement ces actes ou procédés intellectuels de leurs résultats ; et on n'a qu'un mot qui s'applique indéterminément tantôt à l'attention objective, tantôt à la réflexion intérieure dont chacune a sa manière d'abstraire, tantôt enfin aux produits composés de ces opérations diverses.

Le chef d'une école célèbre a très-bien signalé les abus qu'entraîne l'extrême ambiguïté du mot *abstrait*, dans les recherches psychologiques (1), et il a cherché à lever l'équivoque par une distinction extrêmement importante qu'il a lui-même oubliée depuis, et que cet article a pour but de confirmer, ou, s'il est possible, d'éclairer.

Une qualité sensible est dite abstraite de l'objet immédiat de la perception, quand l'attention, fixée sur cette qualité particulière, la détache en quelque sorte du tout à qui elle appartient, et lui attribue ainsi momentanément une sorte d'existence à part, que le signe complète et rend permanente.

Cette opération d'abstraire peut s'appliquer à un seul objet sensible, comme se répéter sur plusieurs ; le même nom convient et s'applique à tous les objets qui se représentent sous des qualités ou des apparences semblables : c'est ainsi, et en ayant égard au rapport non d'identité, mais d'analogie ou de ressemblance, que le terme *abstrait* devient *général*, et que sa capacité représentative s'étend à la multitude des objets ou phénomènes analogues.

Nous n'avons pas besoin d'entrer ici dans le détail des procédés d'abstraction et de généralisation qui forment toutes ces idées de classes, de genres, sous lesquels viennent se ranger ou se distribuer régulièrement les objets innombrables et épars de nos diverses connaissances. Ces procédés sont aujourd'hui bien connus, et c'est là que Condillac et ses disciples ont rendu d'éminents services à la philosophie, en déterminant avec une admirable sagacité les rapports intimes qui unissent les signes aux idées, en mettant à nu tout l'artifice des idées abstraites générales, et par suite celui des langues elles-mêmes.

Mais tout cela ne sort pas encore du domaine de la logique ; les abstraits dont il s'agit ne sont encore qu'idées simples ou composées, ou signes ; et ni l'abstrait sensible, ni l'abstrait logique, n'ont la valeur de réalités.

(1) Le passage de Kant qui établit cette distinction essentielle est très-remarquable ; on le trouve dans sa première thèse, intitulée : *De mundi sensibilis formâ atque principiis*, où se trouvent aussi tous les germes de la doctrine *critique*.

« Necesse est maximam ambiguitatem vocis *abstracti* « notare, quam ne nostram de intellectualibus disquisi- « tionem maculet, antea abstergendam satius duco. Nempe

Que sont donc les abstractions réalisées ? Sont-ce de pures chimères, sans aucune exception ? Comment l'esprit peut-il réaliser une abstraction quelconque ? A quelle source puise-t-il d'abord la réalité ? Comment peut-il la transporter où elle n'est pas ? Ces questions sont graves, et aussi anciennes que la philosophie.

La grande querelle des *réalistes* et des *nominaux* ne finit autrefois que de guerre lasse, et sans que les combattants pussent s'entendre.

En déterminant avec une précision toute nouvelle les rapports des signes et des idées, notre philosophie moderne s'est peut-être vainement flattée d'avoir clos la discussion ; peut-être de nouveaux *réalistes* accuseront-ils cette philosophie d'avoir tranché la question sur la *réalité* ou *non-réalité* des idées abstraites, en la laissant au fond aussi indéterminée et irrésolue que jamais.

Ils pourront demander en effet : Que sont ces principes ou ces éléments de connaissance que Locke appelle idées simples de sensation ? Ne sont-ce pas aussi des idées abstraites ? Les odeurs, les saveurs, les couleurs ont-elles une existence réelle, séparée des objets auxquels elles se rapportent, ou des causes ou formes qui les produisent ? *Nos idées simples*, dit le philosophe anglais, *sont toutes réelles en ce sens qu'elles conviennent toujours avec la réalité des choses*. Il y a donc des choses réelles hors des sensations, et une correspondance harmonique des unes avec les autres. Mais comment savons-nous qu'il y a des choses hors de nous, et qu'elles s'accordent ou non avec les sensations, si nous n'avons que des sensations ou des idées images ?

Ni Locke, ni Condillac, ni leurs disciples, n'ont encore répondu à cette question, qui se présente à l'entrée de la philosophie.

Mais quand on prend des idées simples, ou de pures abstractions, pour les principes des connaissances humaines ; c'est-à-dire, quand on commence par réaliser de véritables abstractions, quel droit a-t-on de regarder comme illusoire la réalité attribuée ultérieurement à d'autres abstraits d'un ordre quelconque ?

De ce que nous n'avons pas fait nos idées simples de sensation, comme nous faisons dans la suite certaines idées générales, conclurait-on que nous sommes autorisés à réaliser exclusivement ces premières idées ?

Mais pour qu'une idée image ou représentation

« propriè dicendum esset *ab aliquibus abstrahere*, *non* « *aliquid abstrahere*. Prius denotat quod in conceptu « quodam ad alia quomodocumque ipsi nexa non atten- « damus ; praecipit quod non detur nisi in concreto, et « ita ut à conjunctis separetur ; hinc conceptus intellec- « tualis abstrahit ab omni sensitivo, non abstrahitur à « sensitivis, et forsitan rectius diceretur *abstrahens* quam « *abstractus*. »

quelconque corresponde à une existence réelle, suffit-il que nous ne la fassions pas? Il faudrait donc attribuer aussi la réalité à toutes les productions spontanées de la sensibilité physique, aux affections intérieures, aux fantômes du sommeil, aux visions des vaporeux, etc.

En partant de sensations simples, abstraites de tout ce en quoi ou par quoi elles existent à titre de modes ou de qualités, sur quel motif peut-on refuser aux composés la réalité qu'on attribue aux éléments?

Jusque-là donc le grand argument contre les *réalistes*, qui se tire de l'artifice des idées générales complexes, ne prouverait rien, précisément parce qu'il prouverait trop; savoir qu'il n'y a aucune réalité intelligible, ni dans les simples, ni dans les composés, ni dans les principes ni dans les résultats de la connaissance humaine.

Mais accordons, ce que nous croyons vrai, que la preuve ou le *criterium* de la *non-réalité* des idées générales et archétypes se tire de l'artifice même qui préside à leur formation, comme à celle du langage qui est l'œuvre de l'homme.

Pour étendre ce *criterium* à toutes les autres sortes d'abstraits, et jusqu'aux notions universelles, telles que la substance, la cause, l'être, ne faudrait-il pas avoir prouvé d'abord que de telles notions n'ont pas une autre valeur que celle des idées générales que nous avons faites; qu'elles résultent des mêmes procédés généralisateurs; qu'elles sont le couronnement et non la base même de notre connaissance; enfin que ce sont des abstractions comme les autres? Or, c'est ce qui non-seulement n'a jamais été prouvé, mais qui est démenti, je crois, par la nature même de notre connaissance, lorsqu'on veut la ramener à ses éléments ou à ses vrais principes.

Quand vous avez abstrait de l'objet, par l'attention, toutes les qualités sensibles l'une après l'autre, que reste-t-il? Rien, dira-t-on, qu'un signe ou un nom même; et ce nom n'exprime rien autre chose que la privation des qualités, ou le procédé même de l'abstraction qui les a fait toutes évanouir l'une après l'autre. Si l'imagination poursuit encore quelque ombre vaine, cachée sous ce signe, c'est qu'elle va contre l'hypothèse ou contre le procédé même de l'abstraction.

Il est vrai, et nous en convenons bien, l'imagination et les sens nous égarent quand ils demandent encore à voir ou toucher là où il n'y a plus rien à voir ni à toucher. Mais n'y a-t-il donc de réel que ce qui peut-être senti ou imaginé? Bien plus, ce que l'imagination ou les sens saisissaient immédiatement dans l'objet avant l'abstraction, est-il bien ce que l'entendement conçoit comme ayant une réalité propre et exclusive?

Écoutons Descartes avant de consulter un autre témoignage.

« Ce morceau de cire, dit l'auteur des *Méditations*, « change dans toutes ses qualités sensibles lorsque je « l'expose au feu; toutes les choses qui tombaient « sous le goût, l'odorat, la vue, l'attouchement et « l'ouïe, disparaissent l'une après l'autre, et cepen- « dant la même cire reste. Cette substance n'est donc « ni la douceur, ni la blancheur, ni la figure, ni le « son, ni l'attouchement.

« Qu'y aurait-il donc dans cette première perception « qui ne semblât pouvoir tomber en même sorte dans « le sens du moindre des animaux? Mais quand je « distingue la cire d'avec ses apparences sensibles, « et que tout de même que si je lui avais ôté ses « vêtements, je la considère toute nue, il est certain « que, bien qu'il se puisse encore rencontrer quelque « erreur dans mon jugement, je ne la puis néan- « moins concevoir de cette sorte sans un esprit hu- « main. »

Ce passage remarquable de la 2ᵉ *Méditation* montre bien comment Descartes entend qu'il faut se placer dans un point de vue autre que celui de l'imagination ou des sens, pour avoir une notion *abstraite*, telle que celle de substance, ou attacher au mot qui l'exprime une valeur plus que logique. Mais quel est ce point de vue, et comment le fixer ou le déterminer clairement? Quelle est l'origine des notions intellectuelles, universelles et nécessaires? Celle de substance est-elle la première de toutes? A quoi tient enfin le caractère réel qui convient éminemment à cette sorte de notions abstraites? Qu'est-ce qui les distingue des idées générales que nous avons faites?

Voyons s'il y a hors du système des idées innées quelque réponse à ces questions.

II. Abstractions réflexives. Notions.

En admettant deux sources de nos idées, la *sensation* et la *réflexion*, Locke suppose qu'il y a un premier ordre de connaissances tout fondé sur la sensation même passive, et auquel la réflexion ou l'activité du sujet pensant ne prennent aucune part.

De ce point de vue à celui de Condillac, la conséquence était naturelle et forcée par les règles mêmes de la logique.

Si en effet un premier ordre de connaissances ou d'idées s'attache à la sensation reçue toute seule, pourquoi les ordres ultérieurs, ressortant chacun de celui qui précède, ne viendraient-ils pas tous se réunir, par une chaîne d'intermédiaires plus ou moins longue, à la sensation comme à la source unique de toutes nos idées, depuis la première ou la plus simple, jusqu'à la plus élaborée et la plus haute dans l'échelle des abstractions?

Ainsi l'unité d'origine ou l'unité systématique de toute la connaissance humaine pourrait être logiquement exprimée sous une forme telle que celle-ci (1) :

1° Sensations. Idées simples sensibles. Premier ordre.

2° Attention (dirigée sur l'objet considéré tour à tour sous chacune de ses faces). Idées abstraites sensibles. Deuxième ordre.

3° Comparaison (rapports perçus entre les idées sensibles abstraites). Idées générales. Troisième ordre.

4° Raisonnement. Nouveaux actes d'attention et de comparaison. Idées plus générales, etc. Quatrième ordre.

Et ainsi de suite jusqu'à ces notions universelles qui embrassent tout, l'être, la substance, la cause.

Locke lui-même eût été obligé d'admettre ces conséquences et les formules qui les expriment, en convenant aussi sans doute que la réflexion, telle qu'il la considère ou la définit, n'est point une source d'idées, mais une faculté secondaire qui élabore les idées venues de la sensation, source unique ; à moins qu'il n'eût reconnu et positivement énoncé que la sensation ne produit rien, qu'elle ne peut être à elle seule un principe de connaissance, et que la première ou la plus simple de toutes les idées dites de sensation, renferme déjà un élément purement réflexif qui ne peut être venu du dehors.

Locke semblait être conduit à ce résultat par la nature même du principe de sa philosophie. Observez, en effet, que dans son point de vue, ce n'est pas *la sensation*, mais *l'idée simple de sensation*, qui est *principe* ou commencement de la connaissance.

L'âme, dit le philosophe anglais, ne peut *sentir* sans *apercevoir* qu'elle sent, et la conscience est la seule caractéristique des modes ou opérations qui appartiennent ou qui doivent être exclusivement attribués à cette substance.

Mais qu'est-ce que l'*aperception* ou la conscience jointe à la sensation, si ce n'est l'élément réflexif qui fait partie nécessaire de l'idée de *sensation*, ou même qui la constitue (à titre d'*idée*), puisqu'en ôtant l'*aperception*, la sensation reste seule, et l'idée s'évanouit ? C'est ce que Leibnitz a parfaitement exprimé en définissant ainsi l'aperception : *Aperceptio est perceptio cum reflexione conjuncta*. Et comme ce philosophe admet de simples *perceptions nues* ou des sensations sans moi, qu'il attribue aux simples vivants et aux derniers des animaux, on voit mieux comment la première *idée de sensation* de Locke se trouve résolue dans les deux éléments *sensitif* et *réflexif*.

A partir de cette dualité prise pour l'origine de la connaissance ou pour la première et la plus simple de toutes les connaissances, et appliquant à chaque idée d'un ordre quelconque une analyse vraie de décom-

position, il y avait toujours lieu à faire la part du *sujet* et celle de l'*objet*, ou à distinguer dans l'idée une partie *affective* ou *intuitive*, qui se représente, se localise hors du moi, et une partie réflexive qui ne peut se localiser ni se figurer dans l'espace pas plus que le moi lui-même dont elle a toute la réalité.

Cette décomposition ou, en quelque sorte, ce départ des deux éléments peut s'opérer, comme nous l'avons vu, de deux manières différentes ou même opposées en principes comme en résultats, savoir : en commençant par l'objet de la sensation, ou en commençant par le sujet et l'élément réflexif de l'idée de sensation.

I. L'attention, faculté représentative, s'attache uniquement à l'objet, et suit au dehors les impressions sensibles.

Dans tout exercice de notre activité, elle ne voit que les résultats, sans aucun retour sur les actes mêmes, ou sur la cause interne qui les détermine ; ainsi, par exemple, dans l'effort que la volonté déploie pour mouvoir le corps, l'attention s'attache au mouvement qui se localise ou se représente, sans tenir compte du sentiment de la force ou du pouvoir exercé qui ne peut être imaginé ou figuré au dehors, mais seulement aperçu ou réfléchi au dedans.

Par l'attention (ou par l'imagination attentive), fixée tour à tour sur chacune des qualités sensibles de l'objet, ces qualités successivement abstraites peuvent disparaître à la fois ; et quand l'imagination ou les sens n'auront plus rien à voir, ou que le composé sensible se sera évanoui, on dira qu'il ne reste plus rien que le signe qui exprimait la collection des qualités.

C'est ce que Hobbes objecte contre la réalité attribuée par Descartes à la substance de la cire, après que toutes ses qualités ou apparences sensibles ont disparu.

« Cette prétendue réalité de substance, dit le philo-
« sophe *nominal*, se réduit à une *appellation* comme
« toutes les idées abstraites, objets de nos raisonne-
« ments. »

En effet, dans le point de vue de l'imagination, il n'y a point de substance intelligible, par conséquent point de modes, mais seulement des qualités phénoméniques liées ou associées entre elles de toutes manières, et dont les combinaisons ne peuvent évidemment subsister sans les parties.

Quand on supposerait qu'il y a une sorte de lien substantiel qui tient unis ensemble les éléments du composé objectif ; ce *vinculum substantiale* qui a tant occupé Leibnitz (2), ce *substractum* obscur dont il est impossible de se faire quelque idée ou image, comment concevoir qu'il dure, quand on a fait abstraction complète des éléments sensibles qui étaient liés entre eux de cette manière mystérieuse ?

(1) Voyez les *Leçons de philosophie*.

(2) *Voyez* ses Lettres à Bourguet, t. II.

II. En commençant par le sujet, la réflexion analyse ou décompose dans un autre point de vue ; elle suit d'autres procédés ; elle a aussi d'autres résultats abstraits.

Par l'aperception interne ou le premier acte de réflexion, le sujet se distingue de la sensation, ou de l'élément affectif ou intuitif localisé dans l'espace, et c'est cette distinction même qui constitue le fait de conscience, l'existence personnelle.

On pourrait dire ainsi que le n oi s'abstrait lui-même par son activité de tout ce qui est objet ou mode sensible, mais non point qu'il est *abstrait* de quelque collection, comme en faisant partie intégrante ou comme existant dans le *concret* de sensation, avant de se distinguer ou de s'apercevoir dans l'*abstrait* de réflexion.

Ici se trouve le fondement vrai de la distinction énoncée, en commençant, entre l'*abstrait actif* (*abstrahens*), et l'*abstrait passif* (*abstractus*) ; et nous dirons du moi ce que Kant dit de toute notion intellectuelle : *Abstrahit ab omni sensitivo, non abstrahitur a sensitivis.*

Personne une, individuelle, et libre, je ne suis pour moi-même ni un pur abstrait, ni un assemblage de sensations, quand j'aperçois et juge la sensation, quand je fais sa part et la mienne propre.

Veut-on que le moi ne soit qu'une abstraction réalisée? Nous y consentons, pourvu qu'on prenne l'abstraction dans le *sens actif* qui précède, et à condition aussi que l'on conviendra que cet abstrait actif se réalise immédiatement ou porte avec soi un caractère de réalité qui lui est propre et ne lui est point ajouté d'ailleurs.

Ce que nous disons du moi distingué ou abstrait de tout ce qui n'est pas lui, nous l'appliquerons, par une extension dont on verra bientôt le motif, à toute notion universelle et réelle qui, se rattachant immédiatement ou médiatement au fait de conscience, au moi primitif, devra être considérée comme une abstraction réflexive qui, dans l'ordre le plus élevé, conserve encore l'empreinte de son origine et peut toujours y être ramenée.

Dans ce point de vue, on conçoit (sans imaginer) la substance comme le sujet identique et permanent de tous les modes composés et variables, qui lui sont attribués en vertu de ce même rapport d'inhérence, sous lequel le moi identique et constant s'attribue à lui-même les modes variables et successifs de l'activité qui le constitue, ainsi que nous le développerons ailleurs.

Si la collection de tous les modes, de toutes les qualités sensibles, étant brisée par l'abstraction, la substance imaginaire n'est plus rien ou n'a qu'une valeur nominale ; la substance abstraite du mode dans

le point de vue intellectuel conserve encore la réalité qui lui appartient, à l'exclusion de toutes les apparences sensibles qui n'existent qu'en elle ou par elle.

Mais cette substance que l'esprit chercherait vainement à se représenter comme lien des qualités sensibles, ne laisse-t-elle pas encore trop de prise à l'imagination par le vague même ou l'obscurité qui l'enveloppe? L'ambiguïté d'un terme commun à la langue du physicien et à celle du philosophe entre lesquels la logique vient s'interposer, n'éloigne-t-elle pas trop la notion de substance du point de vue de la conscience, où toutes les notions abstraites de cet ordre doivent nécessairement venir se rattacher comme à leur véritable et unique source?

Quand Descartes dit que tous les modes accidentels, toutes les apparences sensibles de la cire étant ôtées, la même cire ou la même substance reste, il entend la substance de deux manières différentes, dont une, logique, est exprimée comme le principe de sa doctrine, tandis que l'autre, réflexive, est implicitement enfermée dans l'énoncé du principe même.

La substance, dans le sens de l'auteur des *Méditations*, c'est la chose capable de recevoir une infinité de changements semblables, et plus de variations dans l'extension, la forme, etc., que l'imagination ne saurait jamais s'en représenter ; d'où il conclut très-bien que le concept ou la notion de la substance est tout à fait hors du domaine de l'imagination.

Mais la chose qui reste ainsi conçue comme capable seulement de modifications infinies en nombre, est-elle autre chose qu'une simple possibilité abstraite ou logique? Pourquoi la chose qui reste ou que nous croyons nécessairement rester la même, ne serait-elle pas plus réellement la cause capable de reproduire à nos yeux toutes les apparences ou qualités sensibles, variables, qui composent une série infinie, dont l'imagination ni même l'entendement ne sauraient assigner le premier terme?

En substituant à la notion de *substance* celle de *cause* plus rapprochée, comme nous le verrons, du fait de conscience, toute ambiguïté disparaît, et l'imagination n'a plus rien à voir.

En effet, si l'on prend pour type réel et primitif de cette notion, la volonté qui produit l'effort et commence les mouvements, on conçoit que la cause n'étant pas du même genre que ses effets, ne peut tomber sous le même point de vue, et n'entre pas non plus dans leur collection comme terme homogène ; par suite qu'elle n'en est pas abstraite à la manière dont on dit qu'une qualité est abstraite du composé dont elle fait partie. Tous les effets sensibles étant écartés, non-seulement nous pouvons concevoir que la même cause ou force productive reste ; mais de plus nous ne pouvons ni concevoir, ni croire le contraire, comme nous ne pouvons pas ne pas croire ce que nous apercevons intérieurement; savoir que c'est toujours la même force, la même volonté qui meut nos membres, en restant identique avant, pendant et après les mouvements opérés; que c'est aussi la même personne qui reste tant que la veille dure, au sein de tous les modes successifs et variables de la sensibilité.

Comment cette abstraction réflexive individuelle qui constitue, avec le moi, le rapport d'inhérence des modes variables à un sujet permanent, ou le rapport de la volonté cause au mouvement ou à l'effet produit, passent-ils du caractère individuel et relatif, précis et déterminé du fait de conscience, à l'universel et à l'absolu, et par suite à tout l'indéterminé des notions telles que substance, causalité, être, dont les signes s'appliquent à tout ce que nous apercevons ou pouvons concevoir en nous et hors de nous? C'est ce qui ne pourrait être indiqué ici sans anticiper sur les analyses qui doivent suivre, et nous n'avons peut-être déjà que trop anticipé en cherchant à préciser un point capital en philosophie, sujet de tant de doutes et d'obscurités.

Terminons ce long chapitre et résumons sous un caractère différentiel tous ceux qui séparent les idées générales ou abstraites des notions universelles et nécessaires dont le fait de conscience ou le moi est l'unique et la propre source.

Toutes les idées générales ou abstraites qu'expriment nos termes de classes ou de genres, n'ont aucun élément réel qui soit proprement un ou principe d'*unicité*, comme dit Leibnitz. Aussi ces termes ne peuvent-ils s'individualiser sous l'idée ou l'image de l'un des objets particuliers qui ont servi de terme de comparaison ou de type à l'idée abstraite, sans changer entièrement de valeur ou sans perdre la capacité qu'ils avaient de représenter la multitude sous l'unité de signe.

La raison en est qu'il n'y a que ressemblance ou analogie plus ou moins grande entre les qualités sensibles, abstraites, sous lesquelles on compare des objets divers, quoique cette qualité soit dite la même ou conçue appartenir en commun à ces objets.

Si la ressemblance n'est pas l'identité complète, elle n'est pas davantage l'*identité partielle;* terme qui renferme un non-sens, et une véritable contradiction d'idées. L'identité ne se morcelle pas ainsi. Elle n'est pas susceptible de plus ni de moins, et n'a qu'une mesure ou qu'un type; et ce type, c'est le moi; car le moi étant un, identique, permanent, ne peut concevoir les choses que sous les mêmes rapports d'unité, d'identité, de permanence, sous lesquels il existe ou s'aperçoit exister.

Comme il ne peut y avoir que ressemblance et jamais identité entre les sensations ou les intuitions rapportées à divers objets, ni même entre la sensation d'un moment et celle d'un autre moment, quoiqu'on dise que c'est la même; on ne serait pas mieux fondé à expliquer des notions universelles et nécessaires telles que substance, cause, être, par quelque procédé généralisateur fondé sur la ressemblance, qu'à chercher le type de l'identité dans quelque sensation adventice ou qualité sensible.

Avec d'autres sensations nous aurions d'autres idées générales et d'autres espèces, d'autres classes, d'autres genres, d'autres termes abstraits.

Mais quand même nous aurions d'autres sens ou que nous serions réduits à un seul, pourvu que les conditions de la personnalité, du moi, ou, comme nous le dirons ailleurs, celles de l'exercice d'une libre activité, s'y trouvassent, nous ne pourrions avoir d'autres notions d'unité, d'identité, de force ou de cause.

Ce caractère de constance et d'immutabilité qui appartient aux notions, exclusivement aux idées générales que nous avons faites, mérite bien toute l'attention des philosophes, et justifierait seul l'importance que nous avions attachée à une distinction si méconnue, oubliée par les philosophes, ainsi que d'illustres exemples vont nous le montrer.

———

§ IV.

Du principe de Descartes.

Cogito, ergo sum; je pense, donc j'existe: tel est le principe, le *point ferme et immobile,* où Descartes, après avoir flotté sur la mer du doute, jette l'ancre et assoit le système de la connaissance humaine.

Ce principe entendu dans son vrai sens psychologique, celui de la réflexion intérieure, se réduit tout entier au premier membre de l'enthymème, ou plus simplement encore au signe du sujet (*je, ego*) indivisible du *cogito.*

Je pense, ou plus simplement *je*, signifie, en effet, j'existe pour moi-même; je me sens ou m'aperçois exister, et rien de plus. C'est ainsi que Descartes l'entend lui-même, quand il dit dans la deuxième Méditation: « La pensée seule ne peut être détachée « de moi. *Je suis, j'existe,* cela est certain; mais « combien de temps? Savoir, autant de temps que *je* « *pense,* car peut-être même qu'il se pourrait faire, « *si je cessais totalement de penser, que je cesserais* « *en même temps tout à fait d'être.* »

On le voit bien, le doute s'attache encore ici à l'être, à la réalité absolue de la chose pensante, séparée de la pensée ou de l'aperception actuelle, ou du sujet qui se dit moi, et qui sait indubitablement qu'il existe à titre de personne individuelle.

Ce sujet de toute attribution vraie dans le point de

vue intérieur ou psychologique, n'est donc pas d'abord la substance, terme nécessaire de toute attribution faite ou conçue dans le point de vue extérieur et ontologique.

Si l'on emploie le même signe *je* pour exprimer ces deux termes d'attribution, il faut bien comprendre que l'identité n'est que logique, ou qu'elle est toute dans le signe; car le *je* de la conscience n'est pas le moi absolu de la croyance, la chose pensante.

S'il y avait identité entre les deux membres de l'enthymème, *je pense* (ou *j'existe pour moi-même*), *donc je suis* (*chose pensante*), pourquoi le *donc*? à quoi la forme du raisonnement?

S'il n'y a pas identité absolue, mais une véritable déduction, ou si le *donc* n'est pas un *pur non-sens* (comme dans cette formule (*lucet, ergo lucet*), il y a donc transformation de la valeur du signe *je* pris tour à tour dans deux acceptions ou sous deux points de vue essentiellement différents, en allant du principe à la conclusion. Mais cette conclusion est-elle vraiment immédiate, comme l'indique la forme de l'enthymème? Alors en quoi l'*immédiation* diffère-t-elle de l'*identité*? et comment peut-elle exister entre deux termes pris dans deux points de vue différents l'un de l'autre?

Que, s'il n'y a pas *immédiation* entre le principe et la conséquence, quel est l'intermédiaire? Comment l'assigner, et sur quel procédé intellectuel peut-il se fonder?

Peut-être y a-t-il là un abîme! En ce cas, il faut le marquer, et s'y arrêter. Si le problème est insoluble, il faut dire en quoi consiste cette insolubilité, au lieu de retrancher la question ou de l'éluder en partant, soit d'une notion innée, soit des sensations adventices, qui supposent quelque existence réelle, antérieure, et par suite le problème résolu.

S'il y a quelque moyen direct de solution, ou s'il est possible de trouver un passage du sentiment primitif du moi à l'absolu de l'être ou de la chose pensante, et par suite à toutes les notions universelles, il s'agira de procéder à cette recherche en partant du vrai principe psychologique, que Descartes nous a lui-même appris à distinguer, même en l'oubliant en résultat.

———

§ V.

Principe de Condillac.

Au début du *Traité des Sensations*, Condillac semble vouloir se placer dans le même point de vue intérieur où Descartes a trouvé le principe de la science identifié avec celui de l'existence même. Lorsque la statue pourra dire, en effet, *je sens*, elle pourra dire aussi *j'existe*, en donnant à cette proposition la valeur qu'elle

a dans l'énoncé de l'auteur des *Méditations*. Quel que soit le verbe, le principe ou le sujet *je* restera le même.

Mais le verbe a lui-même son origine ou son principe dans le *je*, il n'y a pas de moi dans la première sensation *odeur*.

Condillac énonce ainsi la condition des deux points de vue interne ou externe. La statue éprouvant la première sensation, n'est pas pour elle-même ce qu'elle est pour l'observateur.

Aux yeux de celui-ci, la statue est un être sentant, ayant un corps visible et une âme ou un principe invisible de toutes les sensations qu'elle éprouve.

Pour elle-même, la statue n'est que l'*odeur* ou la *sensation odeur*, qui constitue d'abord toute son existence intérieure.

Pour l'observateur, la statue est censée exister substantiellement en corps et en âme avant la sensation, et continue toujours à être ainsi indépendamment de toute modification accidentelle.

Pour elle-même la statue ne commence à exister qu'alors qu'elle commence à sentir, et son existence intérieure ne peut avoir d'autre durée que sa sensation.

Il est difficile de se faire une idée de ce mode originel d'existence intérieure, tel qu'il est constitué par la première sensation comme par celles qui suivront.

Tant que la statue ne peut pas dire moi ou *je sens* (équivalent de *j'existe*), nous chercherions vainement en elle quel est le sujet individuel ou la chose quelconque qui peut être dite exister.

Ce n'est pas le moi à titre d'individu qui s'aperçoit intérieurement un, simple, identique; c'est encore moins le moi absolu qui se conçoit ou se croit exister à titre de chose pensante ou de substance durable; car nous ne pouvons nous-mêmes sentir ou apercevoir ainsi notre substance, quoique nous la concevions ou la croyions être objectivement et durer dans l'absolu hors de la conscience du moi actuel.

On pourrait conclure de là que la statue, objet pour l'observateur, n'est encore rien pour elle-même: ainsi la distinction énoncée s'évanouit, et l'existence intérieure de la statue se réduit à zéro. Mais comment, en partant du zéro, pourra-t-on faire quelque chose? Par quelle sorte de création miraculeuse arrivera-t-il que le sujet moi, qui n'est pas dans la première sensation, ressorte de la deuxième ou de la troisième, ou d'une collection d'éléments sensitifs, tous de même nature, et dont aucun n'est moi?

La création *ex nihilo* est un miracle sans doute, mais le *néant* qui crée ou qui se constitue lui-même existant est un mystère plus profond encore.

La sensation sans moi peut bien avoir son type dans une nature animale et purement sensitive qui n'est pas la nôtre ; mais pour nous ou pour notre esprit, ce ne peut être qu'un abstrait, élément de synthèse, et qui ne peut servir de principe unique à aucune science vraie, *subjective* ou *objective*.

En comparant le principe de Descartes à celui de Condillac, on pourrait dire que, comme l'auteur des *Méditations* a transporté le *sujet* dans l'*absolu*, l'auteur du *Traité des Sensations* a mis l'*abstrait* dans le *sujet* ou à la place du sujet même.

Selon Descartes, ce que le sujet est pour lui-même il l'est réellement ou en soi.

Selon Condillac, le moi n'est rien ou n'existe pas pour lui-même, et il faut se placer hors de lui, non-seulement pour concevoir ce qu'il peut être, mais même pour savoir s'il est.

Dans le principe de Descartes, tel que l'énonce l'enthymème complet, le moi est identique à l'*être :* la même pensée les enveloppe. Cette pensée ne peut pas plus commencer que s'interrompre, et, pour connaître son origine, il faut remonter à la création de l'âme.

Dans le point de vue de Condillac, la sensation n'est pas plus le moi qu'elle n'est et ne peut être l'âme elle-même ; c'est une simple modification abstraite ou séparée de sa substance qui vient s'y unir accidentellement dans un temps donné ; elle commence et peut s'interrompre ; mais l'observateur seul sait qu'elle a un commencement ou une origine. La statue ne le sait pas : *le temps n'est pas pour elle.*

Selon le principe de Descartes, séparez la pensée de tout ce qui n'est pas elle, vous aurez encore une réalité ; dans celui de Condillac, séparez la sensation de la cause ou de son objet tel qu'il existe pour l'observateur uniquement, il ne vous restera rien qu'un signe ou un pur abstrait.

------

§ IV.

Modification apportée au principe de Condillac, par M. Laromiguière.

« En refusant de reconnaître la personnalité (ou le « moi) dans un premier sentiment (dit l'auteur des « Nouvelles Leçons de Philosophie), Condillac la « trouve dans un second ou dans un troisième, etc.; « car en faisant passer successivement sa statue de « l'odeur de rose à celle d'œillet, etc., elle doit né- « cessairement distinguer en elle-même quelque chose « de variable, et quelque chose de constant ; or, du « variable elle fait ses modifications, et du constant « elle fait son moi. »

Cela est fort bien dit, et mieux peut-être que Condillac n'a dit lui-même. Il s'agira maintenant de savoir comment la statue, qui n'a en elle que du variable, pourra transformer ce variable en constant, ou se constituer moi.

Qu'on nous dise donc, une fois, quel est ce constant moi identique, permanent dans la succession de tous les modes variables ?

Est-ce un sentiment qui est constant, ou reste toujours le même ? Ce sentiment différerait bien de toutes les sensations adventices, et ne saurait se confondre avec aucune d'elles ; mais quel est-il ? D'où vient-il ? Quelle est sa nature ou son origine ?

Le constant est-il l'être, la substance sentante ? Comment le savons-nous ou le croyons-nous ainsi ? D'où vient cette première notion d'être ? Est-elle contemporaine à la première sensation, avant ou après elle, indépendante ou dérivée des impressions du dehors ? Quoi qu'il en soit, il faut reconnaître que le moi, à titre de sentiment, ou à celui d'être, n'est pas une sensation comme une autre, ni un composé de sensations ; et que le sujet d'attribution, tel qu'il existe dans le point de vue intérieur, n'est ni l'objet ni aucun des modes attribués à l'objet dans le point de vue extérieur.

Ici le disciple croit résoudre la difficulté en rectifiant, non pas le principe, mais l'expression du principe de son maître. Il lui suffit d'une précision entre le *sentiment* et l'*idée* du moi. « Nul doute, dit-il, que « la statue n'ait le sentiment de son existence à la « première modification d'odeur de rose ; mais il lui « faudra une suite de modifications de la même es- « pèce pour en avoir l'*idée*. »

La statue a le sentiment de son existence... elle est donc moi. Mais dans quel point de vue ce fait est-il vrai, ou intelligible ? Est-ce pour elle-même, ou pour l'observateur que la statue est dite avoir le sentiment ; sans avoir encore l'idée du moi, c'est-à-dire sans être une personne ?

Qu'est-ce, encore un coup, qu'un tel sentiment ? Comment le concevoir ou l'appeler par son nom, tant qu'il est confondu avec la modification ? et quelle différence peut-il y avoir pour le moi entre ne pas se connaître sous un sentiment propre, individuel, et ne pas exister ?

Qu'on parte d'un premier sentiment, tel que l'entend et le définit M. Laromiguière, ou d'une première sensation, telle que Condillac l'attribue à sa statue animée, il faudra toujours dire comment, d'après quelles conditions, quel nombre de modifications sensibles de la même espèce, la personnalité pourra naître.

Dans la langue de l'auteur, ce n'est plus, il est vrai, le *sentiment*, mais bien l'*idée du* moi qui doit être considéré comme le fait primitif, le vrai principe de la connaissance ; mais ce principe est-il actif ou passif ?

Il ne peut être que passif, d'après M. Laromiguière, qui ne fait commencer l'activité qu'à l'exercice de l'attention. Or, la passiveté ne produit rien ; elle ne peut donc pas être principe, et la difficulté reste la même.

Pour être conséquent, il fallait dire que l'idée de moi ne commence qu'au premier exercice de l'activité ou de l'attention ; mais, en ce cas, comment a-t-on pu dire que le moi était d'abord confondu ou enveloppé dans le premier sentiment ?

Il est si vrai, ajoute l'auteur, « que l'âme aurait le sentiment de son existence à la première impression sensible, qu'une telle impression considérée dans l'âme, ne peut être que cette substance même, modifiée d'une certaine manière. »

Ce passage est remarquable entre beaucoup d'autres, par l'interversion des principes et la confusion des points de vue.

Lorsque Descartes considère la pensée dans l'âme, substance pensante, il abandonne le principe psychologique et finit par conclure, de la définition même, que l'âme pense toujours. Notre moderne métaphysicien commence ici précisément comme Descartes finit : en vertu du seul principe d'identité logique, il passe d'une première modification à la substance modifiée en général, et de l'âme modifiée d'une manière quelconque indéterminée au moi, au sentiment, ou au fait d'existence ; procédé tout à fait inverse de celui de l'analyse psychologique, qui va du fait primitif aux notions, et non pas de la notion d'un absolu au fait d'existence individuelle.

On peut voir déjà, par tout ce qui précède, combien il y a de vague et d'obscurité dans le principe commun à Condillac et à M. Laromiguière. Comment la lumière pourra-t-elle sortir du sein de ces ténèbres? Nous sommes conduits par la liaison des idées plutôt que par l'ordre des leçons du professeur, à examiner une question particulière qu'il discute avec un intérêt et un zèle que la doctrine seule n'aurait pas inspirés.

(1) Je rapporterai ici un passage, extrait du Traité de Bossuet, sur la *Connaissance de Dieu et de soi-même;* livre trop peu connu ou trop peu médité par les philosophes : on y trouvera une preuve psychologique de l'existence de Dieu, supérieure à la preuve métaphysique de Descartes.

« Il faut nécessairement que la vérité soit quelque part « très-parfaitement entendue, et l'homme en est à lui-« même une preuve indubitable.

« Car, soit qu'il se considère lui-même ou qu'il étende « sa vue sur tous les êtres qui l'environnent, il voit tout « soumis à des lois certaines et aux règles immuables de « la vérité. Il voit qu'il entend ses lois, du moins en par-« tie, lui qui n'a fait ni lui-même, ni aucune autre « partie de l'univers, quelque petite qu'elle soit; il « voit bien que rien n'aurait été fait si ces lois n'étaient « d'ailleurs parfaitement entendues, et il voit qu'il « faut reconnaître une sagesse éternelle où toute loi,

§ VII.

Du spiritualisme et du matérialisme.

I. Principe de la division de ces doctrines.

On demande si le système de Condillac favorise ou non le matérialisme.

Avant de répondre à cette question, il faudrait bien savoir d'abord ce que c'est que le matérialisme ou en quoi il consiste ; et comment une doctrine, qui roule uniquement sur les sensations et les idées, pourrait établir quelque dogme de cette espèce.

On ne peut résoudre ni même poser de telles questions, sans avoir présente la distinction si essentielle entre les deux points de vue interne et externe, ou entre ce que le sujet est pour lui-même aux yeux de la conscience, et ce qu'il est comme objet à d'autres yeux que les siens.

L'homme ignore invinciblement ce qu'il est, en soi, dans l'absolu ou la pensée de Dieu même (1). Il ne connaît que par induction ce qu'il est comme objet aux regards d'autrui ; mais ce qu'il sait ou ce qu'il peut toujours savoir avec une évidence supérieure (*certissimâ scientiâ et clamante conscientiâ*), c'est ce qu'il est pour lui-même dans ce point de vue de la conscience dont seul il a le secret.

Ici, il faut encore admirer la profondeur et la vérité du principe que saisit Descartes au sortir du doute méthodique.

Si, en effet, je ne sais pas d'abord ce que je suis, c'est-à-dire, quel objet je suis pour des êtres autres que moi, si je puis douter ou ignorer même que ces êtres sont, je sais certainement qui je suis pour moi-même, je ne puis douter si j'existe lorsque je me sens ou m'aperçois exister.

Que dans le développement de ma raison je m'élève jusqu'à la conception d'un absolu, tel que l'âme pensante ; tout ce que je pourrai ainsi concevoir ou croire de mon être, comme objet tombant sous le point de

« tout ordre, toute proportion ait sa raison primitive.
« Car il est absurde qu'il y ait tant de suite dans les « vérités, tant de proportion dans les choses, tant d'éco-« nomie dans leur assemblage, c'est-à-dire dans le monde, « et que cette suite, cette proportion, cette économie ne « soient nulle part bien entendues ; et l'homme qui n'a « rien fait, la connaissant véritablement quoique non pas « pleinement, doit juger qu'il y a quelqu'un qui la con-« naît dans sa perfection, et que ce sera celui-là même qui « aura tout fait.

« Nous n'avons donc qu'à réfléchir sur nos propres opé-« rations, pour entendre que nous venons d'un plus haut « principe. »

On pourrait conclure de là que l'ignorance savante qui se connaît, est bien supérieure à la science ignorante qui ne se connaît ni ne se juge : l'une nous élève à Dieu, tandis que l'autre nous le cache et nous en éloigne.

vue d'un esprit supérieur, mais extérieur à moi, ne peut certainement coïncider ni correspondre d'une manière adéquate avec ce que je suis pour moi-même à l'œil de ma conscience; mais s'il n'y a pas identité ni coïncidence entre les deux points de vue, il ne saurait du moins y avoir entre eux opposition ni contradiction. Je ne puis être, dans l'absolu ou aux yeux de Dieu, le contraire de ce que je suis pour moi-même : car, en ce cas, au lieu de l'harmonie qui règne entre les deux systèmes parallèles de mes connaissances et de mes croyances, il n'y aurait en moi que désordre, trouble et confusion. Il faudrait ou renier des croyances nécessaires qui me feraient encore la loi malgré moi-même, ou ne voir que prestiges, illusions dans tout ce que je pourrais connaître ou percevoir, par cela seul que je le connaîtrais ou percevrais. Il n'en est point ainsi : quand je réfléchis ou que je veux constater ce que je suis pour moi-même, l'acte libre de ma réflexion et l'effort qui l'accompagne ou le détermine, me manifestent intérieurement une force qui commence l'action, ou une cause libre productive de certains modes actifs que je ne puis attribuer qu'à moi et non à un autre.

Sans doute je puis concevoir que mon âme est quelque chose de plus qu'une force individuelle ainsi agissante; mais il m'est impossible de douter qu'elle n'ait, entre autres attributs ou modes cachés que Dieu seul connaît, l'activité ou la causalité que je m'attribue à moi-même dans le fait de conscience; et si je pouvais douter un instant de cette activité réelle telle que je l'aperçois immédiatement, je douterais par cela même de mon existence qui n'en diffère pas.

Que mon âme soit une substance passible d'une infinité de modifications, c'est ce que la raison peut bien me forcer de croire; mais la substance, ainsi entendue comme passive, n'a pas son type dans la conscience, et échappe entièrement au point de vue intérieur. La pente inévitable de mon esprit, c'est de réaliser cette notion, non dans l'absolu du sujet pensant, mais dans l'absolu de l'objet pensé; et certainement si j'entends la substance comme Hobbes, sous la seule raison de matière, je n'hésiterai pas à l'exclure de ma constitution personnelle du sujet ou d'être pensant.

Mais en prenant la notion de substance à son titre universel, si je réunis sous cette unique conception le sujet et l'objet, comme je n'aurai plus qu'un seul terme antécédent de toutes les attributions les plus diverses, je serai conduit à voir tout objectivement dans l'absolu, soit dans l'Être universel qui est Dieu, soit dans la substance unique ayant à la fois pour attributs la pensée et l'étendue : ainsi je ferai abnégation complète de moi, de mon individualité personnelle,

pour m'identifier ou me confondre avec le tout absolu.

Ici, Malebranche et Spinosa se touchent; leur principe est commun, et le matérialiste ne diffère peut-être du spiritualiste que par la manière d'exprimer et de déduire les conséquences du même principe.

Nous voyons mieux maintenant sur quoi roule toute cette grande discussion entre les spiritualistes et les matérialistes.

En partant du fait de conscience et de la réflexion, s'attache-t-on d'abord à savoir ce que le sujet sentant ou pensant est pour lui-même, avant de s'informer de ce qu'il peut être en soi? le sentiment d'une force agissante s'offre comme le principe unique de la connaissance subjective ou objective. L'âme conçue sur ce modèle, ou à titre de force, sera nécessairement immatérielle, car nulle cause ou force ne peut se représenter sous une image qui ressemble à l'étendue ou à ce que nous appelons matière.

S'occupe-t-on d'abord, au contraire, de ce que l'être pensant ou sentant est en soi ou à des yeux étrangers, sans étudier ou sans observer intérieurement ce qu'il est pour lui-même à titre de personne individuelle? la notion de substance se présentera la première, comme embrassant et confondant sous elle les deux mondes externe et interne; et le sujet pensant tendra à s'objectiver ou se localiser dans la substance même entendue sous la raison de matière.

Ainsi, comme le type réel du spiritualisme se trouve dans la doctrine de Leibnitz, qui a pour principe la notion de force, le type du matérialisme est dans la doctrine de Spinosa, qui roule sur la notion de substance comme sur son pivot unique.

Que si l'on écarte à la fois les deux notions, ou qu'on prétende les transformer en idées générales collectives déduites de la sensation, comme il ne s'agira plus que de modes ou de signes dont on aurait abstrait l'existence réelle, il ne pourrait y avoir lieu à dogmatiser sur la matière pas plus que sur l'esprit, ce qui nous ramène à la question particulière proposée par M. Laromiguière.

II. La doctrine de Condillac peut-elle conduire au matérialisme?

L'auteur du *Traité des Sensations* interpelle, en commençant, les matérialistes de déclarer comment, en se mettant à la place de la statue, ils pourraient soupçonner qu'il existât quelque chose qui ressemblât à la matière.

A quoi ces philosophes ne seraient peut-être pas embarrassés de répondre.

« Nous accordons bien, diraient-ils, que dans votre hypothèse, la statue, bornée au sens de l'odorat, ne pourrait jamais soupçonner l'existence de ce que nous appelons matière. Mais nous vous demandons à notre tour, si dans une telle hypothèse où toutes les facultés se trouvent réduites à la seule capacité de sentir, la statue pourrait mieux soupçonner qu'il existât quelque chose de semblable à ce que vous appelez l'âme ou substance spirituelle ; et si vous ne pouvez pas plus répondre à notre interpellation que nous ne pouvons répondre à la vôtre, il faut que vous conveniez que votre hypothèse ne prouve pas davantage en faveur de la réalité d'une substance spirituelle que contre l'existence de la substance matérielle. Nous sommes même dans une position plus favorable pour justifier notre opinion, que vous ne l'êtes en vous mettant à la place de la statue pour justifier la vôtre ; car, nous pouvons appeler en témoignage l'observateur du dehors qui croit bien nécessairement à la réalité du corps de la statue qu'il perçoit, tandis qu'il ne voit pas l'âme, pas plus que cette âme ne s'aperçoit elle-même sentant la première odeur de rose.

« Mais vous qui faites abstraction de toute réalité de substance, quand vous cherchez à vous mettre à la place de la statue bornée aux odeurs, vous vous dépouillez en même temps de votre personnalité individuelle, et, par une suite nécessaire, de toute connaissance possible d'âme comme de corps. »

Je ne sais ce qu'aurait pu répondre Condillac, et l'argument reste dans toute sa force, malgré tous les efforts, toute la sagacité de son disciple.

« Il y a bien peu de philosophie, dit l'auteur des Leçons, dans l'opinion de ceux qui refusent l'existence à tout ce qui n'est pas matière. » Nous en convenons, mais il faut reconnaître aussi qu'il y a bien peu de philosophie à croire qu'en partant de la pure sensation on parviendra à recomposer de toutes pièces un monde de réalités, soit spirituelles soit matérielles.

L'hypothèse de Condillac nous amène, suivant l'auteur, à cette conclusion rigoureuse et inattendue. « C'est que les facultés auxquelles nous devons notre intelligence et notre raison ne dépendent pas, quant à leur existence, de l'organisation de notre corps. » Voilà certes un résultat bien inattendu et un grand problème résolu, ou du moins tranché nettement en faveur du spiritualisme ; changez un mot et dites : « Les facultés auxquelles nous devons notre intelligence et notre raison, ne dépendent pas, quant au sentiment actuel de leur exercice, de la connaissance objective de l'organisation de notre corps, » et vous aurez à la place d'une maxime absolue, qu'il est impossible de justifier, une vérité relative qui ne prouvera rien aussi ni pour ni contre le matérialisme absolu. Nous pouvons bien, en effet, avoir le sentiment de tel exercice de nos facultés sans aucune représentation actuelle du corps organique comme objet exté-

rieur : mais quand nous pourrions exercer toute espèce d'opérations intellectuelles, sans savoir que nous avons un corps, des nerfs, un cerveau ; ces organes en existeraient-ils moins, en influeraient-ils moins réellement sur l'exercice de nos facultés ?

L'auteur continue : « Si un être peut exister, s'il peut être heureux ou malheureux, s'il peut avoir les facultés intellectuelles que nous avons, sans soupçonner qu'il existe de l'étendue, que deviennent les prétentions de ceux qui affirment avec tant d'assurance qu'un être inétendu est une chimère, qu'une substance immatérielle est une négation d'existence ? »(Page 210 des Leçons, etc.) On voit bien que l'argument peut être ici rétorqué de la même manière qu'auparavant contre le spiritualisme. En effet, dirait-on, si tant d'êtres organisés et animés peuvent sentir, être affectés de plaisirs ou de peines, sans savoir qu'il existe une substance inétendue ou immatérielle...? Les deux arguments contraires ont la même force, et doivent se neutraliser, si la science et l'existence sont la même chose; si le *ratio essendi* et le *ratio cognoscendi* ne diffèrent pas, quant au principe; enfin si la sensation est tout pour la croyance comme pour la connaissance.

Ici se présente une objection générale contre toute doctrine qui part d'un état primitif supposé tel que celui de la pure sensation, pour reconstruire le système actuel et réel de la connaissance humaine.

III. Objection contre l'hypothèse d'un état primitif.

Locke, Condillac et leurs disciples ont attaché une importance exclusive à déterminer l'origine de notre connaissance. Peut-être aurait-il fallu d'abord approfondir davantage la nature même de cette connaissance actuelle, savoir quel est son fondement réel, quels sont les titres de sa légitimité ; puisque l'on convient d'ailleurs que toutes les idées ne correspondent pas à des existences réelles, qu'on est forcé de reconnaître que l'imagination et les sens ont leurs illusions, et que notre esprit a ses idées archétypes sans modèle.

D'ailleurs qu'est-ce que l'origine d'une connaissance ? Comment l'entend-on, comment peut-on connaître cette origine elle-même ou en constater la vérité ?

L'origine est l'état primitif. Mais l'état d'un être en présuppose l'existence réelle. Et comment sait-on ou croit-on cette réalité d'existence ? Il faut bien, dira-t-on, l'admettre comme donnée ou *postulatum*. A la bonne heure, admettons ce postulat comme la condition d'un état primitif quelconque; mais ce primitif lui-même qu'est-il, sinon une hypothèse qui n'a aucun rapport avec l'actuel, comme étant tout à fait hors de la portée de nos sensations, de nos idées et de nos souvenirs ?

Admettons encore l'hypothèse à son titre d'hypothèse ; nous pourrons en admirer l'artifice et la beauté.

Mais quel parti pourrons-nous en tirer, et à quel usage l'emploierons-nous? Prétend-on qu'elle serve de règle ou de type à toute notre connaissance actuelle? En ce cas, nous n'aurons qu'une science idéale, conditionnelle et hypothétique comme son principe. L'emploierons-nous à son véritable titre d'hypothèse, ou comme moyen d'expliquer des faits donnés indépendamment d'elle? En ce cas, le primitif supposé devra se vérifier par ses relations avec l'actuel. Il s'agira donc de comparer l'hypothèse avec les faits d'observation intérieure, et de montrer qu'elle y satisfait, c'est-à-dire qu'elle représente ou reproduit le système complet de nos connaissances et de nos croyances, tel que la reflexion peut le constater dans toute vérité.

C'est ainsi que l'hypothèse de Copernic, par exemple, se vérifie ou se légitime en tant que le mouvement supposé de la terre explique ou reproduit fidèlement les rétrogradations des planètes et tous les phénomènes astronomiques tels que nos sens les perçoivent, etc.

Que s'il fallait altérer le moins du monde les faits certains que nous connaissons, pour qu'ils puissent se plier à l'hypothèse du primitif ou rentrer dans le système fictif des idées qui s'en déduisent ; quelles que fussent la rigueur et la force démonstrative de ces déductions logiques, le principe n'en flotterait pas moins en l'air, et l'hypothèse n'aurait abouti qu'à créer des fantômes.

Appliquons ceci au système de Condillac. La statue, après que tous ses sens ont été ouverts, après qu'elle a reçu, combiné, comparé toutes les espèces possibles de sensations, ferme-t-elle son cercle de connaissances hypothétiques en excluant un système entier d'idées ou de notions pareilles à celles que nous avons actuellement des causes, substances, êtres? Alors, au lieu d'en conclure la non-réalité des notions, il faudra en conclure plutôt la nullité ou le vice de l'hypothèse elle-même ; il faudra dire que, la statue n'étant pas un sujet pensant, et n'ayant pas été taillée sur le modèle de l'homme, tel qu'il est, le système des connaissances dérivées de la sensation n'est pas le vrai système de la connaissance humaine.

Ici nous trouvons à faire, sur le système de Condillac, une épreuve semblable à celle qui a été pratiquée sur le système de Kant, et dont un digne ami de la science et de la morale nous raconte ainsi l'intéressante histoire (1).

« Par analogie avec le procédé que les physiciens

(1) *Lettres de Reinhard*, etc., traduites de l'allemand par M. Monod, avec une notice raisonnée sur les écrits de Reinhard, par M. Stapfer.

emploient pour s'assurer de la justesse d'une expérience, Reinhard rassemblant les éléments de notre organisation, tels qu'ils résultent de la décomposition opérée par la philosophie de Kant, se mit à reconstruire, avec ces matériaux, tout l'édifice de l'être moral ; et au lieu de voir renaître cet ensemble admirable et harmonique dans lequel toutes nos forces se prêtent un mutuel secours, et contribuent, chacune pour sa part, sans qu'il n'y ait ni choc ni ressort superflu, au but indiqué par nos besoins physiques et moraux, il sortit de cet essai de rapprochement, renouvelé à diverses reprises, un tout si incohérent, si dépourvu d'accord dans ses parties constituantes, et des traces de cette économie sage, de cette prévoyante sollicitude, qui brillent dans tous les ouvrages de la nature, qu'il sentit la plus forte répugnance à adopter des principes qui conduisaient, par l'épreuve de la synthèse, à des résultats aussi peu conformes aux besoins de l'homme et aux desseins paternels de son auteur. Il se crut en droit de soupçonner, dans le travail analytique de Kant, quelque défaut secret, quelque lacune importante que l'habileté du maître et le prestige de son art avaient dérobée à son attention ; à peu près comme un chimiste qui ne réussirait pas, en combinant de nouveau les éléments qu'il aurait obtenus par la décomposition d'une substance, à la reproduire telle que l'offre la nature, resterait convaincu de l'imperfection de ses expériences, etc. »

§ VIII.

De l'activité du moi, et de la causalité primitive.

Verum index sui.

Il ne faut pas demander à Descartes quel est le principe ou l'origine de la pensée, d'où elle vient, quelle en est la cause ; car la pensée n'est point un simple mode accidentel de l'âme, mais son attribut essentiel, inné en elle, ou avec elle ; elle ne peut donc avoir de cause efficiente autre que Dieu, auteur unique de toutes les substances, et l'origine n'est ici que la création elle-même.

Mais dès qu'il s'agit d'une première sensation passive et adventice dont la substance peut être dépouillée sans cesser d'exister, il y a toujours lieu à demander quand et comment cette modification peut commencer ; quelle en est l'origine, la condition et la cause productive.

Or, dans cet état passif, qu'on multiplie les sensations, qu'on les varie tant qu'on voudra, on n'en fera jamais ressortir l'idée ou la notion de cause ou de force, telle qu'elle est pour nous et avec le caractère de réalité qui lui est propre et inhérent.

Comment concevoir, en effet, qu'une sensation produise une autre sensation de même espèce ; ou que l'être sentant, qui s'identifie tour à tour avec chacune de ses modifications, puisse avoir le sentiment ou l'idée de quelque cause qui les produise ?

Mais prend-on le type de la connaissance ailleurs que dans une statue, ou s'agit-il d'un sujet libre et intelligent comme nous, il est impossible que ce sujet ait une première idée de la modification quelconque qu'il éprouve, c'est-à-dire qu'il commence à l'apercevoir et la distinguer de lui-même, sans avoir en même temps la notion de quelque cause ou force productive actuelle.

Mais s'il est évident pour nous, d'un côté, qu'il existe réellement et nécessairement quelque cause ou force productive de nos sensations, et d'un autre côté qu'une telle cause ne peut ressembler à aucune sensation ; n'est-on pas fondé à dire qu'une telle notion est inhérente au sujet pensant, ou innée à l'âme ?

Il semble ici que la conclusion soit inévitable, ou qu'il n'y ait qu'à opter entre deux partis extrêmes, dont l'un est comme le coup de désespoir de l'analyse philosophique, tandis que l'autre répugne à toutes les données de la réflexion et de la raison, savoir : ou que la causalité est une idée innée, une forme, une catégorie, une loi première et nécessaire de la pensée ; ou que la cause qui fait commencer une sensation, n'est elle-même qu'une sensation, ce qui revient à dire qu'il n'y a pas de cause, en reniant toute croyance, toute existence même.

S'il y a quelque terme moyen entre ces deux extrêmes, la philosophie ne l'a pas encore trouvé ; la notion de cause a une origine ou un antécédent psychologique dans un fait primitif ou dans un sentiment individuel, unique et *sui generis*, ce sentiment ou ce fait n'a point encore été démêlé et nettement exprimé ou conçu sous son véritable titre de primauté.

Voyons s'il ne serait pas possible de remplir cette lacune si essentielle, et de donner à la psychologie la base qui lui manque ; indiquons du moins un principe que nous serons peut-être appelé à développer ailleurs, et à suivre dans toutes ses applications (1).

Cette base, nous ne la trouverons pas en regardant hors de nous-même, en comparant nos sensations ou intuitions externes, en les abstrayant les unes des autres, ni en considérant l'ordre dans lequel elles se succèdent. Tout cela est étranger à l'idée de cause ou de force.

L'origine de cette idée est plus près de nous, nous

(1) Dans un Traité de *Psychologie*, *ex professo*, dont cet écrit accidentel n'est qu'un extrait anticipé.

l'obtenons par une opération plus simple, plus immédiate, savoir : par *l'aperception interne de notre existence individuelle*.

Le même acte réflexif par lequel le sujet se connaît et se dit moi, le manifeste à lui-même comme force agissante, ou cause qui commence l'action ou le mouvement sans y être déterminé ni contraint par aucune cause autre que le moi lui-même, qui s'identifie de la manière la plus complète et la plus intime avec cette force motrice (*sui juris*) qui lui appartient.

En effet, pendant que tout ce que j'appelle sensations, s'objective au regard de ma pensée dans l'espace extérieur, ou dans l'étendue de mon corps propre, cette force seule ou le sentiment immédiat que j'ai de son exercice dans un effort actuel, ne se localise en aucune manière.

J'attribue bien, par exemple, à mes membres le mouvement, ou plutôt, l'espèce de modification active (*sui generis*) qui accompagne la contraction volontaire des muscles, et que j'appelle aussi sensation musculaire ; mais je n'attribue pas à ces organes la volonté de se mouvoir. Pourquoi ? Parce que cette volonté n'est pas différente de moi, et que ce moi qui sent ou perçoit tout dans l'espace, ne peut se localiser lui-même ou s'identifier avec l'objet perçu sans s'anéantir.

Certainement la cause ou la force productive interne, que j'appelle ma volonté, a une sphère d'activité plus étendue que les mouvements de mon corps, puisqu'elle embrasse en même temps plusieurs opérations de mon esprit.

Mais l'espèce, le nombre, les caractères des effets ne changent rien à la nature de la cause. L'effort primitif n'est pas plus matériel dans les premiers mouvements volontaires du corps que dans l'exercice de l'activité intellectuelle et morale développée ; et nous entendrons mal cette activité, comme les notions dont elle est le type, tant que nous ne l'aurons pas ramenée à son principe, ou au mode d'exercice le plus simple sous lequel elle puisse se manifester à la conscience.

Or, le premier sentiment de l'effort libre comprend deux éléments ou deux termes indivisibles, quoique distincts l'un de l'autre dans le même fait de conscience, savoir : la détermination ou l'acte même de la volonté efficace, et la sensation musculaire qui accompagne ou suit cet acte dans un instant inappréciable de la durée.

Si le vouloir n'accompagnait pas ou ne précédait pas la sensation musculaire, cette sensation serait passive comme toute autre ; elle n'emporterait donc avec elle aucune idée de la cause ou force productive.

D'un autre côté, sans la sensation *effet*, la *cause* ne saurait être aperçue, ou n'existerait pas comme telle pour la conscience.

Le sentiment de l'effort fait donc tout le lien des

termes de ce rapport primitif, où la cause et l'effet sont donnés distincts comme éléments nécessaires d'un seul et même fait de conscience.

Dans une hypothèse comme celle de la girouette animée, dont parle Bayle, où l'on concevrait un être sentant, mû à point nommé comme il le désirerait, ou par une sorte d'harmonie préétablie entre ses affections, ses besoins ou ses désirs, et les mouvements de son corps, il n'y aurait rien de semblable à l'effort libre, ou au pouvoir, à l'énergie que nous sentons en nous-mêmes, et qui constitue notre existence, notre propriété personnelle. En admettant même qu'un tel être pût avoir quelque sentiment obscur de personnalité, il est impossible de concevoir comment, de l'accord le plus parfait, le plus intime entre des désirs, et des mouvements sentis sans aucun effort, c'est-à-dire involontaires, ou pourrait dériver quelque idée ou notion de pouvoir, de force productive, ou de cause efficiente, telle que nous l'avons immédiatement de nous-mêmes, et médiatement des êtres ou des choses auxquelles nous attribuons le pouvoir de nous modifier.

Arrêtons-nous ici. En développant ces premières données réflexives sur l'origine commune de la causalité et de la personnalité même, nous ferions un traité complet de psychologie.

Bornons-nous seulement à quelques applications propres à éclairer et à justifier le principe psychologique.

L'activité libre qui coïncide avec la conscience du moi dans l'état de veille, est le seul caractère qui différencie cet état de celui du sommeil, où l'activité du vouloir et de l'effort étant suspendue, le moi s'évanouit, quoique la sensibilité physique et l'imagination spontanée qui en dépendent puissent être en plein exercice.

Des inductions fondées sur la même expérience nous persuadent également que les animaux n'ont point un moi comme nous, par cela seul qu'ils n'ont point d'activité libre, que tous leurs mouvements sont subordonnés à la sensibilité physique, ou à un instinct dénué de toute réflexion. Nous savons aussi que le sentiment du moi s'obscurcit ou disparaît avec l'activité volontaire dans les aberrations de sensibilité ou d'imagination connues sous le nom de délire, de manie ou de passions poussées à l'extrême.

Enfin, toutes les observations dirigées vers ce côté par lequel la psychologie touche à la physiologie, concourent à nous démontrer une identité parfaite de nature, de caractère et d'origine, entre le sentiment

du moi et celui de l'activité ou de l'effort voulu et librement déterminé, d'où nous sommes autorisés à conclure : 1° qu'avec toutes les sensations affectives variées, combinées entre elles ou se succédant de toutes manières, la *personnalité* pourrait ne pas exister; 2° que l'activité seule, en l'absence de toutes les causes étrangères de sensations, la volonté, tenant les yeux ouverts dans les ténèbres (*usque in spissis tenebris*), l'ouïe tendue (*arrecta*) dans le silence de la nature, les organes de la vie animale dans un parfait repos, les muscles contractés dans une complète immobilité du corps, l'homme est encore tout entier. La personnalité reste intacte tant qu'il y a activité volontaire, ou tant que subsiste cet effort immanent qui la constitue.

Maintenant si nous voulons tenter le passage du point de vue de la conscience, ou de la science même, à celui de la croyance; c'est-à-dire conclure de ce que le sujet de l'effort est pour lui-même, à ce qu'il est en soi comme force ou cause absolue hors de l'action ou du sentiment actuel de l'effort, nous dirions que la force qui est moi ne peut différer de l'absolu de cette force, autrement que comme diffèrent les deux points de vue sous lesquels il nous est donné de la concevoir ; et ici nous retrouvons le principe ou l'enthymème de Descartes, ramené à sa véritable expression psychologique.

Je me sens ou m'aperçois cause libre, donc *je suis réellement cause*.

Substituez dans cette expression la *substance* à la *cause*, et vous n'aurez qu'une conclusion logique, parce qu'il n'y a pas conscience, ou sentiment immédiat de la substance, comme il y a conscience de force ou de causalité.

L'activité proprement dite, ou la liberté, est un sentiment, une aperception immédiate interne ; dès qu'on la met en question, ou qu'on cherche, soit à la déduire de quelque chose d'antérieur, soit à la figurer sous quelque symbole physiologique, on en dénature l'idée ; l'objet dont on parle est tout à fait hétérogène au sujet en question ; c'est là une sorte de travers d'idées et de langage qu'on peut remarquer dans presque toutes les discussions de ce genre.

Quand on s'informe si l'agent est libre et comment il l'est, on demande ce qu'on sait. Veut-on savoir de plus quels peuvent être les instruments ou les ressorts organiques auxquels tiennent les volitions (1), on ne sait pas ce qu'on demande.

_____

(1) « La volonté ne saurait être enveloppée dans aucune « succession passive ; ce n'est pas une simple conscience « de ce qui arrive, ce n'est pas une approbation de l'en- « tendement, ni un sentiment de préférence, ni enfin le « plaisir qu'on prend à un événement : toutes ces choses « n'ont rien d'actif; les moyens par lesquels la volonté

« opère des changements sont parfaitement inconnus; les « ressorts auxquels tiennent ces volitions sont autant de « mystères sur lesquels nous ne pouvons que bégayer. »

(M. Mérian, *Mémoire sur l'aperception des idées.* Académie de Berlin.)

On peut dire que le relatif et l'absolu coïncident dans le sentiment de force ou de libre activité ; et c'est là, mais là uniquement, que s'applique cette pensée de Bacon si opposée dans tout autre sens à notre double faculté de connaître et de croire :

« *Ratio essendi et ratio cognoscendi idem sunt et non magis à se invicem differunt quàm radius directus et radius reflexus.* »

Ici, en effet, l'aperception immédiate interne de la force productive, n'est-elle pas comme le rayon direct, la première lumière que saisit la conscience ? et la conscience réfléchie de force ou d'activité libre qui donne un objet immédiat à la pensée sans sortir d'elle-même, n'est-elle pas comme la lumière qui se réfléchit en quelque sorte du sein de l'absolu ?

Que s'il s'agit de l'âme substance, telle qu'elle est en soi ou aux yeux de Dieu qui la créa, le *ratio essendi* n'est pas certainement le *ratio cognoscendi*. Qui pourrait dire, en effet, quels sont les modes divers dont l'âme est susceptible, ce qui convient ou ne convient pas à son essence ; quelles sont les limites de ses facultés actuelles ; quelle est l'étendue de celles qui, n'étant pas encore nées, doivent peut-être un jour se développer dans un autre mode d'existence ?

Il n'y a pas de lumière directe ni réfléchie qui nous éclaire sur ce que nous sommes dans l'absolu ; et la pensée réfléchie est à l'âme ce que l'asymptote est à la courbe, qu'elle n'atteint que dans l'infini.

Assurément l'âme s'ignore complétement elle-même à titre de substance ; mais à titre de force ou de cause libre, elle s'aperçoit et se connaît bien mieux qu'elle ne connaît toutes les forces de la nature, puisqu'au lieu d'atteindre celles-ci directement ou dans le point de vue extérieur, elle ne peut les concevoir que comme elle est elle-même dans son point de vue interne (1).

____

§ IX.

Examen de la doctrine de M. Laromiguière, au sujet de l'activité de l'âme.

Rien de plus clair et de plus évident que l'activité prise dans la conscience du moi où elle a son type unique. Rien de plus vague et de plus obscur que l'activité attribuée dans l'absolu à une substance qui n'est pas moi, et qu'on cherche à se représenter sous quelque image.

Quand j'agis librement, j'aperçois immédiatement que je suis actif ou libre, et toute la nature ne saurait démentir le témoignage de mon sens intime.

(1) « Externa non cognoscit nisi per ea (*ou instar eorum*) « quæ sunt in semetipsa, » dit Leibnitz.

De même quand je suis passif sous tel mode déterminé de mon existence, c'est-à-dire quand j'éprouve ou que je subis des affections de plaisir ou de peine qui commencent, continuent, s'interrompent ou se succèdent en moi de toute manière, sans que ma volonté ou moi en soit la cause, on aurait beau m'assurer que je suis actif, je croirais toujours à la voix intérieure qui me crie le contraire. Et si l'on m'assura que l'âme agit dans la sensation pour se modifier elle-même, ou qu'il y a dans quelque partie du cerveau quelque ressort qui se débande, réagit sur les impressions sensibles, je répondrai que tout cela est possible, mais qu'en ce cas, ni ces ressorts organiques, ni l'âme dont on parle comme agissant à mon insu, ne sont moi.

Quand je suis actif, pourquoi irais-je chercher au dehors la cause que j'aperçois immédiatement comme identique avec moi ? et quand je suis passif, pourquoi mettrais-je en moi la force qui me contraint, me fait la loi et m'enchaîne comme le *fatum* ?

Condillac dit : « La statue est active quand elle a « en elle la cause de ses sensations. Elle est passive « quand la cause est extérieure. »

Sur quoi il est aisé de voir que la statue n'est active ou passive que pour l'observateur du dehors et non-point pour elle-même, puisqu'elle n'a ni ne peut avoir encore aucune idée, aucun sentiment de cause interne ni externe.

M. Laromiguière dit à son tour (page 141) : « L'expérience nous apprend que nous sommes tour à « tour actifs et passifs, puisque la cause de nos mo-« difications est tantôt hors de nous, tantôt en nous. »

De quelle expérience s'agit-il ? est-ce de l'extérieure ? Mais comment cette expérience peut-elle nous apprendre qu'il y a hors de nous une cause active qui nous modifie ? d'où vient la première idée d'une cause ?

Parle-t-on de l'expérience intérieure ? En ce sens, il est bien vrai que cette expérience (qui a des caractères particuliers et bien distincts), nous apprend que nous sommes tour à tour passifs et actifs, puisqu'en effet tantôt nous sommes causes de nos modifications, et tantôt nous ne le sommes pas. Voilà ce que nous comprenons clairement et ce que nous savons, *certissimâ scientiâ et clamante conscientiâ*.

Mais, pour s'entendre ainsi avec soi-même, il ne faut pas donner à la cause la valeur d'une représentation tout objective, en disant qu'elle est tantôt hors de nous, tantôt en nous comme dans la statue.

Car qu'est-ce qu'être en nous ? Qu'est-ce que le nous-mêmes ? Est-ce l'âme ? Est-ce le corps ou le composé des deux substances ?

Qu'importe et comment le savoir, si ce qui est dit ainsi être dans l'âme, ou dans le corps organisé vivant, est étranger à la conscience ou ne touche pas plus le moi que ce qui se passe dans un monde éloigné?

« L'âme agit, dit le professeur (page 91); elle fait « effort pour retenir le sentiment plaisir, ou pour re- « pousser le sentiment douleur. »

Comment savez-vous que l'âme agit, qu'elle fait effort, quand vous vous sentez passif sous le charme du plaisir, ou sous le coup de la douleur? Ce prétendu effort que vous ne voulez ni ne sentez, est-il la cause de la sensation? Vous n'oseriez pas le dire. N'en est-il qu'un élément, ne sert-il qu'à la compléter? En ce cas, il fait partie de cette sensation même. Pourquoi donc en faire un principe à part?

Continuons. « L'expérience nous dit encore que « cette action de l'âme ne se borne pas à modifier « l'âme. Il arrive souvent, en effet, que cette action « est suivie d'un mouvement du cerveau, lequel est « lui-même suivi d'un mouvement de l'organe qui se « porte vers l'objet ou tend à s'en éloigner. »

Je ne sais quelle sorte d'expérience peut nous apprendre qu'il y a dans le plaisir et dans la douleur une action par laquelle l'âme se modifie elle-même; et je le conçois d'autant moins que j'ignore plus profondément ce qu'est l'âme en soi; ce qui est en elle à titre de modification propre de la substance.

Quant à la succession des mouvements de l'âme au cerveau, du cerveau à l'organe et de l'organe à l'objet, je ne crois pas non plus que l'expérience extérieure nous apprenne rien de bien positif sur l'espèce et l'ordre de ces phénomènes organiques. Nous n'en avons du moins bien certainement aucune conscience; sans accorder à l'auteur ce qu'il dit dans un autre passage déjà cité, qu'il paraît difficile de concilier avec celui-ci, savoir : que les facultés de l'âme ne dépendent en rien de l'organisation de notre corps, nous sommes bien assurés du moins que l'exercice pur de la sensibilité n'emporte aucune perception interne ni externe des organes qui en sont les instruments ou les agents immédiats.

Ce n'est donc que physiologiquement, et, comme on sait, d'après des conjectures plus ou moins hasardées, bien plus que d'après quelque expérience directe, que nous nous figurons des impressions transmises au cerveau, et de là à l'âme qui réagit à sa manière, etc., etc. Certainement tout ce mécanisme organique ne ressemble en aucune manière aux phénomènes psychologiques internes, exprimés par les termes affection, sensation, sentiment, encore moins à la cause ou force productive de ces phénomènes.

L'auteur continue : « Quand l'impulsion est du de- « hors au dedans, l'âme est passive; quand elle est « du dedans au dehors, l'âme est active. Le principe « du mouvement est dans l'âme qui agit sur le cer- « veau, le cerveau remue l'organe, cherche l'ob- « jet, etc., etc. »

Ai-je donc besoin de tout cet appareil de réactions et de mouvements organiques pour savoir quand je suis actif et quand je suis passif?

Espère-t-on expliquer ainsi l'activité qui m'est propre et personnelle, et ne voit-on pas qu'on la dénature ou qu'on l'obscurcit en voulant la représenter ou la figurer sous des images étrangères, en la cherchant dans l'objet, avant de l'avoir saisie dans le sujet, et dans le sens même qui lui est propre (1)?

« Sensibilité, activité : voilà deux attributs que « l'expérience nous force à reconnaître dans l'âme. »

Nous venons de voir comment, et sur quoi repose cette distinction physiologique et abstraite.

« L'activité seule est puissance, pouvoir, faculté; « la sensibilité n'est ni faculté, ni pouvoir, ni puis- « sance; c'est une simple capacité. »

Nous accordons bien la distinction, pourvu qu'on entende l'activité comme il faut; car pourquoi la capacité de réagir sur les impressions reçues, serait-elle plutôt une faculté que la sensibilité même dont elle fait partie dans l'hypothèse précédente?

« Si l'on s'informait de la manière dont un mouve- « ment déterminé du cerveau produit un sentiment « dans l'âme, comment il se peut que l'action de l'âme « remue le cerveau, nous répondrions que nous n'en « savons rien. »

Il y aurait bien une première question à faire avant celle du *comment*, savoir si l'hypothèse même est fondée, ou si elle peut être considérée comme un fait de notre nature.

Un mouvement déterminé du cerveau produit un sentiment dans l'âme. Qui le sait et comment le concevoir?

On sait physiologiquement ou par l'observation extérieure, qu'il y a une organisation, un cerveau, des nerfs, etc. Mais quels sont les rapports de cette organisation visible avec le sentiment, et surtout avec la force qui produit le mouvement, avec le vouloir ou le moi?

S'il y a là un abîme, notre philosophe ne paraît pas s'être placé dans le point de vue propre à reconnaître cet abîme, là où il est réellement; c'est-à-dire dans l'hypothèse même qu'il adopte comme un fait, et qui sert de principe ou de type à l'espèce d'activité qu'il attribue à l'âme.

« Je donne le nom d'attention (fait-il dire à Con- « dillac) à la première sensation, quand elle est exclu- « sive de toute autre, afin qu'on soit averti que « l'activité s'exerce au même instant que la sensibi- « lité; afin qu'on sache que la sensibilité et l'activité « ne sont qu'une seule et même chose, et que ce

(1) Voyez la note, p. 493.

« n'est que par abstraction que nous voyons deux phé-
« nomènes dans un seul, etc. »

Ici le maître me semble avoir toute raison contre
le disciple, au moins dans le point de vue commun
sous lequel ils considèrent l'un et l'autre l'activité de
l'âme, dans la substance même, indépendamment du
moi ou du sentiment propre de cette activité.

Mais, objecte M. Laromiguière, si la sensibilité et
l'activité sont une seule et même chose, pourquoi
dites-vous que la sensation se transforme en attention ?

A quoi Condillac aurait pu répondre :

« Parce que je considère tour à tour la sensation
sous des rapports différents, et avec quelques circonstances accessoires qui en changent successivement la
forme. Est-ce que cela n'est pas tout à fait analogue
à la manière dont vous définissez et considérez vous-
même les principes ?

« Vous qui tirez un si grand parti de la logique et
qui maniez si bien l'instrument d'analyse que je vous
ai légué, pouvez-vous demander pourquoi je transforme ? Est-ce que vous croyez faire autre chose
quand vous analysez les facultés de l'âme, quand vous
partez de définitions comme de principes, quand vous
classez et énumérez ainsi les facultés nominales en les
rattachant à une sorte d'activité tirée de la sensation
et subordonnée à elle, etc. ?

« Qu'est-ce donc que cette classification, cette
réduction de toutes les facultés de l'esprit humain, au
nombre trois, sinon une sorte d'équation logique,
résultat final de transformations ou de substitutions de
signes ?

« Convenez qu'au langage près, votre doctrine
n'est pas différente de la mienne.

« Je n'ai pas nié que l'attention ou la sensation
même devenant exclusive de toute autre, se liât à une
action ou réaction de l'âme sur le cerveau, etc.,
comme vous l'entendez.

« Si je n'ai pas parlé des conditions physiologiques
ou de la force même qui agit ou réagit sur les impressions, c'est que je ne parle que de ce que je sais, ou
puis conjecturer raisonnablement en me mettant à la
place de la statue : or, il n'y a aucune sensation ni
représentation de la force, pas plus pour la statue
que pour nous-mêmes. Aussi cette idée a toujours
quelque chose d'obscur et de mystérieux au dernier
point (1).

« Lorsque vous voulez prouver par des passages,
extraits de mes divers ouvrages, que mon principe
exclusif, la sensation, peut se concilier avec l'activité
que j'ai attribuée à l'âme, même en l'exagérant, selon
vous, vous n'entendez pas autrement que moi cette

(1) Voyez le *Traité des animaux*, où Condillac condamne formellement l'emploi que font certains métaphysiciens du mot *force*, etc.

activité dont vous parlez comme d'un principe, et qui
n'est, au vrai, qu'une circonstance, une suite de l'impression reçue, ou un élément de la sensation totale.

« C'est là le véritable sens de divers articles que
vous citez en vue d'une justification aussi inutile pour
nos disciples que pour ceux d'une autre école qui ne
se feront pas illusion sur les mots. Ces derniers même
pourront trouver dans quelques-unes de vos citations
un argument contre la thèse apologétique que vous
soutenez en ma faveur. Ils auront de la peine à attribuer l'activité, telle qu'ils l'entendent, aux passions
elles-mêmes, au désir, au contraste vivement senti des
plaisirs et des peines, etc. Ils ne consentiront pas à
réduire la libre activité à un sentiment de préférence.
Enfin, ils ne verront que des métaphores dans les
expressions que vous prenez au propre pour en faire
ressortir une justification impossible... »

Nous ne pousserons pas plus loin cette espèce d'allocution, qu'on pourrait étendre encore sans rien ajouter
à l'évidence de la conclusion qui s'en déduit. C'est
qu'une activité nominale, attribuée à l'âme substance,
dans toute hypothèse qui en subordonne l'exercice à
des objets ou à l'excitation des organes, est précisément
la négation d'une véritable activité libre et réflexive.

L'activité attribuée à l'âme et subordonnée aux objets
ne peut être un principe (entendu d'après la définition
donnée par le professeur), et sous ce rapport il
n'ajoute rien à la doctrine du *Traité des Sensations*.

A la fin de son ouvrage, l'auteur s'attache à justifier la distribution ou même la séparation absolue
qu'il établit partout entre les principes et les causes.

Nous prétendons justifier de notre côté, par tout
ce qui précède, l'assimilation complète ou l'identité
de notions exprimée par ces deux termes, principe
et cause, dans le point de vue et le langage psychologique ; et l'identité nous semble ici ressortir des
arguments mêmes employés pour prouver la diversité.

Le sentiment, selon M. Laromiguière, comme la
sensation, selon Condillac, est le principe de toute connaissance. Mais prend-on le mot sentiment dans cette
acception générale où il s'applique indistinctement à
toutes les modifications de l'âme, même les plus
passives ? A ce titre, le sentiment généralisé ne peut
être qu'un principe abstrait ou logique. S'agit-il d'un
sentiment particulier, individuel, unique, et qui n'a
point de genre, tel que celui du moi, de l'existence
individuelle ?

En ce cas, comme nous avons vu que ce sentiment ne
diffère pas de celui d'une activité qui est cause, dire
que le sentiment pris ainsi, à titre individuel de moi,
est le principe de la connaissance, c'est dire que le
principe de la connaissance n'est autre que celui de
causalité.

L'auteur l'entend autrement, lorsqu'il répond

(page 419) à une objection qu'il se fait à lui-même.

« Il est vrai, dit-il , que les mots principe et raison « peuvent quelquefois se substituer au mot cause. Mais « qu'est-ce que cela prouve ? Que ces deux mots ont « chacun deux acceptions : celle qui leur est propre, « et celle de cause : or, c'est dans l'acception qui « leur est propre que je les ai employés. »

Pour juger de la propriété d'acception, faut-il seulement consulter votre dictionnaire ?

Ne puis-je pas à mon tour dire, dans une acception propre et très-réelle, que ma volonté est le principe ou la cause de mes déterminations et actes libres ; que Dieu est le principe ou la cause de l'univers ?

Après avoir beaucoup parlé des principes , l'auteur nie expressément d'avoir parlé de cause : « Je n'en ai pas plus montré (dit-il) l'idée que le mot. »

Quoi ! vous avez montré dans l'activité le principe commun de nos facultés, vous avez la liberté le principe de nos actes moraux, et vous n'avez pas parlé de cause ? Qu'est-ce donc que le sentiment d'une activité qui n'est pas en même temps celui d'une cause? Qu'est-ce que la liberté , hors du sentiment intime de la cause qui détermine et produit nos actes?

M. Laromiguière finit par cette apostrophe éloquente contre la doctrine de l'école d'Alexandrie, au sujet du principe de la cause.

« C'est pour n'avoir vu qu'un principe là où il « fallait voir une cause, que l'école d'Alexandrie « rejeta l'idée de la création, et qu'elle s'égara parmi « une multitude infinie d'émanations et de transfor- « mations ; l'âme du monde se transformait en génies, « en démons, en éons. Les émanations successives « descendaient, par une suite de dégradations, depuis « l'intelligence divine jusqu'à l'intelligence la plus « bornée ; elles communiquaient les unes avec les « autres ; elles s'illuminaient. Que dis-je ! elles s'illu- « minent, et cette folie d'illuminations dure encore.

« Ce n'est pas tout ; si dans la cause vous ne voyez « qu'un principe, soyez conséquent et dites : Non- « seulement les intelligences finies sont des émana- « tions de l'intelligence suprême dont elles se séparent, « à laquelle elles vont se réunir ; mais la matière « elle-même sort du sein de la Divinité. Dieu est « tout , tout est Dieu, il n'y a qu'une substance. »

Je dis à mon tour :

« C'est pour n'avoir vu qu'un principe abstrait là où il fallait voir une cause, que l'école de Condillac a méconnu avec le sentiment et l'idée de causalité, le principe de la science et de l'existence même, y compris celle du moi. C'est ainsi que partant de l'abs-

trait ou du néant de l'existence , elle vient encore aboutir au néant après une multitude de transforma- tions qui ne tendent qu'à substituer des signes aux réalités.

« La sensation remonte par la série de ces trans- formations depuis le dernier des animaux jusqu'à l'homme capable de connaître Dieu et lui-même, et qui pourtant n'est censé différer de l'animal que par le degré de développement des facultés sensitives de même nature. Toutes ces sensations externes ou internes communiquent et forment un système com- plet, dont la logique crée le lien : car les signes sont tout pour notre esprit , qui est lui-même tout entier dans l'artifice du langage.

« C'est ainsi que les sensations s'illuminent par la logique, qui, étant susceptible d'un perfectionne- ment indéfini , garantit à l'esprit humain une perfec- tibilité, ou une illumination sans fin.

« Ce n'est pas tout. Si dans la cause vous ne voyez qu'une abstraction comme une autre , dérivée de la sensation, soyez conséquent et dites : Non-seulement les idées et les notions intellectuelles émanent toutes de la sensation ; mais de plus, tout ce que nous appe- lons être, substance et cause, l'âme comme la matière, les esprits comme les corps , tout sort du sein de la sensation. La sensation est tout , tout est sensation ; elle est la substance , ou plutôt, il n'y a ni substance ni cause. »

P.-S. Après avoir traité des facultés de l'âme, dans le Ier volume , M. Laromiguière annonce dans un *post-scriptum* qu'il traitera, dans un second, 1° de la nature , des causes et de l'origine de nos diverses idées; 2° des idées qui ont pour objet des objets réels ; 3° des idées dont l'objet n'a point de réalité, ou dont la réalité est contestée , et parmi lesquelles il range les substances et les causes, etc.

Nous attendons avec une extrême impatience le nouveau *criterium* de la réalité ou non-réalité des objets de nos diverses idées; mais sans vouloir trop abonder dans notre sens, nous oserions affirmer, d'après tout ce qui précède , que ce *criterium* de réalité ne ressortira ni des principes, ni de la méthode d'analyse exposés jusqu'ici par l'estimable profes- seur.

Dans l'intérêt de la vraie psychologie dont cet article a eu surtout pour but de mieux préciser le sujet, nous souhaitons vivement que M. Laromiguière se hâte de nous donner un démenti en remplissant toute la tâche qu'il s'est prescrite. Nous lui devrons alors plus qu'une logique, et même plus qu'une idéo- logie.

NOTE.

La doctrine de M. Laromiguière n'est pas homogène ; il y a plusieurs passages de son livre qui se trouvent parfaitement d'accord avec le point de vue psychologique où je me suis placé moi-même pour le combattre.

En rapprochant divers passages psychologiques, épars dans les Leçons, on pourrait croire qu'il y a dans quelques-unes de ces critiques de l'injustice ou du malentendu ; mais je prie qu'en ayant égard à l'ensemble, à la direction générale et au point de vue principal de la doctrine, on ne m'oppose pas certains articles isolés que j'aurais pu moi-même citer à l'appui de ma théorie sur l'activité, etc.; tel est celui-ci :

« L'activité de l'âme, dit M. Laromiguière (page 137), « ne peut pas se définir : nous la connaissons, parce que « nous en sentons l'exercice ; et même c'est plutôt l'action « que l'activité que nous sentons. Mais ni l'action, ni « l'activité, c'est-à-dire, cette force que nous sentons au « dedans de nous-mêmes, et qui est la cause de tous les « changements qui ne dépendent pas des objets exté- « rieurs, ne pourront jamais se définir, et, pour les re- « connaître, il faudra toujours en appeler au sentiment. »

Voilà bien l'expression d'un fait psychologique ; mais pourquoi se trouve-t-il ainsi jeté en passant et comme perdu dans la doctrine établie sur une tout autre base que celle des faits de sens intime? Pourquoi le principe ne joue-t-il qu'un rôle accessoire, sans conséquence, sans liaison avec l'ensemble?

J'aimerais à multiplier les exemples de détail où je me trouve en contact avec M. Laromiguière ; mais il faut laisser à d'autres le soin de trouver les analogies. J'ai dû me borner, dans l'intérêt de la science, à marquer fortement les différences et l'opposition des points de vue.

APPENDICE.

PREMIER APPENDICE.

OPINION DE HUME,

SUR LA NATURE ET L'ORIGINE DE LA NOTION DE CAUSALITÉ.

« C'est en vain (dit Hume dans son septième *Essai sur
l'idée de pouvoir et de liaison nécessaire*), c'est en vain
que nous promenons nos regards sur les objets qui nous
environnent, pour en considérer les opérations; nous
n'en sommes pas plus en état de découvrir ce pouvoir,
cette liaison nécessaire, ou cette qualité qui unit l'effet
à la cause, et rend l'une de ces choses la suite infaillible
de l'autre ; nous voyons qu'elles se suivent, et c'est tout
ce que nous voyons. Une bille frappe une autre bille ;
celle-ci se meut, les sens extérieurs ne nous apprennent
rien de plus. D'un autre côté, cette succession d'objets
n'affecte l'âme d'aucuns sentiments, d'aucune impression interne... Donc, il n'y a pas de cas où la causalité (1) puisse nous instruire sur l'idée de pouvoir, ou
de liaison nécessaire...

« ... La scène de l'univers est assujettie à un changement perpétuel ; les objets se suivent dans une succession continuelle, mais le pouvoir, ou la force qui anime
la machine entière, se dérobe à nos regards, et les
qualités sensibles des corps n'ont rien qui puisse nous
les découvrir. Nous savons, par le fait, que la chaleur
est la compagne inséparable de la flamme; mais pou-
vons-nous conjecturer ou imaginer même ce qui les
lie? Il n'y a donc point de cas individuel d'un corps
agissant, dont la contemplation fasse naître l'idée de
pouvoir, parce qu'il n'y a point de corps qui montre un
pareil pouvoir, ni rien où l'on puisse trouver l'arché-
type de cette idée.

« Après avoir vu que les actions des objets extérieurs
qui frappent les sens, ne nous donnent point cette idée,
examinons maintenant si elle ne peut parvenir en réfléchissant sur les opérations de l'âme, et si elle peut être
copiée de quelque impression interne. On alléguera
que nous sentons, à chaque instant, un pouvoir au
dedans de nous, puisque nous nous sentons capables de
mouvoir les organes du corps, et de diriger les facultés
de l'esprit par un simple acte de la volonté. Il ne faut,

(1) Il fallait dire la succession ; car l'idée de pouvoir ou de liaison
nécessaire n'est autre que celle de la causalité même.

« dira-t-on, qu'une volonté pour remuer nos membres
« ou pour exciter une nouvelle idée dans l'imagination.
« Une conscience intime nous atteste cette influence de
« la volonté. De là, l'idée de ce pouvoir et de cette énergie
« dont nous savons avec certitude que nous sommes doués,
« aussi bien que tous les êtres intelligents. Nous les sup-
« posons encore dans les corps; et peut-être que leurs
« opérations mutuelles et leur influence réciproque suffi-
« sent pour en prouver la réalité. Quoi qu'il en soit, on
« doit convenir que l'idée de pouvoir dérive de la ré-
« flexion, puisqu'elle naît en nous du sentiment intime
« que nous avons des opérations de notre âme ou de
« l'empire que la volonté exerce, tant sur les organes du
« corps, que sur les facultés de l'esprit. »

Après avoir ainsi indiqué, assez précisément, la véritable source de l'idée de pouvoir et de liaison nécessaire,
Hume va jusqu'à renier cette source ou le fait même de
la conscience de l'activité, et rompt ainsi à dessein le seul
fil qui pût le conduire hors de ce labyrinthe de doutes où
il semble tourner avec tant de complaisance.

Je rapporterai ses principaux arguments avec d'autant
plus de soin et de détails que je les regarde comme propres à établir le principe combattu ou renié par notre
sceptique.

1er ARGUMENT.

L'influence des volitions sur les organes corporels est un fait
connu par l'expérience comme le sont toutes les opérations
de la nature.

Réponse. Je nie absolument la parité.

Un fait d'expérience *intérieure* immédiate n'est pas
connu comme un fait d'expérience *extérieure.* Une opération de la *volonté* ou du *moi*, ne ressemble en rien à ce
qu'on appelle une *opération de la nature.* La représentation d'un objet ou d'un phénomène peut bien comporter
un doute réfléchi sur la réalité de l'objet ou de la cause
extérieure du phénomène ; mais l'aperception interne de
l'acte ou du pouvoir dont le *moi* s'attribue actuellement
l'exercice, est à elle-même son objet ou son modèle. C'est
un sentiment originel qui sert de type à toute idée de
force extérieure, sans avoir lui-même aucun type primitif

au dehors. Le caractère d'un fait primitif ou d'une vérité immédiate, c'est que l'*être* ou *le paraître*, l'objet et l'idée sont identiques, ou se réduisent au même; que le *ratio essendi* et le *ratio cognoscendi* sont une seule et même chose, comme dit Bacon.

Une seconde différence qui tient à celle que nous venons de remarquer entre les faits d'expérience intérieure et ceux de l'expérience extérieure, c'est que, dans les premiers, le nombre des répétitions n'ajoute rien à la persuasion ou à la croyance d'une liaison réelle et infaillible de la cause à l'effet, en tant que cette relation est immédiatement aperçue entre deux faits, ou deux éléments d'un même rapport intérieurement aperçu, comme sont l'acte du vouloir et les mouvements de nos membres. Au contraire, dans l'association des images, la persuasion que tel phénomène succédera à tel autre qui l'a constamment accompagné, se proportionne toujours au nombre des répétitions; l'habitude fait toute la croyance et en mesure l'intensité.

IIᵉ ARGUMENT.

On n'eût jamais pu prévoir ce fait dans l'énergie de la cause, puisque cette énergie qui forme la liaison nécessaire des causes avec leurs effets ne s'est jamais manifestée.

Il est bien vrai que dans l'expérience extérieure le fait ne peut jamais être prévu dans l'énergie de la cause; précisément parce que nous ne voyons que le fait, et que nous ne sentons ou n'apercevons en aucune manière l'énergie de la cause. Il en est tout autrement dans une expérience intérieure, telle que celle de notre effort libre, ou de l'efficace de la volonté dans les mouvements qu'elle produit. Nous sentons l'effet en même temps que nous apercevons la cause, et le premier acte de conscience nous apprend aussitôt à prévoir le fait du mouvement dans l'énergie même de sa cause qui est *moi*. Ce cas de prévoyance est unique, et l'argument général semble fait pour mieux constater l'exception.

Qu'entend-on en disant qu'une énergie se manifeste? Veut-on parler d'une représentation objective? Assurément il n'y a rien de pareil dans le sentiment immédiat de notre énergie ou activité motrice; mais comment prouvera-t-on qu'il soit nécessaire que cette force interne se manifeste ainsi, pour que sa réalité nous soit attestée avec toute l'évidence du sentiment, et qu'elle ait pour nous la valeur d'un principe ou d'un fait primitif?

IIIᵉ ARGUMENT.

Nous sentons à chaque instant que le mouvement de notre corps obéit aux ordres de la volonté. Mais malgré toutes nos recherches les plus profondes, nous sommes condamnés à ignorer éternellement les moyens efficaces par lesquels cette opération si extraordinaire s'effectue, loin que nous en ayons le sentiment immédiat.

Quand on dit que nous sommes condamnés à ignorer les moyens par lesquels notre volonté communique le mouvement à notre corps, on entend toujours que nous ne pouvons nous faire une image ou une représentation extérieure de ces moyens, à partir de la première impulsion de la force motrice efficace, jusqu'au mouvement transmis par

les nerfs au muscle contracté. Mais comment prétendrait-on que le sentiment immédiat du pouvoir ou le *nisus* qui fait commencer les mouvements volontaires dépend de la connaissance objective ou représentative des moyens ou des instruments mêmes de la volonté, comme du jeu des nerfs, des muscles, etc.?

Que fait la représentation des instruments ou de la manière dont une opération s'exécute, au fait de sens intime ou à la conscience de l'opération elle-même?

Ne sont-ce pas deux choses tout à fait hétérogènes? Assurément une sensation ou une aperception interne ne peut donner aucune lumière sur les moyens extérieurs qui sont censés concourir à la produire; mais la représentation de ces moyens pourrait-elle mieux à son tour éclaircir des faits qui sont uniquement du ressort de l'aperception interne? Assurément nous ne percevons d'aucune manière ni les rayons lumineux en eux-mêmes, ni leur réflexion au dehors, ni leur réfraction dans l'intérieur de l'œil. Nous n'avons pas même le sentiment immédiat de quelque impression faite sur la rétine, mais uniquement l'intuition objective, résultante de toute cette série des mouvements. Les opticiens seuls connaissent ou croient connaître les moyens efficaces par lesquels la vision s'effectue. Les autres hommes les ignorent complètement. Mais cette ignorance des moyens change-t-elle quelque chose à la vision même?

IVᵉ ARGUMENT.

Y a-t-il dans toute la nature un principe plus mystérieux que celui de l'union de l'âme et du corps? Une substance spirituelle influe sur un être matériel. La pensée la plus fine anime et meut le corps le plus grossier. Si nous avions une autorité assez étendue sur la matière, pour pouvoir, au gré de nos désirs, transporter des montagnes ou changer le cours des planètes, cette autorité n'aurait rien de plus extraordinaire ni de plus incompréhensible.

Réponse. Faisons sur cet argument une remarque qui peut couper court à bien des discussions, ou questions insolubles.

En prenant le *moi* pour la cause, et la sensation musculaire pour l'effet, il n'y a pas lieu à demander quel est le fondement de la relation intime qui unit ces deux termes dans le sentiment de l'effort voulu, puisque c'est le fait psychologique de notre existence au delà duquel il est impossible de remonter, sans sortir de nous-mêmes ou changer de point de vue : mais on doit trouver un mystère vraiment inexplicable, lorsque venant à considérer l'âme comme chose ou objet, et le corps comme un autre objet, on cherche à imaginer comment une substance simple et active peut agir ou déployer son pouvoir moteur sur une substance passive et composée.

Pour expliquer en effet le comment de cette action réciproque ou le *nexus* des deux substances, il faudrait d'abord pouvoir se faire la représentation d'une force en elle-même étrangère au *moi*; c'est-à-dire, concevoir sous une image et dans le point de vue objectif ce qui ne peut être donné que subjectivement et sous l'aperception intime que le sujet pensant a de lui-même comme agissant et créant l'effort.

Si nous n'éprouvions pas de résistance absolue et invincible, ou si les corps étrangers étaient mus comme nos membres par la seule force efficace de notre volonté, l'autorité ou l'empire que le moi exercerait sur la nature, serait un fait d'expérience externe et interne en même temps, et non point un miracle.

Le miracle ou la chose incompréhensible serait qu'un mouvement ou un changement quelconque commençât en nous ou hors de nous sans une cause ou une énergie efficace, et par une simple harmonie préétablie entre nos simples désirs ou nos vœux, et les mouvements opérés comme dans l'hypothèse de la girouette de Bayle.

Supposez que je désire d'entendre une telle suite de sons mélodieux, et qu'au moment même les sons viennent frapper mon oreille, est-ce que je pourrais me les attribuer comme des effets dont ma volonté serait une cause efficiente, et comme si je les produisais en chantant moi-même ou en modifiant mon ouïe par les mouvements volontaires de l'organe vocal sur lequel j'agis immédiatement et avec la conscience d'un pouvoir moteur?

Qui peut nier la différence essentielle qui existe entre ces deux cas? Et comment ne pas voir que cette différence consiste précisément en ce qu'il y a effort voulu et conscience de causalité, dans le dernier cas seulement, et rien de pareil dans le premier? Ici, il ne s'agit pas d'expliquer, mais de constater la différence : un fait de sens intime, tel que le pouvoir efficace dans les mouvements du corps, ne s'explique pas ; car il est le primitif dans l'ordre de la connaissance, et sert lui-même d'explication à tous les faits de notre nature intellectuelle et morale, comme à toutes les notions dont il est le principe.

V. ARGUMENT.

Si un sentiment intime nous faisait apercevoir quelque pouvoir dans la volonté; il faudrait que nous connussions et ce pouvoir et sa liaison avec le corps, et la nature des deux substances en vertu desquelles l'une fait mouvoir l'autre.

Réponse. Cet argument hypothétique ne tend à rien moins qu'à renverser toutes les bases légitimes du raisonnement, puisqu'il subordonne la certitude d'un fait intérieur à la réalité d'une connaissance extérieure dont ce fait serait la conséquence, tandis qu'il ne peut qu'en être le principe.

En rétablissant l'ordre naturel du raisonnement, je dis, au contraire : Si le sentiment intime qui nous fait apercevoir un pouvoir d'agir dans l'exercice de notre volonté dépendait de la connaissance absolue de l'âme ou de sa liaison avec le corps, et enfin de la manière dont les deux substances agissent l'une sur l'autre, nous ne pourrions pas avoir le sentiment intime du pouvoir, sans avoir la connaissance objective des substances séparées et des moyens de leur action réciproque. Or, nous avons l'aperception interne de notre pouvoir d'agir indivisible de celui de notre existence même.

Nous avons dans l'effort le sentiment d'une liaison intime immédiate, entre la cause ou la force moi qui effectue le mouvement et l'effet produit ou la sensation musculaire, et nous n'avons aucune connaissance représentative de l'âme en soi ni de sa liaison avec le corps : donc le sentiment intime du pouvoir est indépendant de toute connaissance objective des substances spirituelle et corporelle et de leur liaison réciproque.

Ainsi, en distinguant deux points de vue ou deux sortes d'éléments que le sceptique confond perpétuellement à

dessein de répandre sur l'un l'obscurité qui couvre l'autre, nous renversons du même coup tout l'échafaudage de ses arguments.

VI. ARGUMENT.

Nous savons, par l'anatomie, que dans les mouvements volontaires, les objets sur lesquels le pouvoir se déploie immédiatement, ne sont pas les membres eux-mêmes, mais des nerfs, des esprits animaux, ou peut-être quelque chose de plus subtil, de plus inconnu encore, à l'aide de quoi le mouvement est répandu jusqu'à cette partie du corps que nous nous proposons immédiatement de mouvoir. Se peut-il une preuve plus certaine que la puissance qui préside à la totalité de cette opération, loin d'être pleinement et directement connue par une conscience intime, est mystérieuse et inintelligible au dernier degré?

Qu'importe la manière dont l'action de l'âme s'applique, soit aux différentes parties du corps qu'elle met en jeu, soit directement à un seul centre organique, soit enfin à certains fluides ou esprits animaux, dont on a supposé l'existence, sans avoir jamais pu la constater par l'expérience? Nous conviendrons sans peine que ce genre de question est insoluble ; mais ce qui ne l'est pas, ce qui ne fait pas même une question, et pourtant ce dont il s'agit avant tout, c'est de savoir si dans tout acte ou mouvement volontaire, nous avons le sentiment du pouvoir, de l'énergie, de la force qui commence le mouvement, le suspend ou l'arrête ; ou si nous n'avons pas un tel sentiment.

Dans le cas de la négative, je demande comment nous pourrions avoir l'idée d'un *nisus* et d'une force quelconque, en distinguant en nous un acte volontaire que nous créons, d'un mouvement involontaire qui se fait sans notre participation et malgré nous.

Mais dans le premier cas, qu'il est impossible de renier, la réalité d'un pouvoir moteur étant constatée de la seule manière dont elle puisse l'être, c'est-à-dire, par la conscience ou le sentiment intime d'un effort libre, il est bien évident que nous n'aurons pas besoin de connaître la manière dont l'âme agit, ni de savoir si son action s'exerce immédiatement ou par une série plus ou moins longue d'effets intermédiaires, pour nous assurer d'abord de la réalité de cette force motrice qui est le *nous-mêmes*, et être autorisés à y rapporter ensuite toutes les notions de force qui en sont dérivées.

Nous pouvons donc établir avec confiance la thèse opposée à celle de Hume, et tandis qu'il prétend que l'ignorance invincible où nous sommes de l'action de l'âme sur le corps comme des moyens ou des circonstances de cette action, est une preuve certaine que le pouvoir moteur, loin d'être conçu par conscience, est au contraire mystérieux et inintelligible au dernier point; nous dirons, au contraire : C'est justement parce que ce pouvoir s'aperçoit immédiatement et n'est connu que par la conscience intime, qu'il ne peut être conçu comme chose en soi ni représenté à l'imagination dans les moyens ou les instruments de son exercice.

C'est précisément parce qu'il est d'une évidence immédiate parfaite dans le point de vue subjectif, qu'il est mystérieux et inintelligible au dernier degré dans le point de vue objectif.

VII° ARGUMENT.

L'expérience nous apprend donc que la volonté exerce une influence; mais tous les renseignements de l'expérience se réduisent à nous montrer des événements qui se succèdent constamment les uns aux autres : pour ce qui est du lien secret qui les rend inséparables, c'est de quoi elle ne nous instruit pas.

Voilà donc la conclusion générale d'une hypothèse qui ne saurait être justifiée, puisqu'elle est contraire au fait de sens intime; savoir : qu'entre l'acte de volition et le mouvement du corps, il n'y a qu'un simple rapport de succession phénoménique comme entre des événements quelconques qui se suivent constamment sans qu'il y ait ou, ce qui revient au même, sans que nous puissions reconnaître, ni par le sentiment, ni à *priori*, quelque liaison réelle, nécessaire, quelque pouvoir, énergie ou force efficace, en vertu de quoi l'un produise l'autre.

Hume a supérieurement montré que sans le sentiment intime du pouvoir que nous exerçons dans l'effort, la notion de causalité ou celle d'une liaison nécessaire, entre les faits de la nature qui se succèdent habituellement, n'aurait aucun fondement réel et légitime, hors de nous, ni en nous : d'où il suit que si nous avons un tel sentiment de pouvoir, toute idée de force ou de liaison nécessaire peut ou doit trouver son origine dans ce fait de sens intime. Voilà donc la question ramenée au fait de conscience; on ne peut aller plus loin, et si l'on renie ce fait, toute argumentation est finie.

Ici donc le sceptique, réduit à l'absurde, confirme lui-même la réalité du principe qu'il conteste.

Nous déduisons de tout ce qui précède deux conclusions opposées à celle que notre philosophe tire de toute cette argumentation sceptique.

1° La notion de pouvoir ou de liaison nécessaire dérive uniquement de la conscience interne de notre pouvoir d'agir ou du sentiment de notre propre causalité aperçue dans les mouvements volontaires, et par suite dans tous nos actes libres.

2° Le pouvoir et l'énergie, causes d'où procèdent ces mouvements, est un fait que nous connaissons immédiatement, *certissimâ scientiâ et clamante conscientiâ;* fait intérieur *sui generis,* très-distinct de tous les événements naturels que l'expérience commune peut représenter aux sens ou à l'imagination comme liés les uns aux autres dans un certain ordre habituel de succession; et comme ce rapport de succession diffère *toto genere* de celui de causalité, il répugne de dire ou de penser que l'habitude ou l'expérience répétée puisse créer le principe, ou transformer les effets en causes, le contingent en nécessaire.

DEUXIÈME APPENDICE.

━━━◆━━━

D'APRÈS M. ENGEL (1).

Un passage de l'essai que nous venons de discuter, auquel Hume ne paraît pas avoir attaché une haute importance, puisqu'il l'a relégué dans une note, a fourni à M. Engel, membre de l'Académie de Berlin, le sujet d'un Mémoire très-remarquable sur l'origine de l'idée de force.

Le principe ou le fait psychologique qui sert de base à la théorie de ce métaphysicien, a tant d'analogie avec celui qui m'est propre, que je mets un grand intérêt à faire remarquer l'analogie et les différences de nos deux points de vue.

Voici d'abord la note de Hume :

« On pourrait prétendre que la résistance que les corps « nous opposent, fait naître l'idée de force ou de pou- « voir. L'impression originale, dont cette idée est la « copie, ne serait-elle pas ce *nisus*, cette forte tendance « que nous éprouvons, lorsque nous sommes contraints « de réunir nos efforts pour surmonter un obstacle? Mais « premièrement, nous attribuons un pouvoir à un grand « nombre d'objets sur lesquels il ne saurait supposer « ni résistance ni efforts. Tels sont l'Être suprême, à qui « rien ne résiste, l'esprit humain pensant et mouvant, par « rapport à l'empire qu'il exerce sur les idées et sur les « membres, les effets suivant immédiatement les volitions, « sans qu'il soit besoin de recourir à des forces; enfin, la « matière inanimée qui n'est point susceptible d'un pareil « sentiment. En second lieu, ce sentiment, d'une tendance « à surmonter l'obstacle qui résiste, n'a aucune liaison « connue avec quelque événement que ce soit : nous « savons, par expérience, ce qui résulte de ce sentiment; « mais il est impossible de le savoir *à priori*. »

M. Engel observe, avec beaucoup de raison, que si Locke, Hume et tous les métaphysiciens ont laissé l'idée de la force tout aussi confuse et ténébreuse qu'ils l'ont trouvée, c'est qu'en se livrant à des considérations générales, et plus ou moins vagues, sur cette notion, ils ont négligé de chercher l'origine qu'elle pouvait avoir dans un sens propre et spécial, comme les couleurs dans la vue, l'étendue dans le toucher, etc.

« Si l'on avait, dit le philosophe de Berlin, regardé les

(1) Voyez les Mémoires de l'Académie de Berlin, année 1802.

« muscles comme des organes par lesquels nous parve- « nons à avoir des idées de qualité, il y a toute apparence « que dans l'énumération des sens, Locke et Hume au- « raient dirigé particulièrement leur attention sur le sens « musculaire de la tendance, et qu'ils auraient trouvé en « lui l'origine de l'idée de la force, avec son caractère « propre et distinctif.

« On ne peut pas plus voir ou imaginer la force, qu'on « ne peut voir ou se représenter, sans une image, le son, « l'odeur, la saveur, etc. La force veut être sentie à l'ordre « de son sens propre, qu'aucun autre ne peut remplacer : « car des sens différents ne peuvent être expliqués ni « conçus l'un par l'autre, précisément parce que ce sont « des sens différents; et par cette même raison, un sens « ne doit pas vouloir juger ou contrôler un autre sens, et « parce qu'il ne le conçoit pas par ses propres perceptions, « il ne faut pas qu'il lui conteste les siennes, etc.

« Les couleurs et les sons restent ce qu'ils sont pour les « hommes doués de la vue et de l'ouïe, quand même les « aveugles et les sourds de naissance n'en savent ou n'en « conçoivent rien. Ainsi, l'action de notre sens muscu- « laire sur les corps étrangers, et la réaction de ceux-ci « sur les sens, restent ce qu'elles sont, quoiqu'on ne s'en « forme aucune idée, en y appliquant le sens de la vue « et du toucher, etc. »

Cette partie du Mémoire de M. Engel rentre tout à fait dans le point de vue où nous avons pris nos réponses aux précédents arguments de Hume.

Mais voici les différences qui nous séparent.

M. Engel limite le sens musculaire, qu'il appelle aussi sens de la tendance, à l'effort que nous faisons pour sur- monter des obstacles étrangers, par exemple, au sentiment particulier que nous éprouvons en rompant un bâton; « La force de cohésion, dit-il, étant surmontée peu à peu, « à mesure que l'effort augmente, jusqu'à la fraction « où notre force prend le dessus, et obtient tout son « effet, etc.

« Ainsi la véritable essence de la force consiste, suivant « ce philosophe, dans la possibilité de saisir et de déter- « miner une résistance étrangère, ou, comme il dit, de « se compliquer, de se mettre en conflit d'action avec une « autre force qui résiste.

« Cette liaison intérieure, étroite, qui a lieu entre l'effort « de nos muscles et l'action de rompre un bâton, ou « d'avancer contre un obstacle, s'étend de là sur un

« nombre infini de phénomènes auxquels nous appliquons
« l'idée de virtualité, ou la relation de la cause à l'effet,
« quoique tout ce que nous apercevons ou nous repré-
« sentons dans ce cas, se réduise à une simple succession
« d'effets... C'est surtout de cette manière que nous envi-
« sageons les mouvements arbitraires de nos membres,
« de nos bras en les étendant, et nos jambes en marchant,
« sans avoir la moindre conscience, la plus faible intuition
« d'une supériorité de la volonté sur la force corpo-
« relle, etc. »

Ici je crois entendre le sceptique Hume s'applaudir
d'avoir trouvé un argument de plus contre le fait psychologique, qu'il a dû considérer comme l'arme la plus
dangereuse au scepticisme, puisqu'il a usé de tant d'artifices et de détours pour le combattre.

« Vous accordez, eût-il dit à M. Engel, que, dans les
simples mouvements, ou contractions musculaires que la
volonté détermine, l'un de ces mouvements quelconques
n'est lié à l'acte de volition qui le précède ou l'accompagne que par le rapport même de succession ou de simultanéité ; qu'il en est de ce cas particulier comme de tous
les autres événements ou phénomènes extérieurs, que
l'habitude ou l'expérience répétée nous a appris à voir
ou à attendre ainsi l'un à la suite de l'autre ; vous recon-
naissez que dans l'exercice d'un prétendu pouvoir moteur,
il n'y a pas la moindre conscience d'effort, ou d'une
supériorité de la volonté sur la force corporelle ; sur tout
cela je tombe d'accord avec vous, et vous entrez parfaitement dans mon sens. Mais comment, en partant de là,
pouvez-vous établir ensuite qu'il y a une liaison autre que
le rapport de succession entre le mouvement ou l'effort
que vous attribuez à vos muscles et la fracture du bâton ?
Ne sont-ce pas là aussi des événements, des faits d'expérience que vous êtes accoutumé à voir liés entre eux dans
l'ordre du temps, et cette virtualité, ce *en vertu l'un de
l'autre* peut-il avoir quelque fondement ailleurs que dans
l'habitude de voir les phénomènes se suivre ou s'accompagner toujours dans le même ordre?

« Vous en appelez à la conscience, au sens intime de
celui qui sent, en rompant un bâton, que la force de
cohésion est surmontée à mesure que l'effort augmente.
Mais d'autres en appelleront, avec bien plus d'apparence
de raison, à la conscience intime de tout homme qui commence à mouvoir un de ses membres, ou qui déploie
certain degré d'effort pour le soulever, le maintenir dans
un état de contraction fixe, etc.

« Si, dans le dernier cas, vous récusez avec moi l'expérience intérieure comme insuffisante ou incompétente
pour établir l'origine et la réalité de force, comment donnez-vous plus de poids à une expérience extérieure telle que celle de la fracture du bâton?

« En effet, nous ne pouvons sentir ou apercevoir immédiatement que ce qui est en nous, ou ce qui se passe dans
notre corps. Vous voyez le bâton se rompre, ou l'obstacle
avancer quand vous déployez un certain effort. Mais vous

ne sentez pas la fracture du bâton ; c'est un événement
qui arrive à la suite, et non en vertu d'un autre.

« Si vous ne savez pas ce qui se passe dans vos muscles
quand la volonté détermine, ou paraît déterminer la locomotion, comment sauriez-vous mieux ce qui se passe au
dehors, et ce qui se fait en vous par la résistance de
l'obstacle? N'ignorez-vous pas aussi complétement la
manière dont vos muscles s'appliquent à l'obstacle, que
celle dont la volonté s'applique à l'organe musculaire? Et
lorsque vous ne pouvez concevoir, c'est-à-dire vous représenter le *nisus*, la virtualité efficace dans l'acte de volonté,
suivi du mouvement corporel, comment les voyez-vous dans
un fait secondaire, tel que l'effort appliqué à une résistance extérieure, qui n'est en résultat qu'une idée, une
sensation comme une autre?

« En effet, vous placez d'abord le sens musculaire sur
la ligne de ceux qui nous donnent des idées de qualités,
ou propriétés extérieures. Puis vous supposez que ce sens
a son objet spécial ; comme la vue, l'ouïe, le goût, l'odorat, etc., ont chacun leur objet approprié, et ce sens
saisit immédiatement ce que vous appelez la force de
résistance, dépendante de la cohésion des parties ; il se
trouve en rapport avec cette qualité particulière, et n'est
mis en jeu ou remué que par elle ; donc, l'objet résistant
sera la cause, et l'espèce d'impression que nous éprouvons
en rompant le bâton, ou faisant avancer l'obstacle, sera
l'effet, etc. Mais c'est là précisément que gît toute la difficulté du premier problème de la philosophie, en tant
qu'il repose sur l'origine de la notion
d'une cause, et la légitimité de son application hors de
nous.

« Comment savons-nous qu'il y a hors de nous ou de
notre âme des causes ou des forces dont nos sensations
sont les effets? En quoi ce que nous appelons qualités
dans les objets peut-il différer de nos propres sensations,
et si les philosophes prouvent qu'il y ait identité pour les
couleurs, les odeurs, les saveurs, les sons, les sensations
tactiles, etc., comment prouverez-vous que les impressions du sens musculaire fassent seules exception à la
règle? Comment prouverez-vous que la résistance attribuée à l'objet, est quelque chose de plus qu'une sensation? Que devient alors la réalité de votre idée de force?
Quand vous aurez découvert, par l'analyse, un sens nouveau, ou une sensation musculaire qui était confondue
avec d'autres, quelle lumière nouvelle aurez-vous jetée
sur cette notion de force ou sur le principe même de
causalité, sur le caractère réel universel et nécessaire qui
lui appartient? »

Je ne me charge pas de répondre pour M. Engel à des
arguments qui me paraissent insolubles dans son point de
vue ; et je me persuade que quand ce profond métaphysicien y aura mieux pensé, il sentira le besoin de compléter son analyse, en remontant plus haut que la sensation spéciale à laquelle il a cru pouvoir rattacher
l'origine de l'idée de force.

EXPOSITION

DE

LA DOCTRINE PHILOSOPHIQUE

DE LEIBNITZ.

(COMPOSÉ POUR LA BIOGRAPHIE UNIVERSELLE.)

EXPOSITION

DE

LA DOCTRINE PHILOSOPHIQUE

DE LEIBNITZ.

La multitude dans l'unité, ou l'unité variée, signe expressif de tout chef-d'œuvre de la nature et de l'art, caractérise très-bien les produits du génie de Leibnitz. Variété extrême dans le nombre et l'espèce dés idées dont il a enrichi le monde intellectuel, des vérités qu'il a découvertes ou démontrées, des éléments de tout ordre qu'il a combinés, unité absolue de principe, de méthode, de plan et de but dans ce grand et beau système qui lie et met en accord les deux mondes (spirituel et matériel) en les ramenant à l'unité d'une monarchie constituée sous le gouvernement du plus grand et du meilleur des souverains (1) : tels sont bien, en effet, les caractères de cette doctrine si éminemment systématique. Si l'on considère la forme sous laquelle les divers produits de ce génie si fécond se présentent comme par morceaux détachés, ou fragments disséminés dans de vastes collections, l'esprit est d'abord frappé de leur prodigieuse variété. C'est aussi sous ce point de vue qu'ils s'offrent ordinairement aux biographes et même souvent aux historiens de la philosophie. Mais de cette manière on peut manquer absolument l'effet total et harmonique de cette grande et belle scénographie, ou n'en saisir que des côtés partiels, des traits sans suite ou sans liaison. Les œuvres philosophiques de Leibnitz forment un corps de doctrine dont les parties, quels qu'en soient le nombre et la diversité, n'en sont pas moins liées entre elles et aux mêmes principes, n'en participent

(1) *OEuvres*, II, 39.
(2) Voyez l'*Histoire comparée des systèmes de philosophie*, par M. de Gérando, tom. II, pag. 89.

pas moins au même esprit de vie. Cet esprit, répandu dans chacune de ses nombreuses productions, anime en effet également les œuvres du jurisconsulte, de l'historien, du théologien, du physicien, du mathématicien surtout, où il brille d'un éclat particulier. Mais ce n'est aucune de ces œuvres partielles qui peut nous en manifester le principe, la source, ou le propre foyer. La philosophie première, la science des principes, comme l'appelle Leibnitz lui-même, cette philosophie vraiment première dans l'ordre de ses méditations, fut le commencement, la fin et le but de toute sa vie intellectuelle. Loin que la science de l'entendement humain ait été, comme l'a dit un historien (2), une des dernières que Leibnitz vînt à explorer ou à approfondir; on pourrait démontrer *à priori* que dans le point de vue où se plaça d'abord ce grand métaphysicien, la science de l'entendement, identique pour lui à celle des principes, ne pouvait en avoir avant elle aucune autre dont elle dépendît dans l'ordre du temps comme dans l'ordre de dérivation. Mais nous avons une preuve plus directe à opposer à l'assertion de l'historien, et c'est Leibnitz lui-même qui nous la fournit dans un morceau précieux qui, renfermant, comme en état de germe, tout son système métaphysique, doit jeter le plus grand jour, tant sur la vraie biographie intellectuelle de ce philosophe, que sur les principes, le caractère et l'unité systématique de sa doctrine.

Dans l'écrit intitulé : *Historia et commendatio linguæ characteristicæ universalis* (OEuvres posthumes, par Raspe, page 535), Leibnitz nous apprend qu'à

peine âgé de seize ans , il fut conduit par ses méditations jusqu'à la sublime idée d'un alphabet des pensées
humaines , qui devait comprendre les éléments ou les
caractères des plus simples de toutes nos idées, et
servir à en exprimer les diverses combinaisons ; de
manière qu'en allant du simple au composé , ou revenant du composé au simple , il fût facile et possible
de trouver comme de démontrer toutes sortes de
vérités. L'auteur nous peint la joie enfantine (comme
il l'appelle) que lui fit éprouver cette belle spéculation
dont il convient qu'il était loin alors de saisir toutes
les difficultés pratiques : néanmoins ses progrès ultérieurs dans les sciences dérivées ne firent que lui
confirmer la possibilité d'une si haute entreprise philosophique ; et sans les événements et les travaux divers
qui remplirent sa vie , nous aurions peut-être, sinon
une langue universelle, du moins un admirable instrument ou un levier logique de plus. Ce premier pas
dans la carrière intellectuelle décida, ou plutôt déclara
la vocation du métaphysicien. Déjà il a commencé
comme Aristote , et deviné ou refait sa *Logique;*
bientôt , s'élevant plus haut, il va rencontrer Platon
et marcher avec lui. Les premières méditations sur
la langue universelle amenèrent , quatre ans après
(en 1666), la *Dissertation sur l'art combinatoire*, qui
n'était qu'une application particulière (la plus simple
et la plus facile , il est vrai) du principe fondamental
de la *caractéristique* aux idées de quantité ou de nombre,
d'étendue ou de situation , et aussi à diverses classifications ou combinaisons d'idées de cet ordre. Une
invention aussi nouvelle dans le monde savant , était
pour l'auteur un résultat si naturel de la marche et des
procédés de tout esprit méthodique capable de remonter aux principes et de suivre les conséquences
jusqu'au bout, qu'il témoigne son étonnement de ce
qu'elle a pu échapper à des esprits de la trempe d'Aristote et de Descartes, dans leur marche spéculative la
plus avancée, tandis qu'elle s'était offerte à lui dès
l'entrée de la carrière , avant même qu'il fût initié
dans les connaissances mathématiques, physiques ou
morales : par la seule raison , dit-il , que je cherchais
toujours et en tout les premiers principes ; disposition
naturelle qui caractérise bien en effet le métaphysicien,
né pour créer la philosophie première, quand il n'en
aurait existé aucune trace avant lui. Si les deux métaphysiciens auxquels il rend hommage en cet endroit ,
lui ont laissé tout l'honneur de l'invention d'une
caractéristique universelle, il en trouve la raison dans
la répugnance naturelle qu'ont les esprits éminents à
s'arrêter sur ces premiers principes , qui n'offrent par
eux-mêmes aucun attrait , aucune perspective propre
à animer ou à soutenir les efforts de l'intelligence ;

aussi , dit-il , après avoir pris un léger goût des principes , s'empressent-ils de les rejeter en les laissant
loin derrière eux pour n'y plus revenir (1). Peut-être
trouverons-nous dans ces paroles mêmes les causes
secrètes des propres aberrations de l'illustre auteur du
système des monades et de l'harmonie préétablie.

L'histoire de la vie intellectuelle de Leibnitz nous
le montre sans cesse entraîné par son activité inépuisable , ou par des circonstances mémorables de sa vie
civile , à une foule de travaux, d'entreprises littéraires
et scientifiques des genres les plus divers , mais revenant toujours à la science des principes , objet de ses
premières méditations :

« Quoique je sois, disait-il , un de ceux qui ont le
« plus cultivé les mathématiques , je n'ai pas cessé
« de méditer sur la philosophie, depuis ma jeunesse ;
« car il m'a toujours paru qu'il y avait moyen d'y éta-
« blir quelque chose de solide par des démonstrations
« claires (2) ; mais nous avons bien plus grand besoin
« de lumières et de certitude dans la métaphysique
« que dans les mathématiques, parce que celles-ci
« portent avec elles ou dans leurs signes mêmes des
« preuves claires , infaillibles de leur certitude : il ne
« s'agirait donc que de trouver certains termes ou
« formes d'énoncés des propositions métaphysiques ,
« qui servissent comme de fil dans ce labyrinthe ,
« pour résoudre les questions les plus compliquées ,
« par une méthode pareille à celle d'Euclide , en con-
« servant toujours cette clarté ou distinction d'idées
« que ne comportent point les signes vagues et indé-
« terminés de nos langues vulgaires. »

On reconnaît bien là toute l'influence des premières
méditations de Leibnitz sur la langue universelle. On
peut voir aussi déjà d'où viendra le caractère si
dogmatique et si absolu de sa doctrine. Placé de prime
abord dans le point de vue purement ontologique,
Leibnitz y ramènera toutes les conceptions et jusqu'aux faits mêmes de la nature externe ou interne.
La vérité, la réalité absolue, ne seront pour lui que
dans les abstraits et nullement dans les concrets de
ces représentations sensibles, claires, mais toujours
confuses ou indistinctes. Dans ce point de vue , la
science mathématique ne pourra différer de la métaphysique ou de la science des réalités , que par
l'expression ou les formes des propositions ; il ne s'a-
gira partout que de trouver des signes propres à noter
d'abord en eux-mêmes, et ensuite dans leurs combinaisons ou complexions , les derniers produits de
l'analyse, les derniers abstraits, qui sont en même
temps, et les dernières raisons de tout ce que nous
entendons , et les premiers éléments , les seuls vrais
éléments de toutes nos idées. Tels sont les principes

(1) OEuvres publ. par Raspe, p. 537.   (2) OEuvres, t. II, p. 19 et 49.

de l'*Art combinatoire; tel est aussi le fondement de toutes les espérances qui se rattachaient, dans la pensée, de l'auteur à cet art perfectionné et appliqué au système entier de nos idées. En effet, dès que la raison métaphysique de l'existence se trouve identifiée avec la raison mathématique ou logique de démonstration, le syllogisme acquiert une valeur, une importance première, et jouit d'un entier privilège d'infaillibilité en vertu de la forme seule (*vi formæ*). Le caractère de réalité absolue passera nécessairement du principe le plus abstrait à sa dernière conséquence, pourvu que celle-ci soit légitime ou régulièrement déduite. C'est ainsi que toutes ces lois de logique pure que l'entendement trouve en lui, et qu'il n'a pas faites, viendront s'identifier avec les lois de la nature ou les rapports des êtres mêmes, tels qu'ils sont actuellement, à titre de possibles dans l'entendement divin, région des essences, type et source unique de toute réalité. Le possible est donc avant l'actuel, comme l'abstrait avant le concret, la notion universelle avant la représentation singulière. Certainement les métaphysiciens géomètres doivent tous être plus ou moins enclins à mettre la raison humaine en calcul ou à prendre souvent les formes pour le fond des choses. Mais la foi logique de Leibnitz remonte plus haut que les signes; elle tire son caractère tout absolu de la nature même des principes, tels qu'il les entend, dans un sens rapproché de celui des idées modèles ou archétypes de Platon, ainsi que nous le verrons ailleurs. Cette foi de l'auteur du système des monades dans la réalité des concepts les plus abstraits, ne peut se comparer qu'à celle de Spinosa, esprit aussi éminemment et encore plus exclusivement logique, pour qui rien ne pouvait contre-balancer ni distraire la toute-puissance des déductions. Aux yeux de Leibnitz, en effet, comme à ceux de Spinosa, l'ordre et la liaison régulière, établis entre les notions ou les termes, correspondent parfaitement, ou même sont identiques à l'ordre, à la liaison réelle des choses de la nature, des êtres tels qu'ils sont. C'est sur la même supposition que se fondent et la monadologie et le panthéisme. C'est la même vertu logique qui motive la confiance de leurs auteurs. A quoi a-t-il donc tenu que Leibnitz ne se soit pas laissé aller à cette pente dangereuse qui, depuis l'origine de la philosophie, entraîne les spéculateurs les plus profonds et les plus hardis vers ce concept vide de grand tout, néant divinisé, gouffre dévorateur où vient s'absorber toute existence individuelle? Nous sommes pressé de le dire : l'auteur du système des monades ne fut préservé de cette funeste aberration, que par la nature ou le caractère propre du principe sur lequel il basa son système ; principe vraiment un et individuel, à titre de fait primitif de l'existence du moi, avant d'avoir acquis la valeur d'une notion universelle et absolue. Un système qui multipliait et divisait les forces vivantes à l'égal des éléments intelligibles ou atomes de la nature, devait, ce semble, prévenir ou dissiper pour toujours ces tristes et funestes illusions du spinosisme, trop favorisées par le principe de Descartes : seul peut-être, il était propre à fixer pour notre esprit les deux pôles de toute science humaine, la personne moi, d'où tout part, la personne *Dieu*, où tout aboutit; pôles constants que l'esprit de l'homme ne peut perdre de vue sans s'égarer, sans s'anéantir lui-même.

Pour apprécier ce point de vue, il est nécessaire d'examiner rapidement quels étaient les principes et la tendance de la philosophie de Descartes, que Leibnitz sentit le besoin de réformer.

Le principe de Descartes, énoncé par l'enthymème : Je pense, donc je suis, un et identique dans la forme, exprime au fond une vraie dualité. Il comprend, en effet, deux termes ou éléments de nature hétérogène : l'un psychologique, le moi actuel de conscience; l'autre ontologique, le moi absolu, l'âme substance ou chose pensante. Mais si, au lieu de l'identité logique supposée entre les deux termes, la réflexion découvre une différence aussi essentielle que celle qui sépare le sujet de l'objet ou le moi d'une chose, que devient l'évidence de la conclusion? Quel est le lien qui l'unit au principe? Descartes tranche la question avant de l'avoir posée; on ne voit pas en effet que ni lui, ni ses disciples aient bien conçu qu'il y avait là un premier problème dont la solution, soit positive, soit négative, devait décider du sort de la métaphysique, à titre de science des réalités. Le principe de Descartes laissait ouvertes à la philosophie deux routes opposées; l'une qui, partant de l'expérience et n'admettant rien que de sensible, conduirait à nier toute réalité des notions; l'autre qui, partant des notions innées, comme de l'absolue réalité, conduirait à rejeter tout témoignage de l'expérience et des sens. Là, c'est le scepticisme spéculatif joint au matérialisme pratique. Ici c'est l'idéalisme et le spiritualisme pur. Le principe ontologique pose d'abord la substance ou la chose pensante, telle qu'elle est en soi hors du fait actuel de la conscience; d'où le durable de la pensée, identique ou équivalent au durable de l'âme, qui se confond avec son mode fondamental; d'où encore les idées innées qui n'ont pas besoin de tomber sous l'aperception actuelle du moi pour être dans l'âme, à titre d'idées ou de modes aussi réels que l'existence dont ils sont inséparables; d'où enfin la passiveté complète et absolue de la substance qui a hors d'elle la cause de toutes ses manières d'être comme celle de son être même. Mais quelque effort que fasse l'entendement pour concevoir séparément et hors du moi actuel de la chose ou substance pensante, cette notion tend singulièrement à s'unir ou à se mêler avec celle d'une autre substance, qui a, de son côté, l'étendue pour attribut essentiel ou mode fondamental. D'abord, le même terme général de substance leur convient : en second lieu elles sont l'une et l'autre passives ; car nulle action n'appartient aux créatures, selon les principes de cette doctrine. Mais puisque la distinction qui est censée avoir lieu entre les substances, n'est autre par le fait que celle de deux attributs ou modes fondamentaux qui caractérisent respectivement chacune d'elles, pourquoi cette distinction modale entraînerait-elle nécessairement la séparation absolue des sujets d'attribution ; pourquoi y aurait-il deux substances et non pas une seule qui réunirait les attributs distincts de pensée et d'étendue ? Sous ces deux attributs Descartes lui-même comprend universellement tout ce que nous appelons les êtres qui sont tous ou pensants et inétendus, ou non pensants et par cela matériels et étendus, pures machines, sans qu'on puisse concevoir de classe-intermédiaire. Donc, et poussant la chaîne des déductions jusqu'au bout, on arrivera enfin à démontrer qu'il n'y a, et qu'il ne peut y avoir qu'une seule substance, l'Être universel, seul nécessaire, le grand tout, à qui appartient exclusivement le titre d'être ou de substance, et dont tout ce que nous appelons improprement de ce nom n'est en effet que modification. Les objets sensibles ne sont donc que pures apparences sans réalité, sans consistance et dans un flux continuel ; nous-mêmes n'existons pas à titre d'êtres réels, de personnes individuelles vraiment séparées du reste de la nature. Le sens intime nous trompe à cet égard, et son témoignage même ne peut être invoqué, puisqu'il ne se fonde sur aucune preuve démonstrative, ou de raison, et que le *criterium* de la vérité ne peut être ailleurs que dans la logique. Le sentiment de notre personnalité individuelle ne peut avoir ni plus ni moins de vérité que celui de notre activité, de notre force motrice ; or ce sentiment nous trompe, en nous induisant à croire que nous sommes auteurs de nos actions, les causes libres de nos mouvements, tandis que, selon les cartésiens les plus orthodoxes, il ne peut y avoir qu'une seule cause efficiente, qu'une seule force active, celle qui a tout créé, qui crée encore à chaque instant les êtres qu'elle conserve. Mais, comme il est logiquement certain que tous les effets sont éminemment ou formellement renfermés dans leur cause, on peut dire que tous les êtres sont renfermés dans l'être universel, qui est Dieu ; c'est en lui seul que nous pouvons voir ou penser tout ce qui existe réellement ; c'est en lui que nous sommes, que nous nous mouvons et sentons. Ici Malebranche et Spinosa se rencontrent dans la même route ; la logique les unit, le mysticisme les sépare.

Telles sont les conséquences ontologiques déduites du principe cartésien. Voyons maintenant les conséquences psychologiques. La pensée seule nous révèle l'être de l'âme, qui est la première réalité et aussi la seule substance que nous puissions ainsi atteindre directement comme par intuition. Nous n'avons aucune prise directe sur tout ce que nous appelons substance matérielle. Nous ne connaissons rien, en effet, que par nos idées, et ces idées ne sont autre chose que des modifications de notre âme. Les idées simples de sensations, les couleurs, les sons, les saveurs, ne sont certainement qu'en nous-mêmes, et nullement dans les objets qu'elles nous représentent : tout ce que nous appelons objets, ne consiste donc que dans nos idées ; et puisque d'ailleurs il n'y a d'autre cause ou force que Dieu, qui produit les modifications comme il crée les êtres, le monde sensible n'est qu'apparence, par phénomène sans réalité. Au sein de ce phénoménisme universel, dans toute cette mobilité de fantômes, on demanderait vainement à la raison et encore moins à l'expérience les titres réels de ces notions de substances ou de causes extérieures que nous croyons, et qui, malgré nous-mêmes, donnent des lois à notre esprit. La substance même de notre âme, citée au tribunal de la raison, ne pourra prouver son titre, en tant que chose pensante elle échappe à la vue de l'esprit, et se volatilise comme tout le reste. A moins qu'une révélation toute divine, ou la grâce même nécessaire pour y croire, ne vienne nous assurer qu'il y a des êtres réels, nous ne saisirons jamais que des ombres hors de nous, comme en nous mêmes. Ainsi point de milieu : ou les objets s'identifient avec les idées ou les sensations qui les représentent, et alors les corps ou l'étendue ne sont que des phénomènes ; ou bien les corps, l'étendue, existent réellement hors de nos idées, sans qu'il nous soit permis d'en douter, par la seule raison que Dieu nous l'assure ; en ce cas, la séparation des deux substances matérielle et immatérielle est complète et absolue : mais aussi leur communication, leur influence réciproque est naturellement impossible, ou ne peut avoir lieu que par un miracle qui demande l'intervention continuelle et non interrompue de la Divinité. De l'hétérogénéité naturelle des deux substances, il suit rigoureusement que l'âme ne peut réellement mouvoir le corps pas plus qu'un corps ne peut communiquer son mouvement à un autre, si Dieu n'intervient pour mouvoir à l'occasion du désir de l'âme, ou de la rencontre et du choc des corps. Il suit aussi du même principe, ou de la séparation des êtres en deux classes tranchées sans intermédiaires, que les animaux sont tous matériels ou de pures machines qui ne sentent pas, par la seule raison qu'ils ne pensent pas comme nous, ou qu'ils n'ont pas une âme immortelle comme la nôtre.

Tels étaient les principes métaphysiques que Leib-nitz se crut appelé à réformer. « Impatient (1) de voir « la métaphysique dégénérer dans les écoles en vaines « subtilités, Leibnitz conçut son plan général de ré-« forme, à commencer par la notion de substance qu'il « regardait comme le principe et la base de toute « science réelle. Le nouveau système élevé sur ce « fondement eut bientôt un grand nombre de prosé-« lytes, malgré la vive opposition des cartésiens qui « repoussaient, comme contraire à toute la doctrine « de leur maître, la notion de force active ou d'effort, « seule caractéristique de la substance dans le point « de vue de Leibnitz ; mais déjà celui-ci avait déve-« loppé cette notion fondamentale, de manière à y « rattacher, le plus simplement possible, toutes les « lois de l'univers, le monde des esprits comme celui « des corps. » Telle est en effet la fécondité de l'idée de substance entendue comme il faut, dit Leibnitz lui-même (2), « que c'est d'elle seule que dérivent toutes « les vérités premières, touchant Dieu, les esprits « créés, et la nature des corps ; vérités dont quelques-« unes ont été aperçues par les cartésiens, sans avoir été « démontrées, et dont plusieurs autres, encore incon-« nues, ont un haut degré d'importance et d'applica-« tion à toutes les sciences dérivées. Or pour éclaircir « l'idée de substance, il faut remonter à celle de force « ou d'énergie, dont l'explication est l'objet d'une « science particulière appelée dynamique. La force « active ou agissante n'est pas la puissance nue de « l'école ; il ne faut pas l'entendre en effet, ainsi que « les scolastiques, comme une simple faculté ou pos-« sibilité d'agir qui, pour être effectuée ou réduite à « l'acte, aurait besoin d'une excitation venue du « dehors, et comme d'un *stimulus* étranger. La véri-« table force active renferme l'action en elle-même ; « elle est *entéléchie*, pouvoir moyen entre la simple « faculté d'agir et l'acte déterminé ou effectué (*conatus* « *energie* contient ou enveloppe l'effort (*conatum* « *involvit*), et se porte d'elle-même à agir sans aucune « provocation extérieure. L'énergie, la force vive, se « manifeste par l'exemple du poids suspendu qui tire « ou tend la corde ; mais quoiqu'on puisse expliquer « mécaniquement la gravité ou la force du ressort, « cependant la dernière raison du mouvement de la « matière n'est autre que cette force imprimée dès la « création à tous les êtres, et limitée dans chacun « par l'opposition ou la direction contraire de tous les « autres. Je dis que cette force agissante (*virtutem* « *agendi*) est inhérente à toute substance qui ne peut « être ainsi un seul instant sans agir ; et cela est vrai

« des substances dites corporelles comme des sub-« stances spirituelles. Là est l'erreur capitale de ceux « qui ont placé toute l'essence de la matière dans « l'étendue ou même dans l'impénétrabilité (les car-« tésiens), s'imaginant que les corps pouvaient être « dans un repos absolu ; nous montrerons qu'une sub-« stance ne peut recevoir d'aucune autre la force « même d'agir et que son effort seul, ou la force pré-« existante en elle, ne peut trouver au dehors que « des limites qui l'arrêtent et la déterminent. »

Toute la doctrine métaphysique et dynamique de Leibnitz est contenue dans ce passage. Les cartésiens disaient : Toute substance est complétement et essen-tiellement passive ; nulle action n'appartient aux créa-tures. Ce principe, poussé dans ses conséquences, amenait naturellement le spinosisme, comme nous l'avons vu, et comme le remarque profondément Leib-nitz lui-même, dans sa lettre à Hanschius sur le pla-tonisme (3). Leibnitz établit la thèse opposée : Toute substance est complétement et essentiellement active ; tout être simple a en lui-même le principe de tous ses changements (4). Toute substance est force en soi, et toute force ou être simple est substance. Les composés ne sont pas de véritables substances. Deux doctrines aussi diamétralement contraires en principe, semblent ne devoir jamais se rencontrer, où si elles viennent à se toucher par certains points, ce sera dans l'infini, dans le point de vue de l'absolu, celui de Dieu même. Le système des causes occasionnelles, comme celui de l'harmonie préétablie, ne peuvent en effet être consi-dérés que comme des excursions hardies de l'esprit humain vers cette haute région des essences. Dans le premier système, Dieu ne conserve les êtres qu'en les créant à chaque instant avec leurs modifications. Cette conséquence, rigoureusement déduite du principe qui ôte toute force d'action aux créatures, est celle surtout qui incita vivement Leibnitz à la réforme du cartésia-nisme, et peut-être contribua à l'entraîner vers l'ex-trême opposé. On peut voir, dans le morceau très-curieux qui a pour titre (5) : *De ipsâ naturâ sive de vi insitâ*, avec quelle vigueur il attaque le cartésianisme sur ce point fondamental, et soutient la nécessité du principe contraire, celui de l'activité absolue univer-selle, imprimée dès l'origine à tous les êtres de la na-ture.

« Quæro enim, dit-il, § 5, page 51, utrùm volitio « prima vel jussio, aut, si mavis, lex divina olim « lata, extrinsecam tantùm tribuerit rebus denomi-« nationem, an verò aliquam contulerit impressionem « creatam in ipsis perdurantem... legem insitam (etsi

(1) Brücker, *Vie de Leibnitz*.
(2) *De primâ philosophiæ emendatione et notione substantiæ*, pag. 18.
(3) Non putemus absorberi animam in Deum, proprie-

tate, et quæ substantiam propriam sola facit, actione amissâ. Op. II, 235.
(4) *Principes philosophiques*, § 74.
(5) Op. II, part. 2. p. 49.

« plerumque non intellectam creaturis in quibus inest)
« ex quâ actiones passionesque consequantur... etc...
« § 6, page 52. Sin verò lex à Deo lata reliquerit
« aliquod sui expressum in rebus vestigium... jam
« concedendum est quandam inditam esse rebus effi-
« caciam, vel vim... ex quâ series phænomenorum
« consequeretur... § 7. Hæc autem vis insita DI-
« STINCTÈ quidem intelligi potest, sed non sanè expli-
« cari IMAGINABILITER. »

Pour faire un monde semblable au nôtre, Descartes
demandait la matière et le mouvement. Pour créer
deux mondes à la fois, le monde des esprits et celui
des corps, Leibnitz ne demande que des forces actives
ou des êtres simples qui aient en eux le principe de
tous leurs changements : mais pour concevoir cette
double création, il faut se placer au centre ou dans le
point de vue de Dieu même, dont la pensée seule l'a
réalisé. Descartes avait tenté de remonter jusqu'à cette
raison suprême, en partant du fait primitif de l'existence ou de la pensée ; Leibnitz, plus hardi, veut se
placer immédiatement dans son point de vue, comme
l'astronome se transporte, par la pensée, au centre
du soleil, pour voir de là les mouvements planétaires
tels qu'ils s'accomplissent dans la réalité de l'espace
absolu. Dans ses premières méditations *sur la connaissance, la vérité et les idées*, Leibnitz demande s'il
est donné à l'homme de pousser l'analyse des notions
jusqu'à ces premiers possibles, ces éléments purs et
irrésolubles qui sont identiques avec les attributs ou
les idées de Dieu même, et il n'ose pas encore assurer
que l'esprit humain soit doué d'une telle puissance.
Maintenant la route est ouverte ; c'est celle de l'analyse
même des notions, poussée jusqu'à ces derniers abstraits, ou ces êtres simples, qui seront les seules réalités ; car les idées vraies, et parfaitement adéquates,
qui leur correspondent, ne sauraient être dans notre
esprit, tout limité qu'il est d'ailleurs, autrement
qu'elles ne sont dans l'entendement pur, véritable
région des essences. C'est ainsi que l'esprit de l'homme,
qui opère sur les unités numériques, en les combinant
de toutes les manières possibles, et s'exerçant à résoudre les problèmes auxquels donnent lieu leurs diverses complexions figurées, imite en quelque sorte le
Créateur, se conforme à sa pensée, suivant sa mesure.
Dieu est au propre l'éternel géomètre ; il voit tout
dans le nombre et la mesure. En usant de cette merveilleuse et inépuisable faculté d'abstraire, qui nous est
donnée, si les derniers éléments des choses et les fondements réels de nos abstractions échappent à un entendement trop borné, nous serons du moins assurés que ce
fondement préexiste dans quelque autre intelligence,
que Dieu le connaît, que des anges le découvriraient (1).

(1) *De Arte combinatoriâ*, tom. II, part. 1, p. 364.

Voilà comment aussi les composés, phénomènes
dont nous avons des représentations claires, mais
confuses ou indistinctes, viennent se résoudre dans
les êtres simples ou inétendus. Ainsi, l'étendue qui
s'offre au toucher et à la vue, et qui n'est qu'une
forme de ces sens, se résout dans les unités numériques, seuls êtres réels de la nature qui ne tombent ni
sous les sens, ni sous l'imagination, mais seulement
sous la vue de l'entendement pur, identique à celle de
Dieu même ; car nos sensations ne sont, comme celles
des animaux, que des perceptions plus ou moins obscures de ce qui est dans l'entendement divin de la
manière la plus éminemment distincte ou adéquate.
Nous commençons ainsi à entendre dans quel sens
Leibnitz attribuera à toutes les monades ou êtres simples la faculté de représenter l'univers à sa manière.
On peut dire que Dieu, qui connaît les rapports d'un
seul être avec toute la création, voit à la fois l'univers
entier dans le dernier atome de la nature. Or, de ce
que tel être a des rapports nécessaires avec tout l'univers, on peut bien conclure, dans un certain sens,
que cet être représente (virtuellement) l'univers, aux
yeux de celui qui sait et voit tout ; c'est ainsi que
nous disons d'un signe, d'un objet mort par lui-même,
qu'il représente, pour l'intelligence vivante, toutes
les idées et les rapports divers que cette intelligence
a pu y associer. Mais sur quoi fonder l'hypothèse d'une
sorte de représentation réciproque entre l'objet et le
sujet, entre le signe pensé ou conçu, et l'esprit qui
pense ou conçoit, en donnant au signe sa capacité
représentative ? C'est là vraiment le côté obscur de la
monadologie, et Leibnitz n'a pas cherché à l'éclaircir.
L'équivoque de mots tels que *représentation, perception*, semble ici lui faire illusion. Ces termes, en effet,
comme presque tous ceux de la langue psychologique,
offrent un double sens à l'esprit, et se prêtent aussi à
deux points de vue opposés, interne et externe, relatif et absolu. Si, aux yeux de Dieu, chaque monade
représente l'univers, que pourrait être, dans l'intérieur même de cette monade, une représentation, ou
perception, infiniment complexe, dont le sujet ne
sait pas qu'il représente, ou n'a pas même le plus
simple, le plus obscur sentiment de son existence ?
Dans le système de l'harmonie préétablie, si l'on peut
entendre aussi, dans un certain sens, comment l'influence de l'âme sur le corps est purement idéale en
Dieu, qui, voyant tout par des idées distinctes, peut
lire, en quelque sorte, dans l'âme, toutes les affections
ou dispositions du corps, qui répondent d'une manière
quelconque à ses pensées et à ses vouloirs (*et vice
versâ*), etc., comment, dans le point de vue de
l'homme même, pouvoir concilier une influence purement idéale avec le sentiment ou la perception intérieure de l'effort qui manifeste au sujet pensant et vou-

lant l'existence de son objet propre, ou du corps organique obéissant à son action? Dieu peut voir et juger notre effort d'en haut, mais il ne le fait pas; il ne l'aperçoit pas comme nous, autrement Dieu serait le moi, ou le moi serait Dieu. L'intelligence supérieure peut voir, aussi, distinctement les deux termes de ce rapport fondamental constitutif de la personne humaine, le lien qui les unit, le comment de leur influence; mais pour voir ou expliquer, dans l'absolu, la liaison de l'âme et du corps, il faudrait cesser d'être nous-mêmes; il faudrait que le moi n'étant plus, ou étant autre, pût s'expliquer en même temps comment il est lui. On trouve souvent, dans ces demandes ou ces hypothèses métaphysiques, une sorte de contradiction singulière qui se cache sous les formes d'un langage mal approprié à l'espèce de notion ou de faits intérieurs qu'il s'agirait d'éclaircir. Le plus souvent, comme le dit Leibnitz lui-même dans ses *Nouveaux Essais* (et avec sa verve ordinaire), on demande ce qu'on sait, et l'on ne sait pas ce qu'on demande. Pour nier l'influence physique ou l'action des substances les unes sur les autres, et d'abord l'action réelle de l'âme sur le corps, il faut, pour ainsi dire, nier l'humanité, et détruire le sujet qu'on veut connaître ou expliquer; ainsi l'ont fait les auteurs de systèmes, tels que ceux des causes occasionnelles, de la prémotion, des formes plastiques, tous en contradiction avec le fait primitif du sens intime où le moi se manifeste à lui-même comme force *sut juris* qui agit ou qui influe réellement pour produire l'effort et effectuer les mouvements volontaires. Mais cette négation d'influence ou d'action réciproque exercée par l'âme, comme par toute autre monade hors d'elle-même, est de plus opposée à la nature même du principe qui sert de fondement à tout le leibnitzianisme. Aussi vit-on les plus fidèles disciples de ce grand maître, après avoir tout tenté pour étayer ce côté faible de son système, finir par l'abandonner. Bilfinger, Wolf lui-même ont été obligés d'attribuer aux êtres simples une véritable action, une sorte d'influence physique réciproque.

Mais cette modification apportée au système des monades, loin d'altérer la doctrine dans son essence, devait au contraire servir à en déterminer plus exactement, soit en lui-même, soit dans ses applications, le principe, dès que rétablissant la force dans son endroit, ou la concevant comme elle est agissant sur un terme extérieur à elle, on saurait la saisir ou l'apercevoir où elle est primitivement; savoir : dans le moi, sujet actif et libre qu'elle constitue. Sans doute, en aspirant à se placer de prime abord dans l'absolu, l'auteur du système des monades n'a pas signalé distinctement l'origine de toute force; et s'il l'eût fait, son hypothèse de l'harmonie préétablie ne serait pas née; mais nous pourrions avoir à la place un système vrai

et complet de psychologie. Cependant, d'où pourraient venir ces concepts de monades, ou d'unités numériques, réduites chacune à la force, ces perceptions obscures ou claires, mais confuses, qui en expriment les degrés; ce qui fait l'un dans la multitude, etc.? Ne sont-ce pas là autant d'expressions psychologiques dont une expérience interne, immédiate, a seule pu former la valeur première, et qui ne peuvent offrir un sens clair et précis à l'esprit du métaphysicien, qu'autant qu'il les ramène à leur source? L'idée de substance ne se laisse point ici ramener au fait de conscience comme à son antécédent psychologique; nous concevons la substance, nous ne la sentons pas, nous ne l'apercevons pas intimement, tandis que nous apercevons en nous la force, en même temps que nous la concevons hors de nous ou dans l'objet. D'où il suit que si le principe cartésien, réduit au premier membre de l'enthymème : Je pense, ou j'existe, exprime bien le fait de l'existence du moi, il ne le détermine pas; il l'obscurcit au contraire immédiatement en l'identifiant avec la substance. En se séparant par la réflexion ou l'aperception interne, de tout ce qui n'est pas moi, le sujet pensant est à ses propres yeux une force active, une énergie qui produit l'effort ou effectue d'elle-même sa tendance; il n'est point une chose, une substance purement passible de modifications; si peu que tout ce qui se présente ainsi à l'esprit à titre de chose modifiable, loin d'être identique avec le moi, véritable et propre sujet de la proposition, Je pense, lui est opposé ou fait antithèse avec lui. Donc une substance passive, entendue de l'objet et toujours indistinctement, comme dit Hobbes, sous raison de matière, ne saurait avoir son type dans le moi. Loin de pouvoir servir de lien entre le moi de conscience et l'absolu de l'être pensant, cette notion sépare les deux termes comme par un abîme que l'esprit humain ne saurait franchir. L'entendement divin seul peut entendre la substance pensante comme susceptible de l'infinité de modifications que comporte sa nature. L'homme ne s'entend pas, ne s'explique pas lui-même à ce titre; et toute la profondeur de la réflexion, toute la sagacité du génie, ne lui révéleront jamais ce qu'il est dans le fond et le passif de son être, encore moins tout ce qu'il doit être et pourrait devenir dans d'autres modes d'existence. Mais si nous ignorons ce que nous sommes, comme substances passives, si, quoi qu'en ait dit Descartes, notre âme, considérée sous ce point de vue, nous est aussi complètement inconnue que toute autre substance de l'univers; chaque personne individuelle sait du moins, *certissimâ scientiâ et clamante conscientiâ*, ce qu'elle est comme force qui agit et opère par le vouloir : elle s'assure par la raison qu'elle n'est autre pour elle-même que telle force ou énergie; que c'est là le fond de son être, comme c'est celui de sa vie de conscience, ou de son moi ; que c'est là la seule chose qui demeure identique, quand tout le reste passe, ou est dans un flux perpétuel, au dedans comme dehors ; que c'est en vertu de cette énergie, de ce pouvoir d'agir, que l'homme, force intelligente et libre, prédétermine ses propres actes, rompt les liens du destin, conçoit l'idée du devoir, et réalise cette idée sublime, quand même toute la nature s'y opposerait; enfin que ce que le sujet pensant est ainsi pour lui-même, au regard de sa conscience, il l'est absolument, ou en soi, aux yeux de Dieu, qui ne peut le voir autre qu'il n'est, ni le juger passif, lorsqu'il est ou se reconnaît actif et libre. Le point fixe ainsi donné, la pensée peut prendre son essor, et, sur les ailes du génie de Leibnitz, voler rapidement d'un pôle à l'autre, ou remonter, avec la lenteur de la réflexion, suivant les anneaux de cette immense chaîne des êtres, dont le système des monades offre une si grande et si magnifique représentation. Peu importe maintenant de commencer par l'une ou l'autre extrémité de la chaîne, de prendre la force dans le sujet ou dans l'objet, dans le monde des représentations ou dans celui des êtres. La force est la même partout, et ne peut différer que par les degrés. C'est là, et là seulement, que peut s'appliquer une affirmation absolue, qu'on est surpris de trouver dans le livre du sage Locke, lorsque, parlant de la substance, d'après Descartes, il abonde, sans le vouloir, dans le sens de Spinosa, en affirmant que la substance doit être la même partout, d'où l'on pourrait induire qu'il n'y en a qu'une sous diverses modifications. Ici se présente la réponse directe à une question que Descartes se propose à lui-même dans sa *seconde Méditation*. Otez les qualités sensibles sous lesquelles se représente l'objet étendu, mobile, figuré, coloré, etc., comme le morceau de cire qu'il donne pour exemple ; que restera-t-il ? La réponse ontologique à cette question se fonde sur une analyse abstraite, qui conduit à la notion d'une simple capacité ou possibilité de modification, faculté une, ou quiddité de l'ancienne école. Le principe de Leibnitz fournit seul une réponse directe et vraie, soit qu'on l'applique à l'objet dans le sens de Descartes, soit qu'on le rapporte au sujet de la pensée, séparé ou se séparant lui-même par l'acte de réflexion de toute modification accidentelle, de tout ce qui n'est pas moi. Dans ce rapport au sujet, la tendance, même virtuelle, ou la force non exercée, non déterminée (énergie, pouvoir moyen entre la simple faculté et l'acte), est ce qui constitue le propre fond de notre être, ce qui reste quand tout change ou passe. Ici sont les limites de l'analyse réflexive ; un pas de plus, c'est l'absolu, l'être universel, Dieu ou l'un de ses attributs. Quant à l'objet, l'analyse du composé donne un résultat tout pareil. Otez toutes les

qualités sous lesquelles le même tout concret se représente successivement ou à la fois à divers sens internes; reste encore la force non-moi en vertu de laquelle l'objet résiste à l'effort voulu, le limite, le détermine, et réagit contre notre force propre, autant que celle-ci agit pour le surmonter. Soit que cette résistance se manifeste directement dans l'aperception immédiate de l'effort que le moi exerce hors de lui, soit que l'esprit la conçoive, ou l'induise seulement du sentiment de la force propre, active, qui en est le type ; cette force attribuée à la matière ou aux êtres simples en tant que conçue primitivement à l'instar du moi, et par une sorte d'induction naturelle qui touche à l'instinct, emportera avec elle perception, volonté, et tous les attributs propres de son modèle ; mais en réduisant par analyse la résistance (*antitypia materiæ*) à ce qu'elle est, on arrive nécessairement à une notion simple distincte et adéquate de force absolue ou d'énergie, qui n'a plus rien de sensible ou de déterminé ; c'est l'être simple, la monade de Leibnitz, conçue à la manière dont peut l'être notre âme elle-même, quand on la dépouille de l'aperception ou de la conscience. A ce degré d'abstraction, et dans le point de vue absolu sous lequel la matière est entendue par l'esprit, toutes les qualités sensibles ont successivement disparu : couleurs, saveurs, sons, et l'étendue même qui ne saurait plus être conçue comme attribut essentiel, constitutif de l'objet. Dans ce point de vue, en effet, l'étendue n'est que la continuité des points résistants (1), un mode de coordination d'unités discrètes, de forces qui agissent ou résistent ensemble, et chacune à part. Ces unités sont les seuls êtres réels ; tout le reste est phénoménisque, et dépend de la force de nos sens et de notre organisation actuelle. Changez cette organisation, et vous pourrez concevoir des êtres intelligents qui perçoivent naturellement ce que nous ne parvenons à entendre qu'à force d'abstraction et d'analyse. Les notions distinctes et adéquates de force, de nombre, de figures, etc., sont naturellement dans le point de vue de ces intelligences ; elles géométrisent, pour ainsi dire, comme nous sentons ou imaginons. Ainsi disparaît cette grande ligne de démarcation établie par Descartes entre les substances matérielles et immatérielles ; séparation plutôt logique que réelle, et que la logique même, poussée plus loin, devait complètement effacer, comme le spinosisme l'a trop bien justifié. La métaphysique réformée n'admettra plus seulement deux grandes classes d'êtres, entièrement séparées l'une de l'autre, et excluant tout intermédiaire, mais une seule et même chaîne embrasse et lie tous les êtres de la création. La force, la vie, la perception, sont partout réparties entre tous les de-

(1) *Leibnitzii opera*, tom. II, pag. 310.

grès de la chaîne. La loi de continuité ne souffre point d'interruption ni de saut dans le passage d'un degré à l'autre, et remplit sans lacune, sans possibilité vide, l'intervalle immense qui sépare la dernière monade de la force intelligente suprême d'où tout émane.

On voit, par cette faible esquisse du système, et surtout par la nature même du principe qui lui sert de base, comment la science mathématique, d'une part, et la physique générale, de l'autre, viennent s'unir ou se fondre dans la métaphysique, qui constate et garantit toute la réalité de leur objet, tout le fondement de leurs abstractions. Là aussi peut se trouver le secret de toutes ces sublimes inventions mathématiques que Leibnitz a scellées du cachet de son génie, et dont la primauté n'a pu être contestée que par ceux qui en ont méconnu le principe et la source. On voit enfin comment la doctrine leibnitzienne, repoussant fortement le matérialisme, tendra plutôt vers une sorte de spiritualisme universel et absolu, où il n'y aura plus de place pour les objets de nos représentations ; où le système entier de nos idées sensibles pourra disparaître sous les signes abstraits, les formes ou les catégories d'une pure logique. Il serait aussi curieux qu'instructif d'observer les effets de cette tendance du leibnitzianisme sur la marche de la philosophie en Allemagne, depuis Leibnitz jusqu'à Kant, et depuis Kant jusqu'à nos jours. Il ne serait pas moins intéressant de comparer cette influence du leibnitzianisme sur les nouveaux systèmes en Allemagne avec celle qu'a exercée et que continue peut-être, plus qu'on ne le croit, d'exercer parmi nous la philosophie de Descartes sur les écoles de Locke et de Condillac. Mais ces comparaisons nous mèneraient trop loin ; il est temps de passer de l'examen des principes de la philosophie leibnitzienne aux applications qui doivent justifier le point de vue sous lequel nous la considérons.

Le terme *pensée*, dans la doctrine de Descartes, avait deux valeurs tout à fait différentes, quoique confondues sous l'unité de signe. En effet, ce terme exprimait toute modification de l'âme, soit adventice ou accidentelle, soit inhérente à la substance pensante ; et ainsi sa valeur était générale, collective et indéfinie. La pensée s'entendait encore plus précisément du mode fondamental et permanent de l'âme, inséparable d'elle ou identifiée avec le moi ; en ce cas, ce terme avait l'acception particulière individuelle et une, qui appartient au signe je ou moi. Il ne serait pas difficile de montrer comment les principales difficultés du cartésianisme, et plusieurs aberrations auxquelles cette doctrine a donné lieu, se rattachent à cette ambiguïté d'un mot, ainsi employé indistinctement pour exprimer tantôt le sujet pensant lui-même, tantôt le mode ou l'attribut qui le constitue, tantôt la modification intérieure attribuée au sujet, tantôt l'extérieure, ou la

sensation rapportée à l'objet. Ce mot *sensation* offre la même ambiguïté, donne lieu à la même confusion de principes dans la doctrine de Condillac, qui montre par ce côté ses rapports de filiation avec la doctrine mère. Le point de vue de Leibnitz était éminemment propre à lever une équivoque funeste aux progrès de la saine psychologie. Ce philosophe est en effet le premier ou le seul qui ait soumis à une analyse approfondie un composé primitif dont l'habitude a comme fondu et identifié les éléments. Sa méthode *abstracto-réflexive* fait, pour ainsi dire, le départ des éléments divers de ce composé si vaguement appelé la sensation. Leibnitz distingue, avec une netteté particulière, les attributs de deux natures diverses, l'une animale, qui vit, sent, et ne pense point, l'autre intelligente, qui appartient spécialement à l'homme, et l'élève seule au rang de membre de la cité de Dieu. Ainsi, va se trouver établi et nettement exprimé le double intermédiaire omis ou dissimulé par les cartésiens, entre les pures machines de la nature et les animaux, comme entre ceux-ci et les êtres pensants, ou esprits. La physiologie vient se placer entre la dynamique des corps et celle des esprits ; et dès lors on conçoit que la pensée ne peut ressortir des sensations animales, ni s'expliquer par elles, pas plus que les sensations ne ressortent des mouvements de la matière insensible, ni ne s'expliquent par les lois du mécanisme ordinaire. Pesons les motifs de ces importantes distinctions, et empruntons d'abord les propres paroles du maître (1) :

« Outre ce degré infime de perception, qui subsiste dans le sommeil comme dans la stupeur, et ce degré moyen, appelé sensation, qui appartient aux animaux comme à l'homme, il est un degré supérieur que nous distinguons sous le titre exprès de pensée, ou d'aperception. La pensée est la perception jointe à la conscience ou à la réflexion dont les animaux sont privés... Comme l'esprit (*mens*) est l'âme raisonnable, ainsi la vie est l'âme sensitive, principe de la perception. L'homme n'a pas seulement une vie, une âme sensitive, comme les bêtes ; il a de plus la conscience de lui-même, la mémoire de ses états passés ; de là l'identité personnelle, conservée après la mort, ce qui fait l'immortalité morale de l'homme, et non pas seulement l'immortalité physique dans l'enveloppement de l'animal. Il ne peut y avoir de vide dans les perfections ou les formes du monde moral, pas plus que dans celles du monde physique ; d'où il suit que ceux qui nient les âmes des animaux, et qui admettent une matière complétement brute et non orga-

(1) Œuvres, tom. II, pag. 33; *Epistolæ Leibnitzii* tom. I, page 195. *Comment. de animâ brutorum.*

« nique, s'écartent des règles de la vraie philosophie, « et méconnaissent les lois mêmes de la nature. Nous « éprouvons en nous-mêmes un certain état où nous « n'avons aucune perception distincte, et ne nous « apercevons de rien, comme dans la défaillance, le « sommeil profond, etc. Dans ces états, l'âme, quant « au sens, ne diffère point d'une simple monade; « mais comme ce n'est pas là l'état habituel et durable « de l'homme, il faut bien qu'il y ait en lui quelque « autre chose. La multitude des perceptions où l'es- « prit ne distingue rien, fait la stupeur et le vertige, « et peut ressembler à la mort. En sortant de cette « stupeur, comme en s'éveillant, l'homme qui recom- « mence à avoir la conscience de ses perceptions, « s'assure bien qu'elles ont été précédées ou amenées « par d'autres qui étaient en lui sans qu'il s'en aperçût; « car une perception ne peut naître naturellement que « d'une autre perception, comme un mouvement naît « d'un autre mouvement. Ainsi se distingue par le « fait de conscience, ou l'observation de nous-mêmes, « la perception qui est l'état intérieur de la monade, « représentant les choses externes, et l'aperception « qui est la conscience ou la connaissance réflexive « de cet état intérieur, laquelle n'est point donnée à « toutes les âmes, ni toujours à la même âme. »

Ces distinctions, conformes à toute notre expé- rience intérieure, se justifient théoriquement comme conséquence naturelle du principe qui sert de base à toute la doctrine de Leibnitz; elles offrent de plus, ainsi que nous allons le voir, les éléments de la solu- tion du grand problème des idées innées. L'âme, force active et libre, sait, à ce titre seul, immédiate- ment ce qu'elle fait, et médiatement ce qu'elle éprouve. L'activité libre est la condition première et nécessaire de l'aperception, ou de la connaissance de soi-même. De là vient le mot conscience (scire cum); le moi se sait lui-même en liaison avec tel mode accidentel et passager, actif ou passif. Si le mode est actif, c'est l'aperception interne immédiate; s'il est passif, c'est l'aperception médiate externe ou la perception jointe au sentiment du moi, moyen essentiel de toute con- naissance ou idée. Là commence en effet l'idée de sen- sation dans le langage de Locke. A titre de force sen- sitive, douée même d'une sorte d'activité vitale, ou physiologique (comme l'entendait Stahl), l'âme s'ignore elle-même; elle ne sait pas qu'elle vit ou sent; elle ne sait pas qu'elle agit, alors qu'elle effectue ces ten- dances instinctives ou animales, qui présentent à l'observateur tous les caractères d'une véritable acti- vité. Telle est la source des perceptions obscures que Leibnitz attribue à l'âme humaine, dans l'état de simple monade ou force vivante. En tombant sous l'œil de la conscience, les perceptions, modes simples d'une sensibilité affective et animale, deviennent pour le

sens interne ce que l'objet visible est pour l'œil exté- rieur. Le moi qui les observe ne les crée pas; il sait qu'elles sont ou ont été sans lui antérieurement à l'a- perception. Cette préexistence des perceptions ob- scures, de celles surtout qui se lient immédiatement au jeu et aux fonctions de la vie animale, ne peut paraître douteuse à l'observateur qui sait en saisir les signes naturels, et distinguer à part soi le propre domaine de l'activité de la prévoyance de l'esprit, d'avec la passiveté ou le *fatum* des corps (1). En partant de la conscience du moi comme de la caractéristique unique des modes ou opérations qui doivent être attribués à l'âme humaine, Locke tranchait la question des idées innées; il prouvait par la définition même qu'il ne pouvait y avoir rien dans l'âme à ce titre, avant la sensation ou sans elle. Mais il n'est pas ici question de définir, et de déduire; il s'agit d'abord d'observer, et de se rendre compte des faits physiologiques et psy- chologiques : or, en consultant cet ordre mixte de faits, on ne saurait méconnaître le fondement des distinctions de Leibnitz dans les passages ci-dessus rapportés, ni par suite la préexistence des perceptions obscures, vraiment innées ou inhérentes sinon à l'âme pensante, du moins à l'animal. En effet, dans le système leibnitzien, il n'y a point d'âme séparée d'un corps quelconque, lequel peut être réduit à l'infini- ment petit; les germes préexistants ne naissent point, ne meurent point, mais ne font que se développer ou s'envelopper; ainsi non-seulement l'âme, mais l'ani- mal, étant ingénérable comme impérissable, ne sau- rait être en aucun temps sans quelque perception plus ou moins obscure; d'où la conservation du moi, de la personne identique dans les divers états futurs qui doivent succéder à notre mode de vie actuel : hypo- thèse pleine d'espérance et d'immortalité, dont Ch. Bonnet a fait une si belle application dans sa *Palingé- nésie philosophique*. Mais relativement aux idées intel- lectuelles, la question est encore la même; il s'agit toujours de savoir si l'on fixera l'origine d'une idée comme d'une modification quelconque de l'âme, au moment précis où l'être pensant commence à l'aper- cevoir ou à la distinguer? Telle est aussi la question principale agitée avec les plus grands détails dans les *Nouveaux essais* sur l'entendement humain. Leibnitz pose ainsi nettement la question : « Pourquoi veut-on « que l'âme ne possède rien autre que ce dont elle fait « usage actuellement? Est-ce donc que nous ne pos- « sédons que les choses dont nous jouissons? Ne faut-il « pas toujours qu'outre la faculté et son objet, il y « ait de plus dans l'un et dans l'autre, ou dans tous « deux à la fois, quelque prédisposition en vertu de

(1) Quod in corpore est *fatum*, in animo est *providentia*. Lettre à Hanschius. Op., tom. II.

« laquelle la faculté s'exerce sur son objet? » Cette grande question des idées innées, si obscure ou si indéterminée dans le point de vue de Descartes, allait recevoir, ce semble, tout le degré de clarté dont elle est susceptible, de l'application du principe de la force, considérée comme virtuelle, ou tendant à l'action, avant d'être actuelle, ou déterminément en exercice. C'est ce moyen entre la nue faculté et l'acte qu'il fallait saisir pour entendre l'innéité de certaines idées ou modes actifs de l'âme; et Locke lui-même touchait à ce point de vue sans le savoir, lorsqu'il admettait dans l'âme des pouvoirs actifs, des idées originaires de la réflexion, ou qui ne peuvent venir que du propre fonds de l'entendement; aussi n'a-t-il rien à arguer contre l'exception que fait Leibnitz au grand principe des péripatéticiens : *Nihil est in intellectu, quod non fuerit in sensu, nisi* (dit Leibnitz) *ipse intellectus :* exception, à la vérité, qui, étant prise au sens rigoureux de Leibnitz, devait entièrement détruire le principe, puisque la monade pensante ne fait que développer ou dérouler pour ainsi dire ce qui était à elle sans rien recevoir du dehors.

Mais voici un autre passage qui semble encore mieux poser la question sur le caractère et l'innéité des idées intellectuelles : « La connaissance des vérités néces-
« saires et éternelles est ce qui nous distingue des
« simples animaux, et nous rend capables de raison
« et de science en nous élevant à la connaissance de
« Dieu et de nous-mêmes. C'est en effet à la connais-
« sance des vérités nécessaires et de leurs abstrac-
« tions, que nous devons d'être élevés à ces actes
« réfléchis, en vertu desquels (*quorum vi*) nous pen-
« sons l'être qui s'appelle moi, nous savons que telle
« ou telle chose est en nous; c'est ainsi qu'en nous
« pensant nous-mêmes, nous pensons en même temps
« l'être, la substance simple ou composée, l'imma-
« tériel, et Dieu lui-même, en concevant comme
« illimité ou infini en lui ce qui est limité en nous. Ce
« sont ces actes réfléchis qui fournissent les principaux
« objets de nos raisonnements (1). »

En traduisant ce passage de métaphysique en termes psychologiques, et en prenant le sentiment du moi comme le point de départ d'où les notions mêmes peuvent être dérivées (dans un autre sens que celui de Locke ou d'Aristote), nous dirions : C'est aux premiers actes de réflexion sur nous-mêmes que nous devons d'être élevés à la connaissance des vérités nécessaires ou à ces notions universelles et absolues de causes ou forces dont le type se trouve dans la conscience même de notre effort voulu. C'est de là seulement que nous pouvons remonter à l'être nécessaire en concevant comme illimitée ou infinie en lui la puissance ou la force qui est limitée et déterminée en nous-mêmes; de plus, en concevant que cette puissance suprême crée les êtres ou les substances comme le moi crée des mouvements ou des modifications. Suivant ce dernier procédé psychologique, le moi est le point de départ d'une science dont Dieu est la fin. Suivant ce dernier procédé psychologique, le moi est donc l'antécédent ou le principe d'une science dont Dieu est la fin ou le dernier terme. Certainement pour nous, ou pour notre esprit, tel qu'il est fait, il n'y a rien avant le moi autre que des virtualités, des tendances, des formes de l'âme humaine, conçues dans l'absolu, non comme des notions actuelles, mais comme des instruments ou des conditions. Quoique Leibnitz ait omis de distinguer les deux sortes de points de vue ou de procédés ontologique et psychologique, la philosophie ne lui doit pas moins d'avoir plus nettement exprimé ce qu'il y a de simplement virtuel dans les notions, d'avec ce qui est actuel dans les idées mêmes présentes à l'esprit. C'est de là aussi que part, comme on l'a vu plus haut, l'illustre chef de la doctrine critique. En considérant l'innéité sous le même point de vue que Leibnitz, Kant analyse et décrit, avec une exactitude supérieure et toute nouvelle, les diverses parties de cet instrument de notre cognition : il les énumère, les classe sous le titre de formes de la sensibilité, de catégories de l'entendement; il cherche à mieux déterminer les rapports de ces formes aux objets, ou l'appropriation des objets aux formes intellectuelles; il résout enfin, à sa manière, le problème qui avait échappé à Locke comme à Descartes, et n'avait pas même encore été posé nettement dans aucune école de philosophie : savoir, quelle est la condition qui rend possible une première expérience, une première idée de sensation? Mais le résultat de cette analyse, poussée jusqu'au bout, c'est qu'on peut mettre en doute si ce ne sont pas les formes elles-mêmes qui créent leurs objets; dès lors s'évanouit ce qui fait la matière, ou la réalité de l'objet même de la sensation ou de l'idée, et il ne reste plus que des formes inhérentes à un sujet absolu (x), véritable inconnue sans équation intelligible; ainsi se prononce et devient plus invincible cette tendance idéaliste déjà remarquée dans la doctrine leibnitzienne. Comme il est bien reconnu que tout le sort de la métaphysique ou de la science des réalités dépend de la valeur attribuée au principe de causalité, le scepticisme triomphe également, soit que ce principe n'ait d'autre fondement qu'une habitude de l'esprit, soit qu'il se réduise à une forme ou une pure catégorie de l'entendement, le tout sans conséquence pour la réalité des choses ou pour l'existence vraie d'une cause quelconque hors de nous, comme en nous-mêmes. De ces tristes résultats on devait induire, ou que le premier problème de la

(1) OEuvres, tom. II, pag. 24.

métaphysique était vraiment insoluble par la nature et la limitation de nos facultés, ce qu'il fallait démontrer (et comment le faire?), ou que la question n'était pas encore posée comme elle pouvait et devait l'être.

En partant, *ex abrupto*, de certaines notions intellectuelles, au titre quelconque d'idées innées ou de virtualités et de formes qui précèdent et règlent l'expérience, les métaphysiciens ont demandé quel est le rapport de ces notions qui sont en nous aux êtres réels tels qu'ils sont au dehors. Et les plus dogmatiques n'ont connu jusqu'ici d'autre moyen que de trancher le nœud en affirmant que ce rapport est celui d'identité absolue, sans qu'il soit nécessaire ou possible d'en donner la preuve, à cause de l'immédiation même entre la notion et son objet, comme dit Leibnitz (*Nouveaux essais*). Il fallait peut-être changer le point de vue, et en partant du moi, ou de la première condition qui l'actualise, arriver à saisir, par cet intermédiaire, une notion qui eût toute la vérité de l'existence même du sujet, et dont la réalité objective ou formelle se trouvât, sinon indivisiblement comprise dans le fait de conscience, du moins attestée ou garantie par lui. Car ainsi, mais par là seulement, le sceptique se trouvait réduit à l'alternative ou de nier sa propre existence, ou de reconnaître une première force, une cause individuelle de modifications et de phénomènes, qui ne fût pas elle-même un pur phénomène transitoire. Nous avions pensé que, pour arriver à ce terme, il fallait, sinon changer entièrement, du moins modifier le principe de Leibnitz, pour se placer à l'origine de toute science; mais voici que ce grand maître nous offre lui-même la modification du principe de la force, que nous cherchions comme antécédent de toute métaphysique, la condition toujours supposée et non énoncée de toute expérience objective, comme de toute notion de réalité. « La « vérité des choses sensibles ne consiste que dans la « liaison des phénomènes qui doit avoir sa raison, et « c'est ce qui la distingue des songes ; mais la vérité « de notre existence, comme celle de la cause des « phénomènes, est d'une autre nature, parce qu'elle « établit des substances... Les sceptiques gâtent tout « ce qu'ils disent de bon, en voulant même étendre « leurs doutes jusqu'aux expériences immédiates (1). »

Ce passage est remarquable ; pesons-en bien les termes et prenons-en acte. La philosophie doit justifier la distinction énoncée ici entre le principe de raison suffisante et celui de cause. Il faut aussi qu'elle justifie le parallélisme établi entre la première idée de cause et la vérité de notre existence. Or, comment y parviendra-t-elle? Par un seul moyen sans doute, en montrant que le même fait, la même expérience immé-

diate, interne, qui manifeste l'existence du moi, manifeste en même temps l'existence d'une cause, d'une force productive de mouvement : or cette condition est précisément celle qui a lieu dans l'effort ou la tendance quand celle-ci passe du virtuel à l'actuel, ou quand un mouvement, un mode actif quelconque est effectué par le vouloir. Le moi perçoit ce mode comme effet en s'apercevant lui-même comme cause actuellement indivise de son produit, quoiqu'elle en soit distincte, puisque l'effet est transitoire, et que la cause ou la force reste. Nous savons maintenant et nous croyons nécessairement que la relation première de causalité établie ainsi subjectivement entre les deux termes ou éléments du même fait, ne saurait avoir lieu ou s'apercevoir comme elle est dans la conscience, s'il n'y avait pas objectivement ou dans l'absolu une relation semblable ou conçue de la même manière entre les deux substances ou forces telles que l'âme et le corps. La réalité de cette liaison causale entre deux substances, dont l'une agit, et l'autre pâtit, peut bien être induite, en effet, ou conclue d'une liaison parallèle aperçue entre le moi ou la volonté cause et une sensation musculaire ou le mouvement produit ; mais la réciproque ne saurait être vraie, et le conséquent ne peut prendre ici la place de l'antécédent. Étant donnée une première causalité de fait, nous pouvons en chercher la raison ou l'explication dans la relation des deux substances ; mais il serait contraire à toute bonne psychologie de vouloir commencer par l'absolu de la raison, pour en déduire la vérité du fait lui-même. Et de là, il suit bien évidemment que la supposition d'un simple concours, d'une harmonie, ou d'un pur occasionalisme entre l'âme et le corps, à l'exclusion d'une influence ou action quelconque exercée par l'une de ces substances sur l'autre, ne peut se soutenir contre la vérité du fait de conscience. En partant de l'hypothèse d'une simple relation de concomitance ou d'harmonie entre les deux substances, on n'expliquera jamais l'agent libre, la personne morale, l'homme tel qu'il est, mais seulement la série des modifications passives d'un être qui ne ferait aucun effort librement, ou n'agirait jamais de lui-même pour se mouvoir ou se modifier. C'est le cas de la girouette animée que supposait Bayle, ou de l'aiguille aimantée dont il est question dans la *Théodicée* ; mais comme il n'y aurait là rien de pareil au sentiment de l'effort voulu tel qu'il a lieu dans la vérité de notre existence, l'hypothèse explicative dont il s'agit, ne pouvant se concilier avec cette première vérité, se trouve par là même dénuée de fondement et arguée de faux. « Sans la vérité de cet axiome, Rien « n'arrive sans raison ; on ne saurait, dit Leibnitz (2),

(1) *Nouveaux Essais sur l'entendement*, pag. 337.

(2) *Nouveaux Essais*, pag. 137.

« démontrer ni l'existence de Dieu, ni d'autres grandes « vérités, etc. » Il est une vérité première et plus fondamentale encore, supérieure à toute logique, à toute forme d'axiome ou de démonstration, qui est au fond même du sens intime avant d'être exprimée ou de pouvoir devenir objet de la raison, savoir : Que rien n'arrive ou ne commence sans une cause ou force productive. Cette vérité vraiment primitive, universelle, est comme la voix de la conscience du genre humain : c'est elle seule aussi qui comprend implicitement l'existence réelle d'une cause première, d'où ressortent toutes les autres dans l'ordre absolu des notions ou des êtres. Si vous faites abstraction du vrai principe de causalité, et que vous mettiez la raison suffisante à la place de la cause productive, vous aurez beau remonter le plus haut possible dans la série des phénomènes, vous n'y trouverez pas Dieu, la personne, la force intelligente suprême qui opère ou crée par le vouloir; mais vous aurez à la place un terme général, indéterminé, un inconnu x, dont la valeur résolue en phénomènes de même ordre ou faits de même espèce, n'aura rien de commun avec la notion de cause première. Un être, qui n'aurait jamais fait d'effort, n'aurait en effet aucune idée de force, ni par suite de cause efficiente; il verrait les mouvements se succéder, une bille par exemple frapper et chasser devant elle une autre bille, sans concevoir ni pouvoir appliquer à cette suite de mouvements cette notion de cause efficiente ou force agissante, que nous croyons nécessaire pour que la série puisse commencer et se continuer. Si les physiciens exclusivement attachés à observer ou expérimenter la liaison, ou l'ordre de succession des faits de la nature, croient pouvoir faire abstraction complète de la véritable cause efficiente de chacun de ces ordres de faits, c'est qu'elle ne tombe point en effet sous l'expérience extérieure et ne peut entrer dans le calcul des phénomènes, n'étant point de nature homogène avec eux, et ne pouvant s'exprimer par les mêmes signes. C'est ainsi que les astronomes procèdent, suivant leur méthode d'observation et de calcul, à l'enchaînement rigoureux des faits, qu'ils considèrent uniquement sous les rapports de succession ou de contiguïté dans l'espace et le temps, comme s'il n'y avait pas vraiment de cause efficiente ou de force productive : et il est remarquable qu'ils n'aient pas même de nom propre pour exprimer cette notion; c'est toujours pour eux l'inconnu absolu (x. y.) dont l'équation est impossible par la nature même des choses ou des phénomènes qu'ils considèrent seuls. L'attraction newtonienne n'est en effet pour l'astronome qu'un fait généralisé successivement à force d'observations, de comparaisons et de calculs : *Hypotheses non fingo*, disait le grand Newton. Le fait a certainement lieu : les choses se passent comme si

les planètes tendaient vers le soleil, en vertu d'une force attractive exercée de ce centre. Mais il n'y aurait rien de changé, quand même elles y seraient poussées au travers du vide ou d'un milieu non résistant, par quelque autre cause ou force impulsive que ce fût. La cause étant ainsi abstraite, le système du monde pourrait être conçu comme une grande et belle harmonie préétablie entre les mouvements elliptiques des planètes et le soleil qui en est le centre immobile ou ne tournant que sur lui-même; et cette harmonie planétaire serait certainement ni plus ni moins merveilleuse que le simple concours harmonique supposé entre les mouvements du corps organique et les affections, appétits et tendances de l'âme à laquelle ce corps aurait été préalablement adapté. Il serait difficile d'expliquer pourquoi Leibnitz se montra si fortement opposé au système newtonien. Les hypothèses purement mécaniques auxquelles ce grand métaphysicien avait recours pour expliquer les mouvements célestes et les autres faits de la nature, étaient-elles plus conformes aux principes de la monadologie, au système qui niait toute action réciproque, toute influence physique des êtres les uns sur les autres (soit de près, soit de loin), dans un espace qui n'était lui-même qu'un pur phénomène? Mais l'examen de ces difficultés nous entraînerait trop loin, et sort d'ailleurs des bornes de notre sujet : nous voulions seulement montrer combien le grand principe de la raison suffisante diffère de celui de la causalité, ainsi que l'établit si bien Leibnitz lui-même (dans l'article cité des *Nouveaux Essais*), quoiqu'il l'oublie ensuite en formant ses hypothèses. « Les causes efficientes particulières des « mouvements de la matière consistent toujours, dit « l'auteur du *Système de l'Harmonie* (1), dans les états « précédents de cette matière même. L'état actuel « d'un corps particulier a sa cause efficiente (ou sa « raison) dans son état immédiatement antérieur, « comme dans celui de tous les corps ambiants qui « concourent ou s'accordent avec lui, suivant des lois « préétablies... » Que devient ici cette première vérité d'une cause de phénomènes, reconnue égale ou parallèle à la vérité même de notre existence, fondée comme elle sur l'expérience immédiate, et contre laquelle viennent se briser tous les efforts du scepticisme? Certainement on ne trouvera pas ce caractère de réalité ou de vérité immédiate, dans la dénomination de cause efficiente, appliquée, ainsi qu'on vient de le voir, à tels états successifs de la matière, dont chacun contient la raison suffisante de celui qui le suit, comme il a sa raison dans celui qui précède. On ne trouvera pas davantage ce caractère réel dans le titre de cause finale, appliqué encore à la suite des

(1) *OEuvr.*, tom. II, deuxième partie, pag. 152.

états passifs ou spontanés de l'âme, qui correspondraient, suivant les lois d'une harmonie préétablie, avec la série parallèle des états ou mouvements du corps. Dans ce développement ou déroulement simultané des deux séries, il n'entre rien qui puisse nous donner l'idée d'une activité productive, c'est-à-dire de la véritable cause ou force qui fait commencer les phénomènes, chacun dans sa série. « Quand on irait « jusqu'à l'infini dans la liaison ou l'enchaînement des « états, on ne parviendrait jamais, continue Leib« nitz, à trouver une raison qui n'eût pas besoin d'une « autre raison; d'où il suit que la raison pleine des choses « ne doit point être cherchée dans les causes particu« lières (soit efficientes, soit finales), mais dans une « cause générale d'où émanent tous les états successifs « depuis le premier jusqu'au dernier, savoir l'intelli« gence suprême à qui il a plu de choisir telle série entre « toutes les autres dont la matière était susceptible. » Ici se trouve le lien qui unit la métaphysique à la théologie, dans le système leibnitzien. Dieu est la raison suffisante, suprême, de l'univers, le premier et le dernier terme de toutes les séries dans l'ordre des causes efficientes, comme dans celui des causes finales qui viennent toutes se résoudre en lui. En tant que raison suprême, Dieu seul explique tout ; c'est à son point de vue seul que tout est entendu et conçu parfaitement à titre de vérité, de réalité absolue. Seul, il embrasse l'universalité des rapports des êtres moyens à leur fin qui est en lui ou qui est lui-même ; dans son entendement divin est le vrai, l'unique siége de toutes ces idées ou vérités éternelles, prototype du vrai, du beau, du bon absolu, de tout ce qu'il y a de meilleur : ce sont ces idées modèles que Dieu contemple de toute éternité : ce sont elles qu'il a consultées et réalisées, en formant un monde qui est comme une émanation de son entendement, et par là même une véritable création de sa volonté toute-puissante. A ce beau parallélisme préétabli dans l'entendement divin entre le règne des causes efficientes et celui des causes finales, parallélisme universel, dit Leibnitz, représenté par l'harmonie particulière de l'âme et du corps, correspond une autre harmonie d'un ordre encore supérieur, entre les deux règnes de la nature et de la grâce. Ici s'ouvre une nouvelle et vaste carrière où il nous est impossible de suivre dans son vol, trop hardi peut-être, le sublime auteur de la *Théodicée*. Partant de l'existence d'un être infiniment parfait, Leibnitz déduit, comme conséquence nécessaire du principe de la raison suffisante, et de la présence simultanée dans l'entendement divin de tous les plans possibles d'un monde idéal, « le « choix du meilleur, du plus conforme à la sagesse

suprême, où doit régner la plus grande variété avec « le plus grand ordre, où la matière, le lieu, le temps « sont le plus ménagés, celui enfin où doit s'établir « une cité digne de Dieu qui en est l'auteur et de tous « les esprits, soit des hommes, soit des génies, qui « en sont les membres, en tant qu'ils entrent par la « raison ou la connaissance des vérités éternelles, dans « une espèce de société avec leur chef suprême. Telle « est cette constitution du plus parfait État gouverné « par le plus grand et le meilleur des monarques, où « il n'y a point de crimes sans châtiments, point de « bonnes actions sans récompenses proportionnées ; « où se trouve enfin autant de vertus et de bonheur « qu'il est possible. » C'est en tendant toujours à se placer dans ce point de vue sublime, que Leibnitz saisit souvent avec un rare bonheur les rapports les plus inattendus entre le monde des idées et celui des faits de la nature : c'est en cherchant à déterminer, par le calcul, quels sont les moyens qui vont le plus droit à la fin, qui ménagent le plus la matière, l'espace et le temps, qu'il parvient à résoudre des questions regardées comme inaccessibles à l'esprit humain, ou à démontrer des vérités conçues mais non prouvées avant lui (1). Telle est la source de cette confiance absolue que montra toujours ce grand maître dans la vérité ou la réalité de ses principes, la légitimité de ses conclusions, la rigueur de sa méthode, et enfin la certitude de son *criterium* logique.

Après avoir marqué les principaux caractères du rationalisme de Leibnitz, et indiqué la route qui va de l'origine aux dernières sommités de la doctrine, nous pouvons voir comment le cercle se ferme sur lui-même, et vient rejoindre le point où il a commencé. Dans le point de vue de l'immortel auteur de la monadologie, la science des principes n'est autre que celle des forces; or, la science des forces comprend tout ce qui est, et tout ce qui peut être conçu par l'esprit de l'homme, à partir du moi, force donnée immédiatement dans le fait primitif de conscience, jusqu'à la force absolue, telle qu'elle est en soi aux yeux de Dieu ; telle qu'elle peut être en Dieu même. Le point de vue du moi n'est pas le point de vue de Dieu, quoiqu'il y conduise par une analyse exacte et au moyen de ce même principe de la force qui avait entièrement échappé à Descartes, et que Leibnitz a saisi le premier dans sa profondeur. Comme Descartes, il est vrai, Leibnitz a manqué de distinguer ces deux points de vue et d'exprimer le lien qui les unit; mais Descartes avait rompu ce lien, et Leibnitz a donné le seul moyen propre à le renouer : aussi est-ce à sa doctrine que viendront se rattacher les progrès ultérieurs de la vraie philosophie de l'esprit humain.

(1) Il faut voir, dans l'*Essai de Cosmologie* de Maupertuis, l'heureuse application du principe des causes finales, faite d'après Leibnitz par ce géomètre philosophe,

et comment il résout, à l'aide du principe de la moindre action, d'une manière aussi neuve qu'élégante, d'importantes questions de *cosmologie* et de *dioptrique*.

RÉPONSES

AUX ARGUMENTS CONTRE L'APERCEPTION IMMÉDIATE D'UNE LIAISON CAUSALE ENTRE LE VOULOIR PRIMITIF ET LA MOTION, ET CONTRE LA DÉRIVATION D'UN PRINCIPE UNIVERSEL ET NÉCESSAIRE DE CAUSALITÉ DE CETTE SOURCE.

Ces arguments, exposés avec autant de netteté que de profondeur par mon savant et honorable ami (1), se réduisent à deux chefs :

1° Difficultés relatives à l'origine du principe de causalité. La volition et la motion qui la suit sont deux faits ou deux modes et non pas un seul fait de conscience (*sui generis*), tel que l'exprime ou le suppose le mot effort. Ces deux modes sont comme deux événements quelconques dont l'un accompagne ou suit l'autre constamment et invariablement, et entre lesquels il nous est impossible d'observer ou d'apercevoir immédiatement aucune autre liaison que celle de contiguïté dans le temps et l'espace, etc. , sans qu'il y ait rien de semblable à ce que nous appelons *cause* efficiente, qui soit susceptible de tomber sous un sens quelconque externe ou interne, etc.

2° Difficultés relatives à la dérivation et à l'application du principe. Mais, en accordant même que la causalité originelle fût identifiée avec un fait primitif de conscience, tel que l'effort voulu, toute relation de cause et d'effet, dérivée de cette source, ne pourrait être qu'individuelle, particulière, contingente comme le moi. Or, le principe de causalité ou de raison suffisante, tel que nous le concevons et l'appliquons incessamment, s'offre à notre esprit sous les caractères tout opposés d'universalité qui ne souffre aucune exception, d'infaillibilité et de nécessité qui n'admettent aucunes chances contraires et pas même la possibilité de penser autrement. La dérivation dont il s'agit est donc impossible, puisqu'il est reconnu en bonne philosophie que du particulier, du contingent et du fini on ne déduira jamais l'universel, le nécessaire, l'infini, etc

Avant de développer ces graves objections et de chercher à les résoudre, il serait bien important de s'entendre sur le point de vue où l'on doit se placer

(1) M. Stapfer.

pour acquérir l'idée de ce que nous appelons la causalité originelle, et établir ainsi les fondements de la philosophie première, qui ne reposera jamais sur une base plus solide que sur un fait primitif de sens intime, évident, incontestable.

Mais, puisqu'il ne s'agit, pour moi, que de constater ce fait, nous devons abjurer, en commençant, les deux points de vue opposés, entre lesquels se sont partagées jusqu'ici les différentes écoles de philosophie, et qui paraissent avoir apporté le plus grand obstacle à la découverte du vrai principe psychologique ; savoir :

1° Le point de vue ontologique ou de la raison pure, qui consiste à débuter par l'absolu, l'âme, substance pensante ; les formes en soi de cet être en soi, ou les virtuelles dispositions, idées innées ou inhérentes à cet absolu (sujet-objet) avant la conscience, hors et indépendamment d'elle ou du moi, par suite non apercevibles, non connaissables, contraires à tout ce qui peut offrir le caractère d'un fait, y compris le moi lui-même.

2° Le point de vue empirique, qui débute par la sensation, ou par une modification quelconque adventice, en posant de prime abord un sujet substantiel, identique, permanent, avec une ou plusieurs causes externes, capables de le modifier, ou de lui créer ses sensations, toute son existence, sans s'informer de ce qu'est ce sujet, pour lui et en lui-même, quelle est cette cause, ou d'où lui vient son efficace, avançant ainsi dans les recherches dont on ignore même l'objet et le but réel, sans se douter qu'on laisse derrière soi des problèmes tellement essentiels à résoudre ou du moins à poser, que, sans eux, on n'entendrait rien, on ne concevrait jamais rien en philosophie.

Je cherche en vain des deux côtés ce que j'appelle principe ou fondement de la science et qui ne présuppose pas déjà une science acquise ou infuse ; et au lieu de principes, je trouve partout des paralogismes.

Je vois, par exemple, les métaphysiciens purs, comme les empiriques, employer, appliquer, en commençant,

l'idée de cause. Je sais bien qu'ils ne peuvent pas faire
autrement ; que cette idée ou notion est actuellement
et incessamment présente à l'esprit, par cela qu'il
pense, ou au moi, par cela seul qu'il existe personnellement ; mais comment entendre que la causalité
soit inhérente à l'âme, à titre de forme ou d'idée
innée ? Qu'est-ce que cela veut dire ? D'où vient que
je conçois si clairement une cause productive, et que
j'ai toujours une notion si obscure, si incomplète de
la substance de l'âme en soi ? Comment les ténèbres
ont-elles produit la lumière ? Comment sais-je (*certis
simâ scientiâ*), d'abord que j'ai une âme, et puis que
toute idée de cause dérive de cet absolu ?

Et quant aux empiristes, comment répondront-ils
aux terribles arguments de Hume, qui montre, avec
tant de sagacité et de profondeur, qu'il n'y a dans les
sensations reçues du dehors, ni dans les idées qui en
proviennent, ni dans aucune des modifications adventices de l'âme, rien qui ressemble le moins du monde
à ce que nous appelons cause, pouvoir, liaison nécessaire ? Concluront-ils, avec Hume, qu'il n'y a point
réellement pour nous ou pour notre esprit de véritable
cause existante, mais que nous contractons l'habitude
de voir ou d'imaginer cette sorte de liaison entre les
choses ou les faits qui se sont constamment suivis ? Il
ne se trouvera pas beaucoup de sceptiques aussi déterminés. Pour sauver l'universalité et la nécessité du
principe, dira-t-on encore avec Kant que la causalité
est une forme ? Que deviendra la réalité objective de
cette notion ? et comment une forme pure aurait-elle
plus de consistance ou de réalité en soi qu'une habitude ? Le scepticisme triomphe donc également sur les
deux points.

Je suis intimement convaincu qu'il n'est aucun
moyen de sortir de là, tant qu'on voudra fonder la
science, soit sur l'absolu du sujet, en partant de l'âme
telle qu'elle est en soi, soit sur le relatif de l'objet,
en partant de la sensation conçue de l'expérience extérieure
qui demande un principe, une base, sans pouvoir elle-
même servir de base. Ce dernier point est évident, et
Hume lui-même a porté un coup mortel à l'empirisme
dogmatique. Mais le premier semble laisser encore des
chances au dogmatisme des métaphysiciens *à priori*.
Je ferai à ce sujet quelques observations qui tendront
à justifier la nécessité de mon point de vue sur la causalité identifiée avec la personnalité originelle ou avec
le sujet primitif de conscience.

« Je voudrais bien savoir (dit Leibnitz dans ses
« *Nouveaux Essais*) comment nous saurions qu'il y a
« des êtres, si nous n'étions pas nous-mêmes (ou si
« notre âme n'était pas un être). » On ne peut pas
mieux caractériser le point de vue ontologique, comme
devant servir de base à la science. Kant a commencé
de la même manière, en croyant résoudre le grand

problème des existences à l'aide des catégories ou des
formes inhérentes à l'âme ou *noumène* pensant.

On pourrait préciser un peu plus la question fondamentale de Leibnitz, en demandant comment nous
saurions qu'il y a des causes, si nous n'étions pas nous-
mêmes causes.

Suffit-il que notre âme soit, ou qu'elle ait par sa
nature et son essence (que Dieu seul peut connaître),
tels attributs, telles formes inhérentes à elle-même,
pour qu'elle entende les choses étrangères à elle,
comme elle est, et uniquement parce qu'elle est ?

Ne faudrait-il pas au moins qu'elle eût quelque
moyen de connaître ou d'apercevoir immédiatement
ce qu'elle est, pour pouvoir juger les autres choses
d'après ce type intérieur de connaissance ou de conscience, et non pas seulement d'existence ou d'être
absolu ? Transformez donc la question ontologique
précédente dans cette autre question psychologique
et vraiment fondamentale de la science : comment
saurions-nous qu'il y a des causes, si nous ne savions
pas primitivement ou si nous n'apercevions pas immédiatement que nous sommes causes, ou, en d'autres
termes, si le moi n'était pas cause pour lui-même,
si sa causalité primitive n'était pas identique à son
existence aperçue.

Ce premier pas est si important à mes yeux que
tout le sort de la philosophie en dépend. J'y trouve
d'abord renfermées deux conséquences également
fondamentales.

La première, c'est qu'il n'y a point d'immédiation
naturelle de l'être de l'âme en soi à la connaissance
des choses qu'elle serait censée concevoir comme elle
est, mais qu'il y a entre ces deux termes un intermédiaire essentiel, savoir : un fait primitif par lequel
l'âme se manifeste à elle-même ; et nous savons, par
le sens intime même, que cette manifestation intérieure antécédente n'est pas celle de la substance
toujours conçue objectivement, mais celle de la force
ou de la cause qui est primitivement et essentiellement
subjective ; en d'autres termes, de la conscience de
moi cause nous irons bien à la connaissance ou la
conception des autres causes, mais en partant de l'être
cause en soi on ne voit pas comment une connaissance
quelconque subjective ou objective en serait immédiatement dérivée ; ce qui contrarie tous les systèmes
de métaphysique *à priori*.

La deuxième conséquence, c'est qu'en considérant
le principe ou la notion de causalité comme une forme
de l'âme ajoutée à la matière de la sensation ou combinée avec elle, on n'est point fondé à dire que cette
association s'opère en vertu d'un jugement synthétique
à priori. Si c'est par un jugement synthétique proprement dit que le moi attribue d'abord toutes ses modifications passives, et par suite tout événement exté-

rieur, à quelque cause productive qui le fait commencer, en associant l'idée de cause toute prise en lui-même à chacun de ces événements ou modes adventices, le jugement synthétique qui opère cette association ne peut être considéré ni comme à *priori*, ni comme à *posteriori* dans le sens où l'expérience répétée serait nécessaire pour le confirmer. Le jugement n'est point à *priori*, puisqu'il est impossible de le concevoir antérieur au fait primitif intermédiaire entre l'absolu de l'âme (être cause) et la connaissance de la cause objective. Il n'est point à *posteriori*, puisque la causalité du moi est certaine à la première expérience intérieure immédiate qui ne peut tromper, et que la répétition ne saurait rien ajouter à sa certitude (1).

Cette dernière réflexion me ramène aux arguments contre ma manière de déduire la causalité du fait primitif de la motion ou de l'effort : et si je ne me suis pas trompé, il doit résulter de ce qui précède que ce mode de dérivation est le seul qui puisse mettre désormais la philosophie à l'abri des attaques du scepticisme et des illusions du dogmatisme.

Première objection.

Pourquoi établissons-nous une *connexité nécessaire* entre la volition et l'effort?... etc., etc.

Rép. Cette objection et les développements qui la suivent supposent que l'effort voulu et la motion sont divisés en deux faits successifs comme deux événements extérieurs, dont on dit physiquement et par une application détournée du principe de causalité que l'un (premier en temps) est cause de celui qui le suit constamment.

L'effort voulu et immédiatement aperçu dans sa détermination et dans la motion active (phénomène de conscience aperçu ainsi comme effet qui manifeste nécessairement sa cause productive), est un seul fait composé de deux éléments, un seul rapport à deux termes, dont l'un ne peut être isolé de l'autre sans changer de nature ou sans passer du concret à l'abstrait, du relatif à l'absolu. Le vouloir considéré dans l'âme, hors de son effet, se résout dans la notion de force absolue, notion d'un genre tout différent et qui ne saurait être primitive. D'un autre côté, la motion considérée objectivement dans l'organe musculaire séparément du vouloir qui l'actualise ou s'actualise en elle, est un fait physiologique ou une sensation comme une autre, qui n'a rien d'actif. En affirmant la *connexion*, je ne dis pas entre deux faits, mais entre deux éléments nécessaires d'un même fait, nous ne faisons qu'exprimer le fait primitif de conscience, nous n'allons point au delà.

(1) Leibnitz dit très-bien dans les *Nouveaux Essais* : « Si l'expérience interne immédiate pouvait nous tromper,

On pose cette alternative : « Ou la connexité, le pouvoir dont il s'agit est l'objet d'une perception immédiate, ou nous l'inférons par le raisonnement. Dans le dernier cas nous retombons dans le scepticisme de Hume ou dans le formalisme de Kant. »

Je suis tout à fait de ce dernier avis. Mais reste la première alternative à justifier.

Je ne dirai pas, que la connexité du vouloir ou de la motion dans l'effort soit l'objet d'une perception immédiate ; pour le concevoir ainsi, il faudrait poser d'abord l'âme substance pensante douée de la faculté de percevoir également ce qu'elle fait ou ce qui se fait spontanément en elle et hors d'elle, ou dans les corps à qui elle est unie. C'est là le point de vue ontologique, par lequel débutent tous les métaphysiciens, et qui fait les plus grandes difficultés de la science. L'âme substance ne perçoit pas les autres choses en tant qu'elle est, mais seulement en tant qu'elle s'aperçoit d'abord elle-même, c'est-à-dire en tant qu'elle existe pour elle-même ou qu'elle est moi. C'est ce moi, sujet individuel de conscience qui perçoit tout en s'apercevant lui-même. Faites abstraction du moi de la personne individuelle, et vous ne pourrez plus attacher un sens précis et déterminé à ce mot perception obscure, dont Leibnitz me semble avoir abusé au dernier point, précisément parce qu'il a débuté par l'ontologie sans avoir égard au fait primitif. En prenant donc le terme perception dans son vrai sens psychologique, nous dirons que la connexité du vouloir et de la motion qui constitue l'aperception *immédiate* interne, est, non pas l'objet, mais le propre sujet de toute perception externe, ou de ce que Locke et Condillac appellent généralement sensation. En effet, c'est le moi (sujet actuel dans le sens psychologique) et non point l'âme (sujet absolu ou ontologique) qui perçoit les odeurs, les couleurs, les sons, etc. Pour percevoir ainsi, il faut bien que le moi existe pour lui-même, ou que la personnalité ait commencé ; or le moi n'existe que dans l'effort voulu ; et l'effort voulu actuel ne se manifeste à titre de fait que par son effet immédiat de conscience, la motion ou la sensation musculaire aperçue ainsi dans la connexion intime avec sa cause, comprise sous la même unité de conscience. Otez la cause et la modification sera sentie, mais non plus perçue comme effet : ôtez l'effet, et la cause ne se manifestant plus à la conscience, elle sera comme si elle n'existait pas.

On voit donc bien ici qu'il n'y a pas deux faits, deux modes spécifiquement différents, en connexion accidentelle ; mais un seul fait, un seul et même mode actif, et relatif par sa nature, de telle sorte qu'on ne peut isoler l'un de ses deux éléments constitutifs sans

« il ne saurait y avoir pour moi aucune vérité de fait, j'ajoute ni de raison. »

l'anéantir ou le détruire ; tandis que deux faits réellement distincts, quoique unis étroitement l'un avec l'autre, subsistent après la division ou peuvent être conçus chacun à part.

Il y a loin de ce point de vue de la conscience ou du moi (cause qui s'aperçoit dans son effet) à celui de l'harmonie préétablie ou des causes occasionnelles qui, après avoir posé la série des vouloirs de l'âme d'une part, et celle des mouvements du corps d'autre part, cherchent ensuite par le raisonnement le lien qui peut unir ces deux êtres absolus, en transformant ainsi en mystère un fait évident par lui-même, et couvrant de nuages le principe de causalité pour ne pas l'avoir aperçu dans sa source primitive.

J'ai montré ailleurs comment le système des causes occasionnelles, altérant ou plutôt détruisant dans sa source le principe de causalité à son vrai titre, avait pu conduire au panthéisme ou à l'unité de substance un esprit aussi conséquent que Spinosa. Il est aussi facile de voir que l'harmonie préétablie est plutôt un moyen de se passer du principe de causalité tel que nous l'entendons, qu'une application vraie et légitime de ce principe qui diffère entièrement de celui de la raison suffisante dans le sens de Leibnitz.

Deuxième objection.

« Si ce n'est pas la connexion des deux modes, mais
« l'énergie de la volition ou la dépendance de la motion
« qui est l'objet immédiat de la perception, il faudra
« que dans l'acte de la volonté suivie de la motion,
« ou dans cette dernière, perçue à la suite de la voli-
« tion, il y ait quelque chose (élément ou ingrédient
« de la même perception) qui nous offre l'effet comme
« suite inévitable de ce que nous apercevons ou con-
« séquence évidente de l'acte qui a précédé dans la
« conscience du moi.

« Cet élément ou cet ingrédient devrait nous offrir
« le lien caché qui unit la cause à l'effet, nous montrer
« comment l'un est le produit de l'autre ; or voici
« encore où Hume nous attend, etc.

Rép. La forme et les termes de cet argument montrent assez qu'il est pris dans un point de vue tout à fait différent de celui sous lequel nous considérons l'effort ou le fait primitif de conscience. On y considère toujours la volition et la motion comme deux faits ou modes distincts et séparés en temps, dont l'un suit l'autre dans la conscience qui est censée s'attacher à chaque mode séparément.

L'objection disparaîtrait donc entièrement, si l'on pouvait se placer enfin dans ce point de vue où les deux éléments du même fait de conscience coïncident dans un seul mode relatif et dans un seul et même instant de la durée subjective du moi ; car cette durée ou le

temps relatif (qui n'est pas une forme de la sensibilité passive, mais une suite de l'activité constitutive de la personne), cette durée, dis-je, commence et finit ou s'interrompt avec le moi ; elle s'attache donc au fait concret de l'existence personnelle, et non point à l'un de ses éléments, tel que le vouloir abstrait qui correspondrait par hypothèse à un instant, tandis que la motion passive ou le mouvement opéré correspondrait à un autre instant. La simultanéité absolue du vouloir et de la motion est aussi évidente que le fait même de conscience ou la relation fondamentale qu'elle constitue et qui n'existerait pas sans elle, c'est-à-dire si les deux éléments n'étaient pas simultanés. Et c'est bien vainement qu'on cherche à confondre le rapport de succession avec celui de causalité. Toute force productive est essentiellement simultanée avec l'effet ou le phénomène en qui et par qui elle se manifeste. La cause absolue, objective est, à la vérité, avant, comme pendant et après son effet transitoire. Mais la cause de conscience ou subjective, moi, ne commence à exister pour elle-même, et ne dure que pendant son effet immanent. La durée de l'effort actuel, constitutif de l'état de veille, mesure seule la durée du moi.

Pour nous assurer plus sensiblement de la simultanéité complète de l'acte du vouloir et de la motion, nous n'avons qu'à consulter l'expérience intérieure. Lorsque je sais déjà par cette sorte d'expérience qu'un mouvement ou un acte quelconque est en mon pouvoir ou en celui de ma volonté (avec laquelle le moi s'identifie constamment), je puis penser à cet acte, le prédéterminer ou en arrêter avec moi-même l'exécution dans le temps ; mais cette pensée, cette prédétermination diffèrent bien essentiellement d'un vouloir actuel et efficace. Aussitôt que je veux réellement et que le ressort de mon activité se débande pour ainsi dire, le mouvement est effectué, créé dans un seul et même instant, sans qu'il y ait la moindre succession perceptible entre la cause et l'effet ; autrement il y aurait prédétermination et non point vouloir proprement dit.

La motion, aperçue comme effet du moi simultané avec sa cause, a bien sûrement un caractère propre, essentiel, qui la différencie de toute motion passive, telle que celle qui est opérée par l'instinct animal, ou par des causes quelconques étrangères à la volonté. Il doit entrer, comme on l'a dit, quelque élément ou ingrédient particulier dans l'aperception intime d'un mouvement volontaire qui sert à le distinguer nettement du mouvement animal involontaire ; et cette distinction même qui se voit naturellement et immédiatement par conscience, me paraît être le plus fort argument contre les philosophes qui se fondent sur des raisons à priori, pour nier l'efficace du vouloir, et par suite la causalité originelle.

Mais nous sommes obligés de convenir que l'élément ou l'ingrédient particulier qui sert à distinguer le mouvement volontaire de celui qui ne l'est pas, est vraiment inexplicable ou ineffable, lorsqu'on veut chercher des exemples ou des moyens d'explication hors du fait même de la conscience; c'est là précisément qu'est la limite qui sépare, comme par un abîme, le domaine de la psychologie de celui de la physiologie. Qu'on explique comme on pourra comment l'influx cérébral met en jeu les nerfs et par eux les muscles, on n'en concevra pas mieux ou plutôt on ne fera qu'obscurcir et dénaturer l'opération et l'efficace du vouloir dans le mouvement volontaire. La conscience a ses signes propres incommunicables, intraductibles : le signe propre, de la motion volontaire, c'est l'effort voulu et aperçu à la fois dans sa libre détermination et dans son résultat. On ne peut aller plus loin ou chercher des explications, sans assimiler et confondre deux ordres de faits ou de notions de genre tout différent.

Comment donc entendre que le lien caché, qui unit la cause à l'effet dans la motion active, doive se représenter distinctement des deux termes du rapport, afin que nous puissions voir comment l'un est le produit de l'autre? Quand il s'agit d'un fait primitif de sens intime, demander à voir, à imaginer, à figurer le comment du fait, c'est ne pas savoir ce qu'on demande, en demandant ce qu'on sait.

Je sais bien que « Hume a passé en revue toutes « les classes d'événements, ou d'êtres que nous voyons « (ou mieux que nous croyons être) en dépendance « de causalité. » Mais c'est justement parce qu'il a aussi passé en revue les divers faits de la nature extérieure, qu'il n'a pas trouvé ce qu'au surplus il ne cherchait pas sérieusement, et qu'il aurait été fâché de trouver, savoir le fait du sens intime un et sui generis qui renferme et manifeste la causalité originelle.

La dissemblance totale entre les causes et les effets que Hume fait ressortir de son examen, n'est autre que celle de l'action et de la passion; il ne saurait y en avoir une plus réelle et plus complète; mais que conclure de cette dissemblance? Que les causes n'existent pas; qu'il n'y a que des phénomènes que nous contractons l'habitude de lier entre eux ou d'associer dans notre esprit d'une certaine manière, etc. Cette conclusion ou ce doute serait bien peu philosophique; nous induisons au contraire avec bien plus de certitude que les causes ayant une manière d'exister toute différente de celle des effets, ne peuvent être connues par les mêmes moyens, se représenter aux mêmes sens, se figurer également à l'imagination, ce qui prouve, contre les disciples de Locke et Condillac, qu'il y a d'autres idées ou notions que celles qui viennent du dehors par le canal des sens, ou même du dedans par la réflexion que nous faisons sur ces premières idées.

Hume étant parti de la supposition qu'il ne peut y avoir d'autre source d'idées, a rejeté la causalité comme ne pouvant entrer dans des cadres : et ainsi il a fourni sans intention le plus fort argument contre le système de Locke à ceux qui, philosophant de bonne foi, se sentent nécessités à admettre la réalité des causes ou celle des existences à partir du moi.

Que l'intelligence humaine n'ait aucun moyen de pénétrer le comment du *nexus* des causes et des effets; que dans l'application universelle et objective du principe, les moyens d'action ou les sources d'influence de chaque cause agissante, comme les marques visibles de la dépendance de chaque effet produit, échappent à toutes les forces de notre esprit, qu'est-ce que cela fait à la réalité du principe, à celle de la source où nous avons dû certainement le puiser avant de l'appliquer au dehors? Dans cette source primitive ou en nous-mêmes, nous avons la preuve évidente, immédiate du vouloir cause, et la marque simultanée aussi évidente de la dépendance de la motion effet. Voilà ce qu'il s'agissait d'abord de bien constater dans un fait inexplicable, il est vrai, en tant que primitif, mais qui étant une fois admis, peut seul nous fournir une issue hors du labyrinthe sceptique, en nous éclairant sur la réalité nécessaire et absolue des causes autres que nous; réalité tout à fait indépendante de la connaissance ou de la représentation du comment de l'action de ces causes ou de la production de leurs effets.

Qu'il me soit permis de renvoyer ici à mes notes imprimées sur les arguments de Hume [1] contre la dérivation du principe de causalité telle que je l'entends : j'ai cherché à bien établir toute la différence qui sépare notre certitude sur la réalité de l'existence des causes efficientes à partir du moi ou de l'effort voulu, de la connaissance objective ou représentative des moyens physiques ou des conditions organiques par lesquels s'effectuent leurs opérations.

Troisième objection.

« Dire que la connexion ne change pas de nature « pour être établie entre telles modifications ou tels « événements plutôt qu'entre tels autres d'espèce toute « différente, » c'est montrer qu'on n'entend pas la causalité originelle, ou qu'on est tout à fait loin du point de vue où nous nous sommes placés pour l'atteindre. De quoi s'agit-il? De trouver ou constater un fait ou un rapport tel que ses deux éléments ou termes appartiennent tous deux également à la conscience du moi,

[1] Voyez le premier Appendice de l'*Examen des leçons* de M. Laromiguière.

et s'y trouvent immédiatement liés sous la relation de cause productive et d'effet produit. Or il n'y a qu'un seul cas, un seul mode (*sui generis*) où cette relation soit immédiate et intérieurement aperçue dans les deux termes présents à la conscience, savoir : l'effort voulu, cause, et la motion produite, effet senti en dépendance. Ce principe de fait est unique encore un coup ; et c'est de lui que la causalité s'étend à toutes les modifications passives, à tous les événements extérieurs quelconques. Dans cette application objective universelle, la cause n'est plus terme ou élément de conscience, mais objet de croyance nécessaire ; la connexion est donc changée, suivant des lois certaines et constantes, que le scepticisme ne saurait ébranler. Le rapport reste bien toujours le même, il est vrai, et ne fait que se répéter en s'appliquant aux modes ou événements externes de l'espèce la plus différente. Mais avant d'être ainsi appliqué au dehors, il a dû être aperçu au dedans dans toute la réalité de fait, et voilà ce qu'il importait de constater avant tout. Avoir expressément désigné le type un, individuel de la causalité universelle, ce n'est certainement pas avoir multiplié les êtres sans nécessité.

Si une même source donne naissance à plusieurs fleuves, le voyageur qui la découvre fait mieux que d'ajouter au nombre des fleuves connus.

Quatrième objection.

Oui, certes, la causalité originelle est inexplicable et doit l'être encore plus s'il est possible que le comment de l'action de toutes les causes et de toutes les forces dérivatives ; nous en savons bien maintenant la raison, et ce n'est plus pour moi une objection contre la réalité ni contre l'origine du principe. Si nous savions comment la volition met notre corps en mouvement, nous saurions tout ; mais cette science divine ne changerait 'rien au fait de conscience : elle ne le rendrait pas plus évident qu'il ne l'est ; nous n'en serions pas plus sûrs que nous ne le sommes actuellement (*certissimâ scientiâ et clamante conscientiâ*) de l'influence efficace de nos vouloirs sur nos mouvements.

Cinquième objection.

« On peut imaginer des cas où la chance de se « tromper est pour le moins aussi grande sur le « théâtre de notre activité personnelle que sur celui « des changements extérieurs. Un homme frappé de « paralysie, etc. »

J'ai répondu ailleurs (1) à cet argument dont Hume a cherché à tirer parti, et j'y renvoie pour le fond.

J'ajouterai que l'expérience du paralytique dont il

s'agit est délicate et difficile à faire. Jusqu'à quel point un homme qui s'éveillerait paralysé dans quelque partie de son corps apercevrait-il immédiatement, et sans l'intervention de la mémoire, le pouvoir de remuer ses membres paralysés ? Ce qui ferait croire que cette aperception immédiate de pouvoir ou d'énergie ne serait pas la même que dans l'état sain ordinaire, c'est que si la paralysie pour le mouvement était générale, la faculté de sentir étant entière, il n'y aurait point d'effort voulu, par cela que l'aperception d'énergie ou de force radicale manquerait entièrement. Toutes les sensations seraient en ce cas purement affectives ou animales ; l'individu ne les localiserait pas, il n'en jugerait pas, il ne serait pas une personne. Il y a une expérience remarquable, rapportée par M. Rey-Régis, médecin, dans un ouvrage intitulé : *Histoire naturelle de l'âme* (2), qui confirme ce résultat. Mais admettons que le paralytique dont il s'agit, comme l'homme amputé dont parle Hume, se figure avoir encore le pouvoir de remuer le membre paralysé, ou qui n'existe plus, et qu'il tende à le mouvoir comme auparavant. Que faudra-t-il en conclure ? Que l'aperception immédiate de son pouvoir efficace le trompait en premier lieu, comme la croyance fondée uniquement sur le souvenir de la motion passée et non sur le sentiment actuel et immédiat du pouvoir moteur, le trompe à présent ? Non sans doute ; on convient que nulle expérience interne immédiate ne saurait tromper : mais de cela même on induit que le paralytique et l'amputé n'ont jamais éprouvé rien de pareil au sentiment d'un pouvoir efficace. On induirait, au contraire, qu'une croyance de souvenir qui trompe actuellement concourt à justifier la réalité du sentiment immédiat ou du fait primitif dont ce souvenir est la représentation, et sans lequel la croyance ne serait pas née, de même que la représentation vive des personnes ou des choses qui nous ont frappés et que nous croyons voir encore, ne prouve rien contre la réalité de ces objets de nos perceptions directes, mais plutôt la justifierait au besoin.

Nous voilà au bout des objections faites contre l'origine de la causalité et l'identité de ce principe pris dans sa source avec l'effort voulu ou le fait primitif de la conscience du moi. Je regarde ce principe comme suffisamment dilucidé par ces dernières observations, et je me sens prêt à repousser victorieusement les nouvelles attaques qui pourraient être portées contre cette origine de l'idée de cause. Restent les arguments motivés sur l'universalité et la nécessité de l'application de ce principe hors de nous, et la difficulté qu'il y a à concilier l'universalité ou l'infaillibilité

_____

(1) Voyez le premier appendice : opinion de Hume, etc.   (2) Page 124.

du principe que tout événement a une cause, avec l'origine individuelle, particulière et contingente d'où nous prétendons dériver cette notion.

Sixième objection.

« La conviction avec laquelle nous affirmons qu'il « n'a pu, ne peut et ne pourra jamais arriver un « changement dans l'univers qui n'ait eu, n'ait ou ne « doive avoir sa raison suffisante, ne peut être le « résultat d'un raisonnement par induction ; car cette « induction, quelque générale qu'on la suppose, ne « sera jamais universelle, comme l'est cette proposi- « tion : Tout changement a nécessairement sa cause « efficiente, affirmation qui est en notre conscience « accompagnée de tout un autre genre d'assentiment « que celle-ci, par exemple, que le soleil se lèvera « demain, etc., car dans ce dernier cas, l'impossi- « bilité du contraire n'est pas établie dans notre « esprit, comme dans la proposition de la causa- « lité, etc., etc. »

J'observerai d'abord que ces réflexions, dont je reconnais toute la justesse, n'attaquent en rien mon principe sur la causalité originelle : elles prouvent tout au plus qu'il laisse encore un *desideratum* sur l'application nécessaire que nous faisons de ce prin- cipe, ou sur le passage de la causalité individuelle et une du moi à la causalité universelle, du fait primitif à la notion, du relatif à l'absolu : c'est là le grand problème de la philosophie.

Je voudrais indiquer ici quelques-uns des éléments de sa solution.

Le premier élément est bien certainement le moi actuel, constitué par le sentiment d'un effort voulu cause indivise de son effet, et se renfermant dans le même acte de conscience : c'est de là que tout peut être déduit ou induit par la raison, qui n'est pas le raisonnement, ou par l'abstraction réflexive, qui n'est pas la généralisation.

La raison est bien une faculté innée à l'âme hu- maine, constitutive de son essence ; on pourrait dire que c'est la faculté de l'absolu : mais cette faculté n'opère pas primitivement ni à vide ; elle ne saisit pas son objet sans intermédiaire ; cet intermédiaire essen- tiel, cet antécédent de la raison, c'est le moi primitif. Avant le moi il n'y a rien ; le *noumène* de l'âme, les formes, les virtualités, les facultés qu'on lui attribue à *priori* sont objets de croyance et non de science. Mais la croyance n'est certainement pas antérieure à quelque science, et je regarde comme une vérité cer- taine que la science comme la croyance ont leur base et leur point d'appui nécessaire dans la conscience du moi ou de l'activité causale qui le constitue.

Cela posé, demande-t-on comment de la conscience d'un effort voulu cause individuelle de motion, nous faisons l'idée ou la notion universelle de causalité né- cessaire ? Il faudra savoir d'abord comment de la conscience du moi actuel existant par lui-même nous faisons la notion d'âme substance ou être en soi, qui est ou dure avant, pendant et après la conscience. Ces deux questions, qui paraissent d'abord différentes, reviennent pourtant à la même.

Mais je ne veux ni ne puis aujourd'hui entrer plus avant dans ces profondeurs, et je reviens à l'objec- tion. Nous affirmons avec une certitude infaillible que tout ce qui arrive a sa raison suffisante ou que tout changement a une cause efficiente qui le produit, et cette conviction est d'un genre tout différent de la persuasion où nous sommes que les événements qui se sont suivis une multitude de fois dans un certain ordre, se reproduiront encore dans le même ordre.

Assurément, la vérité absolue ou de raison n'est pas la vérité contingente ou d'expérience répétée. Celle-ci a été et sera probablement parce que celle-là est (sans rapport au temps) ; et dès que celle-là est conçue, il est impossible qu'elle ne soit pas ou qu'elle soit autrement.

Tout le monde convient bien de la distinction entre le contingent et le nécessaire, mais non pas du prin- cipe sur qui elle repose. Depuis l'origine de la phi- losophie jusqu'à nos jours, il s'est trouvé des méta- physiciens qui ont dit que les vérités nécessaires, universelles, éternelles, étaient innées ou inhérentes à l'âme, comme formes ou attributs, et indépendantes des sensations ou idées adventices avec qui elles s'as- socient sans s'y confondre, celles-ci étant contingen- tes, variables ou passagères. Il s'est trouvé dans tous les temps des philosophes qui, n'admettant ou ne con- cevant rien hors des sensations ou des images, ont voulu réduire toutes ces vérités ou notions universelles et nécessaires à de simples appellations ou à des formes logiques et conventionnelles. Ces derniers, trop su- perficiels pour mériter le nom de philosophes, n'ont pas même conçu la première question dont il s'agit. Les premiers ont eu le grand tort de confondre sou- vent des vérités conditionnelles, de définition, ou des idées artificielles, telles que les genres, classes ou espèces, avec des vérités universelles et absolues : souvent ils ont pris une nécessité logique, imposée par les conventions fixes du langage, pour cette néces- sité de conscience imposée par la nature même des choses, ou par celle de notre esprit. La cause de cette confusion se trouve dans le point de départ même de la métaphysique, ou dans la supposition que l'âme humaine, douée de certaines formes qui n'ont pu évi- demment être conçues ou découvertes qu'à *posteriori*, doit saisir les choses ou ces mêmes formes à *priori*, ou sans aucun intermédiaire de conscience, etc. Je pense qu'il y a une nouvelle direction à imprimer à la philosophie pour assurer son perfectionnement, et prévenir des aberrations ou des écarts funestes, propres à la discréditer. Cette direction dépend du premier pas. Avec le fait primitif de conscience, bien constaté dans sa source et réduit à ses véritables et seuls éléments, est donnée la relation première, fondamentale et bien infaillible de causalité.

Cette causalité est individuelle, subjective et parfaitement une. Elle a déjà dans sa source un caractère de nécessité intérieure ou relative qu'il importe de bien entendre.

Le moi aperçoit immédiatement son pouvoir causal comme son existence ; et, à partir de la première expérience intérieure, qui lui révèle ce pouvoir en le révélant à lui-même, il a, avec le sentiment actuel de l'énergie permanente de la cause moi, le pressentiment de l'effet ou de la motion qui s'opéra nécessairement et infailliblement dès qu'un vouloir exprès aura lieu.

L'expérience intérieure diffère bien ici de l'extérieure, *toto genere, totâ naturâ*. Elle est infaillible dès le premier acte de conscience du moi. Elle emporte avec elle l'impossibilité que la chose soit autrement, ou que la cause qui n'existe pour elle-même qu'à ce titre, ou en tant qu'agissante et productive, cesse d'agir ou manque de produire son effet. Le moi ne peut s'anéantir lui-même ou dans ce qui le constitue. Il faut qu'il prenne son point de vue hors de lui ou dans l'objectif absolu, pour avoir l'idée de la contingence de son être. Cette contingence de l'être pensant, qui sait d'ailleurs et du dehors qu'il a commencé et qu'il doit finir, n'exclut point du tout la nécessité et la permanence infaillible du pouvoir causal tant que le moi existe ou que la vie de conscience dure.

La nécessité, l'invariabilité et l'unité de la cause personnelle primitive étant ainsi conçues, tous les dérivés de ce fait primitif devront participer au même caractère. Par exemple, chaque effet de locomotion du corps propre étant inséparable pour le moi du sentiment ou de l'aperception externe de la cause qui est le moi même, nul mouvement extérieur, nulle modification passive ne pourra commencer sans être immédiatement attribuée à une cause conçue à l'instar du moi. Cette induction première qui transporte la causalité du moi au non-moi, n'a aucun rapport avec le jugement d'analogie fondé sur la perception des ressemblances dans l'expérience extérieure. Aussi est-ce à regret, et faute d'un meilleur mot, que j'emploie dans ce nouveau sens psychologique le mot *induction,* qui a une acception toute différente dans la logique et la physique. Quoi qu'il en soit, la certitude qu'un mouvement extérieur ou une modification passive de notre sensibilité, un événement fortuit quelconque, que nous ne produisons pas par le vouloir, n'a pu commencer sans une cause, cette certitude, dis-je,

est aussi infaillible, aussi nécessaire que celle de notre propre causalité, dont elle est dérivée : c'est l'antithèse prouvée ou justifiée par la thèse ; la passion manifestée par son contraste avec l'action. L'activité est l'état primitif et naturel du moi humain, lequel n'est pas l'animal sentant.

La cause ou force conçue hors du moi et désubjectivée par le concours des facultés actives d'abstraire, comparer, etc., ne peut plus être entendue qu'au titre universel et absolu, comme l'être, la substance durable, etc., toutes notions fondamentales dont notre entendement ne peut se passer, et qui ont pu être considérées comme ses formes inhérentes. C'est une bien fausse et bien étroite philosophie, que celle qui ne voit dans ces notions et dans la causalité qui en est la mère, que de purs signes ou des idées artificielles, des genres plus élevés, ou enfin des dérivés de la sensation, des déductions du raisonnement, etc.

J'ai cherché à montrer dans mon dernier opuscule sur la philosophie de M. Laromiguière la différence essentielle qui sépare les idées générales, ou les abstractions logiques, ouvrages de l'entendement, des notions universelles et nécessaires, ou des abstractions réflexives que nous trouvons en nous, comme étant identifiées avec le moi ou dérivées de lui, mais que nous ne faisons pas ; car nous ne faisons rien de ce qui est, et ce que nous faisons ou créons n'est pas. Toute notion universelle et nécessaire est une, et parfaitement simple dans sa forme ; elle ne fait que se répéter ou s'ajouter à elle-même, en s'associant avec les produits variables des sens. C'est entre ces produits ou qualités secondes que sont perçues les analogies ou les ressemblances ; de l'analogie des effets on peut induire avec plus ou moins de probabilité l'identité et non la ressemblance de la cause productive ; mais avant, on sait par une induction toute différente d'un ordre plus élevé et souvent infaillible, que le phénomène commençant est produit par une cause efficiente d'une autre nature que ce phénomène, et dont on chercherait vainement le type ailleurs que dans la force immatérielle et irreprésentable du moi.

Ceci nous conduit à une dernière objection qui me semble fournir un moyen de mieux nous entendre sur le véritable objet de cette discussion.

Septième objection.

« Lorsque nous affirmons qu'aucun événement ne « saurait arriver sans cause, notre assertion ne se « borne pas à cette classe d'événements qui ont leur « source dans la volonté d'agents libres : nous ne fai-« sons pas d'exception, etc. »

Si, comme il le paraît par plusieurs passages des objections précédentes, on ne distingue pas la causalité active efficiente, dont il s'agit uniquement pour nous, de la raison suffisante, prise dans cette latitude que lui donne l'auteur du système de l'harmonie préétablie, je suis prêt à convenir qu'il faut renoncer à dériver le principe universel et nécessaire; j'entends nécessaire d'une nécessité logique autant que d'une nécessité de conscience; il faut renoncer, dis-je, à dériver cette raison suffisante de la causalité originelle ou de l'effort voulu tel que je l'entends.

Certainement la raison suffisante (dans le sens de Leibnitz) n'est pas la cause efficiente : tout au contraire, celle-là n'est établie dans sa généralité qui embrasse tout le système de nos idées comme celui des faits de la nature, qu'en l'exclusion de celle-ci ou de la causalité productive. En effet, la série des mouvements ou des modes opérés dans ma substance peut bien avoir sa raison suffisante dans la série parallèle des affections ou des appétits d'une autre substance qui lui correspond par harmonie préétablie; mais comment y aurait-il causalité efficiente productive, quand il n'y a pas d'action ou d'influence exercée d'une substance à l'autre? Dans ce système, si l'âme a la raison suffisante des mouvements du corps; ce n'est donc pas en tant qu'elle les cause ou les produit par un vouloir efficace, mais en tant qu'elle les désire et qu'ils s'opèrent conformément à ces désirs, comme les mouvements de la girouette animée qui serait tournée à propos par le souffle des vents propices à ses vœux. La raison suffisante, comme son titre l'indique, n'est que la raison même en action ou appliquée à la liaison ou l'enchaînement des faits, dans l'ordre naturel et légitime de la succession, comme à la liaison des conséquences à leurs principes, dans l'ordre logique de nos idées et de nos signes conventionnels. Mais la raison n'est pas la conscience : chacune a son domaine, ses lois, son espèce de nécessité; la raison s'étend bien plus loin que la conscience; elle plane également sur les deux mondes extérieurs et intérieurs; elle embrasse toutes les sphères et tend à les unir, et n'en forme qu'un seul tout; mais dans ses excursions, il ne faut pas perdre de vue la source où elle a dû puiser ses premières données et le principe de ses principes, savoir le fait de conscience, premier pivot de la science humaine.

La philosophie de Leibnitz, comme toute philosophie qui ne reconnaît pas ce fait primitif pour sa base ou son principe, tend à confondre perpétuellement la nécessité logique qui détermine certaines formes de nos raisonnements ou les contraint à se plier aux lois aveugles d'une sorte d'automatisme intellectuel, avec la nécessité de conscience qui nous fait voir ce qui est en ôtant à notre esprit la possibilité ou la liberté de concevoir ou de penser le contraire.

Exemples de nécessité logique : Tout effet a une cause ; toute conséquence a son principe (la raison suffisante) ; tous les rayons d'un cercle sont égaux, etc. Exemples de nécessité de conscience : La motion sentie et intérieurement aperçue comme libre ne peut avoir d'autre cause que l'effort voulu ou le moi qui la fait commencer; par suite, toute modification passive, tout événement qui commence (hors du moi) a une cause (non-moi) qui la fait commencer ; toute cause efficiente dans l'ordre intellectuel et moral consiste dans la volonté d'un agent libre ; toute cause efficiente, dans l'ordre physique même, est une force immatérielle, de nature essentiellement différente de son effet et ne pouvant se représenter comme lui, ni par suite être expliquée, c'est-à-dire être résolue en idées sensibles, etc.

L'ontologie ou la métaphysique proprement dite, les mathématiques, la physique générale, sont soumises aux lois universelles de la nécessité logique, ou n'en sont que l'application la plus immédiate. La raison suffisante et le principe de contradiction s'y trouvent confondus. Par exemple, dire que tout effet a une cause, c'est dire que tout ce qui est, est, qu'une chose ne peut pas être et n'être pas, etc. La psychologie, la morale, la théologie naturelle ne reconnaissent qu'une nécessité de conscience, et sont en garde contre cette nécessité des formes que la logique tend toujours à leur imposer. Le principe de causalité efficiente n'ayant d'autre base que le fait de conscience, et se distinguant également du principe de contradiction et de celui de la raison suffisante, conserve dans toutes ses applications la certitude infaillible et l'évidence nécessaire de sa source. De la personne moi, cause libre, créatrice des modifications, l'entendement s'élève par la chaîne des causes secondes, conçues d'après ce type interne, jusqu'à Dieu, cause créatrice des existences, cause des causes. Moi et Dieu, tels sont les deux pôles de la science, les deux foyers de la courbe indéfinie dans laquelle l'intelligence humaine est destinée à circuler éternellement sans crainte d'aberration tant qu'elle ne s'éloignera pas de ces deux pôles.

C'est ainsi que j'entends et que je crois pouvoir soutenir la dérivation psychologique du principe universel et nécessaire de causalité, à partir de l'effort voulu, ou du fait de conscience qui en est l'unique source. C'est de la même manière, ou dans le même sens, qu'en affirmant que tout mouvement ou phénomène a une cause qui le fait commencer, j'embrasse dans mon assertion la totalité indéfinie des événements qui ont leur source dans l'action ou l'influence vraiment efficace de forces toutes immatérielles, si l'on ne peut croire qu'elles soient toutes intelligentes et libres, comme une sorte d'instinct d'anthropomorphisme tend à le persuader à l'homme encore enfant.

Cette immatérialité des forces productives de phénomènes quelconques, justifiée par la raison, concourt
encore à légitimer leur dérivation du fait primitif de
la conscience du moi.

Nous pouvons voir aussi par là quel est le fondement réel de notre conviction de l'invariabilité ou la
constance de ce que les physiciens appellent les lois
de nature ; car les lois ne sont au fond que les résultats les plus généraux de l'action de ces forces nécessairement conçues à l'instar du moi comme immatérielles et partant immuables.

Ces notions de forces universelles et nécessaires
(d'une nécessité de conscience) se mêlent, quoi qu'on
fasse, à tous les raisonnements empiriques sur l'ordre
de succession des phénomènes, comme à tous les
calculs de probabilité où l'on croit n'exprimer et ne
nombrer que les chances d'événements sensibles divers.

De là une multitude d'illusions et de mécomptes; car
les plus savants sont eux-mêmes les plus aveugles.
Aussi, quand les physiciens se vantent d'avoir ramené
leur science à ce qu'elle doit être, savoir, à l'observation et la liaison expérimentale des phénomènes,
en faisant totalement abstraction des causes, ils se
vantent d'une victoire impossible, remportée sur une
loi nécessaire de la conscience. Pour faire abstraction complète de la causalité, il faudrait pouvoir abstraire le moi pensant, en continuant à penser ou raisonner.

Je n'irai pas plus loin, quant à présent ; heureux si,
après avoir commencé à mettre dans son jour la causalité originelle comme je l'entends, j'avais pu montrer, dans cette dernière partie, quelle est précisément
l'espèce d'universalité et de nécessité *hyperlogique*,
qui convient à ce principe dans sa dérivation du fait
de conscience!

FIN.

Lightning Source UK Ltd.
Milton Keynes UK
UKHW021250301118
333254UK00010B/733/P